"La lexicografía, entendida como técnica científica de elaboración de diccionarios, está obligada a revisar periódicamente sus métodos y mecanismos descriptivos. Siempre al servicio de otras disciplinas, se empeña en refinar la investigación sobre los diccionarios para hacer de ellos cada vez mejores instrumentos de comprensión del léxico. Toda lexicografía gesta su metalexicografía, pues la primera vocación del diccionario es explicarse a sí mismo. Toda modernidad en lexicografía viene avalada por la tradición. Saludo con entusiasmo la aparición de esta obra tan notable y necesaria, pues cumple para la lengua española todos los cometidos exigidos por la modernidad lexicográfica. Revisa la rica tradición hispánica y gesta una metalexicografía para la lexicografía actual del español. En suma, fomenta, desde el rigor técnico y la pluralidad científica, la mejor imagen de los diccionarios presentes del español."

Francisco Javier Pérez, *Asociación de Academias de la Lengua Española (ASALE), España*

"Los editores y los autores de *Lexicografía hispánica/The Routledge Handbook of Spanish Lexicography* nos proponen un fascinante viaje por la lexicografía hispánica. Cada capítulo del manual es un vívido recordatorio de la vitalidad de la lexicografía en los países de habla hispana, así como en otras partes del mundo. Como terminóloga que aplica los métodos propios de la lexicografía, me ha parecido una fuente de información actualizada y a la vez accesible sobre una gran cantidad de temas teóricos y metodológicos. Todo aquel que deba enseñar o estudiar lexicografía o que elabore diccionarios como actividad profesional o de investigación se beneficiará de esta obra de referencia que abarca una gran variedad de temas relacionados con el léxico del español y su representación en recursos lexicográficos impresos y electrónicos."

Marie-Claude L'Homme, *Université de Montréal, Canadá*

"Reconforta constatar el camino recorrido por la (meta)lexicografía de la lengua española en los últimos treinta años: ya éramos conscientes de ello gracias a la presencia de nuevos diccionarios y nuevos manuales y a las inteligentes aportaciones de numerosos investigadores en los congresos internacionales. Este volumen pone este florecimiento ante los ojos de todo el mundo: organizado en cinco partes y 44 capítulos muestra hasta qué punto tanto la investigación sobre los diccionarios del español como la aplicación de esta investigación han alcanzado un nuevo nivel. En una sola publicación se reúne lo que habría que buscar en muchos libros y revistas. Especialmente interesante es la última sección del volumen, dedicada a la lexicografía bilingüe del español con las lenguas de América Latina, desde el quechua al guaraní, pasando por el maya K'iche' y el mapudungún, así como con las lenguas europeas, orientales y semíticas. También se centra en el usuario y en los corpus como fuentes de datos. La dimensión del español como lengua internacional brilla en muchos capítulos y aflora en las páginas dedicadas a los diccionarios para estudiantes de ELE. Por ello, sugiere valiosas reflexiones a todo el mundo, no solo a los hispanistas."

Carla Marello, *Università degli Studi di Torino, Italia*

Lexicografía hispánica
The Routledge Handbook of Spanish Lexicography

Lexicografía hispánica/The Routledge Handbook of Spanish Lexicography presenta una panorámica integrada de la lexicografía del español. Supone un informe del estado actual y una prospectiva de futuro de la lexicografía de esta lengua bajo las posibilidades que hoy ofrece su tratamiento informático.

Principales características:

- Capítulos dedicados a los aspectos semánticos, sintácticos, morfológicos, fonéticos, pragmáticos y ortográficos que recogen y permiten los diccionarios
- Análisis de rasgos ideológicos y antropológicos y atención a las consultas de los usuarios en busca de información
- Revisión sobre las tecnologías y los métodos actuales para la elaboración de diccionarios
- Estado de la cuestión sobre la investigación lexicográfica en la actualidad
- Análisis detallado de diccionarios generales, especializados y bilingües

Lexicografía hispánica/The Routledge Handbook of Spanish Lexicography es una obra pensada para tener una visión global de la realidad, de las posibilidades y de las necesidades actuales en un sector vital de la lingüística aplicada y el procesamiento del español. Se trata de un recurso fundamental tanto para profesores como para estudiantes de lexicografía del español y de lingüística.

Sergi Torner es profesor de Lengua Española en la Universitat Pompeu Fabra, España.

Paz Battaner ha sido catedrática de Lengua Española en la Universitat Pompeu Fabra, España.

Irene Renau es profesora de la Pontificia Universidad Católica de Valparaíso, Chile.

Routledge Spanish Language Handbooks

Series Editors: Manel Lacorte

University of Maryland, USA

and

Javier Muñoz-Basols

University of Oxford, UK

Routledge Spanish Language Handbooks provide comprehensive and state-of-the-art overviews of topics in Hispanic Linguistics, Hispanic Applied Linguistics and Spanish Language Teaching. Editors are well-known experts in the field. Each volume contains specially-commissioned chapters written by leading international scholars.

Each Handbook includes substantial pieces of research that analyse recent developments in the discipline, both from a theoretical and an applied perspective. Their user-friendly format allows the reader to acquire a panoramic perspective of selected topics in the fields of Spanish language and linguistics.

Published in English or in Spanish, the Handbooks are an indispensable reference tool for undergraduate and postgraduate students, teachers, university lecturers, professional researchers, and university libraries worldwide. They are also valuable teaching resources to accompany textbooks, research publications, or as self-study material. Proposals for the series will be welcomed by the Series Editors.

The Routledge Handbook of Variationist Approaches to Spanish
Edited by Manuel Díaz-Campos

Lingüística de corpus en español/The Routledge Handbook of Spanish Corpus Linguistics
Edited by Giovanni Parodi, Pascual Cantos-Gómez and Chad Howe

Estudios del discurso/The Routledge Handbook of Spanish Language Discourse Studies
Edited by Carmen López Ferrero, Isolda E. Carranza and Teun A. van Dijk

Dialectología hispánica/The Routledge Handbook of Spanish Dialectology
Edited by Francisco Moreno-Fernández and Rocío Caravedo

Sintaxis del español/The Routledge Handbook of Spanish Syntax
Edited by Guillermo Rojo, Victoria Vázquez Rozas and Rena Torres Cacoullos

Lexicografía hispánica/The Routledge Handbook of Spanish Lexicography
Edited by Sergi Torner, Paz Battaner and Irene Renau

For more information about this series please visit: www.routledge.com/Routledge-Spanish-Language-Handbooks/book-series/RSLH

Lexicografía hispánica

The Routledge Handbook of Spanish Lexicography

Editado por Sergi Torner, Paz Battaner e Irene Renau

DIRECTORES DE LA COLECCIÓN:

MANEL LACORTE Y JAVIER MUÑOZ-BASOLS

ASESOR PARA LA COLECCIÓN DE ESPAÑOL:

JAVIER MUÑOZ-BASOLS

Routledge
Taylor & Francis Group
LONDON AND NEW YORK

Designed cover image: patpitchaya via Getty Images

First published 2024
by Routledge
4 Park Square, Milton Park, Abingdon, Oxon OX14 4RN

and by Routledge
605 Third Avenue, New York, NY 10158

Routledge is an imprint of the Taylor & Francis Group, an informa business

British Library Cataloguing-in-Publication Data
A catalogue record for this book is available from the British Library

Library of Congress Cataloging-in-Publication Data
Names: Torner Castells, Sergi, editor. | Battaner Arias, Ma. P. (María Paz), editor. | Renau, Irene, editor.
Title: Lexicografía hispánica = The Routledge handbook of Spanish lexicography / editado por Sergi Torner, M. Paz Battaner e Irene Renau. Other titles: Routledge handbook of Spanish lexicography
Description: Abingdon, Oxon ; New York, NY : Routledge, 2023. | Series: Routledge Spanish language handbooks | Includes bibliographical references and index.
Identifiers: LCCN 2023000980 (print) | LCCN 2023000981 (ebook) | ISBN 9781032309378 (paperback) | ISBN 9780367199562 (hardback) | ISBN 9780429244353 (ebook)
Subjects: LCSH: Spanish language—Lexicography. | LCGFT: Essays.
Classification: LCC PC4611 .L49176 2023 (print) | LCC PC4611 (ebook) | DDC 463.028—dc23/eng/20230506
LC record available at https://lccn.loc.gov/2023000980
LC ebook record available at https://lccn.loc.gov/2023000981

ISBN: 978-0-367-19956-2 (hbk)
ISBN: 978-1-032-30937-8 (pbk)
ISBN: 978-0-429-24435-3 (ebk)

DOI: 10.4324/9780429244353

Typeset in Bembo
by Apex CoVantage, LLC

Índice

Tablas

Figuras

Biografías de los autores

Andreína Adelstein es profesora de Estudios Lingüísticos en la Universidad Nacional de General Sarmiento, Argentina, y de Lingüística y Teoría Léxica en la Universidad de Buenos Aires. Investiga sobre semántica léxica nominal y aspectos aplicados de neología y lexicografía. Es coeditora junto con J. Freixa del *Antenario*, diccionario en línea de neologismos de distintas variedades del español.

Domingo A. Aguilera Jiménez es filólogo, con trabajos de investigación centrados en fenómenos de lenguas en contacto, específicamente el del español con lenguas aborígenes americanas, como el guaraní, y con otras lenguas neolatinas. También son campo de su interés la lingüística antropológica, la de corpus y la cognitiva.

Lluís Agustí Ruiz es profesor de Recursos y Servicios de Referencia en la Facultad de Información y Medios Audiovisuales de la Universitat de Barcelona (UB). Su investigación y publicaciones se centran en las fuentes de información y en la historia de la edición del exilio republicano. Además, es director de la *Escola de Llibreria* de la UB y coordinador del posgrado de Prescripción Lectora.

Ignacio Ahumada es catedrático de universidad en el área de Lengua Española, profesor de investigación del Consejo Superior de Investigaciones Científicas y miembro correspondiente por Andalucía de la Real Academia Española, así como profesor de Tipología de los Diccionarios en el Máster de Lexicografía Hispánica (RAE-ASALE-Universidad de León).

Blanca Arias-Badia es profesora de Traducción en la Universitat Pompeu Fabra. Su investigación y publicaciones se centran en la traducción audiovisual, la accesibilidad a los medios de comunicación y la lexicografía de aprendizaje. Forma parte del equipo investigador del proyecto "Neología y diccionario: análisis para la actualización lexicográfica del español", financiado por el Ministerio de Ciencia e Innovación (España).

Joe Barcroft es profesor de Español y Adquisición de Segundas Lenguas en la Washington University en San Luis (Misuri). Su investigación y publicaciones se centran en el procesamiento del *input*, el aprendizaje de vocabulario y los enfoques psicolingüísticos hacia problemas relacionados con la adquisición de segundas lenguas.

María Bargalló Escrivá es profesora de Lengua Española en la Universitat Rovira i Virgili (Tarragona, España). Su investigación y publicaciones se centran en tres ámbitos fundamentales:

la lexicografía, la gramática y la fraseología, así como en la relación entre ellos. Además, es la coordinadora del Grupo de Investigación consolidado LEXELE (Lexicografía y Enseñanza de Lenguas Extranjeras).

María Auxiliadora Barrios Rodríguez es profesora titular de la Universidad Complutense de Madrid, directora del grupo de investigación Lexicología y Lexicografía Cognitiva y Computacional y del diccionario en línea *Diretes*. Su investigación se centra en la semántica del español, en la formalización de relaciones léxicas y semánticas (particularmente en las colocaciones) y en la función pragmática de los enunciados fraseológicos.

Paz Battaner ha sido catedrática de Lengua Española en la Universitat Pompeu Fabra. Investiga sobre la información semántica contenida en los diccionarios generales y de español como lengua extranjera, así como sobre enseñanza de lengua. Entre sus publicaciones se encuentran *El léxico como componente transversal de la lengua* y la dirección de diccionarios. Es miembro de la Real Academia Española.

Elisenda Bernal es profesora agregada Serra Húnter en la Universitat Pompeu Fabra y miembro del grupo de investigación InfoLex. Su investigación y publicaciones se centran en el estudio del léxico desde aspectos diversos, especialmente la formación de palabras, la neología y la lexicografía.

Ignacio Bosque es catedrático honorífico de Lengua Española en la Universidad Complutense de Madrid y miembro de la Real Academia Española. Sus ámbitos de especialidad son la gramática del español y la relación entre léxico y gramática. Ha publicado numerosos trabajos sobre estas materias y ha coordinado varios volúmenes sobre esas mismas cuestiones.

Cristina Buenafuentes de la Mata es profesora de Lengua Española en la Universitat Autònoma de Barcelona. Su investigación y publicaciones se centran en la morfología y la lexicología del español, principalmente desde una perspectiva diacrónica, así como en el estudio de la relación entre ortografía, morfología y lexicografía.

Julio Calvo Pérez es catedrático de Lingüística General. Como lingüista, ha dedicado a su disciplina diversos trabajos: pragmática, historia de la lengua, fonología, morfología, sintaxis, semántica teórica, teoría y práctica de la traducción. Ha publicado 5 diccionarios relacionados todos ellos con Perú. Ultima una *Historia de la lengua quechua*. Es miembro correspondiente a la Academia Peruana de la Lengua.

Mar Campos Souto es profesora titular de Lengua Española en la Universidad de Santiago de Compostela. Sus investigaciones se centran en la lexicografía del español (especialmente, en la diacrónica) y en la morfología léxica. Es secretaria de la *Revista de Lexicografía* desde su fundación y codirectora de su colección de anexos.

Magdalena Coll es profesora titular del Instituto de Lingüística de la Facultad de Humanidades y Ciencias de la Educación de la Universidad de la República, Uruguay. Su investigación y publicaciones se centran en lingüística histórica, lexicografía e historiografía lingüística. Además, es investigadora nivel II del Sistema Nacional de Investigadores y miembro de número de la Academia Nacional de Letras del Uruguay.

Dolores Corbella Díaz es catedrática de Filología Románica de la Universidad de La Laguna (Canarias). Su investigación se centra en la lexicografía diferencial y en los préstamos léxicos. Entre sus publicaciones se encuentran el *Tesoro lexicográfico del español de Canarias* (1996), el *Diccionario histórico del español de Canarias* (2013), *Español y portugués en contacto* (2017) e *Historia del léxico español y humanidades digitales* (2018).

María Egido Vicente es profesora de Filología Alemana de la Universidad de Salamanca. Su investigación y publicaciones se centran en la lexicográfica didáctica en el contexto de enseñanza-aprendizaje de lenguas extranjeras y la lexicografía digital, así como en la lingüística contrastiva para el par de lenguas alemán-español.

Pamela Faber es profesora emérita de Traducción e Interpretación en la Universidad de Granada. Su investigación y publicaciones se centran en la gestión terminológica, así como el diseño y creación de recursos de conocimiento especializado.

Ana Fernández-Montraveta es profesora titular de Filología Inglesa en la Universitat Autònoma de Barcelona. Su investigación se centra en el análisis contrastivo del léxico y las construcciones inglés-español. Ha participado en la creación de varios recursos léxico-semánticos como WordNet 3.0 para el español y ha dirigido varios proyectos sobre anotación de corpus.

Erik Daniel Franco Trujillo es profesor de Lingüística y Traductología en El Colegio de México. Su investigación se centra en las diferentes áreas de la lexicología, donde ha publicado trabajos sobre el préstamo léxico, la neología, la terminología, la fraseología y el juego verbal. Además, forma parte del equipo lexicográfico del *Diccionario del español de México*.

María Teresa Fuentes Morán es profesora del Departamento de Traducción e Interpretación de la Universidad de Salamanca, con dedicación a las asignaturas relacionadas con léxico y lexicografía, lengua española y metodología de la investigación. Su investigación se centra en distintas facetas del léxico, desde la (meta)lexicografía monolingüe, bilingüe y plurilingüe, tanto general como especializada y pedagógica.

Makiko Fukuda es profesora de Lengua Japonesa y Sociolingüística Japonesa en la Universitat Autònoma de Barcelona. Su investigación y publicaciones se centran en transmisión lingüística en un contexto plurilingüe, política lingüística familiar y comunidad japonesa en Cataluña, entre otros. Entre sus publicaciones se encuentra "Language use in the context of double minority: the case of Japanese-Catalan/Spanish families in Catalonia" (*International Journal of Multilingualism*, 2017).

Pilar García Mouton es profesora de Investigación del Consejo Superior de Investigaciones Científicas y académica correspondiente de la Real Academia Española. Es especialista en dialectología, geolingüística y variación del español. Coordina el proyecto de edición del *Atlas lingüístico de la Península Ibérica*, que dirigió Tomás Navarro Tomás, y ha publicado, con Isabel Molina, el *Atlas dialectal de Madrid*, y con Francisco Moreno, el *Atlas lingüístico y etnográfico de Castilla-La Mancha*.

Cecilio Garriga Escribano es catedrático de Filología Española en la Universitat Autònoma de Barcelona. Investiga sobre la teoría y la técnica lexicográficas, así como sobre las lenguas de especialidad. Entre sus publicaciones se encuentran "El vocabulario científico y técnico del español entre los siglos XIX y XX: planteamientos generales" *(Revista de Lexicografía)* y "Acerca del *Diccionario general de arquitectura e ingeniería de Clairac*" (*Revista de Filología Española*).

Alonso Guerrero Galván es profesor-investigador de la Dirección de Lingüística del Instituto Nacional de Antropología e Historia (México), donde trabaja temas de filología indoamericana y sociolingüística. Imparte cursos sobre historia y lingüística en la Escuela Nacional de Antropología e Historia. Participó como asesor en la sistematización ortográfica del hñähño (otomí), el ñätho (mazahua) y el uza' (chichimeca jonaz).

Julia Guillermina Herrera Peña es lingüista guatemalteca graduada en la State University of New York. Escritora y guionista. Catedrática universitaria e investigadora, especializada en lingüística y filología hispánicas, español guatemalteco y lingüística maya. Miembro de número de la Academia Guatemalteca de la Lengua.

José Carlos Huisa Téllez es profesor de Lingüística Hispánica, Cultura Latinoamericana y Español como Lengua Extranjera en la Universidad Johannes Gutenberg de Maguncia, Alemania. Su investigación y publicaciones se centran en la lexicografía hispanoamericana desde un punto de vista teórico e historiográfico. Además, investiga en el campo de la historia del léxico hispanoamericano y en el de la glotopolítica latinoamericana.

Sandra Iglesia Martín es profesora lectora Serra Húnter en la Universitat Rovira i Virgili (Tarragona). Investiga sobre la influencia del perfil de usuario en el diseño de diccionarios de español como lengua extranjera, así como sobre la historia de la lengua de la ciencia y de la técnica y su reflejo en el diccionario.

Enrique Jiménez Ríos es profesor titular de Lengua Española en la Universidad de Salamanca. Investiga sobre el léxico y la lexicografía del español. Entre sus publicaciones se encuentran *La crítica lexicográfica* y *El Diccionario de la Real Academia Española. Obras y autores contra el Diccionario* e *Historia del léxico español en obras normativas y de corrección lingüística*.

Javier Lahuerta Galán es director editorial en SGEL. Ha trabajado en lexicografía comercial y en libros de texto para hablantes no nativos de español. Sus áreas de estudio son la semántica léxica, la didáctica del vocabulario y la definición lexicográfica. Entre sus publicaciones se encuentra "El diccionario para la Primaria: herramienta para la descodificación", en *Homenaje a Paz Battaner* (2006).

Luis Fernando Lara Ramos es director del *Diccionario del español de México*, de El Colegio de México. Entre sus publicaciones se encuentran *Teoría del diccionario monolingüe, Curso de lexicología, Teoría semántica y método lexicográfico, Lengua natural y lenguajes científicos*.

Yolanda Lastra es investigadora emérita del Instituto de Investigaciones Antropológicas de la Universidad Nacional Autónoma de México y profesora de Sociolingüística y Lingüística Náhuatl. Es coordinadora del Archivo de Lenguas Indígenas de México en El Colegio de México. Obtuvo el premio Universidad Nacional 1999 en el área de investigación en ciencias sociales por su *Sociolingüística para hispanoamericanos. Una introducción*.

Jorge Lázaro es profesor-investigador en la Universidad Nacional Autónoma de México, México, y miembro del Sistema Nacional de Investigadores (SNI-CONACyT). Su investigación y publicaciones se centran en la lingüística de corpus aplicada a la lexicografía, la terminología y el léxico regional. Es coordinador del libro *Estudios sobre léxico del español de México basados en corpus*.

Hugo E. Lombardini es profesor de Lengua Española en la Università di Bologna (Italia). Su investigación y publicaciones (casi un centenar entre artículos de revistas, capítulos en obras colectivas, edición de volúmenes y tratados científicos) tratan principalmente la enseñanza del español en Italia, la lexicografía bilingüe ítalo-española y las gramáticas de español para italófonos de los siglos XVI-XIX.

Jingsheng Lu es catedrático de Filología Hispánica en la Universidad de Estudios Internacionales de Shanghai y académico correspondiente de la Real Academia Española. Su investigación y publicaciones se centran en el desarrollo del hispanismo chino, especialmente en la lingüística aplicada orientada a la comparación entre chino y español y la metodología de ELE a sinohablantes, incluidos diccionarios bilingües chino-español.

Daniel Luján Cazalilla es técnico lingüístico en las oficinas lexicográficas del Institut d'Estudis Catalans.

M.ª Concepción Maldonado González es profesora de Lengua Española en la Universidad Complutense de Madrid. Su investigación y publicaciones se centran en la lexicografía didáctica. Fue creadora y responsable del Departamento de Lexicografía en el grupo editorial internacional SM. Entre las publicaciones por ella dirigidas se encuentran los diccionarios *Clave* y *Redes*.

María Antonia Martín Zorraquino es catedrática de Lengua Española y profesora emérita de la Universidad de Zaragoza. Su investigación y publicaciones se centran en la sintaxis de la oración simple y en la gramática del discurso en español (sobre todo, en los marcadores del discurso). También se ocupa de la variación lingüística en Aragón.

Meike Meliss es profesora titular de Gramática Alemana y Lingüística de la Universidad de Santiago de Compostela. Su investigación y las correspondientes publicaciones se centran en la lingüística contrastiva, la lingüística de corpus, la lexicología (interfaz semántica y sintaxis) y la lexicografía en línea. Además, aplica su investigación en la creación de recursos lexicográficos en línea para la enseñanza de lenguas extranjeras.

Juan Pedro Monferrer-Sala es catedrático de Estudios Árabes e Islámicos en la Universidad de Córdoba (España). Investiga sobre lengua y literatura árabes en sus variantes cristiana, islámica y judía, así como en lexicografía y lingüística semítica comparada. Entre sus publicaciones se encuentra *The Arabic Bible from Late Antiquity: The Hexateuch from the Syro-Hexapla* (Gorgias Press, 2021).

María Águeda Moreno Moreno es profesora de Lengua Española en la Universidad de Jaén. Su investigación se centra en el estudio del léxico del español y la lexicografía, en especial, la historiografía lexicográfica y la aplicación práctica del uso del diccionario en el aula. Es directora del grupo Seminario de Lexicografía Hispánica y directora del consejo de redacción de la *Revista sobre Investigaciones Léxicas*.

Rogelio Nazar es profesor de lingüística en la Pontificia Universidad Católica de Valparaíso. Su área de especialidad es la lingüística computacional, e investiga en lexicología, terminología y análisis del discurso. Actualmente dirige el grupo de investigación Tecling, dedicado al procesamiento del lenguaje natural.

Antoni Nomdedeu-Rull es profesor de Lengua Española en la Universitat Rovira i Virgili (España). Su investigación se centra en lexicografía, historia de la lengua española y enseñanza de ELE/EL2. Es autor del *Diccionario de fútbol* (2009), director de la *Revista Internacional de Lenguas Extranjeras*, secretario de la Asociación Española de Estudios lexicográficos y secretario de la Asociación para la Enseñanza del Español como Lengua Extranjera.

Pilar Pardo Herrero es profesora de Sintaxis en la Universidad del Rosario (Colombia) y asesora del Celee en la misma institución. Su investigación y publicaciones se centran en historia de la lexicografía en español y en historia del lenguaje de la ciencia y de la técnica. Además, forma parte del grupo de investigación NEOLCYT de la Universitat Autònoma de Barcelona.

Inmaculada Penadés Martínez es catedrática honorífica de Lingüística General en la Universidad de Alcalá (Madrid). Investiga en sintaxis, semántica, lexicología, fraseología, lingüística aplicada y lexicografía. Entre sus publicaciones se encuentran *Gramática y semántica de las locuciones, Para un diccionario de locuciones. De la lingüística teórica a la fraseografía práctica* y *Diccionario de locuciones idiomáticas del español*, publicado en línea.

José Ignacio Pérez Pascual es catedrático de Lengua Española en la Universidade da Coruña. Investiga sobre lexicografía monolingüe del español, así como acerca de la historia de la lengua y la historia de la lingüística. Entre sus publicaciones figuran *Los primeros pasos de un largo caminar. Los comienzos del Atlas Lingüístico de la Península Ibérica* (2016) y *Ramón Menéndez Pidal* (2019).

Amadeu Pons i Serra es profesor de Gestión de la Información en la Universitat de Barcelona (UB). Su investigación y publicaciones se centran en la búsqueda de información, las fuentes de información y el desarrollo de colecciones bibliotecarias. Además, coordina la Escola de Llibreria de la UB, de la que gestiona el blog.

José Portolés Lázaro fue catedrático de Lengua Española en la Universidad Autónoma de Madrid. Pertenecía al grupo de investigación Discurso y Lengua Española. Su investigación se centró en los estudios de pragmática y análisis del discurso. Entre sus publicaciones, destacan *Marcadores del discurso* (Barcelona, 1998) y *La censura de la palabra. Estudio de pragmática y análisis del discurso* (Valencia, 2016).

Irene Renau es profesora de la Pontificia Universidad Católica de Valparaíso y miembro correspondiente de la Academia Chilena de la Lengua. Su investigación y publicaciones se centran en el léxico del español, en especial desde la perspectiva del análisis de corpus y la creación de diccionarios y herramientas de aprendizaje del vocabulario.

Félix Rodríguez González es catedrático emérito de Filología Inglesa en la Universidad de Alicante y doctor en Lingüística Románica por la Universidad de Alberta (Canadá). Su investigación se centra en las áreas de la lexicología, lexicografía y sociolingüística del español y el inglés. Es autor de numerosos diccionarios de anglicismos y de argot del español.

Darío Rojas es profesor de Lingüística Hispánica en la Universidad de Chile. Su investigación y publicaciones se centran en la formación de ideologías lingüísticas en Chile desde el siglo XIX en adelante, y su papel en la construcción y legitimación de la desigualdad. Además, colaboró como lexicógrafo en la Academia Chilena de la Lengua.

Guillermo Rojo es profesor emérito de la Universidad de Santiago de Compostela. En los últimos años, ha centrado su labor investigadora en el diseño, construcción y explotación de corpus textuales de diversos tipos y en diferentes aspectos metodológicos vinculados a la lingüística de corpus.

Carlos Sánchez Lancis es catedrático de Gramática Histórica del español en la Universitat Autònoma de Barcelona. Su investigación y publicaciones se centran en la variación, principalmente diacrónica, en morfología y sintaxis, la relación de la ortografía y la morfología con la lexicografía y la explotación de corpus y diccionarios para el estudio de la lengua española.

Gerardo Sierra es investigador del Instituto de Ingeniería de la Universidad Nacional Autónoma de México y director del Grupo de Ingeniería Lingüística. Su investigación y publicaciones se centran en la lexicografía computacional y en el desarrollo y análisis de corpus lingüísticos para diversas aplicaciones de las tecnologías del lenguaje.

Joan Soler Bou es doctor en Filología Catalana por la Universitat de Barcelona; trabaja como coordinador de proyectos en el Institut d'Estudis Catalans. Ha coordinado la redacción del *Diccionari descriptiu de la llengua catalana* y también el desarrollo de recursos lingüísticos institucionales, como el "Corpus Textual Informatitzat de la Llengua Catalana" y la "Base de Dades Lexicogràfica".

Sergi Torner es profesor de Lengua Española en la Universitat Pompeu Fabra. Es el investigador principal del grupo de investigación InfoLex. Su investigación se centra en el léxico del español, en dos grandes áreas: la semántica léxica y la relación entre semántica y gramática, y la lexicografía, con especial atención a la lexicografía de aprendizaje.

Nadiezdha Torres Sánchez es profesora e investigadora del Centro de Lingüística Hispánica Juan M. Lope Blanch en el Instituto de Investigaciones Filológicas de la Universidad Nacional Autónoma de México. Su investigación y publicaciones se centran en el contacto lingüístico, particularmente en las variedades de español en contacto con tepehuano del sureste, zoque, purépecha y totonaco.

Cristóbal Urbano Salido es profesor del Área de Biblioteconomía y Documentación en la Universitat de Barcelona (UB). Su investigación y publicaciones están centradas en el estudio de las fuentes de información, las métricas de uso de contenidos digitales y el análisis de la comunicación científica. Es investigador del Centre de Recerca en Informació, Comunicació i Cultura de la UB.

Gloria Vázquez García es profesora titular en el área de Lingüística General de la Universitat de Lleida. Destacan sus publicaciones sobre los verbos del español. Ha participado en el desarrollo de léxicos con información sintáctico-semántica enfocados tanto a la lexicografía más tradicional como a tareas de procesamiento del lenguaje natural. Ha trabajado también en la versión 3.0 de WordNet (español).

Belén Villena Araya es investigadora posdoctoral en la Pontificia Universidad Católica de Valparaíso. Su investigación y publicaciones se centran en la lexicología, terminología, lexicografía y planificación lingüística del mapudungún. Además, ha reeditado textos fundamentales para el estudio de la lengua, la cultura y la literatura mapuches (diccionarios y recopilaciones de textos tradicionales), a partir de los cuales ha elaborado corpus lingüísticos de acceso libre.

La vitalidad de la lexicografía del español (The vitality of Spanish lexicography)

Sergi Torner, Paz Battaner e Irene Renau

La lexicografía de la lengua española constituye un campo de interés indiscutible, tanto desde el punto de vista aplicado como desde el punto de vista lingüístico y tecnológico, a causa del interés mundial por esta lengua, lo que explica la publicación de un manual de lexicografía hispánica. Muchos grupos de investigación de Europa y de toda América, no solo en España y en América Latina, se ocupan de temas lexicográficos del español.

Los temas seleccionados aquí para lograr una panorámica integrada de la lexicografía en esta lengua van desde análisis y crítica de diccionarios, perspectivas históricas o cuestiones metalexicográficas hasta la ayuda de las nuevas tecnologías en la confección de diccionarios. En este sentido, el interés por la lexicografía corre paralelo al que despierta el léxico desde que los repositorios léxicos y los grandes corpus informatizados permiten manejar cantidades de datos lingüísticos que hasta hace pocos años requerían un trabajo puramente manual. Por otro lado, la lexicografía española actual es la continuación de una tradición consolidada, de una larga historia que ha producido diccionarios de referencia monolingües, bilingües y especializados, lo que es objeto de investigación historiográfica minuciosa en algunas universidades, principalmente de España. A pesar de todo ello, todavía no existe en el mercado una obra metalexicográfica para profesionales, estudiantes y docentes que ofrezca una descripción completa de este campo en una lengua cuya dimensión geográfica es muy extensa.

Lexicografía hispánica/The Routledge Handbook of Spanish Lexicography se propone llenar en parte este vacío. Su planteamiento busca ofrecer un informe del estado actual y una prospectiva de futuro de la lexicografía del español, situándolos en las relaciones culturales de los hablantes de español con otras culturas, pasadas y actuales, y concibiendo el español como una lengua de encuentro común en la que se albergan localismos y también discursos de especialidad. La lexicografía del español queda situada aquí en relación con el conocimiento lingüístico actual y con la ayuda que puede prestar la tecnología informática, tanto en el desarrollo de industrias de la lengua como en aplicaciones varias de inteligencia artificial de las que esta lengua se pueda servir. Cuando se trata de lexicografía y de diccionarios no se puede olvidar que bajo esta rúbrica se contemplan productos comerciales que una población como la de lengua española tendría que saber rentabilizar.

Otro objetivo secundario del manual consiste en valorar algunas soluciones lexicográficas del español, insuficientemente conocidas fuera de este ámbito, que tienen base netamente

DOI: 10.4324/9780429244353-1

lingüística, y están relacionadas con la cultura del momento histórico y del territorio desde el que se hacen, en este caso el del mundo hispánico.

El volumen se divide en cinco partes, que se pueden agrupar en dos apartados diferenciados. En el primero se enfoca principalmente la lexicografía del español a partir de la situación del conocimiento científico y el desarrollo tecnológico hoy. Se entabla, de este modo, un diálogo multidisciplinar que aborda las principales cuestiones teóricas y metodológicas a las que debe enfrentarse la lexicografía más reciente en español, lo que podría ayudar a la elaboración de nuevos productos: lengua y enciclopedia, lingüística y descripción de la lengua española (variación y norma), ayudas informáticas, corpus lingüísticos, edición, consultas lexicográficas y finalmente usuarios y sus intereses.

En el segundo apartado, más descriptivo, se abordan los productos más reconocidos en la lexicografía del español, aunque sin hacer historiografía propiamente. Su recorrido pasa por la tradición académica, los diccionarios monolingües —con capítulos propios para los diccionarios apreciados—, los diccionarios contrastivos, los diccionarios especializados y los diccionarios bilingües con las principales lenguas actuales con las que el español mantiene relaciones.

A. Con este fin, en el primer apartado, que ocupa las dos primeras partes del volumen, se encuentran las cuestiones teóricas, descriptivas y metodológicas del estudio del léxico más relevantes para la lexicografía hoy. En **la primera parte** se examinan las cuestiones que los diccionarios abordan en sus relaciones con el sistema lingüístico, con el procesamiento del conocimiento y con la cultura, buscando dar cuenta de cómo quedan descritas las unidades léxicas en los trabajos lexicográficos y las posibilidades de mejora que hoy se ofrecen.

Los recientes avances en la lingüística teórica y descriptiva han puesto de manifiesto que las unidades léxicas portan una gran cantidad de información lingüística. No es difícil observar, pues, la lexicografía como un campo netamente interdisciplinar en el que confluyen varias perspectivas. La portada del manual la ocupa el capítulo "La descripción de la lengua en los diccionarios" (L. F. Lara, cap. 1), que sitúa la descripción del léxico en su complejidad lingüística desde la mirada cultural, social y psicológica.

Al ser los lexicones de las lenguas naturales conjuntos muy complejos, en los que las unidades léxicas están interconectadas mediante relaciones que atañen a varios niveles, la representación de las unidades léxicas en los diccionarios atiende también a un amplio abanico de relaciones entre el léxico y los otros componentes de las lenguas naturales. Los primeros capítulos de esta parte están, por ello, dedicados a describir cómo se relaciona el léxico del español con diferentes niveles del análisis lingüístico, para, por un lado, mostrar cómo estas relaciones configuran los diccionarios y, por otro, analizar cómo los distintos niveles de análisis lingüísticos quedan representados en las obras lexicográficas del español; empezando por el valor esencialmente semántico del léxico (M. A. Barrios, cap. 2), siguiendo a continuación con sus representaciones categoriales (M. Bargalló, cap. 3), la derivación y composición morfológica (E. Bernal, cap. 4), las relaciones sintácticas (I. Bosque, cap. 5) y los valores pragmáticos (J. Portolés, cap. 6), en los diccionarios.

A su vez, en los capítulos siguientes, se examina el léxico español a la luz de su variación externa e interna, así como en su relación con la cultura generada, la norma y las necesidades del usuario. Esta característica de la variación afecta directamente al español, pues su vocabulario muestra diferencias en función de la geografía, lo que obliga a la lexicografía a enfocarlo atendiendo a esta variación (D. Corbella, cap. 7); ello comporta también sentimientos diferentes de identidad con la lengua y con la cultura en ella generada (D. Rojas, cap. 8), que a su vez se reflejan sutilmente en notas propiamente antropológicas en los diferentes diccionarios de esta ancha geografía (A. Guerrero Galván, N. Torres y E. Franco, cap. 9), buscándolas o sin buscarlas. Ante la variación natural de la lengua, como lengua latina que es, el español ha conservado un fuerte reflejo endocéntrico, herencia de su lengua madre. La ortografía, antonomasia de lo normativo, es por esto mismo asunto siempre central en los diccionarios (C. Buenafuentes y Sánchez Lancís, cap. 10). Se cierra esta parte con una panorámica de cómo se lleva a cabo la consulta del diccionario, cómo los diccionarios son interrogados en asuntos de comunicación y de búsqueda de información por los usuarios contemporáneos (A. Pons Serra, Ll. Agustí y C. Urbano, cap. 11).

La segunda parte del volumen explora temas relacionados con la técnica lexicográfica, atendiendo con un énfasis especial a las herramientas disponibles en la actualidad para la descripción y representación del léxico, como los corpus lingüísticos, los programas informáticos para encontrar coincidencias y relaciones que ayuden a la descripción lexicográfica, y las bases de datos. Los diccionarios modernos pueden incorporar los avances recientes en lingüística de corpus como medio para describir las unidades léxicas en uso, de modo que los diccionarios pueden proporcionar descripciones refinadas y fehacientes de las características semánticas, gramaticales y pragmáticas de las palabras.

Esta segunda parte examina los diferentes aspectos que inciden en la planificación y elaboración de un diccionario en la lexicografía española actual. La lexicografía no solo se ocupa de la descripción del léxico y de cómo este queda reflejado en los diccionarios, sino también del conjunto de técnicas y métodos para la compilación de obras lexicográficas, en la que tienen un papel fundamental las nuevas tecnologías. Los avances que han tenido lugar en la informática proporcionan a los lexicógrafos potentes herramientas para obtener, analizar y procesar grandes conjuntos de datos lingüísticos, así como también para construir bases de datos a partir de las cuales compilar los diccionarios. No goza la lexicografía del español de un desarrollo pionero en estas técnicas; pero las que existen hoy efectivas se encuentran en los capítulos de esta parte. La lexicografía actual es cualitativamente diferente de la lexicografía tradicional en cuanto a las técnicas que tiene a su disposición para la confección de diccionarios, aunque responda a aspectos que de una u otra manera siempre han estado y siguen estando presentes. Empezando por las fuentes de las que puede extraerse la selección de lo descrito, hoy día centradas en los corpus textuales digitalizados y en otros nichos (J. Lázaro, cap. 12); a continuación, las posibilidades de manejo de tanta información como diccionarios generales, históricos, contrastivos o bilingües, requieren tiene hoy tecnología especializada (G. Sierra Martínez, cap. 13); y terminando con la selección en el universo léxico de las lenguas contempladas, al tener en cuenta su extensión y variación (R. Nazar, cap. 14).

Tras estas etapas previas, la tecnología también está al servicio de las fases fijadas en todo diccionario: la selección final de la nomenclatura y el proceso de lematización que informa la macroestructura de un diccionario (G. Rojo, cap. 15) y el establecimiento de una microestructura, que conforma el carácter propio de un diccionario, es decir, la decisión de qué información y cómo se muestra su representación en cada entrada lexicográfica, tanto en los diccionarios monolingües (J. Soler, cap. 16) como en los bilingües (H. Lombardini, cap. 17). La representación de las unidades léxicas, precisamente por su valor transversal, admite, si es que no exige, ilustraciones, complementos de su uso y de itinerarios de consulta en las obras que las representan. Organizar estas relaciones y mostrarlas de forma accesible es requisito para una buena edición (C. Maldonado, cap. 18). Los diccionarios, y hoy las bases de datos léxicas, son un conjunto de textos sin avance lineal sino relacional, unos llevan a otros, la información de un tipo se corresponde con la de otro tipo, el afijo de derivación de una palabra puede representar un condicionamiento sintáctico en alguna de sus actualizaciones. El gran número y la variación del léxico, la información interna lingüística y enciclopédica que alberga cada unidad y las diferentes necesidades a que deben responder los productos lexicográficos se manifiestan en los múltiples tipos de diccionarios (I. Ahumada, cap. 19).

Esta segunda parte atiende también a las necesidades del usuario y a las prestaciones exigidas en la lexicografía digital (M. Egido y M. Meliss, cap. 20). En los últimos años se han publicado muchos trabajos de carácter científico, como tesis doctorales, artículos y obras monográficas; existen también algunas revistas especializadas en este ámbito. En este aspecto se expone lo que se requiere hoy de la investigación para seguir completando la descripción del léxico (I. Renau, cap. 21), que se proyecta en un mapa de los proyectos que sobre esta actividad investigadora están en curso o en proyecto actualmente (C. Garriga y S. Iglesia, cap. 22).

B. El segundo apartado, señalado como descriptivo del panorama actual, está organizado en las tres partes siguientes del volumen. Estas tres partes están dedicadas al análisis crítico de los principales diccionarios actuales del español. En los diversos capítulos que las componen, se analizan y describen los diccionarios actuales más influyentes en español, tanto generales como especializados, monolingües y bilingües. Una amplia selección de obras lexicográficas, incluidos los diccionarios monolingües normativos y descriptivos, los diccionarios de aprendizaje, los diccionarios de colocaciones y de fraseología, los diccionarios de variantes sociales y geográficas, los diccionarios terminológicos y enciclopédicos y la lexicografía bilingüe.

En concreto, **la tercera parte** del volumen está dedicada a los diccionarios monolingües generales, que en el caso de la lengua española constituyen un vasto corpus. A lo largo de distintos capítulos se examinan los principales diccionarios existentes, tanto los publicados en España como en América. Una lengua con la historia y la geografía del español afronta un segundo objeto tras el primer planteamiento lingüístico y técnico de todo diccionario monolingüe general: la concepción del universo léxico seleccionado y el punto de vista —llámese ideología o glotopolítica— desde el que proponer la descripción. Históricamente la lexicografía general nació en el lado europeo de la lengua, en España. La producción de diccionarios generales está desequilibrada por esta razón plenamente histórica, entre la de un pequeño país del continente europeo en población y en kilómetros cuadrados y la producción más escasa de la mayor parte del continente americano de lengua española. No fue hasta mediados del siglo XIX, con la consolidación de las nuevas repúblicas americanas, cuando el léxico del español se empezó a cuestionar como un conjunto común y se empezó muy tímidamente, pues, salvo el *Diccionario de construcción y régimen de la lengua castellana* de R. J. Cuervo, comenzado en 1872, la producción lexicográfica americana se interesó en sus primeros momentos por modalidades propias de las jóvenes naciones. Esta mirada nacionalista coincide con el concepto nación-Estado que había triunfado en todo el mundo occidental tras la Revolución francesa. Sin embargo, convive con la descripción de un léxico que aspira a representar el de todos los hablantes —aunque sea este un ideal difícil de conseguir—, con directrices normativas asumidas y reconocimiento general del buen uso de esta lengua, adelantado por el venezolano Andrés Bello desde 1847, para poder seguir hablando de léxico y diccionario común. Es fácil desde tales contemplaciones provocar anacronismos al analizar soluciones que se dan como contemporáneas, cuando responden a concepciones decimonónicas. Hoy no se da en el español reivindicación de norma monocéntrica ni de desviación de ella. Conviene reconocer que solamente era posible establecer en aquellos momentos dos descripciones diferentes, y que había que establecer un punto de partida para comparar cada modalidad lingüística adscrita a uno de los varios centros irradiadores de norma.

La tercera parte, pues, se presenta caracterizando los diccionarios monolingües generales, que coinciden aún en tener como origen España (J. I. Pérez Pascual, cap. 23); le siguen los diccionarios, conocidos hoy como integrales, que son fundamentalmente dos diccionarios monolingües generales del léxico de México y de Argentina como un todo objeto de representación (A. Adelstein, cap. 24); aunque también podría contemplarse dentro de ellos el *Diccionario del español actual* (*DEA*), que se ciñe a fuentes netamente europeas. Este diccionario, por la magnitud y el detalle de la descripción que ofrece, ha recibido capítulo propio entre los que hoy por hoy han tenido continuación en varias ediciones. Encabeza estos últimos capítulos la tradición tricentenaria de la Real Academia Española (E. Jiménez Ríos, cap. 25), le siguen las ediciones del diccionario concebido por María Moliner (M. A. Martín Zorraquino, cap. 26) y el más reciente de esta serie, el mencionado *DEA*, dirigido por Manuel Seco (P. García Mouton, cap. 27). Cierran esta parte diccionarios proyectados ya con otras finalidades que no dejan de ser propias de todo diccionario general, ser instrumentos netamente didácticos, en cuya selección se detectan características novedosas apoyadas muchas veces en las posibilidades abiertas por la tecnología: los diccionarios escolares para jóvenes estudiantes de su lengua primera (J. Lahuerta, cap. 28) y los concebidos para estudiantes del español como segunda lengua (A. Nomdedeu-Rull y J. Barcroft, cap. 29).

La cuarta parte de *Lexicografía hispánica* analiza los diccionarios monolingües de español que tratan aspectos específicos, variantes de la lengua y lenguajes de especialidad. Los primeros cuatro capítulos de la sección están dedicados a la variación lingüística, en su dimensiones geográficas, sociales e históricas; los siguientes, a diccionarios que se ocupan de parcelas específicas del vocabulario (colocaciones, fraseología, terminología) o abordan su estudio desde perspectivas distintas desde las que describirlo.

Precisamente ya se ha señalado que en la lexicografía de la lengua española ha habido una producción notable en la descripción de modalidades léxicas geográficas de áreas determinadas, coincidentes con el vocabulario conocido como de *-ismos* (Moreno Fernández 2020a y 2020b), voces cuyo uso se circunscribe a regiones físicas o políticas. Serían los aragonesismos, andalucismos o canarismos dentro del español de España, o los mexicanismos, colombianismos o bolivianismos, en el español de América. En este volumen, la variación dialectal en el español solo se entiende entre los diferentes países que la hablan y no la que se pueda dar dentro de cada país, es decir en el segundo tipo de ejemplos. Caracterizar las modalidades nacionales, como se viene haciendo, requiere obligatoriamente un punto de comparación: son modalidades caracterizadas frente a otra considerada más general. En el caso de la lexicografía del español, la intensa actividad lexicográfica americana se ha desarrollado en esta perspectiva, en confrontación siempre con el diccionario de la Real Academia Española hasta su primera edición de carácter panhispánico, la de 2001 (*DRAE22*). Son los primeros, conocidos como diccionarios contrastivos, los que atienden a un solo país (J. C. Huisa Téllez, cap. 30). Hay otra corriente, también contrastiva, que se desarrolla como si el español de todas las repúblicas americanas de lengua española fuera un todo, los diccionarios de americanismos (M. Coll, cap. 31).

La sociolingüística ha proporcionado otra visión diferente a la variación geográfica, la de la variación por sectores reconocidos socialmente; la lexicografía que atiende a esta dimensión sectorial se ocupa de lo propio de sectores sociales tipificados o del vocabulario sobre temas caracterizados por su uso en determinados ambientes (F. Rodríguez González, cap. 32). Entroncada con la filología clásica como una de las variaciones capaces de proporcionar también datos sobre las lenguas y su estructura, la historia del léxico, es decir, la visión diacrónica, se ha manifestado y se desarrolla actualmente en trabajos lexicográficos novedosos de carácter histórico (M. Campos Souto, cap. 33).

En la cuarta parte del volumen, se tratan los diccionarios bajo la consideración, muy antigua, pero renovada a partir del último cuarto del siglo xx, de las unidades léxicas no aisladas, sino en combinación con otras en diferente grado de constricción. Las llamadas *combinaciones*, recogidas en los diccionarios de colocaciones y de combinatoria léxica, ayudan en el aprendizaje de las lenguas, pero también proporcionan en la lengua descrita perspectivas semánticas nuevas y, en último término, aspectos del fenómeno sintáctico-semántico de las lenguas naturales no considerados hasta hace cincuenta años (S. Torner y B. Arias-Badia, cap. 34). Próximos a ellos, otros diccionarios, reconocidos desde la antigüedad, describen unidades léxicas complejas fijadas en el sistema de la lengua, las unidades fraseológicas. El estudio de la fraseología tiene mucho interés como tratamiento de unidades léxicas complejas equivalentes a las simples. Tanto en su delimitación como en su descripción requiere de planteamientos teóricos especiales; hoy su reconocimiento y repertorización es requisito imprescindible en el procesamiento tecnológico de la lengua (I. Penadés Martínez, cap. 35).

El carácter transversal del componente léxico ha generado múltiples perspectivas desde las que estudiarlo, describirlo y ofrecerlo. Una de ellas es la de agruparlo según su significado, es decir en orientación onomasiológica. La macroestructura de los diccionarios onomasiológicos intenta reproducir la concepción cultural y mental de los hablantes de una comunidad lingüística, empresa difícil pero agradecida cuando representa lo considerado canónico en la cultura a la que pertenezca. El modelo de este tipo de diccionarios quedó establecido en el *Thesaurus* de Peter Mark Roget (1852) y en la comunidad hispana se le suele llamar *ideológico* en atención a Julio Casares (G. Vázquez y A. Fernández-Montraveta, cap. 36). Otra es la perspectiva parcial que muchas disciplinas, artes o técnicas tienen del léxico usado en ambientes de especialistas y expertos en sus actividades con un grado de precisión interna y propia. Son los diccionarios terminológicos, que se multiplican indefinidamente, pero que pueden analizarse a partir de algunos modelos (P. Faber, cap. 37). El caso generalizante de estos diccionarios caracterizados por la perspectiva con la que describen el léxico es el de los que suministran conocimientos del mundo al que las palabras remiten, tanto si son generales como si son especializados. Los diccionarios enciclopédicos (P. Pardo Herrero, cap. 38) responden a qué es o qué se concibe en el mundo a partir de una forma léxica, mientras los diccionarios generales responden a qué significan y cómo se usan las unidades léxicas en una comunidad hablante. Esta distinción, una de las más difíciles en cuanto a establecer criterios para ser aplicada, fue un paso dado a partir de los últimos años del siglo XVII europeo, cuando el concepto de enciclopedia se empieza a desarrollar plenamente y se toma la exposición alfabética del diccionario tradicional para ofrecer conocimientos del mundo.

También en esta cuarta parte encuentra sitio un tipo de diccionarios muy utilizados en la actualidad, por su extensión a todos los hablantes que hoy también son productores de textos escritos en la sociedad cada vez más tecnificada. La comunidad de lengua española, como heredera del latín, es cuidadosa en mantener una norma de uso frente a los cambios que se generan continuamente en ella y las dudas que estos casos despiertan. Siempre ha existido exigencia de unidad frente a la variación en los hablantes, pero se ha hecho más necesaria hoy, cuando todos estamos llamados a generar textos, a expresarnos en público; y la digitalización —y no lo analógico— es el soporte fundamental para archivar los discursos (M. A. Moreno Moreno, cap. 39).

La quinta parte, última del manual, analiza los principales diccionarios bilingües en los que el español es uno de los dos idiomas del par. Dado que la lexicografía bilingüe en español es una tradición altamente fecunda, que ha dado como fruto una lista de títulos prácticamente inabarcable, los capítulos dedicados a ella son necesariamente selectivos en cuanto a la calidad e influencia de los diccionarios seleccionados y en cuanto a los pares de idiomas examinados. Tres de los capítulos tratan aquellas lenguas con las que el español mantiene actualmente un contacto cultural más intenso en el área conocida internacionalmente como occidental, que coincide con lenguas originariamente europeas y de ascendencia indoeuropea (T. Fuentes Morán, cap. 40); siguen los bilingües, de larga tradición ya, del castellano con las otras lenguas de España: catalán, eusquera y gallego principalmente (D. Luján Calzadilla, cap. 41), y prosigue con los bilingües entre el español, como lengua oficial, con algunas lenguas originarias americanas de mayor número de hablantes y con desarrollo escrito reconocido. Por el interés al que responden, se ha circunscrito a los bilingües de los últimos años este conjunto de diccionarios. Lo desarrollan especialistas en cada una de las lenguas: del español con el quechua (J. Calvo), el guaraní (D. A. Aguilera Jiménez), el aimara (J. Calvo), el náhuatl (Y. Lastra), el maya K'iche' (G. Herrera Peña) y el mapudungún (B. Villena Araya), coordinados (P. Battaner) (cap. 42).

Los siguientes capítulos están dedicados a los diccionarios bilingües del español con otras lenguas influyentes en el mundo globalizado actual y en la historia del español: las lenguas asiáticas más influyentes, el chino mandarín (Lu Jingsheng) y el japonés (M. Fukuda) (cap. 43) y las lenguas semíticas, árabe y hebreo, cuya presencia en las sociedades de lengua española exige un seguimiento imprescindible (J. P. Monferrer-Sala, cap. 44).

El volumen ha optado por la presentación progresiva de los contenidos, es decir, que va desde una bienvenida a la disciplina en cuanto a las facetas observables y representables en las unidades léxicas (parte 1); a las fuentes y las herramientas de su uso (parte 2); para pasar al hablante, el uso de la lengua y los diccionarios generales más apreciados y consultados en la actualidad (parte 3); al aspecto variacionista como perspectiva general del caso específico del español junto a las obras especializadas en algunos aspectos manifiestos en el léxico (parte 4); y a la representación del español frente a otras lenguas con las que convive y se relaciona (parte 5). Se ha optado por una bibliografía conjunta al final del volumen. Ello ha obligado a unificar referencias a los numerosos diccionarios que se mencionan a lo largo de los diversos capítulos, que se citan por sus siglas cuando existe tradición en ello (y así figuran referenciados en el listado bibliográfico final), y con indicación del número de edición en los diccionarios que constituyen series; en algunos casos, principalmente del apartado a ellos dedicado, se señalan con su denominación más general cuando son consideradas en general las características de la serie en general: *Diccionario de uso del español* de María Moliner (*DUE*), *Diccionario de la lengua española* (1780–2001) (*DRAE*), entre otros.

Contemplando el manual en su conjunto, se debería poder establecer una consideración valorativa de la lexicografía del español en el mundo actual. Para que fuera más ponderada hubiera tenido que recoger otras bases de datos léxicas y su disponibilidad digital, así como las editoriales y los centros de producción de estos recursos. La mayoría de ellos están elaborados desde organismos semioficiales, sustitutorios de las editoriales comerciales, pero con autoridad normativa reconocida: academias de la ASALE, El Colegio de México, el Instituto Caro y Cuervo. Ninguna o pocas iniciativas ambiciosas son de empresas potentes; todavía se encuentra la presencia de iniciativas de lexicógrafos individuales insignes. El consultor evaluará estos condicionantes que no han recibido en el manual una atención directa. Las necesidades de los potenciales usuarios de estos recursos del español habrían de exigir una actividad más variada y más ambiciosa en consonancia con el desarrollo de las sociedades que la integran. Nuestra industria lexicográfica es más débil que la del inglés en sus varias riberas, ha habido más desarrollo hasta ahora en España que en América, pero hoy la lengua tiene más futuro en las tierras al oeste del Atlántico que en su flanco oriental. Tratándose del español, esta consideración tiene que estar siempre presente.

Agradecimientos

La coincidencia de los tres editores en el programa de doctorado del Institut Universitari de Lingüística Aplicada de la Universitat Pompeu Fabra durante varios años facilitó el acuerdo en la propuesta que nos llegó de la editorial y la coincidencia de puntos de vista para esbozar el contenido.

Para cuando veamos este libro en las estanterías, tenemos que agradecer en primer lugar a todos los autores que respondieron a nuestra invitación con convencimiento y han seguido pacientemente todas nuestras solicitudes a lo largo del proceso de edición. Queremos recordar en este momento de manera especial la buena acogida que hicieron del proyecto Guillermo Rojo e Ignacio Bosque cuando solo estaba esbozado.

Por habernos puesto en contacto con algunos especialistas a los que invitamos a participar en este volumen, debemos expresar nuestro agradecimiento a Luis Barrera Linares, Núria Bel,

Horacio Biord, Pedro Martín Butragueño, Elena Pane de Pérez Maricevich, Mercedes Sedano y Darío Villanueva, así como a los recordados Federico Corriente y José G. Mendoza.

A su vez, la revisión de estilo de Sarah Collins garantizó la corrección lingüística de los resúmenes en inglés de los diversos capítulos. Queremos agradecer también a los estudiantes Scarlette Gatica y Enzo Soto su colaboración en la ingente gestión documental que requirió el volumen. Carlos Merino nos aclaró algunas dudas sobre el tratamiento de las imágenes para que fueran en alta resolución

Los comentarios y las sugerencias de los revisores anónimos que nos hizo llegar la editorial nos han servido de luz para ver cómo se podría recibir un esfuerzo conjunto como este en el mundo del hispanismo.

En último momento, pero en lugar central, agradecemos a los editores responsables de la colección, Javier Muñoz-Basols, con sus consejos llenos de experiencia, y Manel Lacorte, que nos ofrecieran la oportunidad de trabajar en este proyecto tan difícil y a la vez tan apasionante.

Parte I

La lexicografía como campo interdisciplinar

1

La descripción de la lengua en los diccionarios (Language description in dictionaries)

Luis Fernando Lara

1. Introducción

El papel de la descripción en lexicografía es muy complejo y no se somete a la concepción usual de la lingüística descriptiva. Sobre la descripción como objetivo, bascula la introspección del lexicógrafo, su "saber hablar", como lo explica Eugenio Coseriu. Eso crea una tensión permanente entre la búsqueda de la objetividad que da lugar a la descripción y la introspección individual. Sobre esa base se discute la normatividad inherente a todo saber hablar, su efecto sobre las marcas de uso que se introducen en el artículo lexicográfico, el análisis semántico que se habrá de manifestar en la definición, la difícil distinción entre diccionario de lengua y enciclopedia, el orden de acepciones en el artículo lexicográfico y el papel del ejemplo como descripción del uso.

Palabras clave: análisis semántico; definición; descripción; normatividad; saber hablar

The role of description in lexicography is complex and lies outside the usual conception of descriptive linguistics. The practice of lexicography shows that description depends strongly on the lexicographer's introspection. This creates a permanent tension between introspection and the search for objectivity that gives rise to description. The Coserian concept of "language knowledge" constitutes a central idea in explaining this tension. On this basis, this chapter explores the different ways in which "language knowledge" is manifested in the practice of lexicography: its inherent normativity, its effect on the usage markers included in the lexicographic entry, the semantic analysis included in the definition, the difficult distinction between dictionary of language and encyclopaedia, the order of meanings in the lexicographic entry, and the role of the example as a description of use.

Keywords: definition; description; linguistic knowledge; normativity; semantic analysis

2. Los sentidos de la descripción

Desde que Ferdinand de Saussure en su *Curso de lingüística general* (1916, II, 20) sostuvo que el primer objetivo de la lingüística debía consistir en la descripción y la historia de las lenguas en vez de seguirse orientando por la gramática normativa, y a su vez los lingüistas estadounidenses,

DOI: 10.4324/9780429244353-3

Leonard Bloomfield en su *Language* (1933, 19), por ejemplo, consideraban necesario que el estudio de las lenguas debía ser descriptivo, ajeno a todo sesgo normativo, la descripción forma parte de los postulados metódicos de todo estudio de una lengua. En consecuencia, no es extraño, sino que ahora lo consideraríamos obvio, que la lexicografía moderna, orientada por la lingüística, se deba considerar *descriptiva*. Sin embargo, hay que considerar qué sentido se da a la descripción en los diccionarios.

Para la lingüística descriptiva la lexicografía forma parte de su programa como método o conjunto de métodos destinados a describir el léxico de una lengua, llevado a cabo mediante etapas sucesivas a partir de los "procesos de descubrimiento" (los *discovery procedures* de la lingüística angloparlante) de fonemas, morfemas, vocablos y patrones oracionales de las lenguas. Ese programa procede centralmente de la lingüística americana, inducido por el hecho de que la gran mayoría de las lenguas amerindias— en particular de los territorios estadounidenses y canadienses, pero también en buena medida de Hispanoamérica— carecen de documentación previa, histórica, comparable con la documentación de que disponemos acerca de las lenguas romances, pero también de la gran mayoría de las lenguas europeas. La lexicografía en aquellos casos se reduce a documentar las unidades de carácter léxico de cada lengua, tal como se obtuvieron del proceso de análisis que lleva a cabo el lingüista con sus informantes, seguidas por una glosa de su significado en la lengua de descripción utilizada. La gran mayoría de los diccionarios modernos de lenguas amerindias tiene esas características. En un artículo anterior llamé a los diccionarios producidos por esa metodología *diccionarios lingüísticos*.[1]

A diferencia de ese tipo de diccionarios los diccionarios de lenguas como la española, que cuentan con unas tradiciones gramaticales y lexicográficas de siglos, no necesitan la clase de enfoque descriptivo de los de las lenguas amerindias o, en general, de muchas otras lenguas de la Tierra. Llamo a estos diccionarios, *diccionarios sociales*, pues no se concretan a documentar el estado sincrónico de una lengua, sino que han pasado a desempeñar un papel determinante como productos simbólicos de la lengua de un Estado, como depósitos de la memoria social manifiesta en palabras y como fuentes de consulta para que sus lectores resuelvan su ignorancia de un vocablo, o sus dudas acerca de un significado, de ciertos usos, de su etimología, etc. (Lara 1996a).

En consecuencia, el sentido de la descripción en estos diccionarios es diferente, salvo en el caso hipotético de un lingüista que se propusiera hacer un diccionario de una lengua como el español tratándola como si no hubiera antecedentes y se enfrentara a ella como a la más desconocida de la selva amazónica o de Nueva Guinea.

3. Descripción, introspección y saber hablar

A partir de la primera obra publicada de Noam Chomsky (1957) se reintrodujo a los métodos de la lingüística la introspección del propio lingüista como efecto de su concepto de *competencia* y consecuentemente como elemento de cierta clase de descripción lingüística. No es que antes de Chomsky la introspección no se ejerciera, pero lo cierto es que tampoco se reconocía, como efecto del dogma descriptivista, y tampoco, por lo tanto, se tematizaba, es decir, no se le concedía un papel explícito en la descripción. Para Chomsky la noción de descripción no corresponde a lo que entiende la lingüística descriptiva por ello: una taxonomía lo más completa posible de todos los elementos de la lengua, incluidos, por supuesto, los patrones de combinación de esos elementos en las oraciones. La descripción chomskiana, por el contrario, es una característica de la capacidad de una gramática formal para dar cuenta de la estructura generativa y transformacional de una oración. Para evaluar la gramaticalidad o la aceptabilidad de tal descripción hay que recurrir a la *competencia* y el modo de lograrlo es ejerciendo la introspección. Es decir, el conocimiento del lingüista tiene un papel central en los juicios de gramaticalidad y aceptabilidad de un proceso generativo.

Independientemente del papel que atribuye Chomsky a la introspección en sus teorías lingüísticas, lo cierto, como dije antes, es que la introspección del lingüista, basada en su propio conocimiento de la lengua (su *conocimiento originario*, como lo explicaba Coseriu), tiene un papel determinante en su trabajo. La cuestión es dilucidar en qué consiste y cómo se puede controlar, de tal manera que no acabe por falsificar la descripción, pues toda introspección tiene una fuerte carga subjetiva. Fue precisamente Eugenio Coseriu (1973 [1957], II, apartado 2.1., p. 45 y Coseriu 1985) quien elaboró de una manera fructífera para la teoría y, en el caso de la lexicografía, para su práctica, las características de ese conocimiento de la lengua que actúa en la descripción. En su rica teoría del lenguaje introdujo el concepto del *saber hablar* una lengua. Para él, el *saber hablar* es una "actividad en potencia [del hablante] (κατα δυναμιν)" que se manifiesta históricamente, es decir, en la vida real de las comunidades lingüísticas; el *saber hablar* es "saber hablar según la tradición de una comunidad"; es precisamente la "lengua" como "acervo idiomático", ese acervo idiomático que constituye el punto de partida y el núcleo de todo diccionario.

Este concepto coseriano es fundamental para entender qué clase de descripción hace un lexicógrafo. Todo lexicógrafo *sabe hablar* la lengua en estudio y este *saber*, que actúa en todos los momentos introspectivos que pone en juego durante su análisis de un vocablo, es el que determina su descripción. El lexicógrafo ejerce siempre su saber hablar, constituido por las tradiciones verbales de su comunidad, por su propia experiencia individual de la significación —que se produce desde sus primeros meses de vida—, por las elecciones normativas intrínsecas en su tradición y por los estudios de la lengua y sus variedades que ha podido hacer durante su formación universitaria. Es decir, la introspección del lingüista o del lexicógrafo no es "pura", no es inocente, lo cual introduce en el proceso descriptivo la necesidad de permanentes esfuerzos de objetivación a base de los datos de que se dispone en el análisis. Pues el esfuerzo de objetivación de una lengua caracteriza el ejercicio de la lingüística y la distingue entre todas las ciencias humanas, en cuanto se logra con la intervención de la lengua misma, lo que ha conducido al problema, suscitado primero en la lógica, de la relación entre lenguaje-objeto y lengua de descripción o lenguaje descriptivo. La relación entre lenguaje-objeto y lenguaje en que se analiza el lenguaje-objeto dio lugar a la aparición del concepto de *metalenguaje* en las obras de Kurt Gödel (1931), David Hilbert y Paul Bernays (1934), y Alfred Tarski (1944). La lingüística adoptó el concepto rápidamente y de manera poco crítica, pues el sentido de la distinción entre lenguaje-objeto y metalenguaje es diferente en la lógica, ya que se atribuye al metalenguaje el papel de fundador del lenguaje-objeto. En lingüística, un lenguaje de descripción no es fundador del lenguaje-objeto, que es la lengua en estudio. En lingüística, como en lexicografía, es la misma lengua que se analiza la que sirve para analizarla, dificultad originaria que hay que arrostrar, incluso cuando se usa una lengua diferente de la lengua objeto para describirla; por eso es preferible llamar a la lengua en que se describe la misma u otra lengua *lenguaje descriptivo* y no *metalenguaje*.[2]

Para alcanzar la objetivación de la lengua que se describe se vuelve entonces necesario analizar los datos poniendo siempre en cuestión el propio saber hablar, y así despejar de él los sesgos que ha tomado su conocimiento particular de la lengua, para después recuperar la riqueza de la significación social en los datos analizados. Muchas de las críticas, generalmente justificadas, que se hacen a los diccionarios se refieren precisamente a casos en que los lexicógrafos no han puesto en cuestión su propio saber hablar y dejan pasar a la definición los sesgos acumulados en él. Un ejemplo violento de este fenómeno es un fragmento del artículo *otomí* del *Diccionario de mejicanismos* de Francisco J. Santamaría:

> [Los otomíes] por largos siglos permanecieron en estado casi salvaje y son, indudablemente, hoy mismo, de las razas inferiores; se distinguen por la desconfianza, la indolencia, la astucia y la hipocresía y la perfidia.
>
> (*Santamaría 1959,* s. v.)

Ese artículo es de carácter enciclopédico, cuyo objetivo es describir las características antropológicas de ese pueblo, pero en la descripción se filtró la opinión del autor que, se puede sostener, corresponde a las creencias ideológicas de parte de la sociedad mexicana de aquella época, gestadas durante los siglos coloniales y entre las castas dominantes de peninsulares, criollos y mestizos. Santamaría, como muchos lexicógrafos del español, seguía las prácticas tradicionales de la lexicografía, por lo que no se le debe juzgar con los criterios éticos con que hoy nos escandaliza esa opinión. Lo mismo se puede decir de varios artículos del *Diccionario de la lengua española*, de la Real Academia Española (RAE), que han causado polémica y fuertes embates en los años recientes, como en el caso del artículo *gitano*. Lo importante es situar el fenómeno en relación con el sentido de la descripción en lexicografía y el papel que tiene en ella ese *saber hablar*, en el que se destaca su naturaleza social y su carácter histórico, carácter que, en casos como los ejemplificados, revela su *situación temporal*. Es decir, el saber hablar del lexicógrafo está arraigado en su propia época.[3]

4. Descripción y normatividad

Tiene particular influencia en la descripción la normatividad que forma parte de todo saber hablar. La normatividad no es una influencia espuria sobre la lengua, como se podría interpretar a propósito de la fundación descriptiva de la lingüística moderna. El solo hecho de que toda lengua nace y se consolida en el seno de la vida social, supone que la sociedad misma evalúa sus decires y los selecciona como más eficaces y más acordes con los valores que le resultan vitales para su entendimiento, para su adaptación a las condiciones de la época y a su perspectiva de sobrevivencia.

El uso extendido en la lingüística hispánica del concepto de *norma* como conjunto de los *usos* más generalizados en una comunidad ha oscurecido el papel de la normatividad en la lengua y, en particular, en los diccionarios. A partir del ya citado libro *Sincronía, diacronía e historia* de Coseriu (1973 [1957]) se ha producido una confusión entre el sentido de *regla* propio del vocablo *norma* y el sentido de *uso frecuente*, que se manifiesta sobre todo cuando se habla de *normalidad*. Coseriu consideraba la *norma* como un fenómeno que se produce entre la *lengua*, entendida como sistema de posibilidades, y el *habla*, entendida como realización individual del sistema. Su *norma* es el conjunto de realizaciones efectivas de la lengua en una comunidad determinada, es decir, los usos comunes, y por eso el concepto coseriano se expandió rápidamente en la lingüística hispánica, precisamente para poder distinguir el *sistema* de la lengua española, propio de todos los hispanohablantes, de los usos comunes de la lengua en el amplio y diverso mundo hispánico. Pero la confusión de los dos significados del vocablo norma ha llevado a darle carácter normativo general a los usos más generalizados, que es lo que se oculta en expresiones como "norma culta", "norma mexicana", etc. El concepto coseriano de la *norma* resulta —como ya lo había previsto Louis Hjelmslev (1971b [1943])— una hipóstasis del uso. En Lara (1976) ofrecí suficientes argumentos para desechar la distinción lengua/norma/habla propuesta por Coseriu.

Por el contrario, la normatividad lingüística tiene por objeto seleccionar formas que *puede* producir la actualización inmediata del sistema lingüístico para atribuirles un carácter de regla; por ejemplo, la selección entre *freído* y *frito*, *rompido* y *roto*,[4] la selección supuestamente ortográfica entre *abocarse* y *avocarse*,[5] y la distinción entre *Méjico* y *México*. Para cada posibilidad de actualización del sistema lingüístico la sociedad —o, en el caso del español, las diversas sociedades hispánicas— elige aquella que mejor responde a sus necesidades de entendimiento, a sus expectativas de calidad de la lengua, a sus ideologías, etc. y también a sus tradiciones de escritura, lo cual es un hecho de normatividad inherente a sus tradiciones verbales. En cada comunidad lingüística se produce esa clase de selecciones normativas, que muchas veces caracterizan a los dialectos. Eso quiere decir que hay tantas normas lingüísticas como casos en los cuales el sistema ofrece varias alternativas y la sociedad o las sociedades tienden a elegir alguna de ellas; en consecuencia, *selecciona un uso* y lo convierte en regla.

El caso más evidente de normatividad lingüística es la normatividad ortográfica que, por el hecho de que el sistema de escritura es externo a la lengua y arbitrario en su origen —aunque esa arbitrariedad es solo de principio, pues en toda lengua histórica se ha desarrollado como una poderosa tradición—, requiere el establecimiento de normas del sistema de escritura, que constituyen la ortografía. Hay que señalar la diferencia entre *sistema de escritura* y *ortografía*; aquel establece las relaciones entre todos los fonemas de una lengua y las letras con que habrán de simbolizarse; la ortografía establece las reglas puntuales necesarias para ajustar el sistema cuando hay varias posibilidades de escritura. Por eso, mientras que en el español nacional de España la distinción entre las letras *c-z* y *s* es un hecho del sistema de escritura, correspondiente a la distinción fonológica entre /Θ/ y /s/, son reglas de ortografía que *c* se escriba antes de *e, i,* y *z* antes de *a, o, u* cuando simbolizan el fonema /Θ/; en cambio, en el español de Hispanoamérica, seseante, las distinciones son todas ortográficas. Como sabemos, la ortografía de la lengua española toma en cuenta tres criterios: uno de representación fonológica, uno de origen del vocablo y uno de uso; se ha criticado inveterada y equivocadamente a la ortografía del español, exigiéndole un ajuste estricto al principio fonológico, pues los dos últimos criterios contradicen ese principio que sustenta al sistema de escritura; pero son criterios que *valoran* —origen claro de toda normatividad— la tradición histórica. Toda ortografía adquiere, por eso, el grado más alto de la normatividad: la prescriptividad. Un diccionario lingüístico podrá atenerse al registro descriptivo de las variaciones de escritura relativamente caprichosas, resultantes de la falta de educación formal. Un diccionario social, cuyo compromiso es con el cuño social de la lengua, no puede adoptar ese criterio radical del descriptivismo a riesgo de desorientar a sus lectores. En el caso de la lengua histórica la prescripción es el resultado, o bien de la observación de ciertas normas lingüísticas, como por ejemplo las que regulan la conjugación de verbos como *caber* o *romper*, o bien de la imposición de una agencia lingüística del Estado, como ha sido históricamente el papel de la RAE o, a propósito de la escritura *México*, una costumbre nacionalista, de origen etimológico, elevada a rango oficial del Estado mexicano y de los organismos políticos internacionales.

En este sentido al lexicógrafo se le presenta la disyuntiva de atenerse a los datos, generalmente mediante una consideración cuantitativa, o atenerse a cierta normatividad o cierta prescriptividad. Tomemos por ejemplo las palabras *jalar* y *halar*. La primera acepción del vocablo *jalar* en la última edición del *Diccionario de la lengua española* (Real Academia Española y Asociación de Academias de la Lengua Española 2014, en adelante, *DLE*) no ofrece definición sino que refiere a *halar*, lo que significa que, en el análisis primario de la Academia, *jalar* es una variante ortográfica de *halar*, en cuya primera acepción ofrece la definición correspondiente (es interesante comprobar cómo el resto de las acepciones del vocablo en ambos artículos corresponden a significados diferentes en varias regiones hispanohablantes). El *Corpus del Español del Siglo XXI* (en adelante, *CORPES XXI*), que tiene la ventaja de que sus datos están lematizados, cuenta

859 ocurrencias de *halar* frente a 2113 de *jalar*; es decir, descriptivamente, el artículo base tendría que haber sido *jalar*. Se puede concluir que, en este caso, privó en el análisis del *DLE* un criterio etimológico (normativo) sobre la descripción. El hecho de que el *DLE* haya elaborado distinciones de significado importantes para cada región de la lengua española en dos artículos diferentes indica, también, que en las últimas ediciones de ese diccionario el postulado descriptivo moderno tiende a volverse parte de los criterios metódicos de la RAE, aunque también el hecho de que la propia RAE no explique cómo adopta el criterio descriptivo, más bien tiende a disfrazar su normativismo.

Además de las normas lingüísticas brevemente comentadas, en los diccionarios han intervenido históricamente otras normas sociales, particularmente las que juzgan usos soeces, vocabulario escatológico, etc., que, o bien eluden su inclusión en el diccionario, o bien lo hacen con eufemismos; y en esta época, precisamente las que difunden los juicios de corrección política en cuanto, por ejemplo, el tratamiento discriminatorio de las mujeres o de los homosexuales, el de creencias y religiones o el de pueblos y culturas. Si una de las características centrales de todo diccionario es que se trata del acervo idiomático de una sociedad, que por definición es histórico, el diccionario descriptivo no puede alterar los significados que siguen teniendo ciertos vocablos. No es tarea de los diccionarios eliminar ciertos vocablos o ciertos usos para ajustarlos a las necesidades de la corrección política contemporánea, pues pierden entonces su valor descriptivo. Es en el campo del discurso y de la responsabilidad social en donde se van eliminando ciertos usos como efecto de la ética ciudadana contemporánea.

Todo signo lingüístico, como lo postuló Karl Bühler (1967 [1934], I, apartado 2), tiene tres funciones: una *referencial*, que es la que sirve para significar cualquier experiencia, para "referir a objetos y relaciones"; una *sintomática*, que ofrece al receptor información acerca del emisor de un mensaje, y una *apelativa*, que actúa sobre el receptor de diversas maneras. La descripción que hace el diccionario se basa fundamentalmente en la función referencial del signo. Descubrir en un corpus el efecto de las funciones sintomática y apelativa de los vocablos supone una interpretación de todo el contexto de sentido en que aparecen usados. Una concordancia como cualquiera de las dos siguientes plantea claramente la dificultad. En el *CORPES XXI* se puede encontrar:

> Estoy demasiado agotada como para aguantar una disco cargada de *pijos* o un garito cargado de *cutres*.
>
> *(De Miguel Naveros,* Al calor del día. *Madrid, Alfaguara, 2001)*

Supongo que, para un español, los vocablos *pijo* y *cutre* no son propios de los usos de la tradición culta española, sino característicos del discurso coloquial o popular. En el *Corpus del Español Mexicano Contemporáneo (1921–1974)* aparece:

> Nomás eso faltaba. Aviéntale un trancazo. Otro. Eso. Dale. Ponte *abusado*. Que todos vean cómo le *rompes el hocico*.
>
> *(Vicente Leñero,* Los albañiles, *México, Joaquín Mortiz, 1964)*

Un lector mexicano habrá de considerar este texto, el vocablo *abusado* y la locución *romperle el hocico a alguien* como sintomáticos de un habla popular. Se podría proponer que un pormenorizado estudio sociolingüístico cuantitativo de tales expresiones en relación con sus emisores permitiría considerar que marcas de uso como *coloquial* y *popular* podrían ser descriptivas. Pero tales marcas tienen un claro carácter normativo, orientado por el valor de la tradición culta del español, que es la que constituye todavía el objetivo de todo diccionario de lengua.

La función apelativa del vocablo presenta todavía mayor problema si se busca que corresponda a una descripción, pues depende generalmente de la reacción del receptor —que suele ser ilimitadamente variada— a los contextos en que aparece. Por eso muchos diccionarios modernos tienden a eliminar marcas como *jocoso*, *ñoño*, etc. Un método descriptivo posible, pero de muy difícil y dudosa aplicación es el llamado "diferencial semántico", preconizado por el psicólogo Charles Osgood (1976), que busca medir las reacciones de diversos grupos de personas a ciertos vocablos. Sólo los vocablos ofensivos, que ofenden con sólo pronunciarlos, aun sin contexto, pueden considerarse como tales desde el punto de vista de la función apelativa. En consecuencia, las marcas de uso social plantean un problema descriptivo irresoluble y conviene, por ello, reducirlas a aquellas que susciten mayor consenso.

5. Descripción y variedad hispánica

Un problema muy importante de la lexicografía hispánica consiste en la inveterada tradición de considerar que el *DLE* y los diccionarios que refunden y, en cierta medida, reelaboran sus datos constituyen el "estándar" de la lengua española y, en consecuencia, la enorme variedad de vocabulario existente en todas las regiones hispánicas que la RAE, por los motivos que tenga, no considere propios de *ese estándar*, se traten dándole prioridad al vocablo más usual o considerado más correcto en España. Hasta ahora el estándar académico, claramente normativo, trata la enorme riqueza léxica del español contemporáneo de dos maneras: por un lado, a partir de la información seleccionada, no necesariamente descriptiva, que envían a España las academias correspondientes, va incorporando lentamente algunos vocablos al *DLE*; por el otro, el resto, que constituye la enorme mayoría, lo destina al *Diccionario de americanismos* (2010, en adelante, *DA*) (queda por considerar el español de Guinea Ecuatorial). El resultado es una idea sesgada del vocabulario, que subyuga los usos no peninsulares bajo el estándar académico. A la vez, el diccionario de americanismos reduce la definición de cada vocablo a mera glosa poco informativa.

Tomemos por caso el vocablo *zumo* que, de las 2673 apariciones registradas en el *CORPES XXI*, identifica 1893 en España; frente a *jugo*, que de las 6161 apariciones solo identifica 633 en España, mientras el resto corresponde al continente americano; claramente *jugo*, descriptivamente, tendría que formar parte del estándar, si ha de estar basado en el uso. Sin embargo, el *DLE* asigna al vocablo *zumo* la definición principal (acepción 1 de *zumo*) y define *jugo*, ante todo, como *zumo* (acepción 1 de *jugo*). La determinación de un estándar o bien depende de un criterio cuantitativo, al cual se tendría que llegar considerando y comparando corpus de tamaños y criterios de selección iguales o comparables en todos los países o regiones de lengua española, o bien depende de un complejo de criterios normativos muy discutibles por su extrema dependencia de una persistente idea colonialista del mundo hispánico. Es también el caso del llamado "español neutro" que preconizan en particular los medios de comunicación: un español en el cual no se manifiesten las ricas diferencias dialectales y culturales de la comunidad hispánica. Tal idea está destinada al fracaso, pues esa versión del español es desarraigada e irreal.

6. Descripción y limitación de los datos

Toda descripción, sobre todo en lexicografía, supone un amplio conjunto de datos, que sustenten la calidad y la exhaustividad de la descripción. Por supuesto, eso solo se puede esperar de diccionarios originales, nuevos, no de aquellos que se limitan a refundir diccionarios anteriores. Por muy grandes que sean los corpus digitalizados de datos de que se puede disponer hoy día, ninguno puede ni ofrecer una totalidad del vocabulario (que es ilimitado),[6] ni recoger la gran cantidad de acepciones que tiene el vocabulario de una lengua. Eso quiere decir que el saber hablar del lexicógrafo tiene que colaborar en el análisis y mejora de los datos reunidos. El tema de las características que debe tener un corpus de lengua útil para la lexicografía merece un tratamiento aparte, que excede la dimensión de este capítulo.

Pero supongamos que el corpus de datos sea suficientemente amplio en cuanto a la variedad de significados que tienen muchos vocablos. El análisis semántico descriptivo tiene que elaborarse a partir de ellos. Para eso, la semántica estructural, tal como la proponía aquella pléyade de semantistas del apogeo del estructuralismo encabezada por Bernard Pottier (1963), Eugenio Coseriu (1964, 1966 y 1981), Algirdas Julien Greimas (1966) y Kurt Baldinger (1977) sobre todo, propuso que el significado de un vocablo está constituido por un conjunto compositivo de rasgos significativos o *semas*, que resultan de la comparación y confrontación con otros vocablos correspondientes a un microsistema llamado *campo semántico* o *campo léxico*. Tales rasgos, reunidos en una fórmula sémica, dan lugar al *semema*. El semema será entonces el resultado descriptivo de un análisis semántico como el que da lugar a la definición lexicográfica; el semema viene a ofrecer una *definición intensional* del significado.

Poner en práctica la teoría del campo léxico a partir de los datos de un corpus requiere, o bien un sistema informático que vaya contrastando todos y cada uno de los registros en que aparece cada vocablo, para sacar a relucir los semas que componen sus significados —lo cual hasta hoy día parece imposible[7]— y *descubrir* el campo léxico, o bien una organización previa de los datos de un campo léxico construido por el saber hablar del lexicógrafo (Rey-Debove 1971, 6.2.3.2 y Lara 1979), en la cual ponga en práctica esa clase de análisis, que sin duda ayuda a lograr una base descriptiva digna de confianza. Para el estructuralismo, el campo léxico es una estructura real y, en consecuencia, objetivable, de la lengua; es decir, para esa corriente de la lingüística el campo léxico organizado por el lexicógrafo no es un fenómeno de interpretación desde su saber hablar. Pero en cuanto uno procede a ensayar esa clase de organización, tomando su saber hablar como apoyo meramente heurístico, se hace evidente que la misma organización del campo depende de la cantidad de vocablos que uno incluya en él y de la sensibilidad y el conocimiento amplio, muy detallado, del saber léxico del lexicógrafo. El campo léxico resulta entonces no una objetivación de una estructura semántica real, sino una construcción interpretativa del lexicógrafo. En efecto, el análisis semántico que da lugar a la elaboración de la definición lexicográfica necesita proceder mediante esa clase de organizaciones interpretativas de los significados de los vocablos registrados en sus usos reales, pero tal organización es solamente un apoyo para el análisis completo.

7. Descripción del significado y conocimiento del mundo

Las tradiciones lexicográficas de las lenguas romances, en particular del español, el francés y el italiano, han establecido una distinción entre el diccionario como acervo idiomático de una lengua, y la enciclopedia, como acervo del conocimiento del mundo: diccionario de lengua y diccionario enciclopédico o enciclopedia (Rey 1988). La teoría del signo de Ferdinand de Saussure, expuesta brevemente en su *Curso* (Saussure 1916, Primera parte, cap. I) y elaborada por Louis Hjelmslev (1971b [1943], cap. 13) tiene como principio fundamental la distinción entre el signo y su referencia o su *designandum* (Rey 1988; Fernández Sevilla 1974a; Lara 2001d, 2004b). El signo es inmanente a cada lengua, por lo que su significado es diferente del objeto o la acción a los que refiere mediatamente. Esa teoría del signo sustenta teóricamente la existencia del diccionario de lengua frente a la de la enciclopedia. El diccionario de lengua es un discurso sobre la significación de los vocablos, mientras que la enciclopedia es un discurso sobre el mundo, elaborado, por supuesto, con signos de una lengua.

Sin embargo, en la medida en que el vocablo —el signo— refiere mediatamente a una experiencia del mundo, no es fácil establecer una frontera entre aquellos elementos del significado que se obtienen del análisis descriptivo semántico y aquellos elementos del sentido de los discursos que se construyen con él a propósito de la realidad.

Tomemos un ejemplo extremo: se puede decir que el color *azul* está determinado por su posición en el espectro de la luz natural entre el *cian* (427 nm) y el *violeta* (476 nm). Se trata del conocimiento físico de la luz natural y, como tal, corresponde a la definición enciclopédica de ese color. Para un hispanohablante, en cambio, *azul* significa el "color del cielo sin nubes o del mar cuando brilla el Sol" (*Diccionario del español de México,* 2019, *DEM2, s. v.*). Es claro que el significado del vocablo *azul* se creó en la experiencia perceptual y social de los hispanohablantes, antes de que la física pudiera analizar el espectro de la luz. Lo que describe el diccionario es el *significado* del vocablo *azul* en la comunidad lingüística, no lo que *es* el *azul*, definido por la física.[8]

El análisis semántico que se opera a partir de un corpus de datos suele llegar a resultados como los siguientes: el *DLE (s. v.)* define *mambo* como "Música y baile populares de origen cubano". Si uno analiza las 21 concordancias del vocablo en el *Corpus Diacrónico del Español* (en adelante, *CORDE*) académico o las 462 del *CORPES XXI* llega precisamente a distinguir los semas siguientes: 'música', 'baile', 'ritmo', 'cubano', 'afrocubano', que son la base de una definición como la citada. En casos como este la definición resultante del mero análisis de los datos da lugar a un enunciado vago, pues no permite distinguir el *mambo* del *chachachá* o de la *rumba*. La definición necesita concretarse con aquella parte del conocimiento de la realidad, *delimitado por la cultura de la sociedad*, que permite al hablante establecer esas distinciones, como en:

> Baile de género tropical, de origen cubano, de ritmo semejante al de la rumba aunque más rápido y entrecortado; se baila solo o en parejas, con pasos fantasiosos y muy elaborados, como el "Mambo número ocho" de Pérez Prado.
>
> *(*DEM2, s. v.*)*

La definición de vocablos de la música, de la danza, de los estilos artísticos, etc., no se puede completar con los rasgos significativos que derivan del análisis descriptivo del corpus de datos. En el ejemplo de *mambo* se han necesitado, incluso, algunos ejemplos ostensivos, que pretenden conducir al lector a la escucha de ese ritmo, para completar su comprensión de la definición, puesto que, de otro modo, la definición tendría que ser producto del conocimiento especializado de esa clase de música; es decir, sería del orden de la enciclopedia. Abundemos con el siguiente ejemplo:

> **ceiba** Árbol americano bombacáceo, de 15 a 30 m de altura, de tronco grueso, ramas rojizas, flores rojas tintóreas y frutos de 10 a 30 cm de longitud, que contienen seis semillas envueltas en una especie de algodón.
>
> *(*DLE, s. v.*)*

Si, nuevamente, se consulta el *CORPES XXI*, las 841 concordancias del vocablo solo permiten diferenciar los rasgos significativos 'planta', árbol', 'corpulento', 'sombra'. Con solo estos rasgos no se puede reconocer una ceiba en cuanto a la identificación social de este árbol, tan apreciado por las culturas caribeñas, motivo por el cual el *DLE* agrega información que procede del conocimiento del objeto, no de su significado.

El análisis semántico preconizado por el estructuralismo no es suficiente para lograr una descripción completa. Para que la definición tenga sentido y adquiera la precisión requerida, necesita agregar al análisis un conocimiento del mundo *decantado* por la cultura y las necesidades de entendimiento de la sociedad. La distinción entre diccionario de lengua y enciclopedia se vuelve difusa, aunque teóricamente esté bien sustentada y el diccionario de lengua no se pueda subsumir en la enciclopedia. Al mero análisis semántico y descriptivo de los datos, el lexicógrafo tiene que agregar el conocimiento de la cultura bajo el requisito de solo agregar la experiencia socializada en la comunidad y no la del especialista.

8. Descripción y orden de acepciones

La rica polisemia de miles de vocablos de una lengua —que es la mejor manifestación de la capacidad de toda lengua para significar la experiencia del mundo— se ordena como un conjunto de acepciones en el artículo lexicográfico, que es lo que forma su microestructura. Al lexicógrafo se le presentan varias técnicas para ordenarlas: ya sea (a) un orden rígido de carácter etimológico-histórico (que corresponde, en principio, al diccionario histórico); (b) un orden basado en la distinción entre acepciones o usos de tradición culta y las que producen las tradiciones populares (Lara 2009a); (c) un orden basado en la creencia de que los usos de una región son "generales", "estándares" o "normativos", como lo ha venido haciendo la RAE, que distingue el español académico de los "dialectalismos españoles y voces de América y Filipinas";[9] (d) un orden cognoscitivo basado en una hipótesis interpretativa que establece las relaciones semánticas entre los diferentes significados, guiado por la observación de la manera en que las personas construyen su comprensión de la relación entre significados de toda palabra polisémica; por ejemplo, respecto de un vocablo como *cabeza*, la gran mayoría de las personas escoge como significado principal, es decir, como primera acepción,

> Parte superior del cuerpo humano, y anterior y superior de los animales, donde se encuentran el encéfalo y los principales órganos de los sentidos.
>
> (DEM2, s. v.)

y, a partir de ese esquema de carácter antropomórfico, establecen las relaciones entre las demás acepciones del vocablo (Lara 2004a); por último (e) un orden de uso. Este corresponde a la idea elemental de la descripción. Tomaría en cuenta el número de veces en que cierto significado —cierta acepción— de un vocablo aparece en un corpus; pero dada la limitación inherente a todo corpus, por amplio que sea, los significados tienden a aparecer caprichosamente desde el punto de vista del lector del diccionario o, en ciertos casos, incluso no llegan a aparecer aunque sean usuales. Su efecto también tiende a desorientar la adecuada comprensión del vocablo por parte de sus lectores. El orden de uso corresponde, más bien, a los diccionarios lingüísticos, no a los sociales.

9. El carácter descriptivo del ejemplo

El papel del ejemplo en el diccionario de lengua es pasar de la *mención* —que da lugar a la *entrada*— al *uso* (Lara 1996a), lo que termina por conferirle su carácter plenamente descriptivo, pues muestra las maneras en que se manifiesta el vocablo en la vida diaria. Rey-Debove (1971, cap. 7) insiste en la necesidad de que el ejemplo tenga dos características: una positiva, por la cual el ejemplo debe ser *banal*, es decir, que documente el uso más común del vocablo en la vida diaria; otra negativa: el ejemplo no debe servir para completar la definición, pues en este caso el ejemplo es vicioso. Refuerza el valor descriptivo del ejemplo su procedencia o su autor, como lo hace el *Diccionario del español actual* de Seco, Andrés y Ramos (1999 [2011], *DEA*).

10. El "hecho diccionario" como descripción

El lingüista francés Marcel Cohen (1967) llamó la atención hacia el diccionario como discurso; es decir, a la totalidad del diccionario como obra acerca del vocabulario de una lengua. El diccionario como objeto total, como un "hecho", como una obra, articula de manera compleja el conocimiento del léxico y su valor significativo de manera tal, que se presenta a la sociedad a la cual se dirige como un discurso verdadero acerca de su saber hablar, mediante el cual crea un horizonte de sentido y un principio de normatividad que orientan su uso de la lengua. El diccionario como obra trasciende de esa manera la descripción lograda en la formación de su nomenclatura y en las características de las microestructuras que se manifiestan en cada uno de sus artículos, para convertirse en una amplia descripción e incluso valoración del saber hablar histórico de la sociedad para la que fue compuesto. Obra de interpretación por todas las características que se han venido explicando en este artículo, no puede reducirse al concepto de descripción que preconiza la lingüística moderna, al fin y al cabo, un criterio proveniente de la positividad de las ciencias de la naturaleza. El diccionario es una obra de la cultura (Rey 1987); no clausura el sentido de sus artículos; no puede aspirar a convertirse en una obra que dicte "lo que existe" o no en el léxico de la sociedad y, por lo tanto, tampoco a legislar lo que se puede o no decir con sus palabras. El sentido descriptivo del diccionario depende de su capacidad para reflejar interpretativamente el saber hablar histórico de cada sociedad.

Notas

1 En Lara (1996b), de manera diferente a como Rey-Debove (1971, 1.2.3, 29) caracteriza a lo que también llama *diccionario lingüístico*.

2 Una discusión completa de los conceptos lenguaje-objeto y metalenguaje se encuentra en Lara (2001a y 2002).

3 Motivo por el cual, por cierto, no es posible elaborar un "diccionario pancrónico" de carácter descriptivo, en que intervengan varios lexicógrafos en diferentes épocas (lo que le pasa a los diccionarios académicos). De ahí la importancia de un verdadero diccionario histórico, de carácter filológico.

4 Bello (1983 [1845]: § 600–605) considera las formas regulares y anómalas de estos participios y señala que "*roto* es en todos casos mejor que *rompido*". El *Diccionario panhispánico de dudas* (RAE y ASALE 2005, *DPD*) solamente considera *rompido* como un participio desusado, por lo que no resulta prescrito, pero el juicio de Bello —que quizá compartiera con otros gramáticos— ha dado lugar a una norma implícita que tiende a eliminarlo.

5 Todos los registros muestran que la forma *abocarse* también significa "Orientarse, interesarse o dedicarse alguien por completo a llevar algo a cabo, o a solucionar algún problema" *(DEM2, s. v.)*, aun cuando se pueda sostener que la forma *avocarse*, de origen jurídico, sea la correspondiente a ese significado.

6 *Cf.* Rey-Debove (1971), 1.3: "L'exhaustivité n'est qu'un projet, jamais réalisé puisque l'ensemble n'est pas défini en extensión, et c'est généralement un projet assez éloigné de sa réalisation".

7 Hay cada vez más experimentos de elaboración de redes semánticas mediante la computadora electrónica, que den por resultado estructuras interpretables de la relación entre significados de vocablos. Uno de los pioneros de esos experimentos fue Burghard Rieger (1989).

8 La distinción entre lo que significa un vocablo y lo que es un objeto dio lugar en la obra de Rey-Debove (1971) a la diferencia entre distintas ecuaciones sémicas, en especial entre *significar* y *ser*. Véase también Lara (1996b).

9 Como lo indica en las "Advertencias para el uso de este diccionario", apartado 2.2 de la 22.ª edición del *Diccionario de la lengua española* (RAE 2001, *DRAE22*).

2

Semántica y lexicografía (Semantics and lexicography)

María Auxiliadora Barrios Rodríguez

1. Introducción

La semántica y la lexicografía son dos disciplinas emparentadas cuya relación hasta el momento no ha sido tan fructífera como hubiera sido deseable. En este capítulo se ofrece un breve panorama de su dependencia mutua, con especial énfasis en las aportaciones en el ámbito del español. Analizaremos la relación del significado con la definición, y mostramos cómo algunos fenómenos semánticos se reflejan en el diccionario: la homonimia, en la selección de los lemas; la polisemia, en las acepciones; y las colocaciones y predicados vacíos, en el contorno. Atenderemos también a la hiperonimia, presente en la macroestructura de diccionarios ideológicos y en la microestructura de diccionarios de uso general, y a los roles semánticos, presentes en algunos diccionarios específicos. Relacionaremos los componentes del significado con su descripción lexicográfica: la sinonimia y la definición sintética; la intensión, y la definición analítica y enciclopédica; la extensión, el prototipo y el estereotipo, y su relación con la definición prototípica. Por último, reflexionaremos acerca del futuro de estas dos disciplinas y presentaremos las conclusiones.

Palabras clave: definición; diccionario; lexicografía; semántica; significado

Semantics and lexicography are interrelated. Here we offer a short overview of their mutual dependency focused particularly on the field of Spanish language. We analyze the relationship between meaning and definition, and summarize how this is expressed in dictionaries: homonymy vs. lemmas; polysemy vs. senses; collocations and light predicates vs. dictionary description. Regarding the role of semantics, we note that hyperonym determines the macrostructure of onomasiological dictionaries and the microstructure of monolingual general-purpose dictionaries. Semantic roles are present in some specific dictionaries. We reflect on meaning components and their lexicographic representations: synonymy and synthetic definitions, intension and analytic plus encyclopedic definitions, extension and prototypic definition. To conclude, we reflect on the future of both semantics and lexicography.

Keywords: semantics; lexicography; meaning; definition; dictionary

 DOI: 10.4324/9780429244353-4

2. Semántica frente a lexicografía

La semántica y la lexicografía son disciplinas mutuamente dependientes: "La semántica reclama como materia prima de sus estudios los datos que la lexicografía recoge y ordena, y esta, a su vez, no podría interpretar ni valorar acertadamente esos datos si no conociera las relaciones que entre ellos va descubriendo la semántica" (Casares 1950, 50). Wiegand defiende que ambas disciplinas están unidas por una mutua relación de dar y recibir (Wolski 1999, 4).

La semántica es una de las ramas más amplias de la lingüística, y se alimenta de la filosofía y la psicología (Saeed 2016, 4). Ha sido frecuentemente relegada en la investigación científica frente a la sintaxis, por la dificultad que entraña el propio concepto de significado, asociado a límites borrosos (Putnam 1975a).

Una de las subdisciplinas de la semántica, la semántica composicional, se caracteriza por estudiar los procesos de construcción del significado en expresiones complejas (Escandell 2003). Ejemplifiquemos esta idea: en este tipo de semántica se analizan los procesos que explican las diferencias entre "Mi amiga tiene un gato" y "Mi gato tiene una amiga", diferencias que vienen determinadas por la sintaxis. La semántica composicional se distancia de la lexicografía, entre otros motivos, como señala Lehrer (1992), porque tras el estructuralismo post-Bloomfield el lexicón se consideró una simple lista de irregularidades sintácticas y el significado léxico se vio como algo imposible de estudiar científicamente (parecía imposible estudiar con rigor el significado de *gato* o el de *amiga*).

Otras dos subdisciplinas vinculadas a la semántica son la lexicología y la semántica léxica, que estudian el significado de las palabras (Escandell 2007). Frecuentemente se considera que corresponden a una misma disciplina, aunque algunos autores contraponen la primera a la lexicografía y la segunda a la semántica morfológica (Medina Guerra 2003b, 35). Su objeto de estudio no son solo las unidades léxicas simples, sino también las locuciones, es decir, las expresiones fijas cuyo significado no corresponde a la suma de sus componentes (como *la niña de sus ojos*, que significa 'la preferida').

También forma parte del objeto de estudio de la semántica léxica la combinatoria restringida (en el sentido de Bosque 2004a), que es cualquier tipo de combinatoria (sea o no composicional, es decir, conserven o no su significado los componentes) que no constituya paradigmas abiertos. Muy particularmente se estudian las colocaciones. Así, por ejemplo, la lexicología trata de dar respuesta a las diferencias entre "Mi amiga tiene alergia a los gatos" y "Mi gato tiene alergia a las amigas". Las expresiones "alergia a los gatos", "alergia al polen", etc., son colocaciones, aunque sean composicionales ("alergia a los gatos" significa 'alergia a los gatos'). En cambio, "alergia a las amigas" no es una colocación, es una combinación composicional no frecuente que produce extrañeza, lo que fuerza su interpretación como recurso retórico.

Como se puede apreciar, la semántica léxica y la composicional son interdependientes, y en muchos casos precisan de la pragmática, pues al analizar semánticamente un texto, se debe recurrir a las herramientas propuestas por esta última disciplina. Por ejemplo, en "Mi gato tiene una amiga" hay ambigüedad por causas léxicas, pues se activa la polisemia de *amiga* ('amiga'/'novia') y, además, se puede dudar de si el referente de *amiga* es una persona o un gato (mi gato puede haberse hecho amigo de mi vecina o de una gata). En "Mi amiga tiene un gato" el contexto extralingüístico forzará una única interpretación (cuando alguien dice "mi amiga" habla de alguien conocido para el oyente; la situación extralingüística, por otra parte, resolverá la polisemia de *gato* con sentido de animal o entendido como instrumento).

Mientras que los estudiosos de semántica composicional no suelen redactar diccionarios, muchos de los que trabajan en lexicología basan su investigación en la práctica lexicográfica. De hecho, como veremos, es precisamente la lexicografía la que ha favorecido la aparición de modelos coherentes. Entre estas propuestas destacan la Metalengua Semántica Natural (Wierzbicka 1996), la Teoría del Lexicón Generativo (Pustejovsky 1991) y cuatro teorías con desarrollos lexicográficos muy sólidos: la Teoría Sentido-Texto (Mel'čuk 1996), la Semántica de Marcos (Fillmore 1982), la Teoría de Normas y Explotaciones (Hanks 2013) y la Terminología basada en Marcos (Faber 2012). Presentaremos brevemente algunos de estos modelos en estas páginas (para un estudio detallado de estos y otros modelos semánticos véanse Geeraerts 2009 y Saeed 2016).

En cuanto a la lexicografía, entendida tradicionalmente como un arte, requiere una metodología, y "depende de la teoría semántica; una lexicografía sin sustento semántico es una lexicografía sin cerebro" (Lara 2016a, 5). El punto fuerte de un diccionario lo constituyen las definiciones y estas no se improvisan: "Toda definición presupone un análisis semántico previo. La lexicografía puede considerarse, en ese sentido, una semántica aplicada" (Lara 2004a, 11). El problema estriba, tal y como describe Grefenstette (1998, 37), en que los lexicógrafos, en su principal tarea de describir los significados usuales de las palabras, durante muchos años no han encontrado en la lingüística las herramientas que necesitaban porque la lingüística ha estado demasiado centrada en lo universal.

Que la semántica y la lexicografía se relacionan lo demuestran muchos datos, como bien subraya Geeraerts (2003), quien desmenuza los tipos de fenómenos semánticos y su reflejo en la lexicografía. La tabla 2.1 sintetiza algunas de las ideas de su trabajo.

A pesar de la mutua dependencia de la semántica y la lexicografía, la magnitud del objeto de estudio de cada disciplina dificulta que un mismo investigador pueda desarrollar su trabajo y presentar aportaciones simultáneamente en ambas. Son pocos los que lo logran. Entre ellos se encuentra Manuel Seco (1997, 2002) autor de tres diccionarios del español: el *Nuevo diccionario de dudas y dificultades de la lengua española* (2011, *NDDDLE*), el *Diccionario del español actual* (Seco, Andrés y Ramos 1999, en adelante *DEA*) y el *Diccionario fraseológico documentado del español actual* (Seco, Andrés y Ramos 2004, *DFDEA*) (véase el capítulo 27 de García Mouton en este volumen). Es el caso también de Paz Battaner, autora de trabajos de semántica y lexicología (entre otros, Battaner 1977, 2017; Battaner y López Ferrero 2019) y directora del *Diccionario de aprendizaje del español como lengua extranjera* (*DAELE*).

Ignacio Bosque ha dejado una estela de innumerables trabajos de semántica (véanse, entre otros, Bosque 1985, 1990, 1999, 2000, 2001a, 2001b, 2003, 2015a, 2017) y ha creado un par de diccionarios que no existían en ninguna otra lengua: *Redes. Diccionario combinatorio del*

Tabla 2.1. Conceptos semánticos y su reflejo en los diccionarios (inspirado en Geeraerts 2003)

Concepto semántico	*Reflejo lexicográfico*
Enfoque onomasiológico: del concepto a la palabra	Diccionarios ideológicos Tesoros
Enfoque semasiológico: de la palabra al concepto	Diccionarios de uso Diccionarios terminológicos, etc.
Homonimia	Distintos lemas en el diccionario
Polisemia	Acepciones de un mismo lema
Significado denotacional	Definición
Significado no denotacional	Marcas: despectivo, vulgar, etc.
Extensión del significado	Definiciones prototípicas
Intensión del significado	Definiciones sintéticas Definiciones analíticas Definiciones enciclopédicas

español contemporáneo (2004, en adelante, *Redes*) y el *Diccionario combinatorio práctico del español contemporáneo* (2006, en adelante, *Práctico*). En efecto, *Redes* y *Práctico*, primeros diccionarios combinatorios del español, se diferencian de otros diccionarios combinatorios de otras lenguas por su sólido y particular enfoque semántico (Bosque 2004b). *Redes* ofrece una variada tipología de clases semánticas que permite explicar la combinatoria, clases que no se explicitan en *Práctico* pero subyacen también en él (Barrios 2007). Y esto es así porque "las colocaciones se basan en nociones semánticas" (Bosque 2017, 17). Las clases semánticas propuestas por Bosque constituyen un material valiosísimo para múltiples desarrollos teóricos y prácticos (véase el capítulo 34 de Torner y Arias-Badia sobre diccionarios de colocaciones, en este volumen).

Luis Fernando Lara ha trabajado en diversas áreas de la lingüística, la lexicología y la semántica (Lara 2001b, 2006a, 2016a). Es el director del *Diccionario del español de México* (2010, *DEM*), un diccionario basado en un corpus de español de México que recoge voces actuales. Entre sus muchas cualidades destacamos que las definiciones son todas propias, no son sinonímicas y se han redactado con intención de evitar el conocido defecto de la circularidad. Además, está abierto a constantes mejoras que pueden ser sugeridas incluso por los usuarios (véase el capítulo 24 de Adelstein sobre diccionarios integrales del español en América).

Pamela Faber ha creado el modelo de la Terminología basada en Marcos (Faber 2012), en el que la distinción entre término y palabra no solo no es relevante sino que se defiende como no viable. La propuesta es de corte cognitivo y se basa en los marcos de Fillmore (1982, 1985) y en el modelo lexemático funcional (Martín Mingorance 1998): se trata de conocer primero las estructuras conceptuales que subyacen a cada dominio para después redactar las definiciones adecuadas a dichos marcos. Con este modelo se ha desarrollado *EcoLexicon*, una base de conocimiento terminológico multilingüe que representa la estructura conceptual del dominio del medio ambiente. Entre los modelos léxico-semánticos de la lingüística española con aplicaciones lexicográficas se encuentra, por último, el modelo léxico construccional (Ruiz de Mendoza y Mairal-Usón 2008).

Tras esta introducción, nos adentramos en el capítulo, que organizamos del siguiente modo: en el apartado 3 analizamos la relación del significado con la definición. En el 4 mostramos cómo algunos fenómenos semánticos se reflejan en el diccionario: la homonimia, en la selección de los lemas; la polisemia, en las acepciones; y las colocaciones y predicados vacíos, en el contorno. En el apartado 5 tratamos la hiperonimia, presente en la macroestructura de diccionarios ideológicos y en la microestructura de diccionarios de uso general, y los roles semánticos, presentes en algunos diccionarios específicos. En el apartado 6, relacionamos los componentes del significado con su descripción lexicográfica: la sinonimia y la definición sintética; la intensión, y su relación con la definición analítica y enciclopédica; la extensión, el prototipo y el estereotipo, y su relación con la definición prototípica. Por último, en el apartado 7 presentamos unas reflexiones acerca del futuro de estas dos disciplinas y las conclusiones.

3. Significado frente a definición

La relación entre la semántica y la lexicografía se puede abordar desde múltiples perspectivas, pero probablemente el enfoque más frecuente es el estudio de la relación de las definiciones de una palabra con su significado. No pocos profesionales, incluidos muchos jueces, se apoyan en las definiciones para comprender qué quiere decir una determinada palabra. Muchos lingüistas, sin embargo, nos acercamos a las definiciones con cierta prudencia, un poco de distancia y algo de escepticismo, pues sabemos que el propio concepto de significado ha sido muy discutido (Lara 2016a, Saeed 2016). Para los lexicógrafos una definición no es más que una aproximación (Lara 2004a). Trujillo (1988, 140) incluso defiende la imposibilidad de identificar significado y definición.

3.1. El significado

Al intentar comprender qué es el significado, el primer problema lo encontramos ya en el propio concepto de *palabra* (Hanks 2013, 25). De hecho muchos investigadores admiten su ambigüedad (Lyons 1995) y trabajan con otro concepto, el de *unidad léxica* (Mel'čuk *et al.* 1995, Cruse 1986, Polguère 2016): son muchos los lexicógrafos que entienden por unidad léxica una palabra o grupo de palabras (para Hanks 2013, 29, también ciertos afijos) a la que corresponde un único significado, lo que en un diccionario se traduce por cada una de las acepciones de un lema (Atkins y Rundell 2008, 162–163). La palabra se estudió durante décadas mediante rasgos semánticos analizados por oposición, pero en este tipo de análisis resulta muy difícil sistematizar todas las oposiciones, ya que la relación que establece cada par de palabras tiene un carácter original e individual (Rodríguez Adrados 1971, 16) (véase el apartado 6.2).

Aunque, teóricamente, significado y definición están relacionados, lo cierto es que el diccionario no siempre ayuda a la investigación semántica. Katz y Fodor (1963, 170) vieron el diccionario como un buen compendio de datos semánticos, pero tan excesivos que oscurecen la claridad de las relaciones semánticas. Katz (2004) evolucionó y desvinculó la semántica de la lógica para analizar el componente del significado como una condición necesaria pero no suficiente de la referencia. Jackendoff (1990) creó un modelo propio de semántica conceptual en el que las unidades básicas son conceptos expresados por palabras y los significados sirven como base para las inferencias. Para este autor, los elementos léxicos son piezas almacenadas que incluyen afijos, expresiones idiomáticas y estructuras, lo que lleva a que desaparezcan algunos límites entre léxico y gramática.

El cognitivismo supuso una ruptura con los modelos veritativo-condicionales basados en la lógica. Langacker (1987), Lakoff (1987) y Lakoff y Johnson (1980) piensan que los modelos formales no captan el significado del lenguaje natural y proponen otros modelos. La lingüística cognitiva se caracteriza por el papel primordial de la semántica y la naturaleza enciclopédica del significado; más que una teoría, es un conjunto de modelos compatibles (Geeraerts y Cuyckens 2007, 5). En estos modelos, las palabras no son contenedores de significado sino puntos de acceso al conocimiento enciclopédico, y el significado no se ve como un reflejo objetivo del mundo real, sino como una construcción humana (Dingfang 2009, 314).

Cruse (1986) subraya la fundamental aportación de la lingüística cognitiva al vincular el estudio del lenguaje a la conceptualización, y esta última a la experiencia espacio-corporal. Señala, además, su contribución a la relación del significado con la categorización y con los prototipos. Geeraerts (2010), por su parte, se plantea por qué si el cognitivismo ha sido tan fructífero en lexicología, sus aportaciones aún están lejos de verse reflejadas en la lexicografía: defiende que aún hay mucho que cambiar y, entre otros aspectos, piensa que el significado es flexible y que el diccionario debe recurrir a distintas técnicas para reflejarlo.

Como veremos en el próximo apartado con más detalle, algunos semantistas han creado modelos teóricos y, junto a sus tareas de descomposición de significado, han desarrollado trabajos lexicográficos. Es el caso de Wierzbicka (1996), Mel'čuk *et al.* (1995) y Apresjan (2000). Sostienen todos ellos que el significado de las palabras no se puede equiparar a las condiciones de verdad que han de cumplir los referentes designados por dichas palabras, sino más bien a un concepto en el que hay que contar con estereotipos, expectativas, valores culturales y otros datos. Los significados no son universales sino específicos de cada lengua (Wierzbicka 1996, 391). Estos investigadores se enfrentan al significado siendo altamente conscientes de su dificultad: como señala Goddard (2011, 3–10), es más fácil definir qué no es el significado que lo contrario.

3.2. La definición

La parte semántica del diccionario es precisamente la definición de significados individuales de palabras individuales (Geeraerts 2003, 83). La filosofía ha ejercido una poderosa influencia en el estudio del significado y ha causado que este se haya alejado del uso de los hablantes. Esto ha llevado a que frecuentemente se redacte una definición "no del significado de las palabras, sino de las cosas o las acciones referidas por las palabras": el hablante no entiende por aspirina "una cristalización del ácido acetil-salicílico"; aunque sepa qué es eso, entiende que es un medicamento que quita el dolor y la fiebre (Lara 2004a, 21). Sin embargo, en la mayoría de los diccionarios se recurre a léxico técnico o se añade información científica. En el diccionario dirigido por Lara, el *DEM*, por el contrario, se muestra el contenido lingüístico y enciclopédico ilustrado por un ejemplo: "Medicamento, generalmente en forma de tabletas, que se usa para calmar el dolor y bajar la fiebre; está constituido por ácido acetilsalicílico: *tomar dos aspirinas para el dolor de cabeza*" (última consulta: 02/07/2020).

Saeed (2016, 7–9) subraya que los lingüistas están de acuerdo en que el análisis lingüístico es incompleto sin el estudio del significado, pero estudiarlo y describirlo conlleva el problema de la circularidad, pues para comprender el significado de una palabra debo comprender el significado de las palabras que la definen.

La ausencia de circularidad en las definiciones es una de las ventajas de la Metalengua Semántica Natural (NSM, por sus siglas en inglés). El NSM fue propuesto inicialmente por Wierzbicka (1972, 1985, 1996) y fue consolidado junto a Goddard (véanse, entre otros, Goddard 2008, 2011, 2012, Goddard y Wierzbicka 1994, 2014, Peeters 2006). La aportación fundamental del NSM es su propuesta de que el significado se puede descomponer en lenguaje natural (no en lenguaje formal) mediante los *primitivos semánticos*, una lista de palabras de significado universal, no descomponible, entre los que se encuentran *tú, yo, nacer, morir, tener, sentir, hacer, aquí, allí, bueno, malo, grande, pequeño, mucho, poco*, etc.

Estos autores defienden que hay sesenta y cinco primitivos, con los que se pueden construir explicaciones semánticas, con breves paráfrasis, de modo no circular. Frecuentemente se recurre a marcos comunes para palabras del mimo campo. Así, Goddard (2011, 110) propone varias definiciones para sentimientos y todas arrancan del mismo modo, presentando un hipotético pensamiento de un hablante cuando usa una palabra (véase el escenario cognitivo en la tabla 2.2). El autor contrasta los significados de *happy*, *pleased* y *contented*, y concluye que *happy* ('feliz') en Europa

Tabla 2.2 Explicación semántica de Goddard (2011, 110) para *happy* y su traducción al español

Estructura semántica	*Inglés* *Someone X was happy at this time*	*Español* *Alguien X estaba feliz en ese tiempo*
Escenario cognitivo prototípico	someone X thought like this at this time	alguien X pensaba así en ese tiempo
Definición	'many good things are happening to me now as I want I can do many things now as I want this is good'	'muchas cosas buenas me están pasando ahora como yo quiero, puedo hacer muchas cosas ahora como yo quiero, eso es bueno'
Caracterización	because of this, this someone felt something good at this time c. like someone can feel when they think like this	por eso, ese alguien sentía algo bueno en ese tiempo como alguien puede sentir cuando piensa así

se asocia a su causa (*feliz de estar aquí, feliz con mi trabajo*, etc.), por lo que define este adjetivo con primitivos como se ve en la Tabla 2.2 (la traducción es nuestra).[1]

El final de esta propuesta (la caracterización) es común para los demás sentimientos y presenta el esquema general *this someone felt something (very) good/bad at this time*. De este modo, mediante los primitivos *good* y *bad*, y con el intensificador *very*, se muestra en cada caso si el sentimiento es positivo o negativo, y su gradación. Así, por ejemplo, en el caso de *desesperado*, se concluiría la definición con un subtipo de esa paráfrasis (ese alguien sentía algo *muy malo* en ese momento). Hemos de añadir que las paráfrasis del NSM para explicar un concepto asociado a una palabra tienen la particularidad de que no describen los referentes designados sino cómo los hablantes ven dichos referentes (Geeraerts 2009, 121).

Los primitivos son palabras universales que corresponden a conceptos que se entienden del mismo modo en todas las lenguas, están en el corazón de todas ellas y constituyen no un "minilexicón" sino un "minilenguaje" (Goddard y Peeters 2006). A los primitivos se suman las llamadas *moléculas*, conceptos que son universales o cuasi-universales, pero que se pueden descomponer y describir con primitivos. Además, se han propuesto los conceptos de *palabras clave culturales* (Goddard 2004), *guiones culturales* (Goddard y Wierzbicka 2004) y *lengua mínima* (Goddard 2017a), conceptos que tienen aplicaciones a la didáctica y la pragmática (Fernández 2019) y que trataremos de presentar a continuación.

Las palabras clave son "palabras prominentes de una lengua que captan un valor o un grupo de valores" centrales para la cultura asociada a dicha lengua (Fernández 2019, 12). Travis sostiene que *calor humano* es una palabra clave en el español de Colombia, y la define tal, como muestra la tabla 2.3 (2006, 223).

Los guiones culturales son "explicaciones acerca de la forma de comunicarse o comportarse verbalmente un grupo lingüístico o cultural (Fernández y Goddard 2019, 471). Los autores proponen varios guiones culturales para el español relacionados con la cercanía interpersonal, entre los que se encuentra el que se muestra en la tabla 2.3. En ese caso se intenta explicar por qué en las conversaciones en español se producen tantas interrupciones y dichas interrupciones no están mal vistas. Como se puede apreciar, palabras clave y guiones culturales se usan para definir cuestiones culturales relevantes asociadas a una lengua.

La lengua mínima es una lista de palabras (muchas de ellas primitivos y moléculas) que han sido seleccionados por ser fácilmente traducibles en muchas lenguas y por su utilidad para la vida cotidiana (Goddard 2017a). Esta lengua es un proyecto en curso, no exige tanto rigor en su análisis lingüístico, por lo que es más flexible que el lenguaje del NSM, y admite palabras útiles no universales (Fernández 2019, 16).

Mostramos algunos ejemplos de estos conceptos en la tabla 2.3.

Los investigadores de este modelo han publicado cientos de palabras con su descomposición semántica, aunque, a nuestro juicio, lo más parecido a una propuesta lexicográfica se encuentra ya en Wierzbicka (1985), un libro en el que el análisis componencial se sustituye por el análisis conceptual, y se analizan mediante primitivos nombres de referentes naturales y de objetos.

El NSM se sirve de una sintaxis particular para las explicaciones semánticas al combinar las piezas léxicas, de modo que se aceptan unos contextos canónicos para determinados primitivos, que aunque puedan sonar extraños en lenguaje natural, no rompen la coherencia buscada: se dice, por ejemplo, *alguien hace algo a otro alguien, alguien dice algo (bueno/malo) (a alguien)*; o se aceptan sintagmas como *el cuerpo de alguien, los cuerpos de la gente*, etc. (Fernández 2019, 7–8). Esta sintaxis supone una novedad puesto que los estructuralistas no precisaban de preposiciones en sus trabajos teóricos, se servían de la presencia o ausencia de rasgos como [+ ANIMADO] (aunque Pottier (1963) sí recurre a preposiciones, como veremos en el apartado 6.2.).

Tabla 2.3 Conceptos de la Metalengua Semántica Natural (NSM) y algunos ejemplos de cada uno

Primitivo (no se descompone)	*Yo, tú, bueno, malo, grande, pequeño, aquí, pensar, saber, querer, sentir*, etc.
Molécula (se descompone en primitivos)	*Mano, boca, ojo; niño, hombre, mujer; largo, redondo, duro, suave; sol, cielo, fuego, agua; pájaro, pez, árbol, huevo; comer, beber, dormir; rápido, despacio*, etc.
Palabra clave	Definición de *calor humano*: Esta persona (X) es así cuando sabe que algo malo pasó a algunas otras personas se siente mal por eso cuando sabe que algo bueno pasó a algunas otras personas se siente bien por eso quiere hacer muchas cosas buenas para algunas otras personas es bueno si la gente puede ser así. (Travis 2006, español de Colombia)
Guion cultural	Para completar las frases de otra persona En muchos momentos cuando alguien dice algo a otro alguien sobre algo Es bueno si ese otro alguien piensa así: "yo sé lo que este alguien quiere decir ahora yo quiero decir esto ahora antes de que este alguien diga esto". (Fernández y Goddard 2019, 489)
Lengua mínima	Cerebro, corazón; hielo, nieve, aire; mosquito; hora; gobierno; cuchillo, etc.

Desde nuestro punto de vista, la sintaxis interna en la descomposición semántica es muy relevante, y no solo en el análisis de palabras simples sino también en las compuestas semánticamente transparentes: piénsese en *firewood*, que un no nativo podría entender como 'madera en fuego' (que se podría interpretar como *hoguera*), cuando significa 'madera para fuego', es decir, *leña*; o *firework*, que un no nativo podría entender como 'trabajo con fuego' (que se podría asociar al trabajo de los bomberos), cuando significa 'trabajo de fuego', *pirotecnia*.

Para terminar este apartado debemos mencionar brevemente el segundo modelo que ha aportado trabajos muy relevantes para la definición, la Teoría Sentido-Texto (TST) (se presentará con más detalle a propósito del significado contextual, en el apartado 4.3.). En este modelo se trabaja la descomposición de rasgos semánticos y también se intenta evitar la circularidad, pero se hace en sentido inverso al NSM: en lugar de partir de una lista de primitivos semánticos y de moléculas, con las que redactar todas las definiciones, se trabaja por campos léxicos y se evita la circularidad en cada campo.

En la TST se aspira a completar la lista de los primitivos semánticos después de redactar los diccionarios. Hay conceptos de nivel intermedio similares a las moléculas del NSM, aunque en el NSM las moléculas deben ser significados de unidades léxicas de la lengua que se analiza, mientras que en la TST esto no es necesario (Goddard 2011, 91): esto significa, por ejemplo, que mientras que en la TST se puede trabajar con la paráfrasis española 'obtenido mediante un cuidadoso y correcto estudio', en el NSM solo se trabajaría con la lexía inglesa correspondiente a dicha paráfrasis, *painstaking*, para la cual no tenemos un equivalente exacto en español. Sí se trabajaría en el NSM en español, sin embargo, la descomposición de otras palabras próximas, como *meticuloso, cuidadoso, concienzudo, escrupuloso*, etc., aunque en ellas no está presente el rasgo 'obtenido' ni 'estudio'.

Un aspecto importante en las definiciones en la TST es que deben mostrar componentes centrales y periféricos, y aportar datos lingüísticos y de conocimiento del mundo (Mel'čuk y Polguère 2018, Apresjan 2000).

Con todo, uno de los problemas que se plantea hasta el momento (en la TST y en el NSM) es que tanto las definiciones completas y exhaustivas del primer modelo como las explicaciones semánticas con primitivos y moléculas del segundo son muy útiles para semantistas y lexicógrafos, pero no son reutilizables de modo directo en un diccionario de uso general. De hecho, en ninguno de los dos modelos se ha completado hasta el momento ningún diccionario de ese tipo. Hay diccionarios en curso en el modelo de la TST (véase el apartado 4.3), un diccionario de sinónimos (Apresjan 2018), un proyecto en curso que implementa ambos modelos (Barrios 2019, Barrios y Boguslavsky 2019) y un diccionario inspirado en el modelo del NSM (Bullock 2011).

Por último, y con respecto a las definiciones de los diccionarios de uso general, hemos de tener en cuenta que no se pueden redactar definiciones para todas las palabras porque no todos los significados son descriptivos: un saludo (como *hola*) no tiene significado sino función pragmática. Otras palabras, además, precisan de indicaciones sobre el uso, mediante marcas, como *despectivo, coloquial, familiar, irónico, festivo, popular, vulgar* (Garriga 1995, 113), y otras como *peyorativo* o *eufemismo*. Todas ellas tienen "significado emocional" (Geeraerts 2003, 87).

4. Polisemia, homonimia y significado contextual frente a lemas, acepciones y contorno

4.1. Homonimia y estructura léxica frente a lema

La homonimia y la polisemia son explicaciones teóricas al fenómeno de la ambigüedad léxica. Es muy conocido el caso de la palabra *banco*, de la que muchos hispanohablantes probablemente dirían que se trata de un caso de homonimia (pues no encuentran relación entre un tipo de asiento, un banco de peces y una entidad financiera), mientras que su etimología explica que en el *Diccionario de la lengua española* (Real Academia Española y Asociación de Academias de la Lengua Española 2014, en adelante, *DLE*) se recoja como un caso de polisemia. En cualquier caso, el contexto normalmente permite resolver su ambigüedad. De hecho, "muchos homónimos solo existen en teoría; en la práctica no hay riesgo de confusión, ya que pertenecen a diferentes clases de palabras" (Ullmann 1972, 205). Lo cierto es que cuando no hay diferencias categoriales, las hay de género, flexión, fraseológicas u ortográficas (Muñoz Núñez 1999).

Por eso es lícito plantearse si merece la pena distinguir homonimia y polisemia en diccionarios y en aplicaciones de procesamiento de lenguaje natural (PLN). Kilgarriff *et al.* (2010) contrasta la postura adoptada en el ámbito de la desambiguación en el ámbito informático (en la que no se distingue) con la de muchos trabajos de lexicología y lexicografía (en los que sí se hace). Algunos trabajos de campo con nativos (Panman 1982, Klepousniotou 2002) y ciertos trabajos experimentales en PLN (Krovetz 1997) han demostrado, no obstante, que los hablantes distinguen la homonimia de la polisemia y que dicha distinción es útil. Sea como fuere, el problema siempre "tiene una relación directa con el trabajo del lexicógrafo, ya que este tiene que decidir en cada caso" (Ullmann 1972, 201).

En cuanto al reflejo lexicográfico de la homonimia, en los diccionarios de uso general se recurre a la redacción de distintos lemas. Sin embargo, Pustejovsky y Batiukova (2019) defienden que este procedimiento no es coherente: el lexicón mental contiene todos los posibles usos de las palabras, pero los diccionarios no lo reflejan, pues ofrecen meras listas de palabras sin conexión entre ellas.

El lexicón generativo (LG) (Pustejovsky 1991) propone un camino elegante en el que se reconoce un único significado asociado a las palabras y múltiples usos vinculados al contexto que actualiza el significado. Es un enfoque monosémico, en el que se admite que *seco* significa algo distinto cuando se predica de *tierra* que cuando se dice de *piel*, pero se señala que eso depende únicamente de los rasgos de los sustantivos. El problema es que, al estudiar la polisemia de sustantivos del tipo *ratón*, "el modelo no permite explicar la polisemia tradicional (*me gusta este ratón* {'mamífero'/'aparato'}) que no se sigue de principios generales que operan en un determinado contexto" (De Miguel 2016, 89–91). Hanks (2013, 70) sostiene que, a pesar de la limpieza del LG, es casi imposible llevarlo a la práctica lexicográfica.

4.2. Polisemia, metonimia y sentido figurado frente a acepciones

Ullmann (1972) no acepta que la polisemia sea un defecto, pues considera que el contexto evita la mayoría de las situaciones confusas potenciales: "La polisemia es un factor inapreciable de economía y flexibilidad en el lenguaje; lo que es asombroso no es que la máquina se rompa de vez en cuando, sino que se rompa tan raramente" (p. 189). La polisemia se puede deber a extensiones regulares del significado, a cambios semánticos o a sentidos relacionados con un significado central (Lehrer 1992, 247). Se puede producir por un salto del significado referencial al denotativo, como en *cardo* y *ser un cardo* (Battaner y López Ferrero 2019, 142). Se manifiesta como un *continuum* y es un fenómeno que, cuando es regular, se asocia a la derivación morfológica y a las relaciones de sinonimia (Apresjan 1974). Geeraerts (1995) señala que, a diferencia de otras relaciones semánticas, la metáfora y la metonimia no son jerárquicas; y admite que, aunque la polisemia es un fenómeno estructurado, sigue siendo un problema irresoluble (Geeraerts 2010).

Curiosamente en la lingüística cognitiva la polisemia no solo no es un problema, sino que se considera un objeto de estudio nuclear, pues en este modelo interesan las categorías, y la flexibilidad del significado se ve como una cadena de sentidos relacionados que en sí misma constituye una categorización. Se defiende que la polisemia se origina frecuentemente por sentido figurado, cuando la extensión se produce en dos dominios diferentes, o por metonimia, cuando se dan en un mismo dominio (Ibarretxe-Antuñano 2010, 199). Una de las más prometedoras vías de investigación es la llamada *red radial* (Lakoff 1987), que analiza la estructura de la polisemia igual que la del significado no polisémico: es una estructura abstracta que permite comprender las particularidades de los miembros de una categoría y las extensiones de significado; por ejemplo, del nombre de una fruta se llega a una generalización (fruto) y a ciertas metáforas (resultado, beneficio, etc.) (Geeraerts 1995, Lewandowska-Tomaszczyk 2010, 12–14).

Entre los diccionarios de uso general de ámbito hispano que han aplicado un criterio particular frente a la polisemia se encuentra el *DEA*: si hay motivación semántica se considera que hay polisemia y se incluye como acepción; si no la hay, se considera que es homonimia y se incluye como otra entrada. Por el contrario, el diccionario académico (obra colectiva secular que solo ha sido redactada por lexicógrafos en las últimas décadas), cuenta con gran riqueza de datos ordenados en largas entradas en las que se aplica el criterio etimológico. El contraste entre uno y otro enfoque se aprecia, por ejemplo, en el caso de *gentil*: en el *DEA* se recogen dos lemas, a pesar de que comparten étimo, porque no hay motivación semántica: $gentil_1$ con tres acepciones ('agraciado', 'amable' y 'de estilo gótico') y $gentil_2$ ('pagano'); mientras que en el *DLE* se recoge el último sentido como una acepción más del lema anterior.

4.3. Significado contextual y colocaciones frente a contorno

Hanks (2013, 73–83) defiende que los significados solo se dan en contextos de uso: más que de significado, hemos de hablar de significado potencial; un significado es un evento (se da en cada acto comunicativo), un significado potencial es un estado (se encuentra en el diccionario) y la palabra aislada ni tiene significado pleno ni es vacía de significado, es un conjunto de rasgos semánticos que constituyen un significado potencial. A juicio del autor, el lexicógrafo tiene la ardua tarea de analizar los significados registrados en un corpus y relacionarlos con los significados del diccionario, labor difícil, entre otras causas, porque en los corpus hay textos descontextualizados, problema al que no se enfrentaron los participantes de los actos comunicativos correspondientes. Panman (1982, 108) admite que las palabras cambian de significado de un contexto a otro, pero eso no implica que el contexto determine completamente el significado, ni que solo tengan significado en contexto.

Para Grefenstette (1998, 38), los lexicógrafos del futuro deben recopilar corpus, agrupar las citas de dichos corpus, analizar por qué se han agrupado así y recurrir a todo ese material antes de escribir la definición. El problema es que se confunde la naturaleza del concepto científico con la del significado, por eso se acepta cierta vaguedad en la definición, y se pasan por alto los contextos de uso y las extensiones metafóricas (Hanks 2015).

En este sentido es reseñable que los autores del *DEA* se hayan servido de un corpus para analizar los contextos de uso, redactar el contexto sintáctico de la definición, organizar las acepciones y seleccionar los ejemplos de uso de cada entrada.

En cuanto al significado contextual, se analiza de un modo particular al estudiar las colocaciones. De hecho, Hanks (2013, 1) defiende que las colocaciones y los prototipos están en la base del significado. No es el único autor que reconoce que las colocaciones ayudan a entender el significado de una palabra. Uno de los modelos que más ha defendido esta idea es la TST, que ha descrito detalladamente colocaciones y predicados vacíos de contenido (Mel'čuk 1984, 1996, 2014, Mel'čuk *et al.* 1995).

La TST intenta reflejar cómo el hablante transforma los sentidos de lo que quiere comunicar en textos, por lo que su perspectiva es contraria a la de otros modelos lingüísticos que van del texto al sentido. El problema en la TST, por tanto, no es la ambigüedad (problema que tiene el oyente), sino la selección léxica restrictiva (problema solo para el hablante, que ha de elegir si se dice *cometer un error* o **hacer un error*), fenómeno patente en las colocaciones, y especialmente en verbos y adjetivos soporte. La TST logra un sano equilibrio entre semántica léxica y lexicografía, y se sirve de unas herramientas, las funciones léxicas, que permiten que afloren los sentidos ocultos compartidos por colocaciones aparentemente sin relación. Así, por ejemplo, *error craso* y *amor apasionado* comparten el sentido 'intenso', que se formaliza con la llamada función léxica Magn (una función léxica es un tipo de fórmula que expresa un sentido general y productivo asociado a diversas palabras).

Algunos de los proyectos lexicográficos realizados en el marco de la TST son *Le Réseau Lexicale du Français*, que presenta las relaciones léxico-semánticas acordes con un enfoque cognitivo (Polguère 2014); el *Diccionario de colocaciones en español*; el *Dicouèbe*; el diccionario especializado *DicoEnviro*, que permite la implementación de la metodología de FrameNet (L'Homme 2016); y el traductor inglés-ruso *ETAP-3* (Apresjan *et al.* 2002).

Como ya mencionamos, las colocaciones del español se recogen de un modo exhaustivo y original en dos diccionarios combinatorios (véase apartado 2). En cuanto a los diccionarios de uso general, la combinatoria aparece en el contorno. Es particularmente rico en ese sentido el *DUE* y el *DEA*, aunque en ninguno de los dos se indique expresamente que algo es una colocación. Por ejemplo, en la entrada *al dedillo* del *DEA* se dice: "con el verbo *saber* u otro equivalente" (para la colocación *saber al dedillo*); y en la entrada *lavable* se dice: "referido a telas o prendas de vestir" (para las colocaciones *chaqueta lavable*, etc.).

5. Relaciones semánticas y papeles semánticos en el diccionario

5.1. Hiperonimia en el diccionario

Entre las posibles relaciones semánticas, además de la sinonimia (véase el apartado 6.1) y la antonimia, en el diccionario se reflejan la hiperonimia, la hiponimia y la meronimia (Cruse 1986; Lyons 1995; Regueiro 2010, 2018). El caso del *DUE* es relevante por su doble macroestructura actual, en la que no solo se muestran las definiciones sino el llamado *catálogo* (listados extensos de palabras relacionadas que van más allá de la hiperonimia, como ocurre en la entrada *arañar*, con las palabras *uña, escarbar, raspar*, etc.). El resultado es un rico diccionario con extensa información en cada entrada de palabras afines: sinónimos, antónimos, equivalentes pluriverbales, etc.

La hiperonimia está presente en la macroestructura de los diccionarios ideológicos y en la microestructura de los diccionarios de uso general, pues las definiciones suelen comenzar con un hiperónimo. En los diccionarios ideológicos, el papel protagonista corresponde precisamente a la hiperonimia. El enfoque innovador de Casares (1942) y la sistemática presentación de Del Moral (2009) dan muestra de ello. Además, ambos diccionarios demuestran que las relaciones semánticas reflejan muchos datos cognitivos y la mentalidad de una época. Como defiende Casares (1951a, 14), sería muy útil comparar su diccionario con uno del siglo xv: menciona los ejemplos de *caimán*, 'pescado' para los historiadores del siglo xvi, y *murciélago*, consagrado por él mismo al grupo de los 'pájaros' para reflejar la mentalidad popular de su época.

5.2. Papeles semánticos en el diccionario

Una de las facetas en las que más se ha avanzado en semántica es el estudio de los participantes: se ha abordado desde el concepto de casos (Fillmore 1968) y las relaciones y papeles temáticos (Jackendoff 1972, 1990). Fillmore (1982, 1985) evolucionó hacia la semántica de marcos (*Framenet*), modelo que subyace a un proyecto multilingüe centrado en el papel semántico de los argumentos verbales y la gramática de casos: se detectan los marcos de cada verbo creando una pequeña escena que los acompaña, de modo que, por ejemplo, en el marco compra-venta se evocan palabras como *comprar, vender, costar, comprador, vendedor, bienes, dinero*, etc. Dirige la versión de *Framenet* en español Carlos Subirats (2004, 2013), en la que se dispone de una red semántica (con datos extraídos de un corpus de 390 millones de palabras) con más de mil unidades léxicas (todas predicados) que representan diversos dominios. Por ejemplo, en el campo de la certeza se encuentran las entradas *certeza, certidumbre, dar por seguro, seguro* y *tener por seguro*; hay también ejemplos anotados automáticamente, como los adjetivos *convencido, inseguro, dudoso*, etc.

En cuanto a los papeles semánticos y los tipos semánticos, no abunda su implementación lexicográfica. Hanks (2013, 284–286) señala que el hecho de que una palabra sea simple o compleja desde el punto de vista semántico puede estar asociado precisamente a esos aspectos: *exasperate* ('exasperar') es semánticamente simple porque puede tener como primer argumento todo tipo de sustantivos (persona, evento, estado, idea, objeto físico, etc.), mientras que su segundo argumento solo tiene el tipo semántico [[Humano]]; *sentence* ('veredicto'), sin embargo, reclama el rasgo [[Humano]] en dos argumentos.

ADESSE es un diccionario de verbos españoles desarrollado por García de Miguel (2014). El autor consideró que el modelo de roles semánticos se quedaba corto al describir semántica y sintácticamente los verbos del español, y desarrolló una base de datos en la que se recurre al léxico para especificar los papeles argumentales de cada verbo. En ella se toman las piezas léxicas del dominio de cada verbo, con el objetivo de que en posteriores desarrollos no solo se hable de agente, en el caso del primer argumento de *escribir* y *enseñar*, sino de *escritor* y *docente*, respectivamente, idea acorde con las propuestas de Hanks (2013). Su diccionario es especialmente rico en información semántica. Se indica la clase semántica de los verbos, lo que permite distinguir acepciones; por ejemplo, *venir* es un verbo de desplazamiento ('moverse') o de propiedad ('ser (in)apropiado'). Se ofrece la lista de argumentos, papeles semánticos y papeles sintácticos más frecuentes, así como una interesante tabla de los papeles nucleares asociados a la clase semántica. Por ejemplo, en *puedes venir a verlo* hay un sujeto agente móvil y un objeto de finalidad, mientras que en *cartas le fueron venidas* hay un sujeto paciente móvil y un objeto beneficiario.

Un último caso es el diccionario *DICEMTO* (2010), dirigido por Elena de Miguel, en el que se describen verbos de movimiento según el modelo del LG.

6. Los componentes del significado y su descripción lexicográfica

Volvemos ahora al concepto de significado (véase el apartado 3.1.) para analizar su descripción lexicográfica. El significado de *significado* ha sido discutido desde la Edad Media, cuando se propusieron los conceptos de intensión (rasgos de significado) y extensión (conjunto de entes a los que se puede aplicar). Supongamos que del mismo modo que existe *mamífero* existiera un término para "ser vivo con corazón" y otro para "ser vivo con riñón", y que ambos cubrieran los mismos seres vivos: en este caso la extensión sería idéntica, sin embargo, la intensión diferiría: serían dos palabras con distinto significado (Putnam 1975a, 132–133). El autor defiende que intensión y extensión son conceptos filosóficos más que lingüísticos, pues ningún hablante, al pensar en una palabra, piensa en el posible conjunto de todos los seres potencialmente designados por dicha palabra. Además, aunque el concepto de extensión admite una definición científica, el de intensión es tan vago como el propio concepto asociado a la palabra *concepto* (Putnam 1975a, 134).

Estos problemas se han subrayado reiteradamente: la extensión no tiene límites, la intensión es, en cierto modo, borrosa (Battaner y López Ferrero 2019, 143). ¿Cómo se traduce todo esto en los diccionarios? En la práctica, el enfoque semántico que adopte el lexicógrafo determina el tipo de definición. La definición tradicional es la de género próximo y diferencias específicas, también llamada *definición analítica*, en la que se descompone el significado en rasgos, es decir, se muestra la intensión. La postura opuesta se adopta en las *definiciones prototípicas*, en las que se muestra la extensión. Una tercera postura se adopta en las *definiciones sintéticas*, como veremos a continuación.

6.1. Sinonimia frente a definición sintética

La sinonimia se trata de modo especial en diccionarios de sinónimos, pero también aparece en las definiciones de muchos diccionarios de uso general, provocando los mencionados problemas de circularidad (Apresjan 2000).

La definición en la que la intensión se expresa mediante un sinónimo se llama *definición sintética*; este tipo de definiciones teóricamente permite la sustitución del *definiendum* (la palabra que se define) con el *definiens* (la palabra que define al *definiendum*) (Geeraerts 2003, 7). Esto se puede hacer con una unidad léxica o con una paráfrasis sinonímica, y esta última ha sido la aspiración del *DEA*.

En efecto, en el *DEA* se recurre a definiciones sinonímicas en paráfrasis en las que se busca que la palabra definida se pueda sustituir en la mayoría de los posibles contextos de uso. Se sirven de elementos de contorno para dar información sintáctica: se marcan los elementos habituales del contorno con corchetes, e incluso en ocasiones se indica su función sintáctica. Así, *legar* se define como "disponer en testamento que [alguien] reciba [algo]" porque supera la prueba de la sustitución propia de las definiciones sinonímicas. De este modo, su ejemplo "Un buen día se encontró con que alguien le había legado un millón" se podría parafrasear como: "Un buen día se encontró con que alguien había *dispuesto en testamento que recibiera* un millón".

6.2. Intensión frente a definición analítica y enciclopédica

Una definición analítica es aquella que analiza el *definiens* (la definición en sí) en sus rasgos constituyentes (Geeraerts 2003, 7), algo muy frecuente en los diccionarios del español.

Una de las propuestas más sistemáticas para la descripción de la intensión vino de la mano del estructuralismo. Pottier (1963) analizó la descomposición semántica de los sustantivos franceses que designan distintos tipos de asiento. El semema 'silla', por ejemplo, es la suma de los semas 'con respaldo', 'sobre un pie', 'para sentarse', 'para una persona' y 'de material rígido'. El autor ofrecía unas conocidas imágenes de los posibles objetos correspondientes que ilustraban estos semas.

El artículo invita a algunas reflexiones que escapan a las limitaciones de este capítulo. Mencionaremos solo una. Si escribimos en un buscador de imágenes las palabras *puf, taburete, silla, sillón* y *sofá* apreciamos que buena parte de los pufs tienen un pequeño respaldo; la mayoría de los taburetes son altos, los hay de tres patas y de una pata; hay sillas de oficina con una sola pata, sillas con soporte en forma de L, incluso una silla en zig-zag con forma de "Z", sin contar con que una de cada diez sillas tiene brazos; casi todos los sillones son versiones del sillón orejero; y el sofá no tiene relación alguna con la imagen de Pottier (próxima a *banco*) posiblemente porque, como describe él mismo, en esos años, asientos y sofás se hacían con material rígido. Dicho con otras palabras, hay una enorme distancia entre la intensión y la extensión en esas palabras. Aunque la definición intenta aproximarse a la intensión del significado, lo cierto es que la extensión puede modificar con los años cualquier propuesta de definición. De ahí que las definiciones y los diccionarios deban actualizarse.

A este respecto destacan las propuestas de Fillmore y Lakoff, quienes abogan por una semántica basada en el conocimiento del mundo (Janseger 2017). Las definiciones que aportan abundantes datos de conocimiento se llaman *definiciones enciclopédicas* y suelen reflejar datos fijos; el problema es que el lexicón es dinámico y se asocia a datos mutables (Battaner y López Ferrero 2019, 144).

6.3. Extensión, prototipo y estereotipo frente a definición prototípica

Si la definición analítica muestra la intensión, las definiciones prototípicas se sirven de la extensión para subrayar algunos de sus elementos. En muchos diccionarios anglosajones, por ejemplo, se introduce este tipo de información con adverbios como *tipically, usually* o *specially* (Geeraerts 2003, 90). En los españoles se recurre a *especialmente* (véase *zuñido* en el *DLE, s. v.*: "zumbido, *especialmente* de oídos") y a sintagmas del tipo *como (en)* (véase *histamina* en el *DLE, s. v.*: que se libera "durante las reacciones inmunitarias, *como* las alergias"; y *bisel, s. v.*: corte en un borde "*como* en el filo de una herramienta, en el contorno de un cristal"). La teoría de los prototipos y su segunda versión (Kleiber 1990) da respuesta a muchos de los problemas que plantean la intensión y la extensión del significado. Los cognitivistas aceptan la no igualdad, la no discreción y la red radial (véase el apartado 4.2).

Las definiciones también pueden basarse en el estereotipo (Lara 2006a, 67–71), que es el conocimiento de una sociedad acerca de algo: como dice el autor, la definición de *electricidad* en el siglo XVIII varió mucho con respecto a la del XIX como consecuencia de los avances en la física. El estereotipo refleja el conocimiento en un momento determinado y explica parte de la fraseología: su ejemplo de *gato* ilustra cómo los hablantes hispanos lo conocen como animal doméstico que evita peligros (*tener más vidas que un gato*), que se lleva mal con el perro (*estar como el perro y el gato*), etc.

Un caso particular de las definiciones prototípicas lo plantean Wierzbicka (1984, 1985) y Goddard (2017b), quienes defienden que no todos los hiperónimos deben ser usados en las definiciones: palabras como *mueble, cosmético, verdura* y *arma* difieren de otras como *narcótico* o *tranquilizante*. En efecto, las primeras sirven para nombrar una colección de cosas mientras que las segundas sirven para nombrar una clase de cosas (Wierzbicka 1984, 324). Por eso solo las segundas pueden funcionar como hiperónimos: a) *narcótico* ('algo que causa la pérdida de sensibilidad') puede ser usado en definiciones analíticas de la *morfina* ('narcótico que se extrae del opio'); b) tranquilizante ('algo que causa la relajación muscular') puede ser usado si se considera *ansiolítico* un caso de homonimia y se define el sustantivo ('tranquilizante que sirve para disminuir la ansiedad'). No ocurre lo mismo con *mueble*, palabra asociada objetos de la casa, o con *cosmético*, asociada a objetos para cuidado del rostro. Estas palabras no son hiperónimos y, según estos autores, no deben ser usadas en las definiciones de los supuestos hipónimos. Por el contrario, se debe recurrir a definiciones prototípicas en las que aparezcan los nombres de objetos asociados a dichos conceptos: por ejemplo, *juguete* se puede definir con *muñecas, cochecitos*, etc.; instrumento musical con *guitarra, piano, flauta*, etc.; *insectos* con *moscas, mosquitos, hormigas*, etc. (véanse estas y otras propuestas en Goddard (2017), quien ofrece explicaciones con primitivos y moléculas).

7. Conclusiones

La semántica y la lexicografía son dos disciplinas que hasta ahora se han ayudado solo parcialmente. Durante los últimos cincuenta años, se han propuesto hipótesis explicativas en diversos marcos teóricos en relación con ciertos problemas lexicográficos: la semántica cognitiva trata la polisemia, la metáfora y la metonimia; el LG, la monosemia y la polisemia; la NSM la descomposición del significado y su universalidad; la TST formaliza la combinatoria léxica y la fraseología; la Teoría de Normas y Explotaciones describe el significado potencial y explica el significado contextual basado en corpus; y la Semántica de Marcos y la Terminología basada en Marcos describen los escenarios que acompañan a las situaciones designadas por los predicados y los términos, respectivamente. El problema es que con estos modelos se han redactado diccionarios terminológicos, repertorios y proyectos de ámbito limitado, pero se no completado ningún diccionario de uso general para ninguna lengua.

Por otra parte, muchos de los lexicógrafos que sí han terminado diccionarios de uso general del español, no han podido contar con el soporte teórico de la semántica léxica, en parte porque los modelos que hemos nombrado no se han desarrollado hasta estos últimos cincuenta años. El *DLE* es una antigua obra colectiva, y el *DUE*, diccionario de autor de riquísima información, no contó con un soporte teórico tan poderoso como los que se ofrecen ahora. Los autores del *DEA*, por su parte, redactaron su diccionario, como ellos mismos defienden en su prólogo, porque no había otro para el español que hubiera seguido una metodología medianamente rigurosa; hemos visto la sistematización de su definiciones sinonímicas y del contorno sintáctico. También el mencionado *DEM* ha sido creado con criterios semánticos y lexicológicos acordes con el enfoque teórico de su director. En cuanto a los diccionarios combinatorios de Bosque (*Redes* y *Práctico*), ofrecen unas clases semánticas que nacen no solo de los datos sino también de la visión de su autor. Estos tres últimos diccionarios, además, se han basado en corpus (algo ineludible en la lexicografía actual), han supuesto un enorme avance, y se ofrecen como un ejemplo de los frutos que puede dar el trabajo conjunto de ambas disciplinas. Sin embargo, aún queda mucho por hacer.

Para Moliner *definición* es la "explicación del significado de una palabra en el diccionario" (*DUE4*, 789). Para Seco *et al.*, es un "enunciado con que se define" y *definir* es "explicar de manera precisa lo que significa una palabra" (1999, 1426–1427). Para el *DLE*, la definición fija de modo claro o preciso el significado de la palabra. Como vemos, todos dan por supuesto que una definición explica el significado de una palabra de modo cierto y seguro; ninguno contempla que esta aspiración pueda ser difícil, o solo aproximada. Al menos hasta que no haya acuerdo en qué es el significado, y su relación con el concepto y la definición, a nuestro juicio, lo más que puede hacer un lexicógrafo es ofrecer una definición lo más cercana posible al significado; y el semantista, sugerirle cómo podría hacer que esa tarea fuera lo más coherente posible (gracias a algún modelo sólido) con los datos y con lo que los hablantes tienen en su cabeza. Tendremos que esperar algunos años para saber si las últimas propuestas semánticas que hemos resumido brevemente en este capítulo se llevan a la práctica de modo completo en algún diccionario de uso general.

Nota

1 Agradezco a Susana Silvia Fernández y Zuzana Bulat-Silva sus sugerencias a la traducción al español de esta propuesta de Goddard. Cualquier error que se aprecie en dicha traducción es responsabilidad única de la autora de este capítulo.

Bibliografía básica

Bosque (2004b); Geeraerts (2009); Goddard (2011); Hanks (2013); Polguère (2016)

Bibliografía complementaria

Apresjan (2000); Fontenelle (2008); Lara (2016a); Mel'čuk (2014); Wierzbicka (1985)

3

Las categorías gramaticales en el diccionario (Grammatical categories in the dictionary)

María Bargalló Escrivá

1. Introducción

La información sobre la categoría gramatical forma parte de los contenidos básicos que se incluyen en los diccionarios monolingües del español desde los inicios de la lexicografía académica. Los datos consignados como marcas gramaticales en las obras lexicográficas siguen las clasificaciones generales que se observan en las gramáticas, aunque estas han realizado, especialmente a partir de finales del siglo xx, una revisión mucho más detenida de las clases y subclases de palabras tradicionales que se han trasladado de manera sucinta a los diccionarios. Además de los avances efectuados en el campo gramatical, también han sido importantes las investigaciones metalexicográficas que se han llevado a cabo en estos años, puesto que han dado lugar a propuestas que, sin abandonar la huella de los diccionarios académicos, han supuesto algunas actualizaciones significativas que persiguen, por una parte, la sistematización de los datos y, por otra, un acceso mucho más simple y claro a estos por parte de los usuarios de las obras.

Las categorías gramaticales también son elementos clave para la organización de los lemarios, así como de los artículos lexicográficos correspondientes. Cuestiones como la homonimia y la polisemia, el orden de las acepciones y la definición de estas tienen en cuenta, a la hora de establecer pautas de configuración, las clases de palabras y la consideración que los lexicógrafos realizan sobre estas.

El desarrollo de productos lexicográficos concebidos originalmente como productos en línea ha de suponer una reconsideración profunda de las características de los diccionarios y, entre ellas, de los datos sobre las categorías gramaticales, especialmente de aquellos que inciden en la estructura de tales obras. Por otra parte, el hecho de que algunos productos lexicográficos se vinculen estrechamente a un corpus que se ha anotado lingüísticamente nos lleva a tener en cuenta, de manera específica, el etiquetado morfosintáctico, conocido en inglés como POS tagging. Las investigaciones que se realizan sobre estas cuestiones, a partir, generalmente, de más de una lengua, han de permitir también una reconsideración sobre la clasificación de las categorías gramaticales desde esta perspectiva.

Palabras clave: categoría gramatical; etiquetado morfosintáctico; homonimia gramatical; marca gramatical; subcategoría gramatical

DOI: 10.4324/9780429244353-5

Grammatical category is just one of the basic pieces of information that has been included in Spanish monolingual dictionaries since the beginning of academic lexicography. The information, recorded in the form of grammatical labels in lexicographic works, draws on the general classifications used in grammars. However, particularly since the end of the twentieth century, grammars have made a much more thorough review of the classes and sub-classes of traditional words, which have then been succinctly transferred to the dictionaries. In recent years, important metalexicographic research has also been carried out. This has given rise to proposals which, while not breaking with the tradition of academic dictionaries, have made significant changes that seek to systematize information and provide users with easier access to it.

Grammatical categories also play a key role in the organization of lemmas and the corresponding lexicographic articles. The guidelines given on such issues as homonymy and polysemy, and the order of meanings and their definitions, take into account word classes and the lexicographers' opinions about them.

The development of lexicographic products conceived as online tools must necessarily involve an in-depth re-assessment of the features of dictionaries and the information given on grammatical categories, particularly if this affects structure. Likewise, the fact that some lexicographic products are closely linked to a corpus that has been linguistically annotated requires us to take into account the morphosyntactic tagging system known as POS tag sets. The research that has been carried out on these issues, generally in more than one language, must also make it possible to reassess the classification of grammatical categories from this perspective.

Keywords: grammatical category; grammatical homonymy; grammatical label; grammatical sub-category; POS tagging

2. Fundamentos. Las categorías gramaticales

Como se señala en Bosque (2014a, 14), esta denominación se utiliza con varios sentidos en la bibliografía lingüística:

> Unos autores utilizan el término *categorías gramaticales* para designar los conceptos que recubren los morfemas flexivos, es decir, género, número, persona, tiempo, aspecto, etc. Otros lo utilizan para referirse a cualesquiera unidades de la gramática, es decir, tanto a las categorías que acabamos de citar como a las partes de la oración (= *categorías sintácticas* en algunas terminologías) y a las funciones sintácticas (sujeto, objeto directo, etc.).

En este capítulo abarcaremos ambos sentidos con la intención de mostrar cómo se refleja la información correspondiente a estas cuestiones en los diccionarios del español.

Desde los inicios de la gramática occidental, las categorías gramaticales han formado parte del núcleo básico de la descripción de las lenguas. Las clases y las denominaciones de dichas categorías han sido objeto de debate a lo largo de los veintidós siglos transcurridos desde la formulación que hiciera Dionisio de Tracia en su *Arte gramática* (siglo I a. C.): cuántas categorías deben establecerse, cuál es el criterio que hay que utilizar para delimitarlas, su posible universalidad, etc.

Cabe recordar aquí algunas de las cuestiones esenciales que han sido objeto de discusión entre los autores gramaticales desde el siglo XVIII hasta nuestros días.[1] En primer lugar, en cuanto a las clases de palabras, se ha producido la separación, dentro de la categoría inicial 'nombre', entre 'sustantivo' y 'adjetivo', de manera que hasta principios del siglo XX aún se sigue utilizando la macroclase 'nombre', tal como indica Calero Vaquera (1986, 67), mientras que "la RAE no aceptó al adjetivo como clase independiente de palabras hasta la 12.ª edición de su gramática en

1870". Por otra parte, se ha eliminado la clase 'participio' que se mantuvo en las gramáticas hasta principios del siglo XX y que se suprimió del *Diccionario de la lengua española* (en adelante, *DRAE*) en la edición 18.ª (1956, *DRAE18*). Asimismo, se ha llevado a cabo una progresiva introducción de algunas clases transversales[2] como la de determinante o la de cuantificador, identificadas claramente en la *Nueva gramática de la lengua española* (Real Academia Española y Asociación de Academias de la Lengua Española 2009, en adelante, *NGLE*).

Se han producido variaciones en la gramática actual con respecto a las subclasificaciones de las categorías, aunque la mayoría de ellas no se han incorporado a los diccionarios, como veremos más adelante. Según se señala en Oyanedel y Samaniego (2014, 253), en la *NGLE* se establecen "distinciones más finas en algunas clasificaciones, como es el caso, entre otros, de los sustantivos eventivos, clasificativos y cuantificadores; asimismo en el caso de los adverbios aspectuales, focales, de tópico y punto de vista y de la enunciación".

Las sucesivas revisiones de esta clasificación tradicional han supuesto, en el balance que podemos hacer a estas alturas del siglo XXI, pocos cambios sobre la base original, aunque es cierto que a lo largo del siglo XX se han establecido variaciones que han comportado una reformulación de algunos de los problemas con que se enfrentaba dicha clasificación (*cf.*, para una perspectiva actual, los capítulos dedicados a clases de palabras en Gutiérrez-Rexach 2015), mientras que, como observaremos enseguida, los diccionarios han mantenido, de manera general, la clasificación, así como las subdivisiones tradicionales.

3. Las categorías gramaticales en el diccionario

La tradición lexicográfica suele incluir información sobre las categorías gramaticales en los diccionarios,[3] tanto en los monolingües como en los bilingües[4] o multilingües. En realidad, la información sobre la categoría gramatical forma parte de los contenidos básicos que se incluyen en los diccionarios del español desde los inicios de la lexicografía académica, aunque esta información figuraba, de manera poco sistematizada, en obras anteriores a la época humanista. La forma más común en que se ofrece este dato es la abreviatura,[5] denominada, en la metalexicografía reciente, como *marca gramatical* de forma paralela a las marcas diatópicas, diafásicas, etc. Esta es la designación utilizada, por ejemplo, por Porto Dapena (2002, 252–254) o por el *Diccionario de la lengua española* (Real Academia Española y Asociación de Academias de la Lengua Española 2014, en adelante, *DLE*) para denominar todas aquellas indicaciones referidas a la gramática del lema.

Nos detendremos, primero, en este tipo de datos; observaremos después, para obtener una visión más precisa del tema, la coherencia entre las formas abreviadas y las definiciones que se incluyen de tales categorías, dado que se introducen como lemas de los mismos diccionarios, y cerraremos este apartado con la presencia de información sobre las clases de palabras mediante otros formatos (cuadros, apéndices, etc.).

3.1. La información sobre las categorías gramaticales mediante abreviaturas

El *Diccionario de autoridades* (Real Academia Española 1726–1739, en adelante, *DAut*) incluía dieciocho abreviaturas (*cifras generales*, según su terminología) en el prólogo y solo dos de ellas no correspondían a una clase de palabra. Las demás aludían, por una parte, al *nombre sustantivo*, al *nombre adjetivo*, al *pronombre*, al *verbo*, al *participio*, a la *preposición*, al *adverbio*, a la *interjección* y a la *conjunción;* y, por otra parte, a las subclasificaciones de *nombre* (*nombre substantivo masculino, nombre substantivo femenino* y *nombre substantivo ambiguo*), *verbo* (*verbo activo, verbo neutro, verbo impersonal* y *verbo recíproco*) y *participio* (*participio activo* y *participio pasivo*). Así, en el primer diccionario académico las abreviaturas se circunscriben a las relacionadas con las categorías gramaticales, a diferencia de los actuales, en los que las abreviaturas se han multiplicado para incluir los diversos tipos de información que se consignan de forma sintética. En esta primera obra académica las abreviaturas se situaban tras el lema, mientras que, en la actualidad, figuran tras el paréntesis en el que se indica la etimología o la transcripción fonética, si se incluyen estos datos en el diccionario.

Es preciso subrayar que son las mismas clases que encontramos en la primera edición de la *Gramática de la lengua castellana* de la RAE (1771, en adelante, *GLC*), si exceptuamos el hecho de que en el diccionario no figura una abreviatura para el 'artículo' y que en este aparece por separado la distinción de la clase 'nombre'. Ahora bien, si tomamos la clase 'verbo' como referencia, observamos que, en el *DAut*, solo formaban parte de las abreviaturas cuatro subtipos, mientras que, a lo largo de sus páginas, tal como señala Val Álvaro (1992, 81), aparecen nueve clases de verbos; esta subclasificación no se corresponde con la reflejada en la *GLC*. Las diferencias entre el número y el tipo de subcategorías que se indican mediante abreviatura y las que se especifican bajo los lemas de las diversas categorías se mantienen, de manera general, hasta nuestros días, como podremos comprobar a lo largo del análisis que realizaremos.

En cuanto a la función de las marcas gramaticales, es preciso subrayar que el valor central de la información categorial se refleja ya en los trabajos pioneros sobre metalexicografía (*cf.* Rey-Debove 1971), en los que se otorga, tal como señala Ahumada Lara (1989, 78), un papel fundamental a este dato, puesto que "se considera el cordón umbilical que une el diccionario al sistema lingüístico", de manera que constituye así una de las tres partes fundamentales de la estructura mínima del artículo junto con la 'entrada' y la 'definición'.

Los planteamientos actuales sobre el artículo lexicográfico no otorgan este papel nuclear a la 'categoría' (*cf.*, entre otros, Svensén 1993, 82), aunque siguen considerándola como parte de la información básica. Existen, sin embargo, partidarios de omitir esta información; Alvar Ezquerra (1993 [1982], 112) indica que "la utilización de las marcas gramaticales en los diccionarios generales de la lengua es, manteniendo una postura lexicográfica estricta, innecesaria, excepción hecha de aquellos casos en los cuales sirve para diferenciar homógrafos". Abonarían esta posición los diversos estudios sobre uso de los diccionarios en los que se muestra la dificultad que pueden tener los usuarios para utilizar esta información (*cf.*, entre otros, Azorín Fernández 2000a y Candalija Reina y Marimón Llorca 2000, Bernal y Renau 2010, así como las reflexiones de Demonte 2017 sobre la información gramatical que figura en los diccionarios y la cultura lingüística de los usuarios). Con todo, la postura más común es la que especifica Svensén (2009, 136): "The main function of the indication of part-of-speech membership is not to specify the place of the lemma in the theoretical classification scheme. Instead, it provides information about the grammatical properties of the lemma, calling on the user's knowledge of regularities in the grammar of the language concerned".

Aunque la utilización de abreviaturas sea la forma más común de introducir los datos sobre la categoría gramatical, existen algunos diccionarios que no utilizan este recurso e introducen la denominación completa. Esta opción se utiliza en español en algunos diccionarios destinados al aprendizaje y, especialmente, en los diccionarios escolares destinados a Primaria como el *Diccionario didáctico de español. Elemental* (1996) de la serie de SM, el *Diccionario de Primaria* (*2003, Primaria Edebé*) o el *Diccionario de Primaria de la lengua española* (2002, *Primaria Anaya-Vox*).[6]

Sea cual sea la forma empleada, vamos a analizar, primero, cuáles son las categorías y las subcategorías utilizadas. Para ello es posible recurrir a los elementos que se consignan en las páginas iniciales de los diccionarios, aunque no siempre se ofrece este dato, por lo que recurriremos también a la definición que se ofrece en los lemas que se destinan a cada una de ellas. No obstante, esto no es siempre posible, puesto que, en algunos diccionarios, como sucede en el *Diccionario de uso del español* (Moliner 1966–1967, en adelante, *DUE1*), no se incluye un listado en las páginas iniciales sobre cuál es la clasificación categorial de la que se parte ni es posible contrastar esta información mediante las entradas dedicadas a estos términos, dado que sus definiciones gramaticales no incluyen como hiperónimo *parte de la oración*, *clase de palabra* o una denominación semejante.

Como hemos señalado en el primer apartado, no existe unanimidad entre los gramáticos a la hora de establecer la lista de clases de palabras, por lo que no nos puede sorprender el hecho de que existan también discrepancias entre los diversos diccionarios. De todas formas, las variaciones se circunscriben a algunas clases de palabras muy delimitadas.

Podemos afirmar, ante todo, que las obras académicas siguen ofreciendo la pauta básica. En el *DLE*, se distinguen nueve categorías —adjetivo, adverbio, artículo, conjunción, interjección, preposición, pronombre, sustantivo y verbo— que coinciden con las que se establecen en la *NGLE* de esta institución. La mayoría de los diccionarios actuales comparten esta clasificación tanto en el número como en las denominaciones; solo se observan algunas opciones singulares que surgieron del conjunto de nuevos diccionarios que se publicaron a finales del siglo XX o en el siglo XXI, la mayoría de ellos con una finalidad pedagógica mucho más definida, puesto que se dirigían también a aprendices de español como lengua segunda o como lengua extranjera. Se trata de actualizaciones significativas como la opción que encontramos en el *Diccionario de la lengua española. Lema* (2001, en adelante, *Lema*) y en el *Diccionario integral del español de la Argentina* (2008, en adelante, *DIEA*), que utilizan la denominación *determinante* a diferencia de los demás diccionarios que siguen partiendo de la clase 'artículo'.

Por otra parte, cabe observar vacilaciones en las denominaciones *nombre* y *sustantivo*. Ya hemos señalado que, en el origen, la primera incluía la segunda además del *adjetivo*. En algunos diccionarios actuales, como por ejemplo el *DLE*, en la definición de *sustantivo* se remite a *nombre*, pero la abreviatura que figura en el listado corresponde a *sustantivo* y no a *nombre*. Por su parte, el *Clave. Diccionario de uso del español actual* (1996, 9.ª ed. 2012, en adelante, *Clave*) utiliza como abreviatura *sustantivo*, pero es en la definición de *nombre* donde se especifica la subclasificación de esta clase de palabra y se indica que corresponde a la "parte de la oración que comprende el sustantivo y el adjetivo". En cuanto al *Diccionario Salamanca de la lengua española* (1996, en adelante, *DSal*), considera ambos términos sinónimos y así se pone de manifiesto en sus respectivas definiciones.

Como indicábamos más arriba, las marcas gramaticales incluyen también subespecificaciones para las diversas categorías. Estas se establecen a partir de criterios flexivos (como sucede, generalmente, para el sustantivo/nombre, el adjetivo, el verbo y el artículo), criterios sintáctico-semánticos (es el caso del verbo, el determinante, el pronombre, el adverbio y la conjunción), mientras que no aparecen subtipos para la preposición e interjección, (excepto en el caso del *Diccionario Estudio Salamanca* (2007, en adelante, *DES*) que, en el primer caso, distingue entre preposición impropia y propia. Las subdivisiones no suelen ser excesivamente complejas, de manera que, a diferencia de lo que observaremos cuando analicemos el contenido de los artículos correspondientes a las clases de palabras, se limitan a unas pocas distinciones que podrían considerarse las fundamentales, aunque no se indica esta cuestión en las páginas iniciales.[7] Tal como señala Demonte (2017, 21) a propósito del *DLE*, "los adjetivos se subclasifican ricamente en la entrada correspondiente a la palabra *adjetivo*, al igual que sucede con los verbos, pero esas denominaciones subclasificadoras (*determinativo, calificativo, relacional, gentilicio, numeral cardinal*) son a veces teóricamente opinables y, en todo caso, no se usan en las definiciones".

La indicación del género para los sustantivos comporta que, en buena parte de los diccionarios actuales, se utilice solamente la abreviatura correspondiente a masculino o femenino en los lemas que corresponden a esta categoría[8] y que tienen género inherente, mientras que para los sustantivos que corresponden a seres sexuados que poseen formas con terminación distinta para masculino y femenino, además de ofrecer la variación en el lema, en algunas obras, como en el

DLE o el *DSal*, se utilicen las dos abreviaturas para indicar dicha posibilidad de forma redundante. Algunos diccionarios, como el *Clave*, el *DIEA* y el *Lema* introducen, además de las distinciones indicadas, la de *sustantivo/nombre ambiguo* y la de *sustantivo/nombre común*, mientras que el *DLE* elimina ambas marcas (esta es, precisamente, una de las innovaciones que se introducen en esta edición) y sitúa, para los sustantivos comunes en cuanto al género, la abreviatura *m. y f.* y, para los sustantivos ambiguos, la abreviatura *m. o f.*, lo que comporta, sin duda, que resulten más inteligibles para los usuarios que desconocen determinados términos específicos de la gramática. A diferencia de lo indicado, el *Diccionario del español de México* (2010, en adelante, *DEM*) ofrece, además de la abreviatura de clase de palabra, la de género solo cuando este es inherente, mientras que la ausencia de especificación corresponde a un vocablo que posee variación de género.

Se aportan también datos sobre la flexión de número de los sustantivos, sea en forma abreviada, como en el *DLE*, o no abreviada. Por otra parte, el *Lema* también utiliza abreviaturas para marcar algunas posibilidades de género y de número de los adjetivos, mientras que el *Clave* marca el adjetivo que no posee dos terminaciones para el género como *adj. inv.* ('adjetivo invariable').

Para el verbo, la distinción entre transitivo, intransitivo y pronominal es la más frecuente, aunque en el diccionario *Clave* solo se incluye una subespecificación mediante abreviatura (*v prnl* 'verbo pronominal') y ninguna en el *DES*.[9] Por su parte, el *DIEA* no introduce la marca 'pronominal' porque considera que da lugar a clasificaciones poco sistemáticas, por lo que consigna esta información a través de las acepciones. Como hemos señalado para el sustantivo, también para los verbos suele omitirse la abreviatura correspondiente a esta clase gramatical y se sitúa solo la que indica la subcategoría correspondiente ('transitivo', 'intransitivo').

En cuanto a la morfología verbal, en algunos diccionarios se introducen códigos específicos para indicar los verbos con conjugación irregular: es el caso, por ejemplo, del *Diccionario para la enseñanza de la lengua española* (1995, en adelante, *DIPELE*), del *DEM* y del *DSal*. Los tres diccionarios establecen, en apéndices, un listado de modelos de irregularidad, debidamente numerados, de manera que en los artículos correspondientes a verbos irregulares podemos encontrar, al principio o al final del artículo correspondiente, un signo que introduce la indicación sobre el patrón de irregularidad al que responde. Por otra parte, en la versión digital del *DLE* se ha incorporado un conjugador, de manera que es posible obtener, mediante un clic, la conjugación completa del verbo, sea regular o irregular. Esta posibilidad facilita, sin duda, el acceso a esta información, pero no permite proporcionar modelos de irregularidad al usuario. Por otra parte, en algunos diccionarios se consigna una abreviatura específica para señalar que un determinado verbo es defectivo; así sucede, por ejemplo, en el *DIPELE*.

Existe menos homogeneidad entre los diccionarios con respecto al tratamiento de los subtipos del resto de clases de palabras mediante abreviaturas. Los diccionarios *Lema*, *DSal* y *DES* ofrecen mayor diversificación para categorías como el pronombre, mientras que los dos últimos también establecen una subclasificación muy detallada para las clases adjetivo, adverbio y conjunción. A diferencia de los demás, *DIEA* establece una subespecificación detallada para la clase determinante. Por su parte, el *DLE* ha decidido eliminar, en la edición vigente, algunas de las subespecificaciones de los adverbios.

Ahora bien, no se incluyen regularmente marcas tan habituales en las demás tradiciones lexicográficas como la de *contable* o *no contable* para los sustantivos, pero sí se encuentra en el *DSal*, sin abreviar y no de manera sistemática, y en algunos diccionarios bilingües del español (*cf.* Sánchez Merino 2002–2003).

Las formas abreviadas también se utilizan en la mayoría de los diccionarios para introducir información sobre el cambio categorial que se puede producir en el uso de la lengua. Tal como se señala en Pena (2008, 183), "los diccionarios son un buen muestrario de cómo las categorías no son discretas, de cómo hay intersecciones o zonas de transición de una categoría a otra".

Como indica este autor, estas obras optan o bien por "separarlas en entradas distintas cuando una de las categorías implicadas es el verbo, o reunirlas en una única entrada, en cuyo caso las acepciones se agrupan por categorías. [...] En cualquier caso, los resultados son bastante heterogéneos".

En la edición 13.ª del *Diccionario de la lengua castellana,* de 1899 (*DRAE13*), empiezan a utilizarse las fórmulas abreviadas *Ú. t. c.* ('úsase también como'), *Ú. m. c.* ('úsase más como'), fórmulas que siguen indicando en las ediciones sucesivas de este diccionario aquellos casos en los que existe la posibilidad de recategorización del lema. Tales fórmulas se sitúan al final de la definición de cada una de las acepciones. Sigue este mismo planteamiento el *Diccionario del español actual* (Seco, Andrés y Ramos 1999, *DEA*), puesto que también coloca esta información tras la definición, en la zona en la que se consignan los datos de construcción.

A diferencia de ellos, la mayoría de los diccionarios actuales sitúan estos datos, también mediante abreviaturas, tras indicar el lema; aunque no se justifica esta opción en las páginas iniciales, puede interpretarse que proporcionan estos datos para "poner sobre aviso al usuario sobre las posibilidades de construcción que tiene el lema que está consultando" (Bargalló 2010, 23). Señalábamos en este mismo trabajo que "esta solución se inicia tímidamente en el *Diccionario general ilustrado de la lengua española* (1987, en adelante, *DGILE3*) para la combinación *tr.-prnl.*", pero adquiere carta de naturaleza en los diccionarios posteriores, especialmente en los destinados al aprendizaje. En estos se coloca un signo tipográfico —generalmente, una raya oblicua o un guion— entre las distintas subcategorías posibles; "de esta forma, solo de manera implícita, puede deducirse, por el orden con el que aparecen las abreviaturas de la subcategoría, cuál es la más frecuente" (Bargalló 2010, 23).

Por otra parte, cabe señalar que, frente a la ausencia significativa de las abreviaturas para las categorías en el *DUE1*, a partir de la segunda aparecen de manera sistemática tras cada lema, así como fórmulas del tipo *tr. y prnl.*, *tr. o abs.*, *tr. e intr.*, etc.

3.2. *Las categorías gramaticales como lemas*

Pasemos a la información sobre las categorías gramaticales en las entradas de los diccionarios. Como ya sucedía en el *DAut*, los diccionarios del español incluyen como entradas las categorías indicando, generalmente, que se trata de términos correspondientes a la Gramática o a la Lingüística; constituye una excepción el diccionario *Lema*, puesto que no las marca diatécnicamente, de manera que cabe interpretar que considera dichos términos dentro del léxico común.

Esta opción se mantendrá a lo largo de los siglos de manera que en todos los diccionarios encontramos como lemas los correspondientes a las categorías gramaticales, desarrollados con mayor o menor extensión. Ahora bien, tal como señalaba Gili Gaya (1987, XXXV) en el prólogo al *DGILE3*, "un diccionario no puede ser una Gramática por orden alfabético", por lo que han sido frecuentes las discusiones de carácter metalexicográfico sobre cuánta gramática debe incluirse en un diccionario. En este sentido, ha sido objeto de debate el "desarrollo gramatical" realizado por María Moliner en la microestructura de las entradas de términos gramaticales que figuran en el *DUE1*, mientras que solo consigna la categoría gramatical de las voces cuando lo considera estrictamente necesario para establecer alguna distinción, tal como hemos indicado anteriormente. Alvar Ezquerra (1993 [1982], 115) se inclina decididamente en contra de otorgar tal extensión a la gramática en un diccionario: "Una información metalingüística de tal calibre debería figurar, a lo sumo, en un apéndice, o en una enciclopedia, pero nunca en un diccionario general de la lengua". Esta perspectiva parece ser la que ha primado en las sucesivas ediciones del *DUE*, puesto que esta información figura en uno de los apéndices de la obra a partir de la segunda edición.

Veamos, en primer lugar, los datos que se ofrecen a propósito de la clase de palabra del lema y sus diversos sentidos.

Respecto a las definiciones, cabe señalar que existe una diversidad importante en el hiperónimo que las introduce —*parte de la oración, clase de palabra, palabra*—, mientras que, por lo que respecta al contenido, la mayoría de las obras consultadas ofrece una breve caracterización de cada una de ellas, como las que se encuentran en el *DLE*, el *DSal* o el *Clave*, mientras que en el *Lema*, el *DEM* y el *DES* aparecen definiciones relativamente extensas. En la segunda edición del *DEA*, se incluye un "glosario de términos lingüísticos utilizados" en el que aparecen, entre otros vocablos, los correspondientes a las clases de palabras con su definición.

Además de la definición, los diccionarios del español suelen incluir los diversos tipos en que se divide cada categoría. Respecto a estos datos, cabe señalar que han sufrido cambios significativos a lo largo del tiempo, como muestra el análisis, por ejemplo, del lema *verbo* en la serie de los *DRAE* (*cf.* Bargalló 2010). Mientras se produce casi una constante variación de la subclasificación del verbo en el artículo lexicográfico en que aparece como lema, apenas se observan cambios en las abreviaturas que se utilizan para estas distinciones y estas siempre contienen un número más reducido de subtipos, puesto que se indican mediante este recurso solo las más significativas, como hemos señalado anteriormente. Así sucede, por ejemplo, en el caso del *DLE*: mientras que en las abreviaturas se establecen seis subclases para el verbo *(aux., copulat., impers., intr., prnl., tr.)*, en la entrada correspondiente se distinguen hasta cuarenta y un subtipos que responden tanto a consideraciones morfológicas, sintácticas o semánticas, en los que conviven denominaciones pertenecientes a la gramática actual (como *verbo de apoyo* o *verbo inacusativo*) junto a denominaciones anticuadas—lo que es señalado por el propio diccionario en su definición respectiva—, como *verbo determinante* o *verbo activo*.

3.3. *La información sobre las categorías gramaticales mediante cuadros o apéndices*

Como ya avanzábamos, también es posible encontrar información sobre las categorías gramaticales en apartados específicos de los diccionarios, o bien como apéndices, como sucede en el *DIPELE* o el *DIEA*, o bien como cuadros insertos en la microestructura, a semejanza de lo que se ofrecía en el *DGILE3*, el *Lema* o el *DES*. En el caso del *Lema*, los diversos cuadros gramaticales se introducen cerca del lema correspondiente. Encontramos, así, un cuadro sobre las categorías gramaticales que incluye información sobre los criterios de clasificación de estas y una visión de conjunto del comportamiento de cada una de ellas según los criterios establecidos. Además de este cuadro, figuran también, mediante este formato, datos sobre otras clases gramaticales. Asimismo, se sitúa en cuadros información sobre cuestiones relacionadas con las categorías gramaticales como el género y el número en los sustantivos.

En cuanto a los datos que se ofrecen al usuario mediante apéndices, es frecuente encontrar en los diccionarios monolingües de aprendizaje *(DIPELE, DES)*, así como en los bilingües (como *The Oxford Spanish Dictionary. Spanish-English/English-Spanish*, Galimberti Jarman y Russell 1994) un apartado dedicado a resumir la gramática de la/s lengua/s. En este contexto se sitúan precisamente las explicaciones sobre las clases de palabras.

Una vez examinadas las diversas formas en que se consigna información sobre las categorías gramaticales, puede señalarse que existe, en la actualidad, una tendencia general a simplificar los datos que se ofrecen sobre la gramática, puesto que los estudios realizados a los usuarios de diccionarios han permitido observar que estos no consultaban mucha de la información gramatical que se les proporcionaba. Las tendencias actuales que podemos observar en determinados productos de la lexicografía digital europea (*cf.*, entre otros, algunos diccionarios de aprendizaje innovadores como los que se señalan en Tarp 2013a) radican en ofrecer al usuario la cantidad de datos que precisa en cada momento. Esta solución se apoya en potentes bases de datos que permiten un acceso flexible al contenido recopilado y en una organización de dichos datos que contemple las diversas necesidades de codificación y descodificación de los usuarios (*cf.* Nomdedeu-Rull y Tarp 2018). No obstante, a diferencia de lo que ocurre en los productos relacionados con el inglés, el francés o el alemán, nos encontramos al inicio de tal evolución en la lexicografía española.

Por otra parte, hemos observado en este apartado una relación constante entre gramática y diccionario. En este sentido, cabe plantearse, como lo hacen algunos investigadores, hasta qué punto los diccionarios han de ser obras de lingüística aplicada; existen posturas contrarias a esta vinculación directa entre lingüística y diccionario, como las que mantienen los investigadores de la escuela de Aarhus, claramente partidarios de separar ambas disciplinas (*cf.* Tarp 2013b). Desde nuestro punto de vista, existe una relación muy significativa entre lingüística y diccionario, de manera que las investigaciones que se realizan desde ambas disciplinas han de proporcionar una información más precisa y adecuada del léxico de la lengua. Esto no es óbice para que ofrezcamos en los diccionarios una información gramatical dosificada y simplificada que responda adecuadamente a los datos que solicita de este el usuario teniendo en cuenta que no es necesariamente un experto en lingüística.

4. Las categorías gramaticales y su incidencia en la estructura del diccionario

Dedicaremos este apartado a examinar cómo inciden las categorías gramaticales en la organización del diccionario. En este marco es preciso situar las decisiones que toma el lexicógrafo sobre homonimia y polisemia, puesto que determinan, entre otras cuestiones, el lemario. Así, uno de los criterios que aún suele incidir en los diccionarios para plantear uno o varios lemas para una unidad léxica es la categoría gramatical, tal como se señala en Clavería (2000) y en Clavería y Planas (2001). Se muestra en ambos trabajos que, en los diccionarios monolingües generales del español, así como en diversos diccionarios de aprendizaje,

> se recurre a las entradas homógrafas cuando, a pesar de compartir un mismo origen etimológico, cada elemento tiene una categoría gramatical distinta. Se trata de un criterio formal cuya aplicación resulta muy útil y fácil de realizar, pues la categoría condiciona el significado del elemento y, por tanto, su interpretación; se obliga de esta forma al usuario a dar prioridad al análisis gramatical al iniciar su consulta. Este criterio, por tanto, puede resultar especialmente conveniente en los diccionarios de aprendizaje.
>
> *(Clavería y Planas 2001, 302)*

No obstante, como señalan estas autoras, la irrupción del criterio semántico en diccionarios como el *DEA* está dando lugar a nuevas soluciones en las que se combina este criterio con "un criterio gramatical coherente a lo largo de todo el diccionario", aunque, como destacan ellas mismas, se observan inconsistencias en función de las diferentes categorías gramaticales. Por este motivo, tal como se señala en Battaner (2008, 11), aumentan los artículos polisémicos lo que parece complicar la organización del artículo lexicográfico.

En estrecha relación con el problema que acabamos de plantear, se encuentran los criterios empleados a la hora de establecer el orden de las acepciones de los términos polisémicos. La información relacionada con la categoría o la subcategoría gramatical de las entradas de los diccionarios monolingües se ha utilizado también como punto de partida para separar los diversos sentidos de un lema polisémico, de manera que se forman "bloques de acepciones que corresponden a una misma categoría gramatical" (prólogo del *DLE*, XLIV). De esta forma, es muy frecuente encontrar en los prólogos de los diccionarios una observación sobre cómo se ordenan las acepciones en función de la categoría gramatical, con el objeto de facilitar la búsqueda de estas. Tenemos un ejemplo de ello en el diccionario *Clave*, en el que se indica (p. 18) que el orden será el siguiente: adjetivo; adjetivo/sustantivo; sustantivo: común, ambiguo, masculino, masculino plural, femenino, femenino plural; verbo; verbo pronominal; adverbio; conjunción; preposición, e interjección. En los casos en que se ofrece una subclasificación detallada, a diferencia del *Clave*, tal como hemos señalado anteriormente, la organización está condicionada por las subcategorías establecidas de manera que estas determinan la organización de las acepciones. Así, en el *DSal*, en un lema verbal como *enlazar* aparecen, primero, todas las acepciones correspondientes a su uso transitivo; a continuación, aparecen las correspondientes a su uso intransitivo, y finalmente las que corresponden a su uso pronominal. Este criterio sintáctico aparece ampliamente desarrollado en el *DEA* mediante bloques numerados que distinguen las diversas construcciones en las que puede aparecer el lema polisémico.

No obstante, este criterio de organización de las acepciones está siendo objeto de revisión, como se indica en Battaner (2010), a imagen y semejanza de las opciones que han desarrollado los diccionarios anglosajones destinados al aprendizaje, en los que se ordenan las acepciones teniendo en cuenta, entre otros criterios, la frecuencia de un determinado sentido y, de manera más específica, la semántica de la unidad léxica, dado que tales opciones pueden ayudar de manera más clara al usuario a localizar el significado que está buscando dentro de un contexto determinado. Por ello, esta investigadora propone organizar las acepciones a partir de la determinación del significado nuclear del lema, así como de su extensión, intensión y los posibles cambios de dominio. Esta opción se aplica al conjunto de verbos que se incluyen en la muestra del *Diccionario de aprendizaje del español como lengua extranjera* (en línea, *DAELE*) con resultados prometedores.

Las categorías gramaticales también han determinado las definiciones de los diccionarios del español, de manera que se han propuesto pautas específicas para las diversas clases de palabras. En Ahumada Lara (1989) se analizaron los tipos de definiciones que utilizaba el *Diccionario de la lengua española* en su 20.ª edición (Real Academia Española 1984, *DRAE20*) para las clases léxicas: verbo, nombre, adjetivo y adverbio. El autor toma como punto de partida para dicho análisis algunos principios clásicos de la lexicografía (*cf.*, entre otros, Rey-Debove 1971), mutuamente relacionados, como son la *identidad categorial* y la *sustitución*. Estos principios habían sido examinados con detalle por Seco (2003, 32); el primero comportaba "la exigencia de que el definiente esté constituido por una forma adecuada a la función sintáctica propia del definido", mientras que la sustituibilidad comportaba que "el enunciado definidor puede sustituir al término definido, en un enunciado de habla, sin que el sentido objetivo de este se altere". Estas exigencias respecto a la definición han ocasionado amplios debates en la metalexicografía; *cf.*, entre otros, Gutiérrez Cuadrado (2010) y Hanks (2015) para una revisión del desarrollo del concepto de definición hasta la actualidad. A partir de modelos desarrollados fundamentalmente por los diccionarios de aprendizaje, especialmente el propuesto por el *Collins Cobuild English Language Dictionary* (Sinclair 1987, *Cobuild*), se ha llevado a cabo una revisión profunda de los presupuestos anteriores de manera que se prima, fundamentalmente, el tipo de definición que ayuda al usuario con independencia de la forma que adquiera.

5. Avances técnicos y metodológicos, nuevas herramientas de análisis y de compilación de datos

El desarrollo de diccionarios concebidos como productos en línea y no como traslaciones de diccionarios impresos ha de suponer una reconsideración profunda de las características de estas obras; esta es la vía que exploran los diccionarios de Valladolid (*cf.* Fuertes-Olivera y Bergenholtz 2018). Tal como señala Gouws (2018), existe una diferencia significativa con respecto a los diccionarios impresos: estos se realizaron mayoritariamente sin tener en cuenta la teoría lexicográfica, mientras que la lexicografía digital puede sustentarse en un considerable volumen de trabajos teóricos que se han elaborado desde el último cuarto del siglo XX. Dicha teoría plantea tres componentes fundamentales de un diccionario: las funciones, los contenidos y las estructuras. Si observamos estos tres aspectos, Gouws (2018, 218) señala que, "whereas contents and functions can maintain more or less the same role in internet dictionaries compared to their role in printed dictionaries, dictionary structures in the online medium often differ from those in the printed medium".

Teniendo en cuenta estas consideraciones, podemos señalar que la información sobre las categorías gramaticales, tal como la hemos analizado en el apartado 3, sigue formando parte como tal de los contenidos que se ofrecen en los diccionarios digitales, aunque no suelen figurar en forma abreviada dado que el problema de espacio que podía justificar esta opción desaparece con este formato (*cf.*, además del trabajo citado de Gouws 2018, Rundell 2015). Respecto a las cuestiones que hemos tratado en el apartado 4, la utilización de las clases de palabras como elementos estructurales del artículo lexicográfico, está siendo objeto de revisión, también en los diccionarios impresos más recientes, puesto que, como hemos visto, condicionan la organización de la información que se ofrece al usuario. Dado que el objetivo es proporcionarle los datos que estrictamente precisa, la estructura se vuelve más flexible para adaptarse a sus necesidades.

Por otra parte, como vienen señalando estos últimos años diversos autores,

> la interacción entre corpus y diccionario es continua. Por un lado, es impensable actualmente abordar una empresa lexicográfica sin apoyarse en un corpus. Por otro lado, la anotación de corpus ocupa un lugar cada vez más prominente en los estudios lingüísticos.
> *(Alonso Ramos 2009, 1191)*

Para el contenido de este capítulo nos interesa especialmente el proceso que conduce a introducir etiquetas correspondientes a categorías gramaticales en los elementos que configuran un corpus; este proceso se conoce generalmente como etiquetado morfosintáctico (*POS tagging*, por su denominación en inglés). En el desarrollo de este proceso de etiquetado se han planteado diversos proyectos destinados a homogeneizar las codificaciones lingüísticas utilizadas para diversas lenguas, de manera que sea posible trabajar con dos o más idiomas que se combinan en productos bilingües o multilingües. Así, el proyecto EAGLES (Expert Advisory Group for Language Engineering Standards) se creó para proporcionar una guía y estandarizar los recursos lingüísticos en las diferentes lenguas europeas. En las recomendaciones de Leech y Wilson (1996) se indicaban ya las categorías gramaticales fundamentales sobre las que debería establecerse la armonización: nombre, verbo, adjetivo, pronombre/determinante, artículo, adverbio, aposición, conjunción, numeral, interjección, único/no asignado, residual y puntuación. También se recomienda utilizar otros atributos o valores para las diversas clases de palabras. El desarrollo de etiquetadores morfosintácticos para las diversas lenguas, aun siguiendo la guía establecida por entidades como EAGLES, ha planteado la necesidad de una clasificación universal de las categorías léxicas y las distinciones gramaticales que pueda ser útil para fines lexicográficos y de procesamiento del lenguaje. Es preciso señalar que se han desarrollado ya diversos etiquetadores morfosintácticos para el español; en Parra Escartín y Martínez Alonso (2015) puede observarse un análisis comparativo entre algunos de ellos. En esta línea, como se señala en Saurí *et al.* (2018), en las últimas décadas se ha realizado un significativo esfuerzo para intentar desarrollar clasificaciones universales con el fin de describir los diferentes niveles lingüísticos que han dado lugar a analizadores como FreeLing (Padró y Stanilovsky 2012) o MULTEXT-East (Erjavec, 2012), entre otros, que tienen en cuenta un conjunto significativo de lenguas, especialmente europeas. Se trata, en definitiva, de modelos que persiguen la vieja cuestión que de alguna manera ha estado siempre presente a lo largo de los veintidós siglos que han transcurrido desde la clasificación propuesta por Dionisio de Tracia: la universalidad de las categorías gramaticales.

Ante estos retos, tal como señalan Fuertes-Olivera y Bergenholtz (2018, 156) de manera contundente, los lexicógrafos "are above all challenged with the task of engaging in interdisciplinary collaboration with programmers and designers in order to guarantee still higher productivity without compromising quality and exploring new ways of presentation of the lexicographical product as the old static dictionary article is becoming increasingly obsolete".

6. Conclusión

Hemos podido comprobar, a lo largo de este capítulo, una tendencia general en la lexicografía española a la pervivencia de las categorías y subcategorías tradicionales; este no es un problema que afecte solo a la lexicografía española, puesto que Pullum (2009, 271) también observa dificultades importantes en la clasificación categorial que se utiliza en los diccionarios anglosajones:

> It is time to revise the conception of grammatical categories that is currently built into all dictionaries of English. The traditional categorizations given in the dictionaries for numerous items are simply in error. Some brave dictionary Publisher must take the risk of being the first to abandon mistaken but well entrenched traditions, and of being out of step with all other dictionary publishers for a while as a result. [...] No other subject would tolerate this degree of stagnation and outdatedness.

Así, mientras que las obras gramaticales muestran una mayor evolución desde el siglo XVIII hasta nuestros días, los diccionarios han efectuado pocas variaciones en la denominación de clases y subclases. No obstante, desde el último cuarto del siglo XX, en el que se edita un conjunto significativo de obras en papel —especialmente diccionarios de uso y de aprendizaje—, se han producido cambios en la información relacionada con las categorías gramaticales que intentan proporcionar datos más acordes con las necesidades y los conocimientos de los usuarios, generalmente mediante abreviaturas. Por otra parte, se están efectuando variaciones más relevantes con respecto al uso de las clases y subclases de palabras como elementos organizadores de la estructura del artículo lexicográfico, producto de revisiones más profundas derivadas de la teoría metalexicográfica y de los nuevos formatos digitales.

El cambio de paradigma que supone la interrelación entre lexicografía y procesamiento del lenguaje, así como la incidencia decisiva de los corpus en la confección de diccionarios, conducen, entre otras cuestiones, a nuevos planteamientos sobre los tipos y subtipos de categorías gramaticales. Los retos están ya esbozados, pero queda aún camino por recorrer en la lexicografía del español a la hora de elaborar productos lexicográficos acordes con las exigencias que imponen los nativos digitales.

Notas

1 Las clases de palabras que aparecían en la primera *Gramática de la lengua castellana* de la RAE (1771) eran nueve: nombre, artículo, pronombre, verbo, participio, adverbio, preposición, conjunción e interjección. Como señala Gómez Asencio (1981, 97), esta clasificación es la mayoritaria para las gramáticas que se publican entre 1771 y 1847. Calero Vaquera (1986) subraya la diversidad de sistemas que aparecen en el periodo comprendido entre 1847 y 1920 que distinguen desde diez clases de palabras a tres clases de palabras. En ambas obras, así como en Bosque (2014a) y García Folgado *et al.* (2019), puede consultarse la historia de esta clasificación en español.

2 No existe aún una solución definida para los marcadores del discurso, introducidos como elementos diferenciales ya en la *Gramática descriptiva de la lengua española* (Bosque y Demonte 1999, capítulo 63) y considerados en la *NGLE* como elementos que no pueden ser estrictamente equiparables a las clases gramaticales. *Cf.* Rojas (2007) para una discusión sobre su tratamiento lexicográfico en la 22.ª edición del *DRAE* (2001, *DRAE22*).

3 Svensén (2009) destaca que hay una variación importante entre las lenguas, las tradiciones lexicográficas y las categorías de usuario por lo que respecta a la presencia, formato y función de las indicaciones sobre las categorías gramaticales.

4 Para la información gramatical en los diccionarios bilingües, *cf.* Fuentes Morán (1997).

5 La lista de abreviaturas que se encuentra ya en el *DAut*, a imagen y semejanza de las obras en que se apoyaba: el *Vocabolario degli academici della Crusca* (1612) y, más concretamente, el *Dictionnaire de l'Académie Française* (1694), incluye una relación de las clases y subclases de palabras en español, tal como se concebían en este periodo (*cf.* Freixas 2010).

6 Es preciso señalar que en la lexicografía de aprendizaje europea contemporánea, especialmente en la anglosajona, se suele optar por no abreviar estos datos, al mismo tiempo que se han limitado al máximo los códigos para transmitir información gramatical, tras comprobar, mediante los estudios a usuarios, que estos no utilizaban estos datos porque les resultaban demasiado complejos. *Cf.*, entre otros, Bogaards y van der Kloot (2001) y Vrbinc y Vrbinc (2007).

7 Es preciso señalar las propuestas innovadoras que se introdujeron en la muestra del *DAELE* en el que se establecieron, inicialmente, como señala Bernal (2013, 26, nota 8), hasta nueve subespecificaciones: impersonal, intransitivo, pronominal por alternancia causativa-incoativa, pronominal puro, pronominal semántico, *se* medio, transitivo, pronominal aspectual transitivo y pronominal aspectual intransitivo.

8 Esta opción aparece en la séptima edición del *DRAE (*1832, *DRAE7)* y se recoge de manera específica en el prólogo del mismo: "Se ha quitado también la abreviatura *s.* que significa sustantivo en todos los nombres, y la *v* en los verbos, quedando solo en aquellos *m.* y *f.* que se interpretan masculino y femenino; y en estos *a.*, *n.* y *r.* que quieren decir *activo, neutro* y *recíproco*, porque estas letras no tienen otra interpretación en el Diccionario, y por tanto no dan lugar a equivocaciones; pero se han conservado las omitidas, cuando el primer significado pertenece a un adjetivo o a un verbo, y el segundo a un sustantivo y al contrario".

9 Es la opción que encontramos en algunos diccionarios anglosajones de aprendizaje en los que se ha eliminado esta distinción, tal como señala Svensén (2009, 139), dado que suplen esta información mediante datos sobre la valencia y la construcción de los verbos.

Bibliografía básica

Alvar Ezquerra (1993 [1982]); Bargalló (2010); Bosque (2014a); Porto Dapena (2002)

Bibliografía complementaria

Ahumada Lara (1989); Saurí *et al.* (2018); Svénsen (2009)

4

Morfología y lexicografía (Morphology and lexicography)

Elisenda Bernal[1]

1. Introducción

Los aspectos morfológicos son omnipresentes en los diccionarios de lengua española. Por un lado, la morfología flexiva aparece bajo diversas formas, normalmente de forma directa: la categoría gramatical, el género y el número de los nombres y adjetivos, y también se informa de la irregularidad verbal. Por otro lado, la morfología léxica aparece de un modo menos explícito, aunque en el diccionario se recogen, lógicamente, series derivativas, si bien no siempre de manera completa. Asimismo, también se suelen incluir algunos formantes (normalmente prefijos y elementos compositivos cultos), de los que se suele ofrecer información parcial, ya que pocas veces se va más allá de dar la categoría resultante de las palabras que se construyen con ellos y la glosa de significado. Sin embargo, no se recogen de manera sistemática las restricciones de selección que puede imponer un afijo determinado a la base de derivación o su productividad.

En este capítulo se analizan estos aspectos en distintos diccionarios generales para determinar las fortalezas y debilidades que presenta su representación. Asimismo, se presenta una reflexión de cómo el entorno digital puede suponer una mejora significativa de la inclusión de la información morfológica en el diccionario, en el sentido de asegurar su sistematicidad, que debe revertir necesariamente para mejorar las necesidades de consulta del usuario.

Palabras clave: género y número; prefijos y sufijos; series derivativas; elementos compositivos; morfología flexiva y léxica

Morphological aspects are omnipresent in Spanish dictionaries. On the one hand, inflexional morphology appears plainly in different forms: information is provided regarding parts of speech, the gender and number of nouns and adjectives, and verbal irregularities. On the other hand, lexical morphology appears less explicitly, and although dictionaries logically include derivative series, they are not always exhaustive. Moreover, morphemes are usually included (mostly prefixes and neoclassical combining forms). The information given on them is often limited to the part of speech of the resulting words that are formed and a gloss of their meaning. The selection restrictions that a certain affix may impose on the derivation base or its productivity are not specified.

This chapter analyses the representation of these morphological aspects in several general dictionaries to determine their strengths and shortcomings. In addition, we consider how digital environments can significantly improve the inclusion of morphological information in dictionaries by ensuring a systematic approach.

Keywords: combining forms; derivative series; lexical morphology; prefixes; suffixes

2. Morfología flexiva en el diccionario

A pesar de que podría parecer que la descripción morfológica no incide directamente en el diccionario, porque este contiene esencialmente palabras y no morfemas, la morfología constituye un aspecto inseparable del diccionario y sobre el que se sostienen algunas decisiones lexicográficas, de la consignación de la categoría gramatical (veáse el capítulo 3 de Bargalló en este volumen) a los datos de flexión de nombres, adjetivos y verbos, tanto los regulares como los irregulares, por un lado, y a la inclusión de palabras derivadas y compuestas (ya sean patrimoniales o cultas), por el otro. Así, por ejemplo, se recoge de manera explícita en el *Clave. Diccionario de uso del español actual* (1996, en adelante, *Clave*) que el plural de *jersey* es *jerséis* (e incluso se añade una observación sobre la forma incorrecta ⋆*jerseises*) o se informa de la conjugación del verbo *satisfacer* en el *Diccionario de la lengua española* (Real Academia Española y Asociación de Academias de la Lengua Española 2014, en adelante, *DLE*):

jersey jer.sey

(pl. jerséis)

s. m. Prenda de vestir, generalmente de punto y con manga larga, que cubre el cuerpo desde el cuello hasta más abajo de la cintura. [...]
USO Incorr. el plural ⋆*jerseises*.

*(*Clave, s. v. jersey*)*

satisfacer. (Del lat. satisfacĕre.) ♦ Conjug. c. hacer, salvo el imper.: **satisfaz** o **satisface**; part. irreg. **satisfecho)**.

*(*DLE, s. v. satisfacer*)*

Si nos fijamos en la representación de la moción del género, observamos que es diversa según los diccionarios. Así, los diccionarios de lengua española tienden a lematizar nombres y adjetivos bajo la forma masculina, a la que se añade la terminación femenina, tal y como se observa en los ejemplos siguientes del *DLE*, el *Clave* y el *Diccionario general de la lengua española, Vox* (en adelante, *DGLE*), con la excepción del *Diccionario del español de México* (en adelante, *DEM*), que solo informa del masculino:

quiosquero, ra

1 m. y f. Persona que trabaja en un quiosco, especialmente de periódicos.

*(*DLE, s. v. quiosquero, ra*)*

traductor, -a tra·duc·tor, to·ra

adj

1 Que traduce: Actualmente existen programas informáticos traductores de varios idiomas.
s.
2 Persona que se dedica a la traducción, esp. si esta es su profesión.
s.f.
3 Máquina electrónica que sirve para traducir.

(Clave, s. v. traductor, -a)

sismólogo, -ga

1 nombre masculino y femenino. Persona que se dedica al estudio de la sismología.

(DGLE, s. v. sismólogo, -ga)

versallesco, -ca

adjetivo

1 De Versalles, palacio y sitio real cercano a París, o relacionado con él: *hizo un enorme proyecto inspirado en motivos versallescos.*
2 Que es propio de la corte francesa en el siglo XVIII, establecida en Versalles: *costumbres versallescas; modales versallescos.*

(DGLE, s. v. versallesco -ca)

pintor

s

1 Persona que tiene por oficio pintar objetos como paredes, puertas, muebles, etc.
2 Persona que se dedica al arte de la pintura: "José Clemente Orozco fue un gran *pintor* mexicano"

(DEM, s. v. pintor)

amarillo

1 s m Color del oro, de la yema del huevo, de los pollos o los patos recién nacidos; es el tercero en el espectro solar o arco iris
2 adj Que es de ese color
3 adj y s Que pertenece a la raza así llamada, natural de Asia

(DEM, s. v. amarillo)

En general, pues, se observa una tendencia clara a reducir la forma femenina a su terminación, a la que el *DEM* también renuncia. Más allá de una decisión de representación determinada, que en los tiempos digitales se puede justificar poco por el supuesto ahorro de espacio (Bernal 2019), la representación no desplegada del femenino podría salvarse si el motor de búsqueda que incorpora el diccionario es capaz de lematizar. En este sentido, tanto el *DLE* como el *Clave* permiten recuperar las entradas a partir de las formas flexionadas: la consulta de *vendrás* obtiene como resultado la entrada de *venir* o la de *traductora*, la de *traductor -ra*. Esto, que supone un avance innegable para garantizar el acceso a los datos, no lo ofrecen las consultas del *DGLE* o el *DEM*, cuyo motor de búsqueda solo permite (sin decirlo explícitamente) consultas coincidentes con el lema, de modo que solo arroja aproximaciones, que pueden quedar más o menos cerca de la consulta: así, el *DGLE* ante *traductor -ra* ofrece *traductora*, pero si se busca *abogadas*, la entrada *abogado, -da* aparece en tercer lugar, tras *abogaderas* y *abogadil*. El resultado de la consulta de una forma verbal como *vendrás*, en cambio, queda mucho más lejos, ya que propone como aproximaciones *venda, vendaje, vendar, vendaval* y *vendedor, -ra*. Por su parte, con el *DEM* solo se obtienen resultados de la forma coincidente con el lema o, en su defecto, de la forma flexionada consultada que aparezca en los ejemplos: así, *abogada* aparece como resultado en un ejemplo de la entrada de *abogado* (aplicado a la Virgen), pero también de *agasajar* y de *litigante*, *vendrás* aparece usado en la entrada de *ganso*, y una palabra como *traductora* no ofrece ningún resultado. Esta ausencia puede ser muy equívoca, especialmente si se compara con un caso como el de *modista* en el mismo diccionario:

> **modista**
>
> s m y f Persona que diseña, corta y cose prendas de vestir para mujeres: *ir a la modista, una modista parisina*
>
> (DEM, s. v. modista)

Según la información proporcionada, *modista* parece un sustantivo común en cuanto al género, pero si se busca *modisto* (que en el *DLE*[2] o el *Clave*, por ejemplo, aparece como lema separado de *modista*), si bien no tiene entrada en el diccionario, aparece en ejemplos del adjetivo *refinado* y del verbo *vestir*. A pesar de que los diccionarios se revisan y se actualizan, queda, pues, margen de mejora para dar cuenta más adecuadamente de las características relacionadas con la morfología flexiva, tanto desde el punto de vista de su representación como del acceso.

3. Morfología léxica en el diccionario

El hecho de que las voces derivadas y compuestas en el diccionario, a diferencia de las palabras simples, tengan un significado, en general, predecible y composicional (especialmente en el caso de los derivados) hace que, con frecuencia, se omitan diversas palabras de los lemarios. Así, por ejemplo, si comparamos en seis diccionarios distintos la serie derivativa y compositiva de *falso, -sa*, se observan diferencias notables: mientras que el *DLE* y el *Diccionario de uso del español* (Moliner 2016, en adelante, *DUE4*) presentan 20 derivados —no coincidentes— y tres compuestos, el *DEM* presenta solo 10; en la zona intermedia se sitúan el *Diccionario del español actual* (Seco, Andrés y Ramos 1999, en adelante, *DEA*), que solo incluye uno de los compuestos y 14 derivados, y el *Clave*, que solo incluye 13 derivados (que no coinciden con los del *DEA*), mientras que el *DGLE* incluye 16 derivados, tal y como se observa en la Tabla 4.1.

Klosa (2013) sostiene que la inclusión de la formación de palabras en un diccionario está motivada principalmente por el hecho de que permite visualizar las relaciones que se dan entre las palabras. Estas relaciones serán representadas de manera exitosa en la medida en que la inclusión de compuestos y derivados, la lematización de afijos y la descripción de las reglas de formación de palabras se satisfagan adecuadamente, sin olvidar, a su vez, que la disposición alfabética tradicional limita la posibilidad de establecer estas relaciones de una manera adecuada.

Para cumplir el objetivo de representar adecuadamente la formación de palabras en el diccionario, sin embargo, hay que tener en cuenta como señala Pena (1994–1995) que la derivación no es un proceso lineal, productivo y automático, ni todos los derivados posibles son probables ni las pautas derivativas de un afijo se pueden aplicar a otro, aunque compartan características sintácticas y semánticas. Así, por ejemplo, el sufijo verbalizador *-izar* nominaliza con el sufijo

Tabla 4.1 Comparación de la serie derivativa y compositiva de *falso, -sa*

	DLE	*Clave*	*DEA*	*DGLE*	*DUE4*	*DEM*
falsaarmadura	×				×	
falsabilidad	×			×	×	
falsable	×			×	×	
falsabraga	×		×		×	
falsación	×			×	×	
falsacionismo	×					
falsada	×				×	
falsamente	×		×		×	×
falsar	×	×		×	×	
falsario, -ria	×	×	×	×	×	×
falsarregla	×				×	
falseador, -ra	×	×	×	×	×	
falseamiento	×	×	×	×	×	×
falsear	×	×	×	×	×	×
falsedad	×	×	×	×	×	×
falseo	×	×		×	×	
falseta	×		×		×	
falsete	×	×	×	×	×	×
falsía	×	×	×	×	×	
falsificación	×	×	×	×	×	×
falsificado, -da					×	×
falsificador, -ra	×	×	×	×	×	×
falsificar	×	×	×	×	×	×
falsilla	×	×	×	×	×	

-ción (*alfabetizar – alfabetización, banalizar – banalización, canalizar – canalización*), pero también se encuentran en el *DLE* ocho derivados en los que se nominaliza con el sufijo *-miento*: *agudizamiento* y *autorizamiento* (que coexisten con *agudización* y *autorización*), *descuartizamiento, deslizamiento, encarnizamiento, enraizamiento, enrizamiento* y *erizamiento*. Asimismo, también se dan lagunas en algunas series, puesto que algunos verbos en *-izar* no nominalizan con *-ción* o *-miento*, ni tampoco con cualquier otro sufijo de nombre de acción del español (*-aje, -ado, -dura*, etc.), como sucede con los verbos *sintetizar, escandalizar, rivalizar* o *martirizar*, por ejemplo, donde incide la naturaleza aspectual del sustantivo de base que impide que se pueda crear el sustantivo deverbal (Bernal 2006). Estos casos pueden suponer una dificultad para el usuario (especialmente si no es nativo de español), que puede dudar entre considerar si el vacío lexicográfico es fruto de una omisión más o menos consciente, o si se trata de un vacío léxico: ¿es *hostilización* un sustantivo posible u *hostilidad* bloquea su aparición?, ¿en qué se diferencia del caso de *inicialización*, también ausente del diccionario? Los vacíos léxicos constituyen, pues, un argumento a favor de incluir las series derivativas completas en los diccionarios, así como la inclusión de los afijos como entradas en la macroestructura, que complementaría y reforzaría la información (Pena 2002, 2003).[3]

Sin embargo, la presencia de los morfemas derivativos goza de distinta suerte, en función del tipo de morfema que se trata. Así, los diccionarios tienden a incluir los prefijos, pero los sufijos son con frecuencia omitidos, total o parcialmente. Por su parte, los elementos compositivos de origen grecolatino, tanto iniciales como finales, con unas restricciones de combinatoria más rígidas (puesto que a priori solo deberían combinarse entre sí), suelen tener asegurado su espacio en el lemario, a pesar de que algunos de estos formantes se comportan ya como morfemas derivativos, tal y como se apunta en la *Nueva gramática de la lengua española* (RAE y ASALE 2009, en adelante, *NGLE*):

> **11.10b** Algunas de las unidades léxicas grecolatinas mencionadas constituyen siempre el primer componente de la palabra y se asimilan, por su comportamiento formal, a los prefijos, por lo que se tratan en el capítulo correspondiente (*homo-*, *iso-*; § 10.12[2]). En cambio, el estatuto de otras voces grecolatinas en la teoría morfológica es especial, ya que se considera que son exponente de una unidad morfológica distinta, llamada por lo general ELEMENTO COMPOSITIVO O TEMA NEOCLÁSICO, a medio camino entre un afijo y una forma libre.
>
> (NGLE, *783)*

No podemos extendernos aquí sobre la frontera, difusa muchas veces, entre prefijo y elemento compositivo, donde confluyen diversos puntos de vista que, en el fondo, no son excluyentes, sino que privilegian unos rasgos (origen preposicional o adjetival, por ejemplo) frente a otros, y seguimos la clasificación adoptada en la *NGLE*.[4] Veamos unos ejemplos en la siguiente tabla, donde se han tomado seis morfemas elegidos al azar de cada tipo:[5]

Por un lado, la Tabla 4.2 evidencia la falta de sistematicidad que ofrecen los diccionarios. Ninguno de ellos recoge todos los afijos y los elementos compositivos elegidos. Los más completos

Tabla 4.2 Presencia de morfemas y su categoría gramatical en la macroestructura de los diccionarios

		DLE	*Clave*	*DEA*	*DGLE*	*DUE4*
afijos	*a-*	prefijo	prefijo	–	prefijo	prefijo
	anti-	prefijo	prefijo	prefijo	prefijo	prefijo
	in-	prefijo	prefijo	prefijo	prefijo	prefijo
	multi-	elem. comp.	elem. comp. prefijo	raíz prefija	elem. prefijal	elem. prefijo
	pre-	prefijo	prefijo	prefijo	prefijo	elem. prefijo
	re-	prefijo	prefijo	prefijo	prefijo	prefijo
	-ble	sufijo	sufijo	–	sufijo	sufijo
	-ción	sufijo	sufijo	–	sufijo	elem. sufijo
	-dero, ra	sufijo	sufijo	–	sufijo	sufijo
	-ismo	sufijo	sufijo	–	sufijo	sufijo
	-ncia	sufijo	sufijo	–	–	elem. sufijo
	-uno, na	–	sufijo	–	–	sufijo
elementos compositivos	*aero-*	elem. comp.	elem. comp. prefijo	raíz prefija	elem. prefijal	elem. prefijo
	eco-	elem. comp.	elem. comp. prefijo	raíz prefija	elem. prefijal	elem. prefijo
	hetero-	elem. comp.	elem. comp. prefijo	–	elem. prefijal	elem. prefijo
	macro-	elem. comp.	elem. comp. prefijo	raíz prefija	elem. prefijal	elem. prefijo
	micro-	elem. comp.	elem. comp. prefijo	raíz prefija	elem. prefijal	elem. prefijo
	onco-	elem. comp.	elem. comp. prefijo	–	elem. prefijal	elem. prefijo
	-cracia	elem. comp.	elem. comp. sufijo	–	elem. sufijal	elem. sufijo
	-dromo	–	elem. comp. sufijo	–	elem. sufijal	elem. sufijo
	-fono, na	elem. comp.	elem. comp. sufijo	–	elem. sufijal	elem. sufijo
	-genia	elem. comp.	–	–	elem. sufijal	elem. sufijo
	-itis	sufijo	elem. comp. sufijo	–	elem. sufijal	sufijo
	-terapia	elem. comp.	elem. comp. sufijo	–	elem. sufijal	–

son el *Clave* y el *DUE4*, que coinciden en el número de morfemas incluidos como lemas y solo omiten un formante; les siguen el *DLE* y el *DGLE*, que coinciden en omitir de la nomenclatura el sufijo *-uno, -na*, y además el *DLE* no incluye *-dromo* mientras que el *GLE* no incluye *-ncia* sino como dos entradas de sufijos distintos, *-ancia* y *-encia*. Finalmente, el *DEA* es el más parco a la hora de incluir morfemas como entradas: reserva ese derecho solo a los morfemas que aparecen en posición inicial, ya sean prefijos o temas compositivos, pero no parece que se pueda considerar que lo haga de manera exhaustiva.

Por el otro, se constatan las divergencias que presentan los diversos diccionarios en cuanto a la clasificación y tratamiento categorial de algunos de morfemas. Así, por un lado, ningún diccionario —ni tan siquiera el *DLE*— trata *multi-* como prefijo. En cambio, *-itis*, del que solo recoge el significado etimológico de 'inflamación' es tratado en el mismo diccionario como sufijo, cosa que también hace el *DUE4*, mientras que el resto de diccionarios lo registran como elemento compositivo final.[6] Asimismo, llama la atención que el *DUE4* considere *pre-* como elemento prefijo o *-ción* y *-ncia* como elementos sufijos.

Más allá de la categoría gramatical, la información que se da sobre estas piezas es desigual:

> **anti-**. (Del gr. ἀντι- anti-) pref. Significa 'opuesto' o 'con propiedades contrarias'. *Anticristo, antipútrido.*
>
> (DLE, s. v. anti-)

> **anti- 1** Prefijo de origen latino que entra en la formación de adjetivos y nombres con el significado de:
> (i) Que es opuesto o contrario: antihéroe, anticlerical, antidemocrático, antihigiénico.
> (ii) Que protege, previene o lucha contra: *antiaéreo, antigripal, anticongelante.*
>
> (DGLE, s. v. anti-)

> **anti- 1** Prefijo que significa 'oposición': *anticlerical, antinatural, anticonstitucional.*
> **2** Prefijo que significa 'protección contra': *antigás, antiniebla, antirrobo.*
> **3** Prefijo que significa 'prevención contra': anticoncepción, anticorrosivo, anticoagulante, antideslizante.
> **4** Prefijo que significa 'lucha contra': antidisturbios, antipirético, antidepresivo, anticatarral. ETIMOLOGÍA Del griego *anti-*.
>
> (Clave, s. v. anti-)

En estas tres entradas para el prefijo *anti-* se observa cómo, además de cierta vacilación en el origen etimológico por parte del *DGLE*, se va de la concisión definitoria, en el caso del *DLE*, a la discriminación más detallada que ofrece el *Clave*. Sin embargo, solo el *DGLE* informa de la categoría resultante de las palabras formadas con *anti-*, si bien se trata de un caso especial de prefijación: si, por regla general, la prefijación no cambia la categoría de la base con la que se adjunta (Varela y Martín García 1999, 4997, *NGLE*, apartado 10.3g), como en $amor_N$ – $desamor_N$, $oficial_A$ – $extraoficial_A$, $volar_V$ – $sobrevolar_V$, el prefijo *anti-* se adjunta a algunos sustantivos que acaban usándose como adjetivos, como $estrés_N$ – $antiestrés_A$ o $niebla_N$ – $antiniebla_A$, categoría con la que se los registra en el diccionario. Asimismo, las entradas no dan cuenta de que algunos de estos derivados se forman con el sustantivo en plural —ni el motivo por el que lo hacen—, como en *antidisturbios* (y no **antidisturbio*) o *antiarrugas* (y no **antiarruga*), frente a *anticaspa* (y no **anticaspas*) o *antirrobo* (y no **antirrobos*) ni se detallan datos de su productividad (habida cuenta de que, según apunta Serrano-Dolader 2002, es el prefijo más productivo del español actual, especialmente en la lengua oral y el lenguaje publicitario y periodístico).

Para los sufijos, la situación es similar, tal y como se puede observar en la entrada del sufijo *-ción* que ofrecen los diversos diccionarios:

-ción

1 Sufijo que indica acción y efecto: *acusación, demolición, prohibición.*
2 Sufijo que indica objeto o lugar: *embarcación, fortificación.*
ETIMOLOGÍA Del latín *-tio, -onis.*

(Clave, s. v. -ción)

-ción

1 Sufijo que forma nombres femeninos a partir de verbos con el significado de 'acción', 'efecto': *alteración, separación, prohibición, fundición.*
nota: También puede adoptar la forma *-sión*: *comprensión, pretensión.*

(DGLE, s. v. -ción)

-ción. (Del lat. *-tio, -ōnis.*) suf. **1.** Forma sustantivos deverbales que expresan acción y efecto. Aparece en la forma **-ción,** no precedido de vocal, en ciertos sustantivos generalmente procedentes del latín. *Función, lección, producción.* Los creados en español toman la forma **-ación**, si el verbo del que derivan es de la primera conjugación. *Grabación;* **-ición**, si es de la tercera. *Embutición.* Si el sustantivo deriva de un verbo de la segunda, toma otro sufijo. || **2.** suf. Además de su significado abstracto, **-ción** y sus variantes pueden denotar objeto, lugar, etc. *Embarcación, fundición.*

(DLE, s. v. -ción)

-ción (del lat. *-tĭo, -ōnis*) Elemento sufijo con el que se forman nombres de acción a partir de verbos: 'mediación, aparición, reparación'. ⊙ También, nombres de significado derivado de este; por ejemplo, de dignidad o cargo, designando impersonalmente a quienes los desempeñan: 'inspección, representación, dirección, legación'; o lugar donde se realiza determinada actividad: 'fundición'.

(DUE4, s. v. -ción)

En las entradas del sufijo *–ción* se observa cómo se informa de la categoría gramatical de las palabras derivadas, así como la de la base con la que combinan, si bien solo se explicita el dato necesario de la conjugación a la que tienen que pertenecer los verbos para combinar con este sufijo en el *DLE*, que pierde la ocasión de informar del sufijo que toman los verbos de la segunda conjugación. Asimismo, el *DLE* en la segunda acepción apunta a las variantes del sufijo *-ción*, de las que, sin embargo, no informa; en este sentido, el *DGLE* sí incluye una de estas variantes (*-sión*) en el espacio de notas aunque no se explica cuándo se usa una u otra.[7]

Esta situación refleja, al fin y al cabo, la dificultad de reflejar en el diccionario de modo sucinto y suficiente la naturaleza intrínseca de la sufijación, que es

> el procedimiento más complejo, sobre todo por sus efectos fonológicos, morfológicos y lexémicos. [...] En esa posición el desarrollo de la palabra manifiesta su terminación (con lo que ello implica de conflictos fonémicos), su categoría (y sus respectivos significados), sus morfemas flexivos (y las consonancias y disonancias que dicho encuentro origina), etc.
>
> *(Almela 1999, 71)*

En cuanto a los elementos compositivos, los diccionarios muestran más homogeneidad a la hora de definirlos, y todos suelen indicar su origen —latino o griego—, sus significados y ejemplos, pero no informan de su productividad ni de si su combinatoria va más allá de los propios formantes:

-dromo

Elemento compositivo sufijo que significa 'lugar' o 'pista': *velódromo, aeródromo.*

(Clave, s. v. -dromo)

fono-, -fono, -fona

1 Elemento prefijal y sufijal de origen griego que entra en la formación de nombres y adjetivos con el significado de 'sonido', 'voz': *fonoteca, fonometría, audífono, dictáfono, teléfono.*

(DGLE, s. v. fono-)

hetero-. (Del gr. ἑτερο- hetero-.) elem. compos. Significa 'otro', 'desigual', 'diferente'. *Heterogéneo, heterosexual.*

(DLE, s. v. hetero-)

En definitiva, la presencia de los morfemas léxicos en los diccionarios varía considerablemente según el tipo de diccionario y con una suerte diferente según si la posición que ocupan es inicial o final, que es mayor para los prefijos y los temas compositivos —tanto iniciales como finales— que para los sufijos. Sin embargo, la representación lexicográfica de los afijos coincide en la dificultad que supone exponer con precisión las características inherentes de cada uno (Warren 1990, Prćić 1999a): las restricciones (categoriales, aspectuales, morfológicas, etc.) que imponen a las bases, la modificación formal y semántica que provocan en ellas, que no siempre es fácilmente definible, o la inclusión de información sobre la productividad, tarea nada fácil. A pesar de ello, al menos se debería aspirar a la sistematización de la información que el diccionario puede ofrecer, en aras de proporcionarla al usuario de un modo más inequívoco, homogéneo y coherente.

4. Las variantes morfológicas

Como se ha apuntado anteriormente, algunos afijos y temas compositivos presentan variantes formales, que se introducen de manera explícita o no en el diccionario. Así, en la entrada del sufijo *-ción* el *DGLE* incluía en nota que también puede tomar la forma *-sión*, sin explicar en qué contexto se produce tal cambio. Y es que la alomorfía, que se da tanto en raíces (v. apartado 4) como en afijos, suele aparecer en contextos diferenciados, en distribución complementaria. La alomorfía motivada por el contexto fonológico se suele resolver relativamente bien en el diccionario, debido a su incidencia en la ortografía, tal y como se observa en las entradas siguientes del prefijo negativo *in-* del *DUE4* y el *DLE*:

in-[1] (del lat. *in-*, partícula negativa) Prefijo que significa "*falta o negación de la cosa expresada por la palabra primitiva": 'inconsciencia, indecoroso'. Delante de palabra que empiece por *b* o *p* se transforma en *im*. Delante de una que empiece por *l* pierde la *n*: 'ilegal'. Delante de una que empiece por *r* pierde la *n*, y la *r* se duplica: 'irregular'.

(DUE4, s. v. in-)

i- Equivale al prefijo *in-* delante de raíces que empiezan por *l* o por *r*.

(DUE4, s. v. i-)

im- Forma del sufijo [*sic*] *in-* cuando va delante de una *p* o una *b*.

(DUE4, s. v. im-)

ir- Forma del prefijo *in-*, delante de raíces que empiecen por *r*: 'irregular'.

(DUE4, s. v. ir-)

in-^{2}. (Tb. **im-** ante *b* o *p*; **i-** ante *l* o *r*. ♦ Del lat. *in.-*, de valor negat. o privat.). pref. Indica negación o privación. *Inacabable, incomunicar, inacción, impaciencia, ilegal, irreal.*

(DLE, s. v. in-)

im-^{2}. V. **in-**^{2}.

(DLE, s. v. im-)

i-^{2}. V. **in-**^{2}.

(DLE, s. v. i-)

Vemos como en ambos diccionarios la información detallada se da bajo la voz *in-*, que es el morfema no condicionado, y se explica los cambios (orto)gráficos que sufre según la consonante inicial que le sigue, de manera más explícita en el *DUE4*, que explica que se pierde la *-n-* ante *l-* y *r-*, y en este último caso, añade que se tiene que doblar, dato que no se menciona en el *DLE*, pese a que es posible deducirlo del ejemplo *irreal*. Los alomorfos de *in-* tienen también entrada propia, en el *DLE* como remisiones directas y en el *DUE4* con entrada propia, si bien no presentan un patrón de definición homogéneo: bajo *i-* e *im-* no se da ningún ejemplo, que sí aparece en *ir-*. Ambos diccionarios coinciden en no indicar la categoría de la base a la que se adjunta el prefijo, aunque en este caso no es especialmente relevante, puesto que se trata de un prefijo intercategorial, que tanto puede adjuntarse a sustantivos y adjetivos como a verbos, cosa que no se puede inferir de la entrada del *DUE4*, ya que los ejemplos son de adjetivos y sustantivos. En resumen, aunque, ciertamente, el prefijo es especialmente productivo con bases adjetivas (Varela y Martín García 1999, 5022), se privilegia la información ortográfica a la potencialidad morfológica del afijo.

Más compleja es la variación alomórfica de *-ción*, sufijo nominalizador a partir de bases verbales, que coexiste con *-zón*, *-sión* e *-ión*, condicionados morfofonológicamente y etimológicamente, puesto que muchos de los derivados se han tomado directamente del latín (*NGLE*, apartado 5.2), si bien los diccionarios no los atienden del mismo modo:

Como se observa en la Tabla 4.3, solo el *DUE4* recoge todos los alomorfos de *-ción*, donde se evidencia, de nuevo, falta de sistematicidad en la definición, puesto que no siempre se señala

Tabla 4.3 Presencia del sufijo *-ción* y sus alomorfos en el diccionario

	DLE	*Clave*	*DEA*	*DGLE*	*DUE4*
-ción	×	×	–	×	×
-zón	–	–	–	–	×
-sión	–	–	–	×	×
-ión	–	×	–	–	×

la relación con *-ción*, además de incluir pocos ejemplos (y equivocado en el caso de *admisión* en *-ión*) y de no especificar el tipo de base: más allá de indicar que se trata de bases verbales, esta no es recuperable en el caso del supuesto derivado *inmersión (s. v. -sión)*:

> **-ión** Sufijo de ★nombres de ★acción: 'admisión'.
>
> (DUE4, s. v. -ión)

> **-sión** Sufijo de nombres de ★acción, que se emplea en algunos casos en vez de *-ción*: 'inmersión'.
>
> (DUE4, s. v. -sión)

> **-zón** Forma del sufijo *-ción*: 'comezón, desazón, ligazón'.
>
> (DUE4, s. v. -zón)

Esta situación empeora en el caso de afijos que tienen alomorfía condicionada solo morfológicamente, como *-ble*, que alterna con la forma *-bil*, que es la que aparece en la formación de palabras si no es el último morfema derivativo, como en *aceptable – aceptabilidad, probable – probabilismo, flexible – flexibilizar, amable – amabilísimo*, etc.:

> **-ble**. (Del lat. *-bĭlis*.) suf. Forma adjetivos casi siempre deverbales. Indica posibilidad pasiva, es decir, capacidad o aptitud para recibir la acción del verbo. Si el verbo es de la primera conjugación, el sufijo toma la forma **-able**. *Prorrogable*. Si es de la segunda o tercera, toma la forma **-ible**. *Reconocible, distinguible*. Los derivados de verbos intransitivos o de sustantivos suelen tener valor activo. *Agradable, servible*.
>
> (DLE, s. v. -ble)

Mientras que *-bil* es ausente del lemario y tampoco es mencionado como forma alternativa de *-ble* en su entrada, aunque aparece casi sin querer en la de *-ísimo, ma* en el *DLE*:

> **-ísimo, ma.** (Del lat. *-issĭmus*.) suf. U. para formar el grado superlativo de adjetivos y de algunos adverbios. *Malísimo, blanquísimo, lejísimos, cerquísima*. Combinado con *-ble*, toma la forma **-bilísimo**. *Amabilísimo, notabilísima*.
>
> (DLE, s. v. -ísimo, ma)

En cuanto a los temas compositivos, como hemos dicho, las entradas son más homogéneas y siempre presentan el origen, su significado y unos cuantos ejemplos, si bien tampoco están exentas de problemas:

> **hetero-**
>
> 1 Elemento prefijal de origen griego que entra en la formación de nombres y adjetivos con el significado de 'diferente', 'distinto': *heterodoxia, heteromancia, heterosexual, heteroclamídeo*.
>
> **nota**: También puede adoptar la forma *heter-*.
>
> (DGLE, s. v. hetero-)

> **mel-** (var. *melo-*) Elemento prefijo del gr. *mélos*, canto acompañado de música: 'melodía'.
>
> (DUE4, s. v. mel-)

> **oftalm-** u **oftalmo-** Elemento prefijo del g. *ophthalmós*, ojo. → Opt-.
>
> (DUE4, s. v. oftalm-)

En los ejemplos anteriores, se observa cómo el *DGLE* informa en nota de una variante formal que no se ejemplifica específicamente (ni tampoco aparece en ninguno de les 24 entradas que incorpora con este formante, siempre con la forma *hetero-*). En el *DUE4*, por su parte, en *mel-* introduce entre paréntesis la variante formal y proporciona un único ejemplo dudoso en cuanto a la variante que se pretende ejemplificar, mientras que en el caso de *oftalm-* y *oftalmo-* se ofrecen en la misma entrada como lema doble, sin ejemplificar ninguno de ellos.

Así, pues, la revisión de las entradas de afijos y temas compositivos lleva a la conclusión de que gran parte de la información imprescindible desde el punto de vista lexicológico, como la categoría morfosintáctica de la base con la que se adjunta el afijo y sus restricciones de tipo morfosintáctico o semántico, o su capacidad de generar palabras nuevas sincrónicamente, no aparece en el diccionario, mientras que la información etimológica tiende a formar parte de la información que se proporciona, sin que se explique, sin embargo, las implicaciones que puede tener para la derivación posterior.

5. Las variantes léxicas y los desajustes aparentes en las series derivativas

Como hemos apuntado anteriormente, la alomorfía también se da en las bases de la derivación y no solo en los afijos. Pena (1994–1995) señala que dentro de las series derivativas se dan series totalmente homogéneas de formas patrimoniales románicas (como en *volver, envolver, desenvolver, desenvolvimiento*, etc.) o de formaciones cultas (*acto, actual, actualizar, actualización*, etc.), pero lo que es más frecuente es encontrar series heterogéneas como las que se recogen en la Tabla 4.4.[8]

Si bien algunos sufijos están marcados en cuanto a la selección que hacen de las bases, en el sentido de que exigen que la raíz tenga el rasgo [+ culto] para poder combinar con ellos, como *-eo* o *-ificar*,[9] en muchos casos no es posible predecir cuál de las formas, la culta o la románica, será la base de la derivación. Incluso, de hecho, en algunos casos encontramos dobletes: al lado de *añal* hay *anual*, *aguoso* coexiste con *acuoso*, etc., o con el sufijo *-oso* tanto se dan derivados sobre bases románicas, como *aceitoso* o *lluvioso*, como con bases cultas, como *uliginoso* y *oleoso*, o *pluvioso*, etc. La lengua, pues, pone de manifiesto que en el sistema morfológico "conviven sistemas de formación ya obsoletos [...] junto a otros sistemas plenamente vigentes" (Varela 1993, 9). La confluencia de los dos sistemas hace que dentro de la derivación encontremos series derivativas que no solo son heterogéneas desde el punto de vista formal, sino que presentan anomalías aparentes (Pena 1994–95, 171):

En los diccionarios, según nuestra tradición lexicográfica, todas estas palabras tienen una entrada propia, con lo que, con frecuencia pueden quedar muy alejadas entre sí a causa del orden alfabético. En este sentido, Pena (2002) propone para los dos primeros casos la inclusión

Tabla 4.4 Series derivativas de *leche* y *año*

	Serie patrimonial	*Serie culta*
leche	*lechal, lechoso, lechero, lechería*	*lácteo, láctico, lactar, lactante, lactación*
año	*añal, añejo, añoso*	*anual, bienal, trienal, perenne, bienio, trienio, decenio, milenio*

de la información morfológica a través de un paréntesis etimológico que ayudaría a minimizar los desajustes formales entre variantes léxicas y podría ayudar para la organización de las entradas:[10]

> Opto por un sistema único de ordenación de las entradas, la ordenación alfabética, y por eliminar la información etimológica. Y propongo colocar en ese paréntesis reservado a la etimología a algo así como lo que figura en (11):
> (11) cuerpo. (cuerp- ~ corp-/corpor-)
>
> Esto es, agrupar en el artículo correspondiente la palabra simple (la cabeza de la familia) estas tres variantes formales. La barra separa las dos variantes (popular y culta). El signo de equivalencia, dentro de la variante popular, las dos subvariantes: con y sin diptongo.
>
> *(Pena 2002, 293)*

Esta propuesta sigue en parte la que se presenta en el *DUE4*, que incluye la variación alomórfica en la entrada, si bien consiste básicamente en listar ejemplos con cada variante y no se trata de una solución que se aplique de manera exhaustiva a todas las entradas ni del mismo modo:

> **miel** (del lat. *mel, mellis*) **1 f.** Substancia dulce elaborada por las *abejas. → Otra forma de la raíz, *mel-*: melada, melado, melífero, melificador, melificar, melífico, melifluo, meloja, meloso'. ▸ Aguamiel, arrope, arropía, hidromel, mulso.
>
> *(*DUE4, s. v. miel*)*

> **hierro**
>
> • catálogo
>
> **1** Otras formas de la raíz, *ferr-*, *her-;* otra raíz: *sider-*: 'ferrada, ferrado, ferrador, ferradura, ferrar [...], ferruginoso; aherrojar, herradero; herrado, -a; herrador, herradura, herraje [...], herrusca; siderita, siderometalurgia, siderosa, siderosis, siderurgia'.
>
> *(*DUE4, s. v. hierro*)*

Ciertamente, la idea de incluir los alomorfos que tiene una palabra determinada en algún campo de la entrada supondría un paso adelante a la hora de recoger en el diccionario de un modo explícito y adecuado las relaciones morfológicas que mantienen las palabras. Sin embargo, incluir solo las variantes, de manera asistemática y sin informar de las condiciones que determinan que aparezca cada una de ellas no se puede considerar suficiente.

Por otro lado, otro tipo de variación léxica se da en las series derivativas corradicales, es decir, en las series en las que se dan casos de palabras formadas sobre la misma base, pero con afijos de significado idéntico o próximo: por ejemplo, Rainer (1999, 4626–4627) repertoria hasta 40 sufijos para formar adjetivos que designan semejanza y posesión. Si bien es cierto que no se dan todas las formas a partir de una base, la competencia entre afijos no es en absoluto infrecuente y es fácil encontrar pares (o tríos) como *salvación – salvamento – salvamiento*, *filtración – filtraje*, etc., que comparten el hecho de ser sustantivos deverbales que designan nombres de acción mediante sufijos distintos (Bernal y DeCesaris 2006). Cabe preguntarse, pues, si, más allá de las definiciones que reciben en el diccionario, que se limitan con frecuencia a la fórmula 'acción y efecto de', son efectivamente sinónimos en todos los contextos, tienen las mismas probabilidades de aparición y se usan indistintamente. De hecho, el diccionario, en algunos de estos pares recoge diferencias, que suelen reflejar alguna de las razones siguientes:

a) de tipo cronológico, cuando una de las dos formas ha caído en desuso y queda el testimonio lexicográfico (indicado con marcas como *p. us.* 'poco usado', *desus.* 'desusado', *obs.* 'obsoleto', *ant.* 'anticuado', *en rec.* 'en recesión', etc., según cada diccionario), como sucede con *cesamiento* (marcado como *p. us.*) frente a *cesación* (no marcado).
b) de especialización semántica de las formas que integran una serie, como sucede con *pronunciación* (uso general y oratoria) y *pronunciamiento* ('alzamiento militar');
c) de selección semántica del verbo de base: una de las formas toma una acepción determinada del verbo, como sucede con *refinación*, que se usa como nominalización de la primera acepción del verbo, frente a *refinamiento*, que se corresponde con las acepciones 2 y 3:

> **refinar.** tr **1.** Hacer más fino o puro algo, separando las heces y materias heterogéneas o groseras. || **2.** Perfeccionar algo adecuándolo a un fin determinado. ○ prnl. **3.** Hacerse más fino en el hablar, comportamiento social y gustos.
>
> (DLE, s. v. refinar)

Sin embargo, en muchos otros casos, el diccionario no marca distinciones, como se puede observar en los ejemplos siguientes de derivados corradicales con sufijos diversos, extraídos del *DLE*:

> **advertencia**. f. **1**. Acción y efecto de advertir. || **2**. Escrito, por lo común breve, con que en una obra o en una publicación cualquiera se advierte de algo al lector. || **3**. Escrito breve en que se advierte algo al público
>
> **advertimiento**. m. **advertencia** (|| acción de advertir).
>
> **filtración**. f. Acción de filtrar.
>
> **filtraje**. m. Acción de filtrar.
>
> **inflación**. (Del lat. *inflatio, -ōnis.*) f. **1.** Acción y efecto de inflar. || **2**. Engreimiento y vanidad. || **3**. Abundancia excesiva. *Hoy existe una gran inflación de títulos universitarios.* || **4.** *Econ.* Elevación del nivel general de precios. || **5**. *Econ.* Índice de inflación. *Ha subido la inflación.* [...]
>
> **inflamiento**. (De *inflar.*) m. Acción y efecto de inflar.
>
> **salvación**. (Del lat. *salvatio, -ōnis.*) f. **1**. Acción y efecto de salvar o salvarse. || **2**. *Rel.* Consecución de la gloria y bienaventuranza eternas. || **3.** desus. **saludo**. [...]
>
> **salvamento**. m. **1**. Acción y efecto de salvar o salvarse. || **2**. Lugar en que alguien se asegura de un peligro.
>
> **salvamiento**. m. Acción y efecto de salvar o salvarse.

Ante estas definiciones que establecen sinonimia absoluta entre los diversos sustantivos corradicales, la consulta de los datos de uso del *Corpus de Referencia del Español Actual* (en adelante, *CREA*) informa y confirma las diferencias que se dan entre ellos:

Estos datos orientan la distribución de cada par: así, *advertimiento*, ausente del corpus, sería un caso dudoso de inclusión, que, al menos, debería indicar de manera explícita su uso marginal. Lo mismo sucede con los casos de *inflamiento* y *salvamiento* frente a *inflación* (de uso especializado en economía, porque el uso general lo asume *hinchazón*, con base patrimonial de *inflar*), y *salvación* y *salvamento*, respectivamente, serie en la que se debería especificar mejor la distinción entre estos

Tabla 4.5 Presencia de las series derivativas de *advertir, filtrar, inflar* y *salvar* en el CREA

	Ocurrencias	*Documentos*
advertencia	2289	1565
advertimiento	–	–
filtración	622	430
filtraje	20	11
inflación	5113	2425
inflamiento	2	2
salvación	1717	935
salvamento	418	231
salvamiento	1	1

dos sustantivos (el primero con el uso literal religioso, del que se deriva uno figurado general y el segundo, como operación técnica de rescate). Finalmente, los datos del corpus de *filtraje* muestran un uso especializado en documentos de energía y electrónica, así como un claro predominio en textos del español peninsular, hechos que sería conveniente indicar en el diccionario para distinguirlo de su doblete *filtración*.

Mejorar la información de las entradas derivadas es, pues, esencial para dar cuenta de las relaciones morfológicas de las series derivativas, pero también para poder dar cuenta de por qué, si existen estos dobletes, no existen otros como *vigilancia* – **vigilación* – **vigilamiento*, *nivelación* – **nivelamiento* o *soldadura* – **soldación* – **soldamiento* – **soldaje*, precisamente porque la existencia de una de las formas bloquea la de las otras (Booij 2003). Para algunos de estos casos la explicación se halla en la historia de la lengua, pero para las creaciones más recientes, desde un punto de vista sincrónico, Prćić (1999b) halla cinco factores que ocurren simultáneamente en los sufijos agentivos en competencia del inglés que son trasladables al sistema afijal del español (y de otras lenguas románicas):

- estilística, que determina el registro, el grado de formalidad, el campo de aplicación y la distribución geográfica;
- afinidad por un ámbito temático determinado;
- versatilidad con un determinado tipo de base, condicionada parcialmente por la etimología del sufijo;
- frecuencia del afijo en el corpus, que se relaciona estrechamente con la proyección de la productividad, es decir, la probabilidad de que cree nuevos lexemas.

Es evidente que, ante las series derivativas corradicales, la proximidad semántica es alta entre las palabras que las constituyen, pero un motivo para que la lengua las mantenga es la diferenciación semántica que se da: la especialización de los afijos en la formación de palabras es la consecuencia natural de las propiedades semánticas disponibles en la formación, que pueden emanar tanto de la base como del afijo (Varela 2003), como hemos mostrado con los ejemplos anteriores.

Todo ello lleva a plantear la necesidad de que las entradas de los afijos en los diccionarios sean más afinadas y completas que lo que ofrecen actualmente y que incorporen la información necesaria sobre su combinabilidad con bases diversas y las restricciones que les imponen, productividad, significado y su ámbito de aplicación, así como las implicaciones de carácter pragmático que puede tener el uso de una u otra forma, además de poder incluir también otra información, como la representación fonológica, la etimología o las relaciones con otros afijos. En el caso de los temas compositivos incluir la productividad es especialmente relevante, puesto que algunos de ellos, los que superan los límites de la composición culta estricta, que combina solo formantes entre sí, se utilizan como auténticos prefijos o sufijos (Prćić 2008; Bernal 2010 y 2022), sobre todo los que se relacionan con ámbitos de interés social, como el medio ambiente (*bio-* 'biológico', *eco-* 'ecológico, sostenible'), medios audiovisuales (*tele-* 'televisión', *foto-* 'fotografía', *video-* 'video'), tecnología (*ciber-* 'internet', *tecno-* 'tecnológico') o política (*euro-* 'Unión Europea'), en contraste con otros mucho más restringidos a ámbitos especializados, como *nefelo-* 'nube', *blefaro-* 'párpado', *dromo-* 'carrera' o *dendro-* 'árbol'.[11] Asimismo, se impone una revisión de las palabras que forman parte de series derivativas corradicales para ofrecer definiciones más ajustadas a sus usos reales, con las marcas de especialización, adscripción geográfica, nivel de lengua, etc., que sean adecuadas en cada caso.

6. Perspectivas y retos

En el giro hacia la era digital, algunos diccionarios, como el *DLE*, han superado los límites impuestos por el coste y el límite de las ediciones tradicionales impresas, han mejorado su motor de búsqueda que permite recuperar los lemas a partir de las formas flexionadas, y optan por incluir todas las formas que constituyen una serie derivativa y compositiva, aunque sean predecibles:

> Todas las VOCES DERIVADAS DE OTRAS O FORMADAS MEDIANTE COMPOSICIÓN, aun con significados claramente deducibles a partir de los elementos que las constituyen, pueden entrar formar parte del Diccionario. Así sucede con los adverbios terminados en *-mente*, con las voces que contienen los prefijos *anti-*, *des-*, *mini-*. . . o los sufijos *-ble*, *-ista*. . ., etc. Ciertamente, las posibilidades de formación de nuevas palabras mediante estos procedimientos con amplísimas, y no todos los resultados posibles los recoge el Diccionario, sino únicamente aquellos que han alcanzado cierta reiteración en el uso. No es necesario señalar que la ausencia de un derivado o un compuesto posible no implica su ilegitimidad.
>
> (DLE, *Advertencias, s/n*)

Frente al caudal ilimitado de palabras posibles creadas a partir de reglas de formación de palabras, el diccionario siempre ofrece una selección necesariamente limitada y finita, y más o menos restringida (o "establecida") del léxico, motivo por el que diversos autores abogan por la inclusión de los afijos —prefijos y sufijos, sin excepción— como entradas independientes en la macroestructura del diccionario, porque es una manera de dar cuenta de la potencialidad que tienen (Martín García 1999, Bernal 2001, entre otros), y de su aprovechamiento didáctico, tanto para hablantes de lengua materna como de lengua extranjera (Klosa 2013), así como también puede servir de herramienta para los usuarios en distintos tipos de situaciones y resolver problemas de recepción, de producción o incluso para satisfacer necesidades de conocimiento diverso (Bergenholtz y Gouws 2013) (véase el capítulo 19 de Ahumada en este volumen).

En definitiva, los afijos y temas compositivos, si están en el diccionario, merecen el mismo tratamiento riguroso que las entradas de categorías léxicas mayores, de acuerdo con sus características. De este modo, se podrá alcanzar una representación más sólida y coherente de los afijos en el diccionario, pues, como las palabras, no existen aislados los unos de los otros, sino que mantienen relaciones estrechas con sus alomorfos o con otros afijos rivales. Esto implica ofrecer unas entradas más complejas que las que hasta ahora han recibido en los diccionarios convencionales, que obvian el hecho de que se trata de elementos conectados entre sí, con especificidades que, ciertamente, no siempre son fáciles de reflejar de un modo sintético pero que deben ser incorporadas con el fin de reflejar más adecuadamente estas piezas.

Este reto es asumible si se plantea que los próximos diccionarios se planifiquen y se construyan con un planteamiento digital desde el primer momento, y no meramente digitalizados (véase el capítulo 20 de Egido Vicente y Meliss en este volumen), hecho que permite soluciones imaginativas y permite vislumbrar en un futuro una organización no lineal e interrelacionada de la macro- y la microestructura más dinámica y abierta, por qué no, a interactuar con otros recursos presentes en la red. Así, más allá de agilizar la actualización permanente de las entradas que se incluyan, garantizando de este modo una vigencia ilimitada, podrán ser flexibles y dinámicos, y adecuar las funciones que se ofrezcan al tipo de diccionario y de usuario, que debería poder personalizar el diccionario y la información que arroje una consulta determinada según sus necesidades. Los caminos para la lexicografía que se han abierto son evidentes y debemos avanzar por ellos aprovechando al máximo todas sus fortalezas, que pueden revertir de manera especialmente positiva en la representación lexicográfica de las piezas morfológicas. Así, como apunta Dodd (1994), el diccionario dejará de ser solo un recurso para poder ser, al fin, un servicio para el usuario.

Notas

1 Profesora agregada Serra Húnter.
2 Véase Buenafuentes (2017) para un análisis detallado del tratamiento del género y número de los sustantivos en el *DLE*.
3 Ya Marchand (1969) apuntaba para el inglés, ante la dificultad de distinguir formantes como *micro-* 'micro-' o *-logy* '-logía' de otros tipos de elementos léxicos (palabras, bases, raíces o afijos) y sentenciaba: "They are of a purely dictionary interest in any case" (Marchand 1969, 132).
4 Los prefijos que aparecen en el epígrafe 10.12 de la *NGLE* son los siguientes: *neo-*, *paleo-*, *para-*, *(p) seudo-*, *proto-*, *homo-*, *iso-*, *equi-*, *hetero-*, *super-*, *macro-*, *mega-*, *hiper-*, *maxi-*, *mini-*, *micro-*, *nano-*, *cali-* y *caco-*. Véase Prćić (2005) para un estudio detallado de la distinción entre formantes grecolatinos y prefijos del inglés y su tratamiento lexicográfico, y Prćić (2008) para la distinción con los sufijos.
5 La tabla no ofrece datos del DEM porque este diccionario no incluye morfemas en la macroestructura. Los ejemplos que se incluyen en este capítulo no pretenden hacer un análisis exhaustivo del tratamiento lexicográfico que recibe la formación de palabras en los diccionarios elegidos, si bien la información y la manera de presentarla que se encuentra en estos diccionarios son comunes o comparables a otros diccionarios, tanto del español como de otras lenguas (véase Bergenholtz y Gouws 2013, por ejemplo), que, por motivos de espacio, no podemos incluir.
6 También el *Oxford English Dictionary* para el inglés, el *Deutsches Universalwörterbuch* (Duden) para el alemán y *Lo Zingarelli 2018. Vocabolario della lingua italiana* para el italiano lo tratan como sufijo, mientras que el *Diccionari de la llengua catalana* (*DIEC2*) para el catalán y *Le Grand Robert de la langue française* para el francés lo tratan como un elemento compositivo. Teniendo en cuenta las palabras que se documentan con *-itis*, lo más adecuado sería, como postula Feine (2003) para el alemán, diferenciar un *-itis* elemento compositivo presente en *blefaritis*, *mastitis*, etc., y un *-itis* sufijo, presente en *mieditis* o *titulitis*, palabras incluidas en el *DLE*. Para más información, v. Bernal (2022).
7 Nos ocupamos de las variantes formales de los afijos en el apartado siguiente.
8 Arribas (2001) apunta que les series heterogéneas forman el 80 % del léxico derivado.
9 Precisamente el origen culto de este morfema hace que reciba tratamiento de sufijo bajo la forma *-ificar* en el *Clave* y el *DGLE* o de tema compositivo bajo la forma *-ficar* en el *DLE* y el *DUE4*.
10 Pena (2002) plantea el paréntesis etimológico para un diccionario histórico, pero la idea es generalizable.
11 De hecho, algunos autores, como Kastovsky (2009), plantea que el concepto de tema compositivo es un señuelo de la lexicología que crea más problemas que los que resuelve, y que basta con el de afijo.

Bibliografía básica

Bernal (2010); Buenafuentes de la Mata (2017); Pena (2013)

Bibliografía complementaria

Bergenholtz y Gouws (2013); Bernal y DeCesaris (2006); De Caluwe y Taeldeman (2003); Pena (2002); Prćić (1999a)

5

Sintaxis y lexicografía (Syntax and lexicography)

Ignacio Bosque

1. Introducción

En la primera parte del trabajo se explica por qué existe una estrecha relación entre los significados de las palabras y la estructura sintáctica de las oraciones y los sintagmas en los que aparecen, a pesar de lo cual la mayor parte de dichos vínculos han sido desatendidos tradicionalmente por los lexicógrafos. En la segunda parte se mencionan algunos diccionarios del español dedicados monográficamente a describir diversos aspectos de la sintaxis de las voces que analizan; en la tercera parte se muestra la forma en que son o pueden ser abordadas en los diccionarios comunes algunas de esas mismas relaciones (valencia, régimen, modo, alternancias verbales, etc.). En la última parte del trabajo se mencionan varias cuestiones relativas a los límites que plantea la relación entre diccionario y sintaxis. Algunas de los problemas apuntados pueden ser resueltos, en buena medida, por las nuevas tecnologías. Otros aluden a la posible intervención de factores que no pueden ser abordados por los lexicógrafos aisladamente, sino a través de su colaboración con gramáticos, lexicólogos, semantistas y especialistas en pragmática.

Palabras clave: categorización; gramática; modo; régimen; valencia

The first part of the chapter explains why there is a close relationship between the meanings of words and the syntactic structure of the sentences and phrases in which they occur. Paradoxically, most of these relationships have traditionally been neglected by lexicographers. In the second part, we outline how the main Spanish dictionaries address different aspects of the syntax. In the third part, we show the way in which some of these relationships (valency, regime, mode, verbal alternations, etc.) are, or might be, approached in general dictionaries. In the last part of the chapter, we raise several questions concerning the limits posed by the relationship between dictionary and syntax. Some of these problems can be solved, to a large extent, by new technologies. Others relate to the possible intervention of factors that cannot be addressed by lexicographers in isolation, but rather through their collaboration with grammarians, lexicologists, semanticists, and pragmatists.

Keywords: categorization; grammar; mode; regime; valency

DOI: 10.4324/9780429244353-7

2. Relevancia de la sintaxis en los diccionarios

Los intereses de los lexicógrafos y los de los gramáticos no han ido habitualmente de la mano en la lingüística hispánica. De hecho, son relativamente escasas las grandes figuras de nuestra tradición filológica que, como A. de Nebrija, R. J. Cuervo, V. Salvá o S. Gili Gaya, potenciaron y desarrollaron ambas disciplinas a lo largo de toda su vida, lo que no significa necesariamente que buscaran conexiones directas entre ellas.

Tampoco podría decirse que los intereses de gramáticos y lexicógrafos confluyan exactamente en nuestros días, a lo que no es ajeno el desencuentro que hoy es habitual entre el trabajo teórico y el aplicado. De hecho, entre los gramáticos teóricos contemporáneos recibe por lo general una excelente acogida la idea de construir una teoría del léxico, pero, paradójicamente, suele estar mal visto construir un léxico como resultado de aplicar esa teoría. Los análisis se centran habitualmente en las líneas generales del modelo, que se ilustran con unos pocos ejemplos bien elegidos. Si los datos analizados se hacen demasiado abundantes —pareciera que se da a entender— se corre el riesgo de que el trabajo teórico se convierta en descriptivo, y pocas cosas teme tanto un lingüista teórico como que se le asigne esa terrible etiqueta. Los lexicógrafos, por el contrario, no la temen, pero no es menos cierto, a la vez, que solo unos pocos se sienten atraídos por las generalizaciones léxicas en sí mismas. Probablemente es así porque el hablante medio que consulta los diccionarios, al cual dirige el lexicógrafo sus esfuerzos, tampoco tiende a buscarlas.

Por una razón o por otra, el formato estándar de la mayor parte de los diccionarios presenta cada palabra en su hornacina, y solo a través de las marcas (gramaticales, geográficas, sociolingüísticas, etc.) y de las remisiones o reenvíos es posible conectarla con otras y establecer pautas comunes. Es cierto que los soportes digitales han empezado a modificar esa forma tradicional de ver las cosas, y cabe pensar que esa modificación será radical en los años venideros. Aun así, por el momento no es descabellado afirmar que las propiedades de los paradigmas (gramaticales o no) se pierden demasiado a menudo en los diccionarios como consecuencia de la atomización que impone el formato alfabético tradicional.

Ciertamente, el trabajo de los lexicógrafos no tiene por qué confluir con el de los lexicólogos. El diccionario tampoco ha de confundirse con el léxico, a pesar de que estos dos términos se confunden a menudo. El segundo admite, de hecho, numerosas interpretaciones, entre las que destaca especialmente la que lo considera un componente integrado en el conjunto de conocimientos lingüísticos del hablante, sea cual sea la forma en que se describa o se represente.

Aunque no puede decirse que a cada acepción de cada palabra corresponda siempre una estructura sintáctica diferenciada, sabemos que son muy numerosos los vínculos que ligan las diversas interpretaciones semánticas de las palabras a su entorno sintáctico inmediato. A pesar de ello, los diccionarios del español presentan muy escasa información sintáctica en las entradas léxicas, por objetiva que esta sea.

Consideremos, a título de ejemplo, el verbo *empeñar(se)*. La marca *transitivo* que el *Diccionario de la lengua española* (Real Academia Española y Asociación de Academias de la Lengua Española 2014, en adelante, *DLE*) le otorga en varias acepciones prevé adecuadamente su uso en algunas de ellas, como en la acepción "dejar algo en prenda" *(Tuvo que empeñar su reloj)*. A la vez, la marca *intransitivo*, que aparece en otras acepciones, es notoriamente insuficiente. El sentido de "endeudarse" no se caracteriza solo por ser pronominal (*prnl.* en el *DLE*), sino sobre todo por no requerir otro complemento argumental (*Se tuvo que empeñar para pagar los plazos del apartamento*). Por el contrario, la acepción que el *DLE* define como "insistir con tesón en algo" se caracteriza por ser pronominal y por exigir además un complemento de régimen encabezado por la preposición *en*. Las opciones para este complemento son cuatro:

(1) *Empeñarse* ("insistir con tesón") *en* [algo]

a) [algo] = Sintagma nominal (generalmente con nombres de acción): *la reorganización de la empresa; la mejora de las condiciones de vida.*
b) [algo] = Oración de infinitivo: *hacerse cocinero; desafiar a sus jefes.*
c) [algo] = Oración de indicativo: *que el cálculo era correcto.*
d) [algo] = Oración de subjuntivo: *que nos fuéramos de allí.*

Como en otros muchos casos, el complemento de régimen se puede omitir cuando su contenido se recupera del contexto, como en *No te empeñes*. El *DLE* no recoge el régimen preposicional de los verbos, aunque a veces marca en los ejemplos la preposición regida con letra versalita (no lo hace, por cierto, en este caso). Repárese ahora en que el modo verbal diferencia sutilmente en (1) dos sentidos próximos del mismo verbo. En (1c) se habla de porfiar en que algo es como es, mientras que en (1d) se insiste en el deseo de llevar a cabo cierta acción. Como es lógico, se excluyen de (1) los posibles sustitutos pronominales de la variable *algo*, ya que no los proporciona el léxico, sino la sintaxis (*¿En qué se empeñaba? No te empeñes más en eso*, etc.).

Podría quizá pensarse que las variantes sintácticas que se detallan en (1) no se mencionan en los diccionarios del español porque están siempre disponibles en los complementos nominales, de modo que el hablante elige libremente una u otra en función del contexto. Pero las cosas no son exactamente así. Las opciones para *algo* en (1) serán diferentes si se cambia el predicado. Estarán, sin duda, en función del significado de este, pero habrán de ser especificadas en cualquier descripción detallada del léxico. Obsérvese que el infinitivo no es una de esas opciones en (2), y que, en cambio, en este otro caso se introducen subordinadas interrogativas de varios tipos:

(2) *Depender de* [algo] ("estar causado o condicionado por alguna cosa")

a) [algo] = Sintagma nominal: *la temperatura; la decisión del juez.*
b) [algo] = Oración interrogativa indirecta parcial en subjuntivo: *cómo se resuelva el asunto.*
c) [algo] = Oración interrogativa indirecta total en indicativo: *si atienden o no su petición; si te examinas en junio o en septiembre.*
d) [algo] = Oración subordinada sustantiva (declarativa) en subjuntivo en una coordinación disyuntiva: *que la mercancía llegue o no llegue a tiempo.*

Como vemos, no es solo relevante proporcionar el esquema argumental o valencial de cada predicado en cada una de sus acepciones (más detalles en el apartado 3), sino que resulta también imprescindible mencionar las opciones categoriales adecuadas en cada caso; es decir, los tipos de sintagmas o de oraciones que resultan admisibles, con especificación de su posible estructura interna. Como han señalado explícitamente varios autores (entre otros, Porto Dapena 2002 y Ahumada Lara 1988, 2006b, además de Bargalló, en el cap. 3 de este volumen), el usuario deduce a menudo de la definición ciertas restricciones sintácticas de la voz definida (como cuando el *DLE* define *caminar* como "ir andando de un lugar a otro"), pero esta información sintáctica no se suele presentar en ningún punto de la definición como una propiedad de la voz misma, análoga en cierto sentido a las marcas lexicográficas que la caracterizan.

La relación que se reconoce entre la definición de una palabra en una determinada acepción y las opciones sintácticas que le corresponden constituye en realidad un caso particular del vínculo que se da entre las llamadas *selección categorial* y *selección semántica* de un determinado núcleo. Estas nociones se introducen en Chomsky (1986), si bien cuentan con antecedentes en otros marcos teóricos. En Bosque (2015a) se explica que la relación entre ambos tipos de selección es, sin duda, real, pero también menos estrecha, automática o evidente de lo que se sugiere en ocasiones.

La relevancia de la información sintáctica omitida a menudo en los diccionarios se hace patente en otros muchos ámbitos. En Bosque (2006) se hace notar que, al no proporcionar el *DLE* subespecificación sintáctica alguna para las clases de verbos intransitivos, no es posible usarlo para averiguar si un determinado sintagma preposicional será complemento indirecto o complemento de régimen de un verbo. El hablante nativo que se topa con la acepción 10 de *responder* ("reaccionar, acusar el efecto que se desea o pretende") sabrá que en el ejemplo que el *DLE* le ofrece (*El enfermo respondió al tratamiento*) debe interpretar un complemento de régimen (> *Respondió a él*), y no un complemento indirecto (> **Le respondió*), pero el hablante no nativo no podrá tener acceso a esa información fundamental, aun cuando entienda la definición que se le proporciona.

El problema apuntado se extiende de modo natural al complemento de los adjetivos: *estar agradecido a alguien* > *estarle agradecido*, frente a *estar próximo a la ciudad* > *estar próximo a ella*. Sobre las variantes sintácticas que son posibles en los complementos de los adjetivos y sus consecuencias para la descripción léxica, remito a Bosque (1983), Garriga y Bargalló (2000) y a la *Nueva gramática de la lengua española* (Real Academia Española y Asociación de Academias de la Lengua Española 2009, en adelante, *NGLE*; específicamente, apartado 13.17). En cuanto a los sustantivos, se sabe que las preposiciones regidas son a menudo proporcionadas por la sintaxis, como sucede con muchos nombres de acción (*leer el libro* > *la lectura del libro*). Los diccionarios deberían, pues, prestar especial atención a las numerosas excepciones que se atestiguan, como en *el asalto {al ~ del} castillo*, frente a *asaltar {*al ~ el} castillo* (Roegiest 1980, 1983). Lo hacen algunos de los diccionarios que menciono en el apartado 3, si bien con notables diferencias entre ellos.

Cabe preguntarse a qué puede deberse la clamorosa ausencia de información sintáctica en los diccionarios tradicionales; vista, claro está, con criterios modernos. Entre las varias causas imaginables, entiendo que deben destacarse tres. La primera es el hecho de que esas obras están planteadas como recursos semasiológicos, por tanto, como obras descifradoras. Ello —cabría pensar— nos exige partir de un texto que comprender, no de un sistema gramatical en el que ir encajando sus fragmentos. Pero el argumento es discutible. La idea de que los diccionarios tradicionales nos ofrecen lo que las palabras significan, en lugar de lo que podemos construir con ellas, presenta debilidades patentes. Si fuera estrictamente así, esos diccionarios no proporcionarían ninguna información gramatical, pero lo que suele ocurrir es que la que proporcionan —sea en forma de marcas o con otros recursos— es notablemente insuficiente.

La segunda causa es el simple hecho de que las unidades del análisis sintáctico son complejas, relativamente técnicas y a menudo cambiantes en función de escuelas, métodos y modelos. Entiendo, en cualquier caso, que posee mayor relevancia la tercera causa, que podría denominarse *complicidad del lexicógrafo con el usuario:* el primero no hace explícito lo que da por supuesto que el segundo ya sabe, quizá porque lo considera natural o de simple sentido común.

Aunque la tercera causa tiene raíces profundas en la lingüística, que exceden con mucho los límites de este capítulo, no es menos cierto que también le afectan. Los ejemplos que podrían ilustrarla son abundantísimos. Así, el lexicógrafo que definió, sin ejemplo alguno, el adjetivo *exhaustivo* como "Que agota o apura por completo" (*DLE*) pensó seguramente que no era preciso especificar qué es lo que se agota o se apura, ni tampoco cuál de los varios sentidos de *agotar* y de *apurar* es el pertinente aquí. Pensaría tal vez que es evidente que *agotar* no significa "cansar sobremanera" en este caso, ya que un paseo que nos agota por completo no es *un paseo exhaustivo*. Consideraría asimismo de simple sentido común que *apurar* tampoco significa aquí "consumir por completo" ni "vaciar enteramente", ya que una persona que apura por completo una botella de vino no es, desde luego, *una persona exhaustiva*. De hecho, el espíritu de complicidad al que me refiero llevaría a pensar seguramente al lexicógrafo que la falta de contexto sintáctico y de especificaciones léxicas no suponía cortapisa alguna para su definición de *exhaustivo*, ya que el hablante sabría poner de su parte lo mucho que la definición omite.

La complicidad del lexicógrafo con el destinatario tiene otras muchas consecuencias. Es probable que la razón última por la que los diccionarios de colocaciones (véase el capítulo 34 de Torner y Arias-Badia en este volumen) son tan tardíos en la lexicografía hispánica —en comparación con la anglosajona, por ejemplo— sea, en gran medida, ese mismo espíritu de complicidad con el usuario: el impulso que tiende a hacer pasar por natural o por evidente buena parte de nuestro conocimiento de las palabras, de sus contextos sintácticos y de sus restricciones mutuas.

El argumento de la complicidad podría recubrirse de mayor entidad teórica si se recuerda que la ausencia de vínculos explícitos entre el sentido y la forma obedece a que la segunda se consideró implícitamente durante mucho tiempo "parte del uso". Si —como cabría deducir de la teoría saussuriana del lenguaje— la sintaxis pertenece al vasto territorio de "el habla" (o tal vez, en parte, al de "la norma" en el sentido coseriano del término), es hasta cierto punto lógico que los diccionarios no especificaran el numeroso conjunto de informaciones distribucionales que la tradición lexicográfica parecía presentar como circunstanciales, ya que serían elegidas por cada hablante en cada momento en función de la situación y del contexto.

Como se sabe, el punto de vista que predomina hoy es radicalmente distinto, y no solo porque casi nadie acepta ya que la sintaxis forme parte de "el habla" en la dicotomía "lengua-habla". El estudio de la relación léxico-sintaxis (o la *interfaz* entre ambas, si se prefiere) constituye una de las ramas más pujantes de la lingüística contemporánea, con notables repercusiones para la lexicografía, la lexicología y la teoría gramatical. Los diccionarios modernos dan ya cabida a un gran número de informaciones sintácticas en la descripción de un buen número de lenguas. En términos generales, estas informaciones pueden describirse de dos formas: (a) en diccionarios dedicados específicamente a ellas; (b) con recursos formales diversos que integren esos contenidos en los diccionarios comunes. En la sección 3 de este capítulo se considera la primera de estas dos posibilidades; se atenderá a la segunda de ellas en la sección 4.

Se han extraído del *DLE* buena parte de los ejemplos mencionados en las páginas que siguen por la naturaleza institucional de esa obra y por su conocida influencia en el diseño y la estructura de otras. En cualquier caso, buena parte de las consideraciones que aquí se hacen sobre la relación entre léxico y sintaxis en el *DLE* se extienden a otros muchos diccionarios del español general, aun cuando aquí solo se mencionen algunos de ellos.

Existen numerosas reflexiones sobre la necesidad de mejorar la información sintáctica contenida en los diccionarios del español, sobre los formatos en los que se puede presentar esa información y sobre la estrecha relación que existe entre los significados descritos en ellos y las estructuras sintácticas en las que se expresan. A los títulos que cito a lo largo del capítulo se pueden añadir los siguientes estudios, en orden cronológico: Gutiérrez Cuadrado (1992), Santamaría Pérez (2004), De Miguel (2009), Bargalló (2010), Demonte (2017), Jacinto García (2015a), Bosque (2015c), Garriga y Gutiérrez Cuadrado (2017), Battaner y López Ferrero (2019, cap. 5) y Bargalló (capítulo 3 de este volumen), que a su vez remiten a otros muchos. Existen asimismo numerosos panoramas sobre los vínculos entre sintaxis y léxico en la lingüística general, si bien tal relación varía considerablemente en función de los modelos lingüísticos en los que se opere (gramática de construcciones, gramática cognitiva, gramática funcional, rección y ligamiento, minimalismo, nanosintaxis, etc.). Tales diferencias han de quedar fuera de los objetivos del presente capítulo. Entre las visiones de conjunto que es posible vincular más estrechamente con el trabajo lexicográfico, cabe señalar las de Jackson (1985), Ackema (2014), Osswald (2015) y Wechsler (2015), también entre otros muchos panoramas.

3. Diccionarios de esquemas sintácticos

Existen diccionarios concebidos expresamente para describir las propiedades sintácticas fundamentales de las palabras. El *Diccionario de construcción y régimen de la lengua castellana* (1886–1994), de R. J. Cuervo, en ocho volúmenes (en adelante, *DCR*), constituye por el momento el intento más abarcador de cuantos se han concebido para el español con ese difícil propósito. Fue ideado por su autor como una descripción minuciosa de las opciones sintácticas que la lengua española ofrece para un conjunto seleccionado de palabras (la obra contiene cerca de 2800 entradas). Los dos conceptos que especifica el título son el de *construcción*, que equivale a "orden, disposición", y el de *régimen*, que se usa en un sentido amplio para abarcar los complementos de cualquier tipo. Su autor solo llegó a redactar personalmente las tres primeras letras y, por muy diversas razones, en la redacción de las demás entradas no fue posible respetar totalmente los criterios del proyecto original.

Son varias las causas que explican que esta obra monumental sea hoy mucho menos consultada de lo que su indudable relevancia haría esperar. Además de su extensión, han dificultado el uso de este diccionario su apretada tipografía y la ausencia de marcas visuales que separen con más claridad la densa información que contienen las entradas. A ello se añade el hecho de que solo una pequeña parte de las fuentes usadas esté constituida por textos contemporáneos, y el que las ediciones usadas para los textos antiguos no fueran fiables en todos los casos, como el propio Cuervo pudo constatar tardíamente. Entre las limitaciones que afectan propiamente al contenido, cabe señalar que las unidades de análisis léxico y gramatical del *DCR* son, en buena medida, las usadas a finales del siglo XIX y principios del XX. El diccionario no maneja, por ejemplo, el concepto de 'valencia' o 'estructura argumental' (sea cual sea la denominación con que se lo designe), y no distingue, por tanto, entre argumentos y adjuntos. Para otras características de esta obra, así como algunas vicisitudes de su confección y de su historia, remito a Schütz (1979), Porto Dapena (1980), Cruz Espejo (1994), Montes Giraldo (1998), Santos Molano (2006), Pardo (2010) y Muñoz Núñez (2017).

Los diccionarios que presentan de forma detallada los esquemas sintácticos posibles para cada acepción de cada lema (especialmente si este es predicativo) tienen más tradición en otras lenguas. Entre los más recientes cabe destacar el *Valency Dictionary of English*, de T. Herbst *et al.* (2013), que muestra esos entornos para un buen número de verbos, sustantivos y adjetivos ingleses, con abundante ejemplificación. El *Dictionnaire des verbes du français actuel*, de Florea y Fuchs (2010), contiene una información similar para los verbos del francés. Muchas más opciones ofrece el proyecto *Les verbes français*, de J. Dubois y F. Dubois-Charlier (en línea), tanto por el número de verbos abarcados (más de 25 000) como por el detalle que presentan las clases sintácticas y semánticas que distingue, los esquemas gramaticales desplegados, así como su forma de combinarlos.

En lo que respecta al español, no se ha publicado todavía un diccionario de esas características, pero existen varios proyectos en marcha, con diversos grados de elaboración, que recogen abundante información sintáctica sobre las entradas léxicas a las que dan cabida. Aun cuando ninguno especifica totalmente las opciones sintácticas que permite cada variable, en el sentido que dan a entender los ejemplos de (1) y (2), en varios de ellos se hacen corresponder los esquemas sintácticos con clases semánticas diversas. Entre esos proyectos cabe señalar la base de datos *ADESSE* (*Base de Datos de Verbos, Alternancias de Diátesis y Esquemas Sintáctico-Semánticos del Español*), *DICEMTO* (*Proyecto lexicográfico electrónico multilingüe de verbos de movimiento*), *SENSEM* (*Sentence Semantics*), *Verbario* (*Semántica de los verbos en contexto*), *Framenet* (*Spanish Framenet*), el *Diccionario Coruña de la lengua española actual* (*DCOR*) y el *Diccionario de aprendizaje del español como lengua extranjera* (*DAELE*). Por razones de espacio, resulta imposible especificar aquí las características de cada uno. Remito, pues, a las páginas web de estos proyectos, así como a los capítulos 14 (de Sierra Martínez), 20 (de Egido Vicente y Melis) y 22 (de Garriga e Iglesia) del presente volumen. Para otros aspectos de la lexicografía electrónica en los que la sintaxis de las voces analizadas desempeña un papel importante, remito a Gelpí (1999), Granger y Paquot (2012), Maldonado (2013), Fuertes-Olivera y Tarp (2014), Bosque y Barrios (2018), Bosque-Gil *et al.* (2018) y los títulos mencionados en esas obras.

La riqueza y la variedad que presentan algunas construcciones sintácticas las hacen especialmente apropiadas para el formato lexicográfico. Existen al menos dos diccionarios de perífrasis verbales en los que se analizan con detalle las peculiaridades sintácticas de cada una: el *Diccionario de perífrasis verbales* (García Fernández 2006) y el *Diccionario crítico de perífrasis verbales* (Morera 1991). Las preposiciones que rigen muchos verbos, adjetivos y sustantivos se recogen en el *Diccionario de uso de las preposiciones españolas* (Slager 2004), con abundante ejemplificación textual. Entre los diccionarios de régimen modernos, este último es el más completo. Aunque con menor grado de detalle, se ofrece también información sobre las preposiciones seleccionadas por diversas clases de palabras en el *Diccionario de construcciones sintácticas del español. Preposiciones, DCSE* (Náñez 2001) y en el *Diccionario de las preposiciones españolas* (Zorrilla 2002). Más raros son los diccionarios que especifiquen el caso de los complementos verbales, como hace el *Diccionario del uso de los casos en el español de Chile, DUCEC* (Becerra Gascuñán 1999). No es este exactamente un diccionario de esquemas argumentales o valenciales, pero proporciona una parte de la información que se espera de estos diccionarios, al menos en lo que respecta a las entradas verbales.

La bibliografía sobre conectores y marcadores discursivos ha crecido exponencialmente en los últimos años. Es lógico, por tanto, que surjan diccionarios destinados a abarcar en alguna medida esta ingente información. Destacan entre ellos el *Diccionario de conectores y operadores del español, DCOE* (Fuentes Rodríguez 2009), el *Diccionario de marcadores discursivos para estudiantes de español como segunda lengua* (Holgado Lage 2017) y el *Diccionario de partículas discursivas del español (DPDE)*. Solo el último de estos diccionarios es accesible en línea. El *Diccionario de partículas* (Santos Río 2003) es una obra sumamente original que describe con precisión las propiedades sintácticas y semánticas de un gran número de partículas, si bien presenta algunos problemas relativos al formato elegido y a la disposición de los contenidos. Para los diccionarios de colocaciones o coapariciones, véase el capítulo 34 de Torner y Arias-Badia en este volumen; para los de expresiones idiomáticas, véase el capítulo 35 de Penadés Martínez en este volumen.

4. Las informaciones sintácticas en los diccionarios comunes

Una tendencia natural de la lexicografía contemporánea (por lo demás, enteramente lógica) es la de favorecer las obras integradoras. El usuario no debería tener que consultar un diccionario diferente para informarse de cada propiedad gramatical de cada palabra (régimen, esquema argumental, alternancias, etc.), ni siquiera para tener acceso a sus colocaciones o coapariciones más comunes, sus sinónimos, sus antónimos o las locuciones de las que forma parte. En todos estos casos, y en otros muchos similares, se requiere, además, una ejemplificación abundante. Los llamados *multidiccionarios*, como *Educalingo. El diccionario para gente curiosa* o el buscador *Buscapalabra*, entre otros, proporcionan gran número de informaciones (conjugaciones, sinónimos, equivalentes en otras lenguas, voces rimadas, refranes, etc.), pero lo cierto es que por lo general no ofrecen más información gramatical que los diccionarios comunes. Los que acabo de citar no proporcionan, por otra parte, dato alguno sobre sus autores o sobre las empresas de las que han surgido.

Algunos diccionarios de otras lenguas se acercan más a la visión integradora a la que aludo, al menos en lo que concierne a la información sintáctica que ofrecen en línea. Las versiones más actuales del *Longman Dictionary of Contemporary English (LDOCE)*, el *Oxford Advanced Learner's Dictionary (OALD)* y el *Cambridge Dictionary of English (CDE)* son buena muestra de ello. Osswald (2015) añade otros diccionarios del inglés especialmente detallados en la presentación de las opciones sintácticas que admite cada acepción de cada palabra y describe con detalle las diferencias entre ellos. Entre los más recientes de las lenguas románicas, cabe señalar el *Diccionari descriptiu de la llengua catalana (DDLC)* para el catalán y el *Dicctionnaire du français (DF)* para el francés.

En lo que respecta al español, existe cierto consenso entre los lexicógrafos sobre la necesidad de crear obras integradoras que, entre otras características, relacionen sistemáticamente las acepciones de las palabras con los esquemas sintácticos que las caracterizan. Aunque los resultados de muchos de esos esfuerzos no han salido todavía a la luz, conviene hacer notar que las estructuras argumentales de los verbos ya aparecen esquemáticamente en algunos diccionarios, como en *Diccionario Salamanca de la lengua española* (*DSal*) y en el *Diccionario del español actual* (Seco, Andrés y Ramos 2011, en adelante, *DEA2*). También se muestran en algunos diccionarios que se hallan en su fase inicial de elaboración, entre los que destaca el *DCOR*. Este último es un diccionario sumamente avanzado en informaciones gramaticales, del que solo se han hecho públicas unas 350 entradas.

Existen varias formas de marcar en los diccionarios los argumentos de los predicados. Así, el citado *DSal* introduce el esquema argumental de *pedir* mediante la pauta "Rogar <una persona> [a otra persona] que dé o haga [una cosa]". En el *DEA2* se especifican los complementos con abreviaturas: "Manifestar [a alguien (*ci*)] el deseo o la necesidad [de algo (*cd*)] para que los satisfaga". Solo el primero de estos complementos se marca, en cambio, en el *Diccionario de uso del español* (Moliner 2007, en adelante, *DUE3*).

Como he recordado, es importante que los diccionarios comunes proporcionen el régimen preposicional de los verbos y los adjetivos, sobre todo en los casos en que los hablantes no pueden deducirlos directamente de su significado. Varios de ellos lo hacen en la actualidad más sistemáticamente que el *DLE;* entre otros, el citado *DUE3* y el diccionario *Clave* (1996). Señala correctamente Garrudo (2005) que la presencia o la ausencia de una determinada preposición es unas veces un dato complementario, mientras que otras constituye una información imprescindible para caracterizar lexicográficamente una palabra. En efecto, mientras que la preposición *en* nos dice cómo se construye el verbo *confiar*, la preposición *por* en *mirar por* no nos dice cómo se construye el verbo *mirar*, sino que nos proporciona una acepción distinta de ese verbo. Lo mismo cabe decir de *contar con, dar con, ajeno a, loco por, duro con* y otros ejemplos que proporciona el mismo autor. Cabe añadir, en la misma dirección, que los varios sentidos del verbo *pensar* dependen esencialmente de su complemento, introducido o no por las preposiciones *en* o *sobre*. También es el complemento el que diferencia los varios sentidos del verbo *saludar* (*saludar a alguien, saludar que algo ocurra*), de *esperar* (*esperar una cosa, a una persona, que algo ocurra, a que algo ocurra, hacer algo, a hacer algo*, etc.) y de otros muchos predicados.

He señalado en las páginas precedentes que no es estrictamente cierto, pero sí habitual, que las acepciones de ciertas palabras —especialmente verbos y adjetivos— se asocien con esquemas sintácticos diferentes. Martínez Linares y Azorín Fernández (1994–1995) presentan numerosos ejemplos de este hecho; entre otros, *forzar una cerradura* frente a *forzar a alguien a dimitir*; *ordenar los papeles* frente a *ordenar a alguien que haga algo*, etc. De manera más general, puede afirmarse que la presencia o ausencia de complementos seleccionados por los verbos es una de las variables que deben considerarse para distinguir acepciones entre ellos. Si el *DLE* proporciona una acepción particular para el verbo *ladrar* cuando se usa con complemento indirecto ("amenazar sin acometer"), no está claro por qué no la proporciona también para *sonreír* cuando lo recibe (*sonreír a alguien*). Es dudoso que *sonreír* signifique aquí "reírse un poco o levemente", pero ni el *DLE* ni otros diccionarios asignan acepción alguna a la interpretación "dirigir una sonrisa", que no parece descabellada. Como se ve, la posible relevancia de esta acepción está enteramente condicionada por la sintaxis.

De manera análoga, la presencia de complemento indirecto es esencial para entender el significado del verbo *ahorrar* en la oración *Te ahorraré los detalles* (también *la molestia, la espera, el trabajo*, etc.), en la que el pronombre *te* no es omisible. Como el *DLE* (al igual que otros diccionarios) no concede relevancia a este hecho, da a entender que el significado de *ahorrar* en el ejemplo propuesto es el mismo que el que percibimos en *ahorrar agua, papel, tiempo, dinero, energía*, etc., lo que no es correcto. Tal como sucede en otros casos mencionados antes, el problema desaparecería si se introdujera un esquema valencial o actancial, al menos para los argumentos internos del predicado (por tanto, "ahorrar algo a alguien"). Sin embargo, y aunque parezca natural, esta opción es minoritaria en la tradición gramatical hispánica.

En los casos en los que la sintaxis no parece distinguir acepciones diferentes (como en *Lo envió a prisión* ~ *Lo envió con su madre*), es preciso mencionar igualmente las opciones sintácticas que la lengua proporciona en cada caso. De hecho, no sería correcto postular que estas informaciones corresponden a las gramáticas, ya que las gramáticas no son repertorios alfabéticos. Pueden clasificar semánticamente los predicados que se caracterizan por un determinado régimen, tal como hace, por ejemplo, la *NGLE* (apartado 43.7j) al agrupar en nueve clases semánticas los verbos que admiten interrogativas indirectas. Sin embargo, tal información debe pasar a los diccionarios, incluso si fuera cierto que esas generalizaciones interesan a una pequeña parte de los que los consultan. Algunos de los verbos a los que se acaba de aludir admiten, además, las llamadas *interrogativas encubiertas* (en inglés, *concealed questions*), es decir, sintagmas nominales que reciben interpretación interrogativa (Heim 1979, Nathan 2006, Frana 2017). El hecho de que un mismo complemento pueda recibirla o no en ciertos contextos (como en *Ya no recuerdo la capital de Mozambique*, donde se entiende 'cuál es el nombre de la capital' o bien 'la ciudad en sí') tiene asimismo consecuencias lexicográficas para la definición de los verbos que admiten dichos sintagmas (*recordar* en este caso).

La presencia de otros modificadores y complementos tiene también repercusiones en la descripción léxica de los verbos. Como se sabe, los complementos predicativos pueden ser potestativos (*El río baja turbio*) o forzosos (*Lo creo incapaz*). En principio, los diccionarios no deberían prestar especial atención a los primeros, pero sí deberían registrar los segundos entre los esquemas sintácticos de los verbos a los que corresponden. La mayor parte de estos últimos son verbos de juicio y percepción (*ver, considerar, juzgar*, etc.), de causación (*hacer, dejar*, etc.) o de denominación (*llamar, denominar, nombrar* etc.). Una buena razón para hacerlo es el hecho de que la presencia o la ausencia de estos complementos predicativos condicionan la acepción que interesa describir: *Lo consideran mucho* ~ *Lo consideran incapaz; No lo hagas* ~ *No lo hagas más difícil; La nombraron* ~ *La nombraron embajadora*, etc. En De Cos Ruiz (2006) se examinan algunas consecuencias lexicográficas del tratamiento de los complementos predicativos.

Poseen también notables consecuencias lexicográficas las llamadas *alternancias verbales* (Levin 1993; para el español, Di Tullio 2001, Cifuentes Honrubia 2008, 2010, Agenjo 2018–2019, entre otros muchos estudios), a pesar de que es infrecuente que se aborden con atención en los diccionarios. Estas alternancias plantean, de hecho, el problema de si deben asignarse o no acepciones diferentes a los miembros de cada par. Las más estudiadas son la "alternancia continente-contenido", en ambos casos con objeto directo *(cargar el camión* ~ *cargar la mercancía; evacuar el pueblo* ~ *evacuar a la población; vaciar el tonel* ~ *vaciar el vino)* y la "alternancia materia-superficie", también en la misma función sintáctica *(untar la mantequilla* ~ *untar la tostada; barrer la basura* ~ *barrer la alfombra; rociar la pintura* ~ *rociar la pared)*.

Existen otras alternancias algo menos extendidas, que plantean el mismo problema lexicográfico. Están entre ellas la alternancia que se da entre la causa o el origen de una sensación y el lugar en que esta se experimenta (*Me pica la espalda* ~ *Me pica en la espalda*) o la que se da a veces entre contenidos y destinatarios como posibles referentes de los complementos directos del mismo verbo (*disculpar el error* ~ *disculpar al que yerra; perdonar los pecados* ~ *perdonar a los pecadores*). Estos sintagmas pueden ser compatibles entre sí en un mismo enunciado. Contrastan, pues, *perdonar a alguien* (> *perdonarlo*) con *perdonar un error a alguien* (> *perdonárselo*). Se estudia con detalle esta última cuestión en Bartra, Brucart y Rigau (2002). Una de las razones que aconsejan otorgar acepciones diferentes a los verbos que ponen de manifiesto algunas de estas alternancias es el hecho de que puede darse en ellas variación dialectal. Como hace notar la *NGLE* (apartado 39.6p), solo en algunas áreas hispanohablantes se admite la expresión *regar el agua* (paralela a *rociar la pintura*), además *de regar el césped* o *el pasto*.

El modo verbal es una de las opciones sintácticas más claramente condicionadas por el léxico. En la actualidad, tan solo el *DCR* informa del modo regido por los verbos, adjetivos o sustantivos que tienen entrada en él. Como es sabido, solo se usa indicativo tras *estar seguro de que* . . . o tras *la noticia de que* . . .; y subjuntivo tras *estar cansado de que* . . ., tras *ser hora de que* . . . o tras *la decisión de que*. . . . En cambio, cualquiera de los dos modos es posible, con diferencia de significado, tras *comprender que*. . . . El hecho de que ciertos operadores, como la negación o la interrogación, puedan alterar el modo elegido por un determinado predicado (como "indicativo > subjuntivo" en *Estoy seguro de que lo entiendes* > *No estoy seguro de que lo entiendas*) no debería suponer un inconveniente para que los diccionarios informaran del modo seleccionado por verbos, adjetivos, sustantivos o preposiciones. Tiene razón Tarp (2018) al señalar que los lexicógrafos parecen confiar en que el usuario, especialmente si no es hablante nativo, deducirá de los ejemplos que se proporcionan en los diccionarios el modo adecuado en las oraciones subordinadas. Sin embargo, no puede confiarse demasiado en esa deducción, y no solo porque los ejemplos no se proporcionan siempre, sino sobre todo porque a veces la lengua admite, como acabo de recordar, más de una opción modal, con consecuencias notables para el significado. En la *NGLE* (capítulo 25) se proporcionan abundantes muestras de este hecho.

La información que los diccionarios proporcionan sobre las subclases sintácticas de palabras es inestable, y a veces refleja de forma tardía los avances que se producen en la teoría gramatical sobre esas cuestiones (véase el cap. 3). Se sabe, por ejemplo, desde hace tiempo que la distinción entre nombres contables y no contables posee consecuencias lexicográficas muy relevantes (Bergen 1977, Borer 2005, Bosque 1999, 2015d; *NGLE*, apartado 12.2–3). Las marcas "contable" y "no contable" (presentes, por ejemplo, en el *DSal*, pero raras en los diccionarios del español), no solo prevén un buen número de comportamientos sintácticos, sino que ayudan a menudo a distinguir acepciones. En la tabla 5.1 se muestran algunos ejemplos.

Como sucedía en los casos anteriores, el desatender esta variable, estrictamente sintáctica, puede llevar a que se pierdan acepciones en la descripción lexicográfica. Así, la última información proporcionada en la tabla mencionada alude al uso del sustantivo no contable *conversación* en oraciones como *María no tiene mucha conversación* o *Era persona de poca conversación*. Como el *DLE* (y con él, otros diccionarios) solo interpreta *conversación* como nombre de "acción y efecto" (descarto las acepciones desusadas, irrelevantes ahora), no da cabida a este sentido del sustantivo *conversación*, por natural que resulte a los hispanohablantes. Se trata, de nuevo, de un caso en que la sintaxis no aporta únicamente un conjunto de informaciones que completan el análisis de las voces que el diccionario describe, sino que se convierte en un valioso diagnóstico que nos permite distinguir y perfilar nuevos sentidos entre ellas.

Las restricciones impuestas por los nombres de medida no se recogen tradicionalmente en los diccionarios. Seguramente se procede de esta forma porque esos sustantivos no son

Tabla 5.1 Ejemplos que ilustran las diferencias de significado entre acepciones de los sustantivos como nombres contables y no contables

Sustantivo	*Como nombre contable*	*Como nombre no contable*
intuición	presentimiento, impresión *(fiarse de nuestras intuiciones)*	capacidad para intuir *(carecer de intuición)*
vida	existencia, tiempo en que se vive *(las vidas de nuestros abuelos)*	vitalidad, energía *(llenarse de vida)*
cristal	pieza de vidrio, lente *(los cristales de las gafas)*	cierto material rígido *(una copa de cristal)*
pan	cierta pieza *(dos panes de medio kilo)*	cierto tipo de alimento *(comprar pan)*
conversación	charla, acción y efecto de conversar *(el placer de sus conversaciones)*	capacidad o facilidad para conversar *(una persona de poca conversación)*

esenciales para construir definiciones (en la entrada *café* del *DLE*, por ejemplo, no se menciona la palabra *grano* ni siquiera en los ejemplos). Se hace notar en Bosque (2014b) que sería de desear que en la entrada *tos* de un diccionario moderno se recogieran los nombres de medida más característicos de esta voz (al menos, *golpe, ataque, acceso* y *episodio*), al igual que entre los de *humo* están *bocanada, columna, cortina* y *nube*. Nótese que, aunque esta cuestión afecta, en sentido estricto, a los diccionarios combinatorios (veáse el capítulo 34 de Torner y Arias-Badia en este volumen), constituye también un problema de sintaxis, ya que los sustantivos cuantificativos denominados a veces *acotadores* caracterizan las estructuras pseudopartitivas, al igual que lo hacen los nombres numerales (*docena, millar*, etc.), y les imponen además fuertes restricciones léxicas.

También sería de desear que los *verbos de apoyo* (llamados asimismo *verbos soporte, verbos ligeros* y *verbos livianos*: Magariños 2013, Sanromán 2014, 2015 y títulos allí citados) se marcaran como tales en los diccionarios: *dar un paseo* no es una locución verbal, aunque aparezca así en el *DLE*, sino una construcción de verbo de apoyo. En lugar de aludir directamente a estos verbos, el *DLE* proporciona a veces paráfrasis suyas un tanto alambicadas. Así, en la entrada *echar*, donde se lee "Junto con algunos nombres, tiene la significación de los verbos que se forman de ellos o la de otros equivalentes", podría introducirse una definición impropia mucho más sencilla: "Verbo de apoyo de sustantivos como *sueño, carrera, partida, siesta*, etc.", especialmente si se tiene en cuenta que *verbo de apoyo* es una forma compleja en el diccionario académico.

Algunos diccionarios (como el *DUE3* y el *DEA2*) informan del llamado "uso absoluto" de los verbos transitivos. Como es sabido, este uso no implica que tales verbos pasen a usarse intransitivamente (ejemplo: *Hace tiempo que no me escribes*, donde se entiende "cartas o mensajes"). Aun así, los factores que regulan la reposición del complemento omitido pueden ser discursivos en ciertas ocasiones; por tanto, no estrictamente léxicos, tal como se indica en la *NGLE* (apartado 34.4) y en Bosque (2015b).

La propiedad de omitir los complementos de régimen y recuperarlos contextualmente está a menudo especificada léxicamente, lo que raramente se refleja en los diccionarios. La poseen *confiar* o *insistir*, por ejemplo, pero no *consistir* o *carecer*. Esta propiedad se extiende de modo natural a los adjetivos, que la aceptan solo a veces, como en *estar dispuesto (a algo); ser partidario* (*de alguien* o *de algo*); *hallarse cercano* (*a alguien* o *a algo*). Por el contrario, otros adjetivos no prescinden nunca o casi nunca de su complemento: *tendente, carente, propenso*, etc. Sería igualmente de desear que los diccionarios informaran de estas notables diferencias. En el apartado 2 he aludido brevemente a otros aspectos de la descripción de los complementos preposicionales introducidos por adjetivos y sustantivos.

Las construcciones con *se* planten numerosos problemas lexicográficos. Solo me es posible mencionar aquí dos de ellos, entre los varios que se han puesto repetidamente de manifiesto en la bibliografía reciente (Mendikoetxea 1999, Sánchez López 2002, Felíu Arquiola y Torres Martínez 2004–2005, Renau 2012, 2016, Vivanco 2016 y referencias allí citadas).

a) El primero es la tendencia de los diccionarios a definir las acepciones transitivas de los verbos antes que las intransitivas pronominales, o incluso a partir de ellas. A menudo las primeras resultan ser raras o poco usadas, pero los diccionarios, y notablemente el *DLE*, les dan clara preferencia. Así, el verbo transitivo antiguo *atrever* se define en el *DLE* antes que *atreverse*, al igual que los transitivos desusados *condoler* o *jactar* se definen antes que los pronominales *condolerse, jactarse*. Pero incluso aunque no sean antiguos, los verbos transitivos *acatarrar* y *enterar* se usan mucho menos que los pronominales *acatarrarse* y *enterarse*, que el *DLE* define a partir de los primeros. Para la mayor parte de los hispanohablantes, *enterar* no es un verbo transitivo que "se usa también" como pronominal, sino que más bien es el verbo pronominal *enterarse* el que pasa a tener, para algunos hablantes, usos transitivos desprovisto del morfema *se (Lo enteraron de la situación)*.
b) El segundo problema es el de la distribución geográfica de las variantes pronominales y no pronominales de los verbos intransitivos. Los verbos *enfermarse, desayunarse, regresarse* o *soñarse* (*soñarse con algo*) no se usan en las mismas áreas geográficas que las correspondientes variantes sin *se*, de igual forma que los verbos intransitivos no pronominales *iniciar* (*El partido iniciará enseguida*), *jubilar* (*Pronto jubilaré*) o *pudrir* (*La fruta pudrirá*) están restringidos a áreas lingüísticas muy específicas (*NGLE*, apartados 41.13–14) que los diccionarios raramente mencionan. A ello se añade que la alternancia entre variantes pronominales y no pronominales puede depender del contorno sintáctico. Por ejemplo, no coinciden —en términos estrictamente geográficos— los hispanohablantes que usarían con naturalidad la forma *se* (en lugar de preferir las variantes sin ella) en oraciones como *El tiempo (se) mejoró; El enfermo (se) mejoró* y *La situación (se) mejoró*. Descarto, como es lógico, las lecturas pasivo-reflejas y considero únicamente los usos intransitivos pronominales.

La alternancia entre los verbos transitivos y los intransitivos pronominales con los que se asocian tiene también consecuencias lexicográficas en la caracterización de las nominalizaciones. El *DLE* define correctamente *hundimiento* como "acción y efecto de hundir o hundirse", y *estiramiento* como "acción y efecto de estirar o estirarse". No son ociosas estas fórmulas disyuntivas, ya que el sustantivo *hundimiento* no posee exactamente el mismo significado en *el hundimiento del Titanic* que en *el hundimiento de los buques norteamericanos por los submarinos alemanes*. Por esta razón queda incompleta la definición que el mismo diccionario proporciona de *enriquecimiento* como "acción y efecto de enriquecer" (donde falta ". . . o de enriquecerse"). En cuanto a la definición de *movimiento* como "acción y efecto de mover", cabe pensar que se aplica a expresiones como *movimiento de tierras*, lo que no impide que se eche en falta la especificación ". . . o de moverse", aplicable a usos mucho más comunes.

No puedo ocuparme aquí de las diversas formas en que el contorno sintáctico condiciona la definición lexicográfica de las voces en las que resulta pertinente. Para esta cuestión remito a Alonso Ramos (2002), Seco (2003), Bosque (2004a) y Serra Sepúlveda (2012b), así como al capítulo 34 de Torner y Arias-Badia en el presente volumen.

5. Consideraciones finales

En las páginas precedentes se han mencionado únicamente unas pocas estructuras sintácticas, entre las que poseen consecuencias lexicográficas. En estos casos y en otros similares se comprueba que la sintaxis no aporta únicamente informaciones que completen o mejoren la caracterización de ciertas voces, sino que muy a menudo constituye un diagnóstico que justifica la existencia misma de los significados que se describen. De hecho, al abordar un gran número de acepciones, el lexicógrafo no define exactamente contenidos que se pueden completar asignándoles una determinada forma, sino que más bien caracteriza un esquema sintáctico en el que la palabra abordada adquiere cierto valor, ya que probablemente no lo presentaría en otro contexto.

La presencia de la sintaxis en los diccionarios plantea otros problemas de fondo cuya naturaleza es más teórica que aplicada. De entre todos ellos podemos seleccionar, por su indudable relevancia, los cuatro siguientes.

a) El primero es el de determinar si el diccionario debe proporcionar paradigmas; es decir, conjuntos de voces que compartan una determinada propiedad, sea esta la que fuere. El hecho de que los usuarios no busquen casi nunca paradigmas, sino únicamente respuestas específicas a casos particulares, no debería servir de excusa para justificar una respuesta negativa. Entiendo, de hecho, que la respuesta ha de ser afirmativa, e incluso que constituye un desarrollo natural de la personalización de los diccionarios, hoy posible —como sabemos— gracias a los formatos electrónicos.

b) El segundo problema es el de conseguir que el diccionario se descargue de la información que corresponde en realidad a la gramática. Podría pensarse que los consultantes de los diccionarios raramente se interesan por las gramáticas, pero este hecho cierto tampoco debería servir de excusa para convertir en específica o particular de cada voz cada una de sus propiedades cuando estas corresponden a pautas generales. Me refiero especialmente a los casos en que tales propiedades de las voces analizadas no hacen sino ilustrar su pertenencia a determinadas clases sintácticas o léxicas, a veces bien conocidas y estudiadas. Como es de esperar que los futuros diccionarios estén conectados con las gramáticas electrónicamente, cabe pensar que se evitará de esa forma la falsa solución de presentar como individual, irregular o idiosincrásico el comportamiento gramatical de ciertas voces cuando este puede deducirse, en lugar de postularse o marcarse como específico de ellas.

c) El tercer problema es el de asignar su lugar preciso en el análisis lexicográfico a las numerosas adaptaciones contextuales de las palabras, a veces denominados *desajustes* (en inglés, *mismatches*) en la bibliografía, así como a los procesos de recategorización y reclasificación que comportan. El excelente panorama que proporcionan Lauwers y Willems (2011), con amplia bibliografía, muestra claramente que algunas de esas adaptaciones son léxicas, mientras que otras son pragmáticas o discursivas. El hablante intuye que necesita probablemente más información de la que el diccionario le proporciona para distinguir con precisión las sutiles diferencias de significado que se perciben en pares como *cruzar el río* ~ *oír el río; la ciudad ocupa 50 km*^{2} ~ *la ciudad ha elegido un nuevo alcalde; pintar estanterías* ~ *vaciar estanterías; el próximo autobús* ~ *el próximo bocadillo; empezar un libro* ~ *empezar una botella; un camino fácil* ~ *una condición fácil*, entre otros muchos similares. De hecho, mientras que unos autores abogan por construir léxicos enriquecidos o hiperespecíficos que den cabida de forma expresa a tales adaptaciones, otros sugieren que los recursos interpretativos (antiguamente, retóricos) que los hablantes ponen en juego para percibir esas diferencias sobrepasan ampliamente los objetivos que puede marcarse la lexicografía.

d) El cuarto y último problema surge de la tensión que sin duda existe al poner en contacto la sintaxis (una disciplina indudablemente técnica) con el diccionario (una obra de consulta que se dirige a todos los hablantes). Existen varias soluciones de esa aparente antinomia, pero quizá la más adecuada consiste en sacar partido de los recursos personalizables a los que antes se hacía referencia. Si los diccionarios permiten al usuario personalizar sus búsquedas—sea a través de pestañas, casillas, menús desplegables o con cualquier otro recurso—también le permitirán examinar las palabras analizadas con diversos grados de detalle o de profundidad y, consiguientemente, de especialización.

Bibliografía básica

Battaner y López Ferrero (2019, cap. 5); Real Academia Española y Asociación de Academias de la Lengua Española (2009, especialmente caps. 12, 13, 25, 34, 35, 36 y 43); Serra Sepúlveda (2012).

Bibliografía complementaria

Bosque (2004a, 2015a, 2015c); Bosque y Barrios (2018); Cifuentes Honrubia (2010); Wechsler (2015))

6

Pragmática y lexicografía (Pragmatics and lexicography)

José Portolés Lázaro

1. Introducción

La pragmática estudia el uso de una lengua en contextos específicos (apartado 2). Observada la lexicografía desde una perspectiva pragmática, se diferencian dos objetos principales de estudio: en primer lugar, el análisis de las propias obras lexicográficas como mensajes lingüísticos (apartado 3) y, en segundo lugar, cómo la lexicografía recoge los aspectos del uso de la lengua que interesan a la pragmática (apartado 4). El estudio pragmático del diccionario como mensaje se detiene en los destinatarios (apartado 3.1), el locutor (apartado 3.2), la identidad compartida entre ellos (apartado 3.3) y en algunos de los condicionamientos propios de la escritura (apartado 3.4). En cuanto a la información pragmática en los artículos lexicográficos, se estudian dos aspectos: el léxico (apartado 4.1) y la microestructura de los artículos (apartado 4.2). Concluye el capítulo con algunas propuestas para mejorar la información pragmática de la lexicografía del español (apartado 5).

Palabras clave: acto de habla; análisis de la conversación; identidad social; marcas de uso; significado de procesamiento

Pragmatics studies the use of a language in specific contexts. Considering lexicography from a pragmatic perspective, we identify two objects of analysis in this chapter: first, the analysis of lexicographic works as linguistic messages and, second, how lexicography incorporates those aspects of language use concerning pragmatics. The pragmatic study of the dictionary as message focuses on the addressees, the addresser, their shared identity, and some of the limitations of written language. Regarding the pragmatic information in dictionary entries, we address two aspects here: the lexis, and the microstructure of the entries. The chapter concludes with some proposals for improving the pragmatic information in Spanish lexicography.

Keywords: conversation analysis; procedural meaning; social identity; speech act; usage labels

DOI: 10.4324/9780429244353-8

2. La pragmática

El *Diccionario de la lengua española* (Real Academia Española y Asociación de Academias de la Lengua Española 2014, en adelante, *DLE*) define la pragmática como la disciplina de la lingüística que "estudia el lenguaje en su relación con los hablantes, así como los enunciados que estos profieren y las diversas circunstancias que concurren en la comunicación".[1] Este amplio objeto de estudio recibió una cierta ordenación, que todavía pervive, con la aparición de *Pragmatics* (1983) del lingüista Stephen C. Levinson. Dedica un capítulo al desarrollo del concepto de implicatura conversacional del filósofo H. Paul Grice (1989); otro al concepto de acto de habla, que había surgido en la obra del también filósofo John Austin (1962), y un tercero a la estructura de la conversación, cuya elucidación se había desarrollado principalmente gracias al sociólogo Harvey Sacks (1992) y a sus colaboradores. A estos tres capítulos se unen uno inicial sobre la deixis, asunto que ya la gramática había relacionado tradicionalmente con el contexto, y otro sobre la presuposición desde un punto de vista pragmático. En definitiva, la pragmática, ya como disciplina de la lingüística, nace ocupándose de aquello no dicho (inferido), pero intencionalmente comunicado con cada mensaje lingüístico (desarrollos de la teoría de Grice); de cómo la formulación del mensaje condiciona estas inferencias (la deixis y la presuposición se encuadrarían en este ámbito); del modo en que las palabras de un emisor actúan sobre el destinatario de su mensaje (teoría de Austin); y de la manera en que los participantes en una conversación interactúan por medio de estos mensajes (desarrollos sociales de la pragmática). Con posterioridad, el ámbito de la pragmática ha ido ampliándose a lo que Huang (2017) denomina macropragmática, con dos vertientes: una cognitiva y otra social y cultural. Esta pragmática ampliada atiende también a las capacidades cognitivas de los seres humanos en relación con la emisión y comprensión de los mensajes, y a su uso en una situación social y una cultura determinadas (Escandell *et al.* 2020; Fitch y Sanders 2005; Huang 2017; Koike y Féliz-Brasdefer 2020; Reyes 2018). Con este punto de partida, se va a enfocar un acercamiento de la pragmática a la lexicografía, considerando esta última como una disciplina de la lingüística aplicada que "tiene por objeto definir y enseñar los métodos y los procedimientos que se siguen para escribir diccionarios. Es decir, que la lexicografía no es una ciencia, sino una metodología" (Lara 1996a, 17).

¿Qué asuntos concretos puede incluir como pragmáticos la lexicografía? Sirvan como orientación a una posible respuesta las siguientes marcas pragmáticas que el *Diccionario Salamanca de la lengua española* (1996, *DSal*) enumera en su introducción: amenaza, afectivo, afirmación, ánimo, anticipador narrativo, contestación a presentación, despedida, disgusto y enfado, eufemismo, humorístico, infantil, insulto, intensificador, ironía, llamada de atención, negación, petición, peyorativo, presentación, resumidor final, saludo, sorpresa y tratamiento (*DSAL*, xi). La propia diversidad de las marcas refleja los múltiples aspectos del uso de la lengua que interesan tanto a la pragmática como a la lexicografía.

3. La lexicografía desde una perspectiva pragmática

Un diccionario constituye un discurso escrito que se ha redactado para unos destinatarios determinados (apartado 3.1). Quien o quienes lo han escrito se presentan al lector con una única voz, así, en un diccionario como el *DLE* no se distinguen las entradas escritas por los académicos actuales de aquellas otras conservadas de ediciones anteriores, en todas parece reconocerse la voz de un único locutor (apartado 3.2). Este locutor busca identificarse con un grupo particular de destinatarios o, por el contrario, ampliarlo, borrando cualquier característica que haga que un posible lector se sienta excluido (apartado 3.3). Por último, pese a que la comunicación es multimodal —por ejemplo, lo dicho se acompaña con gestos—, el diccionario refleja con una modalidad únicamente escrita esta realidad; la lexicografía ha procurado resolver con mayor o menor acierto esta limitación (apartado 3.4).

3.1. Los destinatarios

Como toda la comunicación humana, las obras lexicográficas se fundamentan en la capacidad de la mente de representarse los estados mentales de las otras personas. En psicología esta capacidad de metarrepresentación —representación propia de una representación ajena (Sperber 2000)— se denomina de Lectura de la Mente o Teoría de la Mente. Quienes elaboran un diccionario construyen hipótesis sobre los estados mentales de las personas que lo pudieran consultar y procuran ajustar su tarea a esos conocimientos; de este modo, al definir el *Diccionario del español actual* 1999 (Seco, Andrés y Ramos 1999, *DEA*) *ovoide* como "[Figura] de huevo" (*s. v.*), se obvia que la mayor parte de los huevos de las especies animales no son ovoides, sino esféricos; ahora bien, el lexicógrafo sabe que, cuando un hispanohablante piensa en un huevo, el primero que le viene a la mente es el huevo de la gallina y ese sí es ovoide.

Los destinatarios de una obra lexicográfica aspiran a aumentar sus conocimientos sobre la lengua o sobre el mundo (diccionarios de lengua/enciclopedias), a aclarar, dentro de una misma lengua, ciertas especificidades culturales (por ejemplo, el *Diccionario del español de.* 2010, *DEM*) o a aprender una lengua distinta (diccionarios plurilingües o de aprendizaje de lengua extranjera),[2] también pueden albergar dudas relativas a la norma (diccionario de dudas) o sobre asuntos propios de una profesión o especialidad (diccionarios especializados). Y, en todos los casos, se puede concebir una persona que busca comprender un mensaje (diccionario de recepción, de descodificación, descifrador o pasivo), que aspira a elaborarlo (diccionario de producción, de codificación o activo) o que puede compartir ambas intenciones (Campos Souto y Pérez Pascual 2003, Haensch y Omeñaca 2004, Rodríguez Barcia 2016b, 91–134; Bosque y Barrios 2018).

Una vez prevista una intención en la consulta, se acostumbra a elaborar el artículo procurando ajustarlo a sus destinatarios directos —aquellos a quienes se dirige de un modo manifiesto el mensaje—. Dentro de la psicología social, el término *acomodación* se refiere a los distintos ajustes entre los participantes que se producen en la comunicación (Giles 2016). La acomodación puede ser convergente o divergente. Si una hablante monolingüe, pongamos por caso, desea participar en la conversación de una pareja bilingüe, puede recibir por parte de esta una acomodación convergente (un cambio de código hacia la lengua compartida) o divergente (la pareja puede continuar su conversación en la lengua que desconoce la recién llegada). Al tratarse de obras de consulta, lo esperable es que los artículos lexicográficos se redacten con una acomodación convergente hacia sus destinatarios directos. Esta acomodación convergente tiene al menos dos aspectos: uno cognitivo, apreciar los conocimientos previos de la persona que consulta, y otro social, compartir una identidad grupal (apartados 3.3). En el caso de una definición hiperonímica, una acomodación cognitiva convergente consiste en definir a partir de un descriptor que se suponga conocido por el destinatario —un *cóctel* es una *bebida*; *machacar*, un modo de *golpear*, y *turbamulta*, una *multitud*—; este descriptor, a su vez, se restringe con unos diferenciadores o especificadores que también deben ser conocidos.

A estos destinatarios directos, se han de añadir al menos otros dos tipos de receptores: los estudiosos de la metalexicografía (destinatario indirecto) y los *usuarios*—en la terminología de Gelpí (2003, 319–321)— u oyentes casuales (Portolés 2004, 223–226). No es infrecuente, por ejemplo, que en las obras lexicográficas se renuncie a la acomodación convergente a los conocimientos previos del destinatario directo para seguir otros criterios autorizados por la metalexicografía contemporánea (destinatario indirecto). Esto sucede, pongamos por caso, al suponer unos conocimientos gramaticales a quien consulta la obra lexicográfica que superan con mucho aquellos habituales en una persona culta (Fuentes Morán 1997, 15). Pocos hispanohablantes diferencian una locución prepositiva de una locución conjuntiva y, sin embargo, se añade este tipo de marca en el artículo lexicográfico amparándose en la tradición lexicográfica establecida.

Asimismo, una obra lexicográfica puede ser consultada por personas distintas a sus destinatarios (directos o indirectos). Los nuevos recursos de la lexicografía digital permiten, por ejemplo, que estos *usuarios* (oyentes casuales) aprovechen posibilidades de las obras lexicográficas de un modo diferente al que fueron concebidas. Así, la plataforma *Enclave RAE* facilita en el módulo *diccionario avanzado* de su menú de utilidades hallar palabras en el interior de las definiciones del *DLE*. Si se activa la búsqueda, por ejemplo, de *fachada* en el cajetín de la aplicación, se sabe que un *hastial* puede formar parte de una *fachada* o que *retranquear* consiste en remeter el muro de una *fachada* en los pisos altos. Este recurso puede ser particularmente útil para el *usuario* que rellene crucigramas. Asimismo, la opción inversa del lemario de *Diccionario de uso del español* (Moliner 2007, *DUE3*) en su edición digital es útil a poetas o morfólogos.

3.2. *El locutor*

De acuerdo con la teoría polifónica de Oswald Ducrot (1984), en el análisis lingüístico del discurso es conveniente diferenciar el sujeto hablante —esto es, la persona de carne y hueso que emite un enunciado —del locutor, el ser discursivo al que debe imputarse la responsabilidad del enunciado. Es habitual, pongamos por caso, que cada artículo del *DLE* haya tenido como autores distintos sujetos hablantes que han ido modificando una redacción previa que, con frecuencia, deja vislumbrar la inicial dieciochesca del *Diccionario de la lengua castellana* 1726–1739 (*DAut*); pese a ello, quien consulta el *DLE* en la actualidad no identifica a estas personas, sino a un único personaje discursivo: el locutor. Este personaje discursivo muestra en su mensaje una imagen de sí mismo. Si se contrastan las siguientes definiciones de *agua*:

> Líquido que forma el mar, los ríos, etc.
>
> (DUE3, s. v.)

> Líquido transparente, incoloro, inodoro e insípido en estado puro, cuyas moléculas están formadas por dos átomos de hidrógeno y uno de oxígeno, y que constituye el componente más abundante de la superficie terrestre y el mayoritario de todos los organismos vivos. (Fórm[ula] H_2O).
>
> (DLE, s. v.)

Se observa que la primera presenta un locutor que conoce el uso del sustantivo agua de un hispanohablante; mientras que la segunda refleja un experto en química, física y geografía.

Hilary Putnam (1988) defiende que las comunidades lingüísticas funcionan con una *división lingüística del trabajo*. Los individuos que las componen creen que en la colectividad existen expertos que son capaces de encontrar de un modo inequívoco el referente que designa una palabra. Para buena parte de la lexicografía actual no es tan importante saber cómo describiría un hispanohablante el agua como qué considera *agua* un experto reconocido por la sociedad. El locutor responsable de la segunda definición se muestra como alguien que, con criterios científicos, puede discriminar a qué se puede denominar *agua* en el mundo. Actualmente, este tipo de definiciones (*agua* es H_2O u *oro* tiene el número atómico 79) es habitual en el *DLE* para los *nombres de géneros naturales*, en la terminología de Kripke (1980). Se aspira a definiciones que se puedan aplicar en todos los mundos posibles.

La adopción de un locutor experto justifica igualmente ciertos cambios históricos en las definiciones. La ideología científica, hegemónica en la actualidad, niega la realidad de los *trasgos*, por lo que la definición del *DAut*, en la que se supone su existencia:

> Demónio casero, que de ordinario inquieta las casas particularmente de noche, derribando las mesas y demás trastos, tirando piedras, sin ofender con ellas, jugando à los bolos, y con otros estruendos aparentes, que desvelan à los habitadores. Viene del Griego *Tragos*, que significa Cabrón, por ser esta forma en la que se han visto algunas veces.
>
> (DAut, s. v.)

se transforma en: "**duende** (‖ espíritu fantástico)". (*DLE*, *s. v.*). A lo largo de trescientos años, los distintos académicos han recurrido a la voz de un locutor que se dirige a sus destinatarios contemporáneos; así, el *trasgo* pasó a ser "lo mismo que duende" ya en la edición de 1803 (*DRAE4*, *s. v.*).

3.3. La identidad compartida entre locutor y destinatarios

Una obra lexicográfica puede ser consultada en cualquier momento y lugar, y se supone que está dirigida a un público amplio, en la mayor parte de los casos a personas desconocidas para quien ha redactado el artículo. A fin de conseguir una acomodación social a esa persona desconocida, se han desarrollado técnicas que procuran la reducción de elementos que limiten una posible identidad compartida entre el locutor y sus destinatarios. Alcanzar una identidad compartida crea una vinculación afectiva de *empatía* y disminuye el sentimiento de exclusión (Fitch *et al* 2005; Giles 2016).

La *metalexicografía crítica* demanda una ampliación de la identidad discursiva común entre el locutor y cualquiera de sus destinatarios. Con este fin, requiere que se modifiquen las definiciones que utilizan marcas gramaticales de primera persona del plural (pronombres personales *nosotros/as* o *nos*, posesivos *nuestro(s)/a(s)* o formas verbales como *tenemos* o *poseemos*); aquellas que sitúen a los lectores en una zona geográfica concreta, excluyendo a cualquiera que no esté en ella; toda valoración, incluida la propia de la morfología apreciativa (diminutivos, aumentativos despectivos), pues podría no ser compartida; las indicaciones de pertenencia del redactor y sus lectores a una misma ideología, particularmente política o religiosa, o a un mismo sexo u orientación sexual, pues, de nuevo, quien consulta la obra pudiera no coincidir con esa identidad e, incluso, aunque con mayores dificultades, las delimitaciones históricas y temporales (Blecua Perdices 1990, Calero Fernández 1999, Mateu 1999, Forgas 2015, Rodríguez Barcia 2016b, 255–302). El *DRAE*, por ejemplo, ha sido hasta muy recientemente un diccionario con una ideología católica conservadora y androcéntrica. Si se compara la segunda acepción del artículo *dogma* del *DRAE20* (1984) con el *DLE:*

> Verdad revelada por Dios, y declarada y propuesta por la Iglesia para nuestra creencia.
>
> (DRAE20, s. v.)

> Conjunto de creencias de carácter indiscutible y obligado para los seguidores de cualquier religión.
>
> (DLE, s. v.)

se advierte que en la definición más reciente ya no existe la presuposición de que exista Dios, ni se aprecia que únicamente tenga dogmas la Iglesia (católica), ni se incluye tanto al redactor de la definición como a los lectores dentro de esa confesión religiosa (*para nuestra*[3] *creencia*). No obstante, todavía no se censuran definiciones como la de *tierra* —"planeta que habitamos" (*DLE*, *s. v.*)—, pues de momento no hay personas en otros mundos que consulten el diccionario.

Pese a todo, como sucede con el frío entendido como una ausencia del calor, la objetividad o asepsia de los diccionarios más que una realidad en sí consiste en una disminución de la subjetividad. Se busca una mayor *intersubjetividad*. Para Nuyts (2012) una valoración es subjetiva si únicamente el hablante se responsabiliza de ella y es intersubjetiva si el hablante refleja por medio de su formulación lingüística que comparte esta valoración con otros; en particular en nuestro caso, si evita excluir de su misma identidad grupal a quienes consultan el diccionario. La lexicografía actual aspira a definiciones cada vez más intersubjetivas —en el sentido de Nuyts— de modo que ninguna identidad social se sienta excluida.[4]

3.4. *Condicionamientos de la modalidad de comunicación*

Toda obra lexicográfica está condicionada por las posibilidades materiales que están al alcance de quien la elabora (Quemada 1990, 59). En la actualidad, la lexicografía está determinada por el modo escrito que utiliza en su tarea. El mensaje escrito tiene limitaciones para dar cuenta de la comunicación multimodal (apartado 3.4.1.) y la escritura alfabética posee una base fonológica que excluye los signos paralingüísticos y dificulta comentar la prosodia (apartado 3.4.2.).

3.4.1. La comunicación multimodal

Los diccionarios acostumbran a ser listas de palabras escritas cuyo uso se documenta a partir de textos también escritos, en el mejor de los casos grandes corpus escritos o transcritos; sin embargo, la comunicación humana es multimodal. Se denominan modos o modalidades los distintos recursos que permiten a los seres humanos comunicar mensajes (Kress 2010). En una conversación a los enunciados dichos se unen especialmente los gestos, las posturas, la orientación de los cuerpos, la dirección de la mirada o el uso de determinados objetos —se acerca un vaso al interlocutor o se indica con un lápiz un lugar determinado— (Goodwin 1981). Cualquier conversación es una interacción corporalizada (*embodied*) (Sidnell y Stivers 2013). Pese a ello, los diccionarios de uso se ocupan en pocas ocasiones de la conjunción simultánea de gestos con unidades léxicas o fraseológicas (Albert Galera 1996, 15).

> **por aquí** [...] expresión con la que se niega o rehúsa algo de forma violenta. Se acompaña generalmente con el gesto de levantar la mano con el puño más o menos cerrado y el dedo corazón estirado.
>
> *(*DUE3, s. v. aquí*)*

> **así** [...] seguido de *de*, expresa idea de gran cantidad: *Había así de estudiantes*, *Tuviste así de oportunidades*. OBSERVACIONES: ◊ Suele acompañarse de cierto gesto que se hace juntando las yemas de los dedos.
>
> *(*DSal, s. v. así*)*

A pesar de que la escritura permite la realización de las obras lexicográficas, no siempre escribir constituye el mejor modo de comunicar un mensaje basado en la gestualidad. Tomemos como ejemplo el más que meritorio del *Diccionario de gestos. España e Hispanoamérica* (Meo Zilio y Mejía 1980–1983), que, si bien se ilustra con 246 fotografías —por tanto, estáticas—, se fundamenta en una descripción verbal de los gestos. La descripción de uno de los *emblemas* —gestos que, sin ambigüedad, poseen un equivalente verbal— que indican *gran cantidad* es:

> La(s) mano(s) de canto, casi completamente abierta(s) y ligeramente ahuecada(s), dedos separados, tensión floja, palma(s) mirando el pecho y a unos 15 cm del mismo, hace(n) varios mov[imientos] blandos y largos de ida y vuelta, sacudiéndose, con un recorrido de uno 10 cm y articulándose la(s) muñeca(s).[5]

3.4.2. Los signos paralingüísticos

La escritura del español es alfabética. Se trata de una escritura que atiende esencialmente a la transcripción de los fonemas de la lengua. Este hecho dificulta, por ejemplo, la inclusión en las obras lexicográficas de signos paralingüísticos —segmentales (vocalizaciones paralingüísticas) y no segmentales (prosodia)— que, con un significado reconocible por los hablantes en su uso diario, difícilmente se segmentan en fonemas o no se acomodan a las normas ortográficas (Poyatos 1994, II 152). Así, la vocalización paralingüística *mm*, que se emplea habitualmente para indicar que se sigue lo dicho por el interlocutor al tiempo que se renuncia al turno de palabra, no aparece en *DLE*, *DSal*, *DEA* o *Lema*.[6]

E: sí/ sí/ además nunca mejor dicho/ te los iba a llevar en coche/
°(y ya los tienes allí)°
L: <u>mm</u>
G: mira a ver los que son
L: <u>mm</u>
G: que no es pesao/en el coche noo

(*Briz* et al. *2002, 87*)

A estas ausencias, se une el hecho de que, cuando aparecen en los diccionarios, con frecuencia no se recogen de un modo unívoco. Al mal olor se reacciona con *pu* o *puf* en el *DLE*, con *puaf* en el *DUE3*, con *puf* y *puaf* en el *DEA*, con *puaj* en *Lema* y con *puf* o *puff* en el *DEM*.[7]

4. Pragmática en el artículo lexicográfico

En los siguientes apartados se estudian algunos aspectos en los que se manifiesta la información pragmática en los artículos lexicográficos. Se agrupan de acuerdo con dos criterios: asuntos relacionados con léxico (apartado 4.1.) y otros atinentes a la microestructura de la entrada lexicográfica (apartado 4.2.). De hecho, desde una perspectiva pragmática, en el artículo lexicográfico se evidencia un problema: los diccionarios se ordenan por palabras y, en realidad, no nos comunicamos con palabras sino con enunciados situados en contextos verbales y extraverbales. Esta centralidad de la palabra descontextualizada ha conducido a, por una parte, estudiar el significado de las palabras a partir de la realidad que representan y, por otra, a apreciar como secundaria la definición del resto del léxico de la lengua. A lo largo de las últimas décadas se han desarrollado, no obstante, distintas propuestas para aliviar estas carencias.

4.1. Pragmática y léxico

4.1.1. Los actos de habla no asertivos

Aunque en el uso de un enunciado en concreto todas las palabras (*v. gr. agua*) y unidades fraseológicas (*v. gr. echar un ojo*) contribuyen a su sentido (*v. gr. Echa un ojo al agua, no sea que se salga*), solo algunas de ellas se utilizan habitualmente de un modo independiente como enunciados (*v. gr. gracias,* palabra, *o no hay de qué,* locución) y, en consecuencia, se pueden listar y definir en un diccionario en su uso como un acto de habla particular, esto es, teniendo en cuenta qué hacen (agradecer, felicitar, saludar, avisar o, entre otros muchos actos, insultar) y no solo qué representan.

La mayor parte de los artículos de los diccionarios generales monolingües definen sus entradas en su contribución a enunciados que llevan a cabo actos de habla constatativos, de acuerdo con la primera clasificación de Austin (1962), o representativos o asertivos, dentro de la clasificación de Searle (1976). Dicho con otras palabras, los definen en su uso dentro de actos que representan una realidad extralingüística y de modo que se pueda decir de ellos que son verdaderos o falsos. Así, una vez que se conoce el significado de la palabra por su definición en el diccionario, se puede comprobar si esa palabra se ajusta a una realidad determinada, si, por ejemplo, *agua* representa la sustancia que está dentro del vaso que tengo delante (en la terminología de Searle, dirección de ajuste de las palabras – *agua* – al mundo – el líquido que hay dentro del vaso –), porque dicha sustancia se corresponde con su definición ("líquido transparente, incoloro, inodoro e insípido en estado puro").

En cambio, en otras ocasiones, los diccionarios recogen unidades que, en buena parte de sus usos, no representan una realidad, sino que llevan a cabo otro tipo de actos de habla. La palabra *adiós* realiza una acción por el hecho de proferirla: despide de un destinatario directo, *hola* lo saluda, *¡cuidado!* le avisa, *chin chin* brinda con él e *¡idiota!* lo insulta; asimismo, *felicidades* felicita a un destinatario directo, *gracias* le agradece algo y, de un modo semejante, *ay* muestra dolor a un oyente casual —aquel que escucha el mensaje aunque no se dirija a él—, *uf* le manifiesta cansancio y *¡anda!* sorpresa.

Las definiciones de estas unidades léxicas, igual que las del apartado siguiente (4.1.2), son, de acuerdo con la lexicografía tradicional, *impropias*. Existen, pues, entradas que se pueden *definir*, porque tienen un significado (*agua*), y aquellas otras que tan solo se pueden *explicar* (*hola, nosotras, además*), porque, en su caso, no se explicita "*qué significa* la palabra, sino *qué* es esa palabra, *cómo* y *para qué se emplea*" (Seco 2003, 33). Algunas de ellas aparecen en los diccionarios con la marca gramatical de interjección. Su definición acostumbra a ser más compleja que las del léxico que se define en usos asertivos (*agua*). Al definir *adiós*, por ejemplo, el *DLE* emplea "u[tilízase] para despedirse", en la definición de *gracias* "u[tilízase] como forma de cortesía para mostrar agradecimiento" o para *idiota*, "u[tilízase] t[ambién] c[omo] insulto". Se trata de una construcción que explicita una fuerza ilocutiva no asertiva.[8] Adviértase que no sucede lo mismo con el léxico que se puede definir en su uso asertivo; no se define *agua* como "utilízase para representar el líquido" o *beber* como "utilízase para comunicar la acción de ingerir el líquido". Se da por hecho que el léxico representa, pero se considera obligado especificar el léxico que también "se utiliza" para otros actos que no son aserciones.

4.1.2. El significado de procesamiento

Teorías del significado más recientes distinguen entre dos significados diferentes: un significado conceptual y un significado de procesamiento (Blakemore 1987, Wilson y Sperber 1993,

Sperber y Wilson 1995). De acuerdo con este planteamiento, existe otro significado diverso del significado de representación, se trata del significado de aquellas unidades léxicas que la lexicografía generalmente considera "gramaticales".

Este significado de procesamiento consiste en las instrucciones que el emisor proporciona al receptor sobre la manera en que ha de relacionar lo dicho con el contexto lingüístico o extralingüístico. Ciertamente, no significan lo mismo *televisión* que *teléfono* —palabras con significado conceptual o de representación—, pero tampoco significan lo mismo *He encontrado un teléfono* y *He encontrado el teléfono*, pues con el artículo determinado *el* —palabra con significado de procesamiento— muy posiblemente quien se refiere al teléfono lo estaba buscando. Si se contrasta la definición de *DRAE22* con la actual del *DLE*, se advierte cómo se ha incorporado a la definición este tipo de significado:

> **el, la, lo**. [...] art[ículo] deter[minado]. Formas de sing[ular] m[asculino], f[emenino] y n[eutro].
>
> (DRAE22, s. v.)

> **el, la**. [...] Antepuesto a un sustantivo o a un sintagma nominal forma una expresión definida de referente consabido [...]. || 2. [...] Indica que lo designado por el sustantivo al que precede constituye información presente en el contexto inmediato en el que se produce el enunciado.
>
> (DLE, s. v.)

La definición del *DRAE22* se limita a clasificar gramaticalmente la entrada; por el contrario las distintas acepciones del *DLE* indican cómo se ha de comprender el sustantivo al que precede el artículo en diversas situaciones (un "referente consabido" o un "contexto inmediato"). Lo mismo sucede con la definición de elementos deícticos o fóricos. Así, el *DRAE22* define el pronombre personal *yo* como "forma de nominativo sing[ular] m[asculina] y f[emenina]", mientras que el *DLE* añade "forma que, en nominativo, designa a la persona que habla o escribe". El *DLE* une a la mera gramática un significado instruccional que indica qué "hace" el pronombre *yo*: designar a la persona que ocupa el centro deíctico.

Dentro de las unidades con significado de procesamiento, las partículas discursivas han recibido un tratamiento lexicográfico en obras específicas —*Diccionario de partículas* (Santos Río 2003), *Diccionario de partículas discursivas del español* en línea (*DPDE*), *Diccionario de conectores y operadores del español* 2009 (*DCOE*)—. Habitualmente se considera partícula discursiva a cualquier palabra invariable o locución que guíe por su significado el procesamiento de otra unidad con significado conceptual o de representación. Tanto adverbios oracionales—*por tanto* o *además*—como adverbios de foco—*incluso* o *ni siquiera*—o interjecciones impropias—*claro* o *bueno*—constituyen distintos tipos de partículas discursivas. Poseen un significado instruccional que guía a quien recibe un mensaje cómo ha de procesarlo. Su definición puede comenzar con un verbo de actividad que indique qué hace la partícula; así, *hombre* "apela cortésmente al otro" (*DPDE*, *s. v.*), *por tanto* "presenta el miembro del discurso que introduce como una consecuencia" (*DPDE*, *s. v.*) o *bien* "da por buena una sugerencia, invitación o intervención previa, con la que se muestra de acuerdo" (*DPDE*, *s. v.*). Este tipo de definiciones, que no se corresponde con una realidad extralingüística, precisa de abundantes ejemplos y del comentario de estos para que quien consulte el diccionario consiga comprenderlas a partir de usos suficientemente contextualizados (Portolés 2008).

4.1.3. La deixis social

El uso de cierto léxico codifica el estatus social de quienes participan en la interacción comunicativa. En español la deixis social se refleja de distintos modos. El más frecuente es con las formas gramaticales con la categoría de persona. Su uso puede comunicar un tratamiento de respeto o de confianza. Así:

> **usted** [...] Pronombre sujeto o complemento con el que el hablante se dirige o se refiere a la persona con la que habla dándole un tratamiento cortés y respetuoso, que puede encubrir, sin embargo, la idea de distanciamiento o el mantenimiento de jerarquías y posiciones.
>
> (DSal, s. v.)

E, incluso, este mismo diccionario añade informaciones de uso más extensas en su apartado *relaciones y contrastes*. En concreto, en el artículo *tú* se expone:

> Se emplea cuando se habla con una persona con la que se tiene relación de confianza; *usted*, en cambio, cuando se habla con alguien con el que se tiene una relación más formal.

Asimismo, los antenombres que preceden a nombres propios—v.gr. *doña María*, *señora Pérez* o *doctora Díaz*—comunican también una relación social.

> **doña** [...] Tratamiento de respeto, generalmente a mujeres casadas o viudas, que se antepone al nombre de pila.
>
> (DSal, s. v.)

Por último, se reconoce la deixis social en distintas formas apelativas. La acepción 7 de *señor, ra* en *DLE* es: "U[tilízase] como término de cortesía con el que dirigirse a una persona cuyo nombre se desconoce o no se quiere mencionar. *Usted perdone, señora*".

4.1.4. Las escalas

La comunicación intencional humana es ostensiva e inferencial (Sperber y Wilson 1995 [1986]). Si una niña dice en el cine *Tengo sed*, comunica a su padre que quiere beber. Esta petición no está codificada lingüísticamente en el mensaje, sino que es pragmáticamente inferida. Se trata, en términos de Grice (1989), de una *implicatura conversacional particularizada*. No obstante, pese a su importancia, no es habitual que las obras lexicográficas recojan las inferencias que se comunican con el uso de una palabra si esta inferencia, como sucede en el ejemplo anterior, depende fuertemente en la situación (*Una niña que está en el cine dice a su padre . . .*).

Ahora bien, en otras ocasiones se trata de *implicaturas conversacionales generalizadas* —esto es, de inferencias que se obtienen independientes de contextos particulares (Levinson 2000)— y, en ocasiones, se recogen en definiciones, especialmente en el caso de aquellas relacionadas con fenómenos escalares (Ducrot 1980, Horn 1984). En la definición de *suficiente* de *Lema*: "Que existe o se da en la cantidad adecuada, sin sobrar, para lo que se necesita" (*Lema, s. v.*), se añade con *sin sobrar* lo que es una inferencia generalizada a partir del significado de un cuantificador (*suficiente*) que se ordena como valor en una escala; por lo general, aunque no en todos los casos, al emplear *suficiente* se comunica que no se da un valor superior en la escala, que en este caso ocuparía aquello que "sobra". Algo semejante sucede con algunas unidades fraseológicas recogidas en el *Diccionario fraseológico documentado del español actual* (Seco, Andrés y Ramos 2004, *DFDEA*): "**ir** [alguien] **que chuta**. [...] Tener más que suficiente, o poder darse por muy satisfecho." o "**bueno está lo bueno** [...] *Se usa para manifestar que se acepta o aprueba lo hecho o dicho hasta el momento, pero que no se está dispuesto a pasar de ahí.*" (*DFDEA*, *s. v. chutar* y *bueno*) – (Penadés Martínez 2010a). Más habituales son las definiciones de unidades que comunican un valor superior a otros posibles. En estos casos no es infrecuente que se informe de una intención enfática o ponderativa.

> **ahora mismo.** Forma enfática de *ahora*, con que se acentúa la proximidad al instante en que se habla.
>
> (DUE3, s. v.)

> **clavar** [...] Expresión ponderativa usada entre estudiantes con el significado de *acertar exactamente, o hacerlo muy bien al contestar una pregunta.
>
> (DUE3, s. v.)

Así, *ahora mismo* se sitúa como un valor superior en la misma escala que *ahora* y *clavar* lo hace en la misma escala que *acertar*. También es posible indicar que se ha llegado a un valor en la escala superior al adecuado; así, en *malcriar*: "educar mal a los hijos, condescendiendo demasiado con sus gustos y caprichos" (*DLE*, *s. v.*).

4.1.5. El turno de palabra

En el análisis de las conversaciones el par adyacente o intercambio constituye la unidad mínima de análisis. Consiste en un turno iniciativo y su respuesta en un turno reactivo (Sidnell y Stivers 2013). No es extraño que unidades léxicas y fraseológicas se especialicen en distintas posiciones de los intercambios como inicio o respuesta de unos actos de habla determinados; así, por ejemplo, la locución *de nada* es una respuesta —por tanto, aparece en un turno reactivo— que se corresponde a un turno iniciativo en el que se efectúa un agradecimiento. Ese hecho se recoge en su definición: "Expresión que se utiliza para responder a alguien que agradece algo: —*Muchas gracias por todo.* —*De nada*" (*Lema*, *s. v.*). En otras ocasiones, pongamos por caso, la unidad léxica o fraseológica rechaza en un segundo turno algo que se asevera o solicita en un primer turno: "**¡naranjas de la China!** [...] Se usa para indicar rechazo o desprecio hacia una propuesta o sugerencia: *Le pedí que se quedara y me respondió que ¡naranjas de la China!*" (*DSal*, *s. v. naranja*).

Otras unidades léxicas y fraseológicas se especializan en turnos iniciativos. Así, "**no te lo vas a creer** [...] *Se usa para ponderar lo sorprendente que es lo que se va a decir* [...]." (*DFDEA*, *s. v. creer*), dicho con otras palabras, anuncia que se va a comenzar un relato de un tipo determinado y que se espera de su interlocutor una evaluación también específica; "**¿qué (te) cuentas?** [...] *Se usa para iniciar la conversación después del saludo.*" (*DFDEA*, *s. v. contar*), es decir, solicita al interlocutor que relate una información que muy posiblemente sirva de asunto para el comienzo de la conversación; y "**cuánto bueno (por aquí)** [...] *Se usa para dar la bienvenida*" (*DFDEA*, *s. v. bueno*), y, asimismo, establece una relación explícita de identidad grupal con alguien que pudiera sentirse excluido.

4.2. Pragmática y microestructura de la entrada lexicográfica

4.2.1. Las listas de palabras

La unidad mínima del estudio de la pragmática es el enunciado. Los enunciados tienen dos características principales: son segmentos materiales de un discurso y constituyen las unidades mínimas intencionales en la comunicación (Portolés 2004, 51–56). Una única palabra puede constituir un enunciado, por ejemplo, *gracias*, para comunicar un agradecimiento, pero también se puede agradecer con un enunciado formado por una combinación sintáctica libre —*v. gr. se lo agradezco mucho*—. Los diccionarios, sin embargo, son en lo esencial listas de unidades léxicas descontextualizadas. La capacidad de crear listas constituye una de las principales contribuciones de la literacidad o cultura escrita (Olson y Torrance 2009); ahora bien, con la lista se extrae la unidad léxica del discurso y se la considera como un objeto independiente, algo que, en realidad, no sucede en el uso habitual de la lengua (Goody 2000, 298).

Uno de los retos a los que se enfrenta la lexicografía consiste, pues, en reflejar a partir de una única palabra listada (*lema*) su contribución a la intención comunicativa de los mensajes en los que esta aparece. Ciertamente, los diccionarios incluyen unidades fraseológicas; sin embargo, no hay que suponer que el significado de todas las combinaciones no fraseológicas de palabras sea previsible a partir del conocimiento de sus componentes. El caso de los adjetivos de relación es especialmente iluminador. La definición de *ecuestre* del *DLE* ("Perteneciente o relativo al caballo, y particularmente a la equitación") no ayuda demasiado a comprender con cierta exactitud qué significa *retrato ecuestre*, *terapia ecuestre*, *turismo ecuestre* o *industria ecuestre*.[9]

Un primer paso para recoger el uso de la lengua en una obra lexicográfica, consistiría, pues, en aumentar el número de subentradas con formas complejas, solidaridades léxicas (Pernas Izquierdo 1992), colocaciones (*Diccionario de colocaciones del español* en línea *DiCE*) y construcciones sustanciales (Croft 2001, Hoffmann y Trousdale 2013). En definitiva, se ha de romper el prejuicio de que conociendo una palabra y su gramática es suficiente para predecir sus usos. A todo ello, se han de añadir ejemplos adecuados para mostrar el fenómeno pragmático que se pretende reflejar; así, *Clave* ejemplifica *con permiso* con uno de sus usos orales más habituales: "*Con permiso, ¿me deja usted pasar?*" (*Clave*, *s. v. permiso*).

4.2.2. Las acepciones

Si se considera que la acepción de una unidad léxica o fraseológica consiste en un sentido fijado por el uso dentro de una comunidad de hablantes (Medina Guerra 2003a, 131) —y apreciando la existencia de sentidos que no son puramente referencialistas— se presenta el problema de encontrar criterios que diferencien usos merecedores de una acepción dentro de un artículo lexicográfico. Algunos criterios para acotar acepciones que ya están consolidados en la lexicografía son, entre otros, los casos de polisemia con distinto referente, de diferentes categorías gramaticales, de léxico especializado o no, o de usos rectos y figurados (Porto Dapena 2002, 203–224, 2014). A todos ellos se unen en ocasiones acepciones diferenciadas por motivos pragmáticos.

En este cometido se pueden seguir diversos criterios. Así, en *DRAE22* hay una acepción para *este, ta, to*. ("Designa lo que está cerca de la persona que habla, o representa y señala lo que se acaba de mencionar"), que se perfila más en el *DLE* diferenciándose dos acepciones: una para el uso deíctico ("Que está cerca de la persona que habla"), y otra para el uso fórico ("Que se acaba de mencionar o que se va a mencionar a continuación") (*DLE*, *s. v.*). No obstante, tampoco es extraño que no se recojan acepciones distintas para usos pragmáticos claramente establecidos, por ejemplo, el *DEM* define *pendejo*, *idiota* o *imbécil* como adjetivos o sustantivos que representan una realidad y sin una acepción independiente como insultos, algo que, sin embargo, efectúa con *cabrón*: "expresión ofensiva dirigida a alguien" (*DEM*, *s. v.*).

4.2.3. Las marcas de uso

Por lo general, los artículos lexicográficos introducen marcas que indican restricciones y condiciones de uso de una palabra y, en consecuencia, reflejan una singularidad de una entrada o acepción en contraste con el resto del léxico que no se marca de este modo (Garriga 2019). Cuando la definición se considera adecuada a la mayor parte de los contextos, la acepción carece de otra indicación que no sea la gramatical. En cambio, en otros casos la acepción se marca como apropiada en ciertas circunstancias; así, la acepción 7 de visión en el *DLE* se marca como *coloquial*: "f[emenino] coloq[uial] Persona fea y ridícula".[10]

No todas las marcas de un diccionario interesan de igual modo a la pragmática. La utilización de una unidad con una marca diatópica determinada no comunica, dentro de sus límites territoriales habituales, una intención más allá de la representación de una realidad; en varios países de América, *colectivo* se refiere al mismo vehículo que *autobús* en España. Igual sucede con los tecnicismos —marcas diatécnicas— propios del léxico especializado si recurren a ellos los expertos en una ciencia o un oficio determinados.

No acontece lo mismo con las voces que los diccionarios marcan como propias de los distintos usos (marcas pragmáticas o connotativas, diastráticas y diafásicas).[11] Estas marcas de uso no solo indican en qué tipo de situación se documenta generalmente una unidad, sino también qué tipo de contexto selecciona su utilización por parte de aquellos hablantes que, por su dominio de la lengua, pueden elegir más de una formulación. Las unidades coloquiales, por ejemplo, motivan generalmente una relación de confianza con el interlocutor; en cambio, las formales evitan comunicar ese mismo vínculo. *DSal* indica, en consecuencia, a sus usuarios no nativos que una voz marcada como coloquial es

> Perfectamente posible entre un grupo de amigos de confianza, en muchas ocasiones en público, pero hay que tener cuidado. Por escrito no suele ser aconsejable.
>
> (DSal, *x*)

No se encuentran unas marcas de uso coincidentes dentro de la tradición lexicográfica hispánica, porque, contrariamente a las gramaticales, diatópicas y diatécnicas, es difícil aplicar unos criterios objetivos para su distinción. A ello se une que se fundamentan en propuestas teóricas implícitas y discutibles (Pérez Lagos 1999, Forgas 2014, Penadés Martínez 2018, Garriga 2019). La falta de coherencia es especialmente llamativa en el *DLE*. Para mostrar un cierto orden en la plataforma *Enclave* | *RAE* se pueden consultar los artículos de acuerdo con diversas *facetas* o *filtros*. Battaner y López Ferrero (2019, 98) relacionan con la pragmática las facetas de *valoración* del hecho lingüístico (*malsonante*, *eufemístico*) o de *intención* del hablante (*despectivo*, *irónico*, *festivo*, *peyorativo*, entre otras). Como acabamos de ver, a ambas facetas se puede añadir también la faceta *registro*, pues, al menos en el uso *coloquial*, existe habitualmente la intención del emisor de establecer cierta relación de identidad grupal con los receptores del mensaje. En otros diccionarios, las marcas no coinciden. El *DEM* diferencia niveles: *caló*, *coloquial*, *grosería*, *literario*, *ofensivo*, *popular* y *rural*; el *DSal* (xi), por su parte, propone las marcas de uso y registro (*rural*, *vulgar*, *jergal*, *coloquial*, *literario*, *elevado*, *administrativo*, *afectado*, junto con un variado grupo marcado como *restringido*), a ellas se añaden, como ya se ha anunciado (apartado 2), marcas exclusivamente pragmáticas —*v. gr.* *hasta luego* se marca como *despedida* y *hasta nunca* como *disgusto y enfado* (*DSal*, *s. v.*)—.

5. Conclusión

Sirvan como conclusión algunas recomendaciones. La lexicografía es una disciplina de la lingüística que crea métodos, los enseña y los aplica en la elaboración de repertorios léxicos. La primera indicación para mejorar la información pragmática de las obras lexicográficas consiste en revisar los asuntos que interesan a la pragmática y que se han recogido en las obras ya existentes (en el presente capítulo se han comentado algunos), comprobar la conveniencia de las soluciones adoptadas y, en lo posible, mejorarlas y sistematizar su uso. Quienes se han dedicado a la lexicografía han sido en muchas ocasiones certeros pragmatistas, aun antes de nacer esta disciplina lingüística en la década de 1980.[12]

En segundo lugar, conviene exponer por extenso los principios teóricos que guíen la información pragmática que se proporcione y cómo se distribuye tanto en la macroestructura como en la microestructura de la obra lexicográfica. De este modo, quien redacte el artículo lexicográfico se verá obligado a encontrar y a explicitar ciertas informaciones pragmáticas de un modo sistemático y coherente. Posteriormente, esta información se acomodará en lo posible a los distintos tipos de destinatarios.

Por último, se ha de romper el prejuicio de que el uso de la lengua se describe atendiendo únicamente a unidades léxicas en su combinación en construcciones sintácticas libres. Al hablar se utilizan habitualmente enunciados con distintos grados y modos de fijación y en unas posiciones discursivas determinadas. Las obras lexicográficas han de recoger este hecho.

Notas

1 Las citas de esta obra proceden de la edición en línea de la plataforma *Enclave RAE* (https://enclave.rae.es/), consulta 01/2020.
2 Sobre la información pragmática en este último tipo de diccionarios, Yang (2007).
3 En el presente capítulo se destacan con un subrayado aquellas formas que en un ejemplo requieran una lectura especialmente atenta.
4 Otros géneros discursivos, como el discurso científico, también aspiran a una mayor intersubjetividad.
5 Compárese esta definición escrita con el archivo audiovisual de *mucho* del *Diccionario de gestos españoles*, proyecto en curso y en línea; es evidente la ventaja de observar el gesto
6 María Moliner, siempre atenta al uso de la lengua, si bien no incluye el continuador conversacional que aparece en el ejemplo, sí recoge *mmm. . .*: "Sonido emitido con los labios juntos, con que se muestra disgusto, duda o suspicacia" (*DUE3, s. v.*).
7 Se cita por la edición en línea (consulta 01/2020). Poyatos (1994, II 176) prefiere *pf*, que se acomoda menos a la ortografía académica al carecer del núcleo silábico.
8 *Pragmatic force gloss* en términos de Atkins y Rundell (2008, 210).
9 En algunos diccionarios en línea como *WordReference (www.wordreference.com/)* estas carencias se suplen con la información que los usuarios proporcionan en foros.
10 La práctica lexicográfica acostumbra a sustituir informaciones de uso en el interior de las definiciones por abreviaturas de marcas previas a la acepción. Esto se comprueba, por caso, en la evolución del modo de comunicar la ironía en los diccionarios académicos (Garriga 1996).
11 Garriga (1999, 45, 2019, 24) incluye como marcas de uso las llamadas en otras ocasiones: diafásicas, diastráticas, de registro, estilísticas, sociolingüísticas o pragmáticas. En Garriga (2000, 29–35) las analiza con detenimiento.
12 El *DUE* de María Moliner destaca dentro de la lexicografía hispánica por su especial atención por aquellos aspectos relacionados con la pragmática. Informa, incluso, de inferencias dependientes de contextos muy específicos, por ejemplo, de una interpretación contrastiva del uso del pronombre personal *nosotros*:

> Cuando se contraponen las personas representadas por el pronombre "nos" a otras, reales o posibles, se repite pleonásticamente "nosotros" con la preposición "a": 'A nosotros no nos ha escrito. Eso no nos lo digas a nosotros'
>
> (DUE3, s. v. nosotros)

Bibliografía básica

Escandell *et al.* (2020); Portolés (2004); Reyes (2018)

Bibliografía complementaria

Fitch *et al.* (2005); Huang (2017); Koike *et al.* (2020); Sidnell y Stivers (2013)

7

Variación geográfica y lexicografía (Geographic variation and lexicography)

Dolores Corbella

1. Introducción

Una de las señas de identidad de la tradición lexicográfica española (incluyendo la etapa preacadémica) ha sido la de mostrarse bastante receptiva al considerar e incorporar en los diccionarios un número relativamente importante de voces de ámbito geográfico restringido. Así se ha puesto de manifiesto en los estudios realizados sobre los repertorios de Nebrija, Covarrubias o en el llamado *Diccionario de autoridades* (RAE 1726–1739, en adelante, *DAut*) y, a partir de ahí, en los proyectos posteriores de los siglos XIX y XX. Sin embargo, no siempre han quedado claros los criterios de selección de ese léxico regional que debía pasar a los repertorios generales ni el nivel de marcación diatópica que se debía alcanzar (provincial ~ regional ~ nacional ~ supranacional), y se han mezclado a menudo aspectos histórico-políticos (de subsidiariedad en relación con la variedad de referencia) con los estrictamente geolingüísticos.

En este capítulo se analizarán los distintos tipos de marcación recogidos en los diferentes diccionarios (desde la aparición de los llamados *provincialismos* hasta la introducción del concepto de *americanismo* en la segunda mitad del siglo XIX). Se comentarán los avances significativos que supuso la edición del *Diccionario de la lengua española* de 1925 (en adelante, *DRAE15*), los criterios adoptados en el sistema metalingüístico de marcación geográfica por macroproyectos recientes como el *Diccionario del español actual* (Seco, Andrés y Ramos 1999 [2011]; en adelante, *DEA*) y, sobre todo, la vocación panhispánica que en las últimas décadas ha prevalecido en la Real Academia Española (RAE), que empezó a manifestarse claramente a partir de la vigésima primera edición de su repertorio (de 1992) al incorporar, aunque todavía de manera simbólica, la abreviatura *Esp.* Pero, frente a la revisión de los distintos americanismos y de los españolismos, en los que parece que se ha llegado a un consenso, no se ha actuado de manera similar con los regionalismos, a la espera de un futuro replanteamiento de los límites del nivel de descripción que desea alcanzarse.

El auge de la lexicografía diferencial durante los últimos años, la aparición de numerosos tesoros lexicográficos en las distintas regiones y la creación de bases documentales de ámbito restringido están poniendo a disposición de los lexicógrafos una serie de materiales que permitirán a los nuevos proyectos avanzar en la marcación georreferencial, así como superar ese tópico de que los límites de empleo de las voces diatópicamente restringidas resultan borrosos y mal conocidos. En el nuevo diccionario digital será necesario establecer un sistema dinámico de

 DOI: 10.4324/9780429244353-9

marcación, con búsquedas sensibles al contexto diatópico y con un cartografiado automático de los datos que informe sobre el registro real y la diversidad de la lengua en su amplia geografía.

Palabras clave: diccionarios generales; lexicografía; lexicografía diferencial; marcación geolectal; regionalismos

One characteristic of the Spanish lexicography tradition (including the pre-academic period) is receptiveness to expanding its dictionaries quite significantly to include words from narrow geographic areas. This has been demonstrated through research conducted on the works of Nebrija, Covarrubias, and the *Diccionario de Autoridades* (*Dictionary of Authorities*), as well as in subsequent projects from the nineteenth and twentieth centuries. However, the selection criteria for incorporating regional lexicon into general dictionaries and the standard of diatopic marker (provincial ~ regional ~ national ~ supranational) have not always been clear. Historical and political factors (of subordination regarding the reference variety) have tended to become mixed with strictly geolinguistic ones.

In this chapter, we analyse the various types of markers found in different dictionaries from the introduction of so-called "provincialisms" to the introduction of the concept of "Americanism" during the second half of the nineteenth century. We also discuss: the significant progress achieved by the 1925 *Diccionario de la lengua española* (*DRAE15*); the criteria adopted in the metalinguistic system of geographic marking for recent macro projects such as the *Diccionario del español actual* (Seco, Andrés y Ramos 1999 [2011]; *DEA*); and, above all, the Pan-Hispanic approach that has prevailed in the Royal Spanish Academy (RAE) over recent decades. This line became apparent from the twenty-first edition of its dictionary (1992), when the abbreviation *Esp.*, was included, albeit symbolically. Even though there seems to be a consensus in reviewing different Americanisms and Spanishisms, regionalisms have not yet received the same treatment.

The rapid rise of differential lexicography, the discovery of numerous lexicographical repertoires and the creation of highly specialized document databases have made available a series of tools that will allow lexicographers to develop new projects for geo-referential marking. These tools will also help to improve our understanding of how diatopically restricted words are used. In the new digital dictionary, it will be necessary to establish a dynamic marking system with a search engine sensitive to diatopic contexts and an automatic data mapping that shows actual records of language diversity.

Keywords: differential lexicography; general dictionaries; geolectal marks; lexicography; regionalisms

2. Consideraciones previas

El tratamiento de la variación diatópica del léxico en un diccionario resulta una tarea ardua ya que requiere de una reflexión lingüística no siempre exenta de condicionamientos históricos, ideológicos e incluso políticos. De la misma manera que la fonética, la entonación o la morfosintaxis son diversas para cada comunidad lingüística, el léxico constituye otro elemento de esa heterogeneidad que es inherente a la lengua misma. Compete al lexicógrafo establecer el grado de matización o adscripción geolectal que debe alcanzar o que puede lograr con los materiales de que dispone. Determinar qué cantidad de voces regionales deben pasar al diccionario selectivo ha constituido una de las cuestiones más controvertidas, debido a la falta de un criterio unívoco y regular por el que se pueda garantizar una representación equitativa de las distintas áreas lingüísticas y por la ausencia de fuentes para conocer el particularismo léxico de determinadas zonas.

Pero con los medios digitales habrá que analizar desde otra perspectiva la calidad del producto lexicográfico, despojado de las restricciones de espacio, perentoriedad y caducidad de la edición en papel y con mayores posibilidades de acercarse, paulatinamente, pero con registros perfectamente contrastados, a la descripción de una realidad muy diversa geográficamente.

A estos problemas derivados de la praxis lexicográfica y de sus limitaciones se han solido unir otros de orden conceptual que inciden asimismo en los aspectos microestructurales del diccionario. Durante siglos la lexicografía desarrollada dentro y fuera de España tuvo como eje vertebrador la lengua del centro peninsular, tanto en la marcación geográfica (realizada siempre en contraste con la variante septentrional de referencia) como en la prevalencia de uso de ese mismo registro (exento de neutralidad, por tanto) en la lengua de la definición o en las remisiones internas. Esa política eurocentrista se ha ido matizando con el tiempo al ampliar el corpus del diccionario, el sistema de referencias geolingüísticas y, sobre todo, al incorporar, entre los "ismos", la delimitación de *españolismo*, subordinando de esta manera este concepto al más general de *panhispanismo*. No obstante, el problema quizás no está en contraponer el español europeo septentrional frente al español en el Nuevo Mundo: "España" y "América" atañen a magnitudes geográficas diferentes y lo que se trata de establecer, en nivel de igualdad, es la condición policéntrica del español y reconocer la coexistencia de distintas normas, tanto a un lado como a otro del Atlántico.

La variación léxica muestra, además, que los diatopismos no suelen ser privativos de un único territorio, por lo que el lexicógrafo debe tener en cuenta asimismo que el uso de un término puede haberse extendido o haberse difundido por más de una región. La suma de las distintas marcas diatópicas ofrece una radiografía del registro actual de una voz, pero también puede orientar sobre las interrelaciones territoriales y transnacionales. De ahí que algunos diccionarios hayan optado por establecer un sistema de marcación que incluye, junto a las fronteras políticas nacionales (artificiales en determinados casos desde el punto de vista de la lengua), algunas delimitaciones regionales (o departamentales), con el fin de poner de relieve concomitancias derivadas de la contigüidad dialectal y de las relaciones culturales e históricas. En estos casos es necesario contar con corpus específicos (lingüísticos y metalexicográficos) que demuestren la densidad de uso de una palabra en un territorio acotado. Este aspecto no se ha tenido en cuenta en los grandes macrocorpus del español, donde la marcación geográfica mínima identifica la frecuencia de empleo de una palabra solamente en relación con un determinado país o un área supranacional.

Dado que no puede entenderse la inclusión de la marca de restricción diatópica en la lexicografía española actual sin tener en cuenta sus antecedentes, en los siguientes apartados se analizará con profundidad cómo se ha desarrollado la marcación geográfica en la tradición diccionarística y cuáles han sido sus consecuencias en los últimos proyectos.

3. Variación diatópica en la tradición lexicográfica: primeros testimonios

Aunque no de manera estructurada ni sistemática, la información diatópica y las etiquetas geolingüísticas empezaron a aparecer en los vocabularios, glosarios y diccionarios españoles durante todo el Renacimiento, como consecuencia de una lengua que, en pocos siglos, había ido ampliando sus fronteras internas y había iniciado la ruta trasatlántica, coincidiendo con una primera etapa de globalización que la convirtió en un vehículo de comunicación intercontinental. De esta manera, los lexicógrafos daban cuenta de las divergencias de uso geográfico que habían advertido en el léxico que recopilaban y que, en un primer momento, constituía simplemente un reflejo de la necesidad de adoptar nuevas voces para describir una realidad etnográfica y una biodiversidad que, por contraste, llamaba la atención. Muy pronto también tuvo cabida en los inventarios léxicos un conjunto de palabras de ascendencia europea, no necesariamente referenciales, que adoptaron en las distintas regiones nuevos significados, revitalizaron su uso o se crearon utilizando los recursos del idioma para nombrar nuevos conceptos y un modo de relaciones sociales y políticas distintos a los tradicionales.

Cuando Nebrija acogió en su *Vocabulario español-latino* (*c.* 1494) el primer indoamericanismo léxico registrado en un diccionario, la voz *canoa*, no hizo más que constatar el conocimiento efectivo que de esta palabra se tenía en la corte castellana como consecuencia de la llegada a América de Cristóbal Colón. En las memorias y relatos de viaje del almirante, el vocablo aparecía junto al arabismo *almadía*, usado frecuentemente en las descripciones de las navegaciones anteriores por la costa africana y que, poco a poco, sería sustituido por el novedoso tainismo, y se ofrecía, además, la glosa con su definición: "Dixeron los indios que llevaba que avía d'ellas a Cuba andadura de día y medio con sus *almadías, que son navetas de un madero adonde no llevan vela.* (Estas son las *canoas*)" (*Diario del primer viaje de Colón [1492–1493], apud Corpus Diacrónico del Español, CORDE*). No erraba tampoco el padre Guadix (1593) cuando advertía que "*gofio*, llamaron y llaman en las islas de Canaria a cierta harina de ceuada tostada que fue el pan de los antiguos naturales de aquellas islas", dando cabida por primera vez en un repertorio lexicográfico a este prehispanismo (*guanchismo*) que luego se implantaría en algunos países americanos y que las crónicas locales de la época recogían con un sentido similar: "seuada que tostauan y molían, lo qual amasauan con leche y cosian y otras con agua y sal, y éste era su pan cotidiano, la qual harina llamauan *gofio*" (*c.* 1510, *apud Diccionario histórico del español de Canarias,* 2.ª ed., 2013, *DHECan*).

Pero no había que superar las nuevas fronteras marítimas para constatar la diversidad geolectal, ya que dentro de la misma Península los usos cambiaban de una región a otra. De ahí el empleo acotado que presentaba (y todavía presenta en esta acepción) la palabra *carmen* y que también Guadix (1593) advertía en su recopilación: "Llaman en algunas partes d'España, combiene a saber, en el reyno de Granada a unos jardines o casa de recreación en el campo". Y es que los particularismos léxicos permitían discernir, como señalaba el malagueño Bernardo de Aldrete en su obra *Del origen y principio de la lengua castellana* (1606), "qual es de Castilla la Vieja, qual de la Nueua, quien de Estremadura, i quien del Andaluzia" (Aldrete 1970 [1606], 191–192) porque, aunque se hable un mismo lenguaje, precisaba Sebastián de Covarrubias, "tienen alguna manera de pronunciación y formación de vocablos, en que nos distinguimos unos de otros" (1611, *s. v. dialecto*). Según los datos de Moreno Moreno (2004, 245 y 249), entre los lexicógrafos humanistas, fueron Francisco del Rosal (*c.* 1601), el padre Guadix (1593) y Sebastián de Covarrubias (1611) los que mayor número de voces regionales recogieron en sus diccionarios, con 143, 122 y 72 lemas respectivamente. En la mayoría de los casos, la particular adscripción geográfica delataba el origen del lexicógrafo, como sucede con los andalucismos de Nebrija o con los términos toledanos que empleaba Covarrubias (Eberenz 1992, 990–991).

Junto a los dialectalismos del español europeo, la información metalingüística sobre las particularidades léxicas del español en América, como se ha señalado, también comenzó a aparecer aisladamente en la lexicografía bilingüe y monolingüe de la época áurea. Destacan, entre otros muchos, los registros que ofrecía Cristóbal de las Casas en su *Vocabulario de las dos lenguas toscana y castellana* (1570), los datos que proporcionaba Covarrubias (1611, *vid.* Lope Blanch 1980) y, sobre todo, la recopilación del padre Guadix (1593), que utilizó, por vez primera y de manera sistemática, un tipo de marcación geolectal para distinguir aquellas voces usadas "en las Indias occidentales" o por "los indios de Guatimala". Aun así, resulta todavía más interesante la aparición de los primeros vocabularios y glosarios de voces y acepciones exclusivamente americanas que fijaron el comienzo de la llamada *lexicografía diferencial.* Por lo general, no se trata de obras autónomas, sino de "glosarios ocultos" incorporados, a modo de apéndice, en crónicas, descripciones y obras literarias, como el "Vocabula barbara", que sirvió de colofón a la edición de 1516 de las tres primeras décadas de Pedro Mártir de Anglería.[1]

4. Lexicografía académica: un caleidoscopio georreferencial

Contando con estos antecedentes, la RAE, al elaborar su primer diccionario, el *DAut*, no dudó en dar cabida a un número relativamente importante de "voces peculiares y propias, que se usan frecuentemente en algunas provincias y reinos de España" (1726–1739, I, v). Al tener en cuenta las voces con restricción diatópica, el *Diccionario* institucional adoptaba en su macroestructura un modelo que se perpetuaría en toda la producción española posterior —académica y extraacadémica— y que ha supuesto la casi obligatoriedad de incluir la marca de uso geolectal en el artículo lexicográfico, con especial insistencia en los datos relativos a las distintas zonas ultramarinas durante los siglos XIX y XX.

La lectura de las actas y reglamentos de la Academia pone de relieve que no siempre hubo un criterio unánime y que, en determinados momentos, la institución se planteó eliminar este tipo de palabras de acotación geográfica limitada o llevar a cabo un diccionario de provincialismos segregado del general con el fin de aligerar el contenido del repertorio. Así se puso de manifiesto a principios del siglo XIX, en 1816: "Sobre las voces provinciales, singularísimamente las de Aragón, de las que está inundado nuestro Diccionario resolverá la Academia qué temperamento deba tomarse para elegir unas y suprimir otras, o para borrarlas todas" (*Actas*, libro XIX, 21–10–1816, *apud* Aliaga Jiménez 2000, 110–111). Algo más tarde, en 1859, se acordó iniciar la elaboración de un léxico por regiones independiente, objetivo en el que se volvería a insistir en el *Reglamento* de la RAE de 1861, para "emprender cuanto antes, y llevar a cabo, el más completo Diccionario de provincialismos que le sea dado publicar" (Aliaga Jiménez 2000, 140–141). Todavía a finales de esa centuria, mientras algunos lexicógrafos como Elías Zerolo continuaban argumentando que el *Diccionario* debía adoptar "las voces bien formadas que sean generales en cualquier región importante de España y en los demás pueblos que hablan nuestra lengua" (1889 [1897], 176), otros se decantaban por todo lo contrario: "Celebraremos que la Academia Española [...] deje a otras corporaciones el cuidado de hacer glosarios de provincialismos y americanismos, destine exclusivamente el *Diccionario de la lengua* a la definición y explicación de las voces que constituyen el fondo común del idioma" (Ortúzar 1893, xvii).

4.1. Creación de un sistema de marcación diatópica

Aunque el *DAut* contenía en su planteamiento la delimitación geográfica, no ofrecía, sin embargo, un sistema de marcación específica con referencias toponímicas o abreviaturas de estas que, de forma más o menos sistemática, reflejara en la microestructura la delimitación espacial, sino que tal precisión quedaba incluida en la definición del artículo lexicográfico. Estas localizaciones tópicas explícitas comprendían desde las jurisdicciones del antiguo régimen, previas a la división territorial de España de 1833, hasta localidades de territorio acotado como Tierra de Campos, montañas de León o Andalucía la Baja o, en América, grandes extensiones continentales (América o las Indias) o virreinatos (Nueva España, Perú o Nueva Granada) hasta registros de uso muy específicos, correspondientes, por ejemplo, a las ciudades de Cartagena o Panamá.

En el primer tomo de la segunda edición del *DAut*, de 1770, se procedió a incorporar un modelo de abreviaturas que reflejaba, tras la categoría gramatical, la información geográfica. Este procedimiento, que apenas quedó esbozado en aquella edición de la que solamente se publicaron las dos primeras letras, se iría completando en las sucesivas entregas del *Diccionario* de la RAE (*DRAE*), desde la primera de 1780 hasta la vigesimotercera de 2014 (*DLE*), en este último caso (y desde 1992) en colaboración con la Asociación de Academias de la Lengua Española (ASALE). Fue precisamente en la primera edición del *Diccionario de la lengua castellana* de 1780 cuando se formalizó de manera definitiva el conjunto de referencias que incluía las voces "provinciales" (con la abreviatura *p.* y, más tarde, *pr.*, aunque a veces también como *prov.*) de Andalucía, Aragón, Asturias, Asturias de Santillana, Extremadura, Galicia, Granada, La Mancha, Murcia, Navarra, Rioja y Toledo. Pero esta norma no siempre se aplicó de manera homogénea ya que, como fue corriente a partir de aquella publicación, las nuevas directrices en las sucesivas entregas no implicaban una revisión completa e inmediata de la edición anterior, sino que, debido a la premura, a la falta de medios técnicos y, sobre todo, a la complejidad y extensión que iba adquiriendo el diccionario, a veces esos criterios novedosos se agregaban a los que por tradición traía ya incorporados el repertorio.

A pesar de la creación de una nomenclatura específica, el antiguo sistema de marcación explícita de los regionalismos que se había utilizado en el *DAut* no dejó de emplearse y, de hecho, todavía se mantiene (*vid.* las entradas *barbusano* o *bohío* en el *DLE*, entre otras). La diferencia de uso entre las dos posibilidades se intentó arbitrar en la sesión académica de 15 de abril de 1819: "Cuando las cosas u objetos que se definen son tan propios de las provincias que no hay otra voz que en la que en ellas se usa para expresarlos, se omita entonces la calificación de *provincial*, dándose principio a la definición diciendo: *En Andalucía, En Murcia, En la Mancha*, &" (*Actas*, libro xx). Se adelantaba así la Academia a los modernos planteamientos de la técnica lexicográfica que distinguen, dentro de lo que es el entorno de la definición, el "*universo* o aspecto de la realidad a que alude el texto" y "la región geográfica (zona)" a que dicho texto corresponde (Porto Dapena 2002, 202). Y es que, con respecto a los prehispanismos (y no solo los americanos, tal como plantea el *DLE*), no hay que confundir etimología con distribución espacial de una palabra. Indigenismos como *chocolate, tomate, canoa* o *caníbal* forman parte hoy en día del léxico panhispánico, aunque su procedencia y difusión en un primer momento, en la etapa inicial de incorporación a la lengua (que es la que reflejan los primeros glosarios, vocabularios y diccionarios), eran todavía limitadas. En diacronía, surgieron como voces de empleo acotado geolectalmente (circunscrito a la región donde se originaron y adoptaron), si bien esa restricción georreferencial se fue diluyendo a medida que el conocimiento de su referente se iba expandiendo, iniciando así un proceso de *desdialectización* y, en algunos casos, de progresiva internacionalización (*vid.*, por ejemplo, las voces que analizan Erlendsdóttir *et al.* 2017). Deberían llevar marca geolectal en la medida en que se pueda demostrar que su empleo no es panhispánico y que queda circunscrito a una determinada zona o continúa siendo de uso más frecuente en ese territorio del que procede. Un ejemplo significativo puede ser el nahuatlismo *tiza*, de uso extendido en todo el ámbito geográfico de la lengua excepto, precisamente, en México, la región donde surgió el vocablo, tal como puede advertirse en los datos que proporciona el *Corpus del Español del Siglo XXI* (*CORPES XXI*) y que confirma el *Diccionario de mexicanismos* (Academia Mexicana de la Lengua 2010, *DM*), al dar como voz más usada en este país centroamericano el sinónimo *gis*, de procedencia romance y de escaso registro en el resto de las áreas hispánicas.

Aparte del sistema de marcación múltiple (relacionado, por un lado, con el lugar donde existe o se conoce la realidad designada por el término y, por otro, con la extensión geográfica efectiva de la palabra), cuyos límites y, sobre todo, sus intercesiones, no parecen haber estado siempre claros para los sucesivos redactores del diccionario, aquella primera nomenclatura propuesta en 1780 no tenía en cuenta el español en América y sus voces diferenciales apenas tuvieron una representación esporádica que no quedó reflejada en el listado de abreviaturas geolectales. Ante este panorama, algunos filólogos hispanoamericanos llegaron a demandar una mayor presencia de sus particularismos léxicos: el mismo Andrés Bello señalaba que sus compatriotas tenían "tanto derecho como Aragón y Andalucía para que se toleren sus accidentales divergencias"

(1988 [1847], I 66). Pero tuvieron que transcurrir todavía varias décadas para que la duodécima edición del diccionario, de 1884, incluyera como novedad en la microestructura las marcas relativas a los territorios ultramarinos pertenecientes a la Corona de Castilla (*pr. Antill., pr. Cuba, pr. Filipinas, pr. Can.*, así como *pr. Mall., pr. Bal.*)[2] y a los nuevos países surgidos tras la independencia, cuyas voces no tenían la consideración de dialectales, sino que se asociaban a las nuevas naciones donde se refrendaba su uso (*Colom., Chil., Ecuad., Méj., Per., Venez.*, junto a la abreviatura abarcadora *Amér.* para los términos panamericanos), con una tendencia progresiva a la sustitución de la marcación explícita dentro de la definición por el empleo cada vez más frecuente de las abreviaturas. Al mismo tiempo, se dio cabida como entrada al lema *americanismo* con valor metalingüístico ("m. Vocablo ó giro propio de los americanos que hablan la lengua española").

La nómina de etiquetas geolectales americanas se iría completando en las entregas posteriores de la serie de los *DRAE*: en la decimotercera de 1899 se añadió *Amér. Merid.* y *Cost. Ric.*, y en la decimoquinta, de 1925, se agregaron, aparte de varias abreviaturas relativas a los regionalismos peninsulares, las marcas correspondientes a *Amér. Central, Argent., Bol., El Salv., Guat., Guay[aquil]*,[3] *Hond., Nicar., P. Ric., Pan., R. de la Plata, Salv.* y *Urug.* Fue precisamente esta última edición, la de 1925, la que aunó y llevó a la práctica los avances auspiciados desde 1884 y la que dio un giro sustancial a la labor lexicográfica de la RAE, hecho que quedó reflejado en el nuevo título del diccionario, que pasó a denominarse *Diccionario de la lengua española* (y no *castellana*, como hasta ese momento), tal como había defendido Menéndez Pidal en las sesiones que precedieron a su publicación (Pérez Pascual 1998, 158). Ese nuevo rumbo se advierte asimismo en otros tres aspectos relevantes y bastante innovadores en la praxis lexicográfica:

1) La incorporación de lemas y acepciones lingüísticas relativos a la concepción de la lengua y al complejo dialectal del idioma, como sucede con la ampliación de la cuarta acepción de la entrada *español*, que pasa a definirse como "Lengua *española*, originada principalmente en Castilla, y hablada también en casi todas las repúblicas americanas, en Filipinas y en muchas comunidades judías de Oriente y del norte de África"; el cambio sistemático de "castellano" por "español" en la lengua de la definición (por ejemplo, en las definiciones de las letras del abecedario); o la admisión de los variados "ismos" que denominaban el conjunto de peculiaridades lingüísticas geográficas de una determinada zona en contraste con el estándar que representaba el español peninsular central, como, entre otros, *andalucismo, argentinismo, chilenismo, colombianismo, ecuatorianismo, hondureñismo, mejicanismo* (*mexicanismo*, a partir del suplemento de 1970) o *peruanismo*.[4]
2) La utilización de múltiples fuentes que dieron como resultado una mayor precisión de las localizaciones (y de las etimologías) de muchas acepciones que, frente a la exclusividad geolectal (o territorial) mantenida hasta ese momento como hecho definitorio de cualquier dialectalismo, mostraban a partir de esta edición la adscripción a varios países y regiones a la vez, aglutinación que constituía el resultado natural de unas relaciones multiculturales de varios siglos de historia compartida ("Cuán mal conocidos son todavía estos dos provincialismos europeo y americano lo muestra el caso de que la Academia en el curso de su labor se ha encontrado a menudo con voces que le proponían a título de americanismo y que las hallaba a la vez comprobadas también como usuales hoy día en una o en varias regiones de España", *DRAE15*, vii–viii).
3) El elevado número de nuevas palabras regionales y americanas que iniciaron su andadura en el corpus lexicográfico académico ("voces que estaban muy escasamente representadas en las ediciones anteriores", según se reconoce en la "Advertencia" del *DRAE15*, vii), y que supuso un incremento real de términos murcianos (que alcanzó la cifra total de 280 en aquella edición, según Aliaga Jiménez 1999, 341), aragoneses (1016, *ibidem*, 2000, 155),

leoneses (137, según los registros de Le Men 2001, 627), salmantinos (606, según Muriano Rodríguez 1997–1998, 140), cántabros (198, a partir de los recuentos de Peña Arce 2018, 285) y canarios (se pasó de 13 lemas en la edición decimocuarta, de 1914, a 31 en la de 1925, según los datos de Corbella 2016, 115) (Figura 7.1).

En lo que atañe a la nomenclatura geolingüística, las ediciones posteriores del siglo xx apenas reflejaron cambios importantes, excepto la incorporación de algunas referencias relativas a espacios dialectales más específicos para el español americano, como Misiones, Cibao, Cuyo, Chaco, Yucatán... e incluso Caribe, Andes (y Andes venezolanos), América Tropical o área guaranítica en la edición de 2001. En la *Nueva planta del Diccionario* (RAE 1997, 4) se señalaba que se incluirían marcas en una determinada palabra o acepción "por ser utilizada en un ámbito territorial extenso (continental, supranacional, nacional, correspondiente a un área dialectal homogénea) o muy significativo en cuanto a su número de hablantes (grandes capitales de España y América)". No obstante, la última entrega de 2014 muestra una revisión exhaustiva y cierta concreción en las marcas americanas, con la intención de asociarlas a un área dialectal (*Am. Mer.*, *Am. Cen.* o *Ant.*) o a un país en su nivel más específico, tal como se había propuesto premonitoriamente en la edición de 1884. No se ha actuado de la misma manera con las voces regionales del español europeo que, aunque han disminuido cuantitativamente, continúan con un sistema de delimitación geolectal arbitrario (que incluye referencias a ciudades, islas, provincias, regiones o comunidades autónomas), herencia de la adición continua que, sin un criterio unívoco (al menos en la práctica), ha marcado el devenir del diccionario a lo largo de sus trescientos años de historia. La necesidad de fijar un sistema de marcación único (Seco 2003b [1987], 325) deriva del hecho de que en la

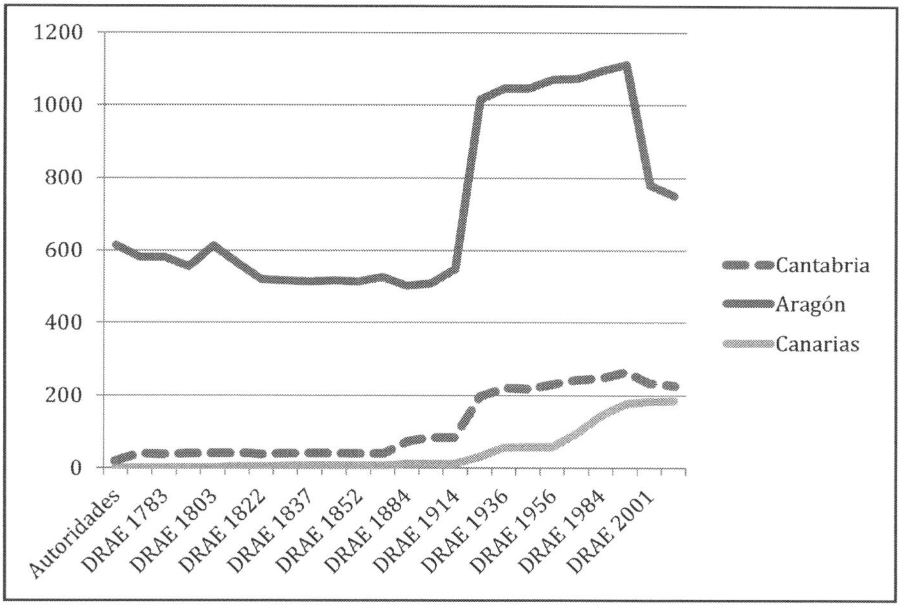

Figura 7.1 Palabras de Cantabria, Aragón y Canarias recogidas en los diccionarios académicos (Fuentes: Peña Arce 2018, Aliaga Jiménez 1999, Arnal Purroy 2017, Corbella 2016).

selección de esta nomenclatura geolectal se han solido mezclar aspectos históricos, geográficos y glotopolíticos. Por un lado, parece que la tendencia más generalizada es la de establecer como unidades las fronteras nacionales que, por separado o como sumatorio de un área más extensa (Antillas, América Central, Río de la Plata), reflejan el carácter policéntrico del idioma, ya que comparten una norma culta común y redes culturales, sociales, profesionales y de comunicación con suficiente arraigo (Zimmermann 2018, 136–137). Atendiendo a las críticas vertidas sobre el centralismo lingüístico del diccionario, a partir del *DRAE* de 1992 (*DRAE21*) se incluyó, como ya se ha indicado, la abreviatura *Esp*[*aña*] para señalar aquellos términos empleados únicamente en el español europeo.[5] Por otro lado, dentro de cada país, puede ser factible dar cabida de una manera consecuente (y con un criterio de marcación unívoco) a una serie de dialectalismos específicos que, por su frecuencia y singularidad o por su carácter transfronterizo (como reflejo del contacto transnacional o intercontinental), también justificarían su lugar en el diccionario.

4.2. El incesante incremento de voces geolectales

De los 42.387 lemas que incluía el *DAut*, según los últimos recuentos de Rojo (2014, 145), en torno a unos 1.400 presentaban un registro acotado (Salvador Rosa 1985, 133), lo que significa un 3,30 % del total. La última entrega del *Diccionario de la lengua española* (*DLE*, xi), contiene 195.439 acepciones con un total de 42.875 marcas georreferenciales, esto es, en torno al 22 % (tomando los datos que ofrece la plataforma *Enclave RAE* y teniendo en cuenta que una misma acepción puede contener más de una marca de uso geográfico). Estas cifras de lemas y acepciones de la primera y última entregas de los diccionarios de la RAE constituyen una clara evidencia de que el repertorio ha ido creciendo exponencialmente en contenidos diatópicos a lo largo de su historia (Figura 7.1). Los datos reflejan asimismo que, si bien en el *DAut* la mayor parte de las voces marcadas se referían al espacio peninsular ya que ese primer diccionario tan solo recogía

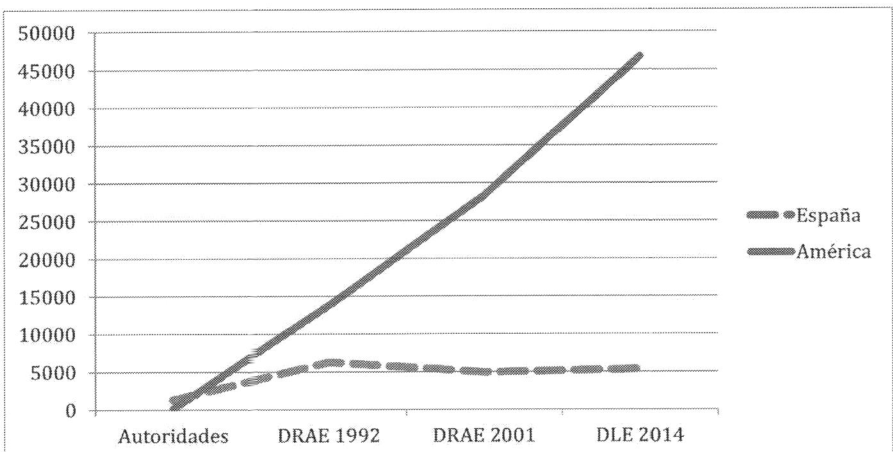

Figura 7.2 Progresión de diatopismos americanos y dialectalismos de España en los diccionarios de la RAE.

127 americanismos,[6] en el *DLE* el número de acepciones con delimitación americana asciende a 37.431, un 87,30 % del total de las acotaciones geolectales del diccionario. Este proceso ha sido paulatino, con un incremento notable a partir del suplemento del *DRAE* de 1970 (*DRAE19*) para los registros ultramarinos (que Ferreccio 1978 cifraba en 5.775 lemas en aquella decimonovena edición), ascenso que coincide con una disminución de las referencias correspondientes al español europeo (Figura 7.2).

No ha habido un criterio unívoco de incorporación de estas voces al repertorio, quizás porque la variedad léxica depende de distintos factores como la biodiversidad, el encuentro cultural, la extensión territorial o la demografía. En la Figura 7.3 aparece representada la heterogeneidad que presentan estos registros por ámbitos territoriales hispanohablantes en la actualidad, así como el porcentaje esperado si se utilizara como criterio objetivo de entrada el número de hablantes nativos de español de cada zona.

Por lo que se refiere a los regionalismos propiamente dichos, esto es, a las voces con una acotación geográfica inferior a un país, por tradición el *DLE* continúa registrando los correspondientes a España (Figura 7.4), con lo que se privilegia al español en Europa frente a los posibles regionalismos de cada país hispanoamericano. En todo caso, el mantenimiento de los dialectalismos europeos en el diccionario debe implicar, necesariamente, un tratamiento similar para las demarcaciones departamentales en América. Es necesario llegar a un sistema de compromiso, aunque esté basado en criterios no exclusivamente lingüísticos, siempre y cuando esa nomenclatura unívoca se emplee de manera sistemática.

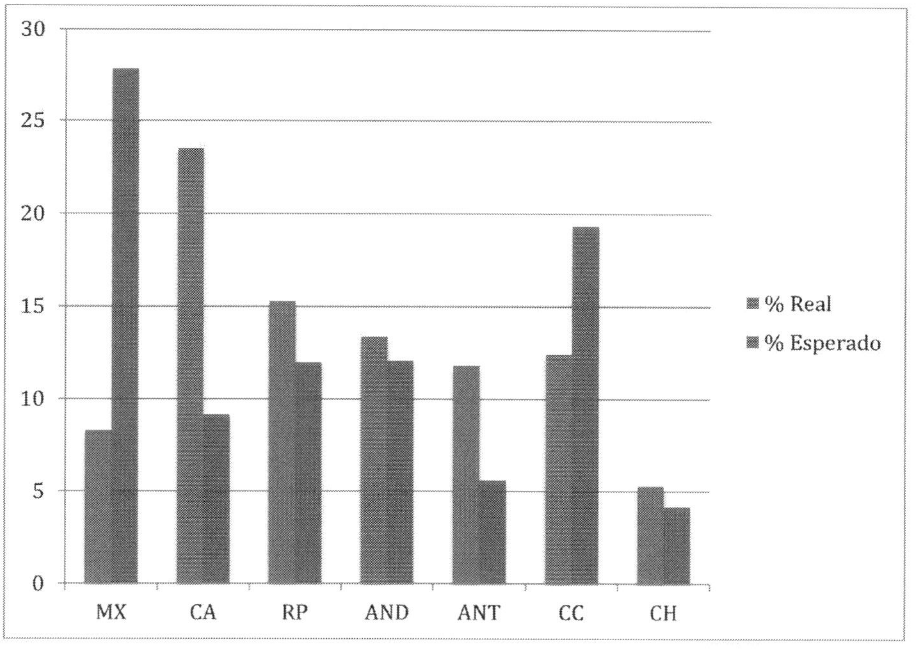

Figura 7.3 Distribución de diatopismos por zonas americanas (Fuentes: *Enclave RAE*, fecha de consulta 30–11–2019, e Instituto Cervantes 2019).[7] Abreviaturas: MX (México), CA (Centroamérica, excepto México), RP (Río de la Plata), AND (Zona andina), ANT (Zona antillana), CC (Caribe continental), CH (Chile).

5. Las marcas diatópicas en la lexicografía no académica

Entre 1842 y 1853, según palabras de Seco (2003, 259–260), "brota una plétora de diccionarios no académicos" con un denominador común: "el propósito de romper el monopolio efectivo de que disfrutaba la Academia en el terreno de la lexicografía del español". Este conjunto de repertorios surge en un momento histórico decisivo, teniendo en cuenta las expectativas que brindaba el comercio directo con los nuevos países independizados y la tardanza de la RAE en reflejar en el diccionario los cambios y las novedades que los filólogos americanos demandaban. De ese conjunto, destaca el *Nuevo diccionario de la lengua castellana* de Vicente Salvá (1846), que declaraba en el subtítulo que incorporaba "unas veinte y seis mil voces, acepciones, frases y locuciones, entre ellas muchas americanas", iniciando de este modo una tradición que se aplicaría al resto de los diccionarios publicados por las editoriales en la segunda mitad del siglo XIX (Álvarez de Miranda 2007, 342–345). Con el fin de dar cabida al mayor número posible de americanismos en su diccionario, Salvá estableció una nomenclatura que le permitió distinguir entre los americanismos enciclopédicos (de ámbito) y los de uso (de zona), tal como ha podido establecer Azorín Fernández (2008, 17).[8] Los primeros representan los conceptos propios de la cultura del Nuevo Mundo, sean o no conocidos fuera del continente, y su registro u origen americano se explicita dentro de la definición; los segundos mantienen un uso exclusivo entre los hablantes americanos (que los diferencia de los europeos) y van marcados como provincialismos.

Salvo contadas excepciones como la obra pionera de Salvá, la empresa de Gaspar y Roig (1853–1855), el diccionario que llevaron a cabo Zerolo *et al.* (1895) y algunos diccionarios de

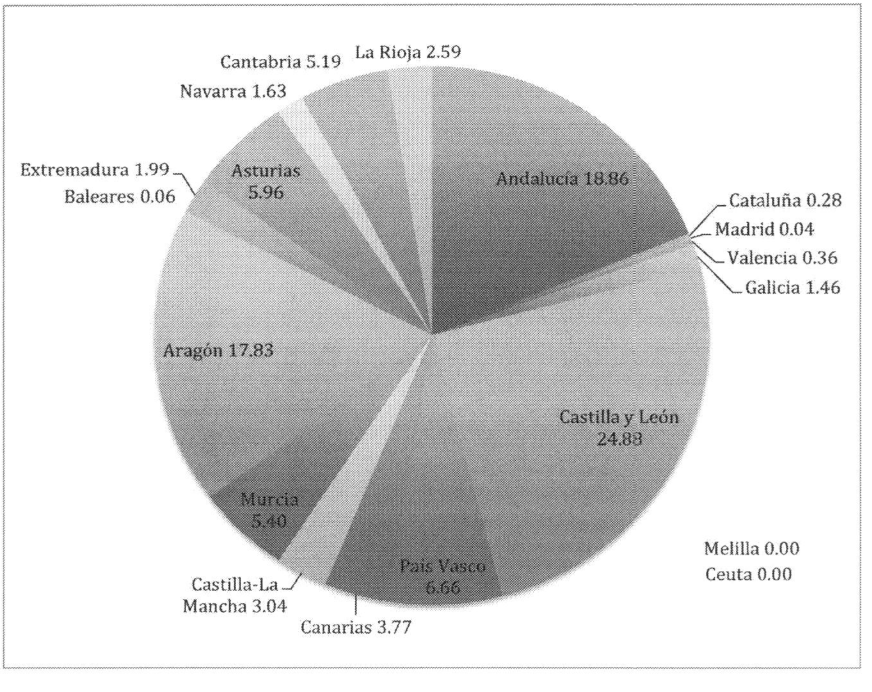

Figura 7.4 Porcentaje de dialectalismos del español europeo por comunidades y ciudades autónomas. Fuente: *Enclave RAE* (fecha de consulta: 30–11–2019).

autor del siglo xx, el peso de la lexicografía llevada a cabo por la RAE ha seguido determinando en buena medida la trayectoria de todo el trabajo desarrollado con posterioridad (Haensch y Omeñaca 2004, 202), especialmente en la publicación de toda una serie de repertorios diferenciales, contrastivos (surgidos en su mayoría a partir de las directrices de la escuela de Augsburgo de G. Haensch y R. Werner) e integrales (en México, Argentina y España).

5.1. Del diccionario panhispánico al diccionario integral

En 1945 inició su andadura el *Diccionario general ilustrado de la lengua española* (en adelante, *DGILE*) de la editorial Vox, con un prólogo de Menéndez Pidal en el que abogaba por "el interés en recoger todos los elementos lingüísticos dispersos por toda la extensión del territorio donde el español se habla" (*DGILE*, xxi). A pesar de ese deseo, aquella primera entrega no incluía regionalismos y los americanismos se agruparon en un pequeño apéndice. Fue en la segunda y tercera ediciones, de 1953 y 1973, a cargo de Gili Gaya, cuando se procedió a la incorporación de dialectalismos y al aumento del número de americanismos en el cuerpo del diccionario, siempre que presentaran un área geográfica extensa y que estuvieran autorizados por el uso literario. El incremento de voces diatópicas resultó manifiesto, con una intención incluso más decidida de alejarse del modelo académico en la siguiente edición de 1987 (*Diccionario actual de la lengua española Vox, DALE*), dirigida por Manuel Alvar Ezquerra, al dar cabida a nuevos términos registrados en vocabularios dialectales coetáneos y, sobre todo, a la incorporación de la información léxica extraída de los atlas lingüísticos. En 2002, esta misma editorial publicó el *Diccionario de uso del español de América y de España (DUEAE)*, bajo la coordinación científica de Paz Battaner Arias. La obra fue diseñada como un diccionario general panhispánico, que contiene las voces del español común y prescinde de los regionalismos, "con un distanciamiento consciente, atendiendo a zonas amplias y a países constituidos políticamente" (*DUEAE*, "Presentación", vii). Este carácter panhispánico se ve reflejado asimismo en el metalenguaje empleado en las definiciones para conseguir formulaciones diatópicamente neutras, en la selección de los vocablos y en los ejemplos, tomados de un amplio corpus oral y escrito creado por la editorial, de otros corpus y de Internet.

Otro punto de referencia en la lexicografía no académica del siglo xx lo constituye el *Diccionario de uso del español* (1966–1967, *DUE1*), de María Moliner, no tanto por el número de lemas que ofrece y que fue extraído, básicamente, de la decimoctava edición del *DRAE* (de 1956, *DRAE18*), sino porque la lexicógrafa aragonesa aplicó a las voces diatópicas algunos de los planteamientos y novedades que hicieron de su diccionario una publicación señera en el panorama español. En su intento de establecer tipográficamente una separación entre el léxico usual y no usual, Moliner marcó en cursiva y en cuerpo menor los lemas y acepciones de uso geográfico restringido como "no usuales", entendiendo que no son voces generales aunque puedan ser de uso frecuente en determinadas zonas. Es este uno de los aspectos más controvertidos de la obra porque "los criterios subjetivos priman más de lo conveniente sobre la información objetiva, tan necesaria para el estudio del uso" (Seco 2003, 393–394). No obstante, también constituye una de las características más originales con respecto al repertorio académico que, en muy limitadas ocasiones, ofrece información sobre la vigencia de uso de los diatopismos. Las sucesivas ediciones de esta obra monumental han mantenido la cursiva en la definición para reflejar el carácter "no usual" de una palabra con restricción geolectal, han incrementado "el número de americanismos a partir de diversas fuentes lexicográficas" (*DUE2* 1998, xiv) y han añadido un sistema de abreviaturas como marcas de localización geográfica para señalar "las acepciones que no tienen uso general en España: dialectalismos españoles y expresiones utilizadas fuera de España en el resto de los países hispanohablantes (especialmente hispanoamericanos)" (*DUE2* 1998, xxvii).

El carácter subsidiario de los repertorios generales y complementario de toda la lexicografía diferencial con respecto al *DRAE* ha incidido para que en los últimos años se haya renovado el enfoque y haya surgido un nuevo tipo de diccionarios, los integrales, con la pretensión de ofrecer el léxico tal y como es, y no solo las palabras divergentes. Entre estos proyectos destacan el *Diccionario del español actual* de Seco, Andrés y Ramos (1999 y 2011[2], *DEA*), el *Diccionario de lengua española Lema* (2001, en adelante, *Lema*), el proyecto de Luis Fernando Lara sobre el español mexicano (*Diccionario del español usual de México*, 1996, *DEUM*, y *Diccionario del español de México*, 2010, en adelante, *DEM*) y el *Diccionario integral del español de Argentina* (2008, en adelante, *DIEA*) (véase el capítulo 24 de Adelstein en este volumen).

El *DEM* fue elaborado a partir del *Corpus del Español Mexicano Contemporáneo* que comprende textos desde 1921 a 1974. Aunque en un principio la entrada de lemas en el diccionario estuvo determinada por su frecuencia de aparición, excluyendo aquellas de menor rango, tal como se señala en la versión en línea se está procediendo a la inclusión de otros vocablos que presentan una o dos apariciones en el *Corpus*, lo que "requiere buscar mayor comprobación de su vigencia y de su significado —de su 'cuño social'—, por lo que pasamos del método rigurosamente cuantitativo a un método que se podría llamar 'de pepena'; es decir, teníamos que pepenar datos en donde los hubiera, ampliando así el tiempo que toman esas pesquisas". Para esta última fase se creó un *Segundo Corpus del Español Mexicano Contemporáneo* (1974–2018) y se procedió a la consulta de los materiales mexicanos procedentes de los corpus académicos y de otros recursos, con la finalidad de autorizar ese léxico de escasa frecuencia, tanto el particular como el común y tradicional. La acotación geolectal quedó limitada, por tanto, al español mexicano, pero la plataforma facilita asimismo la búsqueda por regiones y áreas geográficas dentro del país. En la misma línea, Federico Plager coordinó el *DIEA* (2008), basado en un corpus argentino creado *ad hoc* con la finalidad de registrar el léxico estándar usual desde 1981 en textos escritos (90 %) y orales (10 %). Para el español europeo, la aparición del *DEA* en 1999 supuso la culminación de un proyecto que Manuel Seco había emprendido en 1970 con la finalidad de dar cuenta del léxico vivo del español empleado en España, a partir de una base documental de testimonios escritos de uso real circunscritos al periodo comprendido entre 1955 y 2011 en su segunda edición.[9] Con un planteamiento similar surgió el *Lema* (2001), publicado por la editorial Spes y dirigido por Paz Battaner Arias y que, como el *DEA*, fue elaborado como un proyecto de nueva planta, en este caso a partir del corpus Vox-Biblograf. En realidad, estos cuatro diccionarios significan una vuelta a los orígenes de la mejor tradición lexicográfica española, en cuanto, como afirman Seco, Andrés y Ramos (2011, xi) en el preámbulo de su obra, "para redactar un diccionario es indispensable una base documental. Algo que ya nos habían enseñado —en vano, al parecer— los académicos que en el siglo XVIII compusieron el *Diccionario de autoridades*".

Aunque no existen estudios sobre la distribución diatópica de los textos y autores que sirvieron de base al *DEA* y al *Lema*, la novedad de la documentación, como comprobaron Corrales y Corbella (2003, 234–235) para el léxico canario en el *DEA*, ha supuesto la incorporación por primera vez en un repertorio general de un número de voces inéditas en otros diccionarios, en este caso singularizadas con la abreviatura *reg*[*ional*], entendiendo esta marcación "en sentido estrictamente lingüístico y sin connotaciones de ningún otro tipo". En todo caso, del testimonio de uso que acompaña a la definición se puede deducir el área de su empleo, aunque seguramente la utilización de otras fuentes en la base documental hubiera proporcionado materiales diferentes y la recogida de otras palabras que también pueden ser comunes en los ámbitos analizados.

5.2. La diatopía en los diccionarios diferenciales y contrastivos

La selección del léxico en los diccionarios diferenciales y en los diferenciales-contrastivos constituye una elección basada únicamente en la divergencia de uso en el espacio. En los diccionarios contrastivos esas diferencias aparecen metódicamente señaladas con determinados símbolos según la diversidad de empleo se encuentre en la novedad del lema, en la creación de una acepción para una palabra compartida o en la adopción de una nueva voz para una realidad inexistente en el español peninsular que ha servido de contraste (Fajardo Aguirre 2010).

Aunque la lexicografía diferencial surgió desde el siglo XVI y ha producido obras singulares, en los últimos años este tipo de diccionarios ha resurgido con una renovación profunda en el método a partir de la publicación de los resultados del proyecto del *Nuevo diccionario de americanismos* liderado por G. Haensch y R. Werner (1978) y con la edición de los tomos correspondientes a Colombia, Argentina y Uruguay, y en una segunda etapa también el de Cuba. En la misma línea, el resto de los países americanos cuenta con publicaciones señeras, bien debidas a la iniciativa particular, bien a la labor que desarrolla cada una de las Academias en su propio país (Nicaragua, México, Uruguay, la República Dominicana). En la mayoría de estas propuestas lexicográficas se suelen incluir, a su vez, marcas diatópicas que especifican el uso restringido a regiones o departamentos, como sucede con el *Diccionario del español del Uruguay* (Academia Nacional de Letras de Uruguay 2011, *DEU*).

Otro avance significativo lo ha constituido la aparición de diccionarios ejemplificados en los que la descripción de las voces propias de la diatopía se contextualiza con ejemplos de uso real, extraídos de un fichero documental. Así se han elaborado, entre los más recientes, el *Diccionario ejemplificado de canarismos* (Corrales y Corbella 2009) y el *Diccionario ejemplificado del español de Cuba* (Tristá Pérez y Cárdenas Molina 2016).

6. Marcación geolectal y lexicografía histórica

Frente a los diccionarios de uso que han solido ser selectivos, la lexicografía histórica aspira, o debería aspirar, al diccionario total y a convertirse en un léxico archivo, utilizando la terminología pidaliana, un ideal que la praxis lexicográfica revela como utópico pero que, si se alcanzara a cumplir en un alto porcentaje, desvelaría la progresión cronológica y diatópica del vocabulario.

En los tres proyectos de diccionarios históricos iniciados por la RAE no ha existido unanimidad en la incorporación de este léxico marcado espacialmente, al menos en lo que atañe a los dialectalismos. En el *Diccionario histórico de la lengua española* (1933–1936, en adelante, *DHLE1933*) se optó por la inclusión de "todas las voces americanas que nuestros historiadores y naturalistas recogieron de aquellos países, y que son ilustración indispensable de las relaciones culturales de España con tales pueblos". Sin embargo, en cuanto a los regionalismos españoles, solo se aceptaron aquellos que se consideraban "importantes o muy expresivos" y se desestimaron "cuando son meras variantes de otras formas ya registradas en el Diccionario" (*DHLE1933*, I vi). En la práctica, las fuentes utilizadas para refrendar el uso de las voces regionales fueron mayoritariamente lexicográficas. En el "Prólogo" del segundo proyecto emprendido a partir de 1960 se indica que "Tras alguna vacilación hemos resuelto dar cabida a todos los vocablos usuales en las regiones castellanas o castellanizadas, cualquiera que sea el origen y difusión de ellos" (*DHLE1960*, I viii). La publicación de los fascículos sucesivos demostraba que el diccionario resultaba modélico en su planteamiento y redacción y que cada entrada se enriquecía con una información dialectal muy amplia, especialmente de textos y repertorios modernos, incluyendo los materiales procedentes de los atlas lingüísticos. El *Nuevo diccionario histórico del español (NDHE)*, en principio bajo la dirección y coordinación de José Antonio Pascual y Mar Campos Souto, se ha diseñado como un diccionario electrónico y relacional (Campos Souto 2009). Tal como señalan Gómez Martínez y Sánchez

González de Herrero (2010, 126), en el sistema de marcación, este diccionario también contiene las referencias diatópicas, a veces difíciles de establecer por el desconocimiento de algunas de las variedades y por la escasa accesibilidad a sus fuentes. Por ello, los recursos se han multiplicado, desde los corpus académicos y extraacadémicos (*Corpus de Documentos Españoles Anteriores a 1800*, *Corpus Diacrónico y Diatópico del Español de América, CORDIAM*, entre otros) hasta las hemerotecas digitales, la Biblioteca Digital Hispánica o los tesoros lexicográficos (Corbella 2018).

Por ahora, no existen diccionarios integrales históricos de carácter regional o nacional en español,[10] pero sí que se han publicado los resultados de tres proyectos de diccionarios históricos diferenciales correspondientes a Costa Rica (*Diccionario histórico del español de Costa Rica*, 1995, *DHECR*), Canarias (*DHECan*, 2001 y 2013) y Venezuela (*Diccionario histórico del español de Venezuela*, 2011–2016, *DHEV*), y está en curso de elaboración el *Diccionario histórico de América Central*, dirigido por Quesada Pacheco. Al incorporar documentación de difícil consulta y en muchos casos inédita, así como referencias de todas las épocas, los materiales geolectales que ofrecen estos repertorios históricos contribuyen a precisar orígenes y dependencias, a marcar tradiciones y relaciones culturales y a establecer vías de continuidad lingüística, lo que los convierte en fuentes ineludibles para la construcción del diccionario histórico general.

7. Conclusiones

La conexión entre "variación geográfica" y "lexicografía" ha estado presente en toda la tradición diccionarística del español y ha influido en el desarrollo de los macroproyectos panhispánicos, integrales, diferenciales o contrastivo-diferenciales, ya fueran sincrónicos o históricos, selectivos o totales. Esa simbiosis entre diatopía y lexicografía se ha convertido en uno de los mayores logros, pero, también, en el foco de las críticas más denodadas al no haber sido capaz el diccionario de registrar toda la riqueza léxica de la lengua, especialmente en su dimensión atlántica (Lara 1990b, 8–9). No obstante, el reconocimiento de la variación geolectal enriquece el carácter descriptivo del producto lexicográfico y va en detrimento de la finalidad estandarizadora que generalmente se le atribuye y critica. El problema estriba en que el diccionario no siempre ha facilitado una información completa y fidedigna sobre la extensión de uso de las palabras, pues se registran como generales voces que no lo son en absoluto y, a la inversa, faltan términos que, por diferentes causas, no se han integrado aún en el diccionario o se han incorporado como peculiares de una determinada región cuando su empleo resulta más generalizado.

Decía Ángel Rosenblat que, en comparación con el léxico común del idioma, "las divergencias son solo pequeñas olas en la superficie de un océano inmenso" (*apud DEA2*, 2011^2, xiv). Por ello, más que temer que una "riada arrolladora" de palabras geolectales desemboque en el *Diccionario* (como recelaba Casares 1992 [1950], 296), lo que debe preocupar al lexicógrafo es que los estudios y corpus (lingüísticos y lexicográficos) que sirvan como punto de partida para la inclusión de una palabra o marca en cualquier base de datos lexicográfica respondan a criterios científicos y aporten datos certeros, contrastados y homogéneos. Hoy en día las limitaciones de un diccionario digital se encuentran únicamente en la necesidad de disponer de materiales lo suficientemente representativos de cada una de las áreas —y para la mayoría de ellas los avances en los tres últimos lustros resultan evidentes— y en que el equipo lexicográfico determine, dentro de ese gran corpus, el tipo de usuario al que se dirige la interfaz de consulta y el nivel de descripción y delimitación geográfica que desea proporcionarle o que aquel le demande. No hay que olvidar que la finalidad del diccionario es dar una imagen real del léxico de una lengua y la lengua está ligada a sus hablantes.

Marcar geográficamente una palabra o una acepción solamente advierte de que su empleo se ha registrado en un continente, en un país o, si se considera, en una región. Esa marcación contribuye a ofrecer una radiografía real de la lengua en su dimensión diatópica dentro de las directrices que deben seguir todos los diccionarios descriptivos. Además, frente a la edición en papel, el diccionario en red no es ni inamovible ni concluyente, tiene como ventaja su versatilidad, en el sentido de que es, o será, "capaz de adaptarse con facilidad y rapidez a diversas funciones". Y, entre esas funciones, prever la integración de las marcas diatópicas, como ha intentado hacer tradicionalmente la lexicografía española con menos medios de los que ahora contamos, facilitará que la consulta del diccionario, en un futuro próximo, también sea sensible a las coordenadas georreferenciales del usuario.

Notas

1 Todos estos glosarios están siendo recopilados en el *Tesoro lexicográfico del español en América*, cuyo objetivo principal es dar a conocer la memoria léxica patrimonial del español en el Nuevo Mundo.
2 En la edición de 1914 se prescindirá definitivamente del rótulo "provincial", otorgando un tratamiento equivalente a los regionalismos europeos y a los particularismos americanos.
3 En realidad, se trata de una errata por *Guay*[*anas*], que se encuentra en una única entrada, *cariaco*. En la edición de 2001 esa adscripción errónea se cambió por *Ec*[*uador*] y ha sido en el *DLE* cuando, por fin, se ha suprimido la palabra.
4 En la última edición, de 2014, se añadió una nueva acepción lingüística a *españolismo* y a *hispanoamericanismo*, dando por concluido de este modo el ciclo que se había iniciado en 1884, precisamente con el concepto de *americanismo*.
5 Según los datos *Enclave RAE*, 525 acepciones contienen esta abreviatura, aunque en el recuento se ha incluido también la marca *U. c. dialect.*
6 Bohórquez (1984) señalaba, con otros criterios, que esta cifra se elevaba a 168. Y Fernández Gordillo (2005–2006) recoge 258 lemas.
7 Para el español europeo se han contabilizado las acepciones que aparecen con la abreviatura *Esp.*, así como todas las que presentan alguna marca dialectal.
8 División equivalente a la ya citada de Porto Dapena entre "universo" y "zona".
9 Para las voces que presentan un ámbito geográfico acotado, por pertenecer a áreas geográficas más específicas, se emplea, como forma única y generalizada, la abreviatura *reg*[*ional*].
10 Aunque el *Léxico hispanoamericano* de Boyd-Bowman (2003) y el *Léxico histórico del español de México* de Company y Melis (2002) puedan ser considerados análisis integrales, no constituyen diccionarios propiamente dichos.

Bibliografía básica

Alvar Ezquerra (1993c); Álvarez de la Granja y González Seoane (2018); Seco (2003)

Bibliografía complementaria

Garriga y Rodríguez Ortiz (2006); Gómez Martínez y Sánchez González de Herrero (2010); Salvador (1985)

8

Ideología y diccionario (Ideology and dictionary)

Darío Rojas

1. Introducción

En el presente capítulo se revisan y discuten los principales estudios críticos sobre ideología y diccionarios de español, con especial interés en sus fundamentos teóricos, sus lineamientos metodológicos y sus hallazgos en cuanto a la influencia ideológica de los contextos políticos e histórico-culturales en que han sido escritos los diccionarios en cuestión. La aproximación general al problema adopta el enfoque de la glotopolítica, que parte del supuesto de que el lenguaje es una práctica social en permanente emergencia y negociación, y que todo acto de hablar/escribir es político, así como político es el metalenguaje y su manifestación institucionalizada bajo la forma de la descripción lingüística lexicográfica. A partir de estos antecedentes, se discuten una serie de implicancias para la práctica lexicográfica en el contexto hispanohablante, que apuntan sobre todo a la "clarificación ideológica" de la labor de quien hace el diccionario, es decir, a la honestidad respecto de sus compromisos ideológicos y valóricos, más que a una aspiración ingenua a lograr un discurso lexicográfico políticamente aséptico.

Palabras clave: ideología; discurso lexicográfico; lexicografía crítica; glotopolítica; etnolexicografía

In this chapter we review and discuss the main critical studies on ideology and Spanish-language dictionaries. We pay particular attention to the theoretical foundations of these studies, their methodological guidelines and their findings regarding the ideological influence of the political and historical-cultural contexts in which they have been written. In our approach, we adopt the framework of glottopolitics, starting from the assumption that language is a social practice that is constantly emerging and being negotiated, and that every act of speaking/writing is political, as is the metalanguage and its manifestation institutionalized in the form of lexicographical linguistic description. From this background, we discuss a series of implications for lexicographic practice in the Spanish-speaking context, which point, above all, to the "ideological clarification" of the work of the person who makes the dictionary, that is, to honesty regarding the ideological commitments and ethical values of the lexicographer, rather than a naive aspiration to achieve a politically aseptic lexicographical discourse.

Keywords: ideology; lexicographic discourse; critical lexicography; glottopolitics; ethnolexicography

 DOI: 10.4324/9780429244353-10

2. Conceptos fundamentales: glotopolítica, ideología (lingüística), lexicografía crítica y análisis (crítico) del discurso lexicográfico

El objetivo de este capítulo es discutir la incidencia que tiene la ideología en distintos momentos del proceso de elaboración de diccionarios, desde la gestación y diseño de los proyectos lexicográficos hasta la puesta en circulación de diccionarios en mercados y formatos específicos, pasando por la selección del lemario y la redacción de definiciones. Circunscribiéndonos a ejemplos relativos a las estructuras del diccionario, la posición política de la lexicógrafa (entendiendo *política* en sentido amplio) puede manifestarse en distintos momentos en que se presentan opciones, a las que se llega de manera más o menos consciente. En primer lugar, en los criterios de inclusión y exclusión de voces; por ejemplo, si se determina que la obra solo incluya voces documentadas en textos escritos, necesariamente habrá un sesgo favorable al lenguaje de los grupos socioculturales que tienen acceso privilegiado a la escritura en la esfera pública. También habrá sesgos ideológicos si se decide de antemano dar sobrerrepresentación a o por el contrario excluir voces relativas a temas como la religión, la política o el género y la sexualidad. En segundo lugar, las definiciones son especialmente sensibles a los sesgos ideológicos en materias como las que acabo de mencionar. Globalmente, las manifestaciones de ideología en el diccionario atañen tanto a la imagen social de la lengua que se naturaliza a través de estos instrumentos, como a la imagen de la sociedad que ponen en escena mediante el discurso metalingüístico enfocado en el léxico.

Para comprender desde un punto de vista teórico la relación entre ideología y diccionario, creo útil invocar el enfoque glotopolítico (Del Valle 2017), que ofrece un marco para pensar de forma interdisciplinaria y crítica la relación entre organización social, poder y lenguaje y la manifestación de dicha relación en los diccionarios. Este enfoque supone una definición del lenguaje que, a contrapelo de los paradigmas dominantes de la lingüística del siglo XX (*cf.* Harris 1981; Thorne y Lantolf 2006), pone énfasis en su condición de práctica social, histórica y emergente, situada en contexto, y por tanto de carácter político, en cuanto configuradora de relaciones asimétricas de poder. Si el lenguaje es fundamentalmente una práctica social emergente y en constante negociación, resulta que las "lenguas" son más bien invenciones (Makoni y Pennycook 2006), en el sentido de que son entidades metadiscursivas imaginadas de un modo que responde a los intereses de grupos específicos de la sociedad (normalmente los de la élite dominante).

Los diccionarios desempeñan un papel principal en este proceso de invención metadiscursiva; dicho de otro modo, "they influence social understanding of what a language actually is, and in this way embody a particular philosophy of language" (Seargeant 2011, 2; traducción propia). Su influencia en estos procesos se debe a que corresponden a una de las dos formas principales que han adoptado los *instrumentos lingüísticos* (Auroux 2009) que organizan la constitución de saberes metalingüísticos desde la Edad Moderna, y, que, de acuerdo con Lara (1996a, 15–16), han sido el principal vehículo discursivo para la construcción de la imagen social de la lengua castellana. La lexicografía también merece ser pensada como una actividad no políticamente neutral sino marcada por su contexto y los intereses y lugar social que representa la lexicógrafa,[1] sea de forma más o menos consciente y de modo más o menos declarado. Es decir, la lexicografía y los diccionarios tienen una naturaleza ideológica en cuanto el saber metalingüístico guarda una relación dinámica de coconstrucción con sus contextos de producción, lo cual también vale para el saber metalingüístico especializado (Laurendeau 1990).

Al optar por el término *ideología* para referir a los conjuntos organizados de creencias acerca del mundo compartidas intersubjetivamente, pretendo resaltar su dimensión política, dada por su rol en la constitución, naturalización y legitimación de relaciones de poder asimétricas e históricamente contingentes (Thompson 1984). El concepto de ideología reviste el interés de permitir entender la invención lexicográfica de la lengua en términos de su inscripción en las relaciones de poder, perspectiva que atraviesa las distintas aproximaciones al concepto de *ideología lingüística* (*cf.* Schieffelin *et al.* [1998] 2012). En el marco del enfoque glotopolítico, las ideologías lingüísticas son entendidas como "sistemas de ideas que articulan nociones del lenguaje, las lenguas, el habla y/o la comunicación con formaciones culturales, políticas y/o sociales específicas" (Del Valle 2007a, cit. en Del Valle y Meirinho-Guede 2016, 629), y que guardan una relación dinámica con su contexto, no solo "reflejándolo" sino también constituyéndolo.

La relación entre lexicografía e ideología tan solo desde fecha relativamente reciente se ha transformado en un tema ineludible entre los especialistas del ámbito hispánico. Los manuales de referencia y volúmenes colectivos representativos de la investigación metalexicográfica hispánica de la última parte del siglo XX, tales como Haensch *et al.* (1982), Haensch y Omeñaca (2004), Porto Dapena (2002) o Medina Guerra (2003b), no contienen capítulos dedicados específicamente a este problema ni que lo pongan en relación con otros ámbitos de la práctica lexicográfica, y esto a pesar de que "mucha tinta se ha vertido en la bibliografía especializada española" (Calero Vaquera 2010, 32) sobre la presencia de ideología en los diccionarios. Varios estudios publicados en ese periodo ya venían abogando por la importancia de considerar los factores ideológicos en la lexicografía hispánica, tales como Alvar Ezquerra (1993b), Blecua Perdices (1990), Forgas (1996), Pascual y Olaguíbel (1992) o Pérez (1997). Este último, en particular (y quisiéramos destacarlo por su condición latinoamericana, considerando que la producción de conocimientos desde el continente americano ha solido omitirse en las revisiones sobre este tema), fue uno de los primeros en articular una teorización cultural sobre el binomio diccionario/ideología, sintetizada en la denominación *etnolexicografía* (*cf.* Pérez 2000a para una compilación de estudios teóricos y descriptivos de perspectiva etnolexicográfica). Este autor resaltaba la necesidad de entender los diccionarios, más que como "simples herramientas decodificadoras, obras de referencia y auxiliares de la investigación, [...] como producciones ideologizadas que muestran una determinada y condicionada visión de las realidades que describen, a pesar de los esfuerzos técnicos y de objetivación científica" (Pérez 1997, 341).

Tan solo en Rodríguez Barcia (2016b), texto sobre el que volveremos, se concretará la incorporación de la ideología en el marco general de los demás problemas a que se enfrenta la lexicógrafa, lo cual podemos considerar síntoma de la legitimación y normalización de esta línea de indagación metalexicográfica. Sin embargo, un antecedente importante y manifestación evidente de la penetración del concepto en varios ámbitos de interés lingüístico durante la primera década de este siglo en el ámbito hispánico corresponde al proyecto Ideolex (San Vicente *et al.* 2011a), en el que se inscribe el primer volumen colectivo dedicado de forma focalizada a la relación entre diccionario e ideología. En la introducción de este volumen (San Vicente *et al.* 2011b) se plantean de forma pertinente cuestiones generales de teoría y de método. En cuanto a lo primero, los editores declaran la convicción de que la presencia de la ideología es algo ineludible en la práctica lexicográfica (incluso en los diccionarios actuales, que parecen aspirar a la neutralidad), y en cuanto a lo segundo, muestra la pertinencia de indagar en distintas zonas de la estructura textual del diccionario con el fin de encontrar las manifestaciones de lo ideológico: los paratextos (prólogos), la macroestructura (inclusión y exclusión de vocablos en el lemario) y la microestructura (en especial, la definición, las marcas de uso y los ejemplos). De cualquier modo, el tono del texto introductorio trasluce la sensación de exploración preliminar, de estar haciendo tanteos en un ámbito de investigación todavía necesitado de mayor refinamiento metodológico y teórico. De hecho, el primer capítulo de los "Planteamientos generales" de esta obra (Gutiérrez Cuadrado 2011), pone esta iniciativa en contraste con el que "al menos en España, no parece que las discusiones teóricas sobre las ideologías despierten mucho entusiasmo en estos momentos" (Gutiérrez Cuadrado 2011, 25).

Retomando las cuestiones de método, Gutiérrez Cuadrado (2011) hace notar la dificultad de analizar la ideología en el diccionario, que suele estar "velada" tanto por la autoridad social de este tipo de obras (que hace suponerlas neutras) como por la "específica estructura técnica del texto" (Gutiérrez Cuadrado 2011, 38), es decir, por su carácter textual fragmentado, reticular y laberíntico. Bien hace ver este mismo autor, por otra parte, que "en el diccionario confluyen dos corrientes ideológicas diferentes: la ideología del diccionario en cuanto texto y la ideología de la lengua que ofrece el diccionario como patrimonio común de una comunidad de hablantes" (Gutiérrez Cuadrado 2011, 41). Esto se traduce en dos "capas ideológicas": la de la lengua objeto y la de la metalengua. Respecto de la primera, es relevante la selección (u omisión, o bien sobre o infrarrepresentación) del léxico y acepciones por parte de la lexicógrafa, así como la selección (en caso de basarse en corpus) o elaboración de los ejemplos. Respecto de la segunda, en cambio, resultan de mayor relevancia las marcas, que inscriben los vocablos en un determinado régimen de normatividad sociolingüística, y las definiciones, caso en que lisa y llanamente "no hay grado cero de escritura" (Gutiérrez Cuadrado 2011, 55). Considerando que la autoridad social del diccionario impone sobre la tarea de la lexicógrafa una responsabilidad ética, pues quien consulta un diccionario simplemente cree en lo que se le dice como una verdad no cuestionada (Lara 1996a), Gutiérrez Cuadrado (2011, 55) sugiere "desideologizar" (en lo posible) la obra adoptando una postura neutral al elaborar su texto (o al menos tomar conciencia de por dónde se desborda la ideología) e intentando mostrar los usos más comunes o generales. La postura de este autor y del volumen en que se inserta parece querer conciliar, de forma paradójica, la inevitable ideologicidad del diccionario con la exigencia de que este sea una obra políticamente neutra.

Como decíamos, Rodríguez Barcia (2016b) es la primera introducción general a la lexicografía hispánica que incluye un extenso capítulo dedicado a lo que la autora llama la *lexicografía crítica*, que comprende "todas aquellas investigaciones en las que se analiza la relación entre ideología y diccionario bajo una perspectiva comprometida socialmente con las minorías o grupos minorizados desde la cultura dominante" (Rodríguez Barcia 2016a, 260; *cf.* también Rodríguez Barcia 2018). A diferencia de teorizaciones anteriores, en la perspectiva de esta autora el análisis de la ideología en el diccionario no se piensa en función de "desideologizar" la obra, sino desde una perspectiva de lo que ella misma había denominado antes *análisis crítico del discurso lexicográfico* (Rodríguez Barcia 2012). De forma análoga al análisis crítico del discurso, quien investiga adopta una postura política en favor de la justicia social, de modo que se activa una concepción de la investigación metalexicográfica como acción política, y por tanto también ideológica. Quien investiga, en este sentido, lo hace para contribuir a desmontar algunos tópicos que sustentan el papel del diccionario en la construcción de relaciones de dominación, tales como el de la autoridad indiscutible del diccionario, la condición descriptiva y neutra de estas obras, que el diccionario es un mero instrumento de aprendizaje lingüístico, que el contenido del diccionario es simplemente un reflejo de la realidad y que, como correlato, no tiene la capacidad de cambiarla. En este sentido, la analista crítica del discurso lexicográfico "se posicion[a] y no se limit[a] a plantear una ingenua y utópica neutralidad de los diccionarios o un vano intento por neutralizar la ideología" (Rodríguez Barcia 2016a, 280). En términos propositivos, quienes analicen los diccionarios desde este punto de vista "deben plantear nuevos caminos que comporten avances ideológicos para que los diccionarios sean reflejo de una sociedad más abierta y plural" (Rodríguez Barcia 2016a, 279).

Rodríguez Barcia (2016a) enfatiza que el diccionario es una forma de *discurso*, lo cual, más allá de las características textuales que esta autora revisa (coherencia, cohesión, intencionalidad, etc.), invita a entenderlo como una forma de acción social contextualizada. Lara (1996a) ya había esbozado una primera teoría del diccionario monolingüe que ponía énfasis en su carácter de acto comunicativo en cuanto acto pragmático de transmisión de información (lo cual le otorgaba al mismo tiempo su sentido social), y la articulación que hace Rodríguez Barcia con otras dimensiones discursivo-textuales sin duda contribuye a avanzar en este sentido, pero creemos que hace falta enfatizar la dimensión de la *historicidad* de los discursos lexicográficos, en el sentido de su inscripción en un contexto material en cuanto praxis social (Meirinho-Guede y Del Valle 2018). La comprensión del diccionario como discurso, desde un enfoque glotopolítico, se beneficiaría mucho de tener en cuenta la teorización del discurso que se hace desde el análisis del discurso francés (Lijterman 2017), sintetizada en la definición de Dominique Maingueneau: "articulación de un texto y un lugar social" (cit. en Arnoux 2006, 15). Desde esta perspectiva, se presta atención especial a las "condiciones de producción" de esta articulación y a su situación en la "relación de posiciones al interior de un aparato ideológico e inscrita en una relación de clases" (Pecheux y Fuchs 1975, cit. en Lijterman 2017, 63). De ahí que un análisis glotopolítico del discurso lexicográfico exija identificar los "posicionamientos" de las lexicógrafas y las "zonas sensibles al contexto" de los diccionarios (Arnoux y Nothstein 2014).

Rodríguez Barcia (2016b, 280–287) ofrece igualmente sugerencias metodológicas muy pertinentes para emprender el análisis crítico del discurso lexicográfico, desarrolladas originalmente en Rodríguez Barcia (2012). Primero, distingue entre niveles: (1): análisis del contexto de producción y uso del diccionario; (2) identificación del tipo de diccionario; (3) identificación de estrategias globales (infraestructura ideológica del diccionario); y (4) análisis de la estructura y recursos de modalización (manifestación de la ideología en el texto). Luego, identifica en cada zona estructural las principales posibles vías de manifestación de la subjetividad de la lexicógrafa: (a) *megaestructura*: textos preliminares, anexos, advertencias, notas a la lectora, guías de uso, prólogo, apéndices; (b) *macroestructura* (lemario): omisiones, sobrerrepresentación, elección de formas canónicas, flexión de género; (c) *microestructura*: orden de acepciones, definición (primer enunciado: marcas de variación e indicaciones y recomendaciones de uso; segundo enunciado: contorno, restricciones de la definición, recursos de modalización epistémica, deóntica, volitiva y valorativa), textualizaciones del lema (selección de autoridades, selección de ejemplos, selección y explicación de paremias), ilustraciones; (d) *infraestructura*: fuentes documentales y estrategias semánticas globales de la infraestructura ideológica (Rodríguez Barcia 2016a, 282–283). Para esta autora, sería especialmente fructífero el análisis del segundo enunciado de la definición, en particular el de la modalización.

Aunque los lineamientos metodológicos reseñados sin duda contribuyen a hacer más fácilmente sistematizable y enseñable el análisis ideológico del discurso lexicográfico, tampoco parece por completo recomendable ceñirse a recetas fijadas *a priori* para escudriñar la ideología en los diccionarios. La simple consideración de los productos lexicográficos como discursos hace pensar en que cualquier modelo de análisis discursivo enfocado en la subjetividad y la ideología, en principio, puede ser aplicable al estudio crítico de los diccionarios: así, dependiendo de los objetivos e intereses de quien investiga, podría emplearse con provecho la teoría de la enunciación, la teoría de la valoración, el análisis de la argumentación, el análisis crítico del discurso, etc., teniendo en cuenta, por supuesto, las restricciones impuestas por las convenciones textuales propias del discurso lexicográfico (así, muy raramente podrá ser de utilidad el análisis de la conversación). En este sentido, nos parece mucho más recomendable la actitud de eclecticismo metodológico que Blommaert (2005, 16) considera propia de los enfoques críticos del análisis discursivo, y que caracteriza igualmente a las aproximaciones glotopolíticas al estudio del discurso (Lauria 2017a, 148; *cf.* también Santander 2011, 215), así como a la lexicografía crítica de enfoque discursivo (Chen 2019, 374; *cf.* también Hornscheidt 2008). En lo que sí parece existir acuerdo unánime es en que cualquier análisis de la ideología en el diccionario no puede contentarse con la consideración del diccionario como texto, sino asumir en todas sus consecuencias la naturaleza *discursiva* de los productos lexicográficos, esto es, como formas de acción social insertas en y constitutivas de condiciones materiales de producción y relaciones de poder determinadas.

3. Estudios de lexicografía crítica en el ámbito hispanohablante

3.1. *Ideología en diccionarios generales de español*

Una parte considerable de los estudios descriptivos sobre ideología y diccionarios generales de español se enfocan en el *Diccionario de la lengua española* (Real Academia Española y Asociación de Academias de la Lengua Española 2014, en adelante, *DLE*) con el fin de identificar los sesgos ideológicos (de género, religión, política, moral, etc.) correspondientes al lugar social de la institución que lo firma (entre otros: Ariza 2001; Bateman 1973; Benarroch 1989; Calero Fernández 2014; Calvo Ramos 1998; Díaz Rosales 2005; Forgas 1986, 1999, 2011; García Meseguer 1993; Junquera 2017; Lledó *et al.* 2004; Marco 1996, 1997; Marimón 2011; Molina 2014; Olmedo 1993, 1998; Rodríguez Barcia 2001, 2011; Rodríguez Barcia y Méndez Santos 2011; Sánchez García 2009; Torrejón 1992; Vargas *et al.* 1998). El predominio del análisis de este diccionario en particular no debe llamar la atención en una tradición lexicográfica fuertemente "academiocéntrica" (Seco 2003), que puede hacer presumir que los sesgos ideológicos del *DLE* permean hacia muchas otras obras lexicográficas que lo toman como fuente e incluso hacia los propios hablantes que lo toman como autoridad (Jiménez Ríos 2013, 13–18), o bien, en una interpretación alternativa, que dicho diccionario es representativo y ejemplar de los sesgos que son comunes a la tradición lexicográfica hispánica y que serían manifestación de la ideología dominante en las comunidades hispanohablantes. Como quiera explicarse (como *influencia* o como *ejemplaridad* del *DLE*), la ubicuidad de esos sesgos en los diccionarios de español —aunque con matices, como en el caso del diccionario de Ramón J. Domínguez (Quilis 2014) o en diccionarios más modernos como el *Diccionario del español actual* de Seco, Andrés y Ramos (1999) (Andrés 2002)— puede verse en otros estudios que analizan con el mismo propósito diccionarios no académicos (Barbazza 1990; Martínez Atienza 2019; Olmedo 1996; Reyre 1994) o intentan sacar conclusiones generales sobre la lexicografía española incluyendo, de forma protagónica, las obras académicas (Álvarez 2003; Álvarez Valencia 2006; Baretta 2019; Calero Fernández 1999, 2002, Calero Fernández *et al.* 2002; Forgas 2001a, 2009; Forgas y Herrera 2002; Hampares 1976; Marco 1992; Reissner 1983; Rodríguez Barcia 2002; Rodríguez Barcia y Ramallo 2015).

Por otra parte, la centralidad del *DLE* en estos estudios obedece a un foco necesario de asumir si se abraza un enfoque crítico, especialmente si se considera que, primero, esta obra representa el arquetipo del diccionario en el ámbito hispanohablante, y, segundo, que es el diccionario que mejor representa la ideología de los grupos dominantes en el ámbito de lengua española, por la posición de poder que han ocupado y ocupan la Real Academia Española y sus correspondientes de América (también, recientemente, de Asia y África) no solo en el campo cultural y político de sus respectivos países, sino también en el económico (Del Valle 2007a, Subirats 2015).

El trabajo de mayor alcance sobre la ideología en la lexicografía de la RAE es sin duda el de Rodríguez Barcia (2008), que tiene por objeto determinar la "evolución ideológica" de los diccionarios académicos (entendida como "adaptación a las tendencias ideológicas de la sociedad occidental contemporánea, plural y diversa"; Rodríguez Barcia 2016b, 334), incluyendo el *Diccionario de autoridades* (1726–1739, en adelante *DAut*), las 22 ediciones del diccionario académico publicadas entre 1780 y el 2001 y el *Diccionario esencial de la lengua española (DELE)* de la RAE del 2006. Se encarga en particular de estudiar de forma exhaustiva las definiciones de un corpus (lamentablemente, de extensión y composición no especificada) de palabras pertenecientes a las esferas de la religión (*piedad*, *omnipotencia*, *fe*, *infiel*, etc.), la moral (*adulterio*, *honra*, *ira*, etc.), la política (*democracia*, *república*, *monarquía*, etc.) y la sociedad (*familia*, *mujer*, *matrimonio*, *homosexual*, etc.). Así, por ejemplo, concluye respecto de la religión que la RAE, a través de su práctica definitoria, en el *DAut* ensalza el catolicismo y construye una imagen negativa de otras religiones, patrón que se mantiene hasta 1984, para desde la edición de 1992 en adelante ofrecer una representación un poco menos sesgada, aunque no logre liberarse nunca por completo del pesado lastre de la tradición y de la falta de rigor en la revisión de las definiciones. Rodríguez Barcia destaca la correlación de este tipo de cambios con las transformaciones sociales del contexto; en este caso, en particular, la "apertura" ideológica del *DLE* puede atribuirse a la transición posfranquista.

La conclusión general de Rodríguez Barcia (2008) corrobora los estudios de otras autoras antes citadas: identifica una tendencia al "continuismo" de la visión católica, nacionalista y en general conservadora que caracteriza a los diccionarios de la RAE desde sus comienzos y que se explica muy razonablemente por sus orígenes como institución monárquica y empeñada en limpiar y fijar (no solo) la lengua. Esta tendencia solo se empezó a desmoronar desde los últimos años del siglo XX, en que se aprecia un visible esfuerzo por actualizar el *DLE* al clima de opinión predominante en las sociedades hispanohablantes en las últimas décadas. La autora, más allá de condenar la ideologización del discurso lexicográfico de la RAE, trata de entender, de forma "objetiva" y con un tono que a veces parece apologético, los motivos históricos de la toma de posición por parte de la RAE. Por otro lado, diagnostica con optimismo que esta corporación se dirige (en 2008) hacia "una evolución ideológica que legará a las nuevas generaciones una realidad lingüística determinada por el respeto a las ideas y, sobre todo, por el respeto a una realidad común para el conjunto de los seres humanos" (Rodríguez Barcia 2008, 280).

En un trabajo publicado algunos años después (Rodríguez Barcia 2016a), esta misma investigadora añade a su análisis el discurso lexicográfico de la 23.ª edición del *DLE*, publicada en 2014. Sobre una muestra de 100 artículos contenidos en la edición previa del *DLE* (2001), revisa las enmiendas en línea y sus versiones definitivas publicadas en papel el 2014, y se enfoca en la presencia de modalizaciones. El periodo 2001–2014, según se manifiesta en la prensa periódica y otros documentos, estuvo marcado por un importante esfuerzo por parte de la RAE respecto de mitigar los sesgos ideológicos de su obra lexicográfica mayor. El diagnóstico de Rodríguez Barcia, esta vez, vuelve a ser el de que el diccionario que la RAE publicó en 2014 manifiesta "evolución ideológica", pero todavía insuficiente:

> La voz de la Academia, otrora tan presente en las páginas del diccionario, deja en menor medida huellas explícitas en la última edición, y la despersonalización consigue al mismo tiempo una presentación más objetiva de la realidad. Pese a todo, desde un análisis discursivo exhaustivo y crítico todavía es posible encontrar multitud de formas en las que las ideologías dominantes y/o establecidas continúan deslizándose por el diccionario.
>
> *(Rodríguez Barcia 2016a, 341)*

Entonces, ¿hasta dónde puede decirse que hay "evolución ideológica" y una intención honesta de representar a todas las personas que hablan español? ¿Hasta qué punto se trata, más bien, de un gesto retórico de lavado de imagen? Es sorprendente, al menos, que todavía no se logre un mejor resultado en este sentido, contando con los recursos humanos y financieros con los que cuentan la corporación española y su red de correspondientes, y esto desincentiva a compartir con Junquera (2017) el optimismo (que también mostraba Rodríguez Barcia en 2008) de que en ediciones futuras se alcanzará el "ideal lexicográfico" (Junquera 2017, 95) de la objetividad.

Más allá de las dudas que suscita sobre el trabajo de la RAE, este trabajo de Rodríguez es interesante porque ofrece una sistematización más detallada de su análisis del segundo enunciado de la definición. Identifica cuatro estrategias generales aplicadas en la 23.ª edición del *DLE*: *simplificación* ("eliminación de retórica vacua y de toda información prescindible, y generalmente no consensuada por la totalidad de hispanohablantes"; Rodríguez Barcia 2016a, 340; *cf. acracia, hachís*), *cientificismo* y *precisión* (por ejemplo, eliminación de presuposiciones, matización, adición de restricciones y contornos, todo orientado a la "búsqueda de veracidad en las definiciones"; Rodríguez Barcia 2016a, 346; *cf. anarquismo, cosmos, cónyuge*), *reducción del sexismo lingüístico* (tanto en la lematización como en la definición; *cf. belleza, brujo, ja*) y *reducción de la modalización discursiva* (epistémica de incerteza, deóntica o valorativa; *cf. azteca, duende, espanglish, ovni, quechua, taoísmo*).

3.2. Ideología en la lexicografía americana

Si los trabajos discutidos en el apartado 3.1. ponían énfasis en la manifestación de una ideología dominante en los diccionarios generales de español, y se concentraban de manera acusada en el centro de la estructura radial de la lexicografía hispánica (el *DLE*), existe un segundo núcleo importante de trabajos, publicados sobre todo a partir de 2010, que dislocan la atención hacia la presencia de elementos ideológicos en la lexicografía hispánica de América Latina (aunque también hay estudios sobre la ideología lingüística presente en el *DLE*, *cf.* Rodríguez Barcia 2013, Rodríguez Barcia y Moskowitz 2019 o Saralegui 2006), e incorporan en un lugar central del análisis las representaciones que sobre la lengua española misma se construyen a través del discurso lexicográfico (usualmente recurriendo al concepto de *ideología lingüística* y desde el enfoque de la glotopolítica o marcos afines).

No parece coincidencia que estos estudios hayan comenzado a proliferar alrededor de la celebración de los bicentenarios de los procesos de emancipación política americana, pues uno de los ejes fundamentales para entender la relación entre ideología y diccionario en este periodo y lugar es precisamente el rol político de la lexicografía en la formación de los Estados-naciones americanos durante el siglo XIX y su consolidación y modernización en el siglo XX. Merece la pena hacer una revisión global de estos trabajos, por otra parte, pues habitualmente han sido omitidos de las revisiones críticas sobre el binomio ideología/diccionario en el ámbito hispánico (*cf.* Rodríguez Barcia 2016b, 276–278).

Huisa Téllez (2013, 2014) ha destacado precisamente la *impronta política* de los diccionarios normativos americanos de esta época, que, junto con servir de dispositivos para regimentar la normatividad lingüística poscolonial, tuvieron un papel fundamental en la construcción y naturalización de representaciones sociales funcionales para los intereses de los grupos que gestionaron la construcción de las nuevas repúblicas (por ejemplo, favoreciendo una imagen negativa de los sectores subalternos). En este sentido, se trata de diccionarios que efectivamente sirvieron de dispositivos para asentar el republicanismo liberal, al tiempo que funcionaron como mecanismos de dominación de clase (a través de la naturalización de una ideología dominante), ya que, en su mayoría, contribuyeron a la reafirmación de las jerarquías sociolingüísticas asentadas durante la Colonia, en términos de una relación todavía articulada como centro (España) frente a periferia (América), la que se reproducía fractalmente en el interior de las repúblicas americanas (donde el centro lo ocupaban los más cercanos culturalmente a la "Madre Patria"; *cf.* Cortez y Gómez 2015, 10).

Es característica de mucha de la lexicografía americana normativista del siglo XIX una "actitud sumisa frente a la lexicografía peninsular" (Huisa Téllez 2013, 275), como puede ilustrarse con el caso del peruano Ricardo Palma, "cuya obra constituye toda ella una sola propuesta de registro de voces americanas que se argumenta y se discute sobre el vínculo sentimental y político entre españoles y americanos tras la independencia" (*ibid.*). De esta manera, la lexicografía americana de esta época se planteó habitualmente como complementaria de la lexicografía académica, pues a la RAE y a su diccionario se les concedía el lugar central y la condición de autoridad y referente normativo. Es clave, en este punto, tener en cuenta que la lexicografía normativista de la América decimonónica se produjo en su mayor parte en los círculos intelectuales que se articularían a partir de 1870 como las academias americanas correspondientes de la RAE (Süselbeck 2014), proyecto estrechamente vinculado al del *hispanismo* (Cortez y Gómez 2015, Del Valle y Gabriel-Stheeman 2004). En consecuencia, un patrón común en estos diccionarios fue el de considerar lo codificado en el *Diccionario* de la RAE como el léxico legítimo que debía servir como referencia para construir y preservar la unidad del idioma, y a cuyos contenidos idealmente debían ajustarse los castellanohablantes americanos, al tiempo que se deshacían de sus dialectalismos y vulgarismos. De esta manera, los sesgos ideológicos de la RAE terminaban actuando como fuerza gravitatoria y determinante para los sesgos ideológicos y lingüístico-ideológicos contenidos en todos estos diccionarios, además de los que pudieran aportar los intereses de los propios proyectos de formación nacional de las élites de cada república hispanoamericana.

Además de existir estudios sobre diccionarios peruanos (Huisa Téllez 2013, 2014, 2015a), cubanos (Camacho 2003–2004, Pérez 2000b), costarricenses (Pérez 2000c), mexicanos (Cifuentes 2013, Zimmermann 2012) y de otras repúblicas hispanoamericanas, lo antes dicho ha sido estudiado con detalle y amplia extensión para el caso de los diccionarios normativos chilenos y de la lexicografía argentina del periodo independiente. Estos estudios intentan distanciarse de una tradición metalexicográfica (*cf.* por ejemplo Matus 1994) que abordaba esos diccionarios como representativos de un estadio lexicográfico "precientífico" hoy actualmente superado por la lexicografía moderna, que sería "científica", o que los reducía a su condición de "diccionarios diferenciales" metodológica y descriptivamente deficientes (es el caso, parcialmente, de Chávez 2010, 2011a). Por el contrario, adoptando el enfoque glotopolítico o marcos afines, los estudios que reseñaremos a continuación, a manera de ejemplos representativos de este segundo gran bloque de estudios sobre ideología y diccionarios de español, consideran toda obra lexicográfica motivada en su forma y función por sus condiciones de producción y circulación, de tal manera que sus supuestas "deficiencias" resultan más bien síntomas de su naturaleza discursiva (Rojas 2010). Visto desde otra perspectiva, se trata de asumir que todo diccionario está revestido de ideología, aunque esta adopte la forma discursiva del cientificismo.

En el caso de la tradición lexicográfica chilena (*cf.* Chávez 2011a y Rojas 2010 para panoramas generales), se puede ver en ella, en distintas zonas de los textos (paratextos, macroestructura, microestructura) un patrón ideológico conservador e hispanista que es representativo de la hegemonía del pensamiento bellista instalada con fuerza en la segunda mitad del siglo XX (Rojas 2017), y que por lo mismo puede considerarse representativo de la situación americana decimonónica en general. Tanto los antecedentes de la década de 1860 o anteriores (Pérez 2014, Rojas 2014, 2015a, 2016a) como la tradición que tiene puntapié inicial en el *Diccionario de chilenismos* (*DCh*) de Zorobabel Rodríguez (1875), tienen en común el rebosar de hispanismo, conservadurismo, clasismo y racismo, panorama nada raro si se considera que la mayoría de estos textos fueron de autoría de políticos pertenecientes al Partido Conservador (el mismo Rodríguez o Ramón Sotomayor) o de sacerdotes —cuya ideología religiosa y/o conservadora se traslada con nitidez a su pensamiento lingüístico-ideológico; *cf.* Geraghty (2017) para la obra de Ortúzar (1893), o Chávez (2012) para el diccionario de Román (1901–1918)—. Por otra parte, en intelectuales de pensamiento más liberal, las cuestiones lingüístico-ideológicas no discurren por sendas muy diferentes (*cf.* Avilés 2017).

El *DCh*, en particular, ha sido estudiado con bastante detalle desde el punto de vista en cuestión, destacando las creencias lingüístico-ideológicas que fundamentan (en términos argumentativos) sus prescripciones lexicográficas (Avilés y Rojas 2014), la función de la intertextualidad (donde destaca precisamente la sombra del *Diccionario* de la RAE) en su discurso normativo

(Rojas 2015b) y la recepción crítica de la obra entre sus contemporáneos (Rojas y Avilés 2015), quienes muestran una sólida cohesión lingüístico-ideológica con su objeto de crítica a pesar de sus desacuerdos en cuestiones superficiales, lo cual es a su vez manifestación de la fuerte solidaridad de clase que existía entre los diccionaristas chilenos de esta época, representantes todos de la élite política y socioeconómica del país.

La llegada del lingüista alemán Rodolfo Lenz a Chile en 1890 inaugura una etapa de penetración del positivismo cientificista en la lingüística y la antropología chilenas (Pavez 2015), lo cual también trae consecuencias en las prácticas e ideas lexicográficas. Es sintomática de un gradual y nunca orgánicamente resuelto conflicto entre normativismo y descriptivismo (manifiesto por ejemplo en la inclusión/exclusión de voces tabuizadas y en la persistencia de categorías normativas como la de *barbarismo* o *chilenismo*) la obra lexicográfica de Echeverría y Reyes (1900), quien recurrió directamente a Lenz solicitándole su orientación y terminó modificando su obra normativa según el programa epistemológico y metodológico de su mentor, lo cual le acarreó por otra parte fuertes críticas de parte de los sectores más conservadores (*cf.* Rojas 2011; Rojas y Avilés 2012; Rojas 2016b). Asismimo, la producción lexicográfica vinculada a la Sociedad de Folklore Chileno, manifestada principalmente en Vicuña (1910), que recoge léxico de la jerga delictual chilena conocida como *coa* (Rojas y Cáceres 2020), y en Cavada (1914, 1921), que se ocupa del habla de la zona de Chiloé. En estos diccionarios, enfocados en el lenguaje de los grupos subalternos que se habían transformado en asunto de interés público para el Estado chileno debido a la "cuestión social" resultante de la extrema desigualdad provocada por la acumulación capitalista, se puede ver cómo la adopción del positivismo cientificista lleva a la naturalización de un discurso lexicográfico que construye la diferencia lingüística como una deficiencia, la que requería de erradicación si se quería que los hablantes subalternos se integraran a la nación moderna.

También forma parte de este grupo de obras (aunque lo trasciende por otras razones) Lenz (1905–1910), obra que, a pesar de su condición modélica respecto de cuestiones de técnica lexicográfica (Chávez 2011b), en términos políticos no fue menos parte del dispositivo colonizador del Estado chileno que acababa de ocupar la Araucanía, en virtud de la representación que Lenz hace del préstamo léxico mapuche como un fósil enquistado en la lengua nacional (el castellano), un vestigio de una época ya pasada y asociada a la premodernidad, naturalizando así la asimilación del pueblo hablante de mapuzugun en la nación chilena (Cáceres *et al.* 2020). Desde el punto de vista político, entonces (y quizá a pesar de su propio autor), el diccionario de Lenz tiene mucho en común con los diccionarios normativos chilenos anteriores a su llegada, fuertemente censuradores de los indigenismos léxicos (Rojas 2020). Estas obras nos recuerdan que la lexicografía tiene una dimensión ideológica y política incluso cuando adopta formas discursivas cientificistas, que pudieran hacer opaca dicha dimensión.

Finalmente, los trabajos de Lauria sobre los diccionarios argentinos de lengua española (realizados desde el enfoque glotopolítico característico de la Escuela de Buenos Aires, marcado por una fuerte influencia del análisis del discurso francés; *cf.* Arnoux 2006) son ejemplares respecto de la conveniencia de estudiar tradiciones lexicográficas en un marco histórico de larga duración, incluyendo los diccionarios contemporáneos a la propia investigadora, evitando así caer en la falacia de que solo los diccionarios del pasado se ven influidos por la ideología. En la Argentina, desde las últimas décadas del siglo XIX proliferaron diccionarios de ruralismos, indigenismos y regionalismos, por un lado, y de barbarismos, vulgarismos y solecismos, por otro, siempre tomando como punto de referencia el *Diccionario* de la RAE. Lauria destaca "el modo en que los diccionarios [del periodo 1870–1910], en tanto textos, exponen diversas representaciones de la nación" (Lauria 2011, 148) y contienen claves discursivas sintomáticas y al mismo constitutivas del contexto de producción, marcado por la modernización, la urbanización, el desarrollo industrial, la inmigración y la transformación de los límites territoriales de la nación argentina. Especialmente en el contexto nacionalista de celebración del primer centenario de independencia, estas obras (y en particular el *Diccionario de argentinismos* de la Academia Argentina de la Lengua) "forjan un imaginario tanto de la lengua (monolingüe y monoglósico) como de la nación (homogénea)" (Lauria 2017b, 114–115). Un ejemplo prístino de la función política de la lexicografía es Granada ([1889] 1890), en el que los indigenismos reciben un tratamiento "en términos de reliquias, vestigios de culturas aborígenes extintas" (Lauria 2010a, 200), que contribuye a invisibilizar a los pueblos indígenas en el contexto posterior a la llamada "Conquista del Desierto".

Varios trabajos de Lauria han prestado también atención a la producción lexicográfica reciente, no solo de la Argentina (Lauria 2012, 2013) sino también de la Asociación de Academias de la Lengua Española, en particular su *Diccionario de americanismos* (ASALE 2010, *DA*). Si bien este diccionario —fuertemente criticado por Lara (2012), tanto desde una perspectiva ideológica como desde un punto de vista técnico— es producto de una iniciativa liderada en la práctica por la RAE, se trata de una obra en buena medida americana por la colaboración que prestaron las academias correspondientes en su redacción. Lauria (2017c) ofrece una interesante lectura que pone a dicho diccionario en relación con el orden socioeconómico actual, identificando tensiones entre rémoras de la tradición añeja de la lexicografía de americanismos, enfocada en el vocabulario folklórico y popular y sin cuestionar la diferenciación de bloque entre "español general" y "español americano", y el deseo de interpelar (desde una posición autorizada por las credenciales científicas de los responsables de su elaboración) a un mercado internacional de la lengua española que parece estar en el centro de las políticas lingüísticas académicas de hoy.

4. Consideraciones finales

A partir de la discusión de algunos de los principales problemas conceptuales y metodológicos del estudio de la relación entre ideología y diccionario, así como de la revisión de una selección representativa de los estudios que se han encargado de caracterizar dicha relación en el ámbito de los diccionarios de español, me atrevo a sugerir los siguientes puntos fundamentales para tener en cuenta tanto en investigaciones metalexicográficas futuras como en la práctica lexicográfica misma.

Primero, el que los diccionarios son discursos ideológicamente cargados no parece ya ser cuestionado por nadie. Existe al respecto una nutrida bibliografía, tanto en el ámbito de lengua española como de otras lenguas, y existen marcos y enfoques teóricos que permiten argumentar de modo razonable la inevitabilidad de la ideología en la lexicografía, a partir de la comprensión del lenguaje (y la reflexión y praxis metalingüística) como práctica social y política en contexto. En consecuencia, deja de tener sentido ponerse como objetivo de los estudios críticos sobre los diccionarios contribuir a "desideologizar" los productos lexicográficos, pues esto supondría que puede haber diccionarios libres de ideología. En lugar de esto, creo que lo que correspondería exigir a quienes hagan diccionarios es una "clarificación ideológica" (Dauenhauer y Dauenhauer, cit. en Field y Kroskrity 2009, 26), es decir, un autoexamen crítico, no, repito, para purgar ideología, sino para estar en condiciones de declarar los compromisos políticos (en sentido amplio), y así ofrecer garantías respecto de la responsabilidad (en el sentido de *accountability*) que conlleva asumir la voz enunciadora en obras con tantos efectos políticos. En tal caso, para ser mínimamente aceptable desde el punto de vista ético, un diccionario tendría que ser honesto respecto de qué compromisos ideológicos tiene y respecto de a quiénes aspira a representar. Así, por ejemplo, podría exigírsele a un diccionario financiado con fondos públicos que sus compromisos políticos e ideológicos representaran los intereses del bien público, y no solo los de las clases dominantes.

En segundo lugar, la investigación sobre la relación entre ideología y diccionario en el ámbito de lengua española sin duda debería partir siempre de la consideración del diccionario no solo como texto, sino como discurso (siguiendo la distinción *texto/discurso* arraigada en algunas corrientes del análisis del discurso, como la representada por Arnoux 2006), y llevar esta perspectiva hasta sus últimas consecuencias, como sugiere Chen (2019). Si parece obligatorio adoptar como método fundamental de la lexicografía crítica el análisis (crítico) del discurso (y no usamos mayúsculas iniciales a propósito), no parece en cambio razonable comprometerse de forma exclusiva con ningún modelo particular de análisis; es presumible que cada modelo podría aportar alguna arista nueva a las lecturas de los objetos discursivos intrínsecamente multidimensionales que son los diccionarios. Además de este eclecticismo, lo que sí parece muy recomendable es la consideración constante de las condiciones materiales de producción y los posicionamientos políticos de quienes elaboran, publican y comercializan los diccionarios, que pueden suponerse siempre inscritas en el discurso lexicográfico. Es decir, la vía fundamental de análisis debe ser *historicista* (y no el sentido de "pasadista").

Finalmente, está bastante claro que todavía queda mucho paño que cortar en cuanto a las investigaciones que permitan conocer mejor las maneras específicas en que se manifiesta la ideología en los diccionarios de español. Aunque políticamente bien justificada, la fijación en el *DLE* y la lexicografía académica en general ha conducido a la reiteración de cuestiones ya bien sabidas, mientras que hay instituciones, diccionaristas, territorios geopolíticos y momentos que todavía no cuentan con suficientes estudios desde el punto de vista acá abordado.

Nota

1 A lo largo de este capítulo, usaré lexicógrafa, con femenino genérico, con el objeto de contribuir a visibilizar la a menudo invisibilizada agencia de las mujeres en la lexicografía y la metalexicografía.

Bibliografía básica

Pérez (2000); Rodríguez Barcia (2016b); San Vicente *et al.* (2011a)

Bibliografía complementaria

Huisa Téllez (2013); Lauria (2011); Rodríguez Barcia (2008)

9

Las dimensiones antropológicas del diccionario (The anthropological dimensions of the dictionary)

Erik Daniel Franco Trujillo, Alonso Guerrero Galván y Nadiezdha Torres Sánchez

1. Introducción

En este capítulo ofrecemos algunas reflexiones preliminares en torno a las dimensiones antropológicas del diccionario. Para ello establecemos un diálogo entre los tópicos etnográficos predilectos de la antropología y el modo en que parte de esa información puede verse reflejada en la macroestructura y en la microestructura de una muestra de tres diccionarios integrales del español, a saber, el *Diccionario del español actual* (Seco, Andrés y Ramos 2011; en adelante, *DEA2*), el *Diccionario integral del español de la Argentina* (2008, en adelante, *DIEA*) y el *Diccionario del español de México* (2019 [2010]; en adelante, *DEM*); y de un diccionario bilingüe, el *Diccionario bilingüe otomí-español del estado de Querétaro* (Hekking *et al.* 2010, en adelante, *DOE*).

El trabajo se encuentra organizado de la siguiente manera: en primer lugar, exponemos la pertinencia de concebir la práctica lexicográfica y la consulta de diccionarios como actividades culturales por excelencia; inmediatamente después, señalamos los principales intereses etnográficos de la antropología como ciencia de la cultura; posteriormente, indicamos las decisiones que orientaron nuestra elección de obras lexicográficas para ejemplificar el modo en que el objeto diccionario codifica distintos tipos de información de gran valor documental y etnográfico. Por último, enunciamos algunas consideraciones finales de lo expuesto a lo largo del capítulo.

Palabras clave: antropología; contenido cultural; diccionario bilingüe; diccionario integral; etnografía

In this chapter, we offer some preliminary reflections on the anthropological dimensions of the dictionary as an information source. We establish a dialogue between the most recurrent ethnographic topics of anthropology, and the way in which they may be reflected in the macrostructure and microstructure of a sample of three major dictionaries of the Spanish language, the *Diccionario del español actual* (Seco, Andrés y Ramos 2011, *DEA2*), the *Diccionario integral del*

DOI: 10.4324/9780429244353-11

español de Argentina (*DIEA* 2008), and the *Diccionario del español de México* (*DEM* 2010), as well as a bilingual dictionary, the *Otomí-Spanish bilingual dictionary of the state of Querétaro* (Hekking *et al.* 2010, *DOE*).

First, we present the relevance of conceiving lexicographic practice and the use of dictionaries as cultural activities in their own right. We point out the main ethnographic interests of anthropology as a science of culture and explain how we came up with the sample of lexicographical works used in this study. We then present some examples that show how a dictionary may encode different types of information that can be of great documentary and ethnographic value, and finish with some final considerations.

Keywords: anthropology; bilingual dictionary; cultural content; ethnography; integral dictionary

2. El objeto diccionario como manifestación cultural de la humanidad

El comportamiento cultural del ser humano, cuya trascendencia se manifiesta en el cultivo y la transmisión de conocimientos, costumbres y tradiciones, no podría explicarse sin el potencial y el alcance comunicativo del lenguaje.

La gran diversidad lingüística que nos caracteriza como especie revela la enorme complejidad estructural y semántica que los grupos humanos han explotado para darle cauce a sus necesidades de expresión verbal. Más allá del papel teórico de la *palabra* como unidad lingüística (Lyons 1968; Krámský 1969; González Calvo 1984; Dixon y Aikhenvald 2002b; Lara 2003; Piera 2009; Wray 2015), resulta innegable que en todas las lenguas es posible encontrar "unidades cortas, en términos fonológicos y morfológicos, de fácil recuerdo, que se asocian en la actividad significativa a la experiencia del mundo, la que segmentan, ordenan y clasifican" (Lara 1996a, 18). El interés por estos elementos lingüísticos, las *unidades léxicas*, se observa en la voluntad de anotar y compilar listas de palabras con el fin de preservar datos útiles y valiosos. Desde las tablillas de arcilla en Mesopotamia (Boisson *et al.* 1991) hasta las obras lexicográficas en soporte electrónico (De Schryver 2003), la lexicografía ha evolucionado de la mano de inventos como la escritura, el papel, la imprenta, la computadora e Internet, consolidándose como una práctica cultural milenaria de la que seguimos echando mano para satisfacer nuestro afán de información y de conocimiento. Prueba de ello es la inmensa cantidad de obras de consulta, llámense diccionarios, enciclopedias, ontologías, tesauros, etc., que constituyen fuentes invaluables de documentación para el desarrollo de nuestros intereses sociales, intelectuales y científicos.

Sin embargo, a pesar de la intuición de que por medio de las unidades léxicas podemos hablar de lo que hay y de lo que sucede en la realidad circundante, la existencia de los seres humanos acontece en el marco de una infinidad de procesos culturizados, de ahí que las palabras, como signos lingüísticos, no sean meras etiquetas que sirven para designar objetos extralingüísticos como ya observaba Saussure (1916), sino unidades de denominación que codifican significados construidos desde la experiencia histórica y cultural de sociedades particulares (Lara 2016b).

Si bien dentro del ser lingüístico de la humanidad el acto de nombrar es universal, el vocabulario de cada lengua es un entramado semántico sumamente complejo en el que se manifiestan distintas maneras de organizar y darle sentido al universo. Mediante observaciones como esta podemos afirmar que, de los grandes productos derivados de la descripción lingüística, la elaboración de repertorios lexicográficos es lo que nos permite penetrar en la cosmovisión de una comunidad con mayor nitidez.

Si partimos de la idea de que el diccionario es el producto final de una minuciosa descripción del vocabulario de una lengua, tenemos que, además de constituir un catálogo ordenado de registros léxicos que ofrece información sobre el significado, pronunciación u ortografía de las palabras, también da testimonio de la memoria histórica de un pueblo y del deseo de conservación material de su patrimonio lingüístico.

3. Los diccionarios y la antropología

La antropología, como la ciencia de la cultura en tanto que hecho humano,[1] comprende una serie heterogénea de disciplinas que parten de diversos enfoques y métodos de trabajo. Se trata de una ciencia plural que, al tiempo que se pregunta por el ser humano en cuanto a sus propiedades físicas y biológicas (antropología física), se ocupa del estudio del individuo y los procesos culturales mediante los cuales construye su otredad (etnología), describe las formas de organización social y el desarrollo de las tradiciones simbólicas de los grupos humanos (antropología social), indaga en las características de su reproducción material (arqueología) y examina sus estrategias de comunicación mediante formas verbales (lingüística).

Para penetrar en el entramado semiótico en el que se sustenta el comportamiento cultural de los grupos humanos, se ha postulado la relevancia de acercarse a las lenguas de los pueblos bajo estudio, pues cualquier tentativa de llegar al reconocimiento del otro, en su diferencia y diversidad, resulta inconcebible sin un intento genuino por objetivar lo universal en lo particular y lo particular en lo universal (Ardener 1976 [1971]). No debemos olvidar que, desde el programa de la lingüística antropológica estadounidense, Boas (1964), Sapir (1966 [1921]) y Whorf (1971) ya advertían el estrecho vínculo entre lengua y cultura, y que el mismo Malinowski (1999 [1972]), padre del método etnográfico, consideraba imperioso conocer la lengua del otro para entender e interpretar, desde un marco de referencia distinto, los hechos culturales ajenos.

Dada la impronta cultural del léxico de las lenguas, la función del diccionario es de vital importancia para el antropólogo tanto en un sentido formativo previo a cualquier trabajo de campo, como en su utilidad para traducir e interpretar conceptos y significados culturales *in situ*, o incluso, al revisar notas etnográficas durante la redacción de los resultados de una investigación. De este modo, las palabras no pueden ser vistas como elementos aislados del acontecer sociocultural en el que se emplean, sino que son un reflejo de las necesidades denominativas de grupos humanos cuyo comportamiento y cosmovisión responde a estructuras y procesos culturales únicos.

3.1. La consulta de diccionarios como enfrentamiento de lo ajeno

Si bien hemos señalado que la confección de diccionarios de lengua debe considerarse como una práctica cultural en sí misma, no podemos dejar de lado que su función como fuente de información responde a las necesidades de usuarios particulares. Sin importar si se trata de un diccionario monolingüe, bilingüe o multilingüe, la consulta de este tipo de repertorios parte de la pretensión de averiguar o aclarar el contenido semántico de una palabra, su ortografía, su pronunciación o sus condiciones de uso. De esta manera, como usuarios del diccionario nos vemos inmersos en un proceso inquisitivo que nos lleva a un enfrentamiento con lo ajeno, pues desconocer una palabra nos conduce a acercarnos al constructo discursivo que se codifica en un artículo lexicográfico para disipar lo que se ignora.

Para adentrarse en esa otredad, que por antonomasia se manifiesta en los usuarios como desconocimiento de lo que significa una unidad léxica, el diccionario ofrece una explicación o reproducción de dicho significado mediante una perífrasis que se construye con palabras que pertenecen a la misma lengua del vocablo-entrada en el caso de los diccionarios monolingües, o bien, mediante vocablos más o menos correspondientes y cercanos entre dos o más lenguas en los diccionarios bilingües y multilingües. En ambos casos la definición se convierte en un puente hermenéutico que parte de lo que resulta familiar para esclarecer lo que nos es extraño, pues de acuerdo con los principios de sustitución y de transparencia propuestos por el método lexicográfico (Porto Dapena 2002), la definición debe funcionar como una perífrasis semánticamente equivalente al vocablo-entrada y debe estar elaborada a partir de palabras más simples y comprensibles desde el punto de vista del usuario. Así, el diccionario como instrumento para resolver una duda lingüística o llenar cierto vacío conceptual nos revela una más de sus dimensiones antropológicas.

3.2. El contenido cultural del diccionario

Hasta el momento hemos ahondado en el papel de la producción y la consulta de obras lexicográficas como comportamientos de naturaleza cultural, de ahí que los hayamos destacado como dos de las posibles dimensiones antropológicas del diccionario. Sin embargo, más allá de valorar estas obras como productos culturales desde una perspectiva externa, se debe destacar el contenido cultural del diccionario desde los elementos macroestructurales y microestructurales que lo componen. Tomando esta perspectiva interna, cabe preguntarse cuál puede ser la trascendencia antropológica de la nomenclatura y los componentes del artículo lexicográfico.

De acuerdo con Rey (1987), buena parte de la información y contenido cultural de un diccionario de lengua se articula a partir de la diversidad de vocabulario que recoge y del reconocimiento de usos semánticos y pragmáticos pertenecientes a los distintos grupos sociales y culturales que constituyen la compleja organización de una sociedad. Por lo tanto, mientras un diccionario sea un reflejo fiel de lo que resulta etnológica y comunicativamente relevante para una comunidad, su valor antropológico podrá encontrarse en la riqueza temática de su nomenclatura, en la calidad de sus definiciones, en las marcas de uso que identifican la zona geográfica, el nivel de lengua o el registro de habla al que pertenece una pieza léxica y en la pertinencia de los ejemplos como medio para ponderar las condiciones de uso de un vocablo.

Consideramos que, en el estado actual de la lexicografía hispánica, los diccionarios que mejor cumplen con las características recién descritas son los diccionarios integrales. Estos diccionarios se fundamentan sobre la base de reunir, documentar y describir el vocabulario de una lengua tal y como se utiliza en un país, región o comunidad sin apelar a los posibles contrastes que pueda tener con el de otros países o regiones que comparten la misma lengua. La gran ventaja de la lexicografía integral es que sitúa cada variedad como un sistema completo; por lo que los diccionarios elaborados bajo estas pautas, a la par de considerar las características estructurales que corresponden a todos los niveles de la lengua, poseen un valor documental sustancial de la cosmovisión semántica de sus hablantes (Zimmermann 2018).

Este criterio fue fundamental para que nuestra muestra lexicográfica estuviera compuesta por tres diccionarios monolingües que, en mayor o menor medida, parten de esta concepción integral: el *DEA2*, el *DIEA* y el *DEM*.[2] Para complementar esta muestra tomamos también un diccionario bilingüe, el *DOE*, lo cual nos permitió sopesar el alcance documental y antropológico de ambos tipos de repertorios lexicográficos.

4. Método

En este apartado señalamos las decisiones metodológicas que se tomaron para elaborar una muestra de trabajo, tanto de obras lexicográficas como de selección de vocablos, con el fin de hacer un análisis contrastivo de las características generales de los diccionarios elegidos —sus respectivas nomenclaturas y marcas de uso— y algunas definiciones en las que claramente se observa su relevancia informativa y cultural (véase el apartado 5).

4.1. Obras lexicográficas

La muestra, como ya se adelantó en la introducción, está compuesta por cuatro obras lexicográficas, tres diccionarios monolingües y uno bilingüe. Estos diccionarios monolingües son integrales en la medida que recogen y describen el vocabulario tal y como se utiliza en cierto país, región o comunidad, a partir de un corpus que busca ser representativo de las diversas funciones sociales que cumple una lengua en cierta comunidad. Por consiguiente, estos tres diccionarios monolingües del español son testigos de cómo ha evolucionado la lengua española en tres ámbitos geográficos diferenciados y en condiciones sociohistóricas particulares. Por ello, en su nomenclatura se hace patente lo que significa hablar español en España, en el caso del *DEA2*, en Argentina, en el caso del *DIEA*, y en México, en el caso del *DEM*.

El interés de complementar la muestra con un diccionario bilingüe español-otomí (el *DOE*) responde a dos razones. La primera razón reside en comparar los contenidos de interés antropológico que se encuentran en este tipo de diccionarios y contrastarlos con los expuestos en las obras monolingües integrales. En cuanto a la segunda razón, estriba en dar cuenta de la fuerte tradición lexicográfica bilingüe —español-lengua indígena— en el continente americano que, desde principios del siglo XVI, a partir de los trabajos de los lingüistas misioneros, ha sido un pilar para acercarse al conocimiento de lenguas tipológica y culturalmente distintas (Olmos 1547; Molina 1555; Gilberti 1559; Córdova 1578; Basalenque 1975 [1642]). Durante los siglos XIX y XX, con base en las pautas de la lingüística antropológica (Cuevas 1985; Mixco 1994; Escalante 2002; Peral 2017; Gallardo 2020) y el descriptivismo estadounidense, esta tradición ha desembocado en los repertorios lexicográficos del Instituto Lingüístico de Verano (McMahon y McMahon 1959; Aschman y Aschman 1973; Presinger 1974; Nellis y Nellis 1983; Sinclair *et al.* 2010; Willet y Willet 2015). Este instituto ha contribuido al estudio del acervo léxico de las lenguas originarias americanas y se ha enriquecido gracias al perfeccionamiento de un método de trabajo que ya no se limita a presentar el vocablo-entrada en una lengua fuente y un supuesto sinónimo en una lengua meta, sino que busca dar cuenta del uso real de las lenguas descritas mediante la inclusión de ejemplos de uso que ciertamente puede aprovecharse para desentrañar información lingüística y etnográfica de suma importancia.

4.2. Vocablos

Para elaborar el corpus de vocablos mediante el cual realizamos nuestro análisis comparativo, tomamos en cuenta los ejes etnográficos que aborda Franchetto (2007, 220) y que sirven para orientar la documentación lingüística. De acuerdo con esta autora, el contenido cultural del diccionario involucra aspectos como la distinción entre géneros y registros de habla, así como la identificación de expresiones y vocablos en cuyo significado es posible distinguir categorías nativas para penetrar en la cosmovisión, las estructuras sociales y las prácticas rituales de un grupo humano. Estas consideraciones permiten acercarse al conocimiento antropológico y etnográfico disponible en este tipo de obras de consulta; es decir, por medio del estudio del léxico podemos descubrir los dominios temáticos y semánticos pertinentes para cada cultura, por ejemplo, la concepción de lo humano frente al resto de los seres animados e inanimados, las partes del cuerpo, el embarazo, el alma, los espíritus, el nacimiento, la muerte, los roles de género, la menarquía, etc., todas ellas áreas de gran tradición en el quehacer etnográfico y antropológico.

A partir de estas observaciones nos preguntamos cuál sería la mejor manera de delimitar un corpus que nos permitiera aprovechar el contenido cultural de nuestra muestra de obras lexicográficas. Para ello decidimos retomar los conceptos nominales de la lista de vocabulario básico de 100 palabras de Swadesh (1967), partiendo de la idea de que en todas las lenguas es posible encontrar vocablos para significar y designar objetos y entidades. De igual modo, propusimos algunos otros conceptos como Adulto o Adolescente y Vida o Muerte para complementar dicha lista. Mediante estas decisiones obtuvimos un total de 73 conceptos que agrupamos en los siguientes dominios semánticos: i) concepción de la persona (edades de la persona, roles sociales como *padre* y *madre*); ii) concepción de la existencia (*vida* y *muerte*, *salud* y *enfermedad*, *alma* y *espíritu*); iii) concepción del cuerpo (partes internas, partes externas y extremidades, partes de los animales y las plantas); y iv) concepción del cosmos (astros y elementos naturales).

5. Análisis contrastivo

Dadas las decisiones metodológicas descritas, en este apartado presentamos un breve análisis contrastivo de las obras lexicográficas seleccionadas centrado en la nomenclatura, las marcas de uso y la definición de algunos vocablos que consideramos que muestran la información de interés etnográfico y antropológico del diccionario como obra de consulta.

5.1. La nomenclatura y las marcas de uso del DEA2

La finalidad del *DEA2* es registrar el vocabulario "vivo" del español ibérico a partir de un estado de lengua que va de 1955 a 2011. Las 83 000 entradas que comprende la segunda edición provienen de un corpus de lengua escrita constituido por 2200 libros, 300 publicaciones periódicas (diarios nacionales, regionales, revistas de interés general y publicaciones especializadas), en complemento con los corpus léxicos de la Real Academia Española. De acuerdo con sus autores, este diccionario representa "el léxico usado en España correspondiente a un estado *presente* de lengua" (*DEA2*, XV).

Mediante una "Guía del lector" se informa que la nomenclatura de esta obra engloba el vocabulario de uso general del español ibérico lo que incluye palabras de realidades lejanas en el tiempo y en el espacio, vocabulario cuya generalidad alcanza solamente ciertas regiones geográficas de España, vocabulario cuyo uso es propio de distintos niveles de comunicación o bien vocabulario que forma parte de ciertos sectores de hablantes dependiendo de la edad, el nivel sociocultural y el conocimiento técnico-científico.

Para dar cuenta de esta variedad de intereses y usos se apela a marcas temáticas y de especialidad, así como a marcas diatópicas, de nivel de lengua y registro de habla. El número de marcas temáticas y de especialidad se acerca a la centena, lo que devela la diversidad de funciones de la lengua en dicha comunidad como consecuencia de la división social del trabajo y la fragmentación del conocimiento. Como ejemplo de las áreas temáticas y de especialidad que se manejan para caracterizar algunas parcelas del vocabulario incluido en la obra, tenemos disciplinas científicas como *Biología*, *Matemáticas*, *Economía*, *Filosofía*, *Física*, *Informática*, *Ingeniería*, *Medicina*, *Química*; oficios como *Carpintería*, *Construcción*, *Cocina*, *Fontanería*, *Electricidad*, *Joyería*; y otros dominios como *Agricultura*, *Astrología*, *Deportes*, *Fotografía*, *Mitología*, *Periodismo*, *Política* y *Religión*, por mencionar algunos. Entre las marcas diatópicas, diastráticas y diafásicas destacan las de uso *coloquial*, *despectivo*, *figurado*, *humorístico*, *jergal*, *lenguaje juvenil*, *literario*, *popular*, *regional*, *rural* y *vulgar*; todas ellas indicativas de la variación interna y la diversidad intrínseca de la lengua.

5.2. La nomenclatura y las marcas de uso del DIEA

El *DIEA* recopila el vocabulario del español "tal y como lo ha conformado la variedad argentina culta y estándar, seleccionando los elementos que son funcionales a ella y redefiniéndolos con las formas propias de esta variedad" (*DIEA* 2008, 7), en una sincronía que abarca de 1981 al primer lustro del siglo XXI. Cuenta con más de 40 000 entradas que proceden de un corpus textual integrado por textos literarios y no literarios dividido por áreas temáticas como ficción, economía, finanzas, comercio, ciencias sociales, políticas, religión, artes, humanidades, ciencias exactas, ciencias naturales, tecnología, oficios y medicina, entre otras.

La presentación del diccionario indica que la nomenclatura está compuesta por voces del español estándar que actualmente se habla en la República Argentina, por lo que incluye tanto palabras del vocabulario fundamental de esta variante del español, neologismos de amplia difusión, argentinismos, vocabulario técnico-científico con el que se tiene contacto durante los niveles de estudio secundario y preuniversitario, así como algunas palabras características del español de España, México y Colombia que tienen presencia en los productos culturales que consume la sociedad argentina en la prensa, literatura, música, cinematografía, etc.

A diferencia del *DEA2*, el *DIEA* no utiliza marcas por materia, área temática o especialidad técnico-científica, pues se prefiere "evitar la acumulación de abreviaturas y etiquetas que suele oscurecer la lectura de las entradas" (*DIEA* 2008, 13). En este sentido, explica mediante notas o en la misma definición de los vocablos ciertas restricciones que contextualizan su alcance de uso; por ejemplo, a partir de fórmulas o frases introductorias del tipo *En periodismo . . ., En el ámbito militar . . .*, entre otras.

En cuanto a las marcas de registro de habla y nivel de lengua, el *DIEA* emplea las etiquetas *formal*, *coloquial*, *grosero* e *infantil*.

5.3. *La nomenclatura y las marcas de uso del DEM*

El *DEM* reúne el vocabulario del español de la República Mexicana en un estado de lengua que abarca de 1921 a 2018. En su introducción se manifiesta que se trata de un diccionario que ofrece "un vocabulario de uso mexicano que hace evidente la unidad de la lengua por la que tanto nos hemos esforzado desde la época de nuestras independencias, a la vez que muestra la riqueza derivada de un español arraigado en la experiencia histórica de México" (*DEM* 2019, "Introducción al diccionario", en línea). De acuerdo con el prólogo a la segunda edición, cuenta con un total de 32 639 entradas cuyo registro y documentación proceden, en su mayoría, del *Corpus del Español Mexicano Contemporáneo* (1921–1974, en adelante, *CEMC*), en complemento con los corpus de la Real Academia Española: el *Corpus de Referencia del Español Actual* (*CREA*), el *Corpus del Español del Siglo XXI* (*CORPES XXI*) y el *Corpus Diacrónico del Español* (*CORDE*).

Al echar un vistazo a las características del *CEMC*, podemos observar que se trata de un corpus concebido con el objetivo de dar cuenta de la diversidad de funciones sociales del español mexicano contemporáneo, por lo que los textos que lo conforman se encuentran agrupados en diversos géneros, como literatura, periodismo, ciencias, técnicas, discurso político, religión, habla de la Ciudad de México, literatura popular, conversaciones de habla subculta, textos regionales, documentos antropológicos, jergas y conversaciones de español no estándar, etc. (Lara y Ham 1979).

El cuidado y diversidad temática en los que se funda este corpus se ven reflejados en la nomenclatura del diccionario que incluye el léxico del español estándar mexicano, voces técnicas y especializadas, vocabulario regional y vocabulario del caló. Esta diversidad es palpable al examinar las marcas utilizadas a lo largo de la obra que incluyen materia, región y nivel de lengua. Para clasificar aquellos tecnicismos que son de uso recurrente en el habla general de los hispanohablantes mexicanos, se apela a más de cincuenta marcas de vocabulario técnico-científico, como *Aeronáutica*, *Astronomía*, *Computación*, *Contaduría*, *Derecho*, *Estudios Literarios*, *Filosofía*, *Física*, *Economía*, *Matemáticas*, *Marinería*, *Medicina*, *Metalurgia*, *Música*, *Geología*, *Veterinaria* y *Zoología*, entre otras. Entre dichas marcas, llama la atención el lugar que se le da a cierto vocabulario periodístico característico de la *Crónica de sociales*, la *Crónica deportiva*, la *Crónica política* y la *Crónica taurina*. Respecto a las marcas de nivel de lengua, el *DEM* se vale de las etiquetas de *Caló*, *Coloquial*, *Grosería*, *Literario*, *Ofensivo*, *Popular* y *Rural* para identificar la función y valoración del léxico dentro de la sociedad. Finalmente, desde el punto de vista geográfico, se acude a dieciocho zonas dialectales para marcar el léxico regional de uso frecuente.[3]

5.4. La nomenclatura y las marcas de uso del DOE

El *Ar he̱'mi mpo̱mu̱hñä ar hñäñho ar hñämfo̱ Ndämaxei* o *Diccionario bilingüe otomí-español del estado de Querétaro* (2010) contiene un total de 40 000 entradas en lengua otomí distribuidas a lo largo de 1500 páginas y agrupadas en tres tomos. El diccionario es resultado del proyecto *Rescate y revitalización del otomí del estado de Querétaro* que Ewald Hekking ha desarrollado en la Universidad Autónoma de Querétaro desde 1981. La construcción de las entradas y ejemplos se realizó a partir de un corpus recopilado durante treinta años por este investigador y sus colaboradores Severiano Andrés de Jesús, *hñäñho* (otomí-hablante) de la comunidad de Santiago Mexquititlán y Paula de Santiago, *hñöñhö* (otomí-hablante) del municipio de Tolimán.

El *DOE* destaca por ser el primer diccionario escrito totalmente desde el otomí hacia el español. Cada tomo está compuesto por una introducción en la que se hacen explícitos los alcances del proyecto, sus antecedentes históricos y sociolingüísticos, la estructura del diccionario y las entradas, la metodología para la obtención del corpus y una breve gramática de la lengua otomí que incluye aspectos fonológicos, morfológicos, sintácticos y ortográficos.

La nomenclatura se obtuvo siguiendo el modelo de la teoría lexicográfica contemporánea, es decir, se extrajeron los vocablos de un corpus compuesto de conversaciones orales (recopiladas entre 1988 y 1992), textos de interés general escritos en otomí, textos científicos y etnográficos, así como narraciones surgidas en los talleres de lectoescritura del otomí.

En su afán por incluir la mayor cantidad de vocablos, la obra también retoma las equivalencias en *hñäñho* y *hñöñhö* de todas las entradas del *Diccionario castellano-otomí, otomí-castellano* publicado en 1956 por el Patrimonio Indígena del Valle del Mezquital, así como del *Diccionario del hñahñu (otomí) del Valle del Mezquital, Estado de Hidalgo* (2004) elaborado por Luis Hernández, Moisés Victoria y Donaldo Sinclair del Instituto Lingüístico de Verano. La mayor parte del léxico tradicional proviene del trabajo de campo y del corpus etnográfico de *El otomí en busca de la vida, Ar ñänho hogar nzaki* (1988) de Lydia van de Fliert.

La obra presenta las marcas diatópicas de *Tolimán* y *Santiago Mexquititlán* para hacer la distinción entre lo que forma parte de uno y otro dialecto de la lengua. Además, también dispone de marcas pragmático-discursivas como *admiración, despectivo, duda, enfático*, etc., que permiten comprender la situación de uso de diversos vocablos y expresiones.

5.5. Coincidencias y diferencias semánticas en la definición y sus implicaciones etnográficas

Como bien observa Eco (1998 [1993]), denominar algo implica darle un estatus ontológico a lo nombrado. Dada la arbitrariedad de buena parte de nuestros actos de denominación, el conocimiento que se adquiere de la realidad extralingüística se encuentra mediado por signos verbales, por lo que al penetrar en la semántica de cada lengua es posible encontrar las concepciones que cada pueblo ha creado alrededor de los objetos del mundo que podemos percibir o que se producen, experimentan y desarrollan en su tradición intelectual, religiosa, política y social.

En nuestra muestra hemos encontrado varios vocablos que reflejan lo anterior de forma clara, por lo que los hemos tomado como base para ejemplificar algunas similitudes y diferencias en cuanto a su contenido semántico. Los vocablos que hemos elegido para contrastar los diccionarios integrales del español con el diccionario bilingüe otomí-español pertenecen a algunas partes del cuerpo —*boca, seno, piel, corazón*— y a la concepción de la existencia —*alma* y *espíritu*—. Como se verá, estos ejemplos muestran una concepción cultural muy distinta de lo que es el ser humano en una y otra cultura. De igual modo, mediante los vocablo *grasa, rabo* y *padre* daremos cuenta de las diferencias existentes entre dialectos de una misma lengua al comparar los diccionarios integrales del español.

5.5.1. Contraste de definiciones entre *DIEA, DEM, DEA2* y *DOE*

En el otomí, el vocablo *nee* puede significar 'boca', 'boca de olla', 'hocico' y 'trompa'; se trata de un área semántica que, en buena medida, también cubre el vocablo *boca* del español que, además de tener el significado de 'abertura o cavidad en la parte inferior de la cara por la cual los animales dejan entrar el alimento en su organismo', ha ampliado su alcance mediante un proceso metafórico para también significar 'abertura, agujero u orificio por el que algo puede entrar, salir, meterse o sacarse' (*DIEA, DEM, DEA2, s. v.*). A pesar de estas similitudes, *nee*, a partir de un desplazamiento metonímico, se usa con el significado de 'piquete' y, como producto de una metáfora, también significa 'filo'. Cabe señalar que este último significado es, además, un préstamo semántico compartido por otras lenguas mesoamericanas de al menos tres familias lingüísticas diferentes: otomangue (popoloca, triqui, mixteco, matlatzinca, mazahua), mixezoque (mixe, zoque de Oluta) y maya (maya yucateco, acateco, pocomam) (Smith Stark 1994, 36).

El vocablo *baa* ('seno' o 'teta') también se usa con el significado de 'leche' en una clara ampliación semántica por metonimia. Además, gracias a una extensión metafórica, también denomina la 'savia blanca' de algunas plantas. Por su parte, se advierte que, en español, la palabra *seno*, además de significar 'glándula mamaria o pecho de las mujeres', posee significados motivados metafóricamente como 'posición central o muy importante de un grupo o situación' (*DIEA, s. v.*) o 'cosa que brinda protección o ayuda' (*DIEA, s. v.*) y significados motivados metonímicamente como el de 'útero' (*DEM, s. v.*).

Un ejemplo emblemático del otomí es la forma *xí* que, como sustantivo, comprende los significados 'cáscara', 'vaina', 'hoja', 'membrana', 'pellejo', 'pelo', 'penca', 'pétalo' y 'vello'; como verbo transitivo (*xí, nxí, nsí*) significa 'aplastar' y 'tender' y como proclítico, además de usarse para enfatizar el significado de un adjetivo o de toda una cláusula, puede ser la marca de tercera persona del perfecto o preceder a un adjetivo usado como predicado.

La interpretación y sobreinterpretación de esta forma ha producido debates antropológicos de larga data, cuyas conclusiones causan suspicacia a más de un lingüista; tal es el caso de la interpretación que hace Jacques Galinier en su libro *La mitad del mundo, cuerpo y cosmos en los rituales otomíes*, donde afirma:

> En la terminología de los ascendientes de ego: *hta-po̲hta* (o *xihta*) -*po̲xihta* (o *xipo̲hka*) -*yaxihta*, observamos una repetición semántica de *po̲* y *xi*, cuyo sentido morfémico es el de 'piel' o de 'viejo'. El término *hta* (padre) denota el sexo del macho, el pene. Estructuralmente, la línea ascendente está pues construida sobre una superposición de 'pieles de pene' (*xihta, po̲hta, yaxihta*) que engloban sucesivamente a *po̲xihta*, después a *xihta, hta* y *nuka̲* (ego).
>
> *(Galinier 1990, 131)*[4]

Hacer notar la diversidad de sentidos que tiene la forma *xí* en el otomí revela las dificultades que conlleva su interpretación y traducción al español.

Por su parte, la polisemia del vocablo *piel* a nivel panhispánico abarca los siguientes significados: 'tejido que cubre y protege el cuerpo de las personas', 'cuero de los animales' y 'tejido suave y delgado que cubre ciertos frutos' (*DIEA, DEM, DEA2, s. v.*). Además, llama la atención que en el español ibérico suele usarse de manera coloquial con el sentido de 'vida' (*DEA2, s. v.*), y que tanto en el español argentino como en el español ibérico también se emplea de manera metafórica para hablar de las 'circunstancias que rodean a alguien o en las que se encuentra una persona' (*DIEA, DEA2, s. v.*).

En cuanto al vocablo *corazón*, en la cosmovisión hispánica significa 'órgano principal del aparato circulatorio, común a todos los vertebrados y a algunos invertebrados, que actúa como impulsor de la circulación de la sangre' (*DIEA, s. v.*) y se lo concibe como el 'centro de los sentimientos, las virtudes y las pasiones humanas' (*DIEA, DEM, DEA2*). Dado el papel fundamental que tiene este órgano para posibilitar la vida en múltiples especies, por extensión denomina la 'parte central, media, más importante o valiosa de algo' (*DEM, s. v.*). Por su parte, en la cosmovisión otomí, el significado del vocablo *m<u>u</u>i* (*DOE*, 201, II, 146) engloba toda la parte central del cuerpo, 'panza', 'hígado', 'abdomen', 'vientre', 'estómago', 'corazón', por lo que no se hace una distinción con otros órganos internos, y se utiliza también con el significado de 'útero' y 'matriz' en frases como *jár m<u>u</u>i ár nänä* 'en el vientre de su madre'. En un sentido metafórico, muy parecido al uso del español, también puede utilizarse como 'núcleo', 'médula', 'cogollo' o 'brote de planta', como en la frase *da ñäpi ár m<u>u</u>i* 'masticará la médula' (refiriéndose a una planta, para evitar la caída de la dentadura).

Asimismo, en el otomí de Querétaro puede usarse *m<u>u</u>i* de manera figurada para aludir a alguien bondadoso, como *jár dätä m<u>u</u>i* 'en su gran corazón'; sin embargo, las expresiones que hacen alusión a los sentimientos o la sensibilidad mediante la forma *m<u>u</u>i* tienen un carácter negativo. Así, por ejemplo, la palabra *d<u>u</u>m<u>u</u>i* (<*tu* (*du*, *du*) 'morir' y *m<u>u</u>i* 'corazón'), como verbo intransitivo agrupa ocho acepciones ('añorar', 'apenar', 'desolarse', 'entristecerse', 'estar afligido', 'estar preocupado', 'estar triste', 'tener pesar'); como verbo estático con sentido adjetival cuenta con diez acepciones ('ansioso', 'desafortunado', 'desconsolado', 'descontento', 'desolado', 'doliente', 'melancólico', 'mohíno', 'mustio', 'triste') y como sustantivo compuesto otras doce más ('aflicción', 'angustia', 'ansia', 'ansiedad', 'llaga', 'pena', 'pesar', 'punzada', 'sensación', 'sentimiento doloroso', 'tortura', 'tristeza').

En la cosmovisión otomí el cuerpo humano se compone de tres entidades: el *yomefi* 'pensar',[5] el *nzaki* 'vida' o la fuerza que los mueve y *xifi* 'sombra' o la entidad que proyectan (*DOE*, I, 64). Sin embargo, el contacto con el español, y específicamente con la religión cristiana, conllevó a que en el siglo XVI se introdujera tanto el término *änima* como la noción cristiana de ALMA. En la tradición hispánica el *alma* se concibe como la 'parte inmaterial del ser humano a la que se le atribuyen propiedades específicas como los sentimientos, los valores morales y el pensamiento' (*DEM, s. v.*); mientras que *ánima* corresponde a un 'alma, particularmente la de los difuntos' (*DEM, s. v.*). Por su parte, en otomí, el préstamo léxico *änima* no solo significa 'difunto' o 'muerto', sino que se usa para hablar del 'cuerpo de una persona fallecida' (*DOE, s. v.*).

Algo parecido sucede con la voz *espíritu*, que, mientras en español significa 'ser inmaterial', 'alma humana', 'fantasma' (*DEM, DEA2, s. v.*) o 'personalidad o carácter de una persona' (*DIEA, s. v.*), en otomí, además de tener un sentido parecido a *änima*, también se registra con el significado de *änxe* 'ángel' para denominar un tipo específico de muerto: niños y adultos fallecidos antes de haber contraído matrimonio. Esto es importante, pues en la cultura otomí se considera que una persona no está completa hasta no haber encontrado su par femenino o masculino. Los ejemplos de *änima* y *änxe* del otomí nos permiten resaltar que, si bien una de las consecuencias del contacto lingüístico es la adopción de préstamos léxicos vinculados a objetos o realidades que no forman parte de cierta cultura, el uso y significado de estos préstamos suele asimilarse a los horizontes denominativos de la comunidad adoptante.

Ahora bien, las diferencias culturales y semánticas no solo aparecen al comparar dos lenguas distintas como el español y el otomí, sino que es posible encontrar contenidos diferentes en el vocabulario de las diversas variedades dialectales de una misma lengua. Tal es el caso de la voz *grasa*, que, si bien tanto en el español argentino, mexicano e ibérico se utiliza con el significado de 'sustancia vegetal o animal que se usa para cocinar, funciona como reserva alimenticia y como lubricante' (*DIEA*, *DEM*, *DEA2*, *s. v.*), solamente en el español de Argentina ha adquirido un uso adjetival con el significado de 'poco refinado, vulgar y de mal gusto' (*DIEA, s. v.*).

De manera similar, el sustantivo *padre*, a nivel panhispánico, comparte las acepciones de 'hombre o macho que ha engendrado a uno o más individuos de su especie', 'creador, fundador o figura principal y notable de alguna actividad humana' y 'sacerdote' (*DIEA, DEM, DEA2, s. v.*), y se usa como adjetivo en el español coloquial mexicano con el significado 'muy bueno, muy divertido, de buena calidad' (*DEM, s. v.*).

De igual forma, en el español general el vocablo *rabo* puede significar 'cola de algunos animales terrestres' y 'rama o tallo de una hoja, una flor o un fruto'; sin embargo, en el español ibérico presenta los significados metafóricos de 'mango de ciertos utensilios como la sartén' y 'órgano sexual masculino' (*DEA2, s. v.*).

Estos ejemplos ilustran que la faceta antropológica en los diccionarios no solo es palpable al comparar el plano semántico de dos lenguas distintas, sino que también es posible encontrarla al contrastar los distintos dialectos de una misma lengua, por lo que la empresa de contar con diccionarios integrales de cada dialecto del español para descubrir el verdadero núcleo común de su vocabulario y sus respectivas particularidades léxicas no debe soslayarse.

6. Conclusiones

A lo largo de este trabajo hemos señalado que el interés por compilar y consultar diccionarios debe ser visto como una práctica cultural en sí misma. Tanto los diccionarios monolingües como los diccionarios bilingües son repertorios que tienen gran valor documental por lo que pueden usarse como herramientas para comprender concepciones culturales particulares. Los diccionarios integrales, elaborados mediante corpus que atienden las distintas funciones sociales que ha alcanzado la lengua española en distintas regiones, nos permiten identificar el papel que tienen estas obras como medio para conocer el desarrollo del español en distintas partes del mundo hispánico, por lo que muestran una riqueza en cuanto a marcas temáticas, de nivel de lengua y de registros de uso. Si consideramos, por ejemplo, que la tauromaquia tiene gran arraigo en España y en México, es esperable que en la nomenclatura del *DEA2* y del *DEM* haya mayor presencia de vocabulario vinculado a esta área conceptual que en el *DIEA*; prueba de ello es que ambos diccionarios utilizan una marca temática para englobar dichos vocablos. Por su parte, sería esperable que hubiera más vocabulario del rugby en el *DIEA* que en el *DEA2* o el *DEM*, debido al interés que despierta dicho deporte en la República Argentina.

Por otro lado, las diferencias culturales se vuelven más notorias al confrontar el plano del contenido del vocabulario hispánico con el otomí asociado a las partes del cuerpo o la concepción de la existencia. Por ejemplo, la manera en la que, desde un punto de vista onomasiológico, se estructura el interior del cuerpo humano en el imaginario otomí, donde el vocablo *m̱ui* abarca todo lo que en español se reparten las palabras *corazón*, *hígado*, *abdomen*, *vientre*, *panza* y *estómago*. Asimismo, el caso de las voces *änima* y *änxe* muestra que, a pesar de ser préstamos léxicos provenientes del español, su uso no corresponde del todo al que se le da en esta lengua, pues estos hispanismos han experimentado adaptaciones semánticas para responder a las condiciones idiosincráticas de la cultura otomí. En este mismo análisis, destacamos que es posible encontrar diferencias diatópicas en el plano del contenido de las palabras al señalar que hay ciertos usos que solamente tienen arraigo en uno u otro dialecto del español, de ahí que *grasa* tenga el significado de 'poco refinado o vulgar' en Argentina, *padre* se use para decir que algo es 'bueno, divertido o de buena calidad' en México, y *rabo* presente las acepciones de 'órgano sexual masculino' y 'mango de ciertos utensilios' en España.

En resumidas cuentas, las dimensiones antropológicas del diccionario pueden apreciarse en su función como obra de consulta, en las decisiones que se toman para su elaboración, en la riqueza temática de su nomenclatura y en el modo de presentar y ordenar en el artículo lexicográfico el espesor semántico que orienta las necesidades denominativas e interpretativas de sus usuarios.

Notas

1 En este aspecto nos interesa destacar el enfoque de la antropología simbólica de Geertz (2000 [1973], 24), para quien "una vez que la conducta es vista como acción simbólica —acción que, lo mismo que la fonación en el habla, el color en la pintura, las líneas en la escritura o el sonido de la música, significa algo— pierde sentido la cuestión de saber si la cultura es conducta estructurada, o una estructura de la mente, o hasta las dos cosas mezcladas".

2 Véase el capítulo 24 de Adelstein en este volumen para una descripción detallada del *DIEA* y el *DEM*, y el capítulo 27 de García Mouton en este volumen para una descripción detallada del *DEA*.

3 Las regiones dialectales de las que parte el DEM son Altiplano, Altiplano central, Altiplano oaxaqueño, Altiplano del sur, Chihuahua, Chiapas, Huasteca, Istmo de Tehuantepec, Michoacán, Norte, Noreste, Noroeste, Región occidental, Tabasco, Veracruz, Norte de Veracruz, Sur de Veracruz y Yucatán y Campeche.

4 La transcripción fonética que presenta el original fue transliterada siguiendo la ortografía actual del otomí para su más fácil comparación con las entradas citadas del *DOE*.

5 Según Gallardo y Galinier (2015), para los chamanes otomíes el *pensamiento* es considerado como un "don", gracias a que está íntimamente ligado con el conocimiento y el saber, además de que es ahí donde reside la memoria y la capacidad de soñar. Los chamanes "son los únicos capaces de dar una explicación, un lugar a cada cosa, a cada elemento, a cada situación, a cada emoción, de manejar las 'cosas delicadas' y de dar coherencia a sus actos y los de otros dentro de su mundo dividido en dos [el mundo de arriba, dominado por la razón, y el mundo de abajo, dominado por el sentimiento]" (Gallardo y Galinier 2015, 320).

10

Ortografía y norma lingüística en el diccionario[1] (Orthography and linguistic norms in the dictionary)

Cristina Buenafuentes de la Mata y Carlos Sánchez Lancis

1. Introducción

La función básica de los diccionarios en su dimensión descodificadora es dar cuenta de los significados de las palabras que atesoran. Sin embargo, dentro de esta función, es innegable el papel que desempeñan como modelos de corrección lingüística, sobre todo en cuanto a los aspectos ortográficos se refiere, de modo que la principal fuente de consulta sobre la norma de la ortografía de las palabras es, sin lugar a duda, el diccionario.

Esta relación connatural entre norma y diccionario lleva a una serie de reflexiones que constituyen el núcleo temático de la primera parte de este capítulo. En primer lugar, se examina el peso que tiene o que debe tener la norma en la configuración de cualquier obra lexicográfica, así como la función de los diccionarios como herramientas prescriptivas y como principales, aunque no únicos, difusores de la norma lingüística. En segundo lugar, se argumenta si el diccionario debe resolver cualquier tipo de duda derivada del uso correcto de la lengua, asumiendo, por tanto, las funciones que poseen otro tipo de obras con igual valor prescriptivo, como ortografías y gramáticas. Cierra esta parte un análisis de la progresiva dependencia de la norma respecto del uso y de la variación y, por consiguiente, se aborda cómo se integra esta relación en el diccionario y qué papel juega la ortografía en la configuración de un ideal de norma panhispánica.

La segunda parte de este capítulo se centra en los aspectos normativos y en la importancia que ha tenido y que tiene la labor lexicográfica de la Real Academia Española (RAE) y la Asociación de Academias de la Lengua Española (ASALE) para la fijación y la difusión de la norma ortográfica del español.

Palabras clave: diccionario; norma; ortografía; uso; variación

A dictionary's basic function is to provide the meaning for all of the words contained within it. However, in addition to this key role, dictionaries also serve as a model for linguistic correctness, especially with reference to spelling norms and, consequently, they afford users an important guide to current orthographic standards.

 DOI: 10.4324/9780429244353-12

This chapter offers a series of reflections concerning a dictionary's dual normative and semantic functions. First, we examine the extent to which linguistic norms should constitute part of lexicographic entries and then focus on the dictionary's scope as a prescriptive reference tool that affirms and promotes a particular set of linguistic norms. Second, we debate the question of whether or not a dictionary should resolve any type of doubt that exists with respect to linguistic correctness, given the fact that other prescriptive tools, such as reference grammars, carry out the same prescriptive language function. We end this section with a reflection on the interdependence between language use and variation and how this interplay should be reflected in the formation of a set of ideal pan-Hispanic spelling norms.

The second part of the chapter deals with the normative role played by the Royal Spanish Academy in conjunction with the Association of Spanish Academies in determining the nature and spread of orthographic standards for the Spanish language.

Keywords: dictionary; norm; orthography; use; variation

2. La relación entre norma (ortográfica) y diccionario

Desde el punto de vista general, se pueden establecer dos tipos de norma (Moreno de Alba 2003): la norma prescriptiva, que pauta cómo se debe hablar y escribir correctamente, y la norma descriptiva, que deviene de la legitimación social de los usos lingüísticos que hacen los hablantes y condiciona la anterior. En este capítulo, nos centraremos en el primer tipo de norma, que, como se ha señalado, recoge el final de una cadena de normalización lingüística, al originarse en el uso lingüístico aceptado socialmente. Del concepto de norma suele derivarse la noción de estándar, que se erige como el ideal lingüístico de prestigio que se impone frente a variedades sociales, geográficas o estilísticas de una lengua y que se difunde en la enseñanza y en los medios de comunicación (Demonte 2003). Como se desprende de todo ello, el estándar forma parte del proceso de constitución de la norma descriptiva por cuanto los hablantes suelen tomarlo como referencia en la aceptación de ciertos usos lingüísticos, pero también pertenece a la norma prescriptiva como consecuencia de la idea de prestigio que lo define. Por tanto, aunque no se puedan identificar totalmente, norma y estándar son fenómenos que poseen una gran imbricación.

El establecimiento de una norma lingüística en sentido prescriptivo se concibe habitualmente como un proceso de unificación de un idioma, cuyo objetivo fundamental es evitar su diversificación. De hecho, se puede considerar que, desde principios del siglo XIII, existe una "norma externa para el castellano" (Ridruejo 2019, 188) que vino de la mano de Alfonso X, quien, precisamente, tuvo muy en cuenta el poder unificador que se deriva del establecimiento de un modelo único de referencia en el uso correcto de la lengua. En la actualidad sigue presente ese valor de unificación, ya que, a pesar de que hay diferentes normas dentro de una lengua como el español, válidas cada una de ellas en su propio contexto, "existe una norma superior, ideal", es decir, una norma lingüística hispánica. En esta, "no solo serán formas ideales hispánicas las propias de un solo dialecto hispánico o de un número reducido de ellos", sino que "pueden ser tres o cuatro normas dialectales las que compartan esa particularidad, la cual no sea admitida o propia de las demás normas nacionales o regionales" (Lope Blanch 2003, 58); incluso pueden darse pluralidad de normas en algunos casos. Por tanto, y como se podrá comprobar en este capítulo, la norma prescriptiva tiene la difícil misión de regular la tensión entre la variación lingüística y la unidad del idioma.

La norma prescriptiva afecta a todos los niveles lingüísticos, pero es innegable que la ortografía ha tenido históricamente un gran protagonismo en la prescripción normativa. En este sentido, la constitución de una norma ortográfica se ha erigido como el principal mecanismo cohesionador del español a lo largo de su historia y su consolidación ha estado marcada por sucesivas reformas ortográficas que llegan hasta la actualidad (Sarmiento 2011). A pesar de que, como señala Martínez Alcalde (2000, 3), "la historia de la ortografía es, de hecho, la historia de las reformas ortográficas", como código convencional fijado y aceptado por los hablantes de una lengua, resulta ser difícilmente reformable, por lo que "una vez establecida la ortografía, cualquier modificación, incluso leve, hace estremecer el esqueleto del edificio y origina incomodidades sin número" (Sarmiento 2011, 10). Sin embargo, especialmente antes del siglo XX, se han producido sucesivos cambios en el sistema ortográfico del español, que dimanan del debate entre los defensores de la ortografía etimologista y aquellos que consideraban que el español debía escribirse atendiendo a la pronunciación, siguiendo el principio de Quintiliano (Quilis 2009). Así pues, la historia de las reformas ortográficas es la historia de la pugna entre la etimología y la fonética, si bien ambos aspectos siempre han estado fuertemente condicionados por la atención a otros criterios como el de autoridad y el de uso. Pese a ello, como afirma Lara (2000, 18), "la historia de la ortografía española [...] ha consistido en una permanente modificación, orientada a mejorar sus reglas, hacerlas más coherentes y más sencillas". Más recientemente, se unen a esta terna constituida por la etimología, la pronunciación y el uso, los aspectos relacionados con la variación, con el objetivo de consolidar una ortografía panhispánica, a pesar de que el sistema ortográfico se caracteriza por no estar sujeto, aparentemente, a los parámetros variacionales (véase el apartado 2.1).

La prescripción de la norma ortográfica, es decir, el establecimiento de los usos correctos en la escritura se realiza en los tratados ortográficos, los cuales se constituyen, consecuentemente, como los referentes normativos en esta materia. Sin embargo, la norma afecta a otros componentes del sistema lingüístico, de modo que las prescripciones en cuanto a la morfología y la sintaxis se llevan a cabo en las gramáticas y las cuestiones normativas derivadas del empleo del léxico se responden en las páginas de los diccionarios. Esta relación biunívoca entre el componente lingüístico y su obra prescriptiva de referencia no se produce en el caso de los repertorios lexicográficos. No se espera que una gramática prescriba la escritura de los grupos cultos ni que una ortografía señale cuál es el plural normativo de los sustantivos terminados en *-í*, por ejemplo. Sin embargo, aunque la función básica de los diccionarios es recoger el léxico de una lengua, habitualmente se acude a ellos para obtener otro tipo de informaciones, desde las relacionadas con la ortografía (y, en algunos casos, incluso con la pronunciación), hasta las que derivan de aspectos morfológicos y sintácticos (por ejemplo, el género y número de los sustantivos, los participios irregulares, la conjugación de los verbos, el régimen preposicional, etc.). De hecho, es posible afirmar que los diccionarios no solo cumplen la función descodificadora que se les atribuye por su naturaleza, sino que, para los hablantes, son la principal fuente de información sobre la norma lingüística en general. Solo en el caso de no hallar respuesta a su duda en las páginas del diccionario, el hablante se dirigirá a obras más especializadas, como gramáticas y ortografías.

Dos son los factores que han contribuido a que los diccionarios hayan asumido "otro tipo de informaciones normativas, más o menos explícitas, que los convierten en verdaderos diccionarios de dudas" (Garriga 2003, 125). El primero de ellos es la agilidad e inmediatez de su consulta, sobre todo desde que su acceso se puede realizar en línea: el hablante puede obtener una respuesta a su duda con una simple consulta al diccionario, mientras que en tratados ortográficos, por ejemplo, debería rastrear un considerable número de páginas para encontrar (presumiblemente) la solución. Asimismo, la consulta al diccionario es más efectiva, por cuanto no es necesario conocer todas las reglas ortográficas del idioma para escribir correctamente una palabra concreta. Por ejemplo, en el informe realizado por la RAE sobre las palabras más consultadas en el diccionario académico en línea durante el 2013 (RAE 2014), vocablos no registrados lexicográficamente como **conciente, *hechar, *absorver, *agusto* o **cojer*, que registraban más de 60 000 consultas, presentaban errores ortográficos, por lo que el motivo de su búsqueda fue comprobar si esa era su forma correcta. Estos datos no hacen más que ratificar que los hablantes han convertido el diccionario no solo en su única herramienta de consulta para resolver sus dudas, sino también en su principal referente para conocer la norma del español.

Si nos centramos estrictamente en la ortografía, también existe un segundo factor de carácter sistémico que explica que el diccionario se haya erigido como prescriptor de la norma ortográfica. La relación entre significante y significado, entre forma y sentido, hace que exista una vinculación prácticamente consustancial entre ortografía y diccionario, a pesar de tener, *a priori*, objetivos diferentes: la ortografía, establecer las pautas de corrección en la escritura; el diccionario, compendiar el léxico. Como señala Alcoba (2007, 12), "dada la configuración y la disposición de los textos del diccionario, es una obviedad recordar la dependencia del diccionario respecto de la ortografía". Obviamente, los vocablos que se registran en los diccionarios deben, necesariamente, figurar escritos conforme a las reglas ortográficas establecidas. Por tanto, es imposible que el diccionario no dé cuenta implícitamente de la correcta escritura de las voces que lo conforman y, por ello, la norma ortográfica tiene un gran peso en la configuración de cualquier diccionario. De hecho, Gutiérrez Ordóñez, académico responsable de la *Ortografía de la lengua española* (RAE y ASALE 2010a, en adelante, *OLE2010*), afirma a este respecto que "hay un hecho objetivo que debemos tener siempre en cuenta: la primera regla de la ortografía de cada palabra se halla en el diccionario. Es el diccionario quien nos dice cómo se debe escribir cada voz" (en Cervera 2011, 4).

Si bien esta relación entre ortografía y diccionario, como se ha señalado, es inherente, plantea el problema de cuál debe ser la dirección en el establecimiento de la norma ortográfica, es decir, si se debe asentar la norma ortográfica primero en el diccionario y después en los tratados ortográficos o, por el contrario, si el sentido debe ser el inverso, y las prescripciones ortográficas deben partir prioritariamente de las ortografías y el diccionario trasladar tales normas al léxico que atesora. De hecho, una aproximación a la historia de la relación entre las obras ortográficas y las lexicográficas de la RAE ofrece ejemplos en ambos sentidos, en los que las reformas ortográficas se prescriben primero en la ortografía y de ahí permean al diccionario, pero también casos en los que sucede al contrario (Alcoba 2007; Terrón 2022). Por ejemplo, en el *Diccionario de la lengua castellana* (RAE 1837, *DRAE8*) se propuso el cambio gráfico de <x> + consonante a <s> en palabras como *bisestil* o *misto*, y tal propuesta se incorporó en el *Prontuario de ortografía de la lengua castellana* (RAE 1844). Contrariamente, el cambio gráfico de <y> a <i> en voces como *aire (ayre)* o *aceite (aceyte)*, sancionado en la *Ortografía de la lengua castellana* (RAE 1815), se llevó a la práctica después en la quinta edición del *Diccionario de la lengua castellana* (RAE 1817, *DRAE5*).

Todo ello lleva, por consiguiente, a la conclusión de que lo importante no es optar por una determinada dirección en la constitución de la norma ortográfica de las dos obras de referencia normativa, el diccionario y la ortografía. En consecuencia, lo esencial es que exista una armonización entre los postulados que quedan recogidos en los tratados ortográficos y aquellos presentes en los diccionarios, sobre todo cuando se suceden en el tiempo. Sin embargo, en ocasiones las prescripciones puestas de manifiesto en una de estas obras no tienen su reflejo en la otra (véase el apartado 3), lo que constituye una fuente de confusión para el hablante, pues, dado su valor normativo, no hay un criterio, a no ser el cronológico, que permita priorizar una de las prescripciones sobre la otra. Por tanto, solo armonizando las normas propuestas en la ortografía y en el diccionario es posible que este último asuma la función de prescriptor de la norma ortográfica del español que se le suele atribuir, según se ha demostrado.

Por otra parte, como se ha comentado, el diccionario incorpora inevitablemente aspectos ortográficos de manera implícita, es decir, a través de la propia lematización, de modo que si en él figura una palabra con tilde, se interpreta que se prescribe su escritura bajo esa forma. Sin embargo, esta relación consustancial entre ortografía y diccionario lleva a plantearse varias preguntas: ¿todas las cuestiones sobre ortografía, que se recogen en los tratados ortográficos, tienen un reflejo en los diccionarios?,[2] o ¿deberían tenerlo?; y, si la respuesta a esta última cuestión es afirmativa, ¿cómo debería sistematizarse la información ortográfica en los diccionarios más allá de su lematización bajo la forma correcta?

A pesar de las diferencias que pueda haber entre ellos, la mayoría de los tratados ortográficos prescriben, principalmente, la norma de los siguientes fenómenos: 1) representación gráfica de los sonidos; 2) acentuación; 3) uso de los signos ortográficos; 3) uso de mayúsculas y minúsculas; 4) ortografía de los extranjerismos; 5) ortografía de los nombres propios y otras unidades léxicas específicas (adverbios en *-mente*, compuestos con guion, abreviaturas, etc.). Algunas de estas cuestiones que se sancionan en las ortografías, como la acentuación o la representación gráfica de los sonidos, son fácilmente desarrolladas lexicográficamente a través de la lematización, de modo que ciertos diccionarios, como el *Diccionario de la lengua de la Argentina* (2019, en adelante, *DiLA3*), optan exclusivamente por esta opción implícita. Como señalan Garriga y Martínez (2005, 64), "el procedimiento es muy simple: se busca la palabra como creemos que se escribe y, si no está, se busca con la otra ortografía". Sin embargo, en determinadas ocasiones no resulta ser una cuestión tan sencilla. Tal es el caso de las palabras homónimas, la tilde diacrítica o aquellas voces que tienen una ortografía especial, pero son formas conjugadas de un verbo (por ejemplo, si lo correcto es *atrajeron* o **atrayeron*). Este hecho plantea la necesidad de dar cuenta también de este tipo de informaciones en los diccionarios, como, de hecho, se pone en práctica en obras como el *Clave. Diccionario de uso del español actual* (1996, 9.ª ed. 2012, en adelante, *Clave*) (*s. v. distinguir*) o el *Diccionario Salamanca de la lengua española* (1996, en adelante, *DSal*) (*s. v. revelar*) (Garriga y Martínez 2005, 64).

Sin embargo, con el tiempo, esta exigencia ha derivado en que los diccionarios han ido asumiendo la norma de otros fenómenos ortográficos, que difícilmente pueden consignarse a partir de la lematización, como, por ejemplo, el uso de la mayúscula inicial o la escritura de unidades léxicas específicas, como los extranjerismos, lo cual ha llevado a que las obras lexicográficas que quieren dar respuesta a este tipo de cuestiones ortográficas han tenido que desarrollar un sistema explícito en su nomenclatura. El paréntesis etimológico es, en la mayoría de los repertorios, el lugar en el que se lleva a cabo esta prescripción ortográfica: así sucede en el *DSal*, el *Diccionario del español actual* (Seco, Andrés y Ramos 1999, en adelante, *DEA*), el *Diccionario del español de México* (2010, en adelante, *DEM*) o el *Diccionario de la lengua española* (RAE y ASALE 2014, en adelante, *DLE*), entre otras obras. No obstante, también hay otros diccionarios que proporcionan este tipo de informaciones en un lugar aparte dentro del artículo lexicográfico, encabezado por una marca, por ejemplo, el *Diccionario de la lengua española* (RAE 2001, en adelante, *DRAE22*), el *Clave*, el *Diccionario de uso del español de América y España* (2002, en adelante, *DUEAE*), el *Diccionario esencial de la lengua española* (RAE 2006, en adelante, *DELE*), o el *Diccionario del estudiante* (RAE 2011, en adelante, *DEst2*). Finalmente, otras obras emplean ambos métodos en función del fenómeno ortográfico, como ocurre en el *Lema. Diccionario de la lengua española* (2001, en adelante, *Lema*) o el *Diccionario de uso del español* (Moliner 2007, en adelante, *DUE3*) (Castillo Carballo 1998, Buenafuentes y Sánchez Lancis 2004).

Este desarrollo del tratamiento explícito se extiende para dar cuenta también de determinadas informaciones que la lematización, por sí misma, no puede proporcionar en cuestiones relacionadas con la representación gráfica de los sonidos, como sucede con la acentuación o con la escritura de los extranjerismos. En estos casos, se emplea el paréntesis también para prescribir la ortografía de un vocablo en una acepción concreta. Por ejemplo, el *DEM* (*s. v.*) lo emplea para sancionar la mayúscula inicial en el uso antonomástico de *dios, sa* en su segunda acepción. Asimismo, el *DSal* (*s. v.*) indica con el mismo procedimiento el uso preferente con mayúscula inicial solo en la segunda acepción del vocablo *zodiaco o zodíaco*.

A pesar del acierto que supone incorporar la norma ortográfica en los diccionarios, estos no pueden (ni deben) reemplazar los tratados ortográficos. El diccionario no puede asumir la profundidad del tratamiento de las cuestiones ortográficas que se desarrollan en una ortografía. Asimismo, no es posible que ciertas cuestiones se traten en el diccionario porque superan sus límites: tal es el caso de la escritura de los nombres propios, pues no dan cabida a este tipo de léxico (salvo en algunos casos especiales) o las normas relacionadas con los signos de puntuación. A pesar de esto, es adecuado (incluso necesario) que el diccionario dé respuesta a las cuestiones ortográficas, siempre dentro de los límites que toda obra lexicográfica posee, por lo que es, sin duda, un acierto que las informaciones sobre ortografía se pongan de manifiesto en los diccionarios tanto explícita (mediante una marca o un lugar específico en la microestructura) como implícitamente (a través de la lematización, ejemplos, etc.). En este sentido, dado que el paréntesis se emplea habitualmente para proporcionar informaciones de muy diversa índole (etimología, pronunciación, variantes, cuestiones morfológicas, de uso, etc.), la incorporación de una marca explícita de ortografía parece ser el método más idóneo para dar cuenta de las particularidades ortográficas de una voz, siempre y cuando no puedan ser deducidas implícitamente a través de su lematización (Buenafuentes y Sánchez Lancis 2012, 28).

Además, en determinados aspectos ortográficos, como en el empleo de la mayúscula inicial o en el caso de los extranjerismos, el diccionario cumple mejor dicha función que un tratado ortográfico, obra destinada más a especialistas, pues la cantidad de información resulta un verdadero escollo, por lo que, a todas luces, la incorporación de estas informaciones en un diccionario es un valor añadido que estos deben potenciar. En algunos repertorios, si bien se proporcionan informaciones sobre estos dos aspectos, su tratamiento todavía se muestra insuficiente por una falta de sistematicidad o por la ausencia de criterios claros (Martínez de Sousa 2006, 181). En este sentido, una de las cuestiones más controvertidas y que recibe un tratamiento vacilante es la adaptación de los extranjerismos, no solo porque muchas veces las propuestas no están respaldadas por el uso y, por tanto, acaban siendo rechazadas por los hablantes (tal es el caso de *güisqui* o *pirsin*, por poner dos ejemplos sobradamente conocidos), sino además porque, aunque se intenta acoger las posibles adaptaciones de todo el ámbito hispánico, muchas de estas se atienen a la variedad europea o no contemplan otras variantes existentes. Sirva como ejemplo el caso de la adaptación del anglicismo *offside*, recogido en el *DLE* (*s. v.*) como *órsay* (pronunciación llana), mientras que en el *DiLA3* (*s. v.*) se registra bajo la forma *orsái* (pronunciación aguda).

En definitiva, ambos aspectos (empleo de mayúscula inicial y adaptación de extranjerismos) tienen que ser mejorados desde la perspectiva lexicográfica si a lo que se aspira es a que el diccionario ejerza más eficazmente su función como prescriptor de la norma ortográfica en estos dos ámbitos en concreto. Y, como se ha señalado en el caso de la adaptación de los extranjerismos, una de las asignaturas pendientes es la implementación de la dimensión panhispánica en la norma ortográfica del español.

2.1. Norma (ortográfica) panhispánica y diccionario

La historia de la constitución de la norma lingüística del español se caracteriza por la apertura hacia la variación, que ha culminado en la configuración de una norma panhispánica. De este modo, durante prácticamente toda la Edad Media, el español toledano fue modelo para la norma castellana hasta que en el siglo XVI se cambia tal preferencia por la variedad norteña, que será posteriormente la base de la fijación ortográfica de la Academia en sus primeros años de andadura. La norma de los siglos XVIII y XIX está marcada por un alto componente prescriptivo y por una defensa de la variedad peninsular, con el objetivo de evitar que los acontecimientos políticos y sociales acontecidos en América llevaran consigo la fragmentación del idioma. El desarrollo de los estudios sobre dialectología fue el germen que inició la apertura hacia los regionalismos, meridionales y americanos especialmente, pero siempre restringidos a grupos sociales de prestigio, lo cual ha fructificado en la constitución de una norma panhispánica, formada por varias normas locales, que es la que impera en la actualidad (Ridruejo 2019).

Paralelamente a esta apertura hacia la variación, la norma ha experimentado un proceso de flexibilización, pues ha pasado de prescribir lo correcto y censurar lo incorrecto a recomendar o señalar la preferencia por determinados usos del idioma (si bien no deja de ser categórica cuando corresponde). Una muestra de esa flexibilización se observa en la acentuación de las palabras *guion* o *truhan*. La *Ortografía de la lengua española* publicada en 1999 (RAE 1999, apartado 4.5; en adelante, *OLE1999*) recomienda no acentuar estas voces, pero admite la variante con tilde si quien las escribe percibe un hiato. Este hecho no deja de ser consecuencia de la implementación del concepto de norma panhispánica, pues "la articulación con diptongo es la normal en amplias zonas de Hispanoamérica"—*Diccionario panhispánico de dudas* (Real Academia Española y Asociación de Academias de la Lengua Española 2005, en adelante, *DPD*), *s. v. guion* o *guión*—. En este sentido, por ejemplo, en el *DEM* (*s. v. guión*) se lematiza la voz *guión* con tilde y en el paréntesis se ofrece la posibilidad de escribirla sin acento ortográfico, por lo que se interpreta que, en esta variedad del español, se prefiere la forma acentuada. Sin embargo, en la *OLE2010* (apartado 3.2) se considera que palabras como las citadas no deben llevar tilde porque son monosilábicas, pues se asume el principio de que no pueden existir variantes gráficas acentuales que no respondan a cambios en la vocal tónica de las palabras. Como se puede observar a raíz de este ejemplo, sería conveniente que hubiera un mejor tratamiento de la variación desde el punto de vista normativo, de modo que la deseada norma panhispánica determinara claramente los usos que se prescriben y aquellos recomendados, teniendo en cuenta en ambos casos su posible pertenencia a una determinada variedad local.

Si nos centramos en la norma ortográfica, la incidencia de la variación es escasa, sobre todo si se compara con otros niveles como el léxico o la sintaxis, en los que la diversificación es mucho mayor. Por lo tanto, la incorporación de la variación desde el punto de vista de la ortografía se limita a dos aspectos: en primer lugar, a las variantes de acentuación que derivan de las distintas pronunciaciones que pueden tener determinadas voces (*aloe* o *áloe*, *cenit* o *cénit*, *dinamo* o *dínamo*), especialmente aquellas que presentan una secuencia de dos vocales que pueden ser diptongo o hiato (*gladiolo* o *gladíolo*, *período* o *periodo*, *policíaco* o *policiaco*), y que, en ocasiones, pueden basarse en distinciones de carácter diatópico (como las variantes agudas *futbol* o *coctel*, propias del español americano y únicas posibilidades recogidas, por ejemplo, en el *DEM*); en segundo lugar, a la escritura de algunos sonidos o de determinadas voces, sobre todo en los grupos cultos (*obscuro* u *oscuro*, *psicología* o *sicología*), pero también en otro tipo de variantes gráficas (*mejicano* o *mexicano*, *armonía* o *harmonía*, *ex combatiente* o *excombatiente*), que pueden acabar teniendo consecuencias en cuanto a su acentuación (*paipái* o *paipay*).

Aquí surge la pregunta de si el diccionario refleja esa deriva de la norma hacia la variación y, en caso afirmativo, de qué modo se lleva a cabo. Como se ha señalado, el diccionario quiere ser un reflejo de la norma y, por tanto, acoger la variación aceptada desde el punto de vista normativo: las variantes gráficas son parte ineludible de cualquier obra lexicográfica. Los dos procedimientos más generalizados para incoporar las variantes gráficas en los diccionarios son, en primer lugar, la propia lematización, de modo que las variantes gráficas se constituyen como el lema que encabeza el artículo lexicográfico (*DSal*, *s. v. diplodocus o diplodoco*; *Lema*, *s. v. discobar o disco-bar*; *DUEAE*, *s. v. cardíaco, ca o cardiaco, ca*); y, en segundo lugar, la remisión de una variante hacia la otra (*DLE*, *s. v. obscuro* → *oscuro*, *DiLA3*, *s. v. encurdelar* → *encurdar*). Otros procedimientos son la incorporación de las variantes en el paréntesis etimológico (*Lema*, *s. v. mnemotécnica*; *DEA*, *s. v.*

chantillí; *DUEAE*, *s. v. cenit*; *DEM*, *s. v. volibol*; *DUE3*, *s. v. bonobús*), al final de la entrada (*DiLA3*, *s. v. yeta*) o su separación en dos entradas diferentes, aunque en este último procedimiento la definición sinonímica suele desempeñar la misma función que una remisión (*DEst2*, *s. v. emoticón* y *emoticono*; *DEA*, *s. v. bumerán*, *boomerang* y *bumerang*).

Al margen del procedimiento empleado y de si se utilizan conjuntamente en una misma obra, los diccionarios pueden cumplir mejor que los tratados ortográficos la función de dar cuenta de la preferencia de una de las variantes. Normalmente se entiende que la variante que aparece en primer lugar, la que se lematiza (si la otra está en el paréntesis) o la que posee la definición directa (en el caso de que se emplee la remisión) es la preferida. Teniendo en cuenta que las ortografías no pueden incorporar todos los ejemplos posibles de variación ortográfica, el diccionario se convierte en una buena herramienta para suplir esta carencia. Quizás una mejora en este sentido que podría implementarse en el diccionario es la incorporación del criterio que ha llevado a preferir una variante sobre la otra. En bastantes casos, la variante que se prefiere no se justifica de ninguna manera, por lo que se desconoce si el criterio es el uso o bien tiene su origen en cuestiones diacrónicas. Así, no se proporciona información sobre si alguna de ellas presenta una restricción de tipo diatópico o diastrático-diafásico. Conocer estos datos orientaría al hablante en la selección de la variante. De hecho, es posible detectar casos en los que los diccionarios explicitan estos criterios. Por ejemplo, el *DLE* señala que la variante esdrújula *vóleibol* es propia de Chile, México y Uruguay, pero si se contrasta esta información con el *DEM* (*s. v.*), se observa que precisamente ninguna de las variantes registradas en este diccionario (*volibol*, *voleibol* y *volley ball*) reflejan la forma con tilde, mientras que, si se acude al *Diccionario de americanismos* (RAE y ASALE 2010, en adelante, *DA*), si bien se prefiere la variante esdrújula, la extensión geográfica se amplía también a Bolivia y Perú. Asimismo, en el *DEA* o en el *DUE3* se añade el adjetivo "raro" o la indicación de "menos frecuente" en algunas variantes (véanse, por ejemplo, *fútbol* o *celtíbero, -a* en el *DEA* o *zodiaco, -a* en el *DUE3*), lo cual indicaría que, dado que se trata de diccionarios de uso, el criterio para la calificación de tal variante es precisamente la mayor frecuencia en el empleo de la opción preferida. De todos modos, aunque estos comentarios son de gran valor, resultan, sin lugar a dudas, escasos, teniendo en cuenta la cantidad de variantes gráficas que figuran en ellos sin ningún tipo de información, a la par que en algunos casos resultan contradictorios con otras fuentes que recogen el léxico de una variedad determinada y que convendría tener en cuenta a la hora de constituir ese ideal de norma panhispánica.

3. Los diccionarios académicos y la norma (ortográfica)

Si se habla de norma prescriptiva en español, resulta ineludible abordar el papel de la RAE y de la ASALE en su fijación y su difusión a través de su labor lexicográfica. Por este motivo, a pesar de la existencia de otros diccionarios extraacadémicos con valor normativo y de otros modelos de lengua (medios de comunicación, lengua literaria, etc.), la RAE y la ASALE, por su tradición y su autoridad, se han convertido en el referente normativo del español, reconocido de forma general por los hispanohablantes.

Muestra de ello es que, desde finales del siglo XX hasta la actualidad, ha visto la luz una serie de obras que son un buen ejemplo de cómo se relacionan norma (ortográfica) y diccionario, e incluso de cómo se condicionan mutuamente. La aparición en un corto espacio de tiempo tanto de dos ediciones distintas de la *Ortografía de la lengua española* (*OLE1999* y *OLE2010*) como de cinco compendios lexicográficos (*DRAE22*, *DELE*, *DA*, *DEst2* y *DLE*) permite observar, como se verá a continuación, no solo el distinto reflejo de las obras ortográficas en los diccionarios, así como la evolución que estos han sufrido a la hora de mostrar la norma, sino también la incidencia de los propios diccionarios en la última edición de la ortografía.

El reflejo explícito de la norma ortográfica en los diccionarios académicos no parece haber preocupado a la RAE y a la ASALE hasta fechas muy recientes. Como se ha señalado más arriba, la representación gráfica de los lemas ya indica su escritura correcta y, en caso de duda por la existencia de variantes, la forma preferida es simplemente la que posee la definición respecto a la otra, aquella a la que se remite o la que aparece en primer lugar en un lema múltiple. Por ello, no es de extrañar que hasta el *DRAE22* no aparezca, por primera vez en la historia de la RAE, la información ortográfica de manera explícita mediante la marca Ortogr. Esta marca se inserta en la microestructura de esta edición en un total de 684 notas, con el objetivo de esclarecer ciertas cuestiones de tipo ortográfico que afectan a determinados vocablos en todas o en algunas de sus definiciones. Se podría decir que, a partir de esta edición, el diccionario académico ya no se concibe solo como un compendio lexicográfico, sino también como una herramienta ortográfica (véase *DRAE22*, XXXI). Por consiguiente, el *DRAE22* no se limita a asumir implícitamente las innovaciones incorporadas en la *OLE1999*, sino que se ve en la necesidad de hacer explícitas aquellas que considera más destacadas y tal vez de mayor novedad para el usuario de la lengua por contrastar con las normas ortográficas anteriores. Sin embargo, resulta muy significativo que el 96,5 % (659) de las marcas se refiera al empleo de la mayúscula inicial, mientras que el uso del acento gráfico solo represente el 3 % (21) y la utilización correcta de determinadas grafías el 0,5 % (4) (Buenafuentes y Sánchez Lancis 2004).

Así, en relación con el primer tipo, por ejemplo, *biblia* se lematiza en minúscula, pero en su primera acepción se indica "Ortogr. Escr. con may. inicial"; mientras que, en el vocablo *Corán*, se lematiza de tal forma en el diccionario, sin necesidad de ningún comentario adicional. Aparentemente, podría pensarse que el *DRAE22* recoge todas aquellas palabras que la *OLE1999* prescribe con mayúscula inicial, como sucede con los vocablos pertenecientes a órdenes taxonómicos, nombres de fechas o cómputos, sobrenombres o apodos, etc. Sin embargo, no todos los vocablos que, según la *OLE1999*, deben escribirse con mayúscula inicial (como los signos del zodiaco o los nombres de planetas al ser empleados como nombres propios) tienen esta advertencia ortográfica, por lo que esta obra no exonera de la consulta obligada de la anterior.

Respecto al empleo del acento gráfico, solo en 21 casos se añade el comentario "Escr. con acento" en el *DRAE22* y, algunas veces, la información resulta confusa o contradictoria. Por ejemplo, en los demostrativos *este*, *ese* y *aquel*, se recomienda el uso de la tilde en su empleo como sustantivos cuando exista "riesgo de anfibología" (*DRAE22*, *s. v.*), mientras que en la *OLE1999* (apartado 4.6.2.) la RAE es menos restrictiva, ya que la utilización de la tilde es opcional si funcionan como pronombres y obligatoria si hay ambigüedad. Así mismo, respecto a *aún* se indica que "se escribe con acento cuando pueda sustituirse por *todavía* sin alterar el sentido de la frase" (*DRAE22*, *s. v. aún*), pero la forma sin acento gráfico es la que aparece como lema, seguramente por convención, a pesar de que la mayoría de las definiciones introducidas corresponden a la variante acentuada.

Como se puede constatar, la información ortográfica explícita que se puede hallar en el diccionario académico mediante marcas no incluye toda la información que contiene una ortografía. Sin embargo, ello no significa que no se recoja, al menos una parte importante, de forma implícita. El problema es que si la información ortográfica explícita presente en el diccionario académico presenta ciertas incoherencias y falta de sistematicidad, algo parecido sucede con la implícita. En el caso de *solo*, la forma preferida atendiendo al orden de los lemas es claramente la variante sin acento gráfico, pero hay que entender que se admiten las dos indistintamente. Sin embargo, lo que no refleja el diccionario, al carecer de una explicación explícita, es que la *OLE1999* (apartado 4.6.4.) no admite siempre esta libertad de elección, pues prescribe claramente que "cuando quien escribe perciba riesgo de ambigüedad, llevará acento ortográfico en su uso adverbial". No se entiende que con el adverbio *aún* sí se incluya una explicación que no aparece con el adverbio *solo*, a pesar de ser igualmente necesaria.

Uno de los cambios más importantes que se introduce en la *OLE1999* (apartado 4.5), para reflejar la existencia de cierta variación fónica en la lengua, es el de la acentuación gráfica de los monosílabos, o sea, la consideración de ciertos monosílabos como diptongos o como hiatos en función de cómo sean percibidos por los hablantes. Esto implica que el diccionario convierte lo que anteriormente era un único lema en una entrada doble que da cuenta de dicha variación (*guion* o *guión*, *truhan* o *truhán*). Sin embargo, al poner en primer lugar la forma sin acento gráfico y no dar ninguna explicación explícita, se da a entender una preferencia que no se corresponde con la realidad, pues el hablante que no conoce la norma ortográfica y sigue percibiendo la existencia de un hiato puede llegar a pensar que la variante con acento gráfico no tiene la misma legitimidad académica.

Finalmente, otro de los problemas más frecuentes en la relación entre diccionario y ortografía es la representación gráfica de grupos consonánticos cultos, basada en la conservación o reducción de agrupaciones de consonantes en la evolución de algunos vocablos. Es de esperar que la prescripción de la *OLE1999*, si existe, se refleje fielmente en el diccionario académico. Y así sucede, pero curiosamente el *DRAE22* proporciona mucha más información al usuario que la propia ortografía. Por ejemplo, la *OLE1999* (apartado 2.8) aconseja la conservación del grupo *ps-*, excepto en "las palabras que contienen el elemento compositivo *seudo-*, preferido a *pseudo-*", y no da más información al respecto. De este modo, en el diccionario la forma reducida remite a la culta, que es la que posee la definición. Sin embargo, como no todas las palabras de esta clase admitían, al menos en esa fecha, la reducción (**soriasis*, pero sí *psoriasis*), o, por el contrario, la forma reducida es la preferida y, por lo tanto, presenta la definición (*seudocientífico*, también *pseudocientífico*), el diccionario se convierte en la herramienta ideal para dar cuenta de todas estas particularidades de complejo conocimiento por parte del usuario.

En 2006, con la publicación del *DELE*, no solo se mantiene el empleo de la marca ORTOGR., sino que se mejora sustancialmente su uso ganando el diccionario en claridad y sistematicidad para adecuarse a los criterios de la ortografía académica vigente (Buenafuentes y Sánchez Lancis 2010). Así, se incluye la marca en entradas en las que antes no aparecía (el acento gráfico de *qué* como pronombre interrogativo o de *sólo* en casos de ambigüedad; la utilización de la mayúscula inicial en vocablos ya existentes como *infierno* o en las nuevas incorporaciones como *internet*) o para explicar más adecuadamente los casos de tilde diacrítica (*aun* y *aún*). Respecto a los grupos consonánticos cultos, información ortográfica implícita sin marca explícita, se subsana una cierta falta de coherencia que presentaba el *DRAE22* con la sistematización de la variante reducida de *ps-* y *gn-*, ya que no siempre se podía saber cuándo se podía simplificar el grupo o era incorrecto hacerlo; y, como gran novedad, se introduce en el diccionario un cambio normativo, en contra de lo prescrito por la norma ortográfica vigente, al preferirse claramente la conservación del prefijo *pseudo-* (*pseudocientífico* frente a *seudocientífico*), por lo que el diccionario se convierte en el prescriptor ortográfico más actual en ese momento. Esta novedad la incluye el *DELE* en un apéndice final con las cuestiones ortográficas más importantes (junto con las voces extranjeras empleadas en español), las cuales suponen un avance de un futuro cambio en la redacción de la ortografía académica.

Con la edición en 2010 de la *Ortografía de la lengua española* más extensa y detallada de toda la historia de la RAE (la *OLE2010*), tanto en páginas (745) como en contenido, se actualiza la norma ortográfica que aparecía en la edición anterior de 1999. Además, se incorporan todas las novedades que presentaba el *DPD* en 2005, asumidas en gran parte por el *DELE*, las cuales deberían ser introducidas en la siguiente edición del diccionario usual. Sin embargo, ya la publicación del *DEst2* en 2011 se convierte en un avance de lo que sería el futuro diccionario del

Tricentenario en su relación con la norma ortográfica. Lo más destacado del *DEst2* es la supresión de marcas, entre ellas la de ortografía, por lo que esta clase de información explícita, además de otras de tipos distintos, se incluye en un mismo paréntesis, que se halla justo al lado del lema (*DEst2*: *s. v. solo*[1]), aunque a veces puede aparecer en cualquier parte de la entrada (*DEst2*: *s. v. enser*). Pero como esta información no siempre afecta a todas las acepciones del vocablo sino a algunas en concreto, su interpretación puede resultar complicada para el usuario (*DEst2*: *s. v. aun*). Con todo, hay que destacar un avance en la incorporación de la información ortográfica implícita, ya que por primera vez se separan en dos entradas diferentes vocablos que presentan problemas de tilde diacrítica, como son los pronombres interrogativos (*DEst2*: *s. v. que*; *s. v. qué*), para facilitar su distinción. Y, por último, como importante novedad, los extranjerismos que están entrados en cursiva no solo incluyen su pronunciación sino también en ocasiones su adaptación ortográfica al español al final de la entrada.

Por último, se puede afirmar que en la nueva edición del diccionario académico publicada en 2014, el *DLE*, cristalizan los avances e innovaciones incorporados en las obras anteriores, por lo que se puede considerar además una herramienta ortográfica. Aunque asume la mayoría de las soluciones que aparecen en la *OLE2010*, en ocasiones presenta algunas discordancias al conservar criterios, ya cambiados, de la *OLE1999* (*DLE*: *s. v. solo*[2] y los demostrativos), pues en la última edición se señala que es prescindible la tilde diacrítica con el adverbio *solo* y los pronombres demostrativos incluso en los casos de anfibología (Buenafuentes 2017, 50–51). Al igual que el *DEst2*, como novedad elimina todas las marcas de ortografía, y toda esta información (junto a otras sobre variantes, etimología y morfología) se introduce en el paréntesis que se halla al lado del lema, ocasionando los mismos problemas que se han señalado antes, pues resulta más dificultosa tanto su consulta como su interpretación. Esto conlleva que, por ejemplo, en los casos de tilde diacrítica, también separe en dos entradas diferentes las dos variantes (*adónde* ~ *adonde*, *cómo* ~ *como*, *cuál* ~ *cual*, *cuán* ~ *cuan*, *cuándo* ~ *cuando*, *cuánto* ~ *cuanto*, *dónde* ~ *donde*, *qué* ~ *que* y *quién* ~ *quien*), solución que obliga al usuario a rastrear las dos entradas para conocer cuál es el caso ante el que se encuentra y si este lleva o no tilde; sin embargo, con el adverbio *aun* (*DLE*: *s. v. aun*) no se actúa de la misma forma, ya que la información sobre la forma acentuada aparece en el paréntesis. Lo mismo ocurre con las variantes gráficas, ya que la variante secundaria o no principal también se incluye en el paréntesis, indicándose, si existe, su restricción diatópica o diastrático-diafásica (*DLE*: *s. v. médula*), aunque no se incorporan estas indicaciones sistemáticamente en todas las variantes que lo precisan a tenor de la información que ya aparece en el *DPD* (*s. v. fútbol* o *futbol*). Y en relación con la mayúscula inicial, el *DLE* aplica bastante fielmente las novedades tanto del *DELE* como de la *OLE2010* e incluye esta información, cuando es necesaria, claramente en el paréntesis (*DLE*: *s. v. tierra*), aunque se olvida de algunas voces que también la precisarían (*cielo*, *infierno*, *paraíso*; *imperio*; etc.). En otros casos, como el de la minúscula inicial, la propia forma como aparece la voz entrada se convierte en información ortográfica implícita para el usuario.

En definitiva, a partir del análisis de todos estos diccionarios académicos queda demostrada la intención clara de la RAE y de la ASALE de que sus obras sean utilizadas, en todo el ámbito hispánico, como herramientas para solucionar, entre otros, al menos en este caso, problemas de índole ortográfica.

4. Conclusiones

El diccionario es el primer lugar al que el usuario recurre para resolver muchos de sus problemas lingüísticos en el empleo diario de la lengua, la mayoría relacionados con la norma ortográfica: su intención no es saber solo el significado de una palabra, sino también cómo se escribe o se emplea correctamente. Ello se debe a la facilidad y la rapidez de acceso a la información que posee frente a un manual de ortografía, cuyo contenido no es fácil de conocer en su totalidad. Por ello, el diccionario, concebido también como herramienta ortográfica, debe presentar esta clase de información, ya sea de forma explícita o implícita, de la manera más clara, sencilla, ágil y precisa posibles, evitando imprecisiones o soluciones distintas a casos idénticos e indicando cuándo se prescribe una utilización y cuándo se trata de una opción igualmente válida. Como se ha visto, en ocasiones, a falta de una norma clara ortográfica, el diccionario sustituye siempre la consulta a la ortografía.

Por consiguiente, ortografía y norma lingüística van unidas intrínsecamente en y con el diccionario, ya que no es posible concebir un compendio lexicográfico independiente de la norma (ortográfica) y viceversa. En definitiva, ambos se nutren mutuamente, ya que si la norma condiciona las palabras incluidas en el diccionario, es el uso diario y vivo de la lengua por parte de los hablantes el que finalmente la hace evolucionar, por lo que, a menudo, como se ha constatado, el diccionario marca la norma vigente y va por delante en su prescripción.

Notas

1 La presente investigación ha sido parcialmente financiada con una ayuda del MICINN y FEDER (PID2021-123617NB-C41) y de la Generalitat de Catalunya (2021 SGR 00157 y 2021 SGR 00787).

2 La muestra de diccionarios analizada está constituida por los diccionarios académicos *DRAE22*, *DELE* y *DEst2*, así como por los diccionarios *DSal*, *DEA*, *DUE3*, *Lema*, *DUEAE*, *Clave*, *DEM* y *DiLA3*.

Bibliografía básica

Ridruejo (2019); Buenafuentes y Sánchez Lancis (2012); Quilis (2009)

Bibliografía complementaria

Buenafuentes (2017); Buenafuentes y Sánchez Lancis (2004); Castillo Carballo (1998)

11

La consulta del diccionario (Los diccionarios como fuentes para la comunicación y la información) (Using the dictionary: Dictionaries as sources for communication and information)

Amadeu Pons, Lluís Agustí y Cristóbal Urbano

1. Introducción

Los diccionarios son obras de referencia básicas para resolver dudas relacionadas con la lengua. En esencia, la información proporcionada por los diccionarios gira alrededor de las unidades léxicas de un idioma: su ortografía, sus diferentes acepciones, su origen y etimología, sus equivalencias en otras lenguas, la fraseología en que aparecen. Las situaciones en que se usan los diccionarios son diversas: en la etapa escolar, aprendiendo la propia lengua u otra; leyendo, al encontrar palabras desconocidas en un texto; escribiendo, para comprobar la ortografía de alguna palabra o buscar un sinónimo o un uso adecuado de una expresión; corrigiendo y verificando el uso aceptado de una palabra.

Así pues, como toda obra de referencia que se precie, un buen diccionario debe concebirse como una fuente de información que sea consultable fácilmente. Esta característica se logra a partir de dos elementos esenciales: una estructura adecuada de su contenido y un mecanismo eficaz de acceso al mismo. Como ha sido habitual desde el origen de los diccionarios, la información que contienen se organiza en unidades de una extensión relativamente reducida, encabezadas por un lema. El procedimiento de acceso a ellas ha venido siendo, en la tradición impresa, la ordenación alfabética de las entradas.

El orden alfabético, que permite una rápida recuperación de la información al ser conocido por todos los usuarios, ha sido tan frecuente en estas obras, que incluso ha pasado a formar parte de su misma definición, si bien es cierto que existen diccionarios —los onomaseológicos o ideológicos— que presentan la información por temas o materias.

La irrupción de la informática mejoró enormemente la creación de los diccionarios, propiciando que aumentara su coherencia interna y multiplicando las posibilidades de recuperación de la información a partir de consultas dinámicas. En los diccionarios electrónicos, tanto los que se presentaban en soporte óptico (CD-ROM) como los disponibles actualmente en línea, cada

DOI: 10.4324/9780429244353-13

entrada constituye un registro de una base de datos, estructurado en varios campos. En este caso, el acceso rápido a la información depende de las posibilidades de interrogación del motor de búsqueda propio de la base de datos y de las posibilidades de visualización de las respuestas. Más allá de la consulta, las herramientas electrónicas pueden permitir la explotación de los resultados por parte del usuario para su uso propio, como es el caso de la plataforma *Enclave RAE* de la Real Academia Española (RAE). En este contexto electrónico, hay que tener en cuenta también las aplicaciones lexicográficas en los buscadores genéricos de Internet y los dispositivos móviles, y la posibilidad de que permitan resolver dudas en cualquier situación.

Palabras clave: analítica web; diccionarios en línea; evaluación; fuentes de información; usabilidad

Like any reference work worth, a good dictionary should be conceived as a source of information that is easily accessible. It achieves this by two essential means: an appropriate organization of the contents and an efficient mechanism of access. Since their very beginnings, dictionaries have arranged the information they contain into relatively short units under headwords. In the printed tradition, the entries are ordered alphabetically. Alphabetical order, which is known to all users and allows rapid retrieval of the information, has been used so frequently in these works that it has even become part of their definition. However, some dictionaries present information according to theme or subject. The advent of informatics represented a huge step forward in the creation of dictionaries, improving their internal consistency and multiplying the possibilities for retrieving information through dynamic searches. In electronic dictionaries, each entry constitutes a database record structured in various fields. In this case, rapid access to the information depends on the possibilities for consultation offered by the database's own search engine and the possibilities for displaying the responses. Apart from simple consultations, electronic tools can allow the users to exploit the results to suit their own purposes, like the *Enclave RAE* platform of the Royal Spanish Academy. We also mention the lexicographic applications of generic Internet search engines and mobile devices.

Keywords: web analytics; online dictionaries; assessment; sources of information; usability

2. Los diccionarios, fuentes para la comunicación y la información

Según el punto de vista de los estudios tipológicos de la producción bibliográfica desde las ciencias de la información y la documentación, los diccionarios son un tipo de obra de referencia o de consulta, si seguimos la denominación que muchos autores en lengua española utilizan. Estas obras se caracterizan porque gracias a su estructura y funcionalidades permiten acceder fácilmente a la información que contienen. No están concebidas para ser leídas de corrido, sino para hallar rápidamente las respuestas a las dudas que surgen en la vida cotidiana, en el ámbito profesional, en los estudios, en la investigación, en no importa qué contexto. Para cumplir de manera eficaz su función, las obras de referencia presentan su contenido fragmentado en unidades de información de una extensión relativamente breve. Dichas unidades, denominadas "entradas" o "artículos", se presentan ordenadas con algún sistema que facilite su localización. El orden alfabético es el más fácil de usar, ya que no requiere ningún aprendizaje adicional por cualquier persona alfabetizada; sin embargo, disgrega de modo aleatorio las entradas de una temática afín.

A partir de la naturaleza de la información que contienen las obras de referencia, se ha establecido la tipología clásica de este tipo de fuentes: así, los directorios proporcionan esencialmente datos para contactar con personas u organizaciones; las guías, exposiciones prácticas de tipo geográfico o científico; las enciclopedias, explicaciones sintéticas del saber; los repertorios bibliográficos, referencias de documentos publicados por un autor o sobre un tema; las cronologías, relaciones de hechos notables sucedidos en un determinado período histórico. Y, por supuesto, los diccionarios, que contienen información relativa a las unidades léxicas de una o varias lenguas.

Los diccionarios responden exactamente al concepto de obra de referencia, ya que, además de constituir el depósito del tesoro léxico de cada lengua, su función más habitual es la de resolver con diligencia dudas relacionadas con las unidades léxicas, tanto de su escritura o de su significado como de su uso.

Facilitar todo tipo de información relacionada con las palabras es el objetivo de los diferentes tipos de diccionarios, dedicados a cada aspecto (Porto Dapena 2002). Tanto con una función descodificadora, para interpretar el significado de un texto, como codificadora o productora, para ayudar en la generación de mensajes. Así, para conocer el significado de una palabra o expresión disponemos de los diccionarios de la lengua, dentro de los cuales se incluyen los normativos, que son emanados de instituciones académicas y establecen lo que se considera correcto en una lengua, tanto en lo referido a la ortografía como al significado. Los etimológicos explican el origen de las palabras; los de equivalencias (bilingües o multilingües) indican la traducción de las entradas a otras lenguas; los de sinónimos nos facilitan palabras con significados iguales o parecidos; los diccionarios de dudas se centran en los casos más problemáticos; los de colocaciones o combinaciones muestran las parejas de palabras que aparecen frecuentemente. Así pues, los diccionarios nos proporcionan información semántica, morfológica, gramatical.

¿Y quiénes son los usuarios de los diccionarios? La variedad de consultas sobre el léxico se da en diferentes contextos, que se caracterizan por grupos de usuarios con rasgos comunes: los estudiantes de una lengua (bien de la lengua propia, en los estadios iniciales de la escolarización, bien de una lengua extranjera), los que necesitan información sobre lenguaje de especialidad, los que van a crear textos (escritores, periodistas), los que resuelven crucigramas.

3. La consulta de los diccionarios

Como dijimos en el apartado anterior, una de las características esenciales de las obras de referencia —si no la mayor— es la facilidad de acceso a la información, que se consigue gracias a dos elementos básicos: la estructuración del contenido en artículos de una extensión relativamente corta y un sistema de acceso a la información basado —en la gran mayoría de los casos— en la ordenación alfabética de las entradas, encabezadas por su lema. En el caso de las obras de referencia electrónicas elaboradas como bases de datos, no se aplica la ordenación de las entradas; en estas, lo que determina la rapidez y eficacia de la consulta es el motor de búsqueda junto a la interfaz de la que esté provista la base de datos, que permite las llamadas *consultas dinámicas*.

La irrupción y popularización de la informática en el último tercio del siglo XX y la democratización del acceso a Internet a principios del siglo XXI vienen provocando una auténtica revolución en el mundo de la lexicografía, la publicación de diccionarios y la consulta de los mismos. Los cambios fueron y son de tal magnitud para autores, editores y usuarios que se puede hablar con legitimidad de un cambio disruptivo, esto es, de *una rotura o interrupción* brusca en los procesos de producción de este tipo de obras de referencia y un cambio radical en el empleo y los usos que se había venido operando en los últimos siglos desde la aparición de los primeros repertorios impresos (De Schryver 2003).

Si la disposición fijada por la propia materialidad del libro, su ordenación única determinada por la linealidad de su presentación, obliga a una consulta de acceso único en el caso de los diccionarios en papel, en el caso de los diccionarios electrónicos, las búsquedas dinámicas facilitadas por la informática multiplican las posibilidades de acceso de manera inusitada. En cierto modo, las nuevas formas de acceso y recuperación de palabras, acepciones, ideas, formas, etimologías, colocaciones solo estarían limitadas por la propia riqueza y estructura de las entradas o unidades construidas por los lexicógrafos, auxiliados estos por la imaginación en la aplicación de la computación y los procesos de datos que puedan aportar los tecnólogos.

En este sentido, algunos lexicógrafos pueden padecer la limitación propia y habitual de quien nació en los usos de la tecnología cronológicamente anterior y no logran explotar todas posibilidades de la tecnología presente y futura. El especialista no logra utilizar y aprovechar las nuevas tecnologías más allá de la repetición de lo que era posible con la anterior, con mayor capacidad, con mayor comodidad. Es necesario contar con lexicógrafos que hayan interiorizado las nuevas tecnologías de la información para aprovechar completamente todas sus posibilidades (Gelpí 2003). Un ejemplo de estas posibilidades es la plataforma *Enclave RAE*, que sobre un conjunto de diccionarios, corpus lingüísticos y otros materiales de lengua despliega un abanico de posibilidades inimaginables en el mundo impreso. Volveremos a reflexionar sobre este punto más adelante.

Describimos a continuación algunas cuestiones relacionadas con el acceso al contenido de un diccionario. Fundamentalmente nos basaremos en las opciones de las versiones electrónicas, puesto que son las que predominantemente se utilizan hoy en día; pero incluimos también alguna referencia a las ediciones impresas.

3.1. Las instrucciones de los diccionarios

Tanto los diccionarios impresos como los electrónicos deben contar con un apartado introductorio con las "instrucciones de uso" de la obra, que dé cuenta del objeto y características generales, los criterios seguidos a la hora de incluir las entradas, la clave para interpretar las abreviaturas y los signos convencionales, la manera en que se ordena la información, tanto las entradas en el conjunto de la obra como en el interior de cada artículo; en definitiva, que desarrolle todo aquello que no resulte evidente a un lector convencional.

Asimismo el lector debe encontrar, en la introducción, la razón por la que no va a encontrar determinadas palabras: las formas verbales conjugadas, las voces formadas por derivación o composición, como los diminutivos o aumentativos, los adverbios terminados en *-mente*, etc. Además, la introducción puede informar de la metodología utilizada para la realización de la obra y de la cantidad de material incluido.

Estos textos preliminares o introductorios son poco consultados por los usuarios de los diccionarios, que prefieren hallar la respuesta rápida a sus dudas sin tener que leer textos preliminares. Por ello, la mejor introducción sería la que no fuera necesaria, puesto que el desarrollo de la obra se comprendiera sin más.

3.2. Cuestiones de legibilidad

Tanto en versión impresa como electrónica, la rapidez en la consulta de la información viene determinada, en parte, por cuestiones gráficas, que afectan a la lectura de los textos. Estos factores, comunes a cualquier texto escrito, adquieren más relevancia cuando se trata de obras de consulta, en las que la facilidad para llegar a la información buscada es lo que determina, en buena parte, la experiencia de los usuarios.

Tipo y tamaño de la letra

Uno de los elementos capitales relacionados con la legibilidad de los textos es la tipografía utilizada. Una letra excesivamente pequeña se convierte en un obstáculo para la lectura fluida de un texto. Este ha sido un defecto en muchos diccionarios impresos, en los que, en aras de lograr un volumen manejable, se ha utilizado un cuerpo de letra excesivamente pequeño. Del mismo modo, el tipo concreto de letra utilizado es una elección que incide en la lectura eficiente del escrito. Lo ideal es utilizar una familia de letra común, que no sea de un diseño muy elaborado. Por suerte, en una versión electrónica, es posible agrandar la letra, cambiar la tipografía, el color o incluso la lectura para las personas ciegas o con discapacidades visuales.

Disposición del texto en columnas

En los diccionarios impresos, y por las características propias de la información de los diccionarios, en que cada artículo constituye un párrafo, el número de estos es muy abundante. Por consiguiente, son muchas las frases que no llegan al final del margen derecho, lo cual hace que quede en blanco mucho espacio. Un mecanismo para reducir esa pérdida de papel es la composición del texto a dos o más columnas, con lo que el espacio perdido se reduce notablemente (véase la Figura 11.1). Esta opción puede repercutir negativamente en la velocidad de localización de la palabra buscada.

Márgenes, en los diccionarios impresos

El problema recurrente en la elaboración material de los diccionarios, especialmente en el caso de los diccionarios generales de lengua, es su gran extensión. Para contrarrestar esa dificultad,

314 ESC ESC ESC

y de gentil y descollada estatura. *Procerus, statura eleganti.*

ESBIRRO. m. ALGUACIL, el que tiene por oficio prender.

ESBLANDECER. a. ant. BLANDIR.

ESBLANDIR. a. ant. BLANDIR.

ESBOZO. m. *Pint.* Bosquejo ó primera delineacion de una pintura. *Adumbratio, lineatio.*

ESCABECHAR. a. Echar en escabeche. *Muria, salsamento condire.*

ESCABECHE. m. Salsa ó adobo con vino ó vinagre, hojas de laurel y otros ingredientes para conservar y hacer sabrosos los pescados y otros manjares. *Muria, salsamentum.* ‖El pescado escabechado. *Pisces muria, salsamento conditi.*

ESCABEL. m. Tarima pequeña que se pone delante de la silla para que descansen los piés del que se sienta en ella. *Scabellum.* ‖ Asiento pequeño hecho de tablas sin respaldo. *Sedile, scamnum.*

ESCABELILLO. m. d. de ESCABEL.

ESCABELO. m. ant. ESCABEL.

ESCABIOSA. f. Yerba medicinal con las hojas oblongas, aovadas y cortadas profundamente, el tallo derecho, redondo, velloso y hueco, las flores azules y en forma de cabezuela. *Scabiosa arvensis.*

ESCABRO. m. Especie de roña que se cria en la piel de la oveja causando en ella unas quiebras y costurones que la hacen áspera y echa á perder la lana. Tambien se suele criar en las cortezas de los árboles y las vides, con la cual se dañan. *Scabies.*

ESCABROSAMENTE. adv. m. Con escabrosidad. *Scabre.*

ESCABROSEARSE. r. ant. Resentirse, picarse ó exasperarse.

ESCABROSIDAD. f. Desigualdad, aspereza ocasionada de no estar llana alguna cosa,

ESCÁLAMO. m. *Náut.* Estaca pequeña y redonda, fijada y encajada en el borde de la galera ú otra embarcacion, á la cual se ata el remo. *Scalmus.*

ESCALANTE. p. a. ant. El que escala.

ESCALAR. a. Entrar en alguna plaza ú otro lugar valiendose de escalas. *Muris scalarum ope conscensis, urbem occupare.* ‖Abrir rompiendo alguna pared, tejado &c. como ESCALAR la cárcel, la casa &c. *E carcere muris effractis aufugere.* ‖Levantar la compuerta de la acequia para dar salida al agua. *Aquaeductus cataractam levare.*

ESCALDADA. adj. fam. que se aplica á la mujer muy ajada, libre y deshonesta en su trato. *Procax, prostituta mulier.*

ESCALDADO, DA. adj. Escarmentado, rezeloso. *Proprio vel alieno periculo cautus.*

ESCALDAR. a. Bañar con agua hirviendo alguna cosa. *Aqua fervente amburere, in aquam ferventem mittere.* ‖Abrasar con fuego alguna cosa poniendola muy roja y encendida, como el hierro &c. *Accendere.*

ESCALDRIDO, DA. adj. ant. Astuto, sagaz.

ESCALDUFAR. a. *p. Mur.* Sacar porcion de caldo de la olla que tiene mas de lo que ha menester. *Jus ollae imminuere.*

ESCALENO. adj. *Geom.* que se aplica al triángulo que tiene todos sus lados desiguales. Llámase tambien así el cono cuyo eje no es perpendicular á la base. *Scalenus.*

ESCALENTADOR. m. ant. CALENTADOR.

ESCALENTAMIENTO. m. ant. La accion y efecto de calentar. ‖Enfermedad que se forma en los piés y manos de los animales por no limpiarles las humedades é inmundicias que se les pegan. *Ustio, inflammatio.*

ESCALENTAR. a. ant. CALENTAR. ‖ant. Calentar con exceso. ‖ant. met. Inflamar. Dícese de los deseos y pasiones. ‖n. ant. Fomentar y conservar el calor natural.

ESCALFAMIENTO. m. ant. CALENTURA.

ESCALFAR. a. Cocer en agua hirviendo ó en caldo los huevos, quitándoles antes la cascara. *Ovorum vitellos coquere.* ‖ant. CALENTAR.

ESCALFAROTE. m. Botin ancho hecho de cordoban ó de badana con su zapato á manera de bota, henchido de heno ó borra entre uno y otro cordoban: sirve para calentar la pierna y el pié. *Ocrea.*

ESCALFETA. f. CHUFETA.

ESCALIO. m. Tierra abandonada que antes fué de labor. *Derelictus, desertus ager.*

ESCALMO. m. ESCÁLAMO.

ESCALOFRIADO, DA. adj. que se aplica al que padece escalofrios. *Horrore laborans.*

ESCALOFRÍO. m. Indisposicion del cuerpo, en que á un tiempo se siente algun frio y calor extraño. *Horror, algor febri affectus.*

ESCALON. m. El peldaño de piedra, madera ú otra materia que sirve para subir ó bajar á alguna parte. *Gradus.* ‖met. El grado á que se asciende en dignidad, ó el paso ó medio con que alguno adelanta sus pretensiones ó conveniencias. *Gradus.* ‖ *Germ.* Meson. ‖EN ESCALONES. mod. adv. que se aplica a lo que está cortado ó hecho con desigualdad. *In scalae formam.*

ESCALONA. f. Especie de cebolla que se suele guardar para simiente. *Ascalonia.* ‖*Germ.* Escalador de paredes.

ESCALPELO. m. *Cir.* Instrumento cortante que sirve para separar las partes menudas en la diseccion de un cadaver. *Scalpellum.*

ESCALPLO. m. ant. La cuchilla con que los curtidores raspan el cuero.

ESCAMA. f. Hojuela dura, delgada y trasparente de figura redonda con que está cubierta la piel de algunos pescados y reptiles. *Squama.* ‖Cada una de las costritas ó postillas que se forman en lo exterior de la

Figura 11.1 Ejemplo de composición a tres columnas en el *DRAE7* (1832).

se escatima a veces el espacio dedicado a los márgenes. Cada milímetro ganado en un margen supone el ahorro de unas cuantas páginas en el conjunto de la obra. Unos márgenes excesivamente estrechos producen una sensación de agobio en el lector.

En los diccionarios, y en cualquier obra de referencia que presente el cuerpo ordenado alfabéticamente, es esencial que las páginas vayan encabezadas por palabras guía, unas palabras que ayudan al lector a hojear el cuerpo de la obra y a localizar rápidamente la entrada deseada. Concretamente, en las páginas pares (las que quedan a la izquierda del lector cuando el libro está abierto) debe situarse la primera entrada de esa página y, en las páginas impares, la última entrada de esa página (véase la Figura 11.2).

Tipo de párrafo usado

Influye también a la hora de localizar con rapidez la entrada buscada en un diccionario. Hay tres tipos básicos de párrafos: el ordinario, que presenta la primera línea sangrada; el bloque, en el que la primera línea empieza sin sangrar, y el párrafo a la francesa, que contrasangra la primera línea. Es este último el más apropiado para usar en los diccionarios, pues facilita la rápida localización de la entrada que se está buscando (véase la Figura 11.3).

Escritura del lema y de las subentradas

Siendo el lema el elemento que da pie a la información buscada, merece ser escrito de manera resaltada. La escritura en negrita es el mecanismo que suele utilizarse para una mejor visibilidad, como puede verse en la Figura 11.4.

espolonear

dan llegar hasta los restos de las afligidas carnes y del polvoriento osario de fray Gabriel.

2 Espolazo. *Tb fig.* || Torrente *Sombras* 186: Voz que fue .. para la linda yegua como un espolonazo que le hizo brincar y salir casi al galope. DCañabate *Paseíllo* 86: Las famosas verónicas no fueron más que un espolonazo momentáneo del vino.

espolonear *tr* (*raro*) Espolear. *Frec fig.* || *EOn* 10.64, 23: Pocos como ellos [los quesos] espolonean las ganas de beber. *DMa* 31.3.10[In]: Nuestra consciencia nos debe espolonear con un interrogante.

espolvoreador -ra *adj* Que espolvorea [1]. *Tb n m, referido a aparato.* || *Abc* 18.4.58, 17: Con los botes espolvoreadores o, mejor, con un espolvoreador de los tipos "Hurón", "Tutou" o "Eolo", se reparte el insecticida sobre el terreno.

espolvoreamiento *m* Acción de espolvorear [1]. || *Abc* 14.3.58, sn: No olvidar la gran importancia que tiene la oportunidad con que se dé el primer tratamiento, que es el más eficaz de todos, bien en pulverizaciones líquidas o bien en espolvoreamientos de los productos en polvo.

Figura 11.2 Palabra guía en el *DEA2* (2011).

semita ADJ. M. Y F. **1.** Perteneciente o relativo a una familia de pueblos originaria del sudoeste de Asia y del norte de África, que engloba, entre otros, a los árabes y a los hebreos. ◆ **2.** S. M. Y F. Individuo que forma parte de esta familia de pueblos.
semítico, ca ADJ. **1.** De los semitas o relacionado con ellos. ◆ **2.** ADJ./S. F. LING. Se dice de una familia de lenguas del sudoeste de Asia y del norte de África, a la cual pertenecen el árabe y el hebreo.
semitismo S. M. **1.** Conjunto de las doctrinas, instituciones y costumbres propias de los pueblos semitas. **2.** Palabra o expresión propia de las lenguas semíticas o que tiene su origen en ellas.
semitono S. M. **1.** MÚS. Parte de las dos en que se divide el intervalo de un tono.

Figura 11.3 Párrafos a la francesa en el *Diccionario general de la lengua española* (Arrufat Pradera 2005).

hápax. (Del gr. ἅπαξ [λεγόμενον] *hápax [legómenon]* '[dicho] una sola vez'). m. *Ling.* En lexicografía o en crítica textual, voz registrada una sola vez en una lengua, en un autor o en un texto.
haplografía. (Del gr. ἁπλόος *haplóos* 'simple' y *-grafía*). f. *Ecd.* Fenómeno consistente en la eliminación de un segmento textual idéntico o análogo a otro segmento cercano; p. ej., en el *Quijote*, II, 32, «dejarse lavar» por «dejarse lavar la barba» es una clara **haplografía.**
haploide. (Del gr. ἁπλόος *haplóos* 'simple' y *-oide*). adj. *Biol.* Dicho de un organismo, de un tejido, de una célula o de un núcleo: Que posee un único juego de cromosomas. (Símb. n).
haploidía. f. *Biol.* Condición de haploide.
haplología. (Del gr. ἁπλόος *haplóos* 'simple' y *-logía*). f. **1.** *Ecd.* **haplografía.** ‖ **2.** *Fon.* Eliminación de una sílaba semejante a otra contigua de la misma palabra; p. ej., *cejunto* por *cejijunto*, *impudicia* por *impudicicia.*
háptico, ca. (Del gr. ἁπτικός *haptikós*). adj. cult. **táctil.**

Figura 11.4 Escritura destacada de las entradas en el *Diccionario de la lengua española* (RAE y ASALE 2014, *DLE*).

3.3. Posibilidades de consulta

Una primera consideración es la posibilidad que existe en un diccionario en línea de buscar tanto en los lemas de las entradas, como en el contenido textual de las entradas mismas. La forma de buscar, los campos de la entrada a los que se aplica la búsqueda, dependerá de las opciones que ofrezca la interfaz de consulta, presentadas normalmente en forma de un formulario de búsqueda simple complementado por otro de opciones avanzadas.

La búsqueda simple, exacta o por palabra es la única forma de acceso en la que, en lo esencial, coinciden los diccionarios electrónicos y en papel; consiste esta en la consulta por un lema concreto. Sin embargo, en esta forma de acceso ya se opera una ventaja de la tecnología electrónica frente al impreso, el autocompletado o búsqueda incremental, que nos orienta en la grafía correcta posible a partir del segundo carácter del lema aparecen en el cajetín de búsqueda e incluso nos lleva a referencias o variantes del lema. La función de autocompletado permite distinguir diferencias ortográficas e incluso la predicción en grafías complejas

Esta primera búsqueda se completa mediante las búsquedas por truncamiento, que son frecuentemente expresadas en los diccionarios en línea con formas como "empezada por", "que contenga" o "por terminación".

El truncamiento es un método de consulta frecuente en los lenguajes de interrogación de las bases de datos. Esta acción consiste en seccionar una palabra en alguna de sus partes, por ejemplo, truncarla por el final en el caso de las búsquedas "empezada por", para que esta funja como raíz y de este modo poder recuperar el conjunto de formas derivadas contempladas en el corpus del diccionario (pero no así con las formas nominales o verbales flexionadas) (ver Figura 11.6).

Otro truncamiento consiste en la consulta por una parte de la forma —esta es, "que contenga"—, lo que permite cortar la palabra por ambos extremos. Como sea que esta consulta puede realizarse a partir de una sola letra, el resultado podría ser muy elevado, por lo que el algoritmo ofrece una lista reducida. Por ejemplo, en el *DLE*, la lista de resultados asciende a un máximo de 40 voces. Esta consulta permite recuperar el conjunto de formas derivadas contempladas en el corpus del diccionario, con prefijos y formas compuestas y no solo aquellas que se forman a partir de la raíz.

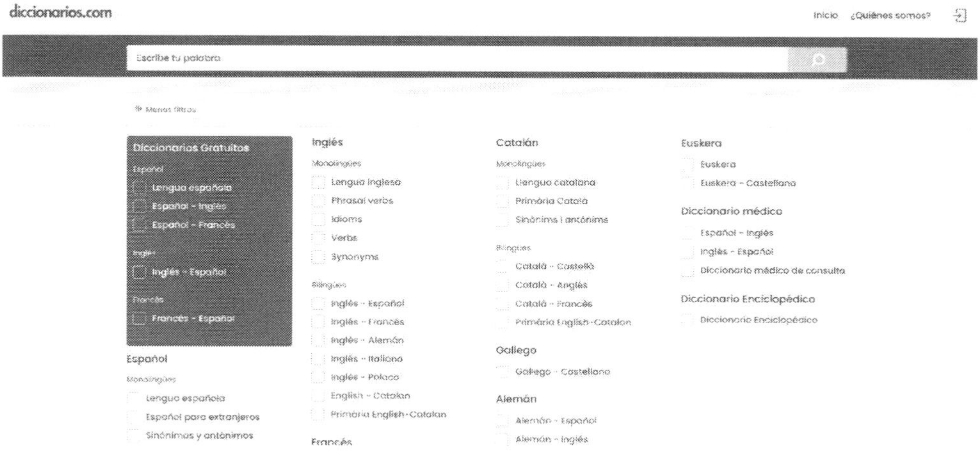

Figura 11.5 Búsqueda simple en *Diccionarios.com*.

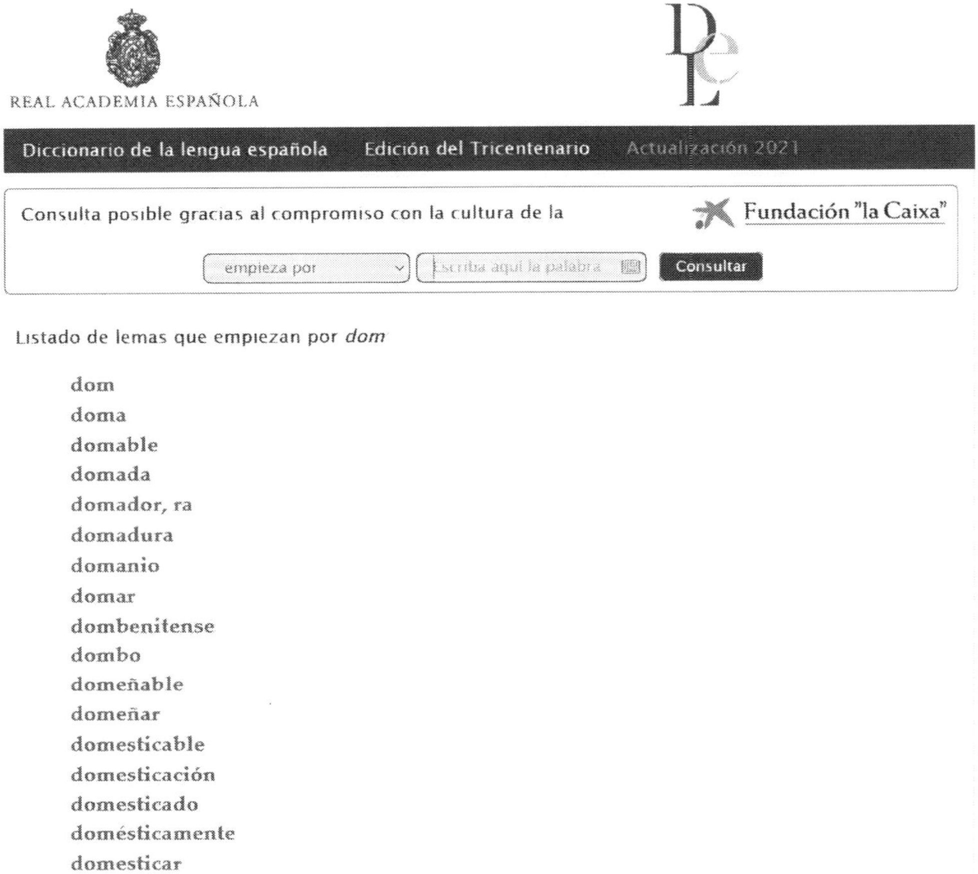

Figura 11.6 Búsqueda "empezada por" en el *DLE* (actualización 2019).

La última forma de truncamiento es la que corta la palabra en su parte inicial y solo muestra el final de los lemas contenidos. Esta forma de búsqueda se conoce con "terminada por", "por terminación" y otras formas similares. Esta información ha resultado muy útil desde tiempo inmemorial, fundamentalmente, para la rima poética, y en el pasado había sido sustanciada con los diccionarios impresos llamados *inversos*, *de terminaciones* o *de rima*, en los que todas las palabras estaban ordenadas alfabéticamente al revés, es decir, a partir de sus últimas letras, después penúltimas, antepenúltimas y así sucesivamente.

Otra forma de consulta es la búsqueda aproximada, que consiste en recuperar a partir de formas ortográficas cercanas o parecidas, incluso de representaciones fonéticas similares, de lemas o voces que puedan ser variantes. Este método de consulta tiene en ocasiones asociada la lógica de los correctores ortográficos: recuperar formas ortográficamente más o menos próximas y, muy importante, válidas (ver la Figura 11.7).

La consulta por anagramas consiste en la recuperación, a partir del cambio en la ordenación de las letras de una palabra, de formas de todas las palabras posibles válidas. Este método de consulta puede ser útil en la creación literaria, los negocios o, simplemente, en los juegos lingüísticos como el Scrabble.

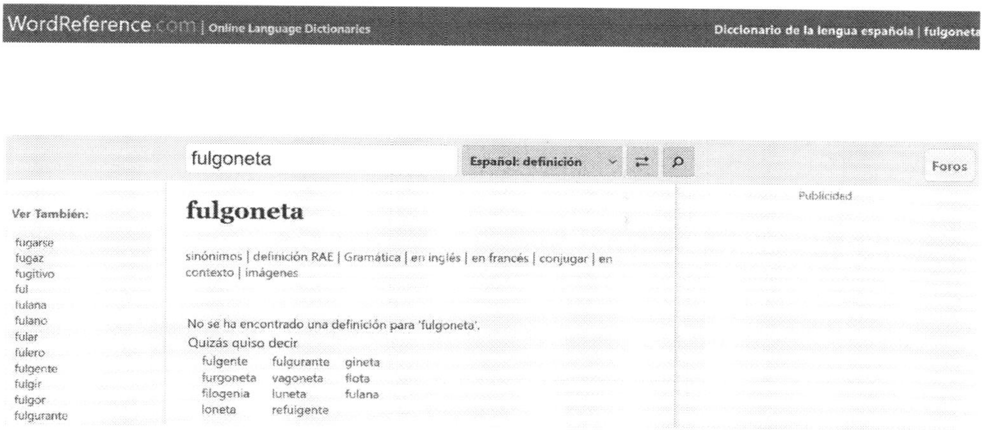

Figura 11.7 Búsqueda aproximada en *WordReference* (2020).

Figura 11.8 Búsqueda por anagramas en el *DLE* (actualización 2019).

Algunos diccionarios electrónicos en línea permiten la navegación hipertextual a través de hiperenlaces, es decir, desplazarse a partir de las palabras de las definiciones hasta las propias definiciones de estas mismas palabras, ahorrando tiempo y esfuerzo. Veremos más adelante que los diccionarios incorporados a los lectores de libros electrónicos permiten acceder al significado de una palabra en un texto sin necesidad de abandonar la lectura del mismo.

Uno de los avances notables de los diccionarios electrónicos sobre los analógicos es la superposición de capas de información, o lo que sería lo mismo, la incorporación de múltiples diccionarios o incluso su enriquecimiento con información gramatical. Uno de los ejemplos más claros de esto es la posibilidad de acceder a todas las formas verbales conjugadas. A partir de una forma infinitiva el diccionario nos ofrece todas sus formas flexionadas (ver la Figura 11.9).

Otro método de recuperación de la información de los diccionarios electrónicos o en línea es el que nos permite la búsqueda por campos, por ejemplo, desde el uso de las palabras en locuciones, en las definiciones o el uso de ejemplos.

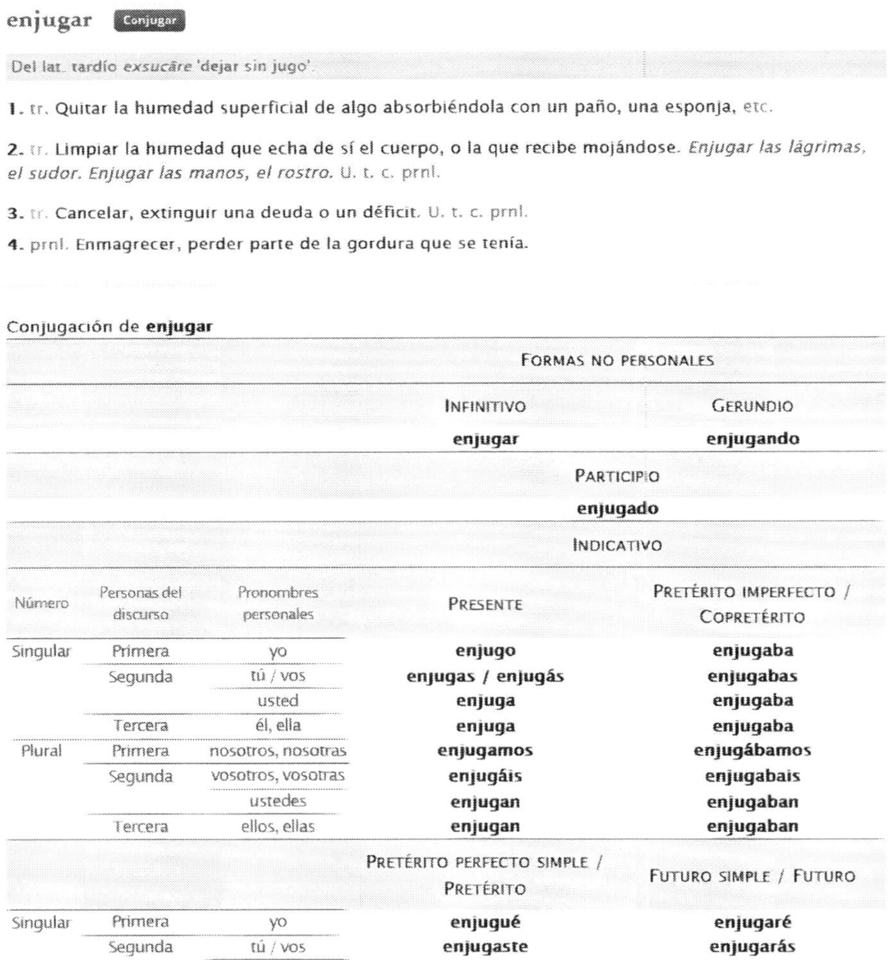

enjugar Conjugar

Del lat. tardío *exsucāre* 'dejar sin jugo'.

1. tr. **Quitar la humedad superficial de algo absorbiéndola con un paño, una esponja,** etc.

2. tr. **Limpiar la humedad que echa de sí el cuerpo, o la que recibe mojándose.** *Enjugar las lágrimas, el sudor. Enjugar las manos, el rostro.* U. t. c. prnl.

3. tr. **Cancelar, extinguir una deuda o un déficit.** U. t. c. prnl.

4. prnl. **Enmagrecer, perder parte de la gordura que se tenía.**

Conjugación de **enjugar**

			Formas no personales	
			Infinitivo	Gerundio
			enjugar	**enjugando**
			Participio	
			enjugado	
			Indicativo	
Número	Personas del discurso	Pronombres personales	Presente	Pretérito imperfecto / Copretérito
Singular	Primera	yo	**enjugo**	**enjugaba**
	Segunda	tú / vos	**enjugas / enjugás**	**enjugabas**
		usted	**enjuga**	**enjugaba**
	Tercera	él, ella	**enjuga**	**enjugaba**
Plural	Primera	nosotros, nosotras	**enjugamos**	**enjugábamos**
	Segunda	vosotros, vosotras	**enjugáis**	**enjugabais**
		ustedes	**enjugan**	**enjugaban**
	Tercera	ellos, ellas	**enjugan**	**enjugaban**
			Pretérito perfecto simple / Pretérito	Futuro simple / Futuro
Singular	Primera	yo	**enjugué**	**enjugaré**
	Segunda	tú / vos	**enjugaste**	**enjugarás**

Figura 11.9 Verbos conjugados en el *DLE* (actualización 2019).

Figura 11.10 Búsqueda por campos en el *Diccionario del español de México* (2010, *DEM*)

El primero de los métodos de recuperación es la búsqueda inversa o búsqueda a partir de la definición. Desde alguno de los elementos que forman un significado de una palabra, de una palabra truncada o de un conjunto de palabras que expresan una definición, podemos obtener el lema buscado.

La búsqueda a partir de ejemplos permite recuperar una palabra, una palabra truncada o un conjunto de palabras utilizadas como ejemplo de uso que suelen acompañar a las definiciones en los diccionarios generales, normativos, descriptivos o de uso.

La búsqueda por área temática es la que nos permite recuperar todos los lemas asociados a un ámbito del conocimiento previamente determinado, esto es, por afinidad ideológica. Quizás en la actualidad esta explotación de información no alcanza por parte de los diccionarios generalistas en línea más conocidos la capacidad de respuesta de un diccionario ideológico como el de Julio Casares (1942) o la herramienta en línea homóloga *Ideas afines*, pero las posibilidades aquí son muchas. La búsqueda por área temática resulta útil en todo tipo de situaciones de necesidades informacionales: educación, comercio, industria, y no solo en la creación literaria.

Las consultas no solo son posibles desde alguno de los métodos comentados hasta ahora, sino que también permiten la combinación de diversos de estos elementos. Así, frente a la búsqueda simple en la que accedemos a la información de los repertorios a partir de un punto de acceso, la búsqueda combinada o búsqueda múltiple nos permite disponer de dos o más de estos elementos

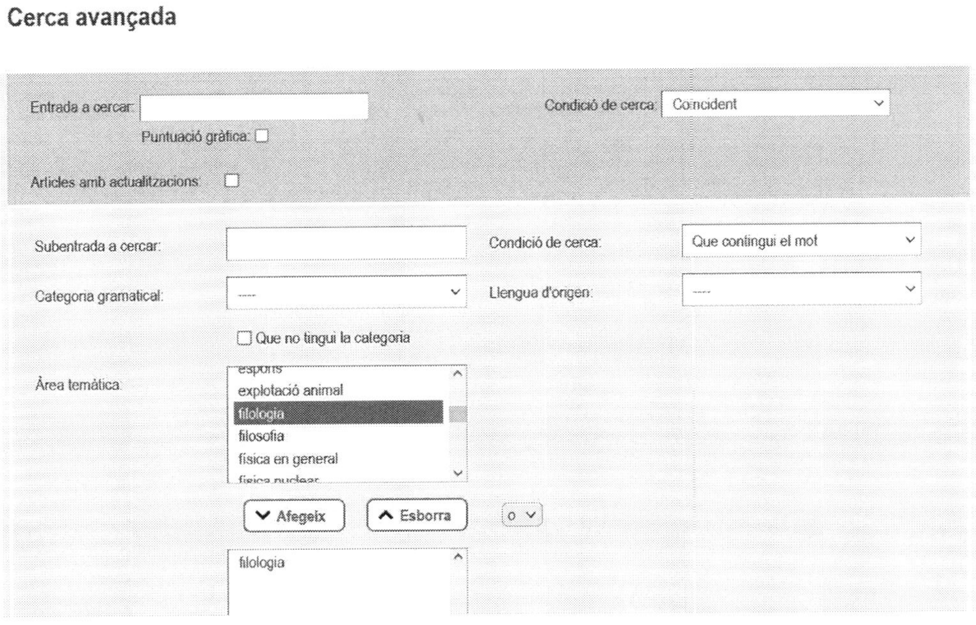

Figura 11.11 Búsqueda avanzada en el *Diccionari de la llengua catalana* (Institut d'Estudis Catalans 2007, *DIEC2*).

o facetas para obtener una respuesta más precisa. Frecuentemente, la búsqueda combinada y la búsqueda avanzada coinciden en ser presentadas y ofrecidas desde un mismo acceso.

Como es sabido, el uso de la lengua no es uniforme ni a lo largo del tiempo, ni en todos los lugares, ni en todos los contextos o las edades de los hablantes. Con el método de búsqueda avanzada o combinada por intersección de facetas, podemos identificar un uso determinado, de una palabra en un espacio geográfico, en una época histórica, con un registro y una intención determinados. Las posibilidades de combinación que ofrece este tipo de consultas, como se dijo anteriormente, son inmensas y resultaban imposibles en el mundo impreso. En el caso de la plataforma *Enclave* de la Real Academia Española podemos combinar hasta diecisiete facetas: la categoría gramatical, el género, el área geográfica, la intención, la lengua de origen, el nivel de habla, el número, la persona, el registro, etc.

La combinación en la búsqueda nos puede dar una información sobre un uso de gran precisión y pertinencia en muchos ámbitos, como por ejemplo la enseñanza y el aprendizaje de la lengua.

3.4. Más allá de las consultas

Con frecuencia, algunos de los usos, particularidades y convenciones de los diccionarios impresos se han trasladado a los diccionarios electrónicos sin una reflexión previa sobre por qué eran usados en un contexto impreso: para ahorrar espacio. Uno de estos usos es la presencia de abreviaturas y signos convencionales para referirse a las categorías gramaticales, las áreas temáticas, las marcas valorativas, las regiones o países donde son empleadas y otras informaciones que siguen al lema y preceden a la definición en los diccionarios comunes de lengua. Estas abreviaturas y

Figura 11.12 Búsqueda combinada en el *DIEC2*.

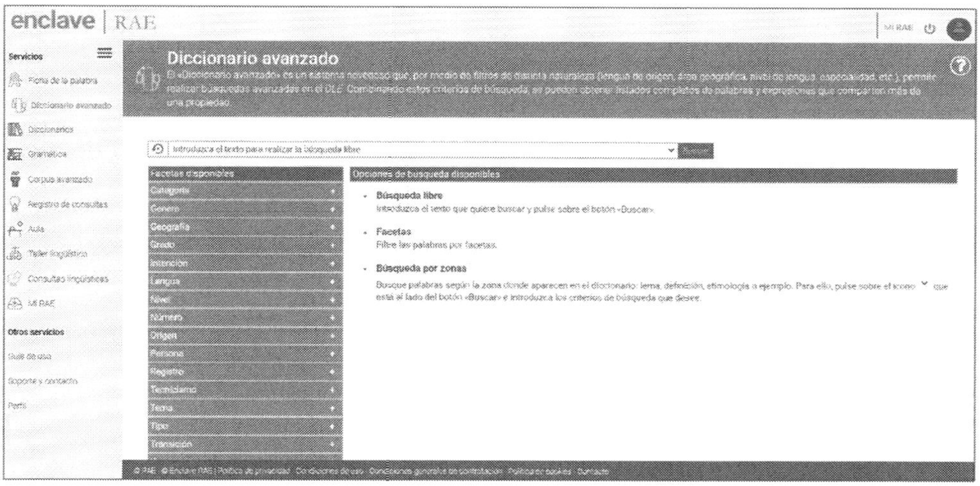

Figura 11.13 Búsqueda combinada en *Enclave RAE*.

signos pueden desplegar su información simplemente con pasar el cursor sobre ellos, sin necesidad de consultar su significado en las listas de abreviaturas.

Los diccionarios electrónicos también suele incorporar ilustraciones. "Una imagen vale más que mil palabras", afirma el dicho popular y, ciertamente, para dar a entender el significado de ciertas palabras, especialmente las que se refieren a objetos, el uso de un dibujo o fotografía puede ser un recurso de lo más útil (Figura 11.15). Consideremos estas definiciones y pensemos en lo útil que resultaría una ilustración: "Cierre que se aplica a una abertura longitudinal en prendas de vestir y objetos diversos, y que consiste en dos tiras, generalmente de tela, guarnecidas en sus

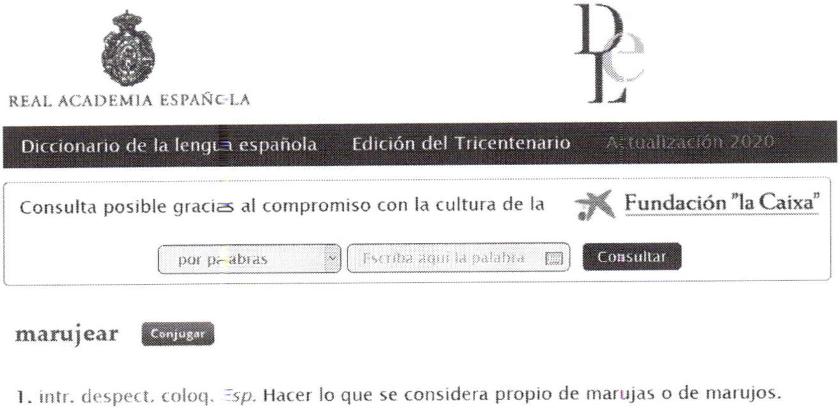

Figura 11.14 Abreviaturas en el *DLE* (actualización 2019).

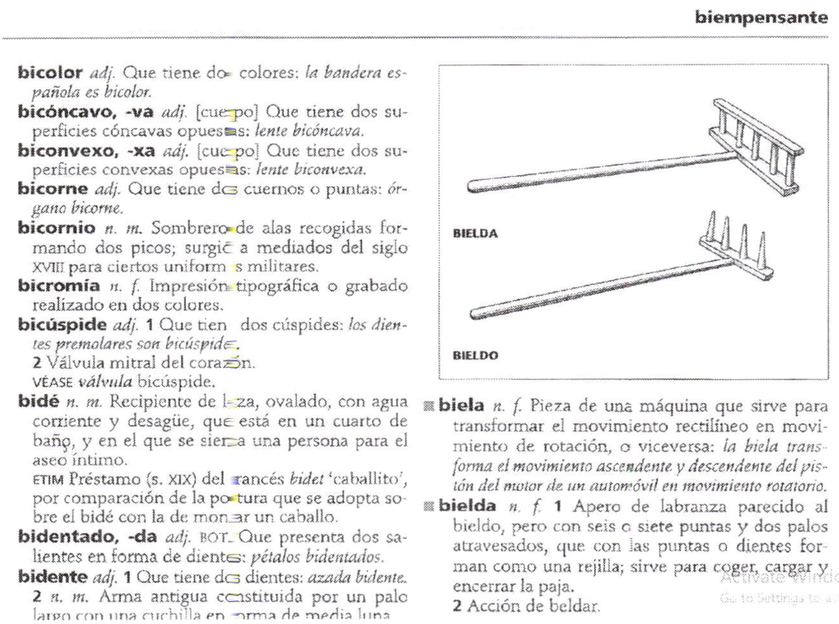

biempensante

bicolor *adj.* Que tiene dos colores: *la bandera española es bicolor.*
bicóncavo, -va *adj.* [cuerpo] Que tiene dos superficies cóncavas opuestas: *lente bicóncava.*
biconvexo, -xa *adj.* [cuerpo] Que tiene dos superficies convexas opuestas: *lente biconvexa.*
bicorne *adj.* Que tiene dos cuernos o puntas: *órgano bicorne.*
bicornio *n. m.* Sombrero de alas recogidas formando dos picos; surgió a mediados del siglo XVIII para ciertos uniformes militares.
bicromía *n. f.* Impresión tipográfica o grabado realizado en dos colores.
bicúspide *adj.* **1** Que tiene dos cúspides: *los dientes premolares son bicúspides.*
2 Válvula mitral del corazón.
VÉASE *válvula* bicúspide.
bidé *n. m.* Recipiente de loza, ovalado, con agua corriente y desagüe, que está en un cuarto de baño, y en el que se sienta una persona para el aseo íntimo.
ETIM Préstamo (s. XIX) del francés *bidet* 'caballito', por comparación de la postura que se adopta sobre el bidé con la de montar un caballo.
bidentado, -da *adj.* BOT. Que presenta dos salientes en forma de dientes: *pétalos bidentados.*
bidente *adj.* **1** Que tiene dos dientes: *azada bidente.*
2 *n. m.* Arma antigua constituida por un palo largo con una cuchilla en forma de media luna

biela *n. f.* Pieza de una máquina que sirve para transformar el movimiento rectilíneo en movimiento de rotación, o viceversa: *la biela transforma el movimiento ascendente y descendente del pistón del motor de un automóvil en movimiento rotatorio.*
bielda *n. f.* **1** Apero de labranza parecido al bieldo, pero con seis o siete puntas y dos palos atravesados, que con las puntas o dientes forman como una rejilla; sirve para coger, cargar y encerrar la paja.
2 Acción de beldar.

Figura 11.15 Ilustración en el *Diccionario general ilustrado de la lengua española* (1987, *DGILE*).

orillas de pequeños dientes que se traban o destraban entre sí al efectuar un movimiento de apertura o cierre por medio de un cursor" (*cremallera*) (*DLE*); "Alfiler que se abrocha quedando su punta dentro de un gancho para que no pueda abrirse fácilmente" (*imperdible*) (*DLE*).

Asimismo, es frecuente en los diccionarios dedicados al aprendizaje de la lengua la presencia de informaciones gramaticales o de otro tipo que ayuden al estudiante en el proceso de adquisición de las competencias lingüísticas (Figura 11.16). Por ejemplo: modelos de flexión verbal, listas de símbolos más habituales, listas de topónimos, etc.

volcánico 1368

volcar	
indicativo	
presente	volcó
vuelco	volcamos
vuelcas	volcasteis
vuelca	volcaron
volcamos	**futuro**
volcáis	volcaré
vuelcan	volcarás
pretérito imperfecto	volcará
volcaba	volcaremos
volcabas	volcaréis
volcaba	volcarán
volcábamos	**condicional**
volcabais	volcaría
volcaban	volcarías
pretérito perfecto simple	volcaría
volqué	volcaríamos
volcaste	volcaríais
	volcarían
subjuntivo	
presente	volcáramos o volcásemos
vuelque	volcarais o volcaseis
vuelques	volcaran o volcasen
vuelque	**futuro**
volquemos	volcare
volquéis	

◆ **3.** V. PRONL. Poner alguien mucho interés y esfuerzo en ayudar o agradar a otra persona: *Tu amigo se volcó con mi familia para facilitarles la visita a la ciudad.* SIN. **esforzarse.**
OBS. Es verbo irregular.

volea S. F. **1.** DEP. En tenis y otros deportes, golpe dado a la pelota en el aire antes de que haya tocado la superficie de la pista. **2.** DEP. En fútbol, disparo en que el jugador golpea el balón procedente de un compañero o de un rechace antes de que haya tocado el terreno de juego.

volear V. TRANS. **1.** DEP. Golpear la pelota en el aire antes de que haya tocado la superficie de la pista. **2.** DEP. Disparar a puerta el balón procedente de un compañero o de un contrario antes de que bote sobre el terreno de juego.
OBS. Se conjuga como *blanquear.*

voleibol S. M. [Del inglés *volleyball.*] **1.** Deporte que se juega entre dos equipos de seis jugadores en un campo dividido con una red central colocada a cierta altura; cada equipo debe pasar el balón al campo contrario por encima de la red golpeándolo con las manos e intentando que el equipo contrario no pueda devolverlo. SIN. **balonvolea.**

voleo S. M. **1.** Golpe que se da a una pelota u otro ob-

Figura 11.16 Presencia de paratextos: conjugación de verbos irregulares en el *Diccionario general de la lengua española* (Arrufat Pradera 2005).

Otro de los aspectos de mejora y adelanto que aporta la tecnología en los diccionarios electrónicos sobre sus predecesores impresos es, sin duda, la posibilidad de incorporación de ficheros de audio y video. La presencia del audio con la pronunciación de las palabras es particularmente enriquecedora en los diccionarios de equivalencias, bilingües o multilingües, pero también en los diccionarios generales y dialectales. Los alfabetos fonéticos presentes en los repertorios publicados en papel solían ser comprensibles solo por una minoría y en cambio la presencia de ficheros con voces nativas que facilita el matiz y la imitación, son accesibles a todos los usuarios y abren posibilidades a otras aplicaciones como por ejemplo la traducción simultánea.

La incorporación de las distintas pronunciaciones de las palabras en la geografía hispanohablante podría ser, sin duda, un espacio de crecimiento de los diccionarios españoles en línea actuales. En este sentido, algunos diccionarios de lengua inglesa incluyen especificadas las variantes británica y norteamericana cuando esta diferenciación resulta necesaria.

En relación con la accesibilidad, los diccionarios electrónicos prevén que su acceso se produzca desde sistemas con limitaciones como pueden ser, en nuestro caso, desde teclados que no sean de distribución QWERTY española, y así incorporan tablas de caracteres especiales para la consulta de grafías como la *ñ* o vocales acentuadas propias del español.

Esta adaptación a la experiencia del usuario individual, la adaptación de la información mostrada a usuarios en situaciones o necesidades determinadas, corre paralela a otras obras de referencia, herramientas informativas o incluso del comercio en línea, con la posibilidad de seleccionar o limitar la información que se desee ver (etimología, pronunciación, significado).

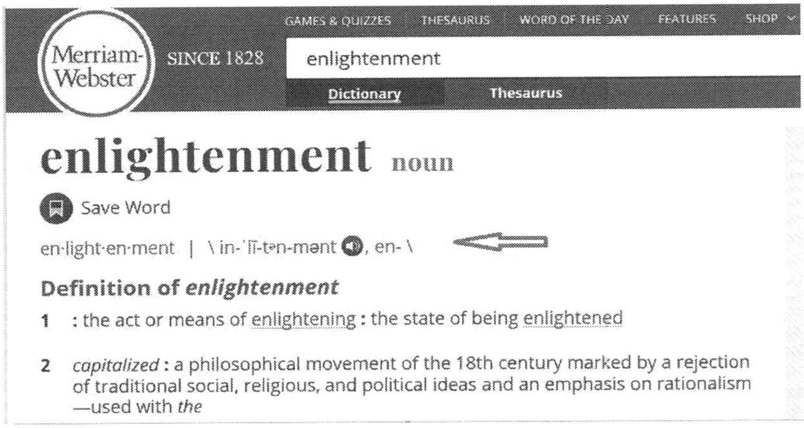

Figura 11.17 Pronunciación en el *Merriam-Webster Dictionary* (2020).

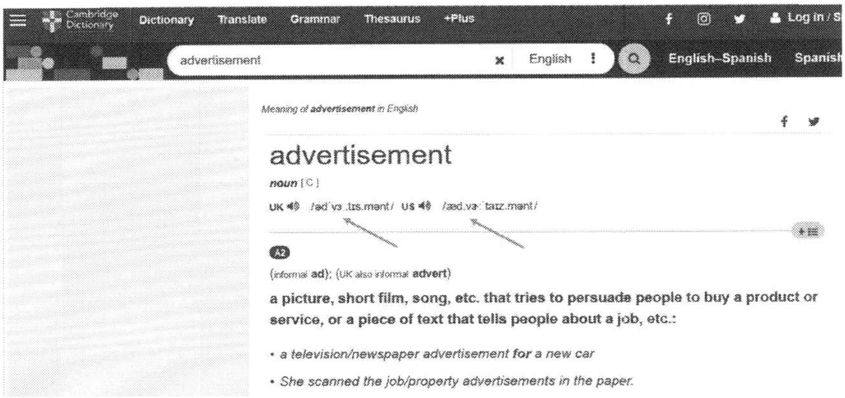

Figura 11.18 Pronunciación por variantes dialectales en el *Cambridge Dictionary [of English]* (en línea, *CDE*).

Figura 11.19 Tabla de caracteres especiales en el *DLE* (actualización 2019).

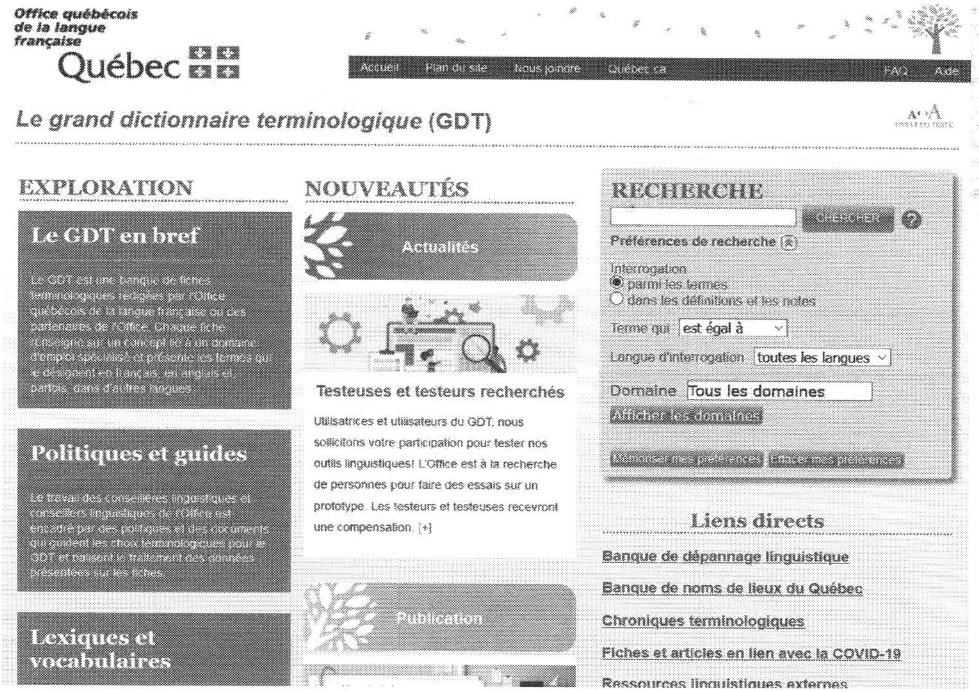

Figura 11.20 Preferencias de búsqueda en *Le grand dictionnaire terminologique* (2012).

Una de las primeras adaptaciones en la experiencia del usuario es, sin duda, la posibilidad de guardar las consultas y con ello sus respuestas. Otra de las formas de adaptación son las herramientas de aprendizaje ligadas a algunos diccionarios en línea, mediante la proposición de test en línea, como vemos en la Figura 11.21.

O incluso de materiales de aprendizaje completos con textos, ejemplos, ejercicios y resúmenes de trabajo, como se propone en *Enclave RAE* (Figura 11.22).

Relacionadas con las herramientas de aprendizaje, las posibilidades de interacción y ludificación de los diccionarios y con ello la popularización del conocimiento de las lenguas son otra posibilidad que se ha explotado desde las redes sociales, desde perfiles como por ejemplo el de la Real Academia Española @RAEinforma, pero también desde las plataformas de búsqueda de los propios diccionarios en línea.

La palabra del día, seleccionada por los encargados de la gestión de la plataforma de un diccionario en línea, y la identificación de las búsquedas populares en un mismo repertorio y durante un periodo de tiempo determinados también resultan de interés como herramienta de divulgación y aprendizaje, y también como instrumento de medición del interés y uso social de las palabras.

Incluso se pueden identificar aquellas palabras más buscadas cuyo resultado no se encuentra en el diccionario, lo que puede servir a los lexicógrafos en su labor de identificación del corpus.

Una ventaja esencial de los diccionarios electrónicos es su incorporación de los diccionarios en nuestro espacio de trabajo digital, por ejemplo con la integración de diccionarios en los navegadores, como una aplicación o extensión más inmediatamente accesible desde el navegador usado de preferencia (Maldonado 2013).

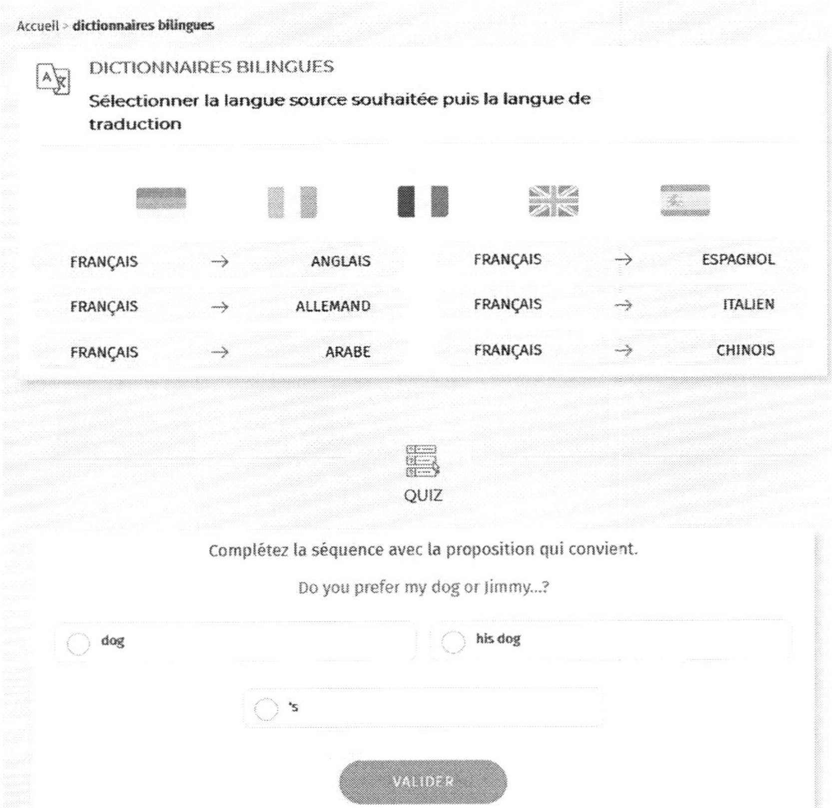

Figura 11.21 Test para el aprendizaje en *Larousse.fr*.

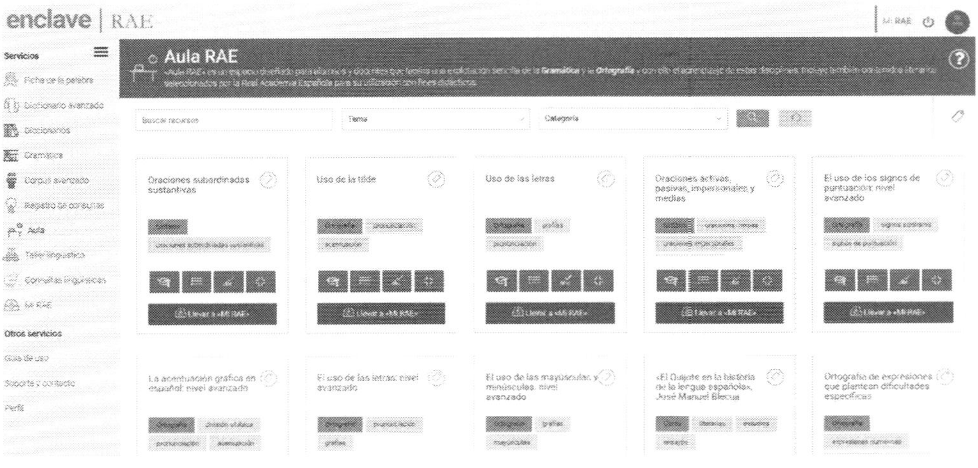

Figura 11.22 Materiales para el aprendizaje y la enseñanza en *Enclave RAE*.

Figura 11.23 Registro de consultas en *Enclave RAE.*

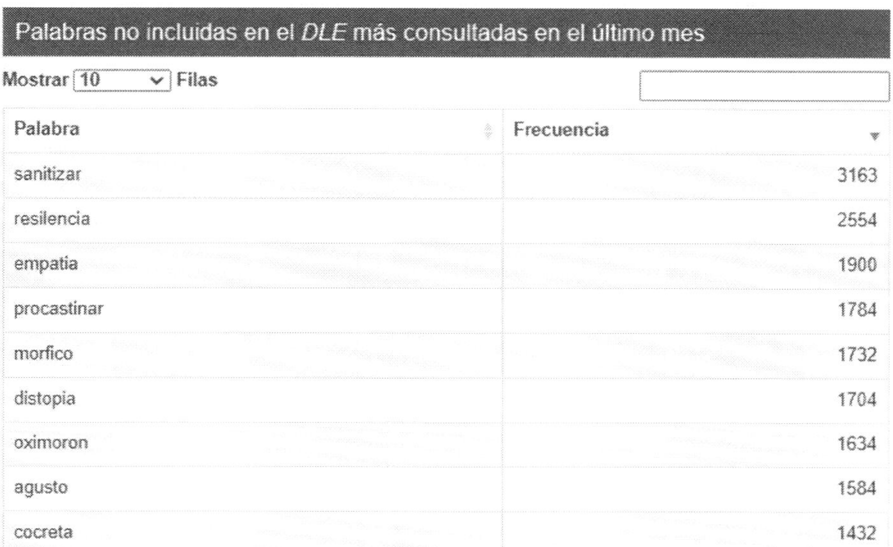

Palabras no incluidas en el *DLE* más consultadas en el último mes

Mostrar 10 **Filas**

Palabra	Frecuencia
sanitizar	3163
resilencia	2554
empatia	1900
procastinar	1784
morfico	1732
distopia	1704
oximoron	1634
agusto	1584
cocreta	1432

Figura 11.24 Registro de consultas en *Enclave RAE.*

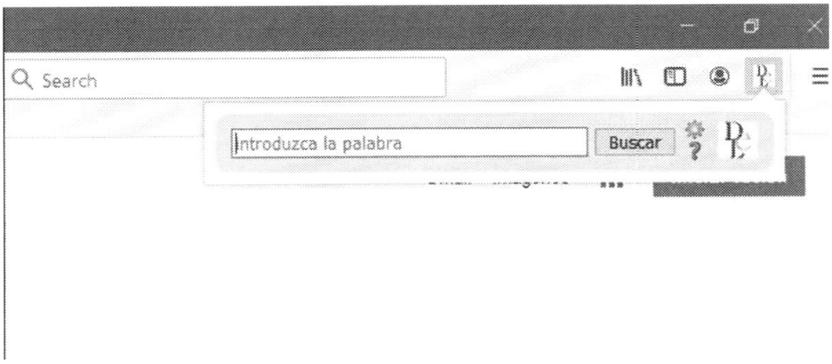

Figura 11.25 Diccionario incrustado en el navegador en Google Chrome.

Como ya habíamos avanzado, una más de las aplicaciones interesantes es la posibilidad de incorporación de diccionarios a lectores de libros electrónicos o tabletas, lo que permite el acceso fácil e inmediato al significado de una palabra, a su equivalencia en otra lengua, a su etimología, sin por ello abandonar la lectura del texto, pues basta pasar el cursor simplemente. Esto, lejos de ser una distracción, permite una consulta más frecuente de las herramientas lexicográficas.

No podemos concluir este capítulo —quizás deberíamos haber empezado por ello— sin describir uno de los sistemas de búsqueda actualmente mayoritario en la consulta de palabras, que no en diccionarios, esto es, a partir de los buscadores generalistas de Internet tipo Google o Bing.

En la actualidad, muchas de las consultas en la red para conocer o confirmar el significado de una palabra, de una ortografía, de una equivalencia o traducción a otra lengua, incluso una etimología, se realizan a partir de los buscadores de Internet y no de los diccionarios en línea (Casanovas Català 2016). Pero ¿por qué se procede de este modo, teniendo al alcance excelentes recursos lexicográficos en abierto, es decir, gratuitos? En términos de recuperación de información es lo que en inglés se conoce por *good enough*, esto es, la búsqueda que se sabe de antemano que no es la de mejor calidad, pero que resulta suficiente por economía de tiempo y esfuerzo.

Los buscadores, en una primera instancia, propusieron algunas formas de búsqueda simple; por ejemplo, en el buscador de Google, para buscar el significado de una palabra, su ortografía o incluso su pronunciación, basta con anteponer "define:" a la voz en el cajetín de búsqueda para obtener una respuesta completa. El buscador interpreta la necesidad de información específicamente lexicográfica y despliega un abanico de recursos que van desde el diccionario generalista, de sinónimos, traducciones u otras búsquedas similares hasta una entrada enciclopédica.

4. Analítica digital y diccionarios en línea

La consulta de recursos de información en línea, así como el uso de todo tipo de documentación digital en general, requiere de una mediación tecnológica entre el usuario y los contenidos, que se materializa en forma de programas informáticos que hacen posible el acceso, interrogación, recuperación de información, navegación, lectura y, en ocasiones, la interacción del lector con el contenido en forma de comentarios y anotaciones. La infraestructura tecnológica que permite el uso de recursos de información en línea genera exhaustivos y detallados registros de transacciones, ya sea en el servidor que suministra la información o en el cliente que realiza las peticiones (*log files*), en los que se trazan detalles diversos sobre el acceso remoto, como la zona geográfica desde donde se accede; la gestión de contenidos, como por ejemplo las entradas más consultadas; y el flujo de la comunicación persona-ordenador, manifestada en la secuencia de clics en las pantallas del recurso para navegar por el mismo. Además, más allá de asegurar la eficacia de dicha comunicación, todo recurso de información en línea requiere de una interfaz pensada para ofrecer una buena experiencia de usuario, una adaptación al tipo de dispositivo de consulta utilizado y una serie de funcionalidades de personalización, que explican el uso de elementos de seguimiento y análisis del comportamiento de los usuarios.

En ese contexto, la analítica digital aplicada a diccionarios se entiende como la explotación de la información recogida en ficheros de *logs* y otros elementos de seguimiento como las *cookies*, esto es, las huellas que dejan los usuarios en su interacción con el diccionario, con la finalidad de estudiar el uso para así mejorar la experiencia de usuario y la usabilidad del recurso y evaluar el retorno de la inversión para el editor, y como vía para obtener datos útiles en el trabajo lexicográfico y de actualización del diccionario (Bergenholtz y Johnsen 2005).

Para captar los datos y generar informes con métricas e indicadores sobre el uso, existe un buen número de herramientas, como Adobe Analytics, Google Analytics, Matomo o Siteimprove, entre otros. Ahora bien, con independencia de la herramienta usada, los editores de diccionarios en línea han de plantearse qué información sobre uso y usuarios necesitan para satisfacer sus necesidades, ya que los enfoques que se pueden dar a la analítica digital, y las aplicaciones prácticas que se pueden derivar, son muy variadas. Por ello, cualquier plan de analítica dependerá del tipo de sitio web o *app*, de su razón de ser, de la naturaleza del contenido, del ciclo de actualización y mejora previsto, así como del modelo de financiación elegido para hacer sostenible la publicación. Por ejemplo, las formas de uso en función de la vía de acceso pueden ser muy variadas, por lo que hay que tener en consideración si se analiza un diccionario que se ofrece en forma de sitio web individual, en el seno de un portal agregador de recursos electrónicos o como una aplicación para dispositivos móviles. Por otra parte, atendiendo a cómo se sostiene económicamente la publicación, no tiene sentido explotar de la misma forma los datos de uso y usuarios de un diccionario de acceso libre que se ofrece en forma de web y que vive de la publicidad que se muestra en las páginas visualizadas, de una aplicación para dispositivos móviles que se ofrece gratis bajo un modelo de patrocinio de una empresa u organización, de un diccionario de pago para el que las bibliotecas o los particulares han de contratar licencias de uso, o de uno sostenido como proyecto *crowdsourcing*, como en el caso de *Wiktionary* (Figura 11.26), en el que el análisis estadístico de las contribuciones arroja una información útil tanto para la gestión del proyecto digital como para el trabajo lexicográfico (por ejemplo en cuanto a las palabras que generan más debate y cambios en la edición).

Si utilizamos la analítica digital como una herramienta relevante para el trabajo lexicográfico y el estudio del uso de la lengua, el análisis estadístico de los usos de un diccionario se podría considerar como una fuente complementaria de los estudios de corpus textuales a la hora de llevar a buen término la constante actualización de un diccionario. Observar la evolución temporal de las entradas del diccionario más visitadas, y especialmente la forma como los usuarios han llegado a ellas, ofrece una información valiosa para formular hipótesis diversas sobre palabras más usadas y dudas más habituales, especialmente si se trabaja con el elevado nivel de granularidad geográfica y de otras variables con el que se pueden analizar los datos (Ripp y Falke 2018). Por medio de funcionalidades avanzadas de los programas de analítica (especialmente su vinculación con Google Search Console) se pueden explotar los términos usados en consultas a Google que han derivado en visitas al diccionario que entran a través de páginas de aterrizaje concretas. De una forma similar, las consultas realizadas en el buscador interno del diccionario (Figura 11.27), los términos utilizados y el recorrido posterior que realiza el usuario a partir de las respuestas

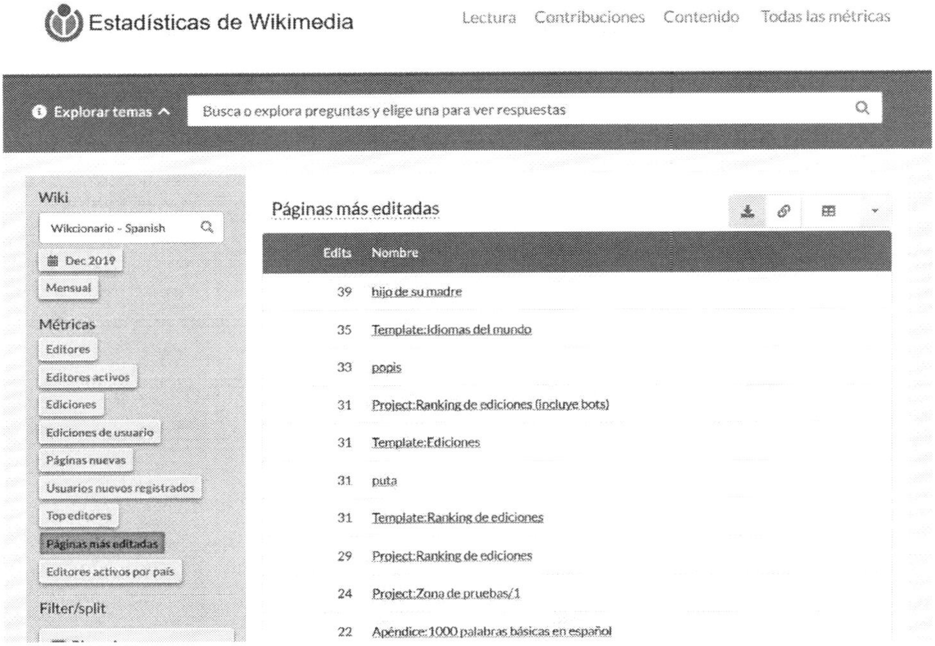

Figura 11.26 Análisis de transacciones de edición de entradas en *Wiktionary* en español. Fuente: *Wikimedia Statistics.*

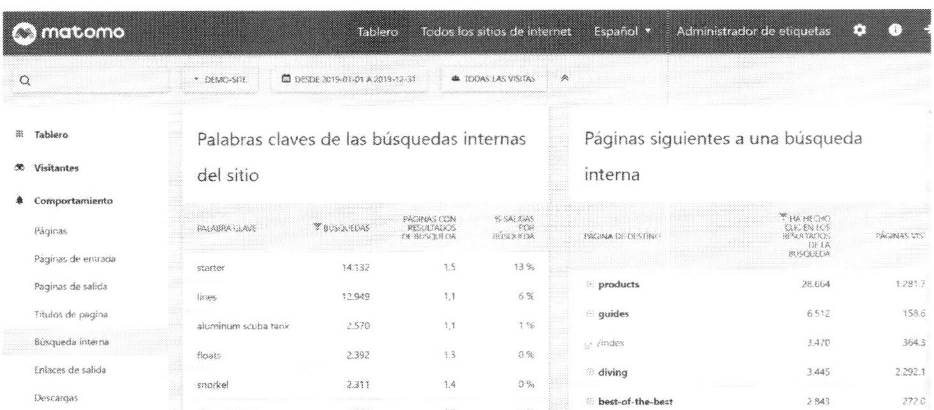

Figura 11.27 Análisis de consultas en el buscador interno de un sitio web de demostración (https://divezone.net/) en la demo de Matomo. Fuente: *Matomo.org.*

obtenidas, especialmente cuando no se obtiene respuesta alguna, pueden ser una fuente para el estudio de neologismos, extranjerismos y otras voces no consideradas en el diccionario, pero que presentan un uso que se manifiesta en dichas consultas. En definitiva, el análisis del uso de los diccionarios en línea podría considerarse una prometedora aproximación metodológica para el estudio del uso de la lengua y del trabajo lexicográfico (Müller-Spitzer 2014).

5. El cambio de paradigma del papel a la pantalla

Hasta finales del siglo pasado, la edición de diccionarios, junto con las enciclopedias, constituía un ámbito económico significativo y saneado en el sector editorial en español, y por extensión en muchas otras lenguas y culturas. A partir de la irrupción del nuevo paradigma de la lexicografía electrónica y en línea, las cosas han cambiado y mucho. Desde que la tecnología permitió la puesta a disposición de estos materiales lexicográficos en Internet de forma libre y gratuita, se puede decir que el sector editorial especializado en la producción de obras de referencia, y en especial la de diccionarios y enciclopedias, está en franco declive.

Según los diversos estudios de la Federación de Gremios de Editores de España, el porcentaje por ventas de diccionarios y enciclopedias en el mercado interior español representaba, en 1998, el 16,7 % de la facturación, en 2008, fue del 4,6 %, y en 2018, se había reducido a un 1,7 % (*Comercio interior del libro en España* 1999–2018).

Por otra parte, las posibilidades de almacenaje, consulta dinámica y recuperación de información que permiten las bases de datos han propiciado, como acabamos de ver, un desarrollo cuasi exponencial en cuanto al enriquecimiento y variedad de los métodos de consulta de estas mismas fuentes. La experiencia de un usuario ante las posibilidades de explotación de los recursos lexicográficos digitales supera cualquier expectativa de un usuario analógico ante un diccionario en papel, es más, impiden su retorno hacia atrás. El formato libro fue un invento preindustrial que ha soportado de manera positiva la era postindustrial, en algunos ámbitos como las obras de creación literaria goza de una cierta resistencia; sin embargo, en el ámbito de las obras de referencia y en el caso de diccionarios y enciclopedias, el cambio es definitivo y sin marcha atrás: la nueva tecnología digital ha superado con creces la anterior analógica y ha venido, como se suele decir en estos casos, para quedarse.

En cierto modo, incluso el término *nuevas tecnologías* resulta ya obsoleto. Una parte significativa de la población en términos generacionales ha nacido cuando estas tecnologías eran ya una realidad completa y popularizada; no son por tanto *nuevas*, para ellos son las *tecnologías de toda la vida*. Desde el momento en que las definimos como *nuevas* estamos describiendo el mundo a partir de la experiencia de una generación, de los individuos que han presenciado su aparición, su democratización y su implantación.

Del mismo modo que cuando la aparición de la imprenta fue necesaria una generación que hubiera vivido y convivido con esta *nueva* tecnología para aprovechar todas sus posibilidades técnicas y artísticas, más allá de una simple reproducción por imitación de los manuscritos, los creadores de diccionarios, de todo tipo de herramientas lexicográficas, deberán interiorizar todas estas posibilidades e ir más allá de una reproducción por imitación de los diccionarios impresos, esta vez en línea.

Pongamos un ejemplo. Esta forma de búsqueda de palabras mediante un buscador y no de diccionarios puede plantear que es necesaria una exposición más liberal de los contenidos de los repertorios en línea, y así quizás debería ser explorada de manera proactiva por parte de las autoridades de la lengua y de las empresas editoriales con obras lexicográficas actualmente en línea y sin un resultado económico positivo en papel. Un precedente en este sentido sería el de la enciclopedia *Wikipedia*, que expuso su contenido en abierto en los buscadores de Google y Bing para que un resumen del contenido de los artículos aparezca en la actualidad destacada en la página de resultados; este modo de ofrecer la información redujo en un principio el tráfico en las páginas de la enciclopedia, pero a la larga ha redundado en una mayor visibilidad y presencia de la misma.

6. Retos de la lexicografía del porvenir

Nuestra tradición cultural parte de la letra escrita sobre un soporte tangible e inamovible: el papel. Con la aparición de las pantallas y del texto efímero, se abre todo un mundo de posibilidades que deben hacernos romper con nuestras costumbres y tradiciones. El simple traslado del escrito desde el papel a la pantalla no es suficiente (Bernal 2019).

Ya hemos comentado las posibilidades enormes en cuanto a recuperación de información que permiten los diccionarios construidos como bases de datos en un entorno digital. Pero vayamos más allá. Hay que desarrollar e implementar programas de reconocimiento de voz que proporcionen la información deseada: significado y equivalencia a otras lenguas. Y que esa información la puedan ofrecer tanto en forma escrita como sonora. En un mundo cada vez más global, en que la economía y los desplazamientos de las personas no tienen en cuenta las fronteras lingüísticas, es necesario facilitar la comunicación interlingüística. Sin duda que la investigación en el ámbito de la traducción automática tiene aún un largo recorrido por delante.

Estas nuevas funcionalidades deben ser adoptadas en el entorno de los teléfonos inteligentes, pues es un hecho que desde este tipo de dispositivos es como mayoritariamente nos conectamos a Internet (*Digital 2020 Global Overview Report* 2020). Es en este ámbito de las aplicaciones para dispositivos móviles en el que tendrían más sentido aplicaciones con una función onomasiológica, de identificación de la palabra que expresa un objeto captado por la cámara del teléfono inteligente. Existen ya algunas aplicaciones en esta línea, como PlantNet, para conocer el nombre de las plantas fotografiadas. E igualmente, los traductores de voz, ya citados anteriormente, así como el reconocimiento de caracteres escritos impresos y manuscritos, otra tecnología específica relacionada con la lexicografía que tiene frente a sí un futuro lleno de posibilidades. Relacionados con los teléfonos inteligentes tenemos los dispositivos de lectura electrónica (*e-readers*). En ellos hay que culminar la total integración de herramientas lingüísticas para solucionar dudas cuando se está leyendo.

Uno de los fenómenos emergentes en la sociedad actual es la facilidad de cooperación anónima para un fin común. El ejemplo arquetípico es la *Wikipedia*, elaborada por un conjunto muy amplio de personas voluntarias que ofrecen generosamente su conocimiento y tiempo de trabajo. En este contexto, hay que considerar la aparición de proyectos colaborativos en el ámbito de los diccionarios, como el que la misma *Wikipedia* desarrolla con el título de *Wikidiccionario*. Del mismo estilo, otros proyectos aprovechan la tecnología wiki (libre contribución de contenidos en una página web) para crear de manera colaborativa diccionarios específicos, como el *Urban dictionary*, dedicado a recoger expresiones de jerga o argot.

En este mismo sentido de la participación de los usuarios en la generación de contenidos en páginas web (lo que se ha venido en llamar la *web 2.0*), habría que contemplar la posibilidad de "abrir" los diccionarios electrónicos a las opiniones de los usuarios, del mismo modo que lo estamos viendo en las páginas web dedicadas a divulgar restaurantes, hoteles o libros. Quizás tanto para "opinar" sobre la bondad o exactitud de una entrada, como para informar de usos no registrados (por especialidad, neologismo o localismo).

Como consecuencia de que los diccionarios estén disponibles en línea, su información se encuentra localizable mediante los buscadores genéricos (como el popular Google). Las entidades editoras de más prestigio (como la RAE) han realizado un enorme esfuerzo por ponerse al día en este sentido; pero aún podrían ir más allá, intentando mejorar el posicionamiento de sus artículos en las búsquedas realizadas a través del buscador. Hay que aplicar para ello técnicas de SEO (*search engine optimization*), con el fin de conseguir que cuando un usuario busque la definición de una palabra se encuentre los artículos de la Academia en las primeras posiciones. En todo caso, esta transformación digital con la que se pretende responder a la crisis del modelo de negocio tradicional de los editores de diccionarios no es un camino fácil. Así, por ejemplo, la RAE tenía unos importantes ingresos por la venta de su diccionario en papel que se han desplomado en la actualidad, mientras que tiene dificultades para monetizar de forma sostenida las visitas a la versión web del mismo.

Por último, si bien es cierto que la producción lexicográfica de la Real Academia ha sido convenientemente digitalizada y puesta a disposición de todo el mundo a partir de la página web de la docta institución, hay que lamentar la ausencia a día de hoy de la versión electrónica de otros grandes monumentos de la lexicografía del español. Ojalá que las autoridades competentes, con la ayuda de corporaciones privadas, pudieran en un futuro próximo poner a disposición de todos los interesados las siguientes obras, disponibles hoy día solamente en su versión impresa: *Diccionario ideológico de la lengua española* (Casares 1942, 1959), *Diccionario crítico etimológico castellano e hispánico* (Corominas y Pascual 1980–1991, *DCECH*), *Diccionario de construcción y régimen de la lengua castellana* (Cuervo 1886–1994, *DCR*), *Diccionario de uso del español* (Moliner 1966–1967, 2016, *DUE*), *Diccionario del español actual* (Seco, Andrés y Ramos 1999 [2011], *DEA*).

Parte II

La técnica lexicográfica

Tecnologías y métodos para la elaboración de diccionarios

12

Los corpus como fuente de datos lexicográficos (Corpora as a source of lexicographic data)

Jorge Lázaro

1. Introducción

¿Cuál es la materia prima de los diccionarios? A simple vista esta pregunta puede parecer sencilla, pero conforme nos adentramos en la tradición lexicográfica hispánica la respuesta parece más bien fragmentarse y ser, de hecho, varias respuestas parciales que conviven en diferentes momentos de la historia. Se trata, si queremos verlo así, de una respuesta tan sencilla como "lo que dicen los hablantes", hasta algo tan complejo como "lo que dicta la norma", con todos sus bemoles en medio.

Desde inicios de este siglo XXI es indudable que el uso de la informática ha permeado en todos los ámbitos del saber humano; la lingüística, y en nuestro caso específico la lexicografía, no ha sido una excepción. Es por esto que los materiales utilizados para diseñar y crear diccionarios, su evolución y su actual tratamiento computacional, han sido temas interesantes en los estudios metalexicográficos, pero también es cierto que han sido un campo limítrofe, tangente, a la labor lexicográfica *per se*. En este capítulo no ahondaremos en la historia de esos materiales, su recolección y su tratamiento, sino que adoptaremos la noción moderna de corpus lingüístico y su rama de estudio, la lingüística de corpus, para explicar cómo esta ha acompañado e impulsado de manera definitiva la confección de los diccionarios actuales.

La definición de corpus lingüístico es un tema que se trabajó mucho en la última década del siglo XX y la primera del XXI. Durante este tiempo convivieron en español las denominaciones "lingüística basada en corpus", "lingüística de corpus" y "lingüística del corpus" para referirse tanto al estudio de los métodos para diseñar y crear corpus, como a la práctica de usar corpus para hacer análisis lingüísticos de toda naturaleza. Finalmente, la mayoría de las ramas de la lingüística y los centros de investigación la adoptan como una noción teórica, es decir, ya un objeto de estudio, con la denominación de *lingüística de corpus*. Sin embargo, dependiendo de la finalidad de estos materiales los lingüistas adaptaron la definición de corpus lingüístico bajo sus intereses de investigación, lo que ha creado, por tanto, un buen puñado de definiciones que, por motivos de extensión, no detallaremos aquí.

Para fines lexicográficos en español adoptaremos la definición de corpus de Sierra (2017): "Un corpus lingüístico consiste en un conjunto de textos de materiales escritos y/o hablados, debidamente recopilados, para realizar ciertos análisis lingüísticos", y por tanto la lingüística de corpus

DOI: 10.4324/9780429244353-15

la adoptaremos como una metodología de trabajo, como el área que se dedica a estudiar dichos conjuntos de textos. Desde esta perspectiva, en el presente apartado el lector encontrará cómo estos materiales debidamente recopilados y explotados dan pie a las diferentes categorías de datos que conforman un diccionario: la manera en que se extraen los lemarios, las diferentes técnicas de obtención de definiciones, la utilidad en la confección de diccionarios bilingües y multilingües, el desarrollo de técnicas para obtener ejemplos y diferentes trabajos orientados a procesar, también, datos metalexicográficos que los nuevos diccionarios exigen para adaptarse a la realidad digital que ahora nos rodea y en la que vivimos día con día.

Palabras clave: lingüística de corpus, lexicografía hispánica, lexicografía computacional, lexicología, diccionarios del español

What is the raw material of dictionaries? At first glance, this question may seem simple, but as we become immersed in the Hispanic lexicographic tradition, the answer fragments into several partial responses which coexist at different times in history. The answer can range from "what speakers say", to "what the norm dictates", with all the shades in between. Since the beginning of the twenty-first century, informatics has permeated all areas of human knowledge, including lexicography. Therefore, the materials used to design and create dictionaries, their evolution and their current computer processing have been important topics in metalexicographic studies. Nevertheless, they were initially seen as tangential to the lexicographical process *per se*. In this chapter we will look at the notion of corpus, specifically corpus linguistics, and its role in preparing current dictionaries.

How to define a corpus was a topic explored in depth in the last decade of the twentieth century and the first decade of the twenty-first. During this period, the terms "corpus-based linguistics", "corpus linguistics" and "linguistics from corpus" coexisted in Spanish to refer both to the study of the methods to design and create corpora, and to the practice of using a corpus for linguistic analysis of all kinds.

We adopt the definition of a corpus from Sierra (2017): "a corpus consists of a set of texts of written and/or spoken materials, duly compiled, to carry out certain linguistic analyses". Based on this definition, we explore how materials, duly collected and exploited, give rise to the different categories of data that form a dictionary. This includes: the way in which wordlists are extracted; the different techniques for obtaining definitions; the usefulness of preparing bilingual and multilingual dictionaries; and the development of techniques to obtain examples. The metalexicographic data that new dictionaries require in order to fit into today's digital reality is also explored.

Keywords: corpus linguistics, Hispanic lexicography, computational lexicography, lexicology, Spanish dictionaries

2. La noción de corpus en lexicografía

El camino para llegar al *Corpus Diacrónico del Español* (*CORDE*), el primer corpus dirigido casi exclusivamente al trabajo lexicográfico hispánico —y además académico—, tuvo diferentes motivaciones de corte histórico que tenían como finalidad la unidad de la lengua española en América y la península Ibérica. Por lo anterior tomaremos como punto de partida este corpus para explicar la vía que ha tomado la lexicografía hispánica de finales del siglo XX y principios del XXI para llegar a los diccionarios actuales, ya que los aspectos históricos de la confección de los diversos diccionarios del español se tratan a fondo en otros capítulos de este mismo libro.

Antes del *CORDE* hubo diccionarios basados en colecciones de textos que, sin embargo, mantenían a los corpus lingüísticos como un material de apoyo cuya metodología de diseño y creación no era compartida por el grueso de la tradición hispánica. Es en 1951, con la celebración del I Congreso de Academias de la Lengua Española, cuando se constituye la Asociación de Academias de la Lengua Española (ASALE), lo que permite plantear un trabajo colegiado que se ratifica en Madrid, en 1956, durante la celebración del II Congreso de la ASALE. Para 1997 varios documentos y textos producidos en América ya estaban incluidos en el joven *CORDE* (iniciado en 1994) y, en este mismo año, se constituye el *Corpus de Referencia del Español Actual* (*CREA*), que incluye ya metodológicamente léxico hispanoamericano y de España de la producción lingüística de ambos lados del Atlántico. La lingüística de corpus aplicada a la lexicografía hispánica, ya en un entorno global, había nacido.

Pues bien, a partir del año 2000 los estudios que han utilizado corpus han descrito la metodología para diseñar y explotar sus materiales de manera detallada, y ya desde entonces consideran que son —de hecho— un elemento imprescindible.

Algunos autores (Sánchez 2008) han argumentado que, de hecho, ya desde la década de 1950 se puede hablar de los corpus como herramienta en el estudio de la lengua desde la perspectiva lexicográfica y colocan a Sinclair y el *Collins Cobuild English Language Dictionary* (1987, en adelante *Cobuild*) como estandarte de estas afirmaciones. Pero hablamos aquí de los corpus solo como material de trabajo.

La concepción moderna de un corpus, ya con la denominación de *informatizado*, se da en la década de 1960, cuando se comenzó a guardar su contenido en tarjetas perforadas que leía un ordenador (Procházková 2006). El *Brown University Standard Corpus of Present-Day American English*, llamado simplemente *Brown Corpus* —lanzado en 1964— está reconocido como el primer corpus informatizado (Berber Sardinha 2000).

Para el caso del español, hay un consenso que posiciona al *Corpus del Español Mexicano Contemporáneo* (*CEMC*) como uno de los referentes de la lingüística computacional en México y en la lexicografía hispánica (Fajardo Aguirre 2010) por los estudios que aplicaron Luis Fernando Lara, Roberto Ham Chande y María Isabel Hidalgo al conjunto de materiales que, desde principios de la década de 1970, se obtuvieron bajo la solicitud y encomienda de Antonio Alatorre. Estos estudios vieron la luz en *Investigaciones lingüísticas en lexicografía* (Lara, Ham y García Hidalgo 1979), un libro que es un texto fundacional —también— sobre la lingüística de corpus contemporánea en el ámbito de la lexicografía a nivel mundial. Las razones son principalmente dos.

La primera es que el soporte donde se guardaron textos, grabaciones, transcripciones, etc. ya no eran fichas en papel o documentos completamente físicos. De tal manera que no se guardaban esos pedazos (hojas) de textos, sino que se documentaban los fragmentos y se almacenaban, también, en tarjetas perforadas (Sierra 2011). La segunda es que este corpus está hecho a base de fragmentos de novelas, noticias u otros textos de mayor extensión cuando el *principio de equilibrio* lo exigía. Lo anterior da muestra de que desde esos años ya existía ese *principio* para el trabajo de corpus en lexicografía. Años después varios teóricos estarían de acuerdo en empatar ese principio con otros principios que articulan la teoría de corpus contemporánea, entre los que destacan dos: *variedad* y *representatividad* (McEnery 1996; Torruella y Llisterri 1999; Berber Sardinha 2000; Sierra 2017). Ello dio pie a un cambio en la concepción de *corpus* como elemento de trabajo, pues ya se acercaba más a la noción de *metodología* y no solo a la de *material*. Este paradigma cambió con la publicación de un texto que llega a mostrar de manera detallada que todos estos tópicos, en realidad, se pueden articular como un método, una metodología, para analizar el lenguaje (*cf.* McEnery y Wilson 1996).

Es decir, a partir de la concepción que dan los autores en dicha obra al uso y creación de los corpus se puede decir que ya no son elementos de apoyo, sino la muestra misma de la lengua sobre la que se hace el conjunto de reflexiones que los lingüistas habían articulado hasta ese momento principalmente "sobre papel", es decir, en fichas, transcripciones, parafraseo de fragmentos, ejemplos de autoridades, conocimiento y memoria del lexicógrafo; en otras palabras, todo aquello no apoyado en la informática o tratado mínimamente con métodos computacionales. Se puede hablar, entonces, del nacimiento de la lingüística de corpus como concepto y como disciplina dentro de la lingüística general en el sentido contemporáneo. Aun así, habrá quien catalogue los estudios de esos años como una rama únicamente de la lingüística aplicada, e incluso como una rama de la ingeniería computacional, en tanto que los métodos de análisis y construcción de los corpus se desarrollaron sobre todo en el ámbito de investigaciones sobre el procesamiento del lenguaje natural (Sierra 2017, III). Y esta no es una afirmación poco acertada, ya que el advenimiento del Internet convirtió a los corpus en materiales enormes que se escapaban ya de cualquier posibilidad de procesamiento humano sin la ayuda de la computadora.

El material utilizado en el trabajo lexicográfico actual consta, por tanto, de muestras enormes que dan fe de cómo se habla el español en el mundo. Sin embargo, estas muestras exceden muchas veces el trabajo que se puede hacer de manera manual, como lo hizo María Moliner en su momento a través de fichas en papel, quien ya sabemos que dedicó casi toda su vida al ya célebre *Diccionario de uso del español* (Moliner 1966-1967, *DUE*). Por eso se ha replanteado la definición de corpus cuando se trata de diseñar diccionarios con el fin de poder adaptarla a los nuevos tiempos. Es decir, para un diccionario general como el *DLE*, o cualquier otro producto lexicográfico similar, hace falta una base de datos muy grande capaz de contener los registros de todos los países hispanohablantes, a la vez que tener las herramientas necesarias para poder explotar estos textos y/o grabaciones. En su mayoría, el fin primordial será encontrar en dicho corpus la materia prima necesaria para extraer o componer lemarios, definiciones, ejemplos, equivalentes, contextos de uso, etc. Por ello hace falta que los corpus utilizados en lexicografía tengan ciertas características especiales que los harán distintos de otro tipo de corpus utilizados en lingüística. A continuación ahondaremos un poco más en este tema.

3. La situación actual de los corpus y su relación con la lexicografía

A principios de siglo XXI la lingüística de corpus da su primer gran salto desde su consolidación en la década de 1970 pues, ante la evolución y explosión de la *World Wide Web*, sus métodos y forma de concebirla cambian radicalmente y se alinean con Internet. Uno de los trabajos fundacionales de lo que ahora es toda una corriente de trabajo fue "Web as a corpus", de Kilgarriff y Grefenstette (2003). En este estudio, los autores exploran la posibilidad de que, de hecho, las colecciones de texto que se concebían hasta entonces como corpus no se alejaban mucho de la web en tanto repositorio de lengua. Además, ya muchos motores de búsqueda explotaban recursos que ahora casi cualquier gestor de corpus incorpora como generación de listas de palabras y de concordancias, lo que permitía hacer búsquedas bastante detalladas sobre variados fenómenos léxicos, aunque todavía con un problema de raíz: la noción de representatividad. La respuesta surge después de un amplio análisis: es cierto que la web no permite concluir que se trata de un corpus debido a que no puede arrojar una muestra representativa de lengua, pero también es cierto que ningún corpus ha logrado eso, ya que todo corpus es una muestra parcial y los creadores de dichos repositorios no pueden nunca comprobar si, efectivamente, todos los registros, variedades o distinciones están representados en su corpus; exceptuando algo: que la web comenzaba a ser un recurso internacional en el que, sin necesidad de tener contacto con alguien de Perú o España, por ejemplo, se podía recuperar texto perteneciente a esa variante y constituir un corpus más variado que el que se hubiera hecho solo con los recursos asociados a un proyecto. Como mencionan los autores: "We open the Pandora's Box of representativeness (concluding that the web is not representative of anything other than itself, but then nor are other corpora, and that more work needs doing on text types" (Kilgarriff y Grefenstette 2003, 333).

Este y otros estudios posteriores serían la antesala que vislumbraría el cambio de paradigma en la construcción de corpus a partir de la web que, tiempo después, evolucionaría a la "Web 2.0", término que se refiere, ante todo, al involucramiento de los usuarios en la creación de contenido. El detonante que hizo voltear a los lingüistas hacia Internet ya como fuente primaria de información léxica, y no solo un complemento, se materializó en las redes sociales como Facebook (disponible en español desde 2008) y Twitter (de 2006). De hecho, actualmente, incluso, hay diccionarios del español que se actualizan diariamente gracias a las consultas, respuestas y debates de los usuarios en Facebook, como el *Diccionario de coloquialismos y términos dialectales del español* de Fitch (2011).[1] Otras plataformas que echan mano de las redes sociales para recopilar y analizar información léxica del español en tiempo real son la Real Academia Española a través de su cuenta de Twitter[2] haciendo uso de recursos actuales como el *hashtag* #raeconsultas. La Academia Mexicana de la Lengua, por otro lado, optó por el uso de su propia página para comunicarse con los hablantes y creó el servicio de consulta de la Academia Mexicana de la Lengua denominado *Español Inmediato* (ESPIN).[3] Otra plataforma de uso bastante extendido es la Fundación del Español Urgente (Fundéu BBVA), una institución que se dedica a resolver dudas sobre la lengua española a partir de un acuerdo entre la Agencia Efe y el banco BBVA y que trabaja asesorada por la Real Academia Española, cuya actividad es completamente en Internet. Todas estas páginas, aunadas a otras que no mencionamos, constituyen un recurso invaluable para el estudioso de la lengua española y, a través de gestiones no muy complicadas, su contenido puede ser obtenido para construir un corpus *ad hoc* de corte sincrónico.

Ahora bien, hay dos aspectos vertebrales en los estudios lingüísticos actuales acerca del léxico que hay que tomar en cuenta cuando hablamos de Internet como corpus. El primero de ellos es el acelerado crecimiento de Internet en la última década, al mismo tiempo que las técnicas de recuperación de información existentes. Si antes un corpus basado en Internet era grande cuando se recuperaban algunos millones de palabras, hoy los estudios basados en corpus analizan cantidades enormes de información. Por dar un ejemplo, el corpus *esTenTen* —utilizado en la suite de herramientas de Sketch Engine (Kilgarriff y Renau 2013)— contiene más de 12 000 000 000 de palabras provenientes de todas las variantes del español, la versión actual del *Corpus del Español* de Mark Davies (*Corpus del Español. Web y Dialectos, CdEweb*) contabiliza 2 000 000 000 de palabras. Todos ellos han sido utilizados para crear diccionarios, glosarios, vocabularios, etc., y se enmarcan en lo que se ha propuesto en llamar *corpus masivos* o *big data corpus* (Lázaro 2019). Estos corpus ya no son manejables por una computadora personal, sino que se trata de colecciones de textos tan grandes que es necesario otro tipo de procesamiento para obtener información que permita extraer las diversas categorías de datos de un diccionario. Es decir, hay un cambio de paradigma en la investigación lexicográfica actual. Ya no se estudia el léxico conforme a conclusiones sacadas a partir del conocimiento lingüístico del especialista y sostenido por algunos casos, sino que se parte de teorizaciones, de propuestas sobre el análisis de un fenómeno y se crean modelos, pruebas y algoritmos para comprobarlos en la totalidad de corpus de millones y millones de palabras. Aquí es donde entra el segundo aspecto a tomar en cuenta. La lingüística de corpus actual es una mezcla de conocimiento lingüístico y conocimiento sobre procesamiento de lenguaje natural. Los lexicógrafos de hoy en día echan mano tanto de herramientas ya creadas para obtener información (léxica, contextual, fraseológica, colocacional, de frecuencia de uso, etc.), como de técnicas de minería de texto, recuperación de información, aprendizaje automático, etc., lo que nos hace caer en la cuenta de que estamos contemplando una nueva era en el tratamiento y la constitución de corpus para el diseño de diccionarios.

Así, podríamos concluir que, en su primera etapa, la lingüística de corpus se dedicaba a resguardar los materiales léxicos y los agrupaba en forma de corpus informatizados. Después, mucha de esa información se ha vaciado en Internet, lo que ha hecho inmanejable su volumen, por lo que finalmente un lexicógrafo actual de hecho es, también, un lingüista computacional. Los corpus, así vistos, son hoy herramientas masivas y la lingüística de corpus ya no se ocupa solo de su creación, diseño y almacenamiento, sino también de su explotación en muy diversas formas, lo que da pie a decir con bastante certeza que los corpus han sido peldaño definitivo para que la lexicografía hispánica —y en general toda la lexicografía— sea ya una *lexicografía computacional*.

4. La planeación del corpus para el trabajo lexicográfico

La planeación y diseño de un corpus en lexicografía atiende principalmente al tipo de diccionario que se desea crear, pero también debe de considerarse el tipo de información que se desea obtener tras su explotación. Muchos expertos han definido los corpus como materiales textuales y orales que persiguen un fin específico dependientes de un proyecto determinado (Sierra 2017; McEnery y Hardie 2011; Berber Sardinha 2000). Así, si un corpus se utilizara para identificar estructuras sintácticas, se intenta que el material contenido sea conveniente para que esos patrones surjan, lo que conlleva la creación de instrumentos de levantamiento de datos controlados o la búsqueda de los textos más adecuados para ese fin (por registros, tipos textuales, géneros textuales, etc.); si se buscaran términos, el corpus debería contener el mayor número de documentos especializados del tema abordado; así por cada caso y tipo de diccionario.

En lexicografía el proceso de creación de un corpus es un poco más complejo ya que, contrariamente a lo que se puede pensar, la naturaleza de este debe cubrir varios flancos a la vez. Esto es, si se trata de un corpus de lengua general se intentará que tenga la mayor variedad posible y que estas variantes estén representadas. Lo anterior es muy útil para obtener piezas léxicas de toda naturaleza, algunos regionalismos, usos y hasta sentidos. Pero como se mencionó antes, el corpus también será fuente de otras categorías de datos como definiciones, ejemplos, equivalencias y demás información valiosa, e incluso metalexicográfica. En estas tareas el principio de adecuación (Cabré 2008) y el propósito del corpus (Sierra 2017) se entrecruzan para dar pie a un material extenso y apropiado. Por todo lo anterior, es capital que en la planeación del corpus lexicográfico se tengan en cuenta, por lo menos, estas tres nociones imprescindibles: *propósito*, *adecuación* y *perspectiva metodológica*. Veamos de cerca estos conceptos.

Para Sierra, el propósito tiene que ver con la finalidad del material recopilado, específicamente para cumplir un objetivo de investigación. A saber:

> Los corpus de propósito específico son los más comunes y pueden ser de tres tipos: de estudio, de entrenamiento y de prueba. El corpus de estudio se utiliza para identificar y describir algún aspecto del lenguaje; por ejemplo, los fragmentos de una obra literaria que contienen una palabra o una construcción sintáctica determinada. El corpus de entrenamiento y el de prueba comparten la característica de ser etiquetados manualmente, pero su función es diferente. El de entrenamiento se toma como base para que un sistema computacional "aprenda" determinada tarea (como sería la extracción de información o el resumen automático, por ejemplo). Por su parte, el de prueba se compara con un corpus procesado automáticamente para evaluar la efectividad de los algoritmos y procesos de los sistemas computacionales. Por otro lado, el corpus multipropósito por antonomasia es el de referencia, que no persigue el objetivo de proporcionar un tipo específico de información pues

se construye, como su nombre lo indica, para proporcionar información diversa aplicable a estudios de diferente naturaleza.

(Sierra 2017, 60)

Para Cabré (1999), existe un principio clave en el diseño del material desde el que se obtendrán los datos léxicos: el principio de adecuación. Para esta autora, la fase de planeación de un diccionario no puede dejar de lado la fase de planeación del mismo corpus. Es decir, para que un diccionario cumpla su función y sea suficientemente informativo es forzoso que el corpus desde el que se extraen las categorías de datos pase por un análisis de necesidades del usuario final. El principio de adecuación, por tanto, es un conjunto de pautas de trabajo que permiten al especialista diseñar un corpus y un diccionario que cubran varias necesidades a la vez. Entre ellas se debe contemplar el tipo de público al que va dirigido, los recursos existentes (financieros), las fuentes de apoyo (otros corpus, especialistas), la macroestructura (entradas, vocablos, lemario, árbol de campo) y, de manera particular, la microestructura desde el punto de vista de la elección y del diseño de las categorías de datos (definiciones, acepciones, ejemplos, equivalentes y otras informaciones). Es decir, la adecuación debe tomar en cuenta, al mismo tiempo, aspectos semánticos provenientes del análisis del especialista y aspectos pragmáticos, que es la manera de representar dicho conocimiento en un diccionario (Lázaro y Cornea 2019).

Para Wallis (2007), la perspectiva metodológica es la posición que toma el experto para el diseño de su material, consciente de que existen tres posibilidades de descubrimiento de información relevante en un corpus. La primera —llamada *top-down*— tiene que ver con el paradigma clásico, que se ha visto en el apartado anterior, en el que los lingüistas asumen un marco teórico y diseñan sus representaciones. Dice Wallis: "Aquí, el conocimiento reside en el esquema [o modelo]. Muchos lingüistas de esta tradición ven los corpus como bancos de pruebas para sus teorías [...] llegan a la lingüística del corpus con sus esquemas completamente formados, el esquema es primario y el corpus secundario". La segunda posibilidad —llamada *bottom-up*— es al contrario. De acuerdo con el autor, las metodologías derivadas de esta perspectiva se basan, en la medida de lo posible, en patrones de elementos léxicos coexistentes, incluidas las colocaciones, las concordancias y elementos léxicos como las asociaciones. Aquí "la responsabilidad de la generalización se deja al usuario". Es decir, se parte de una presuposición teórica y se contrasta con los datos del corpus siempre dejando que dichos datos guíen las sucesivas correcciones al modelo a partir de la evidencia hallada. Es decir, el conocimiento está en el corpus antes que en el esquema (modelo). El tercer caso —que él llama "cíclico"— consiste en que el conocimiento está en el modelo creado previamente y se va perfeccionando con la nueva información aportada por el corpus de trabajo:

> La perspectiva cíclica nos permite tomar metodologías y herramientas tanto de enfoques basados en la teoría como basados en datos. Desde este punto de vista, tanto el refinamiento automático como manual de la anotación del corpus agregan valor [...] proporciona una comprensión teórica del corpus léxico. El corpus se convierte en un tema compartido de debate lingüístico. Y sobre esta base se pueden construir nuevas herramientas y enfoques.
>
> *Wallis (2007, s/p)*

A fines prácticos, la perspectiva metodológica nos ayuda a ubicar la tarea lexicográfica que deseamos llevar a cabo dentro del contexto del corpus de trabajo. Así, en la lexicografía computacional actual, si lo que deseamos es extraer definiciones, lo más probable es que partamos de la primera posibilidad, ya que hay varios modelos teóricos que han analizado los patrones definitorios en el español que permiten buscar patrones sintácticos a sabiendas de que lo extraído desde el corpus será con gran seguridad una de las diferentes definiciones asociadas a una palabra (Aguilar 2008). Por otro lado, si buscamos ejemplos, lo más probable es que tengamos que partir de la segunda posibilidad pues, como se ha demostrado, no hay patrones asociados a esta categoría de datos y más bien se trata de afinar técnicas de extracción de información en corpus masivos hasta que el fragmento extraído —sea este una concordancia, colocación o frase— se ajuste a la noción de ejemplo que se propone en la teoría (Lázaro 2019). En otros casos, empero, como los mencionados contextos de uso o colocaciones, la tercera posibilidad se vislumbra como la técnica de trabajo más adecuada. En McEnery y Hardie (2011, 147) estas posibilidades son analizadas bajo dos perspectivas opuestas pero complementarias: *corpus-as-theory* versus *corpus-as-method*. En resumen, la primera parte de la planeación de un corpus lexicográfico estriba en la perspectiva que se le vaya a dar para el tratamiento de la información que contenga y la forma de trabajo del lexicógrafo o el equipo de especialistas que va a crear el diccionario.

4.1. Diseño, compilación y preprocesamiento

En la segunda fase de la planeación lexicográfica basada en corpus es muy importante saber cómo se van a manejar los datos lingüísticos que contenga nuestro material. A grandes rasgos se trata de tareas profundamente reflexivas que desembocan en un conjunto de tareas más sencillas que la extracción de categorías de datos, como veremos en el siguiente apartado, pero definitivas e imprescindibles para que estas surjan o que las herramientas dedicadas a extraerlas funcionen adecuadamente.

4.1.1. Diseño

Dentro de esta fase se toman como pilares tres principios en la creación de estos materiales, a saber: representatividad, variedad y equilibrio. El primer punto se refiere a la representación de la realidad. En este sentido, un corpus consiste en un conjunto de texto reales y aceptables pertenecientes a un código lingüístico determinado. Hay que hacer notar, empero, que un corpus no pretende nunca representar la totalidad de una lengua, variante o temática, sino que se limita a presentar una muestra lo suficientemente amplia como para poder llegar a conclusiones lo más precisas y/o generales sobre un fenómeno. Para el caso de la lexicografía hispánica la variedad consistiría en poder tener muestras de todos los dialectos posibles del español en la medida de lo posible; desde aquellos con un gran número de hablantes, como la variante mexicana o estadounidense, hasta aquel hablado en Guinea Ecuatorial. En cuanto a la variedad, se refiere a que hay que buscar que todas las características bajo las que se diseña el corpus estén incorporadas y bien definidas. Dependiendo del proyecto pueden ser historias de vida de los informantes, localidad geográfica, tipo de texto, fuente del texto, tiempo, etc. Es decir, la variedad considera que dentro todo estudio lexicográfico las características comunes a diversos grupos son importantes ya que en el momento de considerarlas variables estas nos pueden dar información nueva y relevante acerca del uso, lo que enriquece a su vez toda la información presentada en el diccionario y la precisa. Finalmente, el equilibrio consiste en tener en cuenta que el tamaño de la muestra, una vez dividida bajo el principio de variedad, debería ser equitativo para todas las variables consideradas. Es decir, que se pueda mostrar de una manera adecuada la muestra con criterios de representación. La solución que presenta el principio de equilibrio es que se tome en cuenta el número total de hablantes para poder distribuir de manera homogénea el número total de fuentes que se obtendrán para la confección de un corpus.

Como se puede observar, el principio de equilibrio no solo tiene en cuenta la distribución adecuada por volumen de hablantes en una lengua determinada, sino que al mismo tiempo considera que si una zona tiene más hablantes, entonces habrá una mayor variedad (interna), lo que tendría que ser considerado para obtener los datos y dar cabida al mayor número de esas variantes por medio de más documentos y, así, cumplir al mismo tiempo el principio de representatividad. Justamente esto es lo que se ha venido trabajando y discutiendo desde hace años en la lexicografía hispánica ya que, como menciona Fernández Gordillo:

> No tenemos, hasta ahora, ningún diccionario del español general, por las dificultades que plantea. Si no se conocen los regionalismos nacionales —ni en España ni en las naciones hispanoamericanas— tampoco se puede identificar la lengua común en todos los niveles y aspectos de su uso. No obstante, ha habido intentos por establecer una especie de español internacional pretendiendo una homogeneidad en el plano de las realizaciones lingüísticas usuales (el de la norma, en la terminología coseriana, o del uso en la de Hjelmslev), reduciendo los diversos regionalismos nacionales a uno solo, el que se podría suponer de uso más amplio, para así crear una especie de español neutro o koiné española supuestamente más inteligible para cualquier hablante de español, sin considerar su nacionalidad.
>
> *(Fernández Gordillo 2014, 77)*

Actualmente casi todos los diccionarios contienen un apartado donde se explica cuáles son las fuentes del material que lo compone, cómo fue dividido y organizado este material a la par de datos cuantitativos sobre el número de documentos y el origen de cada uno de ellos. Ahora bien, aunque se han mencionado aquí estos tres principios, lo cierto es que dependiendo de la perspectiva o escuela sobre lingüística de corpus en la que se base un diccionario habrá otras variables que también se han de tomar en cuenta como tamaño finito, tópico, selectividad (adecuaciones por tipo de investigación, por ejemplo, corpus generales nacionales frente a corpus generales de lengua), fuentes, etc.

4.1.2. Compilación

En esta fase es vital hacerse la pregunta: ¿extraer o alimentar? La primera decisión que se debe tomar en la creación de un corpus es si el material que contenga provendrá de una alimentación manual/semiautomática, esto es, materiales impresos que han sido transcritos, audios o videos transcritos, textos provenientes de un proceso de escaneado y reconocimiento automático (OCR, *Optical Character Recognition*), etc., o si por el contrario el corpus se alimentará vía procesos automáticos como la minería de textos o la extracción de información. Diversas herramientas en el mercado ayudan tanto a las primeras tareas como a las segundas. EXMARaLDA, por ejemplo, cuenta con un gestor de corpus que ayuda a recuperar automáticamente textos de la red, una herramienta para transcripción de audios llamada Partitur y un analizador de texto (EXAKT). Los ya famosos Sketch Engine y AntConc, por su parte, incluyen herramientas no solo de compilación, sino también de preprocesamiento y análisis, y el primero tiene la ventaja de tener precargados corpus masivos de varias lenguas del mundo, lo que lo hace aún más útil si la tarea que se quiere realizar puede partir de un corpus ya diseñado por otros equipos que comparten una lengua; es decir, que el proceso de compilación sea, de hecho, el proceso de diseño de un subcorpus, lo cual también es muy válido.

4.1.3. Preprocesamiento

Finalmente, los corpus en lexicografía sirven para una tarea importantísima y capital: identificar las palabras y sus características. La tarea más importante aquí es, sin duda, el etiquetado. Esto es, la asignación y descubrimiento de características gramaticales a las cadenas de caracteres que se encuentran en un documento. El etiquetado nos permite saber si una cadena es, en principio, una palabra o algún otro elemento cualquiera, como fechas o direcciones web. Pero lo más importante es que con él identificamos si una cadena es un verbo, un sustantivo, una interjección, etc., y cuáles son las particularidades morfológicas dentro de su clase. El etiquetado y las diferentes segmentaciones que puede identificar nos ayudan a saber de qué manera está estructurado un texto, en qué lengua está escrito, su tipología y casi cualquier otra información que sea pertinente según la investigación o la categoría de datos que se estén analizando. También, a través de diversos métodos informáticos es posible determinar las relaciones entre palabras y la manera en que se dan. Hay, incluso, en la actualidad, etiquetas y etiquetadores semánticos y discursivos. Quizá uno de los niveles más altos y estandarizados a los que ha llegado el etiquetado son las marcas a partir de la TEI (*Text Encoding Initiative*), que consiste en "un etiquetado semántico y no presentacional, es decir, que se preocupa por lo que es el texto y establece el significado de cada elemento" (*Wikipedia, s. v.*).

Pues bien, a partir de estas tres fases en el tratamiento de los corpus se pueden llevar a cabo tareas sencillas que sirven de base para casi todas las categorías de datos en un diccionario. Desde aquellas para determinar cuál sería el lemario —como las listas de palabras, la extracción de palabras clave o la determinación de terminologías—; hasta aquellas que, sin establecer de manera estricta un patrón sintáctico, pueden extraer ejemplos —como las concordancias y las colocaciones—; pasando por diferentes relaciones que pueden ser determinadas por diferentes medidas de asociación, que serán finalmente aplicadas en el corpus para extraer definiciones, acepciones o equivalentes. Las herramientas informáticas más representativas para todas estas tareas se enumeran en el capítulo 13 del presente volumen.

5. Los corpus y las categorías de datos en lexicografía

Un texto que representó un parteaguas en el procesamiento de corpus para el tratamiento lexicográfico fue Church y Hanks (1990), pues los autores se dieron a la tarea de utilizar la noción de *información mutua* para calcular la información compartida entre dos palabras y así determinar regularidades léxico-sintácticas. Esto, como se puede inferir, significó que el material utilizado, además, tenía que ser tratado como un elemento informativo en general y no solo lingüístico. La teoría de la información —y otras ramas de la computación— por entonces trabajaba también en otras técnicas para procesar el lenguaje humano. A partir de ese momento numerosos lingüistas vieron que la naturaleza del corpus condicionaba la calidad de los resultados y, por tanto, el diseño, la compilación y el preprocesamiento de las que se habló en el apartado pasado eran cuestiones imprescindibles. Pero esto es desde un enfoque de aplicación de las herramientas y técnicas, temas que se abordan en el capítulo 13; por ahora veremos a detalle algunas de las características más importantes de los corpus para llevar a cabo dichas tareas con el fin de crear un diccionario moderno.

5.1. Los corpus en la obtención de lemarios, vocablos y terminologías

Para el caso de la obtención de la lista de vocablos que contendrá un diccionario —también llamado *lemario*— se usan listas de palabras y extractores de términos. Su base es sobre todo estadística en el primer caso y estocástica en el segundo. Además, se utilizan recursos como medidas de asociación y otras técnicas para la obtención de palabras clave. En este caso la naturaleza del corpus debe concentrarse en la variedad, ya que una rica selección de diversas fuentes coadyuvará a la aparición de un mayor número de piezas léxicas potencialmente inventariables para un diccionario.

5.2. Los corpus para la obtención de definiciones y acepciones

Para el caso de las definiciones en español han existido varios métodos, pero sin duda uno de los más productivos y precisos es el que trabaja bajo el enfoque de contextos definitorios (Sierra *et al.* 2008). Este método se basa en patrones sintácticos a partir del análisis de construcciones con verbos definitorios en textos de especialidad, que permite ubicar esencialmente cuatro tipos de definiciones con sus variantes: extensional, sinonímica, analítica y funcional. Aquí el corpus necesita ser lo más específico posible, intentando tener siempre textos especializados que atiendan a las variaciones denominativa y conceptual de los términos que contenga (Freixa 2005), para así obtener definiciones más precisas.

5.3. Corpus y ejemplificación

Un ejemplo parte casi siempre de un contexto o colocación en sucesivas restricciones, complementa la definición y actúa desde el concepto, pero en registros menores al discurso que se usa para definir al término al que se refiere según se ha visto en algunas investigaciones (Lázaro 2015). Por tanto, un corpus especializado nos podría servir para obtener términos, definiciones e incluso concordancias, pero no ejemplos y, dependiendo de la lengua, tampoco equivalentes.

En el caso de los ejemplos, dos métodos que han probado ser buenos, GDEX (Kilgarriff *et al.* 2008) y GENEX (Lázaro *et al.* 2017), están basados en la combinación de métodos de extracción de concordancias, contextos de uso y colocaciones. Además, este último aprovecha la medida de coseno en lexicografía para evaluar sus resultados. El coseno entre dos vectores representa una distancia entre ellos: cuanto más pequeña es la distancia (el coseno del ángulo tiende a 1) más próximos se encuentran en el espacio de representación. Una hipótesis fuerte es que si dos puntos en el espacio n-dimensional están próximos entre sí, probablemente están próximos igualmente en el espacio semántico. Por esta razón, los corpus que utilizan son de un tamaño considerable. Para GDEX se han utilizado los corpus contenidos en Sketch Engine, que cuentan con miles de millones de palabras, y para GENEX se ha utilizado el citado *esTenTen* (Kilgarriff y Renau 2013), la *Wikipedia* en español completa y el diario *La Jornada* completo. En ambos casos se ha coincidido que mientras más registros de habla haya y mayor sea la variedad en los corpus, mucho mejor funcionarán para la selección y extracción de ejemplos textuales. Por lo anterior, se puede inferir que estos corpus deben ser verdaderamente grandes y variados en los documentos que los conformen.

5.4. Otros elementos lexicográficos obtenidos desde corpus

En el caso de las equivalencias y los diccionarios multilingües, la función de los corpus es capital. En este tipo de obras se echa mano de todos los recursos y técnicas antes mencionados con la adición de que no se utilizan fuentes en una sola lengua, sino en todas aquellas en las que se trabaje, lo que duplica o multiplica el trabajo de la confección del corpus. Afortunadamente ya existen varias herramientas que ayudan a la confección de corpus paralelos (Sketch Engine, PENCIL) o que sirven para alinear corpus existentes que estén en dos lenguas distintas (como LF Aligner, Bitext2tmx o +Align).

6. Conclusiones

Hemos visto a lo largo de este capítulo que los corpus como fuentes de datos juegan un papel preponderante en la constitución de diccionarios y que la tradición hispánica ha tenido una gran suerte al contar con numerosos especialistas que se han ocupado de ellos y de explotarlos casi desde su concepción como herramientas modernas de trabajo.

Por otro lado, en los últimos años los grandes corpus han cambiado la manera de concebir el trabajo lexicográfico y ya no se trabaja exclusivamente con intuición y asunciones o modelos hechos desde el conocimiento especializado, sino que se puede encontrar nueva información a través de hacer las preguntas correctas, en forma de algoritmos o técnicas de extracción de información, al mundo de datos que se presenta ante nosotros en el momento de analizar la inacabable cantidad de documentos disponibles en Internet.

Finalmente, vale la pena apuntar que, en el caso de los metadatos, son elementos que se consideran venidos de fuera de la lengua natural, pero que de a poco parecen estructurarse como una posible categoría de datos nueva en la confección de diccionarios pues contienen información valiosa de distinta naturaleza, desde su vínculo conceptual hasta su contexto mismo de aplicación. Por tanto, no es raro pensar que los corpus deberían de tomar en cuenta estos elementos en la planeación, diseño y creación de los materiales lexicográficos. Definitivamente este es un reto que superar en el diseño de los diccionarios actuales. El diccionario actual ha cambiado de paradigma.

Notas

1 Aunque la versión impresa data de 2011, día con día las actualizaciones se ven reflejadas en la página oficial, que constituye en sí el corpus de coloquialismos del español creado por Fitch: www.jergasdehablahispana.org/
2 https://twitter.com/raeinforma
3 www.academia.org.mx/index.php/espin/respuestas

Bibliografía básica

McEnery y Hardie (2012); Parodi et al. (2022); Sierra (2017)

Bibliografía complementaria

O'Keefe y McCarthy (2022); Kilgarriff y Renau (2013); Wallis (2007)

13

Tecnología informática para la confección de diccionarios (Computational technology for dictionary making)

Gerardo Sierra

1. Introducción

La elaboración de diccionarios precisa de tiempo, dedicación y esfuerzo por parte de un equipo de trabajo que realiza un proceso continuo en diferentes etapas, a saber: preparación del material de trabajo y obtención de recursos lingüísticos, constitución del corpus, extracción de datos, elaboración de ficheros, compilación de la información y edición. La tecnología puede ayudar en cada una de las etapas de este proceso, permitiendo reducir costos y tiempo de procesamiento (Kosem *et al.* 2013). Por un lado, la lexicografía moderna se ha simplificado con el uso de corpus lingüísticos, normalmente en formato digital. Por otro lado, las herramientas informáticas y las técnicas de procesamiento del lenguaje natural, tales como la lematización, el etiquetado de partes de la oración y el análisis de concordancias, ofrecen ventajas que guían a los lexicógrafos en el diseño y confección de diccionarios.

En el capítulo se presentan las etapas del trabajo lexicográfico en general y del tipo de información que debe considerarse según el tipo de diccionario que se pretenda realizar (Vargas Sierra 2008). En función del tipo de diccionario (sea monolingüe o bilingüe, especializado, ideológico, fraseológico, dialectal, etc.) y de la información que vaya a contener, será el diseño del corpus y la selección de las técnicas y herramientas necesarias informáticas (Mairal-Usón y Fuertes-Olivera 2016).

Más adelante, por cada etapa se describen las herramientas informáticas y las técnicas disponibles en la actualidad para los distintos tipos de diccionario. La primera etapa, más de gestión, incluye la documentación o identificación y registro de las distintas fuentes de información, e implica la creación de diferentes bases de datos, ya sea factuales, bibliográficas, la obtención de recursos lingüísticos y de datos de textos (diccionarios, terminologías, y, sobre todo, corpus lingüísticos).

La segunda etapa, sobre el trabajo lexicográfico, considera desde la constitución del corpus, la indización, la extracción de datos y la elaboración de ficheros, hasta la obtención de definiciones, de relaciones léxicas, la información gramatical o pragmática, los ejemplos o los contextos de uso (Sierra *et al.* 2017). La tercera etapa se orienta más a la edición y publicación de resultados, ya sea mediante diccionarios en papel o electrónicos.

DOI: 10.4324/9780429244353-16

Finalmente, se toman en cuenta las limitaciones de la informática en la labor lexicográfica con el propósito de superarlas y llegar próximamente a la obtención de mejores resultados y aplicaciones. De esta manera, se trata de tener una solución efectiva a los problemas en el proceso lexicográfico, lo cual reduce el tiempo de procesamiento de los datos obtenidos con el fin de hacer más ágil la creación de un diccionario.

Palabras clave: lexicografía basada en corpus; lexicografía computacional; procesamiento de lenguaje natural; recursos lingüísticos; tecnologías del lenguaje

Computer tools and natural language processing techniques, such as stemming, part-of-speech tagging, and analysis of concordances, offer a series of advantages that guide lexicographers in the design and preparation of dictionaries.

We first present the stages of the lexicographical process and the type of information that should be considered for various types of dictionary (Vargas Sierra 2008). We explain how the corpus is designed according to the type of dictionary (monolingual or bilingual, specialized, ideological, phraseological, dialectal, etc.) and the necessary computer techniques and tools selected (Mairal-Usón y Fuertes-Olivera 2016).

We then describe, for each stage, the computer tools and techniques currently available for the different types of dictionaries. The first stage, focused on management, includes the documentation or identification and registration of the different sources of information, and involves the creation of different databases. These could contain factual or bibliographic information, linguistic resources and text data (for example, dictionaries, terminologies, thesauri and, above all, corpora). The second stage includes the constitution of the corpus, indexing, extraction of data and elaboration of files, obtaining of the definitions and lexical relations, the grammatical or pragmatic information, and the examples or contexts of use (Sierra *et al.* 2017). The third stage is more oriented to the edition and publication of results, either through printed or electronic dictionaries. Finally, we consider some of the limitations of IT in lexicographical works that still need to be overcome.

We show how computer tools can be used to significantly reduce the time needed to process lexicographical data and so make creation of dictionaries more agile.

Keywords: computational lexicography; corpus-based lexicography; language technologies; linguistic resources; natural language processing

2. Preparación del material de trabajo

El objetivo de la lexicografía consiste en la descripción del léxico y en cómo queda reflejado en los diccionarios, pero también supone la aplicación de un conjunto de técnicas y métodos para la elaboración de obras lexicográficas, en los que las tecnologías tienen un papel fundamental. A la vez, es notable la información disponible sobre cualquier disciplina en bibliotecas y en la web, lo cual conforma un vasto conocimiento para el lexicógrafo. Como menciona Cabré (2009b), una de las piezas clave para la realización de un trabajo lexicográfico, usando buenas prácticas, se basa en la búsqueda y selección de una buena documentación. En esta etapa se identifican y registran las fuentes de información que pueden ser útiles, con la descripción necesaria sobre el tipo de información: bibliográfica, documental y factual.

La información sobre recursos y contactos relevantes para el trabajo lexicográfico conviene integrarla en una base de datos que, en términos de Cabré (2004), se denomina base factográfica.

Un buen diseño de esta permite guardar la información relevante para disponer, de manera ágil y oportuna:

- La ubicación de dicha información, en una biblioteca, una universidad o una empresa.
- Los mecanismos para obtenerla, sea a través de donación, intercambio o mediante algún costo.
- El formato en que se encuentra disponible la información, gráfica, escrita (impresa o electrónica) o hablada, pues en función del formato se definirán los programas para manejar la información.

En cuanto a la información factual, conviene registrar los contactos, los autores y especialistas, así como los organismos, agencias y asociaciones de mayor prestigio, para poder consultarlos como autoridad en la materia. Para el caso de lexicografía de especialidad y multilingüe, conviene conocer las listas y redes de terminología y traducción existentes en Internet.

Resulta imprescindible contar con información completa y detallada sobre los recursos de las diversas fuentes bibliográficas, las páginas de Internet o web más relevantes. De mantenerse un acervo, se debe llevar un registro de las fichas bibliográficas de libros, revistas, textos especializados, diccionarios y literatura gris (tesis y documentos), tanto del material impreso como del electrónico o accesible en línea. Para facilitar la consulta de la base, esta debe contener los descriptores adecuados por áreas temáticas y palabras clave. Contar con un acervo bibliográfico rico permite estar preparados ante cualquier trabajo. Además, en la actualidad conviene tener la mayor cantidad de material en soporte electrónico. Una de las ventajas adicionales de los textos automatizados es que pueden ser consultados al mismo tiempo por varios usuarios y puede buscarse información específica de forma fácil e inmediata. Del material con que se pueda contar en forma electrónica o digitalizada se podrá hacer una clasificación en diccionarios (de lengua y especializados), corpus de textos y, como un caso particular de estos últimos, textos accesibles en línea.

3. Obtención de recursos lingüísticos

Los recursos lingüísticos permiten hacer consultas y ampliar o ratificar la información, por lo que conviene tener preparado un catálogo de los recursos disponibles.

3.1. Diccionarios

Una ventaja de los diccionarios electrónicos es que permiten la búsqueda de información de numerosas formas, lo que sirve a diferentes requerimientos. Se tiene la búsqueda tradicional alfabética, en donde el usuario introduce la palabra de entrada para obtener la definición. En algunos diccionarios existe la búsqueda inversa, en donde se pueden ordenar alfabéticamente las entradas de derecha a izquierda. También se pueden buscar todas las entradas en cuya definición aparezca cierta palabra o conjunto de palabras conectadas o no por los operadores booleanos.

Hay diccionarios electrónicos para la mayoría de las lenguas. Existen varios portales en Internet donde se pueden encontrar diccionarios y metadiccionarios, tanto de lengua general y de especialidad, monolingües y multilingües, indexados en diferentes idiomas, entre los que destacan *YourDictionay.com*, *Diccionarios.com*, *Elcastellano.org*, la *Página del Idioma Español* y *OneLook Dictionaries*. Entre los diccionarios más comerciales para lengua española, en formato electrónico, están:

- *Diccionario de la lengua española (DLE)*, elaborado por la Real Academia Española y la Asociación de Academias de la Lengua Española, con la edición de 2001 en CD-ROM y la edición de 2014 accesible en línea en su dirección de Internet. Además, en la plataforma *Enclave RAE* (https://enclave.rae.es/) se pueden consultar todos sus diccionarios.
- *Diccionario general de la lengua española, Vox* (1997, *DGLE)* editado por Bibliograf en su versión en CD-ROM, disponible también en Internet.
- *Diccionario de uso del español*, de María Moliner (1966–1967, *DUE1*), con dos versiones en CD-ROM (2001 y 2007).
- *Gran diccionario de la lengua española* (1996, *GDLE*), de Larousse Planeta, en su versión de CD-ROM (1996, 2007).
- *Clave. Diccionario de uso del español actual* (1996, *Clave*), dirigido y editado por Concepción Maldonado González. Edición en CD-ROM, 2004; en línea, desde 2001.
- *Diccionario del español de México* (2019, *DEM2*), de El Colegio de México, disponible en Internet.

3.2. Terminologías

La práctica de contar con bancos de datos terminológicos que son ofrecidos a la comunidad interesada (gratuitamente o por suscripción) se ha venido extendiendo entre diferentes instituciones. El contenido de cada banco es variable y depende de su autor. Se diferencian por sus objetivos, la organización de los datos, su temática, el interés prioritario de los datos que contienen, el número de idiomas y el soporte (Cabré 1993).

En línea existen terminologías en diversos campos de conocimiento, para distintas lenguas, siendo de los más conocidos que incorporan el español los siguientes:

- *Terminology Forum* (www.univaasa.fi/en/sites/terminology/). Colección de terminologías monolingües y multilingües, clasificada en medio centenar de campos y subagrupada por la lengua a la que pertenece.
- *Termium* (www.termiumplus.gc.ca/). Banco terminológico del Gobierno de Canadá, en inglés, francés, español y portugués, que permite distintos tipos de búsqueda para más de 300 áreas de conocimiento.
- *Le Grand Dictionnaire Terminologique* (www.granddictionnaire.com/). De la Oficina de Lengua Francesa de Québec, con cerca de tres millones de términos en nueve lenguas para unos 200 campos.
- *IATE* (https://iate.europa.eu/). Banco terminológico que contiene datos de las instituciones de la Unión Europea, con 25 lenguas, para prácticamente cualquier área.

3.3. Corpus

La compilación y guardado en forma electrónica de textos, escritos y/o hablados, monolingües o multilingües, es lo que se conoce como corpus lingüísticos (véase el capítulo 12 del presente volumen). Varias instituciones se han dado a la tarea de compilar textos representativos para un objetivo dado, a la vez que proporcionan las herramientas para su análisis, tales como buscador de concordancias, listado de palabras clave, estadísticas de colocaciones, etc. Los principales corpus monolingües de lengua general para el español son:

- Los corpus de la Real Academia Española (http://rae.es), a saber: El *Corpus de Referencia del Español Actual* (*CREA*) y el *Corpus Diacrónico del Español* (*CORDE*). Juntos, integran unos 180 millones de palabras extraídas de textos hablados y escritos de diferentes países de lengua hispana. A estos se han incorporado otros dos recientes: el *Corpus del Diccionario Histórico de la Lengua Española* (*CDH*) y el *Corpus del Español del Siglo XXI* (*CORPES XXI*).

- El *EsTenTen*, un corpus de la familia TenTen del SketchEngine, con más de 17 000 millones de palabras tanto del español de América como de Europa.
- El *Corpus del Español Mexicano Contemporáneo* (*CEMC*), elaborado en el Colegio de México. Si bien solo consta de alrededor de dos millones de palabras, su constitución lo hace un corpus representativo del español de México para la construcción del *DEM*.
- El *Corpus del Español* de Mark Davies (*CdEweb*), que cuenta con distintas secciones de recolección de palabras (organizadas por siglos, géneros y países de origen); la versión más actualizada cuenta con alrededor de dos mil millones de palabras.

Entre los corpus de lenguaje de especialidad de interés cabe mencionar los elaborados por dos fuentes principales en español.

- El *Corpus técnico del Instituto Universitario de Lingüística Aplicada* (IULA) de la Universitat Pompeu Fabra, en Barcelona, España. Contiene textos escritos de seis áreas temáticas en cinco lenguas diferentes.
- Los corpus del Grupo de Ingeniería Lingüística (www.corpus.unam.mx), entre los que se encuentran el *Corpus de las Sexualidades de México* (*CSMX*), el *Corpus Lingüístico en Ingeniería* (*CLI*) y el *Corpus Básico Científico del Español de México* (*COCIEM*).

Entre corpus multilingües o paralelos con el español, cabe resaltar el *Corpus Paralelo de Lenguas Mexicanas* (*CPLM*), que actualmente alinea textos del español con los de seis lenguas originarias de México: maya, chol, mazateco, mixteco, otomí y náhuatl.

3.4. Textos en línea

Si bien la constitución de bancos de datos textuales en corpus representativos permite hacer análisis específicos, Internet constituye, sabiéndolo procesar, una fuente inagotable y accesible de textos en diferentes idiomas.

Existen diversos periódicos de diferentes países, capturados diariamente en su forma electrónica, de tal forma que es posible ver la información clasificada por temas y fechas desde su primera publicación electrónica. También existe información periodística de agencias noticiosas con formatos adecuados para Internet con mayor contenido de información. Algunas organizaciones no lucrativas interesadas en difundir conocimiento más que en comercializar mantienen en Internet las actas de sus conferencias y reuniones. Además de las colecciones de libros selectos específicamente para el análisis textual, varios publicistas digitalizan cada vez más libros. En Internet, algunos autores independientes permiten la lectura libre y completa de sus obras que ya han sido ampliamente difundidas, o de los artículos que quieren dar a conocer y de los cuales aún mantienen el derecho de autor.

También, aunque no se consideran corpus lingüísticos, sino colección de textos de especialidad, existen dos de particular interés:

- *PubMed*. Base de datos bibliográfica para artículos en las ciencias de la vida y biomedicina, con más de 21 millones de registros y ligas al artículo completo o su resumen.
- *ETDEWEB*. Base de datos con más de 4 600 000 registros y 439 000 documentos completos sobre energía.

3.5. Redes sociales

Las redes sociales conforman un recurso inigualable para la lexicografía, en particular para los enfoques sociales y de variación lingüística. Por un lado, el uso de redes sociales introduce el concepto de lengua tecleada, lo cual es un tema de análisis por sí mismo como fenómeno lingüístico. Por otro lado, el texto extraído de las distintas redes sociales tiene utilidad práctica para identificar neologismos, préstamos lingüísticos, extranjerismos, vulgarismos, cambios semánticos y un sinfín de estudios. Además, pueden proporcionar datos difíciles de encontrar. Por ejemplo, Twitter proporciona las coordenadas GPS, con lo que se puede encontrar la distribución geográfica de las palabras y, en consecuencia, identificar regionalismos (Cook y Han y Baldwin 2014).

Conforme a los estudios de We Are Social y Hootsuite (Kemp 2019), hay un total de 28 millones de usuarios en España, esto es, el 60 % de la población total, que en promedio dedican 1 hora y 39 minutos a usar redes sociales, siendo las más activas *YouTube*, *WhatsApp*, *Facebook*, *Instagram* y *Twitter*.

4. Constitución del corpus

El trabajo lexicográfico es quizá uno de los más interesantes y meticulosos dentro del mundo de la lingüística. El lexicógrafo, para su trabajo, necesita una gran cantidad de información contenida en una gran cantidad de textos, de todo tipo, según su objetivo; el universo de sus textos conformará su corpus. Si es complejo diseñar, compilar e incluso etiquetar el corpus, lo es también la organización interna y posterior análisis. Por tanto, se comprende que un lexicógrafo necesite herramientas que le permitan organizar mucha información en un espacio pequeño, además del análisis de sus datos. Estas herramientas son los gestores de corpus.

4.1. Gestores de corpus

Los gestores de corpus permiten obtener, almacenar, organizar y editar textos, anotar sus metadatos y la información lingüística necesaria, así como realizar diversos tipos de consulta a la información para poder realizar análisis lingüísticos, entre ellos extracción de datos de interés lexicográfico.

La función inicial que tienen los gestores es la de crear corpus, ya sea con un motor de búsqueda que explora la web para buscar y descargar páginas que cumplen con los criterios dados por el usuario, normalmente basados en palabras clave o en un documento representativo del tópico que se quiere; o bien, mediante la incorporación de textos que haya seleccionado el usuario, para lo cual el mismo gestor llega a convertir los textos de su formato de origen (pdf, html, doc) al formato requerido por las aplicaciones del gestor, a texto plano u otros formatos, como XML. Entre los gestores conocidos se encuentran:

- *Sketch Engine*. Es una herramienta de análisis lingüístico que permite compilar un corpus con documentos propios o a través de una función que busca textos en Internet, en un tiempo relativamente rápido. Se considera que es una herramienta utilizada por los mejores diccionarios, como el Cambridge y el Oxford. El motor *Sketch Engine* ya tiene corpus previamente descargados y anotados para más de 90 lenguas. Para el español tiene el *EsTenTen*.
- *TERMINUS*. Es un sistema de gestión de corpus que permite buscar, explorar y constituir corpus, extraer léxico especializado, realizar la estructura conceptual o estructuras léxicas, gestionar glosarios, crear y mantener bases de datos y editar diccionarios (Montané 2009).

- *AntConc*. Es una multiplataforma de herramientas de acceso libre para la gestoría de corpus lingüísticos. Permite generar concordancias, buscar colocaciones, crear listas de frecuencias, etc. Para cargar un corpus en la plataforma, simplemente se selecciona los archivos locales, que tienen que estar en formato txt.
- *Linguakit*. Se trata de una plataforma web que tiene un servicio que integra aplicaciones útiles para la lexicografía. Permite la carga de documentos en distintos formatos y proporciona aplicaciones para el análisis textual.
- *WordSmith Tools*. Se trata de un conjunto de programas para la compilación de un corpus propio y el procesamiento y análisis de las palabras. Se promociona como una herramienta que utiliza el diccionario de Oxford.
- *Geco*. Concebido en su totalidad como una aplicación web, enfocada en la construcción colaborativa de corpus. Se concibe como un repositorio central de documentos para una variedad de aplicaciones. Permite la construcción y publicación de corpus como fin en sí mismo, por lo cual provee herramientas para dar a conocer los corpus creados a través de un portal web personalizado.

4.2. Herramientas de análisis de corpus

De la amplia variedad de programas para el análisis cuantitativo de textos, se encuentran los siguientes entre los más importantes para el trabajo lexicográfico.

- Analizador morfosintáctico. Se cuenta con dos herramientas básicas, el lematizador, que reconoce las formas canónicas de las palabras, y el etiquetador de partes de la oración, que anota la categoría gramatical de cada palabra. Estas herramientas se basan en diccionarios y en técnicas de procesamiento de lenguaje natural, por lo que pueden llegar a presentarse errores.
- Lista de palabras. Este es el programa más básico y que puede también generarse fácilmente con un lenguaje de programación, como Python o Perl. Dado un texto, cuenta las palabras y las enlista, ya sea en orden alfabético o por frecuencia, en orden creciente o decreciente. También puede proporcionarse listas de lemas o de combinaciones de dos o más palabras que ocurren contiguamente.
- Lista de palabras clave. Este programa genera listas de palabras clave, asignando a cada palabra del corpus un peso que indica su relevancia con respecto al documento seleccionado y al corpus general. Este peso se determina según una medida, siendo la más empleada la de TF-IDF (Term Frequency – Inverse Document Frequency). Entre otras medidas comunes, se encuentra la información mutua, Z Score y Log Likelihood.
- Lista de concordancias. Este programa es el más común en los distintos corpus conocidos, tales como los de la Real Academia Española. A partir de una búsqueda, que puede ser una palabra, un lema, una parte de la oración, una secuencia de caracteres o una combinación de las anteriores, obtiene una lista con los segmentos en el que se encuentra. Se conoce también como Palabra Clave en Contexto, aunque más por su término en inglés como Key Word in Context (KWIC).
- Lista de colocaciones. El programa proporciona la combinación frecuente de dos o más palabras que se encuentran cercanas en un texto y que tienden a ocurrir cercanas en ciertos contextos. En este sentido, la colocación muestra la combinación en la que una palabra requiere la presencia de otra para expresar un sentido dado. Entre diferentes tipos de colocaciones se pueden encontrar:
    - expresiones terminológicas (procesamiento de lenguaje natural, movimiento uniformemente acelerado, labio leporino);

- expresiones discursivas (por favor, cómo te va, sin embargo);
- locuciones (blanco y negro, caer de bruces, punto de partida, de la misma manera, vino tinto, atención médica);
- expresiones idiomáticas (tomar el pelo, meter la pata, jalarle las orejas);
- nombres de organismos (Sistema Nacional de Protección Civil, Grupo de Ingeniería Lingüística).

- Alineadores de textos paralelos. Su objetivo es alinear pares de documentos en distintas lenguas. El alineamiento puede ser a nivel de párrafo, de oración y, en algunos casos, de unidades léxicas.

5. Extracción de datos

La extracción automática de información lexicográfica ha sido un reto en el campo de procesamiento del lenguaje natural (PLN) y de la lexicografía computacional, con el fin de obtener bases de conocimiento léxico para la semántica computacional, la extracción y recuperación de información, la minería de textos, las ontologías, la web semántica, la traducción automática, los sistemas de pregunta-respuesta y el *e-learning*.

Para conseguir la elaboración automática de diccionarios, primero se requiere integrar el corpus, esto es, capturar los textos representativos para el diccionario que se desea elaborar, ya sea de lengua o de especialidad. En cualquier caso, es necesario contar con un corpus representativo de la lengua, que considere las distintas variaciones geográficas y temporales (arcaicas, contemporáneas o neológicas).

Posteriormente, se debe contar con un programa que permita decidir qué palabras de los textos son las unidades léxicas de interés. Luego, mediante programas de extracción automática de definiciones, proponer definiciones para dichas unidades léxicas. Asimismo, contar con un extractor de ejemplos automático para introducir los fragmentos textuales ideales que sirven de apoyo a las definiciones. Finalmente, se necesita una aplicación que almacene y organice la información para que esta sea accesible al usuario.

5.1. Extracción de unidades léxicas

Un uso inmediato de los corpus lingüísticos y de interés para la lexicografía consiste en la extracción de las unidades léxicas, ya sean monoléxicas o poliléxicas, esto es, formadas por una palabra o por más de una palabra, que van a ser las entradas del diccionario

En el caso de unidades monoléxicas para un diccionario de lengua, resulta común obtener una lista ordenada de todas las palabras en un texto, según su frecuencia o alfabéticamente, para lo cual puede utilizarse cualquier herramienta de gestión de corpus. Sin embargo, en los diccionarios se trabaja normalmente con vocablos, esto es, los lemas de las palabras. Algunos de los gestores de corpus ya ofrecen el proceso automático de lematización, con lo cual resulta inmediato el obtener la lista de lemas. En el caso contrario, existen programas que determinan el lema de cada una de las palabras. Por ejemplo, el *Flexionador y lematizador de palabras en español* (Santana *et al.* 1999), o bien el servicio de *Freeling*, que es un conjunto de herramientas para análisis del lenguaje (Padró 2011).

Para el caso de unidades complejas, existen técnicas y herramientas que identifican colocaciones. Más que el conteo de una coocurrencia o combinación de palabras, la cual puede deberse a una casualidad, se utilizan algunas medidas estadísticas; por ejemplo, la información mutua compara la dependencia entre la distribución de dos palabras cualesquiera que ocurren en un texto contra la que tendrían cada una de manera independiente.

La lexicografía también se encarga de los vocabularios especializados, con lo cual no solo obtienen diccionarios, sino material para sistemas de recuperación de información, para la alimentación de memorias de traducción o el perfeccionamiento de correctores ortográficos, entre otros usos. Para recopilar el léxico especializado de un corpus, se utilizan los extractores terminológicos, los cuales se clasifican en tres grupos, según el método que utilizan:

- Métodos lingüísticos. Estos reconocen patrones y reglas morfológicas, léxicas y sintácticas para determinar si una palabra o conjunto de palabras pertenece a un lenguaje de especialidad. Por ello, utilizan etiquetadores morfosintácticos que identifican la categoría gramatical de las palabras en el corpus. Entre los extractores que se basan en reglas lingüísticas se encuentran: *TERMINO* (David y Plante 1991), *Lexter* (Bourigault 1994) y *Notions* (Drouin y Ladouceur 1994).
- Métodos basados en estadística. Usan la probabilidad de aparición de las palabras, la frecuencia y medidas de asociación de palabras, principalmente. Aunque estos métodos tienen la ventaja de ser independientes de la lengua, a diferencia de los métodos lingüísticos, llegan a tener problemas con unidades léxicas poco frecuentes. Entre estos sistemas destaca *ANA* (Enguehard y Pantera 1994), diseñado para funcionar con cualquier lengua europea no aglutinante.
- Métodos híbridos. Aprovechan el uso de los dos recursos de conocimiento anteriores: tienen el apoyo de la teoría lingüística (patrones, reglas, estructuras) y de la estadística (frecuencia, probabilidad) para generar mejores resultados. Algunos extractores conocidos son *Yate* (Vivaldi 2001), *BioTex* (Lossio-Ventura *et al.* 2014) y *Termine* (Frantzi *et al.* 2000). Este último fue la base para *Termex*, incluido en el gestor de corpus *Geco*.

5.2. Extracción de relaciones

Con el avance de la ciencia se van generando nuevas unidades léxicas. Al estar dichas unidades relacionadas unas con otras, resulta de interés en la lexicografía obtener sus relaciones léxicas y semánticas para generar ontologías, tesauros, mapas conceptuales o taxonomías. Entre los recursos lingüísticos más conocidos que se han producido, en este sentido, cabe encontrar *ConceptNet*, *WordNet* y *EuroWordNet*. El primero, multilingüe; el segundo para el inglés y el tercero para las otras lenguas europeas.

Auger y Barrière (2008), así como Chávez y Tovar (2016), presentan un estado del arte sobre los métodos para la construcción automática de relaciones léxicas. Observan que estos se enfocan en obtener solo algunos tipos de relaciones, pues según sea el tipo de relación será el método y el corpus sobre el que se aplica. En un principio, se enfocaron en las definiciones obtenidas de diccionarios en formato electrónico (Calzolari y Picchi 1988; Pustejovsky *et al.* 1993), sobre todo para obtener relaciones de hiponimia/hiperonimia, pero tuvieron dificultades al encontrarse con definiciones circulares, pobres, oscuras o poco claras. Por tal razón, se empezaron a extraer las relaciones de corpus lingüísticos, apoyándose en patrones léxicos sintácticos (Hearst 1992). Más recientemente, se han utilizado conceptos formales y el grado de subsunción (Fajardo y Jiménez 2003). El siguiente recorrido muestra las relaciones más comunes que se han buscado obtener de manera automática y algunos ejemplos de métodos.

- Sinónimos y antónimos. La sinonimia es la relación léxica en que dos palabras diferentes tienen significado similar (*fuerte* y *corpulento*). Por su parte, los antónimos tienen significados contrarios (*fuerte* y *débil*). Roth y Upadhyay (2019) proporcionan un método para distinguir entre sinónimos y antónimos mediante la detección de patrones de palabras y de marcadores del discurso.

- Hipónimos e hiperónimos. En la relación genérica que existe entre un concepto superordinado y sus subordinados, el hiperónimo es el concepto general utilizado para referirse a la realidad nombrada por el más específico o hipónimo. Por ejemplo, *pájaro* es hiperónimo de *canario*. En general, los métodos que existen para identificar estas relaciones se basan en la detección del género próximo en las definiciones analíticas, ya sea obtenidas de diccionarios o de corpus de especialidad.
- Merónimos y holónimos. Las relaciones que se establecen entre un concepto y sus componentes se llaman partitivas o parte-todo; un merónimo es la palabra que constituye una parte de otra palabra, denominada holónimo. Por ejemplo, *cocina* es merónimo de *casa*. Soler y Alcina (2008) presentan un trabajo sobre la extracción de conceptos vinculados por la relación parte-todo, para el español, con base en patrones lingüísticos.

5.3. Extracción de definiciones

Si bien existen métodos que han dado buenos resultados para los procesos de extracción de unidades léxicas, en el caso de la extracción de candidatos a definiciones, a partir de corpus de especialidad, resulta un reto más complejo. Por esta razón, bajo el patrocinio de la Unión Europea y la coordinación de la Universidad de Utrecht, Holanda, en conjunto con once instituciones educativas, el proyecto Language Technology for eLearning (LT4eL) se ha enfocado en desarrollar metodologías para la extracción automática de definiciones para el alemán, búlgaro, checo, holandés, inglés, maltés, polaco, portugués y rumano.

El estado del arte (Alarcón Martínez 2009) observa que una similitud en las metodologías para esta tarea consiste en que todas ellas buscan, aunque no lo dicen explícitamente, contextos definitorios, esto es, fragmentos textuales donde se aporta información para comprender el significado de una palabra. El prototipo de un contexto definitorio consiste en una estructura discursiva conformada por dos elementos mínimos: la unidad léxica a definir y la definición, las cuales están conectadas entre sí mediante un patrón definitorio, ya sea un patrón verbal, marcadores tipográficos o patrones pragmáticos.

Las metodologías coinciden en basarse más en patrones sintácticos que en los tipográficos y, en particular, se enfocan más en patrones verbales ("se define como", "fueron descritos como") frente a construcciones sintácticas que incluyen palabras metalingüísticas (*por ejemplo*, *es decir*), pero no verbos. Asimismo, las distintas técnicas recurren al uso de filtros para tratar de excluir aquellos contextos considerados como no relevantes.

Existen varios programas que se han desarrollado para la extracción de contextos definitorios.

- *Definder* (Klavans y Muresan 2001), basado en patrones léxicos y tipográficos, en conjunto con una gramática de estados finitos, fue creado para la extracción automática de definiciones en textos médicos en inglés.
- *DefExt* (Espinosa-Anke *et al.* 2016), como un programa de código abierto, también para textos en inglés, se basa en una lista de patrones definitorios, características lingüísticas, información lexicográfica y características estadísticas.
- *GlossExtractor*, diseñado para ser utilizado como una aplicación en la web (Velardi *et al.* 2008), funciona a partir de glosarios *online* y documentos especializados para el inglés.
- *Ecode*, como una aplicación del gestor de corpus *Geco* para textos en español, obtiene los elementos constitutivos de un contexto definitorio, agrupados en cuatro tipos de definiciones: analítica, extensional, funcional y sinonímica. Con base en la metodología de *Ecode*, se creó *Describe* (www.describe.com.mx), un buscador semántico que explota la web para buscar en los documentos las posibles definiciones, debidamente agrupadas según el tipo de información definitoria, que por el momento opera para inglés.

5.4. *Extracción de ejemplos*

Los métodos tradicionales para la elección de ejemplos se han sujetado, básicamente, al conocimiento o la memoria de la persona que hace la ficha o de quien dirige el proyecto del diccionario, siguiendo criterios de informatividad y naturalidad (Atkins y Rundell 2008). En algunas ocasiones se llega a usar la cita de alguna fuente, escritor o personaje prestigioso (Zgusta 1971b). Sin embargo, la lexicografía actual ha buscado la forma de seleccionar ejemplos a partir de corpus, mediante la utilización de las herramientas de concordancias y colocaciones. Más recientemente, han surgido modelos semiautomáticos para apoyar al lexicógrafo a seleccionar los mejores ejemplos. Hoy en día existen dos sistemas principales:

- *GDEX* (*Good Dictionary Examples*), que funciona en varias lenguas desde la plataforma *Sketch Engine* y se basa en grandes corpus textuales (Kilgarriff *et al.* 2008). Funciona agrupando un conjunto de concordancias complejas (colocaciones y nodos). Luego analiza todos los datos del corpus para un nodo particular con un par de colocación (como *cometer* + *crimen*) y califica las oraciones de acuerdo con su idoneidad.
- *GENEX* (*Générateur d'Éxamples*), que trabaja para el español, el inglés y el francés (Lázaro *et al.* 2017). Se basa en el principio de que un buen ejemplo está casi siempre asociado a la definición de la palabra a la que hace referencia, y puede ser extraído por la restricción consecutiva de los campos semánticos aplicados a fragmentos de corpus de ámbito general.

6. Compilación de la información

Una vez que se ha buscado y extraído la información relevante de los textos especializados y de los recursos existentes, se forma la base de conocimiento para la elaboración del diccionario, la cual es necesario registrar en bases de datos específicas para cada uno de los dominios en que se trabaje.

El banco de datos coadyuva a varios propósitos en diferentes etapas. Las unidades de información contenida en un banco de datos dependen de las necesidades del tipo de diccionario que se va a realizar y de los datos que se van a proporcionar, pues en algunos casos puede interesar equivalencias entre distintas lenguas, en otras la etimología; puede ser de utilidad el dominio de uso, las marcas sociolingüísticas o las gramaticales; datos sobre el informante o sobre el capturista. Por ejemplo, Casas Gómez (2006) menciona 22 diferentes tipos de información de interés lexicográfico a registrar. Por ello, resulta difícil pensar que una base de datos es mejor que otra por el tipo de información que contiene. El registro de la información en cada uno de los distintos campos de la base depende de lo que se va a resguardar, de lo que se busca procesar y de los datos que se pretenden reproducir.

Entre los bancos que permiten almacenar, administrar y buscar conocimiento lexicográfico, se encuentran:

- *TLex* (https://tshwanedje.com/tshwanelex/). Es un conjunto de herramientas para la compilación de diccionarios monolingües o multilingües, que incluye una base de datos lexicográfica y su programa de gestión de datos.
- *LEXUS* (www.mpi.nl/corpus/html/lexus2/). Es una herramienta que permite crear, leer y modificar la información sobre las unidades léxicas.
- *SABTEF* (www.corpus.unam.mx/SABTEF/). Es un sistema de administración de banco de datos flexible, abierto para la consulta y para generar su propia base de datos, incluso con sus propios campos, según se requiera.
- *Oncoterm* (www.ugr.es/~oncoterm/index.html). Es una base de datos para la construcción de ontologías, que registra la estructura hallada en la definición de los términos.

7. Edición

Una vez que se tiene el registro de la información en cada uno de los distintos campos de la base de datos, la informática permite la edición de la obra lexicográfica, ya sea que se presente de manera impresa o digital. Cualquiera que sea el tipo de edición, se tiene que contemplar la forma de edición y tipos de consulta que podrán hacerse, y definir los tipos de formato y letras, a fin de que etiquetar adecuadamente el texto que habrá de capturarse. Correctamente etiquetado y delimitados los campos, la edición podrá hacerse de manera automática a partir de la base de datos. Aunque la consulta es posterior a la compleción de la obra, desde el diseño se deben definir los tipos de consulta que el usuario puede llevar a cabo.

Es importante tomar en cuenta que la información que podrá consultarse depende, en gran medida, de la elección que se haya hecho sobre el tipo de publicación. En una edición impresa, la lectura ocurre normalmente de manera lineal, esto es, se busca la información con un solo criterio (ya sea alfabético o temático con palabras clave), y como resultado se tiene, en general, una sola respuesta (aunque bien esta sea el conjunto de acepciones para un concepto determinado). En cambio, en la edición digital, se permite realizar distintos tipos de búsqueda, incluso varios a la vez, para obtener no solo una respuesta, sino un conjunto de resultados. En el terreno informático es posible proporcionar, prácticamente, cualquier tipo de información, la cual puede verse a gusto y selección del usuario. Entre diversas opciones, pueden buscarse las entradas cuyas definiciones contengan una o más palabras, puede navegarse entre las definiciones y las entradas mediante hipertextos, puede buscarse una entrada mediante la equivalencia en otro idioma, puede verse y buscarse por su relación estructurada con otros conceptos. Puede consultarse el árbol de dominio o estructura conceptual donde se ubica cada término en relación con los otros términos del diccionario. Puede realizarse una búsqueda de tipo onomasiológica, que consiste en llegar al término a partir del concepto, ya sea proporcionando la descripción del concepto en lenguaje natural o dando sus relaciones conceptuales. Los diccionarios digitales pueden contener, además de textos, imágenes, gráficos, esquemas, mapas, sonidos.

Entre los programas informáticos disponibles para la edición de diccionarios se encuentra *FLEx* (*FieldWorks Language Explorer*), creado por SIL International, que es un sistema para el registro y administración de información lexicográfica, orientado a la creación y publicación de diccionarios (Baines 2018). Cuenta con varios programas, según el tipo de publicación que vaya a tenerse: *Webonary*, para publicación web; *Dictionary App Builder*, para aplicaciones para móviles; *Pathway* para publicaciones impresas y Epub.

8. Conclusiones: limitaciones de la informática

Se ha observado el papel que juega la informática en la lexicografía. Hoy en día es impensable prescindir del apoyo de los programas de cómputo que, si bien reducen el tiempo de procesamiento de los datos obtenidos, evitando el error humano y produciendo resultados exactos para tareas sistemáticas, utilizan técnicas que tienen un grado de confiabilidad, por lo que sus resultados deben ser corroborados y evaluados. Existe una relación biunívoca entre tecnología y lexicografía, pues si bien la primera apoya a la segunda, el uso continuo de la informática para las distintas etapas del quehacer lexicográfico permite avanzar en la tecnología, al desarrollar no solo técnicas y métodos nuevas, sino cada vez más confiables. Tan solo por mencionar un ejemplo, en la digitalización de textos mediante scanner, el margen de error llega a ser relativamente alto, por decir un 4 %, esto es, de cada 100 letras, cuatro de ellas no corresponden; con el fin de tener una digitalización confiable y, de ser posible, para evitar el trabajo de postedición, es necesario seguir mejorando tanto el hardware como el *software*.

El apoyo de los soportes informáticos no solo beneficia un trabajo en particular, sino a toda la comunidad, por la posibilidad de compartir bancos de datos e intercambiar experiencias y las nuevas tecnologías para el trabajo lexicográfico. Entre más se extienda la informática, podrá haber mayor disponibilidad de corpus automatizados y de bancos de datos lexicográficos, la cual es vasta en inglés, pero escasa en otros idiomas y muy escasa en lenguas originarias. Por ello, es necesario continuar la digitalización de textos, lo cual es un proceso largo y caro, pues requiere una mayor inversión en horas/hombre de lo que sería el diseño y la elaboración de un programa para manejar los textos.

Falta promover redes internacionales de corpus y bancos de datos, con acuerdos entre los miembros para su accesibilidad y manejo, que establezcan, en lo posible, uniformidad y compatibilidad de los recursos existentes, tal como el etiquetado de corpus o la compatibilidad de los campos en las bases de datos, a fin de poder compartir información entre las entidades y organismos dedicados a la lexicografía.

A pesar de los grandes avances especializados en el ámbito de la lexicografía computacional, la combinación de desarrollos, recursos, técnicas y herramientas que puedan trabajar de forma integrada para procesar grandes cantidades de datos y automatizar la elaboración de diccionarios es aún un reto para la lexicografía. Hay que facilitar el trabajo de los lexicógrafos en su confección de diccionarios especializados para asegurar un futuro en la lexicografía computacional inteligente, donde los usuarios desarrollen diccionarios *ad hoc* usando los recursos hechos por otros, colaborando y mejorando los bancos a largo plazo, así como crear una aplicación con la capacidad de elaborar diccionarios, gestionar el corpus y colaborar en línea con módulos multilingües. En este sentido, falta seguir trabajando para poder automatizar totalmente las tecnologías que hoy son semiautomáticas. Un ideal, en este sentido, sería contar un sistema integral que permita extraer las unidades léxicas, generar buenas definiciones, presentar las relaciones léxicas y proporcionar ejemplos, a partir de alguna colección de textos especializados; que guarde toda la información en bases de datos, de manera que los recursos lexicográficos estén siempre actualizados, tomando en cuenta el estado de la lengua en un momento dado.

Bibliografía básica

Cabré (2004); Mairal-Usón y Fuertes-Olivera (2016); Vargas Sierra (2008)

Bibliografía complementaria

Kosem *et al.* (2013); Rundell y Kilgarriff (2011); Sierra *et al.* (2017)

14

Extensión, variación y evolución del léxico español (Extension, variation and evolution of the Spanish lexicon)

Rogelio Nazar

1. Introducción

Este capítulo ofrece una síntesis de antecedentes teóricos y de algunas metodologías que hoy están al alcance de la lexicografía moderna para mantener el registro actualizado del vocabulario. Se plantea la reflexión acerca de cómo puede la lexicografía ampliar y mejorar sus técnicas para dar cuenta en forma completa y actualizada de su cambiante objeto de estudio. Se explora la aplicación de diferentes técnicas concretas para el registro del cambio léxico y se muestran resultados experimentales en lengua castellana. Debe resaltarse, a este respecto, que el foco está más centrado en el método que en el resultado: no interesan tanto las unidades concretas que se obtienen (porque se desactualizan con el tiempo) como el método que usa para obtenerlas.

La estructura del capítulo es la siguiente: en el apartado 2 se aborda el marco general del cambio lingüístico. A continuación, en el apartado 3 se revisan antecedentes de estudio sobre el cambio léxico desde el punto de vista lexicográfico y se abordan también de manera empírica temas como la extensión del vocabulario (3.1), la neología léxica (3.2), la pérdida léxica (3.3), el cambio semántico (3.4) y la variación léxica geolectal (3.5). El capítulo finaliza en el apartado 4 con una discusión prospectiva sobre el cambio de mirada epistemológica a que puede dar lugar estos desarrollos en la lexicografía moderna.

Palabras clave: cambio léxico; lexicografía computacional; neología; obsolescencia; variación dialectal

This chapter offers a synthesis of theoretical background and methodologies that are now available to lexicographers to help them keep the record of the vocabulary up-to-date. It reflects on how lexicography can expand and improve its techniques to give a complete and updated account of its changing object of study. The chapter also explores the application of various specific techniques for the analysis of lexical change and experimental results are shown in Spanish. It should be noted, however, that the focus is more on the method than on the result: it is not so much the specific units obtained that are of interest (because they become outdated over time) as the method used to obtain them.

DOI: 10.4324/9780429244353-17

The structure of the chapter is as follows: in section 2 the general framework of linguistic change is addressed. Then, in section 3, we review the background of the study of lexical change from a lexicographical point of view and we also address empirically issues such as vocabulary size estimation (3.1), lexical neology (3.2), lexical loss (3.3), semantic change (3.4) and geolectal lexical variation (3.5). The chapter ends in section 4 with a discussion on the change of epistemological view that these developments in modern lexicography may bring about.

Keywords: computational lexicography; dialectal variation; neology; obsolescence; semantic change

2. El cambio lingüístico

Durante la mayor parte del siglo xx, la lingüística se centró en el estudio de aspectos del lenguaje que parecían más estables y más fáciles de formalizar que el léxico. A la vez, se impuso el corte sincrónico, tendencia que se puede apreciar a partir de los trabajos de Saussure (19160 o Hjelmslev (1971b [1943]), entre muchos otros. Diferente era el enfoque de autores anteriores, tales como Darmesteter (1887), Bréal (1904) o Meillet (1921), quienes veían en la mutación del léxico un legítimo objeto de estudio. A diferencia de estos, los lingüistas del siglo xx, con los medios que tenían disponibles, mostraron preferencia por la fonología, la morfología y la sintaxis, y así el léxico fue quedando relegado como el saco de irregularidades del lenguaje (Bloomfield 1933).

El léxico deslumbra por la diversidad en el eje sincrónico, pero sobre todo por la tasa de renovación en el diacrónico: lexicólogos y lexicógrafos comprenden así que el suyo es un objeto de estudio que se encuentra en un estado de cambio permanente. La experiencia de los lingüistas ante tal objeto recuerda a los comentarios de Heráclito: lo único que permanece es el cambio. La morfología y la gramática cambian de forma más lenta e imperceptible, pero los planos léxico y fonológico presentan alta volatilidad.

El cambio lingüístico se produce por varias causas. Particularmente en el caso del léxico, la novedad puede explicarse por la aparición o desaparición de una entidad o concepto como consecuencia de la historia, que presenta necesidades de denominación muy variadas y específicas resultando en la acuñación de terminología especializada (Sager 1990). Otras causas de renovación léxica están ligadas a procesos menos racionales, tales como el comportamiento colectivo asociado al sentimiento de inseguridad lingüística, que lleva a la adopción de formas percibidas como más prestigiosas (Labov 1990).

Las nuevas generaciones traen nuevas modas, nuevos comportamientos, formas de hablar y palabras, mientras que las generaciones más antiguas mantienen una actitud más conservadora. En la historia de la lingüística, los alejandrinos parecen ser los primeros en documentar el cambio lingüístico, que perciben como degradación (Malmberg 1991). La lingüística moderna, en cambio, se mantiene en una posición descriptiva y neutral, fuera de cualquier posición prescriptivista, aunque no desconoce la existencia de una norma a partir de la cual se producen desviaciones, que a veces por frecuentes pasan, a su vez, a ser normales (Hanks 2013).

Junto con el léxico, los planos prosódico y fonológico también presentan gran dinamismo. Un ejemplo notable de ello se está produciendo en la actualidad en el caso del inglés, promovido de manera inconsciente por muchas mujeres jóvenes de Estados Unidos. Se trata de los fenómenos del *uptalk*, en el que las afirmaciones se pronuncian como si fueran preguntas, haciendo a la persona sonar menos asertiva (Ritchart y Arvaniti 2014), y el *vocal fry*, en el que se comprimen las cuerdas vocales para finalizar enunciados con un sonido gutural (Anderson *et al.* 2014). Pero a diferencia de la lexicología, la fonología es más sistematizable porque, teniendo la lengua menos sonidos que palabras, presenta un repertorio más reducido de posibilidades.

También hay que mencionar, como plano de transformación de la lengua, la escritura, en cuanto a ortografía y gramática. Este es un plano en el que la innovación se encuentra en mayor tensión con respecto a la norma lingüística, su contrapeso conservador. Dependiendo del contexto, la escritura es probablemente el ámbito en el que las desviaciones de la norma resultan socialmente más condenadas.

En el plano léxico observamos una dinámica similar con respecto a la tensión entre norma y cambio, aunque con sus particularidades. Piénsese en, por ejemplo, cómo el malapropismo deteriora la autoridad de quien escribe. Se debilitan los argumentos de la persona que escribe *sorpresivo* queriendo decir *sorprendente*; *depresivo* cuando se quiere decir *deprimente*; cuando se dice *azaroso* por *aleatorio*, etc. Y, sin embargo, hay que aceptar que el malapropismo, junto con el eufemismo, la antonimia, el calco, el préstamo, el falso amigo y otros fenómenos, son también motor del cambio léxico y se suman a las causas más racionales como la ya mencionada necesidad de denominación, responsable de la mayor parte de los casos.

En el caso de la terminología especializada, esta genera una alta tasa de renovación del vocabulario general mediante el contacto con la prensa. En castellano, entre los procesos de lexicogénesis más frecuente encontramos el préstamo del inglés, que se incorpora a la terminología de un área y, dependiendo de la relevancia social de su referente, puede pasar a los medios de comunicación. Una vez allí, se incorpora al acervo léxico general y luego al diccionario (Renau *et al.* 2020).

Las innovaciones de estilo o cambios en el lenguaje pueden darse también por motivos ideológicos y como resultado de una decisión consciente, como es el caso de las variadas propuestas del lenguaje inclusivo. Sea cual sea la forma en que el texto se separe de la norma, al incurrir en la desviación se corre el riesgo de la condena social: "Toute déviation individuelle de l'usage provoque une réaction; cette réaction n'a le plus souvent d'autre sanction que le ridicule auquel elle expose l'homme qui ne parle pas comme tout le monde" (Meillet 1921, 2).

Naturalmente, resulta difícil determinar la diferencia entre norma, novedad y desviación. Lo que es novedad no siempre es desviación de la norma, pero no es infrecuente que resulte en la alteración de la norma cuando esta se interpone, ya que el cambio es una parte esencial del lenguaje y es un proceso que la norma no puede detener. Por definición, las formas que hoy existen tenderán a desaparecer y aparecerán otras que acabarán por imponerse, al menos por un tiempo.

Si bien en su surgimiento la lingüística moderna estuvo menos dispuesta para el estudio del léxico, la época actual es distinta y se presenta un clima más favorable a este tipo de estudios. El estudio del léxico recibió un gran impulso con la popularización de la lingüística de corpus promovida por Sinclair (1991) en lexicografía, en el contexto de un creciente acceso a las tecnologías necesarias. En paralelo, el giro cuantitativo de la lingüística computacional puso al léxico en el foco de interés (Manning y Schütze 1999). Concretamente en el campo de estudio del cambio léxico, en los últimos años se han producido importantes desarrollos teóricos e innovaciones metodológicas que convierten a este en uno de los más fértiles de la lingüística (Baayen y Renouf 1996; Traugott y Dasher 2002; Nazar y Vidal 2010; Cook y Hirst 2011).

3. Cambio léxico

3.1. Extensión del vocabulario castellano

Resulta apropiado, como primer paso para el estudio del cambio léxico, preguntarse por la extensión del vocabulario castellano desde el punto de vista de un corte sincrónico, y estimar de esa forma el conjunto de las unidades que se encuentran efectivamente en uso en una época determinada.

No existen abundantes trabajos acerca del tamaño del vocabulario castellano. Sí se han publicado diccionarios de frecuencias (Juilland y Chang-Rodriguez 1964; Davies 2006) pero estos esfuerzos han estado centrados en determinar el vocabulario nuclear, no el completo. Naturalmente, enfrentar este problema de manera empírica requiere de manera previa definir conceptualmente el vocabulario, ya que de otro modo no es posible avanzar hacia una definición operativa. Y a pesar de que la materia ha sido exhaustivamente tratada (Piera 2009), no resulta sencillo trazar con precisión la línea que separa la palabra de la no palabra. Algunos criterios son claros, pero inevitablemente se encuentran casos que desafían las definiciones. Sabemos, por ejemplo, que el nombre propio queda excluido de este listado. Sin embargo, el tránsito entre nombre propio y nombre común es bastante fluido. Típicamente ocurre con nombres de pila (*Dolores*, *Ámbar*, *Jazmín*), apellidos (*boycott*, *diesel*), nombres de marcas (*kleenex*, *jacuzzi*), entre otros. Una definición conceptual del vocabulario también debería estar dada por la referencia al vocabulario general, es decir, excluyendo del léxico a la terminología especializada, tal como se hace con el nombre propio. Esto nos obligaría a enfrentar el problema de la extracción de terminología, que consiste justamente en separar las unidades especializadas del vocabulario general (Nazar 2019), tema atractivo pero que excede las posibilidades del capítulo. Otra limitación es no poder incluir las unidades poliléxicas (locuciones y compuestos sintagmáticos), ya que su detección requeriría un procedimiento de mucha mayor complejidad.

Lo que está claro y debe aceptarse como premisa para esta empresa es que las fuentes principales para el estudio del léxico deben ser los corpus y no las fuentes lexicográficas, ya que las últimas representan una fuente secundaria (Baayen y Renouf 1996). Existe en la actualidad, además de la tecnología en términos de *software* y *hardware*, una amplia disponibilidad de corpus de uso del castellano actual e histórico que pueden ser de gran utilidad en el estudio del léxico.

El corpus que destaca en primer lugar es el de Google Books (Lin *et al.* 2012), el más grande en castellano en la actualidad (aproximadamente setenta mil millones de palabras). Una limitación de este material es que, por cuestiones de derechos de autor, se trata de un corpus de enegramas, es decir, secuencias de hasta cinco palabras. A esta limitación se suma su falta de lematización y la escasa precisión de su etiquetado morfosintáctico. Ofrece, sin embargo, información de gran utilidad: cada enegrama se presenta en tablas que indican su frecuencia de aparición por año, lo que permite realizar gran variedad de estadísticas. Además, es un corpus de libros, lo que implica mayor probabilidad de que haya existido un cuidado profesional de su redacción y por tanto menor incidencia del error ortográfico, uno de los principales obstáculos para estimar el tamaño del vocabulario. El corpus existe en dos versiones, una de 2012 y otra de 2019, posterior a la realización del presente capítulo y por tanto no incluida.

El segundo corpus en términos de importancia por variedad y tamaño es el EsTenTen (Kilgarriff y Renau 2013), consistente en una muestra aleatoria de cerca de veinte millones de sitios web en castellano en un momento determinado, haciendo un total cercano a los diez mil millones (10^{10}) de palabras, organizados por países. Este corpus existe en dos versiones: 2012 y 2018. A diferencia del que ofrece Google, este contiene el texto íntegro de las páginas capturadas, y se encuentra etiquetado con categoría gramatical y lematización, aunque tampoco está libre de error. No existe, en este caso, información explícita sobre las fechas de los textos y, debido a su naturaleza, la calidad de los mismos en materia de ortografía es muy diversa.

En materia de corpus actualizados, hay que destacar también la labor que se lleva a cabo en la Universidad de Leipzig con el proyecto Wortschatz (Goldhahn *et al.* 2012). Se trata de un corpus principalmente de prensa escrita, que ofrece un gran volumen de datos (cerca de mil millones de formas ortográficas) organizados por lengua y por fecha. Este material resulta ideal para el monitoreo anual de una fuente permanentemente actualizada, y la incidencia de errores ortográficos es menor que en el EsTenTen, al menos en los apartados correspondientes a los textos de prensa escrita.

Finalmente, debido a su importancia institucional, es necesario mencionar los corpus de la Real Academia Española, entre los que se encuentra el *CREA*, el *CORDE* y el *CORPES XXI*. Sin embargo, estos materiales no están disponibles más que para la consulta en línea, cuando lo realmente útil, en términos de análisis estadístico, sería poder descargarlos íntegramente para su ulterior procesamiento. No poder hacer esto es una circunstancia que disminuye significativamente el valor de dichos recursos para el trabajo lexicográfico sistemático.

Para la realización del presente estudio sobre el tamaño del vocabulario castellano se seleccionó el corpus de Google Books en un período arbitrario, comprendido entre 1990 y 2012. Esta muestra fue luego empleada para medir el cambio utilizando un corpus de un periodo diferente. Además, como método de triangulación para reducir parte de la tasa de error, se calculó la intersección con el corpus EsTenTen 2012, eliminando así del léxico de Google Books todo lo que no aparece en este corpus.

La estimación del vocabulario será más o menos exacta en la medida que sea posible controlar diversos factores. Un factor clave, que es necesario fijar de modo arbitrario, es la frecuencia mínima de aparición de una palabra para ser considerada genuina. Sin embargo, si se estipula de manera arbitraria una frecuencia de 100, por ejemplo, este no será nunca un límite preciso entre palabra y no palabra, ya que por debajo de esa frecuencia existirán muchas palabras también genuinas. A la vez, mientras más bajo sea el umbral, más alta será la tasa de error.

Entre otros factores se encuentra el problema de los errores ortográficos, el de los fragmentos de texto en otras lenguas, los nombres propios y el hecho de que el corpus de Google Books no esté lematizado. La no lematización es por supuesto un problema porque lo que debe contar como frecuencia es el lema de la palabra y no cada una de sus formas flexionadas.

Es posible controlar algunos problemas, como el de los nombres propios, contrastando la frecuencia de aparición con minúscula inicial vs. total. Según (1), una palabra *w* es un nombre propio si esta proporción se encuentra por debajo de un umbral determinado de manera empírica. Nuevamente, no existe un umbral preciso que distinga los nombres propios con exactitud.

$$N\ P(\omega) = \begin{cases} 1 & \dfrac{F\ M\ in(\omega)}{F\ T\ ot(\omega)} < u \\ 0 & \text{otherwise} \end{cases} \tag{1}$$

Para la lematización de las formas se aplicó UDPipe (Straka *et al.* 2016), un *software* de etiquetado morfosintáctico que ha producido mejores resultados que sus antecesores. Su ventaja es que no trabaja con un diccionario interno, sino que aprende automáticamente reglas morfológicas para luego aplicarlas a palabras desconocidas. Sin embargo, sigue presentando una tasa de error importante, sobre todo al tratarse de palabras fuera de contexto. Es posible reducir parte de esa tasa el error aplicando algunas reglas posteriormente a la lematización, para eliminar formas verbales con pronombres enclíticos, formas terminadas en *-mente* que no están etiquetadas como adverbios, formas etiquetadas como verbo que no tienen terminación de infinitivo, superlativos y algunos errores ortográficos típicos como la terminación *-[sc]ion* sin tilde, entre otros. La Tabla 14.1 muestra los resultados para las categorías léxicas: adjetivos, nombres, verbos y adverbios.

Como es natural, el tamaño del vocabulario decrece en la medida que aumenta la frecuencia mínima. Estas cifras, sin embargo, representan solamente una estimación aproximada del tamaño real del vocabulario, debido a los problemas antes mencionados: errores del etiquetador, palabras en otros idiomas y, sobre todo, errores de ortografía. Un análisis manual de muestras de resultados indica una tasa de error del 14 %.

Tabla 14.1 Extensión del vocabulario castellano según frecuencia mínima en el corpus de Google Books en el periodo 1990–2012

Frecuencia mínima	*25*	*50*	*75*	*100*
Adjetivos	22 043	19 789	18 401	17 375
Adverbios	6427	5719	5271	4940
Sustantivos	128 622	113 729	104 623	97 918
Verbos	11 033	9979	9316	8801
Total	168 150	149 266	137 686	129 134

3.2. Neología

Después de haber determinado de manera estimativa el catálogo de unidades léxicas en uso en un período determinado, es posible avanzar ya hacia la pregunta siguiente, acerca de cómo puede la lexicografía realizar una detección eficiente de los neologismos.

Conviene comenzar, nuevamente, por una precisión conceptual, que es separar del fenómeno de la neología del concepto de creatividad léxica, una distinción que va en paralelo con la que existe entre lengua y discurso. Como hablantes tenemos a nuestra disposición inagotables posibilidades para la creatividad léxica, pero en general lo que resulta de ella no son propiamente neologismos sino "ocasionalismos" o *nonce-formations* (Alvar Ezquerra 1999, Hohenhaus 2005, Schmid 2008). Paradójicamente, se reserva el término *neologismo* para designar aquella unidad que alcanza el éxito y llega efectivamente a incorporarse al sistema de la lengua, pero llegar al punto de institucionalizarse implica perder su condición de neologismo. Los procesos de lexicalización e institucionalización de los neologismos y su consecuente diccionarización dependen naturalmente de su frecuencia pero también de otros aspectos tales como la extensión de su uso (diafásica, diacrónica o diatópica), su estructura morfológica y su transparencia semántica, entre otros (Lipka *et al.* 2004; Hohenhaus 2005; Schmid 2008; Fischer 2014; Bernal *et al.* 2020).

En una etapa inicial de la bibliografía sobre neologismos, el mayor esfuerzo parece haber estado en su descripción y clasificación, en particular en el caso de la lengua francesa. Distintas categorías se han ido refinando paulatinamente a partir de las obras de Guilbert (1975), Rey (1976), Boulanger (1990), Sablayrolles (1996) y Humbley (2000), entre muchos otros. En castellano se ha percibido una corriente de trabajo emparentada en cuanto a foco y métodos (Fernández Sevilla 1982; Lázaro Carreter 1992; Alvar Ezquerra 1999; Guerrero Ramos 1995; Cabré 2006, entre otros). Se han distinguido categorías de neologismos comunes o especializados; referenciales o expresivos (según si designan una entidad nueva o una ya conocida); neologismos de forma (por combinación morfológica o sintáctica); préstamos, neologismos sintácticos y finalmente neologismos semánticos (por ampliación, reducción o cambio de significado).

Otra rama de la bibliografía se ha dedicado a la llamada neología gramatical (Sablayrolles 2008), que describe el cambio de categoría, de género, de número o de flexión, y la neología morfológica, que consiste en el estudio de la aparición o muerte de afijos (Álvarez de Miranda 2009). En el último caso cabe destacar el trabajo de Baayen y Renouf (1996), quienes miden la productividad de distintos afijos en uno de los primeros trabajos empíricos en la materia, trabajando con corpus en lugar de utilizar como fuente recursos lexicográficos.

En el ámbito de los estudios empíricos sobre neología, el enfoque mayoritario es el que aplica el llamado criterio lexicográfico, consistente en cruzar corpus reciente con listados de exclusión compuestos por las palabras ya certificadas por las autoridades lexicográficas (Vivaldi

2000; Renouf 2010; Auger 2010; Issac y Benhariz 2010). A pesar de las evidentes limitaciones, ya señaladas por Sablayrolles (2008), este sigue siendo el método más utilizado. Janssen (2009) ofrece un panorama de las técnicas existentes en esa época, aunque más bien centrado en los que ocupan dicho criterio, y un estado de la cuestión más reciente se encuentra en Castro *et al.* (2021). Una rama de trabajo empírico diferente es la que no incluye el criterio lexicográfico, como el de Schierz (2007) en terminología, y Nazar y Vidal (2010) en el vocabulario general, que aplican métodos cuantitativos para medir las propiedades geométricas de las frecuencias de uso de las palabras en corpus divididos en serie temporal.

Mencionadas ya algunas de las líneas principales de investigación en el tratamiento lexicográfico de la neología, pasaremos a continuación a aplicar un método de detección de neología léxica relativamente sencillo. Se limita únicamente a la detección de nuevos significantes, ya que la neología semántica, en la que se presenta un nuevo significado a un significante ya existente, es tratada en el apartado 3.4.

Se propone a continuación una metodología sencilla para comparar dos corpus relativamente similares pero de épocas distintas. La opción elegida para ello fueron las versiones 2012 y 2018 del corpus EsTenTen. Para el contraste es suficiente con utilizar directamente las formas, prescindiendo así del etiquetado que ya trae el corpus. El contraste de frecuencia de las formas viene dado por el coeficiente (2), que promueve aquellas palabras que tienen una alta frecuencia en el periodo más tardío en comparación con el anterior. Para toda palabra w del vocabulario V, F1(w) es la frecuencia de w en la época 1 de V (año 2012) y F2(w) su frecuencia en la época 2 (año 2018) y l es un límite arbitrario (un parámetro empírico).

$$\forall \omega \in V : F1(\omega) < l \wedge F2(\omega) > l \Rightarrow Neo(\omega) = \frac{F2(\omega)}{\sqrt{F1(\omega)+1}} \left(F2(\omega) - F1(\omega)\right) \qquad (2)$$

Todas las palabras de 2018 pueden ordenarse de mayor a menor según este coeficiente y descubrir así palabras que son nuevas o han experimentado un gran aumento en su frecuencia de uso. Como ya se mencionó, este tipo de valores basados en la frecuencia de aparición no representan directamente el grado de institucionalización de una unidad léxica. Además, el resultado contendrá unidades como nombres propios que, aquí también, requieren ser eliminados. Para ello es posible aplicar el mismo coeficiente (1) del apartado 3.1. Así, entre las primeras 1500 posiciones del listado, se detectan y eliminan correctamente nombres de personas (por ejemplo, *Ratajkowski*), nombres de películas (*Boyhood*), nombres de servicios o empresas (*Hubspot, Flybondi*) y formaciones políticas (*Ukip, Citizengo*), entre otros términos que se encuentran en un periodo de transición entre nombre propio y común (*Fifagate, Allhqfashion*).

A modo de ilustración, se presenta la lista de los primeros 100 candidatos de este listado, en orden alfabético para facilitar lectura. Entre ellos subsisten nombres propios (marcados con ⋆1), otras unidades que presentan ya una transición a nombre común (marcados con ⋆2), y palabras en otras lenguas o errores de otro tipo (⋆3): *abanca*⋆1, *aioros*⋆1, *airbnb*⋆1, *aliexpress*⋆1, *álogo, amigs, appeared*⋆3, *aquaris*⋆1, *atresmedia*⋆1, *baekhyun*⋆1, *blablacar*⋆1, *blockchain*⋆2, *bookstagram, bottas*⋆1, *cabify*⋆1, *carplay*⋆2, *casasweb*⋆1, *cdmx, chanyeol*⋆1, *chromecast*⋆2, *colpensiones*⋆1, *compañers, criptomoneda, criptomonedas, daesh*⋆1, *desquadra*⋆3, *eccionar*⋆3, *eliax*⋆3, *emoji, emojis, ethereum*⋆2, *eurn*⋆1, *eurovegas*⋆1, *fitbit*⋆1, *flyknit*⋆2, *galician*⋆3, *gamificación, gesor*⋆1, *influencer, influencers, infolibre*⋆1, *kutxabank*⋆1, *liberbank*⋆1, *linio*⋆1, *lomce*⋆2, *loréal*⋆1, *magrama*⋆2, *maluma*⋆1, *massismo*⋆2, *masterchef*⋆1, *minicreditos, minicréditos, miui*⋆2, *mobifriends*⋆1, *mooc, niñs*⋆3, *niunamenos, nocnok*⋆1, *okdiario*⋆1, *onedrive*⋆1, *oneplus*⋆1, *oppo*⋆1, *overwatch*⋆1, *phablet, pinterest*⋆1, *podemita, podemitas, podoactiva*⋆1, *posverdad, procés, rdquor*⋆3, *redmi*⋆1, *relatedfn*⋆3, *romanian*⋆3, *ryzen*⋆1, *sareb*⋆1, *selfie,* *selfies, smartwatch, smartwatches, snapchat*2, tabarnia, telegram*2, texx*1, tinder*2, treintaytres*1, trommel, vacantesimportante*3, wasap, wassap, wearables, wechat, whatsap, wizink*1, woocommerce*1, youtuber, youtubers, yuuri*1, zika.*

Este resultado, obtenido a partir del simple contraste entre dos corpus de épocas distintas, puede ser refinado con la incorporación de técnicas más avanzadas para la detección de nombres propios. Sin embargo, ya en este estado puede servir para descubrir neologismos.

3.3. Pérdida léxica

Comparativamente, parece haber suscitado menor interés el fenómeno contrario a la neología, es decir, la caída en desuso o desaparición de palabras, que ha sido denominado con términos como arcaísmo, necrología, obsolescencia, muerte o pérdida léxica, entre otros. Se han mencionado diversas causas

> de índole externa (desaparición del referente, fenómenos de tabú lingüístico y constricción social) y otras de carácter interno (excesiva reducción fónica del significante, colisión homonímica o cuasi-homonímica con otro, incomodidad fonotáctica, proliferación excesiva de variantes formales, complejidad paradigmática [...], aislamiento morfológico, polisemia excesiva [...] o molesta, competencia de un sinónimo más preciso o prestigioso, simplificación o reorganización de las oposiciones semánticas.
>
> *(Álvarez de Miranda 2009, 153)*

No existe, sin embargo, gran cantidad estudios empíricos que fundamenten estas razones. Algeo (1993) posiblemente sea el primero en estudiar el fenómeno (que llama *desuetude*) a partir del análisis de obras lexicográficas. Su análisis consiste en comparar diccionarios editados entre 1944 y 1976 y cuantificar los neologismos que se pierden en la edición posterior. A partir de esto, concluye que la mayoría de ellos se pierde, por lo que buena parte de la obsolescencia se da en la neología efímera: "Successful coinages are the exception; unsuccessful ones the rule" (Algeo 1993, 281). La aplicación de métodos más recientes de la lingüística computacional está permitiendo otro enfoque, y ha demostrado que es posible estudiar la pérdida léxica directamente en corpus, ya sea en el caso del vocabulario general, en terminología especializada (Nazar 2011). En casos más específicos, se han encontrado verbos que el diccionario presenta como pronominales pero que según el corpus han dejado de serlo o viceversa (Renau y Nazar 2011) o verbos que han dejado de ser usados por completo (Castro *et al.* 2021). Estas investigaciones deberían ser relevantes para la lexicografía, ya que si bien los diccionarios están más preocupados por incorporar nuevas palabras que por excluir las no usadas, sí representaría una ayuda a determinados tipos de usuario el saber que una determinada entrada se encuentra en desuso.

Abordaremos aquí también un estudio empírico para la detección de la obsolescencia o pérdida léxica, basado en un razonamiento similar al de la detección de neología. Podría simplemente hacerse el mismo estudio que en el apartado 3.2., esta vez invirtiendo el orden de los corpus. Sin embargo, es posible obtener resultados más interesantes utilizando una fuente lexicográfica, ya que esta representa el registro de unidades que están efectivamente institucionalizadas. Una buena fuente para ello puede ser el *Diccionario de la lengua española* (Real Academia Española y Asociación de Academias de la Lengua Española 2014, en adelante, *DLE*), el gran depositario del acervo léxico histórico, cuyo lemario completo está disponible a través de la interfaz Enclave RAE (https://enclave.rae.es). En el *DLE* existen 59.936 entradas con la categoría de sustantivo, y sería de gran interés identificar, dentro de este listado, aquellas que han dejado de utilizarse.

Es posible obtener este resultado mediante el contraste entre las unidades del diccionario y un corpus moderno como el EsTenTen 2018.

Solo en la categoría de sustantivos descubrimos, por ejemplo, que 14.896 entradas tienen frecuencia inferior a 5 en el corpus EsTenTen 2018. A modo de ejemplo, se presentan a continuación algunas unidades en la letra zeta: *zabazoque, zaborra, zacatero, zafacoca, zafaduría, zagaletón, zaguanete, zaherimiento, zajurín, zalona, zamacuco, zambacueca, zambaigo, zambapalo, zamborondón, zampatortas, zanurera, zancudal, zandía, zangamanga, zangarro, zanquilargo, zapita, zapoyol, zaragata, zaragocí, zarajo, zarambeque, zarazas, zarbo, zarracatín, zarzarrosa, zarzuelista, zegríes, zocola, zompantli, zompopero, zonchiche, zopilotera, zoquetada, zoquetero, zoroastra, zorrocloco, zotol, zoófago, zoófito, zueca, zulaque, zumacar, zunza, zupia, zurraco, zurria, zurubí, zurujano, zutuhil, zuzón.*

Nuevamente cabe advertir que el dato debe tomarse con cautela: la poca frecuencia podría indicar obsolescencia o bien un uso muy restringido, como el de *zoófago* o *zoófito*, que pueden no aparecer en un corpus general descargado de Internet.

3.4. Cambio semántico

A diferencia del caso anterior, el cambio semántico sí ha atraído la atención de muchos investigadores, particularmente la neología semántica, que entendemos como la aparición de un significado distinto para un significante conocido, mediante una conexión dada por relación de metáfora, metonimia u otro tipo de contigüidad semántica. Como en el caso de la neología léxica, muchos autores han considerado que la diversidad de fenómenos puede reducirse a una serie limitada de categorías, y así podemos advertir un linaje de clasificaciones que parte de la obra de Bréal (1904), pasando por Bloomfield (1933) y Ullmann (1957). Algunos autores parecen más centrados en la neología semántica (Bastuji 1974; Guilbert 1975) y otros en el cambio o deriva semántica (Blank 1999; Traugott y Dasher 2002).

Traugott (2017) ofrece una síntesis de las categorías principales, heredadas esencialmente de los mencionados trabajos de Bréal (1904) y Ullman (1957). Estas son la metáfora (como la palabra *tejido* para referirse al 'tejido orgánico'), la metonimia (por ejemplo, la palabra *mesa* para referirse a las 'personas sentadas'); empeoramiento (como el verbo *oler* para referirse a 'tener mal olor'); mejoramiento (como en el caso de *broma*, que primero significó 'cosa pesada o molesta' y luego pasó a ser 'ocurrencia graciosa'); así como la especialización o restricción de un significado (como en el caso de *beber*, que ha especializado, de manera eufemística, para referirse a 'beber alcohol') y generalización o extensión del significado (como en el caso de *armario*, que designaba un 'mueble para guardar armas' pero en la actualidad designa el 'mueble para guardar cosas en general'). Se han presentado varias clasificaciones, como la de Espinosa (2009) o Sablayrolles (2012), pero son similares en lo esencial.

El estudio del cambio semántico es también el que más atención ha suscitado en el ámbito de la lingüística computacional. Según Sablayrolles, los neologismos semánticos se podrán recuperar "sans doute un jour, automatiquement" (2012, 44), pero ya se han documentado bastantes innovaciones metodológicas en esa línea. Hilpert (2008) estudió cambios en los patrones de combinatoria de las palabras para rastrear cambios de significado. Mejri (2010) propuso la aplicación de la teoría de las clases de objetos de Gross (1994) para analizar cambio de significado en los verbos. En el mencionado trabajo de Nazar y Vidal (2010) también se propone un algoritmo concreto para la detección automática de neología semántica basada en métodos distribucionales.

En años recientes se aplicaron distintas variantes del método distribucionalista, y todos suponen que un cambio en la combinatoria de una unidad léxica es indicio de cambio léxico. Con este tipo de métodos, Sagi *et al.* (2009) estudian cambio semántico en corpus históricos. Además, Cook (2010) y Cook y Stevenson (2010) presentan estudios en el cambio de polaridad (mejoramiento o empeoramiento). Gran cantidad de investigaciones exploran distintas variantes, como el simple contraste de coocurrentes de dos épocas (Gulordava y Baroni 2011), el *clustering* (Boussidan y Ploux 2011) y los grafos de coocurrencia léxica (Reutenauer 2012). Más recientemente, Torres Rivera (2019) ha presentado una propuesta basada en el contraste entre el campo semántico de una palabra y el tema del texto en que aparece. Dos *survey papers* también recientes, Tang (2018) y Tahmasebi *et al.* (2019), presentan un panorama actualizado de la investigación del cambio semántico con métodos computacionales, y revelan que el enfoque distribucional sigue siendo dominante.

La relevancia de estas nuevas técnicas para la lexicografía resulta evidente. La aparición de nuevos significados causa la necesidad de crear acepciones nuevas, pero esto resulta una tarea ingente para los equipos lexicográficos cuando debe resolverse de manera manual. Lo más difícil es detectar qué palabras cambian, por lo que un método computacional para ello reduciría considerablemente el esfuerzo requerido.

Por ello abordaremos, a continuación, una posibilidad metodológica para la detección del cambio semántico. El problema es especial dentro del estudio del cambio léxico debido a la particularidad de que a un significante ya conocido se añade un nuevo significado o bien se pierde uno que ya tenía. La formulación del problema es entonces detectar, a partir de un conjunto de unidades léxicas conocidas, cuáles de ellas experimentaron un cambio semántico. Por simplicidad, en este estudio utilizaremos también como unidad de análisis los sustantivos del *DLE*. También por simplicidad vamos a restringir el campo semántico al de la informática, Internet y las tecnologías de la comunicación, de manera de detectar palabras que han adquirido un significado nuevo específicamente en este contexto.

Metodológicamente, recurriremos aquí al análisis distribucional para detectar en estas unidades un eventual cambio marcado en la coocurrencia léxica. El análisis distribucional es un método que puede utilizarse para el análisis de semántico de una unidad léxica. Por ejemplo, si tomamos todos los contextos de aparición de la palabra *agorafobia* en los enegramas del *Google Books N-Gram Corpus*, encontraremos que las tres palabras con las que coocurre con mayor frecuencia son *trastorno*, *angustia* y *pánico*.

Tal como se mencionó, dicho corpus solo contiene enegramas de hasta cinco palabras, cuando lo ideal para este tipo de relaciones semánticas son ventanas de contexto más grandes. Sin embargo, esta limitación no es un impedimento para el uso del material. La organización por años permite establecer una partición del corpus en un tiempo pasado y uno presente y comparar de este modo los contextos de aparición de una misma palabra para detectar la presencia de una variación en el perfil de coocurrencia. Habiendo elegido un campo semántico preciso como Internet y las tecnologías de la comunicación, los rangos de fechas elegidos para el análisis son 1900–1989, por un lado, y 1990–2012, por el otro.

Lo primero que llama la atención una vez hecha la separación y el contraste de ambas partes del corpus es la extraordinaria estabilidad de la combinatoria léxica: la mayor parte de los enegramas en los dos listados son idénticos. Solo una parte muy menor difiere: hay 82 954 549 enegramas aparecidos entre 1900 y 1989 y 81 246 505 entre 1990 y 2012. El contraste entre ambos listados revela que hay 4 469 683 enegramas que se usaron en el período 1900–1989 y que no se volvieron a usar (como por ejemplo *zaheridos por los que habiendo*), mientras que encontramos 1 168 538 enegramas que se usaron a partir de 1990 y que no habían sido utilizados antes (como *consulta y venta en Internet*). Si estos datos son correctos, esto significaría que solo el 1,44 % de las combinaciones son nuevas y, por tanto, que cualquier combinación de cinco palabras que encontramos en la lengua probablemente ya ha sido formulada e incluso publicada en un libro. Este dato vendría a apoyar la intuición ya expresada por Bajtín (1982), para quien todo enunciado está compuesto en gran parte de repeticiones de enunciados anteriores, propios o ajenos.

Naturalmente, para el contraste entre el perfil de coocurrencia de dos épocas distintas de un sustantivo solo necesitamos los enegramas que son diferentes, lo cual reduce en gran medida el volumen de datos para analizar. De este modo, por cada sustantivo del *DLE*, podemos obtener los listados de coocurrentes más frecuentes en los enegramas de ambas épocas. En la Tabla 14.2 podemos ver el contraste que se produce entre los coocurrentes de la palabra *servidor*. Entre los coocurrentes del período 1990–2012 se puede advertir la aparición de un nuevo tipo de vocabulario (destacado en negrita) que marca el nuevo significado de la palabra como 'servidor informático', es decir, una "unidad informática que proporciona diversos servicios a computadoras conectadas con ella a través de una red", según consta en la acepción 7 del *DLE*.

A partir de una muestra reducida de ejemplos de sustantivos que han experimentado ya este cambio semántico, términos "semilla" como *servidor*, *navegador* o *ratón*, extraemos listados de palabras que coocurren con estos en la segunda época, para así identificar ejemplos de coocurrentes que acusan un nuevo uso en este contexto. Un listado relativamente breve de estos indicadores, los llamados términos predictores, son suficientes para la detección del cambio semántico en el área elegida. El listado utilizado sigue a continuación: *acceso, aplicación, arrastre, artículo, atención, base,* ***botón,*** *botones,* ***clic,*** *compacto,* ***computadora, conexión, correo,*** *dato, diálogo,* ***digital,*** *dirección,* ***disco,*** *documento, duro,* ***electrónico, explorador,*** *herramienta,* ***icono, informático, internet,*** *izquierdo, mensaje, menú,* ***navegador,*** *óptico,* ***ordenador, pantalla,*** *portátil, programa,* ***puntero,*** *secundario, soporte, superior,* ***teclado, telefonía,*** *teléfono, texto*. Las unidades en negrita son las que, tras un examen cualitativo, revelan una posición central en el campo semántico elegido y se ponderan duplicando su puntaje.

Definiendo un coeficiente (3) es posible asignar un valor numérico a cada sustantivo w del *DLE* para determinar su grado de neologicidad semántica. Se define así un conjunto C_w que identifica a las palabras que coocurren con w, y dos conjuntos de predictores S y SS, siendo los últimos las palabras marcadas en negrita.

$$NeoS(\omega) = \sum_{i=1}^{|C_\omega|} \begin{cases} 1 & C_{\omega,i} \in S \\ 2 & C_{\omega,i} \in SS \\ 0 & \text{otherwise} \end{cases} \tag{3}$$

Tabla 14.2 Palabras que coocurren con la unidad *servidor*, según orden de frecuencia, en dos períodos del corpus de Google Books

Época	*Palabras coocurrentes*
1900–1989	*obediente, amigo, seguro, humilde, obsecuente, itriago, afectísimo, independencia, chacín, adicto, buen, nieta, fiel, presidente, señor, respetuoso, maillefer, oleary, afecto, apasionado, compatriota, excelencia, colega, ingresó, respeto, público, digno, agradecido, vacacione, meritorio, vuestra, benemérito, estado, zumeta, ustede, escalante*
1990–2012	*público, autoridad, cualquier,* ***cliente****, responsable,* ***arquitectura****, base, excepción,* ***correo****, señalado, despacho, anuencia, gobernador,* ***dato****, directamente, mismo, mencionado, puede,* ***conexión****, tenga, ética, designación, tribunal, estado, disponga, señor, nombre,* ***internet****, través, remoción,* ***dirección, electrónico****, cometido*

Tabla 14.3 Algunos de los sustantivos seleccionados como neologismos semánticos a partir del corpus de Google Books según el método indicado (asterisco indica candidato incorrecto)

Candidatos	*Predictores*
ordenador	*conexión, disco, duro, internet, pantalla, portátil, programa, soporte, teclado*
ratón	*arrastre, botón, clic, icono, izquierdo, puntero, secundario, teclado,*
ventana	*aplicación, base, dato, documento, explorador, herramienta, navegador, programa, superior*
*electrónico**	*acceso, correo, dirección, informático, internet, mensaje*
*computadora**	*acceso, artículo, disco, duro, internet, pantalla*
*internet**	*acceso, conexión, correo, dirección, electrónico*
*través**	*base, correo, electrónico, internet*
*chat**	*correo, electrónico, internet*
correo	*dirección, electrónico, internet, mensaje, teléfono*
barra	*botones, botón, clic, herramienta, menú*
disco	*compacto, computadora, duro, ordenador, óptico*
monitor	*computadora, ordenador, teclado*
dirección	*correo, electrónico, internet*
duro	*computadora, disco, ordenador*
galaxia	*correo, electrónico, internet*
*mensaje**	*correo, dato, electrónico, texto*
*computador**	*disco, duro, pantalla, portátil*
casilla	*clic, correo, teléfono*
*velocidad**	*acceso, conexión, internet*
*clic**	*botón, icono, secundario*

La Tabla 14.3 muestra las primeras 20 posiciones de este listado junto a los coocurrentes que acusaron su cambio. Entre los resultados están, como cabía esperar, los términos usados como semilla. Además, aparecen otros sustantivos que, como *internet*, *chat* o *clic*, están allí no porque sean neologismos semánticos sino porque el *DLE* ya los había incorporado como entradas. Algunos son claramente incorrectos, como *través* (por la locución adverbial *a través*). Otros casos, como *electrónico* y *duro*, aparecen por el adjetivo, no por el nombre, y otros también pueden ser considerados erróneos, como *velocidad* o *mensaje*, ya que cambian sus contextos de uso, pero no presentan significados nuevos. Aquí hay que notar, sin embargo, que la información tiene un valor lexicográfico porque permite detectar la necesidad de actualizar los ejemplos de las definiciones. El estatus de neologismo semántico de otros casos es más difícil de determinar, como *casilla*, *dirección* o *galaxia*, aunque está claro que se trata de usos metafóricos. A pesar del margen de error, el resultado demuestra el potencial para la detección de cambio semántico que ofrece el análisis de la coocurrencia léxica.

3.5. Variación léxica

Con los estudios sobre variación léxica (diatópica, diastrática, diafásica, dialectal), nos adentramos en el terreno de la sociolingüística (López Morales 1993). El estudio del localismo (geolecto o variante geográfica) posee una amplia tradición particularmente en el caso de las lenguas geográficamente extendidas como el castellano. En el estudio de las variantes geográficas, aunque se trate de una de las primeras ramas de la lingüística en adoptar métodos estadísticos, los instrumentos de recolección de datos han sido históricamente el trabajo de campo con informantes mediante encuesta o entrevista (Alvar 1975).

En los últimos años, sin embargo, parece haber comenzado a desarrollarse una nueva línea de investigación consistente en lo que se ha dado en llamar sociolingüística de corpus o sociolingüística computacional. Trabajos como los de Cook *et al.* (2014) o Grieve *et al.* (2019) demuestran que ya es posible llevar a cabo estudios sobre variación geográfica tomando como base el análisis de corpus, particularmente datos de Twitter, ya que son geolocalizables. Esta disponibilidad de información no solo reduce de manera considerable el presupuesto necesario para llevar a cabo este tipo de investigaciones, sino que además ofrece acceso a una cantidad mucho mayor de datos. Esto, a su vez, permite hacer estimaciones de mayor exactitud, sumado al hecho de que la obtención de datos, siendo automática, hace posible el seguimiento en tiempo real de los cambios. Estas publicaciones parecen anunciar un importante cambio metodológico en dialectología, y probablemente comenzaremos a ver el contraste entre los mapas dialectológicos realizados con estos métodos y los tradicionales.

Por supuesto, no es solo Twitter la única fuente de datos para este tipo de análisis (*cf.* apartado 3.1.). Otros corpus, como la ya mencionada serie TenTen (Jakubíček *et al.* 2013), también ofrecen esta posibilidad gracias a la partición por países que ofrece, que permite llevar a cabo comparaciones de frecuencias de uso de las palabras entre distintas regiones.

Por su relevancia desde el punto de vista lexicográfico, el último estudio empírico que se aborda en el presente capítulo es el de la detección de variación geográfica, y describe la utilización del mismo tipo de técnicas utilizadas antes para detectar variación en el tiempo, pero aplicadas ahora al problema de la variación en el espacio, con el contraste entre distintas variedades dialectales. Para ello utilizamos la ya mencionada división por países que presenta el corpus EsTenTen, aunque por las limitaciones de espacio presentamos solo el contraste entre las variedades peninsular y americana. Por supuesto, la misma técnica se podría aplicar al contraste país por país.

El procedimiento en este caso consiste, por tanto, en aplicar el mismo coeficiente (3), ahora para obtener un listado de formas típicas del español peninsular y de la variante americana. La Tabla 14.4 presenta a modo ilustrativo los primeros 30 candidatos de cada caso, aunque los listados sobrepasan los 1000 candidatos. Como en los casos anteriores, nuevamente el método arroja una tasa de error y por tanto los resultados deben tomarse con cautela. El coeficiente no mide directamente la variación geolectal. Solo mide la diferencia de frecuencias de uso y eso se toma como operacionalización, medida indirecta o indicio de variación que, como en los otros casos, presenta un grado de error. Una fuente de error corresponde a nombres propios que pasaron el filtro. En otros casos, encontraremos palabras que son más frecuentes en una u otra región no por variación sino porque designan conceptos propios del lugar, como *andaluces* y *asturianos* en el caso del español peninsular. Ese es un caso distinto al de *boletas*, en donde el concepto es compartido (en España serían *multas* o *facturas*, según el contexto) y lo que varía es la denominación. En la Tabla 14.4, marcamos con *1 los errores del primer tipo y con *2 los del segundo.

El método puede refinarse de distintas maneras para reducir la tasa de error: mejorando la detección de nombres propios, lematizando las formas, calculando la similitud distribucional de las unidades (para determinar por ejemplo si *boleta* y *factura* presentan contextos de ocurrencia similares). Sin embargo, tal como está en esta exposición básica ya presenta un interés para lexicógrafos que trabajan en lenguas con este tipo de variación, como el castellano, el inglés o el árabe, ya que puede ayudar a descubrir variantes reduciendo el esfuerzo del

Tabla 14.4 Primeros 30 candidatos de palabras seleccionadas como típicamente peninsulares y americanas (*1 = nombre propio; *2 = error de otro tipo)

Variante	*Candidatos*
Peninsular	*acb, adsl*2, andaluzas*2, aparcar, aragonesa*2, asturiana*2, benidorm*1, catalanas*2, conseguirás, conselleria, euskera*2, fantasy*2, firmware, fuerteventura*1, habeis, hash*2, hidratante, ikea*1, itv, menorca*1, nvidia*1, pelis, plugins, podáis, pulsando, rtve*1, sabeis, trastero, unicaja*1, upyd*1*
Americana	*amlo*1, boletas, bolivariano*2, campeche*1, catamarca*1, choferes, comodoro*1, contralor, egresos, gremiales, gubernatura, interamericano*2, iquique*1, justicialista*2, kirchnerista*2, macrismo*2, meza*1, montt*1, nicaragüense*2, panistas*2, peñarol*1, pensional, perredista*2, planteles, precandidato, priista*2, priísta*2, priistas*2, relevamiento, seremi*1*

trabajo cualitativo o, al menos, apoyándolo. Para más detalle sobre variación léxica remitimos al capítulo 7 del presente volumen, a cargo de Corbella Díaz, y el capítulo 32, a cargo de Rodríguez González.

4. Conclusiones

En este capítulo se ha intentado ofrecer una síntesis de los temas vinculados con el tema general de la extensión y evolución del vocabulario: la neología, la obsolescencia, el cambio semántico, la variación geográfica y las técnicas y métodos que puede aplicar la lexicografía para dar cuenta del vocabulario en una descripción completa. Es necesario plantear una discusión prospectiva sobre el cambio de mirada epistemológica a que pueden dar lugar estos nuevos desarrollos en la lexicografía moderna, esto es, la idea de una nueva lexicografía cuya tarea no sea la descripción *ex post facto* de hechos observados, sino que proponga un método de descubrimiento de nuevos hechos por medio de la aplicación de las herramientas de la lingüística computacional. Por ejemplo, un método de descubrimiento que acuse la novedad de la aparición de una nueva unidad léxica, ya sea de un nuevo significante, del nuevo significado de un significante ya existente o bien de una nueva combinación de significantes conocidos que juntos producen un nuevo significado o designan (o crean) una nueva realidad.

Se trata, tal como ha quedado visto, de una tarea compleja. Ya el corte sincrónico lo es, y es improbable que se tenga éxito de manera íntegra en la tarea de representar el conjunto de las unidades léxicas de manera completa y en tiempo real. Aun así, se producen avances metodológicos en la lingüística y cada vez disponemos de mejores técnicas para hacer estimaciones precisas. Estas innovaciones metodológicas están acercando a la lingüística el fenómeno del cambio léxico, y le permiten adquirir una mejor descripción y teorización.

Una consideración importante merece la discusión acerca de las ventajas e inconvenientes de las metodologías cualitativa y la cuantitativa ante este objeto de estudio. Las limitaciones del método cualitativo son evidentes: requiere de enorme esfuerzo, tiempo y recursos. Es, además, logísticamente demandante, puesto que hay que coordinar equipos numerosos compuestos por integrantes de diferentes edades, cultura y amplitud de vocabulario. En contraste, la aplicación de metodologías cuantitativas y computacionales garantiza la objetividad, sistematicidad, uniformidad de criterio y coherencia. En este momento histórico, el método científico, el cálculo estadístico y el procesamiento masivo de datos nos abren posibilidades que eran hace poco inimaginables. En todo caso, no es necesario abandonar los métodos cualitativos, pero, como mínimo, ambos métodos deberían aplicarse de manera complementaria.

Bibliografía básica

Cabré (2006); Renouf (2010); Rey (1976); Sablayrolles (2008); Traugott y Dasher (2002)

Bibliografía complementaria

Álvarez de Miranda (2009); Bastuji (1974); Lipka *et al.* (2004); Nazar y Vidal (2010); Tahmasebi *et al.* (2019)

15

La macroestructura del diccionario (Selección del léxico y lematización) (The macrostructure of the dictionary: Lexicon selection and lemmatization)

Guillermo Rojo

1. Introducción

Las tres grandes diferencias entre la lexicografía del siglo XXI y la tradicional son el paso del enfoque prescriptivo a un planteamiento fundamentalmente descriptivo, el empleo generalizado de recursos computacionales (la lexicografía electrónica) y el uso de grandes corpus textuales como fuentes de datos para la selección del lemario, la detección y organización de acepciones y subacepciones, la extracción de entornos sintácticos y coapariciones, la elección de ejemplos reales para la ilustración de significados, etc. En este capítulo nos proponemos analizar dos aspectos especialmente importantes en el trabajo con corpus y escasamente estudiados en español: la selección del léxico y los problemas asociados a la lematización automática que se practica en los corpus de referencia.

Palabras clave: anotación morfosintáctica; lemario; lematización; lexicografía electrónica; lingüística de corpus

Three important changes have occurred in Spanish lexicography in the twenty-first century: the evolution from a prescriptive approach to a more descriptive one; the generalized use of computational resources (electronic lexicography); and the use of big textual corpora. These corpora provide data from which to select the lemmas, identify and organize word senses and sub-senses, extract syntactic patterns and collocations, and select real instances to illustrate meanings, etc. In this chapter, we will two especially important aspects in the field of corpus studies, which up to now have hardly been investigated in the case of Spanish: lexicon selection and the main problems related to automatic lemmatization as practiced in reference corpora.

Keywords: corpus linguistics; electronic lexicography; lemma list; lemmatization; morphosyntactic tagging

DOI: 10.4324/9780429244353-18

2. Perspectiva general

En una sugerente presentación del uso de corpus en las tareas lexicográficas, Kilgarriff (2013, 77–78) identifica tres formas de construir un diccionario: copiar, usar la introspección y analizar datos. Copiar lo que contienen otros diccionarios es un camino que no debe ser infravalorado, pero siempre es de carácter secundario. La introspección es central en tanto que apela al sentido lingüístico del lexicógrafo, pero "does a limited and partial job". Por tanto, nos queda el análisis de datos y, en lexicografía, "the relevant kind of data is a large collection of text: a *corpus*". La visión es seductora, pero no resulta difícil ver que precisa algunos retoques para ajustarse plenamente a la realidad del trabajo lexicográfico. En primer lugar, parece claro que, en las tres vías, que no son excluyentes, se trabaja con datos, aunque, sin duda, de diferentes tipos. Más importante es tener en cuenta que la extracción de datos a partir del contenido de los textos no implica forzosamente el manejo de un corpus en el sentido estricto de la palabra (*cf.* Rojo 2015). La mejor tradición lexicográfica, que en el mundo hispánico se ha dado es la que se constituye fundamentalmente a partir del *Diccionario de autoridades* (1726–1739, en adelante, *DAut*), se basa en el análisis de los datos extraídos de textos seleccionados con diferentes criterios. Lo mismo que sucede en otras disciplinas, también en lexicografía es necesario contraponer la recogida de materiales al estilo tradicional y la que tiene lugar cuando se maneja un corpus. La primera vía —la única utilizable durante varios siglos— tiene la servidumbre de que la extracción no puede ser sistemática y, por tanto, implica una selección que impide tener en cuenta todos los datos relevantes y favorece inevitablemente lo inusual, lo extraño. En el trabajo con corpus, en cambio, la recogida puede hacerse de forma sistemática y, como veremos, tomando en cuenta todos los elementos que el propio corpus puede facilitar acerca de los usos de una palabra.

El uso de corpus en lexicografía es uno de los tres factores que han sido señalados como los grandes causantes de la revolución experimentada por la lexicografía en los últimos años del siglo XX: el paso de una orientación fundamentalmente prescriptiva a una línea descriptiva, el empleo de corpus textuales y la lexicografía electrónica (*cf.* Trap-Jensen 2018). Los dos últimos factores tienen un vínculo evidente con las computadoras. Las computadoras, en efecto, llevan ya bastantes años como elementos decisivos en todos los componentes de cualquier proyecto lexicográfico de importancia.[1] Siguiendo la conocida estructuración de Zgusta (1971b), son fundamentales en la recogida de materiales, así como en la selección, redacción y control de las entradas. A todo ello hay que añadir ahora la composición y difusión del diccionario (o su impresión, si es la línea adoptada).

El uso de corpus textuales es, sin duda, el modo más seguro y adecuado de enfrentarse con la conformación de la macroestructura del diccionario. Es claro que, en este capítulo, el término *macroestructura* tiene que ser utilizado en el sentido de "[c]onjunto de entradas seleccionadas para formar un diccionario" (Martínez de Sousa 1995, *s. v. macroestructura*), "[t]he overall list structure which allows the compiler and the user to locate information in a reference work" (Hartmann y James 1998, *s. v. macrostructure*) o "el conjunto formado por la totalidad de las entradas recogidas y descritas en el diccionario" (Alcaraz Varó y Martínez Linares 2004, *s. v. macroestructura*). Es decir, como sinónimo de nomenclatura o lemario y no en el sentido, también habitual, de "ordenación y tratamiento de las entradas de un diccionario" (Martínez de Sousa, *ibídem*). Es importante tener en cuenta esta duplicidad porque se ha señalado con cierta frecuencia que la lexicografía electrónica supone, entre otras muchas cosas, la pérdida de importancia de algunos elementos fundamentales de la lexicografía tradicional, como la macroestructura (Tarp 2015a, 218), fundamentalmente porque la base de datos lexicográfica contiene los datos estructurados de un cierto modo y la entrada se construye luego en función del diccionario concreto que se vaya a obtener, las características o deseos de cada usuario, etc. A esta tarea de selección del léxico se dedica el apartado 3.

También hay varios significados en *lematización*. En este capítulo es forzoso entenderlo no simplemente en el sentido del "proceso de reducción de las diferentes formas flexivas de una palabra a la forma canónica que se selecciona como lema" (Alcaraz Varó y Martínez Linares 2004, *s. v. lematización*), sino en el que se utiliza en lingüística de corpus y lingüística computacional: "A form of automatic annotation that is closely allied to the identification of parts-of-speech and involves the reduction of the words in a corpus to their respective lexemes" (Baker *et al.* 2006, *s. v. lemmatisation*). Es decir, no se trata tanto de cómo se agrupan las formas en lemas para la construcción del diccionario como de qué problemas plantea la necesidad de realizar la adscripción de formas a lemas mediante procedimientos automáticos. A esta otra tarea se dedica el apartado 4.

Añadir información morfosintáctica y lematizar un corpus supone partir de unos presupuestos y realizar unas tareas que difieren en muchos aspectos de las implicadas en la selección de materiales realizada en la lexicografía tradicional. Resulta por ello de gran interés comparar los lemarios obtenidos por cada una de estas dos vías y a ello se dedica el apartado 5. Finalmente, en el apartado 6 se esbozan las líneas generales por las que se espera que el trabajo realizado en este terreno evolucione durante los próximos años.

3. La selección del léxico

En la primera fase de la práctica lexicográfica tradicional, las decisiones acerca de qué palabras van a ser incluidas en la macroestructura (es decir, en el lemario) de un diccionario se toman básicamente mediante los dos primeros mecanismos mencionados en la sección anterior: la consulta de otros diccionarios y el conocimiento lingüístico (la introspección) de los responsables de la obra. A partir de un cierto momento, que en la tradición hispánica es el representado por el *DAut*,[2] esta tarea se basa fundamentalmente en la documentación: se realiza el despojo de textos para extraer de ellos las palabras que deben figurar en el diccionario y también las citas que ilustran su(s) significado(s), contextos de uso, etc. Así pues, en las obras que se mueven en esta dirección (la de la lexicografía científica) se utilizan los tres mecanismos.

La tercera vía, sin embargo, presenta en su aplicación problemas de muy difícil o incluso imposible resolución. En primer lugar, sin duda, el carácter de los materiales que van a ser despojados. La orientación fundamentalmente prescriptiva hace que en esta fase se atienda sobre todo a "los mejores autores", aquellos que utilizan la lengua "con mayor perfección", etc. Lo cierto es, sin embargo, que este planteamiento inicial suele dar paso, muy pronto, a una perspectiva más abierta, desde la que son incluidos materiales procedentes de autores y obras que no figuran en la selección inicial ni están en el canon, textos que no son sistemáticamente de ficción, etc. de modo que, aunque no se abandone la orientación prescriptiva, el abanico de posibilidades de recogida de material se amplía considerablemente. En el caso, bien conocido, del *DAut*, los académicos fundadores comienzan por establecer una lista de autores y obras de especial relevancia (a su juicio, claro está) en la historia de la cultura española, toman pronto el acuerdo de que si en la lista ha entrado un autor hay que entender que esa decisión se extiende a toda su obra y más tarde la naturaleza de los materiales se amplía para integrar documentos como la *Pragmática de tasas* o el testamento de una señora de Trujillo (*cf.* Lázaro Carreter 1972, Ruhstaller 2000, 203, Álvarez de Miranda 2005, 28, Freixas 2010, Álvarez de Miranda 2016). Es decir, se adopta una línea que, cuando menos, complementa el prescriptivismo con una intención descriptivista e incluso una cierta orientación de corte filológico.[3]

El segundo problema afecta a factores de más difícil solución. Es evidente que el marco tecnológico en que se desarrolla la recogida de materiales (la papeletización) impide que se lleve a cabo el fichado exhaustivo de las obras seleccionadas. De forma sistemática, este tipo de despojo se concentra en aquello que resulta extraño, infrecuente o llamativo y deja desatendido lo que, a ojos de quien está haciendo las fichas, resulta corriente o familiar. Aunque no se refiera estrictamente a la selección de lemas, resulta ilustrativa en este punto la petición de Murray a los *readers* del *Oxford English Dictionary* (*OED*) pidiéndoles que enviaran también citas de palabras corrientes en usos corrientes (*cf.* Rojo 2012) para evitar las distorsiones en la documentación que se estaban produciendo: de la bastante extraña *abusion* los ficheros contenían cincuenta ejemplos, mientras que de la mucho más frecuente *abuse* había únicamente cinco.[4] Esta concentración en lo que resulta más llamativo es, sin duda, una vía por la que se pierden documentaciones de palabras o de usos, puesto que no solemos prestar atención a lo que nos resulta familiar por figurar en nuestro léxico activo. Un caso ilustrativo, a la par que sorprendente, es el constituido por la palabra *biombo* en el *DAut*. Al analizar el tratamiento de los textos de Quevedo en el *DAut*, Álvarez de Miranda (2004) señaló que la entrada correspondiente a *biombo* en el *DAut* va autorizada con una cita de la *Historia de la Nueva España*, de Álvarez de Solís, de 1680, a pesar de que la palabra puede documentarse bastante antes, en concreto, en varios textos de Quevedo. Uno de ellos, utilizado ya por Ayala Manrique en 1729[5] precisamente para incluir esta voz en su vocabulario, es un romance en el que se satiriza la nariz de una dama:

> Si no sois rayos del sol/ni el oriental embeleco/sois biombo de los rostros/de la frente, balsopetos.

Lo verdaderamente curioso del caso es que en la entrada correspondiente a *balsopeto* del *DAut* se utiliza precisamente esta estrofa para documentar esa voz. Esto supone que quien hizo la papeletización de Quevedo tomó nota de la aparición de *balsopetos*, pero no de *biombo*, que está en el verso inmediatamente anterior.

La comparación entre el contenido del *Fichero general de la Real Academia Española* (*FRAE*) con los datos que se pueden extraer de los corpus son también ilustrativos de estas diferencias. Para usar el mismo caso mencionado por Murray, el FRAE contiene 222 papeletas de *abusión* y 359 de *abuso*, mientras que en el *Corpus del Diccionario Histórico de la Lengua Española* (*CDH*) hay 282 y 8252 apariciones, respectivamente. Muchas de las fichas del FRAE proceden del contenido de otros diccionarios, lo cual muestra que este efecto de atención especial a lo inusitado se multiplica con el consecuente crecimiento de la documentación de origen lexicográfico.

La utilización de computadoras para extraer de los textos todas las palabras que los componen supone un giro radical en la organización de los trabajos lexicográficos. En los primeros años, con unas computadoras muy distintas de las que manejamos actualmente, se trabajaba mediante la impresión de listas, índices o concordancias de las formas presentes en cada uno de los textos informatizados, un procedimiento lento e incómodo cuando es contemplado desde la perspectiva actual, pero que en aquel momento fue considerado como un gran avance. El paso de los años supuso mejoras muy importantes en la velocidad y capacidad de las computadoras, lo cual se tradujo en la posibilidad de manejar globalmente la información contenida en un conjunto de textos (es decir, un corpus), obtenerla en tiempo real y, gracias a Internet, sin necesidad de estar físicamente en el mismo lugar en que se encuentra el servidor. Por otro lado, los avances en lingüística computacional permitieron acometer tareas tan importantes como la lematización, la anotación morfosintáctica y, más tarde, la anotación sintáctica y semántica, la obtención automática de coapariciones, n-gramas, expresiones multipalabra, resúmenes de las características sintácticas de las palabras, etc.

El empleo de corpus textuales como fondo en el que basar la macroestructura de un diccionario no soluciona todos los problemas, sino que, como es de esperar, presenta también ciertas variantes de algunos de los tradicionales y plantea otros nuevos. El primero de ellos es, sin duda, el que deriva del hecho de que cualquier corpus es finito y, por tanto, puede estar sesgado, presentar deficiencias en la representatividad o el equilibrio, ruido, etc., todo lo cual repercute en la (falta de) calidad del lemario resultante de su análisis. El largo debate acerca de la representatividad de los corpus y cómo entenderla adecuadamente deja claro que un corpus representativo en el sentido más estricto es un objetivo inalcanzable, pero al que hay que tratar de aproximarse todo lo posible, asegurando, como mínimo, que el corpus está equilibrado y, por tanto, garantiza que los resultados obtenidos de los subcorpus son fiables y no el producto de la simple casualidad derivada del hecho de que haya entrado un texto y no otro. Un corpus bien construido responde a un diseño adecuado a la finalidad con la que se ha organizado y los textos que lo componen están codificados de forma tal que sea posible segmentar las búsquedas o los resultados en función de diferentes características. Por ejemplo, casos como el de *mucosa* mencionado con relación al *British National Corpus* (BNC) (*cf.* Atkins y Rundell 2008, 69, Kilgarriff 2013, 79) se resuelven contrastando su frecuencia, inesperadamente alta, con el número de documentos que contienen esa palabra o bien analizando el tipo al que corresponden (pueden ser todos o casi todos procedentes de textos técnicos de biología o medicina, por ejemplo).

Todo corpus es finito y, en consecuencia, puede estar sesgado en tanto que en algún momento ha sido necesario tomar decisiones acerca de qué tipos de textos y qué textos concretos van a entrar en el corpus y cuáles se van a quedar fuera. Aceptada esta servidumbre, el inevitable sesgo se reduce considerablemente cuidando al máximo el diseño del corpus para que contenga textos de todos los tipos y subtipos en volúmenes que garanticen su equilibrio por un lado y, en la medida de lo posible, aumentando su tamaño.

Conectado con el anterior se encuentra el problema de la configuración estadística de los elementos que componen los textos y, por tanto, también los corpus. Es bien sabido que las frecuencias en los textos y los corpus responden a la ley de Zipf (1935, 1949), según la cual la frecuencia de un elemento que ocupa el puesto x en el rango de frecuencias equivale aproximadamente a la que tiene el de mayor frecuencia partido por x. Es decir, el que aparece en el segundo lugar tiene la mitad de la frecuencia del primero, el que ocupa el décimo puesto tiene la décima parte, etc. Es evidente que las frecuencias disminuyen a gran velocidad a medida que descendemos en la escala, lo cual tiene dos consecuencias de gran interés. En primer lugar, la distribución de frecuencias contiene sistemáticamente unos pocos elementos que aparecen mucho y muchos elementos que aparecen poco o muy poco, lo cual responde también a la llamada ley de Pareto o regla del 80/20, según la cual el 20 % de los elementos (por ejemplo, los ciudadanos de un país) acumula el 80 % de los valores (por ejemplo, la riqueza). En el caso de los elementos léxicos, se puede comprobar que este fenómeno se muestra de modo mucho más radical. Las listas de frecuencias de la versión 0.91 del *Corpus del Español del Siglo XXI* (*CORPES XXI*) indican que los 30 elementos gramaticales más frecuentes suponen en conjunto el 40 % de la totalidad del corpus. Desde una perspectiva distinta, ese mismo porcentaje es el que suman los 20 lemas que tienen una frecuencia normalizada (FN) igual o superior a 5000 casos por millón. Con solo 73 lemas, que son los que tienen una FN igual o superior a 1000 casos por millón, se supera ya el 50 % y, por hacer referencia a la ley de Pareto, con solo los 1991 lemas más frecuentes (con una FN igual o superior a 50 casos por millón) se alcanza el 81,04 % del total del *CORPES XXI*.

La segunda consecuencia resulta también de gran impacto en la construcción y explotación de corpus: hay un altísimo porcentaje de elementos con frecuencia igual a 1, los llamados hápax siguiendo la tradición de los estudios clásicos. La evidencia de este hecho tuvo gran importancia en un contexto en el cual el esfuerzo necesario para aumentar el volumen de los corpus se traducía en un aumento mucho más reducido de las formas (o elementos o lemas) diferentes. Con los datos de una versión ya superada del *CORPES XXI* publicados en Rojo (2017, cuadro 3), pasar de un volumen de unos 16 millones de formas ortográficas (*tokens*) a otro de 239 millones, lo cual supone multiplicar por 15, produce, en el número de formas ortográficas distintas (es decir, de *types*), un aumento equivalente a multiplicar solo por 4,12.

Esta fortísima desproporción se manifestó desde los primeros corpus, lo cual llegó a hacer temer incluso que el incremento de formas nuevas se detuviese a partir de un cierto volumen, con lo que la inversión necesaria para construir corpus cada vez mayores podría resultar cuando menos discutible. Sin embargo, el aumento en el tamaño de los corpus muestra con claridad que eso no es así: el porcentaje de elementos con frecuencia igual a 1 se mantiene estable con independencia del volumen del corpus. Con datos de ese mismo cuadro, el porcentaje de formas ortográficas con frecuencia igual a 1 sobre el total de formas ortográficas distintas (*types*) oscila entre el 39 % y el 43 %, lo cual parece garantizar la entrada continua de formas, lemas y también esquemas sintácticos de uso, significados, etc. a medida que se incrementa el tamaño del corpus.

Evidentemente, este hecho tiene una consecuencia que es necesario tomar en consideración. Si una palabra aparece solo una vez, es claro que solo se encuentra en un texto, de modo que no estaría documentada si ese texto no hubiera entrado en el corpus. Al tiempo, sabemos que la adición de un nuevo texto al corpus producirá la entrada de formas no registradas hasta ese momento. Todo ello produce la incómoda (pero inevitable) sensación que se ha dado en llamar la teoría del texto n + 1 (*cf.* Barra Jover 2001, Torruella 2017, 136, 257–258). Por otro lado, lo que hemos visto acerca de cómo se distribuyen las frecuencias se refiere únicamente a las formas o los lemas, sin tener en cuenta que algo no muy diferente sucede en la distribución de las acepciones de un elemento. Parece claro que, si queremos garantizar la presencia de palabras de frecuencia baja y de acepciones raras incluso en palabras frecuentes, es necesario que los proyectos lexicográficos manejen corpus de, como mínimo, cientos de millones de formas. Se ha planteado incluso la inutilidad de utilizar corpus de este tamaño y sustituirlos por el análisis directo de lo que se puede encontrar en la red. Álvarez Ramos (2015) compara las escasas docenas de casos de la palabra *cachimba* que encuentra en los corpus de referencia del español con las 428 000 páginas indexadas por Google que contenían esa palabra en aquel momento (en octubre de 2019 da 1 820 000), de lo cual concluye que la lexicografía basada en corpus está destinada a desaparecer. No es fácil, sin embargo, convertir lo que puede resultar del análisis de lo que sucede con una palabra en un procedimiento operativo que permita trabajar con todos los elementos con los que hay que enfrentarse a la hora de redactar un diccionario. Además del enorme volumen de datos con los que habría que enfrentarse y del hecho de que los buscadores comerciales dan enlaces a las páginas y no fragmentos de textos, hay otros factores que aconsejan utilizar directamente la red solo para búsquedas complementarias en casos especiales. En primer lugar, los materiales disponibles en la red corresponden mayoritariamente a ciertos tipos (y lo mismo sucede, claro está, con los corpus basados únicamente en materiales tomados de la red, como el *Corpus del Español. Web y Dialectos* (*CdEweb*), de Mark Davies, con lo que tanto su representatividad como su equilibrio están comprometidos. Por otra parte, la construcción de un diccionario requiere también el conocimiento de la distribución de las palabras y sus usos con respecto a parámetros como el país, la época, el tipo de texto, el medio, etc., datos que son en muchos casos imposibles de obtener de los textos a los que se puede acceder en la red.[6] No parece una perspectiva realista para un proyecto lexicográfico conformarse con 100 millones de formas, como propone Hanks (2002, 157). Sinclair (2005, 10) cree que no hay tamaño máximo para un corpus, pero considera que hay que establecer el mínimo, que él, basándose en cálculos sobre coocurrencias, cifra en 200 millones. En sentido similar, Lew estima que ese tamaño podría ser suficiente para estudios sintácticos, pero

> when it comes to lexical facts, a 100-millon-word corpus gives a reasonably accurate picture for at most the 10 thousand most common lexemes. Less frequent items are represented by fewer than 50 occurrences each, which does not provide a strong enough basis for statistically stable generalizations.
>
> *(Lew 2009, 292)*

Con los datos anteriores, parece claro que un corpus de referencia (con cientos o algunos miles de millones de formas) es el recurso más adecuado para formar la base de un proyecto lexicográfico, tanto en lo que respecta a la selección del lemario como a la documentación de las acepciones y subacepciones de una palabra. Por supuesto, esto no excluye la conveniencia de utilizar otros recursos cuando sea necesario, especialmente en el caso de palabras o acepciones de muy escasa frecuencia. Todo ello requiere que el corpus esté bien codificado y haya sido anotado morfosintácticamente y lematizado. La frecuencia con que se documenta un lema es el rasgo más fácil de utilizar como factor de discriminación con respecto a qué elementos deben entrar en el lemario y cuáles pueden quedarse fuera, pero es posible refinarlo considerablemente. En primer lugar, la frecuencia general depende del tamaño del corpus, de modo que es más adecuado usar la frecuencia normalizada (número de apariciones por millón de palabras, por ejemplo)[7] para poder hacer las comparaciones con lo que se da en otros corpus en caso necesario. Pero la gran ventaja consiste en la posibilidad de utilizar la codificación incluida en los metadatos de cada texto para permitir la creación de subcorpus (corpus virtuales) que hagan posible contrastar las frecuencias obtenidas para la totalidad del corpus con las correspondientes a diferentes países, tipos de texto, etc. De la codificación incorporada deriva también una mayor seguridad en la asignación de marcas técnicas, de uso o de frecuencia.

En la selección del léxico que puede formar parte de un diccionario tiene también un papel importante todo lo relacionado con expresiones multipalabra (unidades fraseológicas, locuciones, expresiones complejas, etc.). El análisis de estas unidades es uno de los aspectos sistemáticamente destacados en la lingüística de corpus y el procesamiento del lenguaje natural desde sus mismos orígenes (*cf.* Gantar *et al.* 2019). En una primera aproximación, es evidente que trabajar con un corpus adecuado puede despejar los diferentes aspectos relacionados con la frecuencia, la distribución, los significados, los entornos sintácticos, las coapariciones, etc. de palabras como *saco* o *almacén*, pero también de expresiones como *estar a dos velas* o *de vez en cuando*. La consulta de esta última expresión en el *CORPES XXI*, muestra, por ejemplo, que los datos no justifican que el *Diccionario de la lengua española* (Real Academia Española y Asociación de Academias de la Lengua Española 2014, en adelante, *DLE*) la remita a *de cuando en cuando*, mucho menos utilizada en la actualidad. Puede ayudar también a valorar si *de vez en vez* tiene el carácter literario que le atribuye el *Diccionario fraseológico documentado del español actual* (Seco, Andrés y Ramos 2004, *DFDEA*) y, por supuesto, tomar la decisión acerca de si incluir o no en el lemario una expresión como *de cuando en vez*. Pero hay otros aspectos, menos evidentes que los anteriores, en los que el trabajar con corpus puede resolver problemas de selección del lemario. En primer lugar, los corpus contribuyen a resolver el problema clásico de la identidad de las locuciones (su lematización en cierto sentido de la expresión). En el *DLE*, por ejemplo, figuran, entre muchas otras, la locución adverbial *hasta las narices* y la locución verbal *estar hasta el gorro*. Un análisis superficial del *CORPES XXI* muestra casos del tipo *tener a alguien hasta el gorro* o *acabar hasta el gorro*, que aconsejan reconocer la locución adverbial *hasta el gorro* en lugar de la verbal con *estar*.

Ejemplos como los anteriores ilustran, con expresiones multipalabra, lo que estamos acostumbrados a obtener de los corpus al trabajar con formas o lemas constituidos por una única palabra. Pero los corpus, especialmente si están anotados morfosintácticamente y lematizados, permiten ir bastante más allá y obtener, por ejemplo, todas las secuencias que responden a un determinado esquema formado por elementos léxicos y gramaticales. Por seguir con el ejemplo anterior, la consulta a corpus como el *CORPES XXI* o el *CdEweb* acerca de los casos correspondientes a la estructura *estar* + *hasta* + *artículo* + *sustantivo* devolverá todas las expresiones de este tipo, con la posibilidad de analizar su frecuencia y su distribución y tomar luego una decisión fundamentada acerca de su inclusión en el lemario o su exclusión de él. Por supuesto, será necesario controlar también el significado: *(estar) hasta la bandera*, por ejemplo, es también una unidad fraseológica, pero no pertenece al grupo en el que se encuentran *(estar) hasta el gorro/las narices/los pelos*, etc.

4. La lematización

En una lengua con las características morfológicas y ortográficas del español, la vinculación automática entre las formas tal y como se presentan en los textos resulta un proceso bastante complicado por razones de diferentes tipos. La primera de ellas es, sin duda, la complejidad de su morfología. En general, los verbos tienen cuatro formas en inglés, mientras que en español hay que reconocer y clasificar 59 formas (sin hablar de las compuestas), con tres conjugaciones distintas y una considerable cantidad de modelos diferentes tanto desde el punto de vista estrictamente morfológico como ortográfico (por ejemplo, alternancias puramente ortográficas de *c* y *z* o *j* y *g*, etc.). Añádase a ello todo lo implicado por la multiplicidad de formas producidas por la existencia de aumentativos, diminutivos, superlativos sintéticos, elementos prefijados, adverbios en *-mente*, etc. para tener una idea general del volumen con el que hay que enfrentarse al acometer la lematización automática de un corpus de cientos o miles de millones de formas.

Por otro lado, hay que tener en cuenta también todos los aspectos en los que se producen discrepancias entre la organización ortográfica y la organización gramatical. El más fácil de tratar en español actual es, sin duda, el de las contracciones, que pueden ser reconducidas con facilidad a la pareja de preposición y artículo que las integran. Bastante más complicada resulta la identificación de los elementos enclíticos (*decirme*, *decirlo*, *decírmelo*, etc. frente a *me dijo*, *lo dijo*, *me lo dijo*). No se trata siempre un proceso de segmentación más o menos complejo, sino también de atribución de valores: *llevárselo* puede corresponder a *llevarse algo*, *llevarle algo* o *llevarles algo*). En el enfoque contrario, nos encontramos con todos los fenómenos vinculados a unidades multipalabra de los más diversos tipos (*a pesar de todo*, *ser más lista que el hambre*, *treinta y cinco mil*, etc.).

Sin embargo, no es en fenómenos de este tipo y otros similares el lugar en que residen las mayores dificultades para lematizar y anotar con éxito las formas que integran un corpus, sino en los numerosos y variados casos de homografía que se encuentran en los textos escritos en español. El proceso conocido en lingüística computacional con el escasamente adecuado término *desambiguación* consiste, precisamente, en resolver los casos en los que una forma ortográfica puede recibir dos o más etiquetas o lemas, indicando cuál de ellas es la que corresponde realmente en cada caso concreto. Lo habitual es que la desambiguación "manual" (es decir, la llevada a cabo por una persona experta sobre el resultado obtenido automáticamente) se realice en los corpus de entrenamiento utilizados para extraer de ellos la información estadística que luego permitirá la asignación automática de la etiqueta y el lema correctos. Hay en este terreno casos de naturaleza y consecuencias distintas para el trabajo lexicográfico. Por partir de un ejemplo claro, saber cuándo formas como *decía*, *estaba*, *llegaba*, etc. corresponden a la primera o a la tercera persona del copretérito (o pretérito imperfecto) de indicativo es tarea poco menos que imposible en una buena parte de los casos. Sin embargo, la utilización del corpus con propósitos lexicográficos no se ve afectada por estas dificultades, que no tienen incidencia ni en la asignación de lema ni en el significado. Algo parecido sucede con los casos del tipo *llegamos*, *pensamos*, etc., que pueden ser presentes o pretéritos. Sí son relevantes para el trabajo lexicográfico casos como los representados por secuencias como *buscarla* o *amarillo*, en los que están implicadas dos posibilidades distintas de segmentación y, por tanto, dos (o más) lemas y etiquetas diferentes. *Buscarla* es también un sustantivo que designa un cierto pájaro. *Amarillo* puede ser, además de adjetivo y una forma del verbo *amarillar*, el diminutivo de *amaro* (sustantivo cuando se refiere a una planta y adjetivo cuando es sinónimo de *amargo*). Casos de este tipo, que podrían extenderse bastante, son importantes desde el punto de vista de la organización de los datos y las aplicaciones informáticas, pero no tienen apenas peso cuantitativo y, en consecuencia, no suponen un problema en la práctica. Tampoco pesa demasiado la incómoda coincidencia entre varias formas del verbo *ser* y el verbo *ir* (*fue*, *fuese*, *fueran*, etc.), que deben recibir la misma etiqueta morfosintáctica, pero tienen que ser adscritos a lemas diferentes.

Los problemas que tienen mayor incidencia en la organización de datos que necesita un proyecto lexicográfico son los producidos por las homografías que remiten a distintos lemas y etiquetas. Se trata de casos como los representados por *canto*, *la*, *casa*, *para*, *sobre*, *entre* o *lo*, para citar únicamente algunos de los más frecuentes y que, por tanto, tienen una repercusión más fuerte en los resultados del trabajo que deben realizar las aplicaciones que llevan a cabo la anotación. No se trata simplemente de saber cuántos "lemas" (sin indicación de clase) pueden ser adscritos a dos o más clases de palabras (lemas diferentes, por tanto, en sentido estricto), como sucede con *regular*, que tiene usos como sustantivo, adjetivo, verbo y adverbio. El dato primario está en las formas que pueden ser adscritas a dos o más clases de palabras En la tabla 15.1 figuran los datos correspondientes a la coincidencia de lemas y formas en dos o más clases de palabras distintas, tomando en cuenta únicamente las cuatro de mayor contenido léxico. Para la valoración de las cifras obtenidas es preciso tomar en cuenta por lo menos dos factores de importancia. En primer lugar, la anotación se hace a partir de unos determinados principios, que determinan la adscripción a ciertas clases. El caso más claro es, sin duda, el de la consideración de un gran número de formas como adjetivos o participios, que puede producir una notable cantidad de casos de doble adscripción, puesto que la caracterización como participio supone la inclusión en la clase de los verbos. En segundo término, no se puede olvidar que los análisis automáticos contienen un cierto porcentaje de fallos, que pueden producir adscripciones incorrectas.

La tabla da una idea bastante adecuada de las decisiones que debe adoptar un sistema de anotación automático a la hora de intentar seleccionar la etiqueta adecuada a cada caso de entre las varias que pueden ser atribuidas a la forma aislada. Permite ver también las consecuencias de los dos enfoques posibles. Cuando se trabaja con lemas, lo hacemos en realidad con la forma de cita de los lemas, que es bastante diferente de hacerlo con la totalidad de las formas del paradigma

Tabla 15.1 Número de formas y lemas asignados a más de una clase de palabras en la versión 0.91 del *CORPES XXI*

	Lemas	*Formas*
Sustantivo y adjetivo	10 840	26 296
Adjetivo y verbo	103	7115
Sustantivo, adjetivo y adverbio	66	76
Sustantivo, adjetivo y verbo	46	3132
Sustantivo, adjetivo, verbo y adverbio	1	23

de cada palabra. Esto explica la enorme diferencia que hay en los elementos que pueden recibir caracterizaciones como sustantivo, adjetivo y verbo o adjetivo y verbo. Si trabajamos con los lemas, encontraremos elementos del tipo *anular, ejemplar* o *militar*, no demasiado frecuentes. Al hacerlo con las formas, en cambio, nos encontramos con la doble consideración de adjetivos y participios (verbo, por tanto) por un lado y con la flexión por otro, de modo que aparece una enorme cantidad de casos del tipo *acusado, acusada, acusados, acusadas*, que dan cuatro casos de posible triple adscripción (adjetivo, sustantivo y verbo) que se reducen a doble (adjetivo y sustantivo) si trabajamos con los lemas. Está claro que los datos derivados de la consideración de los lemas son semejantes a los que pueden obtenerse de un diccionario.

5. Comparación de lemarios de corpus y lemarios de diccionarios

No se ha acometido con suficiente intensidad e interés el problema de las diferencias entre el lemario de los diccionarios y el lemario que se obtiene de un corpus del tamaño adecuado al diccionario que se pretende construir. Naturalmente, no todos los diccionarios tienen las mismas características en este punto, pero resultará de utilidad la comparación entre el *DLE* (versión 23.4) y el *CORPES XXI* (versión 0.93). El *DLE* consta de algo más de 93 000 entradas y unas 195 000 acepciones (*cf. DLE*, xi), que han experimentado un cierto aumento con las adiciones incorporadas en las versiones 23.1 (2017), 23.2 (2018), 23.3 (2019) y 23.4 (2020). La versión 0.93 del *CORPES XXI*, constituida por algo más de 330 millones de formas ortográficas, contiene 1 645 285 lemas distintos que se reducen a 185 351 si no tenemos en cuenta nombres propios, cifras ni elementos no identificados, pero sí, en cambio, distinguimos según la pertenencia de distintas formas de cita a diferentes clases de palabras. Estas primeras cifras comparativas dan la impresión de una fortísima discrepancia, pero requieren un análisis más profundo y detenido para poder valorar debidamente las divergencias que se dan entre estos dos tipos diferentes de lemarios.

El primer factor que debe ser despejado se refiere a los nombres propios, tan abundantes en textos de los más diversos tipos y que no forman parte habitualmente de la macroestructura de los diccionarios. El factor siguiente es el que tiene que ver con cifras, fechas, horas y algunos otros elementos de características parecidas. Es evidente que la anotación morfosintáctica y lematización de un corpus exige que estos elementos reciban la caracterización que les corresponde, pero también lo es que su variedad puede distorsionar los datos si no podemos mantenerlos en un grupo convenientemente diferenciado. En una línea próxima, aunque distinta, encontramos el problema creado por los numerales. En el *DLE*, como es lógico, figuran todos los numerales desde cero hasta treinta y, a partir de ahí, únicamente aquellos que permiten la construcción de los complejos (es decir, las decenas hasta noventa, los cientos hasta novecientos y luego mil, millón, billón, trillón). En un corpus, en cambio, hay que identificar e individualizar todos ellos, aunque no sea forzoso asignarles un lema diferente. Si practicamos en el *CORPES XXI* la operación de eliminar todas las cifras y también todos los numerales, el número de lemas (con clase de palabras) distintos se reduce a 181 165.

Otra fuente importante de discrepancia entre los dos tipos de lemario se vincula a cuestiones relacionadas, de distintos modos, con la derivación. En la lexicografía hispánica se han debatido siempre cuestiones como, por ejemplo, qué tratamiento se debe dar a derivados con prefijos como *anti-* o *dis-*, sufijos como *-dor*, los adverbios en *-mente* o incluso los superlativos sintéticos (*cf.* Rojo 2019). Hay argumentos sobradamente conocidos para mantener posturas extremas sobre la presencia de adverbios en *-mente* en los diccionarios, desde defender que figuren todos aquellos que se documenten o surjan de la reflexión de los hablantes nativos hasta incluir únicamente aquellos que tengan un significado no deducible composicionalmente, pasando por una buena cantidad de propuestas intermedias (*cf.* Torner 2013). En un corpus, en cambio, no puede haber duda en este punto: hay que identificar todos aquellos adverbios documentados en los textos. Para valorar la importancia cuantitativa de estos dos enfoques puede contrastarse de nuevo el lemario del *DLE* con el del *CORPES XXI*. Con los datos del *DLE* 23.4, tal como se pueden obtener de *Enclave RAE*, en esa edición figura un total de 2078 acepciones correspondientes a adverbios terminados en *-mente*, que se corresponden con 1768 lemas distintos. En la versión 0.93 del *CORPES XXI* hay 5035 lemas (no acepciones) de carácter adverbial terminados en *-mente*, casi el triple de las que hay en el *DLE*, pero para valorar el dato adecuadamente hay que tener en cuenta que 1434 (el 28,48 %) tienen una frecuencia general igual a 1.

Al hacer la comparación entre lemarios de diccionario y lemarios de corpus es preciso manejar adecuadamente la naturaleza de las entidades implicadas en cada caso. Al hablar de diccionarios se menciona casi siempre del número de entradas y de acepciones, como se hace en el *DLE*, según hemos visto antes. En el lemario de un corpus, en cambio, se tiene en cuenta habitualmente también la clase gramatical, con lo que las comparaciones no pueden ser hechas de forma directa. Con un ejemplo ilustrativo, *regular* puede ser en español actual adjetivo, sustantivo, verbo y adverbio, de modo que, si tenemos en cuenta la clase gramatical, hay cuatro lemas distintos. En el *DLE*, como en la mayor parte de los diccionarios españoles,[8] los significados de *regular* se distribuyen en dos entradas diferentes: una de ellas contiene las acepciones de carácter verbal (5) y la otra integra las acepciones adjetivas (11), sustantivas (2) y adverbiales (1), además de algunas locuciones y expresiones complejas. Así pues, en la organización del *DLE*, *regular* (que puede ser presentado como una única palabra) remite a dos entradas distintas (dos lemas si no se tiene en cuenta la clase de palabras), cuatro lemas (teniendo en cuenta la clase de palabras) y 19 acepciones diferentes (más locuciones y expresiones complejas).

La comparación entre los lemarios incorporados a los diccionarios y los extraídos de corpus puede enfocarse de varias formas distintas, de las cuales nos limitaremos a analizar dos en este capítulo. Como observación general, es evidente que los datos han de ser congruentes, por lo que, de acuerdo con lo señalado en los párrafos anteriores, centraremos la comparación en las cuatro clases centrales para los análisis léxicos (y excluiremos también los abundantísimos numerales presentes en los corpus). El contraste entre los datos de la versión 23.4 del *DLE* y la 0.93 del *CORPES XXI* arroja los resultados que aparecen en la tabla 15.2.[9]

Los datos de la tabla 15.2 son significativos en varios aspectos distintos. En primer lugar, la suma de lemas (comunes y específicos) de estas cuatro clases da unos 186 500 elementos, lo cual constituye una estimación del léxico español que parece ajustada. En el punto siguiente, hay que reconocer que los porcentajes de lemas que figuran en solo uno de estos dos repertorios son muy altos, pero podemos identificar factores que los explican en buena parte. Entre los 95 151 lemas adjetivos, adverbiales, sustantivos y verbales del *CORPES XXI* no incluidos en el *DLE* figuran 58 017 casos de hápax (el 60,97 %), con lo que su ausencia de un diccionario como el *DLE* es perfectamente comprensible. Además, hay que tener en cuenta que la lematización y anotación morfosintáctica automáticas tienen un cierto porcentaje de fallos, de modo que no se puede excluir que una parte

Tabla 15.2 Lemas del *CORPES XXI* 0.93 (adjetivos, adverbiales, sustantivos y verbales, sin distinción de clase) y el *DLE* 23.4

Lemas de *CORPES XXI* 0.93	162 912	
Lemas registrados en *DLE* 23.4	67 761	41,59 %
Lemas no registrados en *DLE* 23.4	95 151	58,40 %
Lemas del *DLE* 23.4	87 496	
Registrados en *CORPES XXI* 0.93	63 777	72,89 %
No registrados en *CORPES XXI* 0.93	23 719	27,11 %

de las discrepancias proceda de ese factor. En sentido contrario, muchos de los 23 719 lemas del *DLE* no documentados en el *CORPES XXI* pueden ser palabras con marcas como "desusado", lo cual explica su ausencia de un corpus que solo contiene textos publicados en el siglo XXI.

La segunda perspectiva tiene que ver con el peso de estas cuatro clases de palabras en los dos tipos de lemarios. En la tabla 15.3 pueden apreciarse los porcentajes que alcanzan en la versión 23.2 del *DLE* y en diferentes cortes del *CORPES XXI* 0.91. Naturalmente, en el caso del *CORPES XXI* se trata de la frecuencia de inventario (*cf.* Rojo 2011), que es la única que se puede contrastar con lo que se aprecia en un diccionario. La inclusión de diferentes cortes del *CORPES XXI* permite observar el posible peso de la frecuencia de los elementos analizados sobre su distribución. Es importante señalar que los datos correspondientes al corpus virtual formado únicamente por los elementos con FN igual o superior a 0,005 (que es el equivalente a un caso por cada 200 millones de elementos) produce un lemario de algo más de 92 500 entradas, es decir, un tamaño semejante al contenido en el *DLE*.

La observación de los datos de la tabla 15.3 proporciona dos resultados claros. El primero muestra los efectos de la consideración de la frecuencia de los elementos sobre la configuración general de los lemarios de corpus. Desde el más general, que toma en cuenta la totalidad del corpus, hasta el más restringido, que se reduce a los elementos que aparecen por término medio una o más veces por millón, hay una línea constante: el porcentaje de verbos va aumentando y las otras tres clases van disminuyendo. Esa tendencia se hace perfectamente visible en la figura 15.1. El segundo, referido más específicamente a lo que aquí nos ocupa, permite

Tabla 15.3 Porcentajes de algunas clases de palabras en el *DLE* y en diferentes cortes del *CORPES XXI* (0.91)

	DLE (aceps.)	*CORPES XXI 0.91 total*	*CORPES XXI 0.91 FN>=0,005*	*CORPES XXI 0,91 FN>=0,05*	*CORPES XXI 0.91 FN>=0,1*	*CORPES XXI 0.91 FN>=1*
Adjetivos	20,35	25,43	25,14	24,87	23,68	22,94
Adverbios	3,40	4,40	4,38	3,79	3,46	3,41
Sustantivos	61,86	62,67	61,71	61,35	58,87	58,05
Verbos	14,38	7,50	8,77	9,99	13,99	15,61
Total	99,99	100,00	100,00	100,00	100,00	100,00

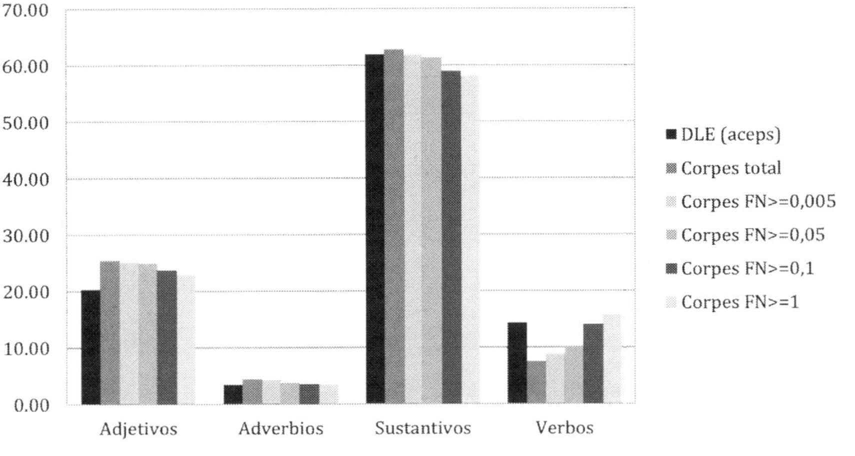

Figura 15.1 Porcentajes de clases de palabras en el *DLE* y en diferentes cortes del *CORPES XXI*.

pensar que la configuración de los dos tipos de recursos no es tan divergente como podrían hacer temer los datos reflejados en la tabla 15.2, pero hay diferencias de cierta consideración, muy especialmente si no tenemos en cuenta los filtros de frecuencia.

6. Desarrollos futuros

Hace ya casi treinta años, Sinclair (1992, 394–395) se refería a algunos desarrollos futuros relacionados con el uso de corpus en lexicografía que, en palabras de Rundell (2012a, 17), deberían facilitar el análisis integral de un corpus e incluir

> components he described as a "collocator" (to identify regularly co-occurring items), a "compounder" (for identifying complex lexical items), a "disambiguator" (for automatic sense disambiguation), and a "tipologiser" (which would classify source texts on the basis of internal linguistic evidence).

No mucho tiempo después, Grefenstette (1998), ante los progresos experimentados por la lexicografía gracias a las computadoras, se preguntaba si habría todavía lexicógrafos en el año 3000. Su respuesta era afirmativa, pero, eso sí, indicaba que estarían dedicados a tareas bastante diferentes de las que desarrollaban tradicionalmente.

Los apartados anteriores han dejado claro que la lexicografía electrónica en general y el uso de corpus textuales en particular han producido una fuerte reconfiguración del trabajo lexicográfico. La utilización sistemática de corpus como fuente fundamental para el establecimiento del lemario, la identificación de significados de las palabras, la detección de coapariciones y su utilización para la adscripción de acepciones, la extracción de ejemplos reales, etc. son posibles gracias a la utilización de corpus de gran tamaño. Todos estos factores positivos van acompañados del inconveniente de que obliga a enfrentarse con miles de casos de una palabra, lo cual sobrecarga extraordinariamente el trabajo de redacción. La vía compensatoria está, naturalmente, en la utilización de recursos que, en la línea de lo indicado por Sinclair, realizan la mayor parte del trabajo previo mediante la clasificación de casos, aproximación a la detección de acepciones, extracción de esquemas sintácticos, selección de ejemplos especialmente ilustrativos, etc. En realidad, lo que Grefenstette proyectaba para el año 3000 puede suceder ya en el 2030, dado que las computadoras siguen evolucionando positivamente en capacidad de memoria y velocidad de procesamiento, de modo que podrán ocuparse de tareas cada vez más complejas.

Algo parecido debería ocurrir con los corpus. No parece que el camino adecuado para la confección de diccionarios esté simplemente en la extracción de datos a partir de lo existente en la red. Los diccionarios requieren una categorización refinada de los textos, lo cual incluye, en el caso del español, conocer el país al que pertenecen, el tipo de texto, su área temática, etc. Los corpus de referencia, muy caros y no demasiado rentables en los primeros tiempos (*cf.* Rundell 2012a, 18–19), pueden alcanzar ahora, con unos costes asumibles, volúmenes de miles de millones de formas y seguir enriqueciendo los textos con toda la anotación externa requerida. Ese es, en mi opinión, el camino que habrá que seguir en los próximos años.

Notas

1 En palabras de Hanks (2009, 235), "corpus evidence has had, is having and will continue to have a revolutioning effect on lexicography".

2 Rundell (2012a, 17) ha señalado que en el *Dictionary of the English Language*, de Johnson (1755), se dan ya los que siguen siendo grandes rasgos de la lexicografía científica: extracción de datos de los textos originales, reconocimiento de distintas acepciones, ilustración de los significados mediante ejemplos y

transición de la orientación prescriptiva (los buenos escritores, etc.) a la descriptiva. Todos estos rasgos se dan, plenamente conformados, en el *DAut*, treinta años anterior a la obra de Johnson.

3 Por supuesto, la tensión existe siempre. Florit Durán (2001) se refiere al mal trato que en el *DAut* se da a la obra de Tirso de Molina y considera que se debe al espíritu abierto del autor, escasamente compatible con la orientación ortodoxa de los académicos. El efecto de las fobias y filias sobre los autores puede o-bservarse también en el cambiante número de citas que diferentes autores tienen en los distintos volúmenes del *DAut* (*cf.* Rojo 2014).

4 En 1948, cuando puso en marcha la nueva edición del *Diccionario histórico*, la Real Academia Española publicó una solicitud de ayuda similar a esta. En un folleto firmado por su secretario, que era entonces Julio Casares, pedía la colaboración de todas las personas interesadas en el idioma. Entre diversas indicaciones prácticas señalaba que

> [s]alvo en los casos especiales, la busca no se ha de limitar a determinada categoría de expresiones. Importan mucho, naturalmente, las palabras inusitadas y los neologismos nacientes; pero interesan también, especialmente en ciertos casos, los vocablos y fórmulas usuales; como "perro", "maleta", "usted", "desde", "para", "de buenas a primeras", "¡hola!", etc.
>
> *(RAE 1948, 2)*

5 Además de este dato, aportado por Álvarez de Miranda, el *Nuevo tesoro lexicográfico de la lengua española* (*NTLLE*) muestra que la palabra había sido incluida ya en el *Thesaurus utriusque linguae hispanae et latinae* de Baltasar Henríquez (1679) y el *Diccionario nuevo de la lengua española y francesa* de Francisco Sobrino (1705).

6 En efecto, los datos que se pueden conseguir automáticamente proceden del dominio (.es para España, etc.) o de la situación física del servidor que contiene la página. Ninguno de estos dos tipos de datos proporciona seguridad acerca de la adscripción geográfica de los textos.

7 Trabajar con el número de apariciones por millón (o cualquier otra cifra adecuada a estos propósitos) es una operación equivalente a hacerlo con porcentajes. La razón de emplear frecuencias normalizadas basadas en casos por millón reside simplemente en la comodidad para el manejo y comprensión de las cifras que hay que manejar. Hacerlo con porcentajes nos obligaría a hacer referencias continuas a cifras del tipo 0,00001 % y similares, difíciles de asimilar y valorar adecuadamente.

8 La primera edición del *Diccionario de uso del español* (Moliner 1966–1967, *DUE*) es la excepción más conocida. Todos los usos están bajo una entrada única (que, por cierto, aparece en la organización alfabética bajo *regir*). Esta organización fue modificada en las ediciones posteriores. También hay una única entrada en el diccionario *Clave*.

9 Debe tenerse en cuenta que los datos del *DLE* que figuran aquí no son los que proporciona Enclave RAE, que cuenta todas las acepciones. Aquí han sido unificadas, de modo que, con el ejemplo anterior, *regular* cuenta cuatro veces, una por clase, y no diecinueve.

Bibliografía básica

Hanks 2009; Kilgarriff 2013l Rojo 2017

Bibliografía complementaria

Sinclair 1991; Rundell 2012a; Szudarski 2018

16

La entrada lexicográfica en el diccionario monolingüe (The lexicographical entry in the monolingual dictionary)

Joan Soler Bou

1. Introducción

El presupuesto de base de este capítulo es que la descripción lexicográfica en general, y en particular la de los diccionarios monolingües, debe aspirar a reflejar la estructura del léxico. Si relacionamos esta hipótesis con los actuales sistemas de organización y gestión del trabajo lexicográfico, cabe señalar que el diccionario puede concebirse como una cierta *estructura de datos* que trasciende los distintos formatos de presentación (diccionarios en papel, diccionarios *online*, diccionarios electrónicos, etc.) en que se suelen difundir este tipo de obras. Buena parte de la tarea de planificación de un diccionario consiste, pues, en determinar y hacer explícita esta estructura, definiendo y acotando las propiedades de sus elementos y de las relaciones que contraen entre ellos. La disposición y el formato que adquirirán estos elementos en su concreción como producto lexicográfico son, en cierto modo, contingentes.

De acuerdo con la distinción clásica entre macroestructura y microestructura, podemos partir de la constatación de que la entrada lexicográfica articula los dos ejes fundamentales de organización del diccionario monolingüe: el eje macroestructural y el eje microestructural. Por lo tanto, abordaremos sumariamente la cuestión de la delimitación de las unidades de análisis que, conocidas mediante denominaciones diversas (*lemas, voces, entradas léxicas*, etc.), conforman la macroestructura del diccionario.

En la presentación de la microestructura, más compleja, se abordarán los criterios a partir de los cuales pueden distinguirse y ordenarse las distintas "acepciones" de las entradas; se tratarán, a través de su concreción en los diferentes elementos estructurales de la acepción, los aspectos paradigmáticos y sintagmáticos de la descripción del significado léxico, así como el papel que desarrolla cada uno de estos elementos en cuanto a las funciones activa y pasiva (o dicho de otro modo, codificadora y descodificadora) del diccionario monolingüe. De entre todos los elementos estructurales, se pondrá un especial interés en la presentación de ciertas cuestiones relacionadas con la estructura, las propiedades y la tipología de la definición lexicográfica, en que se tratarán ciertos problemas de adecuación descriptiva y ciertos problemas metodológicos (circularidad, redundancia) que se asocian al uso del lenguaje natural como metalengua de descripción del léxico.

Palabras clave: acepción; combinaciones léxicas; definición; entrada; metalengua de definición

DOI: 10.4324/9780429244353-19

The hypothesis of this chapter is that lexicographical description, particularly in monolingual dictionaries, should aim to reflect the structure of the lexicon. If we relate this hypothesis to the current systems of organisation and management of lexicographic work, we can assume that the dictionary must be conceived as a data structure that goes beyond the different presentation formats (paper, online, electronic dictionaries, etc.). Thus, the most important part of the task of planning a dictionary consists in determining and making this structure explicit, defining and limiting the properties of its elements and the links between them. The organization and format that these elements will take in a specific lexicographical product are, in a way, contingent.

According to the classic distinction between macrostructure and microstructure, we start from the assumption that the lexicographic entry articulates the two fundamental axes (macrostructural and microstrutural) of organization in the monolingual dictionary. Therefore, we briefly address the question of the delimitation of the units of analysis, which are known by different denominations in Spanish (*lemas, voces, entradas léxicas*, etc.), and make up the macrostructure of the dictionary.

In the presentation of the microstructure (which is more complex), we address the criteria from which the different "meanings" can be distinguished and sorted. We examine the different structural elements of the meaning: both paradigmatic and syntagmatic, as well as the role that these elements play in terms of the active and passive functions (or in other words, *encoding* and *decoding* functions) of the monolingual dictionary. We focus on issues related to the structure, properties and typology of the lexicographic definition, and address the problems of descriptive inadequacy, circularity and redundancy that are associated with the use of natural language as a metalanguage of description of the lexicon.

Keywords: definition; entry; lexical combinations; metalanguage of definition; sense

2. Entrada lexicográfica y entrada léxica

En el ámbito de la lexicografía del español, existe una cierta polémica denominativa sobre el término *entrada lexicográfica*, que figura en el título de esta contribución, y que ha sido visto como un calco del inglés *entry* (Martínez de Sousa 1995, 180–181) de adopción más o menos reciente.[1]

En el presente trabajo usaré *entrada lexicográfica* o, simplemente, *entrada* para referirme a la unidad estructural en la que se integran las informaciones lexicográficas. Por otra parte, usaré *entrada léxica* para referirme al elemento estructural que también suele denominarse *lema, voz, cabecera, palabra-clave, encabezamiento*, etc.[2]

La entrada lexicográfica es un elemento complejo en que concurren la macroestructura y la microestructura; es el resultado de la aplicación de una serie de criterios de orden lingüístico que dividen el conjunto del léxico en una serie finita de unidades o de entradas léxicas que constituyen el objeto de descripción de la lexicografía. El concepto de macroestructura ha sido objeto de varias definiciones, no siempre coincidentes (Wiegand 2013, 74–78); pero en términos generales puede decirse que es el conjunto de estas entradas léxicas lo que conforma la macroestructura del diccionario; y que cada una de estas entradas léxicas es el elemento que introduce la entrada lexicográfica propiamente dicha, que se desarrolla de acuerdo con los criterios de la microestructura del diccionario.

Cuando se evoca la idea de un diccionario monolingüe, suele concretarse en un objeto en forma de libro, que contiene diferentes tipos de informaciones, tanto explícitas como implícitas, sobre el léxico. Estas informaciones se descodifican a partir de cierto conocimiento previo del objeto llamado diccionario, y también a partir de la presentación, guía de utilización, etc. aportados por los autores del diccionario. La posición de las informaciones, su tratamiento tipográfico, la formulación de las definiciones, la presencia o ausencia de marcas, etc. conforman un conjunto organizado de datos relacionados e interdependientes.

Este conjunto organizado y estructurado conforma, a su vez, una estructura de datos que subyace a la forma externa que adopta el diccionario en sus diferentes soportes (bibliográfico, electrónico, en línea, etc.). La disposición y el formato concretos que adquieran no forman parte intrínseca de la labor de descripción lexicográfica. Por lo tanto, la tarea lexicográfica (la redacción de un diccionario, por decirlo de un modo más concreto) es una actividad fundamentalmente lingüística, no editorial.

Sean cuales sean su forma concreta y sus particularidades, un diccionario monolingüe reúne un gran número de datos sobre el léxico. Esto le confiere la condición de repertorio analítico, exhaustivo y pormenorizado del léxico de una lengua. En cierto modo, puede decirse que, para la mejora y el progreso de la técnica de elaboración de diccionarios, la descripción lexicográfica en general, y en particular la de los diccionarios monolingües, debe aspirar a reflejar la estructura del léxico de la lengua, se inscriba o no en un marco teórico concreto.

3. Estructura del léxico y estructura del diccionario

Planificar un diccionario monolingüe equivale a determinar su estructura en términos de elementos, propiedades y relaciones, así como definir los criterios de tratamiento e interpretación de sus fuentes directas (corpus de referencia, en el mejor de los casos) e indirectas (otros diccionarios). Las características generales y los matices que resulten de este proceso darán forma a la entrada lexicográfica.

Las diferencias externas entre diccionarios no se explican únicamente por preferencias meramente editoriales sino que, en último término, tienen su origen en el mismo modelo de descripción que, a su vez, se basa en determinadas asunciones teóricas.

Un ejemplo bastante claro de lo que quiero decir se encuentra en la división del léxico en unidades. Todo diccionario posee una serie de criterios más o menos estables para el establecimiento y diferenciación de sus entradas léxicas. Esta tarea es coincidente, al menos en parte, con los análisis de la lingüística por lo que respecta a la organización del componente léxico y los criterios de determinación de sus unidades.

Aunque, al margen de esta coincidencia fundamental, los diccionarios tradicionales suelen recurrir, como veremos, a criterios difíciles de sustentar en un análisis científico de los hechos —la distinción fáctica que realizan los diccionarios entre *homonimia* y *polisemia* (Clavería 2000) puede ser un ejemplo de ello—, puede aducirse en favor del análisis lexicográfico que cada vez más va depurando sus métodos sobre bases teóricas más rigurosas y una fundamentación metodológica más estricta (Seco 1988).

Podemos asumir, junto con Seco (1995, 31), que los criterios que idealmente deberían informar el diccionario monolingüe son de base eminentemente sincrónica, ya que los criterios diacrónicos (la información etimológica, fundamentalmente) son propios de los diccionarios históricos. Además, la combinación de análisis diacrónicos y sincrónicos puede verse como un problema en el sentido metodológico y práctico. Habitualmente, da lugar a que los distintos diccionarios apliquen soluciones divergentes en el tratamiento de un mismo caso, lo que conduce frecuentemente al lector a cierta perplejidad. Finalmente, la falta de espacio en los diccionarios sincrónicos para la inclusión de precisiones que resultan de gran importancia en los análisis diacrónicos (Gutiérrez Cuadrado 2006) implica inconvenientes añadidos.

4. La estructura de la entrada lexicográfica

A grandes rasgos, las informaciones contenidas en la entrada lexicográfica pueden dividirse en dos clases fundamentales: por una parte, aquellas que hacen referencia a la totalidad del *signo lingüístico* (expresión y contenido) correspondiente a la entrada léxica (tales como la categoría gramatical de la entrada, modelo flexivo, etimología, nivel de uso, área de conocimiento, etc.) y, por otra parte, las que se refieren exclusivamente al *contenido* de la misma, es decir, a la explicitación de su descripción semántica. Esta distinción ha sido tratada desde distintos puntos de vista; Rey-Debove (1971, 171–172), partiendo de la base del estudio semiótico del diccionario, determina que el diccionario organiza sus informaciones a través de dos ejes metalingüísticos fundamentales: la *metalengua de signo* y la *metalengua de contenido* (referida a la explicitación del significado conceptual). Por otra parte, y en el ámbito hispánico, Seco (1978, 25–33) introduce la denominación de *primer* y *segundo enunciado* de la entrada lexicográfica para referirse a cada una de estas dos predicaciones, diferentes en cuanto a nivel de información y en cuanto a forma.

Entre las informaciones que conforman la entrada lexicográfica puede hacerse otra distinción estructural, en gran medida relacionada con la que acabo de exponer, entre aquellas que se refieren a la macroestructura (es decir, a la entrada léxica), por una parte, y las que se refieren a la microestructura (es decir, a la descripción de cada uno de los usos de la entrada léxica), por otra. Las primeras tienen como elemento fundamental de descripción el elemento léxico propiamente dicho (o bien una subentrada, en el caso de locuciones y fraseología), mientras que las segundas se refieren a las acepciones, a los usos particulares que describen conjuntamente la entrada.

Según el tipo de diccionario, las informaciones macroestructurales pueden ser mínimas (por ejemplo en el *Diccionario Salamanca de la lengua española*, 1996, en adelante, *DSal*), pero al menos deben contener cierto número de informaciones que permitan al usuario distinguir una determinada entrada léxica de todas las restantes. Frecuentemente, estas informaciones pueden complementarse, según el diccionario concreto de que se trate, con etimologías, variantes gráficas, pautas de pronunciación, división silábica, etc.

Los elementos concurrentes en la caracterización de las acepciones, por otra parte, tienen por objeto describir cada uno de los usos concretos en que la entrada léxica puede manifestarse. Las acepciones se caracterizan por ser un elemento estructural de carácter iterativo, cuyo número depende de la diversidad de significados y de valores de la entrada léxica descrita. Las acepciones, además, pueden no referirse de modo directo a la entrada léxica, sino a una subentrada, que forma parte de la microestructura. En ambos casos, el contenido de las acepciones suele ser análogo.

Por otra parte, según el diccionario concreto, puede haber cierta superposición entre las informaciones relativas a la entrada y las informaciones de las acepciones. Esta superposición depende en último término de los criterios de división de entradas. Por ejemplo, determinadas acepciones del diccionario pueden estar encabezadas por una categoría gramatical, cuando esta no coincide en algún aspecto con la que se expresa en la entrada léxica.

5. La organización macroestructural

Independientemente de cada diccionario concreto, existe una serie limitada de elementos siempre relevantes en la delimitación de las entradas léxicas (Allén 1981). Al menos tres de estos elementos se usan (aunque con ciertos matices de diferenciación) en todos los diccionarios hispánicos:

a) La forma "canónica" de la entrada
b) La categoría gramatical de la entrada
c) El modelo de flexión de la entrada

Partiendo exclusivamente de estos tres elementos podríamos determinar que, formalmente, una entrada léxica se caracterizaría por ser una combinación única de los tres, y que, por lo tanto, cualquier variación en cualquiera de ellos origina necesariamente una nueva entrada.

Este principio básico podría matizarse; por ejemplo, en el caso de la consideración de ciertas pautas de "combinabilidad" de las entradas léxicas, lo cual permite, por ejemplo, diferenciar casos como *policía m* y *f* 'agente de policía' y *policía f* 'cuerpo de policía' (*cf.* más adelante, en este mismo apartado).

Pero los diccionarios suelen determinar, debido a la tradición de ciertas praxis, criterios ulteriores a partir de los cuales se establecen diferenciaciones entre dos entradas que mantienen identidad entre los tres elementos citados. Ello implica la introducción de criterios que distinguen entre homonimia (dos entradas) y polisemia (una entrada) en elementos léxicos que no presentan diferencias en los tres factores señalados. Es cierto que en determinados casos la aplicación de estos criterios puede sustentarse en la estructura morfológica interna de las palabras y, por lo tanto, justificarse sobre bases sincrónicas (ejemplos tomados del *Diccionario de la lengua española*, Real Academia Española y Asociación de Academias de la Lengua Española 2014, en adelante, *DLE*):

> **recatar**[1] tr. Encubrir u ocultar lo que no se quiere que se vea o se sepa.
> **recatar**[2] tr. Catar por segunda vez.

Aplicado con rigor, un análisis de este tipo produciría un resultado más o menos homogéneo en la determinación de las unidades de la nomenclatura, pero los diccionarios suelen aplicar frecuentemente soluciones divergentes con este planteamiento, lo cual no deja de ser un problema originado por la introducción de criterios de diferenciación que no pueden sustentarse sincrónicamente, y que exigen recurrir a la consideración de la etimología:

> **satírico**[1], **ca**. (. . .) adj. Perteneciente o relativo a la sátira.
> **satírico**[2], **ca**. (. . .) adj. Perteneciente o relativo al sátiro.
>
> *(*DLE*)*

Otra cuestión, más compleja, es si podemos establecer una distinción entre homonimia y polisemia sobre bases exclusivamente sincrónicas (Apresjan 2000). En efecto, del análisis de determinados fenómenos semánticos se deduce la existencia de numerosas regularidades (la mayor parte de las metonimias, cierto tipo de metáforas, etc.) que son manifestaciones de la realidad polisémica de las palabras. Pero restringir la polisemia a este tipo de fenómenos obligaría *de facto* al lexicógrafo a tratar como factores de diferenciación léxica el resto de diferencias semánticas.

La división en entradas del conjunto léxico también genera divergencias entre diccionarios distintos por el efecto inverso al anterior, es decir, por la acumulación en una misma entrada de informaciones que, de acuerdo con un análisis más formalizado, serían susceptibles de figurar en entradas distintas.

No me refiero aquí a los casos de regularidades que la lexicografía ha tratado tradicionalmente de modo regular en una misma entrada, como por ejemplo los sustantivos de referente sexuado, que se realizan tanto en masculino como en femenino, denotando en cada caso el sexo del referente (como *arquitecto m*, *arquitecta f*; *trapecista m* y *f*, etc.), o bien los sustantivos de referente no sexuado, que pueden realizarse en cualquiera de los dos géneros (como *mar m* o *f*); nótese que el tratamiento unitario de estos casos pone de relieve una regularidad semántica que no existe en el caso de *cesto m* y *cesta f* o de *coma m* y *coma f*.

Me refiero, contrariamente, a casos en los que no resulta difícil encontrar profundas divergencias entre los diccionarios monolingües del español. Tomemos por ejemplo los casos de *derivado, -da, adj* 'que se obtiene por derivación', *derivado m* 'producto derivado' y *derivada f* 'variación de una función matemática'. En el diccionario académico (*DLE*) y en el *Diccionario del español actual* (Seco, Andrés y Ramos 1999, en adelante, *DEA*), las informaciones relativas a estas tres entradas se tratan en la microestructura de la entrada correspondiente al adjetivo; mientras que en el *DSal* y el *Diccionario de la lengua española Lema* (2001, en adelante, *Lema*) las informaciones se dividen en dos entradas: una relativa al sustantivo femenino y otra para el resto de los casos. Ningún diccionario, por otra parte, identifica de modo separado las tres unidades.

Sin duda, estas diferencias son imputables a la fuerte influencia de la tradición lexicográfica, sobre todo de la de origen académico, frente a los análisis más fundamentados metodológicamente; pero cabe señalar que esta división en entradas y esta disposición de la información implica la reducción al ámbito de la microestructura de ciertos fenómenos que se producen en el nivel léxico. Esto puede producir cierta perplejidad en el usuario, que encontrará *economía f* como entrada del diccionario, pero que tendrá que localizar la información correspondiente a *física f* o *química f* dentro de la microestructura de los correspondientes adjetivos *físico, -ca adj* y *químico, -ca adj*.

Este tipo de convencionalismos implica que existen categorías gramaticales "combinables" entre sí dentro de la microestructura del artículo. Las combinaciones estan determinadas por la tradición lexicográfica, aunque a veces es difícil determinar su alcance en casos concretos: en el *DSal*, el *Clave* y el *Lema*, por ejemplo, la entrada *contra prep* contiene la información relativa a *contra* (nombre masculino) 'dificultad, inconveniente' y a *contra* (nombre femenino) 'contrarrevolución, contraataque, etc.' (*DSal, Clave, Lema, s. v. contra*); en cambio, esta solución no se ha extendido a otros casos similares como el de *cantar v* y *cantar m*, que son tratados como entradas separadas.

6. Informaciones microestructurales

El cuerpo de la entrada lexicográfica, que es exponente de la microstructura del diccionario, tiene como cometido principal la descripción de todos los aspectos lingüísticos pertinentes para la caracterización global de todos los usos relacionados con la palabra descrita. Se organiza en una serie de elementos denominados habitualmente *acepciones*, cada una de las cuales caracteriza un uso particular.

El lexicógrafo, en principio, parte del análisis de los contextos en que se usa la entrada léxica para la determinación de las distintas acepciones. Muy frecuentemente los diferentes significados van acompañados de diferencias en el orden sintagmático (diferentes colocaciones, selección de complementos, régimen, características semánticas del entorno, etc.); en el orden propiamente semántico pueden ser determinables a partir de pruebas conceptuales (Cruse 2000a) basadas en el antagonismo entre sentidos; estas pruebas permiten la detección de fenómenos polisémicos sobre bases semánticas: como la inviabilidad de una frase del tipo *María y su carnet de conducir expiraron ayer*, causada por la presencia de dos acepciones distintas en un mismo contexto; o bien la selección de distintas relaciones de oposición, como en *negativo*, que en la acepción "que indica o expresa negación o sirve para negar" se opone a *afirmativo*, mientras que en la acepción "que produce algún daño o perjuicio o resulta desfavorable para algo" se opone a *positivo* (*Lema, s. v. negativo*).

6.1. Ordenación de las acepciones

Una de las cuestiones que más habitualmente se trata en la exposición de criterios lexicográficos es justamente la que hace referencia a la ordenación de acepciones. En los diccionarios históricos no se objeta que el orden debe estar determinado por criterios diacrónicos; pero en el caso de los diccionarios de tipo sincrónico la asunción de que el orden de las acepciones debe estar determinado por la frecuencia parece más discutible, si nos atenemos a la realidad de la praxis de los diccionarios. Habitualmente, ciertos diccionarios anteponen al criterio de la frecuencia (difícil de determinar si no se cuenta previamente con un corpus de referencia) el criterio "lógico" de relación con el definido. Por ejemplo, el *DLE* sitúa como primera acepción de la entrada *encestar* *v* "poner, recoger, guardar algo en una cesta", y en segundo lugar "(en baloncesto) introducir el balón en el cesto contrario". El *DSal*, por otra parte, desestima la primera acepción y sitúa en primer lugar la referida al baloncesto, que es la que aparece en los corpus de manera prácticamente exclusiva, junto a la de matiz coloquial "meter (una cosa) al lanzarla en (un recipiente)" (*DSal*, *s. v. encestar*).

La resistencia de los diccionarios monolingües a la aplicación de criterios puramente frecuenciales puede verse fácilmente en el tratamiento de acepciones que corresponden a usos metafóricos o figurados como el de *abordar* 'empezar a hacer una cosa determinada', que suele situarse detrás de las acepciones supuestamente "rectas" como '[una embarcación] acercarse [a otra] hasta tocarla' (*DLE*, *DEA*, *Clave*, *DSal*, *Lema*, etc., *s. v. abordar*).

Además, es habitual que determinados diccionarios establezcan grupos de acepciones mediante la agrupación, en dos o más niveles de profundidad, de las acepciones que guardan entre sí algún tipo de relación (de tipo metonímico o metafórico, por ejemplo) o de parecido semántico (identidad o proximidad de clase semántica). Se establece así una distinción implícita entre grupos de acepciones (que son los que en este caso deben ser objeto de ordenación) y las acepciones propiamente dichas. Esta agrupación de acepciones consiste, de hecho, en un ciclo secundario de ordenación (que puede identificarse con el criterio lógico), y permite organizar el ciclo primario sobre el criterio frecuencial.

6.2. La formulación del significado de la entrada léxica: la definición lexicográfica

En el diccionario monolingüe, la definición es el elemento nuclear de la acepción, hasta el punto de que el resto de elementos se justifican, en general, por la necesidad de interpretarla correctamente, o bien para completar sus carencias.

Una de las características más remarcables de la definición en los diccionarios convencionales es que esta se expresa en la misma lengua natural que pretende describir, lo cual hace inevitable la presencia en los diccionarios de cierto tipo de circularidad entre los elementos usados como metalengua de descripción, es decir, entre las unidades del vocabulario definidor.

La definición lexicográfica puede revestir diferentes formas, y ha sido objeto de clasificaciones de distinto tipo (Bosque 1982; Martin 1983; Porto Dapena 2014), que no trataré extensivamente aquí.

La paráfrasis definidora propia, que puede entenderse como la definición lexicográfica por antonomasia, consiste en una explicitación del significado del definido que excluye la presencia de informaciones impropias, ya sean de tipo enciclopédico o de tipo metalingüístico. La característica fundamental de este tipo de definiciones es que guardan una relación de sinonimia con el definido, de modo que pueden sustituirlo en cualquiera de sus contextos de uso. Esto puede conseguirse de dos maneras: con la definición mediante un término sinónimo (definición sintética), o bien mediante la formulación de una paràfrasis compleja, es decir, un sintagma que constituye un análisis del término definido y que mantiene con este una relación de sinonimia (definición analítica). Entre las definiciones propias, cabe destacar tambien la *definición formularia* con la que los diccionarios suelen dar cuenta de ciertas regularidades morfológicas, como por ejemplo: *Acción de* [V], para los nombres deverbales de acción; *Con* [N], para los adverbios en *-mente*; etc.

Al tratar de la definición analítica como enunciado es casi inevitable hacer referencia a los conceptos aristotélicos de *genus* (género próximo, o elemento léxico hiperónimo del definido, cuyo papel en la definición es introducir la caracterización semántica principal) y de *differentia* (formulación de los rasgos que caracterizan exclusivamente al definido, en contraposición al *genus*). Así, en las siguientes definiciones del *Diccionario del español de México* (2019, en delante *DEM2*), 'mesa' y 'traer' aportan respectivamente la caracterización semántica principal de *restirador* y de *jalar*, de modo que podemos decir que 'un restirador *es un tipo* de mesa', y que 'jalar *es una manera de* traer'; por otra parte, el resto de la definición ("alta, de superficie amplia y generalmente inclinada, etc." y "hacia uno alguna cosa tomándola", etc.) expresa en cada caso los rasgos diferenciales que existen entre los elementos definidores 'mesa' y 'traer', y el significado específico de los definidos:

> **restirador** *m.* Mesa alta, de superficie amplia y generalmente inclinada, o capaz de inclinarse en diversos ángulos, que utilizan los dibujantes y arquitectos para colocar el papel sobre el que trabajan.
> **jalar** *v.* Traer hacia uno alguna cosa tomándola o cogiéndola de alguna de sus partes.

Pero, aunque con demasiada frecuencia se ha querido identificar la definición lexicográfica propia con la definición mediante *genus* y *differentia*, debe señalarse que esa no es más que una de las posibilidades de concreción de este elemento estructural. De acuerdo con Ilson (1987, 71), podemos caracterizar los diferentes tipos de definiciones si partimos de la base de que una definición lexicográfica presenta de manera ordenada una serie de informaciones que caracterizan el definido desde el punto de vista sintáctico y semántico. Además, puede añadirse que esta caracterización se realiza mediante dos tipos de información: primaria y secundaria. Así, toda definición lexicográfica consta de los siguientes componentes:

- **Sint$_1$**: la categorización sintáctica del definido: *nombre*, *verbo*, etc.
- **Sint$_2$**: la subcategorización sintáctica del definido: *transitivo*, *intransitivo*, etc. para los verbos; *contable/no contable*, para los nombres, etc.
- **Sem$_1$**: la categorización semántica del definido: "enero es un *mes* del año".
- **Sem$_2$**: la subcategorización semántica del definido: "enero es el *primer* mes del año".

Estos cuatro elementos pueden aparecer de forma aislada o combinada; de modo que en una definición sintética (o sinonímica) los elementos Sint$_1$, Sint$_2$, Sem$_1$ y Sem$_2$ se concentran en un solo constituyente (el sinónimo), es decir:

> **silente:** [Silencioso]$_{\text{Sint, Sem}}$

En las definiciones no sintéticas, los mismos cuatro elementos se distribuyen de acuerdo con la manera como se combinan los diferentes constituyentes de la definición. Si la combinación de estos elementos mantiene concentrados en un solo constituyente el Sint$_1$ y el Sem$_1$, nos encontramos ante una definición *analítica* (definición por *hiperónimo*):

silletazo: $[\text{Golpe}]_{\text{Sint, Sem1}}$ $[\text{dado con una silla}]_{\text{Sem2}}$
fisonomía: $[\text{Aspecto}]_{\text{Sint1, Sem1}}$ $[\text{del rostro}]_{\text{Sem2}}$ $[\text{de una persona}]_{\text{Sint2}}$

Pero también puede darse el caso que Sint_1 y Sem1 se presenten en grupos distintos; en este caso Ilson (1987) considera estas definiciones *formularias*:

fertilizar: $[\text{Hacer}]_{\text{Sint}}$ $[\text{fértil}]_{\text{Sem}}$
exasperación: $[\text{Acción y resultado de}]_{\text{Sint}}$ $[\text{exasperar o exasperarse}]_{\text{Sem}}$
ferviente: $[\text{Que tiene}]_{\text{Sint}}$ $[\text{fervor}]_{\text{Sem}}$

La distinción entre definiciones analíticas y definiciones formularias de Ilson (1987) formaliza, a mi entender de modo satisfactorio, la distinción introducida por Rey-Debove (1967) entre *sustanciales* (correpondientes a las *analíticas*) y *relacionales* (correspondientes a las *formularias*). Como puede verse, las definiciones sustanciales se basan siempre (por inclusión o por exclusión) en una palabra de la misma categoría gramatical que el definido (a esa palabra se le ha llamado en ocasiones "descriptor"), mientras que en las definiciones relacionales la equivalencia categorial definido-definición se produce en el plano sintáctico, ya que la paráfrasis definidora es un constituyente de frase complejo que actúa como la proyección categorial del definido.

6.3. Constituyentes intrínsecos y extrínsecos de la definición

El principio que se sigue para evaluar la adecuación descriptiva de una definición lexicográfica es bastante simple, pero a la vez difícil de caracterizar en el plano teórico: una definición lexicográfica debe ser un enunciado que mantiene con el definido una relación de sinonimia. En la práctica, la adecuación de una paráfrasis definidora se verifica a través del test de sustituibilidad: la definición debe poder sustituir al definido, en todos los contextos referidos a una acepción determinada, sin que se produzca alteración semántica alguna. Podemos decir, pues, que definido y definición deben ser *equivalentes*.

Para que una definición guarde una relación de equivalencia completa con el definido y a la vez sea descriptivamente adecuada debe cumplir una serie de requisitos de tipo lingüístico. Ello requiere, en un gran número de casos, la disociación conceptual de dos elementos que cumplen funciones distintas: un discurso (intrínseco) que describe el significado en términos de un enunciado que cumple el principio de sustitución y, por otra parte, otro discurso (extrínseco) que explicita las características argumentales necesarias para que esta sustitución se realice con éxito.

Así una definición de *traducir* como "expresar en una lengua lo que está escrito o se ha expresado antes en otra" (*DLE*) adolece de varios problemas, que se evidencian al contrastarla con un ejemplo de uso del tipo: *tradujo libros del checo al inglés*. Resulta evidente que la definición tomada como un todo no puede sustituir con éxito al término definido, dado que el componente *en una lengua* corresponde a *al inglés*, el componente *lo que está escrito o se ha expresado antes* puede identificarse con *libros*, y el componente *en otra [lengua]* corresponde a *del checo*.

También resulta evidente que, si tomamos simplemente el hiperónimo 'expresar', prescindiendo de la información aportada por el resto de elementos de la definición, la sustitución tampoco resulta viable, dado que el régimen de uno y otro verbo no coinciden. Cabe señalar, pues, que los problemas en la formulación de esta definición no se reducen solo a la falta de identificación entre los complementos de la definición y del definido, sino que también provienen de la falta de información sobre las diferencias sintácticas (o de régimen) entre el definido y la paráfrasis definidora. La preposición *a* que introduce la "lengua de destino" y la preposición *de* que introduce la "lengua original" no se indican de ninguna manera.

La cuestión a la que me refiero es bien conocida, ha sido tratada (Porto Dapena 2015) y se ha denominado de varias maneras: *contorno de la definición* (Seco 1978, 1979), *régimen lexemático* (Ahumada Lara 1989), *elementos extrínsecos* (Rafel i Fontanals 2006). Todos ellos han estudiado la necesidad de marcar de algún modo los complementos que forman parte del régimen lexemático del definido, y que restringen el alcance o ajustan las propiedades sintácticas de la paráfrasis definidora.

En la lexicografía del español esta cuestión se puso de relieve de modo incipiente a finales del siglo XIX, en las primeras muestras del *Diccionario de construcción y régimen* de R. J. Cuervo (1886–1994, *DCR*), en coincidencia con otras muestras de lexicografía avanzada de raíz europea (Ahumada Lara 1987, 18). A pesar de ello, la incorporación más o menos sistemática de este tipo de distinciones no se ha producido, al menos, hasta finales del siglo XX o principios del XXI, y de un modo poco unificado metodológicamente. Sin duda, el hecho de que el diccionario académico no le haya prestado demasiada atención (y cuando lo ha hecho tal atención ha sido más bien poco sistemática) puede haber influido en la lentitud de la incorporación de esta innovación metodológica a los diccionarios.

Existe, sin embargo, una creciente toma de conciencia de la importancia de este fenómeno, que se concreta en el hecho de que haya sido adoptado cierto tipo de marcaje de los elementos extrínsecos cada vez por más diccionarios. En las últimas ediciones del *DLE* se han incorporado algunos criterios en esta línea. Pueden compararse las definiciones siguientes y verse como en la segunda se palían, aunque quizá de modo insuficiente, las deficiencias evidentes de la primera:

contener *tr.* Llevar o encerrar dentro de sí una cosa a otra.

(DRAE21, *1992*)

contener *tr.* Dicho de una cosa: Llevar o encerrar dentro de sí a otra.

(DRAE22, *2001*)

Los diccionarios más sensibles a esta problemática todavía abordan esta cuestión de modo vacilante y poco unificado metodológicamente. *Clave*, por ejemplo, reproduce la solución parcial del diccionario académico; *Lema* indica tan solo el sujeto y no los complementos, mientras que el *DEA* y el *DSal* indican (de modo explícito o implícito) las funciones sintácticas de los elementos correspondientes al sujeto y al complemento.

contener *v.* Referido a una cosa, llevar o encerrar otra en su interior.

(Clave)

contener *v. tr.* Tener [una cosa] dentro de sí otra que se expresa.

(Lema)

contener tr Tener [algo (suj)] dentro de sí [una o varias cosas].

(DEA)

contener *v. tr.* **1** Tener <una cosa> [otra cosa] en su interior.

(DSal)

Las soluciones aplicadas por los diccionarios en general también son a menudo insuficientes por lo que respecta a la indicación de las preposiciones de régimen de las categorías predicativas. Una definición, idealmente, se corresponde con un cierto patrón de inserción. En diccionarios de tipo marcadamente teórico, como los diccionarios explicativos y complementarios desarrollados a partir de la teoría Sentido-Texto de Mel'čuk (Mel'čuk *et al.* 1995) la definición se corresponde con un uso sintáctico concreto. Para que sea descriptivamente adecuada, una definición debe dar cuenta del valor de un elemento léxico en un contexto sintáctico determinado. Por ejemplo, no podemos definir un verbo como *confundir* si no es a partir de un patrón concreto de funcionamiento del tipo: *[alguien] confundir [alguna cosa] con [otra cosa]*, en que la presencia de la preposición *con* que introduce el segundo complemento interno debería ser indicada.

Al respecto de esta cuestión, los diccionarios que de un modo u otro toman en consideración la necesidad de representar esta información se reducen también a unos pocos. *Lema* y *DSal*, por ejemplo, indican esta información en los ejemplos que acompañan a la definición, y el *DEA*, por otra parte, lo indica al lado de la marca de función sintáctica:

confundir *v. tr./prnl.* Entender, utilizar o tomar una cosa por otra: *me halaga que me confundan* con *un escritor de tanta fama;*

*(*Lema*)*

confundir v. tr. Tomar <una persona> [una cosa] por [otra cosa]: Confundí una persona **con** otra. He hecho un mal examen, he confundido un mineral **con** otro.

*(*DSal*)*

confundir *tr* Tomar, por error, [a una pers. o cosa (*cd*) por otra (compl CON)]

*(*DEA*)*

A falta de un elemento estructural explícito que aporte este tipo de información sintáctica, *Lema* y *DSal* proyectan esta información sobre un elemento ya existente: el ejemplo. De todos modos, hay que señalar que, independientemente de los ejemplos lexicográficos, podría resultar de sumo interés la inclusión, en los diccionarios monolingües del español, de información precisa en la misma definición, o la formulación explícita en la acepción de los "patrones sintácticos" como en el *Collins Cobuild English Language Dictionary* (1987, en adelante, *Cobuild*) o del contexto de inserción del definido, como en el *Dictionnaire du Français Contemporain* (*DFC*, 1966) y, de un modo más implícito, en el *Diccionario de aprendizaje del español como lengua extranjera* (en adelante, *DAELE*):

inscribe

v + o, v + o + a (*with*) or v + o + c: usu pass

If you **inscribe** words on an object or if you inscribe an object with words, you write or carve the words on the object.

*(*Cobuild*)*

soupçonner v. tr. *Soupçonner quelqu'un de* (et un nom ou l'infin.), lui attribuer, d'après certaines apparences, des actes ou des pensées plus ou moins condamnables. (. . .) *Soupçonner quelque chose, soupçoner que* (et l'indic. ou le subj.), conjecturer l'existence, la présence de quelque chose.

*(*DFC*)*

rebelarse (contra) v. pron. Un grupo de personas **se** rebela **contra** otro dominante cuando lo desobedece y organiza un enfrentamiento armado contra él.

*(*DAELE*)*

Una propuesta integrada de todas estas estrategias se puede encontrar en el *Diccionari descriptiu de la llengua catalana* (*DDLC*); este diccionario explicita los vínculos existentes entre cada uno de los constituyentes del patrón sintáctico y los elementos del contorno de la definición, mediante el uso de subíndices de correspondencia:

> **acusar** v. [N_1 **V** N_{2i} (*de* N_3/*de* $Vinf_{3i}$)] (. . .) $[Algú]_1$ imputar a $[algú]_2$ la realització $[d'un\ delicte]_3$ en un judici.
>
> (*DDLC*)

Como resumen, se puede decir que, a mi entender, un sistema satisfactorio debería cumplir con los siguientes requisitos:[3]

1 Marcación diferenciada de los complementos del definido.
2 Explicitación de la estructura de inserción o patrón sintáctico (en un elemento estructural diferenciado) del definido.
3 Explicitación de la relación existente entre los componentes de la definición y la estructura de inserción o patrón sintáctico del definido.

La explicitación de estas informaciones en la formulación de la definición evitaría gran parte de los problemas descriptivos que hemos señalado.

6.4. *El vocabulario definidor: circularidad y redundancia*

El vocabulario definidor es el repertorio de unidades utilizadas para la formulación de las definiciones de un diccionario. Un vocabulario definidor se inscribe en un sistema de definición, que es un conjunto de principios, normas y condiciones que rigen la formulación de enunciados definidores (Soler i Bou 2006, 199–217); y forma, junto a él, un metalenguaje que es propio de cada diccionario (Barnbrook 2002, 16–57). En muy pocos casos (fundamentalmente en los diccionarios del inglés como lengua extranjera) el lexicógrafo explicita de antemano el vocabulario definidor y, cuando lo hace, no suele hacerlo en relación con las significaciones concretas (acepciones) que admite para cada término de dicho vocabulario. Tampoco suele hacerse explícito hasta sus últimas consecuencias el sistema de definición y los principios subyacentes asumidos implícitamente se aplican de forma errática o vacilante en la mayoría de diccionarios.

El vocabulario definidor proyecta una estructura de relaciones entre sus componentes, que es esencial para el conocimiento léxico. Ya he hecho una breve alusión a la característica general de la descripción lexicográfica consistente en el uso de la lengua natural como modo de expresión. Más precisamente, puede decirse que un diccionario construye sus definiciones en un metalenguaje basado fundamentalmente en la misma lengua natural que describe.

La circularidad es una desviación de tipo estructural que proviene necesariamente de esta relación de dependencia entre el objeto descrito y el metalenguaje de descripción. Dicha vinculación implica, en la lexicografía convencional, la necesidad lógica que se produzca algún tipo de circularidad; es decir, si *a* significa *b*, *b* significa *c*, en la serie *a, b, c, n*, se producirá en algún momento que *n* significa *a*. En función del hecho de que este recorrido de *a* a *n* sea mayor o menor, puede establecerse un índice (Marcus 1970) que determina distintos *grados* o *niveles* de circularidad: A → B, B → A (circularidad de nivel 1), A → B, B → C, C → A (circularidad de nivel 2), etc.

Los ejemplos de este tipo de desviación abundan en los diccionarios convencionales. Por ejemplo, este conjunto de definiciones origina circularidades de distinto grado:

osadía f. Atrevimiento, resolución.
resolución f. Ánimo, valor, arresto.
arresto f. Arrojo o determinación.
arrojo f. Osadía, intrepidez.
intrepidez f. Arrojo, valor en los peligros.

(DLE)

La que se produce entre *osadía → resolución → arresto → arrojo → osadía*, por ejemplo, es de nivel 3, mientras que entre *arrojo → intrepidez → arrojo* se produce una circularidad de nivel 1.

En muchas ocasiones (Dubois y Dubois 1971, Martin 1974, Béjoint 2000) se ha manifestado que el objetivo del lexicógrafo debe ser mantener niveles de circularidad altos, y evitar los bajos. En cualquier caso, la circularidad es un fenómeno complejo, que debe ponerse en relación con los constituyentes de la definición de Ilson (1987) ya mencionados. Así, podemos determinar que la circularidad que se produce en el plano de los componentes que vehiculan la descripción semántica es la que resulta más grave, en tanto que afecta la estructura de la metalengua, y desvirtúa más la descripción lexicográfica.

La circularidad es un fenómeno que se presenta con un mayor grado de recurrencia en las áreas del léxico menos estructuradas jerárquicamente, formadas por elementos de significado abstracto (por ejemplo en definidores como *sensación, sentimiento, estado, distancia, extensión*, etc.) que corresponden a clasificaciones más o menos difusas o difíciles de jerarquizar. Por el contrario, en los ámbitos más específicos o concretos del léxico las definiciones pueden basarse en las relaciones de tipo jerárquico que mantiene el definido, con lo cual la circularidad suele circunscribirse exclusivamente a los niveles superiores (por ejemplo, según las definiciones del *DLE*, en la serie: *esférico [sust. masc.] → balón [de fútbol] → pelota → bola → cuerpo → extensión*, no se produce ninguna circularidad hasta que llegamos al nodo superior: *extensión → [medida del] espacio → extensión*).

Otra de las desviaciones descriptivas que podemos encontrar fácilmente en los diccionarios es la redundancia. La redundancia implica la inclusión en las definiciones de información innecesaria y, por lo tanto, no pertinente, ya presente en la descripción de alguno o algunos de los elementos de la definición. A diferencia de la circularidad, que es una desviación asociada directamente al método de descripción, la redundancia puede evitarse mediante la aplicación de ciertas pautas en la formulación de definiciones como por ejemplo:

a) Evitar el uso de términos sinónimos en una misma definición, como "celebrar una *conferencia o reunión* con otra u otras personas para tratar un asunto" (*DLE, s. v. conferenciar*).
b) Evitar la especificación innecesaria de elementos contenidos implícitamente en el significado de un término de la definición, como "introducir un tornillo haciéndolo girar *sobre su eje*", cuando el significado de *girar* ya implica el componente 'sobre su eje' (*DLE, s.v. atornillar*).
c) Evitar el uso de fórmulas de contraste planteado como distintas opciones, como "color diluido en agua *con* otros ingredientes *o sin* ellos" (*DLE, s. v. aguada*).
d) Evitar el uso de definiciones idénticas o muy similares, como "dicho del comprador y del vendedor: debatir el precio de algo puesto en venta." (*DLE, s. v. regatear*) y "dicho del comprador y del vendedor: discutir el precio de algo." (*DLE, s. v. recatear*).

Como principio general puede decirse que, del mismo modo que la circularidad, la redundancia resta capacidades descriptivas al diccionario, y dificulta su utilización computacional para las operaciones de extracción de información léxica, ya que impide el procesamiento automatizado de ciertas relaciones semánticas entre las unidades léxicas. Pero también es cierto que algunos diccionarios optan por la repetición de definiciones para evitar el uso de definiciones sintéticas. Este parece ser el caso de *Lema*, que reproduce para *migraña* y *jaqueca* una misma definición: "dolor fuerte de cabeza que afecta, generalmente, a un lado o una parte de ella y a menudo va acompañado de náuseas y vómitos" (*Lema, s. v. migraña* y *jaqueca*). La razón que parece sostener este criterio está únicamente encaminada a satisfacer las funciones descodificadoras del diccionario, y a intentar evitar al usuario consultas subsiguientes causadas por definiciones sinonímicas; pero resta capacidades a la explotación automatizada de los datos lexicográficos.

La frecuente presencia de este tipo de desviaciones en todos los diccionarios monolingües permite concluir que, hasta el momento, la metalengua de definición no ha sido todavía objeto de una reflexión metodológica que conduzca a la explicitación de sistemas de definición rigurosos y descriptivamente adecuados. Se han planteado hipótesis de trabajo (Soler i Bou 2006) que, partiendo de la idea del control y descomposición en niveles del vocabulario definidor (Weinreich 1967), aspiran a organizar la metalengua de definición de manera que permita reflejar, a través de los enunciados definidores, la complejidad semántica de los términos definidos.

6.5. *Elementos complementarios a la definición: los ejemplos*

En la tradición lexicográfica española, los ejemplos han sido bastante olvidados en los diccionarios monolingües que han seguido las pautas descriptivas del diccionario académico. Sin duda, esta tradición no puede desvincularse de la interrupción de la segunda edición del *Diccionario de autoridades (DAut)*, que fue seguida por la publicación, en 1780, de un diccionario "reducido a un solo tomo para su más fácil uso", que elimina las citas de autores (que desarrollaban la función de ejemplos lexicográficos) y pierde, de este modo, gran parte de su fundamentación científica y carácter descriptivo. Incluso diccionarios de autor de clara vocación descriptiva, como el *Diccionairo de uso del español* de María Moliner (*DUE*) hacen un uso bastante restrictivo de los ejemplos, que tienen un carácter opcional en la estructura de sus entradas.

Los ejemplos pueden obedecer a dos tipos básicos: a) ejemplos aportados por un corpus y que, por lo tanto, proceden de textos producidos más o menos espontáneamente y referenciados por su autor o fuente (como en el caso del *DEA*), y b) ejemplos inventados *ad hoc* por el lexicógrafo para ilustrar un caso concreto (como en el caso del *DSal*); aunque, en la práctica, cada vez es más habitual que partiendo de testimonios aportados por los corpus, los lexicógrafos adapten los ejemplos procedentes de textos para mostrar algún aspecto concreto del definido (este parece ser el caso de *Lema*). Lara (2006b, 139) introduce un tercer tipo de ejemplo (que él denomina *colocación*) que trataré en el apartado siguiente (6.6).

En las realizaciones lexicográficas más recientes los ejemplos han pasado a formar parte de la descripción de un gran número de acepciones, como complemento de la definición e ilustración del uso. En determinados casos (como por ejemplo *Lema* o *DSal*, véase apartado 6.3) se usan los ejemplos para indicar el régimen preposicional de los complementos del definido.

En términos generales, puede decirse que los ejemplos son un mecanismo de inclusión de información que, cuando se aprovecha en toda su extensión y en todas sus posibilidades, permite presentar al usuario de un modo implícito las diferentes posibilidades de inserción sintáctica del definido. En el caso de la entrada *conseguir*, *Lema* incluye ejemplos que no solo muestran complementos de tipo nominal, sino también complementos formados por cláusulas de infinitivo o por subordinadas de subjuntivo:

> **conseguir** v. tr. Llegar a hacer u obtener algo que se pretende, solicita o desea: en el concurso conseguí el primer premio; he conseguido deshacer el nudo; conseguimos llegar a Turquía porque nos colamos entre un convoy de vehículos diplomáticos; la comisión ha conseguido que participen los mejores atletas.
>
> (Lema)

Sería deseable que en los proyectos de diccionarios convencionales se hiciera un uso más sistemático de este recurso, que sin duda mejora sus capacidades descriptivas, sin la necesidad de incorporar información formalizada (patrones sintácticos, etc.) que no suele formar parte de este tipo de obras.

6.6. *La caracterización combinatoria*

Las estructuras llamadas *colocaciones* suelen interpretarse como la combinación de una base y un colocativo que realiza una determinada función (una *función léxica*) más o menos interpretable como regular desde el punto de vista de la semántica combinatoria (Mel'čuk 1998). El tratamiento implícito de este tipo de estructuras en los diccionarios hispánicos (Bosque 2004a) se basa exclusivamente en el principio general de que los predicados seleccionan clases léxicas:

> **inspirar** v. tr. Infundir o hacer nacer en el ánimo o la mente afectos, ideas, designios.
>
> (DLE)

Mediante la definición precedente, se nos informa (con las limitaciones descriptivas derivadas de la falta de distinción entre los constituyentes intrínsecos y extrínsecos) de que el verbo *inspirar* selecciona como complemento "afectos, ideas, designios", que podemos identificar como la clase semántica seleccionada. Pero cabe señalar, por una parte, que esta descripción es insuficiente para caracterizar la *extensión* de esta clase semántica; es decir: ¿qué tipo de "afectos, ideas, designios" *se inspiran* y cuales no? Por otra parte, esta descripción excluye *de facto* la información sobre la función que realizan los colocativos (como *inspirar*) respecto de sus correspondientes bases (como *confianza, compasión, temor*, etc.). En el mejor de los casos, estas definiciones cumplen con la función semasiológica (descodificadora) del diccionario; si ponemos la atención sobre la función onomasiológica (codificadora) del diccionario, este tipo de tratamiento es claramente insuficiente.

Tomemos, por ejemplo, la base *ley*, que forma parte de una clase semántica seleccionada por un gran número de verbos:

> **ley** f. Precepto dictado por la autoridad competente, en que se manda o prohíbe algo en consonancia con la justicia y para el bien de los gobernados.
>
> (DLE)

Como puede verse, en la entrada *ley* no se da ninguna información explícita acerca de dichos verbos, que pueden realizar diferente tipo de funciones:

a) promulgar, dictar, publicar, etc., una ley;
b) transgredir, conculcar, infringir, violar, saltarse, quebrantar, vulnerar, contravenir, etc., una ley;
c) derogar una ley;
d) acatar, cumplir, respetar, etc., la ley;
e) regular, regir, prescribir, prohibir, etc., una ley.

Esta cuestión está directamente relacionada con el doble carácter de las colocaciones, que pueden ser vistas como combinaciones habituales (predicados seleccionados por la base, y que corresponden más o menos a clases léxicas) o bien como estructuras consideradas desde el punto de vista del predicado seleccionado, que habitualmente se combina con elementos léxicos determinados para formar lo que Mel'čuk (1996) denomina "funciones léxicas", de significado regular y predecible. Desde este punto de vista, las colocaciones están más o menos relacionadas con la fraseología, de modo que es de mucho interés que se dé cuenta de ellas en las entradas correspondientes a las clases léxicas seleccionadas.

Aunque cada vez se pone más de relieve su importancia para la función codificadora del diccionario, las colocaciones no constituyen un apartado *per se* en los diccionarios convencionales hispánicos consultados. La información pertinente a colocabilidad se suele diluir en el apartado de ejemplos. Conviene resaltar, además, que la colocación puede suponer un tratamiento que, desde el punto de vista lexicográfico, puede resultar ambivalente. La direccionalidad de las colocaciones implica que son susceptibles de ser tratadas no solo en la base, sino también en la entrada correspondiente al colocativo.

Quizá una de las causas de esta carencia se deba a la orientación marcadamente semasiológica de la tradición lexicográfica hispánica, al menos en lo referente a los diccionarios monolingües. De todos modos, conviene destacar que la inclusión de estas informaciones en los diccionarios aporta un valor sumamente importante para el desarrollo de su función codificadora.

6.7. Las marcas y otras informaciones

También con carácter complementario de la definición los diccionarios suelen incorporar (Garriga 2003, 115–119) marcas de tipo diacrónico (*anticuado, desusado*, etc.), diatópico (*regional*), diafásico/diastrático (*popular, rústico, coloquial*, etc.) y diatécnico (*geología, arquitectura*, etc.) y las llamadas "de transición semántica" (*figurado, por extensión, por analogía*, etc.).

Uno de los problemas que suelen ponerse de relieve (Azorín Fernández 2009) en el uso de las marcas es la dificultad de la caracterización precisa de las marcas diastráticas de valor similar, que habitualmente concurren en un mismo diccionario. El *DSal* ("Introducción", p. x), por ejemplo, determina que un elemento marcado como *vulgar* "no debe usarse en público, ni entre conocidos de escasa confianza", en contraposición a coloquial, que es "perfectamente posible entre un grupo de amigos de confianza, en muchas ocasiones en público". La marca *literario* se define como "explícitamente de la literatura, sea poesía o prosa", mientras que *elevado* se define como "marcado como propio de la lengua escrita o muy formal". *Óbito* o *crepúsculo* se marcan como *elevado*, mientras que *piélago* o *ósculo* son *literario*.

También se ha puesto de relieve que determinadas marcas, como por ejemplo *figurado*, que *a priori* relacionan acepciones de sentido "recto" con sus derivaciones semánticas suelen plantear problemas de tipo descriptivo que se basan en la dificultad de hacer un uso sistemático y riguroso de este tipo de marcas a lo largo del diccionario. Esta es la razón por la que los diccionarios, incluido el *DLE*, han ido abandonando (y sustituyendo por otro tipo de representación) la práctica de encabezar las definiciones con la marca *figurado*.

Los papeles de las marcas en el diccionario son diversos, pero su función fundamental es aportar a la definición informaciones no relacionadas con el significado conceptual del definido, sino con su contexto situacional, pragmático, etc. A través de las marcas, por ejemplo, podemos diferenciar como hace el *DSal* entre un término no marcado como *dinero* y algunos de sus sinónimos como *pasta* o *guita* (*coloquial*), *parné* (*jergal*), etc.

7. Conclusión

Retomando el presupuesto inicial, y después de haber analizado la estructura interna de la entrada lexicográfica, podemos concluir que existe una cierta falta de uniformidad en los criterios descriptivos adoptados por los distintos diccionarios. Esta falta de uniformidad, junto a las carencias de sus particulares sistemas de explicitación del significado, indican que no se ha prestado la debida atención a sus funciones activas (codificadoras).

En resumen, la pregunta que debemos hacernos es qué tipo de diccionarios queremos, qué tipo de información explícita e implícita deben contener, y qué funciones deben cumplir en relación a las expectativas de los usuarios. En esta contribución, he partido de la base de que un proyecto lexicográfico (especialmente en el caso de los diccionarios monolingües) no debe estar orientado ni dominado por los aspectos editoriales, sino que es el análisis lingüístico y metalexicográfico el que debe establecerse como programa descriptivo en la planificación de una obra lexicográfica. Las mejoras descriptivas, la reducción de las desviaciones estructurales (circularidad, redundancia) al mínimo indispensable, se inscriben en este plan de mejora y de normalización de las obras lexicográficas que, aún en muchos casos, siguen de manera acrítica ciertas pautas de tradición que carecen de fundamento metodológico.

En este nuevo paradigma, el diccionario en papel (ni siquiera, me atrevería a decir, un diccionario concreto) no puede ser visto como un fin en sí mismo, como un compartimento aislado de toda referencia a los progresos de la lingüística, de la lexicografía y de la metalexicografía. El objetivo que debemos plantearnos es mucho más ambicioso, y su auténtica finalidad debe ser una descripción del léxico guiada por y fundamentada en la lingüística, y organizada a partir de dos ideas fundamentales: la reutilización y la multifuncionalidad de las obras lexicográficas.

Notas

1 La acepción de *entrada* 'artículo, división de un diccionario' se incorpora al diccionario académico (*DLE*) en la edición de 1992, junto a la ya existente 'lema, palabra que encabeza un artículo'.

2 El término entrada presenta correspondencia con la denominación en inglés *entry*, que se refiere en general a la unidad de referencia del diccionario, compuesta por el *headword* y el cuerpo del artículo, mientras que en inglés *article* (Hartman y James 1998, 8) suele reservarse para la unidad correspondiente en los diccionarios enciclopédicos.

3 Este plan descriptivo ha sido llevado a la práctica de manera sistemática y extensiva en el *DDLC* (Rafel i Fontanals y Soler i Bou 2006).

Bibliografía básica

Haensch *et al.* (1982); Porto Dapena (2002); Rafel i Fontanals (2005); Medina Guerra (2003b); Zgusta (1971)

Bibliografía complementaria

Ahumada Lara (1989); Porto Dapena (2014); Rafel i Fontanals (2006); Seco (2003)

17

La entrada lexicográfica en el diccionario bilingüe (Lexicographical entry in the bilingual dictionary)

Hugo E. Lombardini

1. Introducción

Puede considerarse que los elementos que constituyen las entradas de los diccionarios bilingües no son radicalmente diferentes de los hallados en los monolingües, como no sea por el detalle de la presencia de dos lenguas en lugar de una. Se trata, eso sí, de un "detalle" capaz de revolucionar e iluminar con una nueva luz cada uno de sus elementos. De esta constatación, surge el objeto de nuestro capítulo: retomar y proponer desde una perspectiva bilingüe —de un diccionario bilingüe—, cada uno de los elementos con que se suelen organizar las entradas lexicográficas de hoy día y hacerlo —aunque no sea más que brevísimamente— sin olvidarnos de su pasado ni dejar de imaginar un futuro.

Palabras clave: artículo lexicográfico; diccionario bilingüe; entrada lexicográfica; lexicografía contrastiva; lexicografía didáctica

The elements that make up the entries in bilingual dictionaries may be considered not radically different from those found in monolingual dictionaries, except for the detail that two languages are present instead of one. This "detail", however, can revolutionize each of these elements and present them in a new light. This observation leads us to reconsider and repropose each of the elements with which current lexicographical entries are usually organized from the perspective of the two languages and within the context of the bilingual dictionary. We do so without overlooking their past or ceasing to imagine their future.

Keywords: bilingual dictionary; contrastive lexicography; didactic lexicography; lexicographical article; lexicographical entry

2. Plan general, notas terminológicas y reflexiones introductorias

En este capítulo nos proponemos describir las entradas de los *diccionarios bilingües* (DDBB), tanto por lo que ellas tienen de específico como por lo que comparten con las de los *diccionarios monolingües* (DDMM). Tras este plan general (apartado 2) —que incluirá unas necesarias notas

DOI: 10.4324/9780429244353-20

terminológicas y algunas reflexiones sobre la relación entre el significado léxico y las entradas lexicográficas— pasaremos a una muestra de entradas del pasado (apartado 3) para seguir, luego, con una caracterización de los tipos de DDBB (apartado 4), con la descripción de los elementos de las entradas de hoy día (apartado 5) y con algunas cuestiones metalexicográficas generales desde la perspectiva de esas mismas entradas (apartado 6). El texto finalizará con una hipótesis de lo que, creemos, podrían ser las entradas de mañana (apartado 7).

2.1. Notas terminológicas

Existe una serie de términos —no solo utilizados en la metalexicografía bilingüe— sobre los que no suele haber acuerdo unánime por lo que se refiere a su alcance. Dada esta falta de unanimidad de interpretación, se impone en este apartado inicial la manifestación del sentido con que los utilizaremos aquí:

- *Macroestructura* es el cúmulo de lemas (términos) con equivalencias y/o definiciones —también denominado *lemario*— cuyos principios regulan la composición del mismo y organizan su secuencia (véase el capítulo 15 en este volumen).
- La *microestructura* está constituida por la información ofrecida sobre un lema y por la secuencia de formas y contenidos que el lexicógrafo le impone. En palabras de Hartmann (2001, 64) "a (preferably hierarchical) way of showing how the various information categories are arranged within entries". Sus fronteras con la macroestructura suelen ser algo borrosas (Sierra Soriano 2001), pues, a menudo, se plantean dudas sobre la ubicación de un elemento léxico en uno u otro sector: no siempre queda claro si un determinado término/lema debe constituir una (sub)entrada o una (sub)acepción, etc. Dichos problemas suelen presentarse con, por ejemplo, las siglas, las interjecciones, los afijos, las palabras compuestas, los nombres propios, los regionalismos, los culturemas, etc. (véase el capítulo 16 en este volumen).
- El término *nomenclatura* puede tener una significación muy próxima a macroestructura, pero, también, puede referirse al conjunto de macroestructura y microestructura (Sierra Soriano 2001) e, incluso —en el ámbito de la lexicografía bilingüe—, indicar ciertos listados léxicos bilingües (o plurilingües) organizados temáticamente.
- Por lo que se refiere al *artículo lexicográfico*, Garriga (2003, 105) lo define como "unidad mínima autónoma en que se organiza un diccionario. Está formado por el *lema* [...], que es la unidad léxica tratada, y por las informaciones que se proporcionan acerca de esa unidad". Llamaremos *parte enunciativa* al lema e *informativa* a la microestructura (Porto Dapena 2002, 183). Cabe decir que un sinónimo de *artículo lexicográfico* es *entrada*, concepto que, en este capítulo, constituye el objeto principal de la descripción. Ahora bien, también cabe alertar a nuestros lectores de que no todos los (meta)lexicógrafos interpretan el término *entrada* de la misma manera. Así, por ejemplo, mientras Haensch (1997, 39–40) lo interpreta del mismo modo que nosotros, el *DLP* de Martínez de Sousa (1995, *s. v.*) lo hace coincidir con lo que aquí llamaremos *lema* (apartado 5.1).

Suelen utilizarse, también —esta vez solo en el ámbito de la metalexicografía bilingüe—, tres importantes pares de términos:

- *Lengua 1* (*L1*) y *lengua 2* (*L2*). Donde L1 designa la lengua que mejor se domina, probablemente, la de la infancia/adolescencia del hablante; y L2, la que el usuario de un DB tiene como *meta*, en otras palabras, como objeto de estudio.

- *Lengua de partida* (*Lp*) y *lengua de llegada* (*Lll*). Estos términos designan las lenguas de los lemas (*Lp*) y la de los equivalentes de traducción (*Lll*). Así, un hipotético DB español-inglés, por ejemplo, podrá tener una parte en la que el español será *Lp* y el inglés, *Lll* y otra en la que ambas lenguas invertirán sus papeles.
- *Lengua x* (*Lx*) y *lengua y* (*Ly*). Estas denominaciones indican las dos lenguas de un DB de una manera abstracta. Así, en el mismo diccionario hipotético antes mencionado, una parte será con dirección *Lx* > *Ly* (español > inglés) y otra *Ly* > *Lx* (inglés > español).

2.2. Algunos esclarecimientos prelexicográficos

El dominio de la lingüística más relevante para la lexicografía es el del significado de las palabras (véase el capítulo 2 en este volumen). Podrían considerarse cuatro perspectivas teóricas sobre el significado de las mismas; la elección de una de ellas por parte del lexicógrafo no es baladí, pues repercutirá enormemente en la redacción de su DB (Hacken 2016).

Se puede pensar (i) que el significado de las palabras se identifica con los objetos a los cuales esas se refieren; (ii) que tal significado debe interpretarse a partir de la red de relaciones que dicho término establece con las otras voces de la lengua; (iii) que su significación se compone a partir del uso que se hace de esa palabra en la lengua; o (iv) que tal significado habrá de buscarse en la información que el hablante posee ya en su mente.

Si se aplicara exclusivamente a un DB la primera teoría, tal diccionario sería radicalmente diferente a los que conocemos hoy, pues con dicha teoría se pueden resolver —más o menos eficientemente— solo algunos tipos de entradas —como, por ejemplo, la de los lemas españoles *burro* o *mesa*—, pero ya crearía algunos problemas si la entrada fuera *centauro* o *hada* y las dificultades se volverían insuperables si se tratara de *propiedad*, *sincero*, *el* o *muy*. Esto hace que, en casi todos los casos, el recurso a la equivalencia *palabra* = *objeto* deba matizarse o complementarse con otras perspectivas, pues, por sí sola, tal equivalencia no resuelve sino un número limitado de casos.

El segundo criterio es incluso más problemático. Considerar que el significado léxico resulta de la imbricación de una inmensa red de relaciones que tal término establece con los otros términos de la misma lengua es, en otras palabras, considerar que el término *casa* establece su significación gracias a su relación con *aldea*, *casero*, *chalé*, *ciudad*, *construcción*, *doméstico*, *domicilio*, *edificio*, *familia*, *familiar*, *finca*, *habitación*, *hogareño*, *íntimo*, *morada*, *población*, *poblado*, *pueblo*, *residencia*, *villa*, *vivienda* y muchísimas otras palabras más. La idea resulta, en realidad, muy atractiva y, en efecto, muchos diccionarios de ideas afines, de sinónimos, de antónimos, etc. la utilizan con provecho e incluso lo hacen diccionarios de uso generales como el *Diccionario de uso del español* de M. Moliner (2007 [1966–1967], *DUE3*). Pero en un DB esta idea es impracticable, dado que este diccionario no debería solo presentar el complejísimo sistema de cada lema en su Lp, sino que, además, debería conjugarlo con el sistema —igualmente complejo —de la de su Lll.

El uso que las lenguas hacen de sus palabras como cifra y razón de su significación (la tercera posibilidad) constituye, quizás, el más tradicional de los criterios lexicográficos: lo utiliza ya en 1612 el *Vocabolario della Crusca*. Y, desde siempre, la consecuencia más evidente de su adopción fue el recurso a los ejemplos de "autoridades" consagradas, donde cada uno de estos ejemplos presenta la acepción contextualizada y, al mismo tiempo, la autoriza. Hoy las "autoridades" se han extendido a amplísimos corpus de uso (véase el capítulo 13 en este volumen) y la informática (véase el capítulo 14 en este volumen) ha permitido afinar enormemente el análisis cualitativo y cuantitativo de estos corpus (Lombardini y Bianconcini 2019). No son pocas las dificultades que propone el uso de dos corpus distintos (el de la Lx y el de la Ly) para la redacción de los DDBB, si bien, debemos reconocer que los denominados *corpus paralelos* suponen una evidente ayuda.

Pensar que la significación léxica depende de la idea mental que el hablante posee del término nos lleva a dos hipótesis lexicográficas de consecuencias amplísimas: la primera es que los usuarios de un DB deberán "necesariamente" interpretar los equivalentes proporcionados por este según la idea mental que ya posean del lema buscado y, la segunda, que los usuarios utilizan los DDBB (y también los DDMM) con la única y primordial finalidad de resolver problemas lingüísticos. Las consecuencias de esta cuarta perspectiva son de tal magnitud —como hemos adelantado— que podríamos afirmar que buena parte del resto de este capítulo (especialmente el apartado 4) estará dedicado a su desarrollo y matiz.

3. Algunas entradas del pasado

Es indudable que los DDBB precedieron a los DDMM (Lara 1996a, 21), que —al menos los del español— tuvieron sus precursores en las glosas y glosarios medievales y que el *Universal Vocabulario en latín y en romance* (1490) de Alfonso Fernández de Palencia (Medina Guerra 1991) prefigura, aún sin serlo en puridad, a todos los DDBB españoles que vendrán luego. En el *Universal Vocabulario*, por ejemplo:

Dens dentis maſculini generis. Inde dentulus: τ denticulus τ dentoſus dentoſa dentoſum ideſt dentibus plenus τ dentatus dentibus armatus: [...]	Dens del genero maſculino es diēte: dēde los diminutiuos dētulus τ dēticulus τ dētoſus q[ue] es lleno de diētes τ dentatus q[ue] es armado de dientes [...]

(s. v.)

se reconoce en la columna de la izquierda un diccionario monolingüe latino y, en la de la derecha, una traducción al español de dicho diccionario.

Pero, el primer listado léxico con indudable aspecto de DB es el que se encuentra entre los folios 90 y 104 de la *Breuis grammatica in laudem* [...] (1485) de Gutiérrez de Cerezo y el primer volumen que puede considerarse plenamente un DB es el *Lexicon ex sermone latino in hispaniensem* (1492) de Elio Antonio de Nebrija.

A manu puer.	[>]	por moço para mandados
Indignus.a.um	[>]	por cosa indigna

(s. v.)

A partir 1492 los DDBB del español con otra lengua se multiplican casi sin pausa. He aquí, unos pocos ejemplos de los siglos XVI-XIX:

Abad ſer aſsi.	[>]	Nàcaya coquì còpapi tòo. &c. *(Vocabulario en lengua zapoteca*, Córdova 1578, *s. v.)*
Escúcha, or Centinéla,	[>]	f. a Sentinell or watchman that keepeth due watch in the night, a skout. (Minsheu 1599[1] [1623], *s. v.)*
Ahito,	[>]	indigestion, crudité d'estomach, dénoyement, repletion d'estomach d'avoir trop mangér *(Le Trésor des deux langues espagnole et françoise [...]*, Oudin 1660, *s. v.)*
Cornija.	[>]	è termine d'architettura, e vale cornice ò fine di fabbrica. *(Vocabolario italiano e spagnolo*, Franciosini 1620, *s. v.)*

Granáda	[>]	f. f. a Pomegranate; so call'd because full of Grains, or Seeds. (Pineda 1740, *s. v.*)
Caban.	[>]	media fanega, con que miden arros, ò medidas que hacen 10: 20 gantas. (*Calepino ilocano o yloco en romance*, Vivar 1797, *s. v.*)
Iriqui.	[>]	Abrir (*Diccionario manual o vocabulario vasco-castellano [...]*, Eguren 1868, *s. v.*)

De estos pocos ejemplos, se puede intuir que muchos elementos característicos de la microestructura de los DDBB actuales, si no todos, ya se encontraban en las primeras obras.

Es probable que la evolución propuesta por Luna Hoyas (2014, 71–75) para los DDBB de español-inglés pueda extenderse —al menos en buena parte— a los otros DDBB del español, sobre todo, a los que incluyen una lengua europea:

- inicialmente son obras monodireccionales (lema inglés y equivalentes españoles), con entradas preponderantemente nominales o verbales y ordenadas onomasiológicamente; pueden lematizar unidades fraseológicas (UUFF) e incluir sinónimos;
- en un segundo momento, inician las obras bidireccionales y aparecen lematizadas todas las categorías gramaticales, que se ordenan semasiológicamente;
- por último, se va incrementando —gradualmente— el tipo y la cantidad de información que se incluye (fonética, ortografía, gramática, definiciones, ejemplos de autoridades, etc.).

Desde el punto de vista gráfico, la tendencia general es ir hacia una paulatina "sofisticación" e intensificación de los recursos utilizados con el fin de facilitar la tarea del usuario y hacia una sistematicidad creciente. La *visibilidad*, la *legibilidad* y el *orden* parecen ser los principios que han regido —y rigen— la evolución de los DDBB (Hausmann 2002, 12–19).

4. Caracterización y tipología de los DDBB actuales

Las decisiones microestructurales específicas que adopta un lexicógrafo a la hora de redactar un diccionario concreto están en gran medida condicionadas por la función que se le ha atribuido a ese diccionario y por el tipo de usuario al que se dirige. Evidentemente esta variedad de funciones y de usuarios ideales lleva a la existencia de distintos tipos de diccionarios, en nuestro caso, de DDBB. En este apartado y con la finalidad de facilitar la lectura de lo que vendrá a continuación, introduciremos los tipos más frecuentes en el ámbito de la lexicografía bilingüe (véase también el capítulo 19 en este volumen).

4.1. DDBB de traducción y DDBB didácticos (pasivos o activos)

Es importante remarcar que no conviene considerar al DB como un tipo de diccionario contrapuesto al DM, sino más bien como una clase de diccionarios que, a su vez, puede contener muchos tipos o variantes (Hacken 2016, 66). Dentro de estos tipos, los DDBB *de traducción* y los *didácticos* se consideran hoy las dos variantes más importantes; variantes que, por supuesto, se han llegado a imponer gracias al influjo de las distintas tradiciones lexicográficas y de sus obras más relevantes.

Desde sus inicios el DB fue considerado una herramienta para la traducción (Iamartino 2006 y Ahumada Lara 2017), en parte, porque proporcionaba un equivalente en la Ll listo para su utilización y, en parte, porque estudiar una L2 suponía, casi exclusivamente, saberla traducir. Incluso hoy

> entre [...] el concepto de traducción y la lexicografía bilingüe se establecen una serie de relaciones que transitan por una doble dirección: i) por un lado, la traducción deviene el proceso que posibilita la codificación de equivalentes léxicos en los artículos del diccionario bilingüe; ii) por otro, el diccionario bilingüe se convierte en el repertorio léxico que provee al traductor con los equivalentes requeridos para su tarea concreta.
>
> *(Arribas Baño 2004, 424)*

A partir de la segunda mitad del siglo XIX, el aprendizaje de una lengua va centrando su interés en la comprensión y la producción de textos (escritos y orales) y no solo en la traducción de textos de L2 a L1. Empiezan, así, a imponerse los denominados "métodos didácticos" para la enseñanza de las lenguas, obras que —bajo la denominación comercial de *Ahn*, *Ollendorff*, etc.— frecuentemente incluyen glosas, vocabularios y nomenclaturas (véase Lombardini 2020). Ya en la segunda mitad del siglo XX, cobran importancia "las necesidades del usuario" (véase también el capítulo 20 en este volumen) como principio estructurador de un DB (Molina García 2006, 17–19) y la mayor parte de dichos usuarios apuntan a "aprender" una Ll: se crea así la idea de un *diccionario didáctico* o *de aprendizaje* contrapuesto al *diccionario de traducción*.

Ahora bien, el *diccionario de traducción* propone, por lo general, un lema en L2 con una serie de equivalentes o definiciones en L1 y es el conocimiento de su propia lengua el que aconseja al "traductor" la equivalencia adecuada al contexto que está traduciendo, tal tipo de entradas pueden observarse, por ejemplo, en esta cita de Minsheu:

Librár,	[>]	to deliuer, to make free, to giue a bill or warrant to receiue money by, to dispatch or rid.

(Minsheu 1599[1] [1623], *s. v.*)

La situación de las entradas de los *diccionarios didácticos* es sustancialmente diferente, pues no puede confiar el lexicógrafo en que el usuario sea capaz de resolver autónomamente qué equivalente preferir o qué acepción elegir dado que, por definición, su conocimiento de la L2 es nulo o, en el mejor de los casos, limitado.

Por estas razones, a partir del momento en que el aprendizaje de una lengua se impuso como "necesidad" del usuario de un DB —eso es, como hemos dicho, a partir de la segunda mitad de siglo XX—, a los lexicógrafos les quedó claro que para redactar un *diccionario didáctico* era impresindible (i) que las definiciones se redactaran con un vocabulario controlado y reducido, (ii) que los ejemplos fueran de fácil comprensión y restringidos a su objetivo y (iii) que en la microestructura se propusiera la sintaxis del lema —o de los equivalentes —y, también, las UUFF relacionadas con dicho lema.

Por otra parte, un usuario que desea aprender una lengua puede que lo haga para comprender sus textos escritos u orales —y en este sentido se acerca bastante al "traductor" que busca información en un *diccionario de traducción*—, pero puede también que lo que desee sea producir autónomamente textos originales en la L2. Tal dicotomía hizo que los lexicógrafos idearan dos variantes de los *diccionarios bilingües didácticos*: los denominados DDBB *pasivos* (pensados para que un usuario de L1 comprenda textos orales y escritos de la L2) y los DDBB *activos* (estructurados para que el mismo usuario produzca textos en L2).

Ahora bien, dadas las numerosas variables posibles —las dos lenguas típicas de un DB (Lx y Ly); las direcciones propias de sus dos partes o volúmenes (Lx > Ly y Ly > Lx); los usuarios nativos ideales a los que se dirige (los de Lx y los de Ly); y los cuatro usos teóricos primordiales (pasivo oral, pasivo escrito, activo oral y activo escrito)— y teniendo en cuenta que cada una de estas variantes —supongamos un DB de español-francés en su volumen francés > español que se dirige a un nativo francés que desea comprender textos orales españoles— debería diferenciarse vistosamente en su microestructura de la de cualquier otra variante, se comprende fácilmente que un DB que responda a todas y cada una de estas posibilidades sería impensable: su redacción interminable, su comercialización imposible y su consulta —como mínimo— engorrosísima (Marello 1989, 37–65, y Molina García 2006, 49). La situación mejoraría algo si se pasara de un diccionario en papel a un diccionario digital (véase el apartado 4.4), pero no lo suficiente como para que un proyecto de este tipo resultara factible.

Ante este grave problema, la práctica lexicográfica normalmente desiste de cubrir todas las posibilidades y se centra, las más de las veces, en las necesidades pasivas y activas de los nativos de una sola lengua (denominada *dominante*) y residualmente en las necesidades de los otros usuarios.

En definitiva (Kociančič 2004, 171–172), un DB bidireccional actual suele prever para los nativos de la Lx la funcionalidad pasiva en la dirección Ly > Lx y la función activa en la dirección Lx > Ly y, residualmente, para los nativos de la Ly, la función activa Ly > Lx.

abbassaménto [>] s.m.1 descenso, bajada (f.): *a. di temperatura* descenso de temperatura; *a. dei prezzi* bajada de los precios; *a. del livello* descenso del nive 2 (*fig.,lett.*) degradación (f.), envilecimiento ◊ *a. della voce* (*Med.*) afonía.

(*Il Grande dizionario di Spagnolo*, Arqués y Padoan 2012, ita > esp, *s. v.*)

abanderamiento [>] \aßandera'mjento\ s.m.1 (*de una embarcación*) immatricolazione (f.), registrazione (f.) 2 (*de un movimiento*) guida (f.) 3 (*de una causa*) difesa (f.), sostegno.

(*Il Grande dizionario di Spagnolo*, Arqués y Padoan 2012, ita > esp, *s. v.*)

En otro orden de cosas, es necesario recordar la importancia que revisten los DDBB activos a la hora de revitalizar, impulsar o remozar lenguas minoritarias (Mamani Pariguana 2016, 226–227) y los DDBB, en general, como generadores de norma (véase también el capítulo 11 en este volumen) e, incluso, como fuente de documentación para dichas lenguas (Hacken 2016, 66).

4.2. DD semibilingües (híbridos o bilingualizados)

El *diccionario semibilingüe* (DSB) —también denominados *híbrido* o *bilingualizado*— es un tipo de diccionario que se encuentra a mitad de camino entre el monolingüe y el bilingüe (Marello 1996, 49; Ahumada Lara 2006a). Su forma canónica suele proponer solo la dirección L2 > L1, y su parte informativa, incluir una definición en L2 y un equivalente en L1 para cada una de las acepciones mencionadas. Además, es bastante frecuente que, también en su sector informativo, hallen mención familias de palabras (en el mismo artículo o por remisión), sinónimos, antónimos, cuadros de paradigmas verbales, pronunciación, ejemplos, irregularidades gramaticales, fraseología y notas de uso o culturales. Estos diccionarios proceden, por lo general, de la bilingualización de un DM de aprendizaje. He aquí un ejemplo de un DSB español-portugués con sus definiciones en español (L2) y sus equivalentes en portugués (L1, *encontro* e *instalar*):

emplazar [>] 1 tr. [a alguien] Citar a una persona en un lugar y un momento determinado: *me emplazó para que mantuviéramos una entrevista el lunes de la semana siguiente.* □ marcar (encontro)

2 [algo] Poner o colocar algo en un lugar determinado: las autoridades han decidido ~ el nuevo mercado en las afueras de la ciudad. ⌂ Se conjuga como 4. □ instalar

(*Señas. Diccionario para la enseñanza de español para brasileños*, 2000, *s. v.*)

Existen otros tipos menos frecuentes de DDSB (Climent de Benito 2005, 412–422) que, apartándose del canon antes mencionado y desechando la definición en L2, proporcionan solo el lema en L2 y equivalentes en L1 o el lema en L2 y una definición en L1 (es decir, sin recurrir a los equivalentes). Por ejemplo:

aceptar [>] agree, accept, honour, come to term with, take on

(*Diccionario didáctico Password. English Dictionary for Speakers of Spanish*, 2002, *s. v.*)

Algunos de estos diccionarios complementan su estructura con un índice de las equivalencias utilizadas en L1 y los lemas correspondientes de L2; pero tal índice no llega a constituir —por lo descarnado— una verdadera dirección L1 > L2.

En general, todo DSB tiene vocación didáctica, normalmente se dirige a usuarios nativos de L1 con un conocimiento intermedio de L2, son —como se ha dicho— monodireccionales y favorecen la comprensión. Por proceder directamente de DDMM, no son especialmente contrastivos y tanto su modelo microestructural como la gramática que puedan incluir sufren una indudable influencia de la tradición lexicográfica del DM del que proceden.

4.3. DDBB generales y especializados, mayores, abreviados y de bolsillo

Con respecto a los *DDBB generales* —por todos conocidos— las microestructuras de los *DDBB de especialidad* tenderán —dada la tendencia del lenguaje técnico-científico al término monosémico— a una mayor simplicidad, sobre todo, por lo que se refiere al número reducido de sus acepciones y de sus UUFF.

Al hablarse de *DD mayores* (¿más de 60 000 entradas/más de 1600 páginas?), *abreviados* (¿40 000–60 000/1000?), *de bolsillo* (¿20 000/500?), etc. se hace referencia a las dimensiones físicas y lexicográficas de la obra (Cazorla Vivas 2002). Un tamaño (lexicográfico) menor se logra restringiendo (mediante uno o varios criterios de selección) el número de lemas incluidos en la macroestructura, pero también simplificando y/o desechando informaciones en sus entradas, donde estas, las más de las veces, se reducen a su expresión mínima: lema y equivalente. Algunas tradiciones editoriales (como la anglosajona) suelen distinguir, según las dimensiones, muchas más variedades que la española; así en la primera suelen hablarse de *desk* o *comprehensive*, *concise*, *compact*, *pocket*, *vest* y *minidictionaries*.

4.4. DD impresos, digitalizados y digitales

La llegada de la era digital supuso una revolución en la lexicografía de la cual aún no pueden vislumbrarse las últimas consecuencias. Del tradicional diccionario en papel se pasa inicialmente a los diccionarios digitalizados y, luego, a los digitales.

En un primer momento —como decíamos—, los DDBB impresos sufrieron un primer proceso de digitalización que llevó a un soporte digital la información que ya contenían en el papel. Desde esta perspectiva, pueden considerarse tres tipos de *diccionarios bilingües digitalizados*: (i) los que reproducen el facsímil de un diccionario impreso en un archivo, (ii) los que adaptan la obra a las nuevas posibilidades técnicas de un programa de visualización y lo incluyen todo en un CD-ROM y (iii) los que la adaptan a las posibilidades de la red y permiten su consulta en línea desde un navegador.

Los *DD digitales* son posteriores a los digitalizados, nacieron como productos digitales y seguramente constituirán el futuro de la lexicografía bilingüe.

De estos últimos nos ocuparemos brevemente en el apartado 7 del presente capítulo y, tanto de los digitalizados como de los digitales, el lector encontrará un desarrollo más extenso en los capítulos 14, 20 y 22 de este volumen.

4.5. Otros tipos de DDBB

Podrían considerarse muchos otros tipos de DDBB: *enciclopédicos* y *lingüísticos*; *semasiológicos* y *onomasiológicos*; *diacrónicos* y *sincrónicos*; *normativos* (véase el capítulo 11 en este volumen) y *descriptivos*; etc. Pero aquí nos bastará decir que sus entradas, por lo general, suponen una reducción o un desarrollo, una exclusión o una añadidura de uno o varios de sus elementos microestructurales posibles.

5. Elementos de las entradas actuales

Las posibilidades lexicográficas de las entradas en un DB actual no difieren sustancialmente de las presentes en los DDMM. Seguramente se diferencian por la frecuencia con que los DDBB y los DDMM utilizan los elementos microestructurales —por ejemplo, un DB recurre con mucha mayor frecuencia a los *equivalentes* y un DM, a las *definiciones*—, pero esto no significa que tanto equivalencias como definiciones puedan ser utilizadas por ambas clases de diccionarios.

Las microestructuras de un DM (Lara 1996a; Battaner 2008; *DUECh* 2010; Garriga 2003) y las de un DB (Alvar Ezquerra 1981; Marello 1987, 1996; Béjoint 2000; Kocjančič 2004; Climent de Benito 2005; Model 2005; Yong y Peng 2007; Farkačová 2010; De Hériz 2018a) recurren a una amplia serie de elementos que, como acabamos de decir, es muy similar y que iremos considerando separadamente en los siguientes subapartados de esta sección.

Por otra parte, es muy importante recordar también aquí que las microestructuras —incluso si se compara una misma entrada— varían de diccionario a diccionario y esto porque, como indica Huisa Téllez (2015b, 174), "el artículo [...] debería responder a la función que se ha concebido para la obra y a las características y necesidades del usuario en la situación de consulta". Trataremos de poner de manifiesto en lo que resta de este apartado también estas variaciones, al menos, las más evidentes.

5.1. Lemas

Los artículos de los DDBB inician con una palabra o una unidad pluriverbal que suele separarse del resto del artículo mediante uno o varios recursos tipográficos (letras redondas, bastardillas, negritas, etc.), se trata del *lema* o *cabeza de artículo* (véase también el capítulo 15 en este volumen). Los lemas, cuya ortografía el usuario deberá conocer o intuir de antemano, constituyen la puerta de entrada tradicional a la información lexicográfica.

Una de las tareas más complejas del lexicógrafo (Sierra Soriano 2001) es la de la *lematización*: proceso por el cual se decide qué término tendrá categoría de lema y con qué aspecto se presentará. Los principios que resulten adoptados a partir de este proceso dependerán directamente de qué respuesta se dé a preguntas tales como: ¿se considerarán los lemas múltiples (*actor, actriz*)? ¿cómo se tratarán las voces con elementos opcionales (*arbitram*[*i*]*ento*)? ¿cómo se presentarán los términos polimorfos (*yodo/iodo*) o las formas verbales irregulares (*fui*, *supe*, etc.)? ¿tendrán categoría de lema las expresiones fraseológicas (*dar una mano*)? etc. A este respecto, Bartholomew y Schoenhals (1983, *apud* Lara 1996a, 115–116) consideran que cualquier proceso de lematización deberá regirse por el principio de la *natural citation form*: "es imperativo que se cite como forma de entrada en la nomenclatura [...] una forma que sea la más apta para venir a la mente del usuario indígena".

Claramente, si el DB tuviera dos direcciones, una de sus partes debería llevar lemas de la Lx y la otra, de la Ly y. Por otra parte, si se tratara de un tipo diccionario con algún tipo de reducciones (por tamaño o por alguna especialización), su nomenclatura (o macroestructura) se debería restringir según los principios rectores de su lematización.

5.2. Definiciones y equivalentes

El concepto de *definición* es harto complejo (véanse los capítulos 1 y 2 en este volumen), pues "no es [...] una simple descripción del significado [sino] su más precisa, rica e informada reconstrucción, de acuerdo con los elementos que constituyen la memoria social del léxico y con las exigencias sociales de inteligibilidad" (Lara 1996a, 231).

Muchas son las tipologías de definiciones propuestas para los DDBB y DDMM; Castillo Peña (1992, 494–508), por ejemplo, desde una perspectiva formal, considera las definiciones

- *de una sola palabra* (sinónimos o equivalentes);
- *de palabras* (sinónimos o equivalentes) *conectadas* entre sí por coma, punto y coma o conjunciones);
- de una oración o sintagma;
- *de varias oraciones o sintagmas* conectados por coma, punto y coma, etc.;
- *de oraciones o sintagmas y palabras* conectados por coma, punto y coma, etc.).

Menos formalmente, Arribas Baño (2004, 412–413) propone las definiciones

- *por paráfrasis* o *sinonímica* (sinónimos, equivalentes o sintagmas);
- *analíticas, tradicionales, lógicas* o *aristotélicas* ("x es un miembro de la clase y que se distingue de los otros miembros por la característica n" o "x es un ente que se distingue por ser/tener y^1, y^2, y^3 . . ., y^{n}");
- *combinadas* (de los dos primeros tipos);
- *por función* (destinadas a las palabras gramaticales).

Es interesante notar aquí que los equivalentes no son sino —como se ha visto— una variación de las definiciones, una definición en la Ll.

Los *equivalentes* (o *traducciones*) son los únicos elementos imprescindibles en la microestructura de los DDBB. Tales elementos son términos (*equivalentes sintéticos*) o sintagmas (*equivalentes sintagmáticos*) de la Ll que, en teoría, poseen una significación y alcance al menos parcialmente idéntico al del lema (en Lp) que definen. Así pues, lo más frecuente —dado que cada lengua es objeto de una evolución autónoma— es que los equivalentes no cubran perfectamente los sentidos del lema. En palabras de Szende:

> La rubrique "équivalent" du dictionnaire bilingue doit permettre un choix conforme aux normes et à l'usage, tout en indiquant les degrés d'équivalence, sans oublier de mettre en garde l'utilisateur contre tout risque de généralisation abusive. [...] Il n'existe pas deux langues dont les vocabulaires se recouvrent exactement, mot pour mot, toutes les acceptions d'un mot de la langue de départ correspondant à toutes les acceptions d'un mot de la langue d'arrivée.
>
> *(Szende 1996, 111)*

A partir de esta característica podemos hablar de *equivalentes totales*, *equivalentes parciales* y *falta de equivalentes*. Los primeros son, como se ha dicho, poco frecuentes (esp. *blanco* e ita. *bianco*), los segundos pueden diferir tanto el contenido como en el registro (esp. *azul* e ita. *azzurro*), los terceros suelen referirse a conceptos marcados culturalmente y denominados *culturemas* (esp. *pilpil*) (apartado 5.12).

Por un lado, existe una relación evidente entre *equivalentes sintagmáticos* y *definiciones sintagmáticas* y, por otro, entre *equivalentes totales* y *sinónimos* (apartado 5.8), en ambos casos, los primeros están en la Ll y los segundos en la Lp.

De los *equivalentes parciales* podrían considerarse varios tipos (Yong y Peng 2007, 130): los *aproximados*, que coinciden con la idea general, pero no con cada una de sus connotaciones culturales (*padre*, *madre*, *familia* en español y en maya); los *analíticos* (monosémicos en la Lp y polisémicos en la Ll); los *sintéticos* (polisémicos en la Lp y monosémicos en la Ll); y los *parcialmente solapados*, que solo superponen parte de sus respectivos sentidos y usos (ita. *avere* y esp. *tener*; ingl. *wood* y esp. *bosque*).

Los equivalentes parciales y los que no poseen un equivalente deberán completar la parte informativa del artículo con otro u otros elementos microestructurales: definiciones, sinónimos (apartado 5.8), marcas (apartado 5.9), contornos (apartado 5.7), colocaciones (apartado 5.11), información metalingüística (apartado 5.13) o enciclopédica (apartado 5.12).

Existen también los *equivalentes explicativos*, que poseen un alcance amplio y son más adecuados para un uso pasivo del DB (apartado 4.1) y los *equivalentes de traducción*, de alcance mucho más restringido y, por tanto, más adecuados para los usos activos (apartado 4.1). Así, el ingl. *property*, por ejemplo, será *los objetos abstractos o concretos que alguien posee* (equivalente explicativo) y también *pertenencias*, *inmuebles*, *bienes*, *propiedad*, *haberes*, etc. (equivalentes de traducción).

En los DDBB de traducción y en los didácticos activos, los equivalentes, en general, deberán considerarse "something like 'whenever you come across sign Y in language A, you can (or should) translate it in language B by sign Y, i.e. use Y where X would be used'" (Béjoint 2002, 71). En los DDBB didácticos pasivos, en cambio, los equivalentes sintagmáticos suelen ser mucho más productivos que los sintéticos, sobre todo, cuando adquieren la forma de una definición sintagmática en la Ll.

5.3. Acepciones

Por *acepción* se entiende el sentido con que se debe comprender o utilizar un lema, sabiendo que dichos lemas pueden poseer una sola acepción (*lemas monosémicos*) o varias (*polisémicos*) (Calvo Rigual y DeCesaris 2017). Battaner recuerda con precisión las tareas del lexicógrafo en relación con la polisemia:

> Organizar la presentación de un artículo polisémico en un diccionario requiere siempre a) enfrentarse a la selección y reconocimiento de matices semánticos y de variación gramatical en comprensión y en producción de formas fónicas coincidentes; b) advertir de las ambigüedades que se puedan producir en sus usos; c) marcar de alguna manera las diferentes relaciones morfológicas, sintácticas, también, fonéticas y pragmáticas que los usos de cada acepción diferenciada exigen.
>
> *(Battaner 2008, 8)*

Normalmente, cada una de las acepciones de un lema se separa de las otras mediante algún recurso textual o gráfico (números, reglón aparte, plecas simples o dobles, etc.).

El orden con que se debe organizar la secuencia de acepciones constituye uno de los problemas más arduos del lexicógrafo. Fraser (2008) menciona los criterios más adoptados:

- el *cronológico*, el más frecuente hasta casi la mitad del siglo XX, que reconstruye históricamente y sigue el camino recorrido por las voces y sus acepciones; pero cuya aplicación puede suponer muchos obstáculos, por ejemplo, (i) que no se conozcan las primeras apariciones de una acepción, (ii) que el primer uso no sea más que una mera primera constatación, (iii) que no se pueda "deducir" la anterioridad de una acepción con respecto a otra, (iv) que no tenga ningún sentido cotejar cronológicamente dos acepciones o (v) que se desconozca parcial o completamente la historia de una lengua;
- el *lógico*, que postula que los sentidos rectos de las acepciones dependen unos de otros y que esta dependencia se organiza a partir de principios "lógicos"; claro está, este criterio no considera estrictamente necesarios los testimonios escritos y se rige por leyes de precedencias (los sentidos generales anteceden a los específicos, lo simple precede a lo complejo), pero tales leyes son muy discutibles y, por ejemplo, en algunas categorías (como la de las preposiciones) no existe ninguna evidencia de tal dependencia;
- el *de la frecuencia de uso*, actualmente el criterio más utilizado, organiza las acepciones de la más a la menos usada; este orden facilita mucho la búsqueda del usuario, pero establecer la frecuencia de uso no suele ser una cuestión simple, aunque, últimamente, se están perfeccionando algunas herramientas estadísticas para ello (Lombardini y Bianconcini 2019);
- el *sintáctico* que ordena por funciones morfosintácticas y, por tanto, puede ser especialmente adecuado para las entradas verbales y las de palabras gramaticales;
- el *ecléctico*, que considera que a los distintos niveles de organización de los artículos pueden aplicarse, separadamente, algunos de los criterios ya mencionados u otros mucho menos usados como el *semántico* (que aplica mapas semánticos para la distribución de sentidos) o el *psicológico* (que indica las relaciones existentes entre las acepciones con la finalidad de que se perciban como pertenecientes a una única unidad de sentido).

Existen, por supuesto, otros criterios de organización menos frecuentes:

- Kipfer (2003, 184–186) reúne el criterio lógico y el psicológico bajo los *criterios metafóricos*;
- Lara (2016a) menciona también el *criterio etimológico* que ordena las acepciones a partir de su relación con las lenguas que le dieron origen (latín, griego, árabe, etc.);
- Kocjančič (2004, 179–183) afirma que específicamente los DDBB generales suelen iniciar con las acepciones no marcadas y continuar con las que poseen marcas estilísticas, técnicas, regionales y arcaicas o literarias.

Lo cierto es que, incluso con la gran variedad de órdenes posibles que estamos señalando, la situación de la discriminación de acepciones y de su organización ha superado las críticas que en 1957 formulaba Iannucci (1957, 278) y que estaban relacionadas con la inadecuación de las microestructuras de los DDBB a la lengua nativa del usuario, por un lado, y a sus necesidades (pasivas o activas), por otro.

He aquí un ejemplo de entrada polisémica con un orden de acepciones (declarado en la introducción de la obra) que va de los significados básicos y concretos a los figurados y familiares ("basic and concrete senses first, figurative and familiar ones later"):

coser [>] >conjug 2a<

A. vt

1. [+*vestido*] to sew, sew up; [+*botón*] to sew on, stitch on; *es cosa de ~ y cantar* it's easy as pie*, it's as simple as ABC*

2. (*Med*) to stitch, stitch up; (*Náut*) to lash; ~ *con grapas* to staple

3. (= *unir*) to unite, join closely (*con* to)

4. ♦ MODISMOS ~ *a algn a balazos* to riddle sb with bullets; ~ *a algn a puñaladas* to stab sb repeatedly, carve sb up*; *lo encontraron cosido a puñaladas* his body was found full of stab wounds

B. vi

to sew

C. *coserse* VPR

~se con algn to become closely attached to sb

(*Collins universal. Español-inglés, inglés-español* [...], 2005, esp > ingl, *s. v.*)

5.4. Pronunciaciones

La información sobre la pronunciación goza de un largo arraigo en los DDBB y facilita la producción y comprensión orales, si bien —en muchos casos— requiere un cierto conocimiento previo de los símbolos utilizados para su transcripción.

Modernamente se ha impuesto la transcripción fonética o fonemática, aunque suele reconocerse una cierta excesiva libertad por parte de los lexicógrafos al establecer qué es lo fonético y qué lo fonológico en sus descripciones. Esta situación, en parte, se justifica por la variedad de información que puede transmitir un DB por lo que se refiere a la pronunciación: relación entre ortografía y pronunciación, variedades dialectales y estándares, efectos de fonosintaxis, errores por interferencias fonéticas, pronunciación de términos geográficos, etc. (Pulcini 2002, 66).

Si, por razones de espacio, el DB eligiera proponer solo una variedad diatópica, tal elección debería declararse explícitamente, pues, de no ser así, la variedad representada podría interpretarse como norma general (Lara 1996a, 239) y no como descripción de solo una de las muchas variedades posibles. Y esto, claramente, resultaría inaceptable.

Un ejemplo de la presencia de la pronunciación en los DDBB:

ecosensitive [>] ['i:kʊə'sensitiv] ADJ *ecosensible*

(*Collins universal. Español-inglés, inglés-español* [...], 2005, ingl > esp, *s. v.*)

Cabe mencionar, por último, que los diccionarios electrónicos —tanto en CD-ROM como en línea (apartados 4.4 y 7)— tratan de resolver los dos aspectos problemáticos mencionados (la dificultad de la lectura de transcripciones fonéticas y la escasa representación de la variedad dialectal) de la siguiente manera: (a) con la inclusión de archivos de audio que se añaden a las transcripciones o, directamente, las suplantan; y (b) con la inclusión de más de un archivo de audio en los que se reproducen distintas variedades dialectales (normalmente dos y casi nunca más de cuatro).

También es importante señalar que la indicación de la pronunciación —salvo casos muy especiales— se relacionan con los lemas y nunca con las acepciones que no suelen diferenciarse del mismo por lo que a pronunciación se refiere.

Por otra parte, evidentemente la pronunciación será fundamental para un uso oral (activo o pasivo) del DB y (casi) completamente inútil para la escritura (aunque puedan darse casos de textos escritos con juegos de palabras que deben interpretarse a partir de la pronunciación de sus componentes).

5.5. Remisiones

Las *remisiones* —reenvíos a otro punto del diccionario para ahorrar espacio— señalan que la información requerida se encuentra en otro lugar. Pueden ser *externas*, si remiten a otro lema de la macroestructura, o *internas*, con una onda (~), raya (—) o abreviatura si reenvían a la cabeza del artículo. Cabe decir que, aunque estas últimas son verdaderas remisiones, la lexicografía no suele denominarlas de este modo.

Un caso de remisión externa es el siguiente:

abarquillado [>] v. abarquillar

(*Nuevo diccionario español-francés y francés español*, Gian-Trapay y De Rosily 1826, esp > fran, s. v.)

Para un ejemplo de remisión interna, véase el propuesto en el apartado 5.3.

En todos los DDBB las remisiones externas siempre reenvían a un sinónimo del lema (apartado 5.8) y en los DDBB didácticos el lema al que remiten debería interpretarse preferible por su frecuencia de uso, por su aceptación normativa (véase el capítulo 11 en este volumen), etc.

Las remisiones externas cumplen un papel importantísimo para un uso activo (oral o escrito) del DB, pero pueden llegar a ser un verdadero estorbo para un uso pasivo, pues le requerirá al usuario un paso más para llegar a la resolución de su problema lexicográfico.

5.6. Informaciones gramaticales

La información gramatical en un DB puede llegar a ser muy abundante —incluso más que en un DM (Climent de Benito 2005, 296–297; véanse también los capítulos 3–6 de este volumen)— y, además, puede encontrarse diseminada en varios sectores de sus entradas.

Existe una *información gramatical explícita* y otra *implícita* (Salerno 2002, 80–85). La primera informa abiertamente sobre las características gramaticales del lema, acepción o equivalente; la segunda lo hace de modo indirecto: mediante los ejemplos que el usuario deberá interpretar adecuadamente.

Los DDBB pueden informar sobre múltiples aspectos gramaticales (flexión, composición, derivación, prefijación, paradigmas, irregularidades, régimen, etc.). Si es explícita la información suele presentarse abreviada y con un cierto resalte gráfico (paréntesis, bastardillas, versalitas, etc.). Esta información, como se ha dicho, no solo puede referirse a los lemas y acepciones, sino también a los equivalentes:

> nel dizionario monolingue i datti morfosintattici devono necessariamente riguardare l'entrata, nel bilingue occorre distinguere due casi. [...]. Nella sezione destinata alla comprensione vanno riportate solo quelle informazioni grammaticali che sono utili a disambiguare il lemma: viceversa la parte rivolta alla produzione deve contenere indicazioni riccamente articolate [...] riferite al traducente.
>
> *(Salerno 2002, 78–79)*

He aquí un ejemplo de entrada con información gramatical:

frei [>] adj. (-er, -est) libre; exento; independiente; gratuito; autónomo.

(*Diccionario alemán-español español-alemán [...]*, Müller 1968, al > esp, *s. v.*)

La información gramatical, aun mínima, no debería faltar en ningún DB, pues reviste una importancia fundamental tanto para su uso pasivo como activo (Ahumada Lara 2001 y San Vicente 2017).

Cabe recordar, por último, la dificultad de ofrecer informaciones gramaticales en los DDBB con lenguas como el maya, cuyo sistema gramatical aún se encuentra en vías de definición (Rhodes, Pomol Cahum y Chan Dzul 2018, 29).

5.7. *Discriminadores de significados, contornos y ámbitos de uso*

En sentido amplio, cualquier estrategia lexicográfica que restrinja la significación de un término (definiciones, marcas, notas de uso, etc.) podría considerarse un *discriminador de significado*, pero aquí —siguiendo a Molina García (2006, 47–49)— consideramos discriminadores solo a esas indicaciones (normalmente entre paréntesis) que habrán de interpretarse "en el sentido de *x*". Así, en

poder [>] nm 1 (fuerza) power [...] 2 (documento que otorga la capacidad de realizar un acto oficial) power (of attorney) [...] 3 (acto oficial realizado con la intervernción de un apoderado) proxy.

(*Business Spanish Dictionary (español-inglés/inglés-español)*, 1997, esp > ingl, *s. v.*)

los textos entre paréntesis constituyen los discriminadores en virtud de los cuales en 1 habrá de entenderse "*poder*, en el sentido de 'fuerza'", en 2 "*poder*, en el sentido de 'documento que otorga la capacidad de realizar un acto oficial'", etc.

Las equivalencias parciales y los términos polisémicos (apartado 4.2) requieren necesariamente discriminadores, pues este recurso lexicográfico permite resolver el problema de qué equivalente es el adecuado para un uso concreto. Y, dado que existe una evidente relación entre las distintas acepciones de una entrada y los equivalentes adecuados para su "traducción", solo los discriminadores de significados permitirán establecer claramente esa relación: solo ellos permitirán decidir si ambos términos (acepción y equivalente) pertenecen al mismo ámbito de significación.

Al hablar de *contornos lexicográficos* (también *régimen lexemático*) se hace referencia a aquellas indicaciones incluidas en las definiciones analíticas cuya función es describir la estructura argumental de los lemas. Se trata de indicaciones del tipo *alguien*, *a alguien*, *una cosa*, *hablando de personas*, *referido a la comida*, etc. Hoy día se los suele separar de la definición propiamente dicha con alguna estrategia gráfica (bastardillas, versalitas, paréntesis, etc.), pero en el pasado era frecuente incorporarlos sin más en las definiciones.

trichar [>] *tr.* trinciare (la carne a tavola) ‖ *fig.* disporre d'una cosa; decidere su una faccenda con tono di soddisfazione, dandosi delle arie.

(Carbonell 1950, esp > ita, *s. v.*)

En esta definición del Carbonell, podría haberse indicado "trinciare [la carne] a tavola) ‖ *fig.* disporre di [qualcosa]; decidere su [qualcosa] con tono di soddisfazione" (Serra Sepúlveda 2012a).

Por último, las indicaciones que, en las definiciones, aportan el ambiente cultural de un término son los *ámbitos de uso*, por ejemplo, el sintagma *en la mitología popular* de "en la mitología popular, anciano que recorre la ciudad" (*DUECh*, en el lema *viejo del saco*).

Los contornos y los ámbitos —como se verá en el apartado 5.9— denotan una gran similitud con las denominadas *marcas*, pero se diferencian de estas porque forman parte de las definiciones y nunca se encuentran fuera de ellas.

Como la información gramatical, también los discriminadores de significación, los contornos lexicográficos y los ámbitos de uso se revelan fundamentales para los dos usos posibles (pasivo y activo) de los DDBB.

5.8. Sinónimos

Los DDBB normalmente pueden incluir varios equivalentes en la Ll para una sola acepción, es decir, equivalentes que son sinónimos entre sí, pero también —aunque resulte menos intuitivo— en la Lp, o sea, sinónimos del lema. Esta última posibilidad se observa con mucha frecuencia entre los DDSB (apartado 4.2). He aquí un ejemplo de equivalentes (sinónimos) y de sinónimos propiamente dichos:

acabar [>] [aka'βar]
VTR acabar, terminar;
¿has acabado el libro? você terminou o livro?;
has acabado la leche você acabou o leite;
he acabado el trabajo acabei o trabalho.
[...]

(*Gran diccionario español-portugués português-espanhol*, Montserrat 2001, esp > port, *s. v.*)

enfosament [>] [substantiu masculí]
→ afonanament. > hundimiento ◊ SINÒNIMS: enderrocament. FAMÍLIA: → enfosar.

(*Diccionari didàctic Caramull. Valencià-castellà, castellà-valencià*, 2003, esp > val, *s. v.*)

Como ya se ha anticipado, por un lado, las remisiones externas (apartado 5.5) reenvían siempre a lemas sinónimos y, por otro, los equivalentes (apartado 5.2) pueden considerarse "sinónimos interlingüísticos" de los lemas que definen. Por estas razones creemos que lo dicho por Castillo Peña (1992, 508–566) con respecto a las *definiciones sinonímicas* (apartado 5.2) se puede extender a los sinónimos de los DDSB y a los equivalentes de los DDBB. En esa publicación, la autora criticaba —con argumentaciones convincentes— el rechazo a considerar como definiciones a los *definiens sintéticos* (univerbales) y, siguiendo a Zgusta (1971b), proponía la siguiente tipología que aquí adaptamos a sinónimos y equivalentes:

- sinónimo/equivalentes *con un solo término*
- sinónimo/equivalentes *con más de un término*
    - con equivalencia completa del lema
    - con equivalencia parcial del lema

Claramente, la inclusión de sinónimos tanto del lema como de los equivalentes revela que la entrada ha sido especialmente pensada para un uso activo (escrito u oral) del diccionario. Si se trata de sinónimos del lema, para el uso activo de un nativo de la Ll y si fueran sinónimos de los equivalentes, para el uso activo de uno de la Lp.

5.9. Marcas

Las marcas son indicadores —normalmente abreviados y con algún tipo de resalte gráfico— que informan sobre la naturaleza y ámbito de uso de un vocablo. Siempre suponen una reducción del alcance del término y, por eso, están emparentadas, como se ha dicho, con los contornos y los ámbitos de uso (apartado 5.7), pero nunca se encuentran dentro de la definición como estos últimos.

Suelen clasificarse según el ámbito al que pertenezcan: *marcas diacrónicas* (antiguo, desusado, etc.; véase también el capítulo 7 en este volumen), *diatópicas* (provincialismo, chilenismo, etc.; véase también el capítulo 30 en este volumen), *de nivel y estilo* (formal, vulgar, literario, irónico, etc.), *de registro* (escrito, oral, etc.), *diatécnicas* (aritmética, medicina, etc.), *de frecuencia* (raro, poco usado, etc.), *normativas* (incorrecto, etc.; véase también el capítulo 11 en este volumen) y algunas otras más. También podrían considerarse como marcas las informaciones gramaticales explícitas (apartado 5.6) y las informaciones contrastivas (apartado 6.2), pero la tendencia general es reservarles a estas un tratamiento separado.

Pueden "marcarse" los lemas, las acepciones y los equivalentes y, además, cada uno de ellos puede recibir más de una marca. Por otra parte, las marcas adjudicadas a las acepciones y a los equivalentes deberán interpretarse en contraste con el lema al que se refieren, pues este necesariamente carecerá de la caracterización que se señala para su acepción o equivalente.

Como afirma Garriga (2019, 34) —refiriéndose a las *marcas de uso* o *pragmáticas* (nivel, estilo, registro) de los últimos tres diccionarios académicos—, su examen

> muestra una tendencia a la expansión en el número de marcas [...]; una concepción errática del valor de las marcas [...]; una baja eficiencia de algunas marcas, por el número de acepciones en que se utiliza; imprecisión en cuanto al valor que adquieren [...], con solapamientos entre *despectivo/peyorativo/discriminatorio, ponderativo/enfático/positivo, irónico/antífrasis, jergal/vulgar/malsonante*, etc.

En otras palabras y volviendo a nuestros DDBB, en las marcas —especialmente las de uso— suele observarse cierta arbitrariedad y falta de rigor lexicográfico. Ya Forgas (2001b) lamentaba cierta falta de coincidencia entre lexicógrafos a la hora de establecer sus marcas pragmáticas y Tseplinskaya (2002, 198) se quejaba implícitamente de lo mismo al señalar el exorbitante número de marcas utilizadas por un DB de español-ruso (*coloquial, popular, elevado, poético, culto, hipocorístico, irónico, jocoso, despectivo, peyorativo, malsonante*, etc.). Por otra parte, casi seguramente, la marca pragmática más frecuente es la de *familiar* (Garriga 2000, 207). He aquí un ejemplo de una entrada con marcas de distinto tipo (Náut, Mil. fam):

vela [>] ['bela] NF
1. [...] Kerze nf
2. (Náut) Segel nt
3. [...] Schlaflosigkeit nf
4. [...] (Nacht)wache nf
5. (Mil) Nachtposten m
6. (fam) Rotz m
estar a dos velas (fam) blank sein
a toda vela (Náut) mit vollen Segeln
pasar la noche en vela eine schlaflose Nacht verbringen
(*Collins Compact Plus Alemán*, esp > alem, *s. v.*)

Desde hace ya cierto tiempo, se discute sobre el problema de las marcas diatópicas (especialmente las nacionales) en los DDBB. Hace más de veinte años Bugel y Gálvez lo exponían de esta manera:

> ninguna editorial quiere aparecer dando la espalda a la realidad de que la mayoría de hablantes de español habla una variedad que no es la peninsular.

> Pero a pesar de este cambio de intenciones, el español peninsular sigue dominando [...] la producción lexicográfica bilingüe.
>
> *(Bugel y Gálvez 2000, 254)*

Esta situación tan característica de los DDBB no parece haber mejorado sustancialmente en los últimos tiempos, al menos en los DDBB publicados en Europa.

Las marcas son elementos fundamentales para cualquier tipo de uso, de registro y de usuario de un DB.

5.10. Ejemplos y citas

Los ejemplos, en sentido amplio, son textos (frases, cláusulas o sintagmas) que se incluyen en la microestructura para ilustrar el lema, la acepción o el equivalente, es decir, para ofrecer la codificación correcta de las unidades léxicas en todos sus niveles lingüísticos (Alvar Ezquerra 1993d). Szende los caracteriza de la siguiente manera:

> Examples are disambiguated segments of discourse, borrowed or elaborated by the lexicographer. They are reduced to the elements which are strictly necessary for and pertinent to the comprehension of the description; they refer to a given situation of communication and provide information about the semantic, morphological, syntactic, stylistic and cultural traits of the headword in the source language and of its equivalent in the target language.
>
> *(Szende 1999, 224)*

Estos recursos lexicográficos (Blanco 1996, 103, y Kocjančič 2004, 182) deben "mostrar" el funcionamiento normal de la voz e, implícitamente, contextualizarla e informar sobre su sintaxis, morfología y usos pragmáticos.

Los ejemplos —que suelen diferenciarse con bastardillas, negritas, bolas, plecas, etc. del resto del artículo— constituyen la parte concreta de la microestructura, en contraposición con otras partes más "abstractas" que se ocupan, por ejemplo, de la pronunciación, de la gramática o de otras informaciones lexicográficas.

Como se ha dicho, los ejemplos pueden ser sintagmas u oraciones; los *sintagmáticos* deberían reducirse a su mínima expresión, llevar proformas (*alguien*, *alguno*, *algo*, etc.) y verbos no conjugados personalmente; los *oracionales*, en cambio, deberían presentar oraciones completas, no llevar proformas ni verbos en forma impersonal.

Si lo que se ejemplifica es un (sub)lema, los ejemplos se hallarán en la Lp; si son los equivalentes los términos ejemplificados, su lengua será la de la Lll; en ambos casos, pueden estar acompañados por sus traducciones, lo que supone (Nielsen 2014) una clara ayuda para todos los usos activos del diccionario.

En otras palabras, los DDBB monodireccionales y activos (apartado 4.2) requerirán ejemplos solo para sus equivalentes y los bidireccionales activos o pasivos (apartado 4.2) deberían llevar ejemplos tanto para los equivalentes como para los lemas.

Por lo general, estos elementos "muestran" (i) el uso típico de la equivalencia o lemas, (ii) sus desviaciones (usos metafóricos, etc.) y (iii) sus usos fraseológicos (Kocjančič 2004, 182–183).

Por lo que concierne a la ubicación de los ejemplos, es de notar que, si bien en la tradición española es frecuente hallarlos inmediatamente después de la información gramatical y los equivalentes, en otras tradiciones —como la anglosajona— suelen anteponérseles.

Hoy se considera (Fourment y Canani 2002) que los ejemplos de los DDBB deberían ser actuales, neutros (suficientemente descarnados como para permitir la generalización) y únicos (en el sentido de que cada acepción debería poseer un solo ejemplo).

Se pueden observar ejemplos en las entradas *abbassaménto* (apartado 4.1), *emplazar* (apartado 4.2), *coser* (apartado 5.3) y *acabar* (apartado 5.8) de este capítulo.

Por último, algunos distinguen entre *ejemplos* (creados ex profeso por el lexicógrafo y con valor contextualizador) y *citas* (tomadas de algún corpus preexistente, adaptadas y abreviadas para su uso lexicográfico, normalmente entrecomilladas, con valor filológico y acompañadas por la mención de la fuente de la cual proceden).

5.11. Unidades fraseológicas

No existe un común acuerdo entre los lingüistas sobre la caracterización, definición y clasificación de las unidades fraseológicas (UUFF) y tal situación se refleja en los DDBB (Valero Gisbert 2012, 58–66). En general (véase también el capítulo 35 en este volumen), entre las UUFF suelen incluirse *proverbios*, *fórmulas de cortesía*, *máximas* o *sentencias*, *expresiones idiomáticas* y *colocaciones*.

Tampoco hay un consenso generalizado sobre dónde deberían ubicarse estas UUFF en un DB: ¿deben constituir una entrada separada?, ¿deben incluirse como información complementaria en una entrada?, ¿bajo qué voz deben incluirse?, ¿deben constituir, junto a otras UUFF, un sector específico o siguen inmediatamente a la acepción que más se relaciona con su sentido?

Se han experimentado varios sistemas para la elección de lema en que se incluye la UF, pero, por distintas razones, ninguno de ellos resulta plenamente satisfactorio. Giacoma (2002, 109–116) menciona los siguientes sistemas:

- el *sistema alfabético estricto* (se elige el lema de la primera palabra de la UF);
- el *alfabético del centro semántico* (se selecciona el lema de mayor peso semántico);
- el *alfabético-gramatical* (se aplica una serie bastante compleja de reglas autoimpuestas por el lexicógrafo para la elección);
- el *extensivo* (se incluye repetidamente bajo cada uno de sus elementos);

Por otra parte, las equivalencias en la Ll de las UUFF pueden considerarse *totales* si coinciden perfectamente (semántica, estructural y lexemáticamente) en ambos idiomas (el esp. *talón de Aquiles* y el ingl. *Achilles' heel*); *parciales* si coincide el sentido, pero no la forma (el esp. *hacerse a la mar* y el ita. *prendere il largo*); y de *equivalencia cero* si no existe una UF equivalente y solo puede proponerse un término equivalente (el esp. *boca arriba* y el ita. *supino*) o una expresión inventada y sin ningún tipo de tradición lingüística, pero suficientemente explicativa (Giacoma 2002, 116–121). Es probable que las dos estrategias más utilizadas para establecer la equivalencia de una UF sean la propuesta de un significado similar con forma distinta y la paráfrasis de su sentido (Reyes Ortiz 2016).

Para algunos ejemplos de UUFF en DDBB, véase la entrada *vela* propuesto en el apartado 5.9.

Algunos de los inconvenientes mencionados por Roberts (1996, 197) para la inclusión de las UUFF en los DDBB hoy ya se han superado (la inexistencia de métodos para su identificación) o se encuentran en vías de superación (la delimitación de sus unidades, su estatus lexicográfico, colocación y disposición en el artículo), el resto de ellos todavía no ha encontrado una respuesta lexicográfica satisfactoria (la reducción de su número, la dificultad de interpretación por parte del usuario, etc.).

El auxilio de las UUFF en los DDBB se extiende a cada tipo de uso (activo o pasivo), de registro (escrito u oral), de usuario (nativo de la Lp o de la Ll) y de actividad (traducción o aprendizaje).

5.12. *Información cultural y enciclopédica*

Sabemos que "cada lengua refleja en su configuración específica las prácticas sociales y culturales de su comunidad lingüística" y que de estas "distancias culturales [...] habrá de dar cuenta el diccionario bilingüe" (Whorf 1940, 213–214). Son muchas las áreas del léxico de una L2 cuyas voces necesitan descripciones o notas enciclopédicas para ser comprendidas.

En general (véase también el capítulo 9 en este volumen), se reconocen tres situaciones lingüísticamente distintas en las que se puede hablar de *culturema* en los DDBB:

- el término está presente en las dos lenguas con una voz monosémica (el esp. *carnaval* y el ita. *carnevale* [*Dizionario spagnolo italiano. Diccionario italiano-español [...]*, Tam 2009, *s. v.*]);
- el término está presente en una sola de las lenguas, aunque es reconocible en el ambiente lingüístico de la otra (esp. *paella* y el ita. *paella* [*Dizionario spagnolo italiano. Diccionario italiano-español [...]*, Tam 2009, *s. v.*]);
- el término está presente en una sola de las dos lenguas y no es reconocible en el otro ambiente lingüístico (el esp. *mate* y el ita. *zucchetta seca in cui si prepara l'infuso di mate* [*Dizionario spagnolo italiano. Diccionario italiano-español [...]*, Tam 2009, *s. v.*]).

En esta última posibilidad —la más interesante desde el punto de vista lexicográfico— se suele recurrir a una definición analítica (apartado 5.2) o a una nota enciclopédica que zanje la asimetría existente entre las dos lenguas.

Cuando los DDBB contraponen dos lenguas culturalmente cercanas, la tendencia generalizada del lexicógrafo es neutralizar (callando) las divergencias, pero en el caso contrario el uso de las informaciones enciclopédicas resulta decididamente imprescindible.

Las informaciones enciclopédicas o culturales no son solo provechosas desde una perspectiva pasiva, sino también —como bien señala San Vicente (2017)— desde la traducción.

5.13. *Otras informaciones lexicográficas*

Las informaciones comentadas hasta aquí son seguramente las más importantes, pero también tienen cabida en los DDBB muchos otros tipos de informaciones. Podrían añadirse, por ejemplo, la etimología de la voz, las lenguas de proveniencia en el caso de los préstamos, los antónimos, las palabras con variantes ortográficas como *cuáquero/cuákero* y muchas otras más. Por otra parte, también se añade información (desde fuera o dentro de la microestructura) con el recurso a ilustraciones, cuadros o tablas, etc. (véase también el capítulo 18 en este volumen)

6. Otras cuestiones metalexicográficas generales y su relación con las entradas

6.1. *Estructura de las entradas*

Ya nos hemos ocupado en el apartado 5.3 de cómo un lexicógrafo puede organizar la secuencia de acepciones en las entradas de su DB. Aquí comentaremos muy brevemente qué estructura organizativa puede adoptarse para ordenar sistemáticamente dichas entradas.

A este respecto, Kocjančič (2004, 180) considera que la estructura más frecuente de los DDBB generales prevé: (i) el lema seguido por la caracterización morfosintáctica y fonética y por las restricciones de uso (caracterizaciones que, de encontrarse en esta posición, serán válidas para todo el artículo); (ii) la secuencia de acepciones si el lema tiene solo una categoría gramatical; y

(iii) las UUFF pertinentes. Si el lema tuviera más de una caracterización gramatical, cada una de ellas debería enmarcar las distintas acepciones involucradas.

Para un ejemplo de este tipo de estructura frecuente, véase nuevamente la entrada *vela* propuesta en el apartado 5.9.

Desde el punto de vista jerárquico, Fraser (2008) encuentra que un DDBB de gran tamaño, por lo general, se organiza en *apartados generales* (frecuentemente etiquetados con *A*, *B*, *C*, etc.) y, luego, en *áreas semánticas* (con *I*, *II*, *III*, etc.), *secciones* (*1*, *2*, *3*, etc.) y *subsecciones* (*a*, *b*, *c*, etc.). Como ejemplo de esta estructura, véase la entrada *coser* (apartado 5.3) de este capítulo.

6.2. Contrastividad y entradas

La *lexicografía contrastiva* puede entenderse como aquella en la que el lexicógrafo selecciona, organiza, describe y comenta el material de su diccionario en virtud de la L1 y de la cultura que presumiblemente posee su usuario (Lombardini 2015, 240, y Salerno 2002, 79).

Huellas de esta contrastividad se pueden rastrear casi en cualquier ámbito del DB, pero son más evidentes en sus notas culturales, en la selección de sus equivalentes, en el respeto a la tradición microestructural de cada tradición y, también, en sus informaciones gramaticales.

Habrán de interpretarse "contrastivamente", por ejemplo, las palabras con que Calvi comenta la adaptación que Laura Tam (1997) hace de su fuente (*Diccionario Salamanca de la lengua española*, 1996, *DSal*):

> La voce *atender* nel dizionario de Laura Tam contempla tutte le accezioni del *Salamanca* [...], ma con una diversa articolazione, più rispondente alle distinzioni semantiche operate dall'italiano; ad esempio, l'accezione n. 2 del monolingue spagnolo [*Proporcionar una persona atenciones o cuidados (a otra persona)*] è opportunamente ripartita tra *servire* (ad es. i clienti) e *accudire*, *badare*, *assistere* (ad es. un malato)
>
> *(Calvi 2002, 131)*

Comentarios ejemplares sobre la contrastividad en la lexicografía bilingüe se encuentran en Bermejo Calleja (2008) y De Hériz (2018b).

En realidad, la contrastividad completa —tal como la estamos proponiendo— incrementaría enormemente la complejidad de un DB, pues a las ya mencionadas parejas lexicográficas (activo/pasivo, nativo de L1/nativo de L2, traducción/didáctica) habría que añadir las distintas "culturas" de los distintos pueblos de la Lx y las distintas culturas de los distintos pueblos de la Ly y esto, por supuesto, todavía es imposible de realizar con los medios técnicos de que disponemos.

6.3. Reversibilidad y entradas

El principio de reversibilidad considera que:

> A lexical item given as translation equivalent in the X-Y section of a dictionary has to be included as lemma in the Y-X section of that dictionary, with the lemma to which it has been addressed in the X-Y section as one of its translation equivalents.
>
> *(Gouws 1996, 80)*

En otras palabras, cualquier información que pueda encontrarse en la dirección Lx > Ly, debería encontrarse también (aunque en distinta posición) en la dirección Ly > Lx. Así, cualquier equivalente de Lx > Ly debería encontrarse como lema en Ly > Lx. El principio es claro y no suele crear problemas cuando las entradas y sus equivalentes son monosémicos; pero, cuando un lema está relacionado con varios equivalentes sinónimos entre sí o con varios equivalentes referidos a acepciones diferentes, la situación resulta casi inmanejable.

Por otra parte, como ya se ha dicho, los DDBB suelen estar pensados para una lengua dominante (Lx > Ly de uso tendencialmente pasivo y Ly > Lx de uso activo) y esta elección vuelve insensata la aplicación mecánica de un principio como este. He aquí un simple caso de reversibilidad que, si no fuera por algunos elementos (falta de marca diatécnica y de indicación fraseológica en la dirección esp > ita), sería perfecta:

oficinal [>] /ofiθinál/ [adj m,f] officinale • *plantas oficinales*: piante officinali.
(*Dizionario spagnolo italiano. Diccionario italiano-español [...]*, Tam 2009, esp > ita, *s. v.*)

officinale [>] /ofitʃi'nale/ [agg m,f] *farm* oficinal. FRAS *farmaco officinale* medicamento oficinal.
(*Dizionario spagnolo italiano. Diccionario italiano-español [...]*, Tam 2009, esp > ita, *s. v.*)

7. Entradas de mañana

En el apartado 4.4 contrapusimos los *diccionarios digitalizados* a los *digitales* y dijimos que estos últimos se caracterizaban por no proceder de un diccionario impreso. Ahora bien, existen muchísimos proyectos que proponen diccionarios (bilingües y plurilingües) o traductores en línea (véase el capítulo 22 en este volumen), pero, sobre todo, hay portales que ofrecen muchos y muy variados servicios de lexicografía, traducción y otros ámbitos relacionados: son harto conocidas las páginas de *Lexicool*, *WorldReference*, *Google Traductor* y *DeepL*, entre otras. Los diccionarios digitales que allí encontramos pueden estar constituidos tanto por entradas muy simples (lema + equivalente) como por estructuras lexicográficas extremadamente complejas (véase, por ejemplo, el portal *Lexis* de la Universidad de Granada).

Un panorama de este tipo resulta lexicográficamente emocionante y, a la vez, descorazonador: emocionante, porque se intuyen sus múltiples posibilidades de desarrollo y descorazonador porque no se llega a identificar —de entre los muchos modelos hoy presentes en la red— cuáles serán los que finalmente se impondrán. Ante esta coyuntura magmática, es casi imposible prever una línea de desarrollo coherente que vaya más allá de una simple hipótesis, pues casi todas las líneas presentes siguen perfectamente abiertas.

De todas maneras, según nuestro criterio, lo más probable es que, paulatinamente, se vayan afinando las técnicas y procesos lexicográficos "digitales" y que, en cierto sentido, surja un nuevo tipo de DB, un diccionario confeccionado según los deseos y necesidades del usuario. Se tratará, evidentemente, de un diccionario efímero, sí, pero que dará plena respuesta a las permanentes necesidades de un usuario que trata de resolver su problema lexicográfico.

Bibliografía básica

Béjoint y Thoirron (1996); Ferrario y Pulcini (2002); Molina García (2006); San Vicente (2008 y 2010); Medina Guerra (2011).

Bibliografía complementaria

Marello (1989); Chuchuy y Werner (1992); Garriga (2000); Kipfer (2003); Kocjančič (2004).

18

La información complementaria en los diccionarios (Ilustraciones, guías de uso, apéndices y otras secciones) (Complementary information in dictionaries: Illustrations, user guides, appendices and other sections)

M.ª Concepción Maldonado González

1. Introducción

La técnica lexicográfica se entiende habitualmente como la aplicación de tecnologías y métodos para la elaboración de diccionarios. Los estudios metalexicográficos, sin embargo, pocas veces han extendido su atención a todos esos elementos que componen un diccionario en papel y que no son las entradas ordenadas alfabéticamente: prólogos, guías de uso, apéndices finales con información gramatical, ilustraciones, etc. La linealidad a la que estaba sometido el texto lexicográfico, ordenado de forma rigurosa e inamovible de la A a la Z, se rompía en esas explicaciones complementarias en las que la información venía ordenada por criterios temáticos. Además, y dentro del propio repertorio lexicográfico, los elementos que conforman el diseño de interiores (las familias tipográficas, la disposición del texto en columnas, el uso de palabras guía, etc.) ofrecen también una valiosa información complementaria que, sin embargo, pocas veces se ha estudiado.

En este capítulo, primero describiremos el diccionario como un libro en el que cada uno de sus componentes resulta más o menos indicado como *continente* para los distintos tipos de *contenido* lexicográfico.

En segundo lugar, y una vez repasadas esas convenciones tradicionales de la edición lexicográfica en papel, revisaremos cuáles de esas informaciones siguen teniendo sentido hoy en el mundo de la lexicografía digital.

Palabras clave: apéndices; edición; guías de uso; ilustraciones; libro

DOI: 10.4324/9780429244353-21

Lexicography techniques are often understood as the application of technologies and methods in the development of dictionaries. However, metalexicographic studies have rarely examined all the non-alphabetically ordered components that make up a paper dictionary, such as: forewords, user guides, appendices containing grammatical information, illustrations, etc. Lexicographic texts are subject to a rigorous and immovable linearity from A to Z, but this linearity is broken by the insertion of theme-based complementary explanations. Furthermore, the items that form the interior design (typographic families, text column layout, guide word use, etc.) of a lexicographic repertoire provide important complementary information but are, nevertheless, seldom studied.

In this chapter, we start by describing the dictionary as a book in which each component is more or less identified as a *continent* for the various types of lexicographic *content*.

Then, once we have reviewed the traditional lexicographic paper edition conventions, we will discuss which of these remain relevant in today's digital lexicographic world.

Keywords: appendices; book; edition; illustrations; user guides

2. El diccionario: un proyecto editorial

El término *diccionario* se ha venido aplicando tradicionalmente a toda obra de consulta impresa que ofreciera la información parcelada en unidades léxicas ordenadas alfabéticamente. Por esa razón (la ordenación alfabética de la información) pueden existir diccionarios impresos relativos a cualquier materia: un diccionario de repostería sin gluten, un diccionario de directoras de cine europeas del siglo XXI, un diccionario de enfermedades emocionales infantiles, o un diccionario de complementos de moda elaborados en piel.

El objetivo (y la etimología) de *editar* una obra es hacerla pública, darla a conocer. Por ello, definir un proyecto editorial lexicográfico es concebir la obra como un diccionario concreto que debe ser materializado en el plazo previsto y que ha de elaborarse con unos recursos determinados (y no es, en cambio, definir solo su planta y explicar cómo debería elaborarse, pese a lo que algunos sectores del mundo académico parecen defender).

El producto final se concibe como una suma de productos parciales que deben programarse, definirse, ejecutarse y secuenciarse de manera que, en el momento de mandar el libro completo a imprimir, cada uno de esos componentes esté ya revisado y en su versión definitiva (Martínez de Sousa 1995). Así, por ejemplo, un diccionario de más de 2000 páginas cuyos casi 50 000 artículos lexicográficos estén redactados, revisados y pulidos, puede no salir a tiempo si el prologuista no envía su texto en la fecha prevista. Sería también error de editores principiantes esperar a encargar las ilustraciones hasta no tener definidas y revisadas las palabras que han de incluir ilustración. Y, desde un punto de vista comercial y de comunicación, lo primero que debe definirse en un diccionario es el título, el formato y el número de páginas, a fin de poder diseñar la primera de cubierta y poder incluir el diccionario en los catálogos de promoción, incluso antes de que el diccionario esté concluido.

Resulta evidente, pues, que elaborar un diccionario no es limitarse a fijar un listado de lemas ordenados de la A a la Z, sino que se trata de un proceso que incluye también la elaboración de muchos otros elementos complementarios. Detallaremos a continuación cuáles son esos elementos adicionales, y lo haremos desde una doble perspectiva: el contenido ofrecido en dichas secciones, y el lugar que ocupan esos elementos en la edición del diccionario cuando este es concebido como un libro en papel.

2.1. *El diccionario como un libro en papel: sus componentes externos*

2.1.1. Cubiertas

Las cubiertas o *tapas* son la envoltura que cubre las *tripas* del libro. Pueden ser de cartón, cartulina, piel, tela, plástico, cartón plastificado, etc. El tipo de material elegido es importante porque determina si nos encontramos ante una obra entendida como gran obra de referencia (el cartoné, es decir, las tapas duras y rígidas, era el formato elegido en ese caso) frente a la rústica (tapas finas en cartulina), asociada a diccionarios baratos en general. Hoy es muy habitual el uso de barnices o de plastificados en las cubiertas en rústica, a fin de dotar a este tipo de ediciones con un mayor nivel de calidad.

Las cubiertas fabricadas en plástico fueron siempre características de la lexicografía anglosajona dirigida a estudiantes, y, por fortuna, irrumpieron en la lexicografía española en la última década del siglo XX. Esa irrupción fue muy bien recibida en las aulas, por la resistencia de ese material al uso diario que del diccionario se hace en la escuela.

Las cubiertas anterior y posterior habitualmente son partes del libro muy cuidadas en cuanto al diseño porque se entiende que son la parte del libro que más se ve. En ellas debe figurar el título y la editorial (el autor también, en aquellos casos, cada vez más excepcionales, en que los diccionarios son obra de una persona). Sin embargo, un diccionario no suele colocarse tumbado sobre una mesa, ni en el punto de venta ni en el lugar de trabajo, sino que suele estar colocado en una estantería; por ello, es el lomo (la parte del libro opuesta al corte de las hojas) lo que más se ve. Esto explica que las casas editoriales insistan en colocar ahí su logo, aun a costa de abreviar el título del diccionario y omitir el nombre de su autor.

Las llamadas contracubiertas (anterior y posterior) son las dos caras interiores de las cubiertas. En el caso del cartoné, no son visibles. En el caso de la rústica, en cambio, son dos páginas que pueden utilizarse para imprimir sobre ellas distintos tipos de información.

Es habitual la confusión terminológica entre las *cubiertas* y las *contracubiertas*. Por ello, llamaremos *cubiertas* a estas cuatro páginas, y distinguiremos entre *primera de cubierta* (la cubierta exterior y que resulta lo primero que se ve al disponernos a abrir un libro), la *segunda y tercera de cubierta* (visibles solo en el caso de la rústica, porque son las caras contrapuestas a las cubiertas exteriores delantera y posterior), y la *cuarta de cubierta*, que es la cubierta posterior con la que termina el libro.

2.1.2. Estuches, camisas y fajas

El cartoné ha ido asociado, a menudo, al uso de estuches (esas cajas o fundas en las que se introduce el libro con el fin de preservarlo del deterioro), o de camisas, forros o sobrecubiertas (tres términos distintos con los que se designa una funda de papel resistente, del mismo tamaño que la cubierta, que se coloca sobre el libro y se dobla sobre las cubiertas, y que generalmente reproduce los mismos textos que las cubiertas y el lomo).

En el caso del estuche, su utilidad era nula en los diccionarios, debido a que, por muy lujosa que fuera la edición de estos, su esencia como libros es ser material de consulta.

En el caso de las camisas, solían reproducir el título, el autor y el logo de la editorial en la parte anterior. Las camisas hoy son más un elemento de comunicación que un elemento protector; y esto se materializa en las llamadas solapas (cada una de las dos prolongaciones laterales verticales que se doblan hacia dentro), en las que se imprime, o bien información (en la solapa primera), o bien anuncios de otras obras publicadas en esa misma editorial (en la solapa posterior).

En los diccionarios lanzados al mercado con una campaña comercial de promoción, es habitual también que las cubiertas lleven encima una faja (una tira de papel estrecho que se coloca en el centro del libro y que lleva una frase o un nombre que actúan como reclamo comercial).

2.1.3. Guardas

En todos aquellos casos en que las cubiertas no son en rústica, la segunda y la tercera de cubierta son las caras a las que se pegan las guardas, hojas de papel que ocupan como una doble página enfrentada y que, dobladas verticalmente por la mitad, unen las páginas interiores del libro con la tapa y proporcionan así tres páginas al principio y tres páginas al final del libro (la página pegada a la cubierta no se puede utilizar). Son, por tanto, seis páginas disponibles para la impresión.

En el caso de la lexicografía didáctica (Domínguez y Sanmarco 2017), esas seis páginas suelen usarse para imprimir, por ejemplo, las instrucciones de uso del diccionario, o algunos mapas que ilustren la ubicación geográfica de los hablantes de la lengua allí descrita, o el abecedario en distintas tipografías, para ayudar a los más pequeños a automatizar el aprendizaje del abecedario

En otros casos, sin embargo, las guardas se dejan sin imprimir, y solo se usan para dar más prestancia al volumen; se fabrican en papeles de gran calidad o de un color intenso, que confieren a la totalidad del libro una idea de calidad que cala en el lector de manera inconsciente.

2.1.4. Otros componentes externos del libro

En el cosido y en la encuadernación de un libro son posibles técnicas muy distintas, asociadas generalmente al precio y a la calidad. Los diccionarios, obras concebidas para la consulta duradera (puntual, pero continuada en el tiempo) solían ir encuadernados con cubiertas sólidas que protegían las tripas, mientras que los diccionarios baratos se encuadernaban en rústica y encolaban sus páginas, no las cosían.

Un mal encolado ha arruinado más de una edición de algunos diccionarios porque un libro de consulta no puede permitirse tener sueltas todas sus páginas interiores. Del mismo modo, un mal cosido hacía inviable la consulta de las páginas centrales de los volúmenes más gruesos, porque imposibilitaba que el libro se quedara abierto encima de una mesa sin un peso sobre las páginas que lo mantuviese así.

De hecho, la edición lexicográfica francesa ha sido siempre un modelo al conseguir que diccionarios de muchas páginas se editasen en un papel lo suficientemente grueso para no transparentar la tinta de una página a su reverso, y lo suficientemente fino como para no convertir el libro en un mamotreto poco manejable; fueron siempre modelo también en conseguir una encuadernación que facilitase que los diccionarios quedasen abiertos por cualquier página sobre una mesa.

Acabaremos este apartado con la mención al corte de un libro (es decir, el canto de las hojas). Puede ser de tres tipos: superior (o de cabeza), delantero (o lateral) e inferior (o de pie).

Los cortes delanteros de algunos diccionarios han ofrecido, o bien un índice *de uña* (al estilo de aquel troquelado tan característico de las antiguas agendas telefónicas) o bien unas pestañas sobresalientes. En ambos casos, el objetivo era facilitar la apertura del libro por una letra específica, aunque las pestañas (y esto se veía muy claro en las aulas de primaria), lo que conseguían era dificultar el manejo del volumen, porque, una vez dentro de la letra en cuestión, las pestañas dificultaban el movimiento del dedo pulgar para ir avanzando hasta llegar a la palabra buscada.

2.2. *El diccionario como un todo: sus componentes internos*

En lo relativo a las partes internas del libro, entendiendo como tales el conjunto de pliegos guillotinados y doblados, habrá que diferenciar, en ese conjunto de pliegos paginados, todas aquellas informaciones distintas al conjunto de artículos lexicográficos ordenados alfabéticamente de la A a la Z. Y, por su posición en el todo, habrá que diferenciar entre páginas preliminares, páginas centrales y apéndices.

(Antes de continuar, precisaremos una sencilla cuestión terminológica: las *páginas impares* son siempre las de la derecha si miramos un libro abierto, y las *páginas pares* son siempre las de la izquierda. Cuando hablamos de una *hoja*, llamamos *recto* a la página impar y *verso*, a la página par).

2.2.1. Páginas preliminares

A) PÁGINAS DE CORTESÍA

Son poco habituales, excepto en diccionarios de muchas páginas. Se solían dejar en blanco, ya que, al ir muy pegadas a las guardas delantera y trasera, esa primera y última hoja se abrían muy mal.

Se pueden encontrar también en las páginas finales del libro. Esto sucede cuando no se ha cuadrado el número de pliegos con el contenido, y son páginas que se dejan así porque dejarlas es más barato que cortarlas del pliego antes de encuadernarlas.

B) PORTADILLA

Es la primera página impar impresa. Reproduce escuetamente el título de la obra (a veces, también el autor; a veces, también la editorial). Suele imprimirse solo en el recto (en el lado delantero). Nunca se numera, aunque la paginación del libro empieza a contar desde esta página.

C) PORTADA

Es la llamada *puerta* del texto. Es la página impar en la que figuran el título completo del libro; el nombre completo del autor o autores; el lugar y año de impresión; y la editorial y la colección.

En ediciones de diccionarios de varios tomos, puede pasar que se reproduzca la misma información en todas ellas, o que en cada tomo se especifique el volumen de que se trate.

D) PÁGINA DE CRÉDITOS O PÁGINA LEGAL

Es la página de detrás de la portada, su verso. Es, por tanto, siempre página par.

Lleva (o debería llevar) los nombres de todos los participantes en la elaboración del proyecto lexicográfico, además de elementos legales como, por ejemplo, el ISBN, el depósito legal, o el titular o titulares del *copyright* (en el caso de que los autores del diccionario, o de alguna de sus partes, perciban sus honorarios en concepto de derechos de autor).

Debe incluir la dirección de la empresa editorial, y el año de publicación del libro.

En la tradición anglosajona, esta página suele incluir una ficha bibliográfica normalizada, para facilitar y unificar la cita de la obra en los repertorios bibliográficos.

Esta página ofrece un excelente control de calidad para evaluar un diccionario. Por un lado, el usuario debe atender al grado de detalle con el que están recogidos los nombres de todos y cada uno de los colaboradores en la elaboración del proyecto. Antaño, los diccionarios eran obras anónimas que se elaboraban plagiando obras anteriores, y en las que el nombre de los redactores o autores no tenía relevancia. Hoy, afortunadamente, esto ha cambiado y estas páginas ofrecen el nombre de todos y cada uno de los participantes en todos y cada uno de los apartados que conforman el total del contenido de la obra: desde redactores e ilustradores hasta agencias de fotografía, gabinetes de infografía, talleres de composición, empresas de informática que hayan elaborado las bases de datos, etc.

Por otro lado, el usuario debe exigir que el año de publicación del diccionario figure con claridad en un lugar visible. Esto es importante porque a menudo se confunden dos términos que nos pueden hacer incurrir en acciones de piratería lexicográfica. *Reimprimir* no es lo mismo que *reeditar*. *Reimprimir* es volver a fabricar un mismo libro, sin tocar ni una coma en lo relativo a su contenido, ni en las tripas, ni en las cubiertas. *Reeditar*, en cambio, es cambiar algo en el contenido (la mera corrección de una errata bastaría), o diseñar nuevas cubiertas (se cambie o no el título de la obra).

Sin necesidad de ofrecer aquí datos concretos, todos conocemos casos en los que un mismo diccionario ha sido reimprimido una y otra vez, y vendido como una nueva edición, bien porque se cambia el título, bien porque se añade en la primera de cubierta una pegatina con un reclamo comercial *ad hoc* para una campaña concreta, o bien porque se retractila el libro con un *gadget* que haga de gancho para fomentar la compra por impulso. Pues bien, esto es una estafa para el consumidor porque ese diccionario es siempre el mismo. En cambio, si en una casa editorial cada reimpresión que se lanza incluye corrección de erratas, aunque no cambien ni el título ni las cubiertas, ese diccionario debe recoger en su página de créditos que se trata de una nueva edición, y debe hacer constar el año de la misma.

El caso más difícil es quizá el caso en que un diccionario cambia la casa editorial que lo lanza sin que cambie nada de su contenido (esto es habitual en el mundo editorial, dada la tendencia de los últimos años de aglutinar en grandes grupos internacionales lo que empezaron siendo sellos editoriales independientes). Al cambiar la editorial, debe cambiar el ISBN, porque el diccionario pasa a ser un libro nuevo, distinto. Es de rigor, en estos casos, que en la página de créditos se diga que ese diccionario es edición o reimpresión de un diccionario al que debe citarse por el antiguo título y la anterior editorial.

E) ÍNDICE

Los índices no tienen sentido en un diccionario tradicional, puesto que el cuerpo de la obra está ordenado alfabéticamente. Sin embargo, en aquellos casos en que las páginas preliminares son muchas y ofrecen información variada, el índice suele ofrecerse justo después de la página de créditos, en página impar, y en él se detallan las páginas en las que encontrar todos los contenidos ofrecidos en preliminares y apéndices. De hecho, a veces el índice precede solo a los apéndices, para facilitar su consulta (en este caso, su ubicación en el interior del libro es la primera página impar después del repertorio alfabético).

F) DEDICATORIA

Este ofrecimiento de la obra a una persona en particular suele ser típico de diccionarios de autor, por ser obras que han llevado muchos años de trabajo. Si el diccionario es voluminoso, se suele reservar una página impar. Si hay problema de espacio, en cambio, la dedicatoria puede incluirse en la página de créditos.

En las obras colectivas, lo habitual es que la dedicatoria no aparezca en página aparte, sino que se incluya en el último párrafo del prólogo, en forma de agradecimientos.

G) PRESENTACIÓN

Este texto corresponde a la editorial, no a los autores de la obra. Suele dirigirse al usuario potencial del diccionario.

En el caso de los diccionarios bilingües, cuando estos se concebían para dar servicio a los hablantes nativos de las dos lenguas recogidas, era habitual que esta presentación se ofreciese en los dos idiomas, en dos páginas sucesivas y, generalmente, enfrentadas (y no el recto y el verso de una misma hoja).

H) PREFACIO O INTRODUCCIÓN

La autoría de este texto corresponde a un especialista. Cuando el firmante es una autoridad de renombre, y cuando ese nombre se utiliza en una campaña de comunicación como un gancho comercial, es muy habitual que este texto se denomine *prólogo*. Como ya vimos, es habitual también que una frase del texto se entresaque para imprimirla en la faja, junto con el nombre de su autor.

I) PRÓLOGO

Este texto corresponde al autor o autores de la obra, y da cuenta del contenido. Suele explicar la génesis de la obra, los criterios con que ha sido elaborada, las dificultades encontradas en su redacción, las aportaciones más relevantes que la obra supone para el mundo de la lexicografía, etc. Los prólogos de Julio Casares (1942), Ramón Menéndez Pidal (1945, *DGILE*), María Moliner (1966) o Ignacio Bosque (2004b) son buen paradigma de esto en la lexicografía española.

J) INSTRUCCIONES DE USO

En las también llamadas *guías de uso*, se ilustran y explican las diferentes partes que conforman la estructura de una entrada, a partir de la reproducción de ejemplos de artículos reales del diccionario.

En cada artículo lexicográfico reproducido se resalta un aspecto concreto: categoría gramatical, ejemplos, sinónimos, notas de uso, etc.

K) LISTA DE TÉRMINOS

Es obligada en cualquier diccionario la presencia de una lista ordenada alfabéticamente que incluya las abreviaturas y símbolos utilizados en el cuerpo del diccionario (recordemos que el ahorro de espacio ha sido una constante en la edición lexicográfica en papel, y que eso ha justificado históricamente la abundantísima presencia de abreviaturas).

Además, pueden encontrarse muchos otros tipos de listas, en función del tipo de diccionario y de los contenidos descritos en el mismo: listas de símbolos de transcripción fonética (en los diccionarios bilingües), listas de referencias bibliográficas (en los diccionarios cuyas autoridades o ejemplos están extraídos de un corpus), etc.

En algunos casos, estas listas actúan como índices parciales de algunas secciones del diccionario, puesto que, además de ordenar alfabéticamente los contenidos, ofrecen el número de página en que encontrarlos: listas de términos ilustrados, listas de cuadros gramaticales, listas de modelos verbales, etc.

2.2.2. Ilustraciones

Los dibujos y las fotografías se deberían utilizar en un diccionario para ilustrar conceptos cuya definición puede resultar insuficiente. Deberían ser un refuerzo informativo, un complemento. Sin embargo, la tradición lexicográfica nos muestra que muchas veces estas ilustraciones se incluyen solo con la intención de aligerar el texto.

A la hora de establecer el listado de términos que han de ilustrarse, en importante tener en cuenta el espacio que dichas ilustraciones van a *robar* al texto escrito. Esto ha llevado a que la lexicografía de los últimos años haya evitado ilustraciones individuales, en las que a una sola palabra se asocia una sola realidad, y, en cambio, haya aprovechado las ilustraciones temáticas: bajo una sola ilustración rotulada como *embarcación*, por ejemplo, pueden aparecer ilustradas y rotuladas no solo sus partes (*proa, popa, babor, estribor*, etc.) sino también todos sus tipos (*trirreme, gabarra, chalupa, goleta, portaaviones, yate, pesquero, carabela, motora, bote*, etc.). Que este recurso sea explotado de forma adecuada requiere, además, que, desde los artículos de cada uno de esos términos, se remita a la ilustración *embarcación*, para que el usuario pueda ver allí ilustrados estos otros conceptos.

Se recomienda siempre el uso de ilustraciones a línea, cuando el objetivo de dicha ilustración es describir gráficamente cómo es una realidad o cuáles son sus componentes, porque suponen un grado de abstracción que favorece la fijación del concepto ilustrado, por encima de modas o transformaciones. La fotografía, en cambio, queda pronto anticuada por la rapidez con que algunas realidades se transforman.

En lexicografía destinada a escolares en su lengua materna o a aprendientes de segundas lenguas, los criterios semánticos más productivos para incluir y ordenar ilustraciones son la hiperonimia/hiponimia (distintos tipos de), la holonimia/meronimia (partes de un todo) y la polisemia y la homonimia (distintos sentidos de una sola palabra o de dos palabras distintas que coinciden en la forma).

En lo relativo al diseño de la ilustración, son muchos los factores que deben contemplarse:

- Hay que prever y prefijar los tamaños posibles de las ilustraciones, y definir con el ilustrador tres o cuatro formatos estándar.
- Hay que prever si la ilustración va a ir enmarcada o no por algún tipo de línea que actúe como distribuidora del espacio de impresión.
- Hay que prever también si la rotulación de las ilustraciones la incluye el ilustrador o si la incluye el editor en una segunda fase. Y, aunque sea el editor quien las rotule, el ilustrador debe saber qué textos va a llevar su dibujo, para prever los huecos en los que incluirlos.
- La rotulación debe hacerse en una fuente tipográfica que ha de ser acorde a las fuentes utilizadas en el texto, pero distinta a ellas para que se asocien solo a la ilustración. Y debe respetar visualmente las distintas jerarquías informativas. Por ejemplo, si nos fijamos en un lema como *flor*, holónimo, y luego en las partes de la realidad nombrada por los merónimos (*estambre, cáliz, corola, pétalo, sépalo*, etc.), la tipografía debe reflejar esa jerarquía.

2.2.3. Páginas centrales

En los diccionarios bilingües era habitual encontrar información complementaria a mitad del diccionario, ya que se utilizaban esas páginas para separar y diferenciar gráficamente las dos partes.

En esas páginas solía incluirse información cultural sobre la lengua o las lenguas que se aprendían: modelos de cartas y de otros textos escritos, listas de vocabulario ordenado temáticamente por situaciones comunicativas, etc. A veces, se incluían también ilustraciones impresas a todo color, que servían para dar al diccionario un aire más atractivo, y resultaban un recurso más barato que imprimir todo el diccionario a cuatro colores.

Si esta información complementaria ha sido concebida de verdad como una ayuda para el usuario, es condición necesaria que se remita a esas páginas desde los artículos lexicográficos correspondientes.

2.2.4. Apéndices

Los apéndices con información gramatical han sido una sección casi fija en la tradición lexicográfica en español. Para que estas páginas sean útiles, es importante que se remita a ellas desde cualquier artículo lexicográfico relacionado. Así, por ejemplo, los modelos verbales se solían incluir en un apéndice final en los diccionarios monolingües, mientras que en los bilingües se incluían en el artículo correspondiente. En ambos casos, el hecho de que en todos los verbos que tengan ese otro como modelo se incluya una remisión al mismo es lo que dota de sentido a la inclusión del modelo de conjugación.

Ha sido también tradición en la lexicografía hispánica la inclusión en estas páginas finales de todo tipo de información listada: gentilicios, topónimos oficiales, siglas, abreviaturas, términos de especialidad, numerales, etc. Actualmente, la decisión de ocupar estas páginas con un tipo u otro de información va estando más definida por el usuario al que el diccionario está dirigido (así, por ejemplo, es habitual que en un diccionario para estudiantes de Secundaria se les ofrezca un breve resumen de cómo presentar escritos de carácter académico: cómo citar bibliografía, cómo presentar un texto, cómo manejar la información a la que se accede en la web, cómo manejar las fuentes y el corrector automático de los procesadores de textos, etc.).

2.3. Diseño de interiores

Si bien este capítulo no se ocupa de los repertorios lexicográficos en sí mismos, creemos necesario exponer, aunque sea de forma muy somera, cuáles son los parámetros que rigen la definición del diseño de interiores en una obra lexicográfica.

Como en cualquier otro libro, el diseño de un diccionario debe ser reflejo claro del contenido, debe estar muy dirigido al usuario y debe resultar bello estéticamente. Y estas tres pautas afectan a las decisiones que se tomen, no solo en lo relativo al formato, el número de páginas y la encuadernación, sino también a diversas cuestiones asociadas al diseño de interiores.

2.3.1. Impresión en una tinta, en dos tintas o en cuatricromía

El caso más habitual hasta finales del siglo XX era la impresión a una tinta, generalmente, en negro sobre blanco. En el caso de los diccionarios impresos a dos colores, el negro solía combinarse con distintas gamas de azul, por ser esta combinación la que ofrecía mayor legibilidad. En el caso de la cuatricromía, cada vez resulta más habitual debido al abaratamiento de los costes de impresión que han supuesto los avances tecnológicos en el mundo de las artes gráficas.

2.3.2. Tipo y grosor del papel

Los diccionarios en papel han sido asociados tradicionalmente a volúmenes en los que un mayor o menor grosor (es decir, un mayor o un menor número de páginas) suponían una mayor o una menor cantidad de información.

Sin embargo, también la fabricación de diccionarios ha mejorado mucho en los últimos años, y hoy son habituales papeles con un gramaje muy bajo y una trama muy resistente (papel muy similar al llamado *papel biblia*), que permiten encuadernar miles de páginas sin que el grosor final del volumen deje de ser manejable, y sin que la tinta *manche* de una página a su reverso.

2.3.3. Delimitación del área de impresión

A la hora de definir el diseño de interiores de un diccionario, primero hay que fijar cuál va a ser el área de impresión para todas las páginas del libro. Para ello, es necesaria la delimitación de los márgenes inferior y superior, interior y exterior. Con el margen interior, hay que ser especialmente cuidadosos ya que, cuando el libro está abierto, las páginas enfrentadas semejan una pareja de páginas, y es importante cuidar que el texto, o las ilustraciones y sus rótulos, no queden en la comba del lomo en el caso de volúmenes gruesos.

Para el cuerpo del diccionario, en el diseño de interiores han de tenerse en cuenta los siguientes elementos: el número de columnas, las fuentes tipográficas utilizadas (familias, cuerpo e interlineado), la justificación del texto, etc.

Además, otros cinco elementos son necesarios para definir una doble página en lexicografía impresa tradicional:

A) PALABRA GUÍA

Son la primera y la última palabra en negrita recogidas en cada página o en cada doble página.

Suelen aparecer una por página (en el margen superior izquierdo en las páginas pares, y en el margen superior derecho, en las páginas impares). No obstante, se pueden incluir dos palabras por página, y cada una de ellas ocupa los extremos izquierdo y derecho del margen superior.

B) LETRAS DEL ABECEDARIO

Si se incluyen, suelen ocupar el margen lateral exterior de las páginas (el margen izquierdo en las páginas pares, y el margen derecho en las impares).

La impresión del abecedario está pensada para estudiantes de edades tempranas o para aprendientes de segundas lenguas cuya lengua materna tiene un alfabeto distinto. En estos casos, la letra en la que estamos se resalta con una marca tipográfica, que, si se imprime *a sangre* (el color de la impresión llega hasta el corte de la hoja y se percibe a lo largo de todas las páginas como una escalera), es un recurso muy utilizado por las casas editoriales porque permite comunicar visualmente al usuario (incluso si en el punto de venta el libro está retractilado y no puede abrirse), dos informaciones: en primer lugar, que el abecedario es una guía en todas las páginas del libro; y en segundo lugar, si la impresión interior del libro es en negro o en color.

C) NÚMERO DE PÁGINA

En lexicografía tradicional, esta información no era pertinente, dado que el orden de la información lo marcaba el orden alfabético. Fue en la lexicografía escolar de finales de la década de 1990 en España cuando se empezó a incluir la impresión del número de página como una ayuda para el profesor y el alumno (el docente vio que acudir al número de página acortaba los tiempos necesarios para trabajar el procedimiento de la consulta, y eliminaba la exposición pública de los más lentos en el manejo del orden alfabético).

D) FILETES

Se denominan *filetes* las líneas (o adornos más o menos lineales) que acompañan un texto escrito. En el caso de los diccionarios en papel, las más de las veces el texto se presenta a dos columnas; pero en casos de diccionarios de gran formato (o en el caso de ediciones baratas con tres, cuatro e incluso cinco columnas de texto por página), los filetes facilitan la limpieza y el orden del texto. Los filetes, según su ubicación respecto al texto, pueden ser verticales (cuando separan columnas de texto) o superiores o inferiores (separan los artículos lexicográficos de las palabras guía y de la paginación).

3. El diccionario en soporte digital

Como resumen de todo lo visto, podríamos afirmar que en la lexicografía hispánica la calidad lexicográfica del tratamiento dado a la información complementaria se ha venido midiendo en los últimos treinta años por el grado de relación y de conexión existente entre dicha información y el cuerpo del diccionario. Así, por ejemplo, una ilustración era adecuada no solo en sí misma, sino en la medida en que, por ejemplo, desde el artículo de *canotier* se incluyera una remisión al término *sombrero*, con clara indicación de que en dicho artículo podría encontrarse una ilustración colectiva con varios tipos de sombreros, gorros y gorras. O, por poner otro ejemplo, solo cuando desde el artículo de cualquier verbo se remitía a un modelo de conjugación en los apéndices, se hacía evidente que dichos apéndices se habían concebido desde el inicio del proyecto como un complemento y no como una mera forma de rellenar páginas con contenido impreso.

Hoy, en el mundo digital, la hipertextualidad se da por supuesta, y esas remisiones ya no tienen por qué llevarnos a apéndices o a ilustraciones incluidas en las páginas centrales del diccionario; ahora, el acceso a esa información complementaria puede hacerse en cualquier momento desde un artículo del diccionario al mundo de la web, sin que el usuario tenga apenas conciencia de que está saliendo del diccionario para acceder a un tipo de información complementaria que ya no forma parte del proyecto lexicográfico (Nomdedeu-Rull 2019b).

Veamos cuál está siendo la evolución de estos diccionarios disponibles en la red.

3.1. Diccionarios digitalizados

Cuando las páginas web se generalizaron en el uso, hubo un primer momento en el que dichas páginas venían a actuar como modernos tablones de anuncios: los lectores podían acceder a esa información que otros usuarios habían publicado en ellas, pero era imposible que pudieran intervenir en la web.

Con la llegada de la web 2.0 llegó la posibilidad de participación. Y con ella, llegaron grandes transformaciones en la concepción del texto lexicográfico: las obras de referencia ya no se entendían como un trabajo individual, sino como una obra colectiva, fruto de un trabajo colegiado en cualquiera de las plataformas colaborativas existentes (las plataformas wiki, por ejemplo).

Además, la web 2.0 ha supuesto el fin de la linealidad (la ordenación alfabética ha dado paso a la conexión multidireccional entre palabras); y, por último, el resultado de ese trabajo ya no se concibe como una obra que permanece en el tiempo sino como un texto susceptible de variación (y de mejora) con cada lectura del usuario. Los productos desarrollados en esta versión de la web nunca se consideran ni cerrados, ni acabados, ni perfectos, sino que se conciben en continuo desarrollo, en permanente proceso de mejora.

Fue esa una primera etapa de digitalización de los diccionarios editados en papel, en la que los usuarios se conformaban con la mera presencia en la web de todas las páginas de un diccionario en formato PDF (no analizaremos aquí en cuántos de esos casos dichas reproducciones eran, además, copias ilegales), o con aplicaciones en que el libro físico se reproducía con tal grado de semejanza que hasta el gesto de pasar las páginas de izquierda a derecha se mimetizaba en los ordenadores.

Con distinto nivel de mejora respecto de esa primera fase, se puede decir que fueron digitalizadas casi todas las grandes obras que aún hoy se pueden consultar en la web. Todas reproducían un modelo concebido para el papel y, en todas, esa dependencia del papel resultaba más o menos evidente ya que, pese a no haber ahora un problema de espacio, se seguían utilizando convenciones cuya única razón de ser era el ahorro de matrices en papel (Maldonado 2013). Así, seguían presentes numerosas abreviaturas y otros acortamientos gráficos (el tratamiento del femenino en los lemas, por ejemplo); se seguían redactando las definiciones a partir de fórmulas basadas en la morfología derivativa del español (los sustantivos en *-ción* y en *-miento* seguían definiéndose como *Acción y efecto* del verbo correspondiente); seguían siendo abundantes las remisiones a términos en negrita; y, por último, las páginas preliminares y los apéndices se ofrecían en un formato PDF, tal cual se habían editado en papel (el número de página aparecía, incluso, de forma visible).

Poco a poco se fue mejorando el nivel general de calidad de estas obras: los signos de transcripción fonética fueron sustituidos por audios; y el acceso a ilustraciones y a cuadros gramaticales se facilitó desde cada término ilustrado. Pero, sobre todo, se generalizó una mejora en las posibilidades de búsqueda del lema: por un lado, ya no era necesaria la forma canónica de la palabra para acceder a su artículo lexicográfico, porque los programas reconocían todas las variantes flexivas (si buscábamos *estuve*, el programa nos dirigía directamente al verbo *estar*); y, por otro, se explotaban las posibilidades del hipertexto (pinchar cualquier palabra del artículo lexicográfico —y no solo las remisiones en negrita—, en cualquiera de sus variantes morfológicas, llevaba al artículo de la palabra en cuestión).

Se iba mejorando la calidad de estos productos, sí, pero no dejaban de ser diccionarios *digitalizados*, no diccionarios *digitales*.

En otras palabras, la llegada de los diccionarios en línea supuso un enorme retroceso respecto de aquella etapa intermedia que había sido la edición en CD-ROM de los grandes diccionarios del español (*Clave. Diccionario de uso del español actual*, en 2001; el *Diccionario de la lengua española*, Real Academia Española, *DRAE*, en 2003). Estas obras de consulta, con todas sus limitaciones, ofrecían por primera vez al usuario un acceso a los datos que no se limitaba a la búsqueda por lemas. Se ofrecían así una información y un sistema de trabajo que hasta entonces solo había estado reservado a los pocos equipos editoriales que trabajaban con herramientas informáticas avanzadas en la redacción de diccionarios.

Las casas editoriales, sin embargo, fueron severamente castigadas por el mercado a raíz de esta decisión. El precio de venta de esos soportes era muy elevado, para poder amortizar la inversión que había supuesto la encriptación de los datos para evitar las copias ilegales (encriptación que resultó del todo inútil y que no consiguió impedir la piratería). La llegada de la web 2.0, además, hizo inútil esa fase intermedia de necesitar un soporte físico que sustentara la información.

Hoy, el consumidor de información en las redes sigue sin asumir que tenga que pagar por la información en línea. Y eso explica que tampoco estén triunfando entre los usuarios generales los servicios de pago por suscripción a determinadas plataformas.

Si levantamos la vista y nos acercamos a esta llegada de la web 2.0 desde una perspectiva más general que la propiamente lexicográfica, podremos entender mejor algunos principios de economía básicos que determinan hoy nuestro uso de la información en digital (y que, por supuesto, se pueden reconocer también en la concepción actual de las obras lexicográficas digitales): las llamadas *economía de la larga cola* y la *economía de la contribución*.

Por *economía de la larga cola* (Anderson 2004) se entiende una economía de nichos, es decir, la transformación de los negocios (editoriales y lexicográficos, en este caso), que ya no aspiran a vender un solo producto a la mayor cantidad posible de gente, sino que diversifican y focalizan sus ganancias en vender menos cantidades de más productos diferentes.

La *economía de la contribución*, a su vez, abre la puerta a negocios en que no se necesite un inversor único, sino que basan su viabilidad en la microfinanciación de muchos pequeños inversores anónimos (el llamado *crowdfunding* sería un ejemplo) (Rundell 2016).

Y desde este panorama es desde donde nos situamos para intentar aportar algunos criterios de análisis que ayuden al lector a determinar por dónde debería ir la lexicografía del futuro.

3.2. *Diccionarios digitales*

Es del todo evidente que la actividad editorial lexicográfica tradicional está parada (Rundell 2015; Guillaud 2011), y que los únicos proyectos editoriales en curso consisten en reeditar y mantener (en línea y en papel) las obras existentes y, solo en algunos casos, en proporcionar, no diccionarios sino datos lexicográficos, a otras empresas que trabajen en el desarrollo de productos y servicios digitales.

Esto no debería resultar chocante si pensamos que los lexicógrafos no son tanto hacedores de diccionarios como organizadores de información léxica (Fuertes-Olivera y Bergenholtz 2011), y que es el léxico la llave de entrada a todos esos grandes buscadores que bucean a diario por Internet (en octubre de 2019, la cifra manejada en Silicon Valley para cuantificar la actividad de la red en un minuto era de más de 1,9 millones de resultados).

Es del todo evidente también que, hasta la fecha, no se ha publicado ningún diccionario digital del español. Resulta triste que la causa no haya sido la incapacidad de las grandes editoriales lexicográficas, sino la imposibilidad de invertir en un proyecto que aún no tiene resuelta la cuestión de la amortización de los fondos invertidos, ya que el usuario percibe la información en la web como un derecho gratuito, y a fecha de hoy, no parece dispuesto a pagar por obtener esa información (Maldonado 2018).

Un diccionario digital, como cualquier otra obra de referencia que ofrezca información en línea, se debería diferenciar, sobre todo, por los enlaces externos que ofrezca a otro tipo de datos, por las variadas rutas de acceso que ofrezca para llegar a la información, y por los tipos de respuesta que ofrezca en función de la pantalla de consulta, así como por la posibilidad de que los motores de búsqueda recuperen solo lo que se necesita en cada consulta (Fuertes-Olivera 2018).

Debería asegurar, además, una velocidad de procesamiento que garantice la respuesta inmediata a la consulta (si el usuario no percibe la respuesta en tiempo real, dejará de consultar). Y es evidente que estos criterios de valoración tienen más relación con disciplinas como la inteligencia artificial que con la metalexicografía (Tarp 2013c; Tarp *et al.* 2017).

Como puede apreciarse, conceptos tradicionales de los estudios metalexicográficos (Hernández 2018), como *macroestructura* (la definición de qué puede constituir una entrada, así como la organización de las mismas en listas) y *microestructura* (la organización de la información dentro del artículo lexicográfico para que el usuario pueda acceder a ella), no son válidos para caracterizar las rutas de acceso ni los sistemas de búsquedas de los diccionarios digitales. Ni siquiera la llamada *supraestructura* (la organización de la información complementaria analizada en este capítulo) se constituye en los diccionarios digitales en una ayuda para su consulta y para ofrecer al usuario una más fácil comprensión de la información.

En resumen, parece claro que cualquier proyecto de lexicografía que quiera tener salida en el mundo digital (Soler 2012) debería garantizar no tanto la elaboración de un diccionario como la descripción de los datos léxicos de modo que puedan ser utilizados de forma polivalente por las máquinas.

3.3. *Diccionarios del futuro*

Las obras lexicográficas digitales parecen estar desapareciendo y, sin embargo, los datos lexicográficos digitales están cada vez más presentes en el día a día de todos los usuarios de cualquier dispositivo tecnológico que requiera el uso de una lengua natural para acceder a la información (Tarp 2011a).

Bien es verdad que el usuario sigue teniendo asociado el concepto de *diccionario digital* a un *diccionario digitalizado*. De hecho, los soportes locales (CD-ROM, DVD-ROM, etc.) y los dispositivos fabricados expresamente para albergar diccionarios (esas máquinas pequeñas y baratas que ofrecen listados multilingües de equivalencias léxicas, por ejemplo) resultan hoy obsoletos porque su misma existencia física deja en evidencia su falta de actualización.

Hoy podemos hablar en nuestra lengua materna a nuestros dispositivos móviles, y, acto seguido, podemos ofrecer al interlocutor la traducción oral que la máquina ha hecho de nuestro enunciado en tiempo real.

Podemos también descargar de forma gratuita aplicaciones que permiten fotografiar un texto escrito (incluso en un alfabeto distinto) para que la máquina devuelva al instante ese término traducido, sin que el usuario ni siquiera se haya percatado de ese paso previo a la traducción que es la transliteración de un alfabeto a otro.

Podemos escribir un texto y acudir, no ya a corregir su ortografía, sino a pulir y mejorar el estilo de redacción a partir de programas residentes en los procesadores de textos o en programas descargados en los distintos dispositivos.

En resumen, mientras en lexicografía se siga estudiando la calidad de un diccionario en línea solo a partir de detalles como si ofrece o no una pestaña que se despliega si colocamos el cursor sobre una abreviatura para ofrecer completa la palabra en cuestión; mientras la mayoría de los estudios metalexicográficos se base en el análisis comparativo de un mismo artículo lexicográfico a lo largo de las sucesivas ediciones de un diccionario; mientras los estudiosos de la lexicografía se conformen con lamentar que las editoriales ya no inviertan en obras de referencia lingüística en papel; y mientras los usuarios sigan sin querer pagar por los servicios digitales; mientras estas actitudes sigan vigentes, el trabajo y la especialización lexicográficos estarán dejando pasar una oportunidad única. Los lexicógrafos no son meros hacedores de diccionarios; los lexicógrafos son especialistas en ordenar la información a partir del léxico. Y si no son los propios lexicógrafos (y las instituciones que los amparan) los que toman las riendas de la situación, otros estarán ordenando esa información lingüística en su lugar (¿o es que en noviembre de 2017 el gigante de la distribución mundial había obtenido de la nada los datos necesarios para anunciarle al mundo que sus buscadores disponían de todos los datos lingüísticos necesarios para manejar en tiempo real la traducción de 98 lenguas de texto a texto, de texto a voz, y de voz a texto?).

Bibliografía básica

Fuertes-Olivera (2018); Maldonado (2018); Martínez de Sousa (1995)

Bibliografía complementaria

Domínguez y Sanmarco (2017); Fuertes-Olivera y Bergenholtz (2011); Maldonado (2013); Nomdedeu-Rull (2019)

19

Tipos de diccionarios (Objetivos, usuarios y necesidades) (Types of dictionaries: Objectives, users and needs)

Ignacio Ahumada

1. Introducción

Cualquier propuesta clasificatoria sobre los diferentes tipos de diccionarios podría tener validez absoluta o relativa, siempre y cuando esa clasificación sea el resultado de una rigurosa ejecución del criterio o criterios que sustentan la propuesta.

Si atendemos, por ejemplo, a la tradicional oposición —basada en un modelo semiótico — *lexicografía lingüística/lexicografía enciclopédica*, el primer par de prototipos sería *diccionario lingüístico/enciclopedia*. Si, por el contrario, nos situamos en un modelo estrictamente lingüístico, los prototipos de partida serían *diccionario monolingüe/diccionario bilingüe* (por ende, plurilingüe).

Ahora bien, con un criterio estrictamente material (soporte) determinado por la incorporación de las nuevas tecnologías a la redacción de diccionarios, la oposición la estableciéramos entre *lexicografía impresa/lexicografía digital*, en donde el par correspondiente sería *diccionario impreso/diccionario digital*.

La tipología de los diccionarios del español que propongo se basa en el principio de inmanencia aplicado al diccionario monolingüe general, dado que lo entiendo como eje central del desarrollo de la lexicografía sobre la lengua española. Reconozco de antemano que los orígenes de la lexicografía de las lenguas modernas de Europa hunden sus raíces en la lexicografía bilingüe, y por ello parto de universales clasificatorios, pero doy preeminencia a los factores de identidad que determinan la historia lexicográfica de cualquier lengua: ni todas las lenguas han discurrido por trayectorias similares —cosa bien distinta de los antecedentes y los modelos— ni todas las lenguas responden por igual a las necesidades de sus usuarios.

El diccionario monolingüe general ha propiciado el desarrollo de una abundante lexicografía, en principio, complementaria del diccionario mayor; una lexicografía que se torna autónoma con el paso de los años y con las aportaciones propias de la metalexicografía en el último medio siglo (usuarios y necesidades).

La macroestructura del diccionario (nomenclatura: entrada) nos permite justificar y clasificar los diferentes tipos de diccionarios paradigmáticos.

DOI: 10.4324/9780429244353-22

La microestructura del artículo lexicográfico da lugar a la agrupación de los diccionarios en función de cada uno de sus elementos. Atendiendo a la propia naturaleza del diccionario general: diccionario normativo (académico y pedagógico)/diccionario descriptivo (manual, básico y fundamental); si lo hacemos a las marcas de uso o de variación: temporales (etimológicos, históricos), geolingüísticas (regionales), socio-culturales (especializados, de jergas), registros (uso literario/uso coloquial) y de transición semántica (equívocos, festivos); si por el contrario nos atenemos a la cita o ejemplo, justificamos la larga serie de diccionarios sintagmáticos.

La tipología del diccionario bilingüe (plurilingüe) viene determinada en buena medida por la preeminencia del diccionario monolingüe y también por las características específicas de su microestructura (semibilingües).

El diccionario digital (también el electrónico) o base de datos léxica y lingüística cubre las necesidades de los usuarios a partir de la clasificación atomística que ha determinado la extensa variedad de los diccionarios impresos.

Palabras clave: diccionarios; lengua española; lexicografía; lingüística; tipología

Any approach to classifying the different types of dictionaries may have absolute or relative validity, as long as the classification is the result of a rigorous execution of the criterion or criteria underpinning the method chosen. If we adhere to, for example, the traditional distinction (based on a semiotic model) of *linguistic lexicography/encyclopaedic lexicography*, the first pair of prototypes would be *linguistic dictionary/encyclopaedia*. If, on the other hand, we embrace a strictly linguistic model, the initial prototypes would be *monolingual dictionary/bilingual dictionary* (thus, *multilingual*).

Applying a strictly material criterion (format), determined by the application of new technologies to the creation of dictionaries, the distinction would be *printed lexicography/digital lexicography*, with the corresponding duality being *printed dictionary/digital dictionary*.

The typology of Spanish dictionaries that we propose is based on the principle of immanence applied to the general monolingual dictionary. We recognize, however, that the lexicography of Europe's modern languages has its roots in bilingual lexicography. Therefore, we start from the basis of universal classifiers, but assign pre-eminence to the identity factors that shape the lexicographic history of any language.

The macrostructure of the dictionary (nomenclature: entry) allows us to justify and classify the different types of paradigmatic dictionaries.

The microstructure of the lexicographical article gives rise to the grouping of dictionaries depending on each of their elements. In accordance with the nature of the general dictionary: normative dictionary (academic and pedagogical)/descriptive dictionary (manual, basic and fundamental). If we focus upon usage labels and variations, the groupings are: temporal (etymological, historical), geolinguistic (regional), socio-cultural (specialized, jargon), diaphasic (formal/colloquial) and semantic changes (ambiguous, humor). If, instead, we concentrate on quotes, or examples, we justify the long list of syntagmatic dictionaries.

The typology of the bilingual (multilingual) dictionary is largely determined by the preeminence of the monolingual dictionary, and also by the specific characteristics of its microstructure (semi-bilingual).

The digital dictionary or lexical and linguistic database addresses the needs of users through the atomistic classification generated by the wide variety of print dictionaries.

Keywords: dictionaries; lexicography; linguistics; Spanish language; typology

2. Primera sección: diccionarios impresos[1]

2.1. Preliminares

Se ha vuelto un lugar común señalar que el nacimiento de la metalexicografía está vinculado a los intentos de clasificación de las obras lexicográficas (*cf.* Gak 1991, 105). En este sentido se entiende como fundacional el artículo del lexicógrafo ruso Ščerba (1940) sobre la tipología de los diccionarios. A partir de este trabajo ("Ensayo de una teoría lexicográfica general") se sucederían en 1971 los trabajos de Zgusta, Rey-Debove y los Dubois, los cuales se consideran como el punto de arranque de la metalexicografía tal y como la entendemos hoy. El interés de los estudiosos por las obras lexicográficas —en concreto, por sus planteamientos teóricos— es muy anterior a estos años, como bien puede suponerse. Los diccionarios y la metalexicografía han caminado prácticamente juntos desde los orígenes.

La abundante bibliografía sobre de la tipología de los diccionarios llevó a Gak a publicar en 1991 una propuesta de clasificación sobre las distintas tipologías expuestas hasta el momento. A tenor de los materiales estudiados, establece la oposición binaria entre tipologías estáticas y dinámicas, esto es, aquellas que parten del diccionario como producto final (estáticas) y aquellas que parten del diccionario como producto en construcción (dinámicas). Sólo Rey (1970) había planteado hasta entonces una tipología de los diccionarios de carácter dinámica o "genética", al decir del lexicógrafo francés.

Las tipologías estáticas, según Gak, pueden ser de cuatro tipos:

1 *Globalista:* "el diccionario como tal, en conjunto" (Gak 1991, 107). A ella se adscriben los planteamientos de Ščerba (1940) y Zgusta (1971b).
2 *Atomista:* "una tipología por rasgos distintivos" (Gak 1991, 107). Aquí se encuadrarían las de Malkiel (1958, 1959 y 1962) y Sebeok (1962).
3 *Mixta:* "algunas tipologías logran reunir ambos principios, globalista y atomista" (Gak 1991, 108). Fue propuesta y aplicada a diccionarios franceses por Quemada (1967).
4 *Radial:* "supone la existencia de un tipo central de diccionario con respecto al cual se definen otros tipos" (Gak 1991, 111). En esta última ubicaríamos la tipología propuesta por el mismo Gak, cuando en 1976 se ocupó de este tema en la *Gran enciclopedia soviética*.[2]

La tipología que propongo en este capítulo podría considerarse como una tipología de carácter dinámico, dado que toma la estructura compleja del artículo lexicográfico del diccionario monolingüe general como eje vertebrador de la misma, y no al diccionario monolingüe como punto de referencia (en este caso estaríamos ante una tipología de carácter estático —variante radial—); si bien me atengo al principio de inmanencia como criterio de análisis del diccionario monolingüe general.

La tipología propuesta es de carácter dinámico, además, porque las variaciones y ampliaciones en el diccionario monolingüe (también bilingüe) se irradian desde la estructura misma del artículo lexicográfico. Los diccionarios regionales del español, por ejemplo, son una clara consecuencia de la incorporación del léxico regional al diccionario general desde los orígenes de nuestra lexicografía, otorgándoles carta de naturaleza el *Diccionario de autoridades* (*DAut*, 1726–1739).[3]

Unos años antes, y con distintos objetivos a los propuestos por Gak, Hausmann concluye que determinados tipos de diccionarios acaban asumiendo el papel de prototipos, con lo que llegan a ocupar el núcleo de la clasificación. El papel nuclear de este prototipo determina el desplazamiento periférico del resto de los diccionarios de su clase (*cf.* Hausmann 1989a, c. 91). Es evidente que la reordenación de los materiales nos permita hablar de tipos, subtipos y variantes del diccionario prototípico.

De tal manera que si partimos de un modelo semiótico (*lexicografía enciclopédica/lexicografía lingüística*) el primer par de prototipos sería *enciclopedia/diccionario lingüístico;* en tanto que si nos situamos en un modelo estrictamente lingüístico, los prototipos de partida serían *diccionario monolingüe/diccionario bilingüe* (por ende, *plurilingüe*).

Elegido el diccionario monolingüe general como prototipo, entendemos la *arquitectura* de este repertorio organizada en *hiperestructura* (estructura de acceso y apéndices más iconoestructura), *macroestructura* y *microestructura.*[4]

2.2. *El diccionario monolingüe general*

La lexicografía de las lenguas modernas de Europa logra su plena madurez después de que salieran a la luz los primeros diccionarios monolingües del italiano, del francés, del español, etc. (siglos XVII y XVIII). El modelo de lengua que pretendían registrar estos primeros lexicógrafos les venía dictado por un pasado literario reciente que, desde su punto de vista, había alcanzado cotas de calidad extremas si lo comparáramos con los balbuceos anteriores al Renacimiento.

La consolidación de los Estados-nación europeos en los siglos XV y XVI supuso un complejo entramado político, social y cultural. La lengua (*le bel usage/le bon usage*) en su expresión más preciada y duradera (la literatura) conforman uno de los pilares más sólidos de la nueva sociedad (v. Lara 1996a, 32–56). El diccionario monolingüe general representa la aceptación y el reconocimiento social y cultural entre los países hermanos. Baste recordar que por encima de las identidades sujetas a fronteras, existía —con relativas diferencias— un vínculo común a todos: Roma, y con ella la expresión del sincretismo cultural greco-latino y judeo-cristiano. El diccionario monolingüe general representa, en fin, el elemento aglutinador de esa historia común asimilada, asumida y expresada a través de una literatura nacional con lengua propia.

Entiendo, pues, el **diccionario monolingüe general** como el eje vertebrador de nuestra riqueza y variedad lexicográficas.

El diccionario general es el catálogo que reúne la descripción lexicográfica de las unidades léxicas y gramaticales de una lengua atendiendo a los más diversos criterios de selección (lingüísticos, culturales, ideológicos, sociales, regionales, etc.). El diccionario general, en realidad, pretende describir la lengua culta y parcialmente sus variedades.

2.2.1. Diccionario normativo y diccionario descriptivo

El diccionario de la lengua general registra de forma atomística (y ese es el verdadero problema) un modelo de lengua. Sea cual sea ese modelo de lengua (literaria o estándar, *ejemplar* en la terminología coseriana, pero *modelo* al fin), el diccionario persigue señalar los caminos por los que ha de discurrir la comunicación fluida y coherente entre los hablantes de esa lengua común.

Hablar de un modelo de lengua representado por el diccionario general, nos lleva directamente a plantearnos la oposición entre **diccionario normativo** y **diccionario descriptivo,** este último, consecuencia de la máxima estructuralista del siglo pasado "la lingüística, disciplina no prescriptiva"; aquel primero, consecuencia de todo el peso de la tradición que señalo arriba.

Se quiera o no, el diccionario general defiende en sus columnas un modelo de lengua concreto. Podríamos dar por sentado que la mayor parte de los diccionarios generales publicados sobre el español en el último medio siglo son enteramente descriptivos antes que normativos.

Veamos, sin embargo, cómo justifican las débiles fronteras entre prescripción y descripción los seguidores del descriptivismo en lexicografía: (1) "En realidad, ambos enfoques, descriptivo y normativo, no son incompatibles" (*Diccionario del español actual*, Seco, Andrés y Ramos 1999, *DEA*, XIIIa) y (2) "En esta obra nos proponemos como finalidad ofrecer no tanto un modelo normativo como un modelo que se ajuste realmente a la lengua usada en nuestros días" (*Gran diccionario de uso del español actual,* 2001: 9; *GDUESA*). El diccionario general, por el simple hecho de inventariar y describir el léxico de una lengua, presenta sin fisuras el modelo de lengua que su autor o autores estiman recomendable (¿o preceptivo?).

El diccionario normativo en la lexicografía del español se articula sobre el tricentenario *Diccionario de la lengua española* (Real Academia Española y Asociación de Academias de la Lengua Española 2014, en adelante, *DLE*) y en la serie de diccionarios que se acogen al denominador común de **diccionario pedagógico,** esto es, el **diccionario escolar** (*Diccionario del estudiante: secundaria y bachillerato*, 2005, *DEst*), **de aprendizaje** (*Diccionario para la enseñanza de la lengua española. Español para extranjeros*, 1995, *DIPELE*, y *Diccionario de aprendizaje del español como lengua extranjera*, en línea, *DAELE*), **de dudas y dificultades** (*Nuevo diccionario de dudas y dificultades de la lengua española*, 2011, *NDDDLE*), **de falsos amigos** (*Diccionario de falsos amigos inglés-español*, Prado 2001), **de pronunciación** (*Diccionario fonético descriptivo de la lengua española*, Andrés Gutiérrez 2007), **ortográfico** (*Diccionario de uso de mayúsculas y minúsculas*, Martínez de Sousa 2010), **de siglas y abreviaturas** (*Diccionario de abreviaturas en español*, Galende Díaz 2014) y, por último, el **diccionario y/o glosario de normas técnicas** (*Trabajos terminológicos. Vocabulario*, UNE-ISO, 1087–1).

Por diccionario pedagógico entendemos el catálogo que reúne la descripción lexicográfica de las unidades léxicas y gramaticales de una lengua atendiendo, en sus planteamientos esenciales, a la adquisición (lengua materna) y al aprendizaje (L2) de una lengua determinada.

El diccionario descriptivo (*Diccionario del español actual*, Seco, Andrés y Ramos 1999, en adelante, *DEA*), al igual que normativo, cuenta a su vez con las conocidas variantes de **manual** (*Diccionario del español de México*, 2010, en delante *DEM*), **básico** (*Diccionario básico del español de México,* 1986, *DBEM*) y **fundamental** (*Diccionario fundamental del español de México*, 1982, *DFEM*), como denominaciones más usuales (podemos encontrar también *esencial, abreviado, micro*, etc.). Los adjetivos de *manual, básico* y *fundamental* se aplican antes en función del número de entradas que como consecuencia de criterios más sólidos. Estas denominaciones para la familia de diccionarios descriptivos, al igual que para los normativos, suelen cruzarse con los empleados en la lexicografía pedagógica, y cuyo correlato —tomado de los diccionarios de aprendizaje (o escolares L2)— se corresponde con **básico, intermedio** y **avanzado**.

2.3. Los diccionarios según la microestructura

El diccionario monolingüe general se ha ido configurando como obra lingüística a lo largo de los últimos quinientos años. Con el desarrollo de la metalexicografía en el último medio siglo, gracias a la incorporación de los lingüistas a las tareas lexicográficas, ha logrado el apoyo teórico necesario para sustentar la descripción del léxico en sólidos principios. El diccionario de lengua, en general, ha consolidado un modelo de artículo lexicográfico que, *mutatis mutandis*, podría estructurarse así:

Cada una de las partes en que puede estructurarse la información lexicográfica proporcionada por el diccionario general nos permite la agrupación y clasificación de los diferentes repertorios al uso, tal y como vemos en la aplicación siguiente:

ENTRADA
/Pronunciación/
(Etimología)
CATEGORÍA
Subcategoría.
Marcas:
- Temporales: anticuado, desusado, neologismo...
- Geolingüísticas: América, España, Colombia, Andalucía, Córdoba...
- Socioculturales: vulgar, tecnolecto, jerga...
- Transición semántica: formal, coloquial, figurado, festivo...

DEFINICIÓN
Cita / Ejemplo.
Acepciones.
Unidades pluriverbales.
GLOSA (información complementaria)
- Gramatical.
  Morfología flexiva.
  Construcción / régimen...
- Lexicológica.
  Derivativa: composición, derivación y parasíntesis.
  Relaciones léxicas: sinonimia, antonimia, homonimia, etc.
  Lexicoestadística.
  Datos cronológicos.
- Cultural.
- Ilustraciones.

Figura 19.1 Microestructura compleja del artículo lexicográfico.

ENTRADA > DICCIONARIOS PARADIGMÁTICOS

CATEGORÍA

- Marcas temporales > **DICCIONARIOS DIACRÓNICOS**
- Marcas geolingüísticas > **DICCIONARIOS REGIONALES**
- Marcas socioculturales > **DICCIONARIOS SOCIOCULTURALES**
- Registros y marcas transición semántica > **DICCIONARIOS DE RECREACIÓN**

DEFINICIÓN

- Cita / Ejemplo > **DICCIONARIOS SINTAGMÁTICOS**

GLOSA (información complementaria)

- Cultural > **SABER ENCICLOPÉDICO**

Figura 19.2 Tipología general según la información de la microestructura.

2.3.1. Entrada o lema > diccionarios paradigmáticos

La entrada o lema, al formar parte individualizada de la macroestructura del diccionario, nos permite clasificar todos aquellos repertorios cuyo objeto de estudio se centra en el significante tanto de manera aislada como en sus relaciones dentro del sistema lingüístico (lexicología).

El **diccionario paradigmático** se define como el catálogo que, atendiendo a la macroestructura, reúne la organización o estructuración lexicográfica de las unidades léxicas de una lengua en función de su significado recto, de los usos contextuales o de cualquier otro criterio semántico o formal.

El diccionario paradigmático (variantes *diccionario ideológico* y *de ideas afines*) nos lleva directamente a plantearnos temas de especial relevancia en teoría lexicográfica: (a) la clasificación conceptual del léxico de una lengua en el plano lexicográfico (*Diccionario ideológico de la lengua española*, Casares 1942 y 1959, y *Diccionario ideológico: atlas léxico de la lengua española*, Moral 2009) y (b) las aportaciones de la misma a los diccionarios alfabetizados ("los catálogos de referencias" del *Diccionario de uso del español* (Moliner 1966-1967, en adelante, *DUE*), o la "agrupación lógica de los conceptos"), cuya incorporación a la estructura del artículo lexicográfico vuelve —como ocurre en el *DUE*— un diccionario de recepción en un diccionario parcialmente de producción.

Los **diccionarios de ideas afines** (*Diccionario de ideas afines*, Corripio 1983) escasean de manera individualizada. Suelen editarse conjuntamente con aquellos otros de mayor demanda dentro del grupo de los diccionarios paradigmáticos (sinónimos y antónimos, por ejemplo). No ocurre así con el **diccionario de raíces** o **familias de palabras** (*Diccionario por raíces del latín y de las voces derivadas*, Segura Mungía 2006).

El **diccionario de sinónimos** (*Diccionario de sinónimos*, Gili Gaya 1968), **de antónimos** (*Antónimos castellanos*, Cruz Aufrére y Ortucte 1965), **de homónimos** (*Diccionario de homónimos castellanos*, Cruz Aufrére y Cruz 1969) y **de parónimos** (*Diccionario de parónimos castellanos*, Lazzati 1971) tienen su lugar independiente en el mercado editorial. Las necesidades de los usuarios —como en el caso del diccionario de ideas afines—, por el contrario, determina la suma de dos (*Diccionario general de sinónimos y antónimos: lengua española* 1999) y hasta tres variantes (*Voces homófonas, homógrafas y homónimas castellanas* 1977).

El **diccionario de hiperónimos** —aun ocupándose solo de describir los hipónimos— representa una herramienta fundamental en la enseñanza del léxico.

En este mismo grupo destacan, en fin, repertorios de general aceptación en determinados grupos de usuarios (poetas y público infantil): el **diccionario de la rima** (*Diccionario de asonantes i consonantes*, Benot 1893), el **diccionario inverso** (*Diccionario inverso de la lengua española*, Bosque y Pérez Fernández 1987), el **diccionario escolar inverso** (*Diccionario escolar inverso de la lengua española*, Campa *et al.* 1991) y el **diccionario de imágenes** (*Diccionario en imágenes* 2001). Dentro de los diccionarios de imágenes se incluye el **diccionario de gestos** (*Diccionario de gestos. España e Hispanoamérica*, Meo Zilio y Mejía 1980–1983).

Completan la nómina de diccionarios paradigmáticos el **diccionario de deonomástica** (*Los nombres del Madrid multicultural*, 1997), el **diccionario de gentilicios** (Vergara Martín 1933), el **diccionario de frecuencias** (*El desarrollo del vocabulario. Diccionario de frecuencias*, Justicia Justicia 1995) y el **diccionario de crucigramas** (*Diccionario para crucigramas*, Lucía 1996).

2.3.2. Marcas temporales > diccionarios diacrónicos

Las marcas de uso, de obligado cumplimiento en los diccionarios generales, nos van a proporcionar la clasificación de buena parte de los subtipos y variantes de nuestra producción lexicográfica.

La presencia de marcas temporales como *anticuado, desusado, neologismo. . .* permiten vincular el grupo de los diccionarios diacrónicos a dichas marcas. El **diccionario diacrónico** se define como el catálogo que reúnen, por lo general, la descripción lexicográfica (fónica, gramatical o semántica) de las unidades léxicas y gramaticales de una lengua a partir de su desarrollo temporal en la historia de esa lengua.

Las especiales circunstancias de las lenguas modernas de Europa en los siglos XV y XVI situaron el **diccionario etimológico** en el punto de referencia inexcusable. El prestigio de la lengua latina, la griega y la hebrea frente a las lenguas romances o vulgares marcaron los derroteros de la lexicografía de su tiempo. En los balbuceos de nuestra historia lexicográfica contamos con la obra bilingüe de Antonio de Nebrija (1492–95); la lexicografía monolingüe, por el contrario, nace con un marcado acento etimológico, si no es que se trata por entero de lexicografía etimológica antes que general: el *Tesoro* (1611) de Sebastián de Covarrubias no es más que la culminación de ese proceso. El auge de la lingüística histórica del español propició tanto ejemplares diccionarios etimológicos generales (*Diccionario etimológico español e hispano*, García de Diego 1955, y *Diccionario crítico etimológico castellano e hispánico*, Corominas y Pascual 1980–1991, *DCECH*) como parciales (*Diccionario de arabismos y voces afines en iberorromance*, Corriente 1999).

El **diccionario histórico,** por sus especiales características de diccionario total, se nos presenta como la herramienta imprescindible para la investigación y el conocimiento de una lengua histórica (*Nuevo diccionario histórico del español*, en curso, *NDHE*). Como cualquiera otro tipo, subtipo o variante lexicográficos, el diccionario histórico cuenta con repertorios parciales que reducen la cronología (*DEM* 1987-).

Completan la nómina de diccionarios diacrónicos el **diccionario cronológico** (*Nuevo tesoro lexicográfico del español (s.* XIV-*1726)*, 2007, en adelante *NTLE*), **de arcaísmos** (*Arcaísmos léxicos del español de América*, Lerner 1974), **de dobletes, de préstamos** (*Nuevo diccionario de anglicismos*, Rodríguez González 1997), **de neologismos** (*Diccionario de neologismos de la lengua española* 1998) —e incluso, de futuros neologismos (*Diccionario experimental de futuros neologismos del español*, Tourover 2009)— y el **tesoro lexicográfico** (*NTLE*).

2.3.3. Marcas geolingüísticas > diccionarios regionales

Históricamente el léxico regional, en menor o mayor medida, siempre ha tenido su lugar en los repertorios del español, ya fueran estos bilingües (Nebrija) ya etimológicos (Covarrubias). El refrendo definitivo en los diccionarios generales de la lengua se lo otorga el mismísimo *DAut*, en donde, a pesar del sobrenombre, las voces regionales estaban exentas de contar con testimonios escritos (autoridades). El **diccionario regional** se define, pues, como el catálogo que reúne la descripción lexicográfica de las unidades léxicas de una variedad lingüística atendiendo exclusivamente a razones geolingüísticas y/o culturales.

Uno de los mayores escollos con el que tropieza la lexicografía regional del español radica en la falta de un diccionario histórico que permita a los lexicógrafos catalogar con rigor el léxico diatópico con el que trabaja. Con todo y eso en las últimas décadas se ha avanzado vertiginosamente en esta materia. En el campo de la lexicografía regional del español podemos distinguir hasta seis modelos diferentes con sus correspondientes variantes:[5]

El **diccionario diferencial** y el **diferencial-contrastivo** registran la variedad léxica regional de un área determinada (localidad, comarca, provincia, región, país o parte de un continente) a partir de la información disponible sobre la lengua general en un solo diccionario (diferencial) (*Vocabulario andaluz* 1998) o en varios diccionarios de referencia así como en determinadas bases de datos y corpus (diferencial contrastivo) (*Diccionario del español de Cuba. Español de Cuba – Español de España*, 2000, *DECu*).

El **diccionario integral,** por el contrario, se ocupa de todo el léxico de una región sin distinguir entre el léxico diferencial y aquel que comparte con el resto de los hablantes de otras regiones del español (*Diccionario integral del español de la Argentina*, 2008, *DIEA*; *DEM* 2010).

El **diccionario representativo** estaría a medio camino entre el diccionario diferencial-contrastivo y el diccionario integral, puesto que se acoge a criterios de selección léxica compartida por ambos repertorios: léxico diferencial, por una parte; léxico común identitario, por otra. En este último caso se trata de voces comunes con hablantes de diferentes regiones, pero identificativas a su vez de fenómenos culturales, vivencias . . . propios de la región estudiada (*Vocabulario jaenés*, 1997).

El **diccionario de coincidencias,** en fin, describe las unidades léxicas comunes a dos o a varias áreas concretas de una misma lengua (*cf.* Fajardo Aguirre 2018, 84) (*Tesoro léxico canario-americano*, Corrales y Corbella 2010).

Y, por último, el **diccionario de civilización,** esto es, el catálogo que describe las unidades léxicas correspondientes a significados culturales autóctonos (*culture specific vocabulary*) (*Diccionario de civilización y cultura españolas*, Quesada Marco 1997).

2.3.4. Marcas socioculturales > diccionarios socioculturales

Las marcas socioculturales responden al empleo de voces y variantes significativas por parte de un determinado grupo social. Así, (1) la comunidad científica y la creación literaria se vinculan al diccionario de cultismos, (2) en tanto que los hablantes con escasa instrucción lo hacen al diccionario del habla popular; de igual manera (3) los usuarios con nula (o escasa) instrucción se vinculan al diccionario de vulgarismos, (4) los profesionales, al diccionario de especialidad, (5) los jóvenes y el hampa, al diccionario de jergas y (6) las personas instruidas y no instruidas, al diccionario bidireccional de eufemismos/disfemismos.

El **diccionario de cultismos** registra, por lo general, la descripción lexicográfica de voces tomadas directamente de otra lengua (latín o griego, sobre todo) en contextos especializados (científico-técnicos) o en la creación literaria.

El **diccionario del habla popular** recoge la preferencia de los hablantes con escasa instrucción por aquellas unidades léxicas que mantienen un doblete en el estándar (*mangar/robar*) (*Léxico popular peruano*, Portilla Durand 2011).

El **diccionario de vulgarismos** se ocupa de la descripción lexicográfica de las variantes fónicas, gramaticales y léxicas ajenas a la norma por la que se rige la lengua estándar (*Diccionario cubano de habla popular y vulgar*, Paz Pérez 1998).

Debo señalar que en el catálogo que manejo sobre los diccionarios del español y sus variantes, figuran como notables ausencias tanto el diccionario de cultismos como el diccionario de vulgarismos. Con toda probabilidad esta ausencia se vea suplida en parte por los diccionarios especializados, de un lado; y por los diccionarios del habla popular y regionales, de otro. Los diccionarios de especialidad, dada la transparencia etimológica de sus términos suelen incorporar notas etimológicas; los diccionarios del habla popular —y los diccionarios regionales redactados por no expertos— identifican lo popular con lo vulgar, de aquí que proliferen los vulgarismos en los diccionarios tanto del habla popular como de regionalismos.

El **diccionario de especialidad** —junto al diccionario histórico— es el único que no se rige por un criterio de selección léxica, por lo tanto, todo término tiene cabida en el repertorio. El diccionario especializado se define como el catálogo que reúne la descripción lexicográfica de las unidades léxicas distintivas de una determinada área de conocimiento o determinadas áreas de conocimiento, ya sea atendiendo a una clasificación científica de las mismas (UNESCO, C.D.U., etc.), ya al interés del usuario: *el agua, la gripe aviar*, etc.; de aquí que los diccionarios especializados puedan subclasificarse en **diccionarios disciplinares** (medicina, derecho, lingüística) y **diccionarios temáticos** (fútbol, bolsa, calzado e industrias afines).

El **diccionario de jergas** se define como el catálogo que reúne la descripción lexicográfica de las unidades léxicas distintivas de un determinado grupo social (hampa/jóvenes) bien con una manifiesta intención de obscuridad en la comunicación (hampa) bien por simple innovación de la norma (jóvenes) (*Manual práctico del lenguaje guay*, Tapia Rodríguez 1990, y *Diccionario ejemplificado del argot*, Ruiz 2001).

La frecuencia de los **diccionarios de disfemismos** supera con creces a los **diccionarios de eufemismos**. Las cifras muestran muy a las claras la actitud de determinados grupos sociales hacia el uso de la lengua. El *Diccionario de eufemismos y expresiones eufemísticas del español actual* se autodeclara "el primer diccionario de eufemismos del español actual" (Lechado García 2000).[6] Dentro de los diccionarios de disfemismos (Celdrán Gomáriz 1995), por último, se incluyen tanto los repertorios erótico-sexuales (*Diccionario del sexo y el erotismo*, Rodríguez 2011) como de voces discriminatorias (Garay 1994).

2.3.5. Registros y marcas de transición semántica > diccionarios de recreación

La tipología de los diccionarios en función de la variedad diafásica viene determinada por el hablante mismo ante situaciones comunicativas distintas. Un médico o un abogado, por ejemplo, según su competencia comunicativa escrita u oral, determinará de manera individual los diferentes registros lingüísticos: el de investigación (literario), el de los informes periciales (formal), el mantenido con el enfermo o cliente (estándar), el del círculo de amigos (coloquial/informal), el familiar.

La variedad de registros en la realidad diccionarística tiende a simplificarse. Apenas si podemos establecer el par **diccionario del uso literario** (formal o elevado) y **diccionario del uso coloquial** (informal o familiar).

A tenor de los repertorios disponibles, nunca una denominación (*diccionario del uso literario*) ha respondido de manera tan fiel al conjunto de diccionarios registrados. El historicismo reinante en la investigación lingüística de la primera mitad del siglo XX dio lugar a los vocabularios de los grandes autores de nuestra historia literaria: *Mío Cid*, el infante don Juan Manuel, Cervantes (*Vocabulario de Cervantes*, Fernández. Gómez 1962), Lope de Vega, Góngora, del Valle y Caviedes (*Voces y giros del habla colonial peruana (siglo XVII) registrados en los códices de la obra de Juan del Valle y Caviedes*, Cáceres 1974). Más difícil de delimitar —en cuanto a los criterios de selección léxica se refiere— es el **diccionario del uso coloquial,** cuyas coincidencias con el diccionario de habla popular manifiestan las dificultades intrínsecas que encierran las variantes popular/coloquial (*Diccionario Akal del español coloquial (con sus equivalentes en inglés)*, Ramos y Serradilla 2000).

Al igual sucede con las interferencias que presentan las marcas pragmáticas que señalan algunos diccionarios (*Diccionario Salamanca de la lengua española*, 1996, *DSal; DLE*, p. e.) con las tradicionales marcas de transición semántica. Las interferencias en la selección del léxico coinciden incluso con las marcas socioculturales que hemos visto en el apartado anterior.

Contamos con al menos tres modelos de diccionario sobre las marcas de transición semántica: el **diccionario del sentido figurado o traslaticio** (*Diccionario de metáforas y refranes de la lengua castellana*, Musso y Fontés 1876), el **diccionario de equívocos** (*Diccionario de español equívoco*, Criado de Val 1982) y el **diccionario festivo o humorístico** (*Diccionario de Cipriano Telera (y siete cartas a opá. Dos mil trescientos vocablos en riguroso orden alfabético*, Garmendia 2003).

2.3.6. Citas/ejemplos > diccionarios sintagmáticos

La cita o el ejemplo —de obligada presencia en cualquier diccionario— nos vale como punto de referencia para justificar la adscripción del diccionario sintagmático. El **diccionario sintagmático** es un subtipo de repertorio que estudia las combinaciones morfosintácticas de determinadas unidades léxicas. Dado que en este tipo de repertorio se atiende, *stricto sensu*, a "combinaciones formales", algunos de los de esta clase, por ejemplo, diccionarios de colocaciones/de combinaciones/de frases célebres, etc., carecen de descripción léxico-semántica.

El **diccionario de construcción y régimen** —con toda probabilidad la obra más original de la lexicografía del español— es el catálogo, por lo general de carácter restrictivo, que recoge la descripción morfosintáctica y léxica de las voces de una lengua.

Si bien la obra pionera de este modelo diccionarístico, el *Diccionario de construcción y régimen de la lengua castellana* (Cuervo 1886–1994, *DCR*), incluye la descripción léxica de los lemas estudiados, la mayoría de los diccionarios sintagmáticos se ocupa de las combinaciones sintácticas (o construcción) de la entrada junto con los valores morfosintáctico-semánticos de la misma. En esta línea se encuentran el **diccionario de colocaciones** (*Diccionario de colocaciones del español*, en curso, *DiCE*) y el **diccionario combinatorio** (*Redes. Diccionario combinatorio del español contemporáneo*, 2004, *Redes*), dos de las aportaciones más relevante de nuestra reciente historia lexicográfica.

El **diccionario fraseológico** se define como el catálogo que reúne la descripción lexicográfica de las expresiones fijas de una lengua, esto es, las unidades del discurso repetido (locuciones, modismos, frases idiomáticas, unidades fraseológicas, etc.). En los últimos veinte años los diccionarios fraseológicos han ocupado un lugar destacado en la producción diccionarística del español, precedida esta producción por una no menos importante literatura bibliográfica sobre el tema. El estudio de las unidades fraseológicas nos ha proporcionado diccionarios no solo desde la perspectiva de la lengua general, sino para ELE, la lexicografía regional y la lexicografía bilingüe. No dejaré de insistir en la importancia de las citas como aval lexicográfico (*Diccionario fraseológico documentado del español actual,* Seco, Andrés y Ramos 2004, *DFDEA*.[7]

De aquí también la importancia lexicográfica del llamado **diccionario de concordancias,** esto es, el catálogo o índice de palabras en su contexto sintáctico ordenadas alfabéticamente (*Diccionario de concordancias. Poema de Mio Çid*, Jurado 1982), claro precedente de los actuales corpus textuales (bien referidos a la lengua general: *CREA, CORDE, CORPES XXI*... bien a las lenguas especializadas: *Corpus Iberia, El Grial*).

2.4. El saber enciclopédico

La semiótica —y con ella el estructuralismo— consolidó la oposición *lexicografía enciclopédica/ lexicografía lingüística*, si bien no exenta de problemas (*cf.* Haiman 1980). Hemos de reconocer, sin embargo, la validez de este principio desde el punto de vista clasificatorio (prototipos) y, sobre todo, didáctico: los conocimientos humanos sobre el mundo sensible (enciclopedia) frente a la lengua como sistema válido para describirlo (diccionario).

Enciclopedias y diccionarios han caminado prácticamente juntos desde sus orígenes. En el ámbito del español, he de señalar que después de algunos intentos por redactar una enciclopedia nacional, hemos de esperar a mediados del siglo XIX para contar la primera obra enciclopédica española: la *Enciclopedia moderna. Diccionario universal de literatura, ciencias, artes, agricultura, industria y comercio* (1851–1855), del editor Francisco de Paula Mellado, cuya proyección más inmediata fue un diccionario enciclopédico: el *Diccionario universal de la lengua castellana* (1875–1882), dirigido por N. M.ª Serrano.

La **enciclopedia** se define como el catálogo, alfabético o temático, que describe los conocimientos del hombre sobre el mundo sensible. La enciclopedia, según los contenidos, puede ser general (enciclopedia propiamente dicha), cultural (enciclopedia hispánica) o disciplinar (ciencias físicas, exactas, naturales). En tanto que el **diccionario enciclopédico** es el catálogo alfabético de las voces y la onomástica de una lengua y su cultura. El diccionario enciclopédico se caracteriza fundamentalmente por recoger en su macroestructura: (a) la lengua común, (b) la lengua literaria, (c) un elevado número de tecnicismos y (d) la onomástica (geografía e historia, principalmente).

El **diccionario de eponimia** es el catálogo, alfabético o temático, de nombres propios de personas, lugares, cosas, nombres comerciales . . . que han servido de base para la formación de derivados. La eponimia se adscribe directamente al saber enciclopédico, en tanto que sus derivados (diccionario de deonomástica) lo hacen directamente en el grupo de los diccionarios paradigmáticos. Como variantes de los diccionarios de eponimia, contamos con el **diccionario de antroponimia** (*Los nombres del Madrid multicultural* 2007) y el **diccionario de toponimia** (*Breve diccionario de topónimos españoles*, Nieto Ballester 1997).

Por último, el producto comercial diccionario + enciclopedia, esto es, el volumen que recoge un diccionario general, de una parte; y una breve enciclopedia, de otra. Se trata de un diccionario enciclopédico ajeno al orden alfabético y organizado de manera temática: (a) palabras y (b) mundo sensible (*Magna enciclopedia universal*, 1998).

2.5. El diccionario bilingüe general

El diccionario bilingüe responde histórica, social y lingüísticamente, a objetivos diferentes de aquellos que determinan el modelo estándar del diccionario monolingüe. El reconocimiento de esta benéfica influencia no puede ocultar el esfuerzo de la lexicografía bilingüe en el último medio siglo y, en concreto, en las dos últimas décadas, donde las propuestas, mejoras y actualizaciones han consolidado un modelo estándar de diccionario bilingüe inimaginable hace unos años.

Dos factores han sido determinantes en el desarrollo de la lexicografía bilingüe: el usuario como eje central, de una parte; las nuevas tecnologías, de otra. Sin duda el número de estudiantes de L2 a nivel mundial (internacionalización y movilidad universitarias) ha contribuido de manera decisiva a esta situación. Las exigencias de calidad docente han creado una nueva lexicografía bilingüe y de sus variantes.

La piedra angular de la lexicografía bilingüe sigue siendo la equivalencia que plantean determinadas voces, unidades culturales, locuciones y unidades fraseológicas. No se trata de un problema menor adaptar el diccionario a las necesidades reales de los usuarios. Hace medio siglo la producción diccionarista bilingüe cifraba sus objetivos en redactar diccionarios de recepción antes que de producción. En la actualidad los esfuerzos están encaminados hacia diccionarios bidireccionales (español-inglés/inglés-español) con carácter bifuncional en ambas direcciones (recepción/producción).

Al apoyo generalizado a la temprana incorporación del diccionario monolingüe a la enseñanza de L2 se ha de sumar, en las últimas décadas, la importancia de redactar diccionarios de producción como el recurso con mayor eficacia en las tareas de asimilación y aprendizaje de una segunda lengua (*Longman language activator: the world's first production dictionary*, 1993).[8]

2.5.1. Diccionario normativo/descriptivo

La lexicografía bilingüe, independientemente de la dimensión de los datos que ofrezca (impresos/digitales) o de cualquiera de sus variedades, debe entenderse siempre como lexicografía escolar (*Dizionario global. Spagnolo. Spagnolo-italiano/italiano-spagnolo* 2007).

Es necesario reconocer las aportaciones de la lexicografía bilingüe de última generación a la mejora de la lexicografía escolar monolingüe, incluso en la estructuración de los modelos diccionarísticos *(básico, intermedio y avanzado)*. El desiderátum de unidad terminológica que pueda expresar la metalexicografía no impide que los intereses comerciales nos presenten los diccionarios bilingües de la más diversa forma *(manual, conciso, compacto, esencial)*.

Debo insistir en el auge como herramienta didáctica del diccionario monolingüe en sus diferentes versiones, ya sea como diccionario de recepción/producción (*Collins Cobuild English Language Dictionary*, 1987, *Cobuild*) ya como diccionario enciclopédico (*Longman Dictionary of English Language and Culture* 1998), en ello ha sido decisivo tanto las directrices del profesorado de L2 como la política comercial de las editoriales.

En definitiva, el punto de partida teórico que he planteado para la tipología del diccionario monolingüe (la microestructura del artículo) es aplicable para el diccionario bilingüe, dada esa mutua influencia; si bien es cierto que esa mutua influencia entre lexicografía monolingüe y lexicografía bilingüe se ejerce en apartados diferentes.

2.5.2. Diccionarios especializados

El número de repertorios sobre el español clasificables bajo las etiquetas de diccionario paradigmáticos (plurilingües), diacrónicos, regionales, socioculturales, de recreación y sintagmáticos —como hemos hecho en la tipología del diccionario monolingüe— es poco representativa excepción hecha de los diccionarios especializados o fraseológicos. Es evidente una vez más que las necesidades de los usuarios señalan la senda editorial de la producción bilingüe. Las limitaciones que impone un manual de estas características me obligan a ocuparme con brevedad de los repertorios con mayor número de usuarios: los diccionarios especializados.

La lexicografía bilingüe especializada ocupa el lugar más destacado —como digo—. Los diccionarios especializados pueden agruparse —al igual que en caso de los diccionarios monolingües— en diccionarios generales y diccionarios disciplinares/temáticos. En la lexicografía sobre la lengua española debe quedar constancia de la labor desarrollada por Enrique Alcaraz y su escuela en la pasada década (*Diccionario de la Real Academia de Farmacia: Diccionario terminológico de las ciencias farmacéuticas. A Terminological Dictionary of the Pharmaceutical Sciences*, 2007, *DRAF*; o *Diccionario de términos de la banca. Inglés-español/español-inglés*, Mateo Martínez 2009).

2.6. El diccionario plurilingüe

El diccionario plurilingüe por antonomasia fue en su origen un diccionario bilingüe latín-griego (1502): el *Calepino*, cuyo nombre suele emplearse como sinónimo de *diccionario*. La obra original de Ambrosio Calepino, gracias a la intervención de diferentes autores, acabó convertida en 1779 en un diccionario plurilingüe con trece idiomas.

Si en el caso del diccionario bilingüe la piedra de toque ha sido el problema de la equivalencia, la disposición de la macroestructura en columnas de equivalentes en los diccionarios plurilingües cuenta con un problema añadido: el modo de señalar la equivalencia en voces polisémicas (*Diccionario multilingüe: español-catalán-euskera-gallego-portugués-inglés-francés-alemán-ruso* 2003); de aquí que los diccionarios especializados sean los más fiables por aquello del principio de biunivocidad de las voces científico-técnicas. Contamos en español, sin embargo, con algún diccionario plurilingüe con la microestructura organizada según las lenguas. Este recurso evita las dificultades de emparejamiento al que está sujeta la macroestructura en columnas (*Diccionario de las lenguas de España*, Fontanillo Merino 1985).

Este modelo de diccionario grafemático plurilingüe se opone al diccionario visual plurilingüe.

2.7. *El diccionario semibilingüe*

La denominación es lo suficientemente elocuente como para suponer que se trata de un diccionario monolingüe al que se le añade, tras una breve y sencilla definición, el equivalente en otra u otras lenguas.

Hoy, un diccionario que responda a estas características se adscribe directamente a la lexicografía pedagógica, dado que el principio rector de la obra responde a un paso más en el aprendizaje de una segunda lengua. Si en una primera fase del aprendizaje se requiere un diccionario bilingüe, en la siguiente habría que disponer de un diccionario semibilingüe, así como en una tercera, el diccionario monolingüe L2 (nivel inicial, intermedio, avanzado).

Dentro de la denominación general de diccionario semibilingüe podemos distinguir entre **diccionario semibilingüe general** y **diccionario semibilingüe de aprendizaje** (*Chambers Universal Learners' Dictionary, CULD* 1986, y *Diccionario didáctico Password. English Dictionary for Speakers of Spanish* 1991). La diferencia entre ambos viene marcada por el nivel de conocimientos del usuario sobre la L2, pero además de esto, por disponer este último de un glosario entre la lengua meta y la lengua de partida.

Aún podemos encontrar una variante más dentro de los diccionarios semibilingües, el llamado **diccionario bilingualizado** o diccionario traducido.[9]

En un diccionario bilingualizado la entrada o lema se mantiene en la lengua original (el latín, p. e.) y toda la microestructura se traduce a otra lengua (el español, p. e.). No se trata, pues, de un diccionario monolingüe latino, sino de un diccionario bilingualizado latino.

Los estudiosos suelen mencionar como precedentes de este modelo diccionarístico el *Dictionarium latinorum et grecopariter derivatium* (1502) de A. Calepino (Climent de Benito 2008, 418), también el *Dictionnaire françois-latin* (1573) de R. Estienne o, por otra parte, el *Vocabolario degli Accademici della Crusca* (1612) (Marello 1996, 50).

Es cierto que en la tradición lexicográfica de las lenguas europeas lo usual era que los diccionarios monolingües recogieran la equivalencia de la entrada en latín. El diccionario bilingualizado, en mi opinión, nada tiene que ver con este recurso lexicográfico. La lengua latina era todo un referente para las lenguas modernas de Europa, de aquí que la microestructura del artículo se cerrara con la equivalencia de la entrada en latín o bien con una paráfrasis cuando no existía el equivalente.

En la tradición lexicográfica hispánica, un diccionario de estas características lo dio a la luz nada menos que Alfonso Fernández de Palencia en 1490. La versión romance del diccionario monolingüe latino del *Universal vocabulario de latín en romance* no es más que —según la terminología de acuñación reciente— un diccionario bilingualizado.

3. Segunda sección: diccionarios digitales

La transmisión del conocimiento del soporte papel al soporte informático tal vez haya supuesto una revolución similar a la causada por la imprenta en el siglo xv. No lo dudo. En el ámbito de la lexicografía, en general, y de la tipología de los diccionarios, en particular, nos mantenemos aún a la espera de resultados más concretos.

En la década de 1980 editoriales españolas como Vox, S. M. o Santillana reiniciaban su andadura lexicográfica acudiendo a la informática (*cf.* Ahumada Lara 1998). A la par, la Real Academia Española diseñaba la confección de corpus sobre el español como lengua general (*CREA* y *CORDE*) y presentaba la digitalización de su producción diccionarística anterior, así como la de otros repertorios sobre la lengua española (*NTLLE*). Según mis noticias, junto a la Colección Clásicos Tavera (Haensch 2000), nos encontrábamos ante los primeros diccionarios electrónicos del español.

De la misma manera, la red ofrecía los primeros diccionarios en línea. La procedencia de estas nuevas herramientas lexicográficas podría ser, bien consecuencia de la digitalización que acabo de mencionar, bien de proyectos abiertos como *WordReference.com* o *Wikcionario*, entre otros.

Por estos años, y desde el punto de vista teórico, la teoría funcional de la lexicografía inicia con firmeza su andadura con nuevos planteamientos sobre el modo de concebir los diccionarios (Bergenholtz y Tarp 2003): "los diccionarios y demás obras lexicográficas son herramientas de información, por lo que deben ser la necesidades de información que puedan tener usuarios potenciales en diversos contextos y situaciones, las que, en última instancia, determinen las características de un proyecto de diccionario" (Tarp 2014, 65). Desde los planteamientos funcionalistas, los prototipos pudieran establecerse bajo los siguientes epígrafes: **diccionario para la recepción de textos** (Leroyer 2018), **diccionario para la producción de textos** (Fuertes-Olivera y Bergenholtz 2018), **diccionario para la traducción** (Giacomini 2018), **diccionario para la enseñanza y el aprendizaje** (Heuberger 2018) y **diccionario especializado** (Humbley 2018). En esta aproximación a la tipología de los futuros diccionarios se incluyen las bases de datos terminológicas (Condamines 2018). Sean bases de datos terminológicas o de la lengua general, los corpus textuales (*CORPES XXI* o IBERIA) se nos presentan como verdaderos diccionarios en bruto. Al fin y al cabo, son las fuentes de las que parten las obras lexicográficas netamente originales.

El soporte sobre el que se ofrecen, al modo lexicográfico, los datos lingüísticos que demanda el usuario determinan la oposición diccionario impreso/diccionario digital. El diccionario impreso cuenta, desde muy antiguo, con referencias cruzadas; el diccionario digital, por el contrario, con referencias hipertextuales y reticulares, lo que supone convertir el diccionario primigenio (onomasiológico o semasiológico) en una base de datos relacional con información lingüística de todo tipo, y a la que llamamos *recurso lexicográfico*, que no diccionario, para no renunciar a nuestros orígenes.

4. Conclusiones

¿Han cambiado las necesidades de los usuarios de finales del siglo XX (diccionarios impresos) con respecto a los usuarios de las dos primeras décadas del siglo XXI (diccionarios electrónicos)? Estimo que continúan siendo muy similares, solo que ahora esas necesidades se cubren consultando la pantalla de un ordenador y antes hojeando las páginas de un diccionario. ¿Tal vez no sea así de sencillo? Las nuevas necesidades de los usuarios se tornarán exigencias del usuario a raíz de las posibilidades que les ofrecen y ofrezcan las nuevas tecnologías y el diseño de las bases de datos que sustenten esos recursos.

Cuando hablamos de la tipología de los diccionarios impresos, suele destacarse cómo el diccionario histórico y el diccionario especializado se diferencian del resto de repertorios, porque los primeros carecían de restricciones en la selección de entradas, en tanto que los restantes estaban sujetos a seleccionar con rigor las voces de la macroestructura. El diccionario histórico y el diccionario especializado se entendían como diccionarios totales. Con las nuevas tecnologías —me temo— esta distinción va a dejar de tener sentido porque, gracias a las aportaciones de la era digital, con especial gratitud a los saltos hipertextuales y reticulares, hemos convertido la rica variedad tipológica de nuestros diccionarios en el inalcanzable diccionario total de nuestros antepasados. Así lo sienten los funcionalistas: "Este tipo de usuario [la generación Z] no desea contar con muchas herramientas, quiere un instrumento único, que le pueda ofrecer una oportunidad sin pausa para satisfacer sus numerosas necesidades de consulta" (Gouws 2017, 25). Insisto: ¿Han cambiado las necesidades de los usuarios de las dos últimas décadas del siglo XX (diccionarios informatizados) con respecto a los usuarios de las dos primeras décadas del siglo XXI (diccionarios digitalizados)? Los mismos funcionalistas nos dan la respuesta: "Es posible que en la era digital veamos movimientos que dejen a un lado las clasificaciones de diccionarios basadas en tipologías estrictas, que serán sustituidas por enfoques centrados en las características de los mismos" (Gouws 2017, 28).

Para finalizar, hago propia la conclusión a la que llega W. Gak: "Deberíamos subrayar que ninguna tipología es ideal ni completa. La realidad es siempre más rica, más complicada que todas las clasificaciones humanas" (Gak 1991, 115).

Apéndice[10]

Tipología de los diccionarios del español

1 El diccionario monolingüe general

- 1.1 El diccionario normativo
  - 1.1.1 El diccionario académico
  - 1.1.2 El diccionario pedagógico
    - 1.1.2.1 Diccionario escolar
    - 1.1.2.2 Diccionario de aprendizaje
    - 1.1.2.3 Diccionario de dudas y dificultades
    - 1.1.2.4 Diccionario de falsos amigos
    - 1.1.2.5 Diccionario de pronunciación
    - 1.1.2.6 Diccionario ortográfico
    - 1.1.2.7 Diccionario de siglas y abreviaturas
    - 1.1.2.8 Diccionario y/o glosario de normas (técnicas)
- 1.2 El diccionario descriptivo
  - 1.2.1 El diccionario manual
  - 1.2.2 El diccionario básico
  - 1.2.3 El diccionario fundamental
  - 1.2.4 Anexo: el diccionario abreviado

2 Entrada o lema > Diccionarios paradigmáticos

- 2.1 El diccionario ideológico
- 2.2 El diccionario de ideas afines
- 2.3 El diccionario de raíces o familias de palabras
- 2.4 El diccionario de sinónimos
- 2.5 El diccionario de antónimos
- 2.6 El diccionario de homónimos y parónimos
- 2.7 El diccionario de hiperónimos
- 2.8 El diccionario de deonomástica
- 2.9 El diccionario de la rima
- 2.10 El diccionario inverso
- 2.11 El diccionario de frecuencias
- 2.12 El diccionario de crucigramas
- 2.13 El diccionario de imágenes

3 Marcas temporales > Diccionarios diacrónicos

- 3.1 El diccionario etimológico
- 3.2 El diccionario histórico
- 3.3 El diccionario cronológico
- 3.4 El diccionario de arcaísmos
- 3.5 El diccionario de dobletes
- 3.6 El diccionario de préstamos
- 3.7 El diccionario de neologismos
- 3.8 El tesoro lexicográfico

4 Marcas geolingüísticas > Diccionarios regionales

- 4.1 El diccionario regional diferencial y diferencial contrastivo
- 4.2 El diccionario regional integral
- 4.3 El diccionario regional representativo
- 4.4 El diccionario de coincidencias
- 4.5 El diccionario de civilización

5 Marcas socioculturales > Diccionarios socioculturales

- 5.1 El diccionario de cultismos
- 5.2 El diccionario del habla popular
- 5.3 El diccionario de vulgarismos
- 5.4 El diccionario de especialidad
- 5.5 El diccionario de jergas
- 5.6 El diccionario de eufemismos
- 5.7 El diccionario de disfemismos

6 Registros y marcas de transición semántica > Diccionarios de recreación

- 6.1 El diccionario del uso literario (formal o elevado)
- 6.2 El diccionario del uso coloquial (informal o familiar)
- 6.3 El diccionario del sentido figurado
- 6.4 El diccionario de equívocos
- 6.5 El diccionario festivo/humorístico

7 Citas/ejemplos > Diccionarios sintagmáticos

- 7.1 El diccionario de construcción y régimen
- 7.2 El diccionario de colocaciones/combinatorio
- 7.3 El diccionario fraseológico
- 7.4 El diccionario de concordancias

8 El saber enciclopédico

- 8.1 La enciclopedia
- 8.2 El diccionario enciclopédico
- 8.3 El diccionario de eponimia
  - 8.3.1 El diccionario de antroponimia
  - 8.3.2 El diccionario de toponimia
- 8.4 Diccionario + enciclopedia

9 El diccionario bilingüe

9.1 El diccionario normativo/descriptivo

9.1.1 El diccionario general
9.1.2 El diccionario manual/avanzado
9.1.3 El diccionario conciso/compacto/esencial
9.1.4 El diccionario escolar/básico/didáctico

9.2 Marcas temporales > Diccionarios diacrónicos

9.2.1 El diccionario etimológico

9.3 Marcas socioculturales > Diccionarios socioculturales

9.3.1 El diccionario general-especializado
9.3.2 El diccionario disciplinar-especializado
9.3.3 El diccionario temático-especializado
9.3.4 El diccionario de dudas y dificultades

9.4 Citas/ejemplos > Diccionarios sintagmáticos

9.4.1 El diccionario de expresiones y frases hechas
9.4.2 El diccionario de refranes

10 El diccionario plurilingüe

10.1 El diccionario grafemático
10.2 El diccionario visual

11 El diccionario semibilingüe

11.1 El diccionario semibilingüe general
11.2 El diccionario semibilingüe especializado
11.3 El diccionario bilingualizado

Notas

1 Entre la decena de oposiciones binarias para la clasificación de los diccionarios se viene utilizando desde hace varias décadas el par *diccionarios/nuevas tecnologías*. Esta oposición, cuyo criterio de base es el soporte (*forms of the dictionary*), propicia los prototipos *diccionarios impresos* frente a *diccionarios digitales*. Este capítulo expone mis planteamientos sobre la tipología de los diccionarios a partir de estos dos prototipos. Debe tenerse en cuenta que la estructuración de los contenidos siguiendo estos dos apartados es solo un criterio didáctico, que no de teoría lexicográfica.

2 Puede completarse la selección de autores que presenta Gak en Welker 2005. Cabe señalar que en los modelos lexicográficos que parten del decisivo papel del usuario en la concepción del diccionario, como son la teoría general de la lexicografía (Wiegand 1998a) y la teoría funcional (Bergenholtz y Tarp 2003), la clasificación de los diccionarios no tiene —de momento— el relevante papel que ocupa en otras corrientes metalexicográficas.

3 Para los criterios propuestos en la metalexicografía del español por Fernández-Sevilla (1974b), Haensch (1982a), Alvar Ezquerra (1988), Campos Souto y Pérez Pascual (2003), Porto Dapena (2002), Haensch y Omeñaca (2004), véase Ahumada Lara (2006c, 2–3).

4 Suele contemplarse también el concepto de medioestructura dentro de la arquitectura del diccionario. Por medioestructura (*cross-reference structure*) se entiende el sistema de referencias cruzadas entre los distintos artículos de un repertorio lexicográfico.

5 El desarrollo de la lexicografía regional del español ha proporcionado no solo diccionarios diferenciales del léxico regional, sino que se han publicado diccionarios históricos, ideológicos, especializados,

fraseológicos, etc. de los más diversos lugares de España y América. Sobre la tipología de los diccionarios regionales puede consultarse Ahumada Lara (2019).

6 El diccionario de Lechado es bidireccional, esto es, recoge tanto las voces y expresiones eufemísticas como las disfemísticas.

7 Suele incluirse el *diccionario de refranes* dentro del grupo de los diccionarios sintagmáticos, dada la débil catalogación de los mismos dentro de las expresiones fijas (Carbonell Basset 2002). La Real Academia Española mantuvo las paremias en sus diccionarios desde *DAut* hasta la edición del *DRAE* de 1956 (*DRAE18*), si bien es cierto que solo aquellas cuyo contenido respondía a la moralidad y al buen gusto. La institución justificaba así su exclusión del diccionario oficial: "su estudio excede los límites de la lexicografía" (Lapesa 1964, 426). Vale esta misma justificación para el *diccionario de citas y frases célebres* o *diccionario citador* (Borrás 1836).

8 A pesar del título y de los recursos aplicados a la producción, conviene recordar que los buenos diccionarios de aprendizaje nunca han dejado de lado la información semántica (*DUE1* 1966–67) o la información semántico-gramatical (*Cobuild* 1987) como recursos imprescindibles en las tareas de producción.

9 *Diccionario bilingualizado* se emplea en algunos autores (R. H. K. Hartmann, C. Marello, G. James, etc.) para denominar lo que en este capítulo llamo *diccionario semibilingüe (bilingualised dictionary)*, esto es, aquel que se redacta a partir de otro diccionario con definiciones breves y sencillas dirigidas a los usuarios de L2. Los diccionarios bilingualizados "son, en gran parte, diccionarios bilingües derivados de diccionarios monolingües mediante la traducción de sus artículos o, por lo menos, de sus explicaciones semánticas (un ejemplo típico es Götz *et al.* 1999, versión bilingualizada de Götz *et al.* 1993)" (Werner 2007, 10). Se trata de diccionarios en los que la entrada aparece en la lengua de partida (el alemán, p. e.) en tanto que la definición se expresa en otra lengua (el chino, p. e.).

10 En este catálogo no se contemplan aquellos diccionarios que responden a subdivisiones últimas de las variantes. Por ejemplo, el *diccionario de imágenes* contiene el *diccionario de gestos*; el *diccionario de onomástica*, el *diccionario de gentilicios*; el *diccionario inverso*, el *diccionario escolar inverso*, etc.

Bibliografía básica

Ahumada Lara (2016); Gak (1991); Gouws (2017); Haensch y Omeñaca (2004); Hausmann (1989a)

Bibliografía complementaria

Lara (1996); Marello (1989); San Vicente (2017); Tarp (2014); Welker (2005)

20

Las necesidades del usuario y la lexicografía digital (Users' needs and digital lexicograph)

María Egido Vicente y Meike Meliss

1. Introducción

El presente capítulo aborda desde diferentes puntos de vista la relación entre el usuario y los recursos lexicográficos digitales. Para ello, en una primera parte, se presenta una breve revisión histórica de la lexicografía digital en el ámbito hispánico (sección 2) para, posteriormente, resumir los principales rasgos distintivos de los diccionarios en línea frente a los diccionarios impresos (sección 3). En una segunda parte se dibuja el estado de la cuestión de los estudios empíricos sobre el uso de los diccionarios en línea y las necesidades y expectativas de los usuarios (sección 4). Finalmente (sección 5), en el marco de la lexicografía digital, se plantea una reflexión en torno a la relación existente entre el uso de los diccionarios digitales y las habilidades de las que dispone el usuario para resolver necesidades comunicativas concretas. Esta reflexión deriva en la formulación de una serie de parámetros objetivables a partir de una de las competencias lexicográficas básicas que debería poseer el usuario para sacar el máximo rendimiento posible a la herramienta: la selección del recurso lexicográfico.

Palabras clave: competencias lexicográficas; diccionarios en línea; estudios empíricos sobre el usuario; lexicografía didáctica; lexicografía digital

This chapter deals with the relationship between the user and digital lexicographical resources from different points of view. In the first part, we present a brief historical review of digital lexicography in the field of Spanish language and summarize the main features of online versus printed dictionaries. In the second part, we outline the state of the art of empirical studies on the use of online dictionaries and the needs and expectations of users. Finally, within the framework of digital lexicography, we reflect on the relationship between the use of dictionaries and the skills available to the user to solve specific communication needs. This reflection leads to the formulation of a series of objective parameters based on the basic lexicographic skill of being able to select an appropriate lexicographic resource.

Keywords: dictionary skills; didactic lexicography; digital lexicography; empirical user research; online dictionaries

DOI: 10.4324/9780429244353-23

2. El diccionario en la era digital: una aproximación histórica en el marco de la lexicografía hispánica

Si tuviéramos que señalar los hitos que han marcado el devenir de la lexicografía contemporánea, con casi toda seguridad haríamos referencia a la incorporación de los ordenadores y a la llegada de Internet (Lew y De Schryver 2014, 341). Tal y como apuntan Haensch y Omeñaca (1997, 43), "la introducción del ordenador en el método de trabajo ha revolucionado la técnica lexicográfica"; sin embargo, en sus inicios, su repercusión para el usuario fue más limitada que para lexicógrafos y editores (Hartmann 1982, 255).

El origen de lo que hoy se conoce como era digital de la lexicografía se remonta a la década de 1960 (Granger 2012, 1). En este momento, los destinatarios de la primera generación de diccionarios electrónicos (MRDs: *machine-readable dictionaries*) no eran humanos, sino máquinas. Se trataba de diccionarios con fines computacionales, utilizados principalmente en la investigación del procesamiento del lenguaje natural (Anglada Arboix 2005, 177; Dziemianko 2018, 41). El desarrollo y acceso automatizado a las bases de datos, como señala Águila Escobar (2006, 4), constituye "un cambio en la manera de concebir la actividad lexicográfica", aunque, en esta primera etapa, los lexicógrafos seguían escribiendo las entradas de los diccionarios en papel, que luego los informáticos introducían en las bases de datos (Atkins y Rundell 2008, 112).

A finales de la década de 1970 surge en el seno de la lexicografía anglosajona el que se considera el primer diccionario computarizado (Cowie 1999a, 120), el *Longman Dictionary of Contemporary English* (*LDOCE*), a la vez que, desde la industria electrónica de consumo, no editorial, se comienzan a distribuir para el gran público los primeros diccionarios electrónicos para el consumo humano. Se trata de pequeños dispositivos electrónicos que hacían uso de la tecnología de las PDA (asistentes personales digitales) y las calculadoras de bolsillo. En 1979 se lanzó al mercado el *LK-3000* (*Lexicon*), uno de los primeros diccionarios electrónicos de bolsillo. En su función como "electronic dictionary and language interpreter", tal y como figura en su patente (Nesi 2008, 459), ponía a disposición del usuario una lista de palabras en inglés con equivalentes en diferentes lenguas, entre ellas el español. Aunque ya existían proyectos como el *Diccionario del español de México* (en adelante, *DEM*) que utilizaban la tecnología informática para su elaboración (Lara, Ham y García Hidalgo 1979), quizás sea este el primer producto lexicográfico del mercado que pone en contacto el español con el soporte electrónico.

Posteriormente, en 1987, se publicó el *Vox. Diccionario general ilustrado de la lengua española* (*DGILE3*), descrito por Alvar Ezquerra (1987), director de la obra, como "el primer diccionario automatizado del español contemporáneo". Sin embargo, hubo que esperar hasta 1995 para encontrar el primer diccionario de español en soporte electrónico, concretamente en CD-ROM. Se trata de la vigesimoprimera edición del *Diccionario de la lengua española* de la RAE (*DRAE-CD*), cuya edición impresa se publica en 1992. Algo antes ya se habían publicado importantes obras lexicográficas de referencia en CD-ROM para otras lenguas, como el *Oxford English Dictionary* (*OED*) en 1988 (Nesi 2008, 467) y *Le Grand Robert électronique* para el francés en 1989 (Mavoungou 2018, 555). La década de 1990 fue el hábitat natural de los diccionarios electrónicos en CD-ROM. Al *DRAE-CD* le siguieron otros como el *Gran diccionario de la lengua española* (*GDLE-CD*) de la editorial Larousse en 1996, el *Diccionario de uso del español* (*DUE-CD*) de María Moliner y el *Clave. Diccionario de uso del español actual* (*Clave-CD*) en 1997 o el *Diccionario escolar de la lengua española* de Fontanillo y Riesco (*Vicens Vives-CD*) en 1998 y así un largo etcétera hasta que, con la llegada del nuevo milenio, los diccionarios en CD-ROM fueron perdiendo protagonismo de forma paulatina frente a los diccionarios en línea o diccionarios en Internet. Por lo general, los diccionarios en soporte CD-ROM del español reproducen fielmente el contenido de los diccionarios en papel de los que proceden (Anglada Arboix 2005,

179; Sánchez y Cantos 2011, 252). Hay pocas excepciones, entre ellas el *Diccionario general de la lengua española, Vox* (*DGLE*) y el *Gran Diccionario de uso del español actual* (*GDUESA*). El primero, publicado en 1997, es una nueva edición del *Diccionario actual de la lengua española* (1987, en adelante *DALE*), al cual se le cambió el nombre. Esta edición viene acompañada de una versión electrónica en CD-ROM, en la que, además de incluirse el *Diccionario avanzado de sinónimos y antónimos de la lengua española* (*DASAE*), se introducen también neologismos, tecnicismos y extranjerismos de uso común y se reescriben muchas acepciones (Cruz Espejo 2003, 287). En cuanto al *GDUESA*, la versión electrónica en CD-ROM, a diferencia de la edición en papel, incorpora información sobre la frecuencia de uso de las unidades léxicas (Sánchez y Cantos 2011, 252).

A pesar de tratarse de un soporte hoy en día casi obsoleto, cabe destacar la importancia de los diccionarios electrónicos en CD-ROM desde el punto de vista del usuario, ya que, tal y como apunta Granger (2012, 1–2), fue la primera vez que estos pudieron disfrutar de algunas de las ventajas del soporte electrónico. Aunque la lectura no secuencial es un rasgo ya presente en los diccionarios en papel (Gelpí 2003, 312; Storrer 2013, 1245), la naturaleza inherentemente hipertexual de los diccionarios en CD-ROM facilita esta tarea al usuario. Ahora pueden saltar de una parte a otra del diccionario a golpe de clic o, incluso, saltar de una obra a otra desde la misma interfaz. Pensemos, por ejemplo, en el caso del *Diccionario de construcción y régimen de la lengua castellana* de R. J. Cuervo (1886–1994, *DCR*), cuya edición electrónica en soporte CD-ROM incorpora los ocho tomos de la obra, o del *E-Diccion@rios Espasa*, que da acceso al contenido integrado de nueve diccionarios desde un único CD. Este soporte permite también el acceso a recursos multimedia, aunque a diferencia de la tradición lexicográfica anglosajona y alemana con claros ejemplos como el *Longman Interactive English Dictionary* o el *LexiROM*, publicados en 1993 y 1995 respectivamente, la lexicografía hispánica tardó en incorporar los elementos multimedia al soporte electrónico, especialmente el audio. Tómense como ejemplo las versiones electrónicas en soporte CD-ROM y en línea del *DRAE*, el *DUE* o el *GDLE*. Otra de las innovaciones que introdujo el CD-ROM fue la incorporación de diferentes opciones de búsqueda, en palabras de Águila Escobar (2009, 29), "uno de los mayores aciertos y logros conseguidos en este tipo de obras, ya que permite al usuario unas posibilidades ilimitadas en el hallazgo de unidades léxicas". Las particularidades de este tipo de diccionario electrónico para el español han sido presentadas en diferentes manuales generales de lexicografía como los de Anglada Arboix (2005) o Rodríguez Barcia (2016b). Asimismo, puede consultarse el trabajo de Hernández (2003) sobre las limitaciones del soporte CD-ROM. Para un análisis pormenorizado de los diccionarios en CD-ROM más relevantes del español remitimos a la monografía de Águila Escobar (2009).

Algunos de estos diccionarios en soporte CD-ROM, además de con la versión previa en soporte papel, conviven con una versión en línea. Por ejemplo, la edición del *DGLE* de 2011 incluye un CD-ROM y acceso a la versión en línea, dependientes ambos de la edición en papel; es decir, hay que adquirir el diccionario impreso para acceder a las versiones electrónicas. Esta parece la fórmula más extendida entre los diccionarios comerciales (Sánchez y Cantos 2011, 252). En el caso del *DRAE*, por el contrario, la vigesimosegunda edición publicada en papel en 2001 (*DRAE22*) coexiste con una versión en CD-ROM y con otra en línea de acceso libre.

Una de las ventajas fundamentales de los diccionarios en línea frente a los diccionarios en CD-ROM reside en el proceso de actualización de los contenidos, ya que, al no someterse a los mecanismos y tiempos de la planificación editorial, las modificaciones pueden incorporarse en cualquier momento (Landau 1989, 288; Harley 2000, De Schryver 2003, 157; Rodríguez Barcia 2016b, 149). Águila Escobar (2009, 22), entre otros aspectos, destaca también desde la perspectiva del usuario, la "posibilidad de contacto y consulta a unos expertos que atenderán las dudas producidas durante el empleo de la herramienta lexicográfica". Sin duda, la posibilidad de interactuar con el diccionario constituye uno de los aspectos más relevantes para el usuario, aunque cabe destacar que esta iniciativa no nace en el seno de la lexicografía digital. A mediados del siglo XIX, la *Philological Society of London* hace un llamamiento a la colaboración para recopilar muestras de vocabulario a partir de la lectura de obras literarias. Estas muestras sentaron las bases del *New English Dictionary* (*NED*), publicado por primera vez en 1884 y reeditado en 1928, ya como el *Oxford English Dictionary* (*OED*) (Thier 2014, 63). A pesar de ello, es cierto que Internet amplifica y, sobre todo, simplifica, las posibilidades de colaboración del usuario en el proceso de elaboración del diccionario. En esta relación, Carr (1997, 214) introduce el término "bottom-up lexicography", una lexicografía desde abajo en la que el producto lexicográfico es resultado de una multiplicidad de aportaciones individuales y que, en su máxima expresión, permite al usuario crear su propio diccionario. Dos de los ejemplos más representativos son el *Urban Dictionary* y el *Wiktionary* (Lew 2011, 236), este último con una versión en español desde el 2004 (*Wikcionario*).

En cuanto a la incidencia de Internet en la lexicografía hispánica, Bosque y Barrios (2018, 639) describen su estado actual de la siguiente forma:

> So far, the coming of age of the Internet has not had an influence on Spanish lexicography as strong as the one it has certainly had on that of English or German. But, even so, a considerable number of new ongoing lexicographic projects start to reframe old issues in new formats, and use current technical resources to set up new lexical programs.

Muchos de los diccionarios que se citan en el trabajo de Bosque y Barrios (2018) son diccionarios retrodigitalizados, es decir, diccionarios que no han sido diseñados atendiendo a las innovaciones tecnológicas que ofrece el nuevo medio, sino que han seguido los estándares de producción de los diccionarios en papel, independientemente del soporte y, en este caso, de que su acceso se produzca a través de un dispositivo conectado a Internet. Pensemos por ejemplo en los diccionarios integrados en el portal de la RAE (www.rae.es/), de libre acceso, o en la plataforma de servicios lingüísticos *Enclave RAE* (https://enclave.rae.es/), bajo suscripción. La única excepción a este respecto es el *Nuevo Diccionario Histórico del Español* (*NDHE*) (Campos Souto y Pascual 2012; Campos Souto 2015). Como se indica en su página web (https://web.frl.es/DH), se trata de una "obra de nueva planta, diseñada como un diccionario electrónico y relacional"; aunque, por el momento, solo dé acceso a un prototipo, aspira a "convertirse en un diccionario completamente navegable y adaptado a las necesidades particulares de cada usuario en un momento dado". También cabe destacar la herramienta que pone a disposición la RAE bajo la etiqueta de *Diccionario avanzado* en la plataforma *Enclave*. En esta, el usuario ve amplificadas las posibilidades de búsqueda a partir de un sistema de filtros combinados (sistema de facetas), un sistema de búsqueda por zonas y la búsqueda libre; sin embargo, la información que obtiene el usuario se recupera de la vigesimotercera edición del *Diccionario de la lengua española* (Real Academia Española y Asociación de Academias de la Lengua Española 2014, *DLE*), antes *DRAE*, publicada originariamente en papel en 2014. Para su vigesimocuarta edición, la RAE y la ASALE, tal como anunció el entonces director de la RAE Darío Villanueva, tienen la tarea de "constituir un diccionario digital desde sus mismos inicios" (RAE informa). En esta misma línea el *DEM* publicó su primera versión electrónica en 2014 tras la publicación de su versión impresa en 2010. Posteriormente, en 2019, apareció la segunda edición del diccionario, que, por el momento, solo está disponible en línea (https://dem.colmex.mx/), tal y como se indica en su página web. Esta versión permite, junto a una búsqueda rápida, una búsqueda avanzada a partir de un sistema de filtros además de fomentar la interacción diccionario-usuario a través del recurso "Preguntas al DEM". En el ámbito hispánico también nos encontramos con portales lexicográficos como *Diccionarios.com*, de Larousse Editorial, que "publica diccionarios, enciclopedias y otras obras de referencia con las marcas Larousse y Vox" (www.diccionarios.com/quienes-somos). Desde este portal, aunque con un acceso restringido sujeto a subscripción a partir de un número determinado de búsquedas, el usuario puede acceder a diferentes diccionarios monolingües y bilingües, entre ellos un diccionario de términos médicos, un diccionario ideológico y un diccionario enciclopédico. En cuanto a ejemplos de diccionarios del español sin correlato en papel contamos en la actualidad con varios proyectos en desarrollo, entre otros, el *Diccionario de colocaciones del español* (*DiCE*), el *Diccionario de partículas discursivas del español* (*DPDE*) o el *Diccionario de aprendizaje de español como lengua extranjera* (*DAELE*). En esta relación, remitimos al trabajo de Bosque y Barrios (2018), en el que se dibuja el estado actual de la producción lexicográfica en español en la era de Internet. En este, junto a los diccionarios, monolingües en su mayoría, se hace también referencia a bases de datos, como por ejemplo la *Base de Datos de Verbos, Alternancias de Diátesis y Esquemas Sintáctico-Semánticos del Español* (*ADESSE*) o la *Base de Datos Sintácticos del Español Actual* (BDS), y a diferentes proyectos lexicográficos como *Verbario*, que, como los anteriores, está enfocado al análisis sintáctico-semántico de verbos.

En lo que concierne a la lexicografía bilingüe, junto a otros factores, los procesos de digitalización y, en especial, la llegada de Internet, han contribuido de forma significativa a la paulatina mejora y expansión de los diccionarios bilingües (Torres del Rey 2009, 29). Aunque con frecuencia se trate de diccionarios diseñados bajo una concepción generalista y a pesar de la popularización de otro tipo de herramientas como los servicios de traducción automática o las bases de datos terminológicas, el uso del diccionario bilingüe en línea es una práctica muy extendida entre los aprendices de lenguas extranjeras, superando, por lo general, el uso de los diccionarios de aprendizaje monolingües (Egido Vicente y Meliss 2017, 33; Fernández Méndez, Franco Barros y Sueiro Orallo 2016, 78). En el caso de los diccionarios monolingües de español esta tendencia se acentúa, ya que, hasta la fecha, tal y como afirma Nomdedeu-Rull (2018, 283) "la oferta de diccionarios para aprendices de español como LE/L2 se presenta en formato papel o, en el mejor de los casos, en versiones digitalizadas, desaprovechando así las múltiples soluciones que pueden aportar las nuevas tecnologías a la elaboración de diccionarios". Contamos con algunas excepciones como el diccionario en construcción *DAELE*, dirigido a aprendices de español de nivel avanzado para situaciones de producción. Por el contrario, la oferta de diccionarios bilingües y multilingües en línea sin correlato impreso y de acceso libre que incluyen el español es muy superior (véanse, entre otros, *LEO*, *Reverso* o *Woxikon*). Al menos en el contexto de la enseñanza del español como lengua extranjera, este tipo de diccionarios parecen haberse adaptado mejor que los diccionarios monolingües al nuevo medio y, de esta forma, a las necesidades comunicativas e interaccionales de un nuevo tipo de usuario: el nativo digital.

3. Los diccionarios en Internet: rasgos distintivos de una categoría heterogénea

Bajo la etiqueta *lexicografía digital* asociamos una gran variedad de recursos lexicográficos, entre ellos diccionarios, bases de datos, sistemas de traducción automática, correctores ortográficos integrados en programas informáticos o asistentes de escritura. La etiqueta *diccionario en Internet* o *en línea* es igualmente polisémica, ya que como bien señala Anglada Arboix (2005, 183), "la denominación *en línea* en este caso conlleva un grado de variación interna elevado". Para Gelpí (2003, 310) los *diccionarios en línea* son los "verdaderos diccionarios digitales", en contraposición a los *diccionarios digitalizados*; es decir, las "versiones electrónicas de diccionarios editados previamente en papel" y que, como los anteriores, se encuentran disponibles tanto en soporte CD-ROM como en Internet. Esta diferenciación dentro de los diccionarios en línea (*online-dictionaries*) la encontramos también en la propuesta de Svensén (2009, 438) al distinguir entre los denominados *digitalized print dictionaries* y los *purposes-build electronic dictionaries*; mientras que en el marco de la teoría funcional de la lexicografía (Fuertes-Olivera y Bergenholtz 2011; Fuertes-Olivera y Tarp 2014) se distingue entre diccionarios en Internet y diccionarios de Internet (*e-dictionaries*). Los primeros, "concebidos como diccionarios impresos, [...] no han incorporado conceptos propios del nuevo medio, como por ejemplo la actualización constante, las búsquedas individualizadas, o la construcción de artículos dinámicos con datos dinámicos". Los segundos, por el contrario, correspondientes a los *Model T Fords* y *Roll Royce* de la taxonomía de Tarp (2011a), son "diccionarios *ex novo* concebidos para el nuevo medio" (Fuertes-Olivera 2012a, 25–26). A pesar de ello e independientemente de la cuestión terminológica (*cf.* Gelpí 2003, 311; Águila Escobar 2009, 19–21; Rodríguez Barcia 2016b, 139, para el español, y Lew y De Schryver 2014, para el inglés), son muchos los estudios que analizan y describen las propiedades de este tipo de diccionarios accesibles a través de dispositivos conectados a Internet desde diferentes perspectivas y tradiciones lexicográficas (Storrer 1998; Harley 2000; De Schryver 2003; Gelpí 2003; Águila Escobar 2009; Dziemianko 2012a; Müller-Spitzer 2013; Schmitz 2013, Nesi 2015; Rodríguez Barcia 2016b).

Entre las características más reseñables de los diccionarios en línea se encuentra su carácter dinámico y colaborativo, la posibilidad de incluir contenido multimedia, así como la de acceder a los datos mediante diferentes tipos de búsqueda. Junto a estas, sin poder detenernos aquí en una descripción detallada de cada una de ellas, cabe también destacar la posibilidad de acceder a un tipo de información específica, más allá de la definición o el equivalente, así como también a una serie de fuentes externas (Águila Escobar 2009, 22; Bosque y Barrios 2018, 647). En el primer caso se trata de información que, generalmente, no aparece en los diccionarios impresos, como por ejemplo la relativa a la estructura argumental; mientras que, en el segundo, se contempla una amplia variedad de recursos como enciclopedias, gramáticas, bases de datos, corpus, bancos de imágenes, bibliografía científica, etc. Otro rasgo fundamental de este tipo de diccionario es la posibilidad de personalizar la herramienta según las necesidades y preferencias del usuario, permitiéndole decidir, por ejemplo, si quiere o no acceder a un tipo de información más específica (Nielsen 2008, 180; Bosque y Barrios 2018, 647; Trap-Jensen 2010). Estas propiedades son muestra del potencial de esta nueva generación de diccionarios; sin embargo, no siempre se les saca el partido esperado. El diccionario en Internet dista mucho de ser una categoría homogénea y, por lo tanto, no todos los diccionarios adscritos a esta categoría desarrollan estas posibilidades técnicas en la misma medida.

En el caso de la lexicografía española, a diferencia de la lexicografía anglosajona y alemana, apenas contamos con diccionarios monolingües que aprovechen en su totalidad o de la forma más productiva los avances que pone a su disposición el entorno digital, lo que, en ocasiones, se materializa en la elaboración de diccionarios en los que el paso de lo analógico a lo digital va en detrimento de la fiabilidad y usabilidad de la propia herramienta (Dziemianko 2012b; Levy y Steel 2015, 178). Por otra parte, las novedades que presentan estos diccionarios frente a los diccionarios impresos implican el desarrollo de nuevas habilidades por parte de los usuarios, tanto en el ámbito lexicográfico como computacional. Es fundamental que el usuario conozca la herramienta y sea capaz de valorar su calidad a partir de una serie de parámetros objetivables, más allá de factores como la inmediatez o el acceso gratuito (Mann 2014, 3). Para ello es necesario implementar una pedagogía específica del diccionario en consonancia con los avances técnicos que proporciona el nuevo medio, un aspecto que, como señala Lew (2013, 16), no siempre ha recibido la atención merecida:

> Successful dictionary use requires two ingredients: (1) high-quality, user-friendly dictionaries and (2) dictionary users who know what they are doing. The bulk of the current

> research effort within lexicography concentrates on making better dictionaries, with new opportunities afforded by the electronic medium. In contrast, the other ingredient—educating the user—receives comparatively little attention.

En los siguientes apartados nos centraremos, por una parte, en el papel del usuario y los estudios empíricos sobre sus hábitos, preferencias y expectativas y, por otra, en aspectos relativos a la adquisición y desarrollo de esas habilidades por parte del usuario, aquí denominadas competencias lexicográficas digitales.

4. El usuario ante el cambio de paradigma: perspectiva empírica

El interés por el uso del diccionario y por las necesidades y expectativas del usuario ha aumentado de forma paulatina desde finales de la década de 1980 hasta convertirse en uno de los ámbitos de estudio más dinámicos de la lexicografía actual (Wiegand 1998a). Desde finales de la década de 1990 la literatura especializada ha puesto de manifiesto la necesidad de implementar una investigación en torno al uso del diccionario y, en especial, del diccionario en soporte electrónico (Atkins y Varantola 1997; Hulstijn y Atkins 1998; Mackintosh 1998; Hartmann 2000; Tono 1998; Nesi 2000). Sin embargo, a pesar de aportaciones como las de Tono (2000, 2001), Varantola (2002) o Verlinde y Binon (2010), y tal y como afirma Simonsen (2011, 77), "the dictionary users and their actions are to some extent still unknown, especially in Internet lexicography". De forma semejante, Müller-Spitzer, Koplenig y Wolfer (2012, 425) señalan que, hasta el momento, las investigaciones empíricas sobre el uso particular de los diccionarios en línea son todavía insuficientes a pesar del aumento de este tipo de diccionarios, tanto académicos como comerciales, en detrimento de los diccionarios impresos (*cf.* Müller-Spitzer , Koplenig y Wolfer 2018, 716). Los estudios empíricos sobre el diccionario toman un mayor impulso durante la última década (Nesi y Tan 2011; Dziemianko 2012a; Müller-Spitzer 2014; Lew 2013, 2015; Levy y Steel 2015; Müller-Spitzer, Koplenig y Wolfer 2018). Para una visión histórica de las investigaciones desarrolladas a este respecto remitimos, entre otros, a los trabajos de Welker (2014) y Töpel (2014).

En cuanto a la tipología lexicográfica, las investigaciones se centran fundamentalmente en el uso de los diccionarios bilingües y multilingües en el contexto de aprendizaje de lenguas extranjeras (Laufer y Levitzky-Aviad 2006; Chen 2011). También cabe destacar los estudios comparativos en torno al uso de los diccionarios bilingües y los diccionarios monolingües (Petrylaitė, Vaškelienė y Vėžytė 2008), así como los centrados en la comparación de los diccionarios en línea y los diccionarios impresos (Chen 2010; Dziemianko 2010, 2012a; Nesi 2015). Por otra parte, se han publicado también algunos trabajos sobre las necesidades específicas de los traductores (Bowker 2012; Sánchez Ramos 2005) y sobre el uso de diccionarios en el proceso de enseñanza-aprendizaje de lenguas para fines específicos (Fuertes-Olivera 2012b). Sin embargo, apenas se cuenta con estudios empíricos sobre el uso de diccionarios electrónicos monolingües hasta principios de la segunda década del siglo XXI (Müller-Spitzer, Koplenig y Töpel 2012, 426–427).

En lo que respecta a la metodología y al tipo de datos recogidos, se han llevado a cabo estudios mediante *eye-tracking* (Lew, Grzelak y Leszkowicz 2013; Simonsen 2011; Tono 2011), cuestionarios (Sánchez Ramos 2005); métodos de observación (Tono 2000; Dziemianko 2010) y el análisis de *log files* (Bergenholtz y Johnsen 2005; De Schryver, Joffe y Hillewaert 2006; Verlinde y Binon 2010). En este contexto, Verlinde y Binon (2010, 1150) señalan la necesidad de tener en cuenta diferentes métodos y tipos de datos empíricos con el fin de elaborar un diccionario adaptado a las necesidades del usuario desde el punto de vista del contenido y de la accesibilidad.

Otras cuestiones en torno a la figura del usuario como, por ejemplo, lo relativo a sus expectativas y necesidades, al igual que a sus preferencias a la hora de seleccionar un diccionario en concreto no han sido temas centrales de los estudios empíricos elaborados durante la primera década del siglo XXI. Para llenar este vacío en la investigación metalexicográfica se han tomado diferentes iniciativas, entre las que destaca el proyecto "User-adaptive access and cross-references in elexiko", desarrollado en el *Institut für Deutsche Sprache* (IDS) de Mannheim, en cuyo marco se han lanzado varias encuestas sobre cuestiones generales de uso de diccionarios en línea (Müller-Spitzer 2014). La necesidad del desarrollo de una investigación empírica más centrada en el uso de esta nueva generación de diccionarios y las necesidades específicas y preferencias del usuario se convierte en 2014, con el título *The user in focus*, en el tema central del congreso internacional EURALEX (Abel, Vettori y Ralli 2014). A partir de este momento, el estudio empírico en torno al uso de los diccionarios en línea adquiere un mayor protagonismo en consonancia con el papel cada vez más relevante de los hábitos y necesidades del usuario, tanto para la lexicografía académica como para la lexicografía comercial (Müller-Spitzer, Koplenig y Wolfer 2018, 716). Aumentan considerablemente los estudios en torno a los usuarios de los diccionarios de aprendizaje, especialmente en el contexto de enseñanza de lenguas extranjeras. En esta relación destacan los trabajos realizados en el ámbito de la lexicografía alemana y anglosajona. En el primer caso, tal y como apunta Müller-Spitzer (2016, 310), los estudios sobre los diccionarios de aprendizaje para el alemán como lengua extranjera son incluso más numerosos que aquellos sobre el uso de diccionarios para hablantes de alemán como lengua materna (Fernández Méndez, Franco Barros, Sueiro Orallo 2016; Taborek 2019; Meliss *et al.* 2019; Müller-Spitzer, Möhrs, Ribeiro Silveira y Schmidt 2019). Algunos trabajos, junto a la perspectiva del aprendiz, prestan también atención a los hábitos de uso del diccionario por parte del docente (Meliss, Möhrs, Ribeiro Silveira y Schmidt. 2019). En el caso del inglés, pueden consultarse, entre otros, los trabajos de Lew (2015) o Nesi (2015). En este momento también se llevan a cabo los primeros estudios a nivel europeo que permiten comparar las diferentes actitudes de los usuarios según su lengua materna y tradición escolar y universitaria (Müller-Spitzer, Koplenig y Wolfer 2018; Müller-Spitzer, Möhrs, Ribeiro Silveira y Schmidt. 2019, Kosem, Lew, Müller-Spitzer y Ribeiro Silveira 2019; Wolfer, Kozem, Lew, Müller-Spitzer y Ribeiro Silveira 2018a; Wolfer, Nied, Silva Dias, Müller-Spitzer, Domínguez Vázquez 2018b). Los estudios anteriores basan sus investigaciones en diccionarios en línea ya existentes. Sobre las expectativas y deseos de los usuarios respecto a un diccionario futuro contamos con dos estudios empíricos elaborados en el marco del proyecto de investigación LeGeDe (Meliss, Möhrs y Ribeiro Silveira 2018; Meliss, Möhrs, Ribeiro Silveira y Schmidt 2019), cuya meta ha sido la elaboración de un recurso lexicográfico prototípico de peculiaridades del alemán hablado en situaciones interactivas basado en un corpus oral (Meliss, Möhrs, Ribeiro Silveira y Schmidt 2019).

Los estudios empíricos se centran en la valoración del diccionario por parte de los usuarios en relación con diversos factores como la calidad de la información lexicográfica, la accesibilidad, la visualización de los datos, así como cuestiones relativas a la frecuencia de uso de cada herramienta. A pesar de ello, en la actualidad no se dispone de datos empíricos concluyentes sobre el papel que realmente desempeñan en el proceso de enseñanza-aprendizaje de una lengua extranjera los diccionarios en línea, ni tampoco otro tipo de recursos y herramientas disponibles de forma gratuita en la red (Müller-Spitzer, Nied, Domínguez Vázquez, Silva y Wolfer 2019; 158ss.). En este sentido, tal y como afirman Müller-Spitzer, Koplenig y Wolfer (2018, 731), "dictionary usage research in the Internet era still has a lot of empirical work to do".

En cuanto a la lexicografía hispánica, existe una larga tradición en el estudio del uso de los diccionarios escolares (Hernández 1989; Battaner 1994; Azorín Fernández 2000d, 2003, 2007; Candalija Reina y Marimón Llorca 2000; Azorín Fernández y Santamaría Pérez 2017). Por otra parte, a diferencia de la tradición lexicográfica alemana y anglosajona, el estudio sobre el uso de los diccionarios de español como lengua extranjera ha recibido una menor atención hasta la segunda década del siglo XXI (Azorín Fernández y Climent de Benito 2004; Hernández 2005). Sin embargo, hoy en día, puede considerarse un ámbito de estudio en expansión como muestran, entre otras, las recientes publicaciones de Nomdedeu-Rull (2019a) sobre los hábitos de consulta de aprendices sinohablantes de español y de Pérez Cañizares y Schnitzer (2019), en la que se realiza un estudio comparativo sobre las estrategias de búsqueda en recursos lexicográficos por parte de profesores y estudiantes universitarios de español como lengua extranjera. Ambos trabajos, junto a otros como los de Nomdedeu-Rull (2011), Renau y Bernal (2012), Fernández Méndez, Franco Barros y Sueiro Orallo (2016), Cassany (2016) y Mas Álvarez, Santana del Río e Iglesias Cancela (2017) son algunos de los estudios que aportan datos sobre el uso de diccionarios de español en línea en diferentes contextos de uso durante la última década, tanto bilingües como monolingües.

5. Los diccionarios en entornos digitales, ¿un valor añadido?

Battaner (2014, 33) entiende el diccionario "como un producto de la reflexión lingüística sobre el léxico de una, de dos o de varias lenguas que desde sus primeros intentos históricos ha pretendido servir de ayuda práctica a sus posibles consultantes, pero no de ayuda puramente lingüística". Para que el diccionario *ayude* al usuario o le acompañe en el proceso de consulta debe poseer unas características determinadas según el medio en el que se publica, el tipo de usuario y la situación de uso. El usuario necesita saber qué tipo de información encuentra en qué tipo de diccionario y saber cómo puede acceder a ella, lo cual implica, entre otros requisitos, conocer sus instrucciones de uso (Haensch 1997, 15), ya se trate de diccionarios impresos o de diccionarios en línea (Santana López 2009; Klosa y Gouws 2015). En este último caso, el valor añadido de los diccionarios en línea respecto a los diccionarios impresos solo se pone de manifiesto si el diccionario aprovecha las ventajas que le ofrece el entorno digital, que, como hemos visto en la sección 3, es una premisa que no siempre se cumple. Asimismo, la eficacia de estos diccionarios está condicionada a la capacidad del usuario para identificar esas ventajas y utilizar la herramienta en consecuencia. Para ello, el usuario tendrá que disponer de unas competencias lexicográficas digitales, específicas para el uso de este tipo de recursos, junto a una serie de competencias lexicográficas básicas.

A continuación, tras una breve reseña sobre el estado de la cuestión de la lexicografía didáctica en entornos digitales (sección 5.1), pasamos a describir algunas de las características que debería presentar un diccionario en línea para que sirva realmente de ayuda a los usuarios en los múltiples propósitos y situaciones de uso y, sobre todo, para que sean capaces de aprovechar al máximo el valor añadido que aporta el nuevo medio (sección 5.2). Para ello, partiendo de la premisa, tal y como indica Maldonado (2012a: 15), de que diccionario y didáctica son dos caras de una misma moneda, estas características se formulan en relación con el desarrollo de una competencia lexicográfica básica: la selección del recurso lexicográfico.

5.1. Diccionario en línea y competencias: breve estado de la cuestión

Como bien indica Álvarez de la Granja (2017, 324), "la formación de los estudiantes en el conocimiento y manejo de los diccionarios debe comenzar en las primeras etapas escolares". Sin embargo, como la propia autora reconoce y a pesar de que el desarrollo de las competencias lexicográficas está contemplado, en el caso de España, en los currículos de Educación Primaria y Educación Secundaria (Egido Vicente 2018, 136), "muchos alumnos llegan a las facultades con escasas habilidades lexicográficas" (Álvarez de la Granja 2017, 324). A la misma conclusión llega también Porto Dapena (2002, 10) años antes vinculando el "mal" uso del diccionario con el desconocimiento de "esos elementales principios relativos a su contenido y a su estructura". Esta situación, aún vigente, nos hace reflexionar sobre la necesidad de implementar el desarrollo de las competencias lexicográficas en el ámbito de la Educación Superior, teniendo en cuenta no solo el usuario y sus necesidades, sino también las características específicas de las herramientas y recursos utilizados, especialmente en los entornos digitales (Meliss, Möhrs, Ribeiro Silveira y Schmidt 2019, 140–141; Mas

Álvarez, Santalla del Río e Iglesias Cancela 2017, 26–27). Esta reivindicación no es nueva y se ha relacionado frecuentemente con el proceso de enseñanza-aprendizaje de lenguas extranjeras (Carduner 2003; Chi 2003). Uno de los estudios de referencia a este respecto es el trabajo de Nesi (1999), titulado "The specification of dictionary reference skills in higher education". Para una visión general sobre las investigaciones llevadas a cabo en torno al concepto de competencia lexicográfica (*dictionary skill*), remitimos a los trabajos de Campoy-Cubillo (2015) y Lew (2013), centrados en el caso concreto de las competencias lexicográficas digitales (*online dictionary skills*).

En el ámbito del español como lengua extranjera, tal y como apuntan Bosque y Barrios (2018, 644), el interés por la lexicografía didáctica ha experimentado un gran desarrollo en los últimos años. Pueden mencionarse, entre otros, los estudios y las propuestas didácticas de Muriano Rodríguez (2017), Schnitzer y Gromann (2017) o Ávila Martín (2000), este último en el marco de la Educación Secundaria, así como las aportaciones recogidas en el volumen titulado *Enseñar léxico en el aula de español. El poder de las palabras*, editado por F. Herrera (2017). Anteriormente también contamos con trabajos como el de Azorín Fernández y Climent de Benito (2004), García Sanz (2011), Nomdedeu-Rull (2011) y Pihler y Markic (2004). Remitimos al trabajo de Hernández (2008) para una panorámica de la lexicografía didáctica hispánica hasta la primera década del siglo XXI. Recientemente también se han llevado a cabo investigaciones centradas en las competencias lexicográficas del docente (García Platero 2016; Pérez Cañizares y Schnitzer 2019). Como indicó Carduner (2003, 70–71) y confirma García Platero (2016, 386) catorce años después, los docentes de español como lengua extranjera no suelen recibir formación específica en el ámbito del uso de recursos lexicográficos. Además, como señala Muriano Rodríguez (2017, 345), no siempre la consideran necesaria. En esta relación y en consonancia con el desarrollo de la lexicografía digital cabe preguntarse, tal y como hacen Pérez Cañizares y Schnitzler (2019, 3) "si los docentes están realmente preparados para enseñar a manejar estos recursos, sobre todo teniendo en cuenta que los ligados al uso de las nuevas tecnologías necesitan una actualización constante", lo cual, de no ser así, podría derivar en una discordancia entre las necesidades de uso reales de las herramientas lexicográficas, por ejemplo los diccionarios en línea, y la enseñanza de competencias específicas (Meliss, Möhrs, Ribeiro Silveira y Schmidt 2019, 14).

5.2. ¿Qué esperar de un diccionario en línea? Pautas para la selección del recurso

La capacidad para seleccionar el recurso lexicográfico adecuado según sus necesidades y situación comunicativa es una de las competencias lexicográficas básicas que debería poseer todo usuario. En el caso de la lexicografía digital, la selección del recurso supone una dificultad añadida en consonancia, por un lado, con la proliferación de los productos lexicográficos digitales y, por otro, con la democratización del acceso a Internet y de los propios productos, muchos de ellos gratuitos. Esta competencia guarda además una estrecha relación con el valor añadido que ofrecen al usuario los diccionarios en línea frente a los diccionarios impresos. Para la descripción de otras competencias remitimos, entre otros, a los estudios de Nesi (1999), Lew (2013), Egido Vicente y Meliss (2017), Meliss, Möhrs, Ribeiro Silveira y Schmidt (2019), así como también al trabajo de Battaner (2000).

La selección del recurso adecuado en función de las necesidades comunicativas concretas del usuario es fundamental para garantizar un proceso de consulta satisfactorio (Egido Vicente y Meliss 2017, 36). El usuario tiene que ser consciente, por un lado, de los recursos de los que dispone y, por otro, de lo que persigue con la consulta (Maldonado 1998, 13; Ávila Martín 2000, 15). En el caso concreto de los diccionarios en línea presentamos a continuación sus características principales y, en relación con ellas, proponemos una serie de criterios que tendrían que ser tenidos en cuenta por el usuario en el proceso de selección del recurso. Para ello, partiendo de las propuestas formuladas en Meliss (2016), Egido Vicente y Meliss (2017) y Meliss, Möhrs, Ribeiro Silveira y Schmidt (2019, 141–144), diferenciamos entre ocho dimensiones (D1-D8) que intentan dar respuesta a una serie de preguntas que el usuario debería plantearse con el fin de seleccionar la herramienta que mejor se adapta a sus necesidades y que, además, ponen en valor la calidad del recurso.

D1. Transparencia informativa: ¿Podemos fiarnos de la información lexicográfica que aporta el diccionario?

Se trata de una cuestión básica relacionada con la calidad de cualquier recurso lexicográfico (Gelpí 2003, 315). El usuario debería poder acceder de modo fácil y sencillo a información acerca de los autores, redactores o editores de la obra, o, por ejemplo, en el caso de un diccionario en línea, si se trata de un diccionario colaborativo y en qué términos se desarrolla (¿qué filtros o criterios se aplican a las aportaciones de los usuarios?, ¿existe una revisión previa por parte de lexicógrafos profesionales?). Asimismo, es fundamental conocer, entre otros aspectos, las fuentes económicas que financian o colaboran en el desarrollo de la obra lexicográfica, la procedencia de los datos y la actualidad de los mismos, si se trata de un recurso dinámico o estático y la frecuencia con la que se actualiza. En el *DAELE*, por ejemplo, encontramos esta información bajo las etiquetas "Presentación" y "Créditos" de su página de inicio; en *DiCE* en "Acerca de DiCE" y en "¿Quiénes somos?". Por otra parte, el *DEM*, tanto en su versión impresa como en línea, ofrece una introducción al diccionario en la que se describe de forma exhaustiva su historia. Sin embargo, mientras que la incorporación al volumen impreso de esta y cualquier otro tipo de información metalexicográfica puede suponer un aumento de costes en su producción o un problema de edición derivado de la falta de espacio, el entrono digital permite una ampliación y actualización de esta información de acuerdo con el desarrollo del diccionario, por ejemplo, en el caso de tratarse de un recurso dinámico.

D2. Explicitación del destinatario y de la situación de uso: ¿Quién quién usa el diccionario y para qué?

Esta información es de gran ayuda para el usuario puesto que describe los destinatarios prototípicos del recurso, así como la situación de uso para la que ha sido concebido. En el caso de los diccionarios bilingües o multilingües es además relevante saber la orientación del diccionario respecto a las lenguas de consulta (unidireccional, bidireccional o multidireccional). Como ejemplo proponemos la siguiente imagen del portal lexicográfico *bab.la* (Figura 20.1) en el que se especifica que todos los diccionarios que integra son bidireccionales.

Los portales lexicográficos, como productos nativos del entorno digital, facilitan esta tarea al usuario, ya que le permiten acceder a diferentes recursos desde una misma plataforma. El hecho de enfrentarse a diferentes opciones y tener que ir tomando decisiones de forma progresiva, como por ejemplo en el portal *Diccionarios.com* mediante un sistema de filtros (¿diccionario monolingüe o diccionario bilingüe?, ¿diccionario general o diccionario especializado?, etc.) favorece la reflexión sobre el propio proceso de selección del recurso por parte del usuario y, en definitiva, sobre sus propias necesidades comunicativas.

D3. Fuentes empíricas: ¿Cuál es la base empírica del diccionario?

Esta pregunta alude a la fiabilidad de la información que obtiene el usuario y de la base de datos que sustenta el diccionario. El diccionario tiene que indicar de forma explícita los corpus lingüísticos de los que extrae la información y si esta se ha generado o se genera automáticamente

Figura 20.1 Fragmento del portal *bab.la*.

o si ha sido sometida a un proceso de redacción. En este sentido también es fundamental saber si el diccionario aporta ejemplos auténticos extraídos de un corpus lingüístico o si se trata de ejemplos inventados o adaptados (Geyken y Lemnitzer 2016). Por ejemplo, el *DAELE* indica en su página de inicio que "se trabaja con la base de datos lexicográfica *Tshwanelex*. La herramienta *Sketch Engine* ha servido para analizar combinatoria y otros aspectos en el *Spanish Web Corpus*"; mientras que el *DiCE* declara que "por defecto, la fuente es el CREA, si bien en algunos casos hemos recurrido al corpus LexEsp, al Corpus del español, a la web o a algunas obras lexicográficas que aparecen referenciadas en la Bibliografía". En la "Introducción al diccionario" y en el "Prólogo de la segunda edición" del *DEM* en línea también se explicitan los corpus utilizados. Asimismo, el *DPDE*, tal y como ilustra la Figura 20.2, incorpora bajo la etiqueta "Introducción" un apartado informativo dedicado a los corpus de referencia que forman la base del diccionario.

D4. Presentación de la información: ¿Cómo se presenta la información?

Cuestiones como la adaptabilidad de la herramienta al usuario (por ejemplo, mediante la selección del idioma para el metalenguaje), el número de clics necesarios para obtener una respuesta satisfactoria, lo atractivo de la visualización de los contenidos (presencia de publicidad y su

Introducción - El corpus de referencia del diccionario

Los investigadores han manejado datos reales de los últimos 50 años (excepcionalmente, sólo para algunos usos contextuales se ha permitido el ejemplo inventado).

Para lo oral:

-*Corpus del español actual* (CREA).

-*Corpus del siglo XXI* (CORPES).

-*Corpus Val.Es.Co. de conversaciones coloquiales* (en sus versiones de 2002, coordinado por Antonio Briz, y las 2.0, y 2.1., coordinados por Adrián Cabedo y Salvador Pons).

-*Corpus Val.Es.Co. de entrevistas* (coord. por José Ramón Gómez Molina).

-Corpus de La Coruña (coord. por Mauro Fernández).

-Corpus de Barcelona (coord. por Rosa Vila).

-Corpus ALCORE y COVJA de Alicante (coord. por Dolores Azorín).

-Otros corpus de lengua hablada publicados o personales.

Los ejemplos orales son presentados de acuerdo con el sistema de transcripción empleado en cada corpus. El valor de algunos de los signos especiales utilizados puede verse con solo situar el cursor sobre el signo.

Para lo escrito se ha recurrido a cualquier tipo de texto, preferentemente periodístico.

Figura 20.2 Fragmento de la Introducción del *DPDE*.

impacto), la transparencia en la simbología, la estructuración modular y el uso intuitivo son, entre otros, factores relevantes que pueden influir de forma directa en el grado de usabilidad del diccionario en línea (Gelpí 2003, 315) y, por lo tanto, en el éxito o fracaso del proceso de consulta. En esta relación, diccionarios como el *DAELE*, el *DiCE* o el *NDHE* permiten al usuario decidir si quiere acceder a una versión extendida o reducida de la información lexicográfica a golpe de clic. Este es solo un ejemplo del enorme potencial del entorno digital. Sin duda, se trata de uno de los rasgos diferenciadores entre los diccionarios en línea y los diccionarios impresos y, a su vez, de uno de los campos con mayor margen de mejora de la lexicografía digital en el ámbito hispánico, en la que muchos de los diccionarios en línea adaptan los patrones tradicionales propios de la edición impresa al contexto digital en vez de aprovechar las posibilidades tecnológicas que pone a su disposición el nuevo medio.

D5. Tipos de acceso: ¿Cómo se accede a la información?

Las técnicas de consulta específicas que aporta un recurso en línea pueden ser muy diversas y abarcar posibilidades de acceso desde diferentes enfoques, desde el semasiológico hasta el onomasiológico (Engelberg y Lemnitzer 2009, 99–111). La búsqueda puede consistir, por ejemplo, en teclear una palabra en el cuadro de búsqueda o activarse por medio de la voz (pensemos por ejemplo en herramientas como el *Asistente de Google*), en seleccionar una palabra de una lista proporcionada por el diccionario (Figura 20.3) o a partir de la selección de una palabra en un texto por medio de, por ejemplo, los diccionarios integrados en los lectores de libros electrónicos. También es conveniente conocer si existe una tolerancia hacia faltas de ortografía y si, en ese caso, el diccionario nos va a proponer opciones de palabras relacionadas, si discrimina entre mayúsculas y minúsculas, si permite la búsqueda de unidades léxicas complejas como sucede en el *DLE* (Figura 20.4) o si, por ejemplo, se puede llevar a cabo una búsqueda avanzada a partir de un sistema de filtros como en el *Diccionario avanzado* integrado en la plataforma *EnclaveRAE*, en el *DiCE* (Figura 20.5) o en el *DEM* en línea (Figura 20.6).

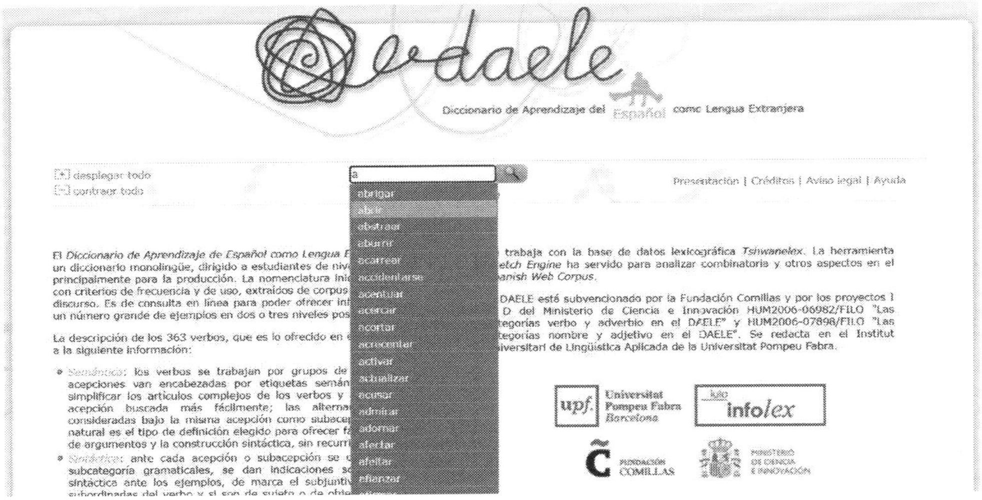

Figura 20.3 Fragmento del *DAELE*. Ventana desplegable con los lexemas que empiezan por la letra *a*.

Figura 20.4 Fragmento del *DLE* que ilustra las opciones de búsqueda.

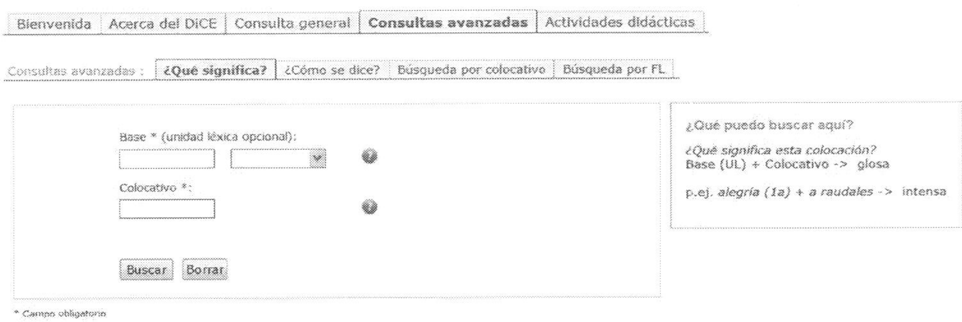

Figura 20.5 Fragmento del *DiCE*. Ventana de búsqueda avanzada.

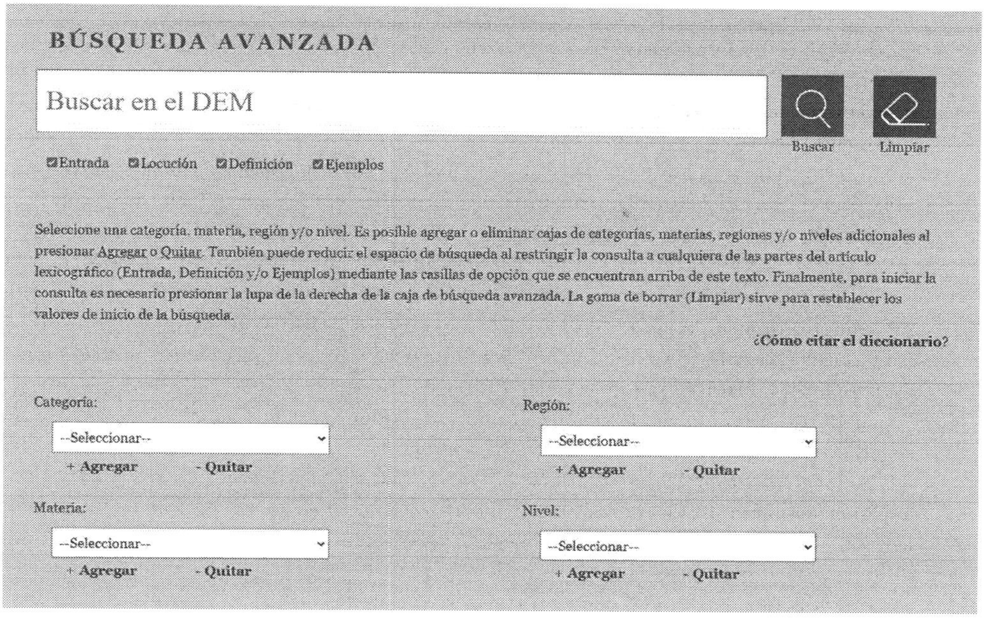

Figura 20.6 Fragmento del *DEM* en línea. Ventana de búsqueda avanzada.

D6. Estructura hipertextual: ¿Cómo está estructurada la información?

Cada recurso lexicográfico posee una hiperestructura, macroestructura y microestructura determinadas. El usuario debería ser capaz de reconocer estos diferentes niveles de organización informativa con el fin de sacarle el mayor rendimiento posible. Además, en el caso de los diccionarios en línea, tendría que conocer las posibilidades que aportan los hipervínculos y saber a qué recursos externos le conducen. Estas posibilidades están poco desarrolladas en los diccionarios académicos del español. En los diccionarios monolingües predominan, sobre todo, los enlaces a una herramienta de conjugación (este es el caso, entre otros, del *DAELE* y del *DLE*) y los enlaces entrecruzados dentro del mismo recurso, por ejemplo, en el *DiCE* o en el *NDHE*. Si el recurso está integrado en un portal lexicográfico también conviene conocer las posibilidades de interrelación entre los diferentes recursos de un mismo portal (Engelberg y Lemnitzer 2009, 73–81; Engelberg y Storrer 2016, 46). Los diccionarios bilingües y multilingües suelen ofrecer enlaces entrecruzados y, como en el caso del portal multilingüe *LEO* (Figura 20.7), también la consulta en otros diccionarios externos, el *DLE* para el español y el *Digitales Wörterbuch der deutschen Sprache* (Akademienprogramms der Union der Deutschen Akademien der Wissenschaften) para el alemán. Otro ejemplo es el de los diccionarios bilingües *PONS* en línea, que, además del acceso a una serie de recursos externos, dan la posibilidad de crear listas de vocabulario mediante la exportación de términos a un entrenador de vocabulario (Figura 20.8).

D7. Carácter multimedia: ¿Qué recursos multimedia se ofrecen?

En el caso de los diccionarios de español, esta dimensión alude principalmente a la incorporación de archivos de audio. En cuanto a la integración de imágenes son frecuentes los enlaces a *Google Imágenes*, especialmente en diccionarios integrados en portales lexicográficos, como por ejemplo *WordReference* (Figura 20.9).

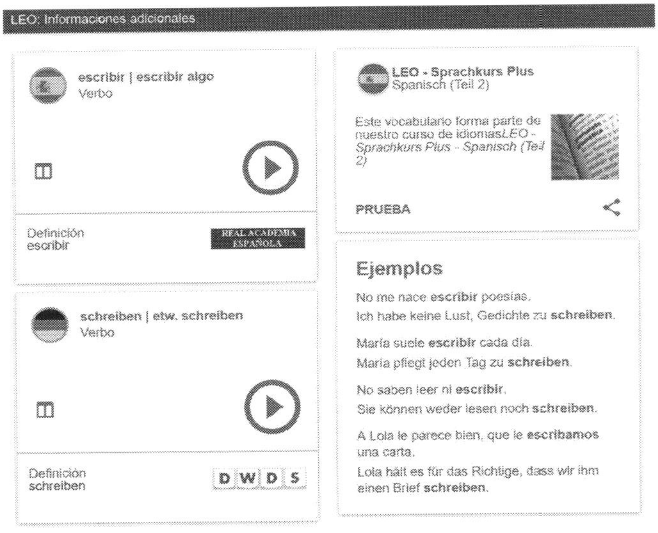

Figura 20.7 Fragmento de la entrada *escribir* en *LEO*. Acceso a enlaces externos (*DLE* y *Digitales Wörterbuch der deutschen Sprache*).

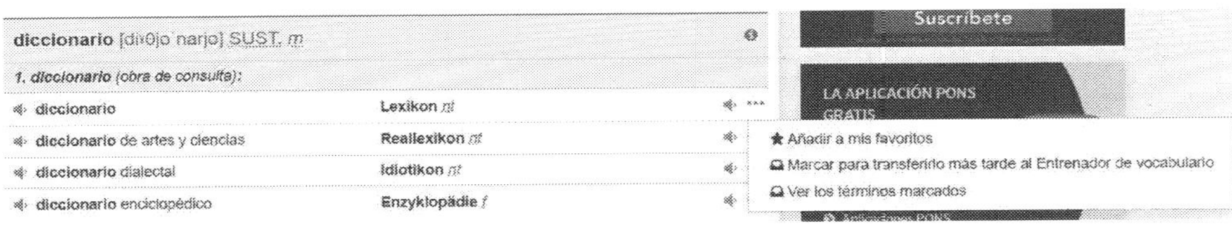

Figura 20.8 Fragmento de la entrada *diccionario* en *PONS* en línea. Acceso a la lista de palabras.

Figura 20.9 Fragmento de la entrada *escribir* en *WordReference*. Enlace a Google Imágenes.

D8. Carácter colaborativo: ¿Qué posibilidades de interacción y participación colaborativa existen?

La información lexicográfica elaborada mediante complejos procesos de redacción por parte de expertos puede combinarse con la información generada de forma colaborativa por parte de los usuarios del recurso lexicográfico (Meyer y Abel 2018). Asimismo, como hemos señalado anteriormente (sección 2), ya contamos con diccionarios elaborados completamente por los usuarios. Algunos ofrecen además la posibilidad de entrar en contacto con el equipo de redacción del diccionario o con otros usuarios mediante chats, foros, etc., e incluso redactar nuevas entradas, como por ejemplo en *PONS*. En el ámbito de la lexicografía digital hispánica, a pesar de que diccionarios como el *DEM* en línea ya fomentan la interacción con el usuario ("Preguntas al DEM"), queda todavía mucho por hacer a este respecto. En esta relación y de acuerdo con Dziemianko (2018, 677), el desarrollo del carácter colaborativo, así como del potencial interaccional de los diccionarios debería ser uno de los objetivos de la lexicografía digital actual y futura.

Por otra parte, desde el punto de vista pedagógico la experiencia colaborativa podría contribuir a entender mejor el proceso lexicográfico y, en consecuencia, la complejidad informativa que se encuentra detrás de cada lema con el fin de promover el aprendizaje mediante la reflexión sobre la lengua.

6. Conclusiones

En las últimas dos décadas hemos vivido un vertiginoso desarrollo en la lexicografía materializado en la aparición de un gran número de recursos lexicográficos accesibles a golpe de clic y sin coste alguno. La democratización del mercado, la dinámica competitiva y la aplicación de la tecnología ha propiciado la aparición de herramientas cada vez más sofisticadas y adaptadas a las necesidades de los usuarios. El soporte electrónico, más flexible y dinámico, amplifica las posibilidades de compilación, estructuración y acceso de la información lexicográfica. En el ámbito de la lexicografía hispánica, sin embargo, aunque ya es posible identificar un cambio de paradigma, las posibilidades que ofrece el entorno digital no han sido aprovechadas hasta el momento en su justa medida, especialmente en el caso de la lexicografía académica monolingüe.

En cuanto al usuario, es necesario poner a su disposición herramientas en forma de criterios objetivables que le permitan valorar el grado de adecuación de los recursos lexicográficos disponibles en consonancia con sus necesidades comunicativas. En esta relación y de forma predominante en el caso de los diccionarios comerciales en línea, se observa una falta de transparencia en lo relativo a la accesibilidad a los metadatos lexicográficos.

Teniendo en cuenta lo anterior, expresamos las siguientes *desiderata* con el fin de que la lexicografía académica y comercial del español actual y del futuro pueda atender adecuadamente las necesidades de los usuarios de acuerdo con las posibilidades tecnológicas que ofrece Internet sin renunciar por ello a los estándares de calidad:

1) Es imprescindible realizar estudios empíricos a gran escala sobre el uso de los diccionarios en línea disponibles del español como punto de partida para la elaboración de nuevos recursos. En este sentido, consideramos que sería conveniente fomentar las interrelaciones entre los corpus lingüísticos de referencia del español y la información lexicográfica, combinando, por ejemplo, el complejo trabajo de redacción lexicográfica con datos generados automáticamente.
2) Sería de gran utilidad tener en cuenta los estudios realizados en el ámbito de la lingüística contrastiva para la creación de diccionarios monolingües, bilingües y multilingües de aprendizaje, tanto del español como lengua extranjera como partiendo del español como L1.
3) Es necesario implementar una didáctica de los nuevos recursos lexicográficos que promueva el espíritu crítico de los usuarios y su capacidad para discriminar los diferentes productos disponibles. Para ello es fundamental promover la formación del profesorado en materia lexicográfica, un aspecto al que, hasta el momento, no se le ha prestado la atención merecida. La posibilidad de involucrar al usuario en la producción colaborativa de un dicciona-

rio como forma de autoaprendizaje lexicográfico sería una de las propuestas didácticas que se desprenden de un manejo actual y moderno de los recursos lexicográficos.

4) Las posibilidades que ofrece el entorno digital son ilimitadas. Para que el valor añadido de los diccionarios desarrollados en este medio sea transparente y útil frente a los diccionarios impresos sería necesario que, desde la primera toma de contacto con cualquier recurso digital, el usuario tomara consciencia de las ventajas que le proporciona en consonancia con la necesidad comunicativa concreta que fomenta el proceso de consulta. Para ello, entre otras cuestiones, esta nueva generación de diccionarios en línea tendría que desarrollar su interfaz de manera que un diseño atractivo e intuitivo sea compatible con diferentes formas de búsqueda y acceso a la información que ofrece, también metalexicográfica, teniendo siempre en cuenta el tipo de usuario al que se dirige y sus necesidades comunicativas.

Bibliografía básica

Águila Escobar (2009); Bosque y Barrios (2018); Gelpí (2003); Nesi (1999); Müller-Spitzer, Koplenig y Wolfer (2018)

Bibliografía complementaria

Dziemianko (2018); Egido Vicente y Meliss (2017); Lew (2013); Pérez Cañizares y Schnitzer (2019); Tarp (2011a)

21

Metodología de la investigación para el estudio de los diccionarios[1] (Research methodology for studying dictionaries)

Irene Renau

1. Introducción

En este capítulo, nos preguntamos cómo se estudian los diccionarios del español y qué métodos pueden utilizarse para que dicho estudio sea significativo y describa el diccionario lo más rigurosamente posible. El diccionario surgió para ser consultado, no estudiado, y su enorme heterogeneidad como producto humano (histórico, material, cultural y lingüístico) lo vuelve tan sugerente como intrincado. A la hora de abordar un análisis de diccionarios, no es posible hacerlo con los métodos usuales de análisis textual, en tanto que un diccionario es un texto (o conjunto de textos) muy particular. En cambio, los métodos específicos que se necesitan pueden adaptarse bastante bien de los que son estándar en las ciencias sociales.

Así pues, en primer lugar (apartado 2) se abordará la cuestión general de los diccionarios como objeto de estudio: por qué es interesante estudiarlos, qué oportunidades y limitaciones tiene ese ejercicio y cómo este se sitúa en la metalexicografía. A continuación (apartado 3), se revisan algunas publicaciones sobre lexicografía del español de los últimos años, con el fin de observar qué métodos de investigación se han utilizado para estudiar diccionarios. En tercer lugar (apartado 4), se ofrecen orientaciones para el análisis sistemático de diccionarios que puedan contribuir a solventar algunas de las limitaciones observadas. El capítulo cierra (apartado 5) aportando líneas de trabajo futuro en el área.

Palabras clave: crítica de diccionarios; investigación en lexicografía en español; metalexicografía; metodología de la investigación;

In this chapter, we wonder how Spanish dictionaries are studied and what methods can be used to make such a study meaningful, and to describe the dictionary as rigorously as possible. Dictionaries were created to be consulted, not studied, and its enormous heterogeneity as a human product (historical, material, cultural and linguistic) makes it as suggestive as it is intricate. When approaching a dictionary analysis, it is not possible to use the regular methods of text analysis, because a dictionary is a very particular text (or set of texts). However, the specific methods that are required can be adapted from those that are standard in social sciences.

DOI: 10.4324/9780429244353-24

Thus, in the first place (section 2), we will address the general question of dictionaries as an object of study: why it is interesting to study them, what opportunities and limitations this exercise has and how it is situated in metalexicography. Then (section 3), we review some publications on Spanish lexicography in recent years, to observe what research methods have been used to study dictionaries. Thirdly (section 4), we offer some guidance for the systematic analysis of dictionaries that can contribute to solving some of the observed limitations. The chapter finishes (section 5) providing lines of future work in the area.

Keywords: dictionary criticism; metalexicography; research in Spanish lexicography; research methodology

2. Estudiar diccionarios

Los diccionarios tienen una condición privilegiada entre las obras sobre lengua: son las más antiguas, las que iniciaron el pensamiento metalingüístico, y contribuyeron de manera singular a la invención de la escritura y, con ella, al comienzo de la historia:

> La linguistique est bien représentée sur les tablettes scolaires des Akkadiens. Beaucoup de celles-ci sont couvertes de listes de combinaisons de substantifs et de formes verbales témoignant d'analyses grammaticales purssées. Nous venons de voir qu'au cours du dernier quart du IIe millénaire, les Sumériens furent conquis par les Akkadiens. Les professeurs sumériens se son mis à partir de là à réaliser les premiers dictionnaires bilingües connus.
>
> *(Malmberg 1991, 24)*

En estos "premiers dictionnaires" se reúnen a) los primeros vestigios del pensamiento lingüístico que han llegado hasta nosotros, b) los primeros intentos de programas de enseñanza de lenguas, c) una de las primeras tecnologías de la información y la comunicación conservadas y d) una primitiva lexicografía. Kristeva (1981, 74) explica que estos complejos documentos que permitían descifrar el código escrito del sumerio fueron llamados "science des listes" ("la ciencia de las las listas"). Fueron los vestigios escritos más antiguos conservados junto con los números y, según la visión un tanto gris de Harari (2015, 24), "even less exciting". Los lexicógrafos tenemos, probablemente, una visión un tanto más entusiasta acerca de los diccionarios, que se observan como mucho más complejos y ricos que las "lists of words" que, al parecer, tantos pesares daban a los sufridos estudiantes acadios (Harari 2015, 128–129). En los diccionarios se concentran todos los niveles de análisis de la lengua, desde el fonético-fonológico hasta el pragmático, e incluso conectan la lengua con la cultura (véanse los capítulos 1–6, 9 y 10 de este volumen). Todo cabe en un diccionario, y los lexicógrafos (que, con mirada histórica, han sido a menudo profesionales de muy diversas áreas, y no solo filólogos o lingüistas) pueden decir con Terencio: "Nada humano me es ajeno". Los diccionarios, por tanto, merecen ser estudiados y no solo utilizados, a pesar de que fueron creados desde sus inicios como una herramienta en la que la concepción científica de la lengua queda supeditada a la función práctica de la obra y a las necesidades de sus usuarios. Cuando los diccionarios se utilizan para estudiar o aprender una lengua, cumplen con la función que les es intrínseca: la de ser obras prácticas que resuelven las dudas de quienes los consultan. Ciencia y técnica (Porto Dapena 2002, 21–24), la lexicografía debe ocuparse de ayudar al usuario a resolver su consulta lo más rápida y completamente posible, y a lidiar con las regularidades e irregularidades del lenguaje. La tarea es ingente y a menudo ingrata, e irónicamente nos recuerda Ilson (2016, 56) que "the best dictionary never published (as because of bad management) is worse than the worst dictionary ever published". El estudio de los diccionarios recoge, por supuesto, esta complejidad de la obra estudiada, su lugar intermedio entre ciencia y arte y probablemente algo de su ingratitud, amplificada por el hecho de que los diccionarios no se han creado para resolver los problemas de los que han decidido estudiarlos.

Los especialistas suelen estar de acuerdo con los dos grandes bloques en los que Hartmann (2001, 4) separa la lexicografía: "Lexicography is a growing field, with a practical branch (dictionary making) and a theoretical branch (dictionary research)". En esta *theoretical branch*, llamada también en ocasiones *metalexicografía*, se encontraría, entre otros aspectos, el estudio de los diccionarios. Así, por ejemplo, Atkins y Rundell (2008, 1) presentan su manual de *lexicografía práctica* como un libro *para hacer diccionarios*, y lo distinguen de otros muchos libros *sobre diccionarios*, que tratan "about their macrostructure and microstructure, their strengths and their weaknesses. This is the province of the metalexicographers, for whom the dictionary itself is the object of study". Por su parte, Porto Dapena (2002, 22–23) divide la metalexicografía en *lexicografía descriptiva*, que responde a la pregunta *¿cómo son los diccionarios?*, y lexicografía teórica, o investigación sobre los métodos de elaboración de diccionarios, que responde a la pregunta *¿cómo se hacen o deben hacerse los diccionarios?* Ambas prácticas, igual que en Atkins y Rundell (2008), estarían separadas de la lexicografía práctica, que es la técnica de elaboración de diccionarios (Porto Dapena 2002, 23). Schierholtz (2015) también distingue entre lexicografía práctica y metalexicografía, y distingue los métodos empleados en la primera (como la creación y análisis de corpus) y en la segunda (crítica de diccionarios, estudios de usuarios). Al respecto de la relación entre estas dos áreas —práctica y teórica— de la lexicografía, Ilson (2016) indica que *describir* y *hacer* diccionarios son dos actividades interconectadas, porque no puede existir una buena práctica lexicográfica sin un ejercicio metalexicográfico previo o posterior a la confección de la obra, pero también la metalexicografía debe nutrirse de la experiencia en la práctica de hacer diccionarios. Rundell (2012b) añade que la metalexicografía debe resultar útil al lexicógrafo que elabora diccionarios, pues de lo contrario se convierte en una actividad autocentrada, dirigida principalmente a metalexicógrafos. En ese sentido, Hartmann (2001, 25) menciona a los "cuatro protagonistas" del diccionario: el lexicógrafo (que *hace* el diccionario), el usuario (que lo *consulta*), el profesor (que *media* entre el lexicógrafo y el usuario, ayudando a este a interpretar el diccionario e integrarlo en las clases) y el investigador (que *estudia* el diccionario para contribuir a mejorarlo). Estos cuatro "protagonistas", recalca el autor, deben trabajar de forma interconectada.

El estudio de los diccionarios, por tanto, tiene una importante función práctica según recogen estos autores, aunque la investigación sobre diccionarios es más amplia: "Dictionary research [is] the academic study of such topics as the nature, history, criticism, typology and use of dictionaries and other reference works", indica Hartmann (2001, 27). Así, el autor propone cinco perspectivas desde las cuales se pueden estudiar los diccionarios:

- La perspectiva *histórica* estudia las condiciones de producción del diccionario en un momento histórico determinado, y cómo afectaron al producto publicado.
- La perspectiva *crítica* evalúa críticamente un diccionario y proporciona una determinada imagen de este (normalmente a través de reseñas).
- La perspectiva *estructural* examina el diseño, estructura y contenidos del diccionario.
- La perspectiva *tipológica* clasifica los diccionarios en unas categorías determinadas según su tipo de usuario, necesidades de este, lenguas involucradas, etc.
- La perspectiva del *uso* del diccionario estudia el perfil del usuario de un diccionario, y sus necesidades.

En este capítulo, nos centramos en la perspectiva estructural (que coincide en parte con la *lexicografía descriptiva* de Porto Dapena 2002), porque los contenidos y la forma de representarlos en el diccionario constituyen una base fundamental para el resto de perspectivas, además de ser muy complejos y numerosos. Las orientaciones que se proporcionarán puedan enriquecer las otras visiones; así, por ejemplo, resulta difícil hacer una crítica objetiva de un diccionario cuando se carece de principios que puedan guiar un análisis de la obra, y también es difícil diseñar estudios de usuarios de un diccionario sin tener clara la estructura y contenidos de este.

3. Revisión de estudios sobre diccionarios

En este apartado, se revisará el modo como algunos estudios recientes sobre diccionarios del español han abordado el ejercicio de descripción y análisis de las obras; ello resultará de utilidad, para, en el apartado siguiente, proponer y discutir aspectos que podrían contribuir a mejorar la descripción de diccionarios, o a explicitar determinados aspectos en los artículos de investigación. Para ello, se revisaron dos fuentes: a) Las últimas actas publicadas de los Congresos Internacionales de Lexicografía Hispánica en el momento de escribirse este capítulo —en concreto, las actas del VII Congreso Internacional de Lexicografía Hispánica, celebrado en Santander (España) del 27 al 29 de junio de 2016 (Sariego *et al.* 2017, en adelante, *AELEX2017*)—; b) Los volúmenes de la *Revista de Lexicografía* de los últimos cinco años, es decir, desde el volumen 22 (2016) hasta el último publicado en el momento de escribir este capítulo, es decir, el 26 (2020). Estas fuentes proporcionan un panorama dinámico y actualizado de trabajos en curso, proyectos de investigación y estudios de muy diverso tipo (véase el capítulo 22 de Garriga e Iglesia, en este volumen, para una descripción más detallada de los congresos y publicaciones sobre lexicografía en español). El ejercicio es a todas luces limitado, pero permite tener una primera aproximación al problema.

De ambas fuentes, se incluyeron en la revisión todos los trabajos excepto las reseñas de *Revista de Lexicografía* y los estudios de ambas publicaciones que se destinaron a lenguas distintas del español. En cuanto a las categorías de análisis, se establecieron teniendo en cuenta los elementos constitutivos de la estructura del diccionario y los principios que deben regir el análisis de una obra lexicográfica (Hartmann 2001). Tuvimos en cuenta también orientaciones genéricas sobre investigación en lingüística o en ciencia en general (Paltridge y Phakiti 2015; Patten y Newhart 2018; Rasinger 2013). Este listado, por supuesto, debe someterse a discusión posterior. Las categorías fueron las siguientes (v. apartado 4 para más información sobre estos puntos):

- *Tipo de trabajo*. Se dividieron los trabajos en *descriptivos* y *otros*, en tanto que el propósito de la revisión se centraba solo en los del primer tipo. Entendemos por trabajos descriptivos los que coinciden con la perspectiva estructural de Hartmann (2001). Dentro de este grupo se englobaron también los que incluían un estudio de diccionario, aunque fuera solo una parte del trabajo. En la categoría *otros* podían entrar las otras cuatro perspectivas mencionadas por Hartmann (2001), así como divulgación de proyectos lexicográficos o temas no lexicográficos (estudios sobre léxico, traducción, enseñanza de lenguas, etc.). En esta categoría son comunes los estudios desde la perspectiva histórica, que aportan datos sobre el proceso de confección o el contexto histórico de diccionarios.
- *Marco teórico/estado de la cuestión*. Se revisó si los estudios incluían un marco teórico o estado de la cuestión sobre el problema tratado, aunque no existiera propiamente un apartado.
- *Interés de la investigación, objetivos, preguntas, hipótesis*. Se revisó si el trabajo planteaba preguntas de investigación, objetivos o hipótesis, o si indicaba el interés de describir el diccionario.
- *Enfoque*. Se revisó si el enfoque del estudio era *cuantitativo, cualitativo* o *mixto*.
- *Categorías de análisis*. Se observó si el estudio explicitaba qué aspectos del diccionario se estaban examinando. Por ejemplo, en Fernández Bernárdez (2016), la categoría analizada en el *Diccionario de la lengua española* (Real Academia Española y Asociación de Academias

de la Lengua Española 2014, en adelante, *DLE*) es *extranjerismos crudos*, operacionalizada en la categoría *lemas en cursiva*.

- *Unidades de análisis*. Se observó si, además de indicar la categoría de análisis, se mostraban las unidades estudiadas, bien en el cuerpo del texto, bien como anexo o hiperenlace. Por ejemplo, en el mencionado trabajo de Fernández Bernárdez (2016), la autora indica el número de lemas en cursiva y ofrece una clasificación de estos extranjerismos a lo largo del trabajo, aportando el listado completo de las unidades que se engloban en cada apartado de la clasificación. En algunos estudios en que se examinó la superestructura del diccionario, en este apartado se indicó *No procede* cuando solo había una unidad para analizar, por ejemplo, *Prólogo* o *Apéndice*.
- *Tipo de muestra*. Se revisó si la investigación hacía un muestreo de entradas, de ser pertinente (cuando se trataban aspectos de superestructurales en que no procedía hacer muestreo, se indicó *No procede*). Las opciones en este caso fueron *simple, sistemática, estratificada, oportunista, toda la población, no hay muestra*.
- *Tamaño de la muestra*. Se revisó si los trabajos indicaban el tamaño de la muestra. En el caso de que, en *Tipo de muestra*, se hubiera indicado *Toda la población* o *No hay muestra*, en *Tamaño de la muestra* se indicó *No procede*.

Se encontraron 170 trabajos que cumplían los criterios de inclusión indicados en líneas anteriores. De ellos, 26 (15,3 %) consistían en (o incluían) estudios descriptivos de algún aspecto de la macroestructura o microestructura de uno o más diccionarios. Estos estudios se clasificaron teniendo en cuenta los puntos anteriores, y los resultados en términos numéricos se muestran en la tabla 21.1.

Tabla 21.1 Resultados del vaciado de datos de *Revista de Lexicografía* (2016–2020) y Sariego *et al.* (2017)

Categorías de análisis		*n*	*%*
Marco teórico o estado de la cuestión	Sí	25	96,2
	No	1	3,8
Interés, objetivos, preguntas, hipótesis	Sí	24	92,3
	No	2	7,7
Enfoque	Cuantitativo	0	0,0
	Cualitativo	21	80,8
	Mixto	5	19,2
Categorías de análisis	Sí	24	92,3
	No	2	7,7
Unidades de análisis	Sí	13	50,0
	No	13	50,0
Tipo de muestra	Simple	1	3,8
	Sistemática	0	0,0
	Estratificada	0	0,0
	Oportunista	8	30,8
	Toda la población	5	19,2
	No hay muestra	11	42,3
	No procede	1	3,8
Tamaño de la muestra	Sí	4	15,4
	No	5	19,2
	No procede	17	65,4

La tabla muestra como casi todos los estudios van precedidos de un estado de la cuestión que contextualiza el problema e informa sobre la investigación precedente, aunque en casi ningún caso se explicita como apartado con ese nombre. En algunos artículos, dado que lo que sigue es un estudio poco sistemático del diccionario, no siempre está claro cuándo se ha dejado el estado de la cuestión para pasar a abordar la descripción del diccionario propiamente, sino que ambos tipos de información discurren de manera continua. Ocurre algo parecido con la formulación de objetivos, preguntas de investigación, hipótesis o indicaciones sobre el interés del estudio: en bastantes casos están implícitas, y en la mayoría de los 24 estudios que sí poseen esta información, no estaban todos estos elementos (por ejemplo, puede faltar el interés de la investigación, o no queda claro qué problema se quiere solucionar).

En cuanto al enfoque de la investigación, no hay ningún estudio cuantitativo y la mayoría son cualitativos. La metodología casi nunca se explicita (y menos en un apartado dedicado a ella), y cuando hemos indicado que es cualitativa lo hacemos por oposición a cuantitativa, es decir, porque los resultados no se ofrecen en términos numéricos. Esto no significa que esa fuera la mejor opción: en la mayoría de los casos, el enfoque cualitativo no estaba determinado por el tipo de pregunta de investigación, sino porque no se había realizado ninguna muestra y, por tanto, los datos no se podían cuantificar. En el 19,2 % de estudios mixtos, se ofrece el número de veces en que se computa una unidad de análisis, y algunas veces la frecuencia, que es la única medida estadística en estos trabajos.

En cuanto a las categorías y unidades analizadas, en la mayoría de trabajos queda claro qué se está estudiando, aunque en dos casos el tema se expone de manera tan genérica que no puede hablarse estrictamente de categorías de análisis. La mitad de los trabajos ofrecen las unidades analizadas en sí, en forma de listados, tablas o anexos. Esto es posible porque el número de unidades analizadas siempre es muy pequeño, hasta unos pocos centenares de entradas como máximo. La otra mitad de los trabajos no ofrece las unidades de análisis, sino que ofrece ejemplos que indirectamente muestran qué entradas se han analizado. La diferencia entre ejemplo y muestra explícita de datos es más bien un continuo pese a haberse diferenciado en la tabla con Sí/No.

La mayoría de los trabajos tratan aspectos microestructurales y, por tanto, procede que se indicara el tipo y tamaño de la muestra. De manera explícita, es anecdótico el número de estudios que indican qué tipo de muestra se realizó, pero se puede deducir por la lectura del texto que en un 30,8 % se trató de una muestra oportunista, es decir, una selección de unidades intencionada por los autores, con motivos que normalmente no se explican. En un 42,3 % de los casos no hay muestra de ningún tipo y los autores se limitan a poner ejemplos. Finalmente, en 5 casos (19,2 %) se analizó toda la población, es decir, todas las entradas en que aparecía la categoría estudiada, porque el número era muy reducido. En cuanto al tamaño de la muestra, en unos dos tercios de los casos no procedía porque no había muestra o se había analizado toda la población. En cuanto al resto de casos en que sí procedía indicarla, esta se indica en un 15,4 %, y no se indica en un 19,2 %; por ejemplo, puede haberse ofrecido un listado de entradas analizadas (muestra oportunista), pero no se indica a qué porcentaje corresponden con respecto al total de entradas con la categoría estudiada.

El panorama anterior muestra que la descripción de diccionarios es un tipo de estudio recurrente entre los estudios metalexicográficos, en el que se observa bastante falta de sistematicidad a la hora de afrontar un análisis. Se observa que a menudo no se explicita el diseño de la investigación, y que esta suele carecer de criterios que la hagan científicamente válida. Si un estudio analiza un determinado fenómeno en un diccionario, pero no lo hace a través de una muestra adecuada ni de un número suficiente de casos, cualquier afirmación que se haga al respecto de dicho fenómeno puede carecer de validez.

4. Orientaciones para el análisis sistemático de diccionarios

En este apartado, se ofrecen algunas orientaciones para el análisis sistemático de diccionarios, con el fin de contribuir en lo posible a mejorar el rigor y la adecuación de este tipo de trabajos metalexicográficos. No existen, que sepamos, trabajos previos que hayan abordado esta cuestión, pues en los manuales de lexicografía no se suele atender al modo como se debe investigar sobre diccionarios, y en las investigaciones publicadas solo se reflexiona sobre el tema de manera implícita, al mostrar en el apartado de marco metodológico (cuando existe tal apartado) los métodos y técnicas utilizados. Schierholtz (2015, 323) indica: "Currently there is no comprehensive and up-to-date documentation of these particular methods [in dictionary research] in English"; lo mismo podría decirse del español y, específicamente, de la descripción de diccionarios. Por tanto, las orientaciones que se ofrecerán a continuación son solo una primera aproximación al problema, que debería tratarse más extensamente; sin embargo, consideramos que pueden resultar útiles, especialmente para los jóvenes investigadores en lexicografía. Nos basamos en Schierholtz (2015), Hartmann (2001) y en monografías sobre investigación en lingüística y otras ciencias (Paltridge y Phakiti 2015; Patten y Newhart 2018; Rasinger 2013), aunque a menudo se han tenido que adaptar las indicaciones ofrecidas en estas obras al caso de la descripción de diccionarios, operación delicada que debe irse revisando en futuros trabajos.

4.1. Consideraciones previas al estudio

Un análisis de un diccionario consiste básicamente en hacerse una o varias preguntas sobre la obra, y recoger y analizar datos que permitan contestar dicha/s pregunta/s. Antes de emprender el estudio, pues, es necesario tener clara la finalidad del análisis, para darle una dirección al trabajo. ¿Para qué se describe el diccionario? ¿Qué problema se ha detectado y se quiere contribuir a resolver? Como se indicó en el apartado 2, existen motivos de peso para emprender la descripción sistemática de un diccionario, y estos determinan las características del análisis. La descripción *per se* no parece un motivo de peso suficiente para emprender una investigación. La justificación del estudio, sus objetivos (generales y específicos), las preguntas de investigación o hipótesis y la metodología empleada deben ser coherentes entre sí: debe poder contestarse de forma coherente *por qué* se analiza un diccionario, *qué* se analiza en él y *cómo* se analiza.

4.2. Marco teórico o estado de la cuestión

Un estudio sobre diccionarios requiere de un marco teórico que explique las categorías analizadas, aunque estas parezcan obvias; por ejemplo, qué es un adjetivo, qué es la polisemia regular, qué es la cultura, qué es la variación diafásica, etc. A partir de una definición teórica clara de los conceptos que se utilizarán en la investigación, estos se pueden operacionalizar en cómo se presentan en el diccionario (a través de marcas, observando el orden de acepciones, en los ejemplos, etc.). El marco teórico de un estudio de diccionarios también puede requerir atender al concepto de diccionario que se maneja, la tipología de diccionarios o la función del diccionario, entre otros aspectos.

Además, como en cualquier investigación, el especialista debe recopilar información acerca de la investigación previa sobre el tema que aborda en su estudio para hacerse una idea del estado de la cuestión. Por ejemplo, si se analiza la polisemia regular en un diccionario, es deseable que se recoja toda la investigación previa sobre trabajos del mismo tema. Ello permite observar los problemas que aún no se han resuelto, los inconvenientes de tipo metodológico con los que el especialista se puede encontrar, los aspectos que ya han sido solucionados, etc. Existen monografías específicas sobre el tema de la revisión sistemática de la bibliografía, como el de Cooper (2017). De manera destacada, es importante evitar los vacíos de documentación producidos por una búsqueda parcial: buscar solo en la biblioteca de la Universidad, citar por el conocimiento personal o casual de los autores o fuentes, no usar las bases de datos científicas o leer solo trabajos en español, por ejemplo.

4.3. Metodología

El enfoque cuantitativo, cualitativo o mixto del estudio se elige en función de la pregunta de investigación o hipótesis planteada. Patten y Newhart (2018, 3) indican que, "regardless of the method selected, social science research methods are designed to be *systematic* and to *minimize biases*" (cursiva nuestra). Los tres enfoques tienen ventajas e inconvenientes a la hora de lograr dicha sistematicidad y minimizar el sesgo.

Por estudio *cuantitativo* se entiende aquel en que los datos son numéricos y permiten ser analizados mediante estadística. Por ejemplo, *adjetivo* no es un dato numérico, pero el número de adjetivos de un diccionario sí. Un estudio *cualitativo* es aquel en que los datos no se expresan en números sino en palabras, y a menudo se estudian a través de *temas:* por ejemplo, la cultura en el diccionario, la ideología en los ejemplos del diccionario, el diccionario como discurso, etc. Este enfoque requiere ir interpretando los datos que se van analizando sin apoyo estadístico. Los estudios cualitativos también pueden ser más específicos, como estudiar el tratamiento de la polisemia regular en un diccionario, dado que este fenómeno puede requerir describir y explicar su representación lexicográfica con categorías conceptuales no numéricas. Sin embargo, es frecuente que incluso en este segundo caso se puedan cuantificar ciertas partes del análisis; por ejemplo, en cuántas entradas de sustantivos se observan relaciones de polisemia regular entre sus acepciones. Así pues, el enfoque *mixto* consiste en combinar datos cuantitativos y cualitativos, recopilados y analizados por separado pero interpretados conjuntamente.

En el diseño del análisis de un diccionario, deberían quedar claros los siguientes aspectos, en cualquiera de los enfoques anteriores (excepto el punto c, que no se emplea en métodos cualitativos):

a) *Diccionarios analizados.* Los diccionarios analizados y la muestra analizada pueden considerarse los "materiales" de la investigación. La referencia a los diccionarios debe ser inequívoca, en especial con respecto a la edición y al soporte (en papel, CD-ROM, en línea). En diccionarios en línea, es crucial indicar la fecha exacta en que se tomó el material.
b) *Categorías de análisis.* Las categorías de análisis son las características que se quieren estudiar en el diccionario: pueden ser desde muy específicas y cuantificables (ej., las entradas del *DLE* con marca *Burgos*) hasta muy generales y no cuantificables (ej., la ideología en el *DLE*); en ambos casos, deben delimitarse bien desde el punto de vista teórico y en la investigación propiamente dicha. Así pues, a menudo será necesario distinguir entre la definición conceptual y la definición operacional de las categorías empleadas: la primera la encontramos en referencias externas a la obra: por ejemplo, la definición conceptual de *adjetivo* puede ser "clase de palabras que modifica al sustantivo o se predica de él aportando muy variados significados" (Real Academia Española y Asociación de Academias de la Lengua Española 2009, 905). La definición operacional en un análisis lexicográfico muestra cómo se concreta dicha definición conceptual en el diccionario: en el caso del ejemplo anterior, la definición operacional de *adjetivo* en el *DLE* puede ser "acepción que contenga la marca *adj.*".
c) *Tipo y tamaño de la muestra.* En estudios cuantitativos o mixtos, debe diseñarse el tipo de muestra que se aplicará (v. apartado 4.3.1).

d) *Unidades de análisis*. Las unidades de análisis son el conjunto de elementos estudiados que se corresponden con las categorías de análisis. Estas unidades usualmente corresponden a elementos de la microestructura y se eligen mediante técnicas de muestreo: por ejemplo, una muestra aleatoria de 300 acepciones marcadas como *adj.* en el *DLE*. Pero también pueden ser elementos superestructurales, como *prólogo, apéndice, tabla, ilustración*, etc. Debe distinguirse entre el conjunto de unidades analizadas (que corresponden a *datos* que proporcionan evidencia científica en la *investigación*) de los ejemplos que se ofrecen en el artículo (que son *recursos retóricos* que sirven para facilitar la comprensión en la *publicación* de la investigación). Si las categorías de análisis se pueden explicar en el marco teórico a partir de la bibliografía, las unidades de análisis pueden ofrecerse en forma de tabla, listado, anexo o hiperenlace; si se trata de un gran número de unidades, hay autores que optan por no ofrecerlas.

Finalmente, destacamos dos problemas de diseño que comparten los métodos cuantitativos, cualitativos o mixtos y deben evitarse:

- *Sesgo de confirmación*, definido como "a tendency to recall or favor the information or interpretation that fits with one's existing beliefs" (Patten y Newhart 2018, 5). Por ejemplo, partir del prejuicio de que un diccionario es "malo" y buscar en él solo aquellos aspectos que "confirmarán" el prejuicio del investigador.
- *Sesgo de disponibilidad*, definido por Pattern y Newhart (2018, 5) como "to rely on the most recent information we have or only consider the immediate examples that come to mind on a topic, which may not represent all the information very accurately". Por ejemplo, hojear un diccionario buscando ejemplos curiosos del aspecto que se quiere investigar.

4.3.1. Diseño del muestreo

La mayoría de los estudios analizados en el apartado 3 trataban aspectos macroestructurales (lemario del diccionario) o microestructurales (contenido de cada entrada), para los cuales es necesario aplicar técnicas de muestreo. Una muestra es una parte de una población, que, en nuestro caso, es un conjunto de elementos o unidades analizadas (Rasinger 2013, 45). Así, por ejemplo, la población de adjetivos del *DLE* son 39 610 según *Enclave RAE*, cifra que indica todas las acepciones con la marca *adj*. Schierholtz (2015, 342) señala que "it is impossible to read the whole dictionary or to count all lemmata. Instead of this a sample should be taken from the dictionary". Estrictamente hablando, no es imposible, pero sí es *innecesario;* es un procedimiento estandarizado en ciencia el hacer muestreos para una investigación eficiente, y nuestro caso no es una excepción: no hacer una muestra de los datos lexicográficos o hacerla de manera sesgada puede dar lugar a que no se puedan generalizar los hallazgos a todo el diccionario. La muestra, pues, debe ser *representativa*, es decir, tener las mismas características que la población entera. La representatividad de la muestra depende de varios factores que están bien discutidos en Rasinger (2013), Patten y Newhart (2018) y otros trabajos. En resumen, cuanto más heterogéneo es el conjunto de unidades estudiadas, más difícil es que la muestra sea representativa: por ejemplo, el conjunto de todas las categorías gramaticales presentes en el diccionario (alta heterogeneidad) frente al conjunto de todos los adverbios en *-mente* (alta homogeneidad). Para el primer caso, pues, para lograr representatividad seguramente será necesaria una muestra más grande de entradas que para el segundo caso.

En los diccionarios, las condiciones en que estos se elaboran afectan a la variabilidad de la información que se ofrece en ellos, lo que implica un alto riesgo de fallo de representatividad si no se toma una muestra adecuadamente (en términos de tipo y tamaño). Estas condiciones tienen que ver, entre otros aspectos, con la diversidad de redactores de la mayoría de los diccionarios; el haber sido redactados a lo largo de periodos de tiempo extensos (años, décadas o siglos); las variaciones en las condiciones económicas o de otro tipo desde que empieza el proyecto hasta que termina; el hecho de que los diccionarios se han redactado normalmente por orden alfabético y no por tipo de entradas, lo que hace que las condiciones extralingüísticas afecten de forma transversal a toda la obra, cuyas vicisitudes discurren alfabéticamente, a modo de una "historia por letras"; la enorme variación que hay entre los lemas según la letra con la que empiezan, lo que hace que la alfabetización no pueda contemplarse como un criterio de selección (la morfología de cada unidad léxica afecta enormemente las características de cada letra del diccionario). Teniendo en cuenta todos estos factores, la posibilidad de extraer conclusiones equivocadas por un mal muestreo es alta. Schierholtz (2015, 342) es claro al respecto "It is not possible to make a meaningful analysis about a dictionary by reading or examining a few pages of the dictionary in an unsystematic way and extrapolating to the properties in the complete work".

Para evitar una muestra en la que los resultados no son representativos del total de datos del diccionario, se utilizan diversos *tipos de muestras*. A continuación, se ofrecen los más comunes:

- *Muestra aleatoria simple*. Es aquella en la que todas las unidades estudiadas tienen la misma oportunidad de pertenecer a la muestra (como las bolas del bombo de la lotería en un sorteo). Por ejemplo, en el caso del *DLE*, una muestra aleatoria de las 39 610 acepciones adjetivas recogidas en él podría hacerse descargando el listado de acepciones a través de *Enclave RAE* y sacar la muestra equiparando cada acepción con un número. Existen muchos sitios web que permiten hacer muestras aleatorias, como www.randomizer.org; también Excel tiene un comando para crearlas y, por supuesto, se pueden crear con Perl, Phyton u otro lenguaje de programación. En diccionarios en papel, la muestra aleatoria simple solo puede hacerse si se dispone del listado de lemas que se quieren analizar, lo que puede solicitarse a la editorial lexicográfica, con pocas posibilidades de éxito, o recopilarse manualmente, lo que sin duda conllevará una tasa de error alta. Además, en diccionarios en papel y electrónicos, este tipo de muestreo no permite controlar la dispersión de la muestra en el diccionario, que, como ya se ha dicho, es una obra muy heterogénea desde el punto de vista lingüístico (ej., la morfología de los lemas) como de las condiciones de producción de la obra (varios lexicógrafos, varios años, etc.).
- *Muestra aleatoria estratificada*. Consiste en crear grupos (o *estratos*) de unidades para analizar, y luego hacer una muestra aleatoria de cada grupo por separado. Por ejemplo, si se quieren analizar los tipos de definición de verbos en un diccionario, puede ser interesante crear grupos por la subcategoría gramatical (transitivo, intransitivo, etc.) y luego hacer una muestra aleatoria de cada grupo, con el mismo número de unidades en cada grupo. Esto permite que todos los subtipos se analicen equiparadamente y las diferencias entre subgrupos no afecten a los resultados de manera desigual.
- *Muestra sistemática*. Consiste en seleccionar cada *n.*ª unidad de un listado; por ejemplo, de la lista de 39 610 adjetivos del *DLE*, seleccionar el 10.º, el 20.º, el 30.º, etc. Esto corrige el problema de la muestra aleatoria simple, en que no se puede controlar si hay una buena dispersión. En un diccionario en papel, los muestreos sistemáticos se pueden hacer por páginas; por ejemplo, analizar el primer adjetivo de la página 10, el primero de la 20, el primero de la 30, etc. No es adecuada la muestra sistemática por letras, por ejemplo, analizar todos los adjetivos de la letra a, d, h, etc., porque la morfología afecta al orden alfabético y la muestra no sería representativa; por ejemplo, si se decide analizar las letras a y la i, en la hipotética muestra de adjetivos nos vamos a encontrar con muchos antónimos creados mediante prefijación (ej., *anormal, ilícito*), lo que sesgará enormemente los datos obtenidos

en cuanto a tipo de definición, ejemplos, etc. Esto se aplica aún más a los volúmenes en que se publican algunos diccionarios grandes: no se debe analizar un diccionario por volúmenes (ej., analizar los volúmenes 1 y 3, o el primer volumen de un diccionario de 2).

Un tipo de muestra que debe evitarse por su alta probabilidad de sesgo es la *muestra oportunista:* se trata de la selección de unidades de análisis a conveniencia del investigador; por ejemplo, seleccionar un determinado grupo de adjetivos del *DLE* porque ya se han estudiado antes, porque por la competencia lingüística del especialista resultan familiares, porque se dispone de un listado de lemas de otra fuente, etc.; en el peor de los casos, por motivos desconocidos.

Otro aspecto complementario al tipo de muestra (es decir, *qué* unidades se seleccionan) es el *tamaño de la muestra* (es decir, *cuántas* unidades se deben analizar para considerar dicha muestra representativa). En relación con ambos aspectos, una muestra grande pero sesgada no lo es menos que una pequeña y sesgada: se trata de dos problemas que hay que abordar por separado. El problema del tamaño de la muestra depende de la variabilidad de los datos, que puede ser difícil de calcular, y del tipo de información que se quiere obtener. Un modo de tener una orientación al respecto es hacer un pequeño estudio preliminar con pocos casos (ej., entre 10 y 100), para prever los posibles problemas de representatividad. Ahora bien, el tamaño de la muestra tendrá siempre cierto grado de arbitrariedad. En la revisión expuesta en el apartado 3, pocas muestras sobrepasaban el centenar de casos, y la mayoría se contaban por decenas o menos. No tenemos estudios precisos que indiquen si tales tamaños son suficientes. Patten y Newhart (2018, 111) ofrecen una tabla de relaciones entre el tamaño de la población y el tamaño de la muestra en estudios en ciencias sociales. Por ejemplo, si la población total es 10, la muestra debe ser 10; si es 100, debe ser 80; si es 500, debe ser 217; si es 5000, debe ser 357; si es 100 000, debe ser 384; etc. Como puede observarse, el tamaño de la muestra no crece de manera proporcional al tamaño de la población, porque se ha comprobado que, ante poblaciones con la misma heterogeneidad, las muestras se tienden a saturar y llega un momento en que no se obtienen mejores resultados con muestras más grandes. Existen sitios web que calculan el tamaño de la muestra según el de la población. Por ejemplo, usamos el sitio www.calculator.net/sample-size-calculator.html para calcular el tamaño de la muestra de la población de los 39 610 adjetivos del *DLE*, y el resultado es 381. Una alternativa al cálculo del tamaño de la muestra como porcentaje fijo de la población es justamente el criterio de la saturación de los datos: se ordena aleatoriamente la población que se quiere estudiar (p. ej., el listado de acepciones adjetivas) y se comienza a analizar en tandas de *n* casos; por ejemplo, se empieza analizando 50 casos, luego se analizan los siguientes 50 y se comprueba se aparecen datos distintos a los anteriores; se procede así hasta que en una de las tandas ya no aparecen más datos nuevos, lo que indica que la muestra se ha saturado y, por tanto, es suficiente. Esto permite ahorrar tiempo y recursos haciendo muestras con un número fijo de casos por analizar que podría ser innecesariamente grande, pero tiene el inconveniente de que no se trata de un porcentaje estandarizado y, por tanto, sería más difícil comparar datos con otros estudios similares. En definitiva, todo lo anterior puede orientar acerca del tamaño de la muestra, pero siempre habrá cierto grado de arbitrariedad, y es incierto hasta qué punto pueden aplicarse estas consideraciones generales a un estudio de diccionarios.

4.3.2. Codificación y análisis de los datos

Los métodos cuantitativos, cualitativos o mixtos requieren un tipo u otro de codificación de los datos recogidos, que tiene como objetivo clasificarlos o agruparlos; los procedimientos y herramientas para ello están bien descritos en los manuales de metodología, y pueden adaptarse al análisis de diccionarios. Por supuesto, la codificación depende de las preguntas de investigación y de qué información se está buscando. En los diccionarios en papel, las técnicas manuales de codificación no son extrañas: marcación de páginas, subrayado, etc. En todos los casos, pero sobre todo en los métodos cuantitativos y mixtos, la codificación se puede hacer con un programa informático sencillo, como Excel, o más complejo, como SSPS. En estudios como los revisados en el apartado 3, no parecen necesarias técnicas de análisis muy sofisticadas, pero entre los enfoques cuantitativos hay que considerar al menos una estadística descriptiva básica, por ejemplo, de frecuencia absoluta y relativa. También debe hacerse una descripción clara de las unidades categoriales que se van encontrando en el análisis. Por ejemplo, si se están analizando los modelos de definición de los gentilicios con categoría *adj.* en el *DLE*, puede resultar de ayuda saber qué porcentaje de adjetivos son gentilicios y, de ellos, qué modelos de definición son los más comunes o qué porcentaje de ellos van acompañados de ejemplos. Sin embargo, se necesitará también analizar dichos modelos y razonar su clasificación.

4.4. Explicar la investigación en un artículo

En los apartados anteriores se han dado algunas indicaciones acerca de los pasos para seguir en un análisis de diccionario y algunas características que debe tener para que sea fiable y riguroso. Sin embargo, conviene distinguir entre la investigación propiamente dicha y la exposición de esta en forma de artículo (esto último fue lo que se revisó en el apartado 3). La comunicación de los resultados de un estudio permite la documentación pública y la acumulación del conocimiento que hace avanzar a la ciencia y, por extensión, a la sociedad. Por ello, la redacción y publicación del estudio puede considerarse la última etapa del proyecto (Woodrow 2014, 12). Un estudio bien realizado pero mal comunicado impide esta función divulgadora de la investigación científica. Aunque lo que se debe informar de la investigación parezca claro al observar los puntos tratados en el apartado 4.3, la clave es que, en el artículo, deben *explicitarse* las decisiones tomadas, de manera clara y detallada.

Los siguientes apartados y contenidos del artículo pueden contribuir a explicitar los distintos pasos de la investigación (en parte, nos basamos en Woodrow 2014 y en Hernández *et al.* 2014):

1) *Introducción*. La introducción incluye el planteamiento del problema (objetivos del estudio, preguntas o hipótesis, justificación) y un breve resumen de los aspectos que se van a explicar. Las limitaciones de la investigación se pueden señalar en la introducción o al final, al mencionar el trabajo futuro. Los objetivos se formulan con un verbo en infinitivo. Por ejemplo, "el objetivo de esta investigación es extraer y clasificar modelos definicionales de las entradas de adjetivos calificativos en el *DLE*". Las preguntas pueden formularse de manera directa (ej., "¿Qué modelos de definición se emplean en el *DLE* para los adjetivos calificativos?") o indirecta (ej., "Nos preguntamos qué modelos de definición se emplean en el *DLE* para los adjetivos calificativos"). Las hipótesis se formulan como afirmaciones (ej., "en el *DLE*, la polisemia regular se representa implícitamente a través del orden consecutivo de las acepciones").
2) *Marco teórico y estado de la cuestión*. En este apartado se incluyen las teorías (lingüísticas o lexicográficas) necesarias para comprender la investigación, así como un resumen de los trabajos anteriores que han tratado el mismo tema. Este apartado no es una exposición aislada, sino que debe ayudar a situar la investigación en el panorama internacional del área. Por ejemplo, en un estudio sobre adjetivos calificativos es necesario revisar dicha noción en las gramáticas, resumir los trabajos sobre adjetivos calificativos en los diccionarios, etc.
3) *Metodología*. Este apartado puede subdividirse en *Materiales*, que son los diccionarios estudiados, y *Métodos*, que son los procesos llevados a cabo para estudiarlos. En el apartado

Métodos es necesario explicitar el enfoque de la investigación, el diseño y el procedimiento de recolección y análisis de datos. En el caso de los estudios cuantitativos, la metodología debe explicarse de manera que el estudio pueda ser reproducido en otro diccionario, otra edición, categorías de análisis similares, diccionarios en otras lenguas, etc. El apartado de metodología puede compararse con una receta de un pastel: primero se indican los ingredientes (materiales) y luego las instrucciones (métodos), de manera que quien lo lea pueda repetir la receta y le salga igual que como le sale a la persona que la escribió. En el caso de los estudios mixtos, en la parte cuantitativa se procede de la misma manera, y con respecto a los cualitativos, también debe explicitarse la metodología, indicando los temas que se van a tratar y qué procedimientos se van a seguir; por ejemplo, se puede señalar que se hizo una lectura del prólogo de la obra para encontrar información sobre aspectos culturales en el diccionario, se analizó la entrada *cultura*, se buscó información en los ejemplos, etc.

4) *Resultados y discusión*. En este apartado se describen los hallazgos de la investigación de manera sintética, objetiva, ordenada y transparente. Es recomendable empezar por los resultados más generales y luego pasar a los detalles; en estudios mixtos, se puede empezar por los datos cuantitativos y luego aportar los cualitativos, o viceversa. En este apartado es más importante que en ningún otro el modo como se muestra la información. Es deseable el apoyo de tablas, gráficos, diagramas, etc., que muestren datos de manera sintética y fácil de entender. También es importante, en las descripciones cualitativas, exponer de forma sintética aportando ejemplos suficientes. La discusión puede realizarse junto con la exposición de los resultados, o situarse al final del apartado (o en otro apartado); consiste en discutir los hallazgos comparándolos con los de otros estudios, indicar posibles errores de la investigación, explicar si quedan contestadas las preguntas de investigación, etc.
5) *Conclusiones y trabajo futuro*. Las conclusiones del trabajo sintetizan el estudio, responden a las preguntas de investigación y permiten comunicar al lector la relevancia del análisis realizado. El apartado de trabajo futuro permite establecer (o recordar) las limitaciones del estudio y proponer líneas para su continuación.
6) *Anexos*. En los anexos se pueden poner listados de lemas analizados, u otra información similar, cuando son demasiado largos como para colocarlos en el apartado de metodología o resultados. La transparencia al mostrar el total de los datos analizados es deseable y solicitada en muchas revistas científicas. Anexos excesivamente largos se pueden ofrecer como un documento web e indicar la dirección en el texto. Esta información exhaustiva permite al lector del trabajo comprobar por sí mismo si está de acuerdo con las afirmaciones que se indican en el artículo u observar casos que no aparecen en los ejemplos, entre otros aspectos.

5. Conclusiones

En este capítulo se han revisado algunos trabajos de investigación representativos del estado de la cuestión en lexicografía del español, y se han ofrecido algunas directrices que sirven de orientación preliminar para la descripción sistemática de diccionarios. La revisión, si bien poco numerosa, indica que el análisis de obras lexicográficas es una práctica recurrente de la metalexicografía, la cual no siempre se ha realizado siguiendo los estándares que se indican en general para las ciencias sociales. Las sugerencias del apartado 4 no revisten novedad en sí mismas, sino que solo son un recordatorio de que existen métodos para afrontar un análisis de datos como los lexicográficos. Con vistas a contribuir en el futuro a la mejora de los métodos y técnicas en metalexicografía del español, sería necesario establecer con más detalle unos principios generales para la descripción sistemática de obras lexicográficas, que pudieran estandarizarse y emplearse en cualquier obra. Ello permitiría comparar los estudios entre sí y alcanzar (quizá) los niveles de la revisión sistemática, que posibilita extraer conclusiones conjuntas a través de datos analizados en múltiples estudios (Cooper 2017). El análisis de diccionarios debe establecerse, como se hace en Schierholtz (2015), como una actividad propia de la metalexicografía, con unos métodos específicos, sistemáticos y aplicables a cualquier obra; y debe tener independencia como parte de la disciplina.

Nota

1 Trabajo realizado con el apoyo del proyecto Fondecyt 1231594 de la Agencia Nacional de Investigación y Desarrollo, Gobierno de Chile.

Bibliografía básica

Hartmann (2001); Porto Dapena (2002); Schierholtz (2015)

Bibliografía complementaria

Cooper (2017); Patten y Newhart (2018)

22

Proyectos lexicográficos y nuevas propuestas (Trabajos en curso) (Lexicographical projects and new proposals: Work in progress)

Cecilio Garriga y Sandra Iglesia

1. Introducción

El panorama de la investigación lexicográfica del español es una realidad variada y compleja, difícil de describir debido a la diversidad de temas, de países, de tradiciones. Para acercarnos a esta realidad, hemos recogido toda la información que nos ha sido posible acerca de los grupos de investigación y de las iniciativas lexicográficas en el ámbito hispánico, lo que nos devuelve una fotografía de los temas preferidos y de la situación en la que se encuentra la investigación, incluidos los problemas de financiación de los proyectos lexicográficos. Este panorama se refuerza con un análisis de las propuestas presentadas en las últimas reuniones científicas sobre estos temas, así como en las revistas más prestigiosas de la disciplina. El objetivo es proporcionar una visión global de cómo se está desarrollando la investigación lexicográfica más reciente, de los intereses y de los problemas que acucian a la lexicografía del español, y de las fortalezas que, a pesar de las dificultades, hacen de esta línea de investigación una de las más robustas del panorama lingüístico actual.

Palabras clave: grupos de investigación; congresos de lexicografía; investigación lexicográfica; revistas de lexicografía; proyectos de investigación

The panorama of Spanish lexicographic research is a varied and complex reality, difficult to describe due to the diversity of themes, countries and traditions. In order to get closer to this reality, we have collected as much information as possible about the research groups and lexicographic initiatives in the field of Spanish language. This gives us a clear idea of the preferred topics as well as of the situation of research, including the problems of financing lexicography projects. This perspective is strengthened by an analysis of the proposals presented in the latest scientific meetings on these topics, as well as in the most prestigious journals of the discipline.

DOI: 10.4324/9780429244353-25

The objective is to provide a global vision of how the most recent lexicographic research is being carried out and highlight the interests and challenges of Spanish lexicography, and of the strengths that, despite the difficulties, make this line of Research one of the most robust in the current linguistic landscape.

Keywords: lexicography conferences; lexicography journals; lexicographic research; research projects; research groups

2. Consideraciones previas

La lexicografía es una disciplina tradicional, muy ligada a la práctica, que sin embargo se ha sumado con decisión al aprovechamiento de los avances que las tecnologías digitales hacen posible. Por otro lado, el desarrollo de la investigación en el ámbito de las Humanidades también se ha transformado, y ya no se concibe como el producto del trabajo erudito de un investigador aislado. Ahora se desarrolla habitualmente a partir de equipos de investigadores, de diferentes especialidades, que confluyen en el interés por el trabajo lexicográfico. Además, la lexicografía se ha normalizado también en los estudios universitarios, lo que potencia el interés por este ámbito del conocimiento lingüístico.

Estas nuevas circunstancias en que se desarrolla la lexicografía hacen más compleja su definición, ya que es difícil establecer sus límites frente a otras disciplinas como la lexicología o la terminología (y su derivada, la terminografía), la semántica, la dialectología, la sociolingüística, la lingüística de corpus, etc. Tampoco resulta sencillo delimitar lo que es la "lexicografía hispánica", más allá de entenderla como aquella que se ocupa de los temas lexicográficos del español.

Con todas estas limitaciones, hemos intentado cumplir con el encargo recibido de explorar y recoger los proyectos lexicográficos en curso en el ámbito hispánico, y de realizar un primer acercamiento a los temas de interés en la investigación lexicográfica actual.

Para poder abordar un campo tan amplio, hemos tomado algunas decisiones sin duda discutibles: hemos excluido la investigación que se realiza sobre la lexicografía de las lenguas amerindias y de otras lenguas de España, así como los proyectos lexicográficos que lleva a cabo la Real Academia Española y la Asociación de Academias de la Lengua Española, que ya son tratados en otros capítulos de este volumen. Tampoco añadimos referencias bibliográficas que respalden la información recogida o los análisis realizados de forma exhaustiva, ya que entendemos que no es el objetivo de este trabajo, además de que lo hubiera alargado mucho más allá de los límites prudenciales.

Para realizar esta fotografía de por dónde avanza la investigación lexicográfica más reciente del español, hemos tenido en cuenta varios factores, que pueden servir como indicadores de su vitalidad. Por un lado, nos hemos fijado en los equipos de investigación y los proyectos que están desarrollando, lo que nos devuelve una imagen de la estructura organizativa de la investigación lexicográfica (institutos, centros de investigación, grupos, equipos) y de los temas que se están trabajando. Abordamos también el problema de los fondos para la investigación y nos fijamos en la dificultad de acceder a financiación de entidades supraestatales, aunque encontremos algunas excepciones dignas de mención. También mostramos algunas redes que reúnen grupos diversos, y que contribuyen a estructurar este campo de estudio.

La formación de los lexicógrafos entendemos que está en la base de la investigación lexicográfica, y por eso nos detenemos también en tres ejemplos señeros de estudios especializados en este ámbito.

Otro indicador fundamental de la vitalidad de la investigación son las publicaciones de los resultados en revistas especializadas; por eso dedicamos el último apartado a examinar algunas de las más relevantes en la lexicografía actual.

El resultado da una imagen compleja y variada, a la vez que sorprendente, que muestra una disciplina en ebullición: se puede afirmar que nunca antes tantos investigadores han dedicado su esfuerzo a la lexicografía, aunque esos esfuerzos no siempre tengan los resultados y la proyección que cabría desear.

3. Equipos de investigación y proyectos en marcha

3.1. Información general sobre los equipos y los proyectos de investigación

Tras la información recogida, resulta un total de 37 institutos/grupos/equipos que desarrollan 79 proyectos lexicográficos, con un claro predominio del liderazgo femenino: 46 de los proyectos están dirigidos por una o más investigadoras.

Esta información permite constatar también la transformación metodológica que ha experimentado la lexicografía: la superioridad en el número de proyectos que se desarrollan a través de equipos de investigación es abrumadora, frente a la iniciativa individual. Este cambio ha ido acompañado de la incorporación de las herramientas digitales para la investigación lexicográfica: aunque hay proyectos que consisten en la digitalización de diccionarios ya existentes, lo digital ya no es un objetivo, sino un recurso indispensable para la investigación en lexicografía.

Por lo que respecta a los temas abordados, como podrá constatarse en el epígrafe siguiente, queda comprobado que son variados. Hay diversos proyectos en marcha para la elaboración de diccionarios, algunos de ellos pertenecientes a las variedades del español, en especial del español atlántico, pero en otros casos esos diccionarios persiguen otros criterios, como la recogida de unidades fraseológicas, de neologismos, de voces especializadas, etc. No es extraño que estos criterios se crucen, como puede ocurrir, por ejemplo, en un proyecto para un diccionario del léxico vitivinícola en Andalucía, fraseológico de una región argentina o de fitónimos en el español de Costa Rica.

También destacan los proyectos para la elaboración de diccionarios de aprendizaje, ya estén pensados para nativos o para aprendices del español como lengua extranjera.

Otra línea de investigación fructífera es la que está destinada a elaborar recursos que tengan aplicaciones lexicográficas, como los corpus léxicos, bancos de datos, herramientas de generación de estructuras argumentales, etc.

Además, sigue manteniendo un gran interés la historia de la lexicografía, como demuestran los diversos proyectos que estudian diccionarios antiguos, ya sea de la tradición académica del español, ya sean diccionarios regionales o especializados. De ahí los proyectos dedicados a rescatar y recopilar bibliografía y diccionarios y crear bancos de datos que organicen toda esa información.

Y existe un número considerable de proyectos que se centran en la revisión de diccionarios ya realizados o en la digitalización de diccionarios existentes solo en formato impreso.

3.2. Los equipos y los proyectos

En este epígrafe presentamos la nómina de equipos, grupos de investigación e iniciativas lexicográficas de las que hemos podido obtener noticia, organizados de forma alfabética. Entre corchetes aparecen las personas que nos han proporcionado información acerca de cada proyecto. Agradecemos especialmente su colaboración, aunque cualquier error u omisión es imputable únicamente a los autores.

- Academia Nacional de Letras de Uruguay. Mantiene una consistente línea de investigación en lexicografía. Su resultado más reciente ha sido la digitalización del diccionario *Lenguaje del Río de la Plata*, un diccionario inédito de voces, modismos y refranes de comienzos del siglo XX en Argentina, Uruguay y Paraguay (https://bermudez.mec.gub.uy/). Actualmente está dedicada a la revisión del *Diccionario del español de Uruguay (DEU)*, cuya primera edición es de 2011, y a su adaptación digital [Magdalena Coll].

- Centro de Estudios Lingüísticos y Literarios de El Colegio de México (https://cell.colmex.mx/). Su obra más importante en lexicografía ha sido el *Diccionario del español de México* (*DEM*), dirigido por Luis Fernando Lara, que ha dado lugar a diferentes diccionarios menores, así como a recursos lexicográficos como el *Vocabulario fundamental del español de México* o el *Corpus del Español Mexicano Contemporáneo* (*CEMC*). El proyecto del *DEM* debe considerarse un proyecto en curso, ya que se continúa en la mejora constante del diccionario: recientemente se ha puesto en línea la 2.ª edición y están embarcados en los siguientes proyectos [Luis Fernando Lara]:
    - La publicación impresa de la segunda edición del *DEM*.
    - El análisis del *Corpus del Español Mexicano Contemporáneo II* (1975–2018).
    - El estudio de los juegos verbales de la tradición popular mexicana, como complemento al *DEM*.
    - Explotación del *DEM* para exploraciones semánticas computacionales.
- Centro de Lingüística Aplicada de Santiago de Cuba (www.ecured.cu/Centro_de_Lingüística_Aplicada_de_Santiago_de_Cuba). Desde los últimos años del siglo XX ha publicado diccionarios especialmente dirigidos al ámbito escolar, como el *Diccionario escolar ilustrado (DEIl)*, el *Diccionario ortográfico del español*, el *Vocabulario inverso y anagramas del español*, el *Diccionario escolar del español caribeño*, aunque seguramente el más conocido es el *Diccionario básico escolar* (*DBE*), del que se está elaborando la 5.ª edición, con nuevas entradas, nuevas acepciones, correcciones, ejemplos y más vídeos en la versión digital. El propósito es que esté finalizado en 2023, tanto la versión impresa como la digital [Leonel Ruiz Millares].
- Centro Internacional de Lexicografía de la Universidad de Valladolid (http://cilex.blogs.uva.es/). Dirigido por Pedro Fuertes-Olivera, es uno de los focos irradiadores de la Teoría Funcional de la Lexicografía en España. Mantiene una estrecha relación de colaboración con el Center for Lexicography de la Universidad de Aarhus (Dinamarca). Actualmente tienen diversos proyectos en marcha [Pedro Fuertes-Olivera]:

Especializados:	*Diccionario español de contabilidad*
	Diccionario español-inglés de contabilidad
	Diccionario inglés-español de contabilidad
Bilingües:	*Diccionario digital español-inglés*
	Diccionario digital inglés-español
Generales:	*Diccionario digital del español*

La concepción propia de la teoría funcional de la lexicografía permite que cada uno de estos recursos sea a su vez un diccionario múltiple, dependiendo del uso que se quiera dar a cada uno de ellos en cada momento. Estos proyectos han disfrutado de financiación oficial en convocatorias pasadas, y en la actualidad son objeto de un convenio con la empresa danesa Ordbogen A/S, con vigencia hasta 2027.

- Grup d'Investigació Interuniversitari en Aplicacions Lingüístiques. Está formado por investigadores de varias universidades catalanas y ha elaborado diversos recursos léxicos, como un diccionario verbal de construcciones del español y del catalán, el *Diccionario de perífrasis verbales español/rumano/catalán* (http://grial.edu.es/sensem/lexico/main), así como el *Wordnet 3.0* del catalán y del español (http://adimen.si.ehu.es/cgi-bin/wei/public/wei.consult.perl). En la actualidad están trabajando en el campo de la anotación de corpus (factualidad) [Ana Fernández Montraveta].

- Grupo de Estudios Lingüísticos Regionales de la Universidad de Antioquia en Colombia, dirigido por Luz Stella Castañeda (www.udea.edu.co/wps/portal/udea/web/inicio/investigacion/grupos-investigacion/humanidades/estudios-linguisticos-regionales). Están desarrollando dos proyectos:

    - "*Diccionario descriptivo del español del Valle de Aburrá (DEVA)*", que se concibe como un diccionario en línea que recoge el léxico usual en el Valle de Aburrá, región colombiana cuya capital es Medellín. El proyecto, dirigido por José Luis Orduña, está en su última fase, y cuenta con el corpus lexicográfico completo, pendiente solo de la mejora de algunos aspectos del análisis lingüístico de los lemas, y de determinados trabajos informáticos para su consulta en línea [José Luis Orduña].
    - "Semillero del español histórico de Antioquia". Tiene como objetivo rastrear, transcribir y organizar documentos de archivo con el fin de datar usos léxicos de la región, con un propósito lexicográfico. Responsable: María Claudia González.

- Grupo de Investigación Afrilex de la Universidad Nacional de Educación a Distancia de España, dirigido por José Ramón Carriazo. Lleva a cabo un proyecto sobre el vocabulario del español africano que tiene como objetivo la elaboración del diccionario de africanismos del español [José Ramón Carriazo].
- Grupo de Investigación en Terminología y Organización del Conocimiento (GTERM) de la Universidad de la República del Uruguay (http://basedanielgranada.fic.edu.uy/index.php/grupo-de-investigacion/). Tiene en marcha los siguientes proyectos lexicográficos:

    - "Base de datos lexicográfica 'Daniel Granada'". Se trata de una compilación sistemática y exhaustiva de productos lexicográficos en Uruguay que recoge actualmente 400 registros de diccionarios, glosarios, vocabularios y tesauros (http://pmb.fic.edu.uy/opac_css/). Responsables: Mario Barité; Magdalena Coll.
    - "Dos Orillas: Vocabulario diferencial del español rioplatense (Argentino-Uruguayo/Uruguayo-Argentino)". El proyecto consiste en el registro lexicográfico del español rioplatense en sus dos variedades, argentina y uruguaya. Responsables: Magdalena Coll; Gabriela Resnik [Magdalena Coll].

- Grupo de Investigación "Estudios del lenguaje y la educación" de la Universidad Tecnológica de Pereira (Colombia). El proyecto consiste en la elaboración de lexicones disciplinares. Se ha avanzado en el léxico de la Lingüística (Cisneros-Estupiñán *et al.* 2018) y se está desarrollando el léxico cafetero [Nancy Rozo]. Responsable: Mireya Cisneros-Estupiñán.
- Grupo de Investigación GRADIA de la Universidad de Barcelona. Está desarrollando el proyecto del "*Diccionario histórico de las perífrasis verbales del español*", dirigido por Mar Garachana (https://gradiadiacronia.wixsite.com/gradia/diccionario-historico-de-perifrasis). El objetivo es dar cuenta de la evolución de las construcciones multiverbales del español a lo largo de la historia. Se plantea como una obra complementaria de los diccionarios de perífrasis verbales que existen en el español con orientación sincrónica [Mar Garachana]. Dispone de financiación de la Agencia Estatal de Investigación del Gobierno de España.

- Grupo de Investigación Humboldt de la Universidad de Santiago de Compostela. Una de sus líneas de investigación es la lexicografía, y está desarrollando diversos proyectos en los que participan investigadores de otras instituciones [María Teresa Sanmarco]:
    - "*PORTLEX. Diccionario electrónico multilingüe*" (http://portlex.usc.gal/portlex/). Diccionario electrónico en línea, centrado en la frase nominal y sustentado en la gramática de valencias, que recoge cinco lenguas: español, alemán, francés, italiano y gallego. Este proyecto recibió ayudas de la Agencia Estatal de Investigación de España hasta 2015, aunque se sigue avanzando en el mismo, ahora sin financiación. Responsable: María José Domínguez.
    - "MultiGenera" (http://portlex.usc.gal/multigenera/). Generación multilingüe de estructuras argumentales del sustantivo y automatización de extracción de datos sintáctico-semánticos. Persigue el diseño de un prototipo que permita generar automáticamente frases nominales, dotadas de información sintáctico-semántica, en español, alemán y francés. Se basa en los principios de la gramática y lexicografía de valencias y de los trabajos sobre ontologías para redes semánticas como *WordNet* y sobre otros recursos de procesamiento de lenguaje natural (PLN). Responsable: María José Domínguez.
    - "MultiComb" (http://portlex.usc.gal/multicomb/). Generador multilingüe de estructuras argumentales del sustantivo con aplicación en la producción en lenguas extranjeras. Dispone de financiación de la Agencia Estatal de Investigación. Responsable: María José Domínguez.

- Grupo de Investigación "Lexicología y Lexicografía" (LyL) de la Universidad de Alicante. Está desarrollando el proyecto "*Diccionario de anglicismos del deporte*", dirigido por Félix Rodríguez y Jesús Castañón. Está previsto que el diccionario alcance las 2100 entradas, y que incluya desde términos clásicos de deportes olímpicos hasta otros empleados en la práctica de deportes electrónicos. Recoge información sobre la pronunciación, acepciones, equivalencias en lengua española y ejemplos [Félix Rodríguez].
- Grupo de Investigación "Texto, ciencia y traducción" de la Universidad de Córdoba (España). Desarrolla el proyecto "WeinApp" sobre terminología vitivinícola (www.uco.es/weinapp/). Entre sus objetivos está reunir un corpus de textos de esta materia en las lenguas de trabajo (alemán, español, francés e inglés), crear una base de datos terminológica en la que los conceptos estén vinculados a una ontología, que será el vínculo entre las distintas lenguas, y elaborar una aplicación que permita consultar todos esos contenidos. Responsables: María del Carmen Balbuena y Manuela Álvarez Jurado.
- Grupo de Investigaciones Lexicográficas y Lexicológicas del Español Moderno y Contemporáneo de la Universidad de Salamanca (http://inveslex.usal.es/), dirigido por María Jesús Mancho. Tiene en red el *DICTER* (*Diccionario de la Ciencia y de la Técnica del Renacimiento*), que recoge el vocabulario especializado de la ciencia y de la técnica desarrollada en España durante los siglos XVI y XVII (http://dicter.usal.es/). El proyecto ha recibido financiación en diversas convocatorias oficiales y se mantiene vigente ya que continúa actualizándose con nuevas voces procedentes de los estudios que se realizan en el seno del grupo [María Jesús Mancho].
- Grupo de Estudios del Léxico del Instituto del Desarrollo Humano de la Universidad Nacional General Sarmiento, en Argentina (www.ungs.edu.ar/idh/programas-idh/prolex). Trabaja en temas de semántica léxica, lexicografía y neología, y está desarrollando el *Diccionario de vocabulario académico para estudiantes universitarios – DIVAES*, dirigido por Andreína

Adelstein, un recurso online que recogerá los patrones combinatorios de las unidades léxicas para favorecer la producción [Andreína Adelstein].

- Grupo de Lexicografía de la Universidad Nacional de Cuyo. Tienen en marcha dos proyectos de investigación en el ámbito de la lexicografía de aprendizaje, cuyas responsables son Laura Hlavacka y Victoria Magariños:
  - "*Diccionario de aprendizaje de español como lengua extranjera por dominios léxicos*". Tiene como objetivo favorecer la producción oral y escrita, está estructurado en una serie de dominios léxicos nominales y adjetivales, y está acompañado de dos índices de todas las unidades léxicas en español y en inglés, donde se remite al dominio correspondiente. Está próximo a su publicación.
  - "*Diccionario pedagógico de combinatoria léxica para aprendientes de español como lengua extranjera*". El objetivo es recoger las colocaciones de las unidades del diccionario anterior, y también mantiene la organización por dominios léxicos [Laura Hlavacka y Victoria Magariños].
- Grupo de Lexicografía y Diacronía de la Universitat Autònoma de Barcelona (www.lexicografia-diacronia.es/es/index.htm). Se trata de un grupo fundado por José Manuel Blecua y dirigido por Gloria Clavería, que ha desarrollado numerosos proyectos a lo largo de los años, entre los que destaca la informatización del *Diccionario crítico etimológico castellano e hispánico* (*DCECH*) de Joan Corominas y José Antonio Pascual. Los proyectos lexicográficos vigentes, ambos con financiación de la Agencia Estatal de Investigación de España, son:
  - "Historia interna del *Diccionario de la lengua castellana* de la RAE en el siglo XIX (*DRAE* 1869, *DRAE* 1899)". Estudia las ediciones académicas del diccionario en la segunda mitad del siglo XIX, a partir de un examen exhaustivo de las ediciones, tanto en sus características macro como microestructurales. Responsable: Gloria Clavería. El proyecto cuenta con la financiación de la Agencia Estatal de Investigación.
  - "El léxico especializado en el español contemporáneo: 1884–1936". Analiza el desarrollo del léxico científico y técnico en español en ese lapso temporal, teniendo en cuenta la penetración del léxico en las diferentes ediciones académicas, en la lexicografía de autor, en los diccionarios especializados y en la prensa periódica de ese período. Responsables: Cecilio Garriga y Miguel Ángel Puche. El proyecto cuenta con la financiación de la Agencia Estatal de Investigación.
- Grupo de Lexicografía y Enseñanza de Lenguas Extranjeras (LEXELE) de la Universitat Rovira i Virgili (www.urv.cat/es/investigacion/quien-investiga/grupos/lexicografia/). Está dirigido por Maria Bargalló, y tiene en marcha el proyecto "*Diccionario de español para aprendices sinohablantes*", financiado por la Agencia Estatal de Investigación de España. Se trata de elaborar un diccionario de aprendizaje de nueva planta, en formato digital, dirigido a usuarios de los niveles B1 y B2 del MCER [Maria Bargalló]. El proyecto cuenta con financiación de la Agencia Estatal de Investigación de España.
- Grupo de Lexicografía y Lexicología del Español de la Universidad Complutense de Madrid, dirigido por M.ª del Carmen Cazorla (www.campusmoncloa.es/467/). En estos momentos son los responsables del proyecto "Biblioteca Virtual de la Filología Española", un directorio bibliográfico de recursos filológicos, entre los que destacan las obras lexicográficas (www.bvfe.es/). El proyecto está financiado por la Agencia Estatal de Investigación de España, y fue creado por Manuel Alvar Ezquerra y está dirigido por M.ª Ángeles García Aranda.

- Grupo de Tecnologías para el Análisis Lingüístico (Tecling) de la Pontificia Universidad Católica de Valparaíso en Chile, dirigido por Irene Renau y Rogelio Nazar. Desarrollan investigaciones en lingüística computacional y procesamiento del lenguaje natural, tanto desde el punto de vista teórico como aplicado. Están desarrollando diversos proyectos, muchos de ellos con demos en línea, entre los que destacan:
  - "*Diccionario de verbos con 'se' para ELE (Dsele)*". Se basa en un análisis de concordancias de corpus, de donde se obtienen los patrones de uso (www.tecling.com/index.php?l=dsele).
  - "Verbario. Semántica de los verbos en contexto", una base de datos de verbos en español construida a partir del Análisis de Patrón de Corpus (CPA) (www.tecling.com/verbario/index.php?masinfo=1]).
- Grupo GRADES (Gramática, Discurso e Sociedades) de la Universidad de Vigo (www.cnlse.es/es/research/research-network/grupo-de-investigación-gramática-discurso-e-sociedade-grades-universidade). Ha planteado el proyecto de elaboración del "*Diccionario inclusivo del español* (*DIE*)", de formato digital, que debe incluir un repertorio de artículos lexicográficos en los que se haya actualizado la definición en términos ideológicos con respecto al contexto social contemporáneo, y una ampliación de los lemarios normativos que incluya la neología referida a la mujer, a los géneros fluidos y no-binarios y a las sexualidades no heteronormativas [Inmaculada Anaya Revuelta]. Responsables: Susana Rodríguez Barcia; María del Carmen Méndez Santos.
- Grupo LexHis (Léxico e Historia) de la Universidad de La Laguna (www.ull.es/investigacion/grupos-investigacion/lexicografia-e-historia-lexhis/). Ha sido dirigido por Cristóbal Corrales, y actualmente por Dolores Corbella. Ha producido diversos diccionarios del español de Canarias que han convertido esta variedad del español en una de las que cuenta con un conjunto lexicográfico más completo. En la actualidad está desarrollando dos nuevos proyectos [Dolores Corbella]:
  - "OPort (Observatorio de portuguesismos atlánticos)", que dará cuenta de la historia lexicográfica de los lusismos transoceánicos y de los brasileñismos que se han integrado en español y que constituyen una de las características definitorias de algunas de sus variedades. Cuenta con financiación de la Agencia Estatal de Investigación de España.
  - "TLAM (*Tesoro lexicográfico americano*)". Pretende dar cuenta de la memoria lexicográfica del español en el Nuevo Mundo. Está concebido como un diccionario de diccionarios que, mediante aplicación informática, permitirá la búsqueda sencilla (por lemas o por formas —o grupos de formas— dentro del corpus) y una búsqueda avanzada por metadatos relacionables entre sí. Está financiado por la Agencia Estatal de Investigación de España.
- Grupo Lexi: Lexicografía y Lexicología de la Universidad Nacional Mayor de San Marcos en Lima (https://letras.unmsm.edu.pe/grupo-de-investigacion-lexi-lexicografia-y-lexicologia/). Su proyecto de investigación consiste en el estudio de los vocablos del *Diccionario de la lengua española* para determinar cómo se tratan las palabras con marca diatópica "Perú", precisar su significado, proponer enmiendas gramaticales y lexicográficas, así como la inclusión de nuevos peruanismos. Responsable: Ana María Baldoceda.
- Grupo LexiCon (Lexicografía Contrastiva: aplicaciones a la traducción) de la Universidad de Granada (http://investigacion.ugr.es/ugrinvestiga/static/Buscador/*/grupos/ficha/HUM122), dirigido por Pamela Faber. Ha desarrollado diversos proyectos sobre terminología, semántica léxica, lexicografía, traducción, a partir del enfoque conocido como

Terminología basada en marcos (http://lexicon.ugr.es/fbt), y ha desarrollado "EcoLexicon", un recurso terminológico que representa la estructura conceptual del dominio especializado del Medio Ambiente en forma de tesauro virtual (http://ecolexicon.ugr.es/en/index.htm). En la actualidad están trabajando en los siguientes proyectos (http://lexicon.ugr.es/projects):

- "CONTENT (Cognitive and Neural Bases for Terminology-Enhanced Translation)". Tiene como objetivo la explotación de los contenidos de EcoLexicon para la traducción y el procesamiento del lenguaje natural. Está dirigido por Pamela Faber.
- "CombiMed (Léxico combinatorio en medicina: cognición, texto y contexto)". Se ocupa del estudio de las combinaciones léxicas de la medicina y de su representación desde una perspectiva pragmática y cognitiva. Sus directoras son Maribel Tercedor y Clara Inés López.

- Grupo LexMed de la Universidad de Salamanca (https://iemyrhd.usal.es/?grupo=gir-lexicografia-y-medicina-lexmed). Está dirigido por Bertha Gutiérrez Rodilla y actualmente está desarrollando el proyecto "Programación de un *Tesoro Lexicográfico Médico* en lengua española y de su explotación, a partir de diccionarios médicos del siglo XIX y principios del XX (TELEME)". Tiene como objetivo propiciar el conocimiento de la historia del léxico científico y técnico de la medicina a través de la historia de cada término, mediante la elaboración de una herramienta digital que inventaríe y permita sacar a la luz los materiales lexicográficos de este ámbito de la lengua de la ciencia. El proyecto cuenta con financiación de la Agencia Estatal de Investigación de España [Bertha Gutiérrez].
- Grupo LICEI de la Universidad de Bolonia (www.aispi.it/progetti-di-ricerca-3/). Está dirigido por Félix San Vicente, y reúne investigadores de diversas universidades italianas y españolas. Actualmente está llevando a cabo el proyecto "LITIAS (Lingua Italiana in Territori Ispanofoni: Analisi Storiografica)", que tiene como objetivo la catalogación de los materiales lingüísticos (entre ellos las obras lexicográficas) que introdujeron y difundieron la lengua y la cultura italianas en los territorios de lengua española, hasta 1982. Los resultados se pondrán en línea a través de una plataforma digital [Félix San Vicente y María Teresa Sanmarco]. El proyecto cuenta con financiación del Ministero dell'Università e della Ricerca de Italia.
- Grupo LYS de la Universidad de La Coruña (www.grupolys.org/). Dirigido por Margarita Alonso Ramos, trabajan en Lingüística computacional y entre sus resultados destacan el *Diccionario de Colocaciones del Español* (*DiCE*). En este momento tienen en marcha el proyecto "Avances en nuevos sistemas de extracción de respuestas con análisis semántico y aprendizaje profundo", dirigido por Carlos Gómez y Miguel A. Alonso, que cuenta con financiación de la Agencia Estatal de Investigación de España.
- Gruppo di Ricerca sulla Lessicografia Specializzata (GRiLS) de la Universidad de Milán. Dirigido por Maria Vittoria Calvi, ha desarrollado el proyecto "Parole per mangiare", que ha dado lugar a varios productos lexicográficos [Maria Vittoria Calvi]. Mantiene vivo el proyecto "Linguaturismo" (www.linguaturismo.it/index.htm) que persigue la creación de un glosario bilingüe italiano/español de los términos en uso en el campo del turismo, dirigido a estudiantes, mediadores, traductores, operadores de turismo, etc.
- Instituto Caro y Cuervo (www.caroycuervo.gov.co/Investigacion/). Es un centro de referencia en el estudio de la lengua española, cuyo proyecto más importante ha sido la culminación del *Diccionario de construcción y régimen de la lengua castellana* que inició Rufino José Cuervo (1886–1994, *DCR*). El proyecto vigente del Instituto, cuya línea de investigación en lexicografía dirige Nancy Rozo Melo, es la versión digital 2019 del *Diccionario de colombianismos*

(2018), del que se puede consultar una muestra en línea (https://colombianismos.caroycuervo.gov.co/). Actualmente se está elaborando la plataforma digital para alojar el diccionario. También se está trabajando en la recopilación y estudio de la fraseología actual usada en el español de Colombia, proyecto del que es responsable María Bernarda Espejo Olaya.

- Instituto de Investigaciones Lingüísticas de la Universidad de Costa Rica (INIL). Tiene un programa en investigación en lexicografía, que a su vez se estructura en varios proyectos (http://inil.ucr.ac.cr/programas/lexicografia/investigacion-del-programa-lexicografia/):
    - "Estudios de lexicografía: revisión crítica de los trabajos lexicográficos sobre el español de Costa Rica". Responsable: Sergio Cordero Montes.
    - *"Diccionario de locuciones verbales del español de Costa Rica"*. Responsable: Sergio Cordero Montes.
    - *"Diccionario de locuciones adverbiales y adjetivas del español de Costa Rica"*. Responsable: Sergio Cordero Montes.
    - *"Diccionario del español actual de Costa Rica (DEACR)"*. Responsable: Víctor Sánchez Corrales.
    - *"Diccionario de prácticas mágicas: voces de uso común en Costa Rica"*. Responsable: Mario Hernández Delgado.
    - "Fitónimos de Costa Rica: de definiciones especializadas a definiciones de lengua vía análisis de patrones definicionales". Responsable: Mario Hernández Delgado.
- Instituto de Investigaciones Lingüísticas y Filológicas (INILFI) Manuel Alvar de la Universidad Nacional de San Juan en Argentina (www.ffha.unsj.edu.ar/?page_id=2567). Tiene en marcha los siguientes proyectos lexicográficos [Aída Elisa González]:
    - "*Diccionario del español de la Argentina*. Segunda etapa". El proyecto pretende la elaboración de un diccionario de alcance nacional a partir de los materiales inéditos de Berta Vidal de Battini. Responsable: Aída Elisa González.
    - "*Diccionario fraseológico documentado del español de San Juan* (*DiFraDESJ*)". Tiene como objetivo recoger y describir lexicográficamente las unidades fraseológicas de esa provincia argentina, con testimonios escritos u orales a partir de la segunda mitad del siglo XX. Responsable: Nelly Graciela García.
    - "*Diccionario de apellidos indígenas de la Región de Cuyo y La Rioja*. Primera etapa". El diccionario recoge como lemas los apellidos/antropónimos indígenas y contendrá información lingüístico-etnográfica de los pueblos que conformaban las distintas etnias. Responsable: Aída Elisa González.
    - "*Diccionario de Gentilicios y Pseudogentilicos de la Región de Cuyo y La Rioja*. Segunda Etapa". Tiene como objetivo dar a conocer, a través de una obra lexicográfica, las diferentes nominaciones que reciben los habitantes de los determinados lugares de estas provincias. Responsable: Aída Elisa González.
- Instituto de Lingüística Aplicada de la Universitat Pompeu Fabra de Barcelona. Se trata de un centro de investigación que atiende tanto al catalán como al español, y que destaca por sus logros en el campo de la terminología y de la lexicografía. Por lo que respecta a la lexicografía del español, hay que mencionar el grupo Infolex (www.upf.edu/web/infolex/sobre-infolex), que fue creado por Paz Battaner y que dirige Sergi Torner. Ha desarrollado numerosos proyectos, y en la actualidad mantiene vigentes los siguientes:

- "Neómetro: la medición de la neologicidad y la diccionariabilidad de los neologismos". Responsables: Judit Freixa y Sergi Torner. El proyecto cuenta con financiación de la Agencia Estatal de Investigación de España.
- "Significado léxico dependiente del contexto y polisemia, y las implicaciones para la representación lexicográfica. Responsable: Janet DeCesaris.

- Otro grupo muy activo es Iulaterm, fundado por Maria Teresa Cabré y actualmente dirigido por Mercè Lorente. Dispone de una larga trayectoria en la investigación terminológica tanto del catalán como del español, y tiene diversos proyectos en marcha:

  - "Antenario" (https://antenario.wordpress.com/presentacion/): diccionario de neologismos de distintas variedades del español, concebido en línea. Las variedades que tiene en cuenta son las de Argentina (coordinadora: Andreína Adelstein), Chile (coordinadoras: Paola Cañete e Isabela Fernández), Colombia (coordinadora: María Mercedes Suárez), México (coordinadora: María Pozzi), Perú (coordinadora: Rosa Luna) y España. Responsable: Judit Freixa (www.upf.edu/web/antenas/nodos).
  - "Obneo" (www.upf.edu/web/obneo/presentacio]): tiene como finalidad analizar el fenómeno de la aparición de neologismos a partir de la elaboración de corpus de neología de gran difusión, para contribuir a la actualización de diccionarios generales. Responsable: Judit Freixa.

- Instituto de Literatura y Lingüística "José Antonio Portuondo Valdor" de La Habana (www.ill.cu/linguistica.html). Ha llevado a término diversos proyectos como el *Diccionario de fraseología cubana*, el *Diccionario del español de Cuba, DECu* (en colaboración con la Universidad de Augsburgo), el *Diccionario ejemplificado del español de Cuba*, el *Diccionario de términos ambientales* y el *Diccionario de Jurismática*. En este momento están en marcha los siguientes proyectos:

  - Diccionario Básico
  - Diccionario Inicial
  - Diccionario de Términos de Derecho Civil
  - Diccionario de Derecho Constitucional
  - Diccionario geolectal de Cuba (DiGeCu) (Camacho *et al.* 2018)

- Instituto Interuniversitario de Lenguas Modernas Aplicadas (IULMA) de la Comunidad Valenciana. El centro reúne los grupos de investigación que trabajan sobre lingüística aplicada en las universidades de Valencia, Alicante y Jaume I de Castellón, y su objetivo es promover y difundir los conocimientos e investigaciones centrados en las lenguas de especialidad. Entre sus publicaciones, cuenta con una colección de diccionarios en formato electrónico dirigida por Cesáreo Calvo Rigual. En el ámbito de la lexicografía del español destaca, por un lado, el grupo Cometval (*Corpus Multilingüe de Turismo de la Universidad de Valencia*), dirigido por Julia Sanmartín (www.iulma.es/index.php/cometval/), que trabaja actualmente en una actualización de la interfaz de consulta del corpus y en la ampliación del número de entradas y de lenguas; y, por otro lado, el grupo EPA (Español Profesional y Académico) de la Universidad de Alicante, dirigido por M.ª Antonia Martínez Linares (www.iulma.es/index.php/epa/). Tienen en marcha los siguientes proyectos [Isabel Santamaría]:

  - "Metapres (Norma y uso en el diccionario y en la prensa)". Responsable: Carmen Marimón.

- "*Neoma (Diccionario de neologismos del español actual)*". Recurso electrónico en el que se recogen los neologismos usados en la prensa de Alicante y Murcia (www.um.es/neologismos/index.php/). Responsable: Carmen Sánchez Manzanares (Universidad de Murcia).
- "Terminologías de sectores industriales y artesanales de la Comunidad Valenciana". Han publicado el *Diccionario del Turrón* y ahora están elaborando el *Diccionario de términos del juguete*. Responsable: Isabel Santamaría.
- "Usabilidad del diccionario en el aula". Se han realizado ya estudios en diferentes niveles de aprendizaje, y se está trabajando en los hábitos lexicográficos en línea de los estudiantes universitarios. Responsable: Dolores Azorín Fernández.

- Laboratorio de Lingüística e Informática de la Universitat Autònoma de Barcelona, dirigido por Carlos Subirats Rüggeberg. Trabaja desde hace años en el proyecto "Spanish FrameNet", en colaboración con el International Computer Science Institute (Berkeley, CA) y en cooperación con el "FramNet Project" (http://spanishfn.org/). Actualmente tiene vigente el proyecto "FrameNet español: aplicación al procesamiento semántico automático del español" que persigue ampliar la cobertura semántica del "Spanish FrameNet" e integrarlo en el nuevo software de etiquetación automática de roles semánticos. Dispone de financiación de la Agencia Estatal de Investigación de España.
- Seminario de Lexicografía Hispánica de la Universidad de Jaén (https://seminariodelexicografiahispanica.webnode.es/). Grupo de investigación dirigido por M.ª Águeda Moreno, que organiza las jornadas *Inléxico*, uno de cuyos ámbitos temáticos es la lexicografía del español, y que publica la revista *RILEX – Revista sobre investigaciones léxicas*. Han trabajado en proyectos lexicográficos con finalidad didáctica, como "*enRÉDate*" (https://enredate.es/area/1), y actualmente están desarrollando el proyecto "Documentación, tratamiento archivístico digital y estudio lexicológico, histórico-literario y musicológico del patrimonio oral de la Andalucía oriental", dirigido por David Mañero y M.ª Águeda Moreno, que pretende recopilar un corpus oral de dos regiones de Andalucía Oriental para disponer de muestras orales en peligro de desaparición, e inventariar el léxico distintivo con fines lexicográficos (https://seminariodelexicografiahispanica.webnode.es/proyectos-i-d-i/).

Por último, recogemos algunos proyectos personales que se desarrollan al margen de los grupos de investigación:

- "*Diccionario regional del español de Sinaloa*", dirigido por Everardo Mendoza. Se trata del primer diccionario diferencial en relación con el *Diccionario del español de México* (*DEM*). Está previsto que lo publique la Academia Mexicana de la Lengua y la Editorial Siglo XXI [Luis Fernando Lara].
- "*Diccionario de locuciones idiomáticas del español actual*" (*DiLEA*). Está desarrollado por Inmaculada Penadés Martínez y en su versión en línea recoge, en este momento, 6848 locuciones verbales de uso actual pertenecientes a la variedad del español de España (www.diccionariodilea.es/inicio). El proyecto prevé incluir progresivamente las locuciones adverbiales, adjetivas, nominales y pronominales [Inmaculada Penadés Martínez].
- "Jergas de habla hispana" (también conocido como "Jergas hispanas"). Portal digital elaborado y mantenido por Roxana Fitch, que reúne vocabulario y expresiones coloquiales de las diferentes variedades del español (www.jergasdehablahispana.org/index.php). Tiene como base el *Diccionario de coloquialismos y términos dialectales del español* (Fitch 2011), actualizado

con la ayuda y asesoría de un grupo de colaboradores proveniente de cada país. El portal (www.youtube.com/channel/UCPAnupclD5XYsaHLf8p6N-w) ofrece otros recursos lingüísticos y actualmente está desarrollando un canal de YouTube, con vídeos explicativos de las locuciones del diccionario [Roxana Fitch].

- "Análisis de sinónimos en diccionarios de colombianismos. Hacia una propuesta de tratamiento lexicográfico de la sinonimia en diccionarios dialectales". El proyecto está desarrollado por Lirian Astrid Ciro, de la Universidad del Valle, en Colombia, y parte de un análisis de los sinónimos y su tratamiento lexicográfico en diversos diccionarios colombianismos. El objetivo es describir los tipos de sinónimos que aparecen en los diccionarios analizados y su función en los artículos lexicográficos, e identificar las concepciones lexicográficas y lexicológicas que aplican, para presentar una propuesta de tratamiento lexicográfico de la sinonimia en diccionarios dialectales [Lirian Astrid].
- "Análisis de los materiales de la 2.ª edición del *Diccionario de autoridades* (1770–1829)". Proyecto dirigido por Francisco Carriscondo y Elena Carpi.

Como reflexión final a los proyectos lexicográficos mencionados vale la pena destacar la dificultad para el acceso a la financiación de los proyectos de investigación de este ámbito. Es un problema común a todas las áreas del campo de las Humanidades, y los proyectos lexicográficos no son una excepción.

Suele ser habitual, como reflejan los datos, que muchos grupos trabajen sin financiación adicional para desarrollar los proyectos. Es verdad que generalmente no hacen falta grandes medios para la investigación lexicográfica que se propone, ya que la mayor parte de los investigadores son profesores universitarios que tienen reconocida una parte de su dedicación a la investigación, y que los propios centros suelen proveer de espacios, equipos informáticos y recursos bibliográficos para su desarrollo. Sin embargo, cabe pensar que, en una situación de menor precariedad, los investigadores serían capaces de proponer proyectos más ambiciosos y de mayor alcance, y de conseguir resultados más eficientes. No son pocos los proyectos lexicográficos que quedan sin finalizar, o que ni siquiera se inician, por falta de financiación.

Por otro lado, el mundo editorial en el ámbito hispánico no está acostumbrado a financiar la investigación, y menos en el campo de las Humanidades. Contrariamente, a veces se aprovecha de la financiación pública de los proyectos que la tienen para la publicación de sus resultados.

La precariedad de la financiación de los proyectos lexicográficos se puede comprobar a muchos niveles, pero la variedad de estructuras para la promoción y financiación de la investigación en el mundo hispánico, no solo dentro de cada país, sino a veces entre administraciones nacionales, regionales y locales, impide un estudio amplio en un trabajo de estas características. No obstante, si tomamos como base los datos extraídos de las convocatorias de la Agencia Estatal de Investigación (www.ciencia.gob.es/portal/site/MICINN/aei), dependiente del Ministerio de Ciencia, Innovación y Universidades del Gobierno de España desde 2016, los datos muestran que en cada convocatoria se han financiado 4/5 proyectos de investigación lexicográficos, pero lo relevante es que se han rechazado otros tantos. Esa tasa de fracaso del 50 % de los proyectos presentados tiene también un efecto disuasorio a la hora de plantearse el acceso a este tipo de ayudas, que generalmente, además, suponen un volumen de gestión muy considerable, que el equipo de investigación debe llevar a cabo sin apoyo administrativo ni de otro tipo. Esto provoca que, en muchas ocasiones, cuando se solicita la ayuda (cosa que no siempre ocurre), los grupos de investigación sigan adelante con los proyectos, aunque les haya sido rechazada la financiación, en condiciones mucho más precarias, obviamente.

4. Redes de investigación

La deriva actual de la investigación ya no solo la hace más eficiente a partir de la constitución de grupos de investigación, sino que se ha visto la necesidad de ampliar estas estructuras mediante la alianza y colaboración de los grupos en redes de investigación. Esta estrategia permite impulsar la colaboración entre los grupos y sus investigadores, y pone en mejor disposición la disciplina para afrontar retos que exigen una mayor masa crítica. En los últimos años hay constancia de cuatro redes que destacan por su actividad y por su contribución a la visualización de la investigación en lexicografía.

- RELEX. Red de Grupos de Investigación sobre Lexicografía (http://relex.udc.gal/?page_id=34). Se constituye en torno a los grupos de investigación en lexicografía del sistema universitario gallego, y se abre a grupos de otras universidades españolas y europeas. Tiene como objetivos impulsar la investigación y la docencia en lexicografía, promover la divulgación y la transferencia en este ámbito, y contribuir a la colaboración entre los grupos. Organiza numerosas actividades y reuniones científicas y promueve publicaciones sobre temas lexicográficos. Coordinadora: María Dolores Sánchez Palomino.
- RELyC. Red Temática "Lengua y Ciencia" (www.lenguayciencia.net/). Tiene como objetivo establecer un marco que haga posible la colaboración de grupos de diferentes áreas de conocimiento para avanzar en la investigación de interdisciplinar que requiere el estudio de la lengua de la ciencia. Está formada por 35 grupos de investigación de 7 países e integra a 305 investigadores. La lexicografía es uno de sus ejes centrales, ya que una parte importante de la investigación se basa en los repertorios lexicográficos, y uno de los objetivos fundamentales de los diferentes grupos es la creación de diccionarios y vocabularios especializados. Está implicada en numerosas actividades científicas, organiza sus propias jornadas internacionales y publica los resultados de las mismas. Coordinador: Cecilio Garriga.
- Proyecto "ENeL. *European Network of e-Lexicography*". Red internacional para analizar los retos que plantea la elaboración de diccionarios electrónicos, y la manera de establecer colaboraciones entre lexicógrafos de diferentes países europeos para diseñar productos lexicográficos que recojan las diferentes lenguas habladas en Europa (www.elexicography.eu/). Se trata de una acción COST financiada por la Unión Europea (Programa Horizonte 2020), en la que han participado María José Domínguez (Universidad de Santiago de Compostela) y Carlos Valcárcel (Universidad de Vigo) [María Teresa Sanmarco].
- Proyecto "ELEXIS. European Lexicographic Infrastructure". Tiene como objetivo fomentar la cooperación y el intercambio de conocimientos para avanzar en el desarrollo de la lexicografía digital, desarrollar herramientas y estándares para estructurar y enlazar recursos lexicográficos, y promover la cultura de acceso libre a la lexicografía (https://elex.is/). El proyecto está financiado a través del Programa Horizonte 2020. Liderado por la universidad de Liubliana, participan dieciséis instituciones europeas, coordinadas por Simon Krek, como investigador principal. Entre las instituciones europeas se encuentra la Real Academia Española, con Jordi Porta y cuya representante de la parte académica en el proyecto es Paz Battaner.

5. Reuniones científicas sobre lexicografía

La lexicografía está presente en los congresos de las asociaciones científicas más consolidadas. Reuniones como las convocadas por la Sociedad Española de Lingüística (SEL), la Asociación de Historia de la Lengua Española (AHLE), la Asociación Española de Lingüística Aplicada

(AESLA), o la Asociación para la Enseñanza del Español como Lengua Extranjera (ASELE), por citar algunas, suelen tener en sus congresos multitudinarios una sección dedicada a la lexicografía. Pero además se han consolidado asociaciones y reuniones específicas de la disciplina, entre las que vamos a fijarnos en tres ejemplos, para destacar los temas tratados:

5.1. Coloquio Costarricense de Lexicografía

Está organizado por el INIL (Instituto de Investigaciones Lingüísticas) de la Universidad de Costa Rica. En 2018 celebró su IX Coloquio, en el que se presentaron 22 ponencias y una plenaria, a cargo de Alfredo Matus Olivier (http://inil.ucr.ac.cr/actividades/ccl-ix/). Los temas tratados son variados, pero destacan por número de ponencias los que estudian las lenguas especializadas, la fraseología, la relación entre gramática y diccionario, y la aplicación de las tecnologías digitales a la lexicografía.

5.2. Congreso Internacional de Lexicología y Lexicografía "Humberto López Morales"

En 2019 ha celebrado su XIV edición, en la que se cuenta con 9 ponencias, entre las que destacan los temas normativos. Está organizado por la Academia Peruana de la Lengua (http://academiaperuanadelalengua.org.pe/eventos/xiv-congreso-internacional-de-lexicologia-humberto-lopez-morales/).

5.3. Congreso Internacional de Lexicografía Hispánica

Está organizado por la Asociación Española de Estudios Lexicográficos (AELex), asociación exclusivamente de lexicografía, cuyo congreso se celebra bienalmente (http://aelex.net/presentacion/). En su VIII edición, organizada por el IULMA (Instituto Universitario de Lenguas Modernas Aplicadas de la Comunidad Valenciana) y celebrada en junio de 2018 en Valencia, se presentaron 150 comunicaciones, 4 ponencias plenarias y dos mesas redondas. Las comunicaciones presentadas al congreso pueden ser indicativas de cuáles son los temas preferentes:

- Lexicografía con orientación diacrónica: 40 de las propuestas tienen como centro de interés la historia de la lexicografía (estudio de diccionarios anteriores al siglo XX, ya sean generales o especializados), o la lexicografía histórica. Sin duda la importancia para la lexicografía del proyecto del *Nuevo diccionario histórico del español* (*NDHE*) de la Real Academia actúa como motor del interés por esta línea de investigación, además de que los propios lexicógrafos que participan en el proyecto son los responsables de algunas de las propuestas presentadas, en las que se debaten soluciones a los problemas que plantea su elaboración.
- Lexicografía especializada: 20 comunicaciones planteaban análisis de diccionarios especializados, o proponían la elaboración de vocabularios de especialidad. Ciertamente esta línea de investigación se cruza en ocasiones con la orientación diacrónica, con la lexicografía bilingüe, etc.
- Lexicografía bilingüe: 15 de las propuestas tratan del análisis de diccionarios bilingües o plantean iniciativas para su elaboración. Este es un dato en parte sorprendente, ya que en otras ediciones del mismo congreso la lexicografía bilingüe ha tenido menor protagonismo. Pero se explica porque AELex situó este tema como la sección central del congreso.
- Lexicografía académica: 13 propuestas tenían como objeto de estudio el diccionario de la Real Academia Española en alguna de sus ediciones. No es necesario insistir en la

importancia de la lexicografía académica en el mundo hispánico, lo que desencadena que sean numerosos los investigadores que prestan su atención a este diccionario, y la mayoría de ellos lo hacen con una perspectiva también diacrónica, ya que se ocupan de su evolución, o estudian determinados temas o ediciones relevantes. Por tanto, en gran parte esta línea de investigación refuerza la que ya se muestra como mayoritaria, que es la de orientación diacrónica.

- Lexicografía teórica: aunque resulta difícil determinar qué quiere decir exactamente esta expresión, la hemos mantenido porque era una de las secciones que proponía el congreso. Aun así, 10 propuestas se podrían adscribir a la misma, con temas como las relaciones semánticas, aspectos de la definición, las marcas de uso, las funciones del diccionario, la planta del diccionario, etc.
- Lexicografía de aprendizaje. Es uno de los polos de interés, lo que se justifica por la importancia del diccionario como instrumento didáctico. Hay que distinguir, no obstante, la lexicografía que tiene como objeto los diccionarios de aprendizaje del español como lengua extranjera (10 comunicaciones), entre los que cabe destacar el interés por los usuarios sinohablantes, de la lexicografía didáctica que presta atención al estudiante nativo (5 comunicaciones).
- Lexicografía y tecnologías digitales. Si hay un tema transversal en la lexicografía actual es el del aprovechamiento de las herramientas digitales para la lexicografía, porque son muchas las comunicaciones que participan de ello, independientemente del tema que traten. Aun así, se pueden identificar 7 comunicaciones más centradas en lo digital: el diseño de productos lexicográficos digitales, las fuentes digitales para la elaboración de diccionarios, los bancos de datos lexicográficos, los diccionarios para dispositivos móviles, etc. Este aspecto puede estar reforzado por las 5 propuestas que tratan sobre las aplicaciones de la lingüística de corpus a la lexicografía.
- Lexicografía y dialectología. El congreso registró una considerable participación de investigadores de países americanos, y 10 de las comunicaciones trataban sobre diccionarios de variedades dialectales del español atlántico, ya fuera desde la perspectiva integral o diferencial.
- Lexicografía y fraseología. De entre todos los tipos de unidades susceptibles de tratamiento lexicográfico, destaca el interés por las unidades fraseológicas, que se entrecruza con el eje dialectal y sociolingüístico. Las 8 propuestas presentadas demuestran la atención hacia este aspecto lexicográfico.

6. Publicaciones en revistas científicas

No cabe duda de que este es un ámbito fundamental en la transmisión del conocimiento científico, aunque la lexicografía no suele ser una disciplina en la que se expongan los proyectos en curso, sino más bien los resultados de esos proyectos.

En el panorama del español son diversas las revistas científicas que han alcanzado un merecido prestigio, respaldado por su presencia en los catálogos de revistas indexadas, como la *Revista de Filología Española, Verba, RILCE, Revista Española de Lingüística, Lingüística Española Actual, Revista de Filología Románica, Sintagma*, etc. Se podrían destacar también diversas revistas lingüísticas latinoamericanas recogidas en Latindex. En todas ellas es habitual que haya estudios sobre lexicografía, e incluso algunas dedican números monográficos a temas lexicográficos, como el caso de la *Revista de Investigación Lingüística* (RIL), la *Revista de Filología de la Universidad de La Laguna, Quaderns de Filologia, Estudios de Lingüística del español* (ELiEs), etc.

Una mención aparte merece el *Boletín de la Real Academia Española* (*BRAE*), por ser la revista de la Corporación académica (www.rae.es/boletines/brae). En sus páginas se publican algunos estudios lexicográficos, fundamentalmente centrados en el *Diccionario de la lengua española* de la propia institución. Sin embargo, la mayoría de los trabajos publicados son del ámbito literario, y entre los lingüísticos los hay de temas diversos: de morfología, de sintaxis, de lexicología. Así que, contrariamente a lo que se pudiera suponer, la lexicografía no tiene un papel más relevante en el *BRAE* de lo que lo pueda tener en otras revistas generales de lingüística o de filología.

Dadas las limitaciones de este estudio, nos vamos a ceñir a la revista más consolidada del ámbito lexicográfico en español: la *Revista de Lexicografía*. Dejamos al margen los *Estudios de Lexicografía* (ELex), revista que irrumpió con fuerza en 2015 y que publicó seis números (http://dfe.uab.es/neolcyt/index.php?option=com_content&view=article&id=5462%3Aelex-anteriores&catid=1%3Alatest-news&lang=ca), y RILEX (*Revista sobre Investigaciones Léxicas*), de reciente aparición (https://revistaselectronicas.ujaen.es/index.php/RILEX/index).

6.1. Revista de Lexicografía

La *Revista de Lexicografía*, publicada por la Universidad de La Coruña, se fundó en 1994 y mantiene periodicidad anual (http://revistas.udc.es/index.php/rlex). Se la puede considerar la revista de referencia en este ámbito en español. Aunque hay un predominio de autores españoles, también publican investigadores de otros países europeos y americanos. Para dar una idea de los temas preferentes, hemos realizado una revisión de los artículos publicados en los últimos quince números, y se observan las siguientes tendencias, de más a menos frecuentes:

- Predominio de los trabajos con enfoque diacrónico, ya sea sobre historia de la lexicografía monolingüe (Terreros, Salvá), sobre diversas ediciones de la Academia, sobre diccionarios especializados, etc.
- Es destacable el interés por la lexicografía especializada, en parte también con un enfoque histórico, pero no son extrañas las propuestas sobre nuevos diccionarios especializados. Los ámbitos más frecuentes son la economía, la medicina, la química, la minería, la arquitectura, la biología, el ámbito forense, etc.
- Los diccionarios académicos son objeto de especial atención, mayoritariamente también con un enfoque histórico. Abundan los estudios que analizan los cambios entre diversas ediciones, o que examinan un determinado aspecto a la luz de los cambios que va introduciendo la Academia. También se observan algunos trabajos sobre la última edición del *DLE*, o de otros diccionarios académicos, el *Diccionario esencial* o el *Diccionario panhispánico de dudas* (Real Academia Española y Asociación de Academias de la Lengua Española 2005, *DPD*).
- Es frecuente la publicación de estudios lexicológicos que tienen como base los diccionarios, y que proponen mejoras para el tratamiento lexicográfico de elementos como los prefijos, los sufijos, los nombres de acción, los verbos de movimiento, los conectores.
- Se observa cierta preocupación por temas que podrían considerarse de teoría lexicográfica, y nos referimos a estudios y propuestas sobre la definición, la lematización, las marcas de uso o la estructura del artículo lexicográfico.
- La relación entre la lexicografía y las tecnologías digitales se hace cada vez más frecuente, y se publican algunos estudios que proponen diccionarios para el entorno digital, la elaboración o el aprovechamiento de los bancos de datos, etc.
- La lexicografía de aprendizaje también está presente, con un predominio claro de los estudios y propuestas de diccionarios para la enseñanza de la lengua a estudiantes extranjeros, sobre los dedicados a los estudiantes nativos.

- El tratamiento lexicográfico de las unidades superiores a la palabra también está entre los temas preferentes, ya sean unidades fraseológicas o colocaciones.
- La perspectiva dialectal también está presente, ya sea referida a variedades peninsulares o del español americano. Destaca aquí el considerable número de reseñas que se han publicado sobre diccionarios del español de América.

6.2. *Revistas internacionales*

Por lo que se refiere a las revistas extranjeras, nos vamos a centrar en dos de las más representativas, *International Journal of Lexicography* y *Lexicographica*, para examinar la presencia de la lexicografía del español en los últimos diez años.

- *International Journal of Lexicography* (*IJL*) (https://academic.oup.com/ijl). Revista publicada por Oxford Academic, que se considera la revista propia de EURALEX (European Association for Lexicograhy): 14 artículos publicados por investigadores españoles, con 21 firmantes diferentes, ya que la mayoría son de autoría compartida, a veces en equipos internacionales. Es importante destacar que solo tres de los investigadores tienen más de una aportación en esos 10 años. El examen de los temas demuestra que la mayor parte de los trabajos tienen que ver con la lexicografía digital, ya sea en relación con las colocaciones, con los lenguajes especializados, con los diccionarios bilingües, o con las herramientas para el PLN. Solo hay tres estudios que tengan una perspectiva histórica. Y en cuanto a las lenguas objeto de estudio lexicográfico, el español solo es central en tres de los trabajos. En la mayoría de los artículos aparece como una lengua más, generalmente junto al inglés, ya que son frecuentes los trabajos que tratan sobre diccionarios bilingües. Este aspecto está en relación con el ámbito de estudio de la mayoría de los investigadores españoles que publican en *IJL*, ya que suele ser el inglés y el alemán. Solo uno de los artículos publicados en este período está en español.
- *Lexicographica* (www.degruyter.com/view/j/lexi). Revista publicada por la editorial alemana De Gruyter: 10 artículos publicados por 16 autores españoles en ese período, algunos de ellos de autoría compartida en equipos internacionales. De nuevo se observa un predominio de lo digital en relación con temas diversos: la lexicografía especializada, el aprendizaje de lenguas, la traducción, etc.; solo un estudio tiene orientación histórica. Como en el caso anterior, con solo 4 excepciones, el resto de los investigadores españoles que publican en *Lexicographica* trabajan en el ámbito de otras lenguas europeas: inglés, alemán y francés.

El análisis presentado pone de relieve ciertas coincidencias en lo que a las revistas internacionales se refiere: predominan los artículos sobre la lexicografía digital, en relación con temas como los lenguajes de especialidad, los diccionarios bilingües y la lexicografía de aprendizaje. Son pocos los investigadores españoles que publican en estas revistas, y en ocasiones coinciden en ambas (destacan los casos de Pedro Fuertes-Olivera y de María José Domínguez Vázquez), frecuentemente en coautoría, y, salvo contadas excepciones, no trabajan en la lexicografía del español, aunque esta lengua pueda aparecer como una más en estos estudios, publicados generalmente en inglés.

En comparación con los estudios examinados en la *Revista de Lexicografía*, se nota que no son prioritarios los temas relacionados con la historia de la lexicografía y los diccionarios académicos, así como con la lexicografía dialectal.

7. La formación de los lexicógrafos: Másteres en lexicografía

La formación de los lexicógrafos ha sido tradicionalmente bastante inespecífica. Con la estructura actual de los estudios universitarios, se plantea la posibilidad de crear másteres (o maestrías) que proporcionen esa formación especializada que requiere la lexicografía, y que se concibe también como una preparación a la investigación. Además, a través de los trabajos finales de los estudiantes se abordan temas de investigación que frecuentemente son la simiente de proyectos posteriores. En el caso del español, aunque pueda haber muchos másteres en filología o en lingüística que tengan la lexicografía como una de sus líneas de investigación, destacan tres que están explícitamente dedicados a esta disciplina:

- Máster Europeo en Lexicografía/European Master in Lexicography (EMLEX) (www.emlex.phil.fau.eu/). El programa está diseñado en 4 semestres (120 ECTS), y tiene como objetivo proporcionar una formación interdisciplinaria a los lexicógrafos, haciendo hincapié en la producción de diccionarios y en las tecnologías digitales. Participan nueve universidades europeas, entre las que se cuenta la Universidad de Santiago de Compostela, y su coordinadora en España es María José Domínguez. El programa cuenta con la financiación de la Unión Europea.
- Máster en Lexicografía Hispánica (www.rae.es/la-institucion/escuela-de-lexicografia/master). Título propio de la Escuela de Lexicografía Hispánica de la RAE y la ASALE, en convenio con la Universidad de León. Tiene como objetivo la formación de los alumnos en todos los procesos relacionados con la elaboración de diccionarios. El profesorado está formado por miembros de la RAE y la ASALE, profesores de universidades españolas, editoriales, etc. El programa está organizado en 2 semestres (60 ECTS), el primero de los cuales lleva por título "Lingüística y lexicografía", y se imparte de manera no presencial. El segundo es presencial y lleva por título "Lexicografía hispánica".
- Máster en Elaboración de Diccionarios y Control de Calidad del Léxico Español (http://portal.uned.es/portal/page?_pageid=93,69881636&_dad=portal&_schema=PORTAL&idTitulacion=240301). Título oficial impartido por la Universidad Nacional de Educación a Distancia y la Universitat Autònoma de Barcelona, con participación de profesores de otras universidades. Está estructurado en dos semestres (60 ECTS) y pretende dar una sólida formación lingüística y filológica para formar expertos tanto en el léxico como en la lexicografía, con competencias profesionales e investigadoras. El máster ofrece tres itinerarios: diccionarios de aprendizaje, diccionarios históricos y diccionarios especializados. Está coordinado por Lourdes García-Macho.

8. A modo de conclusión

Tal como indicábamos al inicio de este capítulo, la imagen de la investigación lexicográfica actual del español muestra una disciplina en plena efervescencia.

Por lo que respecta a los equipos de investigación y los proyectos que se están desarrollando, se ha podido constatar un cambio de tendencia en cuanto a la metodología de investigación, puesto que se evidencia una tendencia mayoritaria al trabajo en equipo (a través de grupos de investigación) frente a la iniciativa individual. En este sentido, se ha podido confirmar que la presencia femenina en la investigación en lexicografía es predominante en la actualidad, puesto que el 57,7 % de los proyectos lexicográficos que se han relacionado en este capítulo están liderados por una o más investigadoras. Este es un dato relevante y digno de mención desde el punto de vista de la introducción de la perspectiva de género en la investigación lexicográfica.

También se ha podido constatar que la metodología de investigación se ha transformado gracias a la incorporación de herramientas digitales, que se han convertido en un recurso totalmente ineludible para llevar a cabo la investigación lexicográfica. Así, estas herramientas, tales como bases de datos lexicográficas, corpus o generadores automáticos de estructuras léxicas, son la base de multitud de estudios lexicográficos y, por tanto, ya no están en el objetivo de la investigación sino incorporados a la misma.

Un repaso panorámico por los temas que se abordan en los distintos proyectos que se están llevando a cabo en la actualidad ofrece los siguientes resultados:

- Proyectos para la elaboración de diccionarios (de variedades del español, de unidades fraseológicas, de neologismos, de voces especializadas, etc.).
- Proyectos para la elaboración de diccionarios de aprendizaje del español como primera o segunda lengua o como lengua extranjera.
- Proyectos destinados a la elaboración de recursos que tengan aplicaciones lexicográficas (corpus léxicos, bancos de datos, herramientas de generación de estructuras argumentales, etc.).
- Proyectos destinados a trabajar sobre la historia de la lexicografía (diccionarios académicos del español, diccionarios especializados, etc.) y a crear bancos de datos que organicen la información bibliográfica y de diccionarios.
- Proyectos destinados a revisar diccionarios existentes para proponer mejoras (como las revisiones de los diccionarios académicos para incorporar neologismos o voces propias de variantes del español).
- Proyectos destinados a la digitalización de diccionarios en formato papel.

El hecho de poder establecer estas áreas temáticas generales en cuanto a la actividad de los grupos de investigación nos conduce hacia la asociación de diversos grupos de investigación e investigadores interesados en un mismo ámbito en diversas redes temáticas. Estas redes permiten la cooperación de distintos grupos de investigación para poder hacer frente a nuevos desafíos lexicográficos que no sería posible afrontar sin toda la colaboración que ofrecen estas estructuras, y crean sinergias que favorecen el enfoque interdisciplinar. Así, como hemos visto, la colaboración puede darse entre grupos de investigación del mismo país o de distintos países y acogen grupos de investigación que pueden trabajar con enfoques complementarios en una misma área temática, aunque, en muchas ocasiones, de forma transversal.

La presentación de los estudios llevados a cabo en distintas reuniones científicas sobre lexicografía y la publicación de los resultados obtenidos por los investigadores en revistas especializadas son dos de los indicadores esenciales de la vitalidad de la investigación. En este sentido, los datos expuestos en este capítulo permiten afirmar que la lexicografía está presente, de forma consistente, en la mayor parte de los congresos organizados por las asociaciones científicas más consolidadas y se ha confirmado como ámbito específico de algunas asociaciones. Así mismo, por lo que respecta a las revistas científicas en las que los estudios lexicográficos están muy presentes, se ha constatado que existe un gran número de ellas (tanto en el ámbito nacional como internacional) que se han convertido en referentes del ámbito (como la *Revista de Filología Española*, *RILCE*, *Sintagma*, *International Journal of Lexicography*, *Lexicographica*, etc.), gracias también a su presencia en los catálogos de revistas indexadas, que permiten la transmisión del conocimiento científico relacionado con la investigación lexicográfica.

Otra realidad muy distinta es la del acceso a la financiación que tienen los grupos de investigación. Como se ha puesto de manifiesto, los proyectos de investigación en lexicografía financiados en los últimos tres años por parte de la Agencia Estatal de Investigación de España apenas representan el 50 % de las ayudas solicitadas, con una financiación media que no sobrepasa los 30 000 € para proyectos de 3 o 4 años de duración. Por lo que respecta a la financiación de la investigación gracias a proyectos europeos, se evidencia la dificultad del acceso a las convocatorias de este tipo de proyectos para la investigación en lexicografía. De todo ello puede desprenderse la idea de lo frágil que es la situación de los grupos de investigación que, en la mayoría de las ocasiones, consiguen llevar a cabo los proyectos planteados basándose, únicamente, en el trabajo y el compromiso de los investigadores que los forman.

A pesar de todo, el futuro de la investigación en lexicografía parece asegurado, a juzgar por la existencia de programas de máster que preparan para la investigación o el ejercicio profesional en esta disciplina. En este sentido, se ofrece una formación especializada, indispensable para el lexicógrafo o la lexicógrafa (entendidos en un sentido muy amplio) y para el desarrollo de la investigación asociada al ámbito, ya que, en muchas ocasiones, un trabajo final de máster en el que debe iniciarse una investigación lexicográfica se convierte en una tesis doctoral que da paso, en bastantes casos, a trabajos en equipos de investigación de proyectos lexicográficos.

Así pues, la visión panorámica ofrecida en este capítulo ofrece una imagen de la disciplina en plena ebullición; una disciplina con intereses diversos, cambiante, que goza de un más que saludable presente y unas buenas perspectivas de futuro, a pesar de que, en ocasiones, la investigación lexicográfica no disponga de todas las ayudas y la proyección que merecería.

Parte III
Lexicografía monolingüe general

23

Los diccionarios monolingües (Monolingual dictionaries)

José Ignacio Pérez Pascual

1. Introducción

A mediados del siglo XX, algunos diccionarios monolingües de lengua española dejan de lado su inicial carácter normativo y procuran reflejar la lengua viva, optando por el descriptivismo; un paso más, perceptible en los que aparecen en el cambio de centuria, fue su concepción como un valioso auxiliar para mejorar las capacidades lingüísticas del usuario, hablante nativo o aprendiz. Procuraremos ofrecer una revisión de algunos destacables diccionarios, a los que no se consagra un capítulo específico, que ofrecen entre sí notables semejanzas y evidentes diferencias; atenderemos para ello tanto a su macroestructura como a la microestructura. Cierra esta aportación una breve reflexión acerca del futuro de este tipo de obras.

Palabras clave: diccionario de aprendizaje; diccionario de uso; diccionario monolingüe; información lexicográfica; nomenclatura

In the mid-twentieth century, some dictionaries set aside their initial normative character and tried to reflect the living language with all its elements. Dictionaries were also increasingly regarded as a valuable auxiliary tool to improve the linguistic abilities of users, either native speakers or learners. We present a review of some important dictionaries that have not been covered in detail elsewhere in this volume. We explore both their macrostructure and microstructure to show the similarities and differences between them. This contribution closes with a brief reflection on the future of these types of works.

Keywords: learner's dictionary; lexicographical information; monolingual dictionary; nomenclature; use dictionary

2. Los inicios del diccionario monolingüe

Los diccionarios bilingües conocen un amplio desarrollo en los siglos XVI y XVII, mientras que la lexicografía monolingüe se orienta hacia la etimología; solo a partir del *Diccionario de la lengua castellana (Diccionario de autoridades,* Real Academia Española 1726-1739, en adelante,

DOI: 10.4324/9780429244353-27

DAut) podemos hablar de un diccionario general normativo, construido sobre el modelo de la lengua literaria, que informa al lector de si una palabra forma parte del acervo de nuestra lengua, cuáles son sus significados y su correcta escritura. Esta obra, transformada en 1780 en el *Diccionario de la lengua castellana* (*DRAE*, hoy *DLE*), se convierte en modelo de buena parte de la producción lexicográfica, pues, aunque el XIX conoce notables lexicógrafos (Domínguez, Salvá, Cuervo, entre otros), el prestigio de la Academia hizo que sobre ella pivotasen los trabajos a uno y otro lado del Atlántico, de suerte que la lexicografía monolingüe de la primera mitad del siglo XX semeja "estéril y pálida", pues "los diccionarios de la lengua carecen de originalidad" (Haensch y Omeñaca 2004, 219).

Entre las escasísimas excepciones que escapan al ínfimo tono general, destaca en 1945 el *Diccionario general ilustrado de la lengua española* (en adelante, *DGILE*), dirigido por Samuel Gili Gaya (véase Alvar Ezquerra 1983, 187–197 y 1990, 65–71; Haensch y Omeñaca 2004, 219–222, y Cruz Espejo 2003, 284–286), quien expone sus diferencias respecto al *DRAE*, cuyo repertorio procura incrementar: alcanza más de 58 000 entradas en la primera edición, tomando "sin reparo aquí y allá acepciones, etimologías y maneras de definir, después de haberlas cotejado [...] para elegir las que [...] han parecido más adecuadas" (*DGILE*, XXX). Al tiempo, se propone eliminar arcaísmos, dialectalismos y voces poco usuales. Se muestra innovador al incorporar informaciones sobre sinónimos y antónimos, así como sobre usos vacilantes o incorrectos y observaciones gramaticales; y es que, como escribe Gili Gaya, "las palabras, además de ser portadoras de significaciones, realizan funciones como elementos de la oración de que forman parte. Los valores semánticos y las conexiones gramaticales se entrecruzan a veces de modo inseparable" (*DGILE*, XXXV).[1]

3. Los diccionarios monolingües entre el siglo XX y el XXI

En la última década del siglo XX se produce una transformación en la lexicografía no académica, apoyada en un notable desarrollo de los estudios metalexicográficos y en la labor de grandes editoriales que organizan equipos destinados a la actualización de diccionarios existentes y a la redacción de otros de nueva planta. Se aprecia entonces un cambio de perspectiva, ya que los diccionarios monolingües renuncian al papel normativo que la tradición otorgaba al académico[2] y declaran su voluntad, como hacen Seco, Andrés y Ramos en el *Diccionario del español actual* (1999, en adelante, *DEA*), de "inventariar el léxico que se usa, no sólo el que se debe usar. Es un diccionario descriptivo, no normativo". No obstante, es consciente del papel de estas obras como "autoridad" a ojos de sus lectores y reconoce que

> ambos enfoques, descriptivo y normativo, no son incompatibles. La objetividad del inventario sólo es completa si el puro registro de los hechos lingüísticos va acompañado de información sobre las preferencias actuales en el uso de los hablantes cultos y sobre las circunstancias de distinto tipo (social, geográfico, etc.) que limitan de hecho el ámbito de determinadas formas.
>
> *(*DEA*, XIII)*

Una característica presente en los diccionarios publicados en España, cuyas primeras ediciones en papel examinaré, es que, en líneas generales, tratan de reflejar una realidad panhispánica; por este motivo dejo a un lado obras posteriores tan importantes como el *Diccionario del español de México* (dirigido por Luis Fernando Lara, 2010, en adelante *DEM*) o el *Diccionario integral del español de la Argentina* (coordinado por Federico Plager, 2008, en adelante *DIEA*). Analizaré el *Diccionario general ilustrado de la lengua española*, dirigido en 1987 por Manuel Alvar Ezquerra (*DGILE3*), el *Diccionario Salamanca de la lengua española*, dirigido en 1996 por Juan Gutiérrez Cuadrado (en adelante, *DSal*), el *Clave. Diccionario de uso del español*, de 1996, dirigido por Concha Maldonado (en adelante, *Clave*), el *Gran diccionario de uso del español actual*, de 2001, dirigido por Aquilino Sánchez (en adelante, *GDUESA*), y el *Diccionario de la lengua española. Lema* de 2001, dirigido por Paz Battaner (en adelante, *Lema*).[3]

Existe un segundo aspecto destacable en el diseño de estos productos, especialmente en los publicados entre 1996 y 2001: pueden calificarse de descriptivos, pero también —algunos lo pregonan en su título— de diccionarios de uso, expresión con la que María Moliner indicaba su intención de orientar "tanto a los que lo tienen como idioma propio como a aquellos que lo aprenden", permitiéndoles no solo interpretar el significado de una palabra, sino también "resolviendo sus dudas acerca de la legitimidad o ilegitimidad de una expresión, de la manera correcta de resolver cierto caso de construcción, etc." (*Diccionario de uso del español*, 1966–1967, en adelante *DUE1*, IX). Se entienden, pues, como "diccionarios de uso" aquellos que "no se preocupan por la corrección o incorrección", sino por "el uso real del vocabulario a todos los niveles" y lo registran "sin prejuicios puristas", pero también se aplica esta designación a repertorios diseñados no solo para "el desciframiento o descodificación de textos", sino también para "su cifrado o codificación, o lo que es lo mismo, [...] un diccionario pensado "para el uso" del vocabulario" (Porto Dapena 2002, 67–68). Así pues, dejando aparte el *DGILE3*, estos diccionarios no se conciben únicamente para la recepción y descodificación de textos, sino también para, nuevamente en palabras de doña María, "conducir al lector desde la palabra que conoce al modo de decir que desconoce" (*DUE1*, IX) mediante informaciones que estimulen sus capacidades expresivas: acerca de sinónimos, sobre el régimen de ciertas voces y su presencia en determinadas combinaciones e incluso acerca de las connotaciones que pueden portar algunas palabras.

Sin duda un estudiante extranjero puede sacar provecho de un buen diccionario monolingüe, pero el aprendizaje de una segunda lengua precisa de herramientas diseñadas expresamente con este fin (no parece siquiera que un mismo diccionario resulte rentable para estudiosos de distintas procedencias). Por ello, a mediados de la década de 1990 empiezan a diferenciarse las obras destinadas al aprendizaje de nuestra lengua por parte de extranjeros de aquellas pensadas para nativos, identificadas a veces con los diccionarios escolares. Pues bien, aunque excelentes productos se presentan como diseñados para aprendices de ELE (así el *Diccionario para la enseñanza de la lengua española* [en adelante, *DIPELE*], que pretende servir de puente entre el diccionario bilingüe y los monolingües para los estudiantes de ELE), otros no acaban de definirse; así sucedió con el *DSal*, que afirmaba estar destinado a los estudiantes "sean o no extranjeros, que quieran mejorar su dominio de la lengua española" y a "los profesores que se dedican a enseñar español" (Gutiérrez Cuadrado 1996b, V), aunque, años después, Gutiérrez Cuadrado precisa que se había diseñado para "un usuario extranjero que sabe bastante español" (2000, 125 y 130). En todo caso, los diccionarios didácticos destinados a estudiantes nativos y los de aprendizaje de ELE deben cumplir con esa doble función: auxiliar al usuario en el proceso descodificador de textos y en la producción activa de nuevos enunciados.

3.1. Algunos rasgos de la macroestructura de estos diccionarios

El primero de los diccionarios, *DGILE3*, ofrece el mayor número de entradas (89 165) y supone la renovación del *DGILE*, cuyos materiales se volcaron en una base de datos, una labor pionera en la utilización de la informática (en el "Prólogo de la nueva redacción", Alvar Ezquerra informa sobre el proceso de elaboración, incluyendo lo relativo a la informatización de los materiales previos). Aunque en principio la editorial no quería engrosar el *DGILE*, finalmente accedió a incrementarlo en un veinte por ciento, lo que permitió

> respetar la integridad del texto que nos habían legado [...], además de poder introducir las innovaciones necesarias, ya que [...] el paso del tiempo había dejado obsoletos ciertos conceptos, a la par que faltaban las voces para designar las realidades que el progreso de la técnica nos ha ido proporcionando.
>
> (DGILE3, *XXXVII)*

De este modo, se mantuvo el diseño trazado por Gili Gaya (también en la microestructura), introduciendo ampliaciones para las que se acudió a diversas fuentes de información: "desde la observación atenta de la lengua empleada en los medios de comunicación" al "examen minucioso de obras de carácter científico y técnico de las más variadas disciplinas", y todo ello "sin descuidar los repertorios léxicos, tanto los generales de la lengua como los específicos de ciencias, técnicas, lenguaje coloquial, regionalismos, etc.". De todas esas fuentes se tomó "lo que no estaba en nuestro Diccionario, o suponía una mejora en sus definiciones" (*DGILE3*, XXXVIII), sin dejar de lado "la última edición del diccionario académico, pues muestra la norma de la lengua", si bien ahora se impone la orientación descriptiva y los redactores a veces la transgreden para reflejar fielmente el idioma actual (Alvar 1990, 71, 76). Mientras otros diccionarios relegan a un apéndice la información sobre aspectos normativos (acento, expresión del número, ortografía, puntuación), aquí se inserta en forma de cuadros.

Por su parte, el *DSal* (1996), más reducido (45 000 entradas), declara ofrecer no solo "la información enciclopédica habitual", sino contribuir con sus "observaciones morfológicas y sintácticas", a que los lectores "incorporen activamente a su léxico las palabras consultadas y las empleen con seguridad en la vida cotidiana" (*DSal*, V). Da noticia sobre su elaboración y el modo de utilizarlo (*DSal*, V-XII), y un "Apéndice" (1685–1726) recoge las conjugaciones a las que se remite desde el cuerpo del diccionario. No se detalla la procedencia de los materiales, aunque hay alusiones a que los ejemplos de los neologismos suelen tomarse "de periódicos y revistas", en tanto en los restantes casos "un porcentaje elevado está construido especialmente para el diccionario" (*DSal*, XI), lo que permite asegurar que no se ha trabajado con un corpus.

El mismo año aparece el *Clave* (1996), que guarda estrechas semejanzas con el *DSal*, de dimensiones muy parejas (unas 43 500 entradas) y con similar intención de resultar útil para la producción activa de textos. Preparado bajo la dirección de Concepción Maldonado, tras el prólogo de García Márquez, incluye un texto de Humberto Hernández ("La variedad y la unidad del español en *Clave*", XI–XIII) y una guía de utilización (XIV–XIX). Completa el volumen un "Fichero de uso" que resuelve posibles dudas del lector, mientras otros apéndices recogen los modelos de conjugación o se ocupan de siglas y acrónimos, sufijos, figuras retóricas. No se concibe como un diccionario "escolar", sino que pretende proporcionar "a un amplio sector de usuarios" un repertorio "que les ofrezca la norma viva y actual convenientemente documentada en español" (aun cuando no informa sobre la procedencia de sus materiales), acompañada "con la suficiente información —ortográfica, ortológica, gramatical, semántica y pragmática— para entender y producir enunciados orales y textos escritos con la garantía del buen uso" (*Clave*, XI).

Tampoco supera en mucho las dimensiones de los dos últimos diccionarios el *Lema* (2001), que cuenta con aproximadamente 47 500 entradas. La "Presentación" de Paz Battaner (*Lema*, V–X) ofrece una visión general de la obra, a la que sigue una detallada "Guía de uso" (XI–XVII). Diversos cuadros atesoran información lingüística de utilidad para el usuario (cuestiones ortográficas, gramaticales o semánticas) y se incluye un apéndice con los modelos de conjugación. Aunque ha sido publicado por el grupo editorial que difunde el *DGILE3* y otros productos, es una empresa de nuevo cuño, en la que se han planteado desde el principio todas las labores lexicográficas, de modo que carece de "un diccionario antecedente del que derive" (*Lema*, VI). Un equipo dirigido por Paz Battaner se sirvió de un *corpus* del grupo editorial Vox-Biblograf y, aunque no hay datos sobre sus dimensiones o la procedencia de los materiales, se indica que contiene "muestras de diferentes usos y de diferentes temas, de fuentes literarias y no literarias, del español oral y escrito" (*Lema*, VI); también se precisa que refleja "un vocabulario de niveles culto, estándar, familiar e informal, tanto en lengua oral como escrita, con atención al vocabulario de textos literarios y de divulgación", y que se ha acudido a otras fuentes para completar el vocabulario (*Lema*, VI–VII). Nos encontramos ante un diccionario general monolingüe, semasiológico y descriptivo (aunque hay también indicaciones normativas), destinado a un "usuario potencial que ha surgido social, económica y culturalmente en relativamente pocos años debido al proceso de cambio de la sociedad española": se trata de un ciudadano "que ha recibido una educación obligatoria" (y "puede tener estudios o formación posterior") y que "es un miembro activo en el grupo social donde se mueve o lo puede ser porque tiene derecho a serlo" (*Lema*, V). Advierte el prólogo que los diccionarios incluyen cierto tipo de informaciones que "ayudan en la producción", esto es, "a escribir o a preparar una intervención oral, no solo se utilizan para comprender" (*Lema*, V); al pretender servir como diccionario *de uso*, proporciona información acerca de sinónimos y antónimos, fraseología, construcciones sintácticas, irregularidades o usos dudosos (*Lema*, VI–VII).

Por lo que se refiere al *GDUESA*, dirigido por Aquilino Sánchez y con supervisión de Rafael Fente, es más extenso que los que acabamos de revisar, pues contiene 72 000 entradas. La "Introducción" (7–14) da cuenta del proceso de elaboración y sus principales características e incluye una suerte de guía de uso; cierra el volumen un "Apéndice gramatical" (2107–2133). Se proyectó pensando no solo en el estudiante de ELE (marca la segmentación silábica de las palabras y su transcripción fonética), sino también en el docente de centros de enseñanza españoles. Sus responsables pretenden proporcionar "no tanto un modelo normativo como un modelo que se ajuste realmente a la lengua usada en nuestros días" (*GDUESA*, 7); componen, así, un diccionario descriptivo en el que se encuentran "los significados que los hablantes nativos del español" asignan a cada palabra, acudiendo para ello al uso del idioma "en la vida real y en el presente histórico que nos toca vivir" (*GDUESA*, 7). Se apoya en el corpus *Cumbre* del español de España e Hispanoamérica, preparado por la editorial bajo la orientación del profesor Sánchez y compuesto por veinte millones de formas (aunque el prólogo habla de "palabras"). Contamos con información acerca de la selección de los materiales, decidida "sobre criterios de variedad (modalidad oral y escrita)", pero modulados atendiendo a "la región geográfica, el estrato social, el medio de transmisión, el género, el tiempo en que se han producido las muestras o el presumible grado de influencia de éstas sobre los usuarios" (Sánchez 1995). Las muestras orales se ciñen a 1993–1994, mientras que las escritas abarcan la segunda mitad del XX; en cuanto al ámbito geográfico, es en un 65 % español: los restantes países representan un 35 %.

Un punto especialmente importante al acercarnos a estos diccionarios es conocer los criterios seguidos en la selección del lemario: a este respecto siguen siendo válidas las observaciones de Haensch, quien atiende a la finalidad del diccionario, sus destinatarios y su extensión (en Haensch *et al.* 1982, 396–400) y reclama equilibrio al elegir las entradas (Haensch *et al.* 1982, 423–424). En principio, los cinco proclaman su intención de recoger la lengua actual, lo que debería excluir la presencia de voces anticuadas y apuntaría a la frecuencia de uso como un criterio razonable para esa selección; sin embargo, es este un criterio que presenta inconvenientes, como indica Haensch (*ibid.*, 401–402) y observan algunos de los diccionarios que examinamos. Solo en el *GDUESA* contamos con indicaciones sobre la frecuencia de uso de las diferentes entradas en el corpus *Cumbre* (1 baja, 2 moderada, 3 notable, 4 alta y 5 muy alta; si nada se indica, la frecuencia en el corpus es insignificante). De resultas de ello, son "cientos las palabras y acepciones" que no aparecían en los diccionarios generales del español (*GDUESA*, 9) y se señalan varias en el prólogo, aunque en realidad algunas ya figuraban en la tradición académica (así *caficultor*, desde 1970, o *carta de ajuste*, desde 1992); además, no todas las entradas se documentan en este corpus y el diccionario acoge voces que, a pesar de su "uso reducido o raro", considera no deben faltar en un completo repertorio del español (*GDUESA*, 8–9).

En el caso del *Lema*, se precisa que el volumen contiene voces extraídas de entre las ofrecidas en el corpus Vox de acuerdo con el perfil del usuario, de su frecuencia de aparición (no disponemos de datos precisos) y de las necesidades de la sociedad. De esta manera, se conforma un léxico común actual de unas 35 000 voces, junto a otras 12 500 pertenecientes al léxico de especialidad (*Lema*, VII); los redactores incorporan además un "vocabulario de cultura" que, a su juicio, el diccionario debe acoger: "artes de pesca tradicionales, oficios desaparecidos, objetos e instrumentos que hoy son objeto de las casas de antigüedades o de los museos etnográficos" (*Lema*, VII; véase *jubete*).

Si en su momento Gili Gaya había diseñado el *DGILE* como un diccionario selectivo, la versión de 1987 ha preferido ampliar el repertorio, incorporando numerosas voces nuevas, entre las que se incluyen tecnicismos, barbarismos, dialectalismos y americanismos, así como un cierto número de vulgarismos. Sin embargo, lastrado por su respeto a las anteriores ediciones, conserva arcaísmos y voces desusadas del *DGILE*. Y es que el conservadurismo suele caracterizar a nuestros diccionarios y, si bien el *GDUESA* declara haber descartado "multitud de arcaísmos o términos obsoletos", seguimos encontrando allí *atutía* ('óxido de cinc') o *albéitar* ('veterinario'); lo mismo sucede con los regionalismos, que afirma haber excluido por ser "de escasa funcionalidad en el conjunto de la lengua" (*GDUESA*, 10), aunque no tiene reparo en mantener, como el *DRAE19* (1970), *masovero*, o incluir la voz catalana *auca* sin ningún tipo de indicación sobre su uso.

En el *DSal*, como advierte su prólogo, el lector se encuentra con un lemario compuesto por "las palabras generales del léxico actual del español", "sin arcaísmos ni dialectalismos"; en cambio, dispone de "los hispanoamericanismos más generales, exceptuando los específicos de la flora y la fauna" (*DSal*, V). No es muy distinto el *Clave* en lo que hace referencia a la macroestructura: aparte del léxico general, incluye como entradas extranjerismos y neologismos, así como una buena cantidad de americanismos, de uso muy extendido, aunque faltan, claro está, algunos recogidos en los otros diccionarios, como *jorongo* (al igual que sucede en el *Lema*).

Podemos observar, pues, que los diferentes repertorios coinciden en establecer un léxico común general o estándar que consideran necesario incrementar con distintos elementos: voces del español americano, léxico de especialidad, neologismos, extranjerismos. Pero si descendemos al examen de algunos de esos elementos, nos encontramos con que cada diccionario actúa de distinto modo. Así, por ejemplo, en el caso de las voces americanas, Haensch y Omeñaca exponen la dificultad de su selección y reconocen que el *GDUESA* ha incluido americanismos bien definidos, pero añaden que faltan muchos "de uso igualmente frecuente"; reprochan la ausencia de algunos tan comunes como *palta* 'aguacate', *gamín* 'niño marginado sin hogar', *usina* 'central eléctrica', *patota* 'pandilla' y *mameluco* 'pelele, traje infantil de una sola pieza' (2004, 227). Pues bien, todas estas palabras están recogidas en el *DGILE3* y en el *DSal*, y solo *patota* está ausente del *Clave*. En cuanto al *Lema*, no registra americanismos, algo que Haensch y Omeñaca consideran "legítimo y comprensible", debido a la dificultad de realizar una selección no arbitraria (2004, 233); no obstante, figuran allí voces como *joropear* o *joropo*, que los restantes diccionarios consideran como propias del continente americano (el *DUEAE*, ampliación del *Lema*, sí incluye esos cinco términos).

Es *Clave* el diccionario que explicita más claramente su posición sobre el léxico americano, pues expone la existencia de dos grandes normas lingüísticas cuyas principales diferencias apunta:

la castellana (del centro y norte peninsular) y la meridional (del sur peninsular, Canarias e Hispanoamérica) (*Clave*, XV–XIII). Desde ese reconocimiento de la variedad americana, se incluyen más de dos mil voces o acepciones acompañadas por la marca "En algunas zonas del español meridional" (así sucede con *mamadera o quilombo)* y entiende como una deficiencia común a nuestros diccionarios generales no determinar los usos exclusivos del español peninsular, aunque tal defecto queda atenuado por ser esta modalidad "poseedora de un amplio reconocimiento y prestigio en todo el mundo hispánico" (*Clave*, XVII). Si los restantes diccionarios no detallan el proceso seguido para incorporar americanismos, en el *Clave* la voz o acepción susceptible de ser incluida debe cumplir alguno de estos requisitos (*Clave*, XIII):

a) Tener un frecuente uso escrito en publicaciones periódicas y obras literarias americanas.
b) Existir en distintas variedades del español meridional.
c) Emplearse en países americanos de gran peso demográfico.

Haensch y Omeñaca (2004) también han considerado importante la actualidad del léxico, pues el usuario suele acudir al diccionario para informarse sobre palabras recientemente introducidas en la lengua; a fin de comprobar hasta qué punto los modernos repertorios léxicos recogen "el léxico de la civilización actual", han revisado 72 unidades léxicas incorporadas a nuestro idioma en fecha reciente y las cifras son muy similares en las obras analizadas, pues oscilan entre las 43 del *DGILE3* y las 65 del *Lema*, pasando por las 49 del *DSal*, las 59 del *Clave* y las 61 del *GDUESA* (el *DRAE22*, 2001, recogía 57 de estas unidades y el *DEA*, 65): estas cifras guardan relación con la dimensión de los diccionarios y con su fecha, ya que los más antiguos dan cabida a un menor número de estas voces. Así, pues, nuestros diccionarios coinciden en acoger un buen número de neologismos, mostrándose receptivos a la inclusión tanto de extranjerismos como de términos científicos y técnicos.

Sin duda, cualquier selección es discutible, y también la de los distintos repertorios examinados; así, por ejemplo, el *DSal* incluye razonablemente formas como *hall* o *hámster*, pero no parece lo mismo aceptar barbarismos de discutible inserción, como *cash-flow*, *handball*, *hot dog* o *shot*, aunque estén ligeramente adaptados (*jonrón*), americanismos de limitada difusión (*guardavallas*) o voces ultraespecializadas que no deben formar parte de un diccionario de estas dimensiones, como *hafnio* o *hahnio* (este último es un caso de claro apresuramiento, pues en ese momento no se había acordado un nombre oficial para el elemento que, desde 1997, se denomina *dubnio*).

No carece de lógica que el *Clave* alerte al lector con un corchete inicial de que incluye entradas o acepciones no registradas en el *DRAE20* (1984), entre las que hay numerosos neologismos y extranjerismos; a veces admite que su empleo no es necesario, por existir ya palabras españolas para esas nociones:

> **barman** (anglicismo) s. m. Persona que trabaja como camarero en la barra. [...] ETIMOL. Del inglés *barman*. □ PRON. [bárman]. □ USO Su uso es innecesario y puede sustituirse por una expresión como *camarero*.

Este diccionario incorpora extranjerismos discutibles (*handling*, *palmtop*, *river-sky*) y voces "culturales" de uso tan restringido como *bayanismo*; curiosamente, plantea que UVA es un acrónimo de *unidad vecinal de absorción*, olvidando los rayos UVA.

En el *GDUESA* es también fácil detectar un gran número de neologismos, en muchos casos tecnicismos científicos (algunos, como *betabloqueante* o *betatrón*, se incorporan por esas fechas al *DRAE21* (1992), mientras que otros todavía hoy no figuran, como *corticoesterona*), pero también voces mucho menos especializadas, como *patera* (*DRAE21*) o *ONG* (*DLE*, 2014). Asimismo, muestra el *GDUESA* una menor repugnancia que la Academia hacia los barbarismos (*sherry* o *shopping*).

La decisión de *Lema* de "reflejar el uso" ha requerido acoger formas sin atender a si las acepta el diccionario académico; por ese motivo, "son varios miles los significados que no se encontraban en otros diccionarios", bien por tratarse de nuevas acepciones de palabras ya registradas (así la forma sustantivada *triple*, 'canasta con valor de tres puntos en el baloncesto') o de neologismos, entre los que se incluyen algunos que años atrás se podrían considerar "voces de ultraespecialidad", pero que hoy son tecnicismos difundidos (como *amniocentesis o corticoide*).

Por lo que respecta a lo que el *DGILE3* considera "vulgarismos flagrantes" y "tabúes", sus redactores, a riesgo de ser acusados de atentar "contra el buen gusto", juzgaron que, de no introducirlos, "seguiríamos ignorando la lengua que se emplea a nuestro alrededor" (XXXVIII). Por ello, recogen voces malsonantes (*lameculos*) o vinculadas en ese momento con la marginalidad social (*flipar*, *grifa*). Tampoco prescinden de este tipo de elementos los restantes diccionarios, estando especialmente bien representado en el *Lema* el léxico coloquial, vulgar o malsonante, incluso el referido al sexo (*follar*, *hacer un francés*, etc.). El *GDUESA* da cabida a estas voces y trata, como los demás repertorios, de matizar el contexto en que se pueden usar por medio de marcas lexicográficas como VULG (vulgarismo), COL (coloquial) o TAB (palabra tabú) (véase *chichi*, *joder* o *maricón*).

3.2. *Algunos rasgos de la microestructura de estos diccionarios*

Difieren los diccionarios en la forma de facilitar a los usuarios informaciones que superan la definición. Así, el *DSal* puede añadir tras el lema aclaraciones sobre la formación del número, el origen y pronunciación de neologismos no integrados, siglas y abreviaturas, la relación entre el género o número de la palabra y su significado, o prevenir al lector acerca de la existencia de lemas homófonos; también llama la atención acerca de los nombres de animal con una única concordancia (*cocodrilo*) y ofrece en ciertas palabras otros datos: "hobby (plural *hobbies*; del inglés; pronunciamos '*jobi*')". Como resalta el prólogo, se proporciona una "gramática casuística de las categorías gramaticales cerradas (artículos, pronombres, adverbios, preposiciones y conjunciones) que contiene muchas observaciones concretas de la lengua actual", al igual que se dan de forma esquemática informaciones para un mejor conocimiento del correcto empleo de los principales prefijos y sufijos (*DSal*, VI; véase, por ejemplo, la preposición *sobre*).

El *Clave* desplaza al final del artículo, tras la información etimológica, otras precisiones: notas ortográficas, sobre pronunciación, morfológicas, sintácticas, semánticas y de uso, indicando, de ser preciso, a qué acepción se refieren (véase *bodoque*). Por su parte, el *Lema*, en pos de una mayor legibilidad, separa las distintas acepciones por punto y aparte y desplaza, al final de cada una, noticias sobre sinónimos, antónimos y alguna nota ("juez, -za "5. *n. f.* esposa del juez. NOTA: Es una forma en retroceso"); al cierre del artículo ocasionalmente figura información etimológica o un apartado de observaciones (OBS) sobre la pronunciación de las palabras (*joystick*, *jumbo*, *jure*), la formación de plurales no regulares (*junior*), la conjugación verbal (*justipreciar*: "Conj. [12] como *cambiar*"), etc.

El *GDUESA* presenta la particularidad de incluir en un recuadro, antes del lema, datos sobre la frecuencia de la palabra, de ser significativa. No se separan en líneas distintas las acepciones, pero sí, al final del artículo, las informaciones ortográficas y sobre sinónimos y antónimos, remitiendo a la acepción a que se refieren (véase *cogollo*). También se opta por transcribir la pronunciación de todos los lemas sirviéndose del AFI; los restantes diccionarios, a excepción del *DGILE3*, dan cuenta de la pronunciación de aquellos términos no integrados todavía en el idioma (fundamentalmente los extranjerismos recientes) y consideran suficiente la ortografía castellana para reproducirla: "hockey (del inglés, pronunciamos '*joquei*')" (*DSal*, *s. v.*).

En cuanto a los homónimos, mientras el *DGILE3* se mantiene en la línea académica de incorporarlos en entradas diferentes, la mayor parte de los diccionarios monolingües los agrupan como acepciones distintas dentro de un único artículo; así se comportan *DSal*, *Clave* y *GDUESA* (véase *bar*). En cambio, el *Lema* sitúa los homónimos en entradas diferentes, opción que, desde una perspectiva didáctica parece más rentable que la monolematización (véase Porto Dapena 2002, 185–191):

> **julio**[1] *n. m.* Séptimo mes del año: *julio tiene 31 días.* [...]/ETIM Préstamo (s. XIII) del latín *julius*, nombre de la familia de Julio César, por ser el mes dedicado a este.
> **julio**[2] *n. m.* Unidad de trabajo, energía y cantidad de calor, de símbolo *J*, [...]./ETIM Del apellido del físico inglés J. P. Joule (1818–1889). V. *joule*. /OBS En el Sistema Internacional de unidades se denomina *joule*.

En coherencia con este criterio, *Lema* incluye unas 4700 etimologías, que también pueden ayudar a comprender las relaciones morfológicas entre voces emparentadas (así, *s. v. junto*, se nos indica la etimología y que a la misma familia "pertenecen *adjunto*, *ayuntamiento*, *conjunción*, *conjuntiva*, *conjunto*, *coyuntura*, *disyuntivo*, *junta*, *subjuntivo* y *yunta*"), si bien en otras ocasiones el étimo no juega otro papel que satisfacer la posible curiosidad del lector (véase *jumbo*).

En los casos de polimorfismo, los diccionarios coinciden en incorporar todas las formas al lemario y que desde las entradas menos frecuentes se remita a las más usuales, en las que se desarrolla el artículo; podemos ejemplificarlo con *sicología* o *psicología* en el *Clave* o *buhardilla*, *bohardilla*, *boardilla* o *guardilla* en el *DSal*.[4]

Por lo que hace referencia a la organización de las acepciones dentro del artículo, en un diccionario de carácter sincrónico una ordenación que atienda a la frecuencia de uso beneficia al usuario sobre otras opciones (cronológica, genética, etc.); es este el camino por el que se inclinan los diferentes trabajos seleccionados, si bien procuran también agruparlas atendiendo a la categoría gramatical. De este modo, por ejemplo, en el *Clave*, si en un mismo artículo existen acepciones con diferente categoría gramatical, se ordenan de acuerdo a ello y, dentro de cada categoría, se sigue el criterio de frecuencia de uso (con excepción de los vulgarismos malsonantes, siempre al final del artículo). Por su parte, el *DGILE3* agrupa las acepciones de una misma categoría gramatical, pero relega al final del artículo las que pertenecen a un lenguaje específico o son de uso geográfico restringido (XXXVIII).

Por lo que se refiere a la definición, los diccionarios más recientes adoptan un lenguaje conciso y sencillo, por cuanto, como se reclama en el *Lema*, debería caracterizar a las definiciones "la legibilidad y la precisión; estilo llano con la mayor precisión", lo que conduce a poner especial atención "en la definición y en la lengua que sirve para definir", pues la definición lexicográfica se había convertido en "un tipo de texto con unas características estereotipadas que, poco a poco, los diccionarios españoles [...] están intentando adaptar a la lengua de hoy" (*Lema*, VIII); de este modo, en el *Clave*, se procuró establecer modelos tipo de definición (así para las unidades de medida y los términos botánicos y zoológicos). Además de esa búsqueda de la claridad, se procura que cada artículo sea autónomo, sin que el usuario tenga que acudir a otros para obtener una completa comprensión del término (véase *aligator* y *caimán* en el *Clave*).

Constituyó una novedad que el *DSal* indicase el contorno definicional: en los verbos los paréntesis angulares encierran el sujeto y los corchetes los complementos ("apenar *v. tr.* 1 Causar <una persona o una cosa> pena [a una persona]: [...] ‖ *v. prnl.* 2 Sentir <una persona> pena: [...]. 3 AMÉR. Sentir <una persona> vergüenza", *DSal*, *s. v.*), mientras que en los adjetivos estos envuelven el grupo de sustantivos al que pueden aplicarse ("apelmazado, da, *adj.* [Estilo, obra literaria] que es aburrido y recargado", *DSal, s. v.*). Para valorar este hecho, hay que recordar que los diccionarios de español

> no se preocupan lo más mínimo por separar o indicar de alguna manera el contorno complemento directo del definido. Y no digamos cuando este contorno se refiere a otras funciones sintácticas, como las de sujeto, objeto indirecto y suplemento o régimen preposicional, exigidas o regidas por el verbo que se define. . . . De los diccionarios hoy existentes sólo el *Salamanca* y el *DEA* de M. Seco se preocupan por la indicación de estas últimas particularidades.
>
> *(Porto Dapena 2002, 323)*

Los diferentes repertorios estudiados coinciden en prestar atención al papel jugado por las unidades léxicas pluriverbales. El *DGILE3* recoge las "expresiones multiverbales" (XXXVII–XXXXVIII), aunque se le reprocha escasa atención hacia las colocaciones (Haensch y Omeñaca 2004, 219). Por su parte, el *DSal*, además de locuciones fijas y semifijas, incorpora incluso los "refranes más utilizados en la lengua actual"; distingue entre *locuciones de tema*, que van al final del artículo, tras el marbete FRASES Y LOCUCIONES, siempre definidas, con marcas de uso y ejemplos (véase *gozo*), y *locuciones de acepción*, que no se definen cuando equivalen semánticamente a la suma de sus integrantes (*guardia urbano*), mas, cuando no lo hacen, se numeran como una acepción más y se explican: *oso hormiguero* y *oso marino* son las acepciones 4.ª y 5.ª en la entrada *oso, osa* y se exponen pormenorizadamente, pues nada tienen que ver con los úrsidos. El *Clave* registra la fraseología tras las diferentes acepciones; se consideran como locuciones aquellas combinaciones fijas cuyo significado no es el de la suma de los de sus miembros (*con las manos en la masa, no dar palo al agua*), y se descarta la incorporación de refranes y dichos. En el *Lema* se marcan como unidades pluriverbales las locuciones, que figuran al final de la acepción o del artículo:

> **jueves** *n. m.* Cuarto día de la semana civil, quinto de la litúrgica. **jueves de comadres**. Penúltimo jueves antes del carnaval [...] **no ser nada del otro jueves**: coloquial. Se aplica a una cosa para indicar que esta no es extraordinaria o no llama especialmente la atención. *Su traje es bonito, pero no es nada del otro jueves.*

Por su parte, en el *GDUESA* se enumeran y explican las locuciones, acompañadas también de ejemplos:

> **go•ta** [...] **1.** Pequeña porción de un líquido que se separa de él formando un glóbulo: *Del cuchillo caían gotas de sangre* [...] loc. **Caer unas /cuatro gotas,** llover muy poco. **Gota a gota, 1,** en forma de gotas: *Contemplaba caer la cera caliente gota a gota sobre la mesa.* **2,** forma lenta y continuada de realizarse una acción: *Los invitados fueron entrando en la sala gota a gota* [...] **Ni gota,** nada: *No tienen ni gota de vergüenza.* [...] **Sudar la gota gorda,** realizar alguien un gran esfuerzo: *Luisa aprendió su oficio con ahínco, sudando la gota gorda.*

Como puede apreciarse, uno de los mecanismos a los que se recurre para aclarar las definiciones es la presencia de ejemplos; sería deseable que sirviesen al tiempo como modelos de las construcciones sintácticas más frecuentes y presentasen al usuario las colocaciones más habituales en las que participa cada voz. En el caso del *DSal*, se pretendió actuar de este modo y que, además de aclarar las definiciones, mostrasen "colocaciones habituales" y sirviesen "de modelo de construcción sintáctica" (VI); la mayor parte de esos ejemplos se redactaron para el diccionario, lo que permite que se tengan en cuenta "tanto las posibilidades o nivel de uso, como las colocaciones o contextos" (XI). También en el *Clave* las distintas acepciones van acompañadas de ejemplos inventados que, no pocas veces, ofrecen datos complementarios que contribuyen a un mejor conocimiento de la voz definida (véase *caimán* o *yacaré*). No debe contemplarse como un defecto el recurso a ejemplos inventados, pues "muchas veces una frase-ejemplo bien formada *ad hoc* por un lexicógrafo representa mejor el uso de una palabra que citas documentadas" (Haensch y Omeñaca 2004, 232; *cf.* Hernández 1994, 106 y Cruz Espejo 2003, 288).

En el *Lema* se nos informa de que buena parte de sus casi cien mil ejemplos proceden del corpus del grupo editorial Vox-Biblograf ("aunque no en todos los casos", IX), y que no solo contribuyen a facilitar la comprensión de la definición, sino que "muestran el uso real de la voz" y la presentan

> trabada a otras con las que mantiene relaciones sintácticas, es decir, suministran información sintáctica y combinaciones habituales. Se han aprovechado también los ejemplos para marcar los regímenes preposicionales y otros complementos de los verbos.
>
> (Lema, *IX)*

El *GDUESA* recurre igualmente a ejemplos tomados de un corpus, si bien hay palabras que carecen de ellos, especialmente cuando tienen escasa presencia en el *Cumbre* (*correcalles*, *corregüela)*.

Además de proporcionar otras informaciones que ya he mencionado y que resuelven dudas al usuario, el *DSal* quiere "convertirse en un instrumento fundamental para construir frases", por lo que ofrece observaciones de tipo sintáctico, especialmente en el caso de verbos y adjetivos, lo que facilita "la incorporación activa de los términos definidos al léxico del usuario" (VI). Entre otros datos, informa del régimen de verbos, adjetivos y sustantivos, de la posición de los adjetivos con respecto al sustantivo, y de si los adjetivos se construyen con *ser*, con *estar* o con ambos verbos (véase, por ejemplo, *soñar*).

El *Clave* introduce, entre notas ortográficas y etimológicas, datos sobre hechos morfológicos y sintácticos, así como sobre su uso, precisando si afectan a toda la entrada o solo a alguna acepción. También el *GDUESA*, tras la relación de las diferentes acepciones, incluye nociones relativas al régimen preposicional de las palabras. En cuanto al *Lema*, no se facilita de modo sistemático información acerca del régimen preposicional de sustantivos, adjetivos y verbos, aunque, a juicio de Haensch y Omeñaca, suele deducirse de los ejemplos (2004, 233).

En líneas generales, contribuye a la mejor comprensión de las diferentes voces y su más correcta utilización la presencia, como reclama el *DSal*, de "un conjunto de marcas claras que proporciona seguridad para usar las palabras en muchas situaciones concretas", pues no solo se trata de marcas geográficas, o que identifiquen al léxico de especialidad,[5] sino también diafáticas y diastráticas, variando en las distintas propuestas. Así, el *DSal* emplea marcas que informan al usuario sobre el registro de palabras o acepciones (*rural, vulgar, jergal, coloquial, literario, elevado, afectado)*, mientras otras intentan "señalar las posibilidades de uso en ciertas circunstancias de algunas expresiones y términos" (*afectivo, afirmación, amenaza, disgusto y enfado, eufemismo, humorístico, infantil, insulto, ironía)*. El *Clave* pone especial atención a los registros de uso, empleando marcas para aquellas acepciones cuyo uso sufre alguna restricción (*anticuado, coloquial, eufemístico, argot, poético, despectivo)*. También el *Lema* recurre a un reducido número de marcas de uso para las acepciones restringidas en su uso (*coloquial despectivo, coloquial irónico, figurado, malsonante despectivo*). Por su parte, el *GDUESA* utiliza marcas lexicográficas que informan sobre el ámbito de uso de cada acepción y, en el caso de las voces "malsonantes", matiza "el contexto en el que deben utilizarse", sirviéndose de *vulgarismo*, *coloquial* o *palabra tabú* (véase *chapero*, *chute* o *marica*).

Con todo, cabe preguntarse acerca del empleo impreciso de ciertas marcas lexicográficas, especialmente las que se aplican al léxico de especialidad: no está claro el motivo de que —lo ejemplifico con el último de los diccionarios consultados— *siderita* porte la marca GEOL, mientras que *siderosa* o *cianita* no, o que NAUT se aplique a *góndola* y *fragata*, pero no a *corbeta* o *cúter*, e HIST a *almohade* y *almogávar* y no a *almorávide*. Si pensamos en voces tristemente difundidas en los últimos años, comprobamos que *ébola* lleva la marca MED, mientras *sida* no.

4. El futuro del diccionario monolingüe

No parece necesario incidir sobre las características de este tipo de diccionarios, pero sí en algunos puntos en los que las ya no tan nuevas tecnologías pueden refinar nuestros modelos lexicográficos.[6]

En primer lugar, como apunta Maldonado (2013), se trata de algo más que una mudanza del soporte: el formato digital ha solventado los problemas de espacio que limitaban a los responsables de los repertorios en papel y permite la creación de plataformas que ofrezcan diccionarios a la carta construidos de acuerdo con las características del usuario (lengua materna, edad, formación) y las necesidades que manifieste. Y, sin embargo, en cuanto al panorama de la producción de este tipo de obras, puede generalizarse al mundo hispánico la imagen que Maldonado presenta de lo que sucede en España (2018, 258: "¿Por qué desde 2006 las editoriales tradicionales en lexicografía [...] no hemos abordado productos nuevos? ¿Por qué (y solo en algunos casos, además) las novedades se han reducido a reediciones más o menos revisadas de obras anteriores o a la digitalización de obras ya existentes en papel?"); son muy acertadas las respuestas que da a estas cuestiones, a partir de su amplia experiencia (2018, 258–259).

En todo caso, los retos para esos posibles nuevos diccionarios giran en torno a dos planos:

a) Contar con una correcta selección de la nomenclatura, a la que se debe dotar de definiciones claras y sencillas, con un sistema de marcación bien establecido.
b) Incrementar aquellas informaciones que antes apenas figuraban en los diccionarios y que contribuyen a mejorar las capacidades lingüísticas activas del usuario.

Con respecto al último punto, podemos recordar que Bosque y Barrios (2018) señalan la aparición de nuevos diccionarios concebidos en formato digital, como el *Diccionario Coruña de la lengua española actual* [*DCLEA*] dirigido por José Álvaro Porto Dapena, que contiene "a large amount of grammatical information (syntactic patterns, propositional regime, mood selection, etc.), and [...] all word senses are illustrated through attested examples. The *DCLEA* also contains collocations and other lexical relations" (Bosque y Barrios 2018, 647).[7]

En cuanto al primer punto, parece razonable afirmar —en otro lugar ya me he pronunciado al respecto— que la macroestructura de un diccionario general ha de componerse del "léxico usual de un idioma", pero también de "una representación suficiente del vocabulario científico, así como voces con marca diacrónica, diatópica, diafásica o diastrática" (Campos Souto y Pérez Pascual 2003, 66; véase también Porto Dapena 2002, 59 y Haensch y Omeñaca 2004, 188–189). Resulta acertado el camino que insinuaba Gutiérrez Cuadrado al revisar el *DSal*, cuando proponía "reunir el léxico contemporáneo, despojado de arcaísmos y regionalismos, que refleje [...] los diferentes niveles lingüísticos del habla urbana, en primer lugar española, pero, también, hispanoamericana" (2000, 124).[8] Y es que el léxico americano debe ser objeto de especial atención, pero fundamentalmente el urbano conocido por un elevado número de hablantes: es preciso huir de la adición indiscriminada de vocabulario diferencial, a veces escasamente difundido o limitado a áreas rurales, cuando no formado por arcaísmos, tan reprobables en este tipo de diccionarios.

Otro aporte léxico que debe incrementarse es el de los términos especializados que, a través de los medios de comunicación, alcanzan una rápida difusión. Como indicaba M.ª Teresa Cabré, cualquier tipo de diccionario "ha de plantearse la entrada de terminología", aunque "es opinable la cantidad de términos que cada diccionario ha de incluir, la selección de estos términos y la forma de presentarlos" (Cabré 1993, 303). Es un terreno delicado, dada su extraordinaria riqueza y continua renovación, y ello hacía necesaria una mínima prudencia a la hora de recoger este tipo de voces (recuérdese lo sucedido con *hahnio* en el *DSal*), pero en el formato digital nada impide la incorporación de un elevado número de términos y su revisión periódica. En todo caso, más allá de la cantidad que se considere adecuada, los criterios que se sigan a la hora de su incorporación o exclusión han de ser siempre los mismos y deben ser conocidos por el usuario.

El diseño digital nos ayuda igualmente si deseamos proporcionar a los usuarios un buen número de ejemplos, pero, además, podemos precisar su exacta procedencia, sin las limitaciones de espacio de los diccionarios en papel.

Por último, el nuevo formato también puede colaborar a mejorar tantas definiciones de carácter enciclopédico que figuran en los diccionarios y que, en ocasiones, ni los redactores especializados son capaces de descifrar.[9] ¿Por qué no ilustrar convenientemente este tipo de entradas? Es posible que una imagen no valga más que mil palabras, pero sin duda hace innecesarias muchas de las que deberíamos incorporar para hacer más comprensibles ciertas definiciones.

Notas

1 Habrá que esperar más de veinte años para las novedosas propuestas del *Diccionario de uso del español* de María Moliner (1966–1967, *DUE1*).

2 Seco llama la atención sobre el modo en que la "orientación descriptiva" fue víctima de la normativa en las ediciones del diccionario académico (Seco 1997, 138) y recuerda las acertadas palabras de Cuervo, quien consideraba preciso un adecuado equilibrio entre los oficios de "notario" y de "juez": "Lo justo [...] es la combinación de los dos oficios: registrar todos los términos autorizados y añadir la indicación de su calidad actual, dándolos por anticuados [...], por vulgares [...], por impropios" (*apud* Seco 1997, 13).

3 Al año siguiente apareció el *Diccionario de uso del español de América y España* (*DUEAE*), dirigido también por Paz Battaner, que atendía al español de ambas orillas.

4 La introducción del *DSal* advierte de esta circunstancia con *spot/espot*, mas esta última entrada no figura en el diccionario (véase también *scón*, *escón*).

5 Son cerca de 80 que van desde ACÚST (acústica) a ZOOL (zoología); su relación olvida la marca CAZA, que también emplea (*batida*, *ojear*, *ojeo*. . .).

6 Algunos de los diccionarios examinados han conocido, con el tiempo, versiones digitales comercializadas en CD-ROM (*DUEAE*, *GDUESA*, *Clave*) o accesibles en la web (*Clave*, *DSal*); sin embargo, fueron diseñados pensando en su difusión en papel y no concebidos para los nuevos soportes (véase Águila Escobar 2009 y Gelpí 2003).

7 Porto Dapena *et al.* (2007) exponen la planta y una muestra del proyecto.

8 Observaba también Gutiérrez Cuadrado la posibilidad de "revisar atentamente los lemas derivados y suprimir los que semánticamente muestren una regularidad absoluta", solución que reduciría el tamaño del diccionario en papel, pero que no tendría sentido en uno digital, especialmente si, como sugiere, "los hablantes extranjeros necesitan la confirmación de que un término determinado pertenece al acervo lingüístico español, aunque sea un derivado regular y transparente" (2000, 128).

9 El mundo de la naturaleza es muy complejo para el lexicógrafo; por ello, al preparar el *DGILE3*, procuraron "actualizarlas [las definiciones], quitar ambigüedades, suprimir errores, etc.", si bien "la identificación de animales o plantas no europeos ha sido imposible en algunos casos", al no lograr siempre "averiguar qué era lo definido" (*DGILE3*, XXXIX).

Bibliografía básica

Cruz Espejo (2003); Haensch y Omeñaca (2004); Porto Dapena (2002)

Bibliografía complementaria

Águila Escobar (2009); Alvar Ezquerra (2000); Azorín Fernández (2003); Campos Souto y Pérez Pascual (2003); Castillo Carballo y García Platero (2003); García Platero (2016); Gelpí (2003); Gutiérrez Cuadrado (2000); Hernández (1994 y 2001); Hériz Ramón (1999); Maldonado (2013 y 2018); Nomdedeu-Rull (2005 y 2006); Seco (2003)

24

Los diccionarios integrales de español en América[1] (Integral Spanish dictionaries in America)

Andreína Adelstein

1. Introducción

Los diccionarios que describen las variedades americanas del español son de diverso tipo, pero en términos generales optan por métodos diferenciales de descripción y consideran para la contrastación casi exclusivamente el *Diccionario de la lengua española* (*DRAE* o *DLE* en sucesivas ediciones) de la Real Academia Española. Es decir, la gran mayoría de los diccionarios regionales o nacionales no representan todo el léxico usado en la variedad de referencia, sino sólo aquellas palabras que tienen distintos usos respecto de la variedad peninsular o que no existen en ella. Los pocos diccionarios integrales de variedades americanas, como el *Diccionario del español de México* (*DEM*, 2010) y el *Diccionario integral del español de la Argentina* (*DIEA*, 2008), en cambio, no incluyen en su nomenclatura únicamente aquellas unidades léxicas que las distinguen de otras variedades del español, sino que incorporan todas las voces que se usan en la variedad en cuestión, independientemente de que sean compartidas por otras variedades.

Este capítulo ofrece, en primer lugar, una revisión crítica del concepto teórico de diccionario integral y del alcance que tiene en la lexicografía del español. En segundo lugar, presenta un relevamiento de los diccionarios que se proponen como integrales para el español en América, en sus distintos tipos según funciones y usuarios. Analiza en ellos los principales recursos de representación lexicográfica, considerando que el carácter integral impacta no solo en la nomenclatura, sino también en los diferentes aspectos de la microestructura. Finalmente, discute los solapamientos en la tipologización lexicográfica en torno a los diccionarios integrales analizados.

Palabras clave: diccionario diferencial; diccionario integral; diccionario nacional; lexicografía hispanoamericana; variedades del español

The dictionaries that describe American varieties of Spanish are of different types, but in general terms they opt for differential methods of description and consider as their reference the *Diccionario de la lengua española* (*DRAE* or *DLE*) of the Royal Spanish Academy (RAE). That is, the vast majority of regional or national dictionaries do not represent the whole lexicon but only those words that are used differently than in the peninsular variety of Spanish or that do not exist in it. On the other hand, the few existing integral dictionaries of American varieties, such

DOI: 10.4324/9780429244353-28

as the *Diccionario del español de México* (*DEM*, 2010) and the *Diccionario integral del español de la Argentina* (*DIEA*, 2008), do incorporate all the voices that are used in the variety in question, regardless of whether they are shared by other varieties. In other words, they do not limit their macrostructure to those lexical units that are distinct from other varieties of Spanish.

In this chapter, we first offer a critical review of the theoretical concept of the integral dictionary and the scope it has in Spanish lexicography. Secondly, we present a survey of the dictionaries that are proposed as integral for Spanish in America, differentiating these dictionaries according to functions and users. We analyze the dictionaries' main resources of lexicographic representation, considering that their integral character impacts not only on the macrostructure, but also on various aspects of the microstructure. Finally, we discuss the overlaps in the lexicographical typology between the integral dictionaries analyzed.

Keywords: differential dictionary; Hispanic American lexicography; integral dictionary; national dictionary, Spanish varieties

2. El concepto de *integral* en tipología lexicográfica

Los diccionarios monolingües que describen las variedades hispanoamericanas del español son de diverso tipo y diferente adecuación descriptiva, social y simbólica, pero en términos generales en ellos se opta por métodos diferenciales (*cf.* en este volumen los capítulos 30 y 31; Carriscondo Esquivel 2006; Chuchuy 1994; Fernández Gordillo 2014; Huisa Téllez 2013, 2014, 2015b; Lara 2001c; Zimmerman 2006; Werner 1994, 2006). Es decir, la gran mayoría de los diccionarios de lengua regionales o nacionales —incluso los más recientes y modernos, como el *Diccionario del español del Uruguay* (*DEU*, 2011) y el *Diccionario de uso del español de Chile* (*DUECh*, 2010) compilados respectivamente por la Academia Nacional de Letras de Uruguay y la Academia Chilena de la Lengua— no recogen todo el léxico usado en la variedad de referencia, sino solo aquellas palabras que presentan distintos usos respecto de la variedad peninsular o que no existen en ella.

El término *integral* hace a la dimensión metodológica de la tipologización lexicográfica (*i. e.* a la clasificación según métodos lexicográficos), pero también a la dimensión glotopolítica de los diccionarios en tanto instrumentos lingüísticos.

La denominación *diccionario integral* refiere a distintas nociones, de acuerdo con la tradición lexicográfica. Para Haensch *et al.* (1982, 153) *integral* es sinónimo de *exhaustivo* en cuanto a la codificación del léxico en su totalidad, lo cual resulta una aspiración ideal en el caso de diccionarios no restringidos.

En la escuela rusa de lexicografía sistemática desarrollada por Apresjan (1992), *integral* designa el modo completo de descripción de las unidades lingüísticas. Para este autor, la exhaustividad reside en poder armonizar información gramatical completa con las informaciones semántica y pragmática de cada voz.

Werner (1994, 14), refiriéndose a los diccionarios de variedades del español, también considera *integral* a un diccionario de macroestructura exhaustiva. Porto Dapena (2002, 62) utiliza el término *integral* para describir el diccionario dialectal como opuesto al *diferencial* o *contrastivo*.[2] Pero, a la vez, señala que se puede aplicar *integral* a la descripción lingüística exhaustiva de la información de un lema, es decir a la microestructura.

Lara (2005), en cambio, propone distinguir entre *método integral* y *diccionario integral*:

> Los diccionarios generales suponen tratar la lengua "integralmente", en tanto que los de regionalismos sólo registran lo propio de una región, que no aparece en los primeros, es decir, "diferencialmente". Ambos tipos de diccionario tienen sus propios métodos, sin

embargo, fallan al ser incapaces de registrar, por un lado, lo verdaderamente general o lo que es común a varias regiones; por el otro, al registrar los "diferenciales" sólo lo que no registran los primeros, dejan un gran hueco en el conocimiento del léxico hispánico, pues en cada región hispánica se habla el español "íntegramente", pero con las características propias de su diferenciada evolución histórica. Por eso es posible utilizar métodos integrales en cada región de la lengua, y reducir el papel de los métodos diferenciales al valor que tienen desde el punto de vista lingüístico, más que social.

(Lara 2005, 444)

En suma, podemos distinguir los siguientes sentidos de *integral*: (i) diccionario exhaustivo respecto de las unidades que conforman la nomenclatura, que se opone a *diccionario selectivo* (Bosque y Barrios 2018; Haensch *et al.* 1982; Werner 1994); (ii) diccionario exhaustivo respecto de la información lingüística que ofrece de cada lema (Apresjan 1992; Chuchuy 1994; Porto Dapena 2002), y (iii) método no diferencial de compilación (Fajardo Aguirre 2010; Lara 2005; Porto Dapena 2002; Werner 2001).

Ahora bien, en la lexicografía del español *diccionario integral* suele identificarse con *diccionario nacional no diferencial del español de un país de Hispanoamérica*, probablemente porque la denominación se emplea para describir la metodología del *DEM* (Ahumada Lara 2007; Ávila 2003; Fernández Gordillo 2014; Lara 2006c; Zimmermann 2006).

Tipológicamente alude al diccionario de una variedad hablada en una región, generalmente un país, que la representa sin tener en cuenta qué voces son exclusivas, ni cuáles son compartidas por otras variedades. Varios autores conciben así el *diccionario integral* por oposición al *diccionario diferencial*. Esta dupla terminológica se acerca a la de *general* y *restringido*, con el agregado de una especificación metodológica: todo diccionario restringido se plantea por oposición a otra porción del léxico, aquella que se decide no representar. Esta noción es la que se ha plasmado tanto en trabajos sobre aspectos técnicos de lexicografía contemporánea (Fajardo Aguirre 2010; Zimmermann 2018) como en investigaciones de carácter sociolingüístico o glotopolítico (Lara 2009b; Lauria 2010b, 2015). En relación con este sentido, el carácter *integral* también puede emplearse para aludir a la metodología de registro de variedades de otras lenguas pluricéntricas. Zimmermann (2018, 128) señala que existen desde hace tiempo diccionarios integrales del inglés, del alemán y del portugués concebidos como no diferenciales de una variedad nacional de una lengua pluricéntrica, aun cuando no se emplearan términos equivalentes a *integral* para describirlos. De hecho, agrega, el término *diccionario integral* comenzó a utilizarse en la lexicografía de América *a posteriori* de la práctica misma.

3. Los proyectos de diccionarios integrales en Hispanoamérica

Si bien se ha anunciado la confección de diccionarios nacionales con metodología integral en Cuba (*cf.* Adelstein 2016) y Bolivia (*cf.* Zimmermann 2018), los únicos publicados en Hispanoamérica hasta la fecha son una serie de diccionarios en México, producidos en el marco del proyecto del *DEM*, una serie de repertorios confeccionados en la Argentina a partir de la base del *DIEA* y diccionarios escolares en Cuba en torno al *Diccionario básico escolar* (*DBE*, 2003). En esta sección se presentarán estos proyectos según propósitos y aspectos de la producción editorial, metodología y recursos de representación del carácter integral. A su vez, se ilustrarán algunos de los recursos que hacen de ellos ejemplos de diccionarios modernos: además de la relevancia glotopolítica y metodológica que presentan en la lexicografía del español, los diccionarios integrales se destacan por su carácter sistemático, por tratarse de diccionarios de uso basados en corpus y por fundarse en teorías explícitas de representación de la información lingüística.

3.1. México

El primer proyecto de investigación aplicada a la confección de diccionarios integrales del español en América es el dirigido por Luis Fernando Lara en El Colegio de México desde 1973, cuyo propósito principal es conocer el vocabulario del español mexicano y compilar una obra que lo represente de manera no diferencial (Lara 1980, 1994, 2019a, 2019b). Es ingente la bibliografía que explica los diversos aspectos del proyecto, la conformación de corpus, la dimensión estadística para la selección del lemario y el método de análisis lingüístico para la compilación de entradas (Anguiano Peña 2012). Durante los primeros años del proyecto se siguió un minucioso trabajo de análisis lingüístico de los vocablos, un proceso lineal progresivo de compilación de acuerdo con el orden alfabético, de la *a* a la *z*. Inicialmente no se había pensado en la producción de un conjunto de diccionarios con distintas funciones y tipo de léxico representado, sino en un único diccionario. Sin embargo, cuestiones de índole institucional determinaron la necesidad de publicar un resultado al cabo de ocho años de trabajo, lo cual condicionó la metodología de compilación: se pasó a un proceso de ampliación concéntrica (Lara 2019a). Así, se publicaron primero diccionarios pequeños, que progresivamente fueron incluyendo una mayor cantidad de voces del uso culto y hablado en distintos registros: en 1982 se publicó el *Diccionario fundamental del español de México* (*DFEM*) con 2500 entradas. En 1986, el *Diccionario básico del español de México* (*DBEM*), con 6000. Y en 1996, destinado al público escolar, el *Diccionario del español usual de México* (*DEUM*), con 14 000 entradas. Finalmente, en 2010 se publicó el *DEM* en formato papel y electrónico, y la nueva edición aumentada y corregida solo en versión electrónica (*DEM2*, en línea), en 2019 con 32 000 artículos (*cf.* https://dem.colmex.mx/). El *DEM2* se va actualizando periódicamente con la inclusión de nuevas voces como *covid, levantó* y *webcam*, ingresadas en mayo de 2023.[3]

Este proyecto surge de la voluntad política de contar con un repertorio del español mexicano, similar al diccionario Merriam-Webster para el inglés estadounidense, y con el apoyo de un fideicomiso del gobierno otorgado a El Colegio de México para desarrollarlo (Lara 2019a). El proyecto sigue vigente de manera ininterrumpida desde entonces; el trabajo minucioso e intenso a lo largo de los años es una peculiaridad del proyecto *DEM*, que redunda en la calidad y la adecuación de la representación lexicográfica de esta variedad del español.

Los aspectos de la metodología integral esenciales del proyecto son (i) la conformación de un corpus de textos de la variedad, el *Corpus del Español Mexicano Contemporáneo* (*CEMC*), que sirve como fuente para analizar el comportamiento, el uso y la dispersión de los vocablos; para seleccionar los lemas de las nomenclaturas según tipo de diccionario,[4] establecer el vocabulario de definición y extraer ejemplos; (ii) la metodología de compilación de los artículos, basada en el análisis lingüístico de las ocurrencias de las palabras en el corpus. El *CEMC*, compuesto por fragmentos de dos mil palabras gráficas de mil textos producidos por hablantes mexicanos entre 1921 y 1974, de distintos géneros textuales y provenientes de las distintas regiones del país, es un corpus de casi dos millones de palabras (Lara *et al.* 1979; Lara 1980, 2019a), que no solo constituye uno de los primeros corpus para fines lexicográficos, sino uno de los primeros corpus informatizados del español (Rojo 2016). Ante la necesidad de acompañar la renovación léxica, para la segunda edición del *DEM* se ha elaborado un segundo corpus de textos producidos entre 1974 y 2018.

Además de tratarse de repertorios integrales basados en corpus, los diccionarios del proyecto se caracterizan por ser diccionarios monolingües, sincrónicos, descriptivos, normativos (en tanto representan la lengua culta, funcionan como modelo de corrección), culturales (dado que los lemas y ejemplos de uso seleccionados son los que tienen sentido para la comunidad mexicana), semasiológicos y alfabéticos (Lara 1994, 2019a). En las cuatro obras, el criterio de tipologización metodológica se encuentra determinado tanto por el criterio tipológico de lengua representada, como por los de tipo de usuario y función, en una suerte de requerimiento recíproco. Los diccionarios están dirigidos a lectores mexicanos y tienen por función principal contribuir a la educación lingüística de la población, teniendo en cuenta el español como lengua primera o segunda. Es interesante señalar que la palabra *integral* no aparece en los títulos de ninguno de los diccionarios. Destacan, en cambio, otros rasgos tipológicos. En el *DFEM* y el *DBEM*, los adjetivos *fundamental* y *básico* indican la restricción del léxico representado —y consecuentemente el tipo de usuario y función— y el tipo de microestructura. En el *DEUM*, el adjetivo *usual* se aplica a *español* y refiere al hecho de que los lemas sean voces efectivamente usadas en el español mexicano.

A continuación, analizaremos el *DBEM*, el *DEUM* (en su versión electrónica de la primera edición) y la segunda edición del *DEM* en cuanto a los materiales preliminares, la nomenclatura y una muestra de artículos de la letra *b*.

3.1.1. Materiales preliminares

El carácter integral se expresa de manera más o menos explícita en las secciones introductorias de los diccionarios en estrecha relación con la lengua de referencia. Se emplea alternadamente *español de México, español en México, hablado en México*; se destaca de los diccionarios el "carácter original de sus definiciones y ejemplos basado en la interpretación mexicana de la lengua española" y el especial interés en la definición de voces que aluden a la historia mexicana (*cf.* Introducción al *DBEM*, 9–10). El carácter integral de la obra se solapa así con la intención de representar una lengua nacional. La lengua, a su vez, se define por aquellas palabras que presentan las "huellas del sentimiento", las percepciones y la historia de una comunidad. Esto equivaldría a decir que aun cuando sean compartidas con otras variedades, las palabras tienen una impronta social y cultural propia, por lo cual exigen un tratamiento específico. En la Introducción al *DEM* la explicación de la historia de la lengua en México implica la metodología integral no diferencial:

> Desde los inicios de la Colonia, la lengua en la que se ha venido manifestando la reflexión sobre nosotros mismos y en la que nuestra nación ha llegado a constituirse ha sido el español. En español hemos reflexionado, como pueblo, lo que fue la gran tragedia de la Conquista y lo que es ser mexicano, como fruto de la unión de dos grandes linajes: el ibérico y el indio; en español hemos construido nuestras instituciones nacionales.
>
> (*Lara 2019a*)

En las secciones introductorias referidas al orden alfabético y a la transcripción fonética de los distintos diccionarios, el carácter integral queda implícito en el hecho de que se consideran los dígrafos *ch* y *ll* como letras, decisión que intenta preservar las costumbres de la enseñanza de la lengua española en México y la relación entre fonema y grafema propia de la variedad. Algo similar se observa en la descripción de los fonemas y de las reglas de ortografía, en cuyas secciones se destacan las diferencias en la escritura de voces de origen amerindio y las de ortografía diferente respecto del español peninsular. Por ejemplo, que el fonema /j/ se escribe con *x* en palabras de origen náhuatl.

3.1.2. Macroestructura y microestructura

La macroestructura es la parte más evidente del carácter integral de los diccionarios y aquella a la que se alude con mayor frecuencia en los trabajos metalexicográficos. Más allá de las diferencias entre el vocabulario fundamental, básico y usual que los tres primeros diccionarios representan, la selección del lemario, como hemos visto, se basa en la frecuencia de uso de los vocablos en textos mexicanos. Esta selección se justifica, en cada caso, por otros motivos que también describen la perspectiva no diferencial. Así, respecto del vocabulario fundamental del *DFEM*, en el *DBEM* se agregan voces empleadas en libros de textos mexicanos y terminología de ciencias sociales relativa a conceptos de valor histórico para México, que en gran parte reciben un tratamiento enciclopédico. Es decir, en el lemario hay un detenimiento en el valor histórico y cultural de ciertos vocablos que hacen a la variedad mexicana. En el *DEUM*, por su parte, se indica el agregado de terminologías técnicas usuales en México, y otro tipo de voces, tal vez más asociadas a lo que habitualmente se considera mexicanismo, que corresponde a registros no cultos.

En cuanto al carácter integral y la representación de la variación interna, en los diccionarios pequeños hay pocos indigenismos y regionalismos. La progresión de incorporación de estas voces se observa a partir del *DEUM* y del *DEM*. Por limitaciones en la metodología, en el *DEUM* no es posible cubrir todas las variedades regionales, pero en la 2.ª edición del *DEM* se han incluido registros de distintas regiones mexicanas y en colaboración con otras universidades.[5] Tal progresión justifica que en el *DFEM* y el *DBEM* no haya marcas diatópicas regionales. En cambio, en el *DEUM* y el *DEM* se ofrecen marcas en tres niveles: (i) las generales que corresponden a usos supradialectales (norte, noroeste y noreste de México), (ii) las relativas a las 17 zonas dialectales propuestas por Lope Blanch, y (iii) las de los estados nacionales (Lara 1994, 3).

El lemario de *DBEM* es muy reducido: la letra *b* contiene 136 entradas, mientras que el *DEUM* contiene 468 y el *DEM*, 1280. Sin embargo, en cuanto a la microestructura, muchas de las entradas, especialmente las monosémicas y los vocablos poco especializados, son idénticas en los tres diccionarios (por ejemplo, *b, bacteria, bagazo, bailarín, bajacaliforniano, bajo2, balacear, balance, balanza, bárbaro, bodega*). Si bien en el *DBEM*, los lemas fundamentales parecen corresponder al español general, la representación integral del español mexicano se observa en los ejemplos y en algunas acepciones, como la 2 de *barrio*:

> **barrio** s m **1** Zona de una ciudad, delimitada por su ubicación geográfica, por alguna característica de la gente que vive en ella, por alguna peculiaridad suya o por su historia: *policía de barrio, barrio de Tepito, barrio obrero, barrio judío* **2** Zona pobre de una ciudad.
>
> (DBEM)

Los diccionarios se distinguen por la estructura de parte de los artículos: en el *DBEM* las acepciones se ordenan en un solo nivel, precedidas por numeración arábiga, mientras que en el *DEUM* y el *DEM* están organizadas en dos niveles:

> **bailar** v intr (Se conjuga como *amar*) **1** Mover rítmica y armoniosamente el cuerpo, siguiendo el compás de una pieza musical **2** Moverse repetidamente algo sin salirse de un lugar determinado, porque tiene juego o está suelto. **3** *Bailar un trompo, una perinola* Hacer que giren sobre sí mismos.
>
> (DBEM)

> **bailar** v intr (Se conjuga como *amar*) **I** Mover con pasos rítmicos el cuerpo, generalmente siguiendo el compás de una pieza musical: *bailar al compás de la música, bailar al son y cadencia de los instrumentos, bailar el jarabe* **II 1** Moverse repetidamente algo sin salirse de un lugar determinado, porque tiene juego o está suelto: *bailar un tornillo, bailar una brújula* **2** tr Girar o hacer girar sobre sí mismos ciertos objetos: *bailar un trompo, bailar una pirinola* **3** (*Hipo*) Trotar desordenadamente un caballo **III** Bailarse a alguien **1** (*Popular*) Engañarlo, embaucarlo: "*Se lo bailaron* con un billete falso" **2** (*Popular*) Ponerlo en ridículo, demostrándole públicamente

que uno es más capaz en algo que él: "El Guadalajara *se bailó* al América", "El profesor *se bailó* al estudiante en su examen" **3** (*Caló*) Golpearlo **4** (*Caló*) Matarlo.

(*DEUM*)

Esta ampliación y agrupamiento de acepciones no responde únicamente a la metodología integral de representar progresivamente la variación interna del español mexicano, sino que manifiesta uno de los aspectos fundamentales del carácter moderno de los diccionarios del Proyecto *DEM*: el basarse en teorías semánticas explícitas. Por un lado, la teoría del estereotipo (Putnam 1975b) —que Lara (1996a, 2001c) integra en una propuesta acerca de la formación del significado léxico— contribuye a precisar la noción de "significado principal" que guía el orden lógico de las acepciones. Lara (1990a, 2009c) sostiene que la noción de significado principal, recurrente pero intuitiva en la práctica lexicográfica, resulta rigurosa si se la considera en el marco de una teoría semántica. La noción de *estereotipo*, próxima a las de *significado descriptivo* (Cruse 1990, 2000b, Löbner 2002), *conceptual* (Leech 1977) y *significado denotativo*, refiere a una construcción mental de los elementos esenciales que permiten decodificar un referente. A la vez, por ser una construcción social, el estereotipo "organiza la inteligibilidad de la comunicación entre los miembros de una comunidad lingüística" (Lara 1990a, 200). Frente a otros criterios de orden de acepciones —el etimológico, el histórico, el de uso o frecuencia— los artículos de estos diccionarios integrales se organizan lógicamente. Compárese, por ejemplo, la entrada de *bodega* de los diccionarios del Proyecto *DEM* con la del *DLE*. La primera acepción de los diccionarios mexicanos define las características típicas del referente y por ello permite comprender los otros sentidos; contribuye a orientar al lector en sus búsquedas.[6]

bodega s f 1 Local o espacio cubierto en el que se almacena alguna cosa: bodega de granos, bodega de vinos, "Las bodegas del puerto son insuficientes" 2 Parte de una tienda, casa, edificio, etc. en la que se almacenan distintos productos o en la que se guardan objetos de uso poco común: "El incendio comenzó en la bodega", "Se agotaron los ejemplares en bodega", "Trajo vinos y conservas de la bodega", "La madera que sobre guárdala en la bodega".

(*DBEM, DEUM, DEM*)

bodega

Del lat. *apothēca*, y este del gr. ἀποθήκη *apothḗkē* 'depósito, almacén'.

1 f. Lugar donde se guarda y cría el vino.
2 f. Almacén de vinos.
3 f. Tienda de vinos.
4 f. Establecimiento, generalmente industrial, para la elaboración de vinos.
5 f. Cosecha o mucha abundancia de vino en algún lugar. La bodega de Arganda, de Valdepeñas.
6 f. despensa (|| lugar donde se guardan los comestibles).
7 f. troj (|| espacio para guardar cereales).
8 f. En los puertos de mar, pieza o piezas bajas que sirven de almacén a los comerciantes.
9 f. Espacio interior de los buques desde la cubierta inferior hasta la quilla.
10 f. C. Rica, Ec., Hond. y Méx. almacén (|| local donde se depositan géneros).
11 f. Cuba, Méx., R. Dom. y Ven. abacería.
12 f. Ec. y El Salv. trastero.

(*DLE*)

Por otro lado, el agrupamiento de acepciones se basa en la teoría de interpretación y organización mental de los significados de voces polisémicas: la propuesta de "esquema taxonómico" de Bernard Harrison (1972):

> Son [...] esquemas multidimensionales, en los que cada dimensión está definida por un rasgo pertinente del significado principal. El orden de acepciones formaliza y verbaliza ese esquema interpretativo. Cuando el método lexicográfico opta por seguir órdenes simples de presentación, numerados sucesivamente, el lexicógrafo se ve forzado a someter el esquema multidimensional a una sola dimensión, y a aplicar un orden arbitrario a los elementos de cada una; cuando se opta por un orden complejo, que permite agrupaciones de acepciones en dimensiones de la misma jerarquía, el esquema interpretativo se formaliza de una manera más adecuada.
>
> *(Lara 2004a, 161–162)*

Así, en *bailar*, las acepciones se organizan en tres grupos: el primero hace al significado principal en el cual el argumento externo es animado, el segundo, con tres acepciones, refiere a sentidos de argumentos no humanos y el tercero, a sentidos transitivos de registro popular. El *DEUM* es uno de los primeros diccionarios del español en recurrir a este tipo de organización del artículo.

La concepción del significado principal como estereotipo se articula perfectamente con el carácter integral de los diccionarios en la medida en que el significado estereotípico que rige la organización del artículo ha de ser el que corresponda a la comunidad hablante mexicana. La teoría semántica fundamenta así la posición glotopolítica de confeccionar diccionarios integrales, que resultan más adecuados al perfil del usuario de una determinada región o país.

3.2. Argentina

El *DIEA* es el primer diccionario integral en ese país, publicado comercialmente en 2008 por el sello editorial Voz Activa pero para cuyo diseño se convocó a un equipo de investigadoras universitarias en lingüística y léxico del español de la Argentina.[7] Se trata de un diccionario de lengua, integral, sincrónico, descriptivo, de uso, orientado a la producción verbal, que describe alrededor de 35 000 palabras. Está destinado esencialmente a estudiantes universitarios o de los últimos años de la escuela secundaria (Adelstein 2009b; Adelstein y Boschiroli 2009).

Este diccionario constituyó la base para la confección de una serie de diccionarios que en mayor o menor medida se presentan como integrales: *El gran diccionario de los argentinos. El uso del español actual en la Argentina* (*GDA*), publicado en 2009 por otro sello editorial, la versión *online* lanzada en 2011, el *Diccionario Clarín.com*, y el *Diccionario inicial* (*DITF*), publicado ese mismo año. El *GDA* es un diccionario en 18 tomos que se comercializó junto con el diario de circulación nacional *Clarín* y otros diarios provinciales, y se distribuyó el mismo año que el *DIEA*. El *Diccionario Clarín.com* es, en principio, la versión en línea de acceso libre del *GDA*, aunque gran parte de las modificaciones que se hicieran en *GDA* respecto del *DIEA* no se registran. Previamente podía consultarse en www.clarin.com/diccionario, aunque a la fecha de escritura de este capítulo se encuentra descatalogado. El *DITF* forma parte de una serie de tres diccionarios escolares publicados por Tinta Fresca (inicial, escolar y estudiantil) (Adelstein 2016).

Las condiciones de producción, publicación y circulación de estas obras son muy diferentes de las del *DEM*. Paradójicamente, el *DIEA* (2008) se publicó antes que el *DEM* (2010), aunque, como hemos visto, ya se habían publicado los tres diccionarios más pequeños, de modo que el proyecto *DEM* fue un modelo explícito para el diccionario argentino. En virtud de su carácter comercial, el diseño del *DIEA* y la realización de las distintas etapas para su compilación se llevó a cabo en tres años de intenso trabajo. A diferencia de los diccionarios del Proyecto *DEM*, la metodología de confección de los repertorios no consistió en la ampliación concéntrica, sino que los diccionarios de Tinta Fresca y otros sellos del Grupo Clarín fueron posteriores adaptaciones del *DIEA*, según diversos criterios de selección y complementación propuestos por las editoriales. El *DITF*, por ejemplo, es una reducción de entradas y acepciones, con agregados de sinónimos y antónimos en los artículos y otros elementos vinculados al carácter inicial del diccionario y a su función estrictamente pedagógica.

En cuanto a los aspectos metodológicos, también se trata de diccionarios basados en corpus: se diseñó el *Corpus Integral del Español Argentino* (*CIEA*), de dos millones de ocurrencias de muestras de 1 000 textos (cada una de 2 000 ocurrencias). Los criterios de selección (cronológico, geográfico, medio, tema) de las muestras están orientados por el tipo de destinatario y las funciones de la obra. Al igual que en el *DEM*, el corpus sirvió tanto para la selección del lemario como para el análisis del comportamiento de las voces (*cf.* Adelstein 2009a para los criterios de armado del corpus, el tratamiento informático y estadístico del corpus, la complementación con repertorios lexicográficos, la metodología y las fases de trabajo lexicográfico).

3.2.1. Materiales preliminares

Cuando se publicó el *DIEA* el término *integral* ya se había difundido en el ámbito de la lexicografía hispánica. El carácter integral de esta obra está explicitado en el título y explicado en detalle en los materiales introductorios (Adelstein 2009a). En ellos se especifica la distinción con los diccionarios diferenciales y se enumeran claramente las propiedades del lemario desde el punto de vista diatópico, entre otros. En el prólogo también se lo explicita:

> El *Diccionario integral del español de la Argentina*, que estas páginas quieren prologar, abre en nuestro país un camino novedoso. No se trata de un repertorio de argentinismos (. . .), aunque incluya los más difundidos. Fue concebido con la pretensión de dar cuenta del vocabulario de la lengua común, la que compartimos con el resto de la América hispana y con España (por eso "integral"), la misma de que se ocupa el DRAE, pero tal como lo ha conformado la variedad argentina culta o estándar, seleccionando los elementos que son funcionales a ella y redefiniéndolos con las formas propias de esa variedad.
>
> *(Moure 2009)*

La decisión de explicitar en el título la metodología integral y/o el carácter no diferencial de la obra se debe, en parte, a que ya existía la segunda edición del diccionario de Proyecto Augsburgo (PA), cuyo título había cambiado la designación de las voces por la referencia nacional. La primera edición de 1993 se titulaba *Nuevo diccionario de argentinismos*, segundo tomo del proyecto del *Nuevo diccionario de americanismos* y la edición publicada por Gredos en 2000 se tituló *Diccionario del español de Argentina* (*DEAr*). Si bien el cambio de denominación se basa en motivos metodológicos, como no poder afirmar con certeza que todos los lemas sean estrictamente argentinismos (Werner 2001), emplear *español de la Argentina*, sin la identificación del método lexicográfico, resulta ambiguo.

3.2.2. Macroestructura y microestructura

La expresión del carácter integral en la nomenclatura se adelanta en la presentación. El *DIEA* incluye formas que, desde una perspectiva diferencial amplia (*i.e.*, no solo respecto del español peninsular), conforman la variedad argentina en la actualidad: (i) formas que comparte con todos los países hispanohablantes (lo que parecería corresponderse con el español básico: *bailarín, balbucear, botella*); (ii) formas que comparten las distintas variedades, pero que son de diferente frecuencia de uso (*colectivo*); (iii) formas que comparte con otros países de América, pero no con España (*abicharse, palta, yerra*); (iv) formas o acepciones exclusivas del Río de la Plata o de la Argentina y Uruguay (*ballenita, bondiola, buchón*); (v) formas o acepciones exclusivas de la Argentina (los "verdaderos" argentinismos, tan difíciles de precisar: *abrochadora*).

A diferencia del *DEM*, por una decisión editorial *a posteriori* del diseño se incluyó en el lemario cierto número de voces de otras variedades nacionales. La incorporación de voces de México, Colombia y España introdujo una dosis de inconsistencia respecto de la integralidad del diccionario. La justificación de tales incorporaciones basada en "necesidades de comprensión del destinatario" encubre una motivación comercial, pero fundamentalmente evidencia la dificultad de representar una variedad no dominante en forma autónoma. Cabe destacar, no obstante, que la inclusión de estas voces quiso limitarse, pues sólo se incluyó un número pequeño, de entre 300 y 500 lemas de geosinónimos preferentemente nominales. Así, si bien a diferencia del *DEM* en el *DIEA* no se emplean marcas diatópicas pues no se representa la variación interna, la inclusión de voces de otras variedades incidió en que se incluyeran tres. Esta incongruencia en el sistema de marcación diatópica, obligada por interferencias en la lengua descripta, se mitiga al recurrir a una representación formalmente diferenciada y a un tratamiento homónimico de las voces. Estas entradas se definen por remisión a una voz o acepción de la variedad de referencia:

> **auto 1** *m* Vehículo de cuatro ruedas que funciona con un motor y que se utiliza para transportar personas [...]
> ***carro**^{2} CO; MÉ → **auto [1]**
> ***cacahuate** MÉ → **maní [1–3]**
> ***cacahuete** ES → **maní [1–3]**
>
> (*DIEA*)

En la información ortográfica y fonética se manifiesta lo integral: por ejemplo, en casos de alternancia de tildación se ofrece en primer lugar la forma más frecuente en la Argentina (*hemiplejia/hemiplejía*). Respecto del vocabulario de definición, las definiciones, lógicamente, se formulan en la variedad de referencia (así, por ejemplo, en la acepción 1 de *broncear* no se emplea *moreno* de uso en España, sino *tostado*).

> **broncear 1** *tr/intr* Referido al Sol, a un tipo de luz artificial o a ciertos medicamentos y cosméticos, dar a la piel de una persona un color tostado: *Cada envase te alcanza para broncear el cuerpo entero./Se presentó un nuevo sistema para broncear sin rayos ultravioletas.* § **2** *tr* Dar una cosa el color del bronce: *broncear picaportes/broncear una bandeja.*
>
> (DIEA)

Por otra parte, el orden de las acepciones responde a la frecuencia de uso en la Argentina, así como la selección de ejemplos privilegia la referencia a objetos, individuos, instituciones y lugares propios del país, como Río Turbio y Uncuyo en *brindar*.

El *DIEA* también incluye locuciones e información del comportamiento sintáctico de las voces de uso en la Argentina. Véase, por ejemplo, el tratamiento que reciben los cuantificadores nominales del habla coloquial del Río de la Plata, como *bocha*, que se emplean precedidos de un determinante indefinido y seguidos de la preposición *de*:

> **bocha 1** *f* Bola hecha de diversos materiales, especialmente la utilizada en varios juegos y deportes: *una bocha de hockey sobre césped/ la bocha de la palanca de cambio.* (. . .) **3** *f* COLOQUIAL Gran cantidad de alguna cosa: *Tengo una bocha de exámenes para corregir/Ese tipo sabe una bocha.*
>
> (DIEA)

Este tipo de tratamiento es un ejemplo del carácter moderno de este diccionario respecto de la representación de la información gramatical y semántica. Además de los verbos pronominales, como señala Renau (2016), el tratamiento sistemático, basado en teorías lingüísticas contemporáneas, se observa en las entradas de clases cerradas como los pronombres, los determinantes y en los usos verbales auxiliares.

Así, a diferencia de otros diccionarios modernos basados en corpus, el *DIEA* otorga la abreviatura *aux* a todas las acepciones de los verbos que se utilicen sin su significado pleno con otra forma verbal no flexionada, formando perífrasis verbales: *deber, dejar, estar, haber, hacer, ir, llevar, quedar, querer, saber, seguir, ser, soler, tener, venir*. Las definiciones en todos los casos son funcionales y explicitan el significado aspectual que generalmente tienen estas construcciones con verbo auxiliar. Los otros diccionarios alternan en representar esta información mediante la abreviatura, la frase "U. como auxiliar" o simplemente incluyendo la frase verbal sin indicación del significado no pleno del verbo; frecuentemente tampoco registran todos los usos auxiliares. A modo de ejemplo, véase la entrada de *querer*:

> **querer 7** *aux* Se combina con el infinitivo de otro verbo para formar una frase que expresa que algo está a punto de suceder o que las condiciones se prestan como para que suceda: *Me parece que está queriendo llover, mirá esas nubes.* § **8** *aux* Se combina con el infinitivo de otro verbo, por lo general en oraciones interrogativas, para formar una frase que expresa una orden o un pedido en tono indignado: *¿Querés hacerme el favor de callarte la boca?*
>
> (DIEA)

3.3. Cuba

En el año 2015 se anunció la confección de un *Diccionario integral del español de Cuba*, a partir de un proyecto de investigación del Instituto de Literatura y Lingüística José Antonio Portuondo, de La Habana, apoyado por el Centro de Lingüística Aplicada, de Santiago de Cuba, y dirigido por la Dra. Aurora Camacho (www.elcastellano.org/news/elaboran-diccionario-integral-del-espa%C3%B1ol-de-cuba). A la fecha de la publicación de este capítulo, no hay disponible información acerca del desarrollo de ese proyecto. En cambio, cabe destacar una serie de diccionarios escolares, producidos por el Centro de Lingüística Aplicada de Santiago de Cuba, que en cierta medida pueden considerarse integrales: el *Diccionario escolar ilustrado* (*DEII*) y el *DBE* en sus versiones papel y electrónica, con varias ediciones y reimpresiones. Son repertorios de nueva planta, basados en corpus (*cf.* reseñas en Ruiz Miyares 2017).

La primera edición en papel del *DBE*, dirigido por Eloína Miyares Bermúdez, es de 2003, y las tres posteriores, de 2008, 2009 y 2014. El diccionario tiene como propósito solucionar las dificultades de los estudiantes cubanos de segundo ciclo de la educación primaria, secundaria y preuniversitaria. La edición electrónica del *DBE* cuenta ya con una versión 4.0 de octubre de 2013. El proyecto de esta versión, liderado por Ruiz Miyares, resulta de la colaboración entre el Centro de Lingüística Aplicada de Santiago de Cuba, del Ministerio de Ciencia, Tecnología y Medio Ambiente (CITMA) y el grupo de investigación IXA de la Universidad del País Vasco.

La metodología, la macroestructura y la microestructura de estos repertorios están delimitadas por el usuario y la intención didáctica. El trabajo para la confección de la obra comenzó en la década de 1990. Se partió del estudio del vocabulario activo-funcional de estudiantes de ambos sexos de la enseñanza primaria entre 2.° y 6.° grados. Se conformó así un corpus de 7 001 composiciones escritas y orales realizadas por hablantes de zonas rurales y urbanas de las distintas provincias de Cuba. Se trata, entonces, de un tipo de corpus muy diferente a los del *DEM* y *DIEA*. Su propósito fue determinar dificultades de estos hablantes en cuanto al léxico y diseñar representaciones lexicográficas que pudieran contribuir a resolverlas. La selección del lemario se basó, además, en diferentes fuentes, como libros de texto y prensa cubana dirigida a los jóvenes (*cf.* Ruiz Miyares y Tarp 2015).

3.3.1. Macroestructura y microestructura

El *DBE* en formato electrónico no ofrece prólogo ni guía de uso alguno. En cuanto a la macroestructura, por ser un diccionario escolar, el lemario es básico y compartido por las distintas variedades del español; Ruiz Miyares y Tarp (2015) indican que "los vocablos seleccionados pertenecen al español contemporáneo e incluyen varios cubanismos, americanismos, y, en menor medida, anglicismos y galicismos". Así, a pesar de tratarse de obras basadas en producciones cubanas y de seguir una metodología integral, presentan las marcas de cubanismo y de americanismo:

> **balina** sf. *cub*
> Bolita de vidrio que, junto con otras, forma parte de un juego para los niños.
> *Los amigos de Pedro juegan a la olla con sus **balinas**.*
> Sin. bala, bola
> ba-li-na; balinas (pl.)
> **bañadera** sf. *amer*
> Recipiente alargado y hondo para que una persona se bañe introducida en él.
> *El jabón se me cayó en la **bañadera**.*
> Sin. bañera
> ba-ña-de-ra; bañaderas (pl.)
>
> (DBE)

4. Discusión

El concepto de *diccionario integral* según lo descripto ofrece varios ejes de discusión no solo respecto de la tipologización lexicográfica, en especial en el ámbito hispánico, sino en cuanto a aspectos glotopolíticos del tratamiento de las variedades.

En primer lugar, cabe precisar el alcance de la exhaustividad de estos diccionarios. Si bien idealmente los repertorios analizados son exhaustivos en cuanto a la variedad de referencia, son en realidad restringidos cronológicamente, pues se basan en corpus textuales de períodos acotados (entre 1921 y 1974 en el caso del *DEM*, entre 1980 y 2005, en el *DIEA*). La oposición *diccionario exhaustivo* y *diccionario restringido* resulta así difícil de aplicar a los diccionarios integrales analizados.

En segundo lugar, *diccionario integral* y *diccionario nacional* son tipologizaciones que frecuentemente se solapan en la lexicografía actual del español (Ávila 2003, 13), consecuencia directa de la oposición entre metodología diferencial y no diferencial. Sin embargo, tal identificación suscita al menos dos observaciones. Por un lado, varios diccionarios diferenciales se proponen también como nacionales, aun cuando el método descriptivo no sea integral. Por otro lado, como vimos, diversos elementos de la representación lexicográfica evidencian tensiones en la delimitación de la variedad nacional respecto de la fragmentación lingüística interna.

En tercer lugar, y en relación con lo anterior, queda claro que la distinción *diccionario integral* y *diccionario diferencial* no resulta tan diáfana. Por un lado, los datos de la sección anterior indican que es preciso distinguir entre *diccionario integral* y *metodología integral*, ya que, por ejemplo, los diccionarios del *DEM* son integrales respecto de las otras variedades nacionales del español, pero deben emplear necesariamente una metodología diferencial para registrar los usos propios de las variedades regionales cuando estas se quieran representar (*cf.* Lara 1994, 2). Consecuentemente, las dificultades que se han señalado abundantemente para los diccionarios diferenciales respecto de la metodología para establecer cabalmente las voces privativas de un país americano (Ávila 2003; Lara 2005; Zimmermann 2006) se reproducen en la metodología para establecer las unidades de las variedades internas. En el caso del *DIEA* también se observan respecto de ciertas variedades de otros centros del español (Adelstein 2015). Por otro lado, existen denominaciones similares para diccionarios que tienen metodologías muy diferentes. Diccionarios diferenciales con distinto grado de contrastividad se titulan de manera parecida al *DEM* o al *DIEA*, por ejemplo, *Diccionario de uso del español de Chile* (*DUECh*), *Diccionario del español del Uruguay* (*DEU*), *Diccionario de la lengua de la Argentina* (*DiLA3*, 2019), *Diccionario del español de Cuba* (*DECu*, 2000) y *Diccionario del español de Argentina. Español de Argentina - Español de España* (*DEAr*, 2000). Estos diccionarios diferenciales más actuales han optado por evitar la referencia a regionalismos en sus títulos, no solo los del PA, sino también los elaborados por academias. El *DEU* y el *DiLA3* señalan en sus prólogos que los lemas de estos repertorios no son estrictamente "argentinismos" o "uruguayismos" ya que no hay modo de constatar que se trate de voces exclusivas del país respectivo; es decir, solo confirman que los lemas se usan en ese país, pero que tal vez se empleen también en otros (Moure 2019). En el prólogo del *DEU* (2011,15), *apud* Cajarraville (2018, 123), se alude a este solapamiento entre lo que es un "verdadero uruguayismo" y una "voz del español del Uruguay" (mis denominaciones). Finalmente, los diccionarios integrales cumplen un rol esencial para los diferenciales. Por ejemplo, funcionan como fuente que testimonia el uso de la voz (de hecho, el *DIEA* es una de las fuentes del *DiLA3*). Se observa así cierta "circularidad" en la confección de los lemarios entre diccionarios: en el caso del *DIEA* los diccionarios diferenciales *DEAr* y el *Diccionario del habla de los argentinos* (*DIHA*, 2008) contribuyeron a constatar algunas voces que no tenían alta frecuencia en el *CIEA* y en virtud de ello fueron incorporadas o desechadas del lemario.

En cuarto lugar, en el caso de los *diccionarios básicos*, el carácter *integral* o *nacional* se solapa con el español general (Paz Battaner en comunicación personal), por ejemplo, gran parte del lemario de la letra *b* en *DBEM* y *DITF* son voces de uso general y común al resto de variedades del español. Lo anterior permite pensar que cuanto más fundamental o básico es un diccionario de metodología integral, más general y menos privativo de una región resultaría, y que tal vez, en cierto sentido, el *DEM* sería "más nacional" e integral que el *DBEM*.

En quinto lugar, la metodología integral, que considera la lengua hablada en una región sin oponerla a la de otra, determina la necesidad de basarse en corpus representativos de tal variedad. En este sentido, el concepto de *diccionario integral* se solapa con el de *diccionario basado en corpus*.

Por último, cabe considerar el rol de los diccionarios integrales en el marco de una lengua que, aun con matices, es caracterizada como pluricéntrica (Lara 2009d; Morgenthater Garcia 2008; Oesterreicher 2002; Sinner 2014, entre muchos otros). Por un lado, como hemos visto, estos diccionarios surgen ante la necesidad de contar con repertorios que ofrezcan una descripción completa de la lengua hablada en cada país, que represente las semejanzas con las demás variedades pero también los rasgos propios, adquiridos en su evolución histórica (Lara 2019a). Por otro lado, en los diccionarios integrales de la Argentina se produce una interferencia de voces provenientes de centros normativos que son polos[8] con mayor poder de difusión de la lengua que el de Buenos Aires, y que imponen elementos de su variedad como parte del léxico del hablante argentino, aunque sea pasivo. Entre los parámetros que Lara propone para evaluar la polaridad de un centro incluye, justamente, la producción editorial y la exportación de libros. Evidentemente, este parámetro ha incidido en la decisión editorial acerca del tratamiento de la variedad y el carácter integral de los diccionarios (para un análisis más completo, *cf.* Adelstein 2015, 2016).

5. Conclusión

Los diccionarios integrales analizados comparten tipológicamente otras características por las cuales resultan fundamentales en la lexicografía hispánica actual: se basan en corpus, tienen como propósito explícito la formación de ciudadanos en distintos niveles de escolarización y son diccionarios de uso del español contemporáneo; de allí que autores como Fajardo Aguirre (2010) atribuyan al carácter integral otros rasgos que, en principio, no hacen necesariamente a la metodología integral: tipo de usuarios, tipo de funciones, carácter descriptivo, no normativo, de uso. Consideramos que el carácter moderno de la representación de la información lingüística y el ser diccionarios de nueva planta basados en corpus constituyen rasgos que, en cierta medida, se requieren recíprocamente con el de integral.

A modo de cierre cabe considerar en el actual panorama de la lexicografía en América la factibilidad de otros proyectos nacionales para la confección de diccionarios integrales. Evidentemente, la investigación sobre la dinamicidad del léxico y la confección de corpus requiere de tiempo y apoyo económico continuos, aspectos que pocas editoriales pueden brindar y que no toda institución universitaria puede solventar.

Notas

1 Agradezco la lectura atenta y los comentarios inteligentes de Victoria de los Ángeles Boschiroli y de los evaluadores anónimos, que contribuyeron sensiblemente a mejorar este trabajo.

2 Los términos *diferencial* y *contrastivo* se emplearon inicialmente como sinónimos; a partir de Werner (1991) se los distingue (Chuchuy 1994; Fajardo Aguirre 2010; Zimmermann 2018).

3 Es interesante señalar la recepción de las obras: el *DFEM* tuvo una 2.ª edición en 1993 con una reimpresión; el *DBEM* cuenta con una versión en braille de 1995 y dos reimpresiones (1991 y 1995). El *DEUM* tuvo seis reimpresiones de su 1.ª edición (2001, 2002, 2005, 2006, 2007, 2008) y una versión online (www.cervantesvirtual.com/obra-visor/diccionario-del-espanol-usual-en-mexico-0/html), además de haber integrado diversas colecciones (*cf.* Anguiano Peña 2012); en 2009 se publicó su 2.ª edición.

4 Los diccionarios del proyecto *DEM* fundan su nomenclatura en la frecuencia registrada en el *CEMC*: para la 1.ª edición del *DEUM* se consideraron vocablos con frecuencia ≥ 10; para la 2.ª edición, los de frecuencia <10 o = 8; para la 1.ª edición del *DEM*, los de frecuencia ≥ 3 y para la edición de 2019, los de frecuencia ≥1 o 2, pero se recurrió también a textos mexicanos en otros corpus como *CREA*, *CORPES XXI* y *CORDE*.

5 En comunicación personal, Lara comentó que, dado que no es posible desde El Colegio de México cubrir la riqueza léxica de las distintas regiones, han contactado a investigadores de otras universidades, como Everardo Mendoza de la Universidad Autónoma de Sinaloa, para construir diccionarios regionales que permitan identificar si en el *DEM* falta agregar o señalar acepciones regionales. Un proyecto con las mismas características se inició en la Universidad Autónoma de Zacatecas.

6 En el Proyecto *DEM* se observa un ejercicio real de la circularidad entre aplicación lexicográfica y teoría semántica: la propuesta inicial del orden lógico de acepciones basado en la teoría del estereotipo se confirmó luego a partir de una investigación realizada con lectores que debían ordenar definiciones que les fueron entregadas por separado (*cf.* Lara 1979, 2004a).

7 El diseño del diccionario, del corpus y del lemario fue realizado por A. Adelstein, V Boschiroli e I. Kuguel quienes, junto con G. Resnik, elaboraron la guía de estilo para la compilación.

8 Lara (2009d, 2015a) distingue *centro* de *polo*, *pluricentrismo* de *multipolaridad*. El centro hace a la norma y el polo, al poder de difusión de la lengua que tiene un centro.

Bibliografía básica

Adelstein (2016); Lara (1980); Zimmermann (2018)

Bibliografía complementaria

Chuchuy (1994); Lara (2006c); Lauria (2015); Werner (1994); Zimmermann (2006)

25

Los diccionarios de la Real Academia Española (The dictionaries of the Royal Spanish Academy)

Enrique Jiménez Ríos

1. Introducción

La Real Academia Española (RAE) ha publicado varios diccionarios a lo largo de su historia. Destaca el *Diccionario de la lengua española* (*DRAE*, hoy *DLE*), que desde su aparición deja de ser una mera herramienta lexicográfica para convertirse en un instrumento de regulación lingüística.

En este capítulo se exponen las razones que justifican esta conversión y se aborda su situación actual y futura. Se examina su recepción por parte de los usuarios, los medios de comunicación y la comunidad científica, así como su difusión por la institución encargada de su elaboración, la RAE junto con la Asociación de Academias de la Lengua Española (ASALE). Se señala, asimismo, lo que representa en tres ámbitos: en el de la lengua, testimonia la descripción del uso frente a la imposición de norma con una metodología panhispánica; en el de la lexicografía, establece esta actividad como disciplina científica, la metalexicografía en español; y en el de los usuarios, da fe de la existencia de una palabra y de su corrección.

Es también resultado de la historia, de la Academia y del propio diccionario, que crea una tradición lexicográfica. Hoy la tecnología permite cambios, como la inserción de información más detallada.

Palabras clave: descripción; diccionario; norma; panhispanismo; Real Academia Española

The Royal Spanish Academy (RAE) has published various dictionaries throughout its history. The most important of these is the *Dictionary of the Spanish Language* (*Diccionario de la lengua española*, *DRAE*, today known as the *DLE*), which since its first appearance has been considered an instrument for regulating language as well as a lexicographical tool.

In this chapter, we address how the *DLE* functions now and how this may develop in the future. We examine how it is disseminated by the institutions charged with compiling it, namely the RAE and the Association of Academies of the Spanish Language (ASALE). We also look at how it is received by its users, the media, and the scientific community. We show how the *DLE*

DOI: 10.4324/9780429244353-29

aims to describe usage rather than imposing norms and how it has established metalexicography in Spanish as a scientific discipline.

The lexicographical tradition in Spanish is rooted in the work of the Academy and its dictionary. Today, technology makes it easier to insert changes and add more detailed information.

Keywords: description; dictionary; pan-Hispanism; Royal Spanish Academy; rules

2. La RAE y las Academias de la Lengua Española

2.1. *Nacimiento e ideas lingüísticas*

La Real Academia Española nace en 1713 en un momento de postración lingüística (también cultural, social y política). Lo hace a imitación de las academias francesa y florentina, y su origen se sitúa en la tertulia que Juan Manuel Fernández Pacheco, marqués de Villena, mantenía en su palacio de la Plaza de las Descalzas de Madrid. Fue un revulsivo, pues actuó como instrumento regenerador, favorecido por el contexto de renovación intelectual protagonizado por los novatores desde finales del siglo xvii (García de la Concha 2014, 20). Entre las causas que la determinan está el deseo de estabilidad y regulación idiomáticas, el cuidado de la lengua (Fries 1989, 44).

El lema "limpia, fija y da esplendor" resumía su objetivo: limpiar la lengua de malas formaciones, fijar la de los textos literarios de los siglos xvi y xvii, y darle esplendor con la imitación y difusión de la literatura antigua, y con ella la recuperación de la lengua del pasado. Esto favorece el casticismo, guía de la actividad académica que vino después (Lázaro Carreter 1985 [1949], 259). En él basa sus ideas lingüísticas y la codificación idiomática. La propiedad y pureza léxicas se convierten en principios reguladores de una labor que puede calificarse ya de normativa: se busca la propiedad a través de la literatura y se defiende la pureza con el rechazo, primero, de formaciones barrocas y, luego, de galicismos. Para cumplir con esos principios aparecen los criterios de autoridad y uso en la admisión de voces: la autoridad de los textos literarios y el uso de las personas instruidas.

Si la RAE es producto de la Ilustración, las Academias americanas lo son del nacionalismo romántico (Battaner 2019, 36). Esto explica la defensa de su identidad nacional y el interés por los usos propios, diferenciadores e innovadores, lo que no quita que algunos sean censurados como barbarismos. Se rechaza, asimismo, el casticismo y purismo peninsulares (Pérez 2019, 54). Hoy la labor conjunta RAE-ASALE se plasma en la política lingüística panhispánica.

2.2. *Metodología panhispánica*

En los días previos al VIII Congreso de la Lengua Española, celebrado en Argentina en 2019, los directores de la RAE y del Instituto Cervantes, entidades organizadoras del evento junto con ASALE, dialogan en una entrevista sobre la lengua (*El País Semanal*, 24 marzo 2019). Lo hacen sobre la unidad y diversidad del español, sobre su uso y su cuidado, y sobre la variedad que le es propia. No son nuevos estos temas de debate y discusión (Lázaro Carreter 1996, 36–37; Del Valle 2007b, 93).

La defensa de la unidad frente al temor a la fragmentación surge con la independencia de las colonias americanas (Lara 1996b, 349; Del Valle 2007a, 38–39): la labor, primero, de intelectuales americanos como Bello o Cuervo (Lázaro Carreter 1996, 37–38; Lara 2011, 322; Pérez 2019, 52), y la creación, después, de las academias correspondientes, hacen que la emancipación política no sea también lingüística (García de la Concha 2014, 218). Pero el peligro parece seguir vivo, no solo por la acción de los americanismos, sino de los extranjerismos. Por ello, el cuidado de la lengua y la admisión o no de estos últimos contribuye a mantener su unidad.

De la defensa de la unidad, primero, y de la aceptación de la diversidad, después, surge la máxima "unidad en la diversidad", que se convierte en el eje de la política lingüística panhispánica (Del Valle 2014, 95). Pero se critica que se trate de una diversidad regional, no social (Barrios 2011, 614). Bajo ese ideal de respeto a la diversidad y, lo más importante, de la misma consideración a las hablas que la conforman, algunos autores han visto un nacionalismo español con prácticas neocoloniales que hacen que esta política lingüística opere con exclusiones (Del Valle 2014, 109): porque las instituciones "que tienen secularmente reconocida la competencia de fijar la norma lingüística para el mundo hispánico" (*DPD* 2005, XI), RAE y ASALE, no están en relación de igualdad (Del Valle 2007b, 82, 96; Fajardo Aguirre 2011, 63), y tampoco las hablas que conforman esa diversidad, como muestra su marcación en el diccionario (Aliaga Jiménez 2002–2004, 141).

Con la nueva política lingüística panhispánica y con la idea de "unidad en la diversidad", construye la Academia una nueva ideología y con ella una nueva metodología: porque atiende a la descripción, no a la prescripción, y porque quiere reflejar el uso, no la norma (entendida como corrección) (Lara 2011, 335): RAE y ASALE priorizan los criterios de "recomendación" y "preferencia" (Moreno Fernández 2012, 606–608): promover y educar es más efectivo que prescribir y censurar. La prescripción ha dejado paso a la recomendación (ASALE 2004, 2–3).

3. Los diccionarios de la RAE y la ASALE: relación, representación y entorno

Los diccionarios de la RAE son el resultado de la situación lingüística en que se producen y reflejan la evolución de la lexicografía como disciplina científica, los cambios en el quehacer lexicográfico. A esto último ha contribuido la propia corporación con su principal obra, el *Diccionario de la lengua española.*

A la función codificadora se une enseguida la función didáctica, de la que resulta una tipología de diccionarios, cuyo objetivo es acercar la lengua a los hablantes y enseñar su uso. En esto el avance de la lexicografía ha sido determinante, pues las necesidades de los usuarios reclaman ser atendidas en obras léxicas específicas.

3.1. Relación

La relación de diccionarios de la Real Academia Española se inicia con *Diccionario de la lengua castellana* (1726–1739), el conocido como *Diccionario de autoridades* (en adelante, *DAut*). Le sigue un repertorio que resulta de su reducción, con ediciones sucesivas, pronto convertido en el diccionario "académico", "de la Academia" (*DRAE*, hoy *DLE*), del que ya existen veintitrés ediciones.

A su lado, van apareciendo otros diccionarios, de otro tipo y con otra finalidad. El primero, el *Diccionario manual e ilustrado de la lengua española* (en adelante, *Manual*). Su objetivo es atender al léxico vivo. Para conseguirlo, incorpora neologismos, extranjerismos y tecnicismos que no figuran en el diccionario académico, y elimina los arcaísmos. Tuvo cuatro ediciones desde 1927 hasta 1989. Los cambios proyectados para las ediciones del *DRAE21*, de 1992, y *DRAE22*, de 2001, debieron de hacer innecesaria su continuidad.

Años más tarde se retoma la idea del diccionario manual y se publican dos diccionarios: el *Diccionario panhispánico de dudas* (RAE y ASALE, 2005, en adelante, *DPD*), y el *Diccionario esencial de la lengua española* (RAE y ASALE, 2006, en adelante, *DELE*). El primero, con la intención de resolver problemas ortográficos, gramaticales y léxicos; ofrece, como el *Manual*, recomendaciones sobre neologismos y extranjerismos, e informa sobre voces usadas con sentidos impropios y calcos semánticos censurables (Senz, Minguell y Alberte 2011, 387). El segundo, el *DELE* (Presentación), quiere ser una versión "útil", "sencilla" y "actualizada" del *DRAE*, planteamiento similar al del *Manual*. Recoge "el léxico general hispánico de nuestros días", sin arcaísmos, y sin coloquialismos o vulgarismos no compartidos por España y América. Pretende servir de anticipo de las novedades que habrá de recoger el diccionario académico y trata los extranjerismos reunidos en un apéndice, con los criterios ya fijados en el *DPD*.

El didactismo determina la publicación de los diccionarios escolares: del *Diccionario escolar de la Real Academia Española* (RAE 1996 y 1997, *Escolar RAE*), criticable porque un repertorio de este tipo no resulta de suprimir voces de un diccionario general. El proyecto, retomado años después, dio como resultado el *Diccionario del estudiante* (*DEst*, RAE 2005, 2011 y 2016), dirigido a alumnos de secundaria y bachillerato españoles. Una versión de este es el *Diccionario práctico del estudiante* (RAE y ASALE 2007 y 2012), destinado a estudiantes de países hispanohablantes. Recogen el vocabulario fundamental de este nivel de enseñanza y destacan por acompañar la definición con ejemplos, así como por ofrecer aclaraciones y precisiones de uso, sinónimos y voces afines. Las ediciones presentan novedades consistentes en el aumento de voces y acepciones. El *Diccionario básico de la lengua española. Primaria* (RAE 2014) resulta de la colaboración de la RAE con la editorial SM.

La atención a América y el reclamo para incorporar en el diccionario académico más voces de esa procedencia desemboca en la publicación del *Diccionario de americanismos* (ASALE 2010, en adelante *DA*). Obra de ASALE —no de la RAE y ASALE—, "pretende recoger todas las palabras propias del español de América", como indica en la web la Academia Española. Elaborado con un método contrastivo con el español general (Lara 2011, 336), culmina un proyecto cuyo origen se remonta al siglo XIX, y ofrece, por fin, una fuente para la revisión de los americanismos en el diccionario académico.

Al lado de estos diccionarios, otros productos lexicográficos académicos son el *Diccionario del español jurídico* (2016) y el *Diccionario panhispánico del español jurídico* (2017), con la participación del Consejo General del Poder Judicial español. Responden a la incursión de la Academia en la codificación del lenguaje de especialidad para la que ofrece la metodología lexicográfica moderna aplicada en sus repertorios.

Entre los proyectos en curso está el *Nuevo diccionario histórico del español* (en curso y en línea, como *NDHE*), cuyo planteamiento lo diferencia sustancialmente de sus antecesores, los diccionarios históricos inconclusos, iniciados en 1933 y 1960.

3.2. Representación

En esta relación de diccionarios, sobresale uno, el *DRAE* (hoy *DLE*), cuyo origen se sitúa, ya se ha señalado, en los comienzos de la labor lexicográfica de la corporación. La bibliografía ocupada de examinar sus ediciones ofrece una descripción de la obra y con ella el avance de la práctica lexicográfica. Este avance ha permitido, si no construir, sí desarrollar la metalexicografía o ciencia lexicográfica en español, porque "desde que existen los diccionarios [ediciones del diccionario] de la Real Academia Española toda la lexicografía española depende de ellos y se alimenta de su sustancia" (Haensch 1997, 161); son el centro de la lexicografía hispánica (Seco 2003 [1995], 401; Azorín Fernández 2000c; Ruhstaller 2003). Aunque esta dependencia ya es algo del pasado, explica la atención prestada a este diccionario y al modo como se ha ejecutado ("la siempre discutida labor de la Academia, aunque pocas veces mejorada" (Alvar Ezquerra 2000a, 128).

Si todavía en 1970 (*DRAE19*) la RAE definía la lexicografía como el "arte de componer léxicos o diccionarios", en 1984 (*DRAE20*) introdujo un nuevo significado, "parte de la lingüística que se ocupa de los principios teóricos en que se basa la composición de diccionarios." Era la consecuencia de la evolución de su práctica lexicográfica, influida por la aplicación de la lingüística y por los principios teóricos de la nueva disciplina que empezaban a llegar de fuera (Rey-Debove 1971, Dubois y Dubois 1971, Zgusta 1971b).

El nuevo modo de hacer lexicografía va penetrando poco a poco en el *DRAE* y al mismo tiempo lo practicado en la confección de este diccionario, por su historia y por la institución que lo hace, influye en la construcción de la metalexicografía en España (Ahumada Lara 1989; Ahumada Lara y Porto Dapena 2003). Puede decirse, entonces, que la teoría lexicográfica se impregna de lo hecho por la RAE y que el diccionario académico determina el rumbo de la lexicografía española.

En este avance el diccionario se toma, además, como un corpus que permite analizar la lengua en uso: el diccionario recoge el léxico de la lengua y al léxico de la lengua se puede acceder a través del diccionario. El interés por el léxico y la revitalización de la lexicología repercute en la lexicografía, y en el caso del español, ese interés se ha concretado particularmente en el *DRAE*.

3.3. *Entorno*

El desarrollo de la lexicografía académica en las últimas décadas se ha plasmado en la mejora del diccionario. La participación de las distintas ramas de la lingüística en su confección y la consolidación de la teoría lexicográfica, explican ese desarrollo. De ello se ha derivado una atención particular a cada una de las informaciones que ofrece el diccionario, si bien, por tradición, la selección de las entradas y la definición siguen destacando. El *DPD* y el *DA*, como resultados de una nueva metodología, han contribuido a esa mejora. Lo hicieron también los diccionarios no académicos de los siglos XIX y XX, y como ellos las voces críticas (Jiménez Ríos 2013a, 2013b), instando a la actualización de la nomenclatura y a la introducción de precisiones para el uso de las voces. La disposición de los corpus (*CORDE* y *CDH*, para la diacronía; *CREA* y *CORPES XXI*, para la lengua actual) ha sido decisiva para esta labor. El interés está ahora en el español vivo.

Una mirada a la tipología de diccionarios publicados fuera de la corporación revela que el foco se ha puesto en atender a las necesidades de los usuarios. Esto obliga a retomar un tipo de diccionario que dejó de aparecer con el *Manual*. El *DPD* y el *DELE* han servido para recuperar esa obra necesaria, completándola con más información.

Asimismo, la tecnología permite tener el diccionario académico en distintos soportes, pero, sobre todo, lo ha convertido en una herramienta más de todas de las que puede disponer hoy un hablante para conocer su lengua. La plataforma *Enclave RAE* (a partir del año 2018), creada por la RAE, ofrece muchas posibilidades para ese conocimiento, entre las que destaca una por su estrecha relación con la lexicografía: descubrir las combinaciones más frecuentes de palabras. En un diccionario digital, la estructura cambia y con ella la información que se recoge. Hoy, la objetividad y la claridad llevan a la mejora de la definición, la exposición de las condiciones de uso de una palabra a la precisión en la marcación, y el respeto a la diversidad léxica a ampliar la nomenclatura (Díaz Salgado 2011, 63). Pero sigue siendo necesaria, y se reclama con más fuerza, una información que ayude a construir un texto, a vincular y combinar las palabras.

4. El *Diccionario de la lengua española*

El diccionario académico desempeña un papel determinante en la lexicografía española como garante del uso lingüístico. La última edición, *DLE* de 2014, presenta cambios, mejoras con respecto a las anteriores. Se apuntan como novedades el enriquecimiento, la modernización y la coherencia. No obstante, en todas las ediciones se ha hecho un "esfuerzo constante por mejorar la obra" (Garrido Moraga 1992, 285).

4.1. Diccionario de autoridades

El título con que se conoce hoy al primer diccionario de la RAE, publicado entre 1726 y 1739, lo toma de los textos de autoridad que ilustran y avalan las palabras. La amplitud en la selección de las entradas (hay palabras de todas las zonas, ámbitos y registros) y la detallada y precisa información sobre el uso de las voces, explican el éxito de esta obra hecha en poco tiempo por personas, los primeros académicos, sin experiencia en el trabajo lexicográfico. Objetividad, regularidad y precisión son los rasgos que la caracterizan.

El vaciado de los textos, en la combinación de letras asignada a cada académico, arroja nuevas palabras para las que se proyecta un suplemento, que pronto se abandona en favor de una segunda edición. El primer tomo aparece en 1770 y contiene mejoras sustanciales, por la adición y supresión de voces, y por la enmienda de las existentes. La demora en los trabajos y la falta de ejemplares de la primera edición hacen que se adopte una decisión con repercusión, entonces, insospechada: convertir el diccionario en un compendio. Se acuerda en 1777 y en 1780, aparece la primera edición. Con ella nacía el diccionario de la Academia, *DRAE*, hoy *DLE*.

4.2. Evolución y cambios en el diccionario

Las primeras ediciones apenas experimentan cambios; el tiempo que media entre ellas evidencia que no pudieron ser muchos (la 1.ª, de 1780; la 2.ª, de 1783; la 3.ª, de 1791; y la 4.ª, de 1803); la indicación "reducido a un tomo para su más fácil uso" en la portada de todas ellas, muestra su conexión con *DAut* y con los cambios a que seguía siendo sometido, conducente a su segunda edición; de hecho, en los prólogos se informa de las letras a que llega la revisión. La 5.ª, de 1817, la primera hecha en pleno siglo XIX, supone el abandono definitivo de la segunda edición de *DAut* —aunque todavía en ella se dice que se ha revisado hasta la letra P— y comporta novedades que la separan de sus predecesoras: es la que ofrece mayor número de adiciones de toda la primera mitad del siglo XIX (Clavería y Freixas 2018).

Se sucede el trabajo diccionarístico de la Academia con cambios de distinta factura en las ediciones posteriores: sin duda, la defensa de las críticas por la escasez de voces en *DRAE7* (1832), y por la falta de términos científico-técnicos en *DRAE8* (1837), así como la atención a los tecnicismos y neologismos en *DRAE9* (1843), con una declaración programática sobre su tratamiento, es lo más relevante. No se olvidan los criterios que determinan el aumento del léxico general: la autoridad y el uso. Sobre estos principios se pronunció Bello (1983 [1845], 437) y la crítica surtió efecto: en *DRAE10* (1852), hay un aumento de voces porque "modernamente introducidas se han generalizado en el uso" (Al Lector).

A partir de entonces, el diccionario entra en una nueva fase que desemboca a final de siglo: publicada la décima, las siguientes, *DRAE11* (1869), *DRAE12* (1884) y *DRAE13* (1899), comportan la renovación del diccionario, de su contenido y del modo de tratar ese contenido. Sobresale la 12.ª, una de las más innovadoras (Garriga 2001, 268; García de la Concha 2014, 230), cuyos cambios culminarán en la 13.ª, que destaca por la atención a los tecnicismos y a los americanismos (Clavería 2003, 326).

El brío de las últimas ediciones decimonónicas inaugura las del siglo XX: la 14.ª, de 1914, y la 15.ª, de 1925, esta con la apertura a los regionalismos y americanismos. La Guerra Civil frustra la difusión de la 16.ª, de 1936, que se pone en circulación en 1939, una vez terminado el conflicto bélico, y se reedita en la 17.ª, de 1947, con un copioso suplemento. Pero no basta con esto: hay que "entresacar de nuestros libros de antaño muchas voces que faltan en los diccionarios modernos" (Rodríguez Marín 1922, IX). Porque lo peor no es el desconocimiento de las voces castizas, sino el uso de extranjerismos sin necesidad. La preocupación por los extranjerismos recorre, pues, todas las ediciones. También el interés por los arcaísmos. Ragucci (1943, 435), académico argentino, señala que el diccionario debe registrar arcaísmos para la comprensión de textos, y neologismos "expresivos y bien amoldados a la índole de la lengua": los que exigen un "tratamiento más severo" son los préstamos.

Desde mediados de siglo, la aparición de estudios metalexicográficos y el interés constante por renovar y actualizar el diccionario hacen que las ediciones siguientes la (18.ª, de 1956; la 19.ª, de 1970; la 20.ª, de 1984, y la 21.ª, de 1992) alimenten un proyecto de diccionario al que no le basta con las revisiones periódicas. Tras la aparición de la 21.ª, la creación en 1993 del Instituto de Lexicografía, formado por especialistas para redactar el diccionario, y la publicación en 1997 de una *Nueva Planta* para su elaboración, son hechos determinantes para la renovación de la obra. El resultado es la 22.ª, *DRAE22* (2001), cuyas páginas preliminares destacan por su importante contenido metalexicográfico.

4.3. *La 23.ª edición: el* DLE

El *DLE* (abreviatura de *Diccionario de la lengua española*, sustituta de *DRAE*, por ser obra de la RAE y la ASALE) es resultado de la revisión y enmienda de la edición anterior. Diccionario general de la lengua española recoge, por tanto, el léxico general de España e Hispanoamérica. Junto a él registra, adecuadamente marcados, usos específicos de cada país o zonas de estos, palabras de distintos niveles de comunicación, voces y acepciones del léxico especializado de ciencias, artes y técnicas, y el léxico fundamental del español usado desde el siglo XVI hasta hoy.

Contiene novedades tanto en la macroestructura, como en la microestructura. La disponibilidad de la obra en soporte electrónico ha permitido actualizaciones, efectuadas en 2017, 2018, 2019 y 2020, de las que han resultado las versiones 23.1, 23.2, 23.3 y 23.4 respectivamente. En la primera se produjeron 3345 modificaciones, en la segunda 2451, en la tercera 1100, en la cuarta 2553; consisten, sobre todo, en adiciones y enmiendas, no en supresiones, pues, de acuerdo con los datos suministrados por la propia corporación, en la actualización de 2018, por ejemplo, solo se produjeron veintitrés supresiones.

La función descriptiva de la obra, el registro del uso de la lengua y la metodología panhispánica aplicada en su confección, frente a la prescripción, norma y colaboración —ocasional o puntual— de las academias americanas de ediciones pasadas, son los mejores resultados de una práctica lexicográfica, ya tricentenaria, que se cristaliza en esta edición.

4.3.1. Macroestructura

La revisión de la macroestructura supone la adición y supresión de voces. Voces de atención preferente en esta edición son los americanismos, los tecnicismos y los neologismos. A pesar de las actualizaciones periódicas, la innovación se recoge "con explicable retraso y criterio selectivo" (Casado Velarde 2015a, 10), para evitar incorporaciones de vida efímera o escasa extensión de uso.

Los primeros, los americanismos, se introducen por el carácter panhispánico del diccionario y por la participación en su confección de las academias americanas: la mejor representación de los dialectalismos peninsulares en las ediciones anteriores explica la demanda de una mayor presencia del léxico americano. Claro que no se soluciona así el desequilibrio en el contraste entre España y América, por oponer países con regiones (Fajardo Aguirre 2011, 60), en lo que sigue subyaciendo la actitud españolista tan criticada.

Los segundos, los tecnicismos, responden al reclamo para contar con aquellos de uso extendido fuera de cada disciplina: como *retroalimentación*, incorporado en la primera actualización, el cual ha desarrollado una acepción sin marca científico-técnica.

Y los terceros, los neologismos, se recogen porque su presencia mide la innovación, actualización y progreso del diccionario. Neologismos son los extranjerismos, distinguidos por su adaptación o no al español (letra redonda o cursiva). Para los no adaptados son muchos los que piden que el diccionario oriente sobre la pronunciación, como ya lo hace sobre su escritura, cursiva o no, asunto no exento de polémica, pues no siempre es fácil ofrecer la remisión a una forma recomendada, y tampoco lo es dar cuenta de la pronunciación (Rodríguez Marín 2008, 118). Al lado de *retroalimentación*, se recoge *feedback* con varios significados. La Academia no está cerrada a incorporar estas voces, pero sí se muestra reacia, si no son necesarios, lo que sucede con *black friday* o *take away*.

La historia y el peso de la tradición han hecho que la Academia haya procurado siempre mantener un equilibrio entre los ideales de pureza y corrección emanados de la literatura y el uso culto no literario (Ahumada Lara 1989, 45; Azorín Fernández 2000c, 277). Pero si se desea ofrecer un instrumento útil y práctico, habría que adoptar un criterio más inclusivo, como lo ha empezado a hacer en esta edición, consistente en registrar las voces de uso corriente de la lengua general (Casado Velarde 2015a, 23–24).

4.3.2. Microestructura

Esta edición presenta un nuevo sistema que organiza la información y facilita su localización dentro del artículo lexicográfico. Destaca la información situada tras el lema (en la edición en papel, entre paréntesis), que ahora puede contener, además de la etimología, variantes de lema, información ortográfica y morfológica.

Se han numerado todas las acepciones, la primera también, y se hace uso de signos indicativos de los distintos bloques que pueden encontrarse en una entrada lexicográfica (signo de separación de acepciones, del bloque de acepciones que comparten categoría gramatical, del bloque de formas complejas, etc.).

Hay novedades en la marcación gramatical, pues "com.", nombre común en cuanto al género, y "amb.", ambiguo, han sido sustituidos por "m. y f." y "m. o f." respectivamente.

Otros cambios que afectan a las marcas son los relativos a su valor; así "Am." indica que la acepción está atestiguada en catorce países americanos o más, "Am. Cen." en los seis países de América Central, y "Am. Mer." en los nueve de América Meridional. Es este un cambio que parece responder a la crítica formulada hace ya tiempo por Haensch (1997, 167) al afirmar que "se ha abusado de la marca *Amér.*, que deberían llevar tan solo los vocablos usados en los diecinueve países hispanohablantes del Nuevo Mundo, o por lo menos en la mitad de ellos."

La marcación de vigencia histórica ha experimentado también cambios: ha desaparecido la abreviatura "ant.", 'anticuado; antiguo', lo que es destacable, pues es la única marca cronológica que ha existido siempre, desde la segunda edición del *DAut*; la ha sustituido "desus.", 'desusado', que amplía su valor al indicar ahora usos que perdieron su vigencia antes de 1900 ("ant." se usaba para voces y acepciones anteriores a 1500); "p. us.", 'poco usado', continúa indicando usos de poca frecuencia posteriores a 1900.

Pero, sin duda, lo más relevante de la microestructura son las definiciones, las acepciones, y las adiciones y enmiendas que han experimentado: los sentidos con que se usa *humo* o *viral* en *vender humo, o hacerse viral*, y el significado de la locución *hilar fino*, encuentran ahora explicación en el diccionario.

5. La repercusión del diccionario en el mundo hispanohablante

5.1. La recepción de la última edición del diccionario académico

Los medios de comunicación, españoles e hispanoamericanos, se hicieron eco enseguida de la aparición de esta nueva edición del diccionario (Hernández 2015, 32). Es la consecuencia de ser la obra de referencia más importante para quinientos millones de hablantes, "uno de los libros más consultados en español";[1] "nunca el Diccionario ha ejercido tanta influencia como ahora".[2] Atienden a las novedades, al léxico que incorpora y al modo como lo hace: a los neologismos y a los préstamos, y a la definición de palabras que pueden resultar problemáticas.

Botellón, cameo, despelote, feminicidio o *precuela* son algunas de las incorporaciones de un diccionario que dice abrirse al lenguaje del mundo de Internet y de las redes sociales con voces como *tuit* o *wifi*. Hay otras que los medios califican de curiosas: *amigovio, externalizar, papichulo, serendipia, tunear*;[3] o llegan a tildarlas de cómicas e incluso de polémicas.[4] Los americanismos son uno de los puntos más cuidados de la edición y motivo de elogio (Hernández 2015, 35). Se dice que la próxima será completamente panhispánica —"que nos represente a todos"[5]— y se pretende que recoja sin límite de espacio la riqueza de la lengua y su vastedad geográfica.

Junto a la recepción del diccionario en los medios de comunicación, que se hacen eco de la difusión de la obra por parte de la RAE y ASALE, los estudios que tratan sobre la edición tienen en común el reconocimiento de la renovación del diccionario y la apertura de la corporación al examen crítico. El análisis se centra en la incorporación de voces y en su tratamiento, con diferencias entre estos contenidos.

Si nos fijamos en el número monográfico de *Español Actual*, coordinado por Manuel Alvar Ezquerra, dedicado al *DLE*, los estudios que recoge tratan sobre todo de incorporaciones: innovación léxica (Casado Velarde 2015a), contenido fraseológico (Castillo Carballo 2015), terminología lingüística (García Platero 2015) y regionalismos (Fernández de Gobeo Díaz de Durana 2015); dos contribuciones se ocupan, una, del cambio de marcas diacrónicas por renovación de la técnica lexicográfica (Jiménez Ríos 2015) y otra, de la evolución de las marcas americanas con especial atención a esta edición (Peña Arce 2015).

Con posterioridad al monográfico, se observa esta misma situación: la preferencia por abordar asuntos relacionados con la macroestructura frente al interés por analizar hechos de microestructura. Se entiende que esto suceda en los medios de comunicación, que buscan un titular con aquello que resulta más llamativo para el usuario: la incorporación de una nueva palabra en el diccionario. Pero sorprende que también sea así en los trabajos de la comunidad científica, pues si es importante la admisión de una nueva palabra, también lo es la mejora en el tratamiento de las ya registradas. La bibliografía atiende, especialmente, a la presencia de americanismos y extranjerismos. A los primeros para denunciar faltas por ausencia de palabras, desconocimiento de la realidad americana y escasez de información (Baldoceda Espinoza 2016); a los segundos para reclamar más voces y establecer criterios claros para su inserción y tratamiento (Casado Velarde 2015a; Buenafuentes 2017; García Andreva 2017; Fernández Bernárdez 2018a, 2018b; Pardines López 2019): hay un "importante aumento del número de extranjerismos crudos que remiten a un equivalente" (Fernández Bernárdez 2018a, 202). No es una excepción, pues estos extranjerismos han aumentado edición tras edición (Robles Ávila 2015, 92; Pardines López 2019, 320). Se apunta, además, como falta de coherencia admitir unos en cursiva y otros en redonda; unos adaptados y otros sustituidos por un equivalente castellano.

Con todo, las diferencias que presentan los extranjerismos en su tratamiento, en este diccionario y en la comparación con otros —por ejemplo, el *DPD* o el *DELE*— no son todas achacables a falta de coherencia, porque en un léxico tan cambiante como este la realidad de los hechos puede favorecer diferencias en su admisión, adaptación o asimilación y envío a un equivalente castellano. Al proceder así el diccionario cumple con otra de sus funciones: la de orientar en el uso de las palabras. Orientación que puede dar lugar a distintas opiniones: para García Andreva (2017, 26), "en algunos casos, [la RAE] ha podido pecar de conservadora, por cuanto ha realizado remisiones de estos extranjerismos a voces españolas que no presentan una frecuencia de uso tan elevada como los préstamos". Lapesa (1987, 345) ya advertía de que "hay que reaccionar contra el extranjerismo, buscando sustitutos españoles a los neologismos de origen foráneo". Se actúa así porque el diccionario no solo ofrece un registro de voces, sino un modelo del léxico de la lengua.

Estos temas son recurrentes en la bibliografía ocupada del diccionario, pues han sido tratados con anterioridad a la última edición. De las distintas ediciones se ha criticado que los cambios han sido pocos y de poco calado (Alvar 1992, 3; Seco 2003 [1995], 403); que se ha trabajado más en la revisión que en la reforma. A propósito de las últimas ediciones, Álvarez de Miranda (1992, 14) afirma que entre todas las tareas académicas destaca la revisión; Alvar Ezquerra (2000a, 128–131) critica que la revisión ha consistido más en una labor de acarreo que en un razonable ejercicio de adición, supresión y enmienda; y Rodríguez Marín (2003, 208) también critica la acumulación y el acarreo.

Las distintas ediciones muestran, ya se ha señalado, que el diccionario ha ido cambiando con el tiempo, que "ha tratado de adaptarse, no siempre con acierto, a las exigencias del momento" (Azorín Fernández1996, 18). Es lo esperado, pues, como diccionario de la lengua "usual", ha procurado registrar la *lengua en uso* al lado de los *usos de la lengua*: lo primero reflejado en la innovación, manifestada en el aumento constante de lemas; lo segundo, por tradición, en un cierto conservadurismo conscientemente mantenido y repetidamente reprochado (Prado Aragonés 2006, 200). Pero los usos de la lengua son también las informaciones que ayudan a los hablantes a utilizar las palabras: no solo por medio de marcas, sino de indicaciones como el contorno, la información gramatical o los ejemplos, todo ello escaso o poco claro en los diccionarios, no solo en el académico, como ha puesto de manifiesto la poca bibliografía ocupada de estos asuntos en comparación con los relativos a la tipología léxica (Ahumada Lara 2006, 2009, 2014).

5.1.1. Palabras en uso

Al lado de los hechos de nomenclatura, la prensa y el examen bibliográfico atienden a voces siempre recogidas para comprobar su acomodación a la realidad social. A la definición, que ha de ser clara, concisa, objetiva y actual (Alvar 1992, 20). En la explicación de las voces de la 23.ª edición se observan cambios por simplificación, concreción y precisión, mejoras que han contribuido a reducir la presencia de ideología (Rodríguez Barcia 2016a, 336, 348). Las definiciones suscitan controversias que van más allá de la lengua y el diccionario (Forgas 2002–2004, 410–412; Moreno Cabrera 2011, 269). En la prensa se informa de que se ha enmendado la de *femenino* y *sodomía*; a su lado, la de *galantear* y *mujer pública* sigue sin cambios: obsoleta la primera y discriminatoria la segunda. Se informa también de que se ha procurado que no hubiera elementos que fueran objeto de denuncia inmediata (véase la definición de *maricón* y de la citada *sodomía*). Para el entonces director de la RAE, José Manuel Blecua, "el diccionario tiene que ser científicamente correcto y, si es posible, políticamente correcto".[6] No se puede eliminar lo que ofende, si es el uso de la lengua.

Otros aspectos de contenido lexicográfico más que lingüístico o ideológico apenas son mencionados por la bibliografía especializada y los medios de comunicación no se hacen eco de ellos (elementos compositivos, locuciones latinas, etc.). Sí se critica la pobreza de ejemplos, deficiencia constante en el repertorio académico (Alvar Ezquerra 1994a, 634).

5.1.2. Uso de las palabras

Precisamente los ejemplos tienen que ver con el uso de las palabras. En las "Advertencias para el uso de este diccionario" de la 22.ª edición (2001), que contienen, por primera vez, una detallada exposición del contenido del repertorio y del modo como se ha ejecutado, destacan los apartados dedicados a "contorno", "notas de uso", "ejemplos" e "informaciones complementarias" (de ortografía y morfología). Algunas de estas indicaciones aparecen, por primera vez, en esa edición:

> **bascular**. intr. Dicho de un cuerpo: Moverse de un lado a otro girando sobre su eje vertical. *(22.ª)*

> **bascular**. intr. Moverse un cuerpo de un lado a otro girando sobre su eje vertical. *(21.ª)*

Las notas de uso y los ejemplos no tienen siempre la función codificadora propia del contorno y de la información complementaria:

> **centinela**. (Del it. *sentinella*). m. *Mil.* Soldado [...]. Era u.t.c.f. *(22.ª)*

> **reiforme**. adj. *Zool.* Se dice de las aves americanas [...]; p. ej. el ñandú. *(22.ª, 23.ª)*

En la 23.ª edición continúa esta revisión sistemática (la nota de uso de *centinela* se ha suprimido), a pesar de que es muy poco el detalle sobre el uso de las voces en las páginas preliminares.

5.2. Los hablantes y el diccionario

La percepción que tienen los hablantes del diccionario académico, hoy de la última edición, se asienta sobre dos presupuestos: 1) la existencia de un diccionario que destaca sobre otros; y 2) la utilidad de dicho diccionario porque resuelve problemas lingüísticos (Salvador 1994, 659; Moreno Cabrera 2011, 159, 181). Estas premisas explican que "ha[ya] pasado a formar parte del patrimonio común de todos los hispanohablantes" (Azorín Fernández 1996, 16) y que estos tengan depositada su confianza en la RAE (Casares 1950, 13). De ello resulta su reconocimiento como diccionario "oficial" (Haensch 1997, 161). No han sido los hablantes los autores de esta acuñación, pero sí participan de ella. Surge como consecuencia del carácter oficial de la institución que lo elabora (Gili Gaya 1963, 13) y la utilizan muchos investigadores. Por ese carácter "oficial" es tomado como registro de las unidades léxicas de la lengua, de modo que la presencia de una voz en el diccionario da fe de su existencia (Alvar Ezquerra 2000b, 38; Lara 2011, 333). Pero esto no es más que un mito sobre la lengua (Moreno Cabrera 2006, 260), como también que las palabras que no están en él sean incorrectas o no existan (Lara 1996b, 350).

Esta idea de existencia de una palabra por su presencia en el diccionario alimenta la inserción de voces y, por tanto, el aumento. Favorece, asimismo, las propuestas hechas desde fuera de la institución para introducir voces de uso actual, o extraídas de textos, conformando un grupo que puede denominarse "palabras que faltan" (Rivodó 1889; Palma 1903; Aicardo 1906; Rodríguez Marín 1920, 1922; Ibarra y Rodríguez 1928, 1929, 1930; Vergara Martín 1925, son ejemplos de aportaciones hechas a lo largo de la historia). Que el diccionario recoja regionalismos no significa que tenga que recogerlos todos (Arnal Purroy 2017). Pero se piensa que sí: Muriano Rodríguez (1997–1998, 145) echa en falta variantes dialectales como *donosilla, dolonsilla, donecilla*, sacadas del vocabulario de Lamano.

Y al lado de la percepción, hay que fijarse en la recepción. El acceso en línea y la aplicación móvil permiten la consulta en cualquier momento. Esto ha revolucionado el manejo del diccionario, como lo hizo el CD-ROM. Claro que, si este soporte resultaba muy útil para el investigador por las posibilidades de consulta, acceder al diccionario desde cualquier dispositivo es beneficioso para el usuario. El soporte, sin duda, es determinante para el éxito. Lo fue contar en el pasado con una versión manejable en dos tomos de menor tamaño de las ediciones 21.ª y 22.ª.

6. Actualización, mejoras y necesidades de los usuarios

De la presentación de los diccionarios de la RAE y la ASALE en los apartados anteriores y de la exposición detallada del *DLE* se desprenden dos hechos: uno, la existencia de una tipología de diccionarios desde hace poco tiempo; y otro, el interés por aumentar el caudal léxico, aumento favorecido por el deseo de actualización. Se trata de dos hechos decisivos para proyectar la acción futura de la lexicografía académica. Porque ni esos diccionarios son todos con los que se puede contar, ni es solo caudal léxico lo que necesita el usuario. Las iniciativas para avanzar pasan por ampliar la información, no por aumentar el diccionario, y por hacer realidad la serie de diccionarios académicos proyectada en el pasado (Fries 1989, 70; Alberte 2011, 383–407).

6.1. *Actualización*

Publicada la 23.ª edición, su primera actualización vuelve a suscitar la atención de la prensa.[7] Para destacar su revisión periódica, por su carácter digital y la demanda de los usuarios. Se incorporan voces como *aporofobia, clicar* y *postureo*; extranjerismos como *container*,[8] *craker* y *fair play;* y se revisan otras palabras con el fin de ajustar el diccionario a la realidad social. Por este motivo se incorporan *mileurista, euroescéptico* u *homoparental*.[9] Pero no todas las admisiones son bien recibidas; algún medio duda del éxito de algunos neologismos porque los hablantes no hacen uso de ellos: a *baipás, bluyín* y *espray* les espera —auguran— lo que a *güisqui* (RAE y ASALE 2010, 86–87). Un artículo titulado "Las cosas raras del *DRAE*" concluye: "sus razones tendrán los lingüistas de la RAE para pretender imponer términos como los citados y sus razones tendrán quienes no los aceptan".[10]

La actualización se practicó también en la edición anterior. Con distintas cargas en la web, se fue dando cuenta de las novedades: *botellón*, que se ha citado más arriba como novedad, fue rechazada entonces. Según la Academia, las consultas han aumentado desde que se dispone del diccionario en red, lo que hace pensar que influye en un mejor uso del español. A ello ha contribuido su actualización anual para no retrasar la inclusión de nuevas palabras y acepciones, y las modificaciones de lo incorporado. No es algo nuevo, pues ya se dispuso en el pasado del apartado "Enmiendas y adiciones" en el *Boletín*.

En los trabajos preparatorios de la 23.ª edición se informaba del proceso de revisión del diccionario, del tiempo necesario para aceptar una palabra, y de que los cambios se introducen por consenso con las veintidós academias; también de que distintas sociedades y organismos se han dirigido a la RAE pidiendo cambios en la definición de algunas voces: la Federación de Comunidades Judías de España, de *judiada*, y el Círculo Fortuny, de *lujo*.[11]

6.2. Mejoras

Informan estas novedades de la actualización del diccionario; también de la difusión de un proyecto de mejora, concretado en la propuesta de una nueva *Planta* (aprobada por la RAE y la ASALE en 2017), con el que se quiere dar respuesta a la demanda de los usuarios y de la comunidad científica. Pero las mejoras han de ser cuantitativas, y también cualitativas (Tarp 2015b, 24). El léxico que recoge es muy variado, lo que hace pensar que son muchas las funciones que pretende cumplir. Es "ambicioso" e "inalcanzable"; por eso, tienen hoy validez las palabras de Gutiérrez Cuadrado (2001–2002, 302) al plantear que la Academia cambie "el Diccionario" por "los Diccionarios."

Hay que insistir, además, en la participación de la lingüística en los trabajos académicos, en la normalización del idioma común: el panhispanismo debe mirar por lo común y por lo diferenciador, y en su aplicación ha de ser flexible, esto es, ha de orientar, no prescribir (Battaner 2019, 41). Para ello es necesario disponer de una descripción lo más completa posible del léxico, de los usos y las condiciones de esos usos:

> Nos falta, sin embargo, urgentemente, la descripción pormenorizada del léxico en la medida que se necesita para el español de hoy. [...] El español, sin embargo, carece a día de hoy de un diccionario ¡ojalá sea académico!, que aporte la descripción del léxico que demandan la población, la ciencia, y también las máquinas.
>
> *(Battaner 2019, 43)*

Datos de gramática léxica, como la condición contable o incontable de los sustantivos abstractos o el desarrollo de su estructura argumental (Battaner 2017, 43).

6.3. Necesidades de los usuarios

Se ha señalado ya que informaciones como el contorno, las notas de uso o los ejemplos ayudan al uso de las palabras. A su lado hay otras, necesarias para el usuario, como las colocaciones y las coapariciones (Simone 2015, 68). Lo ilustra bien este texto:

> Hacer siempre es difícil. Hacer una mesa sólida, dar una clase, preparar una comida sabrosa, escribir un artículo redondo, pintar un cuadro misterioso, cortar un vestido elegante, crear una novela memorable, componer una canción para recordar. Hacer algo bien es siempre difícil.
>
> *(Elvira Lindo,* El País, *26.1.2011)*

Porque *las mesas "se hacen", las clases "se dan", las comidas "se preparan"*. Corresponde al diccionario indicar estos usos, enseñar la propiedad léxica:

> En el buen uso de las palabras hay que procurar huir, en la medida de lo posible, de ciertas voces "cliché", que suelen ser excesivamente polisémicas y descoloridas [...]. Nos referimos al empleo de ciertos verbos que, siendo legítimos, impiden que aparezcan otros más precisos y exactos contextualmente.
>
> *(Gómez Torrego 1998, 185–186)*

Se ve en dobletes como *hacer/rodar una película; tener/presentar síntomas, poner/estampar una firma; decir/revelar un secreto*. Bosque (2015d, 95–97) ilustra con la voz *tos* el modo como podrían introducirse estas colocaciones y coapariciones en el diccionario (en uno como el que proyecta la Academia, digital, sin restricción de espacio):

con nombres: *ataque de ~, golpe de ~, acceso de ~, episodio de ~.*
con verbos: *entrarle, venirle, darle a uno ~; írsele, pasársele a uno la ~; calmarse la ~; persistir la ~.*
con adjetivos: *apagada, áspera, bronca, carraspeante, catarral, cavernosa, crónica, débil, desgarrada, fuerte, irritativa, nerviosa, persistente, perruna, pertinaz, repentina, ronca, seca.*

En *dar un paseo, echar una siesta* o *tomar una decisión*, expresiones con "verbo de apoyo", el diccionario puede permitir al usuario saber que *paseo* se construye con el verbo *dar*, y que *dar* tiene a ese sustantivo entre sus coapariciones: porque "los paradigmas proporcionados por las colocaciones nunca pueden ser exhaustivos, pero sí pueden ser representativos" (Bosque 2015d, 98).

7. Visión prospectiva de la lexicografía académica

Si, después de lo expuesto en este capítulo, miramos al futuro y nos preguntamos cómo tendría que evolucionar la lexicografía académica en el momento actual de la lengua, de la tecnología y de las comunicaciones, la respuesta pasa por abordar estas actuaciones:

1) Solucionar la constante demanda de palabras que faltan: neologismos, extranjerismos y americanismos. Lo cual supone construir un verdadero repertorio descriptivo, de la lengua en uso, o desgajar el diccionario en vocabularios parciales. Proceder así conlleva eliminar lo que sobra.
2) Hacer del diccionario una obra que sirva para la producción, no solo para la comprensión. Es necesario introducir contenido morfológico, sintáctico y léxico más detallado, y facilitar la conexión entre ellos. Bosque (2015d, 106) propone vincular las palabras de manera ágil y versátil, favoreciendo relaciones multifuncionales (redes).
3) Suministrar un recurso en línea polivalente y en constante actualización: con la información que se acaba de apuntar, que permita al usuario construir su propio diccionario (Tarp 2015b, 25).

Y, por último:

4) Atender a las observaciones y críticas, expuestas en artículos bien fundados, y a todo tipo de obras que examinan el diccionario, escasamente tenidas en cuenta hasta ahora.

Notas

1 Noviembre 28, 2013, *BBC News*. Mundo (www.bbc.com/mundo/noticias/2013/11/131127_diccionario_espanol_rae_vocablos_sexistas_amv)
2 Octubre 21, 2015, *El Heraldo* (www.heraldo.es/noticias/ocio-y-cultura/2015/10/21/la-nueva-version-digital-del-drae-ofrece-notables-mejoras-252491.html).
3 Octubre 7, 2014, *Libertad Digital* las toma como polémicas (www.libertaddigital.com/cultura/libros/2014-10-17/cagaprisas-birra-papichulo-las-polemicas-novedades-del-diccionario-de-la-rae-1276530976/).
Octubre 17, 2014, *Huffpost* (www.huffingtonpost.es/2014/10/17/diccionario-real-academia_n_5998376.html).
4 Octubre 24, 2014, *Universia* considera cómicas *amigovio* y *papichulo* (https://www.universia.net/mx/actualidad/vida-universitaria/cuales-son-nuevas-palabras-diccionario-real-academia-espanola-1113821.html).

5 Octubre 21, 2015, *El Heraldo* (www.heraldo.es/noticias/ocio-y-cultura/2015/10/21/la-nueva-version-digital-del-drae-ofrece-notables-mejoras-252491.html).
6 Octubre 12, 2014, *Perú21* (https://peru21.pe/mundo/rae-evita-machismo-nuevo-diccionario-lengua-espanola-190230-noticia/).
7 Diciembre 21, 2017, *La Razón* (www.larazon.es/cultura/rae-asi-es-la-version-23-1-del-diccionario-JC17261998).
8 Esta voz siempre se rechazó y ahora se admite (Jiménez Ríos 2019, 95).
9 Octubre 16, 2014, *El Cultural* (https://elcultural.com/Un-Diccionario-tecnoadicto). Octubre 17, 2014, *Libertad Digital* (www.libertaddigital.com/cultura/libros/2014-10-17/cagaprisas-birra-papichulo-las-polemicas-novedades-del-diccionario-de-la-rae-1276530976/).
10 Junio 9, 2018, *El Peruano* (https://elperuano.pe/noticia-las-cosas-raras-del-drae-67089.aspx).
11 Noviembre 28, 2013, *BBC News*. Mundo (www.bbc.com/mundo/noticias/2013/11/131127_diccionario_espanol_rae_vocablos_sexistas_amv); marzo 12, 2018, *El Periódico* (www.elperiodico.com/es/extra/20180312/loewe-grinon-rae-cambiar-definicion-lujo-6684069).

Bibliografía básica

Alvar Ezquerra (2002); Jiménez Ríos (2013a); Senz y Alberte (2011)

Bibliografía complementaria

Casado Velarde (2015); Clavería (2016); Gutiérrez Cuadrado (2001–2002); Rodríguez Marín (2003); Zamora Vicente (2015)

26

El *Diccionario de uso del español* de María Moliner (The *Diccionario de uso del español* by María Moliner)

María Antonia Martín Zorraquino

1. Introducción

El *Diccionario de uso del español* (en adelante, *DUE*) de María Moliner, cuya primera edición se publicó entre 1966 (primer tomo) y 1967 (segundo tomo), es uno de los diccionarios del español más consultados del siglo XX: el intento más renovador de la lexicografía española de dicho siglo por su originalidad en varios aspectos, resultado del planteamiento y del trabajo personales de su autora. Se presentan en este capítulo: a) las características esenciales del *DUE*, diccionario monolingüe, general, sincrónico, descriptivo, esencialmente del español estándar, con la combinación, dentro de cada artículo, del criterio onomasiológico y semasiológico para el análisis del léxico, con abundantes ejemplos (inventados), y muy rico en información concerniente no solo al significado de las palabras sino también a su sintagmática, así como a la caracterización pragmática del empleo de estas y a sus fijaciones fraseológicas; b) se tratan las modificaciones introducidas en las tres ediciones publicadas tras la primera; c) se atiende a los numerosos estudios a que ha dado lugar, y d) se presentan los rasgos esenciales de la personalidad profesional de María Moliner, destacando su trabajo en el *Estudio de Filología de Aragón* (1916–1921) como iniciación a la técnica lexicográfica.

Palabras clave: diccionario con ejemplos (inventados); diccionario descriptivo; diccionario monolingüe; diccionario onomasiológico y semasiológico; diccionario sincrónico

The *Diccionario de uso del español* (henceforth *DUE*) by María Moliner, the first edition of which was published between 1966 (first volume) and 1967 (second volume), is one of the most consulted Spanish dictionaries of the twentieth century. The author's personal approach contributed to making it innovative in various aspects. In this chapter, we highlight the essential characteristics of the *DUE*, namely that it is monolingual, general, synchronous, descriptive, essentially of standard Spanish, and within each entry combines the onomasiological and semasiological criteria for the analysis of the lexicon with abundant (invented) examples. It is very rich in information concerning not only the meaning of the words but also their syntagmatics, the pragmatic characterization of their use, and their phraseological fixations. We note the

DOI: 10.4324/9780429244353-30

modifications introduced in the three editions published after the first one, outline the numerous studies to which it has given rise, and explore the essential traits of María Moliner's professional personality. Moliner's work on the *Estudio de Filología de Aragón* (1916–1921) receives particular attention as it provides an introduction to the lexicographic technique.

Keywords: descriptive dictionary; dictionary with (made up) examples; monolingual dictionary; onomasiological and semasiological dictionary; synchronous dictionary

2. Características del diccionario

En la primera edición del *DUE*, María Moliner (Paniza, Zaragoza, 30.9.1900 / Madrid, 22.1.1981) incluyó una amplia y minuciosa *Presentación* (en adelante, *DUE1*, IX–XXX) reveladora de los objetivos que deseaba cumplir con su obra y, coherentemente, de los contenidos de esta. Expresaba, además, su total convencimiento de haber dado lo mejor de sí misma (*DUE1*, XXX) para lograr una obra original, superadora de los defectos advertidos personalmente en otros diccionarios generales del español (explícitamente, el académico). Ella, sin embargo, no era, profesionalmente, filóloga ni lexicógrafa, sino licenciada en Historia (Zaragoza 1921) y facultativa del Cuerpo de Archiveros, Bibliotecarios y Arqueólogos (1922–1970), con una muy destacada labor sobre todo en la política bibliotecaria de la II República española (1931–1939); con todo, se había formado y había realizado tareas lexicográficas en el *Estudio de Filología de Aragón*, en Zaragoza, entre 1916 y 1921 (Benítez Marco 2010, 69–99; Aliaga Jiménez y Benítez Marco 2011; Martín Zorraquino 2012).

Moliner sostiene (*DUE1*, IX) que su diccionario quiere ser un "diccionario orgánico y de uso del español". Es decir, en palabras de Manuel Seco (2003a [1987], 209): "una herramienta total del léxico". Desde la primera página del texto citado, se perciben, pues, la complejidad del alcance del término *de uso* que lo caracteriza y la pluralidad de funciones que este implica:

> constituye un instrumento para guiar en el uso del español tanto a los que lo tienen como idioma propio como a aquellos que lo aprenden y han llegado en el conocimiento de él a ese punto en que el diccionario bilingüe puede y debe ser substituido por un diccionario en el propio idioma que se aprende.
>
> (DUE1, *IX)*

En efecto. Moliner pretende ofrecerle al usuario todos los recursos de que el diccionario dispone a) para nombrar una cosa; b) para expresar una idea con la máxima precisión; c) para realizar verbalmente cualquier acto expresivo; d) para resolverle sus dudas respecto a la legitimidad, o ilegitimidad de una palabra, o de una secuencia de ellas (en relación, consecuentemente, con la manera correcta, por ejemplo, de dilucidar cierto caso de construcción) (*DUE1*, IX). Por otra parte, en el *DUE* se distinguen las palabras de uso habitual, de las de uso menos frecuente (en tamaño menor) (*DUE1*, XXV). El sintagma *de uso* implica, pues, que el diccionario es, en este caso, no solo el instrumento que orienta para el empleo adecuado de las palabras que contiene, al definirlas, sino también la herramienta que ayuda a plasmar con palabras las ideas que le vienen a la mente al usuario, por ejemplo, cuando este no acierta, o cavila, para expresarlas.

El *DUE* es, así, un diccionario "profundamente original y único en su especie" (Porto Dapena 2003, 169), porque, sincrónico y monolingüe, y esencialmente centrado en el español estándar, reúne en una sola obra, y en el interior, además, de sus artículos —no en secciones, o partes, separadas—, la combinación del criterio onomasiológico para el tratamiento del léxico (codificador: de la idea a la palabra), con el criterio semasiológico (descodificador: de la palabra a la idea; esto es: al desvelamiento del significado), como han subrayado todos sus estudiosos (*cf.* especialmente, Seco 2003 [1987], 209, y Porto Dapena 2003, 169–173).[1]

Para conseguir dichos objetivos, la autora ofrece una original organización de la macroestructura del diccionario y una minuciosa y llamativamente novedosa configuración de su microestructura, que supera las de otros diccionarios, sobre todo gracias a la revisión a fondo de todas las definiciones tradicionales, mediante una jerarquización lógica de los conceptos y desmontando, una por una, todas las incluidas en el académico (Seco 1987, 210). (En este segundo aspecto la crítica sobre el *DUE1* ha sido unánimemente elogiosa). También debe destacarse lo meritorio de toda la información de alcance paradigmático y sintagmático que incluyen los artículos del *DUE1*, así como la riqueza de datos de índole pragmática y fraseológica que proporciona.

Como subraya Porto Dapena (2003, 169–174), el *DUE* reúne contenidos que habitualmente se distribuyen en diccionarios diversos: *v. gr.*, de ideas afines o ideológico, de construcción y régimen, de enseñanza del español, de modismos y frases hechas, etc.

3. Organización del diccionario

El *DUE1* comprende dos tomos integrados, respectivamente, por 1446 y 1585 páginas; el primero contiene las palabras incluidas entre las letras A–G; y el segundo las que lo están entre H–Z. El primer tomo va precedido de cincuenta y seis páginas (LVI) que incorporan, a su vez, la *Presentación* de la autora (IX–XXX), las colaboraciones recibidas por ella (XXI), las obras utilizadas (XXIII) y los *Preliminares*, donde se recogen las abreviaturas empleadas (XXXVII–XXXVIII), las advertencias útiles para el uso del diccionario (XXXIX–XLV), la relación de los artículos con desarrollo gramatical que figuran en este (XLVII–XLIX), la relación de artículos con formas de expresión (LI–LII),[2] la relación de expresiones adverbiales prepositivo-conjuntivas (LIII), y, en fin, los signos (LV) y los tipos de letra (LVI) utilizados a lo largo del texto, específicos y más numerosos que los que suelen figurar en los diccionarios.

En la *Presentación*, además de exponer los objetivos y los contenidos del *DUE1*, María Moliner ofrece su propia visión de la estructura semántica del léxico de las lenguas (*DUE1*, XIII–XXIII). La autora expone, así, una concepción ascensional del contenido de las palabras, representada por el llamado por ella *cono léxico*, donde las formas situadas en la base son las de máxima comprensión de notas individualizadoras y de mínima extensión respecto de los conceptos a los que se aplican, mientras que las colocadas en la cúspide son las de máxima extensión y mínima comprensión (así, por ejemplo, de *amatista* —en la base— se asciende a *ente/cosa/objeto*, etc. —en la cúspide— pasando por *ágata, sílice, mineral, material* y *materia*). Dicha concepción de la estructura lógica del significado en el léxico le sirve a la autora para justificar su teoría de la definición (y las clases o tipos de esta), teoría encaminada, en la práctica lexicográfica, a evitar las definiciones (a menudo exclusivamente sinonímicas) que dan lugar a círculos viciosos.

Por su parte, los *Preliminares* persiguen una finalidad práctica: ayudarle al usuario a interpretar el formato del diccionario, y mostrarle las clases de información que puede obtener de él.

3.1. La macroestructura

El caudal léxico del *DUE1*, como reconoce su autora (*DUE1*, XXXIII), procede, en buena medida, del diccionario académico (*DRAE*), más concretamente de su decimoctava edición (de 1956), si bien manteniendo algunas entradas suprimidas en esta por probable prolongación de su vigencia (*DUE1*, XXXIX). La originalidad del *DUE1* respecto de la obra académica, no reside, pues, en una riqueza sensiblemente mayor de lemas, sino en el tratamiento que ofrece de estos (en la microestructura de la obra) (Seco 2003a [1987], 202). Se ha calculado, con todo, que el

DUE1 incorpora 83 000 entradas, cifra superior a las de la decimonovena edición del *DRAE*, de 1970 (Porto Dapena 2003, 179).

Por otra parte, el *DUE1*, respecto del *DRAE18*, añade neologismos (algunos ya presentes en la versión del diccionario manual académico de 1950); aporta gran cantidad de tecnicismos de zoología y botánica, así como abundante terminología gramatical (tres grupos de voces técnicas que se han considerado demasiado numerosos y, además, en el caso de los términos gramaticales, de extensión excesiva en muchos casos). Asimismo, el *DUE1* elimina las palabras malsonantes (*DUE1*, XXIV), los arcaísmos y tecnicismos caídos en desuso, o los americanismos de raíz española carentes de interés especial (*DUE1*, XXIV-XXVIII; Porto Dapena 2003, 179).

Más característico aún resulta el conjunto de entradas ausentes en otros diccionarios que el *DUE1* sí ofrece, o el de aquellos datos que, en cambio, no incluye.

En efecto. El *DUE1* incorpora como entradas: afijos; sonidos o grupos de sonidos; letras del alfabeto; símbolos químicos, y nombres científicos correspondientes a la flora y a la fauna (Porto Dapena 2003, 175–176) (*v. gr.*, *Állium cepa* 'cebolla', o *Anemone palmata* 'hierba centella', etc.), así como los nombres propios de personas, animales o cosas "que tienen uso proverbial o literario" (*DUE1*, XXXIX). Pero, en cambio, no destaca las categorías gramaticales de las palabras cuando las juzga evidentes (así, para el género de muchos sustantivos, o para adjetivos, sustantivos, etc.: *militar* y *auxiliar*, por ejemplo, no aparecen registrados dos veces, como nombres y como verbos, sino bajo el mismo lema) (Porto Dapena 2003, 176–177).

Lo más original, sin embargo, es que el *DUE1* combina la ordenación alfabética de sus lemas con otras ordenaciones. Así, Moliner refuta la entidad autónoma de la *ch-* y de la *ll-*, incluyéndolas respectivamente, en su lugar correspondiente alfabéticamente, bajo la *C* y la *L*. Ordena algún sonido con letras repetidas respetando solo la primera de estas (*mmm*, como *m*, o *bis, bis*, como *bis*: *DUE1*, XL). Y, muy especialmente, establece una ordenación con criterio etimológico que supone, para muchas palabras, una doble lematización: la que les corresponde siguiendo el orden puramente alfabético y la que ocupan dentro del grupo organizado a partir de la etimología o raíz, a cuya primera voz-cabeza se remite desde la primera entrada indicada; las palabras aludidas son, a su vez, incluidas, tras dicha voz-cabeza, ligeramente sangradas a la derecha. La voz-guía que inicia el grupo es la considerada más próxima a la etimología que reúne a este; las que le siguen, sin embargo, no se disponen según este criterio, sino que van ordenadas, por su parte, alfabéticamente. Por ejemplo, tras *agir* (voz no usual —de ahí su tamaño gráfico—; del latín "ágere", 'hacer', 'llevar'), colocada tras *agiotista* (sangrada y dependiente de *agio*, la propiamente anterior a *agir*), el *DUE1* incluye: *agencia; agenciar; agenciarse; agencioso, -a; agenda; agente; agestado, -a; agestarse; agestión; agibílibus; agible; ágil; agilidad; agilitar o agilizar; agilitarse o agilizarse; ágilmente; agina; aginarse; agitable; agitación; agitado, -a; agitador, -a; agitante; agitar; agitarse*. A su vez, tras esta voz, y ya sin sangrar, viene *agitanado* (la siguiente a *agir*, no a *agitarse*).

Con la agrupación de palabras siguiendo un criterio etimológico, María Moliner trató de reunir conjuntos de voces que, por ajuste al orden alfabético, quedaban separadas en el diccionario pese a estar supuestamente ligadas por su origen común. Esta ordenación, tal vez inspirada en diccionarios, o en vocabularios, con palabras organizadas con base en raíces comunes, ha sido quizá el aspecto más negativamente valorado del *DUE1*. No solo porque tal ordenación dificultaba mucho la consulta del artículo buscado por los usuarios, sino también por el hecho de que a menudo las afinidades semánticas entre las palabras agrupadas etimológicamente resultan poco transparentes, si no opacas, ya que la conexión etimológica entre ellas no se ajusta ni a la historia real de las palabras, ni al sentimiento lingüístico sincrónico de los propios hablantes, ni a la propia disposición de las voces en el diccionario, ya que se prefiere el orden alfabético al etimológico en el interior de cada grupo aludido, por lo que resulta discutible la utilidad de tal agrupación (Seco 2003a [1987], 211).

3.2. La microestructura

El *DUE1* aventaja a los demás diccionarios del siglo xx en que logra un análisis de los contenidos de sus entradas (acepciones y subacepciones) más completo —por rico y matizado—, ilustrándolo con ejemplos aclaratorios (inventados, pero diáfanos y oportunos) a partir de la revisión a fondo que su autora hace de todas las definiciones del *DRAE18*, que vuelve a redactar en español de dicho siglo (Seco 2003a [1987], 210–211). Por otra parte, según recoge Porto Dapena (2003, 181), aunque María Moliner también sigue al *DRAE* de 1956 para la organización del cuerpo de cada artículo, somete al material académico a una profunda e intensa reelaboración.[3]

Dicha reelaboración se consigue mediante: a) la supresión, o la adición, de acepciones; b) la fusión, o el desdoblamiento, de otras; c) la nueva definición de todas ellas; d) la completa reordenación interna; e) la ampliación con informaciones complementarias de orden gramatical y pragmático (Porto Dapena 2003, 183).

Moliner destaca, como subrayan todos sus críticos, por su extraordinaria intuición: su sensibilidad lingüística para el análisis semántico. Sobre todo, como advierte Porto Dapena (2003, 183–184), por su capacidad para distinguir entre *las acepciones*, "entendidas como significados o invariantes semánticas asociadas a un mismo significante, y [. . . las] meras *subacepciones*, matizaciones o variantes de significado", y ello (insiste Porto Dapena), a diferencia del *DRAE*, donde los contenidos aparecen mezclados y confundidos como acepciones independientes.

En el *DUE1* se establece una ordenación jerárquicamente genética de todos los contenidos de cada artículo, recurriendo, de nuevo a la base etimológica: no se disponen las acepciones (y subacepciones) por orden de uso o frecuencia, sino por proximidad a la etimología de la palabra-entrada. Todas ellas se presentan sistemáticamente, con arreglo a un patrón respetado en la medida de las características de cada caso, reflejado por medio de la distribución indicada y con ayuda de paréntesis que aportan, delante de la definición, datos de tipo sintagmático, categorial, etc., así como con el apoyo de marcas gráficas (explicadas en los *Preliminares*) que aportan información sobre diversos aspectos: mediante cursiva, las definiciones de los contenidos poco usuales; con una flechita inclinada a la derecha (↘), el objeto directo del verbo lematizado; con un círculo con un punto (⊙), las subacepciones; entre comillas dobles, los sinónimos; entre comillas simples, los ejemplos aclaratorios; entre paréntesis, según los casos, o simplemente al final del artículo, informaciones de diversa extensión sobre aspectos concretos de índole pragmática, etc.

Especialmente originales son los llamados por la autora catálogos de palabras afines, los cuales incorporan en cada artículo, al final de cada acepción, o subacepción, entre paréntesis, y normalmente precedidos de "V.:", conjuntos de palabras relacionadas con el significado de partida mediante diversos tipos de asociación semántico-ideológica, catálogos que vienen a plasmar la perspectiva onomasiológica del *DUE*. Dentro de dichos catálogos, también se señalan por medio de ciertos signos, o mediante distintos tipos de letra, otras clases de información: por ejemplo, el asterisco (*) a la izquierda de una palabra indica que el artículo encabezado por esta contiene, a su vez, un catálogo de palabras afines y relacionadas; o, por ejemplo, las versalitas se emplean para presentar, en el artículo en el que están definidos, las frases y modismos usuales; dicho tipo de letra se utiliza también, por ejemplo, para destacar, dentro de un catálogo de palabras afines, a aquella palabra que, a su vez, es ordenatriz de otro catálogo de referencias, bajo su propio lema, o bajo el de otras palabras a las que remite dentro de este (véase, por ejemplo, QUIETUD, dentro de *calma*, y bajo *quietud*).

Para poder comprender mejor lo expuesto, ofrecemos a continuación parte del artículo encabezado por *calma* (*DUE1*, I, 469a):

> **calma**. (Der. del griego "kauma", bochorno.) [1] (Aragón, al menos). ⋆*Bochorno con el aire completamente quieto*. [2] ("En; Haber"). Ausencia de agitación o de intranquilidad, tanto en personas como en cosas. ⊙ "⋆Quietud. Reposo. Sosiego. ⋆Tranquilidad". Falta de ruido y movimiento en un sitio: 'El parque se queda en calma al marcharse los niños'. ⊙ Estado de la atmósfera o del ⋆mar cuando no hay ⋆viento u oleaje, (V.: "*Callada, calmaría, calmería*, QUIETUD, *recalmón*. ▲ ⋆TRANQUILIDAD".)
>
> [...]
>
> ¡CALMA! Exclamación frecuente para recomendar ⋆serenidad, ⋆tranquilidad o ⋆paciencia.
>
> C. CHICHA. Quietud absoluta del aire, acompañada de pesadez de la atmósfera, particularmente en el mar.
>
> EN CALMA. Expresión más frecuente de lo que le correspondería como expresión facticia, para sustituir a adjetivos como "apacible, quieto" o "tranquilo": 'Estaba la mar en calma'.
>
> PERDER LA CALMA. Expresión muy frecuente en vez de verbos como "⋆aturdirse, ⋆encolerizarse o ⋆irritarse".

Como puede apreciarse en el ejemplo precedente, Moliner coloca en primer término el paréntesis introductorio con la etimología y, así, deriva *calma* del griego "kauma" 'bochorno', y ofrece, como primera acepción, pese a ser no usual (por ello, definida en cursiva) y pese a hallarse acotada regionalmente: *Bochorno con el aire completamente quieto*, sin ninguna subacepción. Como segunda acepción: "Ausencia de agitación o de intranquilidad, tanto en personas como en cosas", precedida en este caso, de un paréntesis que remite a datos esenciales de su sintagmática —la preposición con que se emplea, y el verbo con el que tiende a construirse—, seguida de una subacepción precedida de cuatro sinónimos (por ello, entre comillas dobles), el primero y el último de los cuales cuentan, bajo sus respectivas entradas, con sendos catálogos de palabras afines (por lo que van precedidos de asterisco), subacepción que se define como "Falta de ruido y movimiento en un sitio", lo que se ilustra con un ejemplo de habla entre comillas simples. Presenta después una segunda subacepción que define como "Estado de la atmósfera o del ⋆mar cuando no hay ⋆viento u oleaje", definición a la que sigue, entre paréntesis un catálogo de palabras afines, con los signos ya explicados, que remiten a su uso menos frecuente (cursiva), o a otros catálogos de diversa remisión (asterisco, o versalitas), o en el que se separan las palabras afines en diversos grupos semántico-ideológicos mediante la estrella de tres puntas (▲).

El artículo encabezado por *calma* comentado contiene en total tres acepciones (la segunda, con cinco subacepciones; y la tercera, con tres), y se cierra, según se ve en el ejemplo parcialmente citado, con cuatro expresiones fijas o que tienden a fijarse. Conviene precisar, además, para una mejor comprensión de estos, que los catálogos de palabras afines reúnen a menudo voces relacionadas, semántico-ideológicamente, con la acepción o la subacepción correspondiente por medio de asociaciones muy diversas. Véase, por ejemplo, el contenido parcial de *bordar*, cuyo catálogo de palabras afines incluye términos relacionados no solo metafórica, sino también metonímicamente (tipos de bordado, instrumentos para realizarlos, etc.), y mediante otros tipos de asociación, con la remitente:

> **bordar**. [...] ⊙ Hacer un bordado en una ↘cosa. (V.: "*Broslar* —ant.—, *embarcinar, labrar, margomar* —ant.—. ▲ *Briscar, formar*, MARCAR, RECAMAR, *trepar*. ▲ *Brocalado* —ant.—, LABOR. ▲ *Bicos*, CALADO, CORDONCILLO, DESHILADO, ENTORCHADO, *escamada*, ESPIGUILLA, FESTÓN, FILTIRÉ, FLECHA, *formación, imaginería, mazonería*, REALCE, RECAMADO, VAINICA. ▲ *Abasto*.

▲ *Almendrilla*, ARENILLA, BODOQUE, CANUTILLO, CAÑUTILLO, diente *de perro*, *lomillo*, OJETE, *pasadillo*, *pasillo*, PUNTO de cruz, punto *torcido*, *saltaterandate*. ▲ ABALORIO, *argentería*, *bricho*, *cañutería*, *filetón*, *gurbión*, GUSANILLO, *hojuela*, LENTEJUELA, *orzoyo*, *primichón*, *talco*, *trepa*. ▲ BASTIDOR, TAMBOR. [...] ▲ CANARIO, LAGARTERA, MALLORQUÍN. [...] ▲ ★ADORNO. ★COSER. ★ENCAJE. ★PASAMANERÍA".) [...]

El *DUE1* contiene, pues, una extraordinaria información léxica, minuciosamente analizada semánticamente. Con todo, se ha criticado especialmente que descansen todos sus datos en la exclusiva intuición y competencia de su autora.

4. Las ediciones del *DUE*: adiciones, supresiones, modificaciones respecto del *DUE1*

Aunque inmediatamente después de la aparición del *DUE1* María Moliner comentó en varias entrevistas que recogía materiales para una segunda edición, su grave enfermedad (desde 1975) y su fallecimiento en 1981 le impidieron realizarla. Tal tarea resultaba muy compleja después de su muerte, dada la originalidad del *DUE1* y, sobre todo, lo personalmente que su autora lo había llevado a cabo. Sin embargo, gracias al empeño de su nuera Annie Jarraud y de la propia editorial Gredos (mediante la colaboración de diversos expertos y, desde 1994, en su Seminario de Lexicografía, dirigido por Joaquín Dacosta: en adelante, *DUE2* 1998, XV), la segunda edición del *DUE* apareció en 1998, tras un extenso y laborioso periodo, en el que los editores intentaron conservar las características esenciales del *DUE1*, con fidelidad total al objetivo central de su autora, al tiempo que estuvieron tratando de subsanar los defectos, y los inconvenientes para la consulta, expuestos por numerosos estudiosos.[4]

El *DUE2* se publicó también en dos tomos (A–H; I–Z), con 1519 y 1458 páginas respectivamente. En el primero, se incluye una *Presentación* de Manuel Seco (*DUE2*, XI–XII), unas palabras introductorias de la propia editorial (XIII–XV), la *Presentación*, muy abreviada, de María Moliner al *DUE1* (XVI–XX), más un conjunto de páginas de nuevo cuño, sustitutorias de los *Preliminares* del *DUE1* (XXI–XLI) e integradas por una guía para el uso del diccionario (XXI–XXXV), unas tablas de transliteración (para el griego y el árabe) (XXXVII–XXXVIII) y una lista de abreviaturas, símbolos y tipos de letra (la cual acorta mucho las correspondientes del *DUE1*). En el tomo II, a su vez, se incorporan, entre las páginas 1459 y 1594, dos Apéndices: el primero (1461–1485) con los tecnicismos de la botánica y la zoología (con sendas columnas para el término científico y el español), y el segundo (1486–1594) para los términos gramaticales (manteniendo cuidadosamente la redacción original). Ambos conjuntos de palabras habían sido valorados negativamente, no solo porque alargaban excesivamente el *DUE*, sino, sobre todo, porque rompían el equilibrio de su macroestructura.

Respecto de esta, el *DUE2* implica un incremento de entradas nuevas de más del diez por ciento respecto del *DUE1* (*DUE2*, XIV). Este aumento de lemas se debe a la acogida de neologismos asentados en el español procedentes de la ciencia y de la tecnología, pero también del mundo de la economía, o del habla juvenil; asimismo, el *DUE2* no cierra el paso a las palabras malsonantes ni a las nuevas expresiones coloquiales y trata de incrementar notablemente el número de voces procedentes del español americano. Por otra parte, se ajusta exclusivamente al orden alfabético, es decir, que prescinde de la ordenación por grupos etimológicos (juzgada negativamente), y, consecuentemente, de la doble lematización para muchas palabras. Esta edición dispone las entradas agilizando enormemente su búsqueda.

En lo que se refiere a la microestructura, el *DUE2* utiliza un tamaño uniforme de letra, si bien presenta las definiciones de las acepciones y subacepciones menos frecuentes en cursiva.

Dota a las entradas de marcas categoriales (de género y clase de palabra), y también incorpora de forma más uniforme las formas pronominales de los verbos (solo con lema propio cuando son exclusivamente tales). Marca mediante signos gráficos específicos los sinónimos (a los que incluye después, y no antes, de la definición), o los catálogos de palabras afines (con un cuadratín teñido en negro [■], cuando estos van al final del artículo por ser excesivamente largos, o con una flecha horizontal [⇒] si se incorporan dentro de este); el cuadratín se usa igualmente para introducir comentarios de diverso alcance (sintáctico, o pragmático, etc.). Incorpora nuevos catálogos para las nuevas entradas, y también mantiene las pautas de María Moliner para definir las nuevas palabras (en las acepciones y en las subacepciones).

Entre los lexicógrafos, el *DUE2* ha sido, en general, positivamente valorado, si bien ha habido también estudiosos que han juzgado ciertos cambios inoportunos: por ejemplo, la incorporación de los catálogos de palabras afines al final de cada artículo y no junto a la acepción o subacepción correspondiente.[5]

A mi juicio, el *DUE1* requería modificaciones importantes para poder servir como diccionario vivo. Las críticas sobre la ordenación etimológica y sobre el excesivo peso de los tecnicismos de botánica, de zoología y de índole gramatical han sido acertadas, y las decisiones tomadas al respecto, razonables y oportunas. En cambio, consideré decisión equivocada la atingente a la *Presentación* de la autora en el *DUE1*. Está claro que muchos de sus párrafos entraban en contradicción con el texto de la nueva edición, pero su acortamiento me pareció sencillamente una mutilación. Afortunadamente, el texto original se incluyó antes de la aparición del *DUE3* (2007) en la página electrónica de Gredos, y en la edición de 2016 (la 4.ª) se presentó, completa, junto con los desarrollos gramaticales, como separata aparte, junto a los dos tomos del *DUE*.

La tercera edición de este se publicó en 2007, en dos tomos (A–I; J–Z; con 3108 páginas: I, 1694, y II, 1414). El Seminario de Lexicografía de la editorial Gredos, dirigido por Joaquín Dacosta, asumió toda la redacción, integrando a un equipo de expertos (*DUE3*, XIX) que en parte ya habían colaborado en el *DUE2*. Incluyó, en el tomo I, un *Prólogo* de Manuel Seco (XI–XII), la presentación de la nueva edición (XIII–XVII), y una serie de páginas sobre el uso del diccionario (XX–XXVI), más varios listados: a) de los artículos con notas de uso (XXXVII–XXXIX), b) de los artículos con los principales catálogos de palabras afines (XL–XLI), c) de los artículos con formas de expresión (especialmente referidos a aspectos pragmáticos) (XLII), más las tablas de transliteración del griego (XLIII) y del árabe (XLIV), y la lista de abreviaturas, símbolos y tipos de letra (XLV–XLVII). Por otra parte, en el tomo II, tras el cuerpo del diccionario, se incorporaron cuatro apéndices: I, el de nombres científicos —los nombres botánicos y zoológicos— (3111–3130); II, el de terminología gramatical (3131–3236); III, una relación de topónimos y gentilicios distribuida en dos formatos: topónimos-gentilicios (3237–3287) y gentilicios-topónimos (3288–3339), y IV, una lista de abreviaturas y símbolos de uso general (3341–3351).

Tanto el prólogo de Seco como la presentación editorial destacan que una parte de los cambios (sobre todo, los nuevos listados y apéndices, y la simplificación de ciertos signos tipográficos) facilitan la consulta del *DUE* a los usuarios (además de aligerar el cuerpo de la obra para privilegiar el acopio de nuevas entradas sin extender a esta demasiado), mientras que otras modificaciones se refieren al perfeccionamiento del núcleo de la obra: el aumento del número de lemas; los cambios, tras cuidadosa revisión, dentro de diversos artículos ya presentes en el *DUE2*; la revisión y actualización de los apéndices I y II; la supresión de voces y acepciones anticuadas o localizadas geográficamente sin contar con documentación al respecto. Pero el cambio más importante se refiere a esta última: el *DUE3* pudo ya beneficiarse de las bases documentales digitalizadas (*DUE3*, XIV), las cuales sirvieron sobre todo para a) seleccionar las nuevas entradas, b) redactar estas y c) guiar en el uso mediante los ejemplos ofrecidos. En síntesis, el *DUE3* incluye 90 045 entradas y casi 190 000 acepciones y subacepciones, más la adición de 4000 gentilicios del apéndice III, que no figuran en el cuerpo de la obra (un incremento del 14 % respecto del *DUE2*; *cf. DUE3*, XIV–XV).

La última edición del *DUE*, la 4.ª, se publicó en 2016, conmemorando los cincuenta años de la primera. A mi juicio, refleja, en primer término, un homenaje a María Moliner, pues recupera su *Presentación* original (del *DUE1*) (ahora en separata de 175 páginas) junto con los "desarrollos gramaticales" tan queridos por la autora (actualizados respecto de la nueva ortografía académica de 2010). El "Prólogo" (XI–XII) es obra de Carme Riera —una hermosa semblanza de María Moliner por parte de una escritora con sillón académico—. Por otra parte, en esta cuarta edición, se percibe una disposición del texto más ajustada en el número de páginas, no solo con la supresión del apéndice de la terminología gramatical del *DUE2* y del *DUE3*, sino también por la reducción de las páginas dedicadas al "Uso del diccionario" (XVII–XXVI), ahora a doble columna.

La mayor parte de las modificaciones introducidas en el *DUE* (2016) afectan esencialmente a la macroestructura. Respecto del *DUE3*, la cuarta edición incluye92 700 entradas ("una de las mayores de la lexicografía española": *DUE*, XIV), a las que hay que añadir 2200 adverbios en *-mente* incorporados como sublemas en las entradas de los adjetivos de los que derivan, cuando su significado se deduce del de estos. Por otra parte, el apéndice integrado por los topónimos y gentilicios, alcanza las 12 000 entradas (*DUE*, XIV). De otro lado, en el *DUE* (2016), se mantiene, tras el cuerpo del diccionario, en el tomo II, el de los nombres científicos (I, 2715–2732), el de los topónimos y gentilicios (II, 2733–2822), el de las abreviaturas y símbolos de uso general (III, 2823–2832) y, además, en las últimas páginas (2833 al final), un apéndice IV con la lista de los artículos con notas de uso o formas de expresión, refundición de las dos del tomo I del *DUE3*.

La editorial Gredos editó en el año 2000 una edición abreviada del diccionario, reimpresa enseguida: el *DUE* (en adelante, *DUE-A*), en un solo tomo (1466 páginas), obra prologada también por Manuel Seco (IX–X), y con una *Presentación* (XIII–XIX), seguida de las páginas habituales del "Uso del diccionario" (XIII–XIX) y del listado de las abreviaturas y símbolos utilizados en él (XXI–XXIII). Es un diccionario esencialmente semasiológico, es decir, sin etimologías, sin catálogos de voces afines, carente de voces anticuadas, desusadas y de uso infrecuente, o de entradas propias de áreas geográficas muy delimitadas. Intenta atender, pues, a los usuarios "que necesitan claridad y precisión en el desciframiento del significado del núcleo central del léxico del español moderno" (X), y, por ello, se ajusta al método definitorio del *DUE*, incluyendo ejemplos suficientes para completar la comprensión del sentido, con apuntes rápidos sobre las funciones sintácticas de las palabras y construcciones en la frase, e información sobre sinónimos y niveles de uso. Se cierra, tras el cuerpo del diccionario, con un Apéndice gramatical de Leonardo Gómez Torrego (1467–1503).[6]

Por otra parte, Gredos ha cuidado, con rigor, la presentación informatizada del *DUE*. En 1998 ofreció una versión electrónica del *DUE2*, con total fidelidad al texto y con formato adaptado a la lectura en pantalla. El *DUE-CD* (versión 2.0 para Windows) incluye amplio repertorio de sistemas de búsquedas; introduce sendos índices: inverso y de desarrollos gramaticales (que permite acceder a los artículos del apéndice gramatical), ambos interconectados al diccionario mediante remisiones; contiene un repertorio de búsquedas avanzadas con potentes filtros de búsqueda (etimología, categoría gramatical, cronología, ámbito geográfico, materia, nivel de uso, etc.); incluye, asimismo, cuadros que permiten visualizar dos palabras simultáneamente, o una presentación esquemática global de los artículos. Las *Preferencias* permiten cambiar el color y tipo de los diferentes bloques, o el tamaño de las letras. La versión electrónica cuenta con un *conjugador* con la conjugación en todos los modos, tiempos, números y personas, etc., y, por otra parte, permite el acceso desde la barra de tareas de Windows, o la consulta de la definición de una palabra o de la conjugación de un verbo no solo desde un procesador de texto, sino también desde un correo electrónico o una página web.

En 2007 apareció la versión 3.0 del *DUE* (*DUE-DVD*), que incorpora íntegramente el contenido del *DUE3*, con un desarrollo multiplataforma, actualizado para adaptarse a las versiones de Windows, Macintosh y Linux, con opciones de instalación monousuario y multiusuario para los tres sistemas. Esta herramienta digital no solo incorpora, pues, el *DUE* en su tercera edición, sino que perfecciona el CD-ROM previo, incluyendo un amplio repertorio de opciones de búsqueda (desde las más básicas hasta las más complejas), que actúan sobre los índices principales del diccionario: alfabético, inverso, desarrollos gramaticales, expresiones pluriverbales, topónimos y gentilicios, y abreviaturas y símbolos de uso general. Manteniendo las posibilidades de filtro de la versión 2.0, el *DUE-DVD* agiliza los saltos entre palabras y los vínculos entre distintos elementos del diccionario; su lista general está formada por 91 752 entradas (frente a las 82 423 del CD-ROM). Asimismo, la nueva versión ofrece una nueva presentación de los cuadros de conjugación e incorpora los textos preliminares del *DUE3* en formato PDF. Ambas versiones digitales se acompañan de sendos libritos que aportan tanto la síntesis básica de sus características esenciales, como las instrucciones para su instalación y su desinstalación.

5. El *DUE* y la personalidad de su autora como objetos de estudio

Dado su impacto renovador, el *DUE* despertó enseguida interés entre los lexicógrafos, que le dedicaron, según se ha señalado, numerosas reseñas. Pero, además, a lo largo de los primeros treinta años de su publicación, fueron bastantes los lingüistas que encontraron en él una fuente de investigación. En 1998, poco antes de la aparición del *DUE2*, Miguel Casas Gómez e Inmaculada Penadés Martínez publicaron en la Universidad de Cádiz un volumen dedicado a los estudios sobre el *DUE1* y sobre su autora (Casas Gómez y Penadés Martínez 1998).

Esta monografía contiene, además de una *Introducción* firmada por ambos coordinadores, doce capítulos. Los dos primeros presentan los rasgos esenciales de la personalidad de María Moliner (llamativamente rica en su trayectoria vital) así como las características fundamentales del *DUE*. Los once siguientes permiten conocer los aspectos del diccionario que más han interesado hasta la fecha citada. En breve síntesis: el tratamiento de algunas clases de sustantivos deverbales (capítulo 3); el enfoque de la interjección (4); el ámbito de la atribución, desde el punto de vista gramatical, semántico y lexicográfico (5); el análisis de los sentidos y los significados considerados claros (6); las diferencias entre el *DRAE* y el *DUE* en el tratamiento de algunas entradas del *DUE1* (7); la antonimia léxica (8); el papel de la relación de hiperonimia-hiponimia en el *DUE*1 (9); la elipsis semántica (10), y el análisis de la marca *popular* (11). El último capítulo (12), recoge, en fin, la bibliografía sobre María Moliner y el *DUE1*. Después de 1998, diversos trabajos sobre el análisis del discurso y la pragmática especialmente, han destacado positivamente la aportación del diccionario (Martín Zorraquino 2012).

En las entrevistas protagonizadas por María Moliner en torno a su candidatura para ingresar en la Real Academia Española (1972),[7] ella indicó que la idea de escribir un diccionario le había venido del *Learner's Dictionary of Current English* (de A. S. Hornby *et al.*), publicado en 1948. Sin embargo, la afinidad entre el *DUE1* y este diccionario resulta dudosa, salvo tal vez en cuanto al objetivo didáctico que persiguen ambos (aunque quizás le sirviera de acicate a la autora para elaborar el suyo).

Pero la formación y actividad como lexicógrafa de María Moliner ha sido desvelada y precisada por María Pilar Benítez Marco (2010) y contextualizada adecuadamente por José Luis Aliaga Jiménez y María Pilar Benítez Marco (2011), con algunas mínimas precisiones más de Martín Zorraquino (2012). Así, se ha documentado la presencia de María Moliner en el *Estudio de Filología de Aragón* (EFA), como colaboradora permanente entre 1916 y 1921, incluso con labores de mayor responsabilidad (secretaria-colaboradora), entre 1917–1921.

El EFA, fundado en 1915, al amparo de la Diputación Provincial de Zaragoza, pretendía convertirse en un Centro de Estudios Superiores de Aragón, al modo del Institut d'Estudis Catalans y del Centro de Estudios Históricos. El consejo rector del EFA estuvo formado por conspicuos juristas, filólogos e historiadores, pero su alma fue su presidente: Juan Moneva y Puyol, catedrático de Derecho canónico de la Universidad de Zaragoza.

Fueron proyectos fundamentales del EFA, con colaboración documentada de María Moliner, la elaboración de un *Diccionario aragonés* y la revisión completa del *Diccionario de la lengua castellana* (1914) de la Real Academia Española (*DRAE14*), con destino a una nueva edición (la de 1925). Es claro, pues, que María Moliner se familiarizó intensamente (diariamente) con la práctica lexicográfica y que conocía muy bien las características del diccionario académico. Por otra parte, el *Diccionario aragonés* estaba concebido como un poderoso instrumento de presentación y análisis del léxico, y sus materiales procedían de todas las localidades de Aragón enviados por los propios hablantes, con ejemplos de uso legitimado por ellos mismos, sin distinción de la variedad lingüística originaria. La obra cifraba el ideal de lexicografía practicado por Moneva, de tipo panaragonés y mancomunado, afín, en parte, al que informaba el *Diccionari català-valencià-balear* de Alcover (Aliaga Jiménez y Benítez Marco 2011, 60).

El EFA proyectaba, asimismo, un "Diccionario castellano de raíces", que no vio la luz (Aliaga Jiménez y Benítez Marco 2011, 71). Y es sabido igualmente que el helenista, también catedrático y miembro del EFA, Domingo Miral se servía de las raíces etimológicas del alemán, para enseñar su vocabulario en cursos complementarios e interfacultativos en la Universidad de Zaragoza. Si en el EFA María Moliner adquirió una práctica lexicográfica que, sin duda, le sirvió para llevar a cabo el *DUE1*, fue con su capacidad personal, su talento y su clarividencia, con las que creó propiamente la obra original y renovadora que es el *DUE*.[8]

Notas

1 Porto Dapena (2003) ofrece una completa caracterización general del *DUE*, posterior, además, a su segunda edición (*DUE2* 1998), comentando las críticas, positivas y negativas, sobre la obra, con acertadas y concluyentes valoraciones. Entre ellas, refuta que el *DUE1* sea un diccionario diacrónico y enciclopédico; que deba interpretarse solo como de buen uso porque no incluye las palabras malsonantes, o que sea inapropiada en él la presencia de ejemplos inventados, aunque admite que esta conlleva subjetividad, pues, según indica Seco (2003a [1987], 211), la base documental es la personal competencia de la autora, pero la juzga altamente útil y totalmente aceptable para orientar al lector. Para la bibliografía específica sobre el *DUE1*, remito a Casas Gómez y Penadés Martinez, coords. (1998, 292–293).

2 Las formas de expresión se refieren a palabras, frases o secuencias discursivas que, relacionadas semánticamente con el lema del artículo, reflejan procedimientos expresivos diversos del español: por ejemplo, *s. v. admirar*, varias exclamaciones y frases usadas para expresar admiración, o, *s. v. despedida*, un conjunto de orientaciones sobre cómo se realiza esta en español; contenidos, pues, de índole sustancialmente pragmática. Esta lista se suprimió en *DUE2*, pero se integró en *DUE3* en dos: a) artículos con notas de uso y b) artículos con formas de expresión; en la primera se incluían referencias de orden sintagmático y semántico, y en la segunda, de índole pragmática.

3 Porto Dapena (2003, 182–183) precisa que, aunque no ha hecho una comparación exhaustiva entre los artículos del *DRAE* de 1956 (*DRAE18*) y los del *DUE1*, su cotejo le parece suficiente para poder afirmar que en el *DUE1* no solo se parte de la macroestructura del diccionario académico, sino también de su microestructura, si bien, en este segundo caso, con la reelaboración señalada.

4 Las reseñas que recibió el *DUE1* fueron en general elogiosas, sobre todo por parte de los hispanistas extranjeros (p. ej., F. Hodcroft, J. M. Viqueira, C. Smith y H. Schneider). Entre los filólogos y lingüistas españoles, fue E. Lorenzo el primero en destacar su valor. J. Pena Seijas reconoció muchos de sus méritos, pero también subrayó sus defectos. Ofrecieron críticas más ponderadas M. Alvar Ezquerra y, sobre todo, M. Seco, especialmente a la muerte de María Moliner (el apéndice A recogido en Seco 2003a [1987], data

de 1981). Según se ha indicado ya (n. 1), sobre el *DUE1* se ofrece una precisa bibliografía en Casas Gómez y Penadés Martínez, coords. (1998), elaborada por Casas Gómez, quien recoge una extensa bibliografía no solo sobre el *DUE* hasta esa fecha, sino sobre la vida y la obra de María Moliner, entre las páginas 289–336 de dicho libro. En Porto Dapena (2003) se comentan otras reseñas que critican negativamente algunos aspectos del *DUE1*. Por otra parte, Porto Dapena realizó una reseña sobre el *DUE2* publicada en el número 33 de *Revista de Libros* (septiembre de 1999, páginas 35–36), que recoge las modificaciones introducidas en esta segunda edición y destaca también, acertadamente, el esfuerzo de los editores por mantenerla fiel a los objetivos de su autora.

5 Fernando Ramón Moliner, hijo de María Moliner, publicó en *El País* (10/11/1998, 44), tras la aparición del *DUE2*, un artículo muy crítico sobre este: "Roget (1852), Moliner (1966)".

6 La editorial Gredos fue comprada en el año 2006 por el Grupo RBA. Desde entonces ha desarrollado una labor más limitada en el terreno de la lingüística y la filología. En relación con el *DUE*, debe destacarse que un conjunto de las publicaciones editoriales se dedica a una línea de diccionarios bajo la marca María Moliner, que cuenta con un *Diccionario de sinónimos y antónimos* (publicado en 2012), un *Diccionario de uso del español. Manual* (en 2012), un *Diccionario de uso del español. Edición abreviada* (en 2008) y, por supuesto, el *DUE* (2016, *DUE4*).

7 La candidatura, patrocinada por Carmen Conde y otras escritoras, y acogida y presentada por los académicos Rafael Lapesa, Pedro Laín Entralgo y Carlos Martínez de Campos (Duque de la Torre), no prosperó (pocos años después, estando ya enferma, María Moliner rehusó ser presentada de nuevo).

8 Inmaculada de la Fuente en su libro *El exilio interior. La vida de María Moliner* (Madrid, Turner Noema, 2011) ofrece una excelente biografía de la autora del *DUE*.

Bibliografía básica

Casas Gómez y Penadés Martínez (1998); Porto Dapena (2003); Seco (2003b [1987], 167–192)

Bibliografía complementaria

Aliaga Jiménez L. y Benítez Marco (2011); Martín Zorraquino (2012)

27

El *Diccionario del español actual* de Manuel Seco, Olimpia Andrés y Gabino Ramos (The *Diccionario del español actual* by Manuel Seco, Olimpia Andrés y Gabino Ramos)

Pilar García Mouton

1. Introducción

Este capítulo estudia lo que ha supuesto para la lexicografía española el *Diccionario del español actual* (en adelante, *DEA*) de Manuel Seco, Olimpia Andrés y Gabino Ramos. Un diccionario nuevo del español europeo de la segunda mitad del siglo xx que incorpora léxico vivo, documentado y comprobado, con citas reales que apoyan las dos vertientes, semántica y gramatical, en torno a las que se articulan sus definiciones.

Han pasado veinte años desde que se publicó la primera edición (1999) del *DEA*, pero este diccionario sigue sorprendiendo por su planteamiento en el panorama lexicográfico español: un diccionario monolingüe general de nueva planta, sincrónico, descriptivo, documentado, con definiciones nuevas y citas de apoyo reales, fruto de un planteamiento metodológico riguroso y sistemático. En cierto sentido, el *DEA* se puede considerar como un diccionario único del uso escrito actual del español de España.

Palabras clave: con citas reales; de nueva planta; diccionario descriptivo; documentado; sincrónico

This chapter studies what the *Diccionario del español actual* (*DEA*) by Manuel Seco, Olimpia Andrés and Gabino Ramos has meant for Spanish lexicography. It is a new dictionary of European Spanish from the second half of the twentieth century that incorporates living, documented and proven vocabulary, with real citations to support both the semantic and grammatical aspects. Definitions are then articulated around these. Twenty years have passed since the first edition (1999) of the *DEA*, but the dictionary continues to surprise on the Spanish lexicographical scene thanks to its approach. It is a general monolingual dictionary that is newly built, synchronous, descriptive, documented, contains new definitions

DOI: 10.4324/9780429244353-31

and actual support quotes, and is the result of a rigorous and systematic methodological approach. In a sense, the *DEA* can be considered a unique dictionary of current written Spanish in Spain.

Keywords: with real quotes; newly built; descriptive dictionary; documented; synchronous

2. Características del diccionario

La concepción del *DEA* se debe a Manuel Seco, que volcó en él su saber lexicográfico hasta el punto de diseñar un verdadero diccionario de autor. Surgió, por una parte, de observar las carencias que en la primera mitad del siglo xx tenían los diccionarios del español por su dependencia del diccionario académico y, por otra, de constatar las ventajas del *Diccionario histórico* que, al documentar diferentes sincronías con ejemplos reales, superaba uno de los problemas básicos del diccionario académico, el "desfase cronológico" entre la fecha de sus definiciones y la fecha en la que el usuario las lee (Seco 2003, 420).

De esa doble experiencia nació el propósito de hacer un diccionario sincrónico, de nueva planta, con una metodología que atendiera exclusivamente a las palabras vivas documentadas, sin la rémora de las anticuadas que se habían ido copiando de unos diccionarios a otros, y con definiciones nuevas apoyadas con citas de uso real, que vienen a constituir sus "autoridades".

El *DEA* parte de un inventario léxico fiable, seleccionado de un corpus documental escrito escogido con criterio de actualidad, porque Seco concibe que un diccionario sincrónico debe estudiar el léxico desde una *perspectiva horizontal*, reflejando el "estado de las unidades coexistentes" vivas en un momento dado. Por eso, "en el *Diccionario del español actual* el análisis de cada palabra parte de la consideración de esta como pieza del engranaje global que es el sistema de la lengua en un tiempo dado" (ibid., 423). Su naturaleza de "actual" se basa en una sincronía prefijada que acopia léxico real a través del fichado de textos acotados temática y temporalmente. En principio, se pensó en una sincronía de veinte años, de 1955 a 1975, pero el retraso en acabar el diccionario fue desplazando la fecha tope hasta 1993, fecha que de todas formas aseguraba lo contemporáneo de sus materiales, ya que una sincronía convenida de treinta y ocho años resulta asumible en una obra de esta magnitud.[1] En cualquier caso, un diccionario nuevo del español europeo de la segunda mitad del siglo xx, si bien en algunos aspectos su concepción metodológica fuera anterior.

Característica fundamental del *DEA* es su enfoque descriptivo (Lorenzo 2000, 1), no normativo, que lo lleva a incluir lo que "realmente existe y circula en el léxico del idioma", sin renunciar a la orientación idiomática, de ahí que sus definiciones informen sobre "las preferencias actuales en el uso de los hablantes cultos y sobre las circunstancias de distinto tipo (social, geográfico, etc.) que limitan el ámbito de determinadas formas" (Seco *et al.* 1999, XIII). Al describir el proyecto, su autor principal insistía en que recoge lo que se usa, no solo lo que se debería usar, para evitar que, como es habitual en lexicografía, el enfoque normativo perjudique al descriptivo, sesgando su misión de reflejar la realidad. Atribuye al purismo del espíritu académico que una parte del léxico en uso no se incorpore a los diccionarios, cuando ambos enfoques, el descriptivo y el normativo, "son compatibles, y hasta tendríamos que decir que su cohabitación es ineludible" (Seco 2003, 425).

Como ocurre con otras obras de Seco, el *DEA* utiliza un lenguaje sencillo, claro, a la vez que concreto y experto, pensado para un público muy amplio "cuya cultura le exige la consulta frecuente de esta clase de instrumentos y que al mismo tiempo le dota de la capacidad de utilizarlos satisfactoriamente" (Seco *et al.* 1999, XIII), compuesto por escritores, traductores, profesores y estudiantes de lengua española. Un público al que se advierte de entrada que obtendrá más provecho de consultarlo si posee conocimientos gramaticales básicos, ya que sus definiciones, redactadas *ex novo*, no solo orientan sobre los significados de las palabras, también sobre cómo se emplean y funcionan en el interior del mensaje, teniendo siempre presentes su valor semántico y su valor sintáctico.

Manuel Seco hizo el *DEA* con la ayuda de Olimpia Andrés y Gabino Ramos, que lo firman como coautores, si bien la redacción de las definiciones fue suya y de Olimpia Andrés, mientras que el corpus documental corrió a cargo de Gabino Ramos. Explica Seco que, cuando en 1970 firmaron con la editorial Aguilar el contrato que los comprometía a entregar el diccionario siete años después, solo contaban con su trabajo a tiempo parcial, un despacho, ficheros y fichas. El resultado de esta gran tarea artesanal, levantada con pocos medios, fue recibido por *El País* como "el último diccionario hecho a mano", ya que la informática llegó tarde para el *DEA*, exclusivamente de mano de tres nuevos colaboradores, en 1994, para preparar el texto de su última versión (Seco 2003, 426).

Esta sobriedad de recursos explica otra de las características del *DEA*, el que se ciña al español de España, una limitación que no refleja el título, asumida desde el principio "por puro realismo". Lo contrario hubiera supuesto una tarea inabarcable, tanto a la hora de recopilar la base documental —multiplicada por un número imposible de publicaciones en un intento de representar el español mundial—, como en cuanto al trabajo que hubiera significado redactar las definiciones. En 1995, ya cercano el fin de la empresa, Seco se ratificaba en que había sido la decisión más sensata.[2] Y concluía: "En cualquier caso, empecemos por el intento de llevar a término una compilación solvente del léxico español de España. Después, el que pueda hacer más, que lo haga" (*ibid.*, 428).[3]

2.1. Otras informaciones sobre el DEA

La primera edición de la obra que consideramos el la publicó en Madrid Aguilar-Santillana, en 1999, con un total de 4638 páginas repartidas en dos volúmenes. Una segunda edición, revisada y actualizada, con 4666 páginas, apareció en 2011 (*DEA2*).

En el interior, los créditos especifican el papel de cada miembro del equipo: *Proyecto y dirección*, Manuel Seco; *Redacción*, Olimpia Andrés, Manuel Seco; *Documentación*, Gabino Ramos, Olimpia Andrés, Manuel Seco; *Diseño de composición*, Carlos Domínguez; *Composición y maquetación*, Carlos Domínguez, Elena Hernández; *Corrección*, María Teresa Unamuno, Gabino Ramos.

De su aspecto externo, cabe destacar una cuidada tipografía que consigue artículos limpios, sin puntos, comas, puntos y coma, puntos detrás de las abreviaturas, comillas en las citas, etc., innecesarios, lo que facilita su lectura y proporciona ligereza a las entradas. Impreso en un papel que transparenta poco para lo leve de su gramaje, los dos pesados tomos encuadernados en tela con sobrecubierta reúnen más de 2200 páginas cada uno.

Productos derivados del *DEA*, en la misma editorial, son el *Diccionario abreviado del español actual (DEA-Abrev)*, publicado en 2000, y el *Diccionario fraseológico documentado del español actual (DFDEA)*, que apareció en 2004.

3. Organización general

El *DEA* está formado por el preámbulo, con un apartado dedicado a las características generales del diccionario, donde se informa sobre su base documental y la selección y extensión de los textos, más una guía del lector, de imprescindible lectura para quien use el diccionario. La guía consta de cuatro grandes apartados explicativos referentes a las palabras del diccionario, la estructura del diccionario, la estructura de los artículos y la estructura de las acepciones. Siguen los dedicados a la transcripción fonológica y a las abreviaturas y signos que se usan en el diccionario. Después, 4610 páginas que conforman el cuerpo del diccionario propiamente dicho, al que se añaden dos apéndices finales, uno dedicado a la conjugación de los verbos y otro que relaciona la lista de los textos citados.

4. Macroestructura

Como datos generales, se puede apuntar que, en su primera edición, el *DEA* reunió 75 000 palabras, 141 000 acepciones y aproximadamente 200 000 citas.

El *DEA* se ocupa del léxico actual de la lengua común, del léxico estándar, con referencia expresa a los distintos niveles socioculturales y a los diferentes registros. La base documental, el corpus que sustenta la obra, procede del fichado selectivo de textos españoles de distinto tipo impresos entre 1955 y 1993 en las proporciones siguientes:

- publicaciones periódicas (periódicos de tirada nacional y local, más algunas publicaciones especializadas), aproximadamente un 70 % del total por la importancia de la prensa como reflejo de la vida cotidiana y porque estas publicaciones se consideran las más cercanas a la lengua del hablante medio;
- obras didácticas de enseñanza secundaria o de divulgación, que vienen a cubrir el uso de la lengua asentada en la cultura media, junto con obras literarias, especialmente las de creación, narrativa y teatro, que tratan de incorporar con realismo la forma de hablar de la sociedad, no así la poesía. Constituyen un 25 % del total;
- impresos de todo tipo, como guías, folletos, catálogos y prospectos, que suman el 5 % restante.

Salvo alguna excepción, el *DEA* utiliza solo fuentes escritas, procurando que sean de procedencia relativamente dispersa para propiciar una visión de conjunto del español actual. El peso de la prensa escrita en el corpus se debe a que se estimó que los periódicos se leen más y emplean prácticamente el mismo lenguaje que la radio y la televisión, un léxico cercano al oral, pero consolidado. Por otra parte, la novela, el cuento y los diálogos teatrales proporcionan usos próximos a la lengua coloquial. Los criterios para seleccionar la base documental podrían ampliarse, e incluso criticarse desde algún punto de vista, si bien habría que tener presentes las palabras que cierran las páginas preliminares del diccionario: "aunque posiblemente sea ocioso, creemos conveniente hacer constar que la selección de los textos se ha realizado con criterios exclusivamente lingüísticos, sin intervención de consideraciones de cualquier otro tipo (ideológico, moral, estético, etc.)" (Seco *et al.* 1999, XXIII). De todas formas, Esther Forgas (2009, 94–96) consideró relevante investigar cuántas mujeres aparecían en la lista de autores seleccionados y cuántas apariciones femeninas se dan en el *DEA*. A partir de ese recuento, señala como una carencia en el objetivo de recoger los usos lingüísticos de toda la sociedad el mínimo porcentaje que estas representan.[4]

A partir del fichero resultante de la selección léxica, estimado en dos millones de citas, se llevó a cabo el proceso de convertir esta documentación en un diccionario. Evidentemente resulta imposible hacer un inventario total del léxico de una lengua, de modo que el del *DEA* tenía que ser selectivo.

Como aclaran los preliminares, la obra recoge palabras de todo tipo documentadas en un corpus que el hablante medio español puede reconocer como de uso común, ya sea activo o pasivo. Y, como sigue un criterio descriptivo, no discrimina, registra palabras generales, regionales, extranjeras, coloquiales, populares, malsonantes, marginales y, también, literarias, cultas, científicas y especializadas. Las correspondientes a niveles o ámbitos restringidos llevan una marca que las identifica. Al considerar léxico real el que aparece en los textos escogidos, es normal que, por ejemplo, los anglicismos, los galicismos y otras palabras de origen extranjero aparezcan muchas veces con formas distintas, tal como las registró el uso escrito, muchas diferentes de las fijadas por el criterio académico.

bechamel *f* Besamel. *A veces tb* SALSA ~.
bechamela *f (raro)* Besamel. *A veces tb* SALSA ~.
besamel *f* Salsa blanca que se hace con harina, leche y mantequilla. *A veces tb* SALSA ~.
besamela *f (raro)* Besamel. *A veces tb* SALSA ~.[5]

El *DEA* evita lo normativo, pero orienta al lector con una serie de marcas muy completa. Cuando incluye "usos de cierta difusión que, al menos por el momento, son rechazados como incorrectos o impropios por las personas cultas; los señalamos con la nota *semiculto*" (Seco *et al.* 1999, XV), como hace en la segunda acepción de *catorceavo*:

catorceavo – va *adj* **1** [Parte] que es una de las catorce en que se divide o se considera dividido un todo.
2 (*semiculto*) Decimocuarto.

Aunque el diccionario rechaza las palabras anticuadas, como muchos de los escritores del corpus son aficionados a emplear alguna, puede incorporarlas si tienen más de un registro en la base documental. En esos casos, señala este tipo de voces con la marca *lit* (*literario*) o, en ocasiones, con *raro*, como ocurre en *abaz*, palabra que no aparece en el diccionario académico desde 1970 y que ya el *Diccionario de autoridades (DAut)* daba como anticuada en 1770:

abaz *m (raro)* Aparador (mueble).

En cambio, incluye sin restricción palabras referidas a cosas o conceptos del pasado (un soldado medieval, una costumbre antigua, monedas, etc.) que aparecen en textos actuales, y que marca como *hist* = *histórico*:

garvín *m* (*hist*) Cofia de red usada por las mujeres como adorno.

El léxico seleccionado incorpora variantes del castellano de las distintas zonas de España, procurando "recoger las formas regionales aceptadas en el nivel culto del español hablado en la respectiva zona y siempre capaces de entrar en el vocabulario pasivo de los hablantes del resto del país" (Seco 2003, 428). Como los datos de partida no podían ser exhaustivos, justifican que este tipo de léxico no lleve una etiqueta que lo identifique como propio de un área concreta, sino una etiqueta genérica, *reg* (*regional*), con la advertencia expresa de que el término *regional* debe entenderse en sentido estrictamente lingüístico, como información de qué palabras o acepciones carecen de extensión general. Seco apunta que la referencia bibliográfica de la cita que acompaña a la definición podría servir para identificar dónde han registrado ese uso, pero no se arriesgan "a afirmar que es allí, y solo allí, donde existe" (ibid., 429). Decisión prudente que evita las imprecisiones e inexactitudes de otros diccionarios, pero que no orienta al usuario en cuanto a localización del uso, a no ser en algún caso en el que conozca la procedencia de quien firma la cita.

donosiña *f (reg)* Comadreja (mamífero)./Cela *Mazurca* 10: Policarpo . . . es quien mejor amaestra ranas de todo el país: ranas, mirlos, donosiñas, raposas, de todo.

El término *donosiña* de zonas cercanas al gallego es fácilmente reconocible en Cela, uno de los autores más representados en el corpus, pero a veces se corren riesgos al definir un uso regional por el contexto de una cita o de un autor, como en

> **engalgar** *tr (reg).* Perseguir [a alguien]. *Tb fig.*/GPavón *Reinado* 54: Por los paseos del Cementerio arriba seguía subiendo gente engalgada por la bacinería.

En este caso, todo hace pensar en una mala interpretación del texto de la cita, porque en Tomelloso, localidad manchega de donde era García Pavón, *engalgar* significa 'engatusar, atraer', no 'perseguir'. Allí *galgo* es 'goloso' y *bacinería*, 'cotilleo', de la familia de *bacín, bacina* 'curioso, a' y *bacinear* 'cotillear'. García Soubriet (2015, 72), apoyándose en esta misma cita, define *engalgada* como "part. de 'engalgar'. Engolosinada.".

Por otra parte, el *DEA* incorpora términos que pertenecen a ámbitos especiales científicos o técnicos, siempre que estén en proceso de pasar a formar parte del vocabulario pasivo o activo del hablante medio. Si ya tienen uso común, como *artrosis* o *cólico*, no llevan marca; en el resto de los casos, sí. Y, según el nivel de comunicación en el que se empleen las palabras, podrán llevar marcas como *coloquial, literario, vulgar, eufemismo, infantil* o *despectivo, humorístico*, de acuerdo con la actitud del hablante. Las marcas *popular, rural, jergal, juvenil* se refieren al nivel sociocultural de uso.

Al no ser una obra de carácter enciclopédico, el diccionario no acoge nombres propios, solo en caso de que estén lexicalizados y hayan pasado a la categoría de nombre común —por ejemplo, *lazarillo*—, como ocurre con algunas marcas comerciales. Es mucho más laxo cuando se trata de adjetivos formados a partir de nombres de regiones y ciudades españolas y extranjeras.

> **montefrieño –ña** *adj* De Montefrío (Granada). *Tb n referido a pers.*

Finalmente, a diferencia de otros diccionarios, que excluyen los adverbios en *-mente* porque dan por hecho que pueden formarse sobre cualquier adjetivo, el *DEA* incorpora expresamente los que tienen uso comprobado, porque "el hecho es que el uso consagra unos y desecha otros. Se dice, por ejemplo, *serenamente* y *claramente*, pero no **borrachamente* y **amarillamente*" (Seco *et al.* 1999, XVI).

5. Microestructura

El generoso desarrollo de la microestructura del *DEA* explica su elevado número de páginas.[6] Cada artículo contiene el lema, con una serie importante de informaciones sobre él, entre las que la principal es la definición, y la cita o las citas que certifican su uso. Si el artículo es polisémico, en cada una de las acepciones se incluyen las informaciones, con la definición, a las que se suman las citas a modo de autoridades.

En general, cada artículo está dedicado a una palabra. Hay artículos normales, encabezados en negrita y seguidos de toda la información relativa a esa unidad léxica, y remisiones, en las que el encabezamiento solo lleva detrás una flecha que reenvía a otra entrada. Por su parte, las unidades *léxicas compuestas*, o *locuciones*, suelen ir definidas en la entrada del primer nombre, lo mismo que las *fórmulas oracionales*, y las locuciones en lengua extranjera se encuentran donde les correspondería si fueran una palabra: por ejemplo, *last, but not least*, entre *lassalliano -na* y *lástex*.

Como diccionario sincrónico, el *DEA* no se ocupa de la etimología de las palabras. Y esta concepción sincrónica tiene consecuencias en la decisión de presentar unidas o separadas las entradas de palabras con la misma forma, cuestión que los diccionarios suelen decidir con criterio histórico. En este diccionario el criterio que rige es doble, considera el valor semántico y el valor gramatical de la voz, de modo que estas palabras se tratan en la misma entrada siempre que tengan relación semántica y pertenezcan a la misma categoría gramatical, como ocurre con las dos acepciones del adjetivo *garrafal*: *garrafal, 1* "muy grande" y *2* "[variedad de cereza o guinda] más grande que la común"; si no es así, van en entradas diferentes, como en el caso de *gazapo*[1] "conejo joven" y *gazapo*[2] "error o equivocación de tipo lingüístico".

En los artículos, detrás del lema y entre paréntesis, van muchas veces informaciones de tipo morfológico, fonológico u ortográfico, y sobre la procedencia de la unidad estudiada. Estas informaciones contextualizan y enriquecen notablemente la definición, que es el núcleo: por ejemplo, indicaciones sobre cómo pronunciar algunas voces y qué variantes prosódicas y ortográficas son las aceptadas en el uso general de los españoles. En ocasiones, otras informaciones complementarias van detrás de la definición.

> **last, but not least** (ing; pronunc corriente, /lást-bat-nót-líst/) loc adj invar Último, pero no menos importante. Tb adv. Se usa normalmente al final de una enumeración, precediendo al último elemento enunciado.

Como se observa en el ejemplo, tras el encabezamiento aparece la abreviatura *ing, inglés*, que explica el origen de la locución y, entre barras, una sencilla transcripción fonológica que señala oportunamente la acentuación. Este es uno de los pocos casos en los que se habría podido omitir la coma entre *pronunc corriente* y la transcripción, ya delimitada por las barras. En cuanto a los signos para transcribir, acertados en general, se echa de menos la utilización de uno de los alfabetos fonéticos reconocidos: el Alfabeto Fonético de la *Revista de Filología Española* (ARFE) o el Alfabeto Fonético Internacional (AFI). No se entiende que, si para la lateral palatal, la elle ortográfica, se adopta la convención de marcar la palatalidad bajo la ele, como en ARFE, no se mantenga el mismo criterio para representar la nasal palatal y se opte por /ñ/, representación habitual del fonema en la ortografía del español, pero que no pertenece al elenco de signos de ARFE ni de AFI. En general, las transcripciones resultan muy útiles, porque orientan sobre el uso. En alguna ocasión, se apunta que el uso aún no está definido del todo y que conviven dos o más pronunciaciones; en otras, no se considera necesario, como en:

> **gay** (ing; pronunc. corriente, /gai/; pl normal, -S)(euf) **I** m **1** Hombre homosexual

donde hubiera sido oportuno advertir que también es frecuente la pronunciación /gei/.

Entre las informaciones reunidas detrás del lema se incluye también, como permite ver el ejemplo anterior, orientación fundamental sobre el comportamiento de la palabra en cuanto a la formación del plural, del femenino, al empleo de mayúscula inicial, a la acentuación de formas verbales, a usos poco frecuentes, etc.

En conjunto, la estructura de los artículos del *DEA* es compleja pero sistemática y, si el usuario tiene conocimientos gramaticales y recurre desde el principio a las abreviaturas y las explicaciones preliminares, relativamente fácil de descodificar. El artículo presenta la explicación del significado básico de la unidad léxica en el uso real y, cuando la unidad tiene más de un sentido, expone sus distintas acepciones de forma independiente, numeradas, cada una en párrafo aparte. En caso de que en alguna de ellas surjan sentidos secundarios que no llegan a diferenciarse tanto como los de las acepciones, se consideran subacepciones y se señalan en su interior con una minúscula en negrita.

Expuestas las características semánticas de la voz, el artículo informa sobre cómo se comporta en su relación con otras palabras y cómo funciona en la frase. Proporciona, pues, "la información relativa a su funcionamiento dentro de las estructuras gramaticales de la lengua" (Seco *et al.* 1999, XIX), lo que lleva a estructurar las distintas acepciones en grupos, marcados con números romanos en negrita (**I, II**), de acuerdo con las categorías sintácticas —nombre, pronombre, adjetivo, artículo, verbo, adverbio, preposición, conjunción e interjección— en las que la palabra puede ser clasificada según sus usos, y lo mismo ocurre con las locuciones, las unidades léxicas pluriverbales, que pueden etiquetarse como *locución adjetiva, locución verbal*, etc:

> **gatuno – na I** *adj* **1** De(l) gato[1] [1].
> **II** *f* **2** Gatuña (planta).

Cuando los usos sintácticos de una voz suponen cambios en el sentido, en algunas categorías es preciso señalar subgrupos, con letras mayúsculas en negrita (**A, B**): si funcionan con determinantes en masculino, *m*, o en femenino, *f*; si un verbo funciona como intransitivo, *intr*, o como transitivo, *tr*; etc. Y, en algunos verbos, es necesario marcar una subdivisión del grupo, con minúsculas en negrita (**a, b**), entre acepciones normales, *normal*, y pronominales, *pr*:

> **reír A** *intr* **> a** *normal* **1** Manifestar alegría con determinados sonidos y movimientos de la boca y con la expresión general del rostro. *Tb pr*
> [...]
> **> b** *pr* **4** Burlarse [de alguien o algo]. *Tb (reg) intr no pr.*
> [...]
> **B** *tr* **5** Reírse [1a] [de algo (*cd*)].
> **6** (*raro*) Reírse [4] [de alguien (*cd*)].

Una acepción consta de dos partes: la definición y la cita. El *DEA* redacta sus definiciones *ex novo* para los hablantes comunes que necesitan encontrar una definición suficiente, no exhaustiva. En el caso de los términos científicos o especializados que han pasado al uso común, evita los tecnicismos. Por ejemplo, las definiciones de animales y plantas son sencillas, hacen referencia a la clase a la que pertenecen, apuntan en qué se diferencian de otros y, a veces, dan el nombre científico.

> **mariquita**[1] *f* Insecto coleóptero de forma globosa, con alas rojas con puntitos negros (*Coccinella septempunctata*). *Tb se da este n a otros insectos de la misma familia.*

En ciertos casos, se recurre a definiciones comprensivas (Seco 2003, 435–436) cuando un mismo nombre se da a distintas especies de animales o plantas que tienen rasgos en común, y que, a veces, el uso diferencia por medio de algún especificador. El *DEA* opta por una vía intermedia: la de relacionar algunos nombres científicos con nombres de la lengua general.

> **mariposa I** *n* **A** *f* **1** Insecto con cuatro alas membranosas y cubiertas de escamas, frec. de colores brillantes, que constituye la fase adulta de los lepidópteros. *A veces con un adj o compl especificador:* ~ DE CALAVERA *o* DE LA MUERTE (*Acherontia atropos*), ~ DE LA COL (*Pieris brassicae*), ~ DE LA SEDA (*Bombyx mori*), *etc.*

La mayor parte de las definiciones utilizan un sinónimo o una perífrasis sinonímica, y van en tipo redondo, mientras que las definiciones explicativas se diferencian por ir en cursiva. Seco comenta que se sirvieron de estas definiciones sobre todo en "las palabras funcionales, como preposiciones, conjunciones, artículos y pronombres, determinados verbos y determinados adjetivos, así como en las interjecciones" y también "en construcciones de escasa estabilidad" (*ibid.*, 434). Es importante para interpretarlas su afirmación de que la cursiva representa la voz en *off* del lexicógrafo, que se deja ver en estos casos y cada vez que interesa añadir explicaciones de cualquier tipo a la definición, como en algunos de los ejemplos citados en este texto.

> **gusano** m **1** Se da este n a distintos animales invertebrados de cuerpo blando y alargado con patas inarticuladas pequeñas, o sin ellas, que caminan arrastrándose. Frec en pl, designando este taxón zoológico.

Muchas definiciones del *DEA* llevan una marca especialmente reconocible que delimita qué elementos forman parte del contenido propiamente dicho de la voz definida y cuáles solo del contexto en el que se usa. Estos elementos constituyen lo que Seco llamó *contorno* (ibid., 47–58) y en la definición van entre corchetes, precisando el complemento del verbo, complementos habituales, el tipo de nombre al que se puede aplicar un adjetivo, el mismo sujeto de un verbo, etc.

> **madre I** f **1** Mujer que ha engendrado [a otra pers. (compl de posesión)]. A veces sin compl. Tb fig, designando a la que hace las veces de madre o tiene un comportamiento propio de tal.

Uno de los valores fundamentales del *DEA* lo suponen las citas que completan sus definiciones. Se ha destacado mucho (Millán 1999, Lorenzo 2000, 2, Álvarez de Miranda 2002, 255), con razón, el hecho de que el *DEA* haya recuperado la tradición del *DAut* de incluir textos para documentar el uso que define. Las citas proceden de los materiales en los que se basa el diccionario y certifican lo auténtico del sentido definido. Por eso, antes de cada cita va la referencia concreta a su procedencia: si se trata de un periódico, nombre del autor (si lo hay), título, fecha y página; si es un libro, autor, título y página. Como otra de las funciones de las citas es evidenciar la forma en que la palabra estudiada funciona en el texto y qué relaciones establece, pueden ser necesarios varios textos para ilustrar las diferentes acepciones y subacepciones que recoge la definición.

> **madrastra** *f* **1** Esposa del padre [de una pers huérfana de madre (*compl de posesión*)]. | Cunqueiro *Un hombre* 22: En el tormento dijo llamarse Andrés y estar huido de su madrastra. **b)** Madre cruel o desnaturalizada. *Tb fig.* | Umbral *Ninfas* 82: Seguramente a Baudelaire también le habría enviado su madre alguna vez a por carbón, sobre todo cuando se convirtió en madrastra, por su segunda boda con el militar Aupick. Pinillos *País* 24.6.76, 19: España debe, sí, recuperar a todos sus hombres, y pagar generosamente las deudas contraídas con aquellos para los que fue madrastra.
>
> **2** (*jerg, raro*) Cárcel. | Campmany *Abc* 26.4.85, 21: Parece que ahora tenemos llena la madrastra. Eso que los técnicos llaman "población reclusa", o sea, el personal enchironado, está metido a tope.

Esta definición de *madrastra*, corta si se compara con la media de las del *DEA*, permite hacerse una idea de cómo la técnica lexicográfica se ilumina con el apoyo de los textos reales que la sustentan, hasta qué punto lo reciente de las citas acerca las definiciones a quien las consulta y facilita valorar si un uso determinado pertenece a su ámbito o no, etc.

En conjunto, los artículos consiguen los objetivos para los que fueron diseñados. Es cierto que, en ocasiones, podrían pulirse algunos matices. Hay casos en los que la mirada desde el español de España hace que, en cuestiones lingüísticas, alguna definición parezca algo eurocéntrica, como la de

voseo *m* Uso peculiar del pronombre *vos* en lugar de *tú*, propio de algunos países americanos.

Como en otros casos, al contextualizar algunas acepciones de *nena*, se marcan ciertos usos con "*En lenguaje masculino*". Hubiera sido mejor sustituir "*masculino*" por algún otro adjetivo que marcase el tipo de lenguaje masculino de que se trata.

nene – na A *m y f* **1** (*col*) Niño pequeño . . .
B f **3** En lenguaje masculino, se usa para designar a una mujer joven.
4 En lenguaje masculino: Prostituta

Es raro, pero alguna definición se esperaría más neutra, por ejemplo, la de *travestí*, mientras que otras tan delicadas como las de *transexual* y *transexualidad* resultan impecables.

travestí (*tb* **travesti**) *m y f* Pers. que, por inclinaciones anómalas o como espectáculo, se viste con ropa del sexo contrario.

Estas objeciones no restan importancia al conjunto de las definiciones del *DEA*, cuyo nivel de detalle impresiona —basta leer la entrada dedicada a *vosotros, -tras*, completísima desde el punto de vista gramatical, y desde el de la orientación sobre sus posibilidades de uso; la entrada de *poco, -ca*, que reúne 24 acepciones, o la de *negro, -gra* con 29 acepciones, entre otras—.

6. La segunda edición

La *Nota para la segunda edición*, *DEA2*, publicada en 2011, defiende la revisión y la renovación del *DEA* basadas en el desarrollo del corpus documental, que utiliza, con carácter complementario, los corpus léxicos de la Real Academia Española y las ediciones de periódicos *on line*.

Externamente la editorial cambió el color y el material de cubiertas y sobrecubiertas a la segunda edición, que incluye 8000 artículos, 57 000 acepciones y 80 000 citas más que la anterior. El corpus pasa de 1600 libros despojados a 2200 y de 300 publicaciones periódicas, a 400.[7] A pesar de este incremento, gracias a ciertos cambios, el *DEA2* solo sube de 4638 a 4666 páginas: se suprime el pequeño sangrado que iniciaba cada lema, se opta por recortar algunos textos de citas y desaparece el nombre del autor en las citas de prensa; los adverbios en *-mente*, fácilmente deducibles, quedan limitados a una mención en la entrada del adjetivo correspondiente, solo los más importantes (*perfectamente, naturalmente*, etc.) conservan artículo propio. La reducción afecta también a los gentilicios: se *retiran* los derivados en *-ense, -eño*, etc., fáciles de deducir, y, para compensar, se incluyen dos apéndices: la lista completa de los gentilicios documentados en el corpus y una lista inversa topónimo > gentilicio. Por otra parte, se añade un *Glosario de términos lingüísticos utilizados*.

Otros cambios parecen responder a críticas a la primera edición. En *Características del diccionario*, el texto resaltado en negrita donde se argumentaba que el *DEA* "registra el léxico vivo de nuestra lengua"; en esta edición, "registra el léxico vivo de nuestra lengua *en España*". Líneas después, se añade un epígrafe titulado "Léxico de España", que defiende que la restricción geográfica del *DEA2* "se debe a simple coherencia metodológica" por la imposibilidad de abordar "con el mismo rigor" el español americano y afirma, con poca fortuna, "atenerse a un hecho evidente: que *el español europeo y el americano, en el nivel medio y sobre todo en el nivel culto, son comunes en un porcentaje muy alto*. Así lo reconoce la experiencia de todos nosotros, y así lo proclaman los lingüistas de todas las tierras hispanohablantes.", argumento que no convencerá en un diccionario, como el *DEA*, tan cuidadoso en la descripción de las diferencias.

Se constata voluntad de mejorar algún aspecto importante bastante desatendido, como el de la informática, en la primera edición, que, por ejemplo, no incluía una acepción informática de *página* (Mejía 2000). En esta edición se despojan por primera vez seis manuales informáticos, entre ellos tres de Microsoft, lo que contribuye a cubrir esa laguna. Y, en un intento de mejorar la presencia femenina, añaden más de 50 nuevas a las 89 autoras incluidas en la primera edición.[8]

Ahora bien, en conjunto no se observan cambios significativos en la metodología del trabajo lexicográfico. Quizá, si esta segunda edición se hubiera planteado a más largo plazo, podría haber utilizado corpus informáticos y, sobre todo, haberse planteado una versión electrónica.

7. Conclusiones

Las características que se han descrito convierten al *DEA* en una herramienta lexicográfica imprescindible para quienes trabajan con el español, ya que no solo proporciona respuestas en cuanto al contenido de las unidades léxicas, sino que soluciona dudas o vacilaciones sobre cómo usarlas a la hora de construir un texto. Descriptivo y sincrónico, orienta en distintos aspectos de uso: gramatical, sintáctico, pronunciación, niveles, etc.

A pesar de que el *DEA2* defienda el español culto europeo como general, es evidente que su rigor metodológico lo vincula al *español de España* con un nivel de detalle gramatical y sintáctico, basado en el uso comprobado, que podría ser perfectamente "exportable" al español de otras latitudes.

De todas formas, al corpus documental en el que se apoya podría criticársele que sea el único empleado[9] y que se base en la lengua escrita. Por otra parte, solo hay constancia de que las obras se seleccionaron por bloques temáticos generales, de manera que el resultado se ajusta demasiado al corte cultural de los autores del *DEA*.[10] De cara a posibles futuras ediciones, convendría sopesar hasta qué punto la falta de un corpus oral y el excesivo peso de lo escrito —con un elevado número de voces *raras, literarias* e *históricas*— desequilibran su actualidad y tratar de evitarlo.

En el prólogo a la segunda edición de sus *Estudios de lexicografía española* (2003), al revisar la actividad lexicográfica de los años anteriores, Seco constataba su escaso progreso, sobre todo porque la documentación en la que se basaba seguía siendo asistemática y poco científica. Aunque era previsible que, con los medios técnicos nuevos que el *DEA* no llegó a emplear, los diccionarios del español pudieran mejorar, advertía: "las bases de datos no son más que instrumentos que hay que saber utilizar. La piedra angular de todo diccionario sigue siendo el *arte* del autor. Ese arte, cuando se logra, depende de unas pocas cosas: conocimiento de la lengua, inteligencia, intuición, experiencia, dedicación y estudio." (*ibid.*, 19). Es justo reconocer que Manuel Seco había logrado dominar ese arte, pero sin duda el futuro de un diccionario como el *DEA* pasa por aprovechar los recursos informáticos y ofrecer, como los demás diccionarios generales del español, una versión electrónica, más cercana a gran parte de su público objetivo. Esto es precisamente lo que consigue la tercera edición (*DEA3*), presentada en agosto de 2023 por su editora, la Fundación BBVA, en una versión digital actualizada y dirigida por Olimpia Andrés, con la supervisión editorial digital de Carlos Domínguez, que amplía la anterior en más de 8000 lemas y se puede consultar en http://www.fbbva.es/diccionario.

Notas

1 Cincuenta y seis años para la segunda edición actualizada, de 2011.

2 El argumento de que la mayor parte del español de España coincide con el americano no convenció a Juan M. Lope Blanch (2000, 637–639), ni a otros reseñantes americanos (Mejía 2000) que consideraron que el título del diccionario debería haber señalado esa limitación y referirse al *español europeo*.

3 Hasta cierto punto América aparece reflejada en las fichas del español de España, ya que el diccionario recoge los términos americanos que se usan en España, como *burrito, guacamayo, guacamole, tequila,* y tantos otros.

4 Esther Forgas apunta que, de las 926 fuentes de citaciones que incluye el *DEA*, "no llega a noventa el número de autoras citadas, no llegan a noventa las voces de mujeres escritoras" y que, a pesar de que busca reflejar el uso real, el diccionario "se elabora a partir de unos datos casi exclusivamente centrados en la escritura masculina". De las 89 presencias femeninas, solo 27 son escritoras, las demás firman manuales, artículos especializados, prólogos o biografías, libros de música, de cocina y panfletos políticos. Concluye que "lo verdaderamente alarmante es que no aparece en parte alguna el reflejo del pensamiento femenino en estado puro, eso es, la filosofía escrita por mujeres o el ensayo femenino", con ausencias como la de María Zambrano.

5 Por razones de espacio, al reproducir ejemplos prescindo en general de las citas de apoyo.

6 Seco explica que las dimensiones del *DEA* se deben "al gran desarrollo de la microestructura, que hace que el promedio de artículos por página sea de 17,5 (cuando lo habitual en el género no baja de 60)" (Seco 2003, 438).

7 No explica cuánto se amplía en esta edición el marco temporal considerado. La primera abordaba obras entre 1955 y 1993. En la relación de autores de la segunda edición la fecha más tardía es una referencia de 2008, lo que ampliaría en quince años el marco del *DEA2*.

8 A pesar de este aumento, el *DEA2* no incluye ninguna obra de María Zambrano.

9 Si bien la segunda edición dice haber recurrido a los corpus académicos.

10 ¿Hasta qué punto puede desequilibrar el corpus que Miguel Delibes esté presente con 33 títulos; Camilo J. Cela, con 22, como Rafael Lapesa y Julio Caro Baroja; Manuel Vázquez Montalbán, con 21; Antonio Gala, con 20; Alonso Zamora Vicente, con 16; Francisco Umbral y Julián Marías, con 15, etc.? Se echa de menos alguna voz que ilustre el pensamiento feminista, y eso explica ausencias como la de *sororidad*.

Bibliografía básica

Álvarez de Miranda (2002); Forgas (2009); Gelpí (2000); Seco (2003, 417–438)

Bibliografía complementaria

Casado Velarde (2002); Rodríguez González *et al.* (2019); Tejera (2002); Veleiro (2000–2001)

28

Los diccionarios escolares (School dictionaries)

Javier Lahuerta

1. Introducción

Un nuevo currículo nacional (LOGSE 1990) es el desencadenante de una renovación en la lexicografía escolar del español en España que propone obras adaptadas a sus usuarios en sus contenidos y expresión y no en formato como se hacía mayoritariamente en etapas anteriores. También en América, en la misma época, aparecen diccionarios de nueva planta claramente didácticos.

Palabras clave: dictionary article design; Elementary dictionary; Secondary school dictionary; school definition; school lexicography

A new national curriculum in Spain (LOGSE 1990) triggered an overhaul of the Spanish dictionaries used in the schools in Spain, with works being better adapted to their users in terms of content and linguistic resources. New dictionaries with clear pedagogical characteristics also emerged in America at around the same time.

Keywords: school definition; Primary dictionary; Secondary school dictionary; dictionary article design; school lexicography

2. La lexicografía escolar en español

Humberto Hernández (1989) ofrece una panorámica de los diccionarios escolares hasta la década de 1980. Los diccionarios entonces existentes surgen, en su mayoría, por reducción de diccionarios destinados a adultos: reducción en el formato, en la macroestructura y en la microestructura de otros diccionarios que sirven como base; en este contexto representan una excepción *Diccionario Santillana2* (1975, en adelante, *Santillana2*)[1] y el *Diccionario Anaya de la lengua* (1979, en adelante, *Anaya*), que son diccionarios de nueva planta.[2]

La implantación en España de la LOGSE (Ley Orgánica General del Sistema Educativo) y el papel por ella asignado al diccionario en la educación fue de enorme importancia en la elaboración de

DOI: 10.4324/9780429244353-32

estos diccionarios, pero también la renovación en la lexicografía pedagógica que se había producido en otras tradiciones lexicográficas (muy importante en los *learners'* ingleses o diccionarios para hablantes no nativos, y también en los diccionarios escolares, como el *Petit Robert des enfants*, 1988) y, sin duda, el demoledor análisis ya citado de Humberto Hernández.

En poco más de una década (entre 1994 y 2005) se publican en España varias decenas de diccionarios escolares distintos para las etapas de Primaria, Secundaria y Bachillerato.[3]

La característica más destacable de este periodo es el propósito con el que son elaboradas estas nuevas obras: aspiran a ser obras didácticas (los primeros diccionarios escolares de SM llevaban el adjetivo en el nombre: *Intermedio. Diccionario didáctico del español*, 1993, en adelante, *Intermedio;* y *Elemental. Diccionario didáctico del español*, 1994, en adelante, *Elemental*). Se replantea completamente qué es y debe ser un diccionario escolar. Como consecuencia lógica, y esta es la segunda característica destacable, todos los diccionarios escolares de esta etapa dejan de ser "meras reducciones"[4] y son obras de nueva planta concebidas específicamente para la escuela y, en numerosos aspectos, suponen una clara ruptura en forma y fondo con la tradición lexicográfica académica y academicista.

Conviene, por ello, establecer cuáles son las características del usuario y del currículo, por un lado, y cómo se aplica en la elaboración de diccionarios, por otro.

La denominación "diccionario escolar" abarca obras destinadas a dos etapas diferenciadas, Primaria y Secundaria, que en España van de los 6 a 12 años (aunque los diccionarios se introducen a la edad de 8) y de los 12 a 16 años. Algunas de las soluciones son compartidas por diccionarios para ambas etapas escolares, aunque son también notables las diferencias, dadas las distintas capacidades entre estudiantes de Primaria y Secundaria. En el tema que nos ocupa, son más relevantes las novedades y elementos diferenciadores de los diccionarios de Primaria, razón por la que en este artículo se dedica más espacio a estos.

3. El diccionario de Primaria en el aula

> La principal característica que diferencia un diccionario escolar de otros tipos de diccionario es que está sujeto a dos condicionantes complementarios: las características psicolingüísticas de sus receptores, o sea, lo que los usuarios de referencia son capaces de hacer, y las exigencias que impone el ámbito escolar, es decir, lo que necesitan hacer y que únicamente pueden hacer con ayuda.
>
> *(Albadalejo 1994. Trad. del autor)*

Para analizar un diccionario escolar, es pertinente responder a cuestiones relativas a su uso y sus usuarios, como las siguientes:

3.1. Currículo escolar de Primaria y diccionario

A raíz de la LOGSE y el posterior Real Decreto 1344/1991 de 6 de septiembre que establece el currículo de la enseñanza primaria, se introduce el uso del diccionario en el aula de una manera hasta entonces nunca establecida: este Real Decreto indicaba que en el primer curso del ciclo medio de Primaria (tercero de Primaria, a los 8 años de edad del estudiante) debe introducirse el diccionario en el aula y su utilización ha de ser objeto de estudio.

Algunas de las menciones al uso del diccionario son las siguientes (ofrecidas a modo ilustrativo y no exhaustivo):

> Utilización de estrategias que permiten resolver dudas en la comprensión de textos (releer, avanzar, consultar un diccionario, buscar información complementaria).

Interés por la búsqueda de palabras en el diccionario que faciliten la precisión léxica.

En la lectura de textos, utilizar estrategias de comprensión (ser consciente del propósito de la lectura, utilizar indicadores textuales y contextuales para formular y probar conjeturas) y también estrategias adecuadas para resolver las dudas que se presenten (avanzar y retroceder, consultar un diccionario, buscar información complementaria).

Las tres condiciones básicas que el currículo exige del uso de un diccionario para esta etapa (y que se mantienen en decretos y leyes posteriores) son: apoyo para la comprensión y producción de textos, instrumento para reflexionar sobre la propia lengua y autonomía del estudiante.

De los 8 a 12 años, etapa de las operaciones concretas, se produce un importante cambio en las capacidades cognitivas y lingüísticas de los niños, que todavía han de sufrir variaciones en la adolescencia (etapa de las operaciones formales) antes de incorporarse a la vida adulta. El diccionario ha de atender al desarrollo evolutivo del estudiante si no quiere fracasar en su empeño: debe adaptarse el usuario y no al revés.

3.2. Uso del diccionario en el aula y en los libros de texto

El diccionario ha de ser utilizado en el aula y, en consecuencia, debe dar respuesta satisfactoria a las actividades que se plantean en ella, aunque también cabe plantear que también las actividades deben considerar si el diccionario puede y/o debe ayudar a resolverlas. Paz Battaner (1994) señala que el orden de las habilidades que se deben potenciar en el uso del diccionario podría responder a los siguientes objetivos:

a) Dominar el orden alfabético.
b) Aislar las unidades léxicas, reconocer las simples y las complejas y saber acotar la fraseología.
c) Reconocer la categoría léxica y los paradigmas morfológicos para localizar el artículo y la acepción precisa.
d) Comprender los artículos lexicográficos de voces dominadas.
e) Reconocer algunas de las principales relaciones léxicas a partir también de palabras que los escolares dominan.
f) Comprender artículos lexicográficos de voces desconocidas o de voces insuficientemente conocidas.[5]
g) Retener, confrontar y comparar la composición y disposición de artículos lexicográficos de palabras que tengan una estructura léxica parecida.

La secuencia establecida por Battaner parte de habilidades básicas de consulta de diccionario (orden alfabético, acotamiento y lematización de unidades) para pasar a comprensión de contenidos (de lo conocido a lo deficientemente conocido y finalmente a lo desconocido) y llegar así a su "función más genuina" y el uso autónomo del diccionario, que es un objetivo declarado del currículo, lo que conlleva dominio de habilidades avanzadas de consulta (comprensión del artículo, selección de la acepción adecuada, uso de información adicional). Esta secuencia se refleja en gran medida en los libros de texto del área de lengua de la enseñanza primaria.[6]

A partir de lo expuesto, entendemos que resultan pertinentes para la elaboración y análisis de diccionario escolar las siguientes consideraciones:

a) La competencia lingüística y cognitiva del niño de 8 a 12 años, que todavía está en una importante fase de desarrollo; consiguientemente, también la competencia léxica, integrante de la primera.

El diccionario tiene la difícil misión de, en la medida de lo posible, adaptar sus contenidos a los conocimientos adquiridos a los 8–9 años, pero a la vez contribuir a alcanzar los conocimientos exigidos a la edad de 11–12 años.

b) La enseñanza del uso del diccionario en clase, que debe tener en cuenta las capacidades del alumno y mostrar una progresión adecuada.

Igual que abogamos por un diccionario adaptado, señalamos la necesidad de realizar trabajos escolares que tengan presente los conocimientos del usuario. Una progresión adecuada favorecerá un aprendizaje del manejo del diccionario y, por ende, de obras de referencia.

c) Adecuación a los contenidos de los libros de texto y a los saberes de los niños.

El diccionario (más bien las tareas que el profesor pida que se realicen con ayuda del diccionario) contribuirá a un conocimiento mejor y más profundo de la lengua, pero para conseguirlo no debe superar en mucho los contenidos de los libros de Primaria.

d) El uso del diccionario en el aula, que debe ser respetuoso con las funciones del diccionario.

Un diccionario semasiológico permite preguntar *¿qué significa la palabra X?* y resuelve también otras dudas, en especial las que atañen a la morfología irregular (género, número, conjugación), y otras preguntas (registro, sinónimos, antónimos, en algún caso construcción). Un diccionario semasiológico, sin embargo, es una herramienta muy limitada para ser usado como herramienta de codificación, máxime para quienes se están introduciendo en su uso como herramienta de descodificación (Lahuerta 2006).

4. Los diccionarios de Primaria

Los nuevos diccionarios escolares realizan un planteamiento total de estas obras tanto en sus aspectos externos (diseño del libro y de página) como de contenidos (macroestructura y microestructura), y los resultados más apreciables se encuentran en los diccionarios de Primaria.[7]

4.1. Diseño del libro y de página

> En todo el catálogo lexicográfico de esta primera etapa de trabajo, se puede apreciar con claridad cómo ese didactismo consistía (¿tan solo?) en la adecuación a las distintas necesidades de los distintos usuarios, y cómo esa adecuación se materializaba en tres aspectos muy definidos: contenidos, aspecto físico de los libros y acompañamiento del profesorado.
>
> *(Maldonado 2018, 251)*

El formato y diseño de un diccionario escolar afectan a cuestiones clave de uso y consulta: portabilidad, manejabilidad, legibilidad,[8] localización de la información y, también, espacio total para los contenidos.

Por lo que se refiere a la portabilidad, encontramos diccionarios de "mochila", que pueden llevarse a clase junto con otros libros, y los de "biblioteca" o "pupitre", que por su mayor tamaño son más difíciles de llevar habitualmente en la cartera. En cualquier caso, todos los diccionarios para la enseñanza Primaria de estos años ofrecen formatos mayores que algunos diccionarios de la etapa precedente y tienen una anchura igual o ligeramente superior a 14 cm y una altura igual o ligeramente superior a 20 cm.[9] En estos años, solo el *Diccionario escolar de la lengua española* (1998, *Vicens Vives*) tiene un formato grande (19 x 26,5 x 4,8 cm y 2,37 kg de peso) que dificulte su portabilidad.

En cuanto a la manejabilidad, Maldonado (2018) habla de didactismo en el aspecto físico de los diccionarios SM, y pone como ejemplos "unas cubiertas de plástico flexible y una

Tabla 28.1 Características externas de algunos diccionarios de Primaria[10]

	Primaria			
	color	*tipografía*	*páginas*	*encuadernación*
Edelvives	negro	10	1318	plástico
Primaria Edebé	lema azul	10	958	plástico
Primaria Espasa	lema azul	8	1120	plástico
Escolar Santillana	negro	8	1232	tapa dura
Elemental	negro	10	878	plástico
Vicens Vives	color	10	1060	tapa dura
Primaria Anaya-Vox	lema azul	9	984	plástico

encuadernación que permitía que el diccionario quedara abierto por cualquier página encima de la mesa, así como un diseño de interiores a partir de unas familias tipográficas distintas a las tradicionales" (Maldonado 2018, 252), ejemplo que sigue la mayoría de diccionarios de Primaria (como *Primaria Anaya-Vox* 1997, *Primaria Edebé* 2003, *Edelvives* 2000, *Escolar Santillana* 1993). El número de páginas, que también afecta a la manejabilidad, está en varios casos por debajo de 1000 (Tabla 28.1), lo que supone un grosor menor en comparación con otros diccionarios de la etapa anterior o diccionarios generales.

El diseño de página también tiene una orientación pedagógica más clara que en la etapa precedente. Se utiliza una tipografía mediana (de 8 a 11 puntos) que facilita la legibilidad y una disposición de información y uso de marcas tipográficas (en algunos casos el color) que facilitan la localización de la información. También contribuye el manejo del diccionario y la localización de información la inclusión del alfabeto en los márgenes de las páginas. En conjunto, el uso de tipografía y diseño favorecen una consulta más rápida y la comprensión de la información ofrecida.

Formato, número de páginas y diseño gráfico (altura y anchura de columnas, tipografía, cuerpo e interlineado, disposición de elementos) determinan, finalmente, el espacio disponible para los contenidos.

4.2. Macroestructura

> Abundan, en efecto, los diccionarios escolares, concebidos muchos de ellos como meras reducciones, absolutamente inorgánicas, de los diccionarios generales, en especial del de la Real Academia Española. En ellos se suprimen entradas, se abrevian las definiciones y se prescinde de acepciones, sin más designio que ajustarse al tamaño previsto, ni más criterio que el albedrío del compilador.
>
> *(Lázaro Carreter, 1979, vii)*

La nomenclatura en diccionarios de Primaria de la etapa estudiada se encuentra entre 11 000 y 21 500 entradas. En gran medida, su número está determinado por el espacio disponible.

En cuanto al tipo de vocabulario seleccionado, encontramos que normalmente:

- Está constituido por voces de uso corriente en España y de frecuencia relativamente alta perteneciente al estándar casi en su totalidad. Mayoritariamente son diccionarios sincrónicos del español de España.
- No incluye regionalismos españoles ni americanismos.

- Contiene una selección de voces de términos de libros de texto.
- Da cabida a voces no recogidas en sus diccionarios por la RAE.

En cuanto a las características de este vocabulario, contiene una proporción baja de voces por familia de palabras: se aprecia un esfuerzo por incluir el mayor número de bases y raíces en una nomenclatura reducida.

Nuestro análisis nos ofrece los siguientes datos de algunos de los diccionarios de Primaria analizados:

Tabla 28.2 Número de entradas de algunos diccionarios de Primaria, por orden de menor a mayor

Elemental	11 000
Primaria Anaya-Vox [1]	11 700
Everest	12 000
Primaria Edebé	12 500
Primaria Anaya-Vox [2]	12 500
Vicens Vives	13 300
Edelvives	15 000
Escolar Santillana	20 000
Primaria Espasa	21 500

Vemos que los valores no son especialmente altos en estos diccionarios. Los diccionarios de Primaria, con un lemario muy reducido, tienen aquí uno de sus puntos más controvertidos. Puede criticarse el número de entradas, pero de ahí no puede deducirse que la selección no obedezca a criterios coherentes, o que no haya criterio alguno de selección.

Cabe tener en cuenta con respecto a la macroestructura de los diccionarios de Primaria:

a) Son diccionarios selectivos.
b) Las características de diseño (portabilidad y legibilidad) condicionan el número máximo de voces de la obra, como también los contenidos de la microestructura.
c) Coinciden en un núcleo básico, pero realizan elecciones distintas en la selección.

Las críticas por la falta de voces es la más evidente para los usuarios, tanto alumnos como profesores, y por ello poco después de su primera edición tanto *Elemental* como *Primaria Anaya-Vox* (los que tenían una macroestructura más reducida) ampliaron el lemario de sus respectivos diccionarios de poco más de 11 000 términos a más de 12 000 en el caso de la editorial SM (que también produjo otros diccionarios de Primaria con macroestructura de unas 20 000 entradas) y de 11 700 a 12 500 en el caso de *Primaria Anaya-Vox*. El cambio afectó a aspectos de diseño (número de páginas, cuerpo de letra) y ocasionalmente a la microestructura.

4.3. Microestructura

> Refiriéndose [J. Rey-Debove] al número de voces de una obra lexicográfica, y teniendo en cuenta un espacio siempre igual, se dice que "a mayor macroestructura, menor microestructura", ya que en el mismo número de páginas cabrán tantas menos voces cuanto mayor sea el espacio concedido al tratamiento de cada voz.
>
> (*Martínez de Sousa 1995*, s. v. macroestructura)

Apreciamos tres características sobresalientes en la microestructura de los diccionarios escolares de Primaria: 1) facilitación de la consulta, lo que se manifiesta en la organización y diseño del artículo, 2) expresión del significado que favorece comprensión por parte de sus usuarios y 3) enriquecimiento de la microestructura respecto a sus predecesores.

4.3.1. Organización general del artículo: elementos y disposición

En la facilitación de la consulta tiene gran importancia el diseño de la obra y de artículo y la organización general de este. El diseño de artículos ofrece en estos diccionarios claras marcas que facilitan la localización y discriminación de elementos informativos: lema grande y bien marcado (en algunos se ofrece la forma femenina completa), también es frecuente mostrar completos y bien diferenciados los sublemas (formas plurales, pronominales, adverbios y lexías compuestas), números de acepción claros y, en ocasiones, uso de un segundo color o páginas a todo color para facilitar la diferenciación de información.

Mayoritariamente, los diccionarios ofrecen el artículo en un único bloque o párrafo, pero algunos ofrecen informaciones en distintos párrafos o cada información en un párrafo diferenciado, como hace *Primaria Anaya-Vox*: lema en línea aparte y cada acepción en párrafo propio, lo que facilita la consulta al establecer límites claros entre acepciones.

La información sobre una acepción puede encontrarse junto a la acepción (como en *Vicens Vives* o *Primaria Anaya-Vox*) o al final del artículo junto a otras informaciones (como *Elemental*).

Con una necesaria orientación sincrónica, no se considera la homografía y las acepciones se ordenan por criterios de frecuencia estimada o información prototípica.

Otro aspecto destacable es la reducción de abreviaturas o su supresión total, no solo en la declaración de la categoría gramatical sino también en informaciones adicionales como introducción de sinónimos, antónimos y familias de palabras.

4.3.2. Expresión del significado

Los facilitadores de diseño (presentación y posición) contribuyen a una mejor localización de la información, pero es la redacción y el lenguaje empleado en las definiciones lo que finalmente permite al usuario acceder al significado de los lemas, función principal de un diccionario semasiológico. Es en la definición donde encontramos el cambio más significativo y relevante en la lexicografía escolar: utiliza palabras en sus acepciones habituales y define con palabras más sencillas que la voz de entrada, utiliza sintagmas más extensos que los diccionarios de adultos y complementa la definición con ejemplos, sinónimos, antónimos, notas de uso y otras informaciones que favorecen la comprensión.

La principal aspiración de estos diccionarios es la claridad en las definiciones para favorecer la comprensión por hablantes con una competencia léxica en desarrollo. Los diccionarios escolares utilizan un lenguaje que deja de ser deudor del diccionario académico tanto en recursos expresivos como en vocabulario. Las definiciones comparten características que aquí presentamos como generales, aunque hay diferencias notables tanto entre las obras como dentro de un mismo diccionario. Más próximos a las características del *Diccionario de use del español* de María Moliner (1966–1967, *DUE*) que al *Diccionario de la lengua española* (RAE, *DRAE*), consideramos los principales rasgos de las definiciones de estos nuevos diccionarios:

a) Utilización de *vocabulario conocido*: se utiliza vocabulario común en sus acepciones más frecuentes en estructuras sintácticas simples, lo que marca una diferencia importante con los diccionarios escolares anteriores y los de tradición académica, como podemos ver en el siguiente ejemplo de definición para la voz *ira*:

DRAE21 (1992)

Pasión del alma, que causa indignación y enojo. **2**. Apetito o deseo de venganza. **3**. Furia o violencia de los elementos. **4.** Repetición de actos de saña, encono o venganza.

Elemental

Enfado muy fuerte o violento: *Se te notaba la ira que sentías cuando dijo esa mentira de ti.*

En lugar de utilizar voces como *pasión, indignación* y *enojo* (y aprovechemos para ver el vocabulario empleado en las definiciones 2–4), *Elemental*, paradigma de la nueva lexicografía escolar, opta por *enfado, fuerte* y *violento*. Léxico y sintaxis de los diccionarios escolares se adecúan al usuario y la definición se simplifica extraordinariamente para conseguir la comprensión: la elección del género próximo se hace siempre entre palabras de alta frecuencia, al margen de la tradición académica; también sucede así con las que se utilizan en la diferencia específica.

b) La *definición perifrástica*, en una estructura de definición clásica de género próximo más diferencia específica, es la más utilizada en estas obras, en las que es difícil encontrar definiciones sinonímicas de una sola voz o cadenas sinonímicas (como, v. infra, *angustia* en su primera acepción en *DRAE*) o definiciones por remisión a palabras que no tienen la misma raíz. Comparamos la definición académica de *angustia* y las que ofrecen *Elemental, Primaria Anaya-Vox* y *Vicens Vives*:

DRAE21 (1992)

Aflicción, congoja, ansiedad. **2**. Temor opresivo sin causa precisa. **3**. Aprieto, situación apurada. **4.** Sofoco, sensación de opresión en la región torácica o abdominal. **5.** Dolor o sufrimiento.

Elemental

Sensación que notamos cuando tenemos miedo o cuando estamos preocupados: *Los familiares vivieron con angustia el rescate del montañero perdido en la sierra.*

Primaria Anaya-Vox

Sentimiento fuerte de intranquilidad, de preocupación y de miedo ante un problema muy grande, una desgracia que ha ocurrido o el peligro de que pase alguna cosa mala. La gente nerviosa suele pasar angustia antes de un examen.

Vicens Vives

Sensación de nerviosismo y hasta de malestar físico cuando se está muy preocupado o se tiene miedo: *no poder resolver los problemas me provoca angustia.*

c) *Coherencia interna* para establecer adecuadamente la diferencia específica entre voces del mismo paradigma, por lo que se redacta por grupos de palabras (*Primaria Anaya-Vox* "se han definido las palabras por grupos según sus significados y se ha definido con expresiones parecidas" o *Intermedio*, un diccionario ya para Secundaria, "han sido redactados según unos modelos tipo, lo que confiere una gran sistematicidad y coherencia interna al cuerpo del diccionario" p. IX)

Primaria Anaya-Vox

teniente Persona que tiene un grado militar entre el de alférez y el de capitán.
alférez Persona que tiene un grado militar entre el de subteniente y el de teniente; es el grado más bajo de los oficiales.
viola Instrumento musical de cuerda parecido al violín, pero de mayor tamaño y sonido más grave.
violonchelo Instrumento musical de cuerda más grande que la viola y más pequeño que el contrabajo.

Aunque no podemos afirmar que sea así en todos los casos, consideramos que estas orientaciones reducen problemas señalados para los diccionarios de esta etapa señalados anteriormente, como son el uso de palabras más difíciles de entender que la definida, la circularidad y las pistas perdidas.

En la etapa que analizamos aquí, es singular el diccionario *Primaria Anaya-Vox* al emplear definiciones que tienen dos o más periodos, en el que el segundo es una "extensión del significado", en la terminología del propio diccionario. La extensión es una frase o frases que, tras punto y sin cambio tipográfico alguno, sigue a la (primera parte de la) definición de multitud de nombres, adjetivos, verbos, adverbios y locuciones y contiene información que favorece la transición de lo abstracto (primera parte de la definición) a lo concreto (representado por la extensión). Las extensiones focalizan en el significado y sus contenidos pueden ser de distinto tipo: concreciones, representantes, características, contextos, manifestaciones, etc., del mundo próximo al usuario, que permiten saber a qué se aplica la voz o presentan un contexto o una representación prototípicos de la palabra, como las extensiones a *nota* en el ejemplo siguiente:

Primaria Anaya-Vox

nota 1. Texto corto que se escribe, normalmente en un trozo pequeño de papel, para comunicar o recordar algo. Algunos profesores usan notas para recordar lo que tienen que explicar. [...] **3**. Calificación que se obtiene en un examen o curso. En muchas pruebas el diez es la nota máxima. **4**. Papel en el que se detalla lo que se ha comprado o consumido y lo que hay que pagar. Después de cenar, el camarero trae la nota.

En su forma y contenido tiene elementos de definición espontánea. La primera propuesta de definiciones con extensiones que conocemos la proporciona para la lengua inglesa con carácter teórico (no sabemos de su aplicación práctica en ese momento) Thorndike (1991/1928). Lo justifica de la siguiente manera:

> Another common error of the scholar is to confuse two meanings of 'true' and underestimate one kind of truth for children. A true statement may be one which cannot mislead you if you understand it, or it may be one which will not mislead the person to whom it is made.

> Compare, for example, these two definitions of 'candle': (A) '*candle*—a cylinder of combustible substance inclosing a wick to furnish light,' and (B) '*candle*—a piece of wax or tallow with a wick, which gives a light when it burns is a candle. When people do not have gas or electricity light, they use lamps and candles.'
>
> 'A' is the dictionary-maker's definition, and is the truer in the former sense, but 'B' is probably truer in the latter sense for children ten to fifteen years old. They would probably get more truth and less error from 'B' than from 'A'.
>
> *(Thorndike 1991/1928, 18)*

En obras lexicográficas encontramos ejemplos de este tipo de definición en el *Collins Cobuild English Dictionary* (1987, *Cobuild*) y dentro de la lexicografía española en *Mi diccionario* (Rivera González 1992) y el *Didac. Diccionari de català* (1995, *Didac*), diccionarios con los que *Primaria Anaya-Vox* tiene más elementos en común (incluidos elementos de diseño gráfico), aunque estos diccionarios utilizan con frecuencia la definición espontánea o natural en el primer periodo de la definición en el que incluye el lema. Un ejemplo posterior en lengua española se encuentra en el *Diccionario de la lengua española. Primaria* de La Galera (2007, versión española del *Didac*).

El *Prólogo* (Battaner, en el *Primaria Anaya-Vox*) se lo explica así a sus usuarios:

> Las definiciones [...] se acompañan en casi todos los casos de explicaciones para situar la palabra y facilitar su comprensión y su uso. ¿Qué son esas explicaciones? Son como extensiones de la definición que ayudan a la colocación de la voz. *Marchitar*, por ejemplo, tiene una primera acepción "Secarse una plata o una flor.", que no necesita ayuda para ser comprendida y usada, sin embargo, la segunda "Quitar la fuerza, la energía o la belleza a una persona o cosa." puede resultar difícil saber cómo y para qué se usa. La explicación que sigue: "Un rostro se marchita por el paso de los años.", sin ser propiamente un ejemplo, indica en que temas o asuntos viene bien usar esta voz, además de con flores o plantas.

Es importante señalar lo que se indica poco más arriba: pese a su estructura frástica, no es un ejemplo propiamente dicho y aunque amplía la información de tipo sintagmático su objetivo, repetimos, se orienta a la información semántica. Encontramos informaciones compartidas con los ejemplos de otros diccionarios, pero con un tratamiento diferente, como en el siguiente ejemplo de *cazador*, que *Elemental* trata como ejemplo y *Primaria Anaya-Vox* como extensión:

> *Elemental*
>
> Dicho de un animal, que por instinto persigue y caza a otros: *El gato es un animal cazador.*
>
> *Primaria Anaya-Vox*
>
> Se dice del animal que caza a otros para comérselos. Los leones y los tigres son felinos cazadores.

La *extensión* es un complemento de la definición, en ningún caso su sustituto. Puede ocurrir, no obstante, que algunos usuarios, en especial los de menor edad, tengan menos dificultad para entender la extensión que la definición, y que su acceso al significado de la voz consultada se realice a través de la extensión (que apela a su conocimiento del mundo o a un conocimiento accesible) y no de la definición (que utiliza recursos abstractos).

4.3.3. Enriquecimiento de la microestructura

Otras informaciones que se incluyen en estos diccionarios, como ejemplos, sinónimos y antónimos, voces familiares o afines... también contribuyen a una mayor comprensión de las palabras definidas y profundización en su significado, lo que favorece el desarrollo de la competencia léxica en sus vertientes receptiva y productiva. Los diccionarios escolares de la etapa tienen una microestructura más rica que los de la etapa anterior (con las excepciones de *Anaya* y *Santillana2*) e incluyen diferentes informaciones, normalmente ejemplos, sinónimos y antónimos, información gramatical (como la conjugación o irregularidades de género y número) y de uso y, en menos casos, división silábica, familias de palabras y voces afines. Es significativo que no se incluye la etimología.

En definitiva, hay una ampliación de información tanto en el eje paradigmático como en el sintagmático, que además de favorecer el desarrollo en profundidad de la competencia léxica del usuario (propósito que debe tener un diccionario de lengua) tiene mucho que ver con las tareas escolares para las que se solicita el uso del diccionario en el aula.

5. Diccionarios de Secundaria

La renovación de diccionarios escolares empieza con un diccionario de Secundaria: *Intermedio. Diccionario didáctico del español* de SM (1993), que marca una pauta de la lexicografía escolar del periodo y tiene muchas de las características que hemos visto en los diccionarios de Primaria: nueva planta, orientación sincrónica, nueva redacción de definiciones en lenguaje corriente, ordenación por uso, enriquecimiento de la microestructura. En este último aspecto, es destacable que todas las definiciones se acompañan de al menos un ejemplo; característica también está presente en *Elemental* pero no en otros diccionarios de Primaria de la editorial SM cuando se decide ampliar la macroestructura (lo que va en detrimento de la microestructura).

Con unas directrices didácticas similares a las señaladas para los diccionarios de Primaria, pero orientadas a un público con mayor competencia léxica y capacidades cognitivas más evolucionadas (entre otras características, mayor capacidad de entender y producir definiciones abstractas), las principales diferencias que encontramos en los casos de editoriales que tienen diccionarios para ambas etapas educativas son:

a) *Diseño*: tienen el mismo formato que los de Primaria, pero hacen uso de una tipografía más pequeña y amplían el número de páginas.
b) *Macroestructura*: el número de entradas más habitual está entre 25 000 y 30 000. Entran en la nomenclatura voces con marca diatópica, diastrática y de especialidad.
c) *Microestructura*: es mayor el número de acepciones de artículos polisémicos; estructuralmente el artículo es más denso (por ampliación de información y por recursos tipográficos). Se usan abreviaturas.

5.1. Diccionarios académicos de Educación Secundaria Obligatoria

En la etapa tratada, Secundaria, la RAE publica primero el *Diccionario escolar de la Real Academia Española* (1996, *Escolar RAE*), que se obtiene por reducción del diccionario académico y no es, en nuestra opinión, un diccionario didáctico.[11]

Posteriormente publica el *Diccionario del estudiante* (2005, 2011, 2016; *DEst*), que tiene características de los diccionarios didácticos de esta etapa: es un diccionario de nueva planta en el

Tabla 28.3 Número de lemas de algunos diccionarios de Secundaria, de menor a mayor

Everest	20 000
Estudiante Larousse	20 000
Secundaria Espasa	25 000
Secundaria Anaya-Vox	26 800
Intermedio	27 000
Anaya	33 000
Escolar RAE	33 000

que las definiciones y la organización del artículo no son deudoras del diccionario académico, contiene al menos un ejemplo por acepción, notas y observaciones, sinónimos y antónimos. Se diferencia de otros diccionarios de la etapa por tener un formato ligeramente mayor y la macroestructura más extensa, 40 000 entradas, lo que lo hace también adecuado para estudiantes de Bachillerato.

Posteriormente, aparece el *Diccionario práctico del estudiante* (RAE y ASALE, 2007), para uso de estudiantes americanos. Posiblemente para hacer más asequible el diccionario, si lo comparamos con el *Diccionario del estudiante*, se reduce el formato, el número de páginas (de 1540 a 820), la macroestructura (de > 40 000 a 30 000 palabras) y la microestructura.

6. Diccionarios americanos

La lexicografía escolar desarrollada en América también ofrece diccionarios didácticos de nueva planta en los años aquí tratados. Por un lado, son varios los proyectos que la editorial SM realiza en algunos países en los que tiene implantación a partir de su experiencia en España; por otro, en Cuba y México hay dos proyectos que producen diccionarios escolares de nueva planta a partir de un análisis distinto del realizado por las editoriales españolas, pero que comparten características didácticas como las señaladas.

Sobre las premisas de sus diccionarios didácticos y bajo la dirección de Concepción Maldonado, se editan entre 2002 y 2010 diccionarios para Primaria y Secundaria (según países) en México, Puerto Rico, Colombia, Puerto Rico, Argentina y Chile. Es significativo el título del primero de estos diccionarios: *Diccionario didáctico de español avanzado para América Latina para Educación Media* (*DDEA*, Maldonado [dir.], 2002, México, SM); en el resto de los diccionarios no aparece ninguna indicación geográfica o nacional.

En Cuba se publican dos obras de nueva planta para uso de escolares: el *Diccionario escolar ilustrado* (*DEIl* 1998) y el *Diccionario básico escolar* (*DBE* 2003, con posteriores ediciones en 2008, 2009 y 2014). El *DEIl* se dirige a estudiantes de 6 a 10 años y tiene características semejantes a *Mi diccionario*: vocabulario de definición de 2000 palabras, frases ejemplo antes que definiciones (cuando las hay) y la peculiaridad de seleccionar la microestructura de textos producidos por escolares (como hace parcialmente *Diccionario inicial del español de México*, 2005, *DIME*).

El *Diccionario básico escolar* (*DBE* 2003) se dirige a estudiantes de 11 a 19 años (lo que en España son últimos años de Primaria, la Secundaria completa y los dos años de Bachillerato). Coincide en sus características con los diccionarios didácticos elaborados en España: nueva planta para simplificar la definición e incluir información didáctica (ejemplos en todas las definiciones, sinónimos y antónimos, numerosas notas de uso), pero hay una diferencia importante en la relación entre edad y macroestructura: abarca distintas etapas escolares y cuenta en su tercera edición con 10 500 entradas y unas 20 000 acepciones, lo que en España se corresponde con los diccionarios de Primaria con menor macroestructura.[12]

En México aparece *DIME*. Es "el primero que se hace en México para niñas, niños y jóvenes mexicanos", que "no copia de ninguno: todas las acepciones —los significados— fueron redactados de nuevo [...] de forma sencilla", todas las acepciones van acompañadas de ejemplo (de la Introducción) y tiene las características de otros diccionarios didácticos (además de las señaladas, la inclusión de sinónimos y antónimos, modelos de conjugación y notas de uso, entre otras).[13] Como los diccionarios elaborados en Cuba, una parte de la macroestructura (declara más de 13 000 entradas y 22 000 acepciones) se obtiene del vocabulario disponible de los escolares.

7. Consideraciones finales

> Un diccionario para estudiantes no tiene que dejar de ser un diccionario y ha de contener los elementos lingüísticos y paralingüísticos de un diccionario general: la simplificación necesaria no ha de hacernos olvidar que ha de tener convenciones de los diccionarios que el estudiante utilizará más adelante, pero en menor cantidad y más comprensibles.
>
> *(Albadalejo 1994. Traducción del autor)*

La nueva lexicografía escolar que surge en la década de 1990 ha atendido a las características de los usuarios y condiciones de uso para reformar sus contenidos con diccionarios de nueva planta orientados a facilitar su comprensión: redacción nueva, simplificación lingüística de las definiciones y ampliación de contenidos para realización de tareas escolares. También se ha renovado en sus aspectos externos: libros más grandes pero manejables que los diccionarios escolares anteriores, mayor cuerpo de letra, mejor uso de tipografías para favorecer la legibilidad y el acceso a la información. Y lo hace sin alterar la estructura de los diccionarios semasiológicos para cumplir con una de las funciones que se le atribuyen: contribuir a formar usuarios de diccionarios en edad adulta.

En poco más de una década, decíamos al principio, encontramos una abundante producción de diccionarios escolares con una profunda renovación de la lexicografía de Primaria y Secundaria. No hemos atendido aquí a otros diccionarios posteriores claramente orientados a este público (como el *Diccionario de la lengua española. Primaria* de La Galera, con características del excelente *Didac. Diccionari de català*, 1995, *Didac*) ni a diccionarios escolares realizados en países americanos (como el *DBE* o el *DIME*, ambos de 2003) ni a la lexicografía escolar digital (que, hasta donde conocemos, no presenta novedades notables en sus contenidos —que proceden de la correspondiente versión en papel— ni en su funcionamiento digital). Este corte temporal, aunque sin duda arbitrario, tiene en cuenta lo que señala Maldonado (2018, 258) cuando cuestiona: "Por qué desde 2006 las editoriales tradicionales en lexicografía (las comerciales, las que debemos responder a una cuenta de resultados empresarial) no hemos abordado productos nuevos? ¿Por qué (y solo en algunos casos, además) las novedades se han reducido a reediciones más o menos revisadas de obras anteriores a la digitalización de obras ya existentes en papel?".

Figuras

P p

a b c d e f g h i j k l m n ñ o **p** q r s t u v w x y z

p [sustantivo femenino] Letra número diecisiete del abecedario: *La palabra «pino» empieza por «p».* □ [Su nombre es pe].

pabellón [sustantivo masculino] Edificio grande que se construye con una finalidad determinada: *Los análisis de sangre se hacen en el pabellón central del hospital.*

pacense [adjetivo o sustantivo] De la provincia de Badajoz o de su capital: *Unos primos míos son pacenses.* □ [No varía en masculino y en femenino]. SINÓNIMOS: badajocense.

pacer [verbo] Comer hierba el ganado en el campo: *Las vacas pacen en el prado.* □ [Es irregular y se conjuga como PARECER]. SINÓNIMOS: pastar. FAMILIA: apacentar.

pacharán [sustantivo masculino] Bebida alcohólica de un color parecido al rojo: *El pacharán es una bebida de origen navarro.*

pachorra [sustantivo femenino] Forma de ser de la persona que no se pone nerviosa por nada: *Tiene mucha pachorra y siempre se toma las cosas con tranquilidad.* □ SINÓNIMOS: calma. CONTRARIOS: impaciencia, nervios, nerviosismo.

pachucho, cha [adjetivo] Dicho de una persona, que está un poco enferma: *Ayer no fui a clase porque estuve un poco pachucha.* □ [Es coloquial]. SINÓNIMOS: pocho.

paciencia [sustantivo femenino] Capacidad para estar tranquilo cuando se espera algo o cuando se hace una cosa: *Ten paciencia, y espera a mañana para ver el regalo.* □ SINÓNIMOS: calma, tranquilidad. CONTRARIOS: impaciencia. FAMILIA: paciente, impaciencia, impaciente, impacientar.

paciente **1** [adjetivo] Que tiene paciencia: *Sé paciente con él y explícaselo hasta que lo comprenda.* **2** [sustantivo] Persona que está enferma: *Este médico visita a sus pacientes por la mañana.* □ [No varía en masculino y en femenino]. SINÓNIMOS: **2** enfermo. CONTRARIOS: **1** impaciente. FAMILIA: → paciencia.

pacífico, ca [adjetivo] Que rechaza las situaciones violentas: *No conseguirás discutir con ella porque es muy pacífica.* □ SINÓNIMOS: tranquilo. CONTRARIOS: violento. FAMILIA: → paz.

pacifista [adjetivo o sustantivo] Que defiende la paz: *Los pacifistas quieren acabar con cualquier tipo de violencia.* □ [No varía en masculino y en femenino]. FAMILIA: → paz.

pactar [verbo] Ponerse de acuerdo en algo: *¿No te acuerdas de que el otro día pactamos que iríamos juntos?* □ SINÓNIMOS: acordar, quedar, convenir. FAMILIA: → pacto.

pacto [sustantivo masculino] Lo que se decide entre dos partes y ambas deben cumplir: *He hecho un pacto con mis amigos para guardar un secreto.* □ SINÓNIMOS: trato, acuerdo, convenio. FAMILIA: pactar.

padecer [verbo] Sufrir algo malo: *La gente cruel disfruta viendo padecer a los demás. Mi padre padece del estómago y no puede comer de todo.* □ [Es irregular y se conjuga como PARECER]. FAMILIA: compadecer.

padrastro [sustantivo masculino] **1** Lo que es un hombre en relación con los hijos que no son suyos, pero sí de su mujer: *Cuando mi padre murió, mi madre se volvió a casar y mi padrastro me quiere mucho.* **2** Piel que se levanta alrededor de las uñas: *Tengo que cortarme este padrastro, porque me duele.* □ FAMILIA: → padre.

padre [sustantivo masculino] **1** Lo que es un hombre en relación con su hijo: *Mi padre y mi madre llevan quince años casados.* **2** Tratamiento que se da a algunos religiosos: *Hoy celebrará la misa el padre Juan.* **3** [plural] Lo que son un hombre y una mujer en relación con su hijo: *Hoy han venido a buscarme mis padres.* □ SINÓNIMOS: **1** papá. FAMILIA: padrastro, paterno, paternal, paternidad, padrenuestro, padrino, apadrinar.

padrenuestro [sustantivo masculino] Oración que empieza con las palabras *Padre nuestro*: *Entré en la capilla y recé un padrenuestro.* □ [Se escribe también *padre nuestro*]. FAMILIA: → padre.

padrino [sustantivo masculino] Lo que es un hombre en relación con una persona a la que acompaña al recibir algunos honores: *Mi padre fue el padrino de boda de mi hermana. El padrino y la madrina en el bautizo de mi hermano fueron mis tíos.* □ FAMILIA: → padre.

paella [sustantivo femenino] Comida hecha con arroz: *La*

Figura 28.1 Página de *Elemental SM*.

689 **país**

2 Tener un estado de ánimo negativo por no tener algo que se necesita o que se desea mucho o por ver sufrir a los demás: *Padecimos mucha sed en el desierto*.
Se conjuga como: agradecer; la 'c' se convierte en 'zc' delante de 'a' y 'o', como: padezca.

padrastro
nombre masculino 1 El padrastro de una persona es el hombre que se casa con su madre y no es su padre. Cuando una mujer con hijos se vuelve a casar, su nuevo marido es el padrastro de sus hijos.
2 Trozo de piel que se levanta junto a las uñas de los dedos de la mano.

padre
nombre masculino 1 Hombre que tiene uno o más hijos: *Ese es el padre de Marta*. 197
2 Forma en que un hijo se dirige a su padre: *¿Cómo se encuentra, padre?* Ahora se utiliza más: papá.
3 Forma de tratamiento que se utiliza con curas y frailes.
4 Hombre que ha inventado algo o ha desarrollado una ciencia: *Bell y Edison son los padres del teléfono*.
nombre masculino plural 5 **padres** Padre y madre de una persona.
adjetivo 6 Que es muy grande o muy fuerte: *En el recreo había un jaleo padre*.

padrenuestro
nombre masculino 1 Oración cristiana dedicada a Dios que empieza con las palabras 'Padre nuestro'.

padrino
nombre masculino 1 Hombre que acompaña a los novios al altar en la boda o al niño en el bautizo.
nombre masculino plural 2 **padrinos** Hombre y mujer que acompañan a los novios al altar en la boda o al niño en el bautizo.

paella
nombre femenino 1 Comida que se hace con arroz y varios ingredientes más, normalmente marisco, pescado y carne.

paellera
nombre femenino 1 Recipiente de cocina redondo y poco profundo, que tiene dos asas y sirve para hacer paellas.

paga
nombre femenino 1 Cantidad de dinero que recibe una persona por un trabajo o servicio. Algunos trabajadores reciben una paga extra en Navidad.
2 Cantidad de dinero que recibe un niño o un joven de sus padres para que se lo gaste con sus amigos. La paga se da cada semana o los días de fiesta.

pagano, pagana
adjetivo y nombre 1 Que no es cristiano, sino de cualquier otra religión, en especial de aquellas en que se adora a varios dioses.

pagar
verbo 1 Dar una cantidad de dinero a cambio de un trabajo, un servicio o una cosa que compramos o para anular una deuda. cobrar.
2 Cumplir una pena o castigo por un delito o una mala acción. Los ladrones pagan su delito con la cárcel.
Se escribe 'gu' delante de 'e', como: paguen.

pagaré
nombre masculino 1 Documento en que una persona se compromete a pagar cierta cantidad de dinero en un tiempo determinado.

página
nombre femenino 1 Cara o lado de una hoja de libro, cuaderno o publicación. En un papel impreso por las dos caras leemos dos páginas.

pago
nombre masculino 1 Entrega de una cantidad de dinero por algo que se compra o por una deuda. abono.

pagoda
nombre femenino 1 Edificio donde una comunidad budista se reúne para rezar o celebrar un acto religioso. Las pagodas suelen tener varios pisos y tejados con las puntas hacia arriba.

país
nombre masculino 1 Territorio de un estado independiente. Francia y Alemania son dos países europeos. nación.
2 Territorio donde viven un conjunto de personas que tienen la misma lengua, historia y costumbres, como el País Vasco. pueblo.

P
p

Figura 28.2 Página de *Primaria Anaya-Vox*.

danzón

Dd

d sf. Letra del alfabeto español que sigue a la c y antecede a la e. Consonante cuyo nombre es de. En la numeración romana la D vale quinientos.

dactilar adj. Que pertenece o se relaciona con los dedos. *En el escritorio quedaron sus huellas* ***dactilares****.* Sin. digital.
dac-ti-lar; dactilares (pl.)

dado sm. Objeto con forma de cubo en cuyos lados aparecen marcados puntos del uno al seis o una figura distinta en cada lado. Se usa en juegos de azar. *Durante el juego, Daniel tiró los* ***dados*** *y le salió tres veces el mismo número.*
da-do; dados (pl.); dadito (dim.)

dama sf. **1** En épocas pasadas se le llamaba así a la mujer perteneciente a la clase dominante. *Para subir al coche, la* ***dama*** *se levantaba con cuidado su amplio vestido.* **2** Forma respetuosa de nombrar a la mujer. *Enrique dice que las* ***damas*** *son como flores.* **3** Cada una de las mujeres que sirven a una reina o a una princesa. *Cuando se desmayó la princesa, sus* ***damas*** *la asistieron.* // loc. nom. **primera dama.** (En algunos países) Esposa del presidente de la república. *La* ***primera dama*** *de México visitó varias escuelas especiales de La Habana.* **4** Reina del juego de ajedrez. *Danilo movió la* ***dama*** *convenientemente para defenderse en el juego.* **5** sf. pl. Juego de mesa que se desarrolla en un tablero de sesenta y cuatro casillas con veinticuatro piezas (doce de un color y doce de otro), en el que los jugadores persiguen avanzar y eliminar las piezas del contrario siguiendo las reglas correspondientes. *Todas las tardes, José se entretiene jugando varias partidas de* ***damas*** *con sus amigos.*
da-ma; damas (pl.); damita (dim.)

damnificado, a adj. y s. Dañado, perjudicado, afectado. *Se repartieron víveres a las personas* ***damnificadas*** *por el terremoto.* (adj.) *Los* ***damnificados*** *por la crecida del río fueron evacuados.* (s.)
dam-ni-fi-ca-do, a; damnificados, as (pl.)

danés, esa adj. y s. **1** Natural de Dinamarca o relacionado con este país del norte de Europa. *Visitaron la capital* ***danesa*** *con fines turísticos.* (adj.) *Muchos* ***daneses*** *estudian en universidades de Alemania.* (s.) **2** sm. Lengua que se habla en ese país. *El inglés, el noruego y el* ***danés*** *son lenguas germánicas.*
da-nés, da-ne-sa; daneses, danesas (pl.)

danza sf. **1** Acción de bailar, de efectuar movimientos flexibles y armónicos, al compás de determinado ritmo. *La* ***danza*** *es su entretenimiento favorito.* Sin. baile. **2** Arte y técnica de esos movimientos. *Mi hija desearía estudiar* ***danza*** *folclórica.* **3** Composición musical destinada a ser bailada. *Me gustan las* ***danzas*** *españolas por lo alegre de su melodía.*
dan-za; danzas (pl.)

danzar vintr. (8) **1** Ejecutar determinados movimientos con el cuerpo, los brazos y los pies al ritmo de la música. *Alicia Alonso se dio a conocer cuando* ***danzó*** *el ballet* ***Giselle****.* Sin. bailar. **2** Relacionado con una cosa o con una persona, moverse con rapidez o saltando. *Deja de* ***danzar*** *como un trompo alrededor mío.*
dan-zar; danzado (p.p.)

danzón sm. *cub.* **1** Baile típico de salón, de la primera mitad del siglo XX, semejante a la habanera. *En la época de mis abuelos*

319

Figura 28.3 Página del *DBE.*

Notas

1 En este capítulo los diccionarios son citados por su editorial, dada su autoría por equipos lexicográficos de las mismas editoriales y dados los títulos muy a menudo coincidentes.

2 En este capítulo los diccionarios se citan abreviadamente por la editorial, por el título o por siglas, pues naturalmente tienen características comerciales o institucionales diferentes a otros diccionarios (V. la bibliografía).

3 Tres de las cuatro editoriales analizadas por Hernández (1989), Everest, Vox-Biblograf y Anaya, renuevan sus diccionarios (Sopena sería la excepción), al igual que Primaria Espasa y Larousse, que también aparecían en el citado estudio. Otras editoriales se incorporaron a este segmento.

> Contabilizamos al menos diez editoriales que publican diccionarios destinados a las enseñanzas primaria y secundaria (hay otros diccionarios que no incluimos por estar producidos por editoriales no escolares o sin tradición lexicográfica y ofrecer adaptaciones de obras existentes). Una nómina, no exhaustiva, ofrece cerca de 40 títulos para la educación obligatoria en un periodo que cerramos en 2005 de las siguientes editoriales:
>
> Editoriales con libro de texto: Anaya, Edebé, Edelvives, Santillana, SM, Vicens Vives.
> Editoriales sin libro de texto: Espasa, Everest, Larousse, Vox.

4 Lázaro Carreter, v. *infra* cita completa en apartado 3.2. En palabras de Hernández (1989, 1): "En la mayor parte de los casos [los diccionarios escolares] se han elaborado sin tener en cuenta a sus destinatarios, considerando tan sólo la burda diferencia del tamaño en el momento de clasificarlos: los diccionarios pequeños van destinados a los niños y los grandes a los adultos".

5 "El penúltim objectiu és passar finalment a la funció més genuïna del diccionari: omplir els buits d'informació léxica dels parlants d'una llengua" / "El penúltimo objetivo es pasar finalmente a la función más genuina del diccionario: llenar los vacíos de información léxica de los hablantes de una lengua" (Battaner 1994, 118).

6 Una revisión de libros de texto de lengua española de 3.° a 6.° de Primaria de las editoriales españolas Anaya, Santillana, SM y Vicens Vives ofrece una extensa tipología de actividades en las que explícitamente se pedía el uso del diccionario en un orden que, en líneas generales, era similar al señalado por Battaner. Ejemplos de actividades que requieren el uso del diccionario: determinar el lema de voces proporcionadas; reconocer y comprender la información que ofrece un diccionario; comprobar ortografía y ejercicios con homófonos; diferenciar palabras de una misma familia y diferente categoría gramatical; consultar voces polisémicas y diferenciar significados; eliminar términos no pertenecientes a una serie; agrupar términos por características comunes; buscar significados; reconocer acepciones y seleccionar el significado correcto; comprobar la comprensión de la lectura; trabajar campos semánticos; elaborar redes de vocabulario; trabajar con derivados y familias; diferenciar matices de palabras de significado próximo; usar el diccionario en actividades libres y lúdicas.

7 Este análisis se realiza esencialmente sobre diccionarios de Primaria, donde las novedades son más significativas, y sobre las ediciones en papel, pues la nueva lexicografía escolar surge en un momento en el que todavía lo digital no está presente en las aulas, aunque las principales editoriales tienen ya productos en línea y complementos digitales. La lexicografía digital escolar puede y debe contribuir a una mejor lexicografía escolar que no sea una versión de diccionarios para adultos, como no lo son los diccionarios aquí analizados.

8 Referido a los aspectos de percepción visual y no de comprensión.

9 Los distintos diccionarios analizados por Humberto Hernández (1989) de las editoriales Everest, Sopena y Vox tenían en muchos casos pequeños formatos (de 6,5 cm a 13 cm de ancho y de 11,5 a 20 de alto), que favorecían su transporte, pero también pequeños cuerpos de letra que dificultaban la lectura.

10 Los datos ofrecidos en esta tabla y en las tablas 3.2.1 y 4.1 proceden de análisis editoriales mientras el autor trabajaba para los diccionarios Vox y otros realizados para Lahuerta (2004). Aunque se dan cifras exactas, puede que análisis similares con otros medios o criterios dieran otras cantidades; con todo, consideramos pequeño el margen de error o discrepancia.

11 Opinión compartida por otros autores, un ejemplo es la consideración de Trinidad Sánchez Muñoz (2002–2003:176) que señala sobre la obra "no puede considerarse un diccionario apto para el ámbito escolar" y lo considera "un ejemplo del desconocimiento de las necesidades del consultor de estos diccionarios".

12 En Ruiz Miyares (2017) se recogen varias reseñas sobre estos diccionarios.

13 Sobre el origen y selección de entradas y otros aspectos: Ávila (2003).

29

Los diccionarios de ELE (Spanish as a foreign language dictionaries)

Antoni Nomdedeu-Rull y Joe Barcroft

1. Introducción

Los diccionarios para aprendices de español como lengua extranjera (ELE) aparecieron a finales de siglo XX a imitación de los *learners' dictionaries* desarrollados en inglés a partir de la década de 1930. Ello supuso un comienzo prometedor aunque insuficiente para la lexicografía dirigida a aprendices no nativos de español. Actualmente, estos diccionarios no satisfacen aun los diferentes tipos de necesidades de información lexicográficamente relevantes de estos aprendices. En este contexto histórico, este capítulo analiza qué papel desempeñan y podrían desempeñar los diferentes tipos de productos lexicográficos de ELE en el aprendizaje del vocabulario. Para ello, se presenta, en primer lugar, el estado de la cuestión de dichos diccionarios, constituido por su clasificación y denominación, sus orígenes, sus características principales, un análisis crítico de sus funciones y de las de otros productos lexicográficos existentes parcialmente útiles para este tipo de aprendices. En segundo lugar, se atiende a los principales y recientes avances técnicos y metodológicos sobre la lexicografía pedagógica del español, relacionados con las diferentes herramientas de análisis y de compilación de datos empleadas para elaborar diccionarios. En tercer lugar, se exponen los principales retos a los que se enfrenta dicha disciplina, tales como: 1) modelo de negocio; 2) personalización del producto lexicográfico; 3) integración del producto lexicográfico en otras herramientas; 4) desarrollo del producto como herramienta de aprendizaje y no solo de consulta. Por último, se ofrece un análisis crítico desde una perspectiva cognitiva y de procesamiento del input sobre las características que deben integrarse en los diccionarios, desde el punto de vista de cómo presentar los datos léxicos, para poder facilitar el aprendizaje de vocabulario en ELE.

Palabras clave: aprendizaje de vocabulario; diccionarios para no nativos; español como lengua extranjera; lexicografía pedagógica; procesamiento del input

Dictionaries for learners of Spanish as a foreign language (SFL) began to appear towards the end of the twentieth century, following learners' dictionaries developed in English from the 1930s. This implied a promising, albeit insufficient, beginning for lexicography directed at non-native Spanish learners. At present, such dictionaries do not satisfy the range of needs

DOI: 10.4324/9780429244353-33

these learners have regarding lexicographically relevant information. Within this historical context, the present chapter analyzes the role that different types of SFL lexical products play and could play in vocabulary acquisition. To this end, we first summarize the state of affairs regarding dictionaries of this nature based on their classification and denomination, origins, principal characteristics, a critical analysis of their functions and those of other partially useful existing lexical products for learners in this population. Secondly, we consider recent theoretical and methodological advances in Spanish pedagogical lexicography related to different analytical tools and compilations of data utilized to develop dictionaries. Thirdly, we discuss predominant challenges to be addressed in this field, such as: 1) the business model; 2) personalization of lexical product; 3) integration of the lexical product with other tools; and 4) development of the product as a learning tool not limited to consulting. Lastly, from a cognitive and input-processing perspective, we provide a critical analysis of the characteristics that should be integrated from the perspective of how to present lexical data in order to facilitate vocabulary learning in SFL.

Keywords: input processing; non-native dictionaries; pedagogical lexicography; Spanish as a foreign language; vocabulary learning

2. Diccionarios para aprendices de ELE: estado de la cuestión

El diccionario para aprendices de ELE ha sido clasificado junto a los diccionarios escolares (dirigidos a aprendices nativos de español) bajo los diccionarios didácticos o pedagógicos (*cf.* Azorín Fernández 2000a; Ahumada Lara 2016, entre otros). Muchos investigadores consideran que *didáctico* y *pedagógico* son términos sinónimos (Tarp 2011b, 220); otros se inclinan por uno u otro. Por ejemplo, Wiegand (1998b, 2002) prefiere *pedagógico*, Hernández (1998) opta por *didáctico*. Aquí adoptamos la postura de Welker (2008, 21), quien definió la *pedagogía* como la "theory and science of teaching and education" y la *didáctica* como la "totality of methods and techniques used in education". Como afirma Tarp (2011b, 220), "in this sense a pedagogical dictionary is a type of dictionary (used in teaching and education), whereas the adjective didactic refers to the quality of the dictionary in terms of learner-friendliness".

Más allá de su clasificación, es necesario atender a su denominación, no solo porque puede resumir la función principal de este tipo de diccionarios, sino también porque una denominación imprecisa puede confundir y obstaculizar el desarrollo teórico y práctico de la disciplina. El diccionario para aprendices de ELE ha recibido numerosas denominaciones en español, que presentan múltiples sentidos y que varían en función del autor, del país o de la cultura: *diccionarios pedagógicos*, *didácticos*, *escolares*, *de aprendizaje*, *para aprendices*, *para niños*, *universitarios* (Tarp 2011b, 219). Hernández (2008, 22) prefiere distinguir entre *diccionarios didácticos de español como lengua materna* (también denominados *escolares*) y *diccionarios didácticos de español como lengua no materna* (también denominados *de aprendizaje*). Welker (2008) distinguió entre *diccionarios para aprendices de lengua materna* y *diccionarios para aprendices de lengua extranjera* (2008, 22), en consonancia con la propuesta de Hernández (2008). Desde esta perspectiva, usamos, siguiendo a Welker (2008), la denominación *diccionarios para aprendices de ELE* puesto que abordamos aquellos diccionarios que pueden servir para que los aprendices no nativos *aprendan* español. Así, pueden definirse estos diccionarios como los elaborados para satisfacer las necesidades de información lexicográficamente relevantes que estos aprendices pueden presentar cuando, por ejemplo, leen, escriben o traducen textos o cuando quieren aumentar sus conocimientos sobre ciertos temas (*cf.* Tarp 2007 o Fuertes-Olivera y Tarp (2014).

2.1. Perspectiva histórica

La idea de elaborar diccionarios para aprendices de ELE se imita de los diccionarios desarrollados en inglés como género específico a partir de la década de 1930. Los estudios estadísticos del léxico realizados para el inglés en la primera mitad del siglo XX originaron vocabularios controlados destinados a su enseñanza, para luego crear los diccionarios para aprendices no nativos. Un ejemplo es el *Basic English*, elaborado y publicado por Ogden en *Basic English: A General Introduction with Rules and Grammar* (1930), un repertorio basado en una selección cualitativa y cuantitativa del vocabulario dirigido a la enseñanza de la lengua inglesa y conformado por 850 palabras (*cf.* Dodd 1994, 39; Ramos Cortés 2006; Ahumada Lara 2016).

El término *learner's lexicography* se acuñó en el Reino Unido como consecuencia de los trabajos pioneros de los lingüistas Palmer, West y Hornby y de la publicación de los primeros diccionarios diseñados para ayudar a los aprendices de inglés no nativos (*cf.* Cowie 1999b). Palmer pretendía facilitar el proceso de aprendizaje de una L2 a través del vocabulario de mayor utilidad en la comunicación diaria y West procuraba recoger un número de palabras indispensables en la enseñanza de una L2 (*cf.* Sánchez Ramos 2003, 144–146). En 1935, West y Endicot publicaron el *New Method Dictionary*, con un vocabulario de 1500 unidades, las que se suponían necesarias para los estudiantes de inglés como LE (*cf.* Moreno Fernández 2000). Palmer y Hornby compilaron en 1937 el primer recuento de palabras con fines pedagógicos, el *Thousand-word English* (*TWE*), una lista refinada por Palmer para la elaboración de su diccionario monolingüe, *A Grammar of English Words* (Palmer 1938). La producción de diccionarios quedó, pues, establecida por las aportaciones de Palmer, West y Hornby, quienes propusieron varios principios que terminaron por considerarse básicos para los venideros diccionarios de este tipo: selección de un vocabulario limitado e inclusión de ejemplos, de fraseología y de datos gramaticales y sintácticos en las entradas (*cf.* Rundell 1998, 316).

El primer diccionario monolingüe para aprendices de inglés fue el de Hornby *et al.* (1942), *Idiomatic and Syntactic English Dictionary*, un diccionario para aprendices japoneses de inglés. Fue reeditado en 1948 por Oxford University Press como *Advanced Learner's Dictionary of Current English* (*ALD*) y nuevamente en 1957 como *Oxford Advanced Learner's Dictionary* (*OALD*). En las décadas de 1970 y 1980 destacan tres obras: la serie de *OALD* (*OALD3* 1974); el *Longman Dictionary of Contemporary English* (*LDOCE* 1978), compilado por Procter; y el *Collins Cobuild English Language Dictionary* (*Cobuild* 1987), dirigido por Sinclair.

Con el desarrollo gradual del inglés como lengua franca en los años posteriores a la Segunda Guerra Mundial, los *learner's dictionaries* obtuvieron casi un estatus de culto e influyeron en la creación de diccionarios similares en otros países, como en Alemania, Francia o España (*cf.* Hernández 1989; Zöfgen 1994; Wiegand 1998b; Welker 2008, entre otros). En español la producción lexicográfica enfocada a ELE fue tardía en comparación con la del inglés. En 1966 empezaron a observarse "algunas preocupaciones por satisfacer las necesidades de consulta de los usuarios extranjeros" (Hernández 1996) con la publicación del *Diccionario de uso del español* de María Moliner (1966-1967, *DUE*). Este diccionario nació con la voluntad de ser útil a los extranjeros (*DUE* 1966, 9) y proporcionaba un enfoque de ciertos datos relativamente novedoso para la lexicografía del español de entonces (gramaticales, sobre pronunciación de palabras que podían ofrecer alguna duda ortológica, sobre orden alfabético internacional y con definiciones redactadas en un lenguaje comprensible). En 1985 Sánchez dirigió el *Gran diccionario de la lengua española* (*GDLE-SGEL*), obra con algunas características de los modelos de *learner's dictionaries*: trascripción fonética, división silábica (nada corrientes en la lexicografía hispánica del momento) o algún dato gramatical más de los que solían ofrecer los diccionarios generales. Pero hasta 1995 no apareció el primer *learner's dictionary* en español, el *Diccionario para la enseñanza de la lengua española*

(*DIPELE*), dirigido por Alvar Ezquerra y coordinado por Moreno Fernández. Es un diccionario elaborado según los principios antes mencionados basados en las aportaciones de Palmer, West y Hornby en la década de 1930 para el inglés: entre otros, 1) para la selección de los 22 000 lemas del diccionario, se utilizaron estudios de frecuencias, manuales de español para extranjeros y el corpus Vox-Bibliograf; 2) las definiciones se redactaron según un vocabulario mínimo formado por 2000 definidores, aunque también se utilizaron otras palabras ausentes de ese vocabulario pero sí definidas en el propio diccionario (marcadas con ★). En 1996 se publicó el *Diccionario Salamanca de la lengua española* (*DSal*), dirigido por Gutiérrez Cuadrado, cuyas principales novedades fueron la presentación de datos sintácticos y un sistema de definiciones de verbos y de adjetivos pensado para favorecer la producción. La aparición del *DIPELE* y del *DSal* supuso un comienzo prometedor para la lexicografía para aprendices de ELE, pero no fue suficiente para impulsar la disciplina. Después, surgieron otros diccionarios con algunas características similares: el *Gran diccionario de uso del español actual* (*GDUESA*) editado por Sánchez (2001), el *Diccionario de español para extranjeros* (*DEE-SM*) dirigido por Maldonado (2002) y el *Diccionario de la lengua española para estudiantes de español* (*Estudiantes Espasa*) coordinado por Villar (2002). *GDUESA* y *Estudiantes Espasa* solo se editaron en formato papel, mientras que *DIPELE*, *DSal* y *DEE-SM* desarrollaron sendas versiones digitalizadas (*faster horses* según Tarp 2011a). A pesar de que todos los diccionarios mencionados declaran en sus introducciones dirigirse a aprendices extranjeros de español más o menos explícitamente (el único que lo señala desde el mismo título es el *DEE-SM*), no consideramos a ninguno de estos diccionarios como un verdadero diccionario para aprendices de ELE, porque, como se especifica en el apartado siguiente (2.3), los datos presentados se destinan a aprendices nativos y a aprendices no nativos de español simultáneamente, lo que impide que se puedan satisfacer las necesidades específicas de unos y de otros.

Los diccionarios mencionados han sido los únicos elaborados para aprendices no nativos del español. Se han priorizado tradicionalmente los monolingües y generales, por el modelo de negocio implantado por las editoriales encargadas de producirlos y publicarlos (*cf.* Nomdedeu-Rull y Tarp 2018) y por existir una línea didáctica que los ha recomendado en detrimento de los bilingües. Sin embargo, existen otros tipos de diccionarios que dicen auxiliar a este tipo de usuarios, pero desde otra perspectiva: 1) los diccionarios para inmigrantes en situación de inmersión, un género muy poco cultivado en español (*i. e.*, *Bienvenidos. El primer diccionario de español* 2011, *Bienvenidos*); 2) los repertorios que asisten algunas necesidades comunicativas muy concretas de los aprendices no nativos de español, como el *Diccionario fraseológico del español moderno* de Varela y Kubarth (*DFrEM* 1994), el *Diccionario de locuciones verbales para la enseñanza del español* de Penadés Martínez (2002), el *Diccionario fraseológico documentado del español actual* de Seco, Andrés y Ramos (*DFDEA* 2004), el *Diccionario combinatorio práctico del español contemporáneo. Las palabras en su contexto* de Bosque (*Práctico* 2006), el *Diccionario de partículas discursivas del español (DPDE)* de Briz, Pons y Portolés (2008) o el *Diccionario de aprendizaje de español como lengua extranjera* (*DAELE*) dirigido por Battaner y Torner, un repertorio para aprendices de nivel avanzado centrado en los verbos. No existe ningún diccionario para aprendices no nativos de español que sea bilingüe o que combine las informaciones del monolingüe en español y del bilingüe entre español y otras lenguas.

La producción lexicográfica en inglés es superior a la del resto de lenguas (*cf.* Rundell 1998, 337). Hay cinco principales diccionarios monolingües para aprendices de inglés (*monolingual English learner's dictionaries*, MELD), conocidos como los *big five*: *Oxford Advanced Learner's Dictionary* (*OALD*), 1972; *Longman Dictionary of Contemporary English* (*LDOCE*), 1978 (su publicación marcó el comienzo de lo que se convertiría en una intensa competencia por el dominio del mercado de *learner's dictionaries*); *Collins Cobuild English Language Dictionary* (*Cobuild* 1987, con diversas ediciones con variaciones en el título); *Cambridge International Dictionary of English* (*CIDE*),

1995, publicado en 2003 con el nombre *Cambridge Advanced Learner's Dictionary* (*CALD*); *Macmillan English Dictionary for Advanced Learners* (*MED*), 2002. Hay otros diccionarios de este tipo, como el *Harrap's Easy English Dictionary* (Collins 1981), el *Chambers Universal Learners' Dictionary* (*CULD* 1986) o el *Merriam-Webster's Advanced Learner's English Dictionary* (*MWALED* 2008 y, en línea, 2016). Los dos primeros están editados en Australia y el tercero en EE. UU.

2.2. Características principales

En las introducciones de los diccionarios para aprendices de ELE se declara que adecuan sus datos a las necesidades específicas de sus destinatarios y sirven para la recepción y la producción de textos. Estos diccionarios se caracterizan por tratar de perseguir unos criterios de selección del lemario coherentes y sistemáticos para recoger el vocabulario mínimo esencial y el que el usuario utilizará durante su etapa de aprendizaje. El número de entradas (unas 30 000) se reduce en comparación con respecto al de los diccionarios generales convencionales (entre 80 000 y 100 000), ya que se supone que un aprendiz no nativo de español tiene que conocer las palabras más frecuentes y disponibles de la lengua. Por ello, estas obras excluyen muchas voces arcaicas, técnicas y dialectales y recogen otras usuales en la lengua escrita y hablada. Bajo cada lema, estos diccionarios suelen reunir tipos de datos generalmente ausentes en los diccionarios generales (Figura 29.1): datos ortográficos, sobre pronunciación, morfológicos, sintácticos, semánticos (definiciones claras), sintagmáticos, paradigmáticos, sobre usos y registros, pragmáticos, observaciones (diatópicas, diastráticas, diafásicas, diatécnicas y diacrónicas), notas de uso y ejemplos de uso (*cf.* Hernández 1990; Córdoba Rodríguez 1998; Castillo Carballo y García Platero 2003; Nomdedeu-Rull 2006, entre otros):

Por último, estos diccionarios suelen incluir partes marginales al propio diccionario (parte denominada *hiperestructura*, *cf.* Hausmann y Wiegand 1989), que los usuarios, según nuestra experiencia, no suelen consultar. Se trata de unas partes introductorias (como preámbulo, artículos lexicográficos de muestra, guías de uso del diccionario, abreviaturas, apéndices, etc.) y de otras que se exponen en apéndices o anexos (apéndice gramatical o modelos de conjugaciones de verbos). Concretamente, en las introducciones de *DIPELE*, *DSal*, *GDUESA*, *DEE-SM* y *Estudiantes Espasa* se incluyen guías de uso del diccionario y, salvo el *DSal*, un apartado dedicado a la fonética del español. Por otro lado, estos mismos diccionarios contienen apéndices gramaticales

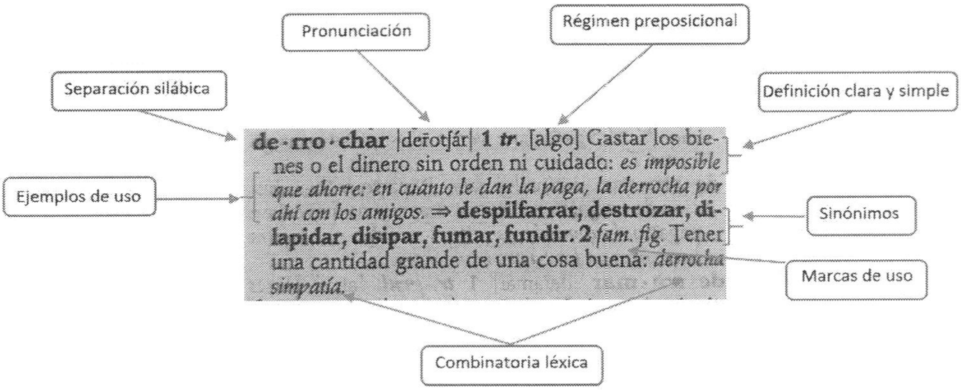

Figura 29.1 Ejemplo paradigmático de un artículo lexicográfico en un diccionario para aprendices de ELE (*DIPELE*).

(excepto *DEE-SM* y *Estudiantes Espasa*) y el sistema de conjugaciones verbales (salvo *GDUESA*). El *DEE-SM* es el único que ofrece una Guía de conversación con las principales situaciones en las que el estudiante de español se encontrará en países hispanohablantes (pedir un café, reservar una habitación de hotel o cambiar un billete en el aeropuerto, etc.).

2.3. Análisis de los diccionarios y otros productos lexicográficos para aprendices no nativos de español

La lexicografía para aprendices no nativos de español es una de las ramas de la lexicografía que despierta mayor interés entre los estudiosos (Bosque y Barrios 2018, 644). Sin embargo, últimamente casi no se producen nuevos productos lexicográficos y los estudios publicados suelen ser descriptivos, pero no transformativos, esto es, que no están orientados hacia la concepción y producción de una nueva y mejor generación de diccionarios. Las razones de ello pueden ser, entre otras, la falta de nuevas ideas o la carencia de un modelo de negocio. En español no se suele concebir la elaboración de diccionarios a partir de una teoría, aunque sí se siguen ciertos presupuestos teóricos que derivan en buena parte de la metalexicografía francesa, usados en las últimas cuatro décadas para elaborar diccionarios generales (*cf.* Nomdedeu-Rull 2017), lo que produce una lexicografía fundamentalmente intuitiva y concebida como una disciplina de la lingüística (p. ej., Azorín Fernández 2003). Algunos estudiosos de los diccionarios no consideran necesario disponer de una o varias teorías porque piensan que la lexicografía no constituye una teoría y práctica independientes, sino un tipo de "arte y artesanía" (Landau 1989) o "lingüística aplicada" (Haensch *et al.* 1982; Meier 2003; *cf.* Tarp 2007). El hecho de poder contar con una teoría de la lexicografía para confeccionar productos lexicográficos puede orientar su elaboración, y viceversa, la elaboración de productos lexicográficos puede enriquecer el desarrollo de la propia teoría.

Algunos investigadores y lexicógrafos del español —Maldonado (2003), Hernández (2008) o Nomdedeu-Rull y Tarp (2018), entre otros— han aludido a las cuestiones mejoradas y mejorables en dicha lexicografía. Han reconocido que los lexicógrafos del español comenzaron a tomar conciencia, desde los estudios de Hernández (1989, 1992), de la importancia de elaborar repertorios específicos para un tipo de usuarios con necesidades concretas. A partir de entonces, la lexicografía pedagógica experimentó algunos avances, como los diccionarios *DIPELE* y *DSal*. Hasta ese momento, el camino por recorrer con respecto a la concepción y desarrollo de diccionarios pedagógicos era enorme: muchos solían ser recortes de diccionarios generales y se incidía en que presentaban carencias, como falta de definición del usuario meta de los diccionarios o poca utilidad para la producción, e incluso para la recepción.

Un análisis detallado de los diccionarios de este tipo evidencia que estas carencias todavía no se han superado. Suelen encaminarse a aprendices nativos y a aprendices no nativos de español simultáneamente, por lo que no distinguen sus necesidades respectivas, ni contemplan la existencia de otros muchos subtipos existentes entre ambos tipos: nativos (niños, adolescentes, adultos, con/sin formación académica, etc.); no nativos (italianos, daneses, chinos, brasileños, japoneses, rusos, etc.). Los diferentes subtipos exigen una serie de datos específicos para poder neutralizar la distancia existente entre sus correspondientes primeras lenguas y el español y entre los contextos culturales en que se hablan estas lenguas. Esta cuestión se lleva discutiendo desde hace décadas en la literatura especializada (*cf.*, p. ej., Zgusta 1989), pero todavía no se ha encontrado una solución satisfactoria. Parece ser que ello pasa por poseer datos y hacer, con la plataforma informática adecuada, que se muestren al usuario solo aquellos que son relevantes para satisfacer la necesidad que presente en ese momento. Sin embargo, los autores de este tipo de diccionarios han fundido algunas de las necesidades de todos ellos con el único objetivo de poder abarcar el mayor número posible de destinatarios y, por tanto, conseguir vender más ejemplares. Por ello, como han expuesto numerosos estudiosos (Maldonado 2003, 2012b; Nomdedeu-Rull 2006, 2018, 2020; Nomdedeu-Rull y Tarp 2018), los datos aportados no prestan buena parte de la ayuda posible a los aprendices no nativos de español al no solerse tratar los problemas aisladamente con el uso, por ejemplo, de mini-reglas o notas explicativas. Estos diccionarios suelen presentar definiciones poco claras, datos gramaticales no pensados para la producción de textos (orales y escritos), datos sintácticos insuficientes (*cf.* Dam-Jansen y Tarp 2019) y escasos datos pragmáticos y culturales (*cf.* Nomdedeu-Rull 2018, 2022; Nomdedeu-Rull y Tarp 2018).

Ante carencias de este tipo, con el factor añadido de que los datos se presentan en diccionarios en papel o digitalizados, los aprendices terminan por consultar diccionarios bilingües u otro tipo de herramientas, en formato digital y accesibles desde el propio *smartphone*, aunque sean de inferior calidad. Hay otros diccionarios monolingües de español en Internet muy usados por estos aprendices (*cf.* Nomdedeu-Rull 2019a y 2020), cuyas funciones no han sido concebidas para satisfacer sus necesidades. Por ejemplo, los datos que muestra el diccionario monolingüe del *Traductor* de Google —tomados del diccionario monolingüe de español del sitio web *Oxford Dictionaries* www.oxforddictionaries.com/— no han sido preparados a partir de las diferentes funciones enfocadas a satisfacer las necesidades que pueden tener los aprendices no nativos de español, sino que ofrece los típicos datos presentados en los diccionarios monolingües de español —como definiciones, ejemplos y sinónimos— dirigidos a un público genérico. Si se busca el adjetivo *posible* en este traductor (Figura 29.2), se observa que el formato y el acceso responden a la tendencia actual de presentar los datos en este tipo de herramientas —fácil, rápido y con la posibilidad de interactuar con ella por medio del teclado o de la voz—, pero el contenido y los tipos de datos ofrecidos no se adaptan a las necesidades específicas de los aprendices no nativos de español:

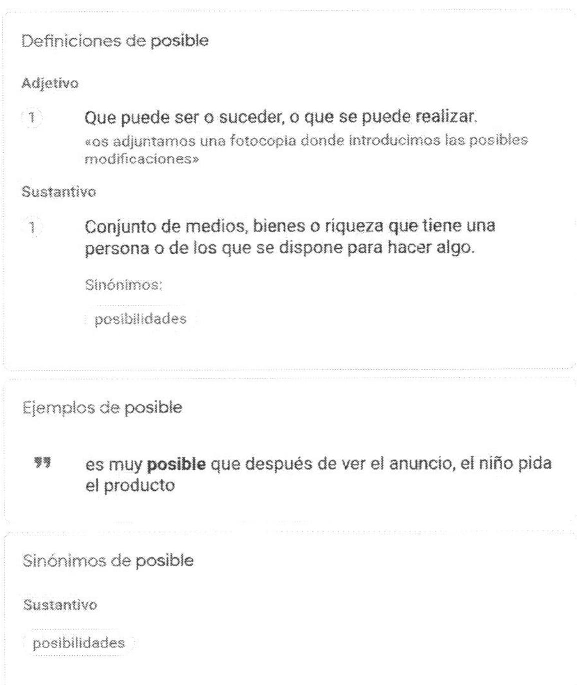

Figura 29.2 Definición de *posible* en el diccionario monolingüe integrado en el *Traductor* de Google.

Un tipo de dato relevante de *posible* es el referente a su posición en la oración y al cambio de significado que la posición le determina. Dam-Jensen y Tarp (2019, 39) han propuesto cómo tratar las combinaciones sintácticas en futuros diccionarios para aprendices extranjeros que necesitan escribir textos en español. Para este adjetivo proponen el artículo lexicográfico siguiente (Figura 29.3), centrado en su anteposición o posposición con respecto al sustantivo al que acompaña:

posible ADJETIVO

1. DEFINICIÓN

Que puede ser o suceder

CONSTRUCCIONES SINTÁCTICAS

posible + SUSTANTIVO

Entre los *posibles candidatos* se encuentra el actual vicepresidente. (*Posible* siempre se coloca delante del sustantivo cuando expresa algo que puede, pero no necesariamente va a suceder, en este caso que el vicepresidente y otras personas presenten su candidatura).

ser posible que + SUBJUNTIVO

Es posible que venga una vecina a tomar café. (Siempre se usa el modo subjuntivo detrás de *ser posible que*. La construcción es impersonal y solo puede usarse en tercera persona singular).

2. DEFINICIÓN

Que se puede ejecutar

CONSTRUCCIONES SINTÁCTICAS

SUSTANTIVO + posible

Si el dinero no alcanza sólo hay dos *soluciones posibles*: eliminar gastos o aumentar los ingresos mensuales. (Cuando *posible* está colocado detrás de un sustantivo siempre se yuxtapone a *imposible*, en este caso a las *soluciones* que son *imposibles* de ejecutar).

ser posible

Otro mundo *es posible*. ¿*Son posibles* los milagros?

ser posible + INFINITIVO

Es posible correr un doble maratón pero es muy doloroso. (La construcción es impersonal y solo puede usarse en tercera persona singular.)

Figura 29.3 Propiedades sintácticas y definición de *posible* en la propuesta de Dam-Jensen y Tarp (2019).

Esta propuesta se centra en los aspectos sintácticos, por lo que no incluye otras categorías de datos también imprescindibles —flexión, sinónimos, antónimos, colocaciones y expresiones fijas—. Diccionarios como el del *Traductor* de Google no las ofrecen, por consiguiente, no son productos adecuados para aprendices no nativos de español, sobre todo si se piensa en la producción de textos (escritos u orales).

Sobre la forma en la que se presentan los datos, hay mucho por hacer. En la literatura sobre diccionarios en inglés (*cf.* Bensoussan *et al.* 1984; Bogaards 1998; Bogaards y Van der Kloot 2001; Atkins y Varantola 1997, 1998; Miller 2006a, 2006b; entre otros), muchos investigadores demandan que los aprendices de lenguas extranjeras adquieran mayores competencias en el uso de diccionarios. Respecto a ello, se ofrecen resultados contradictorios: Atkins y Varantola (1998, 36) demostraron que la instrucción específica no necesariamente aumenta el uso de los diccionarios por parte de los estudiantes, mientras que Miller (2006a) concluyó que la incorporación de habilidades de capacitación en el diccionario permitió que sus estudiantes australianos apreciaran las ventajas de los *learner's dictionaries* y se beneficiaran de su consulta al mejorar sus habilidades de escritura académica. Según nuestra experiencia, los resultados proporcionados por los estudios citados sirven actualmente de muy poco, sobre todo porque estas recomendaciones son solo aplicables, y parcialmente, a diccionarios en papel o digitalizados, pero ya no sirven para los verdaderos diccionarios digitales en línea (aislados o integrados en otras herramientas) (apartado 4). Actualmente, la oferta lexicográfica para aprendices de ELE desaprovecha las múltiples soluciones que pueden aportar las nuevas tecnologías a la elaboración de diccionarios (*cf.* Nomdedeu-Rull y Tarp 2018). No se tienen en cuenta los actuales hábitos de búsqueda de información y destrezas digitales de los usuarios, basados en la necesidad de encontrar una respuesta rápida y eficaz a una consulta determinada (Domínguez y Valcárcel 2015 y Nomdedeu-Rull 2019a). En cambio, se analiza el uso de diccionarios ya existentes (*investigación retrospectiva*), aunque los resultados poco aportan si se piensa en cómo afrontar los retos del futuro (Tarp 2019a, 30). Es necesario adaptarse a los hábitos de consulta de los usuarios y no que sean los usuarios quienes tengan que adaptarse a las características de los diccionarios para aprender a usarlos. Los productos tecnológicos actuales son *user friendly*, ¿por qué no pueden serlo los productos lexicográficos? La cultura lexicográfica instaurada no repara en que la responsabilidad del uso o no uso del diccionario está en el lexicógrafo y no en el usuario. A este respecto, los datos obtenidos recientemente por Nomdedeu-Rull (2019a), después de analizar los hábitos de obtención de información en diccionarios por parte de 188 aprendices universitarios chinos de español, confirman que los productos lexicográficos deben concebirse pensando únicamente en el usuario si se quiere favorecer su aprendizaje. El hecho de que se pueda consultar una herramienta gratis, rápida y agradable es un factor mucho más determinante para el usuario que la calidad de los datos que el producto pueda ofrecer.

La situación de los diccionarios para aprendices no nativos de inglés es sensiblemente mejor que para el caso que acabamos de mostrar del español. El *OALD* utilizó definiciones simplificadas, pero el *LDOCE* fue el primero que presentó un vocabulario definitorio verdadero de aproximadamente 2000 palabras. En general, los principales MELD británicos han seguido un patrón de notable similitud (Yamada 2010), lo que también se refleja en las características ofrecidas en sus versiones en línea. Ello tal vez se deba al impulso competitivo y al uso de la misma plataforma de producción de diccionarios de *software* de IBM (*cf.* Lew 2011).

A pesar de que las editoriales británicas son las que lideran el mercado de estos diccionarios, también se han publicado, por ejemplo, en Estados Unidos o Australia, como el *Merriam-Webster's Learner's Dictionary* (EE. UU.) o el *Heinle's Newbury House Dictionary of American English*. El inglés británico ocupa un espacio mayor, seguido por el inglés americano, aunque reflejan diferentes variedades de inglés. Esta situación pone en desventaja a quienes estudian en otros países, como Australia, ya que a veces los elementos léxicos y las referencias culturales no coinciden. Por ejemplo, los MELD británicos etiquetan algunas expresiones como australianas, pero dado que los diccionarios reflejan la cultura (Dalgish 1995) es inevitable que un diccionario de este tipo producido para el mercado inglés británico se concentre en artículos y prácticas culturales británicas. Esto a veces puede conducir a malentendidos para los alumnos. Algeo (1995) dio el ejemplo del *fútbol* definido en su sentido británico de *soccer*, pero sin reconocer el referente diferente que entiende un hablante nativo de inglés estadounidense (o en este caso, australiano). Sucede lo mismo con los diccionarios de ELE, con respecto del español de España (la variante predominante) y del resto de variedades del español.

Con todo, los diccionarios para aprendices no nativos de inglés se centran en: 1) palabras más frecuentes; 2) significados más frecuentes; 3) colocaciones comunes y patrones sintácticos; 4) patrones de uso hablados y escritos. A este respecto, se caracterizan por proporcionar: 1) definiciones simplificadas; 2) variaciones de ortografía; 3) pronunciación (normalmente la de Reino Unido y la de Estados Unidos); 4) oraciones de ejemplo; 5) datos sobre su uso; 6) frecuencia de las palabras; 7) datos gramaticales; 8) errores comunes del aprendiz; y 9) ilustraciones. Los MELD en línea hacen que este rango de posibilidades sea aún mayor, incorporando ejercicios, blogs, enlaces a palabras cercanas, temas, palabras del día, entradas a partir de la colaboración colectiva, mayores facilidades para añadir nuevas palabras y, ocasionalmente, etimología (Miller 2018, 355–361). Con respecto a los MELD en línea, Miller (2018, 362–363) ha señalado algunas ventajas (uso de múltiples bancos de datos, acceso a hiperenlaces o fomento de una comunidad de aprendices en línea) y desventajas (grupo meta impreciso, prohibición de usar recursos en línea durante los exámenes en algunos países de habla inglesa o multiplicidad de recursos en línea gratuitos poco fiables). En cuanto a las desventajas, indica que suelen ser las mismas que las existentes para los diccionarios en papel de este tipo. Por su parte, Lew (2011) ha señalado que 1) todavía están limitados por el modelo en papel, con mecanismos de acceso a los datos lexicográficos normalmente deficientes para la tecnología actual y que 2) los usuarios pueden verse inundados de información irrelevante y repetitiva. Tseng (2003) señaló que no proporcionan suficientes datos culturales —en coincidencia, Nomdedeu-Rull (2018) y Nomdedeu-Rull y Tarp (2018) sobre los diccionarios de español—, aunque hay algunos que ofrecen más datos de este tipo, como el *OALD*, con acceso al apartado "Culture". En la palabra *football* (Figura 29.4) observamos que hay tres subentradas, una para el *Association football*, otra para el *American Football* y la última para el *Canadian Football*:

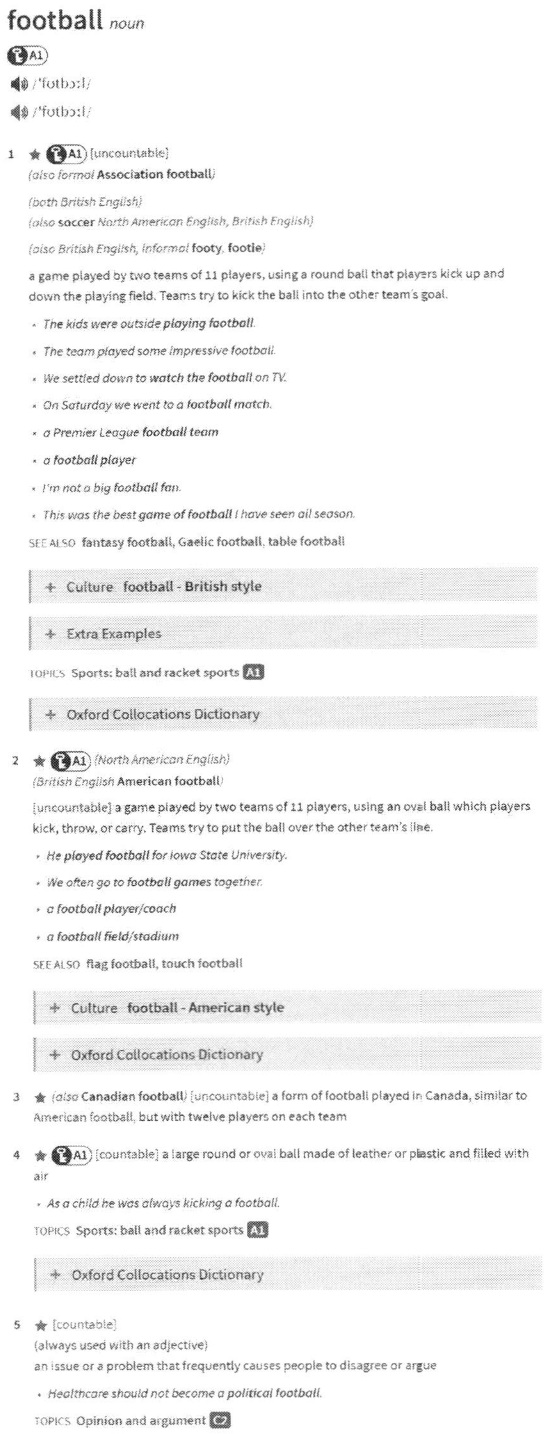

football *noun*

A1

/ˈfʊtbɔːl/

/ˈfʊtbɔːl/

1 ★ A1 [uncountable]
(*also formal* **Association football**)

(*both British English*)
(*also* **soccer** *North American English, British English*)

(*also British English, informal* **footy**, **footie**)

a game played by two teams of 11 players, using a round ball that players kick up and down the playing field. Teams try to kick the ball into the other team's goal.

- *The kids were outside **playing football**.*
- *The team played some impressive football.*
- *We settled down to **watch the football** on TV.*
- *On Saturday we went to a **football match**.*
- *a Premier League **football team***
- *a **football player***
- *I'm not a big **football fan**.*
- *This was the best **game of football** I have seen all season.*

SEE ALSO **fantasy football**, **Gaelic football**, **table football**

\+ Culture **football - British style**

\+ Extra Examples

TOPICS **Sports: ball and racket sports** A1

\+ Oxford Collocations Dictionary

2 ★ A1 (*North American English*)
(*British English* **American football**)

[uncountable] a game played by two teams of 11 players, using an oval ball which players kick, throw, or carry. Teams try to put the ball over the other team's line.

- *He **played football** for Iowa State University.*
- *We often go to **football games** together.*
- *a **football player/coach***
- *a **football field/stadium***

SEE ALSO **flag football**, **touch football**

\+ Culture **football - American style**

\+ Oxford Collocations Dictionary

3 ★ (*also* **Canadian football**) [uncountable] a form of football played in Canada, similar to American football, but with twelve players on each team

4 ★ A1 [countable] a large round or oval ball made of leather or plastic and filled with air

- *As a child he was always kicking a football.*

TOPICS **Sports: ball and racket sports** A1

\+ Oxford Collocations Dictionary

5 ★ [countable]
(always used with an adjective)
an issue or a problem that frequently causes people to disagree or argue

- *Healthcare should not become a **political football**.*

TOPICS **Opinion and argument** C2

Figura 29.4 Tres subentradas de la palabra *football* en el *OALD*.

Si, por ejemplo, se clica en "Culture" en la primera subentrada (Figura 29.5), se obtiene abundante información cultural:

— Culture

football - British style

Football is the most popular sport in Britain, particularly among men. It is played by most boys and many girls in schools and after-school clubs. Most towns have an amateur football team (= a team which does not get paid for playing) which plays in a minor league. Football is also the most popular **spectator sport** (= sport that is watched) in Britain. Many people go to see their favourite professional team playing **at home**, and some go to **away matches**. Many more people watch football on television.

The rules of football are relatively simple: two teams of 11 players try to get a round ball into the opposing team's **goal** and to prevent their opponents from scoring. The ball may be kicked or **headed**, but never touched with the hand, except by the **goalkeepers**. The Football Association was founded in 1863 to decide the rules of football and the resulting game became known as **Association football**. It is sometimes also called **soccer**. Many of today's leading **clubs** were established soon afterwards.

Figura 29.5 Datos culturales bajo la pestaña "Culture" del *OALD*.

Es razonable preguntarse si existe un ideal de cuánta información cultural necesita el usuario. Dependerá de varios factores, como sus necesidades concretas. Abogamos por ofrecer todos los datos posibles, dando prioridad a los relevantes en cada caso (apartado 4).

Los MELD han introducido muchos más avances que los diccionarios para aprendices no nativos de español. Además, en el ámbito del aprendizaje del inglés como lengua extranjera no solo existen diccionarios mejores que en español, sino que se han realizado muchos más estudios de carácter exploratorio sobre su uso, obteniendo más resultados sobre su aplicación en diferentes tipos de contextos. Por ejemplo, se han reconocido varias características, como el uso de los videos: Miller *et al.* (2017) han estudiado que los aprendices agradecen su presencia o Lew y Doroszewska (2009) han demostrado que los gráficos animados no favorecen la retención del vocabulario, aunque lo mismo no es cierto para la decodificación del vocabulario. Con todo, es necesaria más investigación para ver cuán efectivos podrían ser los nuevos enfoques.

3. Métodos y técnicas de elaborar diccionarios

Los principales y más recientes avances técnicos y metodológicos sobre la lexicografía pedagógica del español tienen que ver con las diferentes herramientas de análisis y de compilación de datos empleadas para elaborar los diccionarios. Cuestiones como la selección de los lemas y el tratamiento de los datos constituyen las últimas preocupaciones. En ambos casos, provienen casi siempre de archivos de registro (*log files*) o de corpus.

Desde hace varios años, la elaboración de diccionarios se concibe a partir de la constitución de un corpus. Ello ha contado con defensores y opositores. Las herramientas actuales facilitan el acceso a los datos, motivo por el cual casi todos los diccionarios de calidad que se producen en instituciones públicas y en centros de investigación se compilan a partir de este tipo de base empírica (*cf.* Tarp 2018). La discusión se centra últimamente en si crear corpus *ad hoc* o usar Internet como corpus. Varios son los autores que consideran que Internet es un tipo de corpus lexicográfico (Fuertes-Olivera 2012c, 51; Kilgarriff y Grefenstette 2003, 334). Hay dos maneras de usarlo: 1) componiendo un corpus a partir de los textos encontrados en Internet; 2) usando Internet directamente como corpus. Para las ventajas e inconvenientes de cada uno de los dos tipos de corpus lexicográfico, véase Tarp (2018). Un ejemplo de elaboración de diccionarios por medio del uso de Internet como corpus lo representan los Diccionarios Valladolid-UVA en fase de elaboración dirigidos por Fuertes-Olivera (Tarp y Fuertes-Olivera 2016). Actualmente, los escasos diccionarios para aprendices de ELE que se están elaborando crean un corpus *ad hoc*. Un ejemplo de ellos es el corpus que se está elaborando para el establecimiento del lemario del proyectado *Diccionario de español para aprendices sinohablantes* por el grupo LEXELE de la Universitat Rovira i Virgili.[1] Sea como fuere, el reto actual al respecto es desarrollar métodos que permitan aprovechar el corpus de Internet para crear *datos inteligentes* adaptados a las necesidades de los usuarios.

4. Retos de la lexicografía para aprendices de ELE

El advenimiento de la lexicografía digital ha conllevado un replanteamiento importante de la conceptualización del objeto *diccionario* (*cf.* Nomdedeu-Rull 2017; Miller 2018; Nomdedeu-Rull y Tarp 2018). Los diccionarios en línea presentan oportunidades ilimitadas, pero requieren una nueva manera de pensar (Miller 2018, 364). Hay que partir de las necesidades del usuario para resolver sus diferentes tipos de problemas y saber qué espera del mundo digital. Aparecen lentamente diccionarios de calidad en línea y otros tipos de recursos usados para el aprendizaje de lenguas. El reto principal para la lexicografía es encontrar soluciones para adaptarse al ritmo al que el mercado evoluciona, respondiendo a las necesidades existentes y emergentes. Para ello, es necesario que la Lexicografía aborde diversos retos previos y necesarios, como los descritos por Fuertes-Olivera y Bergenholtz (2005), Maldonado (2012b), Tarp y Gouws (2019) o Nomdedeu-Rull (2020, 2022). Destacamos los cuatro siguientes: 1) modelo de negocio; 2) personalización del producto lexicográfico; 3) integración del producto lexicográfico en otras herramientas (p. ej., asistentes de escritura); 4) desarrollo del producto como herramienta de aprendizaje y no solo de consulta.

Reto 1: la falta de un modelo de negocio adecuado es solo el desencadenante de la crisis actual en lexicografía. El modelo actual ha quedado obsoleto por un cambio de paradigma y por la introducción de las nuevas tecnologías disruptivas. Por tanto, el desarrollo de un nuevo modelo de negocio lexicográfico debe partir de un profundo conocimiento de estas innovaciones y su impacto en la lexicografía. Tarp (2019a) señala que la supervivencia de la lexicografía como práctica cultural necesita un modelo de negocio, que debe cumplir con dos requisitos: 1) generar ingresos mediante la comercialización de productos lexicográficos; 2) financiar la compilación de diccionarios cada vez más avanzados aunque estos no generen ingresos. Fuertes-Olivera (2019, 25) afirma que "it is necessary to move upstream in the value chain and develop lexicographic services instead of lexicographic products". Según Tarp (2019a, 15), ello significa que "la lexicografía antes de todo debe tomar consciencia de que su producto por excelencia son los datos lexicográficos y que estos pueden usarse para un sinfín de aplicaciones que van desde su presentación en diccionarios hasta su integración en diferentes tipos de herramientas, asistentes, plataformas, servicios, etc.". Esta idea queda ilustrada con el gráfico (Figura 29.6) que aporta Tarp (2019a, 15), en el que aparece la cadena de valor de los datos lexicográficos integrados:

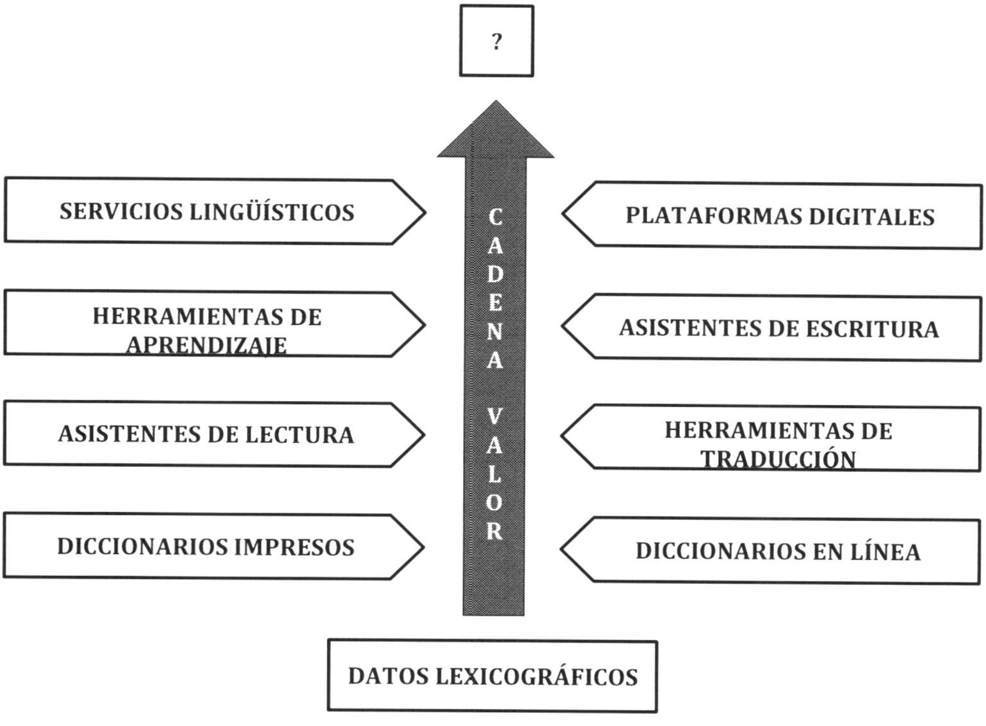

Figura 29.6 La cadena de valor de los datos lexicográficos integrados (Tarp 2019a, 15).

Para ello, es necesaria una estrecha colaboración interdisciplinaria con informáticos, diseñadores y otros especialistas. En el capitalismo no hay empresa que muestre interés en invertir en algo que no genere beneficios. ¿Cuál es el reto? Como afirma Tarp (2019b, 231), "the objective of a new business model should be to find financial resources that *also* allow the publishers to sustain their online dictionaries. The dictionaries could then be used by the publishers to promote their different products as well as resources to which users can be referred from the latter". Los diccionarios digitales pueden concebirse como promotores de los demás productos de una empresa además de fuente de última instancia a la que se puede referir desde estos productos para convertirse en productos *premium* mediante la optimización de la información suministrada.

Reto 2: los datos deben adecuarse de la mejor manera posible a las necesidades de los usuarios ante sus consultas concretas, para lo cual es necesario pasar del diccionario estandarizado al personalizado. Como anotan Tarp y Gouws (2019, 252), el proveedor de datos sabe cuándo un usuario tiene o se espera que tenga una necesidad de información y también sabe cómo preparar los datos lexicográficos correspondientes y adaptarlos al perfil particular del usuario para que pueda usarlos de la manera más efectiva posible y, así, satisfacer sus necesidades particulares. La personalización no excluye que las necesidades de diferentes usuarios de un perfil similar puedan ser satisfechas por el mismo conjunto de datos lexicográficos. Significa que los datos, en términos de lenguaje, formalidad, contenido y diseño, deben prepararse y presentarse para que los usuarios puedan resolver sus problemas particulares de la mejor manera posible. Un buen ejemplo de producto con datos personalizados lo representa el asistente de escritura desarrollado por Ordbogen, www.writeassistant.com/en/, herramienta que también usamos para referirnos al tercero de los retos.

Reto 3: tendremos que ir despidiéndonos de los diccionarios tal y como los hemos conocido y pensar en la integración del producto lexicográfico en otras herramientas. La razón de esto se encuentra en el auge de herramientas de escritura con diccionarios integrados que asisten a los usuarios a escribir en una lengua extranjera. Los diccionarios ya no son/serán consultados como hasta ahora, pues la aproximación del usuario al diccionario ha cambiado y sigue cambiando (*cf.* Nomdedeu-Rull 2019a). La respuesta a una necesidad/búsqueda tiene que ser rápida, gratis y en el PC/Smartphone. Por ejemplo, el asistente de escritura de Ordbogen es una herramienta integrada que plantea desafíos que no se pueden resolver mediante la investigación tradicional de usuarios, básicamente retrospectiva, desarrollada en el marco de un viejo paradigma. Su existencia presenta, como ha planteado Tarp (2019b, 237–238), varios interrogantes aún por contestar, como, entre otros, "Which are the words requiring linguistic and cultural alerts? And which are the lexicographical data needed to support these alerts?" o "Which lexicographical data are required if Write Assistant, apart from assisting L2 writing, should also be designed as a learning tool?". Estas y otras preguntas merecen un profundo análisis que incorpore, al menos, a lexicógrafos, informáticos, diseñadores y especialistas en adquisición y enseñanza de lenguas.

Reto 4: el diccionario en ELE se ha solido usar para encontrar respuestas a consultas puntuales (*herramienta de consulta*) y no como parte del *componente estratégico* del aprendizaje de lenguas (*cf.* Nomdedeu-Rull 2020), esto es, para ser integrado en el marco de la realización del conjunto de operaciones y mecanismos que el aprendiz aplica para la obtención, almacenamiento, recuperación y uso de información necesarios para que el aprendiz pueda cumplir sus metas comunicativas. Para ello, es necesario que el producto lexicográfico permita la consulta de datos diseñados para aprender.

5. El impacto del uso de diferentes tipos de diccionarios en la cantidad y la calidad del aprendizaje de vocabulario en ELE

Para que el producto lexicográfico pueda servir también como herramienta de aprendizaje, es necesario saber cómo puede contribuir en la cantidad y la calidad de aprendizaje de vocabulario en ELE. En este apartado se ofrece un análisis crítico desde una perspectiva cognitiva y de procesamiento del input sobre qué características deben integrar los diccionarios para poder facilitar el aprendizaje de vocabulario en ELE.

5.1. Forma, significado y conexión entre forma y significado

Desde una perspectiva cognitiva, aprender una nueva palabra u otro tipo de elemento léxico (diferentes tipos de frases léxicas, el lenguaje formulaico, entre otros) implica procesar, codificar (*encode*) y retener en la memoria al menos tres componentes básicos: *la forma* del elemento léxico, *el significado* del elemento léxico y *la conexión* entre la forma y el significado. Por *forma* entendemos aquellos elementos propiamente físicos, como las ondas sonoras que representan secuencias de fonemas de palabras en el habla oral, los grafemas que representan las palabras escritas como es común con los diccionarios, los contrastes visuales que se utilizan en los lenguajes de signos (aprovechando elementos contrastivos como la forma de la mano, el lugar en el espacio y el tipo de movimiento) o los elementos táctiles que se manipulan en un sistema de lectura y escritura táctil como el braille. Por *significado* entendemos todo elemento tanto denotativo como connotativo y notamos que, al aprender una nueva palabra en ELE, los aprendices suelen transferir conocimiento y suposiciones basados en su primera lengua que tienen que ser reformados en ELE. El espacio semántico en ELE tiene que ir refinándose poco a poco a lo largo del tiempo. Por ejemplo, los aprendices de ELE cuya primera lengua es el inglés tienen que aumentar el espacio semántico de verbos como *cambiar* y *esperar* de manera que incluya el significado de "change" y "cash" para *cambiar* y "wait for" y "hope for" para *esperar*. Por último, hay que reforzar las conexiones apropiadas entre las múltiples formas léxicas y diferentes aspectos de sus significados en ELE o cualquier segunda lengua.

En términos generales, en cuanto más ayude un diccionario u otro producto lexicográfico a los aprendices a aprender y retener estos tres componentes básicos, más eficaz será su consulta. Con respecto al ELE en particular, un diccionario debe presentar tanto las formas orales como las escritas de las palabras y, con respecto a lo de refinar el campo semántico en ELE, conviene incluir varias muestras de una palabra en diferentes oraciones con el fin de ejemplificar significados denotativos y connotativos que son particulares a lo que debe ser la representación léxico-semántica de la palabra (u otro elemento léxico) en español, tomando en cuenta también, por supuesto, múltiples cuestiones relacionadas con variación regional y sociolectal.

5.2. Contextos de aprendizaje de vocabulario

Al presentar información y muestras de unidades léxicas en un diccionario, también hay que considerar los diferentes contextos de aprendizaje de vocabulario que se pueden clasificar según un sistema de dos continuos, (a) entre completamente intencional y completamente ocasional y (b) entre completamente aislado (la unidad léxica se presenta sin otras) y completamente integrado (la unidad se presenta junta con muchas otras unidades apropiadas, como en el contexto de una oración con muchas colocaciones apropiadas). Barcroft (2019) propuso el sistema *I-cuadrado* (*intentional-incidental* como un continuo e *isolated-integrated* como otro continuo) para facilitar la clasificación de diferentes contextos de aprendizaje de vocabulario utilizando estos dos continuos. El sistema incluye una escala de 1 a 9 en los dos ejes de manera que una clasificación de 5:5 en la escala correspondería a un caso de 50 % en los dos continuos, es decir, en el centro de todo el sistema I-cuadrado (*cf.* Barcroft 2019, para un ejemplo de dicho contexto de aprendizaje de vocabulario). Mientras que el aprendizaje de vocabulario por medio de un diccionario típicamente se asocia con aprendizaje intencional, si se incluyen muchos ejemplos de unidades léxicas en contacto en diferentes tipos de oraciones, se pueden proporcionar oportunidades de aprendizaje integrado. Al prestar atención a una variedad de muestras (en varias oraciones), puede llegar a haber instancias de aprendizaje ocasional de información léxico-semántica, y si las muestras están bien seleccionadas, los aprendices podrán aprender no solo una definición de una palabra en un contexto únicamente intencional y aislado.

5.3. Cantidad frente a calidad de aprendizaje

En relación con la cuestión de proveer varias muestras de los diferentes significados y usos de palabras y otros tipos de unidades léxicas, conviene señalar la importancia de desarrollar conocimiento léxico con respecto no solo a la cantidad de vocabulario que se puede aprender sino también a la calidad del conocimiento mismo. Por *cantidad* entendemos el número de palabras y otros elementos adquiridos durante un tiempo dado; por *calidad* entendemos la naturaleza de la representación léxico-semántica que se va dando a lo largo del tiempo, un proceso mental que involucra diferentes grados de *mediación léxica* (con dependencia en formas L1) versus *mediación semántica* (con menos dependencia en formas L1, es decir, conexiones directas entre las representaciones semánticas y sus correspondientes formas léxicas). Hay muchas maneras de medir el grado de aprendizaje de vocabulario. Por un lado, hay el número de palabras como medida. Por otro lado, existen medidas como el conocimiento de propiedades de colocaciones, el conocimiento de matices de significados, el grado de mediación conceptual (versus mediación léxica) disponible a los aprendices y el grado de "uso automático" de las unidades léxicas en cuestión. Los diccionarios más eficaces con respecto a promover el aprendizaje de vocabulario para aprendices de ELE deben desarrollar cada una de estas medidas.

5.4. *Promoción de la adquisición de vocabulario*

Además de las consideraciones importantes descritas, ¿cuáles son algunas de las propiedades específicas que puede tener un diccionario para que ayuden a promover la adquisición de vocabulario de una manera eficaz? A continuación, presentamos una lista de cinco propiedades (*cf.* también Barcroft 2012, 2019 para más consideración de estas propiedades y para la discusión de una serie de investigaciones con resultados que apoyan estas propiedades):

1 Repetición de palabras meta en el *input*.
2 Oportunidades para la recuperación *(retrieval)* de palabras meta.
3 Variabilidad acústica en el *input* oral.
4 Ejemplos de significados y usos específicos para el español.
5 Ejemplos de colocaciones apropiadas para el español.

Cada una de estas propiedades ayuda a promover la adquisición de vocabulario en ELE y una combinación de más de una de las propiedades puede funcionar aún mejor al respecto.

5.4.1. Repetición

Cuantas más veces estén expuestos los aprendices a la forma de una unidad léxica, hay más probabilidad de que la aprendan. Aunque la repetición no haya sido considerada tradicionalmente como un elemento positivo en la construcción de diferentes tipos de diccionarios, no hay duda de que, sea en forma escrita y/o en forma oral, facilita la adquisición de nuevas formas léxicas. Al leer una serie de oraciones en las que se repite una nueva forma léxica, por ejemplo, cuando los aprendices leen una serie de oraciones con una palabra meta en *Linguee*, procesan la nueva forma como *input* (muestras del idioma meta) más extensivamente y de esta manera logran codificar y retener la nueva forma en cuestión mejor que si tuvieran menos repeticiones.

5.4.2. Oportunidades de recuperación (*retrieval*)

Si un diccionario proporciona oportunidades de que los aprendices recuperen formas léxicas meta, ello facilitaría la adquisición de dichas palabras. Se ha comprobado en una serie de estudios cómo estas oportunidades mejoran la memoria para la creación de nuevas formas léxicas (v. Barcroft 2012, 2019 para más análisis de esta evidencia empírica).

5.4.3. Variabilidad acústica

Una tercera propiedad que pueden tener los nuevos productos lexicográficos es la variabilidad acústica. Se ha demostrado que, al presentar nuevas palabras como input oral, el uso de la variabilidad acústica en la forma de múltiples hablantes, múltiples estilos de hablar y múltiples velocidades de hablar facilita el aprendizaje de vocabulario comparado con una presentación acústicamente consistente (solo un hablante, un estilo de hablar y una velocidad) (Barcroft y Sommers 2005; Sommers y Barcroft 2007). Para los diccionarios que incluyen muestras orales de las unidades léxicas meta, vale pena incluir también la variabilidad acústica por sus importantes beneficios.

5.4.4. Ejemplos de significados y usos

Mientras que las tres provisiones discutidas arriba tienen que ver principalmente con la cantidad de nuevas formas léxicas que se pueden adquirir eficazmente, las últimas dos provisiones presentadas aquí tienen que ver con la calidad del aprendizaje y, en particular, con la profundidad de conocimiento relativa al espacio léxico-semántico y las colocaciones apropiadas de las unidades léxicas en ELE. Como ya se ha comentado, los aprendices de ELE tienen que refinar su conocimiento del espacio léxico-semántico de cada nueva palabra que aprenden en español, y los diccionarios pueden aportar al respecto una serie de ejemplos, o muestras, de significados apropiados en diferentes contextos. Esto se puede lograr con oraciones escritas y/u oraciones presentadas oralmente. Es más, los lexicógrafos pueden decidir la mejor manera de ilustrar los diferentes significados y usos en cuestión antes de escoger y proveer a los aprendices de las oraciones (y/o textos, discurso, etc.) que se van a utilizar para dicho fin.

5.4.5. Ejemplos de colocaciones

Otra propiedad de un diccionario diseñado para facilitar la adquisición, nuevamente con respecto a la calidad del aprendizaje, es la inclusión de ejemplos/muestras que ilustren bien las propiedades de colocación de las palabras meta. Aprender vocabulario es hacer estadísticas; aprendemos qué palabras tienden a aparecer con diferentes palabras meta y, por falta de coocurrencias, qué palabras no tienden a aparecer con las mismas palabras meta. Si un diccionario provee ejemplos/muestras de palabras meta en diferentes oraciones y/o segmentos de texto o discurso oral, hay la oportunidad de escoger los ejemplos/muestras de manera estratégica con el fin de ilustrar a los aprendices con las propiedades colocacionales de las palabras en cuestión. El *input* al que los aprendices están expuestos en su ambiente lingüístico natural va a proveerles información de este tipo, pero si los diccionarios también lo pueden hacer, pueden facilitar aún más el aprendizaje de vocabulario. Con todo, no entramos en el debate existente entre especialistas sobre la efectividad de los métodos de enseñanza implícita versus explícita de colocaciones al no ser este el objetivo de este capítulo.

6. Conclusiones

Este capítulo ha analizado el papel que los diferentes tipos de productos lexicográficos de ELE desempeñan y podrían desempeñar en el aprendizaje del vocabulario. Si pretendemos mejorarlos, y así fomentar que los aprendices no nativos de español aprendan también con el uso productos lexicográficos de calidad, conviene partir de análisis críticos, aportar nuevas ideas, contar con un modelo de negocio y acometer varios retos con la colaboración, entre otros, de lexicógrafos, informáticos, diseñadores y especialistas en adquisición y enseñanza de lenguas. Los retos se han lanzado.

Nota

1 *Diccionario de español para aprendices sinohablantes (fase primera)* (FFI2016–76417-P) del grupo LEXELE (Lexicografía y Enseñanza de Lenguas Extranjeras) de la URV.

Bibliografía básica

Barcroft (2019); Nomdedeu-Rull y Tarp (2018); Tarp (2011a); Tarp y Gouws (2019); Welker (2008)

Bibliografía complementaria

Barcroft (2012); Hernández (1989); Maldonado (2012b); Nomdedeu-Rull (2020); Nomdedeu-Rull (2022); Tarp (2007); Tarp y Fuertes-Olivera (2016)

Parte IV
Lexicografía monolingüe especializada

30

Los diccionarios contrastivos de las variantes del español de América (The contrastive dictionaries of American Spanish variants)

José Carlos Huisa Téllez

1. Introducción

Estas páginas tienen como tema central el principio contrastivo para el tratamiento lexicográfico del léxico del español americano, concebido y desarrollado las últimas décadas del siglo pasado en el marco del proyecto *Diccionarios contrastivos del español de América* de la Universidad de Augsburgo, Alemania, dirigido por Günther Haensch y Reinhold Werner. Tras una presentación de los antecedentes necesarios para entender el contexto en que surge este principio lexicográfico, repasaremos en primer lugar sus bases teóricas y en seguida las continuidades y rupturas que deben identificarse con respecto a la lexicografía hispanoamericana diferencial decimonónica, para finalmente pasar revista a los efectos en el nivel microestructural de la puesta en práctica de tal principio.

Palabras clave: contrastividad; diferencialidad; lexicografía contrastiva; lexicografía hispanoamericana diferencial; Proyecto de Augsburgo

The central topic of this chapter is the contrastive principle for the lexicographic treatment of the lexicon of American Spanish. This principle was conceived and developed in the last decades of the twentieth century within the framework of the project Contrastive Dictionaries of American Spanish at the University of Augsburg, Germany, led by Günther Haensch and Reinhold Werner. First, in order to understand the context, we outline how lexicography evolved prior to the contrastive principle being introduced. We then review the theoretical bases of the contrastive principle and present the continuities and ruptures with respect to nineteenth-century differential American lexicography. Finally, we highlight the effects of the implementation of such a principle at the microstructural level.

Keywords: Augsburg project; contrastive lexicography; contrastivity; differential American lexicography; differentiality

DOI: 10.4324/9780429244353-35

2. Antecedentes

El proyecto *Diccionarios contrastivos del español de América* de Augsburgo procura la elaboración de diccionarios especializados diferenciales del léxico del español de los países hispanoamericanos con respecto al del peninsular a partir de un principio contrastivo, el cual exige en términos concretos la presentación explícita en los textos lexicográficos del resultado de la comparación exhaustiva del uso de ambos conjuntos léxicos. Debe recordarse aquí que el atributo *diferencial* hace referencia al criterio de selección de unidades para su registro en una obra, en nuestro caso particular, el uso en una variedad determinada americana y no en la de España. Si bien el proyecto también propone y sigue una aplicación mucho más sistemática de este criterio que en la tradición anterior, este objetivo parcial no es considerado aquí un tema central.

Financiado entre las últimas décadas del siglo pasado y la primera de este por la *Deutsche Forschungsgemeinschaft*, el proyecto llegó a publicar en una primera serie de 1993 y en convenio con el Instituto Caro y Cuervo de Colombia el *Nuevo diccionario de argentinismos*, el *Nuevo diccionario de colombianismos* y el *Nuevo diccionario de uruguayanismos*; y en 2000 el *Diccionario del español de Cuba. Español de Cuba – Español de España,* la segunda edición del de Argentina —*Diccionario del español de Argentina. Español de Argentina – Español de España*— a través de la editorial Gredos (respectivamente, *DECu* y *DEAr*). A la muerte de Reinhold Werner en 2015, en la práctica jefe directo del proyecto tras la jubilación del profesor Haensch, se encontraba finalizada la redacción del diccionario de Bolivia, a la espera de una revisión final; muy avanzada la revisión del de Ecuador, una de cuyas versiones fue publicada en Quito por el coordinador local del proyecto (*Diccionario del español ecuatoriano. Español del Ecuador – Español de España* 2016), y bien encarrilada la elaboración del del Perú.

La elaboración de glosarios u obras semejantes y de diccionarios dedicados al español americano se ha visto determinada a lo largo de la historia por diferentes puntos de partida que guían el registro de unidades léxicas y la explicación de sus significados y uso, y que se muestran intuitivos o conscientes, declarados directa o indirectamente o no declarados por el lexicógrafo. Desde una perspectiva historiográfica y sociocultural, no solo es posible identificarlos, explicarlos e incluso justificarlos sino también entrever entre ellos continuidades, reelaboraciones y rupturas. A medida que la práctica se ha ido volviendo menos diletante, la teorización de estos conceptos lexicográficos se ha ido complejizando. El siglo XX constituye a todo este respecto un período relevante gracias a las dos etapas marcadamente diferentes que en él encontramos: primero, una muy extensa dominada por el modelo diferencial ya fosilizado del siglo anterior, cuya superación se planteó conscientemente en la siguiente etapa, iniciada en la década de 1970 y en la que se distinguen dos opciones. Por un lado, aquella objeto de atención aquí, que gracias a la concepción y puesta en práctica del principio contrastivo, transforma la lexicografía diferencial tradicional adecuándola a las nuevas necesidades sociales y adaptando su técnica lexicográfica a modos de proceder más actuales; por otro, atendiendo en gran parte a cuestiones ideológicas que bien merecían ser discutidas, una clara ruptura con tal tradición y la consecuente propuesta de un concepto completamente inédito en el ámbito hispanoamericano, el integral, que no parte de ninguna comparación entre conjuntos léxicos de diferentes países (*cf.* para esta opción Lara 1981, 1987 y 1990b). Desde perspectivas glotopolíticas, que aquí no tomaremos en cuenta, se ha querido ver entre estas dos opciones no solo un enfrentamiento directo sino también una insuperable incompatibilidad (*Cf.* Zimmermann 2003 y Ávila 2003–2004). Una mirada en principio menos apasionada y más amplia frente a la diversidad de funciones que pueden y deben cumplir las obras lexicográficas en las sociedades actuales, sin embargo, puede llevar incluso a pensar en la posibilidad de una complementariedad.

La renovación de la lexicografía diferencial que el proyecto de Augsburgo proponía estaba movida desde el principio por dos ideas fundamentales. En primer lugar, que dada la naturaleza de la situación de la lengua, esto es, trasplantada y ampliamente extendida, y cuyas repercusiones en las sociedades involucradas son tangibles, una lexicografía diferencial todavía resulta, en términos prácticos, necesaria. Pensemos, por ejemplo, en hablantes nativos o no nativos del español que solamente manejan la variedad peninsular, pero que por alguna razón tienen que enfrentarse a una de las variedades nacionales hispanoamericanas. Esta primera idea presupone una segunda de mucho mayor calado teórico: que los diccionarios son exclusivamente obras de consulta y, por tanto, cumplen funciones específicas al concebirse para un usuario objetivo en situaciones determinadas. Esta noción elemental de la cuestión lexicográfica se corresponde con un paradigma activo desde hace algún tiempo especialmente en Europa central que ha alcanzado importantes niveles de reflexión teórica. Asimismo, tiene claros efectos en el nivel técnico de elaboración de la obra misma, en especial, en el tipo de información que se privilegia y la forma en que esta se organiza a través de sus estructuras.

Repasaremos a continuación la justificación del principio contrastivo y sus características puntuales tras un breve acercamiento a la base teórica correspondiente y a una mirada a la previa lexicografía hispanoamericana decimonónica.

3. Puntos de partida teóricos

La propuesta lexicográfica del proyecto de Augsburgo debe entenderse como parte de la institución, hacia las últimas décadas del siglo pasado, del paradigma mencionado, gracias en especial al trabajo de Herbert Ernst Wiegand (por ejemplo, Wiegand 1983a, 1983b y, en español, 2007). Se deben tomar en cuenta también, si bien algo posteriores, las reflexiones teóricas de Sven Tarp y, en estrecha relación con él pero más específicamente en el ámbito español, las de Fuertes-Olivera (por ejemplo, Fuertes-Olivera y Tarp 2008 y Tarp 2013c), que por cuestiones prácticas consideraremos aquí junto a las de Wiegand como una unidad, conscientes sin duda de los claros límites teóricos establecidos entre ellas.

En este contexto, se postula incluso la autonomía de la (meta)lexicografía respecto a la lingüística, al asumirse que el diccionario no puede ser única y necesariamente un tratado lingüístico que describe y analiza el componente léxico de una lengua, objetivos que el sentido común ha consagrado como exclusivos, tomando como caso prototípico el del general monolingüe. La autonomía de esta teoría lexicográfica dura se apoya en la clara asunción también mencionada ya de que el diccionario es una obra de consulta, una herramienta, que ofrece información especializada para un usuario concreto en situaciones determinadas:

> La lexicografía es la teoría y práctica de las herramientas de uso que se caracterizan por su capacidad para facilitar un rápido y fácil acceso al tipo específico de datos de los cuales un tipo específico de usuarios pueden extraer el tipo específico de información que les permita satisfacer el tipo específico de necesidades (lexicográficamente relevantes) que tengan en un tipo específico de situación social extra-lexicográfica.
>
> *(Fuertes-Olivera y Tarp 2008, 77)*

En el manual elaborado por cuatro profesores de Augsburgo para el público español, que constituyó en su época lectura obligatoria en la disciplina, el mismo Werner se plegaba —como se ve, en fecha muy temprana— a este juicio, por ejemplo, al referirse a la definición lexicográfica:

> Pocas veces los autores han profundizado el problema de si el diccionario tenía que representar necesariamente un análisis del contenido de unidades léxicas y si la definición

> lexicográfica no podría consistir en una simple instrucción (en sentido general), que debería permitir al usuario utilizar adecuadamente una unidad léxica como emisor o entenderla adecuadamente como receptor de un mensaje lingüístico.
>
> *(Werner 1982, 262–263)*

Concebido así el diccionario, resulta esencial aquí la noción de *finalidad genuina* (Wiegand 1989a, 425–426; Tarp 1995, Wiegand 2001, Bergenholtz y Tarp 2002, Bergenholtz y Tarp 2003), ya expresada en español por otro de los discípulos de Werner:

> Objetivo principal que determina y justifica la selección de un conjunto de datos y su posterior presentación. [...] La finalidad genuina es aquella que concibe el redactor del diccionario pensando en las necesidades de un usuario potencial. La finalidad genuina puede referirse a la totalidad del diccionario, pero también a la función esencial de los diferentes componentes primarios y microestructurales, especialmente las indicaciones. Además de la función genuina, pueden darse funciones secundarias, no contempladas por el autor del diccionario. Esto puede observarse, por ejemplo, cuando el diccionario se concibe como objeto de estudio lingüístico y no como obra de consulta primaria.
>
> *(Jacinto García 2015b, 116)*

Merece la pena internarnos un poco más en esta perspectiva teórica, siempre pensando en las repercusiones en los productos del proyecto. En una teoría parcial de la forma del diccionario, que Wiegand ubica bajo el amplio techo de su Teoría General de la lexicografía, resulta central la cuestión de cómo se recupera a través de las estructuras de una obra la información que ella ofrece, lo que permite predecir, por otro lado, las formas más adecuadas al tipo de información previsto cuando aquella está en una etapa de proyección. Una teoría preocupada por la forma del diccionario apunta, así, a la descripción minuciosa de tales estructuras, pero también a la técnica lexicográfica puesta en práctica en la confección de la obra, como mostraremos respecto a los diccionarios de Augsburgo. Debe notarse la amplia distancia entre la noción común de diccionario en tradiciones románicas como la hispanoamericana, que le asigna un importantísimo valor social simbólico e identitario, y aquella de la que parte esta perspectiva teórica: aquí el diccionario se concibe como un "sistema estático de información" (Wiegand 2007, 38), una obra de consulta, tal como venimos afirmando, con una finalidad determinada cuya eficiencia depende del funcionamiento de sus componentes. En otras palabras, un conglomerado de segmentos textuales interdependientes organizados según una estructura jerárquica, compuesta a su vez por varias estructuras parciales.

En este orden de ideas, los actos informativos o explicativos que se llevan a cabo en el diccionario para el usuario potencial, por ejemplo, sobre el significado o sobre el género gramatical, pueden ser clasificados y descritos. Hay que tomar en cuenta, además, que esta manera regular en que tales actos se llevan a cabo depende de la tradición en la que el autor y su obra se inscriben, y da forma al estilo del diccionario (Wiegand 1989b). En términos concretos, van de la mano con esta propuesta teórica tanto el proceso de estandarización, esto es, la uniformación en el nivel microestructural de la posición y la forma de los segmentos textuales que participan en la explicación lexicográfica, por ejemplo, las convenciones tipográficas, las abreviaturas o los signos, como el grado de condensación, el proceso de textualización lexicográfica de la información, que ya no se ofrece en lenguaje natural (*cf.* Wiegand 2007 y Wiegand 1988, 35). Estandarización y condensación resultan así elementos clave en la redacción misma de los artículos de una obra lexicográfica.

El precepto de que el diccionario debe partir de una finalidad genuina y tener en cuenta las características del usuario, que se observa por supuesto en las obras objeto de esta contribución, puede ejemplificarse de manera más clara en el caso de los diccionarios bilingües didácticos, como hemos hecho en otro lugar (Huisa Téllez 2015b, 178–180) siguiendo a Wiegand (2007). Se observa que en diccionarios dedicados al mismo par de lenguas y con una misma lengua de partida el tratamiento del léxico en la microestructura varía dependiendo de si el usuario maneja mejor aquella, caso en el cual, por ejemplo, se ponen las indicaciones en esta lengua, o si el usuario maneja mejor la lengua meta y por ello mismo, por ejemplo, se usa exclusivamente esta en las indicaciones o se presenta la indicación sobre la pronunciación del lema (superflua en el primer caso). En diccionarios didácticos monolingües, en los cuales si bien se asume que el usuario ya tiene una competencia lingüística en la lengua y por tanto puede entender la información ofrecida en el artículo, se simplifican las explicaciones sobre el significado, y se ofrece información gramatical y sintagmática que no sería necesaria para un usuario que sea hablante nativo. El diccionario bilingüe didáctico, podemos afirmarlo ya, no se puede concebir simplemente como una lista de equivalentes, sino que debe adaptarse a criterios tales como el grado de manejo por parte del usuario de las lenguas involucradas, lo cual sin duda vale también para un diccionario monolingüe. No hay que dejar de tomar en cuenta, finalmente, si el diccionario didáctico se concibe como herramienta para la comprensión o para la producción de textos en la lengua que se aprende, cuestión también esencial.

Un caso de mayor especificidad es el de la elaboración de un diccionario bilingüe didáctico cuando las dos lenguas involucradas son afines, por ejemplo, dos iberorrománicas, caso cuya pertinencia aquí se justifica porque nos sirve para entrar de lleno en la cuestión contrastiva. De hecho, el mismo Werner lo ha tratado con profundidad (*cf.*, por ejemplo, Werner 2010), yendo incluso más allá de la lingüística contrastiva, que casi no entra en terrenos lexicográficos. Evidentemente, la información presente en tal tipo de diccionario y la forma en que se ofrece deberán adaptarse al hecho de que el usuario se enfrenta a las similitudes entre su lengua y la que aprende, las que sin indicaciones adecuadas podrían convertirse más en obstáculos que en claras ventajas. En esta situación, la obra lexicográfica tampoco puede limitarse a consignar equivalentes, sino que también debe mostrar necesariamente información comparativa que parta de la competencia del usuario en su propia lengua, que de todas formas no puede suspender, para que logre aprehender las diferencias con aquella meta. De esta forma, pueden presentarse indicaciones en el artículo sobre aspectos que resultan problemáticos, por ejemplo, la grafía o la pronunciación, aquellos de carácter gramatical y de alcance semántico y pragmático. Dice Werner con claridad:

> El papel central en la información que proporciona el diccionario no lo debería jugar la presentación de equivalentes a la que, más o menos sistemáticamente, se agregan algunas glosas diferenciadoras, sino que lo debería jugar la información abundante y sistemática acerca de las diferencias entre las unidades léxicas de una lengua y aquellas que suelen denominarse *equivalentes* aunque nunca son equivalentes en sentido estricto. El diccionario bilingüe, especialmente el de aprendizaje, debe concebirse no como diccionario de equivalencias o de equivalentes, sino como diccionario contrastivo. La información contrastiva, no la indicación de equivalentes, deber ser el contenido central de los artículos de una *[sic]* diccionario bilingüe de producción o de aprendizaje.
>
> *(Werner 2010, 653)*

La teorización y puesta en práctica de la idea de que los diccionarios son obras de consulta con una clara finalidad concreta y de este principio contrastivo que acabamos de señalar no las lleva a cabo Werner solamente en este campo bilingüe didáctico sino en especial en el de la lexicografía diferencial hispanoamericana, convencido precisamente de que el criterio diferencial tradicional es insuficiente para que el usuario acceda a la información detallada sobre la comparación léxica y para que en consecuencia adquiera la competencia suficiente para llegar a entender o producir textos en otra variedad. A continuación, desarrollaremos con un poco más de detenimiento tal insuficiencia en la práctica anterior, mostrando además que ciertamente se pueden encontrar en ella intuiciones contrastivas, si bien completamente irregulares, las que el proyecto de Augsburgo trataba de llevar a un nivel de elaboración muchísimo mayor.

4. La lexicografía diferencial decimonónica hispanoamericana

No está de más volver a decir que el proyecto de Augsburgo tenía como objetivo central desde el primer momento renovar aquella lexicografía diferencial del español de América originada en los nuevos países independientes ya bien entrada la segunda mitad del siglo XIX (*cf.* especialmente Werner 1991 y 1993–94), por lo cual vale la pena presentar un rápido panorama de ella. Del ingente número de obras publicadas incluso hasta el siglo XX (*cf.* Haensch y Omeñaca 2004, 301–327), resultan prototípicas el *Diccionario de chilenismos* (*DCh*) de Zorobabel Rodríguez de 1875 y el *Diccionario de peruanismos. Ensayo filológico* de Juan de Arona de 1883, miembros, por cierto, de la elite letrada criolla, como la inmensa mayoría de los autores. Esta lexicografía decimonónica consolidaba una larga historia iniciada con glosas explicativas de exotismos o indigenismos usados en textos de diferente naturaleza y dirigidos a un lector que no tuviera contacto directo con América, práctica que más tarde se cristalizó en una lexicografía ilustrada más o menos profesional de provincialismos llevada a cabo por Alcedo como parte de su *Diccionario geográfico-histórico de las Indias occidentales ó América*, publicado entre 1786 y 1789, y, salvando las distancias, por el mismo Pichardo a través de las cuatro ediciones de su obra sobre cubanismos (1836, 1849, 1862 y 1875).

Una de las principales características de esta tradición de *ismos* es la asunción —por lo demás, plenamente justificable en una situación poscolonial, de independencia reciente y de formación nacional—de una norma monocéntrica, que identificaríamos hoy día con un brumoso *español general*, de la que el léxico de la variedad nacional americana se distanciaría debido a las peculiaridades nacionales registradas. En la práctica y correspondientemente, el léxico *general* se identificaba con el de la variante peninsular; de forma todavía más concreta, con el registrado en el diccionario académico u otros españoles no académicos, de tal forma que la determinación de la diferencialidad de una unidad léxica dependía en gran parte de la consulta de ellos, y de la propia competencia y experiencia del lexicógrafo, producto también de la lectura de autores españoles. Evidentemente, esta forma elemental de volver operativo el criterio diferencial puede ser cuestionada desde los conocimientos del presente, pero a riesgo de caer en el anacronismo, por ejemplo, poniendo en tela de juicio la idea misma de norma monocéntrica y de desviación de ella, o echando en falta un corpus de partida o de dos para establecer la comparación de base. Hay que mencionar, en adición, que los diccionarios también señalaban divergencias entre el léxico del propio país y el de otros o de otras regiones americanas o españolas, de tal forma que en realidad mostraban un interés por la variación más que exclusivamente temor por la desviación de una norma única (*cf.* Huisa Téllez 2019).

Más allá de lo anterior y para restringirnos a una mirada metalexicográfica, consideramos necesario prestarles atención a determinadas características técnicas de estas obras, sobre todo, a los diferentes tipos de información que ofrecen y a la manera concreta en que lo hacen. Un ejemplo precioso a este respecto lo constituye la presencia de la indicación, en forma de segmento textual en gran parte de los artículos, de la suerte de pesquisa lexicográfica que habría decidido el registro de la unidad o acepción; es necesario preguntarse aquí ejemplarmente cuál es la función de tal indicación en el texto mismo del diccionario. No hay que olvidar que la forma de estos diccionarios muy poco tenía que ver con aquellos, ya de artículos estandarizados y medianamente condensados, que en la misma época eran comunes en occidente y, por lo demás, bien conocidos por nuestros autores. Por el contrario, caracterizan estos trabajos lexicográficos una constante asistematicidad en todos los niveles. A pesar de esta realidad y como ya avanzamos en otros estudios (Huisa Téllez 2011 y 2013), es posible encontrar en estos diccionarios comportamientos lexicográficos que se repiten con cierta regularidad.

Ahora bien, dependiendo la forma de una obra lexicográfica de la finalidad para la cual esta se elabora, como hemos argumentado ya, en diccionarios como los que revisamos, en los cuales la finalidad no se presenta explícitamente o no se ha determinado específicamente, es posible deducirla a través de lo que los lexicógrafos adelantan en los paratextos o a través de sus comportamientos lexicográficos. Nos encontramos, así, con diversas finalidades que no solo varían entre un diccionario u otro, sino que además conviven en uno mismo, por ejemplo, la prescripción, la complementaridad del diccionario académico, la estandarización de una lengua nacional, etc., que se reflejan, como decimos, en la información ofrecida y en la forma de los segmentos textuales de los artículos lexicográficos (*cf.* Rojas 2010).

Una finalidad no explícita pero posible de deducir a partir de algunos comportamientos lexicográficos es la comparación entre el léxico del país y el peninsular, como la indicación mencionada de la pesquisa lexicográfica, si la entendemos más de allá de como reflejo de la puesta en práctica del criterio diferencial. Naturalmente, no nos encontramos con una presentación sistemática de este tipo de información, que calificaremos ya de *contrastiva* y, de hecho, esta no aparece siempre. Veamos algunos ejemplos del *Diccionario de Peruanismos* de Arona:

> **Amolar.-** Es indudable que lo empleamos en su buena acepción española cuando [la] tomamos, que es siempre, por *cargar* o *molestar*. Lo único notable es que digamos así constantemente, mientras los españoles dicen *moler*.
> **Azúcar.-** Esta palabra es invariablemente femenina en el Perú, y no ambigua como en otras partes, habiendo sin embargo la flagrante contradicción de que al anteponerle el artículo, la hacemos masculina y decimos *el azúcar*.
> **Babador.-** En España dicen *babero*, y también *babador* en algunas provincias (en las más).

No hay que olvidar, además, que en la concepción de la situación lingüística que estos autores decimonónicos mostraban, no cabía pretender una comparación en igualdad de condiciones de dos variedades de una misma lengua; todo lo contrario, el léxico diferencial tratado como peculiaridad constituía en la inmensa mayoría de casos claros desvíos que tenían que sancionarse:

> **Aniego.-** Debe decirse *anego*, y acaso mejor *anegación*, que es la sola forma que trae el Diccionario.
> **Apachurrar.-** Acaso a ningún escritor peruano, incluyendo a aquéllos cuyo primer cuidado desde que hacen el primer palote es echar en cara a los demás que *no saben castellano*, se le ha ocurrido que decir *apachurrar*, como lo dicen ellos a toda hora, es no saber castellano, porque el verdadero verbo es *despachurrar*.

Vistas así las cosas, el proyecto de Augsburgo se planteó, además de redefinir el criterio diferencial sobre la base de un cotejo sistemático de dos conjuntos léxicos bien definidos, la de llenar el vacío de información específica sobre la comparación de usos que estos diccionarios diferenciales decimonónicos mostraban, presentándola de forma estandarizada en artículos lexicográficos altamente condensados, información que se asume ahora como indispensable en determinadas circunstancias para un usuario potencial. Veremos a continuación la concreción de este planteamiento en el texto lexicográfico.

5. Los diccionarios del proyecto de Augsburgo

La renovación de esta tradición que acabamos de revisar implica naturalmente mejorar la puesta en práctica del consabido criterio diferencial, precisamente por lo cual se restringe en un principio a la comparación entre una de las variedades americanas y la peninsular —constelación en la que usualmente se ponía en práctica tal criterio—, además de suponer que es la que contaría con más usuarios objetivos, si bien no se niega en ningún momento que se pueda y deba llevar a cabo aquella entre dos variedades americanas (*cf.*, por ejemplo, Werner 2001). Ciertamente puede resultar problemático desde un punto de vista glotopolítico que el cotejo sea con el español peninsular, lo que estaría perpetuando una cierta sumisión cultural, cuestión poco pertinente aquí, pero que ya fue tratada a conciencia en Werner 2014. De cualquier forma, hay que ser claros en afirmar que, en consonancia con el estado actual de los estudios hispánicos, el proyecto asume el español como una lengua pluricéntrica y pone en tela de juicio, especialmente por la imposibilidad de contar con un amplio trabajo empírico que respalde su existencia, la noción de *español general*, arrinconada en la actualidad, por cierto, a ámbitos acientíficos. De este modo y siguiendo a Hausmann (1986) para el caso del francés, se hace explícito que se cotejan dos conjuntos léxicos correspondientes a variedades distintas en igualdad de condiciones.

Por otro lado, a diferencia de la lexicografía diferencial del siglo XIX, la selección del material léxico se lleva a cabo de manera empírica, esto es, sin apoyarse en la información recogida en el diccionario académico o en otras fuentes lexicográficas sino a través de las habituales encuestas, y predominantemente en la consulta y confrontación de hablantes competentes de cada variedad. Ciertamente, el proyecto no consideraba la elaboración previa de un corpus, que en la actualidad se pensaría como paso necesario, precisamente por entender que, en aquel momento, era técnicamente imposible acceder a información contrastiva en la acumulación y revisión automática de textos, como también se puede desprender de lo que diremos todavía a continuación.

A estas alturas, ya estará claro que en la aplicación del criterio diferencial no se agota completamente la información que un diccionario especializado puede ofrecer, sino que debe complementarse con aquella resultante de la aplicación del principio contrastivo: existen diferencias de uso de una palabra o de una acepción mucho más sutiles más allá de mera diferencialidad. Sobre esto, dice Werner en la introducción del *DECu*:

> La descripción de los rasgos semánticos y las condiciones contextuales en los que se distinguen los usos de estas palabras en diferentes países de habla castellana puede ser una de las tareas específicas de un diccionario del tipo al que pertenece el *Diccionario del español de Cuba*.
>
> (DECu, *XII*)

Pongamos dos ejemplos típicos de la diferencialidad léxica entre países hispanohablantes, a los que se hace alusión en el pasaje citado, *bañarse* y *piso*, usuales prácticamente en todo el espectro del español, pero cuyo uso pueden llevar a ligeros malentendidos en intercambios comunicativos entre hablantes de diferentes variedades, aunque la definición en cualquier tipo de diccionario sea la misma. Sutilezas como que en determinados lugares y no en otros *bañarse* refiere también a la acción de ducharse o *piso* a la vivienda dentro de un edificio no pueden dejar de señalarse en un diccionario que compara dos conjuntos léxicos. La necesaria atención a este tipo de diferencias importantes pero desatendidas en la microestructura de los diccionarios diferenciales anteriores, menos aún en los generales, lleva a superar el puro corte diferencial, complementándolo con una perspectiva contrastiva, esto es, presentando información añadida y específica sobre el cotejo concreto entre ambos conjuntos léxicos y no sólo registrando lo privativo de uno.

Este argumento también nos debe servir para superar una idea común que viene arrastrada históricamente por la aplicación del criterio diferencial, pero también por una visión algo equívoca de la realidad plurinormativa de la lengua española: que los diccionarios dedicados a las variedades, en tradiciones conservadoras llamados aún *dialectales*, son básicamente registros de (geo)sinónimos, situación en la cual el hiperónimo termina siendo aquel del *español general*, que aquí también se identifica como un acto reflejo con el peninsular. De la misma forma en que hemos afirmado con Werner que un diccionario bilingüe no se agota de ninguna manera en la presentación de equivalentes, debemos afirmar que los diccionarios preocupados por las variedades de una lengua no pueden agotarse sencillamente en la presentación de sinónimos, sino que en esencia deben presentar precisamente información contrastiva sobre el uso de las diferentes unidades léxicas que toman en consideración. De nada le sirve al usuario conocer una palabra de otra variedad si no se le indica cómo se usa; en caso contrario, volvemos a la práctica de registrar solo presuntas y marginales peculiaridades.

En la práctica, el principio contrastivo significa que la información indispensable sobre el cotejo de dos conjuntos léxicos atraviesa las estructuras del diccionario, especialmente la microestructura estandarizada y con un alto grado de condensación, por lo cual, por cierto, resulta imprescindible familiarizarse con las instrucciones de uso para la completa comprensión de la obra. Está claro que este tipo de diccionario especializado no proporciona toda la información contrastiva de interés de cada unidad léxica registrada; de hecho, quedan sin explicar todas aquellas unidades léxicas que sí se usan en España, pero no en el país americano.

Por otro lado, sabiendo ya que la elaboración del diccionario, y por tanto también la aplicación del principio contrastivo, depende del tipo de usuario potencial y de la finalidad con la que este llevaría a cabo su consulta, hay que precisar que, a diferencia de lo que por sentido común podría pensarse, estos diccionarios no están dirigidos en primera instancia a usuarios que manejen de forma nativa la variedad nacional americana objeto de la obra. Se piensa, más bien, en un hablante extranjero nativo o que ha aprendido el español como lengua extranjera que no maneje tal variedad y que en alguna situación comunicativa se encuentre con elementos léxicos desconocidos, esto es, no usuales en algún otro país hispanohablante, especialmente en España, o que, aun conociéndolo, tengan un significado o uso distintos. Siendo esta la consulta, al usuario le bastará acceder a la explicación en la definición, que se complementará con el segmento del artículo en donde se ofrezcan sinónimos peninsulares (junto con otros comunes y con los exclusivos de la variedad americana, como señalaremos). Como usuarios potenciales también se puede contar a un filólogo que se enfrenta a textos literarios de la variedad de partida o a un traductor no nativo, sin dejar de contar, por supuesto, al lingüista preocupado por la variación del español. Todo esto responde sin ambages y positivamente a la pregunta sobre la necesidad todavía actual de una lexicografía diferencial, siempre y cuando se ofrezca información específicamente dirigida.

Revisemos ahora la aplicación concreta de estos puntos de partida, esto es, qué información se privilegia y de qué manera se presenta en la microestructura del diccionario según la finalidad genuina y el usuario potencial bien determinado. Todos los ejemplos se entresacan del *DECu*, que junto con el *DEAr*, se diferencia de los anteriores publicados básicamente en cuestiones formales muy menores, como el formato de los símbolos, por ejemplo.

5.1. La primera información contrastiva ofrecida a través de una indicación formalizada

Se ofrece de manera formalizada en el nivel microestructural información referida directamente a la diferencia de uso en las dos variedades de la unidad léxica lematizada: inmediatamente después del lema y de la indicación gramatical (y de la indicación poco frecuente de variantes) un símbolo indica si la unidad no está documentada en el español peninsular (∅), mientras que cuando ocurre lo contrario, esto es, que sí lo está pero en la variedad americana tiene una o varias acepciones distintas, la indicación se hace a partir de un símbolo distinto (⊕). Ejemplos:

> **abacorar** *v* ∅ **1** *tr coloq* Arrinconar a alguien en un sitio del que no pueda escapar.
> **abocar** *v* ⊕ **1** *intr coloq* Gustarle algo o alguien a una persona.

5.2. Información contrastiva más compleja

Cuando la presencia de uno de los dos símbolos no alcanza para ofrecer con claridad la información contrastiva, se remite por medio de otro símbolo a una observación añadida al final del artículo (→ *Obs*). Información contrastiva compleja prototípica puede ser la existencia de una diferencia de uso gramatical, de frecuencia de uso, de marcación o de registro de la unidad léxica entre las dos variedades y la pertenencia al léxico regional de España de la unidad lematizada. También se toman en cuenta otros casos en que los otros segmentos textuales del artículo no dejan claro en qué medida el significado descrito se distancia del de la unidad léxica en el español peninsular. En todas estas circunstancias, se alude directamente a cada una de las dos variedades por medio de iniciales y fórmulas fijas. Ejemplos:

> **actualizar** *v* → *Obs* **~se** Ponerse al corriente en una determinada rama del saber o en cuestiones de actualidad general. [...] *Obs:* En *E*, con esta acep. menos frecuente; además, acep. com. entre *E* y *Cu*.
> **agachado, -a** *sust/adj* → *Obs coloq desp* Persona que se somete a la voluntad de otra por miedo o por servilismo. *Obs:* En *E*, no usual como sustantivo masculino ni como adjetivo, sino sólo como participio de agacharse, como sustantivo femenino no usual con esta acep., sino con acep. com. entre *E* y *Cu*.

5.3. Información contrastiva en el caso de referentes culturalmente específicos

Un tipo de información contrastiva que los dos primeros símbolos mencionados no alcanzan a mostrar es el de las unidades léxicas, también cuando son pluriverbales, cuyos referentes son específicos de la cultura del país americano y no se conocen o son pocos conocidos en España, lo cual se marca con un símbolo especial (#). Ejemplos:

> **alzadora** *f* ∅ # Máquina con grandes garfios para levantar del suelo pilas de caña de azúcar.
> **aliñado** *m* ⊕ # Bebida de elaboración casera, que se prepara con ron o aguardiante, pedazos de fruta.

5.4. Información contrastiva en el caso de unidades pluriverbales

Los primeros dos símbolos no se aplican cuando se trata de unidades pluriverbales. Si ocurre que una es usual también en España, pero con otra acepción, esta información contrastiva se trata como una compleja, esto es, con la remisión a una observación añadida al final. De la misma forma, se apela a la observación cuando existan las diferencias contrastivas más complejas ya mencionadas (especialmente de uso gramatical, de frecuencia, de marcación o de registro, o por constituir la unidad un regionalismo en España). Si una de las palabras que conforman la unidad pluriverbal no es usual en España, y por lo tanto también está definida en el diccionario, el símbolo asignado aquí bastará como indicación contrastiva, incluso cuando se trate de un artículo distinto, al que se remitirá en una observación. Si ocurre que tal palabra solo es usual en el país americano exclusivamente en la unidad pluriverbal, solamente se indica en una observación que no es usual en el español peninsular.

5.5. Información sinonímica y estructura de acceso complementaria

Salvando el peligro de pensar que los diccionarios que revisamos tienen como objetivo central la presentación de esta información, la indicación de sinónimos en el artículo, que pueden ser de tres tipos —exclusivos del conjunto léxico de la variedad americana, compartidos y exclusivos del conjunto léxico de la variedad peninsular—, es naturalmente también una forma de ofrecer información contrastiva. Notemos que esta información no se ofrece como parte de la definición, práctica común en la lexicografía diferencial tradicional, lo cual daba como resultado que la definición terminara siendo sinonímica o hiperonímica, y por tanto el nivel explicativo de la obra fuera reducido. El índice de los sinónimos compartidos y exclusivos peninsulares al final del volumen forma una segunda estructura de acceso a la información que ofrece el diccionario, pensada precisamente para una consulta guiada por un interés contrastivo. Ejemplo:

> **águila** *m* ⊕ *coloq* Persona inteligente y astuta [*E:* zorro; *E, Cu:* lince; *Cu:* anguila, bicho].

6. Conclusión: el auge actual de la lexicografía diferencial y el futuro de la lexicografía contrastiva

Para terminar esta breve presentación de la forma en que el proyecto de Augsburgo trataba lexicográficamente el léxico del español americano a partir del principio contrastivo, nos gustaría plantear dos cuestiones relevantes en la lexicografía hispanoamericana actual, mencionados en el título de este último apartado.

Resulta interesante constatar que la lexicográfica diferencial hispanoamericana ha alcanzado en las primeras dos décadas de este siglo un nuevo pico de vitalidad con la elaboración y publicación de varios diccionarios diferenciales, en algunos casos gracias a la iniciativa de la Academia Española como parte de su política panhispánica. Nos referimos aquí al *Diccionario de americanismos* (2010, *DA*) de la Asociación de Academias de la Lengua Española, al *Diccionario de mexicanismos* (2010, *DM*) de la Academia Mexicana de la Lengua, al *Diccionario de peruanismos* (2016) de la Academia Peruana de la Lengua, al *Nuevo diccionario ejemplificado de chilenismos y de otros usos diferenciales del español de Chile* (edición refundida y actualizada 2010) de Félix Morales Pettorino, al *Diccionario del español ecuatoriano. Español del Ecuador – Español de España* (2016) de Fernando Miño-Garcés y al *Diccionario de colombianismos* (2018) del Instituto Caro y Cuervo. Como se puede deducir de los títulos, solamente dos de estos trabajos lexicográficos se basan explícitamente en el principio contrastivo; de hecho, al revisar el resto de obras, prácticamente es imposible encontrar por lo menos algún rasgo contrastivo en sus estructuras lexicográficas. Este resurgimiento de la lexicografía diferencial hispanoamericana ciertamente merece un estudio específico que supera ampliamente los límites de esta contribución; no obstante, tras lo presentado en estas páginas, no está de más plantearnos la pregunta de en qué medida estas obras recientes se distancian o no, desde un punto de vista técnico, pero también en cuanto a las reflexiones teóricas de base, de aquellas decimonónicas. Esta pregunta nos lleva a una aún más seria, la de si una lexicografía puramente diferencial sin rasgos contrastivos sistemáticos continúa siendo válida y legítima en un momento histórico, social y cultural completamente distinto al de aquel en que se originó.

Por otro lado, a exactamente dos décadas de la última publicación de un diccionario elaborado en el marco del proyecto de Augsburgo y con el trabajo a medio terminar de los tres planeados, es imperioso ya responder a las inquietudes de la comunidad científica sobre los resultados de un proyecto que había despertado grandes expectativas. Al margen de las carencias materiales, se debe tomar una decisión importante: adecuar a los nuevos tiempos el tipo de soporte; en otras palabras, a estas alturas parece más conveniente dejar atrás el objetivo de una publicación en papel para pasar a la elaboración de una herramienta de información que aproveche las ventajas que ofrece la tecnología actual. No solo pensamos aquí en el aprovechamiento del sistema de hipervínculos que funcione como una mediestructura que encadene los segmentos textuales de un diccionario, pensado este de forma tradicional, sino especialmente en relacionar una consulta lexicográfica en tiempo real con la explotación de los grandes corpus en línea existentes para que el usuario consiga la información contrastiva específica que está buscando (*cf.*, a este respecto, por ejemplo, Fuertes-Olivera y Tarp 2014). Todo esto, además, nos permitiría establecer una contrastividad actualizada de manera permanente en el panorama variacional del léxico del español.

Bibliografía básica

Huisa Téllez (2011); Werner (1991); Werner (1993–1994).

Bibliografía complementaria

Jacinto García (2015b); Werner (2014); Wiegand (1998a).

31

Los diccionarios del español de América (Dictionaries of the Spanish of America)

Magdalena Coll

1. Introducción

La lexicografía americana nace en la medida en que los primeros cronistas y viajeros toman conciencia de que algunas voces usadas en suelo americano deben ser explicadas, traducidas o parafraseadas para los hablantes peninsulares de la lengua. Esta inquietud lexicográfica —precientífica y *sui generis*— dio paso, con el avance del tiempo, a un rico quehacer lexicográfico que priorizó el español de América, ya en su diversidad, ya en su unidad. Así, con el correr del tiempo, surge una extensa producción lexicográfica que atiende las particularidades de algunas variedades del español de América y en el siglo XX se atiende además el español de América en su conjunto. Surgen, entonces, las obras de Malaret (1925), Santamaría (1942), Morínigo (1966) y Neves (1973), que tienen una mirada continental sobre el léxico americano. Se espejan en los diccionarios académicos, ya que, mayoritariamente, responden a la ausencia de tratamiento lexicográfico de voces americanas que caracteriza a estos. Asimismo, subyace a este conjunto lexicográfico de obras panorámicas del español de América una reflexión sobre el concepto de "americanismo". En este mismo contexto, no dejan de publicarse también diccionarios regionales, provinciales y nacionales, de muy distinta índole, extensión y caracterización. Algunos atienden fenómenos léxicos de contacto, como son aquellos diccionarios que abordan las variedades de español de Estados Unidos. En el siglo XXI, por su parte, nace la primera obra académica que se ocupa del español de América: el *Diccionario de americanismos* (2010, en adelante *DA*), obra realizada por la Asociación de Academias de la Lengua Española (ASALE).

De este recorrido, amplio y panorámico, trata el presente capítulo, que se complementa con los capítulos, de este mismo volumen, que tratan los diccionarios integrales y los diccionarios contrastivos de las variantes del español de América.

Palabras clave: americanismo; diccionarios de americanismos; diccionarios regionales; español de América; lexicografía

American Spanish lexicography came into being with the first chroniclers and travelers, who were conscious that some Spanish words used in America needed to be explained, translated or paraphrased to be understood by Spanish speakers in Spain. This lexicographic interest—which was

DOI: 10.4324/9780429244353-36

pre-scientific and *sui generis*—developed, over time, into a rich lexicographical output that focused first on the diversity of American Spanish and later on its unity. By the twentieth century, several authors had published general dictionaries of American Spanish: Malaret (1925), Santamaría (1942), Morínigo (1966), and Neves (1973). They were heavily dependent on academic dictionaries because they were trying to redress the absence of American voices in those works. The controversial conception of "Americanism" lay behind this production. In this same context, regional, provincial and national dictionaries were also produced; they differed from each other in terms of approach taken, characteristics, and length. Some of them are particularly interested in languages in contact, such as the dictionaries of the varieties of Spanish in the United States. In the twenty-first century, the Association of Academies of the Spanish Language (ASALE) published the first academic work to approach American Spanish as a whole: the *Diccionario de americanismos* (2010).

This chapter gives an overview of the evolution of American Spanish lexicography. It is complemented by the chapters in this volume devoted to the integral dictionaries and contrastive dictionaries of American Spanish.

Keywords: Americanism; American Spanish; dictionaries of Americanisms; dictionaries of regional Spanish; lexicography

2. Diccionarios de diferentes variedades del español de América

La reflexión lexicográfica sobre el español que se fue forjando en América tuvo su origen en los primeros cronistas y viajeros que identificaron voces cuyo significado y uso merecía algún grado de explicación para otros hablantes de la lengua. Para ello, recurrieron —con una clara intención práctica y con una mirada enciclopédica— a explicaciones, traducciones y paráfrasis, entre otras estrategias, que caracterizarán a la lexicografía colonial. Entre los exponentes clásicos de esta etapa de la lexicografía se encuentran Manuel José de Ayala y Antonio de Alcedo (*apud* Fajardo Aguirre 2010, 320), entre otros muchos. Pronto estas obras se convirtieron en el mojón inicial de una tradición lexicográfica con características propias. De hecho, terminada la colonización, la lexicografía americana atravesó una nueva fase en la que, en el marco de las luchas independentistas, se publicaron una serie de diccionarios de corte regional o provincial. Estos diccionarios de provincialismos o regionalismos del español de América, que veremos en esta sección, buscaban, en muchos casos, resaltar el prestigio de las variedades lingüísticas particulares y estaban fuertemente relacionados con el surgimiento de los nuevos Estados nacionales (Lara 1996b).

La lexicografía americana del siglo XX ha sido llamada a vivir un cambio sustancial a partir de la problematización del concepto de "americanismo" y de los avances de la metalexicografía moderna. Comienzan así a publicarse diccionarios con una visión conjunta del español de América, primero, como fruto de proyectos vinculados a un autor, y luego, ya en el siglo XXI, fruto de proyectos académicos. Como se discutirá en la sección 3, la mayoría de estos casos están marcados por un concepto de contrastividad con la variedad del español peninsular.

En términos generales, entonces, el siglo XIX, que abarca lo que Fajardo Aguirre (2010, 320) denomina la lexicografía poscolonial, se caracteriza principalmente por un quehacer lexicográfico que priorizó el español de América en su diversidad, ya sea nacional o regional. Solo en el siglo XX, como mencionamos, se concreta la producción de diccionarios generales del español de América, aunque, claro está se mantiene la producción de obras de variedades particulares del español americano. Además, a partir de la década de 1980, la lexicografía del español de América ha ido incorporando los avances de la lexicografía lo que ha dado una importante revitalización a la disciplina (Fajardo Aguirre 2010, 350).

En este capítulo abordaremos, desde una mirada descriptiva con un énfasis en lo sincrónico, tanto los diccionarios vinculados a variedades de español de América como los diccionarios que tratan el español de América en su conjunto.[1] Estamos priorizando, entonces, el criterio para la clasificación de diccionario de americanismos según la parte de América cuyo léxico describen (de una región, de un país o de todo el territorio; *cf.* Fajardo Aguirre 2010). No hemos profundizado en aquellos diccionarios que describen únicamente un sociolecto, una jerga o un estilo del español de América. Además, por razones de organización de este volumen, no nos dedicamos a los diccionarios integrales del español americano, ni a los diccionarios contrastivos de las variantes del español de América, ni a la lexicografía bilingüe de las lenguas amerindias, temas que son abordados en otros capítulos de este volumen.

Así las cosas, es importante recordar que el "panteón" de la lexicografía hispanoamericana (Pérez 2016, s/p) se inaugura con la obra de Esteban Pichardo, *Diccionario provincial casi razonado de voces y frases cubanas* (1836), el primero de una larga serie de obras lexicográficas que nacerán en América. La lista de obras que siguen a ese trabajo pionero —y que refieren al español de algunos países o regiones en particular— es muy extensa pero bien vale la pena realizar algunos destaques. Tal es el caso del trabajo titulado *Voces usadas con generalidad en las Repúblicas del Plata, la Argentina y la Oriental del Uruguay* de Francisco Javier Muñiz (1845); del *Diccionario de chilenismos* de Zorababel Rodríguez (*DCh*, 1875); del *Vocabulario de mexicanismos, comprobado con ejemplos y comparado con los de otros países hispanoamericanos* de Joaquín García Icazbalceta (1899); del *Diccionario de mejicanismos; colección de locuciones i frases viciosas, con sus correspondientes críticas i correcciones fundadas en autoridades de la lengua* de Félix Ramos i Duarte (1895); del *Diccionario cubano, etimológico, crítico, razonado y comprensivo* de José Miguel Macías (1885); del *Diccionario de peruanismos. Ensayo filológico* de Juan de Arona (1882) o del *Vocabulario rioplatense razonado* de Daniel Granada (1889, con una segunda edición en 1980).[2] Asimismo, se registran lexicones centrados en la diferenciación regional dentro de cada país, como el de Samuel Lafone Quevedo, autor del *Tesoro de catamarqueñismos* (1898). A este le seguirán otros textos centrados en lo provincial y/o regional.

Estas obras lexicográficas mantuvieron, en la mayoría de los casos, una concepción normativa y fueron concebidas "como repertorios de presentación de lo corrompido frente a lo castizo" (Pérez 2016, s/p). Se trata muchas veces de repertorios de barbarismos, como el del *Diccionario de barbarismos argentinos cotidianos* de Juan Turdera (1896), que recopila barbarismos ortográficos, sintácticos, de acentuación, de pronunciación, etc. Estos diccionarios de corte casticista surgen en el marco de una comunidad para la cual "la evolución lingüística es considerada [...] como peligrosa disolución idiomática" (Blanco 1991, 57). Es decir, "[a]l tomarse conciencia del cambio o evolución particular de una variedad, este se evalúa negativamente y se rechaza, puesto que 'menoscaba' la pretendida pureza idiomática" (Blanco 1991, 57). Y la pureza idiomática está fuertemente asociada a la norma peninsular que ve las propuestas léxicas americanas como voces provinciales, "como simples provincias idiomáticas del español peninsular" (Pérez 2016, s/p). Subyace un "sentimiento de inferioridad" que provocará, con el tiempo, un replanteamiento de la "supremacía normativa de España", que tiene su manifestación más clara en el *Diccionario de la lengua española, DRAE* (Fajardo Aguirre 2010, 320–321).

Se da cierta paradoja, sin embargo, "en la actitud de unos lexicógrafos que por una parte se reafirmaban como americanos, cuestionando una supremacía española que se extendía aún al dictado de la norma lingüística, pero por otra parte iban a formar un frente común junto con la Española en la lucha contra los malos usos e influencias extranjeras" (Fajardo Aguirre 2010, 320–321).

Esta lexicografía, sin embargo, logró avanzar en varios aspectos: dio entrada a voces tabuizadas, coloquiales o jergales (Fajardo Aguirre 2010, 322). Así, paralelamente a la actividad lexicográfica de corte normativo conviven obras que buscan describir el habla de los estratos bajos de las sociedades. Si tomamos como ejemplo el Río de la Plata, como ya lo hiciéramos en Bertolotti y Coll (2012), constatamos que empiezan a aparecer diccionarios de lunfardo, como *El idioma del delito* de Antonio Dellepiane (1894), tal como mucho antes, en el período romántico, habían aparecido glosarios dentro de obras literarias inscriptas en la tradición de la literatura gauchesca. No falta tampoco el renovado interés por las voces indígenas. Solo a modo de ejemplo, citamos el trabajo de Benigno Teijeiro Martínez (1887), *Apuntes para un diccionario de americanismos e indigenismos*, al que le siguen otros que retomarán la materia indígena, en este caso del léxico argentino (Barcia 2003, 24).

El enfoque purista se ha prolongado hasta avanzado el siglo XX y solo empieza a superarse en las últimas décadas de ese siglo. De hecho, como dice Fajardo Aguirre,

> a medida en que avanzó el siglo XX, las nuevas tendencias de la Lingüística pusieron en valor los modos de expresión orales y el descriptivismo fue alejando los diccionarios de sus objetivos correctores; liberados por fin de la crítica de barbarismos, solecismos, etc., quedó el interés por el léxico más cercano, de la propia región o del país, lo que dio lugar a un gran número de nuevos diccionarios regionales y nacionales.
>
> *(Fajardo Aguirre 2010, 321)*

Sin embargo, con una base fuertemente contrastiva con respecto al español registrado en los diccionarios académicos, esta lexicografía americana no fue capaz de "desligarse de la referencia constante al uso de España" (Fajardo Aguirre 2010, 321). Así, confundió el registro lexicográfico con el uso, confusión muy generalizada en el imaginario social con respecto a los diccionarios en general. Con esa confusión, creó falsos americanismos basados en las omisiones del *DRAE* primero y del *Diccionario de la lengua española* (2014, *DLE*) en la actualidad. Entiende Fajardo Aguirre también que cuando se "busca resaltar la diferencia con respecto al uso de España, cabe el riesgo de crear con el diccionario un 'efecto lupa', ya que se prestigia lo poco usual por el simple hecho de considerarse propio" (Fajardo Aguirre 2010, 319). Además, en este énfasis contrastivo no se reparó en que el diccionario académico no representa de igual forma a todas las variedades del español de España: las variedades andaluza y canarias, entre otras, están subre-presentadas, y la variedad castellana es vista como la hegemónica (Fajardo Aguirre 2010, 330).

Por otra parte, cuando los diccionarios insisten en segmentaciones por país, e incluso por región, se corre el riesgo de una atomización de la lexicografía del español de América. Hoy nos enfrentamos, por múltiples razones, a la concentración de obras en determinados países como Argentina y México y a la carencia de obras lexicográficas de rigor de algunas variedades del español de América. No está claro, de todas maneras, cómo podría haberse dado un desarrollo lexicográfico más o menos homogéneo en sociedades tan distintas, y tan distantes, en tantos aspectos.

En cualquier caso, la perspectiva contrastiva contribuyó muy positivamente a una revisión metalexicográfica que describe, casi por efecto rebote, la "pobreza cuantitativa de lo americano en el diccionario académico, la inexactitud descriptiva de muchos americanismos incluidos y la impropiedad de muchas marcas diatópicas sobre los usos dialectales de buena parte de las voces americanas" (Pérez 2016, s/p). Esta contribución se hizo principalmente, a través de trabajos —cuyos títulos apelan directamente al diccionario académico— que muestran un rico despliegue lexicográfico y crítico.

Los siglos XX y XXI manifiestan una producción lexicográfica americana sostenida que es recogida, entre otros, por Giménez Folqués (2010). Remitimos al extenso repertorio que aparece allí; es presentado de manera muy útil en la medida en que se trata de una selección de diccionarios del español americano en la que se incluyen diccionarios por naciones, y dentro de cada país, además de los diccionarios generales, se ha hecho una clasificación en cuanto a diccionarios o repertorios diatópicos, y diafásicos/diastráticos (Giménez Folqués 2010, 355).

Este listado, como la mayoría de los de su tipo, no incluye los diccionarios del español de Estados Unidos. Es una omisión que se echa en falta para un territorio que tiene una presencia ininterrumpida de hispanohablantes desde principios del siglo XVI y cuya historia lexicográfica, aunque joven, ha ido creciendo de manera sostenida. Primero se recogieron las voces de Nuevo México y el sur de Colorado en el pionero *The Spanish Language in New Mexico and Southern Colorado* de Espinosa (1911) y luego se estudiaron otros estados del SW (sur de California, Arizona, Tejas) que se fueron consignando en los diccionarios *A vocabulary of New Mexican Spanish* de Gross (1935), *Vocabulario español de Texas* de Cerda *et al.* (1953), *A Dictionary of New Mexico & Southern Colorado Spanish* de Cobos (1983), *Diccionario del español del Valle de San Luis de Colorado y del Norte de Nuevo México* de Trujillo (1982), etc. En el correr del siglo XX se dedicaron obras al español de Florida, Luisiana y Nueva York (*cf.* Moreno Fernández 2015). En algunos casos en el propio título se señala la existencia de una variedad dialectal específica, como la chicana, en *El Diccionario del español chicano/The Dictionary of Chicano Spanish* de Galván *et al.* (1975), o se abordan fenómenos de contacto, en su manifestación léxica, como en el *The Official Spanglish Dictionary*, de Cruz *et al.* (1998).

3. Los diccionarios de americanismos[3]

La lexicografía americana, hacia fines del siglo XIX, empezó a concebir la idea de obras que trascendieran el ámbito nacional o regional y que mostraran voces comunes a América —o a buena parte de los países americanos—. En esta línea, Ricardo Palma fue de los primeros autores en incluir la voz "americanismo" en el título de su obra: *Neologismos y americanismos* (1896). Un poco más adelante, también Miguel de Toro y Gisbert (1912) tituló su trabajo *Americanismos*. La intención en estas y otras obras —como en los diccionarios por país o por región— fue registrar voces que no hubieran sido recogidas en el *DRAE*. Ese propósito se hizo explícito en el título de obras como la del venezolano Baldomero Rivodó (1889): *Voces nuevas en la lengua castellana: glosario de voces, frases y acepciones usuales, y que no constan en el diccionario de la Academia, duodécima edición, admisión de extranjeras, rehabilitación de anticuadas, rectificaciones, acentuación prosódica, venezolanismos*.

Este tipo de publicación fue el germen de aquellas que caracterizarían una faceta de la lexicografía del siglo XX, que se dará en un contexto sociopolítico y cultural diferente, con avances sostenidos de la lexicografía teórica y práctica, y un acceso a la información, inimaginable. Estos aspectos harían de la lexicografía americana un *locus* ideal para reflexionar sobre varios temas: la necesidad o no de un diccionario del español de América, que podría presuponer la existencia de un español americano y el peligro de identificar un área amplísima de uso del español como algo uniforme; el riesgo de hacer un contraste con un área (la española) de la lengua, que también se tomaría como general, ignorando la existencia de variedades regionales en España, especialmente las de Andalucía y Canarias; y un desequilibrio que se da al comparar un continente con un país.

Esta lexicografía crece bajo la problematización del concepto de americanismo, que es sumamente versátil y que ha sido foco de discusión de lexicógrafos, pero también de dialectólogos y otros estudiosos de la lengua. Bravo-García (2015, 62) plantea que fue Gaspar y Roig quien recogió "en 1853 el término 'americanismo', calificado como neologismo, y lo define como 'propiedad, uso, costumbre, lenguaje peculiar de los americanos'". Bravo-García (2015) agrega que será Costa Álvarez el primero en plantear en 1928, "la necesidad de dilucidar y acordar qué es un *americanismo*" (Bravo-García 2015, 62). Desde esa fecha, la teorización sobre ese término ha sido ininterrumpida. En un primer momento, se definía a los americanismos por su origen, es decir, "muchos autores, como Rabanales (1953), se basaban en el criterio etimológico para asignar la etiqueta de americanismo a una voz particular" (Bravo-García 2015, 62). La lingüística moderna ha descartado esta postura al punto de que Rona (1969), por ejemplo, en base a la imposibilidad de encontrar características determinantes de un español americano, entiende que deberíamos abandonar el concepto de "americanismo". Entre la postura algo básica de Rabanales y la más extrema de Rona se han realizado numerosos esfuerzos por afinar los criterios que detallen esta caracterización.[4] Haensch y Werner (1978), aunque estén de acuerdo con el planteamiento de Rona y aunque sean conscientes de que no hay una definición general aceptada por todos, manejan un concepto *ad hoc*, que les permite avanzar en sus diccionarios. Esta noción, de hecho, y "las de sus subsidiarias regionales se entenderá como el problema teórico con mayor urgencia por resolver" en la metalexicografía hispanoamericana moderna (Pérez 2016, s/p). Incluso, fue tan notable "el interés que despertó esta reflexión que hizo que pasarán a un segundo plano los problemas concretos de elaboración y los pormenores técnicos exigidos en la realización de textos lexicográficos" (Pérez 2016, s/p).

El *Diccionario de americanismos (DA)*, como veremos más adelante, explicita el concepto de americanismo que usa pero tiene inconsistencias en su aplicación.

3.1. Los diccionarios de americanismos del siglo xx

Los diccionarios generales de americanismos aparecieron en el siglo xx como un nuevo tipo de obras cuya novedad era el objetivo explícito de reunir unidades léxicas de países de toda América. Se editaron por primera vez en ese continente entre 1925 y 1966.

La tetralogía que define la lexicografía americana del siglo xx está compuesta por el *Diccionario de americanismos* de Augusto Malaret (1925), el *Diccionario general de americanismos* de Francisco Santamaría (1942), el *Diccionario de americanismos* de Marcos Augusto Morínigo (1966) y el *Diccionario de americanismos* de Alfredo Neves (1973).[5] Los cuatro autores recogen la voz "americanismo" en los títulos que eligen para sus obras. Son fruto de una tradición lexicográfica de sus respetivos países de origen y también la alimentan y nutren. Tal es el caso de Malaret en Puerto Rico, de Santamaría en México, y de Neves y Morínigo en Argentina.[6]

Fueron valorados por diferentes autores como Haensch y Werner (1978)— a quienes seguimos aquí de cerca—, López Morales (2010–2011) y Fajardo Aguirre (2010), entre otros.

Haensch y Werner (1978) presentan estas cuatro obras en un artículo que no ha perdido su vigencia. Entienden que el de Malaret es el primer diccionario que merece la denominación general de americanismos y que su autor debe ser considerado pionero de la lexicografía hispanoamericana (Haensch y Werner 1978, 5–6). Se destaca por ser un trabajo colaborativo cuyas ediciones (no la primera) contaron con las contribuciones de numerosos filólogos y eruditos de toda América.

Resaltan la actitud antipurista que caracteriza el diccionario de Santamaría. Entienden además,que el autor aplica el criterio de contrastividad no solo a las diferencias del significante léxico sino también a las del significado y de la colocación en el contexto (Haensch y Werner 1978, 8). Admite como americanismos también aquellas voces de origen americano, algo que muchos diccionarios descriptivos contemporáneos rechazarían.

El de Morínigo, si bien contiene muchos vocablos que no figuraban en los dos diccionarios anteriores, no representa ningún progreso en el campo de la lexicografía descriptiva moderna en cuanto a la rigurosa aplicación de métodos descriptivos, ya existentes en la época de la elaboración del ese diccionario (Haensch y Werner 1978, 10). Tiene como aspecto positivo el gran número de palabras consignadas que se usan tanto en España como en Hispanoamérica, pero con diferente acepción (Haensch y Werner 1978, 10).

La obra de Neves recoge un impresionante caudal léxico y superior al de Morínigo, también en lo referente a la selección de entradas (Haensch y Werner 1978, 12). Como todos los diccionarios anteriores, contiene también americanismos etimológicos y no respeta, por tanto, el criterio contrastivo en cuanto al uso contemporáneo (Haensch y Werner 1978, 12). Brinda menos palabras anticuadas o poco usadas y contiene más vocablos de uso diario que los predecesores.

Después de la valoración individual de cada uno de estos diccionarios —que, pese a sus deficiencias, constituyen una valiosa base para elaboración de futuros diccionarios— Haensch y Werner (1978, 12 y ss.) presentan los rasgos que tienen en común. Estos son:

1 Inclusión de los "americanismos de origen";
2 Inclusión de exotismos, especialmente de nombres de plantas, animales, comidas, bebidas, etc. de importancia regional o local muy limitada;
3 Inclusión de nombres de naciones y "tribus" indígenas;
4 Inclusión de palabras históricas;
5 Omisión de voces tabuizadas, especialmente palabras que designan órganos y funciones sexuales o del metabolismo;
6 Inclusión de muchas voces que se usan en español peninsular con el mismo sentido y con la misma frecuencia, y
7 Omisión de americanismos de uso frecuente.

Entendemos que algunas de las inclusiones, que les dan a estos diccionarios un contenido muy específico, los recargan con datos de corte enciclopédico. Otras inclusiones, y muchas de las omisiones, se basan en la falta de corpus confiables y en una deficiente praxis lexicográfica. La ausencia de tratamiento lexicográfico de voces americanas en el diccionario académico, y una estricta aplicación de la noción de contrastividad, contribuyeron, en buena medida, a estas inclusiones y omisiones.

Estos trabajos, claro está, no son los únicos que tratan la materia. Son quizá los que más han trascendido, junto al *Amerikanistisches Wörterbuch und Hilfswörterbuch für den Amerikanisten* de Georg Friederici (1960), pero López Morales presenta otros:

> La editorial Sopena sacaba un volumen sobre Americanismos (1982) de su *Diccionario Ilustrado* [*Americanismos: diccionario ilustrado Sopena* 1982] [...]; en 1984 José Luis Pando de Villarroya (1984) publica en Madrid un librito mimeografiado, *Americanismos*, cuyo objeto era la revisión de los términos americanos aparecidos en el *DRAE* (hasta su decimonovena edición, la de 1970) [...] después, [aparece] el tomito de *Americanismos* del *Diccionario Everest*, de carácter temático, confeccionado por Miguel Ángel Arias de la Cruz (1987); y se suma la obra de Brian Steel (1990).
>
> *(López Morales 2010–2011, s/p)*

La reelaboración de este último es destacado por Fajardo Aguirre como un trabajo basado en corpus de textos de los que se extraen las citas para documentar el uso real: se trata del *Breve diccionario ejemplificado de americanismos* de Steel (1999). También usa un corpus de ese tipo el *Diccionario de hispanoamericanismos* de Renaud (2000).

Los nombres de autores y obras podrían seguir pero queremos resaltar, como ya lo ha hecho Fajardo Aguirre (2010), un diccionario que aborda la temática desde un punto de vista singular y necesario: el *Tesoro léxico canario-americano* (Corrales y Corbella 2010). Elegimos esta obra para cerrar este apartado no solo porque es de una exhaustividad admirable sino porque al resaltar las coincidencias léxicas entre América y Canarias logra darle al español de

América— y al canario, obviamente— un lugar en la historia y en la geografía del español que contribuye seriamente al mejor entendimiento de nuestra lengua y de la historia de la lexicografía hispanoamericana.

3.2. *La obra académica: el* Diccionario de americanismos *de la ASALE (2010)*

Fruto de una larga historia de encuentros y desencuentros entre las academias, el *DA* representa, sin dudas, un gran esfuerzo por mostrar la riqueza léxica de América y contribuye a la comprensión del español que allí se habla.[7] Con sus 2 400 páginas, 70 000 entradas y más de 120 000 acepciones logra ese efecto, al menos, en una primera lectura. Cuenta además con un índice sinonímico y varios apéndices que aportan material léxico de tipo enciclopédico, que "permiten mantener el rigor en la selección del léxico que corresponde a un diccionario de lengua, sin renunciar a informar sobre otras parcelas del léxico" (Fajardo Aguirre 2010, 349).

Es, como se explica en la "Guía del consultor" (*DA*, XXXI-XXXII), de naturaleza dialectal, diferencial, descriptiva, usual y decodificadora. Busca además ser una obra actual. En esta guía se define el concepto de americanismo que se usará en la obra, concepto que no deja de ser polémico en su definición y en su aplicación. Serán tratados como americanismos en el *DA*: a) lexemas procedentes de lenguas autóctonas de América y sus derivados; b) creaciones léxicas originales; c) criollismos morfológicos; d) lexemas de procedencia española con cambio o especificación de contenido semánticos; e) arcaísmos españoles vivos en América y f) lexemas procedentes de otras lenguas, tanto antiguos en el español americano, como modernos (*DA*, XXXII–XXXIII). Estos criterios no siempre aparecen de manera armonizada (Cerrón-Palomino 2010, 165), como veremos más adelante.

El *DA* muestra soluciones prácticas al no presentar las marcas geográficas (Fajardo Aguirre 2010, 347), como es habitual, por orden alfabético, sino de acuerdo a la localización de los países, de norte a sur y de oeste a este, lo que facilita la observación de la extensión de las voces por distintas áreas (Fajardo Aguirre 2010, 347). No recurre a las marcas técnicas dado que ese tipo de indicaciones se trata como contorno de la definición, lo que hace más amigable la lectura de las entradas (Fajardo Aguirre 2010, 348).

Con respecto a la metodología hay dos aspectos nuevos que se deben resaltar: por un lado, es la primera vez que en el ámbito lexicográfico se involucra a todas las academias de la ASALE, como ya se había hecho para otras obras como la *Nueva gramática de la lengua española* (Real Academia Española y Asociación de Academias de la Lengua Española, 2009, *NGLE*). Por otro, se emplean aplicaciones y programas informáticos diseñados especialmente por el Departamento de Tecnología de la RAE; el programa ARU, que reúne casi 150 diccionarios sobre el español de América publicados desde 1975 hasta el 2005 y los materiales extraídos del *DRAE* —de su versión electrónica ERI—. También se recurre a corpus académicos. Estas dos innovaciones, como veremos más adelante, no siempre han mostrado todo su potencial.

El *DA* ha sido destacado como recurso docente, ya que aporta interesante material para la redacción académica o creativa y tiene un índice sinonímico de "singular valor y aplicación didáctica" (Bravo-García 2015, 64). El *DA* es visto como un espacio integrador de diferentes realidades lingüísticas y extralingüísticas: es un material complementario de trabajo muy útil para el profesor de ELE (Almansa Ibáñez 2014, 41 y ss.). Malaver (2012) también menciona su utilidad en el campo de la enseñanza del español como ELE, "ya que permitirá revisar y enriquecer la enseñanza del léxico estándar americano" (271).

Este diccionario ha generado reseñas y críticas de muy diferente índole, que surgieron incluso en la propia presentación de la obra, en mayo de 2010 en Lima, después de la suspensión de la presentación programada para marzo de ese año, en Valparaíso. Estos trabajos de metalexicografía pueden agruparse, a nuestro criterio, en aquellos que cuestionan el sentido mismo de la existencia de la obra, como es el caso de Lara (2012), o que hacen una crítica desde la glotopolítica (Lauria 2017c), y aquellos que polemizan en cuanto al contenido vinculado a una variedad concreta del español de América, como es el caso de Cerrón-Palomino (2010), que revisa críticamente los peruanismos, o el caso de Cordero de Espinosa (2019), que se dedica a los ecuatorianismos. Otros aspectos que han recibido críticas, como el concepto de frecuencia utilizado y la metodología aplicada, serán también aquí atendidos.

Lara (2012) objeta el planteamiento diferencial que sustenta al *DA* porque supone que el vocabulario del "español general" corresponde, en su mayor parte, al peninsular académico. Esto implica que los americanismos constituyen un vocabulario periférico (Lara 2012, 352) al nivel de los andalucismos, murcianismos, canarismos, etc. Lara entiende que el *DA* muestra una "clara ideología, según la cual la metrópoli colonial se distingue de su periferia, tanto peninsular como americana, y, en consecuencia, las variedades del español en América solo pueden tomarse en cuenta por su particularismo, su pintoresquismo o su exotismo" (Lara 2012, 352).

Critica la idea de contrastar con un "español general", como también lo hiciera Lauria, quien refiere a un "supuesto español general" dado que "esta modalidad no está registrada en ninguna obra y nadie sabe de qué se está hablando exactamente al utilizar ese sintagma" (Lauria 2017c, 274). La autora cuestiona la definición y delimitación de los americanismos léxicos en el *DA* por entenderla ambigua e inconsistente (Lauria 2017c, 292–294) y por ser una manera de perpetuar la idea de una "diferenciación imprecisa que desdobla en dos a la lengua: el español de España y el español de América comprendido como un cuerpo unitario y uniforme" (Lauria 2017c, 293).

La opción elegida por el *DA* —buscar la diferencia con el español general— obliga "a todos a precisar teóricamente qué se entiende por tal y a presentar de manera concreta corpus en los que buscar las unidades léxicas que formarían ese español común" (Fajardo Aguirre 2010, 352). Este punto se manejó con suficiente imprecisión para que diera lugar a situaciones que podrían haberse evitado. En este sentido, Cerrón-Palomino afirma que "descorazona encontrar que la voz *papa* 'tubérculo', que se emplea mayoritariamente en el español general, siga siendo considerada, contrariamente al criterio diferencial enunciado, como simple 'americanismo', a menos que por 'español general' se quiera seguir entendiendo el peninsular" (Cerrón-Palomino 2010, 165).

Los cambios que se dieron en la marcha no contribuyeron al mejor manejo de estos conceptos ni a su distinción. Recuérdese que en la planta del proyecto, el *DA* se definía como diferencial respecto al español usado en España (López Morales 2005, 70). El cambio a "español general" se dio en el propio *DA*, cinco años después. Este vaivén se trasladó a la praxis lexicográfica del propio *DA* y también al discurso metalexicográfico posterior; en muchas reseñas se sustituye directamente "español peninsular" por "español general" o se manejan ambos conceptos como sinonímicos.

La posición explicitada en el *DA* lleva a Fajardo Aguirre (2010, 342 y ss.) a afirmar que el *DA* responde a un "criterio puramente geográfico, no es un diccionario de dialectalismos de la lengua española, sino de la lengua española en América". Entiendo, sin embargo, que este concepto no está claro en el diccionario más allá de la explicitación inicial de que la comparación no será con el español de España.[8] Agrega Fajardo:

> Cierto es que al no pretender establecer, como indica en la introducción, una comparación con el español de España, sino con el español general, no existiría impedimento metodológico para que se hubiera hecho un diccionario general de dialectalismos del

> español, reconociendo definitivamente la igualdad entre las distintas zonas hispanohablantes e introduciendo la marca de España o de sus zonas dialectales en la localización geográfica de las voces.
>
> *(Fajardo Aguirre 2010, 342)*

En esta situación sería coherente, dice Fajardo y es de rigor apoyarlo, "que la RAE emprendiera la elaboración de un diccionario dialectal específico para los usos de España, con los mismos seis criterios aplicados en el *DA*" (Fajardo Aguirre 2010, 343).

Desde la glotopolítica, Lauria (2017c) analiza la publicación del *DA* como un acontecimiento político lingüístico singular en el marco de la nueva política lingüística panhispánica y hace un análisis del discurso lexicográfico de la obra. Entiende que "si bien hay un corrimiento hacia un polo científico, procurando una ilusión de objetividad; las formas escogidas (o descartadas) sintonizan con intereses sesgados al compás de una gama de demandas y se alejan de las pautas metalexicográficas vigentes" (Lauria 2017c, 296). Analiza la letra *c* para ver qué campos léxicos predominan y encuentra que se destacan los campos léxicos tradicionales, como la flora y la fauna, "marcados por la impronta folklórica" (Lauria 2017c, 298). Agrega además que en el *DA* hay un "repertorio anclado en el registro y definición de bienes y servicios de consumo contemporáneos, por lo que resignifica la idea de 'americanismo'" (Lauria 2017c, 300). El ingreso de estas voces —a través de la incorporación de neologismos, extranjerismos, habla juvenil, etc.— encubre, para la autora, "intereses económicos de sectores dominantes" (Lauria 2017c, 302).

Asimismo, los lingüistas y lexicógrafos han centrado sus críticas al *DA* en el tratamiento que en este se hace en cuanto al contenido vinculado a una variedad concreta del español de América. La voz de Cerrón-Palomino (2010) se levanta desde el mismo momento de la presentación de la obra en el seno de la Academia Peruana de la Lengua, el 11 de mayo de 2010, para abordar el tratamiento de los indigenismos del área andina.

Encuentra "los mismos vacíos y omisiones, las mismas imprecisiones en materia dialectal y geográfica, los mismos errores etimológicos, cuando no las inexactitudes y los sesgos de muchas de las definiciones, solo que esta vez todo ello multiplicado, en la medida en que el corpus manejado es cuantitativamente impresionante, tanto que incluso pareciera hasta cierto punto inmanejable y avasallador" (Cerrón-Palomino 2010, 166–167). Repasa así el autor las omisiones que encuentra, los supuestos americanismos de procedencia peruana y las etimologías ausentes. Entiende que no se han tenido en cuenta los avances de la dialectología y la lingüística histórica quechua y aimara de los últimos años; hay en el *DA* etimologías gratuitas, etimologías parciales, falsos quechuismos y/o aimarismos, etimologías de significado errático o sesgado, etimologías con forma fónica errática y etimologías con ortografía caótica (Cerrón-Palomino 2010, 167–171). Se ignoraron "los esfuerzos de normalización de la escritura quechua y aimara en que están empeñados los países del área andina, particularmente el Perú y Bolivia" (Cerrón-Palomino 2010, 172): la incoherencia ortográfica y asistematicidad replica la de los americanismos del *DRAE*. Estos errores e imprecisiones también se ven en los apéndices que no "presentan trabajo de verificación alguno" y que muestran la "ignorancia de nuestra [la andina] realidad histórica, cultural y geográfica" (Cerrón-Palomino 2010, 174).

Cordero de Espinosa (2019) analiza la marcación para Ecuador en el *DA*. Plantea que aparecen paradigmas incompletos como es el caso de *aceite* (con el significado de 'soborno') que sí tiene la marca *Ec* pero que no aparece en *aceitada* ni en *aceitar*. Hace un análisis cuantitativo a partir de una muestra de los lemas de la letra *a*: encuentra varias palabras que en el *DA* y en el *DLE* significan lo mismo, por lo que no deberían estar en el *DA* y voces que tienen marca *Ec* en el *DLE* pero que no aparecen en el *DA*.[9]

Frago (2012) ve algunos desaciertos más generales al rastrear algunas voces en el *DA* en las que encuentra "excesiva frecuencia de alternancias ficticias" más que nada en el plano ortográfico (Frago 2012, 10), como en el caso de *cebiche, ceviche, sebiche, seviche*. Entiende que son casos en los que se confunden "ligeras diferencias formales" con "faltas ortográficas en el uso de *b* y *v* en este indoamericanismo" (Frago 2012, 10). Esta situación llega al extremo de "representarse con *z* una voz que en el español distinguidor se escribe con *s*". Entiende asimismo que en el *DA* no es pertinente consignar los lleísmos gráficos (Frago 2012, 11).

Otras críticas al *DA* apuntan a aspectos como la noción de frecuencia utilizada. Afirma Cordero de Espinosa (2019) que "el criterio elegido para la marcación hace que México, Colombia y Argentina rijan la mayoría de las acepciones y, por tanto, su ordenación [...] dado que se atiende al número de hispanohablantes de cada país". Cualquier acepción de un vocablo, si se registra en México, predomina sobre las demás acepciones, aunque sea poco frecuente el uso de la voz en aquel país, hecho que ejemplifica Lara con el caso de *danzón* (Lara 2012, 354). El equilibrio entre frecuencia y dispersión no parece haberse logrado.

La metodología, que supuso un trabajo basado en corpus lexicográficos de acceso digital, disponibilizó 150 obras lexicográficas. Pero estas fuentes eran de una gran heterogeneidad que no siempre permitió que se separaran obras confiables de obras no confiables. Además —salvo que se diera un intenso trabajo de filtro, contraste y reelaboración— el recurso a fuentes lexicográficas da pie a repetir errores y, de hecho, multiplicarlos. El recurso a corpus documentales se hizo precisamente para contrarrestar esta situación, pero no siempre se consiguió esa meta.

La metodología también supuso un trabajo en equipo, que terminó generando uno de los puntos más controversiales de la obra: ¿cuánto hubo de consenso en la redacción y revisión de su contenido? Para el director del proyecto está claro que todas las Academias

> aceptaban, añadían, rechazaban o enmendaban nuestras propuestas [las de la coordinación del proyecto]; algunas enmiendas eran solo de detalle, pero otras eran de fondo. En este sentido, podemos decir que son las Academias hermanas de América las auténticas autoras del *Diccionario*. Estas páginas [las del *DA*] contienen únicamente las decisiones tomadas por estas corporaciones.
>
> *(López Morales 2010–2011, s/p)*

Pero no todos opinan lo mismo: Cerrón-Palomino, por ejemplo, denuncia que la sede madrileña no incluyó en el texto final muchas de las correcciones oportunamente reportadas por los miembros del equipo local peruano (Cerrón-Palomino 2010, 176). También han recibido críticas las coordinaciones por área de la ASALE (Cerrón-Palomino 2010, 176). Y aunque no siempre se ponga por escrito, sobrevuela la idea de que el trabajo de algunas academias ha sido deficiente. Entrar en el terreno de las acusaciones, de los fuegos cruzados, de las críticas que se personalizan no contribuye al trabajo en equipo, pero no hay dudas de que falta "aceitar" el trabajo colectivo cooperativo, y no precisamente en el sentido ecuatoriano de la palabra.

La publicación del *DA*, junto a los análisis metalexicográficos que produjo, ha provocado una nueva revisión del concepto de americanismo y obliga a los diccionarios generales del español a reconsiderar la función que cumple en ellos la presencia de americanismos y los criterios de selección. Así, ha producido un efecto dominó que genera cambios no solo en los diccionarios generales del español, pero también ha impulsado revisiones y replanteamientos en la lexicografía americana cuyos diccionarios nacionales se espejarán o no en él. A su vez, estos mejorarán, ampliarán y corregirán al *DA*, cuya segunda edición fue propuesta como moción en el Congreso de la Asociación de Academias de la Lengua España, en Sevilla, en noviembre del 2019. Con un efecto acción-reacción, el *DA* obliga además a las academias a rever la coordinación de su trabajo.

Ha sido la primera obra lexicográfica sobre el español de América resultante de la nueva política panhispánica consensuada por las Academias (Fajardo Aguirre 2010, 321) y solo puede ser vista como una obra en marcha que deberá ser profundamente revisada para sus siguientes ediciones. Es una referencia obligada que ha abierto una nueva época, no solo en la lexicografía del español de América, sino en la lexicografía del español en sentido amplio.

4. A modo de cierre

En este capítulo, de carácter general, hemos abordado la riqueza lexicográfica del español de América a través de diccionarios vinculados a variedades de español de ese territorio, así como también a través de aquellos que tratan el español de América en su conjunto. Hemos visto también algunos problemas que arrastra esta lexicografía. En primer lugar, la dependencia del diccionario académico ha hecho que el único criterio seguido por muchos para determinar si el uso de una palabra es característico de la variedad americana se haya basado en el contraste con los datos académicos. Esto ha marcado la historia de la lexicografía americana de una manera negativa: ha hecho que se hayan tomado como americanismos muchísimas palabras usuales en España pero que no están registradas en el diccionario, como ya vimos. Ha hecho también que se viera al español de América como algo que complementa al español recogido en el español académico y no en su pleno derecho.

Otro problema ha sido la dependencia a obras americanas anteriores, "prestigiosas pero desfasadas" (Fajardo Aguirre 2010, 218), que ha llevado a la perpetuación de errores.

Sin embargo, creemos que la perspectiva a futuro es buena. Los avances tecnológicos del siglo XXI nos brindan —y nos exigen— una metodología acorde a una base textual amplia. La lingüística de corpus se ha afianzado con la multiplicación de corpus escritos y orales y la lexicografía actual puede y debe basarse en ellos, explotando además las posibilidades de recurrir al habla que aparece en las redes sociales. La base documental lexicográfica (Fajardo Aguirre 2010, 351) siempre tendrá un lugar en el quehacer lexicográfico pero no tiene que ser el central: tiene que ser un input más que debe revisarse, cuestionarse y reelaborarse, si fuera el caso.

Los avances tecnológicos permiten además producir obras que dejen el formato papel y cuya digitalización habilitará una permanente revisión. Asimismo, la fuerte trayectoria en metalexicografía que se viene desarrollando en el ámbito del español redundará, sin dudas, en cambios positivos.

La lexicografía del siglo XXI será colectiva, dado que la magnitud de las obras exige el trabajo de muchos. Pero, los cambios tecnológicos, claro está, no aseguran el éxito de una obra en equipo. Pensemos que cuando Augusto Malaret le escribía, desde Puerto Rico, a Adolfo Berro García, que estaba en Montevideo, para preguntarle sobre la definición de algunas voces rurales del Uruguay, empleadas por escritores de ese país, el erudito puertorriqueño tendría que esperar meses para recibir la respuesta.[10] Claro, era la década de 1930. Hoy esos plazos son impensables pero la rapidez y eficiencia con que podemos comunicarnos con otros investigadores en otras partes del mundo no se ve necesariamente reflejada en la calidad del trabajo lexicográfico final. Los proyectos internacionales, como el *DA*, presuponen no solo comunicación sino también colaboración y compromiso. No está de más recalcar que solo el respeto por la voz de las diferentes variedades del español hará que la lexicografía moderna del español dé el salto ideológico, cualitativo y sustancial que la hará destacarse en el concierto de la lexicografía general.

Notas

1 Para una historia de la lexicografía del español de América, ver el pionero trabajo de Haensch y Werner (1978) y los de Haensch (1994, 2000), Lara (1996b) y Zimmermann (2003). También ver Alvar Ezquerra (1998, 2002a y 2002b), Fajardo (2010), Pérez (2016) y Águila Escobar (2007), entre otros.
2 El repertorio, claro está, es mucho más amplio y no pretendemos aquí agotarlo. Recomendamos las recopilaciones y referencias que ofrecen los autores mencionados en la nota 1, y también compilaciones como la de Giménez Folqués (2010). M. A. Esparza Torres y H.-J. Niederehe (2012 y 2015) aportan detallados datos bibliográficos para el siglo XIX.
3 Sin dejar de percibir los diccionarios ya citados como diccionarios de americanismos en un sentido amplio, reservamos aquí el uso de "diccionario de americanismo" para aquellos que toman al español de América en su conjunto.
4 Sobre el concepto de americanismo, ver también la síntesis presentada por Pérez (2016, s/p) y Azorín Fernández (2008), entre otros.
5 Citamos aquí sólo la primera edición de cada uno de estos diccionarios.
6 La última edición del diccionario de Malaret se publicó en Argentina.
7 Para una lectura de la historia del *DA*, ver el recorrido histórico que hace el propio director del proyecto, Humberto López Morales (2010–2011): recoge los primeros intentos, los antecedentes, las primeras iniciativas, su tratamiento en el seno de los Congresos de la Asociación de Academias de la Lengua, etc. Detalla además los inicios del nuevo proyecto, el organigrama de trabajo, etc.
8 En este mismo sentido, no queremos que la inclusión de este capítulo en la cuarta parte de este volumen, *Lexicografía monolingüe especializada*, dé pie a la interpretación del español de América como un caso especial y no como español de pleno derecho.
9 El *DA* ha recibido también otras críticas por el tratamiento de otros *-ismos*, como es el caso del análisis que hizo Lara (2012) sobre los mexicanismos.
10 La correspondencia entre Malaret y Berro García se conserva en la carpeta 62 del Archivo Adolfo Berro García de la Academia Nacional de Letras del Uruguay (Coll 2018).

Bibliografía básica

Fajardo Aguirre (2010); Haensch y Werner (1978); Pérez (2016)

Bibliografía complementaria

Lara (2012); López Morales (2010–2011); Cerrón-Palomino (2010)

32

Los diccionarios de variantes sociales (Dictionaries of social varieties)

Félix Rodríguez González

1. Introducción

Este estudio examina los rasgos más sobresalientes de los diccionarios que se han ocupado de los argots que conforman las variedades sociales con mayor impronta en el español contemporáneo, de acuerdo con factores varios como clase social, ocupación profesional, edad, etnia, marginalidad y orientación sexual. Con ello se intenta compensar las deficiencias en el campo de la lexicografía, tanto española como hispanoamericana, que, por prejuicios normativistas, tradicionalmente no ha hecho suficiente hincapié en las variedades diastráticas y diafásicas de la lengua.

Palabras clave: argot; español; léxico; sociolingüística; variedades sociales

This study gives an account of the slangs present in the social varieties that have greatest impact on contemporary Spanish. We explore various factors such as social class, occupation, age, ethnicity, marginality and sexual orientation. Our primary aim is to address the lack of emphasis that has been placed on the diastratic and diaphasic varieties of language across the whole Hispanic world, a lack which has been driven by normativist prejudices.

Keywords: lexis; slang; social varieties; sociolinguistics; Spanish

2. Consideraciones preliminares

La lengua es un sistema de signos común a una comunidad humana y presenta en su forma más visible un léxico general que aparece registrado en los diccionarios generales de la lengua. Pero la sociedad que le sirve de soporte no es uniforme, pues variados son los grupos sociales que la conforman de acuerdo con múltiples factores, entre ellos sus costumbres, la clase social, el oficio o profesión, la edad, la etnia, la marginalidad y la orientación sexual. Objetivo de la lexicografía especializada es la elaboración de diccionarios que recogen las variedades (o variantes) sociales a que dan lugar los grupos que se perciben con una identidad propia. En este capítulo se examinan las características más sobresalientes de los repertorios lexicográficos que se han ocupado de las voces pertenecientes a jergas y argots que han tenido gran impronta en el español contemporáneo, a ambos lados del Atlántico.

DOI: 10.4324/9780429244353-37

Al estudiar la variación, la lingüística hispánica en general se ha centrado tradicionalmente en las variedades diatópicas, dejando en un segundo lugar la variación social y el análisis del lenguaje hablado. De este modo, las variedades diastráticas subestándar han quedado relegadas en beneficio del habla culta, a lo que han contribuido los prejuicios normativistas derivados del rol que ocupa la Real Academia Española en la sociedad hispánica.

Los diccionarios de variedades diastráticas confeccionados bajo esta óptica en general no se basaron en un corpus, con lo que su elaboración quedó a merced del criterio subjetivo y los conocimientos del propio autor. Y los autores no siempre fueron profesionales de la lingüística; entre ellos hubo policías, abogados y meros aficionados al idioma. Zimmermann (1994, 114) les aplica el concepto genérico de "diletantismo", en el que incluye el significado negativo de lego y superficial. No obstante, su motivación y el objetivo son legítimos por pensar en llenar un vacío en la investigación y documentación del léxico español que no ha sido suplido por la Academia al no haber incorporado en sus diccionarios una parte del lenguaje vivo, que es real pero que ha sido excluido por prejuicios ideológicos y una actitud normativa.

3. Lenguajes juveniles y marginales

La aportación más notable al léxico de la lengua, sobre todo en su registro más coloquial, es la que tiene por protagonistas a los jóvenes. Para entender sus rasgos esenciales es indispensable referirse al concepto clave de "contracultura", por la implantación que tuvo entre los jóvenes este movimiento social como un rechazo a los valores sociales y modos de vida establecidos. Y, también, al desarrollo de los medios de comunicación, porque sin duda fueron los medios, y la emergente prensa marginal, los que contribuyeron a dar una proyección casi universal a este movimiento —el *underground*— que apareció en el mundo occidental tras la Segunda Guerra Mundial, sobre todo a partir de la década de 1960.

La contracultura española que se desarrolló a lo largo de la década de 1970 se conoce con el nombre de *rollo* y fue reencarnada en la de 1980 en lo que se dio en llamar "movida", que hizo de catalizador y aglutinante del movimiento de rebelión juvenil. A su lado aparecieron "tribus urbanas" que se sirvieron de un argot como vehículo de expresión, al que convirtieron en una especie de "antilenguaje" (Halliday) para connotar sus propios valores, como mecanismo de defensa y al mismo tiempo como señal de identidad. Tales hablas de grupo, de las que el "cheli" fue el ejemplo más conocido, se caracterizan por la acepción de ciertas formas subestándar con un valor claramente connotativo, las más de las veces peyorativo, como medio de distinguirse de la lengua estándar hablada por la gente "normal". Con ese propósito crearon palabras nuevas, las deformaron o dieron nuevas acepciones a las ya existentes, o bien las tomaron directamente de sociolectos marginales o lenguas extranjeras (particularmente el inglés). Los cambios introducidos en el vocabulario afectaron principalmente a áreas que son centrales a su actividad, como las drogas, el sexo y la música, y que constituyeron sus principales formas de evasión. Pero el argot también bebe del mundo de la delincuencia, la prostitución y la cárcel, tan cercanos a la juventud marginal, dadas las estrechas relaciones que ligan a estos ambientes con el fenómeno de la drogadicción.

En español, la novedad que supuso la irrupción del "lenguaje pasota" y el "cheli" llevó primero a algunos periodistas a recogerlo en breves diccionarios y glosarios, como una información de urgencia. En ese contexto hay que situar el *Diccionario pasota* de Yale y Sordo (1979) y el *Diccionario cheli* (1983) de Umbral. Posteriormente, el cantante Ramoncín, principal representante de la "movida madrileña", publicó *El tocho cheli* (Martínez 1993), con más de 4 000 voces, y *El nuevo tocho cheli* (Martínez 1996), ambos con una microestructura basada en escuetas equivalencias. Los dos llevan el subtítulo de "diccionario de jergas", lo que da idea del fin primordial y último de sus publicaciones: continuar con la serie de diccionarios de argot que habían aparecido en las décadas anteriores, entre ellos los de Martín (1979), León (1980) y Oliver (1985), al calor de la eclosión de voces de uso juvenil. Desde una óptica diferente, donde las entradas recogen textos de uso real extraídos de fuentes periodísticas, merece citarse la tesis inédita de Galera (1986); y dentro de un marco marginal más amplio, el *Gran diccionario del argot. El Soez*, de Carbonell Basset (2000), y el *Diccionario ejemplificado de argot*, de Ruiz (2001). Igualmente, el *Diccionario de argot*, de Sanmartín, aumentado y revisado en su segunda edición (2006), que aporta como ilustración ejemplos forjados y explicaciones de tipo etimológico. Todos ellos recogen voces del argot común y general, pero buena parte de ellas recibieron su primer bautismo dentro de subculturas juveniles y marginales.

La influencia del lenguaje juvenil ha dejado su impronta también en diccionarios generales de la lengua como el *Diccionario del español actual* (Seco, Andrés y Ramos, 1999, *DEA*), que con carácter descriptivo recoge voces como *body* y *flipar*, con la marca temática *juv*. Igualmente, la del lenguaje "pasota" (*pas*) quedó reflejada en el *Diccionario de argot español y lenguaje popular* de V. León (1992), en cerca de un centenar de lemas (*cf.* Rodríguez 1987).

Por "lenguaje juvenil" normalmente nos referimos a un léxico diferencial con respecto al habla culta estándar, siendo el nivel lingüístico más llamativo y accesible, y por tanto el registrado en los diccionarios. Pero también abarca aspectos morfológicos, sintácticos y pragmáticos que suelen soslayarse y que ponen de relieve la naturaleza esencialmente oral de los actos y eventos comunicativos en los que intervienen los jóvenes (*cf.* Herrero 2002). Estos actos suelen ser distintivos de cada cultura juvenil y de cada país, por lo que no podemos esperar gran uniformidad en las variedades sociolectales del mundo hispánico, ya que los contextos sociales e históricos son distintos, aunque puedan compartir algunos elementos. Ahora, en tanto que registro, la jerga juvenil termina integrándose paulatinamente en el argot común y en el lenguaje popular.

Estos hechos y desarrollos se han repetido con otras jergas que han ido apareciendo en Hispanoamérica desde el siglo pasado al calor de culturas marginales caracterizadas por un comportamiento antisocial asociado con la delincuencia. Glosarios de jergas juveniles delictivas pueden encontrarse fácilmente en Internet: de pachuquismos (de la frontera mexicoamericana), de los malandros venezolanos e incluso de las criminales y secretas maras centroamericanas. Cuando la jerga se difunde e integra en el habla popular, se facilita y promueve su registro y así tenemos diccionarios de la replana peruana, el coba boliviano y el coa chileno; los mejores exponentes en esa dirección son el reciente parlache colombiano y el antiguo lunfardo argentino, por lo que nos detendremos en su descripción más adelante. También el lenguaje juvenil puede nacer al margen de actitudes asociales tan marcadas, en el seno de grupos más integrados en el sistema en una sociedad más normalizada y movidos por el simple anhelo de dotarse de mayor expresividad. Tal es el caso del *Léxico juvenil costarricense* de Ríos González (2017), que encierra un diccionario con cerca de 900 lemas. Digno de mención también es el *Diccionario de coloquialismos y términos dialectales del español*, de Fitch (2011), con ejemplos ilustrados del habla informal de España y veinte países de América.

4. Lenguaje estudiantil

El lenguaje de los estudiantes es una modalidad lingüística bastante soslayada en la lexicografía española contemporánea. Al ser los estudiantes normalmente de edad joven y pasar los jóvenes en general un tiempo considerable de sus vidas en las aulas, con frecuencia se equiparan e intercambian ambas categorías sociales.

A grandes rasgos, en el estudio del lenguaje del estudiante cabe considerar una jerga técnica profesional, en tanto que tecnolecto, y un léxico subestándar formado por palabras y expresiones coloquiales fuertemente connotativas o expresivas que muestran una connivencia entre los miembros del grupo y les sirven de marca identificativa. Destacan por una nota de humor e ironía como factor motivador, al menos en el momento de su acuñación. Al hablar de estudiantes, básicamente se tienen en cuenta dos subgrupos correspondientes a dos franjas de edad bien diferenciadas, los adolescentes que cursan estudios de enseñanza media o secundaria y los universitarios. En los tiempos actuales ambos grupos comparten un léxico común, como muestran voces como *chuleta*, *cate* y *catear*, *hueso*, *maría*. Son voces populares que han rebasado el propio ámbito estudiantil y se emplean en el lenguaje ordinario, y como tales aparecen listadas en los diccionarios generales de la lengua. Así, por ejemplo, el *DEA* recoge *chuleta*, *catear* y *maría* con la marca genérica *argot Enseñ.* (de la enseñanza).

En general, como todo argot, se trata de un lenguaje fundamentalmente oral y renovado constantemente en algunas de sus formas, y este carácter efímero junto con la simbiosis con el lenguaje juvenil explica en parte la desatención por parte de los investigadores. Habrá que esperar hasta la segunda mitad del siglo XX para poder contar con breves estudios monográficos y glosarios referidos al argot estudiantil, realizados con diferentes metodologías. Entre los primeros ensayos están los de Haensch (1983) y Navarro (1989), basados en encuestas llevadas a cabo por medio de cuestionarios distribuidos en el medio escolar, entre adolescentes y preuniversitarios, con preguntas orientadas a la búsqueda de un léxico referido a sus relaciones interescolares. El léxico hacía referencia a situaciones comunicativas tanto en el contexto español como en el hispanoamericano. En relación con este último, digno de mención por su amplitud y antigüedad es el *Vocabulario de la jerga estudiantil de Bogotá* de Ocampo (1968), recogido de entre estudiantes de Bachillerato, con más de 274 voces con sus correspondientes definiciones y algunos sinónimos. Está ordenado alfabéticamente y en su temática entremezcla un léxico referido sobre todo a actividades desarrolladas en sus centros, y a la apreciación de que son objeto el profesor, los alumnos, el edificio y el vestuario. Más completo es el de Claudio de la Torre (1989), sobre la jerga del estudiante universitario puertorriqueño, que ofrece indicaciones gramaticales, fonéticas (en el caso de anglicismos), sentidos figurados y ejemplos del uso.

Por lo que respecta al lenguaje estudiantil utilizado en el español peninsular cabe citar dos estudios. Uno de ellos es un glosario elaborado por Buesa (1999), los *Apuntes de jerga estudiantil en la Universidad de Zaragoza*, con estudiantes de dicha Universidad, al que se llegó por encuesta directa. Dividido en varias partes clasificadas temáticamente, incluye voces del léxico coloquial general otras referidas específicamente a la enseñanza (profesores y alumnos, exámenes, etc.).

Con una óptica diferente y dentro de un marco más amplio, Morant (2002) estudió el lenguaje hablado de los estudiantes de Valencia, centrándose en el mundo de la enseñanza secundaria. Su método fue la observación directa complementada con datos etnológicos procedentes de fuentes escritas (encuestas, publicaciones electrónicas, revistas, *graffitis* en los aseos, apuntes, carpetas), orales (conversaciones, chistes, canciones, etc.) y audiovisuales (series televisivas, películas, reportajes, etc.). En una segunda fase analizó la información recogida con el propósito de clasificar, describir y explicar la realidad estudiantil, donde los propios alumnos aportaron su propia visión con una mezcla de humor e ironía.

5. Lenguaje de los soldados (de reemplazo)

El léxico militar es un lenguaje especial, o de especialidad, empleado por un amplio sector profesional en un contexto bien definido, el ejército y la vida del cuartel. Comprende una variedad de registros tanto en el lenguaje oral como en el escrito, en cierto sentido relacionados con la identidad y el rango de los miembros que lo integran. De todos ellos el léxico que ha venido ofreciendo mayor interés ha sido el del soldado, y sobre todo el de reemplazo, figura que con la profesionalización del ejército ha dejado de existir pero que durante décadas ha estado bien presente en la vida del lenguaje. Sus expresiones pintorescas de carácter informal y vulgar nos ayudan a comprender mejor la idiosincrasia de sus hablantes, todos ellos jóvenes veinteañeros, por lo que su lenguaje exhibe algunas propiedades del habla juvenil. Si el lenguaje nos retrata a cada uno de nosotros, esto fue tanto más evidente en la "mili" por tratarse de un grupo que vivió aislado, casi herméticamente cerrado al exterior y, en la mayoría de los casos, contra su propia voluntad. En tales circunstancias sus palabras se convirtieron en aliento incontrolado que ineludiblemente nos revela datos sobre su psicología, sus costumbres y su forma de vida, y explica cierto aroma contracultural de su lenguaje. El diccionario registra también el léxico de las antiguas Milicias Universitarias y el de los alumnos de academias militares (cadetes), ambos con un particular sello estudiantil (*cf.* Gómez y Rodríguez 2002).

El argot de la mili presentaba algunas diferenciaciones diatópicas (en función de la procedencia de los reclutas), y variedades en función del arma (Marina, Aire y diversas armas de Tierra, como infantería, caballería, artillería). Su estudio y recopilación apenas recibió atención a lo largo de los sombríos años de la dictadura franquista, pese a que fue en ese tiempo cuando alcanzó un mayor florecimiento. En la década de 1990, sin embargo, distintos estudios abordaron la recogida de datos sobre su lenguaje y costumbres, con distintos métodos y desde diversas perspectivas. Entre ellos destacan los de Gómez Capuz (1996, 1998), Vigara (1999) y Morant *et al.* (1997–1998), los cuales incluyeron pintorescos materiales "etnológicos".

La primera recopilación con estimable presencia de argot fue realizada por Peñarroya i Prats (2002), él mismo militar de carrera, como apéndice de su tesis doctoral, *El lenguaje militar: entre la tradición y la modernidad* (págs. 197–261). El título es bien descriptivo del contenido del libro, pues se adentra en lo que propiamente es jerga militar, antigua y moderna. Al final de las entradas incluye abreviaturas, que representan las fuentes (mayormente diccionarios militares) que le sirvieron de base documental, así como algunas notas de uso.

Años más tarde, Rodríguez (2005), en su *Diccionario de terminología y argot militar*, realiza una recopilación de léxico militar más extensa, centrada principalmente en el lenguaje característico del soldado de reemplazo, de la mili, en la que aúna metodologías y datos diversos. Al incluir una perspectiva también diacrónica, extrae ejemplos tomados de tratados de antropología militar e historia, y de una amplia gama de textos literarios con abundantes referencias a la milicia.

La recopilación comprende alrededor de 1 500 entradas y aparece en un momento en que, con la profesionalización del servicio militar y los inevitables cambios que con ella se produjeron en la vida y las costumbres de los soldados, se hacía más necesaria. Además de la definición, se incluyen anotaciones sobre el registro, frecuencia y etimología de los términos, así como citas ilustrativas sobre su empleo y su vigencia. La recopilación se completa con un apéndice que consta de un "vocabulario temático" en el que siguiendo un ordenamiento onomasiológico se resaltan los conceptos más importantes, incluidas las categorías referidas al rango militar, a lo que se añade una muestra de prácticas comunicativas que han sido habituales en el cuartel hasta tiempos muy recientes y que reflejan aspectos muy significativos de la vida cotidiana del recluta. El apéndice recoge como nota singular un texto de lenguaje hablado que corresponde a la transcripción de un fragmento de conversación real entre soldados mantenida en un ambiente informal como es el propio de la cantina de tropa de una base y que constituye una buena ilustración del lenguaje y argot empleado a veces en la mili.

Aparte de su valor para la antropología cultural y la lexicografía, el diccionario contiene útiles datos ilustrativos sobre aspectos semánticos y morfológicos del español. En cuanto a los aspectos léxico-formativos, llaman la atención las numerosas expresiones fraseológicas producto de juegos verbales por rima subyacente que podemos denominar "argot rimado" (por ej., *mesías* 'recluta al que le faltan solo días para cumplir con el servicio', *romano* 'cuando los días que le faltan los cuenta con la mano'), un fenómeno inédito en español y en cierto sentido similar al *rhyming slang* tan característico del inglés.

Esta jerga de la mili ha sido muy singular en el contexto hispánico, no solo por su peculiaridad lingüística y comunicacional sino por el factor que motivó su nacimiento: un prolongado servicio militar obligatorio que se inició entre finales del siglo XVIII y principios del XIX, se consolidó y reforzó durante una larga dictadura, y siguió vigente hasta el 2001.

6. Lenguaje de los consumidores de droga

Cuando se habla de uso de drogas, cabe considerar significados y perspectivas de análisis completamente distintos. En el habla común, con el término normalmente nos referimos a sustancias con propiedades susceptibles de modificar la conciencia o alterar el ánimo (como estimulantes o depresores), y con efectos saludables o perjudiciales para sus usuarios. En uno y otro caso, tanto si nos movemos por la senda de la toxicología, e incluso de la sociología, nos servimos de una jerga técnica repleta de cultismos y de voces más o menos transparentes en su significado, tal y como viene siendo habitual en el lenguaje científico.

Ahora bien, en el lenguaje coloquial, particularmente de los jóvenes, la droga se considera sobre todo desde el marco de la antropología, como un valor simbólico y cultural en la medida en que posibilita identificaciones y relaciones sociales. Provista de este significado, que adquiere especial relieve en el contexto represivo que rodea a su consumo en nuestras sociedades tecnificadas occidentales, la droga genera entre sus usuarios un "argot" más o menos opaco (al menos en su concepción original), a partir de voces extraídas del habla ordinaria y con un registro informal y humorístico. Su singular expresividad guarda estrecha relación con el gregarismo y el ambiente relajado en que se desenvuelve el consumo de muchas de estas sustancias y con la actitud contracultural y cierto pasotismo o nihilismo que impregna la filosofía de las subculturas o movimientos juveniles que sucesivamente han tenido a las drogas en el centro de sus intereses. Estas notas de secretismo y humor están en la base de todo argot y explican su creatividad y renovación constante.

El interés por el léxico de los consumidores de la droga ha corrido en paralelo con el desarrollo de subculturas juveniles y por esa razón se centró en sus inicios, especialmente en el uso de drogas blandas, como la marihuana, tanto en Hispanoamérica como en España. Este tipo de drogas alcanzó cierta difusión en Medellín (Colombia) en la década de 1980, época en la que se publicaron los primeros diccionarios sobre el consumo de "yerba" (cannabis): *Diccionario de los mariguaneros*, de Suescún y Cuervo (1980) y *Diccionario mariguanero y afines* (1983), de Suescún y Chucho Soto. En la década de 1990, merece mención *El lenguaje secreto de las drogas en Chile*, de Sáez Godoy (1995), con datos sobre la marihuana y también de la cocaína que obtuvo a través de entrevistas a jóvenes procedentes de barrios populares y acomodados. Las entradas ofrecen información gramatical, etimológica e ilustración con frases extraídas de la prensa periódica.

En España, ya en la década de 1970 aparecieron esporádicamente, en publicaciones marginales, glosarios escritos por periodistas interesados en recopilar el léxico más llamativo para atraer la atención del público general. De igual modo, por razones prácticas, por su relación con la criminología, el estamento policial sintió también la necesidad de su registro (como botón de muestra cabe mencionar los estudios del comisario de policía García Ramos (1985, 1990), que se detuvo también en el análisis lingüístico.

Dada la importancia de este lenguaje y la amplitud creciente del fenómeno de la drogadicción en la sociedad actual, se hacía necesaria una recopilación extensa de estas voces, tanto más tratándose de un vocabulario en ebullición constante. Con esta idea en mente, Rodríguez elaboró el *Diccionario de la droga. Vocabulario técnico y argot* (2014), que incorpora también la terminología científica, como el subtítulo subraya, así como comentarios y datos de interés histórico-cultural y filológico. En todo caso, el lenguaje se refiere principalmente a las drogas en su sentido más usual para el hombre de la calle, como sustancias ilegales, razón por la cual las drogas "institucionalizadas", como el alcohol y el tabaco, reciben una simple mención.

Como corpus para la elaboración de este diccionario se utilizaron fuentes muy diversas. La mayor parte escritas, procedentes de obras lexicográficas (diccionarios y glosarios), científicas (sobre toxicomanías, especialmente), periodísticas (crónicas y reportajes) y literarias (en especial, libros testimonio, novelas pertenecientes al género del "realismo sucio" y la novela negra). Por su relación con el lenguaje oral, el autor se detuvo con especial atención en estudios donde se insertan pasajes de discursos grabados de jóvenes y en "historias de vida" que contienen textos que reproducen el relato de toxicómanos. Asimismo, se sirvió de entrevistas orales llevadas a cabo individualmente con consumidores de drogas, especialmente toxicómanos que a diario accedían a lugares e instituciones para su rehabilitación o control, como las CAS y narcosalas, siguiendo políticas de reducción de daños.

Todas las voces que conforman la macroestructura del diccionario tienen una relación más o menos directa con las drogas en sus más diversas facetas: naturaleza y composición de la sustancia, preparación y distribución, absorción y efectos en el organismo de sus consumidores, etc. Ocasionalmente, se ha dado cabida a algunos términos que no tienen relación directa, pero que designan conceptos de realidades nuevas cuyo origen y configuración deben parte de su razón de ser a las drogas, como algunos estilos musicales (*acid rock*, *acid house*).

Normalmente, para las drogas más conocidas, el diccionario recoge el término técnico que indica su composición química (por ejemplo, *diacetilmorfina*, *clorhidrato de cocaína*), acompañado en algunos casos de su fórmula; el término especializado más popular (*heroína*, *cocaína*); las voces callejeras o de argot (*caballo*, *nieve*), así como sobrenombres de cariz literario (*amapola de la muerte*, *droga de los ejecutivos*). En determinados casos, también se incluye el término comercial o nombre de marca (*rohipnol*), que puede ser más popular que el genérico correspondiente (*flunitrazepam*). Como resultado, a veces se obtiene una larga lista de sinónimos presentados generalmente al final de la entrada que representa al término popular estándar (por ejemplo, *heroína* y *cocaína*, en los casos antes citados).

Cada entrada consta de una definición, información gramatical, la pronunciación (en palabras provenientes del inglés) y la etimología. Ocasionalmente se ofrecen datos también sobre el uso estilístico, la frecuencia, y la historia de algunas expresiones, así como su sentido figurado (como en *flipar*, *espídico*, etc.).

El diccionario termina con un apéndice donde se han recogido principalmente las palabras y expresiones de carácter argótico, ordenadas alfabéticamente y agrupadas en torno a diversos temas: tipos de drogas, drogas sintéticas, naturales y semisintéticas, conceptos relacionados con la preparación (dosis, cigarro, utensilios), personas (adictos y traficantes), lugares y efectos del consumo, etc.

7. El caló

De entre todos los lenguajes marginales sin duda el más influyente ha sido el caló (o gitano, distinto del caló jergal, de la delincuencia), y su contribución al enriquecimiento de la lengua y la cultura española ha sido puesta de manifiesto en muy diversos estudios. Lo cual puede resultar chocante para el investigador no avezado si se considera que sus hablantes constituyen un grupo étnico que ha sido maltratado y despreciado enormemente a través de los tiempos. Pero es que el argot, que conduce al lenguaje coloquial y popular, paradójicamente se nutre en gran manera del léxico proveniente de códigos y sociolectos tenidos en baja estima y estigmatizados socialmente.

Sobre la cultura y las costumbres gitanas han corrido ríos de tinta, sobre todo en las últimas décadas, desde que a mediados del siglo pasado uno de los grandes estudiosos, Carlos Clavería, en sus "Estudios sobre gitanismos del español" (Clavería 1951) llamara la atención sobre el gran número de voces gitanas que vivían en el lenguaje popular español. Con posteridad, han sido notables los estudios que han examinado la presencia de gitanismos en los diccionarios españoles de mayor relevancia, como el *DEA* y el *Diccionario de la lengua española* (*DRAE* / *DLE*).

En cuanto a la caracterización lingüística conviene recordar, en primer lugar, que la lengua original de los gitanos al entrar en la Península Ibérica en el siglo XV fue el romaní, de raíz indoeuropea y procedente de la India, desde donde se supone que los gitanos empezaron a emigrar y dispersarse por Europa y otras partes del mundo, siendo el nomadismo uno de sus rasgos característicos. A partir del siglo XVI se crea un idioma mixto, el *caló* o *hispanorromaní*, producto de la sedentarización de la etnia gitana en España. Obligados a abandonar su tradicional vida nómada y el uso público de su lenguaje, el romaní encontró refugio en la vida familiar y adquirió un valor críptico convirtiéndose en una señal de pertenencia al grupo. En contacto con el español castellano u otras lenguas o variedades como el catalán, portugués y vasco, el romaní originario fue perdiéndose en procesos más o menos rápidos según la zona y fueron desarrollándose en consecuencia lenguajes pararromaníes articulados con la morfosintaxis de las lenguas con las que entraban en contacto. El caló parece tener rasgos andaluces, pues el 70 % de los gitanos vivía en Andalucía desde bastante temprano (*cf.* Gamella *et al.* 2015).

Los estudios y repertorios lexicográficos realizados sobre el caló han corrido en paralelo con las actitudes mostradas hacia sus hablantes. A grandes rasgos pueden señalarse dos etapas históricas. Antes del XIX, en los siglos XVII y XVIII, se han documentado tan solo algunos glosarios, por lo general de corta extensión, de no más de 100 palabras y listadas en una sola dirección, *español – gitano*. La represión sufrida por la población gitana en estos siglos, sobre todo en el XVIII, fue enorme, lo que explica el desinterés por el registro de su léxico. Dentro de este páramo cultural destaca la recopilación efectuada en el siglo XVIII por el marqués de Sentmenat, rescatada y puesta en valor por Adiego (2002).

A partir del siglo XIX hubo un cambio de actitud y como resultado se produjo una gran acogida de voces gitanas en el español andaluz, que por el prestigio del andalucismo y el flamenco pasaron luego al lenguaje coloquial común. No obstante, la constante ósmosis entre estas modalidades contribuyó también a la confusión de sus términos, como señalara Ropero (1978) en su estudio sobre el lenguaje flamenco. En este nuevo clima, con la eclosión del interés por examinar las costumbres de este grupo social, se empezaron a escribir los primeros diccionarios, que en general adolecen de un tratamiento poco riguroso y han sido objeto de numerosas imitaciones y mixtificaciones por parte de aficionados, como señalara Buzek (2011) en un original ensayo. El primero de ellos fue obra de Trujillo (1844), pero sin duda, el más importante e influyente ha sido el diccionario de caló del británico Borrow contenido en su libro *The Zincalí*, aparecido en 1841. Se trata de un diccionario monolingüe pionero en la materia, con un tratamiento semasiológico (por la ordenación alfabética de sus entradas) y sin ilustraciones ni citas, dado su carácter oral y su temprana redacción. Y este rasgo ha sido una constante entre sus continuadores.

Como contrapunto a este y otros repertorios monolingües, merecen mención los diccionarios bilingües gitano-español, que incorporan la equivalencia entre las dos lenguas motivados por un afán didáctico, como el *Diccionario español-gitano y gitano-español* de Rebolledo (1909). Con una metodología diferente, Dávila y Pérez (1991 [1943]) listaron las voces gitanas temáticamente en el *Apuntes del dialecto "caló" o gitano puro*, siguiendo la ordenación propia de las nomenclaturas, dando a su diccionario un cariz eminentemente práctico.

Por el prestigio del español y las interferencias obligadas que suponía el contacto con la lengua dominante, con sus consiguientes préstamos, el léxico original gitano fue perdiendo fuerza y la lengua paulatinamente arrinconándose. Hoy el caló se usa poco, mayormente relegado a personas de generaciones mayores, siendo su conocimiento más pasivo que activo; existe un acuerdo entre sus hablantes en señalar que se encuentra en estado agónico, muy a su pesar. En los espacios públicos en que se emplea en su interacción con los no gitanos conserva un uso críptico, para decir algo de manera especial o ininteligible para los demás, por lo que cobra además un importante valor identitario (*cf.* Gamella *et al.* 2015). A pesar del aporte cultural proporcionado por el caló, no siempre se ha reconocido en la lexicografía. En ello ha tenido que ver también la frecuencia con que hasta el siglo pasado se he venido identificando con la "germanía", antigua lengua de los malhechores y delincuentes recogida en el siglo XVI, identificación plasmada en la definición de este término en el *DRAE* en muchas ediciones. Y con anterioridad en un manuscrito del siglo XVIII inédito titulado *Diccionario de la lengua de los Gitanos ó germanía*, del que da cuenta Torrione (1987), donde se equiparan ambos términos. Ciertamente, entre el léxico caló y el argot de los delincuentes han existido desde siempre estrechas interrelaciones derivadas de sus condiciones socioeconómicas y la persecución y postración social sufrida por la etnia gitana, pero eso no debe llevarnos a olvidar su estatus y valor en tanto que dialecto y código lingüístico.

La dispersión del pueblo gitano los llevó también a la América Latina, adonde llegaron sobre todo en los siglos XIX y XX, huyendo de las persecuciones y también por motivos económicos. Hoy día hay una considerable población gitana repartida por Argentina, Chile, Colombia y sobre todo México, y su léxico ha penetrado en las hablas populares de estos países. Para su presencia, sobre todo en el argot mexicano, puede verse Buzek (2012).

8. Lenguaje de los homosexuales

De entre los lenguajes especiales, o de especialidad, el de las minorías sexuales, especialmente de los homosexuales, es uno de los más soslayados. La razón del desinterés por este lenguaje se explica en parte por su especial naturaleza, que tiene que ver con la particular referencia erótico-sexual y la idiosincrasia de sus hablantes. Obligados durante mucho tiempo a moverse en la clandestinidad y en ambientes marginales, al estar sus prácticas sexuales prohibidas por el Estado y la religión, y suscitar rechazo social en la sociedad en general, parte de su vocabulario adquirió un marcado carácter críptico, a modo de código secreto. Pero al mismo tiempo, este lenguaje contiene un tono de ironía y humor que lo hace sumamente expresivo, y esta singular expresividad guarda estrecha relación, por un lado, con la connivencia y solidaridad entre sus miembros, y, por otro, con la actitud relajada de algunos de ellos, en especial los que externamente más se identifican como tales, por su afeminamiento o *pluma*, a los que se conoce con el nombre de *locas* y mariquitas. Estas notas de secretismo y humor están en la base de todo argot y explican su creatividad y continua renovación.

En los últimos decenios, las actitudes hacia los homosexuales han cambiado enormemente, lo cual ha facilitado la labor de recopilar y examinar su lenguaje. Las décadas de 1960 y 1970 supusieron una revolución en las costumbres en Norteamérica y en casi toda Europa, sobre todo a partir de mayo del 68. En Norteamérica apareció una contracultura (*hippy*) que preconizaba la libertad sexual y que pronto fue seguida por otros hitos más significativos para la cultura gay, como el nacimiento del *Gay Power* y la celebración del *Gay Pride*. Con unos años de retraso, empieza a celebrarse en España también el día del Orgullo Gay, e irán aflorando los primeros colectivos gais a finales de la década de 1970, en la que se populariza también la palabra *gay*, símbolo de ese orgullo, y que con sus connotaciones positivas llenaba un "hueco ecológico" en la lengua.

No es casualidad que haya sido en la década de 1970 cuando aparecieron registradas las primeras voces con una referencia homosexual, y más específicamente gay. Quien abrió la veda de manera más visible fue Cardín con el glosario, "Diccionario sucinto para el lector no entendido", recogido por Copi en *El baile de las locas* (1978, 153–154). En la década de 1980, desaparecida la clandestinidad, surge el "ambiente" y, al calor de él, publicaciones propias del colectivo (revistas, *fanzines*), todo lo cual contribuye a la difusión del argot homosexual en circulación. A finales de esta década, Pereda, activo integrante del movimiento LGTB en Barcelona, con un tono desenfadado escribió un valioso trabajo inédito, *El cancaneo* (1989), que años después ampliaría y publicaría con el título *El cancaneo. Diccionario petardo de argot gai, lesbi y trans* (2004), con entradas extraídas principalmente de fuentes orales.

Posteriormente, Rodríguez publicó en 2008 el *Diccionario gay-lésbico*, que con sus más de 1 500 entradas constituye sin duda el más extenso y riguroso. Además de las voces de argot, el diccionario incorpora la terminología científica, así como comentarios y datos de interés histórico-cultural y filológico que facilitan su comprensión. Igualmente, prestó atención al componente oral y el inevitable trabajo de campo. De hecho, el material más original el autor lo extrajo a partir de entrevistas con gais y lesbianas en zonas de ambiente, como Chueca, en Madrid, gente anónima, pero también con personas representativas de las prácticas e inquietudes de la comunidad gay, como Eduardo Mendicutti, Leopoldo Alas y José Infante, entre otros. Buena parte del material procede también de las fuentes escritas, literarias y periodísticas, y de manera destacada de revistas dirigidas a un público gay, como las emblemáticas y hoy desaparecidas *Party* y *Zero*.

Cada entrada del diccionario consta de una definición, información gramatical y, en ciertos casos, la pronunciación (en las palabras provenientes del inglés) y la etimología. Ocasionalmente, se ofrecen datos también sobre el uso estilístico, la frecuencia y la historia de determinadas expresiones, entre ellas algunas de larga tradición empleadas para caracterizar al homosexual (*sodomita, invertido, homosexual, gay*) y a la lesbiana (*lesbiana, lesbia, tortillera, bollera*). También se incluyen sentidos figurados de palabras típicas de la homosexualidad que arrastran connotaciones negativas, como *maricón* y *mariconada*; al registrar estos usos el autor al mismo tiempo expresa su condena mediante la marca *desp.* (despectivo).

El diccionario se completa con una extensa introducción de tipo histórico y cultural sobre las actitudes ante la homosexualidad, y se cierra con un vocabulario temático, con un tratamiento por tanto onomasiológico, en el que se recogen todas las voces de argot que se han ido acumulando en torno a las diversas formas de orientación sexual y sus características prácticas sexuales.

Este diccionario es sin duda el más comprehensivo en el ámbito hispánico, y además llama la atención ante la inexistencia de otros similares en el resto de variedades del español de América. La riqueza de su argot se explica por el diferente clima social y político experimentado en España y en Hispanoamérica durante la pasada centuria, primero por la represión a que fue sometida la sociedad española a lo largo de la dictadura, a la que siguió, como reacción, una explosión de libertad que se hizo visible sobre todo en el campo de la sexualidad y que contó con un fuerte movimiento LGTBI como punta de lanza. No obstante, el concepto "homosexual" está hoy tan vivo y presente por doquier que el término ha generado múltiples sinónimos, en su mayoría coloquiales. El *Wikcionario: homosexual/Tesauro* recoge más de 100 términos coloquiales normalmente despectivos referidos al hombre homosexual, en su mayoría de uso hispanoamericano, y 38 para la mujer homosexual o lesbiana, en ambos casos con la especificación de cada país.

9. El parlache colombiano

El parlache es un sociolecto marginal, originalmente de la ciudad de Medellín (Colombia) y luego extendido a otras ciudades limítrofes, con un contenido fuertemente argótico. Inicialmente tuvo un contenido críptico, típico de las germanías, pero como suele ocurrir con los dialectos sociales y los argots de que se nutren, enseguida desarrolló también un léxico humorístico y simbólicamente subversivo (un "antilenguaje", donde se incorporaron numerosas voces populares procedentes de áreas relacionadas con actividades delictivas como la extorsión, el asesinato y sobre todo el narcotráfico). Al igual que ocurrió en España en la década de 1970, la droga ocupó el centro de los intereses de una juventud marginal y marginada, solo que en el caso de Medellín la atracción llegó al paroxismo dada la importante producción de cocaína a partir de la década de 1980 y la significación que para una población empobrecida y orillada socialmente cobró el crimen asociado con su comercio. En consecuencia, el habla popular de esta y otras ciudades del país se pobló de imágenes que reflejaban agresividad y violencia describiendo con ellas la realidad fría y descarnada de su entorno, y los medios de comunicación, tanto escritos como audiovisuales, estuvieron prestos a hacerse eco contribuyendo a su rápida notoriedad y difusión. Y también del término, *parlache*, que enseguida hizo fortuna por las asociaciones que encerraba, por cruce de las voces coloquiales *parlar* 'hablar' y *parche* 'reunión, esquina de la calle'. Fue acuñado como una necesidad terminológica a principio de la década de 1990 en el transcurso de una investigación encaminada al estudio de este lenguaje por parte de dos sociolingüistas de la Universidad de Antioquia (Castañeda y Henao 2006). Sus resultados se dieron conocer en una serie de artículos y, posteriormente, elaboraron el mencionado *Diccionario de uso de parlache*, donde recogieron más de 2 500 voces. Morfológicamente responden a los consabidos procedimientos léxico-formativos de otros argots (con mutilaciones y distorsiones léxicas, transposiciones de sentido, y algunos préstamos). Contienen un vocabulario muy creativo, novedoso y cambiante, como reflejan las sucesivas revisiones y ediciones del diccionario. No obstante, aparte de algunos préstamos de lenguas extranjeras, se detectan entre sus lemas algunas voces del argot español de la década de 1970, como *abrirse* 'huir' y *fiambre* 'cadáver, muerto', y procedimientos formativos como el "vesre" argentino, indicativos de la porosidad que caracteriza a las jergas y argots marginales especialmente en el campo de la delincuencia.

10. El lunfardo argentino

Más antiguo que el parlache de Medellín, e incluso que el cheli madrileño arriba mencionado, es el lunfardo, que también se originó en torno a una gran ciudad, Buenos Aires, y que luego se extendió a otras ciudades cercanas como Montevideo (Uruguay). En este caso, la antigüedad del término, usado desde mediados del XIX, ha contribuido al debate en torno a su etimología. La mayoría de autores lo relacionan con el francés *lombard* 'lombardo', en alusión a los habitantes de la región de Lombardía (Italia), que entre los estratos sociales bajos se convirtió en un apelativo para referirse a "hampones" o "ladrones", debido al comportamiento social que se les atribuyó en la imaginería popular. De hecho, desde la década de 1970 se registra como sinónimo de *ladrón*. No falta quien, probablemente por etimología popular, ha interpretado su morfema final con *fardo*, como se los llamaría también, por metonimia, a partir de la 'tela con que los ladrones envolvían su mercancía'.

De cualquier forma, y en consonancia con estas asociaciones, en lo que sí hay acuerdo entre los primeros estudiosos de este lenguaje es en adjudicar una motivación críptica a sus primeros usuarios, delincuentes, como signo de autodefensa e identidad, una característica muy propia del nacimiento de un argot. Partió como una jerga peculiar que encontró abonado campo de cultivo en la actividad portuaria ligada a la fuerte inmigración europea (fundamentalmente italiana y española) que se estableció en Buenos Aires y en toda el área del Río de la Plata en la segunda mitad del XIX. Expresiones ilustrativas son, por ejemplo, *laburo* 'trabajo' o 'puesto de trabajo' (de *laburare* 'trabajar'), procedente del italiano *lavorare*, y *guita* 'dinero', del español coloquial. De esta manera, los elementos subestándar del léxico de los trabajadores inmigrantes enriquecieron el habla popular bonaerense, que posteriormente se extendió al resto del país, a lo que sin duda contribuyó el prestigio musical del tango que enseguida lo incorporó a sus canciones (como otrora ocurriese en el flamenco andaluz con el caló español). La popularidad del lunfardo e interés de los intelectuales por el cultivo del lenguaje popular contribuyó al auspicio de la Academia Porteña del Lunfardo, con sede en Buenos Aires, dirigida durante muchos años por José Gobello, autor del primer diccionario (1975) y un estudio sobre su lenguaje (1996). Su labor ha encontrado continuación con el más extenso y riguroso *Diccionario etimológico del lunfardo* de Conde (2010 [1998]), para quien el lunfardo no es ya un dialecto, sino un "argot nacional", que no en vano se ha popularizado en todas las clases sociales e incluso ha traspasado fronteras.

11. Reflexiones finales

La lengua no es del todo inmutable, ni constituye un todo unitario e indiviso, sino que está sujeta a una enorme variación y variabilidad y en ella quedan subsumidas modalidades o variedades, a veces llamadas también dialectos (en un sentido amplio), incluidos los considerados subestándar que sufren el peso del estigma social. Pero su presencia continua, sobre todo dentro del lenguaje coloquial, siempre cambiante, requiere un análisis profundo y un registro lexicográfico, pese a las dificultades metodológicas que conlleva derivadas de las actitudes normativas y juicios valorativos a que se enfrenta y que no siempre son estables.

La lexicografía especializada que versa sobre variedades funcionales de la lengua como las aquí examinadas, por el contenido de las entradas de los repertorios (diccionarios especialmente) que se ocupan de ellas, ofrecen un interés para el gramático, lexicólogo, etimólogo, y también para el sociólogo y sociolingüista si se incluye información enciclopédica. Su consulta es rápida y práctica si los lemas se ordenan alfabéticamente, con un criterio onomasiológico. Pero al mismo tiempo, la inclusión de un apéndice que recoja el vocabulario más característico, agrupado temáticamente en torno a los principales centros de interés del campo léxico analizado, se revela de suma utilidad para los estudios comparatistas de carácter léxico-semántico así como para el traductor.

Algunas de las variedades subestándar examinadas aquí, como el lenguaje de los homosexuales y de los fumadores de droga, por su contenido temático y los rasgos ideológicos y valores que comparten sus hablantes, a ambos lados del Atlántico, harían posible la elaboración de un diccionario supranacional (panhispánico) con un tratamiento integral al modo del propugnado por Lara —y plasmado en su *Diccionario del Español de México (DEM)*— y Werner (1991), y también por Zimmemann (1994, 119). Lo que sería difícil de aplicar a las demás variedades debido a las considerables variaciones que presentan los distintos países hispanohablantes en cuanto a estructura social y económica y desarrollo histórico.

Bibliografía básica

Daniel (1984 [1980]); Rodríguez González (1989); Rodríguez González (2001)

Bibliografía complementaria

Halliday (1976)

33

Los diccionarios históricos (Historical dictionaries)

Mar Campos Souto

1. Introducción

En este capítulo se examinarán brevemente los dos proyectos de diccionarios históricos generales emprendidos por la Real Academia Española (RAE) en el siglo XX, así como la publicación, a caballo entre el siglo XX y el XXI, de los diccionarios históricos restringidos a un ámbito geográfico concreto (en concreto, los de Costa Rica, Canarias y Venezuela). Posteriormente, se presentará el proyecto del *Nuevo diccionario histórico del español (NDHE)*, un diccionario nativo digital, en proceso de elaboración, concebido como una base de datos léxica susceptible de explotarse como un diccionario histórico. Finalmente, se apuntarán algunas reflexiones sobre el futuro de la lexicografía diacrónica del español.

Palabras clave: bases documentales; consulta del diccionario; diccionario etimológico; diccionario histórico; sistema de redacción del diccionario

This chapter will briefly examine the two projects for historical dictionaries that the Royal Spanish Academy (RAE) carried out in the twentieth century. It will also consider the publication, during the twentieth and twenty-first centuries, of the historical dictionaries restricted to a specific geographical area (specifically those from Costa Rica, the Canary Islands and Venezuela). We then present the *Nuevo diccionario histórico del español* (*NDHE*) project. This native digital dictionary, still under development, was conceived as a lexical database to be exploited as a historical dictionary. Finally, we offer some reflections on the future of the diachronic lexicography of the Spanish language.

Keywords: document databases, dictionary enquiry, etymological dictionary, historical dictionary, dictionary editing system

2. Una distinción previa: diccionarios históricos y diccionarios etimológicos

En los estudios de lexicografía teórica (o metalexicografía) se suele establecer una distinción entre dos tipos de diccionarios diacrónicos: los etimológicos y los históricos. Los diccionarios etimológicos se proponen, como objetivo fundamental, averiguar el origen de las palabras,

DOI: 10.4324/9780429244353-38

su étimo, y para ello, especialmente en casos debatidos o dudosos, recurren a presentar o a examinar las diferentes hipótesis formuladas por los especialistas. El mayor exponente del género en español es el *Diccionario crítico etimológico castellano e hispánico* (en adelante, *DCECH*), referencia inexcusable en este ámbito (como su predecesor, el *Diccionario crítico de la lengua castellana*, de J. Corominas, publicado entre 1954 y 1957), sin olvidar otros repertorios relevantes, como el *Diccionario etimológico español e hispánico* (1954) de V. García de Diego. Por su parte, los diccionarios históricos están llamados a compilar de manera íntegra y exhaustiva el léxico de una lengua, sin atender, por tanto, a ninguna restricción en lo que respecta a la conformación de su lemario (véase Lapesa 1972, IX); aunque también ofrecen información sobre la etimología de cada palabra, su fin primordial no consiste en detenerse en la genealogía de las voces, sino que se afanan en relatar pormenorizadamente los principales sucesos de su biografía. En este sentido, como afirma Porto Dapena (2000, 106), los diccionarios históricos son repertorios generales y exhaustivos que, basándose en una documentación amplia y variada, se proponen reconstruir la trayectoria y el proceso evolutivo de cada palabra en una lengua determinada, intentando precisar el momento en que se registra por primera vez en ella, así como, tras su nacimiento, procurando identificar las etapas fundamentales en su devenir, en las que, por ejemplo, puede desarrollar otros significados, adquirir mayor frecuencia de uso en ciertas zonas o en algunos tipos de textos, presentar nuevas variantes gráfico-fonéticas, sufrir la competencia de nuevos vocablos en los paradigmas léxicos en los que se integra o constituir el punto de partida de una nueva familia de palabras.

3. Los diccionarios históricos generales del español en el siglo XX

Cuando Jakob y Wilhelm Grimm publican, en 1854, el primer tomo del *Deutsches Wörterbuch* (cuya redacción se había iniciado en 1838), sientan los pilares de un nuevo género lexicográfico, que alumbrará una rica y variada serie de repertorios que, en esa centuria, asumirán el compromiso de presentar la descripción de la historia del léxico de lenguas como el alemán, el neerlandés, el sueco, el inglés o el francés. El siglo XX constituye, por su parte, el período fundacional de la lexicografía histórica del español, pues en esta etapa asistimos a la publicación de los dos primeros diccionarios históricos generales del español —aunque inconclusos—, realizados por la RAE, así como al primer repertorio que analiza con una perspectiva diacrónica el léxico particular de un área geográfica delimitada (en concreto, Costa Rica). No obstante, los precedentes de este tipo de repertorio se remontan ya al siglo XVIII, dado que el *Diccionario de autoridades* (1726–1739, en adelante *DAut*), como ha advertido Porto Dapena (2000, 109), "representa en cierto modo un primer intento por llevar a cabo el estudio del vocabulario del español desde una perspectiva histórica", puesto que, aunque no puede erigirse sobre los fundamentos metodológicos propios del historicismo lingüístico (que surgirá un siglo después), puede considerarse "un diccionario metodológicamente histórico o, por mejor decir, pancrónico", que persigue presentar el léxico del siglo XVIII a través del análisis de los testimonios de autores de "todas las épocas del idioma, esto es, desde una perspectiva más bien diacrónica".

3.1. *El* Diccionario histórico de la lengua española *de 1933–1936*

A lo largo del siglo XIX, la RAE había abrigado el proyecto de elaborar una nueva versión del *DAut*, tras la publicación del primer tomo de la segunda edición, ampliado y mejorado, en 1770. Muestra de ese interés son las continuas alusiones a este repertorio en las actas de la RAE, así como los materiales inéditos que se custodian en el Archivo de la RAE.[1] De hecho, será la Comisión del Diccionario de Autoridades quien publique, en 1914, el *Plan general para la redacción del "Diccionario histórico de la lengua castellana"*, texto redactado por el arabista Julián Ribera y Tarragó, en el que se plantea

> que debe publicarse un Diccionario que no sea el vulgar, ni uno que sea una nueva ampliación erudita de éste, en que vengan a repetirse los vocablos con las autoridades expresas en vez de las implícitas o no expresas que ahora tiene, sino otro de mayor empeño, que preste otros servicios, a saber: uno que contenga los materiales acumulados y otros nuevos, si preciso fuese, a fin de que constituya el Diccionario histórico de nuestra lengua, en que aparezca la evolución de las palabras, tanto en su forma como en su significado, único modo de que pueda estudiarse la vida de nuestro idioma.
>
> *(RAE 1914, 8)*

Este opúsculo, que Seco (1980, 33) ha caracterizado como "una sacudida dentro de la vida monocorde la Academia", supone, al menos en principio, la adhesión al método histórico-filológico como principio rector de ese nuevo repertorio, que se alzará sobre las cédulas conservadas en los ficheros de la institución (cedulario que, a lo largo de los años siguientes, experimentará un notable incremento; Campos Souto 2017). Con este fin, se intensificarán las tareas de confección de papeletas, fuente documental del diccionario, si bien hasta el año 1919 no se afrontarán las labores de redacción del original, como muestra la primera serie de artículos entregada, en marzo de ese año, por José Alemany Bolufer; tras una serie de vicisitudes, se acomete la tarea con mayor vigor a finales de la década de 1920, época en que se incorpora al proyecto Vicente García de Diego. No obstante, el diccionario comienza realmente a tomar una dirección firme a partir de 1931, año en que se suman a las labores los académicos Emilio Cotarelo y Mori y Armando Cotarelo Valledor; en 1932 se verifica la integración en el proyecto de Julio Casares Sánchez, figura determinante en los dos diccionarios históricos académicos del siglo XX.

Como resultado de esta actividad, a finales de marzo de 1934 se publica el primer tomo del *Diccionario histórico de la lengua española* (en adelante, *DHLE1933*), correspondiente a la letra *A* (aunque en la portada figura con fecha de 1933), mientras continúan las tareas de preparación y corrección de materiales para el segundo tomo de la mano de Casares, Cotarelo Valledor y García de Diego; pese a que ese segundo volumen se publica a poca distancia del primero, durante esa etapa se vivieron momentos de enorme zozobra, pues, por ejemplo, en 1935 se suspenden los trabajos de elaboración del *DHLE1933* por problemas económicos que, una vez solventados, conducen a un replanteamiento del proyecto, tanto en el plano filológico como en el económico. Por otra parte, dentro de la RAE surgen voces que alertan sobre la escasa fiabilidad de los materiales en los que se cimenta la obra, asunto que conduce a Fernando Casares Sánchez a proponer el establecimiento de una nueva metodología para revisar las fichas acopiadas (método en el que se incluye el cotejo con las ediciones originales y un estudio de la estructura de cada obra; Campos Souto 2017, 177–194).

El estallido de la Guerra Civil española detiene, de modo traumático, el avance del *DHLE1933*, que en abril de 1936 vive la publicación de su segundo volumen (con el tramo de artículos *b-cevilla*). En la década de 1940, fundamentalmente debido al irreductible afán de Casares, se reemprenden los trabajos de redacción y revisión del tomo III (e incluso del IV), labor que llega a su fin en diciembre de 1946, cuando este académico hace entrega del tramo *dormirlas-efervescencia*.[2]

Aunque en el plan de 1914 de la Comisión se proponía construir un diccionario de nueva planta que analizase la evolución formal y semántica de las palabras, el *DHLE1933* no deja de ser, en realidad, la continuación del añorado *DAut*, pues la estructura de sus monografías muestra que no se erige sobre el examen de la documentación, sino que parte de los artículos de la decimoquinta edición del *Diccionario de la lengua española* de la RAE (en adelante,

CÉLIBE. (Del lat. *caelebs*, -*ibis*.) adj. Dícese de la persona que no ha tomado estado de matrimonio. Ú. t. c. s.	**CÉLIBE.** (Del lat. *caelebs*, -*ibis*.) adj. Dícese de la persona que no ha tomado estado de matrimonio. U. t. c. s. ¶ «Que si *célibe* me dexa, \ conjure quanto el abismo \ guarda en sus senos demonio, \ contra tu Alcázar Empíreo.» A. Pantaleón, *Obr.*, ed. 1640, rom. 1. ¶ «La Luna, dama sopílfera, \ muestra su aspecto cornígero, \ de que se librará el *Célibe* \ y juntamente el Presbítero.» Villarroel, *Obr.*, ed. 1794, t. 8, p. 276. ¶ «Que el celibato priva a la sociedad del fondo de población que debían producir los *célibes*.» Alvarado, *Cartas*, cart. 44, ed. 1813, t. 5, p. 23. ¶ «*Célibes*, desechad \ la perspectiva atroz.» Bretón, *Poesías*, ed. 1883, t. 5, p. 474. ¶ «Vivía en la ciudad cierto cumplido caballero, huérfano, *célibe*, y de unos cinco lustros de edad.» Alarcón, *El niño de la bola*, ed. 1880, p. 21. ¶ «El Gobernador era *célibe*; de modo que las del Jefe Económico, las cacicas, la Gobernadora militar y la Alcaldesa... componían todo el mujerío distinguido de la localidad.» Galdós, *Miau*, cap. 13, ed. 1907, p. 126.

Figura 33.1 Cotejo de los artículos de *célibe* en el *DRAE15* (1925) y en el *DHLE1933*.

DRAE), de 1925 *(DRAE15)*, aunque en la sección inédita parece recurrirse ya a la decimosexta edición del diccionario usual, y la microestructura se completa ocasionalmente con el incremento de algunas acepciones (y voces) y, de forma general, con el añadido de ejemplos que, por otro lado, se citan por la fecha de edición (no por la de redacción) y muestran unas notables restricciones temporales (apenas hay ejemplos posteriores al año 1900) y espaciales (escasean las citas de obras y autores hispanoamericanos). Consecuentemente, las acepciones no se ordenan de acuerdo con un criterio lógico (semántico) o cronológico, con lo que resulta realmente difícil inferir, de la lectura de estos artículos, la historia de las palabras (Álvarez de Miranda 2001, 53–54 y Seco 1995b).

Pese al juicio poco favorable que saludó la aparición del *DHLE1933*, no parece descabellado reconocer, al menos, su primogenitura, su voluntad inicial de modificar la anquilosada lexicografía española (aunque el resultado final fuera escaso) y, sobre todo, la utilidad de los datos contenidos en sus más de 20 000 monografías para obras posteriores, como el *DCECH* (véase Álvarez de Miranda 2001, 54).

3.2. El Diccionario histórico de la lengua española *de 1960–1996*

En noviembre de 1946 se publica, en el *Boletín oficial del Estado*, el decreto fundacional del Seminario de Lexicografía, dirigido inicialmente por Julio Casares (y, en etapas posteriores, por Vicente García de Diego, Rafael Lapesa Melgar y Manuel Seco Reymundo) y conformado por "una plantilla de colaboradores especializados, secundada por el personal auxiliar necesario" (a este equipo se integró ya en 1947 Rafael Lapesa), con el objetivo inmediato de cumplir la obligación estatutaria de elaborar el diccionario histórico del español (Casares 1951b, 3). Una vez examinados y valorados los problemas detectados en el *DHLE1933* (y la censura que había recibido de los especialistas), en mayo de 1947 se decide comenzar el diccionario histórico desde el principio, con un nuevo rumbo, y alzarlo sobre materiales más sólidos y fiables, dados los defectos y lagunas detectados en el proyecto anterior; el nuevo repertorio, que se proponía realizar en treinta y ocho años (incluidos tres de preparación), preveía una extensión de 15 tomos y un total de 16 000 páginas (Casares 1950, 251–262).

De este modo, en 1951 se publica la *Muestra que los redactores someten al examen de la corporación*, con el fin de brindar a la RAE —y a la comunidad de hispanistas y filólogos— las primicias de la obra (y solicitar su parecer sobre ella), así como de probar la metodología adoptada. En este folleto se declara que el incendio producido en la Casa Editorial Hernando (que destruyó buena parte de las existencias de los tomos del *DHLE1933* ya publicados o en vías de publicación), así como "las nuevas tendencias lexicográficas iniciadas en Alemania a mediados del siglo XIX" y la reciente aparición de la primera edición completa del "monumental Diccionario de Oxford" (que será el modelo de este nuevo repertorio), fueron "ocasión e incentivo" para "revisar el plan antiguo con un designio ciertamente más ambicioso y con un criterio más moderno y científico" (Casares 1951b, 3). Esta muestra contiene una serie de voces de la combinación *aba-*, con la adición de ciertos artículos relacionados con ellas (como *baldonar* o *baldón*, vinculadas con *abaldonar*). Casares, el firmante de la pieza preliminar, advierte del carácter tentativo de estas páginas, pues en ellas no se han incorporado todos los datos procedentes de las nuevas cédulas que se están confeccionando (dado que una de las tareas del Seminario, practicada con especial vigor en los inicios, fue trabajar en el aumento del *Fichero general de la Real Academia Española* (*FRAE*), al que se incorporaron un millón y medio de nuevas fichas en cuatro años; Seco 1980, 37).

Sin embargo, las bases documentales con que contaba el Seminario distaban no solo de la cantidad deseable, sino también, en no pocas ocasiones, de las mínimas exigencias de calidad filológica, pues con frecuencia demandaban el cotejo con las ediciones fuente, la ampliación de un contexto insuficiente o la adición de datos bibliográficos incompletos o inexistentes (Seco 1980, 38). Esas arduas y enojosas tareas, sumadas al incremento de la macroestructura y, sobre todo, a la riqueza de informaciones allegadas en la microestructura del diccionario, explican, entre otras causas, la ralentización de las tareas de publicación de los fascículos.

En 1960 se publica el primer fascículo (*a-abolengo*), en el que se perciben ya las novedades con respecto al anterior *DHLE1933*, así como la deuda adquirida con el *Oxford English Dictionary*; en 1972 se completa el primer tomo (*a-alá*), en 1992 el segundo (*álaba-antígrafo*), y entre 1993 y 1996 se publican los últimos tres fascículos, correspondientes a lo que habría de ser el tomo III (*antigramatical-aonio* y *aonio-apasanca*) y el IV (*b-bajoca*); en palabras de Álvarez de Miranda (2001, 55), subdirector de los dos últimos fascículos publicados, las principales innovaciones radican en que esta obra

> construye el edificio lexicográfico *ex novo*, desde sus cimientos, desde los testimonios mismos, induciendo de ellos toda la historia de la palabra. En segundo lugar, [...] es mucho más ambicioso en todos los aspectos, en el rigor filológico de los pasajes citados, en su abundancia y variedad —con importantísima presencia de textos no literarios—, en las precisiones cronológicas y bibliográficas, en el uso conjunto de información primaria o textual e información secundaria o lexicográfica, en el refinamiento creciente de la técnica empleada. Y, por supuesto, en la cobertura léxica.

En el prólogo al segundo tomo, Lapesa (1972, VIII) señala que el *Diccionario histórico de la lengua española* (en adelante, *DHLE1960*) "pretende registrar el vocabulario de todas las épocas y ambientes, desde el señorial y culto hasta el plebeyo, desde el usado en toda la extensión del mundo hispánico hasta el exclusivo de un país o región [. . .], desde el más duradero hasta el de vida efímera". Esta ambición de exhaustividad se completa con una microestructura particularmente rica, conformada por dos elementos básicos: a) el enunciado (constituido por el lema, las variantes gráfico-fonéticas y su explicación, la etimología y algunas indicaciones de tipo general); y b) el cuerpo del artículo, en el que se inscriben las definiciones de las diferentes acepciones y subacepciones, agrupadas en series y subseries (con su calificación gramatical y, en el caso de que presenten alguna restricción geográfica, con inclusión de la marca respectiva), ilustradas por una serie de testimonios distribuidos en tres períodos (Edad Media, siglos XVI y XVIII y etapa contemporánea, que abarca desde el siglo XVIII a la fecha de elaboración del artículo), así como el número de ejemplos no reproducidos por motivos de espacio (los denominados *sobrantes*), a lo que se suman las unidades pluriverbales ligadas a esos valores y, por último, algunas indicaciones morfológicas que instruyen sobre las peculiaridades de ciertos vocablos (Lapesa 1972, XI–XIV, Porto Dapena 2000, 111). Como indica Porto Dapena (2000, 111), "todo esto unido a la ordenación histórica —ramificada, no lineal— de acepciones y subacepciones da una clara visión de lo que ha sido la evolución histórica de la palabra tanto en su aspecto semántico como morfológico o gráfico".

La ordenación de las acepciones obedece a un criterio cronológico (o histórico), si bien Lapesa subraya las limitaciones de este proceder, contradictorio en no pocos casos "con el encadenamiento originario que es preciso suponer entre unos significados y otros" (Lapesa 1972, XIII). La disposición arbórea, ejemplificada por Seco en su presentación del artículo *aleluya* (1980, 41–44) y por Lapesa (1980) en *alma* y *ánima* (artículos que, por su complejidad, incorporan un índice al inicio), se presentan como una innovación "frente a la perspectiva plana ofrecida por la tradicional estructura 'lineal', que es la propia, entre otros muchos, del *Diccionario* común de la Academia y del primer *Diccionario histórico*", pues brinda "una perspectiva tridimensional de la evolución semántica de la palabra" (Seco 1980, 44). La comparación entre algunos artículos del *DHLE1933* y del *DHLE1960* ilustra las diferencias de enfoque (y resultados) entre ambos, como puede comprobarse al leer, por ejemplo, los artículos *ajeno, a*, *análisis* o *anhelar* (estos dos últimos analizados en Álvarez de Miranda 2001, 58–65).

A pesar de que, a lo largo de su trayectoria, el *DHLE1960* se vio acompañado por el reconocimiento a su calidad y a su rigor, las continuas denuncias por la lentitud en su desarrollo inocularon el germen que produjo, finalmente, la definitiva paralización del proyecto, cuando sumaba más de 28 000 artículos (de los cuales más de 7 500 son remisiones).[3]

4. Diccionarios históricos diferenciales del español

En 1995 se publica el *Diccionario histórico del español de Costa Rica* (en adelante, *DHECR*) de M. A. Quesada Pacheco, obra que inicia la serie de diccionarios históricos diferenciales (y, por tanto, restringidos) del español, grupo en el que se integrarán posteriormente el *Diccionario histórico del español de Canarias* (*DHECan*), de C. Corrales y D. Corbella, y el *Diccionario histórico del español de Venezuela* (*DHEV*), de F. J. Pérez.

En la "Presentación" del *DHECR*, Quesada Pacheco establece como uno de los objetivos primordiales de este repertorio la provisión de los primeros testimonios de los vocablos que se estiman propios del español costarricense (o, en general, del americano), así como la presentación de una investigación sólida sobre los cambios semánticos que experimentan las voces examinadas con el devenir del tiempo. El carácter precursor de esta obra se manifiesta también en la esperanza que abriga el autor de que "marque un punto de partida y abra una brecha en el campo léxico histórico americano y sirva de comparación o de referencia para estudios similares sobre regiones del Nuevo Mundo" (1995, VII).

Tras realizar un examen de los repertorios centrados en el léxico americano (y, en especial, en el de Costa Rica) y reconocer la importancia de obras como el *DHLE1960* o el *DCECH* (el diccionario diacrónico que —indica— contiene el mayor elenco de americanismos), Quesada Pacheco (1992 y "Prólogo" del *DHECR*) reivindica la necesidad de atender a fuentes documentales inéditas, originarias de Costa Rica y fundamentalmente no literarias, con el fin de obtener un retrato más perfilado del léxico de esta zona, así como de localizar sus primeros testimonios, tanto de voces costarricenses como americanas.

Los límites temporales de la documentación manejada se extienden desde 1561 hasta principios del siglo XX, como norma general. Por su parte, la selección de voces se efectúa con un criterio amplio, pues no solo incorporan las atestiguadas en el uso (o en los diccionarios) como propias de Costa Rica, sino que la recopilación comprende vocablos de procedencia indígena, otros de origen americano o peninsular desusados en Costa Rica o, incluso, palabras del español general registradas en documentos redactados en alguna zona de Costa Rica que presentan una documentación previa a la consignada en el *DCECH*. Para ello, se emplean fuentes de cuatro tipos: documentos históricos, informes sobre Costa Rica, documentación literaria y documentación lingüística ("Prólogo" del *DCECH*, XII–XVI).

El *DHECR*, que sigue el criterio alfabético directo en la ordenación de las entradas, ofrece, en sus artículos, las siguientes informaciones: lema, categoría gramatical, definición, ejemplos y comentarios (especialmente sobre voces inactivas; véanse, a modo de ejemplo, *capotillo*, *huaca* o *malacate*).

Por su parte, el *DHECan* de C. Corrales y D. Corbella, cuya primera edición se publica en el año 2001, diccionario modélico en su género (como tal lo reconoce F. J. Pérez en la "Introducción" al *DHEV*), persigue registrar "las primeras documentaciones de las palabras que forman el léxico diferencial canario, extraídas de un amplio corpus investigado, con la intención de conocer cómo han sido sus usos y evoluciones de cualquier tipo a lo largo del tiempo, desde las meramente gráficas a las posibles alteraciones semánticas sufridas" (2001, XI). Tres adjetivos resumen las características de este diccionario: diferencial, descriptivo e histórico; en efecto, el *DHECan* estudia la evolución de los particularismos léxicos de Canarias, para lo que se efectúa un trabajo previo de delimitación del léxico característico de esta zona, apoyado en otras obras de estos autores (y, singularmente, en el *Tesoro lexicográfico del español de Canarias* y el *Diccionario diferencial del español de Canarias*), si bien el despojo de la documentación permite incrementar la nomenclatura inicialmente establecida. Al igual que en el *DHECR*, se incorporan a la macroestructura vocablos que no pueden caracterizarse como propios de Canarias, pero sobre los que se han obtenido datos novedosos para su historia, "especialmente en relación con el diccionario de Joan Corominas que, como se sabe, aunque es un diccionario etimológico, es el más próximo al diccionario histórico general del que carece todavía el español" (2001, XIII).

Corrales y Corbella reivindican el valor fundamental de los ejemplos, columna vertebral de cualquier diccionario histórico, y detallan, en consecuencia, el tipo de fuentes empleadas: las históricas (grupo en el que se citan, entre otros, los protocolos, los textos preservados en los archivos de la Inquisición, o los informes y relatos de viajeros), las literarias (capítulo en que descuella el aprovechamiento exhaustivo de la obra de Clavijo Fajardo) y las metalingüísticas. La base documental del diccionario, que se extiende desde principios del siglo XV (en que se redacta *Le Canarien*) hasta 1959 (fecha de publicación de *El español hablado en Tenerife*, de M. Alvar), pretende ser variada y representativa, "siempre con las limitaciones propias de un trabajo tan extenso [...] y por la imposibilidad material de acceder a toda la documentación manuscrita o impresa en las islas y fuera de ellas" (2001, XIV).

En la "Guía para el empleo de este diccionario" se explica detenidamente la estructura de los artículos, divididos en tres partes: a) lema (con las variantes gráfico-fonéticas, la etimología y la categoría gramatical) y definición; b) testimonios; c) comentario, que se orienta a fines diversos, como el esclarecimiento de la evolución de una voz o su pervivencia otras áreas del español (2001, XXIII–XXVIII).

En estos preliminares se sintetizan ya algunos de los descubrimientos realizados, en el curso de la redacción de la obra, sobre la historia de palabras como *bohío*, *chirimoya*, *guagua* o *papa*, que contribuyen a un mejor conocimiento de la historia del léxico del español (y no únicamente del español de Canarias). Samper Padilla (2001, 485) concluye, en definitiva, que nos hallamos ante "uno de los primeros pasos firmes para escribir sobre bases sólidas la historia del español de Canarias".

En 2013 se publica la segunda edición de este repertorio, en que, si bien se mantienen los postulados metodológicos adoptados en la primera, se incrementa notablemente la nomenclatura (que alcanza unos 7 400 artículos) gracias a la posibilidad de acceder a nuevas fuentes documentales y a la consulta de "materiales específicos sobre determinados campos" (*DHECan* 2013, XI).

El último ejemplar de esta serie de diccionarios, el *DHEV*, ve aparecer su primer volumen en 2012, con 100 macroartículos que contienen datos sobre la historia de casi 3 000 palabras; el segundo, publicado en 2016, cuenta, por su parte, con cincuenta macroartículos. Alvar Ezquerra, en el prólogo a la obra, señala que entre estos vocablos no solo hallaremos los "indigenismos más peculiares y caracterizadores de esta modalidad de nuestra lengua", sino también voces "patrimoniales de la lengua española, en las que se da cuenta de las particularidades del uso venezolano" (2012, 10–11). En la "Introducción", Pérez resume el alcance de este repertorio:

> Primero en su especie en la lexicografía venezolana, este *Diccionario histórico del español de Venezuela* ha reunido y descrito una selección de voces patrimoniales y representativas de la lengua española hablada en el país, valiéndose de una metodología documental que las estudia siguiendo para cada una el decurso histórico de su semántica, el devenir cambiante de sus significantes, la profusión de sus relaciones lexicográficas, la huella dejada en la toponimia y la hermandad de algunas unidades con voces de otros enclaves del español.
> *(2012, 13)*

Las monografías están conformadas por un lema (con sus variantes gráficas), la marca gramatical, una explicación general del vocablo (con datos sobre su etimología y su evolución semántica), la documentación, las relaciones lexicográficas de la voz y una serie de notas finales (véanse, por ejemplo, los artículos consagrados a *arepa* o *violín*).

La elaboración de estos diccionarios parciales, aunque no pueda sustituir (ni lo pretenda) a un diccionario histórico general del español, supone un innegable avance en el ámbito de nuestra lexicografía y en el conocimiento de la historia del léxico de nuestra lengua, pues pone a disposición de la comunidad científica no solo estudios minuciosos sobre una cantidad ingente de voces, sino también documentación hasta entonces ignorada. Sería deseable que, como anhelaba Quesada Pacheco en 1995, se contagiase la ambición de alumbrar nuevos diccionarios históricos restringidos en el eje espacial (o, dicho sea de paso, también diccionarios centrados en el estudio del vocabulario de un período de la historia del idioma) para poder seguir sumando nuevos y valiosos datos para un mejor conocimiento y descripción de la historia del léxico del español.

5. La lexicografía histórica digital del español: el *Nuevo diccionario histórico del español*

Ya en el siglo XXI, la RAE decide retomar el proyecto de elaborar el diccionario histórico del español, bajo la dirección de José Antonio Pascual y con un enfoque radicalmente diferente, pues se plantea desde sus inicios como una base de datos, de acceso público en Internet, que debe atender a la "red de relaciones que subyace al léxico de una lengua" y, en particular, a las conexiones morfogenéticas y semánticas entre las palabras (Pascual Rodríguez y García Pérez 2007, 28 y 38).[4]

En la etapa preparatoria del proyecto los esfuerzos se centraron, por una parte, en la confección de recursos y materiales básicos para poder afrontar el trabajo lexicográfico y, por otra, en un ejercicio de reflexión sobre los fundamentos teóricos y procedimentales que habían de guiar la empresa;[5] ese período de trabajo permitió construir las bases documentales propias del diccionario, además de las primeras versiones de las herramientas de redacción y visualización, así como adoptar algunas decisiones que modificaban los planteamientos iniciales, con el fin de presentar un modelo de diccionario más refinado (proceso, dicho sea de paso, común a todos los proyectos de diccionario histórico generales examinados previamente).[6]

Por lo que se refiere a las bases documentales, la lectura de los artículos publicados del *NDHE* muestra que, en su elaboración, se emplean fuentes de carácter heterogéneo, como corpus, tesoros lexicográficos, los distintos diccionarios históricos del español, ficheros y fuentes digitales (procedentes de bibliotecas y hemerotecas digitales).[7]

Es bien sabido que a partir del año 1994 la RAE inició la construcción, bajo la dirección de Guillermo Rojo, de bancos de datos, mediante la aplicación de las técnicas informáticas, para obtener mejores materiales de trabajo y facilitar su accesibilidad, iniciativa que condujo finalmente a la conformación del *CORDE* y el *CREA*.[8] A partir de estos dos corpus, en el marco del proyecto del *NDHE*, se decidió elaborar un corpus restringido, manejable, con el objetivo prioritario de poder proceder a su anotación lingüística: es el denominado *CDH* nuclear, con 60 millones de registros (cuya primera versión se publicó en marzo de 2012); a él se han añadido posteriormente dos capas de consulta más, para integrar una serie de textos procedentes del *CORDE* (que suman más de 223 millones de ocurrencias) y del *CREA* (con más de 123 millones de registros).

Aunque se han señalado los problemas que presenta —en buena medida, comunes a otros corpus (Pascual Rodríguez 2016; Campos Souto y Pascual 2012; Campos Souto 2016, 218)—, el *CDH* ofrece algunas ventajas innegables para los lexicógrafos (y para los filólogos, en general), dado que todos los textos, con un grado mayor o menor de precisión, presentan una preanotación morfosintáctica, al tiempo que su interfaz integra un amplio abanico de opciones de consulta, que van desde el rescate de las concordancias de un determinado vocablo, el descarte de ciertos testimonios (como, por ejemplo, los marcados como citas o notas), la construcción de subcorpus, la obtención de las coapariciones de un determinado vocablo (opción disponible únicamente en la capa del *CDH* nuclear), la realización de consultas gramaticales o la posibilidad de ordenar las búsquedas a partir de la fecha del testimonio base de la edición o transcripción incluida en el corpus (y, a la vez, de recuperar datos sobre caracterización filológica de esas otras), si bien esta opción solo está disponible para la etapa medieval del *CDH* nuclear. Pero, sin duda, la gran novedad radica en la integración del corpus (de las bases documentales) en la herramienta de redacción del diccionario, denominada *ARDIDEs* (*Aplicación de Redacción de un Diccionario Diacrónico del Español*) (Salas Quesada y Torres Morcillo 2011, 2015).

El *NDHE* dispone, pues, de un sistema o aplicación de redacción propio, fruto de la colaboración entre lexicógrafos e informáticos: concebir el diccionario como una base de datos léxica implica que, en la construcción de las herramientas informáticas, la lexicografía es la que lleva la batuta para ir determinando las necesidades, las prioridades, las formalizaciones y los condicionamientos impuestos a la labor de los lexicógrafos, por lo que ambos elementos (diccionario y aplicación) se retroalimentan y deben crecer y desarrollarse al mismo tiempo. *ARDIDEs* es el *software* desarrollado por el departamento de tecnología de la RAE, basado en una codificación de los datos en formato *XML* propietario sobre una base de datos *XML* nativa, para la construcción del *NDHE*. Entre otras ventajas, *ARDIDEs* destaca por su flexibilidad, la coherencia y la seguridad estructural (dado que se define un esquema *XML* para describir la estructura y las restricciones de los contenidos de la planta del diccionario de una forma precisa), la utilización de un entorno web y la integridad referencial.

El *NDHE* constituye, en suma, una muestra del cambio de paradigma que ha experimentado la lexicografía (y sus métodos de trabajo) debido a la confluencia de varios factores, entre los que se deben mencionar los avances de la lingüística en los últimos años, la conformación de grandes corpus textuales y la irrupción de la informática, que ofrece nuevas posibilidades para el quehacer lexicográfico y, al tiempo, impone la adopción de nuevos procedimientos, así como un mayor rigor en los métodos y técnicas empleados en la confección de un diccionario. En este sentido, la redacción de las voces no se pliega al orden alfabético (uno de los escasos criterios de ordenación posibles en la lexicografía tradicional, destinada a la publicación en soporte papel), sino que se realiza por grupos de palabras que mantienen vínculos semánticos o morfogenéticos; en palabras de Bosque y Barrios, "this dictionary contains important developments compared to its predecessors in the RAE, including the renewal of corpora and text sources, a digital editing platform, and the simple but crucial fact that the order of entries in the drafting process is not alphabetical, but conceptual" (2018, 640). En esta misma dirección debe señalarse que, aunque el *NDHE* es una obra en curso, se realizan periódicamente actualizaciones que permiten el acceso público a los artículos redactados.

La pantalla de acceso al *NDHE* ofrece, además la posibilidad de consultar una explicación de la estructura del diccionario, leer la presentación, verificar el modo de cita y revisar los créditos, así como explorar una visión esquemática de los artículos, como se puede apreciar en la Figura 33.2:

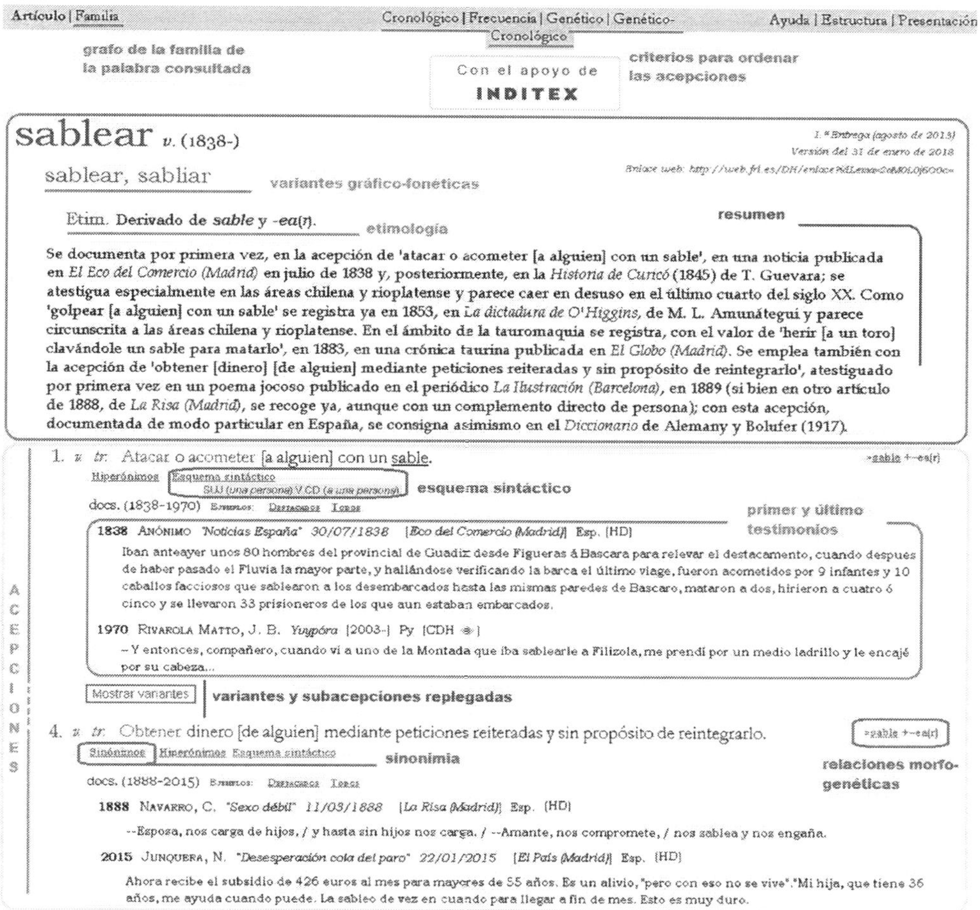

Figura 33.2 Esquema de un artículo del *NDHE* (*sablear*).

La lectura de los artículos publicados del *NDHE* (que alcanza la suma de 4 875 en la actualización más reciente, del 31 de marzo de 2020), permite comprobar que en ellos se pueden localizar, entre otras, las siguientes informaciones:[9]

- Resumen de la historia de la palabra, apartado en el que se presentan, de modo sintético, los principales episodios en la vida de un vocablo, así como informaciones complementarias (como anotaciones sobre lecturas erróneas detectadas en las bases documentales) y cuestiones pendientes o dudosas, abiertas a la participación de los filólogos. Este apartado, concebido como el modo de acceso más adecuado para el usuario no especialista, sintetiza todos los datos relevantes sobre la etimología, las variantes gráfico-fonéticas significativas, las acepciones y subacepciones de la voz, sus posibles restricciones (diatópicas, cronológicas, diatécnicas), así como sus primeras documentaciones, la indicación de los mecanismos de cambio semántico que explican el nacimiento de nuevos valores, remisiones a sinónimos y envíos a otras voces relacionadas (véanse, por ejemplo, los artículos *galápago*, *trompeta* o *sable*[3]).
- Información gráfico-fonética y de morfología derivativa apreciativa: se incorporan, así, lemas, sublemas (o variantes gráfico-fonéticas) e hiperlemas (entendidos como mecanismos de relación entre varios artículos del diccionario, que conectan, entre otras, las voces homónimas, así como los extranjerismos crudos y las palabras adaptadas que poseen un étimo común, como puede apreciarse en artículos como *boomerang* y *bumerán o búmeran* o *torpille* y *torpilla*).[10]
- Etimología. Aunque, como ya se ha señalado, los objetivos de los diccionarios históricos y de los etimológicos divergen, el *NDHE* persigue presentar datos fiables sobre el origen de las voces, apoyando las propuestas etimológicas bien en estudios especializados (y, singularmente, en el *DCECH*, como puede apreciarse en artículos como *guanaco, a*), bien en los resultados obtenidos por el equipo en su investigación sobre la biografía de la palabra (véase, por ejemplo, *leishmaniasis*, *mecanógrafo* o *termómetro*). Los datos de cada étimo se almacenan en una ficha única (en la base de datos de étimo), con informaciones precisas sobre su cronología, acepciones y genealogía. Esto permite, finalmente, generar una vista de la familia de palabras en forma de grafo.
- Acepciones, subacepciones, variantes sintácticas, construcciones y unidades pluriverbales. Por defecto, las acepciones se despliegan en orden cronológico, si bien existe la posibilidad de organizarlas por frecuencia o en virtud de un criterio genético (o genético-cronológico; véase Campos Souto 2020). Cada uno de estos niveles puede incorporar esquemas sintácticos (véanse, por ejemplo, *bufar*, *encorsetar*, *taquigrafiar* o *torpedear*) y, a la vez, tanto estos elementos como las variantes contienen con frecuencia información combinatoria (véanse, por ejemplo, además de los citados, los artículos *ballena*, *neumonía* o *mórbido, a*). De acuerdo con el proceder habitual en la lexicografía del español, las unidades pluriverbales (en especial, compuestos y locuciones) se entienden como subentradas del diccionario, con encabezamiento propio. Ocasionalmente se presentan algunas construcciones formadas por un verbo de apoyo y un sustantivo abstracto, con el objetivo de ofrecer los ejemplos acopiados y establecer relaciones entre palabras, sin entrar a juzgar el estatuto de las construcciones con verbos ligeros (véase, a modo de ejemplo, *sablear* y *sablazo* [*dar*]). Otra novedad radica en la construcción de un sistema semiautomático de definición analizada y desambiguada, de tal modo que cada constituyente de la definición se anota morfosintáctica y semánticamente (Campos Souto *et al.* 2019). El objetivo inmediato de esta funcionalidad reside en la necesidad de reducir el riesgo de error en las tareas lexicográficas (y, por consiguiente, en aumentar la productividad), así como en la de incrementar la coherencia del sistema

definitorio; esta aplicación permitirá ir formando, gradualmente, un vocabulario definidor limitado y, en el futuro, posibilitará que el *NDHE* sea un diccionario inteligible para los ordenadores.

- Ejemplos. Todas las acepciones, subacepciones y variantes van acompañadas de los testimonios de uso extraídos de las bases documentales del diccionario, diferenciando entre ejemplos de tipo léxico y lexicográfico (y marcando, además, los metalingüísticos y los de sentido figurado). Esta operación permite distinguir entre acepciones atestiguadas únicamente en repertorios lexicográficos (que carecen de definición propia, dado que reciben la incluida en alguno de los diccionarios que las consigna) y aquellas que disponen de documentación léxica.
- Relaciones morfo-etimológicas y mecanismos de cambio semántico. En el *NDHE* se indica si una acepción es etimológica (es decir, si se atestigua ya en la voz madre de la palabra española; véanse *bronquial*, *casoar* o *guardarrayos*) o, en el caso de los vocablos creados por un proceso de formación de palabras, si está relacionada con alguna acepción de la voz base (véanse *careyero, a*, *portaescopeta* o *trompetear*). Por otro lado, se apunta si una acepción procede de otra y si se ha verificado un cambio semántico merced a un mecanismo como la metáfora, la metonimia o la sinécdoque, entre otros (véanse *avestruz*, *bikini*, *corsé* o *galápago*).
- Relaciones semánticas (sinonimia, hiperonimia, holonimia, etc.). En esta sección del artículo se establecen relaciones entre las acepciones (o subacepciones) de las palabras entre las que se establecen relaciones de identidad de significado (véase, a modo de ejemplo, la amplia lista de sinónimos de *lepra*), inclusión (tanto hiperónimos e hipónimos como merónimos y holónimos; véase *neumonía* o *barometría*) o de oposición (véase *desembaldosar*).
- Marcas. Las acepciones de las palabras estudiadas en el *NDHE* pueden recibir cuatro tipos de marcas: diatópicas, pragmáticas, sociolingüísticas o de especialidad (véanse, por ejemplo, *balenóptero*, *tercerola* o *mapachear*). En todos los casos, el sistema de marcación se ha implementado mediante una serie de desplegables. En algunas fichas se han incluido también envíos (véase, en *sable*, *ruido de sables*), con el fin de incorporar la información que se ha localizado en la redacción de algunos artículos, para que se pueda aprovechar en el momento en que se afronte la elaboración del artículo correspondiente (*ruido*).

Esta sucinta presentación del *NDHE* y de la estructura de sus artículos permite inferir que este diccionario constituye, en realidad, una base de datos léxica que incluye el diccionario total de español, susceptible, por tanto, de explotarse de diversos modos, pues de él podría extraerse tanto un vocabulario de un autor como un diccionario de sinónimos, un diccionario de un etapa o área del español o, incluso, la lista de voces de etimología inglesa datadas antes del año 1900. Evidentemente, para que esas consultas ofrezcan unos datos de relevancia, el *NDHE* debe disponer de una cantidad de artículos notablemente superior a la actual, así como poder llevar a término desarrollos informáticos que, por ejemplo, faciliten la reutilización de los datos y brinden la ocasión de obtener información combinatoria (García Jáuregui 2019).

Para concluir este apartado, no parece improcedente advertir que la buena marcha del *NDHE* (y, en general, de cualquier diccionario histórico) exige disponer, por una parte, de desarrollos informáticos actualizados, más ágiles y flexibles, pero también reclama la implementación de mecanismos de personalización de las consultas para los usuarios. Por otro lado, la proliferación (y dispersión) de nuevas fuentes documentales (con el crecimiento exponencial de corpus, hemerotecas y bibliotecas digitales) demanda la construcción de programas de consulta que puedan extraer datos de fuentes documentales de naturaleza diversa, relevantes lingüísticamente y filológicamente fiables. Esa multiplicación de fuentes contrasta con la carencia de datos sobre algunas áreas lingüísticas, especialmente en algunos períodos, lo que constituye una evidente debilidad. Además, dado que la historia de una lengua discurre en paralelo con la de los otros idiomas con los que se ha relacionado, sería necesario poder establecer conexiones entre los diccionarios históricos de diferentes idiomas, conexiones que solo se pueden llevar a cabo con la complicidad de la tecnología. Por último, la redacción de un diccionario histórico pone de manifiesto la necesidad de retomar algunos temas en la investigación de la historia del español, preteridos por la orientación básicamente sincrónica de la lingüística en los últimos años, de cuyo mejor conocimiento se beneficiaría la lexicografía diacrónica: sirvan como botón de muestra la etimología de las voces de especialidad, los estudios de morfología histórica o la investigación diacrónica sobre restricciones combinatorias.

6. Conclusiones

La lectura de los apartados anteriores desemboca en una primera conclusión palmaria: los diccionarios históricos generales difícilmente pueden concebirse como empresas personales, ni llegar a término sin el firme compromiso de los organismos que los elaboran (sobre los que recae el peso de asumir su condición de proyectos de largo alcance), o sin una dotación económica suficiente y continuada que permita asegurar la estabilidad de los equipos, altamente cualificados, que deben llevarlos a cabo (así como la disponibilidad de los recursos materiales imprescindibles para efectuar las tareas); como atinadamente ha apuntado Porto Dapena (2000, 111), la elaboración de un diccionario histórico "tiene que ser necesariamente lenta", pues "se trata de un auténtico tesoro de la lengua, al pretender recogerlo absolutamente todo en materia de léxico". O, como también ha escrito Álvarez de Miranda (2001, 70), "en lexicografía no hay milagros, lo que cuenta es la determinación, la aptitud y la perseverancia", así como la necesidad de "olvidarse de atajos, porque tampoco existen". Pero la parcelación de las tareas, posible gracias al abandono del orden alfabético y a la organización de las labores de redacción por campos semánticos y familias léxicas (Pascual Rodríguez y García Pérez 2007, 28), se ofrece como un feliz hallazgo y una indudable oportunidad para resolver algunos de los problemas planteados por la magnitud de la tarea.

Notas

1 Los registros de descripción de estos legajos (signaturas ARAE, FRAE 2900–2908 y 996–998), elaborados por Covadonga de Quintana, responsable del Archivo de la RAE, pueden consultarse en http://archivo.rae.es/index.php/ebtja

2 Para una primera descripción de los materiales inéditos del *DH*, custodiados en el Archivo de la RAE, véase Campos Souto (2017, 167–168, n.), así como la información debida a D. Fernández de Velasco y C. de Quintana contenida en la siguiente sección del Archivo: https://archivo.rae.es/diccionario-historico-2.

3 En un artículo publicado en *El País (Madrid)* el 9 de mayo de 1981, Seco, ante cálculos alarmantes (y claramente exagerados) sobre la fecha de conclusión del *DHLE1960*, reivindica el valor de una obra de este cariz: "Todos los pueblos cultos tienen conciencia de que en la base de su cultura está el perfecto conocimiento de su lengua, y de que es ingrediente fundamental de este conocimiento el estudio a fondo de su léxico; para lo cual es pieza clave la compilación de éste sobre su documentación histórica. España, que tiene una de las cinco grandes lenguas del mundo, no puede inhibirse de actuar en este sentido, ni tampoco las veinte naciones que con España la comparten".

4 El 23 de septiembre del año 2005 se publica, en el Boletín Oficial del Estado, la orden de inscripción, en el Registro de Fundaciones, de la Fundación Instituto de Investigación Rafael Lapesa para el *Nuevo diccionario histórico de la lengua española;* en este texto se indica que sus fines fundacionales son "1. La investigación científica en el ámbito de la historia del léxico español. 2. La construcción del *Nuevo diccionario histórico de la lengua española* en el que, sobre la base de un corpus léxico específicamente preparado y permanentemente actualizado, se afrontará el estudio histórico de la evolución de las formas

y significados de las palabras, investigando las redes de relación que, en los distintos niveles lingüísticos y semánticos, se van estableciendo entre ellas a lo largo de los siglos".

5 Véanse, a modo de ejemplo, los trabajos incluidos en Garcés Gómez (2008) y Gómez Martínez y Carriazo Ruiz (2010).

6 Al calor del proyecto del *NDHE* se han elaborado diversos recursos, así como versiones digitales o electrónicas de varios repertorios y ficheros, versiones que se han puesto a disposición de la comunidad científica en la red. El 30 de marzo de 2012 se publicaron, en la página de la Fundación Rafael Lapesa, la versión digital del *FRAE*, el *Mapa de diccionarios académicos* y una versión electrónica de los fascículos publicados del *Diccionario histórico de la lengua española (DHLE1960)* de la RAE (1960–1996). El 3 de agosto de 2013 se incluyó la versión electrónica del *Diccionario de autoridades (DAut)* y el PDF de los dos tomos del primer *Diccionario histórico de la lengua española (DHLE1933)* (1933–1936). La versión electrónica del *Diccionario histórico del español de Canarias, (DHECan)* de C. Corrales Zumbado y D. Corbella, por su parte, se publicó en diciembre de 2014. Con respecto a la necesidad de adoptar cambios metodológicos una vez comenzada la tarea, son ilustrativas las palabras de Lapesa en el prólogo al tomo I del *DHLE1960*: "Aunque habíamos trazado sus líneas generales y fijado gran parte de sus detalles antes de empezar a publicarlo, se nos fueron presentando después nuevos casos que no habíamos previsto y a los cuales había que buscar solución en armonía con el resto del sistema; por otra parte, la práctica nos obligó a rectificar o eliminar algunas de las normas iniciales" (Lapesa 1972, XIV).

7 En esa rica nómina de fuentes empleadas en el *NDHE* deben mencionarse, por ejemplo, otros corpus esenciales para el estudio de la historia del español, como el *Corpus Diacrónico y Diatópico del Español de América* (*CORDIAM*), el *Corpus léxico de inventarios* (*CorLexIn*) o el *Corpus hispánico y americano en la red: textos antiguos* (*CHARTA*).

8 El *Corpus Diacrónico del Español* (*CORDE*) dispone, en su última versión, de más de 250 millones de ocurrencias, con textos comprendidos entre la época de orígenes y 1974, en tanto que el *CREA* (*Corpus de referencia del español actual*) cuenta con más de 160 millones de registros procedentes de textos datados entre 1975 y 2004; en noviembre de 2015 se publicó la versión anotada de este corpus.

9 La muestra del *NDHE*, con 365 artículos, se publicó el 3 de agosto de 2013.

10 Para los problemas que presenta la variación gráfica en el *NDHE*, véase Pascual Rodríguez (2019).

Bibliografía básica

Álvarez de Miranda (2001); Carriazo Ruiz (2017); Pascual (2015); Porto Dapena (2000); Seco (1980).

Bibliografía complementaria

Casares (1950); Salas Quesada y Torres Morcillo (2015); Seco (1995b).

34

Los diccionarios de colocaciones (Dictionaries of collocations)

Sergi Torner y Blanca Arias-Badia

1. Introducción

En este capítulo se explica cómo se ha abordado desde el punto de vista de la lexicografía del español la labor de representar las colocaciones. Tras una introducción al concepto de colocación, el capítulo se centra en describir las dos obras lexicográficas principales con las que contamos hasta hoy, los diccionarios de la editorial SM dirigidos por Ignacio Bosque *Redes* (2004) y *Práctico* (2006), así como el *Diccionario de colocaciones del español* (*DiCE*), un proyecto en curso que persigue construir un diccionario de colocaciones en línea de los sustantivos de sentimiento en español. Finalmente, se presentan brevemente algunos trabajos de investigación que, sin haber fructificado en obras lexicográficas, hacen propuestas innovadoras en el tratamiento y la representación de la combinatoria léxica, ya sea desde el ámbito de la lingüística computacional, ya en el ámbito de la lexicografía de aprendizaje.

Palabras clave: colocación; combinatoria léxica; *DiCE*; *Práctico*; *Redes*

This chapter reports on the representation of collocations in Spanish lexicography. After a brief introduction to the notion of collocation, the chapter describes the two main lexicographic tools available to date, namely *Redes* (2004) and *Práctico* (2006), dictionaries published by SM under the direction of Ignacio Bosque. We also mention the *Diccionario de colocaciones del español* (*DiCE*), an ongoing project which seeks to create an online collocation dictionary of nouns related to the notional domain of 'feelings' in Spanish. Finally, the chapter explores research projects which have made innovative proposals in terms of how to deal with lexical combinatorics in dictionaries from the point of view of Computational Linguistics or dictionary making for learners.

Keywords: collocation; *DiCE*: lexical combinatorics; *Práctico*; *Redes*

2. Las colocaciones y la combinatoria léxica

2.1. Las colocaciones en la lingüística aplicada

La noción de colocación no es nueva en los estudios lingüísticos. Sin embargo, no se ha alcanzado a día de hoy un consenso ni acerca de la definición del concepto ni sobre la determinación de

 DOI: 10.4324/9780429244353-39

qué combinaciones de palabras de una lengua constituyen una colocación. Existe, ciertamente, un acuerdo básico alrededor de la idea de que las combinaciones de palabras no son totalmente libres, sino que tienden a reproducir en el uso determinados patrones combinatorios, que resultan en el modo más habitual de expresar una noción dada en una lengua. De este modo, por ejemplo, el *jaleo* se *arma* (y no se *organiza, produce, genera, crea* o cualquier otra expresión teóricamente posible); del mismo modo, la manera habitual de indicar que se *niega* de forma taxativa es mediante los adverbios *tajantemente* o *rotundamente* o la locución *en redondo*, frente a otras alternativas posibles. Estas combinaciones frecuentes, más o menos estables, que no constituyen una unidad léxica sino una opción expresiva habitual son lo que se conoce como colocación.

El concepto de colocación nace en la lingüística británica de mediados del siglo XX, con el trabajo de Firth (1957) —aunque encuentra precedentes en trabajos anteriores que mencionan la noción (*cf.* Ferrando 2012, 14 y ss.)—. Sin embargo, su pleno desarrollo tanto conceptual como en la descripción no se produce hasta la década de la década de 1980, de la mano de la lingüística de corpus que trabaja con herramientas informáticas, las cuales ponen de manifiesto la tendencia de las lenguas naturales a la repetición. El desarrollo del concepto de colocación coincide en el tiempo con el giro lexicalista que de forma gradual se produce en diversas corrientes de la lingüística tanto teórica como aplicada, que sitúa el léxico en el centro del debate científico. Desde aproximaciones muy diversas, no siempre conectadas entre sí, se pone el foco en las restricciones que las palabras imponen en su capacidad de combinarse con otras unidades léxicas, de modo tal que la capacidad combinatoria del léxico se convierte en un tema central del análisis de muchas escuelas de la lingüística teórica, a la vez que la descripción de las combinaciones que efectivamente se producen en la lengua es objeto de interés creciente para la lingüística aplicada.

En concreto, el interés en la combinatoria léxica converge en las últimas décadas del siglo pasado en tres ramas de la lingüística aplicada. En primer lugar, en la enseñanza de segundas lenguas. El enfoque léxico en la enseñanza de lenguas propuesto por Lewis (1993) suscitó especialmente el interés por las coapariciones léxicas, con la constatación de que la producción de los hablantes nativos tiende a la repetición de esquemas y secuencias de palabras fijas; quien aprende una segunda lengua, pues, ganará en naturalidad si produce enunciados que reproduzcan esas combinaciones frecuentes, en vez de emplear otras construcciones gramaticalmente posibles pero infrecuentes en la producción de los hablantes nativos (Wray 2002, Meunier y Granger 2008). Desde el punto de vista teórico, el llamado principio idiomático *(idiom principle)* propuesto por Sinclair (1991) reforzaba esta hipótesis. En segundo lugar, la noción de colocación encuentra también acomodo en la lexicografía que se produce durante estos mismos años. A la zaga de los diccionarios de aprendizaje británicos, muchas obras lexicográficas se orientan hacia la producción (*cf.* Cowie 1981, Sinclair 1987); si bien esta orientación no era extraña a la tradición lexicográfica de muchas lenguas —por ejemplo, en español había dado en el pasado diccionarios de uso notables—, los últimos años del siglo pasado vieron despertar el interés en diccionarios de lenguas diversas por las combinaciones de palabras, pues la información sobre qué combinaciones se emplean de manera natural en una lengua resulta una información útil para el usuario que consulta el diccionario con el fin de producir textos (Siepmann 2005 y 2006). Finalmente, el desarrollo de la lingüística computacional permitió el análisis de corpus extensos, los cuales, entre otras muchas cosas, pusieron de manifiesto las tendencias combinatorias del léxico; asimismo, permitieron automatizar la extracción de información a partir de textos, de modo que el desarrollo de herramientas estadísticas hace hoy posible reconocer patrones combinatorios de las palabras, reduciendo de este modo el altísimo coste que suponía su identificación manual (Kilgarriff *et al.* 2004 y 2010).

2.2. Las colocaciones en los diccionarios

Alentada por todos estos avances teóricos, metodológicos y descriptivos, la lexicografía reciente ha orientado su mirada hacia la capacidad combinatoria de las unidades léxicas. En tanto que modelo del léxico de las lenguas, los diccionarios deben recoger con la mayor precisión posible el conocimiento que los hablantes atesoran sobre las palabras. En la medida en que la capacidad combinatoria del léxico es información que los hablantes conocen, esta es susceptible de enriquecer la descripción que ofrecen las obras lexicográficas, ya sea en las entradas de diccionarios generales, ya sea con la compilación de diccionarios específicos de colocaciones.

De hecho, la lexicografía del español ya había atendido a la combinatoria léxica en los diccionarios generales. Como observa Maldonado (2017, 152), el foco de la tradición lexicográfica en los diccionarios generales en español no se había puesto en la descripción de la combinatoria, sino que la praxis lexicográfica se había centrado fundamentalmente en la redacción de "buenas definiciones"; sin embargo, es cierto que la combinatoria léxica aparece en los diccionarios generales del español de distintas formas (Serra Sepúlveda 2009, Maldonado 2017). En el *Diccionario de la lengua española* (Real Academia Española y Asociación de Academias de la Lengua Española 2014, en adelante, *DLE*), por ejemplo, la encontramos a veces en las fórmulas mismas que se emplean en las definiciones. Así, por ejemplo, el verbo *esquilar* se define como "Cortar el pelo o lana de los ganados y otros animales", donde el sintagma preposicional *de los ganados y otros animales* restringe la clase léxica de argumentos con que se combina el verbo. También aparece la combinatoria en los ejemplos que acompañan las definiciones; así, el verbo *viajar* se ilustra con el ejemplo "Los cohetes viajan a gran velocidad", que revela posibles colocaciones adverbiales del tipo *a {mucha/poca/cierta} velocidad*. Y se introduce, sobre todo, en los contornos de definición, que describen clases léxicas con las que se combina una palabra. De este modo, por ejemplo, las tres acepciones de *incubar* que se definen en el *DLE* se restringen con los contornos de definición "Dicho de un ave u otro animal ovíparo", "Dicho de una enfermedad" y "Dicho de una tendencia o de un movimiento cultural, político, religioso, etc.", que glosan clases léxicas de los argumentos con que se combina. Casos similares se dan en la gran mayoría de diccionarios generales del español, como el *Diccionario del uso del español* (*DUE* 1966–1967), el *Diccionario del español actual* (Seco, Andrés y Ramos 1999, *DEA*), el *Diccionario de uso del español de América y de España* (*DUEAE* 2002), el *Diccionario Clave: Diccionario de uso del español actual* (*Clave* 1996), el *Diccionario del español de México* (*DEM* 2010) o el *Diccionario integral del español de la Argentina* (*DIEA* 2008) (*cf.* Serra Sepúlveda 2009 y Maldonado 2017). Igualmente, en las últimas décadas la combinatoria se ha trabajado en diccionarios escolares, como el *Diccionario de Primaria* de la serie Vox (*Primaria Anaya-Vox* 1997), por medio de definiciones fraseológicas que resuelven al estudiante posibles dudas relacionadas con la combinatoria léxica; así, por ejemplo, encontramos la siguiente combinatoria en la primera acepción del adjetivo *natural*: *alimentos naturales*, *ciencias naturales*, *producto natural*. Por último, hallamos también información sobre combinatoria léxica en los catálogos de voces afines elaborados por María Moliner en el *DUE4*. Así, en el catálogo que acompaña la entrada del verbo *jugar* encontramos tanto listas completas de juguetes o juegos (*ajedrez*, *bowling*, etc.) como colocativos con los que este verbo se combina (*un partido*, por ejemplo).

Un antecedente histórico reseñable de la lexicografía interesada por las propiedades combinatorias del léxico se halla en el *Diccionario de construcción y régimen de la lengua castellana* (1886–1994, *DCR*), obra magna que empezó a elaborar Rufino José Cuervo en 1872, cuyos tres primeros tomos publicó el autor colombiano a finales del siglo XIX y cuya publicación completó el Instituto Caro y Cuervo entre 1942 y 1994 (Porto Dapena 1980). En 1998 la obra completa fue reeditada por la Editorial Herder. En rigor, no se trata de un diccionario de colocaciones, sino de un diccionario sintáctico[1] (Muñoz Núñez 2017) que recoge las propiedades de construcción de los principales verbos del español (*cf.* Porto Dapena 1980; Montes Guiraldo 1998; Mahecha 2011; Muñoz Núñez 2017, entre muchos otros). Por ello, aporta fundamentalmente información sobre las construcciones sintácticas de los lemas que recoge, especialmente las relativas al régimen preposicional. Sin embargo, aporta también a menudo información sobre las clases léxicas con las que se combinan los predicados, especialmente en los contornos de definición.

Pese a todo ello, la tradición lexicográfica del español no ha contado con diccionarios específicos de colocaciones hasta fechas muy recientes. Como suele ocurrir en otras ocasiones, fue la lexicografía británica la pionera en este tipo de obras lexicográficas, de modo que en la actualidad existen numerosos diccionarios de colocaciones para el inglés (Buendía Castro y Faber 2014). En español, en cambio, el desarrollo de los diccionarios de colocaciones ha sido más tardío, y de hecho son pocas las obras de este tipo con que contamos en la actualidad. A ellas dedicamos este capítulo, que se centrará en la presentación de los diccionarios monolingües de colocaciones en español y no prestará en cambio atención a la lexicografía bilingüe de colocaciones (Corpas Pastor 2017) ni a la información colocacional que puede extraerse de la información implícita de las entradas de los diccionarios generales.

3. El concepto de colocación

En una primera aproximación laxa al concepto, puede decirse que las colocaciones son combinaciones de palabras que se emplean en una lengua dada para expresar una noción determinada. De este modo, según Higueras (2006, 21) son:

> Unidades estables que presentan una fijación mayor que la de las combinaciones libres y menor que la de las expresiones idiomáticas y, además, que están habitualizadas, es decir, que son la forma más frecuente que emplearía un nativo para combinar dos lexemas.

Sin embargo, más allá de este consenso básico el acuerdo entre los autores que se aproximan al fenómeno de la colocación es escaso. Los diversos trabajos que se han ocupado del tema han adoptado aproximaciones distintas, solo parcialmente coincidentes, en función de sus intereses descriptivos, de las concepciones teóricas desde las que abordan el fenómeno y de las aplicaciones prácticas que pretenden.

A grandes rasgos, durante las últimas décadas han convivido cuatro aproximaciones diferentes al fenómeno de la combinatoria léxica (*cf.* Sánchez Rufat 2010, Millon 2011 y Ferrando 2012, entre otros). En primer lugar, la lingüística británica, a partir de las propuestas de Halliday (1966), Mitchell (1971) y Sinclair (1991), ha adoptado una perspectiva de corte fundamentalmente estadístico. Desde este enfoque, lo que define una colocación es la frecuencia de coaparición de dos unidades léxicas en los corpus textuales, medida con herramientas estadísticas que arrojan datos sobre la frecuencia relativa de las combinaciones y su información mutua, esto es, la información que una palabra aporta sobre la posibilidad de coaparecer con otra. Así, según este enfoque, dos palabras descriptivas que coaparecen con una frecuencia superior a la esperable dadas las frecuencias de cada una de ellas por separado forman una colocación. La discusión se centra como consecuencia en la determinación de cuál es la medida estadística más adecuada para identificar de forma automática las colocaciones (Church y Hanks 1990, Stubbs 1995, Heid 1994, Daille *et al.* 1998, Williams 1998 y 2008), pues distintas medidas estadísticas dan como resultado el reconocimiento de colocaciones distintas (Evert y Krenn 2005, Millon 2011). En español no existen diccionarios publicados que se basen en esta noción estadística de colocación; sin embargo, esta ha tenido una notable influencia en diversos trabajos de lingüística computacional, como algunos proyectos que presentaremos en el epígrafe 4.3.

Frente a esta aproximación estadística, existe una segunda corriente que concibe la combinatoria léxica en términos de motivación semántica, siguiendo fundamentalmente los trabajos de Cowie (1981) y Hausmann (1989b). A diferencia de lo que ocurre en el acercamiento estadístico, esta segunda aproximación, comúnmente conocida como "lexicográfica", concibe las colocaciones como combinaciones de palabras en las cuales la selección sigue una determinada dirección: una unidad léxica, llamada "base", selecciona otra unidad léxica, llamada "colocativo", para expresar una noción dada. De este modo, por ejemplo, el hablante que quiere usar el verbo *negar* para expresar la idea de 'negación absoluta' elegirá las colocaciones *negar rotundamente, negar tajantemente* o *negar en redondo*, que constituyen el modo natural de expresar esta idea en español. Esta corriente ha tenido una traducción directa en los diccionarios de colocaciones, que generalmente organizan sus lemarios a partir de las bases, y recogen en sus entradas los colocativos con los que estas se combinan para formar colocaciones. En esta aproximación, el énfasis se pone en distinguir la combinatoria libre, semánticamente motivada pero que no debe entrar a formar parte de los diccionarios, de la combinatoria con un alto grado de fijación, motivada lingüísticamente, de la que las obras lexicográficas sí deben dar cuenta (Cowie 1981).

Un exponente extremo de esta orientación lo constituye la teoría funcionalista de Mel'čuck y sus seguidores (*cf.* Mel'čuk *et al.* 1995 y Mel'čuk 1997), conocida como la Teoría Sentido-Texto, desarrollada en español en los diversos trabajos de Alonso Ramos (2004, 2006, 2013, 2017, entre otros). De modo muy sucinto, esta teoría propone que las diversas nociones que puede expresar una colocación se corresponden con un conjunto cerrado de funciones; así, al aplicar una función sobre una base se obtiene el listado de colocativos que la lengua emplea para expresar el contenido semántico a que corresponde dicha función. Por ejemplo, la función *Magnifica* corresponde a la expresión del sentido aproximado de 'intensidad máxima'; aplicada sobre la base *negar* proporcionaría los colocativos *tajantemente, rotundamente* y *en redondo*. En español, esta teoría ha sido puesta en práctica en un proyecto de diccionario de colocaciones, el *Diccionario de colocaciones del español* en línea (*DiCE*), del que nos ocuparemos en las páginas que siguen.

La direccionalidad base > colocativo que propugna la aproximación lexicográfica a las colocaciones ha sido cuestionada en los últimos años por algunos trabajos producidos desde la lingüística teórica de orientación lexicalista (Bosque 2004a, 2005, 2017). Estos constituyen una tercera aproximación a la combinatoria léxica que ha inspirado también conocidos diccionarios en español, como el diccionario *Redes. Diccionario combinatorio del español* 2004 *(Redes)*, que presentaremos más adelante. Según se propone, las colocaciones son el resultado de las restricciones de selección léxica que los predicados imponen a sus argumentos; se produce, pues, una "concordancia semántica"—en términos de Apresjan (2009)—entre el argumento y el predicado que este selecciona. Así, el hecho de que en español exista por ejemplo la colocación *trabar amistad* es una consecuencia natural de las restricciones que el verbo *trabar* impone a sus argumentos, en la medida en que *amistad* es un nombre que reúne las características semánticas que definen la clase léxica de argumentos que selecciona el verbo *trabar*. Según esta aproximación, pues, se invierte la direccionalidad de la colocación (Bosque 2005): mientras que en la aproximación lexicográfica se propone que es el nombre *amistad* el que selecciona el verbo *trabar* para expresar la noción de 'inicio de la relación', aquí se propone que es el verbo el que selecciona la clase léxica de nombres que pueden actuar como su argumento, lo que explica que la combinación *trabar amistad* sea posible. Así pues, se propone que es el predicado (el esto es, el colocativo en las aproximaciones lexicográficas) el que selecciona semánticamente al argumento (la base en las aproximaciones lexicográficas).

Finalmente, desde la didáctica de las segundas lenguas, la irrupción del enfoque léxico (Lewis 1993, 1997, 2000) ha supuesto una reformulación del concepto de colocación con fines pedagógicos. La primacía del léxico que propone este enfoque, así como la idea de que el aprendiente memoriza unidades léxicas formadas por más de una palabra, ha supuesto una nueva mirada sobre la combinatoria, en la que el criterio fundamental lo determina la rentabilidad didáctica de las combinaciones léxicas objeto de aprendizaje, con independencia de la naturaleza diversa que posean (Higueras 2004, 2006). En esta aproximación, pues, se emplea una definición laxa de colocación, que prescindiendo de las cortapisas que imponen algunos análisis lingüísticos prima la enseñanza de combinaciones léxicas frecuentes siempre que contribuyan a mejorar la producción de los aprendientes. Esta aproximación, que no ha tenido reflejo en los diccionarios del español y de la que por tanto daremos escasa cuenta en este capítulo, ha resultado muy rentable en el ámbito de enseñanza de segundas lenguas, donde existen innumerables propuestas que la han llevado a la práctica (Higueras 2017, Martín Peris 2017). Esta aproximación, sin embargo, está en la base de algunos proyectos lexicográficos que, sin haber fructificado en un diccionario, proponen prototipos de diccionario, como el proyecto *Bases* que presentamos en el epígrafe 4.3.

4. Presentación de diccionarios combinatorios y de colocaciones en español

Tal como anunciábamos en el epígrafe 2, en este capítulo no nos ocupamos del tratamiento que la combinatoria léxica ha recibido, de forma implícita o explícita, en los diccionarios generales del español, sino que nos centramos en aquellas obras que buscan específicamente representar la combinatoria léxica de esta lengua. Dividimos la presentación en tres subapartados, dedicados los dos primeros a obras publicadas—respectivamente en papel y en línea—, y el segundo, a proyectos de investigación que hacen propuestas innovadoras en el modo de representar la combinatoria léxica en español.

4.1. Obras impresas

Dejando de lado algunos proyectos de muy reducido alcance, son dos las obras impresas que se han publicado hasta el día de hoy sobre combinatoria léxica en español. Se trata, en concreto, de dos diccionarios dirigidos por Ignacio Bosque y aparecidos bajo el sello de SM: *Redes. Diccionario combinatorio del español* (2004), en adelante simplemente *Redes*, y el *Diccionario combinatorio práctico del español contemporáneo* (2006), al que nos referiremos como *Práctico* en lo que sigue.

4.1.1. *Redes* (Bosque 2004)

El diccionario *Redes*, dirigido por Ignacio Bosque, constituye una *rara avis* dentro del panorama de la lexicografía del español—y, de hecho, también en el de otras lenguas—. No se trata en rigor de un diccionario de colocaciones, sino que, como se explica en su presentación, es un diccionario combinatorio, esto es, una obra "que especifica en cada entrada las restricciones semánticas que las palabras se imponen las unas a las otras" (Bosque 2004b, XXII). Su interés primordial, pues, se cifra en identificar los patrones de restricción léxica que las palabras imponen en su capacidad para combinarse con otras unidades léxicas:

> En lugar de definir las palabras, *REDES* muestra los contextos en los que aparecen, las vincula con otras palabras con las que se combinan y explica las restricciones semánticas que caracterizan esas combinaciones.
>
> (ibid.: *XXXVIII*)

En el panorama de la lexicografía del español, fuertemente influenciada por la Academia y por un sector editorial que ve la introducción de cambios sustanciales como un riesgo para la industria, el enfoque que adopta el diccionario suscitó un gran interés por su carácter marcadamente innovador (DeCesaris y Battaner 2006, 400). La visión del léxico que subyace a este diccionario es, en gran medida, la del gramático interesado en describir la selección argumental de los predicados. El punto de partida de dicha descripción es la asunción de que la capacidad combinatoria de un predicado no es libre, sino que está constreñida por su significado. Así, por ejemplo, el verbo *cejar* se puede combinar, entre otros, con "sustantivos que denotan deseo, objetivo o esfuerzo, generalmente intenso o porfiado, puesto en alguna cosa" *(s. v.)*, tales como *empeño, intento, esfuerzo* o *afán*, y ello es consecuencia del significado mismo que posee este verbo. Partiendo de este presupuesto, el objetivo de *Redes* consiste en describir semánticamente los patrones combinatorios de los predicados. Para ello, su mayor apuesta metodológica consiste en suponer que los argumentos con que se combina un predicado se pueden agrupar en clases léxicas, que no vienen definidas por el conocimiento del mundo de los hablantes, sino por la misma gramática—en una concepción amplia que comprende la semántica—, en la medida en que una clase léxica se define precisamente por la posibilidad que tienen todas las unidades léxicas que la componen para combinarse con un mismo predicado. Así pues, lo que define la clase léxica que constituyen *empeño, intento, esfuerzo, afán* y otros sustantivos similares es su capacidad de poder funcionar como argumentos del verbo *cejar*.

Como ocurre de modo general con todos los diccionarios que describen la combinatoria léxica de las lenguas, *Redes* es un diccionario selectivo, en términos de Porto Dapena (2002). Es decir, no pretende tener una cobertura general sobre el léxico español, sino que recoge un volumen de entradas reducido, seleccionado en función del interés que tiene la descripción de sus propiedades combinatorias. Cuenta así con 8000 entradas, todas ellas predicados, de las que se proporcionan alrededor de 200 000 combinaciones. Entre sus entradas se incluyen verbos, adjetivos, adverbios y algunos nombres. Los destinatarios del diccionario son principalmente, según su prólogo, profesionales de la lengua (profesores, periodistas o traductores) y estudiantes. Aunque la obra no emplea formalismos en las descripciones semánticas, el diccionario se dirige también a "lingüistas [...] interesados por la relación que existe entre el léxico y la gramática" (Bosque 2004b, XXXVI).

En lo que atañe a su microestructura, cabe decir que *Redes* tiene dos grandes tipos de entradas, según su extensión y la información que contienen: las entradas analíticas y las entradas abreviadas. Las entradas analíticas son aquellas en que se proporciona el análisis detallado de la combinatoria del lema. En ellas, junto al lema encontramos la categoría morfosintáctica abreviada, seguida de una breve descripción en la que se glosa el significado del lema y se aportan ejemplos sobre el tipo de unidades léxicas con las que coaparece frecuentemente en su significado recto; las listas de ejemplos pretenden únicamente ilustrar algunos usos frecuentes, pero dichas listas son de hecho abiertas, en el sentido de que podrían ampliarse con otras muchas unidades. Veamos el párrafo inicial—la entradilla—de la entrada analítica del lema *alumbrar* en la Figura 34.1:

alumbrar *v.* ■ En su sentido de 'sacar a la luz, dar luz, crear o dar existencia a' se combina con sustantivos que designan criaturas *(Alumbró un hermoso niño)* y otros muchos resultados de la acción de crear, más frecuentemente si se aplica al dominio del arte *(creación, disco, poema, ensayo, libro).* También se combina con otros que designan unidades verbales o textuales *(declaración, diálogo),* más frecuentemente de naturaleza normativa *(reglamento, ley, norma, constitución).* Asimismo se combina con…

Figura 34.1 Fragmento de la entrada del verbo *alumbrar* en *Redes*.

A continuación, se presentan las listas de unidades léxicas con que se combina el lema, agrupadas en clases léxicas ordenadas de acuerdo con criterios semánticos; dichas clases léxicas van precedidas de descriptores que glosan el significado compartido por todas ellas. Así, para el caso de *alumbrar*, encontramos una primera clase léxica que se glosa como "el sustantivo *idea* y [...] otros que designan diversos resultados de la actividad cognoscitiva, más frecuentemente si está relacionada con el razonamiento o la argumentación", que incluye las voces *idea, pensamiento, concepto, reflexión, argumento y conocimiento*, todas ellas acompañadas de un ejemplo ilustrativo, generalmente extraído de corpus, y ordenadas según su frecuencia. La entrada contiene a continuación otras clases léxicas, como "sustantivos que denotan resolución, también [...] otros que designan diversos resultados de las acciones concertadas" o "sustantivos que designan diversos sentimientos o sensaciones más frecuentemente si se relacionan con los afectos o las aspiraciones", entre otras.

Las denominadas entradas abreviadas, en cambio, no proporcionan un análisis semántico de los lemas, sino únicamente listados de palabras. Entre ellas, las hay de diversos tipos. Un primer tipo es el de entradas que tienen una combinatoria poco frecuente o que no permite identificar clases léxicas; en tales casos, se proporciona la lista de unidades léxicas con que se combina el lema, pero prescindiendo de todo análisis semántico, tal como se observa en la Figura 34.2.

Existen, asimismo, diversos tipos de entradas que constituyen remisiones internas a entradas analíticas del diccionario, ya sea a las palabras recogidas en las clases léxicas de las diferentes entradas analíticas, ya a los conceptos o descriptores que las definen. La entrada de *admiración* reproducida en la Figura 34.3, por ejemplo, remite a las entradas analíticas en que este sustantivo aparece en las listas de combinatoria; en otros términos, incluye la lista de predicados de los que este sustantivo puede funcionar como argumento: la palabra *admiración* aparece, pues, en las entradas analíticas de los adjetivos *ciego, declarado, desbordante*, etc.:

De este modo, las entradas breves de este tipo invierten la información de las entradas analíticas, lo que permite una consulta bien por los argumentos, bien por los conceptos que definen sus clases léxicas. Este tipo de entradas es, de hecho, más similar al de un diccionario de colocaciones propiamente dicho, puesto que la lematización no se hace por el colocativo (el predicado) sino por la base (el argumento). Estas entradas prefiguran en parte el formato del diccionario *Práctico*, obra que sucedió a *Redes* y que presentamos en el apartado siguiente.

con comodidad ♦ actuar, ampliar, caminar, derrotar, desenvolverse, dominar, ganar, gobernar, imponer(se), jugar, mover(se), superar, trabajar, vencer, vivir.

Figura 34.2 Entrada de la locución adverbial *con comodidad* en *Redes*.

admiración ♦ ciego[7], declarado, desbordante[45], desmedido[70], desmesurado[40], devoto, digno (de), encendido[17], enorme, entusiasta, especial, exacerbado, ferviente[30], fervoroso, franco, general, gran(de), incondicional[12], inconfesado, incontenible, inmerecido, máximo, merecido, mutuo, oculto, profundo[17], rendido, reverencial, secreto, sincero, sin reservas[50], total, tremendo, unánime[18], vivo ◊ muestra (de), objeto (de)[4] ◊ captar[41], causar, colmar (de), concitar[39], confesar[47], conquistar(se), crecer, declarar, demostrar, despertar[26], disfrutar (de), expresar, ganarse, gozar (de)[10], granjearse[4], infundir[33], inspirar[43], manifestar, merecer, mirar (con), mostrar, ocultar, producir, profesar[58], provocar, rendir, sentir[6], suscitar, testimoniar[7], tributar[14]

Figura 34.3 Entrada abreviada del sustantivo *admiración* en *Redes*.

4.1.2. Práctico (Bosque 2006)

El diccionario *Práctico*, también dirigido por Ignacio Bosque, surge a raíz de la experiencia previa en la redacción de *Redes*, del cual es en gran parte una ampliación. En este caso, sin embargo, el énfasis no se pone en el análisis semántico de la selección léxica predicado-argumento, sino que el diccionario se concibe como una obra orientada fundamentalmente hacia el uso (Barrios 2007, Model 2007). De este modo, el foco recae en la representación de los usos idiomáticos de la combinatoria léxica. Tal como lo expresa el propio Bosque (2006, XIII), en las entradas se otorga menos importancia a la información acerca del "análisis de [las] estructuras" de la lengua. De hecho, la obra se dirige a un usuario no necesariamente especialista del ámbito de la lingüística —como, por ejemplo, los estudiantes de español como lengua extranjera—, si bien en el prólogo se hace hincapié en su utilidad para los profesionales del periodismo o de la traducción. A pesar de ser un diccionario menos extenso que *Redes*, su enfoque práctico le permite presentar casi el doble de entradas (alrededor de 14 000) y de combinaciones (unas 400 000).

Tal como ocurría en el caso de *Redes*, *Práctico* no se presenta como un diccionario de colocaciones propiamente dicho, sino que recoge combinatoria léxica en un sentido amplio. Entre sus lemas, se recogen tanto predicados, para informar sobre los argumentos con los que se combinan, como menos frecuentemente sustantivos, caso en que se informa sobre los predicados de los que pueden ser argumentos. De este modo, incluye como entradas verbos, adjetivos y adverbios, así como también sustantivos y diversos tipos de locuciones.

El diccionario contiene tres tipos de entradas: las entradas simples, que recogen la combinatoria léxica de un lema dado; las entradas genéricas, en las que el lema, en mayúsculas, debe interpretarse como un hiperónimo, como DISCIPLINA; y las remisiones del tipo *[clara] s.f.* → *claro, ra*, que sencillamente indican al usuario que la información que busca está bajo el lema señalado. Tomemos la palabra *admiración* a modo de ejemplo. Se trata de una entrada simple, las más numerosas en el diccionario:

Como podemos comprobar en la Figura 34.4, las entradas no incluyen información semántica, como la definición del lema o la glosa de su significado. En cambio, se proporciona una información morfosintáctica mínima, que incluye:

a) la especificación de las categorías morfosintácticas del lema y de las unidades con que este se combina, a lo que se suma la indicación de género en el caso del lema—los colocativos adjetivales aparecen concordados en género con el lema—;
b) la inclusión de preposiciones entre paréntesis en los listados de combinatoria cuando estas son exigidas (*muestra **de** admiración, despertar admiración **en** alguien*).

Se puede observar que el artículo lexicográfico se estructura a partir de la categoría gramatical de las palabras con que se combina el lema, pues se presenta la combinatoria con adjetivos, con sustantivos, etc. Dentro de cada clase de palabras, y al igual que ocurre en *Redes*, la combinatoria se agrupa atendiendo a criterios semánticos. De este modo, las unidades léxicas con que se combina el lema se ordenan en clases léxicas; sin embargo, no se proporciona información explícita sobre el significado compartido por las unidades que conforman cada clase: las combinaciones aparecen separadas por bloques señalados con una doble pleca (esto es, el símbolo ||). La microestructura del diccionario, pues, se asemeja a la de un diccionario de colocaciones clásico. Como norma general, el orden en que se presentan las combinaciones pretende reflejar el paso de los sentidos literales o físicos hacia los sentidos figurados. Los ejemplos que acompañan a algunas combinaciones proporcionan, asimismo, información implícita sobre construcción

admiración s.f.

- CON ADJS. total · profunda · máxima · tremenda · enorme · gran(de) || desmesurada · desmedida || ferviente · fervorosa · entusiasta *Cuando habla de su infancia, muestra una entusiasta admiración por sus padres* · encendida · viva · exacerbada · desbordante · incontenible · ciega · incondicional · especial || reverencial · rendida · devota || sincera *Quería expresarle mi más sincera admiración por su nueva obra* · franca · abierta · declarada · sin reservas || secreta · oculta · inconfesada || mutua · unánime · general || merecida · inmerecida || digno,na (de) *una persona digna de admiración*
- CON SUSTS. muestra (de) · signo (de) || objeto (de)
- CON VBOS. crecer || tener (por algo/por alguien) · tener (hacia algo/hacia alguien) || granjearse *Supo granjearse la admiración de todos* · conquistar · ganar · merecer || buscar · perseguir || despertar (en alguien) · inspirar · suscitar · causar · provocar · producir · infundir · concitar · captar || sentir · profesar *Profesaba una enorme admiración por los poetas modernistas* · rendir (a alguien) · tributar (a alguien) · dispensar (a alguien) || expresar · mostrar · confesar · testimoniar · declarar · manifestar · demostrar · evidenciar || ocultar *No puedo ocultar mi enorme admiración por...* || mirar (con) || colmar (de) || gozar (de) · disfrutar (de)

Figura 34.4 Entrada del sustantivo *admiración* en *Práctico*.

sintáctica y uso; cabe señalar que no son ejemplos documentados en corpus, sino creados por los redactores del diccionario. Los ejemplos, además, son infrecuentes, pues no se ilustran todas las combinaciones léxicas incluidas en un artículo.

Como se desprende de la somera presentación aquí realizada, *Práctico*, como reza su nombre, pretende responder a las necesidades prácticas del usuario que busca conocer la combinatoria del léxico del español, prescindiendo del complejo aparato de análisis semántico que caracteriza *Redes*. En palabras de Barrios (2007, 1):

> Si *Redes* era un intento de reflexión acerca de la restricción léxica, Práctico pretende ayudar a encontrar la palabra adecuada, sumándose a la lista de trabajos onomasiológicos orientados a la producción y no a la comprensión.

Se trata, pues, de un diccionario con una planta muy similar a la que tendría un diccionario de colocaciones clásico, en que el artículo lexicográfico consiste fundamentalmente en listados de palabras con que se combina el lema, de modo que el usuario que lo consulte pueda encontrar la expresión que busca—aunque evite usar el término colocación, pues parte de un diccionario previo de combinatoria e incluye entre sus entradas numerosos predicados—.

4.2. Un prototipo de diccionario combinatorio electrónico: el DiCE

Dedicamos este epígrafe al *Diccionario de colocaciones del español* (*DiCE*), disponible en línea.[2] Se trata de un proyecto vivo, todavía no cerrado, que propone un prototipo de diccionario de colocaciones. Se empezó a elaborar en el año 1999 en la Universidade da Coruña bajo la supervisión de Margarita Alonso, y en sus veinte años de historia ha ido ampliándose en complejidad y en cobertura; en la actualidad recoge las colocaciones frecuentes de 648 sustantivos del campo semántico de los sentimientos en español (agosto de 2023). En su acercamiento a la noción de colocación, se adopta el marco de la Teoría Sentido Texto de Mel'čuk (Mel'čuk *et al.* 1995 y Mel'čuk 1997). Las entradas del diccionario las constituyen las bases (generalmente sustantivos), para cada una de las cuales se proporcionan los colocativos con los que estas se combinan,

[+] **admiración 1.** *f. (Sentimiento)* [ver ejemplos] Frecuencia notable

Juan siente admiración hacia su profesor por su capacidad de trabajo Nivel B2

Colocaciones

ver todas, atributo de los participantes, admiración + adjetivo, verbo + admiración, admiración + verbo, nombre de admiración

[+] **admiración 2a.** *f. (Sentimiento)* [ver ejemplos] Frecuencia moderada

Ante la admiración del público, el mago hizo aparecer un conejo

Colocaciones

ver todas, atributo de los participantes, admiración + adjetivo, verbo + admiración, nombre de admiración

[+] **admiración 2b.** *f. (Sentimiento)* [ver ejemplos] Frecuencia baja

El espectáculo fue la admiración de los asistentes

Colocaciones

ver todas, admiración + adjetivo, verbo + admiración

Figura 34.5 Resultado de la búsqueda del sustantivo *admiración* en el *DiCE*.

[+] intensa **absoluta, encendida, especial, extraordinaria, extrema, ferviente, grande, incondicional, mayúscula, profunda, rendida**

[+] más intensa de lo conveniente **ciega, desmedida, desmesurada, exagerada**

[+] compartida por muchos **general, unánime**

[+] que dura mucho **eterna**

[+] verdadera **auténtica, merecida, sincera, verdadera**

[+] que se manifiesta **evidente**

[+] que no se manifiesta **secreta**

Figura 34.6 Colocaciones correspondientes al patrón *admiración* + adjetivo en el *DiCE*.

agrupados según las diversas funciones léxicas que se establecen en esta teoría. Sin embargo, dado que el diccionario se orienta fundamentalmente a usuarios no expertos, las funciones léxicas se glosan con fórmulas que reproducen aproximadamente su valor semántico, y no se presentan bajo su nombre, que podría resultar opaco para quien consulta el diccionario, a no ser que se solicite explícitamente ver la función.

Como se muestra en la Figura 34.5, en el modo de consulta básica se muestran para cada unidad léxica consultada sus distintas acepciones. No se proporcionan definiciones para cada voz, sino que se ejemplifican sus usos y se aporta, entre paréntesis, su tipo semántico (en la mayoría de casos, "Sentimiento"), así como su frecuencia en corpus. Los ejemplos empleados para este fin están tomados de otros diccionarios de español, como el *Clave*.

Para cada acepción, se puede acceder a todas las combinaciones léxicas posibles o bien solo a las que responden a patrones sintácticos determinados—*atributo de los participantes, admiración + adjetivo, verbo + admiración*, etc., en el ejemplo anterior—. En la Figura 34.6 se muestran, a modo de ejemplo, las colocaciones que siguen el esquema *admiración + adjetivo*. Como se puede observar, las colocaciones se agrupan semánticamente, y cada agrupación se introduce con una glosa semántica que explica el valor de la colocación resultante de la combinación léxica, que corresponde a una formulación aproximada en lengua natural de las diversas funciones léxicas.

De este modo, el sustantivo *admiración* forma colocación con los adjetivos *ciega, desmedida, desmesurada* y *exagerada* para expresar el significado 'más intensa de lo conveniente'—que se corresponde a la función léxica *Magn* + *Anti Ver* ('magnifica + en contra de lo correcto')—. Al clicar sobre el signo [+] del inicio de cada glosa o sobre cada uno de los colocativos, se despliega la información sobre esas colocaciones, que incluye la indicación del régimen preposicional, ejemplos de corpus y, en ocasiones, indicación del nivel del *Marco común europeo de referencia para las lenguas: aprendizaje, enseñanza, evaluación* (Consejo de Europa 2001) en que se recomienda el aprendizaje de cada colocación. Otra información complementaria que ofrece esta herramienta es el esquema de régimen del sustantivo que aparece como lema, así como también listados de (cuasi)sinónimos y (cuasi)antónimos para cada entrada del lemario. El *DiCE* permite asimismo la posibilidad de búsqueda avanzada para saber el significado de la colocación o para buscar una colocación que responda a un significado, entre otras opciones.

Se trata, en definitiva, de un diccionario de colocaciones que, partiendo de un análisis semántico sistemático de los patrones colocativos, proporciona una gran cantidad de información sobre sus entradas, con ejemplos y orientaciones semánticas para el uso. La principal crítica que puede hacerse a esta propuesta es que requiere de un alto nivel de competencia por parte del usuario del diccionario. Para paliar este problema, permite un doble nivel de consulta, con una consulta general para el usuario no experto en que la vía de acceso a las entradas es el listado de lemas (las bases de la colocación), y una consulta avanzada para usuarios expertos que permite, entre otras cosas, la búsqueda a partir de las funciones léxicas o de colocativos.

4.3. Proyectos de investigación

La idea ampliamente compartida de que saber cómo combinar las unidades léxicas es esencial para fomentar la naturalidad y la fluidez en la producción de textos (Wray 2002, Meunier y Granger 2008, Laufer 2011) ha motivado que en los últimos años se haya desarrollado un buen número de proyectos de investigación en la combinatoria léxica. En este apartado nos centramos en dos proyectos de investigación recientes que, si bien hasta la fecha no han fructificado en obras publicadas, constituyen propuestas que pueden tener repercusión en obras lexicográficas futuras.

Tanto en español como en otras lenguas cercanas, los mayores esfuerzos se están empleando en la confección de propuestas que permitan la representación visual de las colocaciones en diccionarios en formato electrónico, que permiten superar las limitaciones físicas que impone el formato papel. En este sentido, ha tenido una gran influencia el concepto de red colocacional (Philips 1983, 1985, 1989; Williams 1998; McEnery 2006, entre muchos otros), de la que nos ocuparemos con detalle en las páginas que siguen. Las redes colocacionales son representaciones gráficas en que la combinatoria léxica se presenta mediante una red que sitúa las bases de las colocaciones en el centro, de donde parten nodos que representan los colocativos con que estas se combinan. Esta herramienta es la que subyace a los dos proyectos que presentamos a continuación: *HARenES*, un proyecto que aborda la combinatoria léxica en español desde el punto de vista de la lingüística computacional, y *Bases*, una propuesta de representación de la combinatoria léxica en diccionarios dirigidos a aprendientes del español como lengua extranjera.

HARenES: "Herramienta de ayuda a la redacción en español: procesamiento de colocaciones" (FFI2011–30219-C02–01) fue un proyecto desarrollado conjuntamente por la Universidade da Coruña y el grupo de investigación TALN de la Universitat Pompeu Fabra (Barcelona) (IP: Leo Wanner) y financiado por el Ministerio de Ciencia e Innovación. Se vinculó a la creación del diccionario *DiCE* presentado más arriba y sus resultados pueden consultarse en

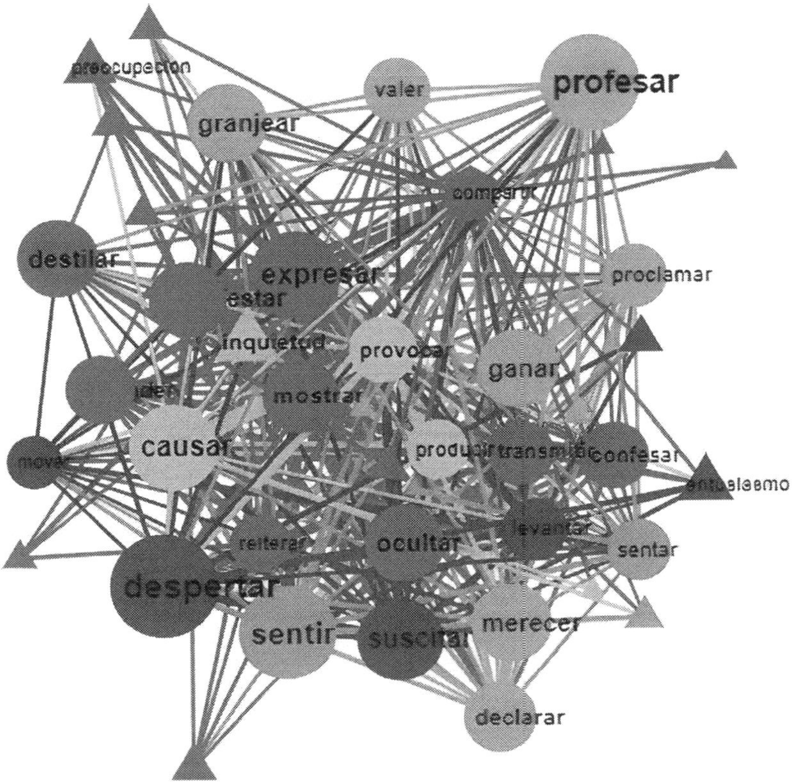

Figura 34.7 Red combinatoria del sustantivo *admiración* creada para el proyecto HARenES.

línea.[3] Su objetivo era explorar el modo en que las técnicas del procesamiento del lenguaje natural pueden potenciar un aprendizaje de lenguas autónomo a partir de la adquisición de colocaciones por parte del aprendiz. Una de las herramientas desarrolladas en el marco del proyecto fueron grafos colocacionales vinculados a las entradas del diccionario, como el que reproducimos en la Figura 34.7, creado sobre el sustantivo *admiración*.

Estos grafos son un ejemplo de las redes colocacionales a las que aludíamos más arriba. Como se puede apreciar en la figura, la idea central de estas redes es representar los colocativos con los que puede combinarse potencialmente una base por medio de una red gráfica, en que los colocativos son nodos de la red que se conectan entre sí. En la consulta por pantalla, se organizan por colores los colocativos cercanos semánticamente (por ejemplo, en violeta, *despertar*, *suscitar* o *levantar*) y se emplean formas geométricas distintas para indicar cada categoría morfosintáctica (arriba, los verbos aparecen en un círculo y los sustantivos en un triángulo). Este tipo de redes son las que se utilizan de forma habitual en los trabajos que las desarrollan, y tienen la ventaja de que permiten la visualización conjunta de todos los colocativos, generalmente con el empleo de recursos visuales que guían en parte la consulta—los colores y las formas, en este caso—. En este caso, además, cuentan con la ventaja adicional de que pueden resultar útiles como complemento de la información que encontramos por escrito en el diccionario. Además, se construyen automáticamente por medio de un programa informático, lo que reduce enormemente la labor de confeccionarlos. Sin embargo, su principal inconveniente es que requieren de un alto nivel de competencia por parte del usuario para desentrañar el significado de los vínculos semánticos que se establecen entre las unidades léxicas que se recogen en las redes, a menudo muy sobrecargadas de información.

En relación con este proyecto, cabe señalar que la extracción automática de combinatoria léxica es un campo muy explorado actualmente, por equipos de todo el mundo para distintas lenguas. Se trata, sin duda, de un campo que está llamado a hacer grandes aportaciones a la lexicografía general y de aprendizaje de lenguas.

La segunda herramienta que presentamos, llamada *Bases: Redes colocacionales del español*, parte de principios similares, pues también indaga en la creación de recursos visuales para la representación de la combinatoria. Esta herramienta surge a partir del trabajo vinculado al proyecto de investigación "La representación de la combinatoria léxica en los diccionarios de aprendizaje: nuevos métodos para nuevos diccionarios" (FFI2012–37654) (IP: Sergi Torner), financiado por el Ministerio de Economía y Competitividad, que se desarrolló en el periodo 2013–2016 en la Universitat Pompeu Fabra (Barcelona). Dicho proyecto tenía por objetivo investigar sobre el modo de incorporar información sobre colocaciones y combinatoria léxica en un diccionario de aprendizaje electrónico del español, orientado a aprendientes de los niveles B2 y C1 según el Consejo de Europa 2001. No constituye, por tanto, un diccionario de colocaciones en sí mismo, sino una herramienta para representar colocaciones en un diccionario de lengua, pero lo recogemos aquí en la medida en que puede orientar sobre la dirección en que pueden mejorar los diccionarios de colocaciones en formato electrónico.

Bases es una herramienta para mostrar la combinatoria léxica del español mediante el uso de redes, dirigida fundamentalmente a aprendices de español de los niveles mencionados. La iniciativa, por lo tanto, se basa en la propuesta de definición de colocación que aportan autores como Higueras (2006, 38), desde el punto de vista de la didáctica de lenguas:

> Las colocaciones [...] son un tipo de unidades léxicas que el profesor tiene que resaltar para que el alumno aprenda las combinaciones frecuentes de las palabras en una lengua extranjera y que se facilite la creación de redes de significados que permitan memorizarlas en el lexicón.

Actualmente, *Bases* está en fase de prototipo, y contiene las redes de combinatoria correspondientes a 731 palabras del español pertenecientes a cuatro campos nocionales, a saber, las relaciones familiares, las relaciones sociales, la información y la comunicación y, por último, la expresión verbal.[4] Su objetivo es informar sobre con qué palabras se combina más habitualmente una unidad léxica del español. La información sobre combinatoria se presenta en forma de redes, que permiten una visualización rápida de la información.

Se trata, pues, de un proyecto que, como el anterior, apuesta por las redes colocacionales como herramienta para la visualización de la información colocacional de un lema. Como se mencionaba más arriba, las redes colocacionales tienen el inconveniente de que están poco estructuradas, por lo que resultan difíciles de consultar para el usuario no experto. Por ello, el objetivo de *Bases* se cifra en proponer un enriquecimiento de la información de las redes colocacionales, que por un lado facilite la búsqueda de información y por otro proporcione información gramatical para el usuario no nativo del español (Torner y Bernal 2017a, Torner y Arias-Badia 2019).

Como se muestra en la Figura 34.8, en esta propuesta la base o lema es el nodo principal de cada red, y está situado en el centro de la imagen (*nieto, nieta*). Las palabras con las que se combina un lema o base son los colocativos; se organizan a la izquierda o a la derecha de acuerdo con su posición prototípica en español (así, el verbo transitivo *tener* aparece a la izquierda —*tener una nieta*— mientras que los adjetivos calificativos aparecen a la derecha —*nieto mayor*—).

En *Bases*, los colocativos se presentan agrupados por proximidad semántica, de modo que aquellos colocativos con un significado similar aparecen en una misma caja (*predilecto* y *favorito* en la Figura 34.8, o los diversos colocativos que se muestran en la Figura 34.9). Cuando una

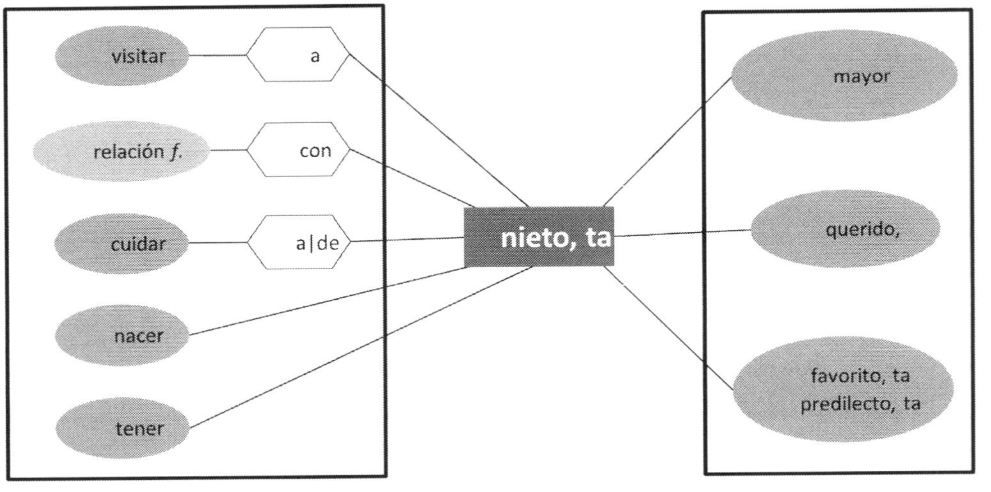

Figura 34.8 Red combinatoria del sustantivo *nieto, nieta* en *Bases*.

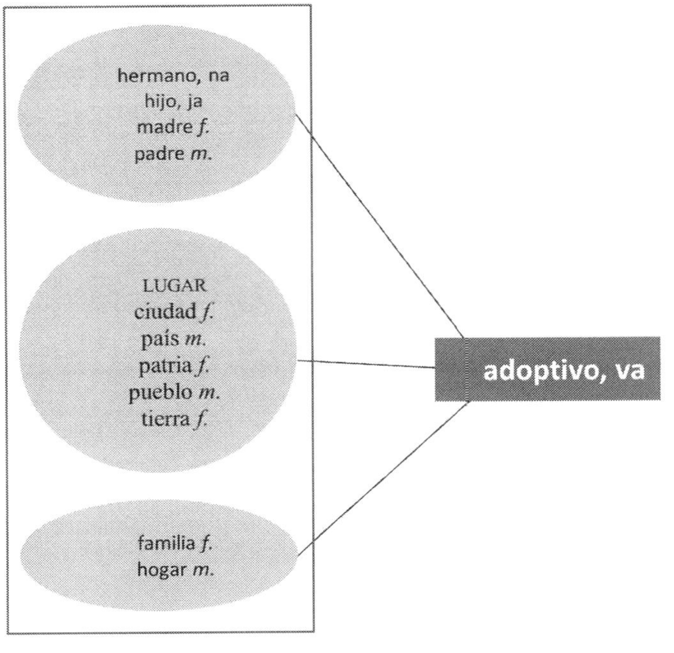

Figura 34.9 Red combinatoria del adjetivo *adoptivo, adoptiva* en *Bases*.

caja contiene más de cuatro colocativos, se incluye una etiqueta semántica que los identifica, tal como se muestra en la Figura 34.9, en el caso del adjetivo *adoptivo, adoptiva* para los sustantivos cuyo tipo léxico es [Lugar]. Esta decisión va en la línea de las agrupaciones que *Redes* propone en sus entradas analíticas.

Además de proporcionar la combinatoria habitual de una palabra, la herramienta proporciona también información sobre cómo se construye una determinada combinación. Con este fin, las redes ofrecen esencialmente información de tres tipos:

a) morfológica: se ofrece siempre el género de los sustantivos (*cf. relación f.* en la Figura 34.8), así como marcas de número cuando hayan de facilitar la producción de las colocaciones; además, los colocativos se señalan en diferentes colores de acuerdo con su categoría morfosintáctica, para facilitar la búsqueda de la información;
b) sintáctica: como hemos señalado, la posición en que aparecen las palabras en la red indica la estructura prototípica en español. Además, se incluye información sobre las preposiciones que resultan necesarias y sobre los complementos obligatorios de los colocativos (*cf. cuidar a/de* en la Figura 34.8);
c) semántica: acepciones diferentes de una palabra tienen redes diferentes, para que resulte más sencillo localizar la combinación que se busca; los colocativos que comparten un mismo tipo léxico se agrupan para facilitar la comprensión de la red.

Como apuntábamos más arriba, por el momento se trata de una propuesta de representación de la combinatoria que podría ser aplicada a diccionarios en línea en el futuro. La idea es dirigir la atención hacia un diseño de nuevas redes colocacionales que trasciendan la enumeración de datos de corpus sin filtrar para convertirse en herramientas verdaderamente útiles para la producción oral y escrita de los aprendices de lenguas. Un desarrollo de esta propuesta lexicográfica puede encontrarse en Torner y Arias-Badia (2019).

5. Apuntes finales

En este capítulo hemos descrito las principales obras lexicográficas disponibles hoy para quienes quieran consultar la combinatoria léxica del español. Se trata de dos diccionarios en papel, *Redes* y *Práctico*, ambos publicados por la editorial SM durante la primera década de los 2000, y de un prototipo de diccionario en línea, *DiCE*, cuyas entradas, por el momento, se encuentran limitadas al campo semántico de los sentimientos. Estos tres diccionarios vinieron a llenar un vacío en la lexicografía del español, ya que la combinatoria había aparecido hasta entonces en los diccionarios generales, pero no siempre de forma sistemática ni explícita.

Observamos, sin embargo, que queda camino por recorrer en la representación de la combinatoria en obras lexicográficas; en concreto, los primeros pasos de estos tres diccionarios sugieren vías de explotación del medio electrónico, en el que para otras lenguas, como el inglés, ya contamos con diccionarios de colocaciones disponibles (Buendía Castro y Faber 2014). Así, los proyectos de investigación recientes sobre representación de la combinatoria, también tratados en este capítulo, apuntan sobre el potencial del medio electrónico para representar la combinatoria no solo a partir de los listados tradicionales de colocativos, que se asemejan más al enfoque de la lexicografía en papel, sino por medio de redes colocacionales y otros medios gráficos que enriquecen la consulta de las obras en papel.

Notas

1 La tradición de los diccionarios sintácticos halla su continuación en la lexicografía reciente en los llamados *diccionarios de valencias*. *Cf.*, entre otros, Folgar (1992), Domínguez *et al.* (2008), Lübke *et al.* (2009) y Muñoz Núñez (2017).

2 <www.dicesp.com> [29.05.2019].

3 <http://harenes.taln.upf.edu/CakeHARenEs/search> [19.11.2019].

4 Actualmente, las redes del proyecto *Bases* no son todavía consultables, pero está previsto que lo sean en breve en la red.

Bibliografía básica

Alonso Ramos (2004), Barrios (2007), Corpas Pastor (2001), Higueras (2006), Sánchez Rufat (2010).

Bibliografía complementaria

Bosque (2004a), Cowie (1981), Hausmann (1989b), Torner y Bernal (2017b).

35

Los diccionarios fraseológicos (Phraseological dictionaries)

Inmaculada Penadés Martínez

1. Introducción

El capítulo parte de la definición de *unidad fraseológica* y la presentación de las clases de fraseologismos: paremias, fórmulas oracionales y locuciones. El capítulo se enfoca a los diccionarios de locuciones, unidades centrales de la fraseología, dada la falta de diccionarios que recojan todas las clases de paremias y de fórmulas oracionales, y registren, a la vez, las locuciones.

Apoyándose en las propiedades morfológicas, sintácticas y semánticas de las locuciones, se presentan las cuestiones que inciden sobre su tratamiento lexicográfico. En cuanto a la macroestructura del diccionario, se trata la ordenación y lematización de las locuciones; y se plantea la posibilidad de realizar diccionarios onomasiológicos y de locuciones sinónimas y antónimas. Respecto a la microestructura, se examinan cuestiones sobre distintas informaciones ofrecidas por el artículo lexicográfico acerca de las locuciones: la variación no marcada, la clasificación gramatical, la marcación diafásica y la estructura actancial.

En los diccionarios de locuciones publicados en España existe una clara distinción entre los elaborados por autores que no son lexicógrafos y los redactados por especialistas en lexicografía o, al menos, en lingüística. Los primeros surgen del interés y la curiosidad que, en general, despiertan las locuciones entre los hablantes nativos y no nativos por su pintoresquismo; también del deseo de las editoriales por satisfacer una demanda poco exigente por parte de los potenciales clientes. Estas obras lexicográficas no se han realizado siguiendo los fundamentos teóricos de la lexicografía, circunstancia que ha determinado que no sean objeto de estudio en este capítulo, que, consecuentemente, se ocupa de diccionarios redactados por fraseólogos o lexicógrafos.

A partir del análisis de algunos de los más significativos sobre el español hablado en España en la variedad castellana, el *Diccionario fraseológico del español moderno* (*DFrEM* 1994), el *Diccionario fraseológico documentado del español actual* (*DFDEA* 2004), varios orientados a la enseñanza de esta lengua (*Diccionario de locuciones verbales para la enseñanza del español* (*DICLOCVER* 2002), *Diccionario de locuciones adverbiales para la enseñanza del español* (*DICLOCADV* 2005) y *Diccionario de locuciones nominales, adjetivas y pronominales para la enseñanza del español* (*DICLOCNAP* 2008) y el *Diccionario de locuciones idiomáticas del español actual* (*DiLEA* 2019), se muestran los aspectos que todavía no se han resuelto de manera adecuada y se indica el camino que podría seguirse para cumplir un doble objetivo: cubrir las necesidades del usuario de un diccionario de locuciones

DOI: 10.4324/9780429244353-40

y ajustarse a las particularidades lingüísticas de estas unidades, especialmente el constituir una combinación de palabras fija desde el punto de vista de la forma y del significado.

Palabras clave: diccionario; fraseología; fraseografía; lexicografía; locución

This chapter starts with the definition of *phraseological unit* and the presentation of the different types of phraseologisms: paroemias, sentence formulae and idioms. The chapter focuses on dictionaries of idioms, which are central to phraseology, due to the lack of dictionaries that cover all the types of paremies and all sentence formulae while, at the same time, including idioms.

Taking into account the morphological, syntactic and semantic properties of idioms, we look into the questions that influence their lexicographical treatment. As regards the dictionary's macrostructure, we deal with the organisation and lemmatization of idioms, and we suggest the possible creation of onomasiological dictionaries, as well as dictionaries of synonymous and antonymous idioms. As for the microstructure, we examine questions regarding the information offered in the lexicographical article on idioms: unmarked variation, grammatical classification, diaphasic marking, and actantial structure.

In the dictionaries of idioms published in Spain, there is a clear distinction between those that have been compiled by authors who are not lexicographers and those created by specialists in lexicography, or, at least, in linguistics. The former arises from the interest and curiosity generally aroused by idioms in both native and non-native speakers due to their picturesqueness; they are also a result of the publishers' desire to satisfy the needs of the non-specialist reader. These lexicographical works are not elaborated in accordance with the theoretical bases of lexicography, and have therefore been excluded from consideration in this chapter, which deals only with dictionaries compiled by phraseologists or lexicographers.

We start by analysing of some of the most important phraseological dictionaries of Castilian Spanish: the *Diccionario fraseológico del español moderno* (*DFEM* 1994); the *Diccionario fraseológico documentado del español actual* (*DFDEA* 2004); several dictionaries designed for use in Spanish language teaching (*Diccionario de locuciones verbales para la enseñanza del español* (*DICLOCVER* 2002), *Diccionario de locuciones adverbiales para la enseñanza del español* (*DICLOCADV* 2005) and the *Diccionario de locuciones nominales, adjetivas y pronominales para la enseñanza del español* (*DICLOCNAP* 2008); and the *Diccionario de locuciones idiomáticas del español actual* (*DiLEA* 2019). We argue that a dictionary of idioms should aim to fulfil two criteria: first to meet the needs of the user, and second to accommodate the linguistic peculiarities of idioms, above all the fact that they constitute a fixed combination of words as regards both form and meaning.

Keywords: dictionary; idiom; lexicography; phraseology; phraseography

2. Las unidades fraseológicas

Las unidades fraseológicas, también denominadas *fraseologismos* entre otros términos,[1] son objeto de estudio de la fraseología. En el ámbito de esta disciplina, son más numerosos los autores que detallan los rasgos que las caracterizan, frente a los fraseólogos que ofrecen una definición que explique su naturaleza. Optar por la primera posibilidad crea un panorama complejo, pues se llega a rasgos que todos los autores consideran; rasgos que solo apunta un investigador; rasgos recogidos mediante un término entendido de manera distinta por los estudiosos; y rasgos fundamentales frente a los que no lo son o no son específicos de las unidades fraseológicas, por ejemplo la variación, particularidad potencialmente existente en todos los elementos de las lenguas en relación con las dimensiones diacrónica, diatópica, diastrática y diafásica. No obstante, la mayoría de estudiosos estarán de acuerdo en que los fraseologismos tienen como rasgos distinguidores ser pluriverbales, fijos e idiomáticos.

El primero se refiere a que las unidades fraseológicas son combinaciones, al menos, de dos palabras, lo que no merece mayor comentario por su propia condición apriorística: la actividad del hablar implica combinar palabras; por otra parte, el rasgo no permite definir de manera exclusiva las unidades fraseológicas, porque cualquier unidad lingüística superior a la palabra (sintagma, oración o discurso) es una combinación de palabras, es pluriverbal. De ahí la importancia de las características de la fijación y la idiomaticidad.

La fijación, siguiendo a Zuluaga (1980, 99), es la "suspensión de alguna regla de la combinación de elementos del discurso". Lo cual significa que, en la creación de un discurso, los principios que regulan las combinaciones de palabras no funcionan, quedan suspendidos en las combinaciones de palabras que constituyen una unidad fraseológica. Obsérvense *a pie juntillas* y *a ojos vista*;[2] en ambas la regla de concordancia entre el nombre y el adjetivo o el participio no se aplica, pues *pie* es masculino singular y *juntillas* está en femenino plural, y *ojos* está en masculino plural y *vista*, en femenino singular. Estas combinaciones están fijadas en una forma determinada.

La fijación se manifiesta de diversos modos: en la categoría gramatical de las palabras: *como boca de lobo*/**como boca de loba*/**como bocas de lobos*; en el orden de los elementos constituyentes: *con pelos y señales*/**con señales y pelos*; en el conjunto formado por tales elementos, que no pueden suprimirse, alternar con otros ni admitir otros nuevos: *buscar tres pies al gato*/**buscar tres pies*, *A Dios rogando y con el mazo dando*/**A la Virgen rogando y con el mazo dando*; *traer entre manos*/**traer entre las dos manos*; y en las restricciones de las unidades fraseológicas respecto a ciertas transformaciones como la pasiva:

(1) Tyrone Power *estiró la pata* vestido de Salomón en los estudios Sevilla Films/**La pata fue estirada* por Tyrone Power vestido de Salomón en los estudios Sevilla Films.[3]

Por otra parte, la siguiente definición de idiomaticidad, muy aceptada en la fraseología cultivada en España, es la que da también Zuluaga (1980, 122): "rasgo semántico propio de ciertas construcciones lingüísticas fijas, cuyo sentido no puede establecerse a partir de los significados de sus elementos componentes ni del de su combinación". Por ejemplo, el significado de *tomar el pelo*, 'burlarse de una persona', no se obtiene a partir de los significados del verbo *tomar*, 'coger o asir con la mano algo', y el nombre *pelo*, 'cabello de la cabeza humana', como sí ocurre con *tomar el vaso*, sino que 'burlarse' es el significado unitario, no composicional, de la combinación fija de palabras *tomar el pelo*. Frente a la fijación, la idiomaticidad no suele ser considerada un rasgo necesario de las unidades fraseológicas; la propia definición ya especifica que es propio de "*ciertas* construcciones lingüísticas fijas" (la cursiva es nuestra); es decir, algunas no son idiomáticas, como la locución adverbial *en secreto*, 'de manera secreta', fijada en la forma singular (**en secretos*), con un significado deducible del constituyente *secreto* y con un significado léxico que es el mismo que el de la serie *secreto* (nombre) – *secreto* (adjetivo) – *secretear* (verbo) – *secretamente* (adverbio) – *en secreto* (locución adverbial).

Los rasgos de la fijación y la idiomaticidad se presentan de manera relativa (Penadés Martínez 2012, 39-45); es decir, los fraseologismos muestran estas dos características en distinto grado. Por ejemplo, *más chulo que un ocho* no está fijada en la categoría gramatical de masculino, puesto que se dice *más chula que un ocho*, pero presenta fijación respecto al conjunto de sus elementos, pues no admite sustituciones: **más chulo que un uno/dos/tres/cuatro*... De igual modo, junto a los fraseologismos idiomáticos y no idiomáticos, están aquellos cuyo significado no corresponde al de los elementos que los constituyen, pero no es difícil llegar a él. La locución *con los brazos abiertos* no puede interpretarse, en el siguiente fragmento, como una combinación libre de palabras referida a esa posición de los brazos al recibir a una persona:

(2) No entiendo por qué hemos de irnos. Y a España, nada menos. ¿Esperas que te vayan a recibir *con los brazos abiertos*? Te recuerdo que eres hija de un exiliado.

Su significado es 'afectuosamente', y la facilidad para deducirlo conlleva que tenga un cierto grado de idiomaticidad, una idiomaticidad relativa.

La clasificación de las unidades fraseológicas es una cuestión sujeta a discusiones porque la distinción habitual entre paremias, fórmulas oracionales, locuciones y colocaciones se pone en duda por considerar que las colocaciones no son unidades fraseológicas.[4] Dejando al margen esta clase, las paremias (Corpas Pastor 1996, 132) se definen como enunciados completos en sí mismos, caracterizados por constituir actos de habla y presentar la propiedad de la fijación. Dentro de estas unidades, equivalentes a una oración simple o compuesta, se incluyen los refranes (*Cría cuervos y te sacarán los ojos*), los proverbios (*Ojo por ojo, diente por diente*), las sentencias, las máximas o las citas. Existen fraseólogos que asignan el estudio de las paremias a la paremiología, de modo que estas unidades, difíciles, en ocasiones, de deslindar para los especialistas, no formarían parte del objeto de estudio de la fraseología.

Las fórmulas oracionales, según Núñez Bayo (2016, 230), son unidades fraseológicas, con fijación formal y semántica, constituyen actos de habla con fuerza ilocutiva y se presentan vinculados a una función comunicativa dentro del discurso. La fórmula oracional *Que cada palo aguante su vela* expresa responsabilidad respecto a las propias obligaciones:

(3) Es lógico que desde el Gobierno se intente repartir el coste político de las medidas "que no gozan de popularidad", pero también es lógico que los otros grupos parlamentarios opten por decir que el Gobierno es quien tiene la responsabilidad de tomar decisiones y "*que cada palo aguante su vela*".

Por último, las locuciones son combinaciones fijas de palabras que funcionan como elemento de la oración y cuyo significado no se corresponde con la suma de los significados de sus componentes (Penadés Martínez 2012, 23). La locución *sobre ruedas* es una combinación fija de palabras, no admite la forma singular **sobre rueda*; funciona como un adverbio, pues modifica al verbo *ha ido*:

(4) Todo nos ha salido bien hoy, el partido ha ido *sobre ruedas*.

y su significado, 'muy bien', no se deduce del significado de sus componentes: la preposición *sobre* y el sustantivo *ruedas*.

Situados en el ámbito de la fraseografía,[5] es necesario tener en cuenta una serie de aspectos. 1) No existen en español diccionarios fraseológicos que recojan todas las clases de fraseologismos. Por distintos motivos sería una obra de casi imposible realización. Por otra parte, dada la magnitud que alcanzaría, resulta más conveniente la redacción de diccionarios para las distintas clases, o su recolección en tomos separados. Lo apunta Tristá Pérez (1998, 171-172) como una de las tendencias en la fraseografía moderna. 2) Existen numerosos diccionarios de refranes, de proverbios y de citas; o sea, de paremias, estudiadas por la paremiología. 3) No contamos para el español con diccionarios únicamente de fórmulas oracionales. No obstante, es frecuente que los diccionarios de locuciones las registren. Estas tres circunstancias han conducido a la decisión de ceñir este capítulo a los diccionarios que registran locuciones, unidades centrales de la fraseología, aunque se haga referencia a *diccionarios fraseológicos*. Otra limitación de este trabajo corresponde a la variedad de lengua registrada en los diccionarios examinados: la del español de España en la variedad castellana, por eso se han excluido los relativos a otras variedades del español hablado en este Estado o en América. No obstante, téngase en cuenta, al menos, la existencia de repertorios lexicográficos sobre el español de Argentina (Barcia y Pauer 2010) y de Colombia (Mora Monroy 1996); las recopilaciones de locuciones del español de México en las tesis de Fitch Romero (2018) y Villagrana Ávila (2015); el proyecto de la Academia Chilena de la Lengua sobre el diccionario fraseológico del español de Chile, dirigido por Matus (Academia Chilena de la Lengua 2015); el proyecto de la ASALE sobre el *Diccionario fraseológico panhispánico*, bajo la dirección del mismo investigador; y el *Diccionario de americanismos* (*DA*), obra también de la ASALE, que recoge locuciones de todas las zonas americanas (Asociación de Academias de la Lengua Española 2010).

3. Cuestiones relativas a la macroestructura de los diccionarios fraseológicos

Para algunos autores, como Porto Dapena (2002, 135), el concepto de macroestructura corresponde al conjunto de entradas del diccionario dispuestas según un determinado criterio de ordenación; para otros, por ejemplo Haensch (1982b, 452), macroestructura se identifica con la estructura, con las partes de un diccionario. En los apartados siguientes van a aplicarse ambas maneras de entender este concepto al estudio de los diccionarios fraseológicos.

Como en un diccionario de locuciones la macroestructura, en el primer sentido, está compuesta justamente por estas unidades, su ordenación, en los diccionarios en papel, claro está, solo puede llevarse a cabo ya sea a partir de las propias locuciones dispuestas según el orden alfabético, ya sea a través de las palabras clave mediante las que se lematizan, y las palabras clave se ordenan, asimismo, alfabéticamente. De este modo, la ordenación de las locuciones y su lematización son los primeros puntos desarrollados a continuación.

3.1. La ordenación de las locuciones

La ordenación alfabética puede presentarse de dos modos, conocidos como *word by word* (palabra por palabra) y *letter by letter* (letra por letra). En el primero, denominado también *alfabetización discontinua* o *por palabras*, se tiene en cuenta el espacio en blanco que separa unas palabras de otras en la locución; por el contrario, en la segunda ordenación, llamada, asimismo, *alfabetización continua* o *por letras*, no se considera el espacio en blanco. Diccionarios con la primera ordenación son, por ejemplo, tres orientados a su enseñanza (*DICLOCVER*, *DICLOCADV* y *DICLOCNAP*) y uno que no sigue esta vertiente aplicada (*DiLEA*). Hasta donde llega nuestra información, no existen diccionarios fraseológicos del español con las locuciones ordenadas letra por letra; no obstante, esta ordenación se puede encontrar en las obras que presentan los fraseologismos a través de palabras clave.

Una buena parte de diccionarios fraseológicos, como el *DFrEM* y el *DFDEA*, disponen las locuciones en la macroestructura bajo una palabra clave. Así, en la letra B de ambos diccionarios, las primeras palabras clave son, respectivamente, *baba*, *Babia*, *bacalao*, *badana*, *bailado*, *bailar* . . . y *baba*, *Babia*, *bacalao*, *báculo*, *badana*, *bailar*. . . .[6] Pues bien, en el *DFDEA* la ordenación de las propias palabras clave es letra por letra, como se ve en este conjunto: *impulso*, *inadvertido*, *in albis*, *incienso*; si las palabras se hubieran ordenado siguiendo el procedimiento de palabra por palabra, tendríamos: *impulso*, *in albis*, *inadvertido*, *incienso*. Más todavía, en el *DFDEA*, dentro de una palabra clave, las locuciones se ordenan mediante el sistema de letra por letra; bajo *diente* se han recogido, por ejemplo: *de diente, decir entre dientes* y *de dientes para afuera*, locuciones que, siguiendo el orden palabra por palabra, aparecerían así: *de diente, de dientes para afuera* y *decir entre dientes*.

3.2. *La lematización de las locuciones*

Ahora bien, entre todas las palabras que forman una locución, ¿cómo se decide cuál es la palabra en cuyo artículo del diccionario se incluiría?; preguntado de otro modo, ¿cómo se lematiza? La cuestión se origina porque los fraseologismos están constituidos por dos palabras como mínimo. Las posibilidades son varias según el parecer del lexicógrafo al optar por un criterio determinado. Uno es el estructural, según el cual las locuciones se lematizan por la primera palabra que las constituye. Es el seguido en la redacción de los diccionarios didácticos citados (*DICLOCVER*, *DICLOCADV* y *DICLOCNAP*) y en el *DiLEA*. Y ello a pesar de los argumentos aducidos en contra de este criterio.

Se ha objetado que el usuario del diccionario puede ignorar los límites de una locución y, por tanto, desconocer cuál es su primera palabra. El problema se puede salvar ofreciendo en el diccionario distintos listados en los que las locuciones estén lematizadas a través de otros criterios. Por ejemplo, los diccionarios didácticos mencionados contienen las locuciones lematizadas según el criterio estructural y, además, por el categorial (tercer criterio explicado más adelante). También suponen dificultades para la utilización del criterio estructural el que las locuciones presenten variantes en su primer elemento constituyente o cuenten con un elemento facultativo, por ejemplo, la locución nominal *las partes*, que se puede presentar bajo la forma *sus partes*, y la adverbial *una cosa mala*, utilizada, asimismo, en la forma *cosa mala*. El problema se soluciona incluyendo en el diccionario las dos variantes de la locución. Finalmente, en contra del criterio estructural se ha aducido la posibilidad de que el usuario conozca la locución en un orden de palabras distinto al registrado en el diccionario. Esta es una objeción difícilmente salvable porque, si el lexicógrafo ha seguido unos determinados criterios de selección de las unidades fraseológicas, es posible que las incluidas no respondan al orden formal por el que las conoce quien consulta el diccionario.

Un segundo criterio es el semántico, concebido de distintos modos. A partir de este, una locución concreta se lematizaría 1) bajo la palabra considerada su centro semántico; por ejemplo, en la locución *el vil metal*, podría considerarse *metal* como su centro semántico, de manera que se lematizaría *s. v. metal*, palabra clave; 2) bajo el elemento constituyente más idiomático; en *asignatura pendiente*, el constituyente *asignatura* sería el más idiomático porque no significa 'cada una de las materias que se enseñan en un centro docente o forman un plan académico de estudios', sino que en la locución se relaciona con 'problema o cuestión', de ahí su inclusión *s. v. asignatura*, palabra clave; o 3) bajo todos los elementos con significado pleno que la forman; *contra viento y marea*, formada por dos nombres, una preposición y una conjunción, debería lematizarse tanto *s. v. viento* como *s. v. marea*.

A poco que se reflexione sobre este criterio, se perciben, de inmediato, los problemas que plantea determinar cuál es el centro semántico de una locución o qué elemento contiene el mayor grado de idiomaticidad. No debe extrañar, pues, el que no contemos con diccionarios de locuciones lematizadas bajo la palabra considerada su centro semántico ni bajo el constituyente más idiomático. Por su parte, lematizar las locuciones bajo todos los elementos con significado pleno que contienen supone incrementar el volumen del diccionario, al menos de los editados en papel, e incorporar un estricto control de remisiones y referencias cruzadas para no dar lugar a pistas perdidas.

El tercer y último criterio de lematización es el categorial; es decir, el basado en la clase o la categoría morfológica de los elementos que forman una locución. Para seguir este criterio, el lexicógrafo decide, previamente, un orden o jerarquía de categorías en que apoyarse para establecer la palabra clave bajo la que se lematiza una locución. Es el criterio que se ha seguido en los diccionarios generales y en los fraseológicos. El *DFrEM* es un claro ejemplo de aplicación de este criterio, que exige la explicación, por parte de los diccionaristas, de la jerarquía de categorías seguida. Así, los autores del *DFrEM* dan cuenta del orden seguido: a) nombres propios, b) sustantivos, c) adjetivos, d) participios (concertados), e) adverbios (con determinadas excepciones), f) verbos principales (también con excepciones), g) pronombres (aunque no los de todas las clases), h) numerales e i) el verbo *ser*. En consecuencia, *coger las de Villadiego* está lematizada *s. v. Villadiego* (el único nombre propio de la locución); *buena estrella, s. v. estrella* (el sustantivo que forma la locución); *al rojo vivo, s. v. rojo* (el primer adjetivo de la locución); *mal parado*, por *parado* (elemento de la categoría participio); *ni más ni menos* se lematiza por *más* (primer adverbio constituyente de la locución); *matarlas callando, s. v. matar* (primer verbo de la locución); *de todas todas, s. v. todo* (pronombre al que corresponde la forma femenina plural *todas*); *en un dos por tres* está lematizada *s. v. dos* (un numeral); y *un sí es no es* se lematiza *s. v. ser* (verbo del que es forma conjugada el constituyente *es*).

El criterio categorial también ha sido objeto de críticas, pues en su contra se ha argumentado que exige del usuario del diccionario unos conocimientos de gramática (la clasificación morfológica de las palabras) de los que tal vez no disponga, y el orden jerárquico anterior podría ser un ejemplo de ello. Ahora bien, si se ofrecen en el diccionario listados en los que las locuciones estén lematizadas mediante otros criterios, la objeción queda salvada.

En resumen, los criterios estructural y categorial, pese a los problemas que suscitan, se han demostrado más viables y útiles que el semántico, y la prueba está en su amplio uso en la elaboración de diccionarios fraseológicos. Ambos criterios cuentan, además, con la ventaja de su conjunción, tal como se ha hecho en los diccionarios didácticos de Penadés Martínez y en el *DFDEA*, circunstancia que contrarresta las desventajas que utilizados de manera aislada pueden tener.

3.3. Partes de un diccionario fraseológico

Los diccionarios fraseológicos, como otros tipos de obras lexicográficas, organizan su macroestructura (en el segundo sentido comentado en 3.) en distintas partes entre las que son inexcusables una introducción y el cuerpo del diccionario o conjunto de todo el material registrado ordenado según se ha explicado en 3.1., y son opcionales los anexos, apéndices o partes finales del diccionario. En cuanto a la introducción, lo deseable es que, de la manera más breve y comprensible posible para un usuario no especialista, incluya información sobre la naturaleza de las unidades recopiladas; los criterios seguidos para su selección; los procedimientos para su búsqueda en el cuerpo del diccionario; y los datos ofrecidos en el artículo lexicográfico.

La macroestructura de un diccionario fraseológico editado en papel también puede ser la ubicación adecuada para proporcionar listados de locuciones sinónimas (que, por supuesto, tienen su correspondiente artículo lexicográfico), de locuciones antónimas y de locuciones organizadas de manera semejante a como los diccionarios onomasiológicos presentan el material registrado. Un ejemplo lo constituyen el *DICLOCVER, el DICLOCADV y el DICLOCNAP*. Los tres contienen un apéndice de locuciones sinónimas y antónimas que incluye series de locuciones en las que, bajo una locución cabeza de la serie (la primera según el orden alfabético), se registran las sinónimas y las respectivas antónimas separadas por una línea, del modo siguiente en un conjunto de locuciones adverbiales cuyo significado es 'con buena suerte' (las dos primeras) o 'Con mala suerte' (las dos últimas):

con buen pie
con el pie derecho

con el pie izquierdo
con mal pie

No obstante, los diccionarios en línea facilitan la no inclusión de apéndices de locuciones sinónimas. Un claro ejemplo es el *DiLEA*,[7] el único de locuciones por ahora en este formato; su consulta muestra que, situando el cursor sobre una lupa con el signo + que hay junto a la definición de las locuciones y haciendo clic, aparece un listado con todas las que tienen la misma definición y que pueden entenderse bien como variantes (*dar con sus huesos en el suelo* ~ *dar con sus huesos en la tierra*), bien como sinónimas (*dar con los huesos en tierra* ~ *perder pie*).

Por otra parte, en estos diccionarios didácticos existe otro apéndice para recoger las locuciones agrupadas por campos conceptuales. En el de locuciones verbales aparecen 28 campos que, tomados en conjunto, comprenden un amplio número de unidades distribuidas por su significado. Por ejemplo, existe un campo conceptual relativo a 'experimentar un estado de ánimo o un sentimiento', otro referido a 'decir y hablar', otro con las locuciones que expresan 'rechazar o despreciar a una persona o una cosa', etc. Mientras no dispongamos de diccionarios de locuciones sinónimas y antónimas, y de diccionarios onomasiológicos de locuciones, estas tres obras compensan la carencia de los primeros y completan la escasez de los onomasiológicos, pues prácticamente el único monolingüe con el que contamos es el de Rodríguez-Vida (2004).

4. Cuestiones referidas a la microestructura de los diccionarios fraseológicos

La microestructura de un diccionario está constituida por el conjunto de informaciones que se ofrecen en un artículo lexicográfico. Desde esta perspectiva, y si se acepta que existe una equivalencia entre las clases de palabras (nombres, adjetivos, pronombres, verbos, adverbios, etc.) y las clases de locuciones (nominales, adjetivas, pronominales, verbales, adverbiales, etc.), por la analogía en su comportamiento morfológico, sintáctico y semántico, no debe extrañar que las informaciones que se ofrecen sobre las entradas de un diccionario fraseológico sean prácticamente las mismas que las facilitadas para las unidades léxicas en el diccionario general de lengua. Así pues, en la microestructura deben aparecer, al menos, datos sobre el lema de una locución; sus acepciones si es el caso; la clasificación gramatical; la marcación diafásica en caso de tenerla; la estructura actancial si la exige; la definición; ejemplos de uso; y otros datos de carácter ortográfico, gramatical y pragmático, si se cree conveniente.

Aunque pueda parecer que la definición de una locución es la parte fundamental de su artículo lexicográfico, hay otros aspectos que, por la naturaleza de las locuciones y por el peso de la tradición en su tratamiento lexicográfico, merecen un comentario especial: el lema en relación con la variación no marcada, la clasificación gramatical, la marcación diafásica y la estructura actancial, de modo que estas van a ser las cuestiones objeto de comentario.[8]

4.1. El lema de las locuciones

Un diccionario fraseológico proporciona la forma de los fraseologismos; es decir, indica cuál es su lema o forma canónica. El lema de una locución se relaciona estrechamente con la variación no marcada que las unidades fraseológicas presentan; o sea, con el hecho de que puedan aparecer bajo formas distintas sin implicación alguna por lo que se refiere a su utilización en cualquier situación comunicativa, en cualquier contexto y con cualquier interlocutor, como especifica Garriga (2019, 22) para las palabras no marcadas. Obsérvese cómo distintos diccionarios dan cuenta de las posibilidades de variación de la forma de algunas locuciones:

Tabla 35.1 Indicación de las variaciones formales de las locuciones

DFrEM	*Buitrago (2002)*	*DFDEA*	*DiLEA*
correr [mucha] tinta. **el año/la época/ los tiempos de Maricastaña/ María Castaña.** **irse/marcharse u. p./u. c. a tomar/ con viento fresco.** **no saber u. p. por dónde (se) anda.**	**Apurar**/beber(se) **el cáliz hasta las heces.** **Estar**/entrar/poner **en** (la) **liza.** **No arrendarle a alguien la**(s) **ganancia**(s). **No dejar**/quedar **títere con cabeza.** **Ser** (como)/parecer **un armario ropero**/ empotrado/ de tres cuerpos.	**dar cien patadas (en la barriga).** **darse (de) patadas.** **lavar** [a alguien] **la boca (con jabón,** *o* **con lejía).** **no verse** (*o* no oírse) **todos los días.** **quitar** [a alguien] **el pan (***o* **el bocado** *o* **la comida) de la boca.**	**dar cien patadas.** **dar cien patadas en el estómago.** **dar cien patadas en la barriga.** **darse de patadas.** **quitar el bocado de la boca.** **quitar el pan de la boca.** **quitar la comida de la boca.**

Mediante el uso de diferentes signos habituales en lexicografía: la barra, los paréntesis, los corchetes, la conjunción *o*, las letras en negrita y en redonda, se informa sobre el lema de locuciones que presentan variación no marcada. Ahora bien, desde la perspectiva del usuario del diccionario, estos procedimientos, utilizados en ocasiones de manera conjunta, no son los más adecuados, pues resultan complejos y poco rentables para captar fácilmente las variantes de una locución. Una posible solución consiste en redactar tantas entradas como formas tenga el fraseologismo, modo de proceder en el *DiLEA*, como se muestra en su columna; la edición en línea lo permite, pues no le afecta el tamaño que el diccionario adquiriría en una edición en papel.

4.2. La clasificación de las locuciones

La mayoría de diccionarios fraseológicos omite los datos sobre la clasificación categorial y la subcategorización de las locuciones, centrándose, casi exclusivamente, en ofrecer el lema con sus variantes no marcadas y la definición. Esta situación tradicional comenzó a cambiar con la publicación del *DFrEM*, del *DICLOCVER* y de la primera edición del *DFDEA*. El primero, sin utilizar ninguna marca gramatical, ordena las locuciones situadas bajo una palabra clave según la siguiente jerarquía clasificatoria: primero aparecen las locuciones equivalentes a un sustantivo, después las que equivalen a un adjetivo, a un adverbio, etc.; las conjuntivas, por su naturaleza de conjunción y enlace oracional, están entre las locuciones y las expresiones. Sin embargo, estas indicaciones que los autores del *DFrEM* exponen en la "Introducción" no siempre conducen a un resultado satisfactorio para el usuario interesado por saber la clase de una locución. Y eso ocurre por la discordancia que se produce entre el orden en el que aparece una unidad fraseológica, el cual induce a asignarle tácitamente una determinada clase, y la paráfrasis definitoria de la unidad, que lleva a la asignación de otra clase distinta.

Por su parte, con el *DICLOCVER* y con los diccionarios didácticos que le siguieron, se inició, de manera sistemática, la labor de asignar marcas gramaticales a las locuciones verbales (*v.* y *v.-prnl.*), a las adverbiales (marcadas todas como *adv.*), a las nominales (*com.* (locución común en cuanto al género), *f.* (locución nominal femenina), *m.* (locución nominal masculina) y *nom.* (locución nominal)), a las adjetivas (*adj.*) y a las pronominales (*pron.*).

En cuanto al *DFDEA*, también hace uso de marcas gramaticales para informar sobre la categoría: locución nominal de género masculino o femenino (*m*, *f*), locución pronominal (*pron*), locución adjetiva (*adj*), locución verbal (*v*), locución adverbial (*adv*), locución prepositiva (*prep*), locución conjuntiva (*conj*) y locución interjectiva (*interj*). Procediendo así, los autores del *DFDEA*, desde la 1.ª edición, dieron un salto cualitativo en relación con su anterior *Diccionario del español actual* (Seco, Andrés y Ramos 1999, *DEA*), pues en este una locución presenta la categoría solo cuando su clase no coincide con la categoría de la palabra bajo la que se ha lematizado. Siguiendo este principio, las locuciones verbales *echar abajo*, *echar a perder* o *echar a rodar*, por ejemplo, se incluyen en el *DEA* sin marca gramatical, por estar integradas *s. v. echar*, ya marcada con la categoría *verbo*. En cambio, las locuciones *estar en el ajo*, *clamar al cielo* o *volver la espalda* tienen asignada la marca *loc v* (locución verbal) por aparecer *s. v. ajo*, *cielo* y *espalda*, todos nombres.

Por último, en el *DiLEA* la marcación gramatical de la categoría y subcategoría de las locuciones se ha desarrollado ampliamente teniendo en cuenta la praxis lexicográfica previa de los diccionarios didácticos y, asimismo, las particularidades morfológicas y sintácticas de las locuciones, que permiten un tratamiento lexicográfico análogo o semejante al que los diccionarios de lengua desarrollan para las unidades léxicas. Se ha seguido, pues, esta organización en la asignación de una marca de categoría o subcategoría gramatical:

adj.	locución adjetiva (*de armas tomar*).
adv.	locución adverbial (*a banderas desplegadas*).
com.	locución nominal común en cuanto al género (*bala perdida*).
f.	locución nominal femenina (*alma de cántaro*).
impers.	locución verbal impersonal (*haber de todo como en botica*).
impers.-intr.	locución verbal impersonal intransitiva (*arrugarse el ombligo*).
impers.-tr.	locución verbal impersonal transitiva (*tragarse la tierra*).[9]
intr.	locución verbal intransitiva (*saber de qué va la película*).
m.	locución nominal masculina (*botón de muestra*).
pron.	locución pronominal (*ciento y la madre*).
tr.	locución verbal transitiva (*echar de menos*).

4.3. *La marcación diafásica de las locuciones*

La marcación diafásica de las locuciones es una cuestión compleja, al igual que la de las palabras como apunta Garriga (2019), de modo que los datos aportados deben tomarse como una muestra de aspectos que requieren un desarrollo más extenso (Penadés Martínez 2015, 161-179). Resulta incuestionable en lexicografía la utilidad de la marcación diafásica de las entradas recopiladas en un diccionario, dado que se proporciona una información absolutamente necesaria para que el usuario del diccionario las emplee de manera apropiada a la situación comunicativa, a las modalidades de la lengua o a la intención perseguida al hablar. De ahí surge el procedimiento de marcar las unidades fraseológicas como coloquiales, informales, formales, vulgares, literarias, humorísticas, etc., etc. La labor no es, sin embargo, fácil ni está libre de disensiones, como muestra la siguiente tabla:

Tabla 35.2 Marcación diafásica de las locuciones

DFrEM	*DFDEA*	*DiLEA*
a cuerpo gentil (f.). **darse u. p. al demonio** (inf.). **de mierda** (inf.). **hablar u. p. a la pared** (f.). **meterle u. p. mano a alguien** (inf.). **pasarse u. p. algo por la entrepierna** (rest.). **un huevo** (inf.).	**a cuerpo gentil**. *Tb, humorist.* **darse a los demonios.** **de mierda.** (*vulg*). **hablar a la pared.** **meter mano.** (*vulg*). **pasarse por la entrepierna.** (*col*). **un huevo.** (*vulg*).	**a cuerpo gentil.** infor. **darse a los demonios.** infor. **de mierda.** vulg. **hablar a la pared.** infor. **meter mano.** vulg. **pasarse por la entrepierna.** vulg. **un huevo.** vulg.

El problema surge porque la mayor parte de las veces no existen criterios para aplicar las marcas, excepto el seguimiento de la tradición lexicográfica, o se desconocen los utilizados. No obstante, esta situación problemática está en vías de solución, en cuanto a las locuciones, por la propuesta de procedimientos objetivos (Penadés Martínez 2013). Así, *darse a los demonios* es informal en el *DiLEA*, frente a la ausencia de marcación en el *DFDEA*,[10] por el daño a la imagen pública que conlleva la interpretación literal de la locución. En efecto, la imagen que se forma en la mente del hablante, la interpretación literal que corresponde al hecho de darse a los seres denominados *demonios*, supone un daño, una amenaza a la imagen pública de la persona a la que se aplica la locución:

(5) Selznick *se daba a todos los demonios*, pues le preocupaba y mucho empezar a rodar sin tener a la actriz que encarnara a Scarlett.

La amenaza se minimiza fomentando la familiaridad, lo que puede conseguirse utilizando una locución informal, de ahí surge el criterio para marcar así la locución (Penadés Martínez 2013, Brown y Levinson 1987). Algo semejante ocurre con *hablar a la pared*, su interpretación literal, dirigirse en un acto de comunicación al elemento de un edificio denominado *pared*, ofrece una imagen pública poco favorecedora de quien realiza tal acción:

(6) —¿Qué encuentras aquí que justifique el tiempo que empleas en leer y escribir? —Porque me siento aceptada y puedo hablar de lo que me gusta con gente que sabe del tema. Y no sentir que *hablo a la pared*.

Pero si la locución se vincula a una situación de familiaridad, la marca informal que es posible asignarle en ese caso (y no la de formal en el *DFrEM* ni la ausencia de marca en el *DFDEA*) evita el daño a la imagen pública que supone que una persona realizara la acción literal de hablarle a la pared.

Junto al criterio de la amenaza laa la imagen pública, se ha establecido también el criterio de la propia marcación de las unidades que forman una locución (Penadés Martínez 2013). De este modo, la marca diafásica de las voces *mierda*, malsonante en todas las acepciones del *DLE*, y *huevo*, vulgar en su acepción 5 en el mismo diccionario, se extiende a la propia locución, que puede marcarse como vulgar, frente a la marca informal del *DFrEM*.

Por último, a partir de la idea de que la mayoría de los idiomatismos están clasificados en nuestra mente también por nuestro conocimiento sobre su aparición potencial en situaciones típicas y en los textos correspondientes (Dobrovol'skij 1994, 267, 2000, 75), y desde la percepción de que existen acciones o comportamientos interdictos, puede justificarse que *meter mano* deba marcarse como vulgar, igual que *pasarse por la entrepierna*, no como coloquial, aunque ninguna de las dos locuciones incluya una palabra marcada como vulgar en los diccionarios.

4.4. La estructura actancial de las locuciones

Las locuciones verbales, especialmente, pero también algunas nominales, adjetivas y adverbiales, presentan, como las unidades léxicas de la clase verbo, la capacidad de combinarse con otros elementos, lo que da lugar a tratar su estructura actancial o argumental. Para que el usuario del diccionario llegue a tener conciencia de qué elementos selecciona una locución, resulta conveniente que se proporcione información relativa a los actantes o argumentos que rige. Existen locuciones que no exigen ningún actante, las avalentes (*haber moros en la costa*); otras son monovalentes por exigir uno (*forzar la máquina*: *alguien fuerza la máquina*); las hay bivalentes, aquellas que rigen dos (*caer gordo*: *alguien cae gordo a alguien*); y otras son trivalentes por seleccionar tres actantes (*echar en cara*: *alguien echa en cara algo a alguien*).

Disponer de información sobre la estructura actancial de las locuciones resulta muy relevante para quien consulta el diccionario, pues le permite construir enunciados con la locución correctamente usada, por saber con cuántos elementos y de qué clase puede combinarse cada locución: *alguien*, referido a un ser humano; *algo* relativo a un animal o a una cosa; *en un lugar*; *de algún modo*, etc. Como es fácilmente deducible, las posibilidades combinatorias de las locuciones con actantes son múltiples; no obstante, a continuación figuran algunos ejemplos tomados del *DiLEA* en los que se anota la locución, su combinatoria entre corchetes, cómo debe interpretarse esta cuando se consulte el diccionario (dato que figura aquí entre paréntesis) y el significado de la locución:

> **abrir el fuego.** [alguien] (alguien abre el fuego) Ser el primero en hablar.
> **dar con sus huesos**. [alguien, en un lugar] (alguien da con sus huesos en un lugar) Ir a parar a un lugar.
> **dejar caer**. [alguien, algo] (alguien deja caer algo) Decir una cosa como sin querer, pero con intención.
> **gastarlas.** [alguien, de algún modo] (alguien las gasta de algún modo) Comportarse de una determinada manera.
> **meter el corazón en un puño**. [alguien/algo, a alguien] (alguien/algo mete el corazón en un puño a alguien) Inquietar a una persona.

Los diccionarios fraseológicos no siempre proceden sistemáticamente al señalar esta particularidad de las locuciones. Basta con comparar las mismas locuciones en distintas obras para comprobarlo, tal como se muestra en la tabla siguiente:

Tabla 35.3 Información sobre la estructura actancial de las locuciones

DFrEM	*DFDEA*	*DiLEA*
abrir/hacer/romper u. p. (el) fuego.	**romper** (*o* **abrir**) **el fuego.**	**abrir el fuego.** [alguien]
dar u. p. con sus huesos en algún lugar.	**dar** [alguien] **con sus** (*o* **los**) **huesos** [en un lugar].	**dar con sus huesos.** [alguien, en un lugar]
dejar u. p. caer algo	**dejar caer.**	**dejar caer.** [alguien, algo]
gastarlas u. p.	**gastarlas.**	**gastarlas.** [alguien, de algún modo]
meterle u. p./u. c. el corazón en un puño a alguien.	**meter** (*o* **poner**) **el corazón en un puño** [a alguien].	**meter el corazón en un puño.** [alguien/algo, a alguien]

Ante la ausencia de los actantes en algunas locuciones del *DFDEA* y la variedad de maneras de anotarlos en el *DFrEM* y el *DFDEA*, el procedimiento lexicográfico utilizado en el *DiLEA* para ofrecer la estructura actancial resulta más comprensible. No es nuevo en la tradición lexicográfica hispánica, ya que se utilizó en el *Diccionario para la enseñanza del español* (*DIPELE*), se aplicó sistemáticamente en el *DICLOCVER*, el *DICLOCADV* y el *DICLOCNAP*, y se continuó en el *DFDEA*, aunque de manera parcial, según muestra la tabla anterior, y sin un apartado específico. Puede afirmarse, pues, que esta manera de indicar la combinatoria de las locuciones va asentándose en la lexicografía hispánica, con la ventaja de dejar el enunciado del artículo lexicográfico exclusivamente para el lema de la locución.

5. Conclusiones

El *DFrEM*, por la fecha de publicación, 1994, y por sus peculiaridades frente a otros diccionarios del momento —sobre todo el haber seleccionado locuciones, complejos fraseológicos con casillas vacías y expresiones—, se convirtió en una fuente de consulta y estudio especialmente para los fraseólogos y los fraseógrafos, pese a los problemas que pronto se le detectaron, al menos en el establecimiento del lema de las locuciones, en las indicaciones de su ámbito de aplicación (formal, informal y restringido), en las paráfrasis definitorias y en la creación *ad hoc* de ejemplos ilustrativos. Por su parte, el *DFDEA*, que supera en gran medida y en varios aspectos al *DFrEM*, por ejemplo, en el registro del lema de las unidades fraseológicas, en su clasificación, en su marcación diafásica y en el apoyo en documentación real de su uso, constituye una referencia inexcusable para el análisis descriptivo de las fórmulas oracionales y las locuciones pertenecientes al uso de España.

No obstante, en los apartados anteriores, se ha visto cómo cuestiones relativas a la macroestructura y sobre todo varias de la microestructura requieren un tratamiento más acorde con la naturaleza y el comportamiento lingüístico de los fraseologismos que el mostrado por el *DFrEM* y el *DFDEA*. Por lo tanto, los diccionarios fraseológicos que se redacten en el futuro deberían atender, como mínimo, a las siguientes cuestiones para mejorar el estado actual de la fraseografía práctica del español: 1) utilizar una terminología apropiada para las unidades fraseológicas desechando términos tradicionales del tipo *frase*, *frase hecha*, *expresión* o *dicho*; 2) realizar una selección de las unidades registradas en función del público potencial; 3) establecer el lema de las unidades a partir del examen de su uso por los hablantes; 4) incluir como entradas independientes las variantes no marcadas de los fraseologismos; 5) clasificar las unidades fraseológicas por sus particularidades morfológicas y sintácticas; 6) utilizar criterios objetivos y explícitos para la marcación diafásica; y 7) indicar la estructura actancial de las unidades que la exijan para facilitar su utilización en el discurso.

Desde la perspectiva que determinan estos aspectos, el *DiLEA* ha surgido como un intento de aplicar los conocimientos de la lingüística, la fraseología y la lexicografía al ámbito de la fraseografía, por el convencimiento de que, solo desde las ciencias que fundamentan la praxis lexicográfica, se llega a facilitar al usuario el conocimiento que le ayude a comprender y producir unas unidades, las locuciones, que, pese a sus peculiares características intrínsecas, forman parte del sistema de la lengua.

Notas

1 Como *expresión fija, expresión idiomática, expresión pluriverbal, frase idiomática, giro, modismo, unidad léxica pluriverbal*.

2 Cuando no se indica el significado de las unidades fraseológicas citadas, si son locuciones verbales puede consultarse el *DiLEA*, publicado en línea (*www.diccionariodilea.es*) y con una aplicación para teléfonos móviles, o el *DFDEA*; y Penadés Martínez *et al.* (2008) para el refrán y el proverbio citados. El significado de las palabras está tomado del *Diccionario de la lengua española* (*DLE*).

3 Los ejemplos se han obtenido del *CREA*, limitando la búsqueda a España, y mediante el buscador Google restringiendo la herramienta a España y a las páginas en español.

4 En Penadés Martínez (2017a, 2017b) se ha demostrado que las colocaciones son estructuras sintagmáticas radiales en las que un rasgo semántico del colocativo determina su combinación con una clase léxica de unidades, las bases, que comparten ese mismo rasgo; además, las colocaciones no participan de la fijación y la idiomaticidad de los fraseologismos.

5 Según Olímpio de Oliveira Silva (2007, 27), "la fraseografía es una disciplina lingüística que se ocupa, por una parte, de los principios teóricos y prácticos que rigen la inclusión de la fraseología en compilaciones léxicas (diccionarios, léxicos, vocabularios, glosarios, concordancias, etc.), tanto restringidas como generales y, por otra, del estudio crítico y descriptivo de estas compilaciones, en lo que al tratamiento de la fraseología se refiere".

6 La no coincidencia entre ambos diccionarios se explica por las locuciones recopiladas en uno y otro, así el *DFrEM* no registra ninguna con el elemento constituyente *báculo*.

7 Sus características están explicadas en Penadés Martínez (2020).

8 No obstante, la definición de las locuciones está ampliamente tratada en Penadés Martínez (2010b, 2015, 196-236).

9 No cabe pensar que la locución no es impersonal por considerar *la tierra* su sujeto. De analizarse así, ya no se trataría de una locución con el significado de 'desaparecer sin dejar rastro', sino de una combinación libre de palabras, como la ejemplificada en: "Según *El País*, "la tierra se ha tragado parte de la A-92, sentido Almería, a su paso por la provincia de Granada"", donde *la tierra* es sujeto, *se ha tragado*, el predicado con el significado de 'Dicho de la tierra o de las aguas: Abismar lo que está en su superficie' (*DLE s. v. tragar*) y *parte*, objeto directo.

10 Así es en la 1.ª edición de *DFDEA*. En cambio, en la 2.ª está marcada como coloquial. Modificar datos en las ediciones sucesivas de una obra es obligado si así lo exigen los análisis llevados a cabo. El problema está en el desconocimiento de las razones que conducen a las modificaciones realizadas.

Bibliografía básica

Olímpio de Oliveira Silva (2007); Penadés Martínez (2015); Penadés Martínez (2019).

Bibliografía complementaria

Burger *et al.* (2007); Penadés Martínez (2012); Porto Dapena (2002).

36

Los diccionarios ideológicos (Ideological dictionaries)

Gloria Vázquez y Ana Fernández-Montraveta

1. Introducción

En los diccionarios que más habitualmente estamos habituados a consultar, se presenta el listado de palabras de una lengua ordenadas alfabéticamente. Ahora bien, el léxico de una lengua es una estructura mucho más compleja que un simple listado de palabras. Los ítems léxicos mantienen relaciones entre sí, no solo de tipo formal sino también semántico.

Estos diccionarios, llamados semasiológicos —ya que van de la forma al significado— contrastan con los llamados onomasiológicos —que van del significado a la forma—. Dentro de estos últimos se sitúan los diccionarios ideológicos, objeto de estudio en este capítulo. En ellos, los diferentes lemas de una lengua no se presentan ordenados alfabéticamente sino agrupados según las ideas que evocan. Estas ideas, a su vez, se presentan jerarquizadas en una estructura semántica, en cuya cima se presentan unos ámbitos considerados básicos. Cada uno de los últimos nodos conceptuales de la jerarquía semántica se concreta en el nivel lingüístico con palabras asociadas a esa idea que mantienen relaciones semánticas entre sí. La disposición de este entramado de relaciones entre ideas y palabras a distintos niveles en una obra impresa es difícil de presentar y se realiza, como veremos, por partes.

Al consultar un diccionario ideológico lo que se pretende es identificar qué forma o formas de la lengua se corresponden con un determinado concepto y no buscar una palabra concreta ya preestablecida. Por ejemplo, si buscamos palabras asociadas al oficio de hacer vasijas, consultando la entrada del concepto 'vasija' (o similar) podemos localizar la palabra que designa a la persona que desarrolla dicha actividad (alfarero).[1]

Se puede intuir que el uso de estas obras no es, de entrada, fácil y requiere entrenamiento. Lo crucial es saber discernir a qué categoría semántica, de las utilizadas en el diccionario en cuestión, se adscribe la idea que queremos buscar y en qué parte del diccionario localizarla. En cualquier caso, se considera que el diseño lexicográfico de estos diccionarios es mucho más coherente que el de un diccionario alfabético, ya que este último es un criterio arbitrario (Alvar Ezquerra 1993a), mientras que el semántico responde a un orden lógico de relaciones conceptuales, similar al que previsiblemente se establece de forma natural en la mente humana.

El objetivo principal de los diccionarios ideológicos es dar apoyo en las tareas de codificación lingüística, es decir, en la redacción, mientras que los diccionarios semasiológicos son especialmente útiles para la descodificación. Así, los diccionarios ideológicos son una fuente adecuada para conseguir variedad expresiva y precisión léxica, ya que proporcionan al usuario ítems que

DOI: 10.4324/9780429244353-41

desconocía o que mantenía mentalmente de forma pasiva. Es por ello que se considera que este tipo de recurso es especialmente útil a escritores, periodistas u oradores. Además, también puede ser de ayuda en el campo de la traducción y en el del aprendizaje de lenguas.

En el caso del español, el primer diccionario ideológico, aunque solo para verbos, es la obra de José Ruiz León, *Inventario de la lengua castellana* (1879), y el segundo, ya más completo, es el de Benot, *Diccionario de ideas afines y elementos de tecnología* (1898–1899). Ahora bien, en el español moderno, el referente es Casares, *Diccionario ideológico de la lengua española* (1942; en adelante, *Casares*). En la bibliografía se suele considerar que esta obra es paradigmática en el panorama de la lengua española y, por ello, va a ser especialmente tenida en cuenta en este trabajo. También hay un acuerdo en que "los repertorios ideológicos posteriores solo son herederos, adaptaciones y compendios simplificados para el público escolar" (García Aranda 2017, 135). Entre estos diccionarios se encuentran, por ejemplo, el *Diccionario ideológico de la lengua española* de Vox (1995, en adelante, *Vox*) y el *Diccionario ideológico de la lengua española* (2001, en adelante, *RBA-Larousse*).

En este capítulo describiremos las características y la estructura prototípica de los diccionarios ideológicos del español más importantes y qué los diferencia de otras obras lexicográficas con las que se establecen ciertas conexiones con el objetivo de delimitar nuestro objeto de estudio. Se revisarán tanto las obras lexicográficas en papel más modernas, algunas de ellas mencionadas anteriormente, como las informatizadas, incluyendo bases de datos léxico-conceptuales, como la versión española de la red léxico-conceptual *WordNet*.

Palabras clave: bases de datos léxico-conceptuales diccionarios ideológicos; diccionarios onomasiológicos; relaciones léxicas

In the most commonly used type of dictionaries, words are presented alphabetically. However, the lexicon of a language is a much more complex structure than a simple list of words. Lexical items relate to each other in both form and semantics.

Alphabetical dictionaries can be classified as semasiological since they organize information based on its form and present the corresponding meaning with a definition. They contrast with onomasiological dictionaries, which organize information from the meaning to the form. Ideological dictionaries, described in this chapter, belong to the latter group. Ideological dictionaries present the different lemmas of a language grouped according to the ideas they evoke. In turn, these ideas are presented hierarchically as part of a semantic structure; the primary areas are placed at the top of the hierarchy. Each of the last conceptual nodes of the semantic hierarchy connects, at a linguistic level, with a word. The network relationships between ideas and words at different levels is difficult to present in printed form and is done, as we will see, in parts.

When consulting an ideological dictionary, a user intends to identify the form or forms that correspond or relate to a particular concept. For example, if we search for words associated with the trade of crafting pottery, by consulting the entry of the concept 'pottery' (or a similar one), we can locate the word that designates the person who performs that activity (*potter*).

The use of this kind of dictionary is, undoubtedly, not easy and requires training. It is essential to know which semantic category an idea is ascribed to and where in the dictionary to locate it. Nevertheless, the lexicographical design of these dictionaries is considered to be much more coherent than that of an alphabetic dictionary, since alphabetic order is an arbitrary criterion (Alvar Ezquerra 1993a). The semantic design responds to the logical order of conceptual relationships, similar to that naturally established in the human mind.

The primary purpose of ideological dictionaries is to support linguistic coding tasks, i.e., in the wording of ideas, while semasiological dictionaries are especially useful for decoding. Thus, ideological dictionaries are an appropriate source to achieve expressive variety and lexical precision, since they provide users with items that they might have been unaware of or passively maintained. Thus, this type of resource is considered to be especially useful to writers, journalists, or speakers. Besides, it can also be helpful in the fields of translation and language learning.

In the case of Spanish, the first ideological dictionary, although only for verbs, was created by José Ruiz León, *Inventario de la lengua castellana* (1879). The second, more complete one, is that of Benot, *Diccionario de ideas afines y elementos de tecnología* (1898–1899). However, in modern Spanish, the reference is Casares, *Diccionario ideológico de la lengua española* (1942; from now on, *Casares*). In the bibliography, this work is usually considered paradigmatic and will receive special attention in this chapter. There is also a consensus that "los repertorios ideológicos posteriores solo son herederos, adaptaciones y compendios simplificados para el público escolar" (García Aranda 2017, 135). These dictionaries include, for example, the *Diccionario ideológico de la lengua española* by Vox (1995) and the *Diccionario ideológico de la lengua española* (2001, *RBA-Larousse*).

In this chapter, we describe the characteristics and prototypical structure of the most important ideological dictionaries of Spanish and what differentiates them from other lexicographic works with which connections are established. We review the most recent paper-based lexicographic works and electronic or Internet-based resources, including lexical-conceptual databases, and the Spanish version of the Lexical-conceptual network *WordNet*.

Keywords: ideological dictionaries; lexical and conceptual databases; lexical relations; onomasiological dictionaries

2. Delimitación de los diccionarios ideológicos

Lo que caracteriza un diccionario ideológico es que, además de que es un diccionario onomasiológico y, por tanto, va del significado a la forma, presenta distintos niveles de jerarquía de conceptos, de los más generales a los más específicos. Sin embargo, no siempre un diccionario llamado ideológico presenta estas características y algunos que no son llamados así sí coinciden con esta caracterización. En este apartado vamos a revisar esta cuestión.

El ejemplo paradigmático de diccionario ideológico para el español es el *Casares*. Para esta lengua, antes de la publicación de este recurso, no se había usado antes la denominación de *ideológico* en referencia a estas obras. Fue después que la mayoría de diccionarios creados en la misma línea que el *Casares* (como el de *Vox, RBA-Larousse*, González Aguiar o Del Moral 2009) adoptaron este término. En la tradición española anterior a Casares, sin embargo, se usó en distintas ocasiones el término *diccionario de ideas afines* para referirse también a un diccionario ideológico (Benot 1898–1899).

Ahora bien, hay *diccionarios de sinónimos y antónimos* que también han sido denominados ideológicos (*Diccionario ideológico manual de la lengua española* 1976) o de ideas afines (*Gran diccionario de sinónimos y antónimos. Equivalencias e ideas afines*, 1991). Los diccionarios de sinónimos (y antónimos) también agrupan las palabras conceptualmente en función de unas relaciones semánticas (en este caso solo de tipo horizontal). Pero, tal como establece Anaya Revuelta (2005), se diferencian de los ideológicos en que "la relación entre la palabra y los significados es más concreta que en los diccionarios ideológicos, en los que el significado que sirve de eje de referencia es más abstracto" (p. 14). Por otro lado, en la mayoría de diccionarios de sinónimos (y antónimos) los vocablos son presentados siguiendo un orden alfabético, ya que no incluyen una clasificación general como punto de partida (García Aranda 2017). Son, por tanto, diccionarios semasiológicos.

En inglés, el ejemplo paradigmático de diccionario ideológico, el de Roget, *Thesaurus of English Words and Phrases* (1852), se llamó *tesauro*, y en francés, el de Boissière, *Dictionnaire analogique de la langue française* (1862), recibe el nombre de *diccionario analógico*. Como veremos, la denominación *diccionario analógico* entronca directamente con los diccionarios ideológicos (véase el apartado 3.3). Respecto al término *tesauro*, no ha sido usado normalmente en la tradición lexicográfica española como equivalente a diccionario ideológico, con alguna excepción. Sí que se usa en cambio en el ámbito de la terminología para referirse a diccionarios terminológicos, es decir, específicos de un dominio, que contienen el léxico de dicho ámbito asociado a conceptos presentados en forma jerárquica.

Relacionados con los diccionarios ideológicos también cabe mencionar las *nomenclaturas* y los *diccionarios temáticos*. La diferencia entre estos últimos y los ideológicos es que los temáticos solo presentan una clasificación general (similar a la parte sinóptica de los diccionarios ideológicos, apartado 3.1) a la cual se adscriben las distintas palabras de la lengua, sin establecer conceptos intermedios en la jerarquía, los cuales sí están presentes en los diccionarios ideológicos (parte analógica, apartado 3.3). Otra diferencia respecto a los diccionarios ideológicos es que en un diccionario temático las palabras aparecen ordenadas alfabéticamente, no agrupadas por relaciones semánticas. Una excepción es la obra de Del Moral 1998, que, aún denominándose diccionario temático, es un diccionario ideológico al incluir una clasificación conceptual de distintos niveles de concreción. Por su parte, en las *nomenclaturas* también se clasifican las palabras en secciones temáticas, pero se caracterizan porque suelen incluir el léxico de más de una lengua. Además, tienen una finalidad didáctica, compartida con los anteriores. En el caso de las nomenclaturas, ya originariamente, en la Antigüedad, fueron usadas para la enseñanza del léxico (García Aranda 2017).

Para acabar este apartado nos gustaría incidir en el problema terminológico que gira en torno a las obras objeto de estudio en este trabajo poniendo como ejemplo la obra de Ortega Cavero (1984), cuyo título incluye distintas denominaciones: *tesauro, sinónimos, asociación de ideas* y *diccionario analógico*.

3. Estructura de los diccionarios ideológicos

La estructura que caracteriza típicamente a los diccionarios ideológicos contiene tres partes: la clasificación conceptual (apartado 3.1), la alfabética (apartado 3.2) y la analítica o analógica (apartado 3.3). Además, todos los diccionarios ideológicos incluyen un apartado con instrucciones de uso. Como veremos, la parte analógica es la principal, porque es en la que se conectan los conceptos con las palabras, pero requiere de una clasificación conceptual más general. Por otro lado, la parte alfabética es un apoyo, pero no representa la esencia de un diccionario ideológico.

3.1. Clasificación conceptual

Esta clasificación incluye diferentes niveles de especificación, usando la lógica aristotélica como base: se intenta categorizar el conocimiento utilizando la relación jerárquica de inclusión, yendo de lo más general a lo más específico (Grande Alija 2008). Esta parte solo es conceptual y, por ello, se denomina también *sinóptica*, ya que solo se presentan las categorías semánticas que "sintetizan" el contenido de los vocablos. Los distintos nodos de las jerarquías (en algunos diccionarios todos y en otros solo los de nivel intermedio y bajo) se acompañan de una numeración que se usará luego en la parte analógica y/o alfabética.

En la mayoría de los diccionarios ideológicos, se presupone la validez universal de la jerarquía conceptual. Esta es la postura que se adopta en Benot (1898–1899) (siguiendo a Roget 1852). En otros casos, como *Vox* y Del Moral 2009, en cambio, se considera que la clasificación presentada está adaptada a la lengua que se quiere describir. En realidad, todas estas clasificaciones no dejan de ser una de las posibles interpretaciones del mundo, puesto que "toda clasificación encierra en sí cierta arbitrariedad" (Grande Alija 2008, 137). En todo caso, como este mismo autor destaca, los creadores de estos diccionarios son conscientes de que la clasificación conceptual que presentan tiene un fin práctico, ya que les sirve de apoyo para conseguir su objetivo.

La jerarquía conceptual suele contener dos partes: en una primera, se presenta una clasificación con diversos niveles (en *Casares* se denomina *Plan general de clasificación ideológica*) y, en la segunda, los nodos finales de la jerarquía anterior se amplían con más conceptos (en *Casares* se denomina *Cuadros sinópticos*).

En la primera parte, los nodos iniciales suelen ser muy pocos, muy generales y abstractos. Moreno Moreno (2012) distingue básicamente dos visiones a la hora de confeccionar este primer nivel de la jerarquía: la antropocéntrica (Benot 1898–1899, con 6 categorías), donde se separan las categorías que no incluyen al individuo ('relaciones abstractas', 'espacio' y 'materia') de otras que sí lo incluyen ('entendimiento', 'volición' y 'afecciones'); y la teocéntrica (*Casares*, con 2), en la que se distingue todo lo relativo a 'Dios' de lo relacionado con 'el universo'. Este primer nivel se va ramificando y en el último nivel suelen contabilizarse unas cuantas decenas de conceptos (en el *Casares*, 38; en Benot 1898–1899, 24). En la Figura 36.1 se observa cuáles son los nodos intermedios e inicial de uno de los nodos finales de esta primera parte de la jerarquía en *Casares*, "lenguaje (28)".

En la segunda parte de la clasificación conceptual, cada uno de los nodos inferiores de la jerarquía inicial (en la Figura 36.1, los que llevan número) se amplía con subcategorías conceptuales en las cuales ya no solo se explicitan relaciones de inclusión, sino también sinonimia o antonimia. El resultado final supera los 1000 conceptos en las obras consultadas (p. ej., en *RBA-Larousse*, 1274, en Del Moral 2009, 1600). En *RBA-Larousse* se presentan en un listado, sin orden alfabético ni subagrupaciones. En el *Casares*, en cambio, los ítems conceptuales incluidos en un cuadro sinóptico se distribuyen en distintas columnas y en subconjuntos (Figura 36.2): en una primera

El Universo
- Mundo inorgánico: ...
- Mundo orgánico:
  - Reino vegetal
  - Reino animal:
    - Los Irracionales: Zoología
    - El hombre:
      - El individuo: ...
      - La sociedad:
        - Comunicación (ideas y sentimientos):
          - Lenguaje (28)
          - Arte (Literatura, Pintura, Escultura, Arquitectura, Música, Danza) (29)
        - Instituciones sociales: ...
        - Industrias y oficios: ...

Figura 36.1 Reproducción parcial de la clasificación conceptual del *Casares*.

Religión		Irreligión, impiedad
Creencia, fe		Incredulidad
Devoción, obra pía		
Misticismo		
Cristianismo........................		Herejía, secta
	Protestantismo	
	Islamismo	
	Judaísmo	
	Mitología, paganismo	
	...	

Figura 36.2 Representación parcial del Cuadro 1 (*Religión*) del *Casares*.

columna se incluyen los sinónimos y en la segunda los antónimos ('religión' frente a 'irreligión' e 'impiedad'); respecto a los sinónimos, los que aparecen seguidos en la misma línea mantienen mayor relación sinonímica ('creencia'/'fe') que los que se presentan en líneas distintas ('religión', 'creencia'/'fe', 'devoción'/'obra pía' y 'misticismo'); la distancia aún es mayor cuando aparece una línea en blanco ('cristianismo').

3.2. Parte alfabética

En los primeros diccionarios ideológicos (Roget 1852), esta parte alfabética era inexistente, pero se hizo muy habitual su incorporación por motivos prácticos. No todos los diccionarios ideológicos incluyen la misma información en esta sección. Así, en algunos casos es solo un índice alfabético (Benot 1898–899) y en otras es un diccionario semasiológico, es decir, que incluye definiciones (*Casares*). En cualquier caso, cada palabra del listado alfabético contiene el nodo de la jerarquía conceptual donde ha sido clasificada, imbricando así la parte semasiológica con la onomasiológica. En el caso del *Casares*, si la definición de un vocablo contiene un concepto incluido en la parte analógica, se marca con un asterisco[2] para alertar al lector de dónde va a poder consultar otras palabras relacionadas semánticamente con la que se está consultando. Si en la definición no se usa esa palabra clave, se indica al final. Veamos un ejemplo de una de las definiciones de las acepciones de la palabra *banca*: "⋆Asiento de madera, sin respaldo, y a modo de mesilla baja". El asterisco marca que el vocablo *asiento* es un concepto de la parte analógica, bajo el cual se localizará *banca* y otras palabras relacionadas con dicho concepto.

Cabe mencionar aquí el caso del *Diccionario del uso del español* (Moliner 1966–1967, *DUE1*). A pesar de ser un diccionario semasiológico, al final de algunas entradas incluye un catálogo de voces relacionadas conceptualmente con el lema. Así pues, en esta obra se enlazan también dos estructuras, la alfabética y la conceptual, pero de forma opuesta a como se realiza en un diccionario ideológico *per se* y sin establecer una jerarquía temática explícita como punto de partida.[3]

3.3. Parte analógica

En esta parte se desarrollan lo que se consideran las entradas lexicográficas propiamente dichas de un diccionario ideológico, que se corresponden con los nodos conceptuales más bajos en la jerarquía temática de la parte sinóptica. Para dejar evidencia del lugar que ocupan en dicha jerarquía, se indica un número al lado de cada concepto.[4] El conjunto de estos nodos constituye, por tanto, la macroestructura de un diccionario ideológico. En el interior de cada entrada, la microestructura, se presentan las palabras relacionadas con cada concepto. Y ello explica que toda esta parte reciba el nombre de *analógica*, ya que dichos vocablos mantienen entre sí relaciones semánticas formando un continuo. Esta parte es también denominada *analítica*, ya que es donde se "expanden" los conceptos establecidos en la clasificación conceptual especificando el léxico que los materializa. Sin duda, el entramado de relaciones léxicas que se establece en una entrada lexicográfica de un diccionario ideológico es una red muy compleja y, como veremos, abierta, por lo que plasmarla en un formato impreso de forma clara es una tarea muy difícil de conseguir.

El diccionario ideológico de González Aguiar (2005) opta por añadir una información extra a la parte analógica: para cada palabra asociada a un concepto se incorpora *in situ* su definición, por lo que el usuario puede acceder directamente al significado de los vocablos asociados a esa idea. En la mayoría de los diccionarios ideológicos, en cambio, una vez se accede a la parte analógica, hay que ir simultaneando la consulta a la alfabética (si esta contiene definiciones) o a un diccionario semasiológico independiente (si no las contiene), para descodificar vocablos desconocidos para el lector. Si tenemos en cuenta que los diccionarios ideológicos "pretenden recoger el grado mayor de representación de una lengua" (Moreno Moreno 2012, 140), es decir, que incluyen léxico muy variado, la forma de proceder en la obra de González Aguiar supone una gran ventaja respecto a otras, ya que es muy habitual que el lector desconozca un porcentaje no trivial de los ítems léxicos contenidos en cada agrupación.

A continuación, vamos a analizar el contenido y la disposición de la microestructura de las entradas prototípicas de la mayoría de diccionarios ideológicos, es decir, qué palabras se escogen para representar los conceptos (apartado 3.3.2) y cómo se presentan (apartado 3.3.1). Por último, vamos a describir cómo acceder a la parte analógica de forma efectiva (apartado 3.3.3).

3.3.1. Agrupaciones de palabras

Uno de los primeros aspectos que llama la atención es que en la descripción de un concepto de la parte analógica las palabras se suelen presentar en subgrupos. En Del Moral (2009) se utilizan subtítulos para dar pistas al usuario sobre cómo se han organizados las subagrupaciones, que en este caso son de base semántica. Ahora bien, en la mayoría de diccionarios ideológicos no se incluyen estos epígrafes aclaratorios dentro de cada entrada y solo se explican los criterios utilizados en las instrucciones. Habitualmente, estos criterios se basan en la diferenciación de la categoría gramatical: se empieza por los nombres, seguidos de las otras categorías expuestas en un orden u otro según la obra (típicamente: verbos, adjetivos, adverbios y el resto, como interjecciones, en Benot 1898–1899, o refranes, en Del Moral 2009). Si el concepto es un nombre, el primer elemento del primer grupo suele ser la palabra coincidente con el concepto. Por ejemplo, para el concepto 'absorción' en *Casares*, la palabra que encabeza el primer grupo es *absorción*.

Para cada subgrupo de palabras de la misma categoría se establecen otras agrupaciones según el grado de relación que presentan entre sí. En Benot 1898–1899y en Del Moral 2009 los más cercanos se presentan horizontalmente, pero en la mayoría de obras todas las palabras se disponen verticalmente y se señalizan de alguna forma los subconjuntos. El orden en el que se presentan estas agrupaciones y sus límites, que en *Casares* se marcan con una línea en blanco, vienen determinados para cada categoría gramatical. Por ejemplo, en esta obra, se indica que se sigue el orden siguiente para presentar los sustantivos que se refieren a objetos concretos:

1 Sinónimos
2 Aumentativos[5]
3 Diminutivos
4 Despectivos
5 Colectivos
6 Partes de cosa

A la práctica, no es nada sencillo identificar estas relaciones, algunas de las cuales pueden no estar representadas en algunas entradas. En la Figura 36.3 se presenta una reproducción parcial de la entrada para el concepto 'abrigo (10)' en *Casares*. Si observamos las primeras palabras de la lista, supuestamente sinónimas, ya aparecen algunos interrogantes de cómo se han aplicado los criterios de agrupación mencionados, puesto que aparecen mezclados hiperónimos (*ropa*) e hipónimos (*gabardina*).

ABRIGO (10)

abrigo
ropa
ropón
levitón
[...]
gabardina
brandís
tapado
[...]

folgo
bolsa
escalfarote

abrigar
cubrir
arropar
acuchar
[...]

engabanado
agabanado
[...]

Figura 36.3 Reproducción parcial de la entrada *abrigo* en el *Casares.*

3.3.2. Selección de vocablos por concepto

En ocasiones, un concepto incluido en un diccionario ideológico ('oso') tiene pocas palabras asociadas y otro aparentemente del mismo tipo ('perro') recoge un número destacable. Tal como explica Casares (1942), ello se debe a la diferente relevancia de conceptos: el oso es poco prominente en la cultura española peninsular, a diferencia de lo que ocurre con el perro, lo cual queda reflejado lingüísticamente por la cantidad de vocablos que se pueden asociar a este último en esta lengua en comparación con el primero.

Así, el número de palabras que incluye una entrada en un diccionario ideológico puede ser muy variado y puede llegar a ser de varios centenares (e incluso millares según el propio autor). En cualquier caso, no necesariamente se incluyen todas las palabras relacionadas con cada concepto, por una cuestión de economía. Esta salvedad se soluciona con un sistema de remisiones. Concretamente, cuando en la citada obra una palabra del listado está en negrita (en otras obras se usa la mayúscula u otros símbolos) indica que ese vocablo se corresponde con otra idea para la cual hay otra entrada lexicográfica y en la que se pueden encontrar más vocablos relacionados. Por ejemplo, bajo el concepto 'abrigo' en *Casares* se incluye la palabra *cubrir* en negrita (v. Figura 36.3). Con esta indicación gráfica, el lector sabe que puede consultar una entrada para el concepto que lleva ese nombre y así acceder a más vocablos relacionados con 'abrigo'.

Además, en un diccionario ideológico, las palabras pueden estar incluidas en distintas entradas correspondientes a distintos conceptos, ya sea porque alguno de sus significados puede relacionarse con más de uno de dichos conceptos o porque tiene distintos significados. Es por lo que el usuario debe asegurarse de qué acepción del vocablo se está mencionado en cada concepto.

Por ejemplo, en el prólogo del diccionario de *RBA-Larousse* se alerta de que puede sorprender que la palabra *pistola* se encuentre en el grupo del concepto 'pan' si uno desconoce que dicho vocablo tiene una acepción referida a la 'barra pequeña de pan'.

En cualquier caso, un aspecto importante en la confección de estas obras es determinar qué palabras deben aparecer bajo el alcance de cada concepto. En los prólogos de algunos diccionarios se asume en general que el criterio utilizado tiene su base en las relaciones semánticas que se establecen entre los vocablos, típicamente, la hiperonimia-hiponimia, la sinonimia, la antonimia y la meronimia-holonimia, entre otras. Se apela así a una característica estructural del léxico de las lenguas, pero también a un criterio cognitivo, ya que dichas asociaciones se realizan asimismo en la mente del hablante.

Una manera de identificar formalmente estas relaciones es a través de la lógica (Escandell 2007). Por ejemplo, la lógica aristotélica usada para la creación de taxonomías es la que explica la relación de inclusión, que viene a formalizar la relación de hiponimia (*a* es un tipo de *b*) y de meronimia (*a* es una parte de *b*). También se usan razonamientos lógicos basados en criterios de verdad para identificar la sinonimia y la antonimia. Otros criterios aplicados, sin embargo, parece que se sustentan en el conocimiento del mundo (por ejemplo, los que permiten asociar *matrimonio* y *bienes gananciales*).

Otro método mencionado como útil en la bibliografía, en este caso para la confección de definiciones de diccionarios semasiológicos, es el análisis en rasgos semánticos (Martín Mingorance 1994). Dicho método proviene de la semántica estructural e implica la descomposición del significado de la palabra en semas, unidades mínimas de sentido. Por ejemplo, para una palabra como *carpintero*, se identificarían los semas <humano>, <oficio> y <madera>. Si aplicáramos esta metodología a la creación de un diccionario onomasiológico, la palabra citada podría aparecer al menos en el listado de vocablos asociado a estos tres conceptos de la jerarquía.

No vamos a adentrarnos, sin embargo, en la problemática que implican los métodos citados, ya que no se conoce ningún diccionario ideológico que los haya aplicado. En general, muy probablemente, la técnica utilizada en estos diccionarios para determinar las palabras relacionadas semánticamente entre sí y que, por tanto, se acaban incluyendo en la entrada de un concepto, no es ninguna de las anteriores, sino la introspección, así como la consulta de otras obras lexicográficas, como los diccionarios de sinónimos y antónimos existentes. Sinclair (1991) ya anunció de los peligros que suponían estas prácticas, propias de épocas anteriores y que ya no se admiten en la lexicografía moderna.

En cualquier caso, la supuesta aplicación de cualquiera de los criterios mencionados al conjunto del vocabulario de una lengua no es para nada trivial, básicamente porque el número de vocablos es muy elevado, sobre todo si tenemos en cuenta que la gran mayoría tienen más de un significado, por lo que, en realidad, se trata de analizar decenas de miles de sentidos.

A este problema hay que añadir que los diccionarios ideológicos hasta ahora revisados no permiten reflejar el hecho de que todo el vocabulario de una lengua está conectado entre sí (García Aranda 2017), ya que en el tipo de obras que estamos analizando las palabras se presentan en grupos estancos. Es cierto, sin embargo, que la estanquidad de estos grupos no es total, ya que el sistema de remisiones permite que entre algunos de estos se establezcan conexiones. La aplicación de técnicas informáticas (véase el apartado 4) es útil para evitar la circularidad y garantizar que las remisiones sean operativas. También es cierto que se debe ser cauto al realizar estas conexiones, ya que, tal como alerta Grande Alija (2008, 124), "debe evitarse, si se quiere que el diccionario sea realmente operativo, que la libre asociación de ideas nos lleve por derroteros insospechados que solo mantienen una ligazón tenue y subjetiva con el punto de partida".

3.3.3. Consulta de la parte analógica

Como hemos visto, la parte analógica es la nuclear, ya que en ella se encuentran las palabras agrupadas por conceptos. Ahora bien, el acceso directo a esta sección, aunque se presenta a veces como la opción más factible (*Casares*), según otras opiniones, y tal como ya hemos avanzado, no es tan fácil (Benot 1898–1899, Moreno Moreno 2012).

En algunos de estos diccionarios (el *Casares*, por ejemplo), el número de conceptos de la parte analítica puede ser mayor que el número de nodos finales de la jerarquía de la parte sinóptica. El motivo por el que se añaden nuevos conceptos en esta parte del diccionario es que se prevé que cada usuario puede focalizar distintos matices de la idea buscada y lo que se pretende es facilitar el acceso a los grupos de vocablos desde diversos puntos de vista. Este autor lo ejemplifica como sigue: para acceder a las palabras relacionadas con "lo que no es alto", previsiblemente, es posible que el usuario busque el concepto 'bajo', el cual, sin embargo, no aparece en la parte sinóptica, donde sí aparece 'bajura'; se soluciona esta cuestión incluyendo también el primer concepto en la parte analítica, aunque remitiendo al segundo. Es lo que el autor denomina "denominación múltiple de un grupo". En estos casos, solo se despliegan las listas de palabras para las subcategorías que aparecen en esta última parte, o sea, para 'bajura'. Para el resto de subcategorías conceptuales añadidas en la parte analítica, como 'bajo', se realiza una remisión al nodo incluido en la jerarquía de la parte sinóptica ('bajura').

De hecho, en las instrucciones de estos diccionarios se suele propiciar la opción de consulta indirecta de la parte analógica. Una opción, la más aconsejada, es la de utilizar la clasificación conceptual para conocer qué categorías se han considerado en los nodos altos de la jerarquía y así poder reflexionar sobre cuál de ellas es la que puede contener el concepto de búsqueda. Por ejemplo, si queremos encontrar palabras asociadas al concepto 'enemistad', accederemos a la clasificación conceptual del diccionario, donde suele aparecer un gran ámbito referido al 'individuo' y, dentro de este, una categoría semántica para las 'relaciones'. Al consultar los conceptos incluidos en dicha categoría (en *Casares* son los cuadros sinópticos), efectivamente, el usuario localizará la idea buscada, 'enemistad'. A partir de aquí ya puede acceder a la parte analógica donde dicha idea incluirá el listado de palabras asociado, entre las cuales encontrará sustantivos como *rivalidad*, adjetivos como *irreconciliable* y verbos como *enfadarse*.

Otra opción para resolver el problema de la búsqueda directa en la parte analógica es usar previamente la parte alfabética. Esta permite la conexión con aquella porque en cada acepción de cada entrada de la parte alfabética se indica el nodo de la jerarquía conceptual donde ha sido clasificado el vocablo con ese significado. Así, si un usuario quiere buscar palabras relacionadas con el campo semántico 'abeja', como conoce alguno de dichos vocablos, por ejemplo, *miel*, puede buscar ese ítem léxico en el índice alfabético y allí obtiene el nodo de la parte analógica donde localizar el resto de palabras relacionadas. De este modo accederá a *cera*, *aguijón*, *colmena*, etc.

4. Bases de datos léxicas y conceptuales

Las bases de datos léxicas presentan los vocablos de una lengua relacionados entre sí semánticamente, como ocurre en la microestrutura de un diccionario ideológico (parte analógica), y las bases de datos de conocimiento o conceptuales son la representación informatizada de la clasificación conceptual de estas obras. Según Martín Mingorance (1994) y Wiegand (1990), las bases de datos conceptuales deberían crearse separadamente de las léxicas y establecerse después las conexiones entre los conceptos de unas y los vocablos de las otras. El resultado de la conexión de ambos recursos son las llamas redes léxico-conceptuales, que vendrían a ser equiparables a versiones informatizadas de un diccionario ideológico al completo. En *WordNet* (en adelante, *WN*; véase el apartado 4.1) se ha trabajado aplicando esta metodología a distintas lenguas, entre las que se incluye el español.

La ventaja principal de estos recursos digitales es que las interfaces creadas para su consulta facilitan el acceso multifuncional a los datos. En primer lugar, flexibilizan la estructura rígida de los diccionarios analógicos, por lo que pueden reflejar la realidad difusa del universo de las ideas, seguramente de forma similar a como plasmamos estas relaciones en el cerebro humano. Ello implica la superación de las barreras que delimitan campos semánticos, ya que ahora las remisiones se efectúan a través de la hipertextualidad. Al realizar consultas, el usuario tiene la sensación de que las asociaciones entre los diferentes elementos no tienen fin, de la misma forma que parecen no tenerlo tampoco en la mente humana. Esta consulta ilimitada de datos, no obstante, también tiene inconvenientes para el usuario, que, sin duda, puede sentirse perdido en su búsqueda.

En segundo lugar, en estos recursos a menudo se puede visualizar simultáneamente la definición y el grupo de vocablos pertenecientes a una agrupación semántica, es decir, se puede acceder a la vez al contenido semasiológico y onomasiológico. Así se supera una de las desventajas de la mayoría de los diccionarios ideológicos en papel, ya que, como hemos visto, la consulta de la parte analítica puede verse dificultada por la existencia de palabras desconocidas.

Para el español, ha habido, además de *WN*, otras iniciativas interesantes en el campo que nos ocupa, como los intentos de informatizar las versiones en papel de diccionarios ideológicos, pero, desafortunadamente, dichos recursos no se han llegado a hacer públicos. En primer lugar, cabe mencionar el trabajo de Sánchez Valderrábanos *et al.* (1991), donde se presenta la herramienta resultante de la digitalización del *Casares* (con modificaciones, como la inclusión de otro nivel de concreción en el plano conceptual). En segundo lugar, destacamos el trabajo de Santana *et al.* (1997), consistente en un gestor de diccionarios de relaciones conceptuales que incluye los diccionarios ideológicos *Casares* y *Vox* y el de sinónimos de Espasa-Calpe. En todo caso, no podemos saber si en estos proyectos se resolvieron los problemas de remisiones identificados en los diccionarios usados como fuente.

Si nos centramos en bases de datos léxicas (con palabras relacionadas entre sí, pero sin estructura conceptual asociada), se han realizado intentos para lenguas como el inglés a partir de la extracción automática de las relaciones onomasiológicas reflejadas en las definiciones de los diccionarios semasiológicos informatizados (Boguraev y Briscoe 1989). Por ejemplo, aquellas palabras que contengan el mismo *genus* quedan asociadas entre sí al tener un hiperónimo compartido (relación vertical); si, por otro lado, en una definición se usa una palabra a modo de sinónimo, en la base de datos se refleja dicha relación entre ambas (horizontal). El problema clave de esta metodología son las fuentes tomadas como punto de partida, ya que se dan importantes inconsistencias en el uso de los hiperónimos y sinónimos en las definiciones de los diccionarios (Carroll y Grover 1989). Quizás por este motivo, a nuestro juicio, no se ha llegado a aplicar a ningún diccionario general del español. Parece que esta metodología es más útil cuando se usan diccionarios de especialidad, pero aun en estos casos se ha observado que es insuficiente (Alarcón Martínez 2009).

Para el español, están disponibles otras bases de datos en las que se pueden obtener las palabras relacionadas con determinados conceptos, como *Zirano* (2004) e *Ideas afines* (en línea). La escasa documentación, en el primer caso, o nula, en el segundo, no nos ha permitido saber cuál ha sido la fuente usada para su creación, es decir, si han partido de otros diccionarios, aunque parece que efectivamente ha sido así. En todo caso, el sistema de asociaciones utilizado en ambos casos es muy potente, lo que implica que a veces es poco útil para el usuario porque se le presentan asociaciones de palabras poco previsibles (en *Zirano* al consultar 'lengua' aparece la palabra *bate*, de béisbol).

Según Martín Mingorance (1994), las bases de datos léxicas deberían confeccionarse desde la lengua misma, usando metodología basada en semántica estructural (descomposición en rasgos semánticos) o en semántica cognitiva (teoría de prototipos). No obstante, como ocurría con los diccionarios ideológicos en papel, no conocemos recursos electrónicos creados con esta metodología.

En cuanto a las bases de conocimiento se han creado varias dentro del área del Procesamiento de Lenguaje Natural (PLN), en la cual dichos recursos son denominados ontologías o tesauros. En ellos se simbolizan las entidades que componen el universo representado, junto con las propiedades que las caracterizan y las relaciones entre ellas. En muchos casos estas ontologías representan solo un campo de conocimiento específico. Si son generales, podemos decir que son equiparables a la parte conceptual de los diccionarios ideológicos, en cuanto son representaciones formales de una conceptualización del universo (Borst 1997). *Ontosem*, acrónimo de *Ontological Semantics* (Nirenburg y Raskin 2004) y *Mikrokosmos* (Mahesh y Nirenburg 1995) son recursos de este tipo.

4.1. WordNet

WN inicialmente se creó como una base de datos léxica estructurada y solo para el inglés. Fue desarrollada en el Laboratorio de Ciencia Cognitiva de la Universidad de Princeton bajo la dirección de Miller (1995) y continuada por Fellbaum (1998, 2005). Actualmente encontramos *WN* para otras lenguas, entre ellas el español, con distintos grados de cobertura. Fue destacable en su momento el proyecto EuroWordNet (*EWN*), cuyo objetivo fue desarrollar *WN* para muchas de las lenguas europeas y conectarlas entre sí (Álvez *et al.* 2008). Para facilitar dicha conexión, por encima de la estructura léxica, se añadió una ontología de conceptos (*Top Concept Ontology*), que contiene 63 categorías semánticas abstractas descritas en inglés (como 'form', 'artifact' o 'substance'), por lo que el recurso mencionado se convirtió en una red léxico-conceptual. Para el español, el *WN 3.0* (Fernández-Montraveta *et al.* 2008, Oliver y Climent 2012) se encuentra disponible en el *Multilingual Central Repository* (González-Agirre *et al.* 2012).

La estructura básica es igual en todas las lenguas, aunque la información puede mostrarse de forma distinta según el idioma. La relación básica es la de la (cuasi-)sinonimia, ya que sirve para agrupar las formas con significado equivalente. Es decir, las palabras con sentidos que definen un mismo concepto constituyen un grupo que se denomina *synset*, para el cual se proporciona habitualmente la definición (*glosa*) y, en ocasiones, ejemplos de uso. Si un concepto no se expresa en una lengua, se deja vacío el *synset*.

En la Figura 36.4 se presenta un ejemplo para el español donde se puede consultar un conjunto de sentidos que forman un *synset*. Además, también se visualiza el número identificativo del *synset* al inicio, la glosa y un ejemplo de uso. En este caso se trata de la acepción 1 de cuatro palabras: *encendedor_1, mechero_1, yesquero_1* y *briquet_1*. Hay dos casos que merecen mención

spa-30-03666591-n
encendedor_1 mechero_1 yesquero_1 briquet_1
un dispositivo para iluminar o encender combustible o cargas o fuegos
¿tiene usted un encendedor?

Figura 36.4 Palabras relacionadas bajo la relación de sinonimia (*synset*) en el *WN* español 3.0 (*Multilingual Central Repository*).

aparte: *yesquero_1* es un tipo muy específico de mechero, por lo que quizás no es adecuada la asociación con el resto; *briquet_1* es una adaptación de un galicismo y, de hecho, no aparece en el *Diccionario de la lengua española* de la Real Academia Española.

El resto de relaciones se establecen entre los *synsets*, los grupos de sentidos de palabras. Semánticamente, los *synsets* están organizados jerárquicamente mediante las relaciones de hiperominia e hiponimia, es decir, un *synset* (p. ej., aquel que incluye la palabra *gato*) se conecta hacia arriba con otro *synset* más general (*felino*) y hacia abajo con *synsets* más específicos (*gato doméstico*). Esta es la relación entre *synsets* por excelencia en este recurso en el caso de los nombres y verbos. Ahora bien, ambas categorías están organizadas en jerarquías independientes (hay 25 árboles para los nombres y 15 para los verbos).

En los nombres de *WN* también se marca la relación de meronimia-holonimia, que permite asociar las palabras que expresan una parte con las que expresan un todo y a la inversa. Así, por ejemplo, la palabra *ventanilla* se relacionaría con *coche* en cuanto es un merónimo suyo y *coche* con *ventanilla* como holónimo.

Los adjetivos tienen una estructura particular basada en la similitud y la antonimia y, por tanto, no mantienen las relaciones jerárquicas que sí que tienen los nombres y los verbos. Así, se pueden declarar dos antónimos como grupo de palabras, que constituirían en este caso un núcleo binario, y a este grupo se pueden asociar otros adjetivos mediante relaciones de (cuasi) antonimia y (cuasi)sinonimia. Por ejemplo, un grupo lo podrían constituir la pareja *negro* y *blanco*, relacionados por (cuasi)antonimia, y a su vez, a dicho grupo se podría asociar la palabra *oscuro*, como (cuasi)sinónimo de *negro*.

Los adverbios no ocupan un lugar muy prominente en este recurso, ya que, según Fellbaum (2005), su representación no se consideraría necesaria en la mayoría de casos puesto que muchos derivan morfológicamente de los adjetivos, ya representados. Aun así, cuando son considerados, la única relación explicitada es la de derivación.

Cabe aclarar que no todas las palabras de la red léxica de *WN* están conectadas directamente con los conceptos de la ontología; concretamente, solo lo están los *synsets* más altos de la estructura léxica, es decir, los hiperónimos más generales. Ahora bien, hay que tener en cuenta que todas las palabras asociadas a dichos hiperónimos a través de relaciones semánticas también mantienen relación indirecta con esos conceptos.

Por un lado, la amplia cobertura de *WN*, tanto por lo que se refiere al número de *synsets* (unos 80 000) y palabras (unas 150 000), como a la diversidad de relaciones tratadas, junto con el hecho de que siempre se ha distribuido de forma gratuita, han hecho que se haya convertido en un referente, tanto en sus versiones monolingües como multilingües, dentro del mundo del PLN. Sobre todo, ha sido especialmente utilizado en las tareas de desambiguación de sentidos. Las críticas más comunes a *WN* son su excesiva granularidad, lo cual es un problema para los sistemas de desambiguación automática de los sentidos de las palabras, y la falta de cobertura terminológica.

5. Futuro y conclusiones

En un diccionario ideológico las palabras se presentan clasificadas según los conceptos que denotan. Este tipo de agrupación hace que su uso sea un poco más complejo que un diccionario tradicional y, por ese motivo, son poco conocidos por el público general. No es, por tanto, un tipo de recurso que se haya difundido en la escuela, ya que requiere un entrenamiento inicial. En realidad, el uso del diccionario alfabético también requiere entrenamiento, pero, aun así, es más sencillo y, además, tiene mayor tradición.

Los diccionarios ideológicos son especialmente apropiados en actividades de producción de discurso, ya que proporcionan conexiones de ideas y pensamientos que pueden servir como guía para ir construyendo el mensaje que se pretende transmitir. Se han interesado por ellos, además de los lexicógrafos y lexicólogos, los redactores y escritores. Consideramos que la incorporación del aprendizaje de uso de estas herramientas en el ámbito educativo para llevar a cabo tareas de redacción podría conllevar beneficios que, a nuestro conocimiento, todavía no se han explorado lo suficiente.

Así, sobre todo en niveles de formación más elevados, debería dedicarse tiempo a la difusión de las potencialidades de un diccionario ideológico para la composición de textos. Ello implica no solo explicar qué contiene una entrada conceptual en estos diccionarios, sino también cómo conseguir que estas herramientas sean realmente útiles al asistirnos en la tarea mencionada. El usuario, pues, debe adquirir distintas estrategias según la funcionalidad que pretende explotar de dichas obras, que puede ser desde visualizar un listado de palabras relacionados con una idea o temática sobre la que pretende redactar hasta identificar la palabra exacta para un concepto muy específico.

Sin duda, el disponer de versiones informatizadas de estos recursos en formato de bases de datos supone un avance importante, ya que, por un lado, permite solucionar problemas de circularidad e inconsistencias identificadas en las obras en papel y, por otro, facilita considerablemente al usuario el manejo de estas obras, aunque este también requerirá de un entrenamiento para dominar cada interfaz.

Finalmente, estas bases de datos léxico-conceptuales también son útiles en el campo de la lingüística computacional para llevar a cabo tareas como la desambiguación automática de sentidos (que, a su vez, tiene como aplicaciones directas la clasificación de documentos y la recuperación de información) o incluso tareas que implican la comprensión de textos (en las cuales las ontologías, las jerarquías conceptuales a las que están asociadas las bases léxicas, dirigen el análisis del significado de un texto).

Notas

1 En Anaya Revuelta (2005) se pueden consultar distintos ejemplos de uso de un diccionario ideológico.
2 Sánchez Valderrábanos *et al.* (1991) advierten que no aparecen todos los asteriscos que deberían a causa del gran volumen de datos.
3 Otro caso similar es la obra de Corripio (1983).
4 Este número puede indicar el que recibe el concepto en los cuadros específicos de la clasificación conceptual (*Vox*) o bien puede corresponderse con el de la categoría mayor en la que se incluye dicho concepto según el cuadro general clasificatorio (*Casares*).
5 Solo se incluyen si son de formación irregular.

Bibliografía básica

Alvar Ezquerra (1994b); Álvez *et al.* (2008); Álvez *et al.* (2008); Anaya Revuelta (2005); Fellbaum (1998); García Aranda (2017); Escandell (2007); Fernández-Montraveta *et al.* (2008); Mahesh y Nirenburg (1995); Martín Mingorance (1994); Miller (1995); Moreno Moreno (2012)

Bibliografía complementaria

Alarcón Martínez (2009); Alvar Ezquerra (1993a); Boguraev y Briscoe (1989); Borst (1997); Carroll y Grover (1989); Fellbaum (2005); Grande Alija (2008); González-Agirre *et al.* (2012); Nirenburg y Raskin (2004); Oliver y Climent (2012); Sánchez Valderrábanos, Torrejón y De Pineda (1991); Santana *et al.* (1997); Santolaria García (2009); Sinclair (1991); Vossen (1998); Wiegand (1990)

37

Los diccionarios terminológicos (Terminological dictionaries)

Pamela Faber

1. Introducción

En este capítulo se presenta una reflexión sobre los diccionarios terminológicos en cuanto a su contenido y estructura. Esto necesariamente implica un análisis del lenguaje especializado y la terminología, con el objetivo de determinar cómo se deberían describir los términos en los recursos lexicográficos. Con fines ilustrativos, se analizan algunos de los diccionarios especializados más relevantes de la lengua española, publicados en soporte electrónico, y que son el resultado de un trabajo colegiado de la Real Academia de Ciencias Exactas, Físicas y Naturales; la Real Academia de Ingeniería; y la Real Academia Nacional de Medicina. Dichas obras pueden caracterizarse según parámetros como los siguientes: (1) número de lenguas que incluyen (monolingüe, bilingüe o multilingüe); (2) objeto de descripción (campo/s especializado/s); (3) macroestructura (orientación semasiológica u onomasiológica); (4) microestructura (campos de datos en la entrada terminográfica); y (5) destinatarios (expertos y/o legos). En particular, se examina cómo se reflejan las relaciones semánticas en sus definiciones y en la macroestructura, lo que permite configurar las redes conceptuales subyacentes.

Palabras clave: diccionario electrónico; información multimodal; lexicografía especializada; red semántica; terminología

This chapter is a reflection on terminological dictionaries, their content, and structure. Such a reflection necessarily involves an analysis of specialized language and terminology and how terms should be described in lexicographical resources. For this purpose, we compare the most important electronic terminological dictionaries in Spanish, which are the work of Spain's Royal Academy of Sciences, Royal Academy of Engineering, and Royal Academy of Medicine. The parameters of analysis include: (1) number of languages (monolingual, bilingual, or multilingual); (2) object of description (specialized domains); (3) macrostructure (onomasiological or semasiological orientation); (4) microstructure (data fields in the terminographic entry; and (5) targeted users (experts and/or non-experts). More specifically, the focus is on how semantic relations are reflected in definitions and in the macrostructure of the dictionary, which opens the door to the configuration of semantic networks.

Keywords: electronic dictionary; multimodal information; semantic network; specialized lexicography; terminology

DOI: 10.4324/9780429244353-42

2. Las unidades terminológicas y los recursos terminológicos

Un recurso terminológico describe conceptos y términos o unidades terminológicas. Según la teoría terminológica clásica, los términos son unidades específicas de un ámbito de especialidad, cuyo uso queda circunscrito a la comunicación entre los profesionales de dicho ámbito. Desde esta perspectiva, el uso de terminología se considera el elemento diferenciador entre lengua general y lenguaje de especialidad. Sin embargo, las voces críticas con esta teoría destacan lo utópico de dichos planteamientos (Cabré 1999) y proponen sustituirlos por una nueva visión más cercana a la realidad, ya que las unidades terminológicas comparten muchos elementos con otras unidades de la lengua natural y de otros sistemas simbólicos no lingüísticos.

En este sentido, se afirma que el conocimiento especializado no puede segmentarse de forma estanca, estableciendo límites precisos entre las diversas terminologías, pues existen fronteras difusas entre los distintos dominios de especialidad y entre el léxico utilizado en ellos. De forma análoga, existen fronteras difusas entre lo que se consideran palabras de la lengua general y términos de los lenguajes especializados.

Según Cabré (1993, 169 y ss.), los términos son de carácter poliédrico, en tanto que rasgos asociados a las unidades léxicas que pueda ejercer diversas funciones. El carácter distintivo del término reside en su uso en un contexto y situación, así como en la selección del conjunto de rasgos apropiados (morfosintácticos, semánticos y pragmáticos) adecuados a ese contexto.

Esto significa que la frontera entre una unidad terminológica y una palabra de la lengua general más bien reside en su contexto de uso. Por lo tanto, los términos no pertenecen a una materia, sino que son usados en cada ámbito con un valor específico, ya que son unidades recursivas y dinámicas que pueden pasar de un campo de especialidad a otro o desde el léxico común hacia el especializado. Así pues, tal y como reflejan los textos generados en un dominio especializado, el conjunto de unidades terminológicas que se utiliza para la comunicación dentro de una determinada disciplina constituye la terminología propia de esa especialidad.

En la sociedad actual, donde la ciencia y la tecnología actúan como pilares fundamentales, la terminología en general y los términos en particular desempeñan un papel central. La información reflejada en los textos científicos y técnicos está codificada en unidades de conocimiento especializado, que son puntos de acceso a estructuras conceptuales más complejas. Subyacentes a cualquier texto especializado, se encuentran dominios conceptuales completos, que están presentes de manera explícita o implícita (Faber y Cabezas-García 2019). Por ello, no es sorprendente que la terminología y los recursos lexicográficos y terminográficos que la contienen hayan adquirido una especial importancia.

La terminografía aborda la producción de recursos terminológicos, entre los que se encuentran los diccionarios especializados, tanto en formato electrónico como en formato impreso, así como las bases de datos terminológicas, habitualmente con un mayor poder de representación. La terminografía está estrechamente relacionada con la lexicografía, ya que los recursos terminológicos compilan, sistematizan y codifican las unidades léxicas de un campo especializado, mientras que la lexicografía cumple la misma función con las palabras de la lengua general. No obstante, las fronteras entre la lexicografía especializada y la terminografía son difusas, pues a menudo sus recursos tan solo se diferencian en la orientación onomasiológica o semasiológica de sus entradas o el número y tipo de categoría de datos incluidos.

Puede decirse que un diccionario especializado, terminológico o base de datos terminológica refleja el desarrollo de la ciencia y sus aplicaciones según el uso de la lengua que hace su comunidad de hablantes. Pero también es necesario señalar la distinción entre diccionario terminológico y base de datos terminológica, a menudo basada en las diferentes tradiciones lexicográficas y terminográficas. Según el *Diccionario de la lengua española* (Real Academia Española y Asociación de Academias de la Lengua Española 2014, *DLE*), un diccionario es "un repertorio en forma de libro o en soporte electrónico en el que se recogen según un orden determinado, las palabras o expresiones de una materia concreta, acompañadas de su definición, equivalencia o explicación". Según Martínez de Sousa (2004), los diccionarios terminológicos no son más que tipos de diccionarios especializados, categoría que crea en su clasificación para distinguirlo de otros productos lexicográficos, como los glosarios o los diccionarios enciclopédicos. En España, los diccionarios terminológicos de mayor prestigio, y concebidos desde una perspectiva normalizadora, son el resultado de un trabajo colegiado de las Reales Academias, como la de Ciencias Exactas, Físicas y Naturales, Ingeniería, Medicina y Farmacia.

En cambio, una base de datos terminológica es un conjunto de datos organizado de tal modo que permita obtener con rapidez diversos tipos de información interrelacionada. En cuanto a bases de datos terminológicas en España, las dos de mayor renombre, y también con fines normalizadores, son Termcat (www.termcat.cat/es) y Euskalterm (www.euskadi.eus). Termcat es el Centro de Terminología de la Lengua Catalana creado en 1985 por la Generalitat de Catalunya y el Institut d'Estudis Catalans. Su objetivo es normalizar y acuñar nuevas propuestas terminológicas necesarias para el desarrollo del conocimiento en catalán en los diferentes ámbitos de especialidad.

Euskalterm es el Banco Terminológico Público Vasco, creado sobre la base del banco elaborado por UZEI en 1987. Euskalterm es la base de datos de referencia para los usuarios de la terminología en euskera, ya que, además de recoger los trabajos terminológicos realizados durante años, ofrece la terminología aprobada y recomendada por la Comisión de Terminología.

Ambos recursos surgieron de la necesidad de crear y fijar correspondencias terminológicas en catalán y euskera. Aunque también aportan definiciones, a menudo extraídas de otras fuentes, su principal objetivo es la normalización de nuevos términos en sus respectivas lenguas, cometido que se materializa en recursos exhaustivos y constantemente actualizados. Las categorías de datos en estos recursos se centran en la correspondencia interlingüística y las variantes denominativas, pero no incluyen otros campos habituales en las bases de datos (contextos, estado de uso, relaciones conceptuales, etc.).

Éstas son las más conocidas por su larga trayectoria y su propósito normalizador. Sin embargo, también existen las llamadas bases de conocimiento terminológicas que, además de ser generalmente de corte descriptivo, reflejan la estructura conceptual subyacente a los dominios especializados. Un ejemplo es EcoLexicon (ecolexicon.ugr.es) (Faber 2015, Faber *et al.* 2016), base de conocimiento sobre el medio ambiente, cuya estructura se deriva extrayendo información semántica y sintáctica de corpus multilingües y otros recursos medioambientales. No obstante, este capítulo se centra en el análisis de los diccionarios terminológicos.

La terminografía ha generado igualmente múltiples glosarios o catálogos de palabras de una misma disciplina, definidas o comentadas, de calidad variable, que han sido elaboradas por diferentes organismos, asociaciones, grupos profesionales, etc. y destinadas a diferentes grupos de usuarios con diversas necesidades. Sin embargo, por motivos de espacio, no se incluirán en este capítulo.

Cualquier recurso terminológico también se concibe como un texto que se dirige a usuarios con un perfil determinado y una serie de necesidades tanto cognitivas como comunicativas (Bergenholtz y Nielsen 2006). Dichas necesidades están relacionadas con los conocimientos de los lectores potenciales del diccionario, su contexto situacional y su actividad profesional, que generalmente requiere acceso a datos lexicográficos. Todas estas consideraciones afectan al diseño del recurso desde una perspectiva macro y microestructural. Asimismo, influyen en el tipo y la cantidad de información de una entrada léxica, así como en su estructura. En este sentido, la macro y microestructura de un diccionario refleja el verdadero propósito del recurso (*genuine purpose* según Wiegand 1998a, 52), definido como la totalidad de las funciones de un diccionario y los campos temáticos que aborda (Bergenholtz y Tarp 2003, 176).

Por lo tanto, un diccionario terminológico difiere de un diccionario general en su verdadero propósito y las necesidades de sus usuarios. Idealmente, en la confección de un diccionario terminológico intervienen de manera colaborativa tanto expertos en el dominio como terminógrafos, acordando la combinación, estructura y disposición de la información conceptual y lingüística más adecuadas.

En este capítulo presentamos una reflexión sobre el lenguaje especializado y la terminología, con vistas a determinar cómo se deberían reflejar en los recursos especializados (Sección 3). Con este propósito, analizamos algunos de los diccionarios especializados más relevantes de la lengua española, publicados en soporte electrónico, y que son el resultado de un trabajo colegiado de la Real Academia de Ciencias Exactas, Físicas y Naturales; la Real Academia de Ingeniería; y la Real Academia Nacional de Medicina (Sección 4).

3. La entrada especializada

En la lexicografía especializada, los contenidos de una entrada pueden orientarse hacia la cognición o bien hacia la comunicación (Bergenholtz y Tarp 2003, Bergenholtz y Nielsen 2006). En los contenidos de corte cognitivo, los usuarios buscan información adicional para ampliar sus conocimientos sobre un campo determinado. En este tipo de situación, el único acto comunicativo es el que tiene lugar entre el lexicógrafo y los usuarios del diccionario. La tarea más difícil es decidir cuánta información se debe incluir en cada entrada y cómo estructurarla para que se adecue a las necesidades de los usuarios.

En cambio, en los contextos comunicativos, dos o más personas participan en el proceso de producción o recepción de un texto. Es el caso de los traductores, redactores científicos, revisores, etc. En este tipo de situación, el lexicógrafo actúa como mediador ayudando a resolver problemas de comunicación. Aunque un contexto pueda predominar sobre el otro, según el perfil del usuario potencial, no son compartimentos estancos. A menudo, ambos contextos se encuentran entremezclados, pues sin cognición no hay comunicación (Tarp 2005a, 9).

En lexicografía especializada o terminografía, ambos escenarios suelen darse en el diseño de un mismo recurso. En escenarios cognitivos, los usuarios consultan un recurso terminológico con el fin de ampliar sus conocimientos sobre el dominio. Al acceder a la representación de una unidad de conocimiento especializado, los usuarios construyen una nueva red conceptual activando nodos más específicos y conectándolos con su conocimiento previo sobre el dominio. De este modo, enmarcan el concepto en el dominio, así como en su memoria a largo plazo.

En escenarios comunicativos, los usuarios consultan los recursos para descodificar y producir un texto especializado en otra lengua, por lo que estos deberían proporcionarles información sintáctica, semántica y pragmática que los guiaran en la elección del término adecuado al contexto.

3.1. Diseño de entrada

Por todas estas razones, antes de elaborar cualquier obra lexicográfica, es necesario determinar cómo debe presentarse la información para que los usuarios potenciales del diccionario la reciban de la manera más sistemática, precisa y clara posible.

Consecuentemente, la selección de los campos de datos que contendrá la entrada o artículo lexicográfico se realiza en función de los destinatarios y de sus necesidades. Generalmente, un artículo lexicográfico o terminográfico está compuesto por la palabra de entrada, su categoría gramatical y una o varias definiciones. Asimismo, a veces se incluyen su etimología, transcripción fonética, adscripción a un área científica, y notas o marcadores pragmáticos sobre su uso. Sin embargo, lo que aumenta el valor de un recurso es la información relacional y contextual de las entradas, pues ayuda al usuario a incorporar el término a su lexicón mental y utilizarlo en textos tanto orales como escritos.

Por lo tanto, el diseño de las entradas debería beber de las teorías sobre representación del conocimiento, explicitando relaciones semánticas y el modo en el que vienen codificadas en la lengua. Idealmente, las entradas también deberían proporcionar información colocacional, los patrones semánticos y sintácticos asociados al significado de cada colocación y varios ejemplos de uso que muestren el término en contexto. Especial mención merecen también las imágenes como vehículos de conocimiento especializado en las entradas terminográficas. La combinación de estos tipos de información constituiría una entrada exhaustiva y orientada a las necesidades tanto cognitivas como comunicativas de sus usuarios, lo que exige una reflexión sobre la idea de contexto en todas sus facetas.

3.2. *La información contextual*

Aunque el contexto no fuera objeto de reflexión en los inicios de la terminología como disciplina, lo cierto es que los términos especializados son unidades léxicas sujetas a contextos comunicativos (Sager 1990, Cabré 1999) que influyen en su significado potencial.

La comprensión que el usuario hace de una unidad especializada depende del acceso a la información pertinente para activar la estructura conceptual según la que el término se pueda procesar. A su vez, la producción de una unidad o texto especializado depende de que el usuario conozca el potencial combinatorio de los términos implicados (Faber y León-Araúz 2016: 4).

La información contextual, tanto paradigmática como sintagmática, es un componente fundamental en los recursos de conocimiento especializado (Faber y León-Araúz 2016). A menudo, la comprensión de un término se refleja en la habilidad del usuario para enmarcarlo en el contexto más adecuado (Faber 2012, Faber *et al.* 2014). Aunque este componente esté también presente en algunos diccionarios de la lengua general, las redes semánticas y las estructuras conceptuales poseen un valor añadido en los recursos especializados, pues la visualización de un mapa conceptual del dominio facilita la adquisición del conocimiento especializado y su contextualización.

En relación con las unidades de conocimiento especializado, el contexto puede venir reflejado en cada entrada a nivel local o global. Igualmente, el análisis pormenorizado de cada uno de los niveles y facetas del contexto repercute en la metodología empleada en la confección del recurso, pues es un modo de guiar la extracción de información de un corpus atendiendo a diferentes necesidades.

3.2.1. Contextos locales

Los contextos locales son aquellos que se encuentran entre los límites del propio término (en el caso de los compuestos), entre las palabras que lo rodean en una pequeña ventana o entre aquellas que lo unen a través de dependencias sintácticas. Son cruciales por varias razones, entre las que se encuentran: (i) la desambiguación estructural y semántica del término; (ii) la formulación de la definición; (iii) la especificación del uso lingüístico; iv) la estructuración conceptual; y (v) la extracción de términos. Como en la lengua general, a un contexto local recurrente se le conoce como *colocación*.

Indudablemente, este tipo de información es un elemento importante en el diseño de las entradas terminológicas. Los contextos locales sintácticos son aquellos que reflejan los patrones estructurales recurrentes en los que el término participa, por lo tanto, son cruciales cuando el recurso está orientado a la producción de textos. Los contextos locales semánticos se refieren tanto a las relaciones semánticas evocadas por los formantes de un término compuesto como a las relaciones explícitas que en el propio texto vinculan a varias unidades de conocimiento especializado.

En el primer caso, la extensión del contexto coincide con los límites del propio término, cuya interpretación se basa tanto en el significado como en las relaciones de dependencia del núcleo y sus modificadores, entre los que se codifica una relación semántica. En el segundo, el contexto es la codificación lingüística de un triplete: dos unidades de conocimiento especializado vinculadas a través de marcadores léxico-sintácticos que explicitan una relación semántica. Estos marcadores son conocidos en terminología como patrones de conocimiento. Incluir estos contextos en el diseño de un recurso terminológico permite interrelacionar sus diferentes entradas a nivel semántico.

Las relaciones semánticas incluyen, entre otras, *tipo_de, parte_de, hecho_de, fase_de, delimitado por, ubicado_en, atributo_de, resultado_de, afecta, causa, tiene_función y se_hace_con. Tipo_de y parte_de* son relaciones verticales que estructuran las categorías semánticas, mientras que relaciones como *resultado_de, causa* y *afecta* son relaciones horizontales que codifican el dinamismo de un dominio.

Uno de los métodos empleados en terminografía para extraer información conceptual de un corpus consiste en buscar los llamados contextos ricos en conocimiento (Meyer 2001, 281), que no son más que contextos locales en los que aparezcan patrones de conocimiento que vinculen dos unidades especializadas. Estos pueden encontrarse tanto en un texto individual como en un corpus, así como en las definiciones. En los siguientes ejemplos se ilustran los tipos de proposición conceptual que se pueden inferir con ayuda de los patrones de conocimiento.

- NITRÓGENO *tipo_de* GAS ['tipo de', 'se clasifica como', etc.
- LEUCOCITO *parte_de* SANGRE ['parte de', 'se compone de', etc.]
- METEORIZACIÓN *afecta* ROCA ['afecta', 'cambia', 'modifica', etc.]
- CÚMULONIMBO *causa* TORMENTA CONVECTIVA ['causa', 'origina', 'produce', etc.]
- SONDAR *tiene_función* MEDICIÓN ['la función de x es y']
- CARTA ADIABÁTICA *representa* TEMPERATURA ['representa', 'reproduce', etc.]
- DECLORACIÓN *se_hace_con* DIÓXIDO DE AZUFRE ['se hace con', 'se efectúa con', etc.]

Por último, los contextos locales pragmáticos se refieren a los parámetros de variación terminológica. Según Freixa (2006, 52) las causas de la variación denominativa son (i) dialectales (origen geográfico), (ii) funcionales (registros comunicativos), (iii) discursivas (estilo), (iv) interlingüísticas (contacto entre lenguas) y (v) cognitivas (diferentes conceptualizaciones). Dichos contextos son evocados por las unidades terminológicas, cuyo mero uso desencadena la activación de contextos lingüísticos, culturales y situacionales más amplios. La información pragmática (a menudo en forma de notas) en las entradas especializadas resulta de utilidad para el usuario porque proporciona una visión detallada sobre la denominación de los conceptos en función de criterios geográficos, socio-comunicativos, textuales o cognitivos, indicándole el contexto en el que usar cada una de las variantes.

3.2.2. Contextos globales

A diferencia de los anteriores, los contextos globales pueden abarcar todo un texto o incluso ir más allá: desde la situación comunicativa (formal o informal) hasta la cultura en la que el texto será interpretado, pasando por las estructuras conceptuales reflejadas en él. Dado su alcance, los contextos globales influyen en el diseño general de un recurso especializado en el lugar de sus entradas individuales. Normalmente, el propósito general de un diccionario viene descrito en su prólogo, donde se explica y justifica el tipo de información incluida, así como su estructura global. Una excepción que bien podría enmarcarse en la idea de contexto global sería la inclusión de representaciones visuales dinámicas según diferentes parámetros, como por ejemplo redes semánticas que mostraran un mismo concepto en estructuras conceptuales diferentes según su prototipicidad en diferentes culturas o dominios de especialidad.

3.3. Consideraciones de diseño

La elaboración de diccionarios terminológicos es particularmente compleja y exige un cuidadoso diseño. Requiere tomar decisiones a muchos niveles e influye en varios aspectos relacionados tanto con la microestructura como la macroestructura del recurso.

Generalmente, el diseño de cualquier recurso terminológico comporta, como mínimo, los siguientes pasos: (1) delimitación del dominio; (2) identificación del grupo de usuarios al que va dirigido; (3) documentación; (4) extracción de la información conceptual y terminológica; (5) selección de entradas; (6) identificación de las relaciones conceptuales y elaboración de sistemas conceptuales o redes semánticas; (7) elaboración de definiciones; (8) selección y evaluación de los términos (Dobrina 2015). A continuación, los diseñadores del recurso deben decidir cómo presentar la información. Además del contenido, la disposición de la información también depende de otros elementos (Steurs *et al.* 2015), como los modos de visualización y la interacción con el recurso.

Hoy en día los recursos lexicográficos electrónicos ya no están sujetos a las restricciones del formato papel y pueden ofrecer una cantidad ilimitada de información de diferente índole (p. ej., imágenes, acceso a corpus textuales, concordancias e incluso redes semánticas). Sin embargo, aún no se ha aprovechado todo el potencial del formato digital, ya que la mayoría de diccionarios y recursos electrónicos suelen ser clones de su versión en papel. Según Fuertes-Olivera (2016, 277), muy pocos diccionarios en línea son sustancialmente diferentes de un diccionario tradicional. En cuanto a los recursos terminológicos, todavía algunos conservan el formato de la antigua ficha terminológica, estática y de corte normalizador, heredada de los postulados más clásicos de la terminología.

Una posible razón es que el diseño de un recurso especializado exige actualmente una reflexión profunda, precisamente por la amplia variedad de opciones. Dicho diseño debe especificar los tipos de información y su acceso en términos de secuencia y puntos de entrada, e incluso el nivel de conocimiento de los destinatarios. Asimismo, es necesario crear un mapa del recurso que, además de las consideraciones convencionales de diseño, muestre las interrelaciones de las entradas y el flujo de información que los usuarios deberían seguir para extraer el máximo beneficio del recurso.

En este sentido, la macroestructura de los recursos terminológicos debería ser de naturaleza esencialmente conceptual, aun proporcionando un acceso alfabético. Como mínimo, las entradas deberían ofrecer vínculos hacia diversos tipos de información conceptual y contextual, como se menciona en la sección 3.2.

4. Diccionarios especializados de las Reales Academias Españolas

En lengua española, algunos de los diccionarios especializados más relevantes en formato electrónico son los elaborados en el seno de la Real Academia de Ciencias Exactas, Físicas y Naturales; la Real Academia de Ingeniería; y la Real Academia de Medicina. Aunque estos recursos se centran en campos del saber diferentes, hay algunos términos que se encuentran incluidos en todos ellos. Este es el caso de ABSORCIÓN, concepto que tiene una amplia variedad de esferas de aplicación. A continuación, se presenta un análisis comparativo de la entrada de dicho término en cada recurso y se examina la información que contienen, a fin de evaluar la representación ofrecida.

No obstante, en primer lugar, es necesario explicar el concepto de ABSORCIÓN, ya que esta es la información que se debería codificar en su entrada. En cuanto a su categorización, ABSORCIÓN es un tipo de SORCIÓN, que a su vez es un tipo de PROCESO. Sus cohipónimos incluyen procesos como ADSORCIÓN y QUIMISORCIÓN. Prueba de que SORCIÓN es el concepto superordinado de ABSORCIÓN es su empleo como término genérico cuando es difícil distinguir de cuál de estos procesos se trata (ABSORCIÓN, ADSORCIÓN, QUIMISORCIÓN, etc.).

Desde una perspectiva más lingüística, *absorción*, término que designa el concepto del mismo nombre, es la forma nominal del verbo *absorber*. Como tal, lexicaliza un proceso que posee la misma estructura argumental o de valencias que dicho verbo. Como es bien sabido, la estructura argumental de un predicado (p. ej., *absorber*) alude a la representación léxica de las unidades que toman argumentos. Estos son típicamente verbos y sus formas nominales. La especificación de la estructura argumental consiste en la identificación del número de argumentos que el verbo puede tomar, su expresión sintáctica y su relación con el predicado.

Aunque la expresión sintáctica varía con la lengua, no sucede así con los roles semánticos de los argumentos, tales como AGENTE, PACIENTE, TEMA, INSTRUMENTO, etc. Aunque la mayoría de lingüistas están de acuerdo en la existencia de los roles semánticos, estos tienden a discrepar sobre su número, naturaleza y función. Actualmente disponemos de tantos inventarios de roles como teorías que los utilizan (Gildea y Jurafsky 2002, Fillmore *et al.* 2003). A continuación, se muestra la representación de la estructura argumental de *absorción*:

absorción: **proceso** en el que una entidad **(Y)** está atraída y retenida en otra (X).
[absorción X_{agente} $Y_{paciente}$]

La información relativa a la estructura argumental de las entradas léxicas predicativas debe explicitarse en la definición. Como señala Serra Sepúlveda (2010, 72), la estructura argumental proporciona al usuario información en dos direcciones complementarias: por un lado, señala el significado de las entradas y, por otro, orienta sobre sus posibilidades combinatorias.

Más concretamente, *absorción* tiene dos argumentos obligatorios, aparte de algún argumento opcional, que sería el medio de absorción. La diferencia principal en el uso de *absorción* en los diferentes dominios (Ciencias, Ingeniería y Medicina) reside en la categorización conceptual de la entidad absorbida y la entidad que realiza la absorción. Esto significa que para representar *absorción* (o cualquier proceso) en un recurso terminográfico, la información contextual que sería útil para el usuario incluiría los siguientes elementos:

- Las categorías semánticas a las que pertenecen los conceptos que suelen combinarse con el concepto de partida.
- Los conceptos relacionados con el proceso y la especificación del tipo de relación.
- Ejemplos de uso extraídos de un corpus de textos especializados.
- Imágenes que representen el proceso.

Evidentemente, la inclusión de estos datos sería más problemática en un diccionario impreso, si bien en un diccionario electrónico no supondría ningún problema. Además, la representación de relaciones semánticas aporta un valor añadido a los diccionarios electrónicos, convirtiéndolos así en auténticas bases de conocimiento.

En las siguientes secciones se analizan los diferentes modos de acceso, el diseño y los campos de datos de las entradas de *absorción* en el *Vocabulario científico y técnico* (*VCTRAC*) de la Real Academia de Ciencias Exactas, Físicas y Naturales; el *Diccionario español de la Ingeniería* (*DEI*) de la Real Academia de Ingeniería; y el *Diccionario de términos médicos* (*DTM*) de la Real Academia de Medicina.

4.1. Vocabulario científico y técnico *de la Real Academia de las Ciencias*

En 1999, la Real Academia de Ciencias Exactas, Físicas y Naturales (RACEFyN) publicó el *Diccionario esencial de las ciencias* (*DEC*). Hubo una segunda edición en 2002, más actualizada, con unos 21 000 artículos lexicográficos y más material auxiliar. Desde hace 10 años, este diccionario impreso está siendo reemplazado por el *VCTRAC*,[1] recurso digital cuya consulta es abierta y gratuita, aunque la versión completa aún está en desarrollo. Abarca 10 dominios especializados: Astronomía, Biología Fundamental, Biología de Organismos y Sistemas, Estadística, Física, Geología, Matemáticas, Medio Ambiente, Paleontología y Química. En este momento solo se han codificado en su totalidad los dominios de Geología y Química, así como parte de Biología Fundamental.

La Figura 37.1 muestra la página de inicio, que proporciona una descripción detallada de *VCTRAC*, sus orígenes y sus compiladores. Para encontrar los contenidos, es necesario acceder a uno de los dominios ya completados (Química, Geología o Biología Fundamental), donde se explica que existen dos modos de consulta de los términos:

1) Escribir el término en español o inglés en el recuadro de búsqueda de la parte superior derecha de la página y así obtener un listado con el término, los términos que lo contienen en su lema y los términos que lo contienen en el texto de su definición.
2) Hacer clic en uno de los dominios especializados en el menú de la página principal para acceder a un listado alfabético de términos, que incluirá el término buscado.

Figura 37.1 Página de inicio del *VCTRAC* digital.

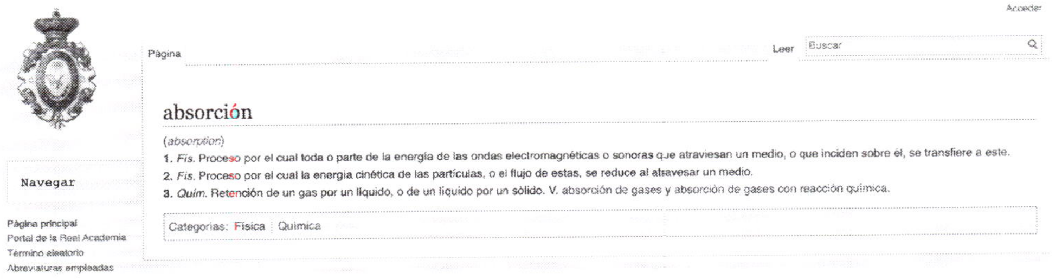

Figura 37.2 Entrada de *absorción* en el *VCTRAC*.

En el *VCTRAC*, los campos de datos de la entrada de *absorción* son (i) el término, (ii) sus definiciones, (iii) los dominios especializados de aplicación y (iv) términos relacionados. Su información y estructura son las mismas que en el *DEC*, la versión impresa del diccionario. La única información conceptual es la que se encuentra implícita en las definiciones y su estructura, así como los términos relacionados a través de su estructura formal. La Figura 37.2 muestra la entrada de *absorción* en el *VCTRAC*.

En las primeras dos definiciones que se presentan en la Figura 37.2 y que pertenecen al campo de la Física, se define ABSORCIÓN como tipo de PROCESO, algo que especifica su pertenencia a una categoría semántica más general. Sin embargo, estas definiciones del campo de la Física difieren en cuanto a la entidad absorbida o afectada por la acción (rol semántico de PACIENTE). Mientras que la primera definición se refiere a la energía de ondas electromagnéticas o sonoras, la segunda se refiere la energía cinética de las partículas. En el primer caso, dicha energía se transfiere a un medio y, en el segundo caso, se reduce. La tercera definición, del campo de la Química, clasifica ABSORCIÓN como un tipo de RETENCIÓN, que a su vez es un tipo de PROCESO. La entidad retenida (rol semántico de PACIENTE) puede ser un *gas* o *líquido*. Las entidades receptoras son *líquido* (en el caso de gas) o *sólido* (en el caso de *líquido*). No obstante, esta tercera definición no menciona la absorción de gases por sólidos (p. ej., la absorción de hidrógeno por el paladio o la absorción de oxígeno por la plata o el platino). Todas estas definiciones especifican la naturaleza del primer y segundo argumento en cada caso.

Como términos relacionados, se especifican *absorción de energía, absorción de gases* y *absorción de gases con reacción química*. Dichos compuestos son tipos de *absorción*, en los que se resalta el PACIENTE del proceso: *energía* y *gases*. Finalmente, aparece la traducción inglesa de ABSORCIÓN (*absorption*).

La información semántica es más bien implícita, derivada de la definición o de la estructura formal del término. Por ejemplo, el recuadro de búsqueda da la opción de acceder a los términos que son tipos de ABSORCIÓN o los que lo contienen, bien en su lema, bien en el texto de su definición. Más concretamente, la mayor parte de los términos que contienen *absorción* codifican aspectos de su medición (p. ej. *banda de absorción, coeficiente de absorción, eje de absorción, factor de absorción, línea de absorción*, etc.). Entre los múltiples términos que mencionan *absorción* en el texto de su definición destacan capa *de ozono* ("tiene gran importancia por su *absorción* de la radiación solar ultravioleta") y *oclusión* ("absorción de un gas").

Aunque la especificación de los dominios especializados puede considerarse un tipo de información semántica, ABSORCIÓN solo aparece en dos dominios (Física y Química). Sin embargo, existen algunos campos más en los que el proceso de ABSORCIÓN tiene un papel bastante relevante. Por ejemplo, en el Medio Ambiente, donde las temperaturas locales y globales dependen en parte de la absorción de la radiación por gases atmosféricos, además de por las superficies de la

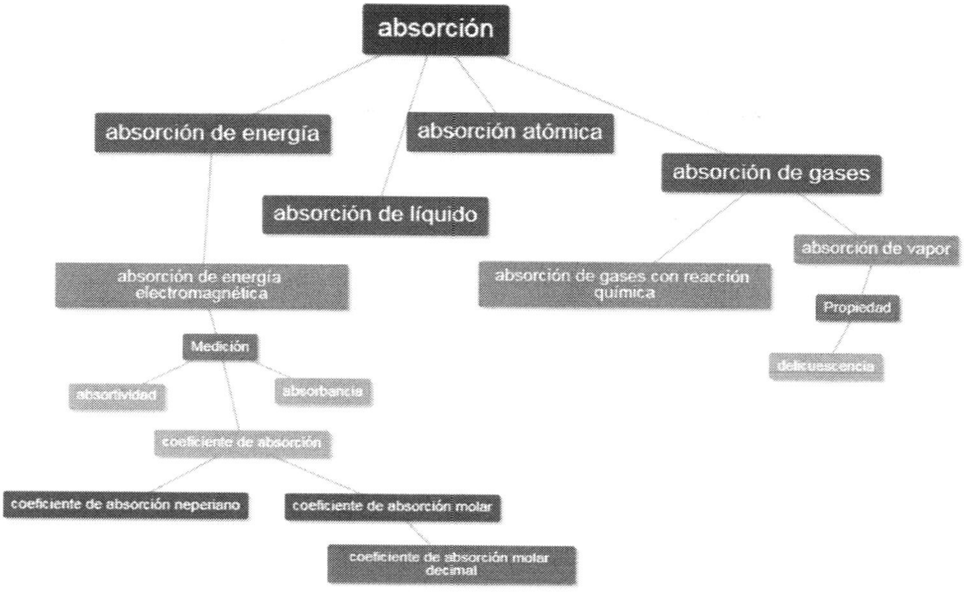

Figura 37.3 Red semántica de ABSORCIÓN.

tierra y del océano. En este sentido, los dominios parecen actuar como compartimentos estancos cuando su interrelación habría permitido una mayor construcción del conocimiento.

También podrían haberse incluido representaciones en forma de redes semánticas, que ofrecerían al usuario una visión más global y explícita de las relaciones entre diferentes conceptos. La Figura 37.3 presenta una posible versión de este tipo de red, basada en los datos que figuran en el recurso. Se muestra cómo se podría categorizar la absorción en función del tipo de concepto absorbido. Según la naturaleza de dicho concepto, se puede subcategorizar de diferentes maneras a fin de interrelacionar el concepto de ABSORCIÓN con las diferentes formas de medirla o con diferentes tipos de propiedad.

Igualmente, podría haberse incluido ejemplos de uso tomados de un corpus de textos especializados. Teniendo en cuenta los destinatarios de un recurso de este tipo (expertos, estudiantes, legos), proveer ejemplos de un corpus, tanto en español como en inglés, proporcionaría datos valiosos sobre la utilización de los términos en textos científicos, lo que asistiría a los usuarios en la comprensión y redacción de textos.

En la Tabla 37.1, los ejemplos (1–2) son concordancias de *absorción de gases*, extraídas de un corpus de textos especializados disponible en la aplicación SketchEngine.[2] Por su parte, los ejemplos (3–4) y (5–6) representan los términos *gas absorption* y *absorption of gases*, respectivamente.

En cuanto a la información multimedia, solo se incluyen archivos de imagen en dos de los dominios especializados que se consideran terminados: Geología (3 archivos) y Química (1 archivo). Estas refieren a todo el dominio (p. ej., la Tabla Periódica en Química), pero no ilustran cada una de las entradas. A modo de ejemplo, la Figura 37.4 muestra un diagrama del proceso de *absorción de gases*, que se podría incluir en las entradas tanto de *torre de absorción* como de *columna de absorción*.

Tabla 37.1 Concordancias de absorción de gases y sus correspondencias en inglés (*gas absorption* y *absorption of gases*)

absorción de gases

1) Aunque la **absorción de gases** tóxicos por parte de los océanos amortigua un tanto sus efectos, las aguas marinas reaccionan con su acidificación
2) Nuestra agricultura al tiempo que genera alimentos de calidad contribuye a la **absorción de gases** de efecto invernadero.

gas absorption

3) The quantities are defined with the perspective that the reaction increases the apparent rate of **gas absorption** into the liquid.
4) Clarifying the relationship between the mass transfer mechanism and the structure of the bubbly flow is important in order to improve the efficiency of the **gas absorption**.

absorption of gases

5) The **absorption of gases** inside porous scattering solids and liquids, referred to as GASMAS-gas in scattering media absorption, has been studied.
6) Because they grow in dense rain forests with very light, they have evolved to be very efficient at photosynthesis, which includes the **absorption of gases** from the air.

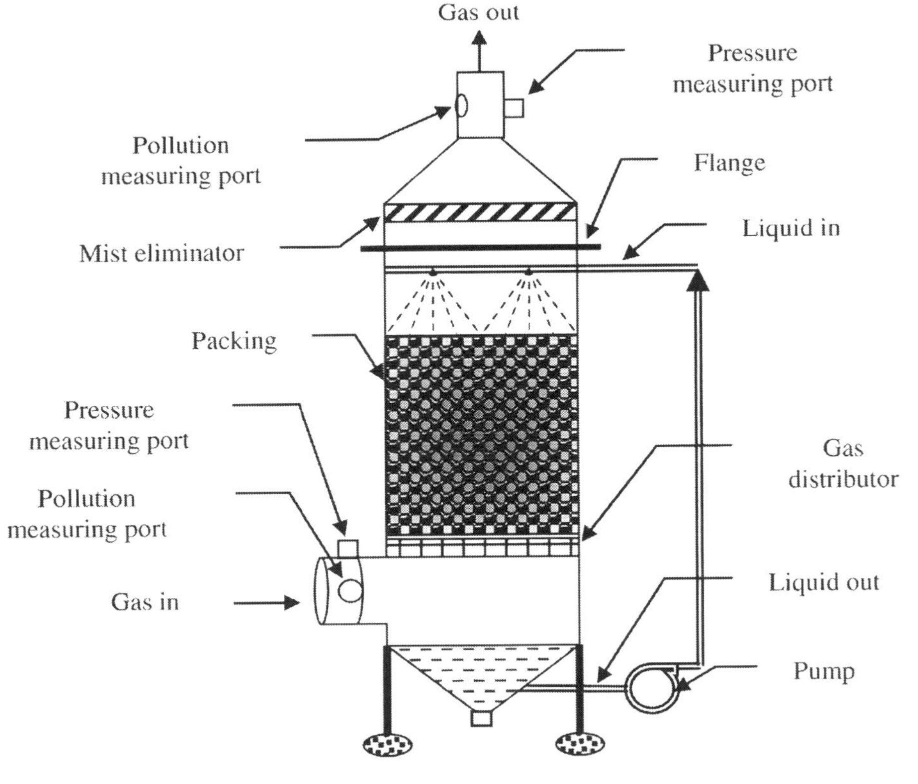

Figura 37.4 Torre de absorción de gases.[3]

En resumen, el *VCTRAC* de la Real Academia de las Ciencias Exactas, Físicas y Naturales es un recurso valioso. Es de esperar que, en el futuro, se considere la posibilidad de contextualizar e interrelacionar las entradas con otras, tanto de su mismo dominio como de otros afines. De este modo se proporcionaría información que sería de utilidad para todos los grupos de usuarios que hagan uso del recurso.

4.2. Diccionario español de Ingeniería *de la Real Academia de Ingeniería*

El *Diccionario español de Ingeniería* (*DEI*) es un diccionario monolingüe, aunque con algunas correspondencias en inglés, que incluye términos en español relacionados con la Ingeniería. Elaborado por la Real Academia de Ingeniería en 2014, se presenta en versión online (1.0),[4] cuya consulta es abierta y gratuita. Incluye más de 50 000 términos. Está dirigido a especialistas, especialistas en vías de formación, así como mediadores lingüísticos.

Cada entrada se encuadra en una de las nueve ramas en las que clasifican la Ingeniería: (i) Astronáutica, Naval y Transportes; (ii) Agroforestal; (iii) Construcción; (iv) Tecnologías de la Información y las Comunicaciones; (v) Seguridad y defensa; (vi) Química Industrial; (vii) Energía; (viii) Ingeniería Biomédica; e (ix) Ingeniería General. Estas ramas se dividen, a su vez, en treinta y dos subdominios, que se especifican en cada entrada.

Para acceder a la información, se proporciona un cuadro de búsqueda por lema, entendido en el sentido de entrada y no de la forma básica del término. Como se observa en la Figura 37.5, la opción que se muestra por defecto es la búsqueda por aproximación, que arroja resultados que contengan el término o fragmento introducido. La otra opción es la búsqueda exacta del término introducido. Además, se puede especificar el campo de conocimiento que interese. Se ofrece también una búsqueda avanzada por índice alfabético, que es más simple que las anteriores, en la que se indica el número de entradas existentes de cada letra.

Figura 37.5 Página de búsqueda del *DEI*.

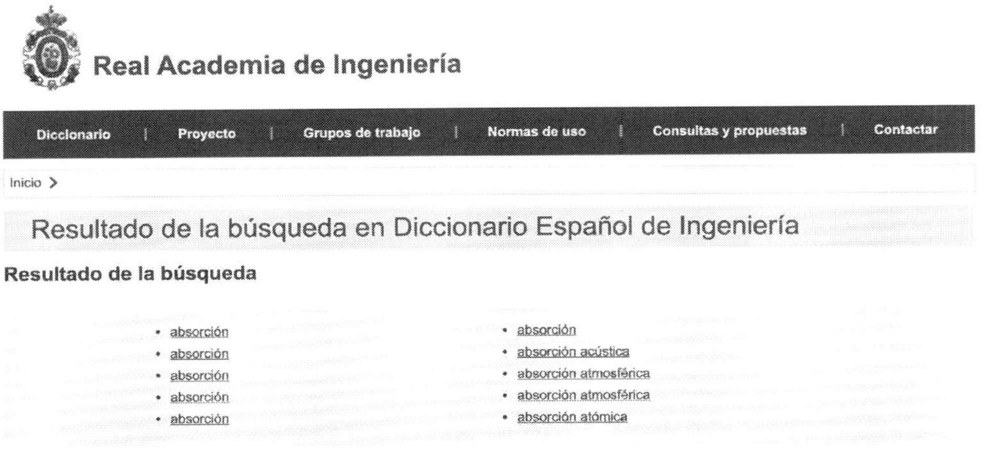

Figura 37.6 Resultado de la búsqueda de *absorción* en el *DEI*.

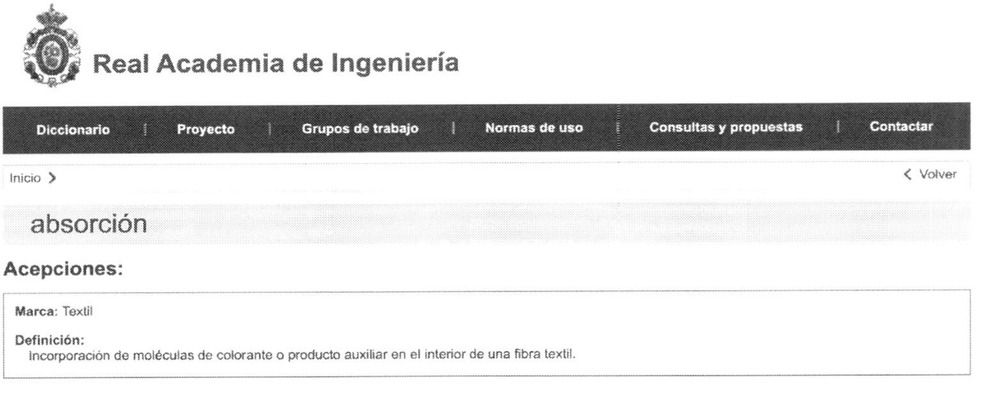

Figura 37.7 Primera entrada de *absorción* en el *DEI*.

En cada entrada se indica el subdominio al que pertenece el concepto, el equivalente en inglés y la definición. Sin embargo, a menudo aparecen varias entradas para el mismo término, lo cual parece indicar que se trata de un término polisémico y que cada entrada corresponde a un significado. Este es el caso de *absorción*, que tiene seis entradas diferentes (Figura 37.6). Sin embargo, como no se ofrece ningún indicador que desambigüe el significado, es necesario acceder a cada entrada para averiguar cuál es la que interesa al usuario.

La Figura 37.7 muestra la primera entrada de *absorción*, que refleja su significado dentro del subdominio Textil. La información proporcionada consta del dominio especializado (marca) y la definición.

En este recurso, las entradas de *absorción* pertenecen a los dominios Textil, Edificación, Energías Renovables, Selvicultura, Química y Energía Nuclear. La Tabla 37.2 muestra la información ofrecida en cada entrada.

Tabla 37.2 Entradas de *absorción* en el *DEI*

absorción
Acepciones:
Marca: *Textil*
Definición
Incorporación de moléculas de colorante o producto auxiliar en el interior de una fibra.

absorción
Acepciones:
Marca: Edificación
Definición
Diferencia de peso, expresada en porcentaje, entre el peso seco y el peso saturado de agua de materiales pétreos.

absorción
Acepciones:
Marca: Tecnología energética. Renovables
Equivalente inglés: absorption
Definición
Proceso por el cual la radiación, u otro fenómeno, es captada por la materia u otro soporte.

absorción
Acepciones:
Marca: Selvicultura
Definición
Acción de incorporar y retener agua, energía u otros materiales.

absorción
Acepciones:
Marca: Química
Equivalente inglés: absorption
Definición
Incorporación de un fluido a un sólido que lo retiene.

absorción
Acepciones:
Marca: Tecnología energética. Nuclear
Equivalente inglés: absorption
Definición
Interacción nuclear, aunque sea temporal, en la que fotones o partículas son incorporados a un núcleo.

Tal y como queda reflejado en las entradas de la Tabla 37.2, dependiendo del dominio, *absorción* se define como un tipo de *incorporación* (Textil, Química, Selvicultura), proceso de *captación* (Energía Renovable), *interacción* que consiste en una corporación (Energía Nuclear) o incluso una *diferencia de peso* (Edificación), que se deriva de un proceso de absorción de agua por materiales pétreos. Aunque cada subdominio define ABSORCIÓN a su manera, todas las definiciones se derivan del mismo patrón general: la absorción es un proceso en el que una entidad resulta atraída y retenida en el interior de otra. En la mayoría de los casos, lo que difiere, dependiendo del dominio, es la categoría conceptual o naturaleza de la entidad retenida y de la entidad receptora. Dada la similitud del proceso en todos los subdominios de la ingeniería, sería relativamente sencillo elaborar un esquema, basado en la estructura argumental del predicado (*absorber*), que actuara como patrón general para la definición del concepto (véase la Tabla 37.3).

Tabla 37.3 Categorías conceptuales de los argumentos de *absorción*

ABSORCIÓN: *proceso que consiste en que una entidad* $(Y)_{PACIENTE}$ *resulta atraída y retenida en otra entidad* $(X)_{AGENTE}$		
Dominio	*Entidad absorbida* $(Y)_{PACIENTE}$	*Entidad que absorbe* $(Y)_{AGENTE}$
TEXTIL	moléculas de colorante	fibra textil
EDIFICACIÓN	agua	materiales pétreos
ENERGÍA RENOVABLE	radiación, etc.	materia
SELVICULTURA	agua, energía, etc.	sin especificar
QUÍMICA	fluido	sólido
ENERGÍA NUCLEAR	fotones, partículas	núcleo

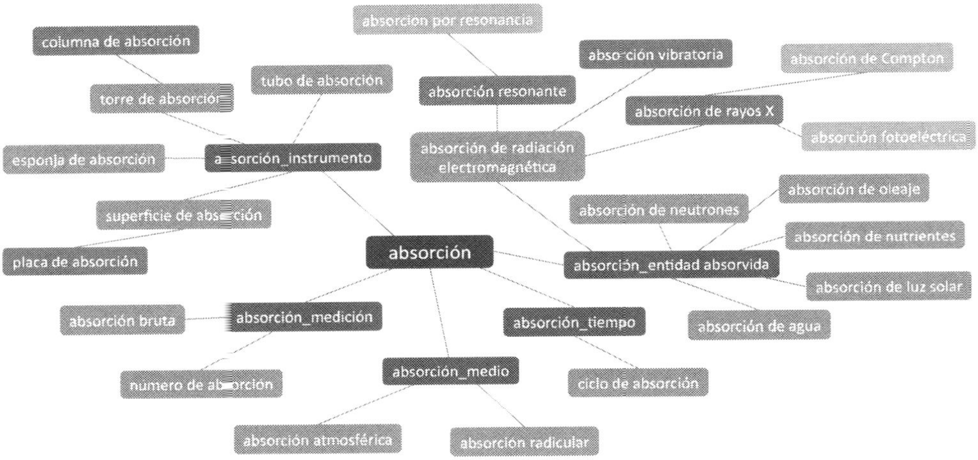

Figura 37.8 Red semántica de *absorción* en el *DEI*.

En cuanto a las correspondencias en lengua inglesa, que se incluyen en algunas de las entradas, son un elemento muy apreciado. De hecho, la Real Academia de Ingeniería resalta la necesidad de un diccionario de términos de ingeniería en el que se pueda buscar del español al inglés y viceversa. En cuanto a las entradas de ABSORCIÓN, la mayoría tiene un equivalente en inglés.

A veces se proporciona información adicional, como observaciones, fórmulas, abreviaciones o sinónimos, lo que es de gran utilidad dada la abundancia de estos elementos en la terminología de la Ingeniería. En cuanto a los sinónimos, cuando el término ha sido introducido como tal en la base de datos, este aparece sin definición y se incluye en su lugar un enlace al término principal.

La información semántica queda restringida al campo especializado. Como en el caso del *VCTRAC*, el *DEI* no contempla la representación de conceptos y sus relaciones mediante el uso de redes semánticas. Como la ABSORCIÓN es un proceso muy frecuente en los subdominios de la Ingeniería, su red semántica es muy amplia. La Figura 37.8 muestra una porción de dicha

Tabla 37.4 Concordancias de absorción de oleaje y sus correspondencias en inglés, *wave absorption y absorption of waves*

absorción de oleaje

7) del modelado de la rotura con y sin viento, aspecto fundamental en el rebase, para lo que se considera la presencia de aire y su efecto sobre la ola, y en las mejoras de las condiciones de **absorción de oleaje** para generar situaciones más realistas.
8) El canal cuenta con un módulo de **absorción de oleaje** para minimizar el efecto de las ondas reflejadas, adicionalmente se ha dispuesto de una playa.

wave absorption

9) Some types of WEC are more appropriate with some types of coastal structures. **Wave absorption** if it is significant will change hydrodynamics along the structure.
10) Because the background profiles determine the wave propagation and absorption and the **wave absorption** determines the background profiles, it is necessary to couple the wave propagation model with a Monte Carlo transport model.

absorption of waves

11) Unfortunately, due to possible reflection or **absorption of waves** from the fjords, accurate attenuation coefficients could not be calculated from the 1978 Greenland Sea experiments.
12) Active **absorption of waves** is one of the key features of physical and numerical experiments in coastal engineering.

red, basada en los datos del *DEI*. Tal y como queda reflejado, el proceso de ABSORCIÓN puede especificarse según la entidad absorbida, el medio de absorción, el instrumento de absorción o el tiempo que dura el proceso, que constituyen las categorías más básicas.

Las entradas del *DEI* no incluyen ejemplos de uso lingüístico, que serían muy útiles, sobre todo si tenemos en cuenta el tercer grupo de usuarios potenciales: los mediadores lingüísticos, es decir, traductores, intérpretes, periodistas especializados o expertos en comunicación. En el caso del término *absorción de oleaje* (subdominio de la Obra Civil), se podrían proporcionar ejemplos en español e inglés como los que figuran en la Tabla 37.4

La inclusión de archivos multimedia también sería de gran utilidad en el campo de la Ingeniería. La incorporación de imágenes o incluso vídeos sería relativamente fácil y enriquecería la información de las entradas.

En resumen, el *DEI* es un recurso que describe varios subdominios de la Ingeniería. No obstante, salvo por las diferentes opciones de búsqueda, su diseño no difiere del de un diccionario impreso. Esto se podría solucionar con la incorporación de más información semántica, una mayor relación y coherencia entre la información de los diferentes subdominios, así como la inclusión de ejemplos de uso y archivos multimedia.

4.3. Diccionario de términos médicos *de la Real Academia Nacional de Medicina*

El *Diccionario de términos médicos* (*DTM*) es un diccionario monolingüe que, como su título indica, incluye términos médicos en español. Fue publicado por la Real Academia Nacional de Medicina (RANM) en 2012 y cuenta con unas 52 000 entradas. Está dirigido tanto a profesionales biosanitarios como a lingüistas, especialistas de otras ciencias y el público en general. Dispone de una versión impresa y otra online.[5] Igual que los recursos de la Real Academia de las Ciencias

Exactas, Físicas y Naturales y de la Real Academia de la Ingeniería, esta versión en línea se actualiza periódicamente para dar cuenta de la naturaleza cambiante del lenguaje médico.

El acceso a la información se realiza mediante el menú de búsqueda que permite seleccionar distintos criterios, agrupados en una "Búsqueda simple" y una "Búsqueda avanzada". En la búsqueda simple se pueden elegir los siguientes:

- **Aproximación**: se trata de una búsqueda basada en la semejanza ortográfica.
- **Lema que contenga la palabra**: extrae términos que contengan la secuencia introducida. Por ejemplo, al introducir el término *absorción*, se obtienen *absorción* y sus hipónimos, es decir, *absorción cutánea, absorción intestinal, absorción ósea*, etc.
- **Secuencia de caracteres al inicio**: p. ej., absorción cutánea, absorción dérmica, absorción enteral, absorción gástrica, etc.
- **Secuencia de caracteres en el medio**: p. ej., malabsorción de fructosa, reabsorción ósea, reabsorción tubular, síndrome de malabsorción intestinal, etc.
- **Secuencia de caracteres al final**: p. ej., banda de absorción, espectro de absorción, raya de absorción. malabsorción, velocidad de absorción, etc.
- **Todos los campos**: se busca un término en todo el diccionario, en cualquiera de los campos de las entradas: lema, definición, observaciones, sinónimos, nomenclatura, abreviaciones, etimología, etc.
- **Equivalente en inglés**: permite introducir el término en inglés y obtener el lema donde aparece dicho equivalente.

Por su parte, la búsqueda avanzada ofrece algunos de los criterios presentes en la búsqueda simple, además de otros más específicos, y la posibilidad de combinar varias consultas con los operadores booleanos Y, O y NO. Así pues, los criterios de la búsqueda avanzada son los siguientes: (i) lema que contenga la palabra; (ii) secuencia de caracteres al inicio, en el medio o al final; (iii) equivalente en inglés; (iv) sigla o abreviatura; (v) tipo de lema; (vi) categoría gramatical; (vii) lengua en etimología; (viii) terminología anatómica; (ix) en definición; y (x) en observaciones.

Las diferencias con la búsqueda simple son varias:

- **Equivalente en inglés**: permite introducir un término en inglés que constituya el equivalente directo o parte de él (p. ej., que forme parte de un término compuesto).
- **Sigla o abreviatura**: muestra las siglas o abreviaturas que tienen entrada propia o que aparecen en los campos de abreviatura o nomenclatura de las entradas.
- **Tipo de lema**: tras elegir entre lemas sencillos (términos simples) o complejos (términos compuestos), se obtiene una lista por orden alfabético de los veinte primeros resultados del diccionario.
- **Categoría gramatical**: al indicar la categoría gramatical y, en su caso, el género que interese, se obtiene una lista por orden alfabético de los veinte primeros resultados del diccionario.
- **Lengua en etimología**: permite hacer búsquedas según la lengua de origen que figura en el campo de etimología.
- **Terminología anatómica**: permite obtener los términos anatómicos del diccionario escribiendo su denominación en latín.
- **En definición**: permite la búsqueda en los campos de definición.
- **En observaciones:** permite la búsqueda en los campos de observaciones.

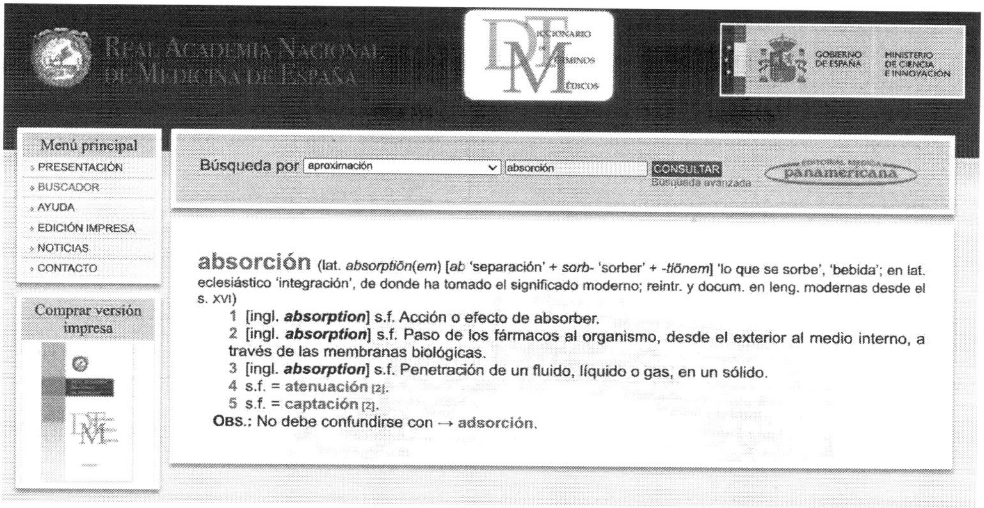

Figura 37.9 Entrada de *absorción* en el *DTM*.

A pesar de las desventajas del orden alfabético que también adopta este diccionario, estas opciones de búsqueda son acertadas, ya que pueden dar respuesta a distintas necesidades de los usuarios.

En cada entrada, se muestra el término, la etimología, el número de cada acepción, la categoría gramatical, el equivalente en inglés de cada acepción, la definición, las observaciones de la acepción o del lema, los sinónimos (con especificación del uso: coloquial, desuso, etc.) y abreviaturas. Por lo tanto, se trata de entradas muy completas.

En el caso de la sinonimia, la definición del concepto se muestra solo en la entrada del término marcado como preferente, al que remiten los sinónimos por medio de referencias cruzadas.

La Figura 37.9 muestra la entrada para *absorción* en el *DTM*. La entrada incluye (i) el lema simple (*absorción*), (ii) su etimología ("[*ab* 'separación' + *sorb-* 'sorber' + *-tiōnem*] 'lo que se sorbe', 'bebida'; en lat. eclesiástico 'integración', de donde ha tomado el significado moderno; reintr. y docum. en leng. modernas desde el s. XVI"), (iii) numeral de acepción; (iv) equivalente en inglés (*absorption*) y (v) observaciones (No debe confundirse con → adsorción). Cuando es relevante, también se incluyen otros datos como la nomenclatura normalizada, abreviaturas, sinónimos e indicaciones sobre si dichos sinónimos se encuentran en desuso o son coloquiales.

Igualmente se proporcionan entradas para los siguientes términos compuestos: absorción característica, absorción cutánea, absorción dérmica, absorción enteral, absorción gástrica, absorción intestinal, absorción ósea, absorción percutánea, absorción transcutánea y absorción transdérmica. Aunque esta información tiene un interés indiscutible, se podría aumentar su valor a través de la representación conceptual, ya que el diccionario no ofrece representaciones semánticas que codifiquen las relaciones entre varias entradas. Más específicamente, la Figura 37.10 muestra una red semántica de ABSORCIÓN, basada en la información presente

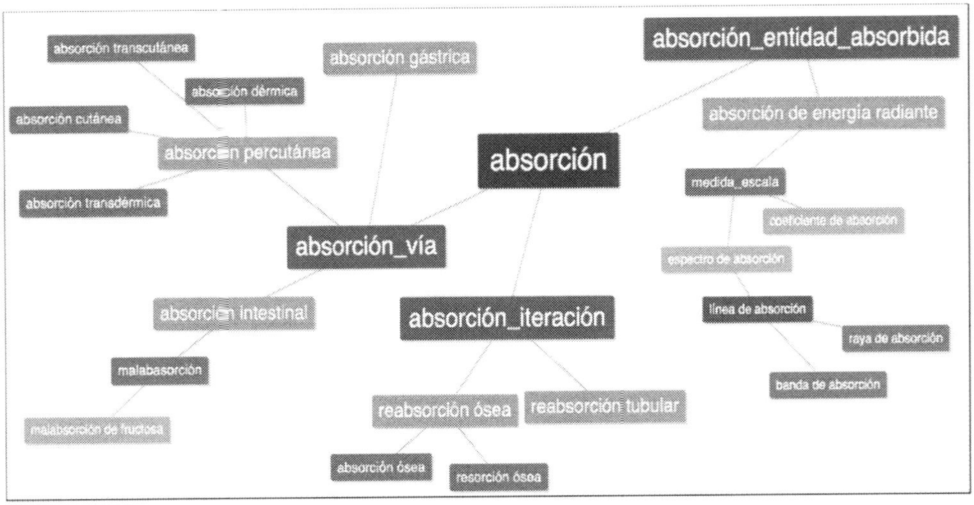

Figura 37.10 Red semántica de *absorción* basada en los datos del *DTM*.

en este recurso. Como puede observarse, los diferentes tipos de ABSORCIÓN se estructuran en tres subcategorías: (i) vía de absorción (absorción gástrica, absorción percutánea y absorción intestinal); (ii) iteración del proceso (reabsorción ósea, reabsorción tubular) y (iii) entidad absorbida (absorción de energía radiante). De esta manera, la información semántica implícita en las entradas de estos lemas se puede plasmar en una representación como la que se presenta en la Figura 37.10.

Algo que hace que el *DTM* destaque sobre los demás recursos es la información incluida en las observaciones. Aunque no incorpora ejemplos de uso, a menudo da indicaciones sobre la preferencia por un sinónimo u otro. Por ejemplo, en el caso de *línea de absorción*, las observaciones explican que dicha preferencia depende del contexto: "se utiliza el término 'línea de absorción' cuando en el espectro se presenta como una raya correspondiente aproximadamente a una frecuencia, y 'banda de absorción' cuando se presenta difusa en un corto intervalo de frecuencias.

Igual que en el *FCTRAC* y el *DEI*, las entradas en el *DTM* podrían enriquecerse con ejemplos de uso tomados de un corpus de textos especializados, en este caso, del campo de la Medicina. La Tabla 37.5 muestra concordancias de *absorción intestinal, absorción enteral, intestinal absorption* y *enteral absorption*.

En general, el *DTM* es un recurso actual, que sobresale por su rica información y una gran variedad de opciones de búsqueda. A estas, se les puede sacar partido gracias a los operadores booleanos, con los que se satisfacen las distintas necesidades que puedan tener los usuarios. Así, se trata de un diccionario de calidad, medido al detalle y de prestaciones excelentes. La inclusión de imágenes enriquecería la información conceptual en las entradas aún más. En la Figura 37.11 se muestra un ejemplo de una imagen ilustrativa de la absorción de nutrientes en el intestino delgado.

Tabla 37.5 Concordancias de absorción intestinal y absorción enteral y sus correspondencias en inglés (*intestinal absorption* y *enteral absorption*, respectivamente)

absorción intestinal

(13) Los fitoesteroles ayudan a disminuir la **absorción intestinal** de colesterol.

(14) desde la terapia IGF-I también fue capaz de mejorar el estado nutricional y la **absorción intestinal**.

absorción enteral

(15) La cafeína es un componente de esta combinación analgésica que aumenta la **absorción enteral** de la dihidroergotamina.

(16) Se ha identificado que el hidróxido polimaltosado de hierro tiene una **absorción enteral** muy errática y que es inadecuado para el tratamiento oral de la anemia.

intestinal absorption

(17) **Intestinal absorption** involves the enzyme cholesterol esterase, which esterifies cholesterol prior to the generation of chylomicrons, the form in which lipids are transported around the body.

(18) The degree of **intestinal absorption** of fatty acids in milk products is conditioned by their chemical environment (fermentation, calcium).

enteral absorption

(19) From the results, it is concluded that the **enteral absorption** of particularly higher doses of DPH is slightly hampered by FA.

(20) Maximization of **enteral absorption** of nutrients is important for long-term survival.

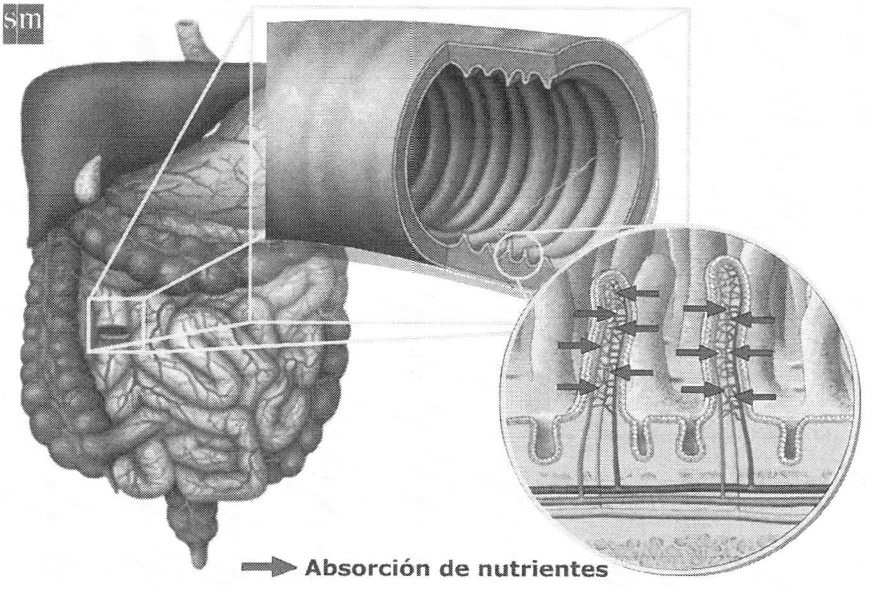

Figura 37.11 Figura de la absorción intestinal en el *DTM*

5. Conclusión

En este capítulo se ha ilustrado el reto que supone la adaptación a la era digital de la lexicografía especializada en papel. Este reto se ha de afrontar si se quieren ofrecer recursos lexicográficos que respondan a las necesidades del usuario del siglo XXI. Con este propósito, se han analizado tres de los recursos terminográficos más relevantes en formato electrónico en lengua española. A pesar de la evidente calidad de sus contenidos, su diseño sigue aún muy ligado al formato tradicional de un diccionario impreso. Es evidente que un recurso digital, sin limitaciones de espacio, ofrece un amplio abanico de posibilidades en cuanto a la representación del conocimiento especializado. Por ello, es aconsejable enriquecer la micro y macroestructura del recurso con información contextual a fin de facilitar tareas tanto de comprensión como de producción. Entre los posibles tipos y alcances de información contextual, la representación de redes semánticas, extraídas de contextos locales, supone una mejora considerable en cuanto al diseño y la usabilidad de los diccionarios terminológicos.

Por una parte, la visualización de las estructuras conceptuales en formatos relacionales explícitos fomenta la adquisición del conocimiento por parte del usuario, ayudándolo a anclar nuevos conceptos a su conocimiento previo. De lo contrario, el usuario tiene que construir nuevo conocimiento navegando entre entradas, sin una dirección necesariamente lógica. Por otra parte, las nuevas posibilidades tecnológicas, permiten almacenar y presentar una gran cantidad de datos interrelacionados, por lo que carece de sentido conservar un diseño basado en entradas independientes y estancas con campos descriptivos totalmente estáticos. Además, puesto que muchos de los diccionarios terminológicos ya cuentan con un campo para incluir términos relacionados, bastaría con explicitar las relaciones que los unen, interrelacionar las entradas y añadir su representación gráfica en forma de red.

Notas

1 https://vctrac.es/index.php?title=P%C3%A1gina_principal
2 app.sketchengine.eu
3 Imagen tomada de J. M. Jafari, R. Ghasemi, Y. Mehrab y A. R. Yazdanbakhsh 2012. "Influence of Liquid and Gas FlowRrates on Sulfuric Acid Mist Removal from Air by Packed Bed Tower. *Iranian Journal of Environmental Health Sciences & Engineering* 9:20, distribuida bajo licencia CC BY 2.0 (https://creativecommons.org/licenses/by/2.0/).
4 diccionario.raing.es
5 dtme.ranm.es

Bibliografía básica

Cabré (1999); Faber (2015); Martínez de Sousa (1995); Sager (1990)

Bibliografía complementaria

Dobrina (2015); Faber *et al.* (2016); Meyer (2001); Steurs *et al.* (2015)

38
Los diccionarios enciclopédicos (Encyclopedic dictionaries)

Pilar Pardo Herrero

1. Introducción

El diccionario continúa teniendo un espacio definido cuando hablamos de la búsqueda de palabras. Están los diccionarios de la Academia, los escolares, los especializados, que comparten vida en Internet e impresos. Sin embargo, no pasa lo mismo con el diccionario enciclopédico ni la enciclopedia, que hoy tienen su lugar casi exclusivamente en la red.

Este capítulo se propone como un recorrido histórico del trabajo enciclopédico en lengua española, que, en términos modernos, comenzó en el siglo XIX, para llegar al momento actual, en el que el usuario realiza la búsqueda de la información enciclopédica principalmente en Internet.

En Internet hay muchas fuentes en las que puede hallarse información de tipo enciclopédico, pero es sin duda la *Wikipedia* la más utilizada por los usuarios de habla española. La observación de cómo funciona esta plataforma para apreciar lo que la distingue de los proyectos enciclopédicos anteriores y de ejemplos de artículos para evidenciar el manejo del contenido, sumada a algunos comentarios sobre otras webs representativas de consulta en línea, permitirá ofrecer un panorama de la búsqueda enciclopédica actual en español. Así será posible plantear cuestiones a mejorar para que en el futuro sea cada vez más efectiva esta consulta de información por parte del usuario en lengua española.

Palabras clave: diccionarios enciclopédicos; enciclopedia digital; historia de la lexicografía; lexicografía en español; *Wikipedia*

This chapter aims to provide a historical overview of encyclopedic work in Spanish, a practice that, in modern terms, started in the nineteenth century, and today provides encyclopedic information to the user primarily through the Internet.

Many sources on the Internet offer encyclopedic information but *Wikipedia* is, without doubt, the most widely used by Spanish speaking users. We analyze the *Wikipedia* platform to understand how it functions and evaluate what distinguishes it from former encyclopedic projects. Examples selected from *Wikipedia* entries are used to show how contents are handled and give an insight into the encyclopedic search in Spanish nowadays. This allows for reflection on how to improve such platforms in order to make the user's search for information in the Spanish language more efficient.

DOI: 10.4324/9780429244353-43

Keywords: digital encyclopedia; encyclopedic dictionaries; history of lexicography; Spanish lexicography; *Wikipedia*

2. Concepto de diccionario enciclopédico

Antes de aproximarnos a la historia de la producción enciclopédica en lengua española es importante diferenciar entre el diccionario de lengua, el diccionario enciclopédico y la enciclopedia.

Aunque no ha llegado a establecerse una distinción absoluta entre ellos, puede decirse que se distinguen porque el primero busca presentar únicamente la lengua común; el diccionario enciclopédico (una mezcla, como indica su nombre) contiene, además, nombres propios y una cantidad importante de voces de especialidad, ofreciendo tanto información lingüística como de los referentes de las cosas en orden alfabético; y las enciclopedias se centran en los nombres propios y los sustantivos referidos a "conceptos importantes para el conocimiento del mundo" (Lara 1990c, 222), concentrándose en la información sobre las cosas. Sin embargo, cabe decir que en el diccionario de lengua hay algo de conocimiento enciclopédico (como en las definiciones de plantas y animales), así como de terminología, indicada con abreviaturas de especialidad. Textos clásicos que reflexionan sobre estas distinciones son el de Gutiérrez Cuadrado (1996a) y el de Lara (1990c), también aportan a esta misma reflexión Anaya Revuelta (1999 y 2000) y Haensh y Omeñaca (2004, 51–55).

La Tabla 38.1 permite observar las diferencias en la nomenclatura en tres obras representativas: el *Diccionario de la lengua española* (Real Academia Española y Asociación de Academias de la Lengua Española, *DLE*) con voces comunes, y el *Pequeño Larousse ilustrado* (*PLI*) y la *Gran enciclopedia Espasa* (*GEE*) con nombres propios y más términos de especialidad. Al observar la microestructura en el ejemplo de la Tabla 38.2, tenemos que la diferencia fundamental es que el

Tabla 38.1 Comparación de nomenclatura del *DLE*, el *PLI* y el *GEE*

Entradas comenzadas por	*Diccionario de la lengua española (DLE)*	*Pequeño Larousse ilustrado (PLI)*	*Gran enciclopedia Espasa (GEE)*
acro-	*acro-acroamático, ca-acrobacia-acróbata-acrobático, ca-acrobatismo-acrofobia-acroleína-acromado, da-acromático, ca-acromatismo-acromatizar-acromatopsia-acromegalia-acromegálico, ca-acromial-acromiano, na-acromion-acrónico, ca (1)-acrónico, ca (2)-acronimia-acrónimo-ácrono, na-acrópolis-acróstico, ca-acrostolio-acrotera-acrótera-acroteria-acroy*	*acrobacia-acróbata-acrobático, ca-acrobatismo-acrocefalia-acrocéfalo, a-acrocianosis-acrodinia-acroleína-acromático, a-acromatismo-acromatopsia-acromegalia-acromion o acromio-acrónimo-ácrono, a-acrópolis-acróstico, a-acrotera o acroteria/Acrópolis*	*acro-, acr-, acria-acroamático, ca-acrobacia-acróbata-acrobático, ca-acrobatismo-acroblasto-acrocarpo-acrocefalia-acrodinia-acrofobia-acroleína-acromado, da-acromático, ca-acromatina-acromatismo-acromatizar-acromatopsia-acromegalia-acromegálico, ca-acromía-acromial o acromiano, na-acromion o acromio-acron-acronía-acrónico, ca-acrónimo-ácrono, na-acrópolis-acrosoma-acrospora-acróstico, ca-acrostolio-Acrótato II-acrotera o acroteria-acroterio*

Entradas comenzadas por	*Diccionario de la lengua española (DLE)*	*Pequeño Larousse ilustrado (PLI)*	*Gran enciclopedia Espasa (GEE)*
agri-	*agriado, da-agriamente-agriar-agriaz-agrícola-agricultor, ra-agricultura-agridulce-agriera-agrietado, da-agrietamiento-agrietar-agrifada-agrifolio-agrilla-agrillarse-agrimensor, ra-agrimensura-agrimonia-agringado, da-agringarse-agriodulce-agrio, gria-agrión-agriotipo-agripalma-agripar-agrisado, da-agrisar-agrisetado, da*	*agriar-agrícola-agricultor, ra-agricultura-agridulce-agrietamiento-agrietar-agrimensor, ra-agrimensura-agringarse-agrio, a-agripalma-agriparse-agripeno-agrisar/Agrícola, Cneo Julio-Agrícola, Georg Bauer-Agrícola, Mikael-Agrigento-Agripa, Menenio-Agripa, Marco Vipsanio-Agripina la Mayor-Agripina la Menor*	*agri-agriado, da-agriamente-agriar-agrícola-Agrícola, Cneo Julio-Agrícola, Georgius-agricultor, ra-agricultura-agridulce-agrietar-Agrigento-agrimensor, ra-agrimensura-agrimonia-agringarse-agrio, gria-Agrio, Agripa, Marco Vipsanio-Agripa, Menenio-Agripa de Nettesheim, Heinrich Cornelius-agripalma-Agripina la Mayor-Agripina la Menor-agrisado, da*

Tabla 38.2 Comparación de microestructura del *DLE*, el *PLI* y el *GEE*

DLE	*PLI*	*GEE*
airbag Del ingl. *airbag*. 1. m. *Esp.* bolsa de aire.	AIRBAG n. m. (marca registrada). Dispositivo destinado a proteger, en caso de accidente, a los pasajeros de los asientos delanteros de un automóvil, consistente en un cojín que se hincha instantáneamente al producirse un fuerte impacto.	AIRBAG (Voz i. que significa *bolsa de aire*). m. *Tecnol.* Sistema de seguridad del automóvil consistente en una bolsa de aire, situada ante el conductor o el pasajero, o en ambos lugares, que se hincha automáticamente en el momento en que se produce una colisión y amortigua sus efectos. Su instalación en los automóviles está comenzando a ser obligatoria en algunos países de la Unión Europea.

diccionario de lengua tiene solo información lingüística, mientras los otros suman sistemáticamente información enciclopédica, que puede estar a continuación de la definición o en párrafo aparte con alguna abreviatura temática. La *GEE*, además, incluye en muchas voces comunes sinónimos y antónimos que no aparecen en el *DLE*. Adicionalmente, la utilización de las abreviaturas puede variar para adecuarse al propósito de cada obra.

Sobre el público de estas obras, en los tres casos es general. En particular, diccionarios enciclopédicos y enciclopedias son puertas de entrada a conocimientos específicos, y por eso incluyen tanto nombres propios como conceptos especializados.

En cuanto a su longitud, el diccionario de lengua es una obra más reducida que las otras dos. Pero la diferencia en este sentido entre diccionario enciclopédico y enciclopedia no es tan clara, pues la denominación "diccionario enciclopédico" se ha utilizado para obras de uno y dos tomos (con definiciones cortas de los términos y artículos cortos de nombres propios), así como para obras de muchos más volúmenes (con artículos extensos para términos y nombres propios). Justamente por la proximidad observada entre estos dos tipos de obras y por ser obras de consulta general más amplia que el diccionario de lengua, ambas se consideran en este capítulo para realizar un acercamiento al trabajo enciclopédico en español hasta hoy.

3. Breve contexto histórico de la lexicografía de carácter enciclopédico en lengua española en el siglo XIX

Data de muy atrás el deseo del ser humano de organizar el conocimiento. Hay propuestas desde la antigüedad en el antiguo Oriente, China e India; aunque la más influyente en Occidente será la de Aristóteles (San Segundo 1996, 33–37). En la Edad Media primará la división septenaria del trivio y el cuadrivio, que verá su final en el siglo XVII con la ordenación de las ciencias planteada por Francis Bacon, cuyo pensamiento es fundamental para dar inicio a la época moderna.

Es también antiguo el deseo de compendiar organizadamente el conocimiento. Para la tradición española resultan fundamentales las *Etimologías* de Isidoro de Sevilla, en las que se encuentra una ordenación sistemática que, considerada la gran obra con carácter enciclopédico de la Edad Media, tenía el propósito de con su vastedad aspirar a recoger todo el saber conocido.

La idea más moderna de enciclopedia, la que observamos en la *Encyclopédie, ou Dictionnaire raisonné des sciences, des arts et des métiers* (1751–1772) impulsada por los franceses Diderot y D'Alambert, procede en gran medida del modelo del alemán Leibniz, que quería construir una enciclopedia universal del significado (San Segundo 1996, 60–61). También bebe de las obras inglesas *Lexicon Technicum* (1704), de John Harris, y *Cyclopepedia* (1728), de Ephraim Chambers. Tanto las obras inglesas como la francesa se organizaron alfabéticamente, acercándose así al diccionario enciclopédico. En estas obras se puede observar que tanto las palabras como las cosas importaban por igual, algo que, siguiendo a Burke (2002, 62), aflora en el siglo XVII con los gabinetes de curiosidades, cuya creación "es una clara señal de la difusión de una concepción menos logocéntrica del conocimiento, de un interés por las cosas y también por las palabras", y de esa difusión participan los trabajos con espíritu enciclopédico.

En España, en el siglo XVIII no se produce ninguna obra del alcance de la *Encyclopédie*. Las ideas de la Ilustración fueron conocidas, pero, de hecho, no superaron el umbral de la escuela (Delgado Criado 1993, 16, 651–652), con lo que una obra del calibre de la francesa era difícil que tuviera lugar. Sin embargo, en la producción lexicográfica sí debe destacarse el inicio de la tarea diccionarística de la Real Academia Española, fundada en 1714, con su *Diccionario de autoridades* (*DAut* 1726–1739). Ese repertorio incluye términos de ámbitos específicos, pero no con el ánimo de ser un diccionario terminológico, sino por ser voces consideradas parte de la lengua común. Por otro lado, está el *Diccionario castellano con las voces de ciencias y artes* (1786–1788), de Esteban de Terreros y Pando, que como indica su título no se limita al lenguaje usual, sino que incluye voces de ámbitos específicos, y por ende es más próximo a las obras de los ingleses Harris y Chambers. Este último diccionario puede considerarse un paso intermedio entre el diccionario de lengua común y el diccionario terminológico y enciclopédico. Vale la pena destacar también, precisamente para el cambio de siglo, la traducción del ilustrado José Clavijo y Fajardo de la *Historia natural* de Buffon, que, publicada entre 1791 y 1805, constituyó un enorme esfuerzo lexicográfico y enciclopédico y constituye un texto fundamental en la historia de la lengua científica en castellano.

Así alcanzamos el siglo XIX. El esfuerzo por recoger el conocimiento de las ciencias y las artes llegará a la lexicografía en lengua española en ese siglo, cuando se intentará una aproximación de carácter enciclopédico que siga la estela ya no solo de los hitos extranjeros referidos o de Terreros y Pando, sino de nuevas publicaciones, principalmente francesas. Entre los diccionarios enciclopédicos los más representativos son el *Diccionario nacional de la lengua española* (1846–1847) de Ramón Joaquín Domínguez —de clara influencia francesa (Seco 2003b [1987], 161; Iglesia 2008, 122), y considerado el que sienta las bases del género (Azorín Fernández 1996–1997, 117; Anaya Revuelta 2000, 179)— y el *Diccionario enciclopédico de la lengua española* publicado por Gaspar y Roig (1853–1855), el primero en contener en su título el adjetivo "enciclopédico" (Anaya Revuelta 1999, 7). También destaca el *Diccionario enciclopédico de la lengua castellana* (1895), publicado por Garnier hermanos.

Para finales de ese siglo apareció la que se considera la primera enciclopedia moderna en lengua española, el *Diccionario enciclopédico hispano-americano*, publicado en Barcelona por Montaner y Simón en 23 tomos (más apéndices) entre 1887 y 1910, que alcanza una importante divulgación en América Latina (Pardo Herrero 2012).

Estas obras, como señala su título, son diccionarios. Como tales, organizan su contenido alfabéticamente. No hay, pues, bloques temáticos, sino que se hace uso de abreviaturas para indicar a qué ámbito pertenece el término. Esto resulta relevante pues no implica una jerarquía del conocimiento, aunque sí un esfuerzo por delimitarlo en categorías y ubicar al lector en esa organización del saber.

También es importante mencionar el asunto de la autoría, para subrayar un cambio importante entre la obra de Domínguez y las demás. Mientras la obra de Domínguez es una obra de autor único (como la de Terreros), el diccionario de Gaspar y Roig es una obra colectiva (Azorín Fernández 1996–1997, 120), al igual que el de Montaner y Simón y la de Garnier (Alvar Ezquerra 2018, 17). Fue muy común hasta ese momento el trabajo lexicográfico individual, pero propuestas más ambiciosas ya no permitían trabajar de esa manera. El trabajo de equipo era la mejor opción para producir obras de carácter enciclopédico, pues permitía contar con expertos— que aportan su saber y otorgan autoridad al texto— y avanzar más rápidamente.

Este último punto permite tocar una cuestión más para terminar este apartado: la economía y el mercado. La proliferación de obras lexicográficas monolingües en el siglo XIX, y en particular las enciclopédicas, tiene sin duda una justificación cultural y social si se considera el gran avance de las distintas ciencias y técnicas, así como el afán de ofrecer de forma condensada una aproximación al conocimiento general. Pero es quizá aún más importante la razón económica, en relación directa con los cambios políticos, sociales y culturales. El saber no es ajeno al sistema de mercado, y aquí están incluidas las obras enciclopédicas. Robert Darnton (2006) lo evidencia para el caso de la *Encyclopédie*. En la España decimonónica no es diferente, como señalan Seco (2003b [1987]), Azorín Fernández (1996–1997) y Pardo Herrero (2012). Embarcarse en la producción de estas obras no responde a un ánimo altruista como el que pudo tener Terreros, sino a una expectativa de beneficio, en nombre de la popularización del conocimiento.

4. El siglo XX: tiempo de expansión y profusión de las obras enciclopédicas impresas

El siglo XX se inicia, en el mundo hispánico, con una mayor alfabetización, un crecimiento de las ciudades y un aumento de los ingresos, lo cual favoreció la producción editorial, y en particular la enciclopédica, pues esta guardaba relación en su consumo con la idea de cultura e incluso de estatus, no solo de adquisición de conocimiento. Estas tres cuestiones, a las que podemos sumar un menor costo de producción, mejores posibilidades de distribución y un avance en las técnicas de mercadeo, entre otras transformaciones, hicieron que el pasado siglo fuera propicio para un enorme crecimiento en la venta de este tipo de obras.

En el mundo editorial de habla hispana podemos encontrar muchas obras de carácter enciclopédico en el siglo XX. Una de las más reconocidas es la *Enciclopedia universal ilustrada europeo-americana*. La *Enciclopedia Espasa*, como se la conoce por haber sido publicada por esa editorial, se considera la gran obra enciclopédica española, con 82 volúmenes entre 1906 y 1933, y suplementos hasta el siglo XXI, así como varias ediciones a partir de esta.

Otra obra fundamental es la *Gran enciclopedia Larousse* (*GEL*) con dos ediciones: entre 1967 y 1972, versión española del *Grand Larousse encyclopédique* (1960–1964); y entre 1987 y 1990, versión del *Grand dictionnaire encyclopédique Larousse* (1982–1985). La editorial Larousse se fundó en Francia en 1852 y pronto se especializó en obras de divulgación, entre las que sobresalen los diccionarios y enciclopedias, que se alimentaban entre sí. Desde finales del siglo XIX era una editorial muy valorada en el mundo hispánico, entre otros por su *Petit Larousse illustré*, publicado en español en 1912, adaptado por Miguel de Toro y Gisbert. Esta obra, conocida como *Pequeño Larousse ilustrado* (*PLI*), un diccionario enciclopédico en un volumen con múltiples ediciones, destaca en el siglo XX, pues en apenas un volumen (dividido en una parte lingüística y una enciclopédica) resultaba accesible, tanto por su costo como por el espacio que ocupa, para muchas familias.

También ha de mencionarse la labor de la editorial Salvat, reconocida en España e Hispanoamérica. A principios del siglo XX esta editorial publica el *Diccionario Salvat enciclopédico popular ilustrado* (1906–1914) y un poco más tarde el *Diccionario enciclopédico Salvat* (1934–1936). Posteriormente aparecieron otras obras enciclopédicas de la misma casa, dirigidas a un público familiar, específicamente infantil y juvenil, fundamental en el mercado editorial del siglo XX, y que lo sigue siendo hasta hoy.

El siglo XX es, pues, un siglo con multitud de obras de carácter enciclopédico publicadas por casas editoriales cuyo nombre era, o se convirtió en, sinónimo de autoridad en la materia. Como símbolo de cultura, estas obras parecen dirigidas a todos los públicos y son un tipo de producto que, aprovechando el crecimiento de las ciudades y de la alfabetización, intentó venderse para que en cada casa de familia hubiera una enciclopedia, o un diccionario enciclopédico. Los tirajes, de hecho, rondaron los veinte mil ejemplares en muchos casos, lo que indica un volumen de demanda, y de negocio, muy significativo.

5. El final del siglo XX. *Encarta*: de la enciclopedia impresa a la enciclopedia digital

La profusión de enciclopedias y diccionarios enciclopédicos impresos enfrenta un duro rival con la aparición de la enciclopedia multimedia digital *Encarta*, de Microsoft, que sale al mercado en inglés en 1993. Aparecerá en español en 1997 con la llamada *Encarta 98*. La competencia no es ya entre editoriales, es de formato en papel a formato en base de datos, es decir, entre diferentes tecnologías. El ingreso de la gigantesca compañía estadounidense de *software* al negocio enciclopédico, con un público básicamente consistente en estudiantes (DeBry y Richardson 2001, 264), pone en aprietos a las empresas editoriales tradicionales pues ofrece al mundo lo que este desea, o cree desear: el conocimiento en formato digital, a su disposición en el computador personal. Esta enciclopedia puede que no fuera mejor que las impresas en contenido, que incluso decepcionara por prometer mucho y no desarrollar al máximo sus posibilidades aparentes, como indican DeBry y Richardson en su reseña de la enciclopedia en su versión en inglés del año 2000, pero la visión de sus creadores era, como ya ocurría en el siglo XIX, convencer a sus consumidores de que era el producto que buscaban. En este caso se trataba de gente joven, de estudiantes, elegidos como objetivo no solo por ser *Encarta* un producto de utilidad para el estudio, sino por ser un mercado enorme a nivel mundial y por ser una población con la capacidad de manejar la herramienta con facilidad. Sin duda revolucionó el mercado poder tener en uno o dos discos (DVD o CD-ROM) lo que antes necesitaba varios volúmenes, además de incorporar audio, video y posibilidades de navegación que resultan imposibles en un texto impreso. Con la entrada en el juego de Internet, *Encarta* ofrece al usuario vínculos en la red y actualizaciones, pero eso no bastará. En 2009, Microsoft decide cerrar los *websites* de MSN Encarta y descontinuar el *software*, víctima de un nuevo competidor más poderoso, la enciclopedia en línea *Wikipedia* y el propio Internet, en particular el buscador Google (Stross 2009).

Otras tres propuestas enciclopédicas multimedia en español son la de Micronet, la de Larousse y la de Espasa (sobre diccionarios en formato electrónico puede verse Chuchuy y Moreno 2002). Micronet, empresa de tecnología de la información, quiere en 1994 (antes de que apareciera *Encarta* en español) producir una enciclopedia multimedia en lengua española. Al no encontrar aliados entre las editoriales, inicia por su cuenta el proyecto y saca al mercado su *Enciclopedia universal Micronet* en 1995 (Serrano 2003, 305–306), que hoy cuenta ya con 23 ediciones. La *Enciclopedia universal Larousse 2003*, en formato multimedia, salió al mercado en 2002 en cuatro discos. Y en 2005 aparece la *Gran Espasa universal: enciclopedia multimedia* (publicada junto con la versión impresa en 24 volúmenes).

Entre las cuatro enciclopedias multimedia mencionadas, las dos últimas fueron elaboradas por una casa editorial con tradición enciclopédica, las otras dos son apuestas procedentes de empresas de tecnología que vieron en la enciclopedia multimedia un interesante mercado. De las cuatro, la de *Micronet* es la única que ha tenido actualización más allá de 2009, cuando desapareció *Encarta*.

El posible desarrollo de las enciclopedias multimedia se detuvo prácticamente con la aparición de la *Wikipedia*. Si bien *Encarta* destronó a las enciclopedias impresas, la enciclopedia multimedia duró muy poco entre nosotros —aunque sigue existiendo, tiene un mercado mucho menos extenso que el de Internet— comparado con el formato impreso, que nos acompañó durante tres siglos. Significó, sin embargo, el puente necesario entre el papel y la plataforma en línea, lo que la hace un eslabón clave en la historia de las obras enciclopédicas y la divulgación del conocimiento.

6. El siglo XXI: la consulta enciclopédica en Internet[1]

El anuncio de la creación de la World Wide Web en 1991, conocida como *web* y utilizada como sinónimo de *Internet*, cambió por completo el mundo de las consultas de información, y también la creación de obras lexicográficas y enciclopédicas (Cancelo 2002, 75–76). Las enciclopedias intentaron aprovecharlo para actualizar sus contenidos, pero no fue suficiente y, como vimos, *Encarta* desapareció del mercado en 2009. Puede considerarse que era una buena enciclopedia, pero debía comprarse y la actualización implicaba también un costo. Esto no debería ser un problema, es normal pagar por un producto y usarlo según sus condiciones; pero lo fue cuando apareció la *Wikipedia*, enciclopedia en línea de creación colectiva y colaborativa en la que todo usuario puede participar, de muy fácil manejo y en actualización continua "que satisface multitud de necesidades puntuales de consulta con rapidez y gratuidad" (Rodríguez Barcia 2016b, 93).

La *Wikipedia* le gana la partida no solo a *Encarta*, que ya había derrotado a las enciclopedias impresas, sino también a los diccionarios enciclopédicos, como el mencionado *PLI*. Aunque continúan apareciendo este tipo de diccionarios, tanto generales como escolares o de algún campo especializado, su público es menor, pues la *Wikipedia*, y en general Internet, es hoy el lugar al que se acude para resolver todo tipo de dudas. La *Wikipedia* no solo es de acceso gratuito (aunque la conexión a Internet sí tiene costo), sino que no requiere espacio en las estanterías,

Tabla 38.3 Información en obras enciclopédicas: *PLI*, *GEL* y *Wikipedia*

Entrada	*PLI*		*GEL*		*Wikipedia*	
	Palabras	*Ilustraciones y otros*	*Palabras*	*Ilustraciones y otros*	*Palabras (aprox.)*	*Ilustraciones y otros*
allegro	3	–	45	–	390	–
Conolly, John	–	–	37	–	640	1
conotrico, a	–	–	53	–	–	–
gastronomía	6	–	8	–	1000	2
gimnosperma	21	–	275	–	5500	9
halterofilia	10	1	76	2	2400	5
Oaxaca (estado)	13	–	780	1	23 000	53
telégrafo (aparato)	11	–	15	–	6980	13
vanguardismo	5	–	13	–	3800 aprox.	9

puede contener más información (incluyendo complementos gráficos) y usa la tecnología propia del siglo XXI. Resulta importante señalar, además, que Internet elimina prácticamente la idea de la búsqueda alfabética, con lo que desaparece la ordenación utilizada por los diccionarios enciclopédicos, e incluso la temática, propia de las enciclopedias.

En cuanto al contenido, algunos ejemplos con la cantidad de información en entradas en la Tabla 38.3 sirve para evidenciar diferencias importantes.

Estos datos indican que el diccionario tiene un contenido limitado por el espacio disponible en papel, al igual que la enciclopedia (aunque esta incluye más información), mientras que la *Wikipedia* contiene todo lo que los colaboradores deseen incluir. Esto no demerita el contenido de diccionarios enciclopédicos y enciclopedias, que requieren de mucho esfuerzo para materializarse, cuentan con contenidos autorizados, son sintéticos y son fuente necesaria para productos como la *Wikipedia*, pero sí muestra una superioridad, al menos aparente, de la plataforma en la web en lo que se refiere a cantidad de información. Así mismo, la no aparición en *Wikipedia* de un término especializado como *conotrico*, es un indicador de que para que esa enciclopedia sea realmente completa, aún falta camino por recorrer.

A continuación, dada la importancia del uso de Internet para hacer consultas de orden enciclopédico, se presenta una breve aproximación a las fuentes más importantes, entre las cuales la más destacada es la mencionada *Wikipedia*, que en los países de habla española está entre las diez páginas web más consultadas, según el portal Alexa, que ofrece estadísticas de tráfico en Internet.

6.1. Wikipedia

La *Wikipedia* fue creada en enero de 2001, en inglés, por Jimmy Wales y Larry Sanger, y en mayo de ese mismo año nació la versión en español. Esta enciclopedia libre tiene versiones en más de 300 lenguas (incluyendo lenguajes artificiales), lo que indica su importancia global. Siendo el español una de las lenguas con más hablantes en el mundo, su versión está entre las diez con más artículos (más de 1 600 000 a junio de 2020).

El proyecto sigue la senda del enciclopedismo tradicional: recoger todo el saber, superando con creces las posibilidades que ofrecían los diccionarios enciclopédicos y las enciclopedias. Aquello continúa siendo imposible, pero se aproxima mucho más que antes al objetivo dadas las características técnicas y de trabajo colaborativo, con participación de colaboradores desconocidos —rasgo distintivo del proyecto, realmente revolucionario al momento de su aparición—. Guardar la información digitalmente y en Internet permite no preocuparse por el espacio físico en forma de volúmenes —y ni tan siguiera en gigas—, y la autoría múltiple hace pensar en la posibilidad de abarcar muchos más tópicos, desarrollarlos ampliamente, y, además, actualizar el contenido muy rápidamente.

Las posibilidades ofrecidas por Internet cambian absolutamente la adquisición de información, y lo hace aún en mayor medida el costo de ese acceso, asumible para una gran parte de la población. El negocio enciclopédico moderno podemos decir que se inicia con la *Encyclopédie* (Darnton 2006). Del interés patriótico del XVIII se pasa al comercial del XIX (Azorín Fernández 1996–1997, 114) y del XX, y de ahí al social democratizador, podríamos llamar, del XXI que propone la *Wikipedia*, que, frente a una ingente demanda de información, ofrece esta gratuitamente. La *Wikipedia* nace bajo la consideración de que ha de haber un conocimiento público libre, por eso forma parte de una fundación sin ánimo de lucro, la Fundación Wikimedia —creada en el año 2003 con el fin de financiar *Wikipedia* y demás proyectos sin ánimo de lucro y que engloba, entre otros: *Wikcionario, Wikisource* y *Wikimedia Commons*—, cuya misión, según puede leerse en su web, es: "empoderar e involucrar a la gente de todo el mundo a recopilar y desarrollar contenido educativo bajo una licencia libre o en el dominio público, y a difundirlo de manera efectiva y global".[2] La importancia de la propuesta de la *Wikipedia* va más allá si tenemos en cuenta que, gracias a sus múltiples herramientas y su influencia en la creación de contenidos, ha llegado a lexicalizarse la voz *wiki* (creada en 1995 por Ward Cunningham) para hacer referencia a los sitios web de construcción colectiva.

En cuanto al trabajo colaborativo, que inicia en este tipo de obras con la Enciclopedia francesa, se transforma con la *Wikipedia*, pues todos podemos participar, sin necesidad de ser especialistas ni tener una formación académica específica. En la página de "Ayuda" titulada "Cómo puedes colaborar", la *Wikipedia* establece todas las posibilidades de intervención que tiene el usuario (creación de artículos, edición, corrección, etc.), quien solo debe acatar ciertas normas para formar parte del proyecto.

La colaboración múltiple y, además, anónima (aunque las intervenciones de usuarios quedan registradas en el historial público) es acorde con el espíritu colectivo de creación en el marco de un proyecto de una fundación sin ánimo de lucro en lugar de una empresa necesitada de beneficios, pero en el caso de esta enciclopedia ha sido también motivo de crítica, pues, para muchos, resta fiabilidad. La propia *Wikipedia* manifiesta su intención de ser fidedigna, pero en su artículo sobre la *Wikipedia* en español señala como autocrítica un estudio comparativo entre artículos de la *Wikipedia* en español, inglés y alemán según el cual la versión en español es la menos fiable de las tres. De hecho, la "Limitación de responsabilidad" de *Wikipedia* indica que pueden aparecer imprecisiones pues no toda la información ha sido revisada por expertos, dados los términos de uso de la plataforma.

Esto es un indicador de que la labor de lexicógrafos y especialistas, considerada por Gutiérrez Cuadrado (1996a) necesaria para la elaboración de enciclopedias, es difícil considerarla obsoleta, pues junto con la de redactores y editores ayuda enormemente a unificar el contenido con criterios definidos —más allá de los expuestos en el "Portal de la comunidad" y otros sitios que aluden a cómo crear contenido en la *Wikipedia*— y apoyar la veracidad y propiedad del contenido.

Aunque aquí no es posible abarcar todos los aspectos acerca de la *Wikipedia* en español, se observarán algunos para señalar a grandes rasgos cómo se organiza, así como virtudes y deficiencias de esta plataforma esencial hoy para la consulta de información.

Para comenzar, las búsquedas en *Wikipedia* se realizan, primordialmente, escribiendo el término de interés en el cajón "Buscar en Wikipedia". No funciona, pues, como un diccionario enciclopédico, ya que no tiene un orden alfabético, ni como un diccionario de lengua, pues contiene nombres propios. La definición de los términos en los artículos se hace desde un espíritu enciclopédico, con el propósito de "describir el mundo" (Anaya Revuelta 2000, 186), no de describir el signo lingüístico, tarea que corresponde al diccionario de lengua.[3]

La *Wikipedia* no está organizada temáticamente. Aunque hay que decir que puede realizarse una navegación por temas ingresando por la "Portada" a la sección llamada "Portales", lo más cercano a una propuesta de división del conocimiento, si bien es claro que no llega a serlo pues no es completa. Esos portales son: Artes, Ciencias sociales, Ciencias naturales, Geografía, Historia, Política, Religión, Tecnologías. Sin embargo, tenemos el problema de que no todos están desarrollados de la misma manera ni son igual de completos. Cabe añadir que esa división presenta, a su vez, secciones, que no incluyen ámbitos del conocimiento locales y de la vida cotidiana, sino más bien los transmitidos por intelectuales, siguiendo la división de Burke (2002, 26), lo que acaso puede interpretarse como que esos saberes no son considerados tan representativos, relevantes o populares.

Frente a las enciclopedias ordenadas alfabéticamente, y orientadas a público adulto en particular, una carencia en la *Wikipedia* es que no se encuentra un sistema de abreviaturas para indicar a qué ámbito del conocimiento corresponde cada artículo. Esto presupone un conocimiento por parte del usuario que este no está obligado a tener y que podría subsanarse con una indicación como ocurre, por ejemplo, *s. v. Plano (cartografía)* y *Plano (geometría)*.

Que no se proponga una jerarquía del saber como la que implica categorizar los artículos en campos de conocimiento es interesante. Puede entenderse que ocurra así en la *Wikipedia* porque el proyecto en sí, al buscar democratizar, tiene también un ideal de equidad, en este caso entre todos los saberes. No obstante, sí parece haber artículos más importantes que otros si observamos su desarrollo y longitud. En su artículo sobre la historia en *Wikipedia*, en inglés, Rosenzweig (2006, 126–127) señala sobre esto dos cuestiones aplicables aún hoy y en la versión en español. Una es que las entradas muestran un interés más en lo popular que en lo académico —a lo que podríamos sumar interés por lo inmediato, pues es común su uso como portal de noticias ya que puede recoger casi al instante la muerte de un personaje reconocido, un desastre natural, un triunfo deportivo, la progresión de una enfermedad, etc.— y la otra que basar el trabajo en voluntarios y no realizar un trabajo editorial contundente lleva a artículos de muy diversa longitud. Así, podemos ver, por ejemplo, que la entrada *Carpintería* tiene 675 palabras; *Rompecabezas*, 1100; *Santiago Ramón y Cajal*, 7100; *Ingeniería de software*, 9200, *PlayStation 3*, 10 400; y *Shakira*, 11 000. No se puede decir que la cantidad de palabras implique que un artículo u otro es más importante, pero el texto dedicado a cada entrada hace inevitable pensar que lo que tiene más peso es lo que prefieren quienes participan como autores (y eso parece ser lo más popular y actual), y que la longitud de los artículos, al no haber limitaciones físicas, no es algo que preocupe y por lo tanto no parece haber implicado reflexiones por parte de quienes crearon el proyecto.

La estructura de los artículos, con un apartado introductorio, en el que se define el término o se presenta el personaje, hecho histórico, etc. de forma general, y luego los subapartados, se puede considerar adecuada pues ofrece la información en secciones fáciles de recorrer. Frente a los artículos impresos de enciclopedias se puede entender esto como un avance, pues la lectura es cómoda, sobre todo si la comparamos con la de diccionarios enciclopédicos y enciclopedias con varias columnas por página y una letra muy pequeña. El problema es cuando encontramos artículos con un contenido irregular, como ocurre *s. v. Acoso callejero*, mal redactado y mal estructurado, o con la indicación al inicio de que necesita más información para ser verificable, como ocurre *s. v. Melanina*.

Respecto a las referencias cruzadas —herramienta muy útil para los usuarios—, los "enlaces internos", siguiendo la terminología usada por la propia *Wikipedia*, hacen muy sencillo el proceso de ir de un artículo a otro. El problema observado, sin embargo, es que, aunque pueden verse muchos *links* a entradas efectivamente relacionadas, en algunas oportunidades su uso parece excesivo, si no gratuito, como en la entrada *cafetería*, donde en las 649 palabras de contenido hay sesenta enlaces internos a artículos con cierta relación como *restaurante* y tan alejados como *1692*. Además, parece haber aquí un solapamiento con la sección "Véase también", que podría considerarse realmente como de referencias cruzadas.

Sobre la cuestión gráfica, se reconoce que las ilustraciones son una ayuda importante para la comprensión tanto lingüística como enciclopédica (Rodríguez Ortiz 2012, 171–172), y también son atractivas para el público. En la *Wikipedia*, a las ilustraciones se suman otros medios visuales, como el video y las animaciones, y también auditivos, con el ánimo tanto de acercar aún más al lector a lo que se explica, como atraerlo al material de consulta en sí. Para el usuario de hoy todo esto resulta normal y no sirve como estrategia para alcanzar a nuevos consumidores como lo hizo en los siglos pasados. De hecho, parece que se podrían incorporar más recursos de no ser por los derechos de autor, pues las posibilidades técnicas existen. Pero lo que sí cabe examinar en la *Wikipedia* es cuáles de esos recursos son realmente útiles, más allá de que no haya limitaciones de espacio, pues la idea es que aporten a la comprensión.

Por último, vale la pena señalar que en la *Wikipedia* en español hay más contenido que nunca de la América hispanohablante. Pero, si bien esa presencia de todo el ámbito hispánico es más significativa, aún falta, y la participación en la edición de la *Wikipedia* sigue recayendo en mayor medida en España, según la estadística de ediciones por país de la versión en español realizada en 2015, recogida en la propia *Wikipedia*, lo que hace pensar que falta un mayor aporte desde los países americanos de habla española.

En suma, considerando óptima la plataforma y la propuesta de *Wikipedia*, y que es innegable que se ha convertido en la primera herramienta de búsqueda enciclopédica en Internet en español, lo que resulta fundamental es trabajar por mejorar su contenido, pues, si bien hay muchos contenidos adecuados, hay también aspectos a mejorar en las entradas existentes y todavía muchos artículos por crear. Además, un espacio ilimitado conlleva tener información superflua, que solo responde a los deseos de los escritores. La *Wikipedia* en español ofrece tantísimas posibilidades que explotarlas debidamente no ha sido aún posible y falta mayor estandarización en el uso de los recursos, sistematicidad en la organización de los artículos y uniformización en la redacción. Mejorar su calidad es un reto a futuro en el que, siguiendo la esencia del proyecto, muchos más hablantes pueden participar con rigor.

6.2. Otras fuentes de consulta enciclopédica en la red

Si bien la *Wikipedia* es la fuente de consulta enciclopédica en español más común en Internet, vale la pena incluir aquí otras fuentes enciclopédicas en línea. Hay muchos sitios web con información para consultas libres de tipo enciclopédico general y por campos específicos. Sin embargo, nos limitaremos aquí a cuatro, que intentan ser una muestra de lugares fiables, además de ser conocidos.[4]

- *Enciclonet:* Es la enciclopedia en línea desarrollada por Micronet (empresa mencionada como ejemplo de enciclopedia en CD-ROM). Según indican en el portal: "es la mayor fuente electrónica de información general en español existente en el mundo, equivalente a más de 170 000 páginas web". Tiene un buscador para hacer consultas en la enciclopedia, que incluye un diccionario de lengua. Para acceder a todo el contenido hay que estar suscrito, bien sea con suscripción gratuita, *premium* —que permite crear artículos y colaborar en los existentes (aportes que para incorporarse deben ser aprobados por el equipo editorial)— o como usuario colectivo (colegio, empresa, etc.).

- *EcuRed:* Esta enciclopedia cubana en línea funciona como *Wikipedia* y tiene el mismo propósito de que el contenido sea creado de modo colaborativo. Nació para que en Cuba la población pudiese hacer consultas de orden enciclopédico dadas sus limitaciones de uso de Internet por el bloqueo de Estados Unidos, pero fuera de Cuba también se puede consultar. La página dedicada a la propia enciclopedia dice que tiene más de 210 000 artículos. EcuRed, como la *Wikipedia*, tiene una versión descargable que puede consultarse sin conexión a Internet, la cual puede actualizarse, esto sí con conexión a Internet.
- *Definiciones-de.com:* Esta web, del grupo argentino Alegsa, ofrece lo más próximo a un diccionario enciclopédico en línea, pues contiene tanto un diccionario de lengua (y de regionalismos) como diccionarios especializados de varios campos, así como biografías. A diferencia de los otros sitios web, la búsqueda puede hacerse desde el buscador escribiendo el término, pero también buscando alfabéticamente en todo el contenido o acotando al área de interés. Los usuarios no pueden editar los artículos, pero sí pueden contactar con el equipo de redacción.
- *Definición ABC:* Se incluye aquí esta web pues el contenido ha sido escrito por especialistas, lo que aporta fiabilidad. Si bien no tiene tantos artículos como la *Wikipedia* o las opciones de consulta mencionadas arriba (aunque cabe destacar términos de actualidad como *uberización* o *vehículo híbrido*) y pueden encontrarse ejemplos de textos mejorables o algunas erratas, en general se trata de un buen producto, adecuado para un público joven y adulto. Para la consulta específica puede usarse el buscador, seguir el diccionario por letras del alfabeto o entrar a las categorías que presentan. Al final de cada artículo se propone la lectura de otros relacionados. No incluye biografías. Los usuarios no pueden editar los artículos, pero sí pueden contactar con el equipo de redacción.

La somera descripción de estas páginas de consulta indica que para encontrar fuentes fiables es necesario ser cuidadoso en la búsqueda y en la lectura. Una cuestión destacable es que el usuario puede ser pasivo y solo recibir información, pero también puede ser activo y participar en el contenido, directamente como en *EcuRed* (y en la *Wikipedia*), pasando por filtros editoriales como en *Enciclonet*, o dejando comentarios, que si se tratan de contenido pueden ser incorporados por los equipos de redacción.

7. Conclusión

Siempre hemos querido conocer e ir guardando el conocimiento, acumularlo ordenadamente. Esta necesidad crece con las grandes revoluciones técnicas y sociales que se inician en el siglo XVIII y no se ha detenido.

En medio de dichas revoluciones florece el diccionario enciclopédico y la enciclopedia, en su sentido moderno, productos culturales que nacen porque se dan unas condiciones específicas que favorecen, en particular, la difusión del conocimiento. Una vez se instauraron en la sociedad, se fueron adaptando a las circunstancias del momento, que incluyen lo económico, lo cultural y las formas de producción. Para ir al ritmo de la sociedad, fue necesario que aparecieran distintas obras con variadas perspectivas y dirigidas a distintos segmentos de público. Para el siglo XXI, además, era necesario que aparecieran proyectos adaptados a la tecnología contemporánea. Esto ha llevado a que el diccionario enciclopédico como lo conocíamos, con su orden alfabético y sus límites de espacio, casi haya desaparecido, dando paso a la pesquisa específica gracias a la casilla de búsqueda, acompañada de la facilidad de enlazar información gracias a la estructura de red tan común en Internet.

Actualmente, la búsqueda de información enciclopédica se realiza en la red. Es allí donde podemos encontrar lo que antes se buscaba en diccionarios enciclopédicos o en enciclopedias. Particularmente, dicha búsqueda tiene lugar en la enciclopedia en español por antonomasia hoy: *Wikipedia*. Si bien no es de desear que haya un único lugar para consultar, pues así como Burke (2012, 24) señala que hay una uniformización del conocimiento por la Enciclopedia francesa esto se podría extender a la *Wikipedia*[5] y también los errores se pueden perpetuar, la preeminencia de este sitio web hace importante considerar estudiarla con seriedad e incluso apoyarla tanto a nivel institucional como individual, para que sus artículos sean lo más objetivos, bien documentados y mejor escritos posible, lo que hará que gane mayor fiabilidad. Esto sin perder de vista que un espacio ilimitado no debe llevar a incluir información superflua, sino la realmente útil.

Del proyecto destaca la producción sin ánimo de lucro —que nos lleva al siglo XVIII y anteriores— y colaborativa, frente al modo de trabajo lexicográfico individual típico del siglo XIX y del que primó en el siglo XX, que fue el de equipos de especialistas al servicio de una empresa privada. Diccionarios enciclopédicos y enciclopedias nunca han sido completos ni perfectos, y tampoco parece serlo *Wikipedia*, pues la creación abierta a todos, aunque democrática y con potencial, hace que el producto no sea el mejor, no porque no sea el deseo, sino porque el trabajo es justamente tan amplio dadas las múltiples posibilidades, que manejar su calidad resulta muy complicado. Para conseguir un contenido adecuado hace falta una mayor participación de especialistas, incluidos editores.

Así mismo, al trabajo comunitario ha de sumarse la educación con espíritu crítico. Diccionarios y enciclopedias son solo la entrada al conocimiento. El estudio de Domínguez y Valcárcel (2015) sobre el uso por parte de estudiantes universitarios de diccionarios en línea indica que la fiabilidad de la información no les interesa, lo que quizá aplique a muchos lectores de la *Wikipedia* y otras enciclopedias en línea, y eso es algo que debería cambiar. Necesitamos usuarios interesados en el saber y que usen las herramientas digitales para adquirir habilidades cognitivas (Domínguez y Valcárcel 2015, 184), de modo que sepan escoger sus lugares de consulta de acuerdo con lo que necesitan y se den el tiempo de comparar fuentes.

Por último, considerando la fuerza del inglés como lengua franca, no ha de perderse de vista que para competir con ello hay que mejorar y ampliar los contenidos en español, para fomentar así el uso académico y científico de la lengua española. No se trata de una competencia numérica, sino de tener mejores herramientas enciclopédicas y darle más valor al español como lengua de ciencia y de divulgación.

Notas

1 Agradezco a Cleóbulo Sabogal Cárdenas, jefe de información y divulgación de la Academia Colombiana de la Lengua, por nuestra conversación acerca de las enciclopedias y su consulta hoy en día y a Àlex Hinojo, wikipedista, por facilitarme datos y referencias acerca de la *Wikipedia*.

2 Todas las entradas y páginas generales de la *Wikipedia* referidas en este apartado fueron consultadas el 21/06/2020.

3 La *Wikipedia* no incluye entradas, por ejemplo, de verbos, adjetivos y pronombres, y los nombres comunes tienen un lugar como parte de la descripción del mundo. En el proyecto *Wikcionario* sí es central el signo lingüístico. No es este lugar para el análisis de dicho recurso, pero un ejemplo de mala práctica lexicográfica indica la necesidad de realizarlo para verificar su cuidado en la composición. El ejemplo es la voz *rosa*, definida en su primera acepción como "flor del rosal", que si bien puede considerarse adecuada, tiene el problema de que la voz *rosal* se define como "arbusto que da la rosa", lo que produce circularidad en la definición.

4 Según la web, Alexa, que ofrece datos sobre tráfico de Internet y que se consultó el día 21/06/2020, para los cuatro sitios web descritos tenemos que el primero es EcuRed, en el lugar 3615; el segundo es definicionabc.com, en el 15 392; el tercero es definiciones-de.com, en el 51 875; y el cuarto es enciclonet.com, en el 357 732. El *ranking* no se corresponde con la fiabilidad, pues Enciclonet es una enciclopedia en línea veraz, y también tiene buena información definiciones-de.com, solo que, si se busca el término en un buscador como Google, este no nos lleva al contenido de dichas páginas, sino que tenemos que hacerlo dentro de la propia página web. Seguramente porque EcuRed, como *Wikipedia*, sí cruza sus contenidos con el buscador general, es por lo que ocupa el puesto más alto en el *ranking* de tráfico de Internet entre las webs aquí reseñadas.

Existen también otras fuentes muy fiables en Internet de consulta en línea, como son la de Planeta Saber, parte de la editorial Planeta Grandes Publicaciones, y la del *Pequeño Larousse ilustrado (PLI),* pero su acceso está restringido a personas que hayan comprado la obra en formato impreso, con la que obtienen un código que les permite acceder a todos los contenidos en línea.

5 Baste con observar en Internet cuántas páginas web se alimentan de la información de la *Wikipedia*. Sucede también con las aplicaciones. En Apple Store, por ejemplo, al buscar *Wikipedia* aparecen, además de la aplicación de la propia *Wikipedia*, otras muchas que se alimentan de su contenido, como Wikiwand, Minipedia – Offline Wikipedia, Listen to Wikipedia, WikiExplorer for Wikipedia, Wikipanion, Wikilens o Inquire.

Bibliografía básica

Cancelo (2002); Rodríguez Barcia (2016); Rosenzweig (2006)

Bibliografía complementaria

Burke (2012); Chuchuy y Moreno (2002); Gutiérrez Cuadrado (1996a); Lara (1990c)

39

Los diccionarios de dudas y los departamentos de consultas lingüísticas (Doubt dictionaries and language consultation departments)

María Águeda Moreno Moreno

1. Introducción

La artesanía lexicográfica con la que se han hecho los diccionarios de dudas y errores frecuentes hasta 2005 —el vigente *Diccionario panhispánico de dudas* (Real Academia Española y Asociación de Academias de la Lengua Española 2005, en adelante, *DPD*) se suma al clásico *Diccionario de dudas y dificultades de la lengua española* (en adelante, *DDyD*) (1961–2002) de Seco y el *Diccionario de usos y dudas del español actual* (en adelante, *DUDEA*) de Martínez de Sousa (1996–2008) y el *Diccionario americano de dudas frecuentes de la lengua española* de Petrecca (2002–2006), entre otros— ha sufrido un gran cambio con la moderna tecnología informática.

Desde esta perspectiva, este trabajo partirá de la identificación y descripción de las características particulares que determinan a este tipo de diccionario especializado en el asesoramiento de uso lingüístico. Para ello hará una aproximación a los mejores resultados (españoles y americanos) en la lexicografía del español al día de hoy. Además, se mostrarán las iniciativas y los avances tecnológicos que han sido aplicados a esta lexicografía y a los tradicionales departamentos de consultas lingüísticas con el desarrollo de la Web 2.0 y la Web 3.0 (*Web Semántica*). Con los que se ofrece un universo digital de construcción social para la transmisión de conocimiento, la interacción del usuario y el auge de las redes sociales, eficazmente compartido, permanente y en multidispositivos. A término, se reflexionará sobre su futuro en este momento actual de propagación vertiginosa de textos electrónicos sobre nuestras vidas y de nuevas prácticas de creación y de consumo de contenidos escritos.

Palabras clave: departamentos de consultas lingüísticas; diccionario de dudas; diccionario normativo; lengua española; lexicografía monolingüe

The lexicographic craft of creating dictionaries of language queries and common errors has changed radically with the advent of computer technology. The techniques used to compile works such as the current *Diccionario panhispánico de dudas* (Real Academia Española y Asociación de Academias de la Lengua Española 2005, en adelante, *DPD*) produced by the RAE, the classic *Diccionario de*

DOI: 10.4324/9780429244353-44

dudas y dificultades de la lengua española (DDyD) (1961–2002) by Seco, and the *Diccionario de usos y dudas del español actual* (*DUDEA*) by Martínez de Sousa (1996–2008) and the *Diccionario americano de dudas frecuentes de la lengua española* by Petrecca (2002–2006), have now been superseded.

In this chapter, we identify and describe the particular characteristics of this type of specialized dictionary in Spanish language guidance, selecting the best current examples (from both Spain and America). In addition, we show how Web 2.0 and Web 3.0 (*Semantic Web*) have brought initiatives and technological advances to this type of lexicography and to traditional language consultation departments. These tools offer a socially constructed digital universe for the transmission of knowledge that, with the boom in social media, can be effectively and permanently shared between users on multiple devices. To conclude, we reflect on the future of dictionaries of language queries at a time when electronic texts are being propagated at a dizzying speed and we are developing new practices for creating and consuming written content.

Keywords: dictionaries of language queries; language consultation departments; monolingual lexicography; normative dictionary; Spanish language

2. Aproximación al *diccionario de dudas*

El tratamiento de las dudas lingüísticas ha sido tradicionalmente una tarea de las gramáticas y ortografías (*cf.* Ahumada Lara 2012, 56–58) —desde Nebrija, en estas obras se rechazan vocablos por inadecuados y se dedican apartados a los "vicios de la lengua"—. También, desde los últimos cincuenta años del siglo XX, en los libros de estilo de los periódicos encontramos esta prestación para el usuario interesado en cuestiones de cultura lingüística, atendiéndose de manera específica a la duda idiomática (*cf.* Jiménez 2008). Por su parte, dentro de la práctica lexicográfica, el diccionario normativo es el que ha servido de modelo de corrección lingüística al servicio del usuario para conseguir la perfección de su idioma. De modo que, como bien se apunta en la *Presentación* del *DPD*, "las personas interesadas en conocer la norma académica debían consultar, separadamente, los tres grandes códigos en que esta se expresa: la *Ortografía*, la *Gramática* y el *Diccionario*" (*DPD*, XI).

La necesidad funcional de contar con una obra que pudiera resolver con comodidad y rapidez las dudas del usuario determinará la especialización del diccionario monolingüe con tal fin. No obstante, su caracterización de género tipológico no está resuelta de manera sencilla, pues, mientras Martínez de Sousa (1995) considera que un hablante con problemas de uso de la lengua puede hallar soluciones distintas si maneja un *diccionario de dudas*, un *diccionario de dificultades* o un *diccionario de incorrecciones*; otros autores, por su parte, resuelven que todos son un tipo especial de diccionario normativo sin más (*cf.* Porto Dapena 2002 y Paredes 2012). El de *dudas* y el de *incorrecciones*, según Martínez de Sousa, deben considerarse como una parte constitutiva y con mayor especificidad que el *diccionario de dificultades*; sería el que "registra voces que encierran o suponen vacilaciones individuales" (*Diccionario de lexicografía práctica*—en adelante, *DLP*—1995, *s. v. diccionario de dudas*), el de incorrecciones, el que incluye "formas incorrectas [...] y las correctas" (*DLP*, *s. v. diccionario de incorrecciones*), por su parte, el de dificultades, aquel que "registra problemas de uso de una lengua, que suele completarse o complementarse con un diccionario de dudas y otro de incorrecciones" (*DLP*, *s. v. diccionario de dificultades*).

En este punto es, sin duda, necesario hacer una primera discriminación y distinguir entre el *error*, que nos exhibe vicios del lenguaje, violación de las reglas gramaticales, vulgarismos, etc., y que tiene una dimensión social y cultural basada en un valor nacional y de unidad de la lengua, frente a la *dificultad* o *duda*, que se presenta en el proceso de apropiación o adquisición de una lengua. Así la base histórica y metodológica del diccionario de dudas se puede hallar en los primeros diccionarios que nacieron con el ánimo de convertir lo correcto en ejemplar, combatiendo el error como modo de expresar el espíritu nacional en la lengua. En todos ellos, los autores se exponen tal y como Coseriu identifica:

> Los "conservadores", los puristas y en general, quienes optan por una unidad idiomática estricta tienden a reducir lo correcto a lo ejemplar y, por consiguiente, a censurar y a pedir la eliminación de todo uso que no corresponda al tipo de ejemplaridad que preconizan y al que presentan como única "lengua correcta". En los ambientes, en este sentido, "conservadores" y "puristas", se entiende, por tanto, que la unidad deseable del idioma debería alcanzarse mediante una reducción de la variedad de la lengua común, o sea, a través de la eliminación de ciertos "usos" – incluso de usos comunes, tradicionales y bien establecidos [...] pero considerados "incorrectos", y su sustitución en cada caso por otros "usos", propios de otros modos de hablar, pero que serían los únicos "correctos" en la lengua correspondiente.
>
> *(Coseriu 1990, 46)*

Estos diccionarios se especializaron en destacar los vicios de dicción, los errores y las incorrecciones del lenguaje, sentando las bases de la idea de pureza y unidad lingüística. Esta es una práctica lexicográfica temprana que se remonta a finales del siglo XVIII (*cf.* Ahumada Lara 2012), a partir de obras como:

Carlos Ros. 1771. *Corrección de vozes, y phrases, que el vulgo, u común, de Valencia, usa, o ha introducido, hablando, (u queriendo hablar) en su materno idioma*. Valencia: Francisco Burguete.

Manuel Antonio Merino Irigoyen, conocido como el padre Merino. 1786. *Diccionario antibárbaro de la lengua castellana*. Ms. 20.532, Biblioteca Nacional de Madrid.

Y alcanzaron gran florecimiento ya a finales del siglo XIX[1] y principios del XX, llegando hasta nuestros días. Entre los repertorios más sobresalientes de España y América cabe destacar:

Francisco Antolín y Sáez. 1876. *Corrección de lenguaje ó sea Diccionario de disparates que contiene más de mil y cien palabras mal dichas, con su oportuna corrección, acompañadas de algunos arcaísmos y locuciones ridículas*. Valladolid: Imprenta de Luiz Nazario y Gaviria.

Enrique Oliver Rodríguez. 1891. *Guía de bufete. Expurgo de corruptelas, barbarismos, solecismos, etc*. Barcelona: tipografía de Luis Tasso.

José Francisco Orellana. 1891. *Cizaña del lenguaje: Vocabulario de disparates, extranjerismos, barbarismos y demás corruptelas, pedanterías y desatinos introducidos en la lengua castellana (Q.E.P.D.) recopilados de muchos periódicos políticos y literarios, novelas y libros más o menos científicos, discursos académicos y parlamentarios, documentos oficiales y anuncios particulares*. Barcelona: Librería de Antonio Bartinos.

Antonio Batres Jaúregui. 1892. *Vicios del lenguaje y Provincialismos de Guatemala*. Guatemala: Encuadernación y Tipografía Nacional.

Camilo Ortúzar. 1893. *Diccionario manual de locuciones viciosas y de correcciones de lenguaje con indicación del valor de algunas palabras y ciertas nociones gramaticales*. Imprenta Salesiana.

Ramón Franquelo y Romero. 1910. *Frases impropias, barbarismos, solecismos y extranjerismos de uso más frecuente en la prensa y en la conversación*. Málaga: Tip. El Progreso.

Juan Reyes Martín. 1918. *Serie de barbarismos, solecismos, aldeanismos y provincialismos que se refieren especialmente al vulgo tinerfeño, coleccionados y traducidos al lenguaje corriente con notas explicativas y comprobativas*. Santa Cruz de Tenerife.

Andrés Santamaría.1956. *Diccionario de incorrecciones de lenguaje*. Madrid: CYS.

Andrés Santamaría *et al.* 1956. *Diccionario de incorrecciones, particularidades y curiosidades del lenguaje*. Madrid: Paraninfo (5.ª ed 1989).
Juan Aroca Sanz. 1997. *Diccionario de atentados contra el idioma español*. Madrid: Prado.
Mariano de la Banda. 2000. *Escafurcios y palabros. Diccionario de abuso de la lengua castellana*. Madrid: Ediciones Temas. (2.ª ed. 2001).

Entendido así, terminológica y tipológicamente identificamos al *diccionario de dudas* como aquel que pretende servir para dar respuesta a las vacilaciones lingüísticas de un usuario sobre una duda concreta o sobre un tema lingüístico específico ante el cual tenga dificultad. La especificación manifiesta reconoce, no tanto el objeto de estudio (dudas *versus* dificultades) que presentan los diccionarios, sino la relación que el destinatario tiene con su lengua natural, el conocimiento de su lengua aprendida y el uso, por tanto, que hace del diccionario. Y ello, por supuesto, distinto del "diccionario de incorrecciones, errores, disparates, barbarismos, etc." —cabe señalar que en la lexicografía francesa se atiende a estas diferencias y se distingue entre *diccionarios de errores* y *diccionarios de dificultades* (*cf.* Quemada 1967, 240–247; Colin 1990, Ahumada Lara 2012, 64, y Blampain 2004)—.

Por otro lado, la denominación *diccionario de dudas*, ha sido considerada poco afortunada y nada identificadora, ya que, como bien apuntó Porto Dapena, "todos los diccionarios están para resolver dudas" (Porto Dapena 2002, 67). No obstante, en esta práctica lexicográfica tiene un uso consolidado como denominación tipológica, cabe pensar que, apoyado en la idea de que en estos diccionarios la "duda (lingüística)" se sitúa como "principio del conocimiento" (*cf.* Águila 2006b).

El diccionario de dudas debe entenderse, pues, como un diccionario especializado en orientar sobre dificultades y servir en la construcción de conocimiento especializado de naturaleza lingüística, atendiendo para ello no solo a vacilaciones o dudas concretas, sino también a los temas generales más tratados en las obras sobre el español normativo (*cf.* Hernández 2017, 237). Sirva de ejemplo, el listado de sesenta y ocho artículos temáticos que incluye el *DPD* (2005) en su macroestructura, junto las entradas concretas que plantean algún tipo de duda. Está claro, pues que el diccionario de dudas es manifiestamente una obra plurifuncional, al incorporar funciones comunicativas, cognitivas y sociales, principalmente. La función lexicográfica comunicativa, tal y como se entiende desde la *Teoría funcional de la lexicografía* (*cf.* Fuertes-Olivera y Tarp 2008 y Tarp 2005b, 2008 y 2013b), permite como actividad específica resolver situaciones comunicativas (de producción, recepción, traducción y revisión de textos) en las que exista una duda, dificultad o problema de comunicación por parte del usuario. De ello se desprende su función social y cognitiva. De modo que el hablante se involucra activamente en su proceso de aprendizaje acercándose con curiosidad a resolver cuestiones de cultura y especialización lingüística. Las dudas o dificultades que abordan son generalmente aquellas que surgen sobre la pronunciación y ortografía (signos de puntuación, escritura de los números, abreviaturas, recursos tipográficos, etc.), las relacionadas con cuestiones gramaticales (género, número, construcciones sintácticas, uso de preposiciones y conjunciones, etc.) y sobre el uso del léxico; en este último punto, cabe rescatar las palabras de Fernández Fernández (2007) cuando avisa al lector de que

> la única cautela que debe adoptar el lector es la de no olvidarse nunca de que esta obra no es un diccionario "de significados" sino de dudas: se definen solo las voces de las que se comenta algo relacionado con el significado, se dan solo sus acepciones relevantes y, por último, cuando esas definiciones no están tomadas del *DRAE*, su redacción es informal. Si el lector precisa de una información "completa" acerca del significado de una voz, no debe dejar de consultar un buen diccionario "de significados".
>
> *(Fernández Fernández 2007, 7)*

2.1. La codificación normativa

Los datos o *input* cognitivos se presentan como expresión de verdad y prescriptivismo lingüístico, como modelo y canon obligatorio para el hablante, de ahí que estos repertorios sean consideraros normativos (*cf.* Haensch *et al.* 1982, 99; Martínez de Sousa 1995, Porto Dapena 2002, 67, y Hernández 2017, 227, entre otros). El valor normativo del diccionario de dudas se establece al ser presentado su discurso como expresión de "lo que se debe decir", aunque también recoge "lo que se dice o cómo se dice" —tal y como hace el diccionario académico (*cf.* Fajardo 2011, 54)—. La dificultad de su valor radica pues en la codificación normativa.

Siguiendo a Farias (2018), la codificación normativa en los diccionarios del español ha seguido tres líneas de interpretación: a) la monocéntrica peninsular —la cual debería estar absolutamente superada, pero que autores como Méndez García de Paredes (2012) y Lara (2015b) anotan en la práctica académica actual—; b) la panhispánica, como norma de formas no marcadas. Demonte (2001) habla de "supradialecto estándar" o "español general", un ideal de lengua como modelo de coherencia, no de dominio o de selección, y c) la de orientación pluricéntrica, esto es, la que incluye todos los elementos marcados de las variedades ejemplares; patrón que está imponiendo la Academia, que lo considera panhispánico (*cf.* Haensch 2006, 267, y Moreno Fernández 2010). Sirva de ejemplo la información sobre la acentuación hispanoamericana y peninsular que registra el *DPD*:

> **video o vídeo**. 'Cierto sistema de grabación y reproducción de imágenes'. Procedente del inglés video, se ha adaptado al español con dos acentuaciones, ambas válidas: la forma esdrújula vídeo [bídeo], que conserva la acentuación etimológica, es la única usada en España; en América, en cambio, se usa mayoritariamente la forma llana video [bidéo].
>
> (DPD, s. v.)

En defensa de este modelo de codificación normativa se manifiesta Bugueño Miranda (2006), quien considera que la publicación del *DPD* representa un hito en la historia académica, especialmente, al haber sabido la institución eliminar su herencia ideológica (*cf.* Greußlich 2015, 59). A este propósito señala Matus:

> Respetar la índole de sus dos grandes modalidades, la atlántica y la castellana, en términos dialectológicos, además de las ejemplaridades locales, se estima que el nivel culto formal, prestigioso, especialmente en su manifestación gráfica, presenta un alto grado de homogeneidad en todo el ámbito hispanohablante y se erige a sí en lo que se ha denominado "español estándar", ejemplaridad superior y pauta de referencia del comportamiento idiomático considerado correcto.
>
> *(Matus 2003, 252)*

3. Los mejores resultados (españoles y americanos) en la lexicografía del español

Desde mediados del siglo XX, el diccionario de dudas empieza a consolidarse en el panorama de la lexicografía del español adquiriendo experiencia con numerosos repertorios españoles y americanos que llegan en su hacer hasta nuestros días. La lista de repertorios es abundante y muestra una actividad constante. Y, aunque nos centraremos de un modo especial en los mejores resultados, sirva este catálogo de publicaciones para contextualizar la labor de esta práctica lexicográfica especializada. Véase la Tabla 39.1:

Tabla 39.1 Catálogo de diccionarios de dudas del español (siglos XX y XXI)

Ámbito español	
1961	Manuel Seco. *Diccionario de dudas y dificultades de la lengua española.* Prólogo de Salvador Fernández Ramírez. Madrid: Aguilar. / 10ª ed. 2002, Madrid: Espasa-Calpe. (*DDyD*)
1966	Emilio M. Martínez Amador, *Diccionario gramatical y de dudas del idioma*, Barcelona: Sopena.
1971	Rodrigo Salas Martí, *Los 1500 errores más frecuentes del español.* Barcelona: Ed. De Vecchi.
1974	José Martínez de Sousa, *Dudas y errores del lenguaje*. Madrid: Labor. / 5ª ed. 1992, Madrid: Paraninfo.
1975	Fernando Corripio, *Diccionario de incorrecciones, dudas y normas gramaticales.* Barcelona: Bruguera / 1997. Fernando Corripio, *Diccionario práctico de incorrecciones, dudas y normas gramaticales*. Barcelona: Larousse.
1979	Manuel Seco y Elena Hernández, *Diccionario breve de dudas de la lengua española.* Madrid: Ministerio de Cultura. / 1999. Manuel Seco y Elena Hernández, *Guía práctica del español actual: diccionario breve de dudas y dificultades*. Madrid: Espasa.
1981	vv. aa., *Dudas y dificultades del idioma*. Barcelona: Sopena.
1984	María Eugenia Álvarez Hernández, *Diccionario ortográfico y de dudas de la lengua española*. Madrid: Estrella.
1985	José Escarpenter, *Cómo eliminar los errores y dudas del lenguaje*. Madrid: Playor.
1991	David Fernández Villarroel, *Diccionario de dudas e irregularidades de la lengua española.* Barcelona: Teide.
1991	vv. aa., *Diccionario Iter de dudas y dificultades del idioma*. Barcelona: Iter 2000 Sopena
1992	Leonardo Gómez Torrego, *El buen uso de las palabras*. Madrid: Arco-Libros.
1993	Bernabé Tierno y Rosa Velasco, *Dudas y errores del lenguaje*. Madrid: Ediciones Temas.
1994	vv. aa. *Diccionario de dificultades de la lengua española*. Madrid-León: Everest.
1994	Carmen de Lucas Vallejo, *Diccionario de dudas. Autoaprendizaje*. Madrid: Edaf.
1995	Cristina González y Carolina Reoyo, *Diccionario de dificultades de la lengua española.* Madrid: Santillana. / 2. ª ed. 2000. Madrid: Santillana.
1996	José Martínez de Sousa, *Diccionario de usos y dudas del español actual*. Madrid: Bibliograf. / 2001. José Martínez de Sousa, *Diccionario de usos y dudas del español actual*, 3.ª ed., Barcelona: Vox. / 2008. José Martínez de Sousa, *Diccionario de usos y dudas del español actual*, 4.ª ed. actualizada, Gijón: Ediciones Trea. (*DUDEA*)
1998	Francisco Caudet Yarza, *Diccionario de dudas e incorrecciones del lenguaje*. Madrid: Edimat Libros.
2000	vv. aa. *Diccionario de dificultades de la lengua española*. En Biblioteca Multimedia Santillana CD-ROM. Madrid: Santillana.
2004	Vox. *300 dificultades frecuentes del idioma*. Barcelona: Larousse Editorial.
2005	Real Academia Española y Asociación de Academias de la Lengua Española, *Diccionario panhispánico de dudas*. Madrid: Santillana. http://lema.rae.es/dpd/. (*DPD*)
2007	Antonio Fernández Fernández, *Diccionario de dudas. (A-H) (I-Z)*. Oviedo: Ediciones Nobel-CajAstur-Ediciones de la Universidad de Oviedo.
2011	Manuel Seco, *Nuevo diccionario de dudas y dificultades de la lengua española*. Madrid: Espasa. (*NDDDLE*)
2011	*Diccionario de dudas gramaticales*. En Blog "Aula 31" del Departamento de Lengua del I. E. S. Juan de la Cierva de Vélez Málaga: https://ciervalengua.files.wordpress.com/2011/11/diccionario-de-dudas-gramaticales.pdf

Ámbito español	
2013	Florentino Paredes, Salvador Álvaro y Luna Paredes, *Las 500 dudas más frecuentes del español*. Madrid: Instituto Cervantes-Espasa.
2014	Pilar Garnacho López y Lola Martín Acosta, *Diccionario de dudas del estudiante de español como lengua extranjera*. Madrid: SGEL.
2019	Florentino Paredes, Salvador Álvaro y Luna Paredes. *Las 100 dudas más frecuentes del español*. Madrid: Instituto Cervantes-Espasa.
Ámbito americano	
1962	María Eloísa Álvarez del Real, *Dudas del idioma español. Incorrecciones en su uso*, Panamá.
1994	Floridor Pérez Lavín, *Diccionario ortográfico de dudas de la lengua. La ortografía al servicio del vocabulario, la redacción y la comprensión de lectura*. Santiago de Chile: Editorial Universitaria.
1995	Manuel Rafael Aragó, *Diccionario de dudas y problemas del idioma español*. Buenos Aires: El Ateneo.
1996	M.ª Luisa Olsen de Serrano Redonnet y Alicia María Zorrilla de Rodríguez, *Diccionarios de los usos correctos del español*, Buenos Aires: Estrada.
2002	Fernando Ávila, *Dígalo sin errores. Diccionario de dudas*. Bogotá: Editorial Norma.
2002	Francisco Petrecca, *Diccionario americano de dudas frecuentes de la lengua española*. México: Larousse. Ed. revisada 2006. México: Larousse.
2003	Luis López Nieves, *Glosario de dudas y dificultades de la lengua española en Puerto Rico:* https://ciudadseva.com/wp-content/uploads/2016/08/glosario-de-dudas-y-dificultades-de-la-lengua-espanola-en-puerto-rico.pdf
2009	Manuel Rafael Aragó, *Nuevo diccionario de dudas y problemas del idioma español*. Buenos Aires: Losada.
2011	Academia Argentina de las Letras (AAL), *Diccionario argentino de dudas idiomáticas*, Madrid: Santillana S.A. Buenos Aires. (DADI)
2015–2019	Elizabeth Arias Flores y Fabián Coelho (Empresa 7Graus Lda.), *Diccionario de dudas de la lengua española*. www.diccionariodedudas.com.

Dicha práctica se ha configurado con obras que muestran una naturaleza heterogénea, desigual y plurifuncional como propiedad intrínseca. Igualmente y casi de manera general no se identifica explícitamente el tipo de usuario al que va dirigida la obra, esto es, si para un usuario que quiera pulir su estilo —a este propósito, por ejemplo, Fernández Fernández señala: "Se ha supuesto que al lector de estos breves comentarios lo que le interesa es resolver una duda con el propósito de asegurarse un uso correcto, no formarse una opinión y armarse de argumentos" (2007, 7)—, o para un usuario que está en adquisición lingüística —*cf.* el *Diccionario de dudas. Autoaprendizaje* de Lucas Vallejo (1994) para estudiantes de EGB y BUP; también, en los últimos años los diccionarios dirigidos al usuario de ELE/L2, sirvan de ejemplo el *Diccionario de dudas del estudiante de español como lengua extranjera* de Garnacho López y Martín Acosta (2014) y *Las 500 dudas más frecuentes del español* y *Las 100 dudas más frecuentes del español* de Paredes *et al.* (2013 y 2019)—.

Salvos estos casos destacados, lo habitual es que el usuario quede definido, tal y como apunta Ávila, "desde el escolar hasta el escritor de alta literatura" (2002, 1), o, como se dice en el *Diccionario ortográfico de dudas de la lengua* de Pérez Lavín (1994), "un texto de consulta diaria para la secretaria, el jefe, el estudiante de cualquier nivel; periodistas, correctores de imprenta, profesores, traductores y extranjeros" (1994, datos de la editorial).

Por eso es fácil encontrar un método plurifuncional en esta práctica, dirigida a un usuario de perfil múltiple, por lo que se pueden llegar a combinar los modos propios de los manuales de estilo con listados léxicos que muestran orientación concreta sobre las incorrecciones más frecuentes y todo tipo de dificultades de carácter ortográfico, gramatical o de uso, junto con anexos de casos lingüísticos, como material suplementario al diccionario (*cf.* los diccionarios de Martínez de Sousa 1974, Escarpenter 1985, Gómez Torrego 1992, Tierno y Velasco 1993 y *Vox* 2004, entre otros). Hernández señala que

> es muy probable que la ausencia de un criterio claro acerca de la naturaleza de los diccionarios atendiendo a las características de los destinatarios es lo que haya dado lugar a la elaboración de repertorios híbridos, difíciles de clasificar por no tener bien definidas sus funciones.
> *(Hernández 2017, 226)*

En cuanto a las estructuras textuales y lexicográficas, cabe destacar que la microestructura es muy variada, tanto en la cantidad, como en la forma de los datos lexicográficos codificados, lo cual no responde a la función lexicográfica del diccionario, sino al caso particular de la voz descrita o a los modos propios de redacción del autor, de ahí que se puedan hallar descripciones sucintas, junto a prolijos comentarios, cargados de subjetividad, como los que encontramos en el *DUDEA*, *Dígalo sin errores. Diccionario de dudas* (Ávila 2002) y en el *Diccionario de dudas. (A-H) (I-Z)* de Fernández Fernández (2007), entre otros. En este punto, señala Hernández, a propósito del diseño de una microestructura básica, que "convendría indagar en la conveniencia de establecer modelos que homogeneicen la distribución de la información en este tipo de diccionarios, como se ha ido uniformando con los diccionarios generales y de uso" (2017, 237).

Por último, en esta caracterización general, es necesario mostrar las nuevas iniciativas que han aplicado los avances tecnológicos al desempeño de la práctica lexicográfica, creando textos electrónicos *ad hoc*. Entre ellos, encontramos repertorios publicados solo en línea, como el *Glosario de dudas y dificultades de la lengua española en Puerto Rico* de López Nieves (2003), un pequeño glosario en donde se destaca un uso incorrecto y su correspondiente uso correcto como equivalente léxico, o el *Diccionario de dudas gramaticales* del Departamento de Lengua del I. E. S. Juan de la Cierva de Vélez Málaga (2011). Entre ellos es necesario destacar especialmente el *Diccionario de dudas de la lengua española* de Arias y Coelho (2015–2019), al que se puede acceder desde el sitio web *DiccionariodeDudas.com*. Presenta información específica sobre palabras homófonas y parónimas, fonética y fonología, uso, grafía, dudas léxicas, latinismos, extranjerismos, barbarismos y ultracorrecciones y la posibilidad de acceder a apartados concretos sobre las "últimas dudas" y/o "dudas más populares". El diccionario permite al usuario buscar por entrada o consultar la lista de palabras o términos controlados que se exponen al recorrer las relaciones léxicas. Con esta misma utilidad y particular diseño contamos también con la versión electrónica del *DPD*. Ambos son diccionarios electrónicos que organizan la información en "simples archivos de registros, donde cada registro almacena un artículo del diccionario" (Fernández-Pampillón Cesteros y Matesanz del Barrio 2006, en línea); sin embargo no utilizan todas las posibilidades que puede ofrecer la tecnología informática, por ejemplo, no permiten la consulta hipertextual, la desambiguación automática o la consulta "inteligente" de la información, ni que el procesamiento automático, a nivel semántico de la información, integre "una base de datos léxica que puede ser muy rica en formatos (texto, imagen, sonido o vídeo) y contenidos" (Fernández-Pampillón Cesteros y Matesanz del Barrio 2006, en línea). En este sentido, la propuesta de Santillana con su *Biblioteca multimedia Santillana* (2000) intenta dar respuesta a estas nuevas opciones reuniendo en un CD-ROM seis obras de consultas interrelacionadas, con fotografías, gráficos, esquemas y mapas; y en donde la resolución de dudas se resuelve con los datos interrelacionados entre un *Diccionario de dificultades*, una *Enciclopedia universal* y un *Atlas histórico universal*.

Tras estas nuevas propuestas del mercado, se destacan los mejores resultados (españoles y americanos) de la lexicografía del español que se pueden considerar en plena vigencia.

En este punto, son muchos los estudiosos que ven en la obra de Seco, el *Diccionario de dudas y dificultades de la lengua española* (*DDyD*) (1961–2002) y el *Nuevo diccionario de dudas y dificultades de la lengua española* (*NDDDLE*) (11.ª ed. 2011), el mejor y más representativo diccionario de este tipo (*cf.* Haensch y Omeñaca 2004, 133; Haensch 2006, 267; Senabre 2011; García Mouton 2012; Hernández 2017, 230 y 232, entre otros). Tomamos como muestra las palabras que Senabre dedica al *NDDDLE*:

> Este *Nuevo diccionario de dudas* es la culminación de un proceso comenzado cuando, hace más de medio siglo, apareció la primera edición de la obra. Diversas reediciones, reimpresiones y ediciones abreviadas han ido sucediéndose desde entonces, incrementando el texto y modificándolo donde era necesario —porque el lenguaje es un instrumento dinámico y en constante evolución—, hasta desembocar en esta versión, sin duda la más completa y precisa de un trabajo ya clásico. Tanto, que ha sido modelo de muchos otros.
>
> *(Senabre 2011, en línea)*

El diccionario de Seco, tanto el *DDyD* como el *NDDDLE*, no solo representa para la práctica española uno de los primeros repertorios de diccionarios de dudas, sino que las distintas ediciones y reimpresiones del diccionario hasta la edición del *NDDDLE* ya dan muestras de su éxito como uno de los diccionarios más consultado e influyente para resolver dudas acerca del buen uso del español. Asimismo, la fecha reciente de su nueva edición lo sitúa como el repertorio más actualizado dentro de su género. En él el usuario puede resolver dudas puntuales sobre una palabra concreta —por ejemplo, *abolir*, del que, por su peculiaridad como verbo defectivo, se proporciona información gramatical e incluso una tabla con su conjugación (*DDyD4*, *s. v.*)— o encontrar información detallada para estudiar un tema general sobre el que el usuario tenga algún tipo de dificultad —véase *DDyD4*, *s. v.* GUIÓN—. Usa un lenguaje sencillo, dirigido a un usuario "semiexperto" y curioso, y apoyado, por su valor normalizador, en usos lingüísticos mediáticos extraídos de los medios de comunicación, como son los textos periodísticos.

Otro diccionario que se encuentra entre los más representativos de este tipo es el *Diccionario de usos y dudas del español actual* (*DUDEA*) (1996–2008) de Martínez de Sousa. El autor, antes de este diccionario, ya había trabajado este campo en su obra *Dudas y errores del lenguaje* (1974), en donde aborda conocimientos específicos sobre dudas ortográficas principalmente. Con la elaboración del *DUDEA* nos encontramos con una obra de mayor envergadura e importante volumen macroestructural (17 000 entradas); que en 2011 sigue siendo recurso lexicográfico recomendado, pues la obra ofrece:

> La posibilidad de superar los errores de escritura y expresión más frecuentes; por ejemplo, los femeninos dudosos; los plurales cultos y populares; la conjugación de los verbos; las palabras que se escriben juntas o separadas; los anglicismos, galicismos, italianismos, catalanismos, etcétera, más habituales; los antropónimos y topónimos dudosos y otros casos de error frecuentes. De ello se beneficiarán especialmente los escritores, traductores, periodistas y otros profesionales de la escritura, pero también cualquier persona que busque el modo de expresarse con propiedad y corrección.
>
> *(Fundéu BBVA, 01/02/2011. www.fundeu.es/libro/diccionario-de-usos-y-dudas-del-espanol-actual. Último acceso: 20/5/2023)*

Dentro del panorama americano, los diccionarios de dudas también presentan una larga tradición. El *Diccionario de dudas* de Petrecca (2002–2006) está entre los más representativos por su actualidad. Se ocupa de cuestiones de la lengua en general y atiende a cuestiones propias del español hispanoamericano, aclarando usos con ejemplos e incluyendo una importante selección de gentilicios hispanoamericanos. Su macroestructura no es muy amplia, poco más de 2800 entradas, si bien, el diccionario se enriquece con materiales de gramática anexos, entre los que cabe señalar los cuadros de conjugaciones con voseo. Así que está diseñado, especialmente, para usuarios hispanoamericanos.

Con el mismo interés de guiar en el uso correcto al lector y más reciente en el tiempo está el *Diccionario argentino de dudas idiomáticas* de la Academia Argentina de las Letras (2011, en adelante, *DADI*). En el diccionario se siguen las últimas novedades de la *Nueva gramática de la lengua española* (*NGLE*) (Real Academia Española y Asociación de Academias de la Lengua Española 2009), las aportaciones de la *Ortografía de la lengua española* (Real Academia Española y Asociación de Academias de la Lengua Española 2010a, en adelante, *OLE*) y se sigue el modelo del *DPD* (2005). Y como apunta Tallatta:

> Las distintas operaciones que se llevan a cabo en el *DADI* nos permiten identificar más continuidades que rupturas con el *DPD*: las inclusiones de nuevos términos son pocas; otras que caracterizan la realidad del país fueron excluidas del *DADI* o mantienen en el contenido el predominio de la norma hispánica; y gran cantidad de las entradas originales son producto de la independencia de acepciones que ya aparecían en el *DPD* o de modificaciones ortográficas establecidas por la nueva *Ortografía* (2010).
>
> *(Tallatta 2017, 102)*

A pesar de esto se ofrece como un diccionario para argentinos. Y, aunque no se aleja de la norma hispánica, en él subyacen las discusiones surgidas en la creación de la Academia Argentina de las Letras sobre la norma hispánica y la reivindicación de la propia variedad argentina. Por eso, "se modifican menciones de uso ibérico y se introduce el uso propio del país, pero manteniendo en primer lugar la particularidad española, a pesar de que no sea la utilizada en Argentina" (Tallatta 2017, 98). Se señala que se ocupa de "la norma estándar general de la Argentina [. . . por tanto] hace referencia a una sola norma" (*DADI*, XII); sigue: "[aunque se atiende a variedades nacionales] se entiende que la diversidad lingüística del español en el seno de un mismo país responde a una plural conformación social que debe ser respetada" (*DADI*, XIII), por lo que el destinatario es el lector y el escritor argentino.

En último lugar, es necesario centrarse en el *Diccionario panhispánico de dudas* (*DPD*) llevado a cabo por la Real Academia Española y la Asociación de Academias de la Lengua Española (2005), modelo para muchos repertorios de este género.[2] Su carácter panhispánico nos obliga a cerrar con él este apartado en el que se pretenden señalar los modelos más sobresalientes españoles y americanos, pues ese carácter panhispánico presenta, tal y como se apuntaba más arriba, una orientación pluricéntrica, que incluye todos los elementos marcados de las variedades ejemplares española y americanas. El proyecto nace por el impulso de la creación del Departamento de Consultas Lingüísticas de la RAE en 1998, *Español al día*, bajo la coordinación de Elena Hernández. Y se diseña para un formato en papel y un formato electrónico (*cf.* Matus 2003).

En la *Presentación* de la edición impresa se le atribuye la condición de ser el "repertorio léxico oficialmente reconocido", lo cual puede ser discutible; señala Hernández (2017, 231): "Es muy difícil —creemos— elaborar un diccionario de dudas para todo el español (europeo y americano) sin incurrir en contradicciones" (*ib.*). Sin embargo, el *DPD* está diseñado, tal y como se señala en la *Presentación*, para un público general[3] hispanohablante, interesado en conocer la norma. Matus apunta a propósito de esto:

> En cuanto al destinatario ideal construido en este texto (lector in fabula), se piensa, por una parte, en el hispanohablante responsable de su comportamiento idiomático que intenta alcanzar un grado adecuado de dominio de su lengua materna, y, por otra, en el extranjero que desea lograr un nivel de competencia superior en el idioma español.
>
> *(Matus 2003, 252)*

Visto así, el *DPD* se presenta como una obra de consulta, de aprendizaje y de uso profesional. Incluye un listado léxico con artículos temáticos sobre dificultades y artículos en los que se tratan dudas lingüísticas concretas —que, al igual que se hace en el *NDDDLE*, se distinguen tipográficamente en el lema: redonda negrita, para las dudas concretas, versalita negrita, para las dificultades temáticas—; cinco apéndices con modelos de conjugación, abreviaturas, símbolos no alfabetizables, nombres de países y gentilicios; un glosario de términos lingüísticos, y un listado de referencias bibliográficas. En este punto es reseñable el hecho de que la descripción lingüística se hace con apoyo de muestras reales y citas bibliográficas: "alrededor de mil seiscientos títulos y trescientas cabeceras de diarios de todos los países de habla hispana" (*DPD*, en línea), lo que permite la validación y refutación de los usos que se presentan, así como la vigencia de la información. Sirva de ejemplo:

> **faralá**. 'Volante que adorna la ropa'. Este sustantivo masculino se usa normalmente en plural (→ plural, 1b): "*Jamás llevarán con gracia los faralaes, y la bata de cola les quedaría francamente mal*" (Mundo [Esp.] 16.7.94).
>
> *(*DPD, s. v.*)*

La edición electrónica gratuita permite al usuario buscar por entrada y el acceso directo a los apéndices, al glosario de términos lingüísticos, al listado de símbolos no alfabetizables y al listado de países y capitales, con sus gentilicios; sin embargo, no permite el acceso directo a la nomenclatura del diccionario, por lo que no se aprovecha todas las ventajas del espacio digital.[4] Asimismo, aunque la obra se concibió como una "obra abierta" en la *Presentación* de la edición impresa, la propia institución se ha visto en la necesidad de avisar al usuario de que la versión electrónica solo recoge la primera y única versión del *DPD*, publicado en 2005; por lo que advierte que no se han incorporado las nuevas aportaciones de las más recientes obras académicas como son la *NGLE* y la *OLE* (*cf. DPD*, en línea).

Cabe preguntarnos si la lexicografía asistida por ordenador tan solo ha conseguido dar un paso del papel al medio electrónico, pero no ha encontrado aún su espacio ahí por derecho propio, pues está claro que en el cambio de contexto del diccionario en papel al formato electrónico no debe haber solamente un cambio físico. La informatización ha llevado a la producción de diccionarios en formato electrónico, que son versiones electrónicas de diccionarios editados previamente en papel para ser utilizados y consultados informáticamente, el caso claro se ve en el *DPD*.

4. Los departamentos de consultas lingüísticas

Dado el éxito de los diccionarios de dudas, así como de los manuales de estilo y la constante preocupación social por el empleo de un español correcto, en 1998, la institución académica española creó el Departamento de *Español al día* para brindar asesoramiento lingüístico a los usuarios de español. El objetivo fue ampliar y modernizar los cauces tradicionales de consultas por correo postal y fax, para lo cual el Departamento aprovechó las ventajas electrónicas que ofrecía la apertura de la primera página web académica.

En la actualidad las redes sociales han cambiado la forma de comunicarnos y la RAE ha encontrado en ellas su mejor aliado. Desde que en 2012 el Departamento de *Español al día* abrió la cuenta @RAEinforma en Twitter, su perfil acumula 1,49 millones de seguidores [consultado 24/10/2019] y con el *hashtag* #dudaRAE identifica todos sus mensajes sobre consultas lingüísticas.

Otras academias han seguido sus pasos abriendo espacios en sus webs para el asesoramiento lingüístico. Valga de ejemplo la sección *Consultas idiomáticas* que gestiona el Departamento de Investigaciones Lingüísticas y Filológicas de la Academia Argentina de las Letras, la sección de *Consultas lingüísticas* de la Academia Paraguaya de la Lengua Española o el servicio de consulta lingüística del español que desde 2012 permite a los usuarios mexicanos resolver de forma gratuita dudas ortográficas y gramaticales a través de Internet con la herramienta *Español Inmediato (Espin)*, promovida por el Consejo Nacional para la Cultura y las Artes (Conaculta) y creada por la Academia Mexicana de la Lengua.

No cabe duda de que la utilización de las posibilidades de la tecnología informática está explorando nuevos caminos, en donde las novedades más significativas radican en el tipo de productos que se ofrecen. De modo que las herramientas están dispuestas a ofrecer un recurso en línea de consulta (a demanda del usuario) sobre dudas de usos lingüísticos característicos de una determinada situación contextual y comunicativa. Estos permiten la búsqueda simple, la búsqueda avanzada y la navegación por recursos, acotados según los criterios establecidos. De modo que los departamentos de consultas lingüísticas están especializando sus webs y las están convirtiendo en verdaderos gestores de consultas lingüísticas. Es lo que actualmente encontramos en la web de la Fundéu BBVA. La Fundación del Español Urgente se creó en 2005 y es heredera del Departamento del Español Urgente (1980), siguiendo sus trabajos para el buen uso del lenguaje periodístico. Y actualmente con departamentos gemelos en América, como es desde 2019 la *Fundéu Argentina*, con el principal objetivo de impulsar el buen uso del español en los medios de comunicación de Argentina y la *Fundéu Guzmán Ariza*, iniciativa de la Fundación Guzmán Ariza Pro Academia Dominicana de la Lengua.

Estos recursos explotan en todas sus posibilidades las redes sociales y el universo digital, compartiendo e interactuando con el usuario de manera eficaz y permanente en multidispositivos, con el fin de crear espacios digitales de construcción social para la transmisión del conocimiento. Así, por ejemplo, la Fundéu BBVA, como gestora de consultas lingüísticas ofrece la navegación e interactuación con el usuario con recursos tales como la subscrición al boletín de recomendaciones lingüísticas, las consultas lingüísticas a demanda del usuario, la navegación por glosarios temáticos y el *Buscador urgente de dudas*, sin duda, un diccionario de dudas electrónico con un motor de búsqueda que explora en el directorio de su web[5] todos los archivos almacenados que mencionan temas relacionados con la palabra clave buscada (consultas, entrevistas, recomendaciones, etc.). En este sentido, estamos ante un nuevo formato de "diccionario" que se muestra como espacio 3.0 de red social, herramienta de comunicación y colaboración y en abierto.

5. A modo de conclusión

En la actualidad, el imparable proceso de globalización, la propagación vertiginosa de textos electrónicos sobre nuestras vidas y las nuevas prácticas de creación y consumo de contenidos escritos son aspectos de carácter extralexicográfico que la actual práctica lexicográfica debe tener en cuenta.

Los nuevos flujos de modos de consultas son uno de los cambios más significativos que están sucediendo y están llevando a la elaboración de nuevas herramientas lexicográficas (sean o no diccionarios) (*cf.* García Llamas 2013). En donde ahora lo importante no es la tipología de la obra, sino el usuario potencial de la misma; la utilidad del dato, frente al valor cuantitativo de los datos ofrecidos. Las múltiples necesidades, ligadas a distintas situaciones extralingüísticas, nos muestran productos plurifuncionales, en donde el propósito genuino de la obra no está en la tipología, sino en la utilidad lingüística y comunicativa. De ahí que, en el acceso a los datos, las categorías de la información no reprimen que se proporcione gran cantidad de datos, tablas y anexos, así como la inclusión de elementos extralingüísticos (imágenes, audio, vídeos, etc.), en el caso de los productos electrónicos —dentro de la *Teoría funcional de la lexicografía* esto es lo que se reconoce como "introducciones sistemáticas" (*cf.* Fuertes-Olivera 2009)—. Una información complementaria que, antes que adulterar la obra, sirve para ofrecer una comprensión general, una presentación más sistemática o una descripción comparativa con el fin último de proporcionar una información adaptada adecuadamente a la función del diccionario y/o la herramienta lexicográfica.

Notas

1 Como bien apunta Martínez de Sousa en el *Prólogo* que dedica a la obra sobre la duda y el arte de escribir bien de Alemán (2017), "diversos autores empeñaron, ya a finales del siglo XIX y probablemente antes, sus específicos conocimientos lingüísticos para tratar de adoctrinar a sus lectores. El hilo conductor era siempre el mismo o muy parecido: había que sacar al lector de las garras de la ignorancia en cuestiones de lenguaje y con ello conseguir que todos dominásemos las leyes gramáticas". Así en la publicidad del listado de "Libros recibidos" en el semanario *La Ilustración Hispano-Americana* (Barcelona, 15 de noviembre de 1891) dirigido por Torcuato Tasso Serra, se manifiesta el éxito de estas obras, haciéndose eco de la obra de Oliver Rodríguez (1891), *Guía de bufete,* de la que se dice: "Libro útil á cuantos deseen escribir sin tropiezos la hermosa lengua castellana, sea cual sea la profesión, arte, oficio ó carrera que ejerzan. Su aparición ha sido aplaudida por toda la prensa barcelonesa, sin distinción de matices" (*La Ilustración,* n.º 567, 715).

2 Son muchos los que declaran haber seguido al *DPD* como modelo de diccionario de dudas, sobre todo, por su carácter normativo y académico. También, por su carácter institucional y normativo, es el que más bibliografía y estudios específicos ha recibido (*cf.* Vergara Silva 2005, Águila Escobar 2006, Candelier 2006, Martínez de Sousa 2005, Velando Casanova 2006, Casales 2008, Aleza Izquierdo 2008, Jiménez Cano 2008, Pérez-Salazar Resano 2008, Gómez Torrego 2009, Bezos 2012 y Tabares Plasencia 2014, entre otros).

3 A este respecto, Martínez de Sousa señala: "En mi opinión, esta obra está destinada a los profesionales (traductores, periodistas, escritores, profesores universitarios, correctores de textos y un pequeño etcétera), pero no al público general. El tipo de materias a que presta atención, la forma de expresarlas, la terminología que emplea y el tratamiento que da a las respectivas entradas hacen de este un diccionario para ciertas minorías, no una obra popular" (2005, en línea).

4 Existe, por iniciativa privada del hispanista Franz Mayrhofer del Gavilan College de California, una versión electrónica no académica, el *DPD*-Gavilan College. Dicha edición permite en línea el acceso completo a la macroestructura a través de un índice alfabético, que va desde la "a" a "zuriqués"; asimismo contiene un buscador avanzado que permite la búsqueda de textos dentro del artículo lexicográfico, y la búsqueda de construcciones lógicas (todas las palabras, algunas palabras, exclusión de palabras), la especificación de frases entre comillas y el uso de comodines (?,*). En la página del *Gavila College* se puede acceder a más datos sobre la búsqueda avanzada (véase "Consulta del diccionario": http://hhh.gavilan.edu/fmayrhofer/spanish/RAEdpd/dpdI/html/consulta.htm#avanzada).

5 Actualmente, el motor de búsqueda de contenido en Internet de Google, siendo el sitio web más visitado a nivel mundial, permite al usuario su uso como herramienta de consulta de dudas lingüísticas. Especialmente, con el desarrollo de los *fragmentos destacados* se obtienen "resultados de búsqueda especiales que se muestran en cuadros y tienen el formato invertido; es decir, primero muestran el fragmento descriptivo" (Ayuda de *Search Console* de Google, en línea. https://support.google.com/webmasters/answer/6229325?hl=es-ES). Véase como ejemplo: *prever o preveer* (Google, *s. v.*).

Bibliografía básica

Haensch (2006); Haensch *et al.* (1982); Hernández (2017); Martínez de Sousa (1995); Tallatta (2017)

Bibliografía complementaria

Ahumada Lara (2012); Fuertes-Olivera (2009); Jiménez (2008)

Parte V
Lexicografía bilingüe

40

Diccionarios bilingües del español con lenguas europeas (Bilingual dictionaries of Spanish and European languages)

María Teresa Fuentes Morán

1. Introducción

La lexicografía bilingüe del español no ha sido ajena al impulso y a la vez al *desconcierto* experimentado por la (meta)lexicografía ya desde las últimas décadas del siglo XX y los primeros años de este milenio. Los desarrollos tecnológicos habían supuesto un salto de calidad para la confección y publicación de diccionarios. Sin embargo, estos mismos desarrollos han ido relegando progresivamente a planos inferiores al ya de por sí controvertido papel del diccionario bilingüe como instrumento para el acceso a datos sobre léxico de diferentes lenguas.

En el marco de la actual crisis del mundo editorial, se ve especialmente afectada la lexicografía bilingüe por su innegable dependencia de la empresa privada. En efecto, las necesarias transformaciones en el panorama editorial han ralentizado el progreso de la moderna lexicografía bilingüe, pero no han llegado a frenar la producción metalexicográfica ni la creación de nuevos modelos y de nuevos diccionarios. Así lo ponen de manifiesto, en especial, los estudios y las prácticas tendentes a potenciar el valor didáctico del diccionario.

Desde estas perspectivas, abordamos un breve estudio formal de los más representativos diccionarios bilingües con español publicados después del 2000 —en algunos casos, nuevas ediciones de obras anteriores significativamente renovadas—. Nos centramos en los siguientes puntos: 1) Aspectos externos, pero determinantes, como son el tamaño y los componentes esenciales —tanto los textos periféricos como las diferentes macroestructuras—; 2) Formas de expresión, lingüística o no, como son los procedimientos de condensación y el valor de la tipografía y los colores; y 3) Programa informativo tanto en el nivel macroestructural como en el medio y microestructural, como son la actualización del lemario, el contenido de los artículos o la presencia de ejemplos, así como la orientación de los diccionarios a usos y usuarios determinados, como a aprendices de lenguas o traductores.

Las propuestas de próximas líneas de trabajo derivadas de este estudio analítico apuntan hacia la automatización más avanzada de determinados procesos de búsqueda, con una mayor interactuación texto-diccionario, pero a su vez no olvidan la esencia misma del diccionario bilingüe

DOI: 10.4324/9780429244353-46

como herramienta de acceso a datos léxicos fiables y como herramienta didáctica, indispensable también hoy en día.

Palabras clave: diccionario bilingüe; metalexicografía bilingüe; enseñanza de lenguas; lengua española; traducción

Our bilingual lexicography has not been indifferent to the impulse and also the *uncertainty* experienced by (meta)lexicography already in the last decades of the past century and the first years of this millennium. Technological developments represented a leap in quality for the creation and publication of dictionaries. But these same developments have progressively pushed into the background the already controversial role of the bilingual dictionary as a tool for accessing data on the lexicon of different languages.

Within the framework of the current crisis in the publishing world, bilingual lexicography has been particularly affected because of its undeniable reliance on private companies. Indeed, the necessary transformations in the landscape of the publishing arena have slowed down the evolution of modern bilingual lexicography, but they have not managed to stop the metalexicographical production or the creation of new models and new dictionaries. This is particularly revealed by the studies and practices that promote the educational value of dictionaries.

From these perspectives, we approach the formal study of the most representative bilingual dictionaries with Spanish as one of its languages published after the year 2000—in some cases, new editions of previous works that have been significantly renewed. We focus on the following aspects: (1) External but determinant aspects, such as the size and essential components of the dictionaries—both the outer texts and the different macrostructures. (2) Forms of expression, either linguistic or otherwise, such as the condensation procedures and the value of typography and colors. (3) The informative program at a macrostructural, intermediate and microstructural level, including the updating of the index of entries, the informative program of the articles, and the presence of examples and orientation of the dictionaries to specific uses and users, such as language learners or translators.

The proposals for forthcoming lines of work derived from this analytical study suggest a more advanced automatization of some search processes, with greater text-dictionary interaction, but at the same time they maintain the essence of the bilingual dictionary as a tool that grants access to reliable lexical data, and as an indispensable educational tool.

Keywords: bilingual dictionary; bilingual lexicography; language teaching; metalexicography; Spanish language; translation

2. Panorama general

La irrupción de las llamadas *nuevas tecnologías* aportó en su momento un trascendente salto de calidad en la elaboración y configuración de diccionarios. En especial, la posibilidad de acceder, como nunca antes, a cantidades ingentes de datos, de crear bases de datos léxicos *ad hoc* o de automatizar numerosos procesos lexicográficos modificó el quehacer de la práctica lexicográfica, lo que, en nuestro ámbito lingüístico,[1] como en tantos otros, ha ido derivando en numerosos y diversos proyectos para la creación de diccionarios de una nueva era (Pruvost 2000; Bosque y Barrios 2018). Ahora bien, paralelamente, el desarrollo tecnológico y con ello, en el caso de la lexicografía bilingüe especialmente, la generalización las nuevas formas de acceso a gran cantidad de datos multilingües —también a datos léxicos— conlleva que el destinatario genuino de los repertorios léxicos modifique sus preferencias, de forma aún inestable hoy en día, y que explore y utilice otros medios de acceso a los datos o la información que busca. El uso del diccionario parece que va quedando así relegado, en la medida en que explícita o implícitamente se considera o se experimenta que el concepto tradicional de diccionario no se corresponde con las necesidades reales de sus usuarios. Con todo ello, nos encontramos ante un vacilante cambio de paradigma que para algunos ha supuesto, incluso, poner en tela de juicio la necesidad misma de diccionarios bilingües.

El drástico descenso de las ventas de diccionarios en gran parte del mercado provoca o propicia reconfiguraciones drásticas en el mundo editorial y acelera una dinámica de colaboraciones y fusiones en algunas empresas y marcas, en procesos que parcialmente ya estaban en marcha con anterioridad. Así, por ejemplo, encontramos consolidada hoy en día una estrecha relación editorial entre la editorial Larousse y Vox (Bibliograf).[2] Un ejemplo más que hace solo una década habría sido impensable: en 2019 pudo presenciarse la anunciada luz verde del organismo federal alemán de defensa de la competencia (*Bundeskartellamt*) a la fusión entre los históricos Langenscheidt y Pons (del grupo Klett) (Bundeskartellamt – Pressemitteilung 2019), pioneros, líderes y rivales en la producción de diccionarios bilingües en el ámbito germanohablante, y con obras muy presentes en las librerías de países hispanohablantes. Aun así, es un hecho reconocido que la lexicografía comercial sigue inmersa en una crisis manifiesta (Maldonado 2018) de la que tardará en salir.[3]

¿Qué papel deberían desempeñar los diccionarios bilingües de las grandes lenguas en la actualidad? Un hecho indiscutible es que nunca tantos textos en tan diversos formatos y en diversas lenguas habían sido tan accesibles como ahora o que las posibilidades y necesidades de comunicación interlingüística son una creciente realidad en nuestro mundo, lo que indefectiblemente conlleva la necesidad de información léxica bilingüe fiable. Ese es el papel y el reto de la lexicografía bilingüe actual, hoy en día más que nunca.

3. Novedades y tradiciones

Como paso previo al recorrido formal por los diccionarios bilingües generales (apartado 3.3), conviene que nos detengamos brevemente a reseñar algunas líneas de investigación o producción que han destacado en estas últimas décadas en el ámbito de la lexicografía bilingüe del español: los diccionarios semibilingües (apartado 3.1) y los diccionarios de falsos amigos (apartado 3.2).

3.1. Diccionarios semibilingües

Antes de generalizarse y consolidarse el formato electrónico, y finalmente la consulta en línea, parte de la lexicografía didáctica bilingüe se había encaminado hacia una configuración lexicográfica de raíces antiguas, pero con una perspectiva innovadora: los diccionarios bilingualizados o semibilingües. Se trata por lo general de diccionarios didácticos monolingües cuya característica principal es que aportan además por lo menos un equivalente para cada acepción —de ahí su denominación original *bilingualizados* (Climent de Benito 2008; Duran y Xatara 2005; Hartmann 1994; James 2000; Marello 1998; Pujol *et al.* 2006)—, lo que hace de ellas obras híbridas orientadas al aprendizaje de la lengua extranjera. Como es sabido, el impulso a este principio se produjo con la adaptación del *Oxford Advanced Learner's Dictionary* (Hornby *et al.* 1948, *OALD*) a varias lenguas.

Para la combinación inglés-español contábamos con un significativo representante en *Horizon. Diccionario didáctico de inglés*, cuya primera edición data de 1997 (un proyecto desarrollado por la editorial SM). Se trata de un diccionario orientado a estudiantes de nivel elemental o intermedio, con una extensión aproximada de "55 000 términos y expresiones" (contraportada). La obra cuenta con una microestructura desarrollada en la parte inglés-español, y una simplificada español-inglés (figura 40.1), pero que recoge los datos esenciales (como mínimo, entrada, indicación gramatical, distinción de acepciones —en su caso y equivalente en inglés—),

accent /'æksent, 'æksənt/ [noun] **1** a particular way of pronouncing a language: *Jean Pierre still speaks English with a slight French accent.* □ **acento** **2** a small sign over a letter: *Normally there are no accents in English.* □ **acento**

Figura 40.1 Entrada *accent* del *Horizon. Diccionario didáctico de inglés (inglés-español)* (1997).

acento accent; emphasis; stress
acentuar accent

Figura 40.2 Entradas *acento* y *acentuar* del *Horizon. Diccionario didáctico de inglés (español-inglés)* (1997).

accent ['æksənt] ▌ *(noun)* **1** The stress on a syllable: *The accent is on the second syllable.* ⊶**acento** **2** A mark used to show the pronunciation of a letter in certain languagees: *In French you must put an accent on the e in début.* ⊶**acento, tilde** **3** Emphasis: *The accent in that school is on hard work.* ⊶**énfasis** **4** A Special way of pronouncing words in a particular area *etc*: *She has a strong Italian accent.* ⊶**acento, pronunciación** ▌ *(verb)* [ək'sent] **5** To pronounce whit stress or emphasis: *The second syllable is accented.* ⊶**acentuar**

Figura 40.3 Entrada *accent* del *Password. Study Dictionary (inglés-español)* (2013).

acento *s.m.* **1** (*signo ortográfico*) accent **2** (*forma de pronunciar*) accent

Figura 40.4 Entrada *acento* del *Password. Study Dictionary (español-inglés)* (2013).

y además posibilita el acceso a la parte inglés-español, originariamente a partir de un vocablo en español que ha originado la consulta (figura 40.2). En 2013, la misma editorial SM sacó a la luz un repertorio lexicográfico bilingualizado inglés-español basado en el *Chambers Concise Usage Dictionary* (Schwartz y Seaton 1986), en el marco de la serie de la obra publicada por la editorial Kernerman Publishing Inc., el diccionario *Password. Study Dictionary* (2013),[4] obra orientada a usuarios de nivel intermedio alto, nivel superior a la obra anterior y también de mayor volumen, unas 80 000 definiciones. A la desarrollada microestructura de la parte inglés-español, se suma la reducida de la parte español-inglés, que constituye propiamente un índice —así denominado en el propio diccionario, con información mínima que permite acceder al componente concreto de la parte inglés-español (figuras 40.3 y 40.4)—. La adquisición de este diccionario permite también el acceso a Internet a la obra y a otros recursos.

Disponemos además de un diccionario semibilingüe en línea, el *Cambridge Online Dictionary*, que cuenta con una versión en abierto. En este se presentan definiciones conceptuales u ocasionalmente sinonímicas en inglés, además de indicaciones sobre pronunciación y audios, así como ejemplos en inglés tras el equivalente en español.

Estas obras apenas han trascendido el ámbito escolar y, en efecto, su uso está prioritariamente ligado a actividades de adquisición de léxico en el aula o derivadas de ella. De hecho, pese a presentar, por ejemplo, información fonética, este tipo de diccionarios resultan limitados, dada su orientación por naturaleza a la decodificación, a la familiarización con la lectura en inglés. No obstante, suponen una propuesta como concepto para la lexicografía bilingüe general, no solo la especializada, que debería ampliar perspectivas para nuevos modelos de lexicografía digital.

3.2. Diccionarios de falsos amigos

Probablemente sea el aumento en las necesidades de materiales y herramientas para la enseñanza de las diversas lenguas lo que ha propiciado que continúen publicándose nuevos diccionarios bilingües no generales. A ello puede sumarse el atractivo y la funcionalidad que conlleva adoptar los procedimientos de formalización lexicográfica a la hora de presentar resultados de investigaciones sobre léxico. Nos centraremos sucintamente en algunos ejemplos de diccionarios de falsos amigos o parónimos, todos ellos distribuidos en España, un tipo de diccionario del que encontramos obras de nueva planta publicadas en los últimos años.

Como cabría esperar, el inglés es la lengua más frecuentemente tratada en este tipo de diccionarios. Destacaremos solamente dos obras. La obra más reciente presente en el mercado español es el *Diccionario de falsos amigos inglés-español* (Blanco Hernández 2019). Recoge unos 3000 vocablos ingleses de gran similitud formal con palabras españolas y trata con minuciosidad sus diferencias. Va dirigido a un amplio espectro de público: profesores y estudiantes de inglés, periodistas, profesionales de la traducción y de la interpretación, publicistas, etc. Su antecesor más difundido es la breve obra de160 páginas, el *Diccionario de falsos amigos: inglés-español* (Postigo Pinazo 1998–2007), cuya característica más señalada es que se comparan unas 4000 palabras utilizando las obras de referencia lexicográfica más relevantes en cada una de las lenguas, así como diccionarios de uso, diccionarios de argot etc. Antes de su publicación impresa, se encontraba disponible una versión en línea (*cf.* Pastor Ayala 2008).

No hay ninguna publicación reciente de diccionarios de falsos amigos del alemán-español, a pesar de los interesantes antecedentes existentes para este par de lenguas, como Wotjak y Herrmann (1994) o Stuckenberger (1998), y la lista de J. Fernández López todavía disponible en el *Portal de lengua y cultura hispanas español-alemán* (Fernández López, s. f.). Existen, además, investigaciones sobre este aspecto concreto, como las de Doval Reixa (2006, 2012 y 2013). Para el francés, el *Diccionario francés-español de falsos amigos*, dirigido por J. Cantera Ortiz de Urbina y publicado por primera vez en 1998, marca en su momento un hito (figura 40.5). Su característica más significativa es que los autores orientan la obra casi específicamente al traductor, en especial en el ámbito universitario. Recientemente se ha publicado el resultado de una investigación en el marco de una tesis doctoral (Gonzalo Velasco 2019) cuyo núcleo es propiamente un diccionario de falsos amigos del francés centrado en los galicismos con criterios contrastivos presentados formalmente en fichas (figura 40.6).

Para el italiano, el más reciente es el *Diccionario contextual italiano-español de parónimos*, obra publicada como primera edición en 2019 (Luque Toro y Luque Colautti 2019). Cuenta con unos 7000 artículos y trata el concepto en los niveles léxico-semántico, morfosintáctico y fonético-fonológico. Resulta particular por su especial atención a las diferencias de pronunciación entre italiano y español, y por su tratamiento de los extranjerismos. Para el portugués contamos

ACADÉMIE (fr.) / ACADEMIA (esp.)

1. français ACADÉMIE (substantif féminin)

a. grupo de científicos, artistas, hombres de letras

b. en Francia, división territorial de la enseñanza y su sede

c. ciertas escuelas superiores (de arte, pintura, dibujo, etc.)

academia

= a. academia

b. delegación territorial de la consejería de educación

c. escuela de arte, pintura, dibujo, etc.

Ej. a. l'Académie française = la Academia francesa (corresponde a la Real Academia de la lengua)

Ej. b. l'Académie de Lyon = la circunscripción académica de Lyon, la sede de las autoridades educativas de la circunscripción de Lyon

inspecteur d'académie = inspector de la enseñanza (para su región)

Ej. c. académie de dessin, d'architecture = escuela superior de dibujo, de arquitectura

2. español ACADEMIA (sustantivo femenino)

Figura 40.5 Entrada *académie/academia* del *Diccionario francés-español de falsos amigos* (Cantera Ortiz de Urbina, Ramón Trives y Heras Díez 1998–2005).

con extensa obra de H. Júlio Ferreira Montero (2011) publicada por Luso-Española de Ediciones y Distribuciones, S. L., que cuenta con la particularidad, además de su amplitud, de que toma explícitamente, cuando es posible, como referencia las acepciones registradas en el *Diccionario de la lengua española* (*DRAE / DLE*) y las del *Dicionáiro Houaiss da língua portuguesa* (*cf.* García Calviño 2012). Entre sus antecesores podemos destacar el *Diccionario de falsos amigos del espanol y del portugues =: Dicionario de falsos amigos do espanhol e do português* (1992) o el *Glosario de falsos amigos del portugués y del español* (Sanz Juez 2007). Estas últimas obras responden a una línea con una larga tradición en lenguas calificadas de *afines* y que ha dado como resultado tanto diccionarios de falsos amigos, como una extensa bibliografía al respecto (*cf.*, p. ej., Carlucci y Díaz Ferrero 2007; Calvi 2001a, 2001b, 2003, 2004; Luque Toro 2013).

Se trata de repertorios indudablemente ricos en datos, presentados con formalización lexicográfica, a los que subyace, en la mayoría de los casos, una profunda investigación en el campo de la lexicología contrastiva (Cecovniuc 2016; Francesconi 2005) y con frecuencia se elaboran, como hemos señalado, con fines didácticos. Se pone así de manifiesto el indudable interés de este tipo de investigaciones y de diccionarios, si bien son obras cuyo contexto de consulta difiere claramente del característico de los diccionarios bilingües generales en los que nos centraremos a continuación (Gorbahn-Orme y Hausmann 1991). Se trata de unidades léxicas presentes habitualmente en los diccionarios bilingües generales, pero una más adecuada inserción en estos resulta compleja. Ello se debe a que los tipos de información deseables para ellas, para su correcta compresión y adquisición, difieren en gran parte —como ha podido verse en algunos de los casos que hemos reseñado— de los que están previstos para los artículos lexicográficos comunes de los diccionarios bilingües generales. La cuestión es si la (supuesta) homogeneidad o coherencia de las microestructuras de los diccionarios bilingües generales no limita su propia capacidad

<table>
<tr><th>E = F / F ≠ E</th><th>ACOLADA / ACCOLADE</th></tr>
<tr><td>ETIMOLOGÍA</td><td>DLE: Del fr. accolée, accolade.</td></tr>
<tr><td colspan="2">I. ACEPCIONES COINCIDENTES</td></tr>
<tr><td>ESPAÑOL</td><td>FRANCÉS</td></tr>
<tr><td>1. F. Abrazo que, acompañado de un espaldarazo, se daba al neófito después de ser armado caballero.</td><td>1. Hist. Coup donné avec le plat de l'épée sur l'épaule, accompagné d'un « léger embrassement », rituel dans la cérémonie par laquelle qqn était armé chevalier.</td></tr>
<tr><td>III. ACEPCIONES QUE SOLO TIENE EL FRANCÉS</td><td>TÉRMINO ESPAÑOL</td></tr>
<tr><td>1. Le fait de mettre les bras autour du cou.</td><td>Abrazo</td></tr>
<tr><td>2. (1740) Signe à double courbure ({), qui sert à réunir plusieurs lignes (accolade verticale) ou colonnes (accolade horizontale) ; trait qui permet de joindre plusieurs portées.</td><td>Llave ({)</td></tr>
<tr><td>3. (1863) Archit. Arc surbaissé à courbes et contre-courbes qui ressemble à une accolade horizontale (gothique flamboyant).</td><td>Arco conopial (gótico flamígero)</td></tr>
<tr><td colspan="2">OBSERVACIONES</td></tr>
<tr><td colspan="2">Como bien recoge el DGEPC, haciéndose eco del DCECH, el gal. viene directamente de accolade y este, de un antiguo accolée, de mismo signif. Solo ha pasado el término en su uso feudal, mientras que el fr. conserva el sentido general y ha tomado otros específicos en la escritura y la arquitectura.</td></tr>
</table>

Figura 40.6 Entrada *acolada/accolade* de Gonzalo Velasco (2019).

informativa. O bien, desde una perspectiva opuesta, si traspasar la frontera de la sistematicidad en los programas informativos medio y microestructurales podría restar efectividad a las consultas.

3.3. Diccionarios bilingües generales

En el ámbito lingüístico del español encontramos actualmente diccionarios bilingües generales en el amplio abanico de formatos y soportes que nos brinda la tecnología: impresos —en su mayor parte, actualizaciones de obras ya existentes con anterioridad—; en soporte digital, que en ocasiones se siguen comercializando junto con el diccionario impreso; diccionarios en plataformas con acceso mediante licencia o un código que se proporciona en el diccionario impreso; plataformas o portales con diccionarios o bases de datos léxicas de libre acceso; y algunas aplicaciones que permiten la consulta de las obras. Así, por ejemplo, en *Diccionarios.com* puede accederse en abierto a unos 20 diccionarios bilingües con español, además de a versiones más completas y otros servicios en la versión *premium*;[5] la editorial SM opta por ofrecer acceso en línea a sus obras bilingües mediante código; y, un último ejemplo entre muchos, en el portal *Lexico.com* pueden consultarse mediante suscripción diccionarios bilingües con italiano, entre los que se encuentra el *Grande dizionario Hoepli spagnolo* (Tam 2009).[6]

Nada en un buen diccionario —tampoco en uno bilingüe— es o debe ser aleatorio. Exploraremos a continuación rasgos relevantes desde el punto de vista metalexicográfico de algunos de estos diccionarios bilingües actuales que tomamos como ejemplos representativos.[7]

3.3.1. Aspectos externos

Una primera característica externa de estas obras es su tamaño. Los diccionarios impresos disponibles en el mercado son de media más pequeños que hace 30 años. Proliferan los denominados *microdiccionarios* (Gutiérrez Cuadrado 2017) y, en general, los denominados *de bolsillo*, de tamaño más atractivo para un amplio espectro del público. Pongamos como ejemplo los tamaños disponibles en diciembre de 2019 en la oferta editorial de la marca Vox (Vox Larousse) a partir de los datos sobre el número de entradas de los que actualmente se comercializan, según aporta la propia editorial:

Tabla 40.1 Oferta editorial de diccionarios bilingües de la marca Vox en diciembre de 2019 ordenada por número de entradas[8]

	N.º de entradas
Diccionario escolar français-espagnol/español-francés	19 200
Diccionario School English-Spanish/español-inglés	19 600
Diccionario mini English-Spanish/español-inglés	20 000
Diccionario mini français-espagnol/español-francés	20 000
Diccionario mini español-italiano/italiano-spagnolo	23 000
Diccionario esencial alemán-español/Deutsch-Spanisch	23 500
Diccionario mini portugués-espanhol/español-portugués	25 000
Diccionario esencial español-italiano/italiano-spagnolo	28 000
Diccionario esencial français-espagnol/español-francés	28 000
Diccionario Pocket English-Spanish/español-inglés	28 200
Diccionario esencial portugués-espanhol/español-portugués	40 000
Diccionario Compact English-Spanish/español-inglés	45 000
Diccionario Advanced English-Spanish/español-inglés	71 000
Diccionario avanzado français-espagnol/español-francés	135 000

En todas las lenguas tratadas seguimos encontrando diccionarios de mayor tamaño, pero en menor variedad. Una excepción mayoritaria la constituyen los diccionarios bilingües español-inglés, cuya gama de tamaños se mantiene relativamente amplia. Este aspecto busca probablemente una adecuación al mercado actual, pero también se relaciona estrechamente con los niveles del *Marco común europeo de referencia para las lenguas* (Common European Framework of Reference for Languages, Consejo de Europa 2001).

En todos ellos podemos observar claras mejoras en la usabilidad del formato, como la generalización ya de las tapas blandas, aspecto en el que la editorial SM había sido pionera en España; páginas más finas, pero con papel más resistente y, en algunos casos, formato algo más ancho, lo que contribuye a que su aspecto resulte menos voluminoso. Los diccionarios que tratamos siguen siendo biscopales, es decir, cuentan con dos macroestructuras, en cada una de las direcciones de las dos lenguas (por ejemplo, una alemán-español y otra español-alemán), con tratamiento semejante en los componentes de cada una.

Por otro lado, todos ellos cuentan con textos periféricos, textos externos a las macroestructuras que componen el núcleo considerado principal del diccionario. En prácticamente todos los diccionarios, la cantidad y el tamaño de estos textos ha ido en considerable aumento. Así, por ejemplo, junto a los clásicos modelos de conjugación, listas de abreviaturas o relación de signos fonéticos, en el *Dizionario Hoepli spagnolo: spagnolo-italiano/italiano-spagnolo. Edizione minore* (Tam y Bonacina 2017a) encontramos apéndices con números cardinales, números ordinales, expresiones y símbolos matemáticos, pesos y medidas e incluso tallas y códigos telefónicos. Se trata de textos formalmente independientes del cuerpo del diccionario, es decir, sin remisiones explícitas desde alguno de los componentes del artículo. Recordemos, por ejemplo, que en algunas obras anteriores se encontraba una cifra en algunos de los artículos correspondientes a verbos; a través de esta cifra se remitía al modelo de conjugación del verbo, que se encontraba en algún apéndice del diccionario. Este sistema prácticamente ha desaparecido ya de los diccionarios bilingües con español. Entre las escasas excepciones, encontramos una en el *Actif francés-español/español-francés. Diccionario práctico de francés* (2013), en el que los artículos correspondientes a verbos incluyen una indicación entre corchetes que remite al modelo de conjugación. Es en realidad una remisión externa, puesto que en este diccionario no se registra un anexo sobre la conjugación de los verbos. Ciertamente, en los diccionarios impresos se observa que van despareciendo los sistemas de remisión interna entre artículos o entre artículos y textos periféricos. Con ello podría considerarse que mejora la usabilidad del diccionario —recordemos lo ocasionalmente farragoso de los sistemas de remisión—, pero a su vez implica una pérdida de información, cuando, en la mayoría de los casos, esta no se ofrece tampoco en el interior del artículo lexicográfico. Esta carencia no siempre se subsana en las versiones en línea de los diccionarios. Por ejemplo, no encontramos información sobre los verbos irregulares en las versiones en línea de los diccionarios Collins cuando la lengua de partida es el inglés (www.collinsdictionary.com/es/diccionario/ingles-espanol), aunque sí cuando lo es el francés (www.collinsdictionary.com/es/diccionario/frances-ingles).

3.3.2. Formalizaciones

Los clásicos procedimientos de condensación adoptados o mantenidos en la lexicografía moderna (Bustos Plaza y Wiegand 2005–2006; Fuentes Morán y Pradas Macías 2009) afectaban a algunos elementos que en la lexicografía actual reciben un tratamiento lexicográfico más cercano al lenguaje natural. Los tipos de indicaciones que podemos considerar nucleares (lema y equivalente o propuesta de traducción) siguen registrándose con los procedimientos habituales. Así, por ejemplo, la entrada de un artículo se encuentra lematizada y se presenta en su forma singular, el verbo en infinitivo, etc., en lo que denominamos *forma canónica*, al igual que los equivalentes o propuestas de traducción.

Muchos otros tipos de indicaciones aparecen en forma de abreviaturas, como las gramaticales o sobre clases de palabras, o mediante siglas o palabras entre paréntesis, como en muchos casos las indicaciones de desambiguación semántica y de ámbito temático o de especialidad. No obstante, para estos tipos de indicaciones encontramos con más frecuencia casos de presentaciones no condensadas. Es el caso del *Diccionario School English-Spanish/español-inglés* (2017), en el que no se abrevian indicaciones como *nombre*, *adjetivo*, *verbo*, sino que se expresan con la palabra completa. En el *Actif francés-español/español-francés. Diccionario práctico de francés*[9] observamos indicaciones para la desambiguación semántica presentadas con distintos niveles de condensación como "aclaraciones para eliminar la ambigüedad de una traducción" (contraportada) y que aportan ocasionalmente información sobre el contorno. Así, en el artículo (español-francés) correspondiente a *examen* puede leerse "(prueba oral, escrita: para obtener un diploma, etc.)" antes de la traducción

examen *n m* 1 (prueba oral, escrita: para obtener un diploma, etc.) examen *m*: *el examen consiste de una prueba teórica y otra práctica* = l'examen comporte une épreuve théorique et une épreuve pratique; (: como parte de la evaluación continua) interro *f*: *el martes tenemos un examen de francés* = mardi nous avons interro de français. 2 (de un paciente) examen *m*: *le hicieron un examen médico* = il a passé un examen médical.

arriver /aʀive/ [se conjuga como CHANTER, pero se usa el auxiliar **être** en los tiempos compuestos] *vb* 1 (en général) llegar: *nous sommes arrivés* À *Paris vers trois heures* = llegamos A París a eso de las tres; *il est arrivé dernier* = llegó el último; *cette lettre est arrivée ce matin* = esta carta ha llegado esta mañana. 2 (venir): D'*où arrivez-vous?* = ¿DE dónde venís?; *ah enfin, le voilà qui arrive* = ah, por fin, ahí viene; *j'arrive!* = ¡ya voy! 3 **arriver à** *o* **jusquà** (une hauteur, un niveau) llegar a: *elle m'arrive à*

Figura 40.7 Secciones de las entradas *examen* y *arriver* del *Actif francés-español/español-francés. Diccionario práctico de francés* (2013).

al francés *examen*, "(: como parte de la evaluación continua)" antes de *interro* y, como segunda acepción, "(de un paciente)" precediendo a *examen*. Ya hemos señalado que en este mismo diccionario se aporta información sobre el paradigma verbal. Esto se lleva a cabo de forma no condensada; por ejemplo, en el artículo para *arriver*, tras la indicación de pronunciación, encontramos "[se conjuga como CHANTER, pero se usa el auxiliar ÊTRE en los tiempos compuestos]". Estos ejemplos de presentación no condensada pueden verse en la figura 40.7.

Por otro lado, cada vez es más frecuente la inserción en el nivel micro o medioesctructural de ventanas o cuadros con información, bien para destacarla en el artículo de forma especial, bien considerada adicional, y que se presenta en forma no condensada o solo semicondensada. Así, por ejemplo, para el verbo *arriver*, el *Espasa Pocket francés. Edición especial para estudiantes. Español-francés/français-español* (2006) aporta la información mediante un cuadro inserto que señala: "Recuerda que el verbo *arriver* se conjuga con el auxiliar". Otros ejemplos: el ya citado *Diccionario School English-Spanish/español-inglés* (2017) cuenta con dos tipos de notas: unas, identificadas con un símbolo azul en forma de ojo, recogen datos morfológicos; otras, identificadas por una separación en forma de línea continua —"te ayudarán a entender mejor el inglés y a traducirlo correctamente" (XI)—, aportan información sobre cuestiones culturales o sobre especificaciones semánticas. En los cuadros ilustrativos del *Collins-Pocket Plus inglés. English-Spanish/español-inglés* (2011) encontramos frases completas, que también se acercan a formas de discurso didáctico, como en el artículo *must*: "Hay que tener en cuenta que cuando *must* se usa para hacer una deducción" (figura 40.8). Hay ejemplos en los que con este procedimiento de cuadros

Must es un verbo modal que no varía, va seguido de un infinitivo sin *to* y no se usa con el verbo auxiliar *do* en frases negativas e interrogativas. La forma negativa es *must not* o *mustn't*, p.ej., ***We mustn't be so selfish***, "No debemos ser tan egoístas".

Hay que tener en cuenta que cuando *must* se usa para hacer una deducción (***You must be George!***, "Tú debes de ser George") la forma negativa es *can't*: ***Why didn't he say hello? — He can't have seen you***, "¿Por qué no saludó? — No debe de haverte visto".

Figura 40.8 Sección de la entrada *must* del *Collins-Pocket Plus. Inglés. English-Spanish/español-inglés* (2011).

questur|a *f* 1. jefatura de policía (*V. recuadro*); ***andare in ~*** *ir a comisaría, ir a la policía;* 2. comisaría; 3. *hist* cuestura; **~ ino** *m* (*persona*) policía

questura *adm* Órgano dependiente del *Ministero dell'Interno* (Ministerio del interior) que dirige en cada provincia las fuerzas de la *Polizia di Stato.*

Figura 40.9 Entrada *questura* del *Herder avanzado italiano-spagnolo/español-italiano* (2011–2017).

exentos se recoge precisamente la información sobre falsos amigos. En el *Diccionario bilingüe avanzado français-espagnol/español-francés Vox* (2019), encontramos, en los intertextos destinados precisamente a ello, como por ejemplo en el artículo para *bonbon*: "la palabra francesa *bonbon* no significa *bombón*, sino que quiere decir *caramelo*" o en *Michaelis português. Dicionário escolar espanhol-português/portugués-espanhol* (2008), en el artículo para *borracha*: "Borracha, em português, não guarda nenhuma relaçao com "borracha", em español, que é feminino de "borracho" e significa "bêbado".

Así mismo, para el italiano y el alemán se localizan ejemplos, como en el *Herder avanzado italiano-spagnolo/español-italiano* (2011–2017), que incluye cuadros explicativos con formato de definición para unidades léxicas de índole cultural, a los que se remite desde el artículo lexicográfico correspondiente, que se encuentra en el párrafo inmediatamente superior. Así puede verse, por ejemplo, en el artículo para *questura* en el que encontramos en la primera acepción una indicación: "(*V. recuadro*)" y, tras el artículo, un cuadro, también en forma de artículo lexicográfico, en el que se define *questura* como "Órgano dependiente del *Ministero dell'Interno* (Ministerio del Interior)" (figura 40.9). Los cuadros informativos del *Pons Studienausgabe Spanisch. Spanisch-Deutsch/Deutsch-Spanisch* (2012) aportan también información cultural, así como listas de fórmulas adecuadas para distintas situaciones de comunicación, como *agradecer*, *pedir* y expresar *tranquilidad* o *alivio*, que se organizan en grandes cuadros que ocupan las dos columnas de ancho.

Parece pertinente plantear la cuestión de qué niveles de codificación y condensación resultan más eficaces para las formas de uso de los diccionarios. Es indudable que la lexicográfica se encuentra siempre en el desafío de formular la mayor cantidad posible de información de la forma más adecuada, siguiendo parámetros formales que faciliten la lectura del texto (legibilidad) y condiciones textuales que faciliten su comprensión (lecturabilidad) (*cf.*, p. ej., Martos Núñez y Campos Fernández-Fígares 2013), conjugados con las formas específicas de consulta del diccionario, es decir, con acceso a través de una entrada desde la que se sigue una vía casi nunca realmente lineal. Según Jacinto García (2015a, 167),

> a mayor número de indicaciones metalingüísticas condensadas, mayor nivel de competencia metalingüística se esperará del usuario que consulta el diccionario. Si el diccionario es didáctico, su microestructura mostrará menos indicaciones condensadas y sí una mayor cantidad de indicaciones basadas en ejemplos e informaciones cotextuales con un grado mínimo de condensación.

Sin embargo, no siempre se trata propiamente de competencia metalingüística, sino de mecanismos de expresión no exclusivamente lexicográficos y generalizados hoy en día en otro tipo de contextos. Como señala el mismo autor, "la condensación lexicográfica se pone en práctica no solo por cuestiones de espacio, sino también de eficacia. Dominar el código usado a través de la condensación permite hallar la información buscada más rápidamente. Cada componente tiene su propia función dentro de la microestructura" (Jacinto García 2015a, 151). Parece indudable que, en el contraste entre fórmulas lexicográficas de procesamiento de la información en un mismo artículo, los segmentos no consensados pueden destacar sobre los condensados. La cuestión es valorar hasta qué punto la consulta del usuario, que generalmente busca o buscaba una respuesta rápida, se conjuga con estos tipos de formulación, lo que debe sumarse como objeto de estudio a averiguar más certeramente cuáles son los parámetros de lectura que siguen los usuarios de los diccionarios y en qué medida el diccionario se debe adecuar a ellos o tratar de variarlos.

A este respecto, conviene no pasar por alto el valor del uso de los formatos, como distintos tipos de letra y los colores, con valor de caracterizadores de los distintos tipos de indicaciones que se aportan en los artículos lexicográficos. Este último afecta a componentes de todos los niveles estructurales del diccionario. Continuando una tradición ya estrenada en las dos últimas décadas anteriores, se observa un incremento del uso de colores (Pablo Núñez 2017, 555), no solo en los anexos y las partes introductorias, sino también como refuerzo de los caracterizadores de estructura (Fuentes Morán 1997, 57–59) en el cuerpo del diccionario; de forma muy generalizada, como caracterizador del signo lemático. Ya en las últimas décadas, encontrábamos distintos tonos de azul en los lemas y en unidades léxicas pluriverbales de la lengua de partida. De hecho, por ejemplo, en la serie de los *School Vox* se hace referencia explícita en las contraportadas a que los diccionarios cuentan con "entradas y traducciones en color".

Con frecuencia, la selección del color tiene relación con la marca editorial. Así se explica el uso del llamativo rojo en los lemas de algunas obras de Espasa (como el *Espasa Pocket francés. Edición especial para estudiantes. Español-francés/français-español*, 2006) o en los equivalentes en Macmillan (como el *Diccionario Macmillan Castillo Inglés. Español-inglés/inglés-español* 2007). Extrema profusión de colores encontramos en una peculiar obra, que no hemos citado más arriba, editada por Insular: *Difape. Dicionario de falsos amigos português-espanhol* (2014); en ella podemos encontrar hasta 8 colores en un solo artículo lexicográfico (de hecho, en la mayoría de ellos): naranja para lemas, sublemas y números de acepción; gris para acotación de significado; negro (negrita) para equivalente; verde para letras destacadas en el equivalente; amarillo (resaltado sobre letra negra) para indicación sobre el tipo de contraste entre lenguas; azul para ejemplos; negro (cursiva) para indicación gramatical; y rosa para palabra destacada en los ejemplos. En el polo opuesto se encuentran, por ejemplo, los más clásicos diccionarios del italiano publicados por Hoepli (Tam 2009, y Tam y Bonacina 2017a y 2017b), que se mantienen en blanco y negro en su versión impresa. De nuevo, en este aspecto deben considerarse los parámetros de lecturabilidad y legibilidad para escoger los más adecuados mecanismos de caracterización de los datos.

3.3.3. Programa informativo y orientación

Siguiendo una trayectoria de amplia tradición, encontramos en nuestras librerías tanto diccionarios bilingües elaborados y publicados en el ámbito hispanohablante como en los países de las otras lenguas tratadas en los diccionarios (consideradas lenguas meta desde nuestra perspectiva lingüística). Cabe recordar este sentido que el lugar de publicación no guarda necesariamente una relación directa con el tipo de destinatario genuino al que se orienta el diccionario y que los autores trabajan también fuera de las fronteras del país de publicación. Un ejemplo: ya en 1903 Langenscheidt publica el destacado *Diccionario manual de las lenguas española y alemana*. Esta obra había sido redactada por Antonio Paz y Mélia, erudito que trabajó en la obra desde Madrid.

Los diccionarios bilingües modernos impresos ponen por lo general el foco en una de las dos lenguas objeto de tratamiento lexicográfico y son, por lo tanto, monofocales (Hausmann y Werner 1991, 2744; Fuentes Morán 1997, 51–52; Werner 1998) y se orientan en realidad a hablantes de una de las lenguas que se tratan en el diccionario. Ello se manifiesta como mínimo en aspectos externos, como los textos periféricos que recogen o los tipos de indicaciones que se encuentran en el cuerpo del diccionario. Así, encontramos presentes en el mercado hispanohablante diccionarios con una clara orientación a este público concreto —como es el caso, para el inglés, de la mayoría de los diccionarios impresos de la serie Oxford—. El caso de los diccionarios publicados por Hoepli es algo diferente; se trata de una serie de diccionarios bifocales en su concepto, elaborados para distribuirse tanto en el ámbito italófono como en el mercado hispanohablante sin modificación alguna, tampoco en la portada. Así pues, contienen, por ejemplo, transcripción fonemática de todas las unidades léxicas o un apéndice sobre morfología, tanto del español como del italiano. Lo contradictorio es que sigan distribuyéndose algunos diccionarios impresos con formato externo orientado en apariencia a hablantes de una de las dos lenguas, aunque de su contenido se extraiga otra conclusión. Así, por ejemplo, el *Diccionario bilingüe avanzado français-espagnol/español-francés*

make

verb

UK /meɪk/ US /meɪk/

present participle **making** | past tense and past participle **made**

Figura 40.10 Principio del artículo *make* del *Cambridge Online Dictionary.*

(2019) contiene un suplemento con cuatro apartados, entre los que se encuentran *Grammaire espagnole* y *Conjugaisons espagnoles;* asimismo, el *Collins Compact Plus. Italiano. Español-italiano/italiano-spagnolo* (2007) incluye indicaciones fonéticas sobre las entradas en español, datos de escasa utilidad para un hispanohablante. De hecho, en la contraportada del *Diccionario esencial português-espanhol/español-portugués Vox* (2013), junto a "el diccionario más adecuado para los estudiantes que se inician en la lengua portuguesa" encontramos anunciada la "transcripción fonética para las dos lenguas" (contraportada).

Poca información se aporta todavía sobre los criterios para la selección de entradas en los diccionarios que aquí tratamos. En las contraportadas, siguiendo la tradición, encontramos referencias numéricas, ambiguas por naturaleza, que aluden a *palabras* o *términos, expresiones, definiciones, entradas,* etc. Sin embargo, otros, como los diccionarios publicados por Collins suelen referirse a las entradas con datos más genéricos. Así, por ejemplo, en *Collins Pocket Plus. Portugués. Español-portugués/português-espanhol* (2018) se indica "El vocabulario más actual del portugués y del español" (contraportada). En los diccionarios de la serie Oxford se destaca como novedad: "*Oxford 3000™* —las palabras más importantes y útiles de la lengua inglesa —aparece indicado en las entradas del diccionario" (contraportada). Se hace con esto referencia, en efecto, al empleo de un símbolo en forma de llave en color azul que se incluye, inmediatamente a la derecha del lema, en los correspondientes artículos de la parte inglés-español.

En cuanto al programa informativo general en el nivel microestructural, cabe señalar que este nivel estructural del diccionario es el que prácticamente no presenta novedades en la lexicografía bilingüe actual de las lenguas que tratamos, a pesar de que constituye en esencia el núcleo informativo del diccionario. Cabe solo reseñar que las indicaciones sobre fonética o pronunciación en la segunda lengua se presentan prácticamente en todos los diccionarios de más de 30 000 entradas, con excepción de los diccionarios de alemán, que solo lo incluyen en los diccionarios de bolsillo. Estas indicaciones se representan a través de versiones simplificadas del alfabeto fonético internacional y, en los textos periféricos, se incluye generalmente una guía para su decodificación. Se sigue así la controvertida trayectoria anterior que ponía en tela de juicio la relevancia y la utilidad de la formalización de este tipo de información (Svensén 2009, 114–123). Las versiones en línea o formato electrónico de diccionarios, como los de la serie *Cambridge Dictionary (CDE),* aportan una grabación en la que se reproduce la pronunciación de la palabra, sin prescindir de la indicación fonética transcrita (figura 40.10).

Esto se ve reforzado también, por ejemplo, en obras alemán-español en línea, en las que se ofrecen también grabaciones que reproducen oralmente tanto los diferentes equivalentes como los ejemplos (figura 40.11):

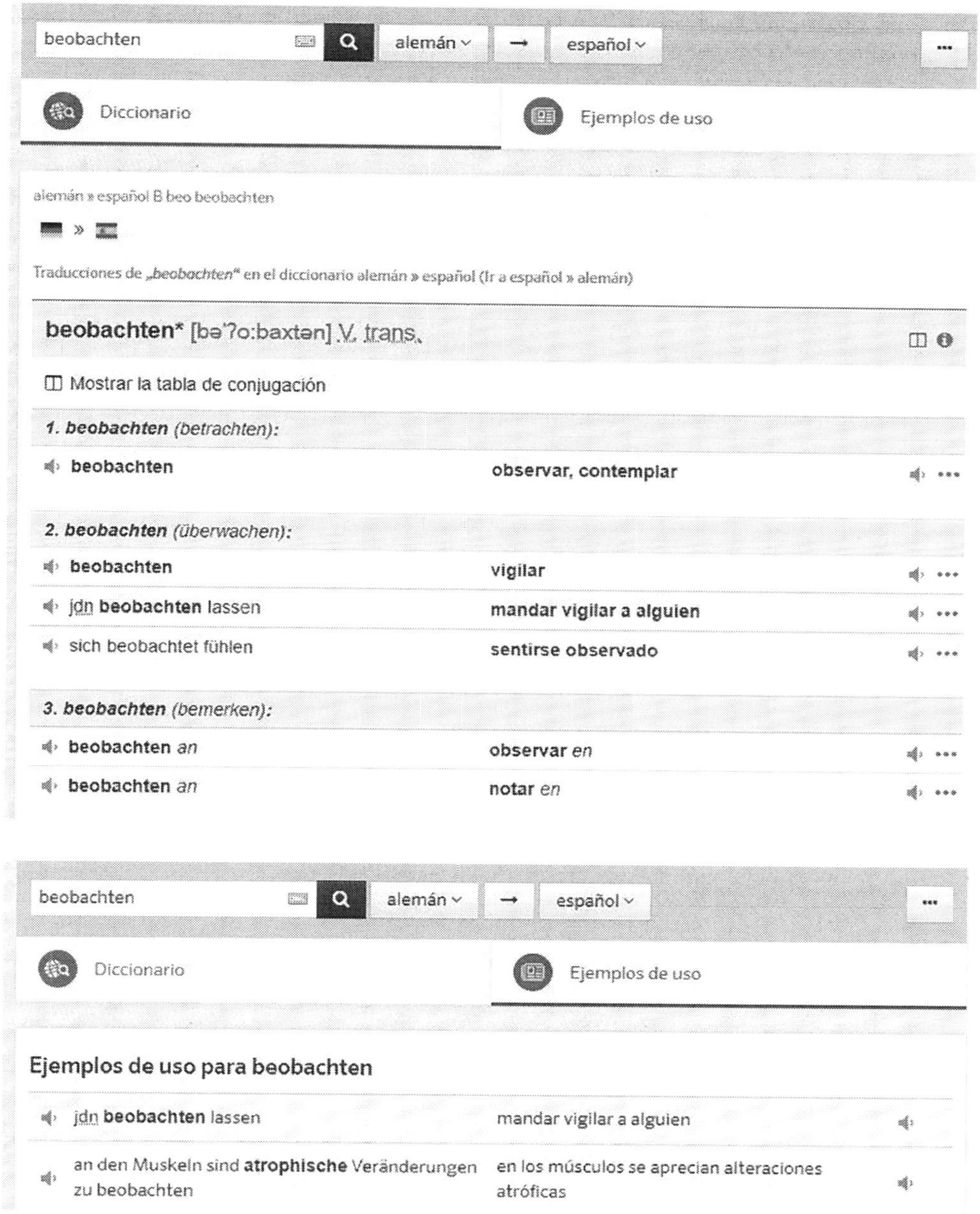

Figura 40.11 Sección del artículo *beobachten* del *Pons alemán-español en línea.*

El resto del programa informativo sigue las tradiciones lexicográficas anteriores. Las indicaciones gramaticales se incluyen, como viene siendo habitual, a la derecha del lema generalmente en forma de abreviatura. En cuanto a las indicaciones semánticas, aquellas utilizadas para la desambiguación de las indicaciones de equivalente o traducciones, y las de campo temático o de ámbito de especialidad, seguimos encontrando la misma diversidad de procedimientos, con la salvedad de lo indicado más arriba sobre la presencia de algunas indicaciones menos condensadas. Característico y casi indispensable en la lexicografía bilingüe actual es la presencia de ejemplos en los artículos lexicográficos. Cabe destacar que, si bien la formalización no ha experimentado modificaciones reseñables, su presencia sí ha aumentado considerablemente en la actualidad, y así se indica expresamente en obras, como vemos por ejemplo en el *Diccionario bilingüe avanzado français-espagnol/español-francés* (2019): "Numerosos ejemplos de uso para ver las palabras en contexto" (contraportada). En el *Cambridge Compact English-Spanish/español-inglés* (2008) se indica: "Ejemplos reales, obtenidos de un corpus de más de un billón de palabras" (contraportada). Asimismo, en el *Espasa Pocket. Italiano. Español-italiano/italiano-espagnolo* (2011) se informa: "Más de 70 000 definiciones y traducciones, ilustradas con ejemplos de uso extraídos del italiano y del español de hoy" (contraportada), aunque en este último caso puede ser que se refieran a las unidades pluriverbales, de variados tipos, que se recogen tras un símbolo en forma de rombo, puesto que no hemos podido identificar en este diccionario ejemplo lexicográfico alguno en el sentido habitual. No faltan investigaciones sobre la cuestión del ejemplo en los diccionarios bilingües que pueden aportar fundamentación para las próximas reflexiones lexicográficas (*cf.*, p. ej., Model 2009; Jacinto García 2015b; Prinsloo 2013).

4. Conclusiones y perspectivas

Pese a la (supuesta) indefinición del concepto de *diccionario didáctico* (Tarp 2013a, 425), es un hecho que los autores de diccionarios bilingües modernos se han inclinado por una tendencia que podríamos llamar *didactización* y que ha supuesto el que precisamente podamos considerarlos *modernos*. Sin entrar a valorar la pertinencia de cada proceso llevado a cabo, este trasfondo *pedagógico* o *didáctico* (Campos de Borba y Bugueño Miranda 2019; *cf.* también Atkins 1985) es el que parece subyacer a características apuntadas más arriba, como son la proliferación de anexos y textos periféricos, de ejemplos de uso e información contextual, de notas culturales, cuadros gramaticales o información sobre vocablos que suelen conllevar especiales dificultades, etc. A esta línea sumamos también las novedades sobre los procedimientos de condensación lexicográfica, que, como hemos apuntado, se han visto parcialmente modificados en algunas de las obras más recientes. Insistimos; acertados o no, se descubren procedimientos que intentan acercar más la obra a las necesidades y las formas de acceso (comprobadas o no) de sus usuarios actuales.

Aun así, la paradoja que se produce resulta evidente: mientras en algunos ámbitos de la lexicografía teórica se sigue relegando al diccionario bilingüe a un segundo plano, y se sigue dudando de su utilidad en los procesos de aprendizaje/enseñanza de lenguas extranjeras (Humblé 2001, 36), tanto las actuales metodologías presentes ya en muchas clases de lenguas como las tendencias de la práctica editorial abogan por formas de acceso a la competencia léxica que pueden verse auxiliadas por la lexicografía bilingüe (de calidad). Hoy en día resulta anticuada la idea de monolingualidad exclusiva en el aprendizaje de lenguas extranjeras y ya se ha tratado y discutido ampliamente sobre la dicotomía monolingüe/bilingüe en el uso de instrumentos léxicos para el aprendizaje (Werner 2006).

Los juicios sobre el diccionario bilingüe como parte de un imaginario colectivo, irreal, que lo concibe como una obra que aporta *solo* equivalentes, con escasa información contextual o de otro tipo, deberían estar en nuestra actualidad palmariamente superados.

Ahora bien, *didáctico* no es sinónimo de *atractivo*, aunque esto último contribuya a lo primero. Esto compromete a la (meta)lexicografía a seguir indagando y proponiendo formas apropiadas de acceso a datos léxicos en el marco de la didáctica de lenguas.

No obstante, no son los aprendices los únicos destinatarios genuinos de los diccionarios bilingües. La producción de estos diccionarios se ha visto vinculada —y casi monopolizada— por las editoriales dedicadas a la enseñanza. Efectivamente, en sentido muy amplio, puede haber un valor didáctico intrínseco a cada consulta en el diccionario, pero usuarios como traductores, profesionales del turismo, estudiantes que leen textos académicos en lenguas extranjeras, por ejemplo, se acercan al diccionario desde diversas perspectivas y, como ya hemos señalado antes, con una creciente necesidad de datos léxicos que faciliten el amplio abanico de comunicación interlingüística posible hoy en día.

La lexicografía bilingüe general buscaba, sí, aportar datos más fehacientes, más completos y más específicamente adaptados a distintos tipos de necesidades o usos. En esta línea se han movido los avances más relevantes. Buscaba también optimizar el tiempo de búsqueda y desarrollar vías de acceso a la información más fácilmente transitables. Aun así, esto contrasta con la inmediatez (y con cierta irreflexibilidad) que parece caracterizar al actual usuario inexperto, lo que le lleva con frecuencia a respuestas incompletas o imprecisas. Usa el diccionario como herramienta (o dispositivo) para una respuesta exprés —lo que no es lo mismo que rápida y de fácil acceso—. Así pues, las líneas de las investigaciones lexicográficas en estos tiempos deberían orientarse hacia la automatización más avanzada de determinados procesos de búsqueda completos, que faciliten de forma determinante la interactuación texto-diccionario, pero a su vez no olviden la esencia misma del diccionario bilingüe como instrumento de acceso a datos léxicos fiables y como herramienta didáctica, indispensable también hoy en día.

La (meta)lexicografía bilingüe general sigue cautiva de un cierto complejo de inferioridad —propiciado interna y externamente— y de su dependencia de la rentabilidad comercial a corto plazo. Es un fenómeno común a muchas áreas científicas aplicadas del que es necesario liberarse. Nos preguntábamos más arriba qué papel deberían desempeñar los diccionarios bilingües de las grandes lenguas en la actualidad. Hemos tratado de aportar algunas respuestas. Pronto, los nuevos diccionarios beberán incluir una nueva acepción *diccionario bilingüe*, en consecuencia, con la inminente revolución que esperamos.

Notas

1 Este estudio se restringe a la lexicografía bilingüe del español con inglés, italiano, francés, alemán y portugués.

2 La marca editorial Vox nació en 1945 dentro de Publicaciones y Ediciones Spes para diferenciar los diccionarios y las obras lingüísticas del resto de sus publicaciones. Esta última empresa, originaria de Barcelona, sería adquirida en 1964 por Biblograf que, a su vez, quedaría integrada en el grupo Anaya en 1985. A la marca Vox se la conoce por sus diccionarios monolingües y bilingües de lenguas cooficiales (gallego, euskera o catalán) y extranjeras o clásicas (inglés, italiano, alemán, francés, portugués, chino, latín o griego). El Grupo Anaya quedó integrado en 2003 en el grupo Hachette Livre, perteneciente a su vez al grupo Lagardère. En este mismo año, el grupo Larousse se incorporó también a Hachette Livre; con ello, la marca Vox y el grupo Larousse comenzaban una andadura conjunta.

3 Algunos autores (Hernández 2018) destacan que esta crisis no se plasma en los estudios metalexicográficos, que siguen tan vivos como siempre o incluso más.

4 De esta misma obra parten diversos diccionarios bilingualizados del inglés a varias lenguas. Véase también Aragonés Fernández *et al.* (2012).

5 Desde 2000 existe el portal *Diccionarios.com*, de Larousse, que publica diccionarios, enciclopedias y otras obras de referencia con las marcas Larousse y Vox. (www.diccionarios.com/quienessomos).

6 También se encuentran en este portal diccionarios accesibles en otras plataformas, como el *Diccionario Advanced English-Spanish / español-inglés Vox* (2013).

7 Como hemos hecho más arriba, ponemos el foco en diccionarios impresos, fuente esencial del resto del abanico en contenido, orientación y formas de expresión.

8 Elaboración propia. A partir de los datos obtenidos de las diferentes secciones de www.vox.es.

9 Idéntico a la versión en línea de los diccionarios de la serie Pons y disponible en https://es.pons.com/traducci%C3%B3n/franc%C3%A9s-espa%C3%B1ol.

Bibliografía básica

Fuentes Morán (1997, 44–97); Svensén (2009, 253–280); Werner (2006).

Bibliografía complementaria

Model (2009); Tarp (2013); Yong y Peng (2007).

41

Diccionarios bilingües del español con las otras lenguas de España (Bilingual dictionaries between Spanish and the other languages in Spain)

Daniel Luján Cazalilla

1. Introducción

Haremos algunas consideraciones sobre la diversidad lingüística del Reino de España. Además del español, se hablan allí el catalán, el vasco, el gallego, el occitano, el aragonés y el asturiano, más el bereber y el árabe en las ciudades norteafricanas de Ceuta y Melilla. De todas ellas, solo el español, el catalán, el vasco, el gallego y el occitano gozan de oficialidad, total o parcial, en los territorios donde se hablan, y disponen, además, de academias normativizadoras: la Real Academia Española (RAE), para el español; el Institut d'Estudis Catalans (IEC) y la Acadèmia Valenciana de la Llengua (AVL), para el catalán; Euskaltzaindia, para el euskera; la Real Academia Galega (RAG), para el gallego; y el Institut d'Estudis Aranesi-Acadèmia Aranesa dera Lengua Occitana (IEA-AALO) para el occitano. Aunque por el momento no gozan de oficialidad alguna, el asturiano y el aragonés también disponen de instituciones reguladoras: la Academia de la Llingua Asturiana (ALLA) y la ya aprobada por ley Academia Aragonesa de la Lengua, respectivamente.

Disponer de una institución normativizadora se ha mostrado como una herramienta imprescindible para codificar y prestigiar estas lenguas y dotarlas de los instrumentos necesarios para la supervivencia. Si esto es suficiente o no, aún está por ver. La realidad es que el castellano ya es, o está a punto de ser, la lengua de más del 50 % de la población en todos los territorios del Reino de España con lengua propia diferente del castellano. Se ha pasado de producir diccionarios orientados al aprendizaje del castellano desde la lengua propia a usar el castellano como lengua de partida para reforzar el conocimiento, cada vez más precario, de la propia.

Nos ocuparemos, principalmente pero no exclusivamente, de aspectos de la lexicografía bilingüe entre el español y el catalán, el vasco y el gallego, a lo largo de la historia y en el presente. Analizaremos, como diccionarios de contraste con el castellano, dos del par castellano-catalán, dos castellano-vasco y uno castellano-gallego. También presentaremos diversas herramientas de consulta de diccionarios de interés lexicográfico, de contraste con el castellano en su mayoría, motivo por el cual nos ha parecido interesante prestarles atención.

DOI: 10.4324/9780429244353-47

Para concluir, presentaremos algunos corpus textuales informatizados de que disponen estas lenguas y que, directa o indirectamente, constituirán la base para la elaboración de la próxima generación de diccionarios bilingües.

Palabras clave: catalán; diccionario bilingüe; diglosia; gallego; vasco

We will point out some aspects of linguistic diversity in the Kingdom of Spain. In addition to Spanish, Catalan, Basque, Galician, Occitan, Aragonese, and Asturian are all spoken there as well as Berber and Arabic in the North African cities of Ceuta and Melilla. Out of all of those, only Spanish, Catalan, Basque, Galician and Occitan enjoy any kind of complete or partial official status, in the territories in which they are spoken, and in addition have normativizing academies: the Real Academia Española (RAE), the Institut d'Estudis Catalans (IEC) and the Acadèmia Valenciana de la Llengua (AVL), Euskaltzaindia, the Real Academia Galega (RAG) and the Institut d'Estudis Aranesi-Acadèmia Aranesa dera Lengua Occitana (IEA-AALO). Although neither Aragonese nor Asturian enjoy any official status, they also have regulatory institutions: the Academia de la Llingua Asturiana (ALLA) and the recently approved Academia Aragonesa de la Lengua.

Normative institutions have proven to be an essential tool for codifying and ennobling these languages and to provide them with the instruments necessary for their survival. Whether or not that will be sufficient has yet to be seen. The reality is that Spanish is already, or is about to be, the language of more than 50 % of the population in each of the territories which have their own language. The situation has evolved from producing dictionaries oriented toward learning Spanish starting from one's own language to using Spanish as the starting point from which to reinforce one's ever more precarious knowledge of one's own language.

We will occupy ourselves, principally but not exclusively, with aspects of the bilingual lexicography between Spanish and Catalan, Basque, and Galician throughout history and in the present day. We will analyze, as contrast dictionaries with Spanish, two of the Spanish-Catalan pair, two Spanish-Basque and one Spanish-Galician. We will also introduce some tools for consulting earlier repertoires with lexicographic interest; the majority of these are bilingual dictionaries, and thus we have thought it important to consider them.

Lastly, we will present some digitized text corpora that are available in these languages and that directly or indirectly will make up the foundation for creating the next generation of bilingual dictionaries.

Keywords: Basque; bilingual dictionary; Catalan; diglossia; Galician

2. La lexicografía bilingüe de contraste con el castellano en el Reino de España

Hasta principios del siglo XVII no se produjo otra cosa en el Reino de España que vocabularios destinados a la enseñanza del latín, aunque en la segunda mitad del XVI ya se había empezado a incluir, o mejor, a mantener el castellano como lengua de contraste, habida cuenta que las primeras obras lexicográficas que incluían las otras lenguas de España eran traducción de repertorios castellanos.

En el siglo XVIII, la situación de diglosia en los territorios españoles de habla no castellana conllevó una fuerte castellanización, particularmente del léxico, y a su vez esto generó una reacción contraria, en la que se enmarcaría el purismo. Fue un precursor de esta tendencia el vasco Manuel de Larramendi, que publicó en 1745 su *Diccionario trilingüe castellano, bascongado y latín* (en adelante, *DT*).

En el siglo XIX, los diccionarios ofrecían ya siempre la traducción castellana, como el *Diccionario de la llengua catalana ab la correspondencia castellana y llatina* (1839–1840), de Pere Labèrnia. La mayoría de diccionarios no pretendían otra cosa que favorecer y difundir el conocimiento de la lengua castellana.

En el siglo XX, se pretendió revertir la situación de diglosia en los territorios de habla no castellana y el objetivo pasó a ser descastellanizar sus lenguas y emprender el camino de la normativización, como reflejan estas palabras de Pompeu Fabra, codificador del catalán:

> L'obra de redreçament del català literari és sobretot una obra de descastellanització i en la majoria dels casos és la llengua antiga que ens dóna el mot o el gir amb què cal reemplaçar el mot o el gir castellà. D'aquí el nombre creixent d'arcaismes de la llengua escrita actual.
>
> A molts poden semblar excessivament nombrosos els manlleus fets al català medieval. Però és sens dubte perquè no tenen una idea exacta del grau de castellanització a què era pervinguda la nostra llengua durant els segles que ha estat supeditada a la castellana. Els castellanismes del català modern són incalculablement més nombrosos que no permet d'albirar un examen superficial de la llengua.
>
> *(Pompeu Fabra [1919] 2010, 137)*

Mientras que para conseguir ese objetivo el catalán recurría a la lengua antigua, el vasco apenas tenía otra opción que la neología. Finalmente, en el caso del gallego, se produjo un debate, aún vivo, sobre qué camino tomar: si reconectar con la lengua antigua y confluir con el portugués o acometer la descastellanización valiéndose principalmente de formas dialectales y populares propias.

La Guerra Civil de 1936–1939, 40 años de dictadura (1939–1975) y otros tantos de posfranquismo distorsionaron o retrasaron significativamente esos proyectos de depuración y codificación. En su mayoría, son recientes o muy recientes tanto la creación de instituciones normativizadoras como la elaboración de códigos de referencia.

Hasta el presente, la mayor parte de las obras lexicográficas producidas en España son diccionarios de contraste con el castellano, más de doscientos en los últimos dos siglos, y en general el diccionario de referencia es el *Diccionario de la lengua castellana/española* de la RAE (en adelante, *DRAE*).

3. Contraste con el bereber, el asturiano, el aragonés y el occitano

3.1. Contraste con el bereber

El inicio de la lexicografía de contraste con el bereber (lengua de unos 20 millones de hablantes) es algo distinto, y tiene que ver con el proceso de colonización y cristianización del norte de África. El franciscano Pedro Hilarión Sarrionandia, después de publicar en 1905 una *Gramática de la lengua rifeña*, murió sin haber podido llevar a imprenta su diccionario trilingüe rifeño-español-vasco. Otro franciscano, Esteban Ibáñez, se hizo cargo de los materiales y publicó como propia la obra de Sarrionandia (en 1944, con prólogo de Ramón Menéndez Pidal, el *Diccionario español-rifeño*, y en 1949, con prólogo de Julio Casares, el *Diccionario rifeño-español*). Posteriormente (2007) han sido publicados en facsímiles tanto la gramática como los diccionarios español-bereber (*Diccionarios español-rifeño/rifeño-español*), éstos, ahora sí, con el nombre de Sarrionandia. Cada diccionario consta de unas 8000 entradas a doble columna, con una introducción de 15 páginas en la parte español-bereber, y en la inversa, de 41 páginas más una bibliografía de 19 páginas sobre la lengua bereber. En este diccionario no se usa el alfabeto bereber tifinagh sino el latino:

> **Dedo**, m., *ḍaḏ*, pl., *iḍuḏan;*—dim. f., *eddaṭ*, pl., *ziḍuḏin;*—meñique o auricular, f., *zireṭṭeṭ*, pl. *zirṭeḏin;*—anular o médico, m., *buzejuḏam;*—cordial o del medio, m., *buorâar* o *ḍaḏ ennwesz;*—índice, m., *eššaheḏ;*—pulgar o gordo, m., *imeç*, pl., *imçawen*; *ixmeç;*—de los pies, f., *zifeḏnet*; pl., *zifeḏenin.*

Más recientemente, Ahmer Sabir ha publicado *Taknarit: Diccionario español-amasigh/amasigh-español* (Sabir 2011), de aprendizaje, con el alfabeto tifinagh.

3.2. Contraste con el asturiano

Hasta finales del siglo XX, la lexicografía del asturiano (lengua iberorrománica con más de 100 000 hablantes) se resumía en un conjunto de proyectos frustrados. En el último cuarto del siglo XIX se publicaron los primeros trabajos de recopilación de léxico dialectal. En el siglo XX, la investigación dialectal es escasa durante la primera mitad, aunque con trabajos notables, pero es en la segunda mitad de siglo cuando hay una explosión de trabajos sobre léxico dialectal, ahora bien, nunca desde la perspectiva del dominio lingüístico del asturiano como una unidad, ni, en general, considerando los municipios de fuera de Asturias. En 1980 se crea la ALLA, que en 1981 publica las *Normes ortográfiques y conxugación de verbos*; en 1998 aparece la *Gramática de la llingua asturiana* y en 2000 el *Diccionariu de la llingua asturiana* (*DALLA*).

Entre las obras de contraste con el castellano más recientes, cabe citar el *Diccionario castellano-bable* (1973 [1975]) de Elena Fernández Poch, publicado por el Conceyu Bable; el *Diccionario de sinónimos y equivalencias castellano-asturiano* (2003) de Alberto Prieto y el *Diccionariu ilustráu de la llingua asturiana: asturianu-castellano, castellano-asturianu: apuntes de gramática* (2005) de Xandru Martinu.

Finalmente, cabe destacar, por el camino que emprende, el diccionario del portal Eslema de la Universidad de Oviedo (http://eslema.uniovi.es/comun/diccionario.php), que proporciona equivalencias en castellano, aparte de otras herramientas lingüísticas multilingües.

3.3. Contraste con el aragonés

La producción de repertorios de contraste entre el aragonés (lengua iberorrománica con más de 10 000 hablantes) y el castellano, con ser la norma en esa tradición lexicográfica, no es muy boyante. Nada destacable entre el *Índice donde se declaran algunos vocablos aragoneses* de Jerónimo Blancas, publicado en 1641 y, ya en el XIX, el *Ensayo de un diccionario aragonés-castellano* de Mariano Peralta (1836) y el *Diccionario de voces aragonesas*, de Jerónimo Borao (1859).

En el siglo XX hay una cierta producción de diccionarios de voces aragonesas con su equivalente o definición en castellano, aunque generalmente son repertorios de interés meramente dialectológico. En 1987 se aprueban las normas ortográficas del aragonés y en 2006 se crea la Academia de l'Aragonés, substituida más tarde por la Academia Aragonesa de la Lengua.

Rafael Andolz publicó en 1992 un *Diccionario aragonés: aragonés-castellano/castellano-aragonés.* En 1997, Antonio Martínez publicó un *Vocabulario básico bilingüe aragonés-castellano/castellano-aragonés.* En 2017, Fernando Romanos publicó un *Diccionario aragonés-castellano/castellano-aragonés,* con 12 000 lemas en la primera parte y 10 300 en la segunda.

Recientemente se ha elaborado un diccionario aragonés-castellano en línea: el diccionario *https://aragonario.aragon.es* ha sido posible gracias al Programa Linguatec, en el que participa el

Gobierno de Aragón junto con Lo Congrès Permanent de la Lenga Occitana, Euskal Herriko Unibertsitatea, el Centre National de la Recherche Scientifique y Euskaltzaindia para el periodo de enero de 2018 a diciembre de 2020. El objetivo del proyecto es desarrollar y difundir nuevos recursos, herramientas y aplicaciones lingüísticas innovadoras que mejoren el nivel de digitalización del aragonés, el vasco y el occitano.

3.4. Contraste con el occitano de Arán

La aportación de la lengua occitana (lengua galorrománica con más de 3 millones de hablantes y unos 5000 hablantes en el Valle de Arán) a la lexicografía bilingüe con el español es bien escasa. Aprobadas las normas ortográficas del aranés en 1999, Frederic Vergés Bartau publicó un *Petit diccionari: castelhan-aranés (occitan)-catalan-francés/aranés (occitan)-castelhan, catalan, francés* (2007). Aunque el proyecto original preveía 15 000 entradas en la parte castellana (finalmente, de 6000 a 7000) y 15 000 más en la aranesa (entre 3500 y 4000), la necesidad de incluir el francés dio al traste con esas pretensiones. En 2002 se constituyó el IEA-AALO. Desde 2010 el aranés es oficial en toda Cataluña.

3.5. Contraste con el vasco

Se puede decir que la lexicografía en lengua vasca (lengua aislada, de tipo SOV, con algo más de un millón de hablantes) empieza con Manuel de Larramendi (1690–1776), jesuita, autor también de la primera gramática vasca, *El imposible vencido* (1729). Larramendi redactó un *Diccionario trilingüe del castellano, bascuence y latín* (1745; en adelante, *DT*). El *DT* contiene un extenso prólogo de 205 páginas en que se defiende, en español, la perfección y riqueza de la lengua vasca, y el origen vasco de innumerables palabras de otras lenguas como el griego, el latín, el francés, el italiano y el castellano. El autor mantenía, junto con Pablo Pedro Astarloa y otros autores de la época, que el vasco era la lengua de Adán y Eva. Confiesa, también, haber inventado gran cantidad de voces facultativas, es decir, términos científico-técnicos —de que carecía el vasco — por un afán purista. Astarloa tuvo una influencia directa en las ideas lingüísticas de Sabino Arana Goiri, político e ideólogo vizcaíno, considerado el padre del nacionalismo vasco.

> Son difícilmente comparables los neologismos larramendianos —circunscritos como he señalado al ámbito de las voces técnicas— con los aranistas, que pretenden desterrar del euskera todo aquello que pueda recordar a las lenguas circundantes, a veces con curiosos resultados. Debo decir que actualmente el euskera conserva más neologismos aranistas que de aquellos salidos de la pluma de Larramendi, los cuales en su mayoría han tenido que cruzar una senda muy tortuosa para poder sobrevivir.
>
> *(Gómez 1991, 30)*

Durante el Renacimiento vasco, con el mismo afán purista o superior al de sus predecesores, Arana Goiri y sus partidarios pusieron en circulación un millar de neologismos. Por diversas razones, algunos de ellos, como *abertzale* ('patriota'), *ikastola* ('escuela'), *ordezkari* ('representante') y *zenbaki* ('número'), han llegado hasta nuestros días, mientras que otros, como *urrutizkin* ('teléfono'), *bakaldun* ('rey') y *txingi* ('joya'), tienen hoy un uso escaso o nulo.

En 1905 apareció un diccionario fundamental, estrechamente ligado al habla real, el *Diccionario vasco-español-francés*, de Resurrección María Azkue (en adelante, *DVEF*), que aún hoy goza de gran prestigio. Hasta 1968 no aprueba Euskaltzaindia las normas ortográficas y empieza a dar pasos firmes hacia la creación del euskera unificado. En 1989, tras 16 años de trabajo, se publican los nueve tomos del *Diccionario Retana de autoridades de la lengua vasca*, de Manuel de la Sota, Pierre Lafitte y Lino Akesolo, creado con la intención de dar continuidad al *DVEF*.

Con los dieciséis volúmenes de su *Orotariko euskal hiztegia* (1987–2005), Koldo Mitxelena da el primer paso hacia una nueva era en la lexicografía vasca. Se trata de un diccionario que recoge toda la lengua, pasada y presente, con la indicación del dialecto y del autor, y a menudo con el equivalente castellano o francés. Es consultable en la web de Euskaltzaindia y desde 2019 dispone de una herramienta para hacer búsquedas complejas. Actualmente, a raíz de la publicación de *Hauta lanerako euskal hiztegia* (1984–1995), de Ibon Sarasola, ha surgido una nueva generación de diccionarios vascos, entre los que cabe citar los editados por Elhuyar, Alberdaina y Labayru. Para calibrar el avance experimentado por la lexicografía vasca en el último cuarto de siglo basta comparar la diferencia existente, desde cualquier punto de vista, entre *Euskal hiztegi modernoa*, publicado en 1976, y el diccionario bilingüe de Elhuyar, de 1996 (*Elhuyar hiztegia euskara-gaztelania/diccionario castellano-vasco*; en adelante, *Elhuyar*). Quedaron atrás al fin aquellos diccionarios con aspecto de nomenclátor, y disponemos de otros que presentan microestructura de auténticos diccionarios: con indicación de la categoría gramatical, contextualizadores semánticos, gran cantidad de ejemplos de uso, locuciones, fraseología, información sintáctica y marcas para las variantes funcionales.

El *Elhuyar*, dirigido por Miren Azkarate, Xabier Kintana y Xabier Mendiguren, consta de una introducción de 18 páginas en vasco, con la descripción de la obra, las fuentes y el proceso de elaboración, muy detallados, una guía de uso y una lista de abreviaturas, el cuerpo del diccionario, de 647 páginas, a dos columnas, un apéndice gramatical de 38 páginas, más una introducción, la misma que aparece en la primera parte pero en castellano, y el cuerpo del diccionario castellano-vasco, de 702 páginas. En total consta de 91 296 entradas, 23 223 subentradas, 130 697 o 153 000 acepciones (según la introducción o la cubierta) y 100 000 ejemplos. Las fuentes del diccionario son varios de los mejores diccionarios bilingües vascos redactados hasta el momento, además del *DRAE* y otros diccionarios españoles monolingües. Dispone de versión electrónica en línea (https://hiztegiak.elhuyar.eus/) que da acceso a un corpus web paralelo. Con la obra en papel se proporciona un código que permite descargar las versiones para dispositivos electrónicos Android y Kindle.

Veamos cómo se presenta en este diccionario la voz *dedo*:

> **dedo** *s.m.* [*del pie o de la mano*] hatz; [*de la mano*] atzamar, eri; [*del pie*] behatz **dedo (del) corazón; dedo medio; dedo cordial**. hatz luze, eri bihotz, erdiko eri. **dedo anular** hatz nagi, hatz-eraztuneko, eraztun-hatz, eraztun-eri. **dedo meñique/auricular** hatz txiki, eri ttipi. **dedo pulgar/gordo**. hatz lodi, erpuru, eri potots, eri handi **dedo índice** hatz/eri erakusle **a dedo** [*de modo autoritario y arbitrario*] nahierara; apetaren arabera, apetaz parece que algunas obras son adjudicadas a dedo: dirudienez, obra batzuk nahierara esleitzen dira **una elección a dedo:** apetazko aukeraketa **2** [*modo de viajar*] auto-stop eginez **chuparse el dedo** (col.) ergela /kaikua/tontoa/tentela izan *si te piensas que me chupo el dedo, estás muy equivocada*: ergela naizela uste baduzu, oso oker zabiltza **chuparse los dedos** hatzak miazkatu; ezpainak koipetu, bizarrak koipetu *te vas a chupar los dedos de lo rico que está*: miazkatuko dituzu **hatzak gozoaren gozoz** contar con los dedos (*de una mano*) (usualmente con el verbo *poderse*) urriak izan, gutxi izan, eskas izan *las victorias de nuestro equipo se pueden contar con los dedos de una mano*: gure taldearen garaipenak oso urriak dira de/para/como para chuparse los dedos goxo-goxo; on-on, bikain, primerako hago yo un gazpacho de chuparse los dedos: primerako gazpatxoa egiten dut hacer dedo auto-stop egin perdimos el tren, y tuvimos que hacer dedo: trena hutsegin eta auto-stop egin behar izan genuen **no mover (ni) un dedo** zirkinik ez egin, ezertxo ere ez egin no movió

un dedo por ayudarnos: ez zuen ezertxo ere egin guri laguntzeko *poner el dedo en la llaga* bete-betean asmatu/jo; zaurian piko egin *tener dos dedos de frente* (usualmente en contextos no afirmativos) zentzu-izpi bat izan, ezaguera ona izan; (en contextos negativos) ergela/ kaikua/ leloa/tentela izan *la respuesta, para el que tiene dos dedos de frente, es obvia*: erantzuna begi-bistakoa da, zentzu-izpi bat duenarentzat *el que se cree eso no tiene dos dedos de frente*: hori sinesten duena ergel hutsa da.

(*Elhuyar [2014]* s. v. *dedo)*

El *Labayru hiztegia. Bizkaiera eta batua (b)uztarturik euskara-gaztelania* (2003), dirigido por Adolfo Arejita, consta de una presentación de 26 páginas, que incluye una guía de uso y una lista de abreviaturas, el cuerpo del diccionario, de 796 páginas a dos columnas, más un apéndice gramatical con las formas verbales en vasco, uso de mayúsculas, puntuación, expresión de números y fechas, composición y derivación. Consta de 64 000 entradas y 26 000 subentradas. Las fuentes son similares a las del diccionario *Elhuyar*. Dispone de versión electrónica en línea (https://hiztegia.labayru.eus) que se actualiza regularmente.

El *Diccionario Labayru: Vizcaíno y batua conjuntados* (2005, en adelante, *Labayru*), dirigido por Adolfo Arejita y Nagore Etxebarria, consta de una presentación de 29 páginas, que incluye una guía de uso y una lista de abreviaturas, el cuerpo del diccionario, de 950 páginas a dos columnas, más un apéndice gramatical de 24 páginas con las formas verbales en vasco, uso de mayúsculas, puntuación, expresión de los números, prefijos y sufijos. Consta de 65 000 entradas. A las fuentes del anterior se suma un diccionario combinatorio del español. Dispone de versión electrónica consultable en línea (https://hiztegia.labayru.eus), que se actualiza regularmente. *Labayru* ofrece en primer lugar el equivalente en el dialecto vizcaíno. Veamos cómo se representa en este diccionario la voz *dedo*:

dedo *s.m. Apéndice articulado:* hatz; <*de las manos*> atzamar, eri; <*de los pies*> behatz; <*de ambos*> hatz-behatzak. →*Le falta un dedo del pie:* Behatz bat faltau dau. **2** *s.m. Unidad de longitud:* hatz(kada), hatzondo, hazbete, ontza. □ **contar con los dedos** *loc.* gitxi/gutxi, urri, eskas, banaka (*frec. en plur.*), bakar batzuk; <*con incontables*> txiki, urri, eskas, labur (*ref. al tiempo*). →*Puedo contar con los dedos de una mano las veces que he ido a la playa este año:* Aurten ez dot ia hondartzea zapaldu, hondartzara gitxitan joan naz aurten. □ **hacer dedo** *loc.* autostop egin. →*Ayer hize dedo para ir a las fiestas del pueblo de al lado:* Atzo autostop egin neban ondoko herriko jaietara joateko. □ **no chuparse el dedo** (col.) *loc.* kokoloa | memeloa | txotxoloa | inozoa | ergela | tentela | tontoa izan ez. →*Dirás lo que quieras, pero yo no me chupo el dedo:* Gura dozuna esango dozu, baina ez naz kokoloa. □ **no tener dos dedos de frente** *loc.* [kokoloa | memeloa | txotxoloa | . . .] hutsa | garbia izan, zentzunizpirik euki ez/zentzu-izpirik eduki ez (*tb. con izan*). □ **poner el dedo en la llaga** *loc.* bete-betean asmau/asmatu | jo, giharrean ikutu /ukitu, zaurian piko egin. ‖ **dedo anular** erantzun-atzamar | – eri | – hatz, (hatz) erdiko | nagi. ‖ **dedo corazón** bihotzeri, hatz luze ‖ **dedo índice** erkin, (hatz) erakusle, zukuhatz ‖ **dedo meñique** atxikandra, atxikin, txirkanda, (hatz) txiki | txiker. ‖ **dedo pulgar** orkoro, erpuru, (hatz) lodi | nagusi | handi, zori hiltzaile (col.) ‖ **yema del dedo** atzamar-punta, atzamarburu, eri-mamin/-mami | –moko, hatz-mamin/-mami | -buru.

(Labayru, s. v. *dedo)*

El *Zehazki Gaztelania-euskara hiztegia/Diccionario castellano-euskera* (2005, en adelante, *Zehazki*), redactado por Ibon Sarasola, consta de una presentación concisa pero interesante de 2 páginas, una guía de uso o notas para usar el diccionario con provecho, una lista de abreviaturas y el cuerpo del diccionario, de 925 páginas, a tres columnas, más un apéndice con la relación de nombres de lugar, gentilicios e idiomas del mundo en euskera. En total consta de 57 000 entradas y 12 000 subentradas aproximadamente. Entre las fuentes, además de *Elhuyar* y diversas obras lexicográficas redactadas anteriormente por el mismo autor, cabe destacar el corpus Ereduzko Prosa Gaur. Dispone de versión electrónica consultable en línea en el web del Instituto de Euskara de la Universidad del País Vasco: (www.ehu.eus/ehg/zehazki). La versión en línea ofrece la posibilidad de oír los ejemplos en vasco. Veamos también aquí la voz *dedo*:

> **dedo 1** *m* (*de la mano*) hatz, atzamar, eri *goi. meterse los dedos en la nariz*, hatza sudurrean sartu. **2** (*del pie*) behatz, eri. **3** (*medida*) eri-trebes: *dos dedos de ese vino blanco*, bi eri-trebes ardo xuri hortatik. ►**chuparse el dedo,** ergela izan, atzo jaioa izan:*¿crees que me chupo el dedo, o qué?*, ergela naizela uste duzu ala?; *a mí no me engañas, que yo no me chupo el dedo*, ez nauzu atzipetuko, ez nintzen atzo jaio. ►**dedo anular,** hatz nagi, eraztun hatz. ►**dedo (del) corazón,** hatz luze, erdiko hatz. ►**dedo gordo,** hatz handi, hatz lodi, erpuru. ►**dedo índice,** hatz erakusle. ►**dedo meñique,** hatz txiki, hatz txiker.►**dedo pulgar**, erpuru, hatz handi, hatz lodi.►**estar para chuparse los dedos,** *colq* ahoa ur egiteko modukoa egon. ►**hacer dedo,** *colq* auto-stop egin. ►**ir a dedo,** *colq* auto-stop eginez joan. ►**no mover un dedo,** zirkinik ez egin. ►**poner el dedo en la llaga,** zaurian ukitu. ►**yema del dedo,** hatz-mami, eri-mami.
>
> (*Zehazki* s. v. *dedo*)

3.6. Contraste con el catalán

Desde finales del siglo XV hasta finales del siglo XVII se puede decir que casi toda la lexicografía en lengua catalana (lengua galorrománica, muy próxima al occitano, con unos 10 millones de hablantes en la actualidad) está al servicio del aprendizaje del latín. Es el período comprendido entre la publicación en Venecia del *Liber elegantiarum*, de Joan Esteve, en 1489, y la publicación en Barcelona del *Gazophylacium catalanum-latinum*, de Joan Lacavalleria (hijo del también lexicógrafo Pere Lacavalleria), en 1696.

A finales del XVI aparecen ya los primeros diccionarios catalanes en que se incluye el castellano, la nueva lengua de cultura, junto con el latín. Las obras son traducción de las publicadas en 1492 y 1495 por el humanista español Antonio de Nebrija.

Hacia mediados del XVII, Pere Lacavalleria publica el *Dictionario castellano, dictionaire françois, diccionari català*, una lista fraseológica a tres columnas que contiene también un repertorio de voces trilingüe sin ordenación alfabética (Lacavalleria 1642).

En la segunda mitad del XVIII aparece el *Promptuario trilingue catalan, castellano, y francés*, de Josep Broc, orientado a la enseñanza del castellano y del francés, con una ordenación no alfabética sino temática (Broc 1771). Carles Ros es autor, en 1739, de un *Breve diccionario valenciano-castellano* y en 1764 de un *Diccionario valenciano-castellano*, con indicación de la apertura vocálica de las es y las ọs.

En el XIX destacan dos diccionarios trilingües: el *Diccionario catalan-castellano-latino* (1803–1805) de Joaquim Esteve, Josep Bellvitges y Antoni Joglar, que es obra principalmente de Fèlix Amat, Ignasi Torres y Francesc Mirambell, y el *Diccionari de la llengua catalana ab la correspondencia castellana y llatina*, de Pere Labèrnia, fruto de dieciocho años de trabajo, y considerado el diccionario de referencia de la Renaixença (Labèrnia 1839–1840).

En el siglo XX, entre los años 1926 y 1962 se publican los diez volúmenes del monumental *Diccionari català-valencià-balear* (en adelante, *DCVB*), un inventario lexicográfico y etimológico de la lengua catalana en todas sus formas literarias y dialectales, recogidas de los documentos y textos antiguos y modernos, y del habla viva. Fue iniciado por Antoni Maria Alcover y concluido por Francesc de Borja Moll. Proporciona para cada una de las acepciones recogidas al menos un equivalente castellano.

El hecho más relevante en la historia de la lexicografía catalana es la publicación en 1932 del *Diccionari general de la llengua catalana*, de Pompeu Fabra (en adelante *DGLC*), que se convierte en el corpus de referencia principal para todas las publicaciones lexicográficas posteriores en lengua catalana, incluidas las bilingües.

Aunque la guerra de 1936–1939 y los 40 años de dictadura dieron al traste con el modelo lingüístico del Noucentisme y pusieron en graves apuros a la cultura catalana, finalmente, con la recuperación de la oficialidad de la lengua y su vuelta a todos los ámbitos de la vida pública, se recuperó plenamente la actividad lexicográfica.

El *Diccionari castellà-català* (1985, en adelante, *ECAS*), dirigido por Josep Torras, consta de una presentación del presidente de la Diputación de Barcelona, un prólogo de Manuel Seco, las instrucciones para el manejo del diccionario a doble columna bilingüe, un apartado de cuestiones gramaticales y la lista de abreviaturas usadas en el diccionario, que suman un total de 30 páginas. Seguidamente viene el cuerpo del diccionario, de 1337 páginas, a dos columnas. En total consta de 58 000 entradas, 18 000 subentradas, 114 000 acepciones y 15 000 ejemplos de uso. Las fuentes son el *DRAE* 20.ª ed. (1984, *DRAE20*), el *DGLC* y el *DCVB*. Dispone de versión electrónica en línea, bien previo registro en el web de la editorial en *www.enciclopedia.cat*, que se actualiza regularmente, bien a través del portal público de consultas lingüísticas Optimot (*http://optimot.cat*), que se actualiza ocasionalmente.

Diccionari català-castellà (1987, en adelante, *ECAT*), dirigido por Josep Torras y Marc Sagristà, consta de una presentación del presidente de la Diputación de Barcelona, un prólogo de Antoni Maria Badia i Margarit, las instrucciones para el manejo del diccionario a doble columna bilingüe, un apartado de cuestiones gramaticales y la lista de abreviaturas usadas, que suman 36 páginas. Seguidamente viene el cuerpo del diccionario, de 1246 páginas, a dos columnas. En total consta de 56 000 entradas, 17 000 subentradas, 105 000 acepciones y 15 000 ejemplos. Bebe de las mismas fuentes que el anterior.

De estos dos diccionarios, que salieron al mercado con poco tiempo de diferencia, la dirección castellano-catalán se ha vendido un 40 % más que su inversa, según datos de la misma editorial. En cuanto a la consulta en línea, en 2019 se consultó en *www.enciclopèdia.cat* un 150 % más la versión castellano-catalán que su inversa.

Veamos el *ECAS s. v. dedo*:

> **dedo** *m* dit. *Punta del dedo*, punta (*o* cap) del dit. ‖ (*medida*) dit. ‖ **a dos dedos de** *fig fam* a dos dits de, molt a la vora de. *Se paró a dos dedos del precipicio*, s'aturà a dos dits del precipici. ‖ **contar con los dedos** comptar amb els dits. ‖ **pillarse los dedos** *fig fam* picar-se (*o* agafar-se, *o* cremar-se) els dits. ‖ **chuparse el dedo** (*un niño*) xuclar-se (*o* xumar-se, *o* mamar-se) el dit. | *fig fam* (*ser tonto o ingenuo*) mamar-se el dit. ‖ **chuparse los dedos** llepar-se'n els dits. ‖ **dedo anular** dit anular (*o* de l'anell). ‖ **dedo auricular** (*o* **meñique**, *o* **pequeño**) dit auricular (*o* petit, *o* menut, *o* menovell, *o* menuell, *o* gorrí). ‖ **dedo cordial** (o **de en medio**, o **del corazón**) dit del mig (*o* mitger, *o* llarg, *o* del cor, *o* llépol). ‖ **dedo del pie** dit del peu. ‖ **dedo gordo** dit gros, polze. ‖ **dedo índice** índex, dit assenyalador (*o* apuntador, *o* saludador, *o* mestre). ‖ **meter los dedos a uno** *fig fam p fr* ficar (*o* posar) els dits a la boca a algú. ‖ **morderse los dedos** *fig fam* mossegar-se els dits. ‖ **no chuparse** (o **no mamarse**) **el dedo** *fig fam* no tenir pa a l'ull. ‖ **nombrar a dedo** nomenar a dit. ‖ **no mover un dedo** (o **un dedo de la mano**) *fig fam* no moure un (*o* ni un) dit. ‖ **no**

tener dos dedos de frente *fig fam* no tenir dos dits de front (*o* de seny, *o* d'enteniment). ‖ **poner a uno los cinco dedos en la cara** posar (*o* plantar, *o* estampar) els cinc dits a la cara d'algú. ‖ **poner el dedo en la llaga** *fig fam* tocar el costat (*o* punt) feble, tocar el viu. ‖ **señalar con el dedo** *fig* (*acusar*) assenyalar amb el dit.

Tanto en las islas Baleares como en el País Valenciano han aparecido otros repertorios bilingües dignos de atención: el *Diccionari català-castellà/castellà-català* (1982), de Francesc de Borja Moll (en adelante, *Moll*), y el *Diccionari Tabarca valencià-castellà/castellà-valencià* dirigido por Vicent Pascual (2011, en adelante, *Tabarca*).

El *Moll* consta de unas instrucciones esenciales para el manejo del diccionario, en las que se rinde cuenta de la finalidad de la obra, la disposición y estructura de los artículos, la manera de indicar los significados y las abreviaturas. Seguidamente se aclaran los criterios de selección de dialectalismos, barbarismos y pseudobarbarismos, y unas palabras de agradecimiento a las colaboradoras. A continuación, viene el cuerpo del diccionario a tres columnas: 406 páginas para la parte catalán-castellano y 389 para la parte castellano-catalán, con igual presentación e instrucciones, pero en castellano con dos páginas más, de adiciones y correcciones.

El *Tabarca* consta de una presentación firmada por los autores y el editor, una guía de uso, las conjugaciones de los verbos catalanes regulares, la lista de abreviaturas y el cuerpo del diccionario catalán-castellano, de 511 páginas a dos columnas; seguidamente se recogen las conjugaciones de los verbos castellanos regulares, la lista de abreviaturas y el cuerpo del diccionario castellano-catalán, de 478 páginas a dos columnas, más una lista con el nombre de las comarcas, municipios y gentilicios valencianos de 15 páginas. Consta de 60 000 entradas.

Veamos estos dos diccionarios *s. v. dedo*:

Moll	*Tabarca (4.ª ed., 2012)*
dedo m. dit/–**pulgar** o –**gordo** dit polze, dit gros/–**índice** senyalador, dit apuntador, dit índex, dit mestre/–**del corazón** dit d'enmig, dit llarg/–**anular** dit de l'anell, dit anular, dit gandul/–**meñique** dit petit, menuell, menovell, dit xic, gorrinyeu, gorrinet, porcelleta/**mover los dedos** ditejar/**tocar con los dedos** ditejar/**lamerse los dedos** fer llepadits	**dedo** *m.* dit. *Los dedos de la mano son: pulgar, índice, corazón, anular y meñique.* Els dits de la mà són: polze, índex, dit del mig, anular i menuel . ‖ **chuparse los dedos** llepar-se'n els dits. ‖ **ir como anillo al dedo** anar com l'anell al dit. ‖ **no tener dos dedos de frente** no tindre (*o* no tenir) dos dits de coneixement (*o* de trellat, *o* de seny). ‖ **saber por la punta de los dedos** tindre (*o* tenir) per la punta dels dits. ‖ **yema del dedo** cap (*o* punta) del dit.

El *Moll*, además de equivalentes de uso general, recoge formas de ámbito restringido de todo el dominio, en un intento de paliar el olvido en el que los diccionarios bilingües habituales tienen las variedades periféricas de la lengua: véanse *dit llarg* (usado en las islas Pitiüses), *dit d'enmig* (usado en Mallorca) y *menovell* (usado en L'Alguer, en Cerdeña) en el ejemplo anterior.

El *Tabarca* prioriza las formas valencianas (v. *polze*), sin descuidar las de ámbito general. También proporciona información fonética en la parte catalán-castellano.

3.7. Contraste con el gallego

El primer vocabulario conocido en gallego (lengua iberorromànica con unos 3 millones de hablantes, pero perteneciente al diasistema portugués, y desde esta óptica, con más de 200 millones de hablantes) se compiló hacia 1536 y no se tiene constancia de ningún otro hasta el siglo XVIII, con los repertorios también inéditos de Martín Sarmiento; de Juan Sobreira, basado en el *DRAE*, y de Xosé Andrés Cornide.

Los primeros diccionarios publicados aparecen en la segunda mitad del siglo XIX, durante el Rexurdimento. En 1863, coincidiendo con la publicación por Rosalía de Castro de *Cantares gallegos*, Francisco Javier Rodríguez publica su *Diccionario gallego-castellano;* en 1876, Juan Cuveiro Piñol, y en 1884, Marcial Valladares Núñez, publican también un diccionario gallego-castellano, siendo los tres de calidad inferior a los repertorios lexicográficos inéditos del siglo anterior.

En el siglo XX, antes de la guerra de 1936, con que concluye el renacer de las letras gallegas, aparecen los repertorios de Jacinto del Prado (castellano-gallego, en 1907), de Xosé Fernando Filgueira Valverde (*Vocabulario popular galego-castelán*, en 1926), de Leandro Carré Alvarellos (*Diccionario galego-castelán*, 2 vols., 1928–1931) y de las Irmandades da Fala (*Vocabulario castellano-galego*, 1933; reeditado en 1979), muy deficiente y de muy precaria solvencia en el acopio de voces (Fernández del Riego 1979, 7). En plena dictadura franquista, José Ibáñez Fernández publica su *Diccionario galego da rima e galego-castelán* (1950), Eladio R. González el *Diccionario enciclopédico gallego-castellano* (3 vols., 1958–1961), José S. Crespo Pozo una *Contribución a un vocabulario castellano-gallego* (1963), "abundante en aportaciones y variantes léxicas localizadas, aunque poco instrumental" (F. del R. 1979, pág.7), y Xosé Luis Franco Grande un *Diccionario galego-castelán e vocabulario castelán-galego* (1968), "concebido con buen criterio, pero incompleto por no haberse propuesto otra cosa" (F. del R. 1979, pág.7). En 1972, Leandro Carré Alvarellos publica la cuarta edición de su diccionario, ampliado a 29 500 vocablos.

Muerto ya el dictador Francisco Franco, Fernández del Riego publica un *Vocabulario castellano-gallego* (1979, en adelante, *VCG*). En la presentación, además de los comentarios recogidos más arriba, apunta ya al portugués como fuente complementaria:

> Pensamos que, de este modo, podíamos superar ciertos vulgarismos gráficos deformadores —vigentes entre nosotros— sustituyéndolos por las soluciones dadas a las correspondientes palabras en el idioma hermano, de origen común. Sobre todo en lo referente a cultismos, tan traicionados usualmente en sus leyes fonéticas, por influencia de la lengua hablada corrompida.
>
> *(Fernández del Riego 1979, 8)*

La producción lexicográfica experimenta un impulso en la década de 1980. En 1982, el gallego obtuvo el estatus de lengua cooficial y al año siguiente aparece el primer diccionario monolingüe, el *Dicionário galego ilustrado* (1983), de Isaac Alonso Estraviz, vicepresidente de la Academia Galega da Língua Portuguesa. Tres años después, Estraviz publicó un *Dicionário da língua galega* (1986; en una versión más breve en 1995). El diccionario apareció inicialmente en la normativa reintegracionista de mínimos (de tímida confluencia con el portugués), pero desde 2005 está disponible en línea (*http://estraviz.org*) en la normativa reintegracionista de máximos (de máxima confluencia con el portugués). En 1986 aparecieron dos diccionarios bilingües más, no reintegracionistas (de confluencia con la ortografía del castellano), coordinados por Feixó Cid para Cumio y por Navaza Blanco para Xerais.

En este debate sobre la naturaleza del gallego, la cuestión de la ortografía fue, y aún hoy es, fundamental. En la década de 1970, los partidarios del gallego como lengua independiente se aglutinaron alrededor del Instituto da Lingua Galega (ILG), fundado y dirigido durante años por el dialectólogo asturiano Constantino García. Por otro lado, los que querían tener en cuenta la escritura gallega medieval, en la que se basa la portuguesa, se agruparon entorno a la figura de Ricardo Carvalho Calero.

> Para uns, o galego é un dialecto de portugués hoxe moi deteriorado pola interferencia do castelán, de maneira que, máis alá da diversidade observable entre ámbalas variedades lingüísticas, estamos en presencia de unha única língua, a galego-portuguesa ou, sen máis, a portuguesa; esta posición pode conducir á adopción directa do estándar portugués ou ben a distintas estratexias de aproximación a el nas que a influencia da tradición escrita medieval é sempre moi grande. Para outros, o galego e o portugués son hoxe dúas linguas afíns pero distintas derivadas do antigo romance galaico (ou galaico-portugués) que, a partir da independencia política de Portugal no século XII, coñeceron desenvolvementos e procesos de elaboración e cultivo autónomos; por tanto, os que así pensan procuran unha norma moderna pero atenta tamén á depuración do castelanismo, á recuperación das formas do pasado que se poidan recuperar e á busca dunha certa harmonización co conxunto das linguas románicas en xeral e con portugués en particular. Ora ben, tampouco entre os que teñen unha concepción do galego como lingua autónoma existe unanimidade absoluta á hora da materialización dun código normativo concreto.
>
> *(Mariño Paz 1998, 486)*

En 1982, Filgueira Valverde, consejero de Cultura de la Xunta, hostil a las propuestas lusistas, impone por decreto la norma vigente, no consensuada, dejando fuera de ella a la corriente reintegradora. Como es lógico, estos vaivenes han dejado huella en la producción lexicográfica. En los principales diccionarios bilingües publicados entre 1972 y 2015 se observan, por ejemplo, discrepancias en la atribución del género gramatical (*potaxe, viaxe* m./f.), en la forma del pronombre personal de tercera persona (*ele, él, il, el*), en el nombre de los días de la semana (*segunda feira, luns, lus, lús*), en la terminación de los adjetivos (*posíbele, posible, posíbel*) y en la de los substantivos (*nazón, nación*; *panadeiría, panadería, panadaría*). Hay, pues, una evidente inestabilidad en la nomenclatura, fruto de esa divergencia no resuelta entre reintegracionistas y aislacionistas.

Entre los diccionarios bilingües del gallego con el castellano destaca por ser el más completo el *Dicionario castelán-galego da Real Academia Galega* (2004, en adelante, *DCG*), dirigido por Constantino García y Manuel González González, que consta de una presentación en gallego firmada por la presidenta de la Fundación Pedro Barrié de la Maza, otra del presidente de la RAG Xosé Ramón Barreiro Fernández, una introducción en gallego con las instrucciones para el manejo del diccionario, un índice de 82 abreviaturas en castellano usadas en el diccionario, que indican las categorías gramaticales, las áreas temáticas y las variedades funcionales. Seguidamente se incluye el cuerpo del diccionario, de 979 páginas a doble columna, con 25 000 entradas.

Veamos el *DCG s. v.* dedo:

> **dedo** *s.m.* (de la mano) ***dedo.***La mano tiene cinco dedos. *A man ten cinco dedos.* 2. (del pie) ***dedo, deda****(f.)*. El zapato me aprieta en los dedos. *O zapato apértame nos dedos.* 3. (porción de algo) ***dedo.***El lazo tendría dos dedos de ancho. *O lazo tería dous dedos de ancho.* // **A d.:** 1. (forma de viajar) ***a dedo, en autostop.***Volvió a casa a dedo. *Volveu para a casa a dedo.* 2. (arbitrariamente) ***a dedo.*** Lo designaron para el puesto a dedo. *Designárono para o posto a dedo.*/**A dos dedos de.:** ***a piques de, a punto de.*** Estuvo a dos dedos de aprobar el examen. *Estivo a piques de aprobar o exame.*/**Chuparse el d.:** ***ser parvo.*** ¿Piensas que me chupo el dedo? *Pensas que son parvo?*/Contarse con los dedos: *contarse cos dedos.* En el examen,

los aprobados se contaban con los dedos. *No exame, os aprobados contábanse cos dedos.* /**(D.) anular:** ***(dedo) anular, (dedo) mediano, (dedo) medianiño*** (coloquial). Colocó la alianza en el dedo anular. *Colocou a alianza no dedo anular.* /**(D.) (del) corazón:** ***(dedo) maior, pai de todos*** (coloquial). El dedo corazón es el más largo de todos. *O dedo maior é o máis longo de todos.* /**(D.) gordo o pulgar:** ***(dedo) gordo, (dedo) polgar, cachapiollos*** (coloquial), ***matapiollos*** (coloquial). Se cortó el dedo gordo cortando patatas. *Cortou o dedo gordo pelando patacas.* /**(D.) índice:** ***(dedo) índice, furabolos*** (coloquial). Pulsa el botón con el índice. *Pulsa o botón co índice.* /**(D.) meñique:** ***(dedo) maimiño, (dedo) <meimiño>, (dedo) mamiño, (dedo) <maniño>, (dedo) pequeniño.*** El meñique es el dedo más pequeño. *O maimiño é o dedo máis pequeno.* /**Hacer d.:** ***facer dedo, facer autostop.*** Tuvieron que hacer dedo porque se les averió el coche. *Tiveron que facer dedo porque se lles avariou o coche.* /**No mover un d.:** ***non mover un dedo.*** No movió un dedo por ayudarnos. *Non moveu un dedo por axudarnos.* /**No tener dos dedos de frente:** ***non ter sentido ningún.*** Si te ha dejado sola en ese lugar es que no tiene dos dedos de frente. *Se te deixou soa nese lugar é que non ten sentido ningún.* /**Poner el d. en la llaga:** ***dar onde doe, tocar onde doe.*** Al hablarle de su madre, sin querer, puso el dedo en la llaga. *Ao falarlle da súa nai, sen querer, deulle onde lle doía.* /**Señalar con el d.:** ***sinalar co dedo.*** Se fue del pueblo porque todos lo señalaban con el dedo. *Foise da vila porque todos o sinalaban co dedo.* /**Venir como anillo al d.: V. anillo**.

4. Tesoros lexicográficos

4.1. El Diccionario de diccionarios

En 2000 salió al mercado el *Diccionario de diccionarios* (en adelante, *DdD*) en CD-ROM (Santamarina 2000). La primera edición permitía consultar la información contenida en 11 diccionarios gallegos desde el siglo XVIII hasta el XX, recopilados y transcritos bajo la coordinación del profesor Antón Santamarina en el ILG. En la tercera edición, de 2003, ha aumentado el conjunto de obras hasta llegar a 25, con un total de 345 742 entradas. Su finalidad es ofrecer al usuario todo el léxico del gallego recogido en los diccionarios antiguos y que difícilmente se encuentran en el mercado. El tratamiento informático de los materiales contenidos en los diccionarios permite realizar consultas diversas, por palabras, sinónimos, campos temáticos, refranes, ejemplos y citas. La colaboración entre el ILG y el Seminario de Lingüística Informática de la Universidade de Vigo hizo posible la publicación en 2006 de una versión web ampliada con 392 768 entradas documentadas en 32 obras. Desde entonces, la edición en línea del *DdD* puede ser consultada libremente como un recurso independiente, o integrada en el portal del ILG.

4.2. El Tresor Lexicogràfic Valencià

El *Tresor Lexicogràfic Valencià* (en adelante, *TLV*) es el fruto de un proyecto de Jordi Colomina y Josep Martines surgido en el Departamento de Filología Catalana de la Universitat d'Alacant. En un principio, pretendían recoger los diccionarios más relevantes de los siglos XVIII–XIX: el *Diccionario valenciano-castellano* de Carles Ros (1764), el *Ensayo de un diccionario valenciano-castellano* de Constantí Llombart (1887) y el *Diccionario valenciano-castellano* de Joaquim Martí i Gadea (1891). El TLV, disponible en formato papel y en soporte electrónico, permite la consulta de la vida de una determinada palabra en los treinta y seis repertorios léxicos valencianos que lo forman: 141 416 entradas de las fuentes lexicográficas agrupadas en 57 325 artículos.

4.3. *La Base de Dades Lexicals*

La *Base de Dades Lexicals* (en adelante, *BDLex*) del IEC incluye los principales diccionarios catalanes de los dos últimos siglos, casi todos con equivalencias en castellano. Actualmente, el acceso a *BDLex* es libre, a través del sitio web del *Diccionari de la llengua catalana, DIEC2* (https://dlc.iec.cat), junto con otros recursos lexicográficos, terminológicos y corpus.

5. Corpus textuales informatizados

Los corpus textuales son, indudablemente, la herramienta más eficaz para la elaboración de diccionarios. Las academias y las universidades, principalmente, se ocupan de crearlos, alimentarlos y explotarlos.

En el caso del asturiano, la Universidad de Oviedo trabaja en uno de 10 000 000 de palabras: http://eslema.uniovi.es/corpus/busqueda.html.

En cuanto al catalán, existen dos corpus principales de referencia, uno de autores de todo el ámbito lingüístico, del IEC (https://ctilc.iec.cat/scripts/index.asp) y otro solo de autores valencianos, de la AVL http://cival.avl.gva.es/cival/buscador.jsp.

Por lo que respecta al vasco, dispone de los corpus d'Euskaltzaindia http://xxmendea.euskaltzaindia.eus/Corpus/ y http://lexikoarenbehatokia.euskaltzaindia.eus/#, y los siguientes del Instituto de Euskara de la Universidad del País Vasco: www.ehu.eus/etc/, www.ehu.eus/etc/ch, www.ehu.eus/euskara-orria/euskara/ereduzkoa/, www.ehu.eus/ehg/kc/, www.ehu.eus/ehg/pkc/, www.ehu.eus/ehg/epd/, www.ehu.eus/ehg/hac/ y www.ehu.eus/ehg/goenkale/.

Finalmente, en gallego disponen, entre otros, del www.cirp.gal/corga/buscas y el https://ilg.usc.es/gl/proxectos.

42

La lexicografía bilingüe del español con lenguas originarias de América Latina (Bilingual dictionaries between Spanish and native languages of Latin America)

Introducción

Exposición de los diccionarios bilingües actuales de seis lenguas americanas con el español: náhuatl, quiché, quechua, aimara, mapudungun y guaraní. Aunque la noticia de estas diferentes lexicografías es por sus circunstancias poco homogénea, todos los textos responden a un esquema común: presentación general de la lexicografía bilingüe español-lengua originaria y lengua originaria-español; breve mención al recorrido histórico de esa lexicografía; distancia lingüística entre las dos lenguas, por tipología de las dos lenguas, lo que señala el grado de dificultad que requiere la elaboración de diccionarios bilingües; utilidad social que pueden representar estos diccionarios en cuanto al cultivo de las dos lenguas, y acogida que se les dispensa entre la población. En cada apartado se recogen intereses predominantes, sociales o lingüísticos, que responden a las políticas y al peso de las minorías rectoras de los diferentes países en los diccionarios seleccionados.

Todos ofrecen una breve descripción de los títulos de diccionarios (accesibles comercialmente o no).

Palabras clave: lexicografía bilingüe; náhuatl; quiché; quechua; aimara; mapudungun; guaraní

Presentation of six current bilingual dictionaries of Spanish and languages of the Americas: Nahuatl, K'iche', Quechua, Aymara, Mapudungun, and Guarani. Although the news of these lexicographical works is, due to their circumstances, far from homogeneous, all texts follow the same structure: they provide a general introduction of the bilingual lexicography Spanish-native language and native language-Spanish, a brief mention of its history, and a description of the linguistic distance between both languages based on their typology, which points to the complexity that creating bilingual dictionaries entails. They also mention the social use that these dictionaries represent for the development of both languages, and the welcome they receive from the public. Each section contains social or linguistic predominant interests that answer to policies and to the weight of the governing minorities of each country in the selected dictionaries.

They all offer a brief description of the dictionaries (commercially available or not).

Keywords: bilingual lexicography; Nahuatl; Quiché; Quechua; Aymara; mapudungun; Guarani

DOI: 10.4324/9780429244353-48

Presentación (Foreword)

Paz Battaner

Las lenguas originarias de la América explorada y colonizada por españoles entre los siglos XVI–XVIII tiene una muy rica historiografía, objeto de estudio fundamental para el conocimiento actual de esas lenguas. Sin embargo, el tratamiento de la lexicografía bilingüe entre la lengua española, oficial en todas las repúblicas americanas desde el Río Grande hasta el cabo de Hornos, y las lenguas amerindias de mayor número de hablantes y oficiales también en algunos (Bolivia, Perú, Uruguay, Ecuador) es en muchos de los casos en el siglo XXI todavía deudor de los primeros diccionarios.

Para toda la historiografía lexicográfica americana, tenemos hoy la *Lexicografía hispano-amerindia, 1550–1800. Catálogo descriptivo de los vocabularios del español y las lenguas indígenas americanas* (Hernández 2018). En general, los 160 títulos recogidos en este catálogo no fueron pensados para el aprendizaje del español, pues el español es la lengua de partida; son diccionarios pensados para la comunicación con los nativos indígenas, salvo el del jesuita González Holguín (1608) que responde a que en el virreinato del Perú en el siglo XVII se pudiera estudiar el español. Los modelos de estos diccionarios siguen los diccionarios desarrollados en aquellos años para el castellano (Nebrija y Covarrubias), el Calepino y, posteriormente, para el bilingüe con el náhuatl de Alonso de Molina (1571), que ha sido considerado prototipo de este tipo de repertorios casi hasta la actualidad.

En muchas de las comunidades en que se mantienen vivas las lenguas originarias, y no llegan a ser lenguas oficiales, se encuentran hablantes monolingües amerindios, con tímidos movimientos de estandarización de esas lenguas, con mayor o menor voluntad de su enseñanza en la escuela, reglada o no según los diferentes territorios. Hay, por tanto, necesidad tanto de diccionarios monolingües en cada lengua como de diccionarios bilingües en las dos direcciones posibles de estos. Esta labor viene siendo impulsada en pequeñas comunidades lingüísticas por instituciones y organizaciones como, por ejemplo, el Summer Institute of Linguistics o Instituto Lingüístico de Verano (SIL, https://mexico.sil.org/es), con las muchas lenguas de México.

En la metalexicografía hispánica raramente se atiende a los diccionarios en servicio hoy entre esas lenguas y el español. Al objetivo de normalizar la presencia de lenguas originarias americanas junto al español en la actualidad responde este capítulo, que tiene como autores cinco excelentes conocedores de seis lenguas que de un modo u otro reciben atención institucional; por orden de número de hablantes, serían los diccionarios bilingües con el quechua (Julio Calvo Pérez), el guaraní (Domingo A. Aguilera Jiménez), el aimara (Julio Calvo Pérez), el náhuatl (Yolanda Lastra), el maya k'iche' (Guillermina Herrera Peña) y el mapudungún (Belén Villena Araya).

Entre las informaciones que estos autores aportan y en las presentaciones que se incluyen, se señala a menudo la distinción entre diccionarios que responden a necesidades perentorias, como siempre se ha dado en la historia de la lexicografía, y diccionarios que responden a proyectos sólidos en las diferentes vertientes de la lingüística, normalización, sociolingüística, diacronía, etnolingüística, dialectología, etc.

Aunque la noticia de estas diferentes lexicografías es por sus circunstancias poco homogénea, todos los textos responden a un esquema común en que se hace una presentación general de la lexicografía bilingüe español-lengua originaria y lengua originaria-español; una breve mención al recorrido histórico de esa lexicografía, aunque interesa lo que está en uso hoy, pues el manual no presenta capítulos históricos; la distancia lingüística entre las dos lenguas, por tipología de la lengua americana y la de lengua románica del español, lo que señala el grado de dificultad que requiere la elaboración de diccionarios bilingües; la utilidad social que pueden representar estos diccionarios en cuanto al cultivo de las dos lenguas, y la acogida que se les dispensa entre la población.

Todos ofrecen una breve descripción de los títulos de diccionarios (accesibles comercialmente o no), a lo largo de un periodo que no se remonta más allá de 1900; en donde los más recientes tendrían que ser los elegidos. Ello siempre requiere una breve valoración y sugerencias de posible desarrollo.

En cada apartado se recogen intereses predominantes, sociales o lingüísticos, que responden a las políticas y al peso de las minorías rectoras de los diferentes países en los diccionarios seleccionados. La información proporcionada contrasta positivamente con la recogida por Dalby (1998).

Diccionarios bilingües actuales entre el quechua y el español (Current bilingual dictionaries of Quechua and Spanish)

Julio Calvo Pérez

1. Presentación general

La lexicografía bilingüe por lo que atañe a las principales lenguas andinas es bastante abundante en títulos, sobre todo la del quechua, ya que esta fue y sigue siendo la principal de las lenguas vehiculares originarias en América Latina tanto por el número de hablantes como por los distintos países en que se asienta. Los glosarios, vocabularios, diccionarios y lexicones tienen un corte bastante tradicional y metodología intuitiva, bifurcándose en dos especialidades —la escolar y la general—, quedando al margen, salvo muy pocas excepciones, de otros criterios recopiladores. Por el grado de desarrollo léxico, por el modo en que ha sido recopilado, por su extensión y por el tratamiento gramatical y pragmático en su diseño, cabe destacar en el conjunto quechua el *Nuevo diccionario bilingüe: quechua-español / español-quechua* de Calvo (1999, en línea 2009).

2. Breve mención al recorrido histórico

La lexicografía del quechua comienza muy pronto y se desarrolla ampliamente entre *Lexicón o Vocabulario de la lengua general del Perú* (1560, Valladolid) de Domingo de Santo Tomás (Calvo y Urbano 2013) y *Vocabulario* de Torres Rubio (1619, Lima). El diccionario que supuso una normalización del quechua a partir del III Concilio Limense, con efectos traductológicos, fue el *Anónimo* (1586, Lima), atribuido a Blas Valera, el cual se completaría con la obra cumbre de este período: el *Vocabulario de la lengua general* de González Holguín (1608, Lima). De los 160 repertorios bilingües en que está incurso el quechua en el área peruana, solamente han sido publicados en los siglos siguientes apenas 7 insignificantes trabajos bilingües hasta 1850. Entre esta fecha y 1900 se publican dos obras fundamentales, trilingües en español, quechua y alemán: *Die Ketchua-sprache. III: Wörterbuch* (Von Tschudi 1853, Viena) y el *Wörterbuch des Runa-Simi oder Keshua-Sprache* (Middendorf 1890, Leipzig). El resto de la producción bilingüe castellano-quechua/quechua-castellano, en el área peruana, es de 140 obras netamente bilingües o multilingües. Hasta el siglo XX, en Ecuador, es relevante la obra *Diccionario Quichua-castellano* (Cordero 1892, Quito) y la de Grimm, *La lengua quichua (dialecto de la República del Ecuador)* (1896,

Friburgo de Brisgovia). En Argentina cabe destacar la labor lexicográfica bilingüe de Mossi, *Diccionario castellano-quichua* (1860, Sucre).

3. Grado de distancia lingüística entre las dos lenguas

La mayoría de las lenguas originarias americanas pertenecen al grupo amerindio de Greenberg. Entre las andinas, sobresale el hecho de que son lenguas sufijales de carácter aglutinante, por lo que ganan en la relación alfabética/morfológica respecto a las que incluyen también prefijos como el castellano. El quechua tiene a su vez la ventaja de ser muy regular en la derivación, redundando en el mismo criterio antedicho de la sencillez para formar artículos complejos. La dificultad estriba, en cambio, en determinar sintéticamente las correspondencias léxicas, ya que el quechua aporta sutilidades derivativas en el significado que solo se resuelven en castellano mediante los matices que aportan los sinónimos. Un claro ejemplo de error por esta causa es el *Diccionario kechuwa-español* de Lira (1944). Por ejemplo: *ruray* 'hacer' deriva a *ruraysiy* 'prestarle ayuda al que trabaja o hace algo', que el autor obliga a formar mediante una equivalencia compleja que dé cuenta del sufijo asistivo *-ysi-*; la mejoría en este terreno llevaría a 'secundar, participar, colaborar, coadyuvar', sobre los que no atina el autor. La cuestión es que el quechua tiene menos raíces y muchos más derivados (*ruray > rurakuy, ruraykuy, ruraykachay, ruraysiy, ruwarpariy, ruranayay, rurapakuy, rurachiy . . .; rurachiy > rurachikuy . . .).* En quechua las categorías son difusas, de modo que *ruray* 'hacer' significa también 'acción, operación, tarea, trabajo, quehacer', aunque hay determinados sufijos que inducen a una u otra categoría. Por no abundar en más problemas, aunque de todo punto elementales en este nivel, la dificultad está en determinar cuántos son los derivados posibles de cada palabra básica quechua y cuántos los convenientes para desplegarlos en los diccionarios bilingües. Finalmente, hay una cuestión metalexicográfica importante: pese al abultado número de repertorios quechuas existentes, el nivel de sofisticación alcanzado es insuficiente, sobre todo al carecer el quechua de diccionarios monolingües y no haber sido elevada la lengua todavía a una sistematización técnica adecuada.

4. Utilidad social

Mientras que las lenguas de cultura avanzada logran a veces satisfacer mejor sus dinamismos léxicos en Internet que haciendo recopilaciones siempre lentas y fatigosas, las lenguas indígenas no ofrecen todavía ni corpus ni materiales suficientes que puedan sustituir al diccionario. Por eso, el diccionario quechua da la sensación igualitaria de que puede medirse a las lenguas de cultura. Al mismo tiempo incide en la recogida de los materiales más autóctonos, evitando en lo posible, los préstamos. Sin embargo, la realidad es muy distinta: si bien el quechua ha llegado a suministrar al castellano, en el área andina, unos cuatro mil préstamos, tantos como el árabe, la lengua andina ha recibido el triple de ellos del castellano y muchos más aún en las zonas de contacto habitual. Adviértase que ni el quechua ni el conjunto de las lenguas quechuas por separado son aún lenguas normalizadas, por lo que la acogida que les dispensa la población, ante su supuesta inutilidad práctica, es limitada.

5. Títulos de diccionarios en la actualidad

De los casi 150 intentos lexicográficos bilingües del quechua que recoge Calvo (2018) desde 1900 hasta la actualidad solo el Perú, más otra treintena en los demás países donde se habla quechua, se recogen en este trabajo los más relevantes, separándolos por países, temática, lenguas y dialectos implicados y ediciones de obras clásicas que den una visión panorámica no muy alejada de la realidad de la lexicografía quechua:

5.1. Perú

Se excluyen de esta selección los vocabularios insertos en gramáticas.

1905	AA.VV. *Vocabulario políglota incaico*. Hay edición modernizada de Rodolfo Cerrón-Palomino *et al.*: *Vocabulario políglota incaico*. Lima: ME, 1998.
1944	Jorge A. Lira. *Diccionario kechuwa-español*. Con apéndices hasta 1963. Es un diccionario amplio, de unas 15 000 entradas, con ortografía enrevesada. No tiene vuelta en castellano y la edición realizada por Mario Mejía (2001) fracasa en parte en su puesta a punto: *Diccionario quechua-castellano, castellano-quechua*. Lima: URP.
1959	César Guardia Mayorga. *Diccionario kechwa-castellano/castellano-kechwa*. Primer diccionario, aunque endeble, del ayacuchano. Difícil de encontrar.
1969	Gary J. Parker. *Ayacucho Quechua Grammar and Dictionary*. Se inicia y desarrolla toda una corriente de lexicografía dialectal, dotando en pocos años a las lenguas y dialectos quechuas de vocabularios y diccionarios módicos.
1970	Pedro C. Perroud y Juan M. Chouvenc. *Diccionario castellano-kechwa/kechwa-castellano*. Santa Clara (Ate): Seminario San Alfonso. Obra ecléctica, pero muy útil, que recoge tanto diccionarios clásicos como léxico moderno, aunque con la ortografía del ayacuchano.
1976	Antonio Cusihuamán G. *Diccionario quechua: cuzco-collao*. El año 1976 es un año simbólico del desarrollo de lexicones elementales de los principales dialectos quechuas. Se hicieron seis: este y los que siguen, todos editados en Lima por el Ministerio de Educación y el Instituto de Estudios Peruanos. Clodoaldo Soto. *Diccionario quechua: ayacucho-chanca*. Félix Quesada C. *Diccionario quechua: cajamarca-cañaris*. Gary J. Parker y Amancio Chávez. *Diccionario quechua: áncash-huailas*. Marinell Park *et al.*: *Diccionario Quechua: San Martín*. Rodolfo Cerrón-Palomino: *Diccionario Quechua: Junín-Huanca*.
1977–1978	Esteban Hornberger y Nancy H. Hornberger: *Diccionario tri-lingüe Quechua, English, Castellano*. Este diccionario trata el dialecto collavino de Puno.
1995	Academia Mayor de la Lengua Quechua: *Diccionario quechua-español-quechua/ Qheswa-español-qheswa simi taqe*. Pese a sus muchas ediciones y publicidad es un mal diccionario, que no logra casar una segunda vertiente castellano-quechua mínimamente aceptable: de sus 928 páginas, 772 son para el orden quechua-castellano. Profuso en la red.
1998/2008	David J. Weber *et al. Rimaycuna quechua de Huánuco*. Original. Hay ya un vocabulario de este autor en 1973. Unidireccional. La versión de 2008 se puede consultar en http://tinyurl.com/y7xtnj2v.

2003 Francisco Carranza Romero. *Diccionario quechua ancashino-castellano*. Frankfurt am Main, Vervuert.

Esta obra completa su *Diccionario español-quechua* de 1992, publicado en Seúl. Es un diccionario técnicamente bien hecho, que no rehúye los préstamos y alcanza las 11.000 entradas.

Abdón Yaranga Valderrama. *Diccionario quechua español = runa simi-español*. Lima: Université de Paris VIII – Biblioteca Nacional del Perú.

Es continuación de una temprana obra de 1973 en el orden quechua-francés. Dispone de 15 000 entradas a lo largo de 400 páginas y le falta la vertiente castellana. *Runa simi* ('la lengua del hombre') es otro nombre del quechua.

2005 Leonel A. Menacho. *Yachakuqkunapa Shimi Qullqa: Anqash Qichwa Shimichaw. / 2005/2014. Rufino Chuquimamani: Yachakuqkunapa Simi Qullqa: Qusqu Qullaw Qhichwa Simipi.*

Diccionarios escolares ilustrados. Bajo una misma pauta o proyecto lexicográfico. Son sesquilingües, ya que priorizan el quechua, lengua en la que definen.

2009 Julio Calvo Pérez. *Nuevo Diccionario español-quechua, quechua-español*. Lima: USMP.

Es una obra monumental en 5 volúmenes, con más de 125 000 entradas y totalmente simétrica en sus dos vertientes castellana y quechua. Es el más amplio que jamás se haya hecho sobre una lengua indígena americana. Como se puede ver en la página web que anuncia el proyecto: www.uv.es/~calvo/amerindias/5_0.htm, la obra tiene un enfoque totalmente pragmático, por primera vez. Y se desarrolla a tres niveles: uno abstracto, puramente semántico, solo para especialistas; otro, morfológico, que agrupa por esta vía campos amplios de significado, en ambas lenguas; y otro, estándar de carácter sesquilingüe: el lado castellano tiene entrada en esta lengua y definiciones ordenadas en la misma lengua, con matices que permiten deducir pragmáticamente la mayor proximidad traductológica al quechua, con sus oportunas correspondencias; el lado quechua tiene las equivalencias en castellano, con rastreos sinonímicos en la misma lengua, como la otra vertiente y una abundante ejemplificación en quechua, con traducción de los ejemplos. Para componerlo se ha seguido un método innovador de carácter constructivista de factura artesanal. En breve se presentará la 2.ª edición para su manejo en las redes.

2012 Clodoaldo Soto. *Runasimi-kastillanu-inlis llamkaymanaq qullqa: Ayakuchu-Chanka.*

Diccionario de calidad constructiva. Inacabado.

2013 Julio Calvo Pérez y Henrique Urbano. *Lexicón o Vocabulario de la lengua general del Perú*. Edición crítica del *Lexicón* de Domingo de Santo Tomás, 1560.

Una de las muchas ediciones hechas en el Perú en los últimos 75 años sobre las obras clásicas de los siglos XVI-XVII.

2015 Editorial ROC. *Diccionario bilingüe quechua-español*.

Por fin se consigue un diccionario escolar de la lengua indígena hecho con un criterio moderno. Accesible.

5.2. Bolivia

https://es.slideshare.net/elsamuruchi/diccionario-quechua-bolivia

1971	Jesús Lara. *Diccionario qhëshwa-castellano; castellano-qhëshwa.* La Paz: Los Amigos del Libro. Ecléctico en el corpus, solo sirve para consultas puntuales.
1983	Joaquín Herrero y Federico Sánchez de Lozada. *Diccionario quechua-español, español-quechua.* Cochabamba: CEFCo. Obra monumental en dos volúmenes de gran formato: 1–581, en letra mínima / 1–314 en la vertiente opuesta. Se trata de una obra hiperejemplificada, en que los ejemplos están en quechua tanto en la vertiente propia como en la opuesta, en que solo está el lema en castellano. En el lado quechua-español, las definiciones —más que equivalencias— están en castellano y los ejemplos quechuas parecen traducidos.
2007	Teófilo Laime Ajacopa. *Diccionario bilingüe quechua-castellano, castellano-quechua.* La Paz. En https://futatraw.ourproject.org/descargas/DicQuechuaBolivia.pdf.

5.3. Ecuador

De más de una docena de diccionarios y vocabularios de este siglo, además de las ediciones clásicas de Luis Cordero, *Diccionario quichua-español, español-quichua.* (Quito, Casa de la Cultura Ecuatoriana, 1955, 1.ª ed. 1892), destacan https://es.slideshare.net/ctdipeiba/diccionario-kichwacastellano):

1977	Luisa Stark y Pieter Muysken. *Diccionario español-quichua, quichua-español.* Guayaquil: BCE. Consta de 366 pp., es multidialectal con guías para reconocer las palabras dialectales, pero solo sirve para principiantes. A diferencia, Glauco Torres compiló una obra gigantesca, con unos cien mil vocablos, a modo de Thesaurus, sin adecuada información de fuentes: *Diccionario kichwa-castellano yurakshimi-runashimi.* Cuenca: Casa de la Cultura Ecuatoriana, 1982.
1982	Luis Montaluisa. *Caimi ñucanchic shimiyuc panca.* Quito: Ministerio de Educación y Cultura/Pontificia Universidad Católica del Ecuador. Es el antecedente de otros lexicones sesquilingües con predominio del quichua. Consta de más de 1700 entradas y tiene un marcado sentido práctico.
1992	Ileana Almeida. *Léxico actualizado español-quechua.* Abya-Yala, Cayambe, Ecuador. Neologismos; obra desaconsejable por totalmente inventada. Contiene también neologismos: Consuelo Yañez. *Léxico ampliado quichua-español* 2007.
1996	Alejandro Mendoza (coord.). *Sisayacuc shimipanpa. Diccionario infantil kichwa.* Cuenca: DINEIB-UNI-CEF-GTZ-LAEB (2.ª ed.: 2009), 411 pp. Es un diccionario escolar, que privilegia el quichua: 15–295, frente al castellano: 331–404. Es sesquilingüe: monolingüe en quichua con equivalencias castellanas, pero bilingüe con vocabulario simple en castellano.

1998 María T. Chango A. y Fabián Potosí C. (coords.). *Kichwa: Yachakukkunapa Shimiyuk Kamu. Kichwa-castellano, castellano-ki*chwa. 1998. Quito, Ministerio de Educación.
Con bosquejo gramatical e histórico previo 1–37; vocabulario bilingüe inserto: 41–162 / 163–213; anexos: 214–257, más bibliografía. 266 páginas. Sesquilingüe: el tratamiento es asimétrico: entrada quichua con equivalencia en castellano, definiciones en quichua sin traducir y ejemplo; entrada castellana: con equivalencia en quichua. En https://tinyurl.com/wg5oygg, con fecha de 2009. Un antecedente es Fabian Potosí. *Quri Qinti: mushukyachiska shimiyuk panka*. Quito: Instituto de Estudios *Qichwas* 2004.
Disponible en línea (2009).

5.4. Argentina

Es clásico el *Diccionario Quichua-Castellano y Castellano-Quichua* de Honorio Mossi. Sucre: Imprenta de Lopez, 1860.

1975/2017 Domingo A. Bravo. *Diccionario quichua santigueño-castellano* (Instituto Amigos del Libro Argentino, 1967 y Buenos Aires, Editorial Universitaria 1975) y *Diccionario castellano-quichua santiagueño* (Buenos Aires: Dunken, 2017; antes publicado en 1977, Eudeba).

2011 Lelia Inés Albarracín de Alderetes. *La Quichua: gramática, ejercicios y diccionario castellano-quichua, vol. I y quichua-castellano, vol. II*. Buenos Aires: Dunken.
Añade gramática, ejercicios y selección de textos, vol. III, que integra en el trabajo una visión holística de la lengua, sin separar lo pedagógico de la recolección léxica y la gramática de la lengua.

5.5. Colombia

1997 Francisco Tandioy Jansasoy *et al. Diccionario inga*.
Páginas: 171. Bilingüe: 1–112 (inga-castellano) / 115–170 (castellano-inga). Es asimétrico: en la vertiente inga hay ejemplos con traducción castellana; en la opuesta solo equivalencias. Puede consultarse en https://tinyurl.com/usj3val.

Diccionarios bilingües actuales entre el guaraní y el español (Current bilingual dictionaries of Guarani and Spanish)

Domingo A. Aguilera Jiménez

1. Presentación general

Para iniciar esta nota sobre los diccionarios bilingües guaraní-castellano y castellano-guaraní en Paraguay, recordamos la catalogación científica de ambas lenguas. El guaraní ha sido descripto como del tipo amazónico, de estructura aglutinante e incorporante, que expresa las relaciones gramaticales mediante la utilización de morfemas independientes generalmente en torno a un radical. En la estructura sintáctica, se anteponen la parte regida a la regente, lo específico a lo genérico y lo determinado a lo determinante. En contrapartida, el español es una lengua de flexión, que, como tal, se caracteriza por las alteraciones que presenta en la terminación de las palabras, en la vocal de la raíz o en otros elementos, codificando diversos contenidos gramaticales de estructura morfológica y sintáctica (Tovar y Larrucea de Tovar 1984, 200; Guasch 1983, 22; *NGLE*, vol. 1, 3–179).

La lengua guaraní hablada actualmente en Paraguay, oficial junto al castellano desde 1992, pertenece a la familia lingüística tupí-guaraní, que es una de las ocho componentes del gran tronco tupí, que se ramificó en América del Sur en los últimos cinco mil años. Los carios, que eran los indígenas guaraníes antiguos que poblaban las márgenes del río Paraguay a la llegada de los conquistadores españoles, no conocían forma alguna de escritura de su lengua. Solo a partir de la llegada de estos colonos, y más propiamente mediante la acción de los padres misioneros, el guaraní, al igual que la mayoría de las lenguas indígenas más habladas en la región, comenzó a recibir atención en la nueva sociedad que emergía con la Colonia (Fabre 2005; Melià 1992, 16–17).

2. Recorrido histórico

La lexicología bilingüe guaraní-castellano arranca propiamente con la publicación de la obra del padre Antonio Ruiz de Montoya, *Tesoro de la lengua guaraní* (1639) y el *Arte y vocabulario de la lengua guaraní* (1640), que versan sobre el denominado *guaraní clásico*, una variedad estandarizada desarrollada en las misiones jesuíticas, producto de las profundas transformaciones que marcaron la vida de los indígenas reducidos. El *Tesoro* estaba dirigido a los agentes evangelizadores de la región, como lo expresa el propio autor en el prefacio de la obra. La publicación del diccionario de Montoya significará el culmen de una producción lingüística ligada a las reducciones, y a la vez el inicio de su declive, ya que la lengua no volverá a tener una bonanza parecida sino alrededor de dos siglos más tarde, cuando comienzan a aparecer los diccionarios bilingües modernos, algunos vigentes hasta hoy (Melià 2018).

En efecto, hacia la segunda mitad del siglo XX, la lexicografía bilingüe tomó impulso nuevamente con la aparición de diccionarios generales de considerable factura, aunque elaborados en distintos tiempos y por personas particulares, de formación y motivación muy distintas unas de otras. A falta de una tradición lexicográfica estandarizada o institucional, cada autor ha aplicado una técnica de acuerdo a su saber y entender asegurando más bien el registro de las voces, y no tanto la aplicación de una metodología rigurosa y conforme con la naturaleza del idioma. En general, al igual que los diccionarios de la época de las reducciones, estos trabajos siguen enmarcados en el modelo de la gramática latina o del castellano, dos lenguas de flexión. En este sentido, el abordaje del guaraní como lengua aglutinante es un paso ineludible para el desarrollo de un modelo lexicográfico propio de la lengua (Melià 2003, 169–183).

Un hito importante que ha marcado la lexicografía bilingüe en las dos últimas décadas, al menos en lo cuantitativo, constituye, sin duda, la reforma en el sistema educativo paraguayo, que comenzó tras la oficialización del guaraní en la Constitución de 1992. Este cambio de rumbo en la educación trajo consigo la aparición de un nuevo mercado para los materiales bilingües de aplicación pedagógica en general, y en especial para los diccionarios bilingües. La necesidad de cubrir esta demanda, de un público específico, cambió la concepción tradicional de los diccionarios generales bilingües de mayor formato, y se pasó a una proliferación de diccionarios escolares bilingües, en tamaño de bolsillo, de bajo coste, preparados por las empresas editoriales que competían entre sí el nuevo mercado. Incluso, uno de los diccionarios generales anteriores al *boom* de la reforma ha llegado a tener su propio formato de bolsillo, destinado al uso escolar. Con relación a la cantidad, algunos editores hablan de casi cuarenta pequeños diccionarios escolares publicados en este lapso (Rivarola 2000, 21; Peralta 2018).

3. Diccionarios actuales

A continuación, reseñamos los tres diccionarios generales bilingües, publicados durante el siglo XX.

1) *Diccionario castellano-guaraní, guaraní-castellano. Sintáctico, fraseológico, ideológico* (*Antonio Guasch 1986 [1961]*)

Del sacerdote jesuita Antonio Guasch, se publica actualmente en su décima tercera edición, bajo el sello del Centro de Estudios Paraguayos Antonio Guasch, y está elaborado, como confiesa el propio autor en el prólogo de la obra, a partir de varios otros, de distintos autores y de distintas épocas. En las últimas ediciones ha contado con el aporte de otros especialistas de la misma congregación religiosa, los padres Diego Ortiz y Bartomeu Melià. Cuenta con la grafía actualizada, acorde con el alfabeto oficial del guaraní, y con un apéndice que contiene una breve historia de la lengua, una síntesis gramatical, un vocabulario de fauna y flora, una lista de nombres propios guaranizados, nombres de parentesco, más un vocabulario sobre la cocina. A diferencia de los demás diccionarios, y siguiendo la tradición de un predecesor, el padre Montoya, Guasch presenta los artículos con profusión de ejemplos de uso, intercalando las equivalencias y las explicaciones en cada artículo, con acepciones semánticas y gramaticales marcadas, según los casos. Asimismo, ensaya algunas propuestas neológicas en guaraní para algunas entradas del español. El lemario castellano-guaraní ocupa la primera parte del diccionario, con 503 páginas de las 801 que componen el libro completo (62,7 %). La segunda parte contiene el diccionario guaraní-castellano, con 298 páginas (37,2 %).

Tras el *boom* de la reforma educativa, en los últimos años se ha publicado también una versión abreviada del diccionario, para uso escolar.

2) *Diccionario guaraní-español y español-guaraní*

(Anselmo Jover Peralta y Tomás Osuna 1950).

Fue publicado en Buenos Aires, por la editorial Tupã, escrito en la grafía tradicional antigua de la lengua guaraní. Consta de 426 páginas en total, de las cuales el diccionario guaraní-español ocupa 183 (42,9 %) en la primera parte, y las restantes 243, el diccionario español-guaraní (57 %). Intercala las equivalencias y las explicaciones en los artículos, con acepciones y subacepciones semánticas y gramaticales marcadas; esporádicamente presenta sinónimos de algunas voces y consigna los nombres latinos de plantas y animales en el diccionario guaraní-castellano.

3) *Gran diccionario castellano-guaraní, guaraní-castellano*

(Antonio Ortiz Mayans 1997 [1931])

Fue publicado en primera edición en 1931, escrito en la grafía antigua del guaraní. Existe una edición adaptada a la ortografía actual del idioma, de la editorial Eudepa (Ortiz Mayans 1997 [1931]), en la que, sin embargo, se mantiene en una segunda parte el diccionario antiguo. Por alguna razón que no se especifica, el diccionario adaptado contiene una cantidad de entradas considerablemente menor a la de la versión antigua, lo cual hace que su manejo no sea fácil. Al igual que los anteriores, intercala las equivalencias y las explicaciones en los artículos, con acepciones y subacepciones semánticas y gramaticales marcadas. La versión antigua, que es la que al final prevalece, consta de 547 páginas, de las cuales 406 ocupa el lemario castellano-guaraní (74,2 %), y el guaraní-castellano, 141 páginas (25,7 %).

Como puede verse, en los tres diccionarios reseñados el equilibrio de presentación entre las dos lenguas no es equitativo: el español concentra la mayor cantidad de entradas en los tres. Asimismo, ninguno se explaya sobre la metodología adoptada para la elaboración del lemario, casi no citan sus fuentes, ni tampoco ofrecen guía para la consulta de los lectores.

En otro orden de cosas, una cuestión que no podemos dejar de mencionar es el surgimiento de los diccionarios bilingües digitales en línea en los últimos años, que han proliferado con la generalización de Internet, en muchos casos trilingües o multilingües, pero muy pocos con alguna certificación de calidad.

4. Utilidad social

El bilingüismo nacional guaraní-castellano es un sello que ha definido al Paraguay en el mundo. Las dos lenguas han moldeado la identidad del pueblo paraguayo, y en la actualidad son las más habladas en el país. En el largo y fecundo contacto que han mantenido por más de cinco siglos, han compartido territorio y hablantes, y se han influenciado mutuamente en todos los aspectos lingüísticos. En aras de esta integración, y como propuesta de acción posible, sería un buen proyecto una cooperación entre la Academia Paraguaya de la Lengua Española y su par, la Academia de la Lengua Guaraní del Paraguay, que les permita trabajar juntas un diccionario general bilingüe, aportando cada una lo suyo. Reconfortaría poder ver un recurso tan necesario y útil en manos de los usuarios de ambos idiomas, que en el día a día comparten, en general, una misma realidad cultural.

5. Diccionarios

Guasch, Antonio y Ortiz, Diego. *Diccionario castellano-guaraní, guaraní-castellano. Sintáctico, fraseológico, ideológico*. 1986. Asunción: Cepag.

Montoya, Antonio Ruiz de (1639): *Tesoro de la lengua guarani*. Madrid: Ed. facsim. por Julio Platzmann, Leipzig, 1876.

Montoya, Antonio Ruiz de (1640): *Arte, y bocabulario de la lengua guarani*. Madrid: Ed. facsim. por J. Platzmann, Leipzig, 1876.

Ortiz Mayans, Antonio. *Gran diccionario castellano-guaraní y guaraní-castellano. Ñe'ẽ ryru guasu karaiñe'ẽavañe'ẽ, avañe'ẽ-karaiñe'ẽ*. 1997. Santa Fe de Bogotá: Eudepa.

Peralta, Jover y Osuna, Tomás. *Diccionario guaraní-español y español-guaraní. Ñe'ẽnguerĩrú avañe'ẽcaraiñe'ẽ ha caraiñe'ẽ-avañe'ẽ*. 1950. Buenos Aires: Tupã.

Diccionarios bilingües actuales entre el aimara y el español (Current bilingual dictionaries of Aymara and Spanish)

Julio Calvo Pérez

1. Presentación general

La lexicografía bilingüe por lo que atañe a las principales lenguas andinas es bastante abundante en títulos, aunque menos en aimara. Esta lengua fue lengua vehicular para la evangelización española, pero no para el imperio inca, que prefirió el quechua como lengua más extendida y de mayor prestigio social. La lengua fue influida por el puquina, hoy lengua muerta, aunque influyó a su vez mucho en el quechua, desarrollando con él una aproximación fonológica y léxica en la zona sur peruana. Hoy se habla en el Perú, pero sobre todo en Bolivia, habiendo también asentamientos aimaras en Chile y Argentina. Se trata de una lengua aglutinante, más bien polisintética: ofrece gran número de coalescencias, las cuales llevan a síncopas que hacen que el predominio consonántico sea el dominante. La hablan dos millones de personas aproximadamente, con medio millón en el Perú y el resto en Bolivia, donde también es lengua cooficial, al igual que el quechua.

2. Breve mención al recorrido histórico

La lexicografía del aimara comienza muy pronto y lo hace de una manera espléndida a principios del siglo XVII (Bertonio, *Vocabvlario dela lengva aymara*, Juli (Chucuito), Francisco del Canto, 1612), cerrándose en un breve periodo en 1616 (Torres Rubio Arte de la lengua aymara. Lima, Francisco del Canto). La normalización del aimara se concretó en el III Concilio Limense en 1584, pero solo lo hizo lexicográficamente un cuarto de siglo después. La producción bilingüe castellano-aimara/aimara-castellano, en el área peruana, es de 40 obras netamente bilingües o multilingües. Se han hecho ediciones trilingües con el quechua y el castellano —como Juan Fco. Deza G. y Anselmo Molleapasa Coello: *Vocabulario trilingüe castellano, quechua i aimara* (1945, los autores), en línea, www.perou.org/www.inkatour.com: *Vocabulario multilingüe aimara-castellano-quechua* (2017)—, aunque el predominio absoluto lo ostentan las distintas ediciones que se han hecho desde 1900 de la monumental obra bilingüe de Bertonio (Calvo 2018).

3. Grado de distancia lingüística, entre las dos lenguas

La lengua aimara es junto con el chipaya, el mapuche y el quechua una de las lenguas andinas. La primera y la última de las citadas son las más próximas entre sí y además tienen espacios comunes de habla en el momento presente. El aimara carece de prefijos, al igual que el quechua, lo que facilita la combinación de ordenaciones morfológica y alfabética en los repertorios léxicos. Por su parte, es como una gota de agua con otra respecto al quechua en cuanto al resto de dificultades: lengua poco desarrollada en tecnicismos actuales; pobre en locuciones, que sustituye sobre todo con matizaciones de sufijos, en número aún mayor que en quechua; plena de préstamos castellanos, pero con un léxico culturalmente rico en agricultura y otras actividades ancestrales; gran riqueza de elementos deícticos y direccionales insertos junto a la raíz; categorías difusas, etc.

4. Utilidad social

Ni el aimara ni el conjunto de las lenguas aimaras por separado son aún lenguas plenamente normalizadas, por lo que la acogida que les dispensa la población, ante su supuesta inutilidad práctica, es limitada. La preocupación por el aimara ha crecido mucho en las últimas décadas y en Bolivia se ha hecho un esfuerzo ingente por mantener su uso y llevarlo a los centros de enseñanza. Por tanto, los diccionarios, sobre todo los escolares, se ponen al servicio de las instituciones educativas. Sirven también para asociar su léxico con el castellano, en el que han proyectado buena parte de su cultura. El peso que Internet va cobrando en este campo es enorme, ofreciéndose muchas páginas web con información léxica, aunque por lo general es poco relevante (http://eliasreynaldo.blogspot.com/p/diccionario-aymara-espanol.html). Lo suyo, hoy, es colgar en la red los diccionarios antiguos y poder servirse de ellos, sobre todo con versiones actualizadas, hasta que se compongan diccionarios con un criterio moderno y abarcador.

5. Títulos de diccionarios en la actualidad

Del casi medio centenar de títulos recogidos sobre lenguas aimaraicas desde 1900, más de 30 en Perú (Calvo 2018) y los restantes en Bolivia y Chile, destacan los siguientes.

5.1. Perú

De los citados sobresalen por su relevancia, Bertonio 1956 [1612]), Deza (1989), Huayhua (2009) para el aimara; y Belleza (1995) para el jaqaru.

1905 AA.VV. *Vocabulario políglota incaico.*

Se trata de la misma obra ya considerada en el quechua, ya que es un amplio vocabulario de cuatro lenguas quechuas y el aimara, encabezadas por el listado alfabético en español. Ha tenido una nueva edición hace poco en el Perú.

1956 Ludovico Bertonio. *Vocabvlario dela lengva aymara*, edición facsimilar. La Paz: Talleres Don Bosco.

Pese a ser el diccionario primero del quechua, de 1612, esta es con mucho la mejor obra lexicográfica de esta lengua andina.

1966 Mario Franco Inojosa (ed.). *Arte de la lengua aymara.*

Es reproducción del vocabulario de Torres Rubio de 1616. Muchas veces se ha vivido del pasado, sin afrontar el presente lexicográfico. Con menos de 1000 entradas por cada vertiente, actualiza la ortografía del aimara.

1984 Nicanor Apaza *et al. Diccionario aymara-castellano. Arunakan liwru aymara-kastellanu.* Puno: 1984. Proyecto Experimental de Educación Bilingüe-Puno.

La obra sirve tanto para el listado peruano como para el boliviano, puesto que supone similar información aimara. Es una revisión del repertorio de Thomas Büttner y Dionisio Condori: *Diccionario aymara-castellano/Arunakan liwru aymara-kastillanu* del mismo año. Consta de unas 9000 entradas.

1988 Juan L. Ayala Loayza. *Diccionario español-aymara/aymara-español.*

La obra contiene 4000 entradas aproximadamente, distribuida en 205 páginas. Como tantas otras obras, es más un vocabulario que un diccionario propiamente dicho.

1989 Juan F. Deza Galindo. *Jaya mara aru: (Nuevo) diccionario aymara-castellano/castellano-aymara.*

Es uno de los diccionarios más utilizados, pero se presenta con una gran sencillez organizativa: solo se dan las equivalencias correspondientes después de la categoría. Consta de unas 8000 entradas en aimara y algo más de 4000 en castellano.

1995 Neli Belleza Castro. *Vocabulario jacaru-castellano/ castellano-jaqaru.* Cuzco: CERA "Bartolomé de las Casas".

De entre los tres o cuatro trabajos lexicográficos del jaqaru analizados este es con mucho el mejor. Se aprecia que ha sido orientado por un lingüista y no por un mero recopilador, como tantos otros.

2003–2014 Eduardo Sadier. *Diccionario freelang aymara-español.*

Es la mejor de las obras aimaras hechas para la web: https://es.freelang.net/diccionario/aymara.php.

2005 Nicanor Apaza Suca, Dionisio Condori Cruz y Maria Nelly Ramos Rojas (eds.). *Yatiqirinaka Aru Pirwa, Qullawa Aymara Aru.* Lima: Ministerio de Educación de Perú.

Es un diccionario escolar, sesquilingüe como todos los pretendidamente bilingües de las lenguas andinas recopilados hasta el momento.

2007 Saturnino Callo Ticona. Kamisaraki. *Diccionario aymara-castellano, castellano-aymara.*

Esta obra incluye variantes de aimara de los cuatro países donde se habla: Bolivia, Chile, Argentina y Perú. Consta de 507 páginas y puede ser consultado en SimiDic, un diccionario electrónico para aparatos móviles de Android.

2009 Felipe Huayhua. *Diccionario bilingüe polilectal aimara-castellano/castellano-aimara.*

Supuestamente este es el mejor diccionario aimara en tiempos modernos. No obstante, debe consultarse con cuidado, porque encierra bastantes errores, principalmente ortográficos. Consta de más de 6000 entradas en aimara, variedad dialectal de Conima, y unas 3800 en castellano.

5.2. Bolivia

Son obras propiamente bolivianas las que siguen, elegidas de entre el conjunto más amplio de las existentes. De ellas despuntan De Lucca (1983) y Layme (1996).

1978 Daniel Cotari *et al. Diccionario aymara-castellano, castellano-aymara.* Cochabamba: Instituto de Idiomas, Padres de Maryknoll.

La obra tiene alrededor de 700 páginas y es de marcado carácter pedagógico. No es fácil de encontrar.

1983 De Lucca, Manuel. *Diccionario aymara-castellano, castellano-aymara*. La Paz: Comisión de Alfabetización y Literatura en Aymara.
Consta de unas 800 páginas y puede adquirirse con facilidad en línea. Tiene la facultad de proporcionar el léxico del aimara clásico de Bertonio, señalando qué palabras de él se tienen ya por anticuadas. Existe también una versión abreviada: La Paz, Amigos del Libro, 1987. Es un diccionario de los más fiables.

1996 Layme Pairumani, Félix. *Diccionario bilingüe aymara/castellano, castellano/aymara*. La Paz: Reforma Educativa.
Hay una tercera edición de La Paz: Consejo Educativo Aymara.

2004 *AruSimiÑee: Vocabulario pedagógico de aymara, quechua, guaraní y qhichwa*. La Paz: Ministerio de Educación de Bolivia.
En la red https://tinyurl.com/quzb9wg. Tiene unas 3000 entradas ordenadas a partir del castellano.

5.3. Chile

A título informativo de lo publicado en Chile puede consultarse:

2001 Juan Carvajal Carvajal *et al. Diccionario ilustrado aimara, español, inglés*. Temuco: Maitén Editores/Universidad Católica de Temuco/Pehuén.
Las entradas, unas 2000 en orden alfabético, se agrupan por campos de conocimiento a partir del aimara, siguiendo el artículo con su definición en castellano e inglés. La primera edición es de 1990.

Diccionarios bilingües actuales entre el náhuatl y el español (Current bilingual dictionaries of Nahuatl and Spanish)

Yolanda Lastra

1. Presentación general

El náhuatl o mexicano se hablaba en el centro de México cuando llegaron los conquistadores españoles y era la lengua franca en toda Mesoamérica. Los principales centros en donde se hablaba eran Tenochtitlan, Tlacopan y Tetzcoco, que habían formado una alianza a la que le tributaban los pueblos sometidos.

El español es lengua romance indoeuropea, el náhuatl es yuto-azteca; son lenguas de estructura muy alejada. El náhuatl es una lengua polisintética, acusativa, SVO, sin casos, pero con postposiciones, ADJ-N, DET-N y sin artículo. Los posesivos se anteponen al tema nominal, el genitivo va pospuesto, la localización es postnominal, las cláusulas subordinadas se dan después del predicado; para la interrogación se antepone un interrogativo como *qué, cuánto, cómo*, etc. o se indica con la entonación; para la negación hay un negativo antepuesto al verbo. La persona se marca con prefijos. Para el pretérito se antepone el prefijo *o-*, el futuro lleva el sufijo *-s*, el progresivo y el condicional se expresan con sufijos. También hay dos direccionales.

2. Recorrido histórico

El punto de partida de casi todos los diccionarios del náhuatl es el *Vocabulario en lengua castellana y mexicana* publicado en 1555 de Fray Alonso de Molina (editado en México por Juan Pablos). Posteriormente (1571) salió a la luz su *Vocabulario en lengua castellana-mexicana/ mexicana/castellana* (por Antonio de Spinosa), que ofrece 24 000 entradas en la parte castellana/mexicana, según el propio Molina, en tanto que la otra parte cuenta con unas 13 000 (*cf.* Molina 1571).

Su objetivo era marcar la necesidad de que los españoles se entendieran con los naturales que hubieren de regir y gobernar, y más si se trataba de lo espiritual. Para para facilitar su uso este vocabulario ofrece informaciones gramaticales y léxicas y aclaraciones de técnica lexicográfica; hoy es una fuente preciosa sobre la historia de esta lengua. Como ejemplo algunas equivalencias:

azotea	*tlapantli*
agua	*atl*
buho	*tecolotl*
cadena de hierro	*tepuzmecatl*
canoa	*acalli*

También da explicaciones:

tuna	*nochtli, cierta fruta conocida*
sacrificarse al ídolo sacando sangre de las orejas o de la lengua y de los otros miembros	*niniso nino tetequi*

Establece también una ortografía que, con ciertas precisiones, se mantiene para los dilectos del náhuatl hasta hoy.

3. Diccionarios actuales

En este trabajo se examinan once diccionarios de tiempos más recientes; cuatro son de la lengua general y otros siete se refieren al habla de alguna zona en particular.

1. *Vocabulario mejicano de la Sierra de Zacapoaxtla*

(Key y Key1953)

Se basa en el habla de la Sierra de Zacapoaxtla que se localiza en las frías cumbres al norte del estado de Puebla en la Sierra Madre Oriental con una población de 53 295 habitantes. Este diccionario consta de dos partes; la primera, español-mexicano, tiene como 3000 entradas y la segunda, mexicano-español, unas 6000.

Se trata principalmente de equivalencias sin explicaciones ni ejemplos.

Es útil porque utiliza la lengua del lugar; utiliza <t> en las palabras que en clásico tenían <tl> y vocales subrayadas para denotar las vocales largas.

Ejemplos:

pitzot	*puerco*
at	*agua*
masat	*venado*

2. *Vocabulario mexicano de Tetelcingo*

(Brewer y Brewer1962)

Este diccionario no se refiere tampoco a la lengua en su totalidad sino únicamente al dialecto de Tetelcingo, pequeño pueblo de Morelos. Los hablantes de la lengua la nombran *mosiewali*, que significa habla de la plebe. El vocabulario consta de una primera parte español-náhuatl de 8000 entradas y una segunda, náhuatl-español, con otras tantas. Los verbos aparecen en 3.ª persona en la segunda parte, ya que el náhuatl no tiene infinitivo. En la primera se dan en infinitivo y en 3.ª persona.

Para los lingüistas este diccionario resultó interesante ya que en el dialecto de Tetelcingo se conservaban las distinciones expresadas por medio de la cantidad vocálica o la diptongación.

Ejemplos de equivalencias:

cuatro	*nöbi*
coyote	*coyutl*
huarache	*cactli*
morir, muere	*miqui*
fumar, fuma	*tlachichina*
¿cuándo?	*¿quiema?*

Los ejemplos no son frecuentes. Uno sería:

hamaca (para niño) chitajli
hamaca (para adulto) ichtemötlatl
(el niño) está en la hamaca – ompaca chitajco

3. *Diccionario de la lengua náhuatl o mexicana redactado según los documentos impresos y manuscritos más auténticos*

(Siméon 1977 [1885])

Este diccionario se publicó en francés en 1885. La primera edición en español es de 1977. El número aproximado de entradas es de 31 200. Solamente se presenta la parte náhuatl con indicaciones gramaticales y traducción al español.

Ejemplos de equivalencias:

copitl	*luciérnaga*
nextli	*ceniza*
tochtli	*conejo*

También hay explicaciones, como:

petlatl	*estera sobre la cual los indios se sentaban y se acostaban; hoy en día está en uso todavía: petate.*

Su gran contribución es que incluye topónimos, nombres de dioses, héroes y gobernantes y otros términos relacionados con la cultura náhuatl.

4. *Vocabulario náhuatl de Xalitla, Guerrero*

(Ramírez de Alejandro y Dakin 1979)

Se trata de otro diccionario local, en este caso de un pueblo náhuatl de Guerrero, llamado Xalitla. Los originarios del lugar son bilingües en náhuatl y español. La base del vocabulario es una lista de palabras que Terrence Kaufman preparó para recopilar datos sobre lenguas mesoamericanas.

Su primera parte náhuatl-español consta de unas 1700 entradas y la segunda, de unas 2000. Hay una importante y detallada sección sobre morfología; sobre la posición dialectal de la variante dentro de la lengua náhuatl; un suplemento con listas etnológicas de nombres de animales y plantas, como *noteco:yotzanimeh*, 'los que se arrastran'; *michimeh*, 'pescados'; *atinteh*, 'piojos'; *tzicui:nia:nin*, 'animales que brincan'; *patlania:nin*, 'insectos que vuelan'; *yo:lca:meh*, 'animales'; *to:to:meh*, 'pájaros'.

Este diccionario resultó de gran utilidad para los hablantes.

5. *An Analytical Dictionary of Nahuatl*

(*Karttunen 1983*)

Se trata de un diccionario náhuatl-inglés-español y cuenta con unas 11 000 entradas. No contiene la parte español-náhuatl. Ofrece una entrada náhuatl con su equivalencia en inglés y español si este fuere el caso, pero a menudo lo que se da es una explicación. Su propósito es proporcionar un léxico fonémicamente correcto que incluya la cantidad vocálica y el cierre glotal. La utilidad de este diccionario es académica.

6. *Diccionario náhuatl del norte del estado de Puebla*

(*Brockway* et al. *2000*)

El siguiente diccionario al que nos referiremos es de una variedad bastante extensa del norte de Puebla, entre Hidalgo y Veracruz. Los datos fueron recogidos entre 1953 y 1979. El área donde se habla esta variante del náhuatl central incluye el municipio de Acaxochitlán. Sus hablantes, unos 50 000 y 30 % de la población, se refieren a la lengua como mexicano.

El diccionario consta de gramática, índice, varios apéndices y dos partes, náhuatl-español (4500 entradas) y español-náhuatl (4000 aprox.). En la primera parte se proporciona categoría gramatical y su equivalencia en español; luego se ejemplifica su uso. Como, por ejemplo:

> **papachtic** velludo **Inin cahuayo tequin papachtic ipan iman**. Ese caballo tiene muy velludas las patas.
>
> **nis** *adv* aquí **Inin tlacatl nis quipiya in huictli tlen ica tequiti**. Ese hombre tiene aquí la coa con que trabaja
>
> **ic ahquetz** boca arriba **Inon tlacatl ohuetz ic ahquetz huan omototoxoc ica ilomo.** Ese hombre se cayó boca arriba y se resbaló de espaldas.

7. *Diccionario náhuatl de los municipios de Mecayapan y Tatahuicapan de Juárez, Veracruz*

(*Wolgemuth* et al. *2000*)

Este diccionario de varios autores se limita a la lengua náhuatl de los municipios de Mecayapan y Tatahuicapan de Juárez, una amplia zona del sur del estado de Veracruz. Es un extenso diccionario que consta de dos partes, la primera náhuatl-español de unas 3000 entradas y la segunda español-náhuatl de aproximadamente la misma cantidad. Además de una introducción, contiene una explicación sobre la ortografía empleada, instrucciones para el uso del diccionario, una lista de abreviaturas, varios apéndices y bibliografía.

Tabla 42.1 Información en el *Diccionario náhuatl de los municipios de Mecayapan y Tatahuicapan de Juárez, Veracruz* (Wolgemuth *et al.* 2000)

Náhuatl	*Español*	*Ejemplo de uso*	*Traducción*
coyahui *v.i.*	ensanchar, abrir	Nemi coyahui in mocuach can tzayanto'; xicualiga, manimitzijtzomili	Se está abriendo tu camisa donde está rajada; tráemela para que te la costure.

Ofrece la clasificación gramatical, la definición o equivalencia y una frase que ejemplifica el uso.

8. *Diccionario español-náhuatl*

(De Wolf 2003)

El siguiente diccionario es muy extenso, pues tiene por lo menos unas 17 000 entradas, que incluyen las que aparecen en los de Molina (1555 y 1571), Siméon (1977), Karttunen (1983), el léxico de los *huhuetlatolli*, las palabras contenidas en la gramática de Carochi (1645), el léxico de Paredes (1759), el de Clavigero y algunas palabras de náhuatl moderno (Lastra 1986), fuentes que se consignan en cada artículo. Es muy útil para los estudiosos de la lengua que no conozcan el léxico. Incluye ejemplos de varias épocas y de múltiples dialectos modernos.

9. *Diccionario del náhuatl en el español de México*

(Montemayor (coord.) 2009)

Está dirigido principalmente a estudiantes. El diccionario busca incluir unos 2000 nahuatlismos vigentes en el español de México a principios del siglo XXI en zonas urbanas y rurales del país; participaron estudiantes en la recogida de información. Hay toda una sección sobre herbolaria y otra sobre topónimos, que incluye unos 2250 nombres de todas las cabeceras municipales.

10. *Diccionario náhuatl-español, basado en los diccionarios de Alonso de Molina con el náhuatl normalizado y el español modernizado*

(Thouvenot 2014)

Es solamente náhuatl-español y supuestamente se refiere a toda el náhuatl, pero, como se ha dicho, se trata de la lengua hablada por las clases altas del centro del país en el siglo XVI. Declara 43 235 entradas; es muy útil para traducir documentos. León Portilla señala en el prólogo que salva las dificultades de consulta que la obra de Molina presenta hoy, pues normaliza tanto el náhuatl como el español de Molina.

11. *Diccionario de la lengua náhuatl de Texcoco, náhuatl-español y español-náhuatl*

(Herrera López 2015)

El último diccionario incluido en este trabajo es muy reciente, de corte tradicional y de alcance limitado. Consta de unas 2300 palabras en cada sección. Es mucho más larga la primera sección, náhuatl-español, que la segunda, español náhuatl. Tiene además un apartado llamado "Aspecto socio-cultural" y otro sobre el náhuatl de Texcoco. En su "Fundamentación lingüística" elude los rasgos fonémicos importantes del dialecto náhuatl de Texcoco.

Sirve bien a los niños de las escuelas de los pueblos donde se usa este dialecto para aprender a leer y escribir, aunque no sea este su propósito.

4. Consideraciones finales

En resumen, los diccionarios que se refieren a la lengua como náhuatl, del México central, son principalmente tres: el de fray Alonso de Molina de 1571, el de Siméon de 1885 y el de Thouvenot de 2014. Ninguno de los tres recoge el léxico del náhuatl contemporáneo, sino el del siglo XVI.

Por supuesto, la lengua y su situación han cambiado actualmente. El náhuatl se fue relegando a las zonas rurales, que es donde se conserva hasta cierto punto hoy, pero en las ciudades y en las zonas urbanas lo que se emplea es el español.

Tampoco en el siglo XVI ni en los subsecuentes, el náhuatl era homogéneo, sino que constaba de múltiples dialectos algunos de difícil intercomprensión. La falta de comprensión hoy entre el habla de pueblos que no son vecinos es lo que explica la necesidad de preparar gramáticas y diccionarios que abarquen los varios dialectos reconocidos y la dificultad de normalizarlo a día de hoy.

De todas maneras, todos los hablantes de un dialecto náhuatl se reconocen como descendientes de los habitantes del imperio cuya capital era México-Tenochtitlan y cuya lengua era el mexicano llamado posteriormente náhuatl, que significa 'habla clara'.

5. Diccionarios

5.1. *Diccionarios actuales*

Brewer, Forrest y Jean Brewer (1962) *Vocabulario mexicano de Tetelcingo*, México: Instituto Lingüístico de Verano.

De Wolf, Paul (2003). *Diccionario español-náhuatl.* México, Universidad Nacional Autónoma de México, Instituto de Investigaciones Históricas, Universidad Autónoma de Baja California Sur, Fideicomiso Teixidor.

Herrera López, Hermilo (2015). *Diccionario de la lengua náhuatl de Texcoco, náhuatl-español y español-náhuatl.* México, Fondo de Culturas Populares.

Karttunen, France (1983). *An Analytical Dictionary of Nahuatl.* Austin, University of Texas Press.

Brockway, Earl; Trudy Hershey de Brockway y Leodegario Santos Valadés (2000). *Diccionario náhuatl del norte del estado de Puebla.* México y Cholula: Instituto Lingüístico de Verano y Universidad Madero.

Key, Harold y Mary Ritchie Key (1953). *Vocabulario mejicano de la Sierra de Zacapoaxtla, Puebla.* México: Instituto Lingüístico de Verano.

Molina. Fray Alonso de (1571). *Vocabulario en lengua castellana y mexicana y mexicana castellana*, México, Porrúa 1970. Facsimilar de la edición de 1571.

Montemayor, Carlos (coord); Enrique García Escamilla; Enrique Rivas Paniagua y Librado Silva Galeana (2009). *Diccionario del náhuatl en el español de México.* Ciudad de México. Universidad Nacional Autónoma de México, Gobierno del Distrito Federal.

Ramírez de Alejandro, Cleofas y Karen Dakin (1979). *Vocabulario náhuatl de Xalitla, Guerrero.* Cuadernos de la Casa Chata 25, Centro de Investigaciones Superiores del INAH.

Siméon, Rémi (1977). *Diccionario de la lengua náhuatl o mexicana redactado según los documentos impresos y manuscritos más auténticos.* México: Siglo XXI editores. Primera edición en francés, 1885, Paris, Imprimérie nationale.

Thouvenot, Marc (2014). *Diccionario náhuatl-español, basado en los diccionarios de Alonso de Molina con el náhuatl normalizado y el español modernizado.* Primera edición, México: Universidad Nacional Autónoma de México, Instituto de Investigaciones Históricas, Fideicomiso Felipe Teixidor y Monserrat Alfau de Teixidor.

Wolgemuth, Joseph Carl; Marilyn Winter de Wolgemuth; Plácido Hernández Pérez y Christopher Hurst Upton (2000). *Diccionario náhuatl de los municipios de Mecayapan y Tatahuicapan de Juárez, Veracruz.* México, Instituto Lingüístico de Verano.

Diccionarios bilingües actuales entre el maya K'iche' y el español (Current bilingual dictionaries of K'iche' and Spanish)

Guillermina Herrera Peña

1. Presentación

K'iche' es la lengua maya con más hablantes en Guatemala y en otros países donde estas lenguas se hablan (México). Muchos hablantes son totalmente monolingües o tienen poco dominio del español. Sin embargo, la lexicografía con el español no se ha desarrollado con la amplitud que ameritaría.

En décadas recientes, gracias al interés por la lingüística maya, han comenzado a publicarse diccionarios generales monolingües de varias lenguas de este tronco y en campos especializados, como el escolar o el jurídico. Los diccionarios generales parten del K'iche' y traducen al español, los de campos específicos mantienen mayor equilibrio y parten del español. Generalmente, la base de los diccionarios es gramatical. Son obras para la simple traducción, que no siguen en su elaboración técnicas lexicográficas especializadas.

2. Breve mención al recorrido histórico

Los primeros diccionarios son obras coloniales, muchas anónimas. Las más importantes entre estas son el *Vocabulario quiché* (Domingo de Basseta, 1608), el *Vocabulario de la lengua caqchikel y kiché* (Domingo de Vico, hacia 1550) y el *El Tesoro de las lenguas Cakchiquel, Quiché y Zutujil* (Francisco de Ximénez, principios del siglo XVIII).

En la primera mitad del siglo XX, aparecen algunos vocabularios de traducción. No se respaldan en teorías lingüísticas y carecen de la profundidad idiomática y cultural de las obras coloniales mencionadas. El más conocido es el *Diccionario castellano-quiché y voces castellano-pocomam*, de Celso Teletor (Guatemala: Tipografía Nacional, 1959).

A partir de 1970, surgen diccionarios generales y especializados, que siguen con mayor apego las corrientes lingüísticas.

3. Grado de distancia lingüística entre las dos lenguas

Las tipologías lingüísticas del español y del K'iche' son muy diferentes. Morfológicamente, el K'iche' es aglutinante y polisintético. Las partículas tienen significado referencial o gramatical definido. Ocurren en lugares determinados de la unidad léxica, según modifiquen la raíz.

El alineamiento en K'iche' es ergativo (marcado por los juegos de afijos comúnmente denominados A y B); contrasta con el nominativo-acusativo del español.

En el sistema verbal el K'iche' destaca el aspecto, pero las traducciones al español lo resuelven generalmente como tiempo. Tiene pocas preposiciones; sus sustantivos relacionales hacen generalmente la función de las preposiciones románicas.

La categoría de los posicionales, propia de las lenguas mayas, indica la forma en que está colocado algo o alguien:

Tzalanik, adjetivo, 'estar de lado'. Base de posicional: *tzal-*
Xch'uki'ik, 'se encuclilló'. Base de posicional: *-ch'uk-*

La concordancia presenta dificultades. La voz antipasiva del K'iche' marca énfasis afirmativo, negativo o interrogativo del sujeto u omisión del paciente; las traducciones al español pierden generalmente el significado original.

Ejemplos que ilustran rasgos del K'iche' y sus traducciones:

(1) Lee ixoq choomaxik kuub'an chee lee q'eqa kinaq' chuxo'l lee saq.

'La mujer va a escoger los frijoles negros entre los blancos'. (*Diccionario K'iche'*, PLFM, *s. v. Choomaxik*)

Al verbo *choomaxik* ('pensar, escoger'), le sigue *kuub' an*, en donde *k-* marca tiempo/aspecto incompletivo; *-uu-*, sujeto de verbo transitivo, tercera persona singular Juego A (antes de consonante); *-b'an*, raíz verbal transitiva radical (dos participantes en la acción) ('hacer').

chuxo'l: ch(i)-, preposición; *-u-*, tercera persona Juego A; *-xo'l*, indicador de lugar ('entre').

(2) Lee ixoq sii xuleb'eb'a', aree taq xooq'ik.

'La mujer puso torcida la boca cuando lloró'. (*Diccionario K'iche'*, PLFM, *s. v. Leb'elik'*)

En *xuleb'eb'a': x-*, tiempo/aspecto completivo; *-u-*, sujeto de verbo transitivo, tercera persona singular Juego A; *-leb'eb'-*, raíz verbal ('poner la boca torcida'); *-a'*, sufijo de verbo transitivo derivado de posicional.

aree: partícula adverbial temporal; *taq*, también partícula adverbial temporal (indicador de plural en otros contextos).

xooq'ik: x- tiempo/aspecto perfectivo; *-oq'-* raíz verbal intransitiva ('llorar'); *-ik* sufijo de frase final en verbo intransitivo.

(3) K'a jampaa' katb'ee pa armiit?

'¿Hasta cuándo vas a ir a Guatemala?' (*Diccionario K'iche'*, PLFM, *s. v. K'a jampaa'*)

K'a, partícula de tiempo remoto; *jampaa'*, interrogativo temporal.

katb'ee: k-, indicador de tiempo/aspecto incompletivo; *-at-* sujeto de verbo intransitivo, segunda persona singular Juego B; *-b'ee*, verbo intransitivo ('ir').

armiit: ciudad de Guatemala (Valle de la Ermita).

Estas características lingüísticas del K'iche' se resuelven en los diccionarios con variedad léxica en el español; y en el sentido español-K'iche' con soluciones gramaticales.

4. Utilidad social

Aunque es pronto para determinar la acogida social y la expansión que puedan lograr, los diccionarios actuales cobran mayor utilidad a la par que se amplía la atención a la población K'iche' en ámbitos como la educación, la justicia y el desarrollo económico-social.

En ámbitos académicos, juegan un papel de importancia creciente por el mayor cultivo actual de las dos lenguas.

5. Descripción lexicográfica breve

1. *Diccionario K'iche'*

(Pedro Ajpacajá Tum et al. *1996,* PLFM*)*

Obra general en K'iche' con traducciones al español. Basada en raíces del K'iche' y dominios semánticos. Elaborada con rigor científico desde la teoría gramatical. 8250 entradas principales, clasificadas gramaticalmente. Se añaden formas secundarias. A cada entrada principal corresponde la traducción al español y ejemplos en las dos lenguas. Incluye equivalencias, explicaciones, acepciones semánticas y gramaticales, sinónimos y fraseología. Ejemplos:

Lool SnP. *Saltamonte; esperanza (animal); chapulín.* Lee lool rax lee kiij, nima'q kexibk'an chikaaj. *Los saltamontes son verdes y dan saltos grandes.* Raíz S. Lool. Dom.S. Chikop.

Teb'etik Adj. *Cosa gruesa.* Lee achih reeqam jun teb'etik tz'alam. *El hombre lleva cargada una tabla gruesa.* Raíz PT. Teb'.

Teb'elik p. Xteb'i'k, xuteb'eb'a'. *Asentada cosa gruesa y pesada.* Lee b'oolaj teb'el chwi lee saqkowin. *El trozo grueso está sobre la arena.* Sinón. Qeb´elik. Raíz PT. Teb'.

(SnP: sustantivo nunca poseído; Dom.S: dominio semántico; Adj.: adjetivo; p: partícula; S: sustantivo; PT; posicional transitivo.)

2. *Diccionario Quiché-Español*

(Abraham García Hernández et al. 1980)

Obra general en K'iche' con traducciones al español, publicada por el ILV, institución con fines religiosos evangélicos. 26 272 entradas categorizadas gramaticalmente. Incluye palabras, frases, ejemplos de oraciones y observaciones sobre dialectos de K'iche'. Ejemplos:

Chikaj adv. *Arriba, en el cielo.* Ri u papalot ria Xuan siblaj chikaj k'o wi. *El barrilete de Juan está muy arriba.* Véase: kaj.

Chreyej na v-8. *Que se espere.* Chreyej na ria Lu', kinya najun k'ii che jas che xrelaq'aj ri un kiej. *Que se espere Pedro, le daré su merecido por robar mi caballo.* Véase kreyej.

(Can.: Cantel (dialecto de Cantel); s: sustantivo; adv.: adverbio; v-8: clase de verbo.)

3. Richards, Julia y Michael (compiladores). *Ri nab'e qawujjawi kariqitaj wi ri kel kakb'ij ri tzij. Nuestro primer diccionario K'iche'-castellano.* 1989, 1996. Guatemala: Ministerio de Educación.

El diccionario de Julia y Michael Richards contiene un listado de palabras, frases y oraciones en K'iche' y sus traducciones al español; luego las palabras, frases y oraciones en español y su traducción al K'iche' y, al final, un glosario de todos los términos que aparecen en el vocabulario y en las frases y oraciones. La sección K'iche'- español, que es la fundamental, está organizada en ámbitos de uso familiares a los usuarios, niños de 1er a 4° grado de la escuela primaria, y a temas de los programas escolares, como los recursos naturales, el mapa, el pueblo, la fiesta, la escuela, etc. La sección español- K'iche' está organizada por orden alfabético, al igual que el glosario.

> Ik'
> Ri ik' are la' kayo'w saqil chaq'ab'; k'o ri ketekik xuquje' k'o xa nik'aj ub'anom.
> Are taq k'o usaqil le ik', chaq'ab' kasaqirik.
> Le ik' are nim chikiwäch le ch'umil.
> *Luna*
> *La luna alumbra de noche; a veces se ve redonda o la mitad.*
> *Cuando alumbra la luna de noche, se ve clara.*
> *La luna es más grande que las estrellas.*

4. *Glosario Bilingüe de términos jurídicos español-K'iche' / Choltaqaniq tzij pa ka'ib'ch'ab'äl kaxlan-K'iche'*

(Universidad Rafael Landívar 2001)

Traduce términos jurídicos del español al K'iche'. Incluye equivalencias y explicaciones en las dos lenguas. 700 entradas principales. Equilibrio entre las dos lenguas. Las explicaciones distinguen con negrita otros términos jurídicos. Ejemplo:

> **Acción**. Derecho de presentarse a un **tribunal** y formular una petición de conformidad con la **ley**.
> **B'anowem**. Utayik, utoq'icik jun jasach ruk'uchakuxik ri echab'alil chi chi uwach ri **q'atb' äl tzij**.

5. *Palabras/Jujun täq tzijob'äl. Diccionario ilustrado castellano/K'iche'. Choltzij ruk'wachib'äl pa kaxlan ch'ab'äl/K'iche' ch'ab'äl*

(Universidad Rafael Landívar 2001)

Diccionario escolar español-K'iche' organizado por campos semánticos. Cada entrada se corresponde con una ilustración, simple o contextualizada. 2500 entradas partiendo del español. Incluye equivalencias, explicaciones y ejemplos en las dos lenguas. Mantiene equilibrio entre ambas. Ejemplos:

fiebre (calentura/temperatura)	le q'aq
Tengo escalofríos.	K'o b'arb'atem chwij.
Desde anoche tengo mucha fiebre.	Sul wir chaq'äb' k'o q'aq' chwij.

6. Cierre

En época reciente, académicos K'iche' han liderado la elaboración de los diccionarios generales bilingües. Estas obras son indicio de la necesidad de español de los hablantes. Es importante enriquecer su trabajo desde el español.

Existe una plataforma de instituciones públicas y académicas que puede desarrollarlos en ambas direcciones, así como responder a la evidente necesidad de diccionarios bilingües para campos específicos, de acuerdo con las urgencias democráticas, de convivencia social y cumplimiento de la legislación guatemalteca, que favorece el bilingüismo.

7. Diccionarios

7.1. Diccionarios actuales

Ajpacajá Tum, Pedro; Manuel Chox; Francisco Tepaz y Diego Guarchaj. *Diccionario K'iche'. Proyecto Lingüístico Francisco Marroquín [PLFM]*. 1996. Guatemala: Cholsamaj.

García Hernández, Abraham; Santiago Yac y David Henne (compilador). *Diccionario Quiché-Español*. 1980. Guatemala: Instituto Lingüístico de Verano -ILV.

Richards, Julia y Michael (compiladores). *Ri nab'e qawujjawi kariqitaj wi ri kel kakb'ij ri tzij. Nuestro primer diccionario K'iche'-castellano*. 1989, 1996. Guatemala: Ministerio de Educación.

Universidad Rafael Landívar (2001). *Glosario Bilingüe de términos jurídicos español-K'iche'/ Choltaqanïq tzij pa ka'ib'ch'ab'äl kaxlan-K'iche'*. Traductores Juan Rodrigo Guarchaj y Modesto Baquiax. Guatemala: URL.

Universidad Rafael Landívar (2001) *Palabras/Jujun täq tzijob'äl. Diccionario ilustrado castellano/ K'iche'. Choltzij ruk'wachib'äl pa kaxlan ch'ab'äl/K'iche' ch'ab'äl*. Traductores Juan Guarchaj y Felisa Sanic. Guatemala: URL.

7.2. Diccionarios anteriores

Basseta, Domingo de. *Vocabulario quiché*. 1608. Manuscrito original en la Biblioteca Nacional de París.

Vico, Domingo de. *Vocabulario de la lengua caqchikel y kiché*. Hacia 1550. Manuscrito original en la Biblioteca Nacional de París.

Ximénez, Francisco. *El Tesoro de las lenguas Cakchiquel, Quiché y Zutujil*. Principios del siglo XVIII. Manuscrito original en la Newberry Library, Chicago.

Diccionarios bilingües actuales entre el mapudungún y el español (Current bilingual dictionaries of Mapudungun and Spanish)

Belén Villena Araya

1. Los primeros repertorios lexicográficos (siglos XVII–XIX)

El mapudungún 'lengua del territorio' —también denominado *mapuchedungun* 'lengua de los mapuches', *chedungun* 'lengua de las personas' e, incluso, *chilidungun* 'lengua de Chile' durante la Colonia— es una lengua aglutinante y polisintética, hablada en la actualidad en algunas zonas del centro y sur de Chile y Argentina. Esta lengua cuenta con una importante tradición lexicográfica de más de cuatro siglos que se remontan hasta la Colonia. Los autores de los primeros repertorios lexicográficos fueron los misioneros jesuitas destinados al entonces Reino de Chile, quienes elaboraron vocabularios bilingües orientados a la autoinstrucción del mapudungún.[1]

El primero de ellos, de orientación mapudungún-español, fue el *Vocabvlario de la Lengva de Chile*, publicado por Luis de Valdivia en 1606; posteriormente, Andrés Febrés publicó, en 1765, el *Diccionario Araucano-Español ó sea Calepino Chileno-Hispano* y el *Vocabulario Hispano-Chileno*; finalmente, Bernardo de Havestadt publicó, en 1777, una traducción al mapudungún del *Indiculus Universalis* del Padre Pomey (una pequeña enciclopedia de visión universal orientada onomasiológicamente), un vocabulario latín-mapudungún y otro mapudungún-latín.

Los vocabularios mapudungún-español de Valdivia (1606) y Febrés (1765) están compuestos por aproximadamente 3100 artículos lexicográficos, el primero, y 3700, el segundo. En los lemarios de ambas obras encontramos, además de unidades léxicas, afijos y combinaciones sintácticas de uso frecuente; nombres comunes y propios (topónimos, hidrónimos y nombres de estrellas y constelaciones, muchos de los cuales siguen vigentes tanto en el mapudungún como en el español de Chile); préstamos de otras lenguas (como del quechua y del español); y léxico neológico producto del contacto con la cultura europea, sobre todo en lo concerniente a la religión católica. La información ofrecida sobre estos lemas corresponde a un equivalente léxico (pleno o parcial) o a una definición en español, en la que suele incluirse una cantidad importante de información enciclopédica. En los casos de lemas con contenido sexual o polisémicos, esta información se ofrece parcial o completamente en latín. Junto con lo anterior, algunos artículos presentan subentradas y ejemplos de uso (informaciones mucho más frecuentes en Febrés que en Valdivia). Adicionalmente, en unos pocos casos se agrega información gramatical, diatópica y semántica.

El único diccionario con la dirección español-mapudungún —el *Vocabulario Hispano-Chileno* (Febrés 1765)— está compuesto por casi 3900 artículos lexicográficos. En el lemario de esta obra encontramos, además de unidades léxicas, expresiones fraseológicas, combinaciones sintácticas de uso frecuente (sobre todo preguntas, exclamaciones y frases alusivas a la doctrina cristiana) y entradas completa o parcialmente en latín, lengua usada con fines eufemísticos (en los casos de lemas con contenido sexual) o de precisión semántica (en los casos de lemas polisémicos). Además, constatamos la inclusión de los primeros americanismos y mapuchismos de la lexicografía del español de Chile; dentro de los primeros: *cacique, cochayuyo, papas, tabaco y zapallo*; dentro de los segundos: *boquis, colehues, machis, maque, pilon* y *ulpo*.[2]

En cuanto al cuerpo de los artículos, en algunos de ellos se incluyen subentradas (de manera mucho más sistemática que en el *Calepino Chileno-Hispano*, del mismo autor) y ejemplos de uso (donde destacan las frases interrogativas). Asimismo, en otros casos se agrega información gramatical, en tanto que la información diatópica es escasa; la información geográfica, presente en el *Calepino Chileno-Hispano*, no se ofrece en este vocabulario (la información o el lema mismo son omitidos).

Los repertorios lexicográficos de Febrés (1765) fueron los que tuvieron mayor incidencia en la enseñanza del mapudungún a los misioneros destinados en la Araucanía hasta bien entrado el período republicano (Salas 1992, 475); estas obras tuvieron una importante circulación a ambos lados de los Andes (Malvestitti y Payàs 2016), siendo reeditadas —en una versión aumentada y modificada— por el misionero franciscano Antonio Hernández i Calzada en 1846 (*Diccionario Chileno Hispano* y *Diccionario Hispano Chileno*), a solicitud del gobierno chileno para su uso en las misiones.[3]

2. Los repertorios lexicográficos más recientes (siglos XX–XXI)

En el siglo siguiente, la tradición bilingüe de la lexicografía continuó con la publicación de tres obras: el *Diccionario Araucano-Español y Español-Araucano* del misionero capuchino Félix de Augusta (1916), el *Diccionario Comentado Mapuche-Español* del argentino Esteban Erize (1960) y el *Vocabulario y frases útiles en mapudungun* del miembro del Instituto Lingüístico de Verano Bryan Harmelink (1990). Esta tradición fue ampliada por dos diccionarios etnográficos trilingües mapudungún-español-inglés: el *Diccionario lingüístico etnográfico de le lengua mapuche* (Catrileo 1995) y el *Diccionario ilustrado Mapudungun-Español-Inglés* (Hernández *et al.* 1997).

Durante el siglo en curso estas líneas se han visto nuevamente ampliadas: junto con los diccionarios bilingües mapudungún-español y español-mapudungún para adultos, como *Ta iñ Mapun Dungun. Nuestra Lengua Mapuche* (Antinao 2014), se han publicado diccionarios ilustrados infantiles, como el *Diccionario Ilustrado de la Lengua Mapuche para niños* (Consejo Nacional de la Cultura y las Artes 2012) y el *Tañi wüne chillkatupeyüm re mapudungun mew. Mi primer diccionario de mapudungun* (Garmendia 2018); un diccionario onomasiológico multilingüe, *Léxico según la significación* (Bucchi *et al.* 2011); dos glosarios terminológicos: *Mapuchedungun tañi ñi üy: glosario de terminología clínica odontológica bilingüe mapuchedungun-castellano* (Flores *et al.* 2017) y *Uytufigue mapuzugun mew. Dilo en mapuzugun. Glosario jurídico penal español-mapuzugun* (Defensoría Penal Pública 2018); e, incluso, el primer diccionario monolingüe en mapudungún, *Pewenche kimdugun* (Huaiquillán 2017).

De todos estos diccionarios, el de Augusta (1916), a pesar de haber sido publicado hace más de 100 años, es considerado "el mejor diccionario de la lengua disponible hasta la fecha" (Zúñiga 2006, 45). Esta obra fue elaborada para apoyar la enseñanza del mapudungún por parte de misioneros católicos encargados de la evangelización del pueblo mapuche; por tanto, se incluyó en ellos únicamente el léxico en uso en el momento de su elaboración (Augusta 1916, IV–VI). El primer tomo, de orientación mapudungún-español, consta de 5100 artículos lexicográficos aproximadamente, mientras que el segundo, de orientación contraria, posee cerca de 7000. En los lemarios de estas obras encontramos tanto unidades léxicas como afijos; nombres comunes y propios (topónimos, antropónimos y nombres de planetas y constelaciones); préstamos de otras lenguas (como del español y del quechua, en el primer tomo; y del mapudungún y de otras lenguas americanas, en el segundo); lemas de diferentes variedades dialectales, con diferente vigencia cronológica y pertenecientes a diferentes niveles de comunicación y ámbitos (información que se entrega, en la mayor parte de los casos, por medio de símbolos o marcas). Los artículos pueden estar encabezados por un lema único o por una o más variantes fonéticas o léxicas. El material de los artículos se organiza en unidades o familias léxicas; en este último caso, una raíz (ligada o independiente) se presenta como entrada y sus formas derivadas y compuestas, como subentradas. En cuanto a la información ofrecida sobre los lemas, en algunos casos se entrega uno o más equivalentes, mientras que, en el primer tomo, se puede entregar también una definición o glosa con una cantidad importante de información enciclopédica. Junto con lo anterior, se ofrece, a modo de marcas, información gramatical y, cuando es necesario, ejemplos de uso. Por último, en estas obras se constata el uso del latín con las mismas funciones descritas anteriormente.

Esta obra ha sido reimpresa en numerosas ocasiones y reeditada —en 2017, en ocasión de su centenario— en una versión revisada que, mantiene su contenido original y modifica el alfabeto utilizado en la ortografía del mapudungún, el uso del latín en algunos equivalentes y glosas y el empleo de vocablos que resultan ofensivos desde el punto de vista cultural, religioso o sexual (Augusta 2017).

3. Valoraciones finales

Como se constata en esta breve revisión, el mapudungún cuenta con una importante tradición lexicográfica, en la que predominan los diccionarios bilingües mapudungún-español y español-mapudungún. Estas obras —sobre todo las más antiguas— constituyen un importante testimonio no solo del léxico del mapudungún sino también del léxico diferencial del español de Chile. De ellas, el *Calepino Chileno-Hispano*; su contraparte, el *Vocabulario Hispano-Chileno* (Febrés 1765); y el *Diccionario Araucano-Español y Español-Araucano* (Augusta 1916) han sido los que más impacto han tenido; el primero, durante La Colonia y, el segundo, durante los siglos XX y XXI. Durante los últimos 20 años, esta lexicografía ha experimentado un fuerte impulso. Sin embargo, ninguna obra de las recientemente publicadas ha podido superar al diccionario de Augusta (1916), el cual, por la cantidad de material, la calidad de la información gramatical y semántica y su fidelidad a la realidad del mapudungún de la época, sigue siendo una obra de primera magnitud, que ha mantenido plenamente su vigencia desde su publicación en 1916 (Salas 1992, 487). Hay por tanto la necesidad de trabajar en la elaboración de diccionarios actualizados que sirvan de referencia para el mapudungún moderno; obras que, siendo similares a la de Augusta (1916) en cuanto a envergadura, la superen en lo que respecta a la técnica lexicográfica y sean capaces de dar cuenta de las nuevas unidades léxicas con las que los hablantes de mapudugún se han apropiado de la complejidad del mundo contemporáneo.

4. Diccionarios

4.1. Diccionarios actuales

Antinao, C. 2014. *Ta iñ Mapun Dungun. Nuestra Lengua Mapuche*. Santiago: Pu Lifru Mapunche Kimün Ngelu.

Augusta, F. de. 1916. *Diccionario Araucano-Español y Español- Araucano*. Tomo Primero y Tomo Segundo. Santiago: Imprenta Universitaria.

Augusta, F. de. [1916] 2017. *Diccionario Mapudungún-Español y Español-Mapudungún*. Edición revisada de la primera edición de Augusta (1916) por Belén Villena Araya. Temuco: Ediciones UCT.

Bucchi, A., Ravano, R., Garlaschi, A. e I. Brañes. 2011. *Léxico según la significación*. Vol. I Ordenación Conceptual. Vol. II Ordenación Alfabética. Santiago: LOM.

Catrileo, M. 1995. *Diccionario lingüístico etnográfico de le lengua mapuche. Mapudungun-Español-Inglés*. Santiago de Chile: Andrés Bello.

Consejo Nacional de la Cultura y las Artes. 2012. *Diccionario Ilustrado de la Lengua Mapuche para niños*. Santiago: Consejo Nacional de la Cultura y las Artes.

Defensoría Penal Pública. 2018. *Uytufigue mapuzugun mew. Dilo en mapuzugun. Glosario jurídico penal español-mapuzugun*. Temuco: Fundación Konrad Adenauer/Defensoría Penal Pública.

Erize, E. 1960. *Diccionario Comentado Mapuche-Español: Araucano, Pehuenche, Pampa, Picunche, Rancülche y Huilliche*. Cuadernos del Sur. Instituto de Humanidades, Universidad Nacional del Sur. Buenos Aires.

Flores, T., Caniguan, J. y R. Fuentes. 2017. *Mapuchedungun tañi ñi üy: glosario de terminología clínica odontológica bilingüe mapuchedungun-castellano*. Temuco: Ediciones Universidad de la Frontera.

Garmendia, N. 2018. *Tañi wüne chillkatupeyüm re mapudungun mew. Mi primer diccionario de mapudungun*. Santiago: Pehuén.

Harmelink, B. 1994. *Vocabulario y frases útiles en mapudungun*. Temuco: Universidad de la Frontera.

Hernández, A., Ramos, N. y C. Cárcamo. 1997. *Diccionario ilustrado Mapudungun-Español-Inglés*. Santiago: Pehuén.

Huaquillan, O. 2017. *Pewenche kimdugun*. Concepción: Trama Impresores.

Rosas, J. M. 1947. *Gramática y diccionario de la lengua pampa (pampa-ranquel-araucano)*. Buenos Aires: Albatros.

4.2. Diccionarios anteriores

Barbará, F. 1879. *Manual o vocabulario de la lengua pampa y del estilo familiar para el uso de los jefes y oficiales del ejército, y de las familias a cuyo cargo están los indígenas*. Buenos Aires: Imprenta y Librería de Mayo de C. Casavalle.

Falkner, T. 1774. *A Description of Patagonia*. Hereford: C. Pugh.

Febrés, A. 1765. *Arte de la Lengua General del Reyno de Chile, con un dialogo Chileno-Hispano muy curioso: a que se añade la Doctrina Christiana, esto es, Rezo, Catecismo, Coplas, Confesionario, y Pláticas; lo más en lengua Chilena y Castellana: y por fin un vocabulario Hispano-Chileno y un Calepino Chileno – Hispano más copioso. Compuesto por el P. Andrés Febrés Misionero de la Comp. de Jesús. Año de 1764*. Lima, en la Calle de la Encarnación. Año de 1765.

Febrés, A. 1846a. *Diccionario Chileno Hispano, compuesto por el R.P. Misionero Andrés Febrés De la C. de J. Enriquecido de voces i mejorado por el R. P. Misionero Fr. Antonio Hernandez i Calzada de la órden de la Regular Observancia de N.P.S. Francisco. Edición hecha para el servicio de las Misiones por órden del Supremo Gobierno i bajo la inspección del R. P. Misionero Fr. Miguel Anjel Astraldi.* Santiago: Imprenta de los Tribunales.

Febrés, A. 1846b. *Diccionario Hispano Chileno, compuesto por el R.P. Misionero Andrés Febrés De la C. de J. Enriquecido de voces i mejorado por el R. P. Misionero Fr. Antonio Hernandez i Calzada de la órden de la Regular Observancia de N.P.S. Francisco. Edición hecha para el servicio de las Misiones por órden del Supremo Gobierno i bajo la inspección del R. P. Misionero Fr. Miguel Anjel Astraldi.* Santiago: Imprenta de los Tribunales.

Havestadt, B. de. [1777] 1883. *Chilidúgú sive tractatus linguae chilensis.* 2 vols. Edición facsimilar de Julius Platzmann. Lepzig: B.G. Teubner.

Schuller, R. 1907. *El Vocabulario Araucano (de 1642–1643). Bibliografía de la Lengua Mapuche o Araucana.* Santiago de Chile: Imprenta Cervantes.

Valdivia, L. de. 1606. *Arte y gramatica general de la Lengva qve corre en todo el Reyno de Chile, con vn Vocabulario, y Confessonario. Compuestos por el Padre Luys de Valdiuia de la Compañia de Iesus en la Prouincia del Piru. Ivntamente con la Doctrina Christiana y Cathecismo del Concilio de Lima en Español, y dos traducciones del en la lengua de Chile. [...] En Lima por Francisco del Canto.* Año 1606.

Notas

1 Adicionalmente, en este periodo el geógrafo holandés Elías Herckmans elaboró un vocabulario mapudungún-latín (Schuller 1907) y el misionero inglés Thomas Falkner, un breve vocabulario (de menos de 100 lemas) mapudungún-inglés (Falkner 1774).

2 La mayoría de estos mapuchismos aparecen registrados en la última edición del *Diccionario de la lengua española, DLE*: *boquis* (lematizado como *boquí*), *colehues* (como *colihue* y *coligüe*), *machis* (como *machí*), *maque* (como *maquí*), *y ulpo*.

3 En esta época y en territorio argentino, los militares Federico Barbará y Juan Manuel de Rosas elaboraron diccionarios bilingües en lengua pampa (el primero publicado en 1897 y el segundo elaborado entre 1810 y 1825, pero publicado en 1947).

43

Diccionarios bilingües de lenguas asiáticas (Bilingual dictionaries of Asian languages)

Presentación de los principales diccionarios bilingües del español con dos lenguas asiáticas, el chino y el japonés. Para cada una de estas dos lenguas, se hace un breve recorrido histórico sobre la lexicografía bilingüe con el español, para centrarse más adelante en el análisis de los diccionarios más actuales. Al tratarse de lenguas tipológicamente muy alejadas de las occidentales, los diccionarios bilingües con estas lenguas plantean problemas específicos. Por ello, se resumen brevemente las principales características de estas lenguas y se reseñan las dificultades que dichas características suponen para los diccionarios. Finalmente, se describen con detalle los principales diccionarios existentes en la actualidad.

Presentation of the main bilingual dictionaries of Spanish and two Asian languages, Chinese and Japanese. For each of them, a brief historical overview of bilingual lexicography with Spanish is given, followed by an analysis of the most recent dictionaries. Since Chinese and Japanese are typologically different from Western languages, bilingual dictionaries imply unique difficulties. Therefore, the fundamental characteristics of these languages are briefly summarized for readers who do not know them, and the difficulties that these features pose for bilingual dictionaries are outlined. Finally, the chapter presents the characteristics of some major bilingual dictionaries.

 DOI: 10.4324/9780429244353-49

Diccionarios bilingües de la lengua china (Bilingual dictionaries of Chinese)

Lu Jingsheng

1. Introducción

Las obras lexicográficas forman parte del hispanismo chino y por lo tanto han venido desarrollándose junto con la génesis y evolución de los contactos entre las dos comunidades lingüísticas, y sobre todo con el rápido crecimiento de la enseñanza de español como lengua extranjera (ELE) acompañada de los estudios hispánicos en general en los últimos dos decenios. Este campo académico tiene su germen en la época de los primeros misioneros españoles en China en el siglo XVI y registra logros esporádicos hasta la primera mitad del siglo XX. En 1952 se creó el primer departamento universitario de español, que dio inicio a la enseñanza institucional de español a nivel de licenciatura. Como fruto de dicha institucionalización, se publicó el primer *Diccionario español-chino* en 1959 elaborado por los jóvenes hispanistas docentes chinos. A partir de la década de 1970, en que la enseñanza de español vio su segundo auge debido al establecimiento de las relaciones diplomáticas entre China y España y más de 10 países hispanoamericanos, los esfuerzos de los hispanistas chinos en el ámbito lexicográfico han venido dando resultados fructíferos: hasta la fecha se han publicado unos 60 títulos de diversos tipos, tales como diccionarios bilingües generales y específicos, en uno o ambos sentidos, de bolsillo o de gran volumen. En la consideración teórica y metodológica para la confección de diccionarios bilingües entre español y chino nos parece importante conocer la distancia lingüística y cultural entre idiomas, cuyo grado va aumentando del español respecto al portugués, el francés y el inglés, por citar solo algunos con diferente grado de parentesco. La enorme diferencia entre chino y español implica grandes dificultades en diversas áreas de aplicación del español en China, tales como la docencia, la traducción y la elaboración de diccionarios bilingües, entre otras.

En este capítulo, presentaremos nuestras investigaciones al respecto, así como nuestras reflexiones en cuanto a los problemas relacionados con entradas, acepciones y definiciones. Los hispanistas chinos conocen la importancia de los diccionarios bilingües como herramienta para promover la difusión de la lengua y cultura en los dos sentidos y para aumentar el conocimiento recíproco y el intercambio económico y humano entre las dos comunidades lingüísticas igualmente gigantescas. Conscientes de lo mucho que queda por hacer en el campo lexicográfico, presentaremos nuestras perspectivas de futuros proyectos lexicográficos de español en nuestro país con algunos planes concretos.

Palabras clave: chino-español; diccionario bilingüe; distancia lingüística y cultural; hispanismo chino; lexicografía hispánica

Lexicographical works form an integral part of Chinese Hispanicism and have evolved as contacts between the two linguistic communities have grown closer. Over the past two decades, the development of Spanish-Chinese lexicography has gathered pace with the rapid growth of Spanish language teaching and Hispanic studies in China. This academic field has its roots in the time of the first Spanish missionaries to China in the fifteenth century but was only sporadic in output until the first half of the twentieth century.

In 1952, the first department of Spanish was created in a Chinese university, which began the institutional teaching of Spanish at degree level. The first Spanish-Chinese dictionary was prepared by young Chinese Hispanicists and published in 1959. The teaching of Spanish saw its second boom in the 1970s thanks to the establishment of diplomatic relations between China and Spain and more than ten American countries. Since then, the lexicographic output of Chinese Hispanicists has been prolific. To date, some 60 titles of various types have been published including general and specialist bilingual dictionaries, in one-way, two-way, pocket-size and large-volume format.

It is important to be aware of the linguistic and cultural gap between Spanish and Chinese when considering the theoretical and methodological approach needed for the preparation of bilingual dictionaries. The enormous difference between the two languages brings with it major challenges for the application of Spanish in China, in areas such as teaching, translation, and the creation of bilingual dictionaries. In this chapter, we present our research and conclusions on the problems of inputs, meanings and definitions.

Chinese Hispanicists are well aware of the importance of bilingual dictionaries as a tool for promoting the diffusion of language and culture in both directions and for increasing reciprocal knowledge and economic and cultural exchange between these two equally huge linguistic communities. Knowing how much remains to be done in the lexicographic field, we lay out some specific proposals regarding future Spanish-Chinese lexicographic works.

Keywords: bilingual dictionary; Chinese Hispanicism; Chinese-Spanish; Hispanic lexicography; linguistic and cultural distance

2. Chispas en el desértico contacto lingüístico sino-hispano antes de mediados del siglo XX

El diccionario bilingüe nace de la demanda de comunicación entre dos comunidades lingüísticas diferentes. A pesar de la enorme distancia geográfica, lingüística y cultural que existe entre China y el mundo hispánico, los contactos se remontan a la antigua Ruta de Seda de hace más de dos mil años, que unió a la antigua capital china de Changan y a Tarraco (Tarragona) en la Península Ibérica. Sobre todo, con el inicio del comercio entre Nueva España (Acapulco, México), las Filipinas (Manila) y China (el sur), a partir de mediados del siglo XVI, con los galeones de Manila, lo que se llama la Ruta de la Seda Marítima, se intensificaron los contactos personales entre ambas partes.

En sus prácticas de evangelización en China los misioneros españoles fueron pioneros en la sinología occidental por saber hablar la lengua local. Juan González de Mendoza (1545–1618) escribió *Historia de las cosas más notables, ritos y costumbres del gran reyno de la China* (Roma 1585), considerada una de las primeras obras importantes de sinología en Occidente. Fray Juan Cobo (1546–1592) tradujo entre 1588 y 1592 la obra confucianista《明心宝鉴》al castellano (*Beng Sim Bo Cam*), siendo el primer libro clásico chino traducido en Occidente.[1] Diego de Pantoja (1571–1618), junto con Matteo Ricci, fue uno de los primeros extranjeros a los que se permitió vivir en Pekín, y dio a conocer China en Occidente con sus escritos. En el terreno lingüístico, existían esfuerzos para facilitar la tarea en esa época mediante la creación de obras lexicográficas, como un diccionario chino-español realizado por fray Martín Rada (Lu 2000), o el *Arte de la lengua Chio Chiu* (汕潮-西语词典), un vocabulario bilingüe de unas decenas páginas elaborado por Melchior de Mançano (1579?-1630?) hacia 1620–1621.[2]

Estos esfuerzos de difusión de conocimientos culturales y lingüísticos, aunque esporádicos, dejaron huella en su época, tanto que el mismo Cervantes pudo concebir en la dedicatoria de la segunda parte de *Don Quijote*, con su extraordinaria imaginación literaria, la promoción de la enseñanza de español en la tierra de Confucio:

> [E]n lengua chinesca [el grande emperador de la China] habrá un mes que me escribió una carta con un propio, pidiéndome o por mejor decir suplicándome se le enviase [el *Quijote*], porque quería fundar un colegio donde se leyese la lengua castellana y quería que el libro que se leyese fuese el de la historia de don Quijote. Juntamente con esto me decía que fuese yo a ser el rector del tal colegio.
>
> *(Miguel de Cervantes,* Don Quijote*, 2.ª parte, 1615, Dedicatoria. Al conde de Lemos)*

La fundación de los "colegios" imaginados por el ingenioso escritor español, donde se enseña su idioma, no se inició en el gran país del Lejano Oriente sino hasta mediados del siglo XX.

La Primera Guerra de Opio sinobritánica (1840–1842) abrió la puerta de la China feudal, encerrada durante largo tiempo. Surgió una oleada de inmigración china a América, incluidas las antiguas colonias españolas, por lo que en 1864 se firmó el acuerdo de Tianjin entre China y España y, a partir de 1874, empezaron a establecerse las relaciones diplomáticas entre la Corte china y algunos países hispanoamericanos. Aunque el motivo principal fue para resolver problemas de los inmigrantes chinos, surgió la demanda del dominio de idiomas para una mejor comunicación. Como consecuencia, cabe mencionar algunos proyectos lexicográficos, especialmente el primer diccionario bilingüe en condiciones entre los dos idiomas: el *Diccionario español-chino enciclopédico* (《吕宋华文合壁字典》), realizado por Tam Pui-Shum (谭培森), ex encargado de negocios de China en España, México y otros países y publicado en 1917 por el diario *Xunhuan*, con 1050 páginas en formato de octavilla y unas 30 000 voces españolas con solo su equivalencia china.

Los misioneros españoles elaboraron unos libros de español para facilitar la predicación de la fe cristiana, tales como la *Gramática castellana en chino* (1926), de fray González; el *Diccionario manual castellano-chino*《吕宋词典》 (Huaiquillán 2017); el *Diccionario chino-español* 《华班字典》 (1933), de Luis María Nieto;[3] o el *Diccionario español-chino* (1943), de fray Ignacio Ibáñez.

Antes de mediados del siglo XX, el curso de español solo se impartía como asignatura optativa de segunda lengua extranjera en algunas instituciones de educación superior en Pekín, Nanjing y Shanghai y no existía ningún programa curricular de español como especialidad universitaria. Por consiguiente, tampoco se logró formar ningún profesional con buen dominio de expresión oral y escrita de español.

3. Primeros proyectos lexicográficos del hispanismo chino en su génesis y desarrollo (décadas de 1950–1970)

La fundación de la República Popular China, declarada el 1 de octubre de 1949, terminó con una época de guerras sucesivas que duró más de un siglo. Por el deseo de conocer mejor el mundo exterior y de que fuera mejor conocida la realidad del país en el exterior, se promovió mucho, como una importante medida de la política lingüística, la enseñanza institucional de lenguas extranjeras. Gracias a ello, el español, una de las lenguas más usadas del mundo, se ganó su debido puesto en el sistema educativo de China.

En diciembre de 1952 se creó el primer Departamento de Español en la hoy Universidad de Estudios Extranjeros de Beijing, y en marzo de 1953 se empezó a impartir un curso de español a unos 20 estudiantes de grado con una duración de cuatro años, lo cual marcó la génesis de la enseñanza de dicho idioma como especialidad universitaria en China (Lu 2014). En sus primeros momentos existía, entre otras dificultades, la escasez de bibliografía, como recuerda el profesor Dong Yansheng, graduado de dicha Universidad en 1960:

> "Ni libros teníamos", rememora este erudito de 81 años; "cada semana nos daban unas hojas mimeografiadas con textos copiados de textos rusos. A veces, si habían puesto demasiada tinta, la hoja salía toda negra; otras, estaba borrosa. La biblioteca era una miseria, algunas obras de Cervantes, Galdós, Blasco Ibáñez, Horacio Quiroga, César Vallejo... Los libros en español no llenaban 2 o 3 estanterías.
>
> *(En Macarena Vidal, "Los duros comienzos del español, 'un francés mal hablado'",* El País, *20 de septiembre de 2018)*

3.1. El primer diccionario bilingüe: el Diccionario español-chino *(1959)*

En octubre de 1959, se publicó el *Diccionario español-chino* 《西汉词典》, recopilado por el colectivo docente y algunos estudiantes del último curso de español del mencionado Departamento de Español de la hoy Universidad de Estudios Extranjeros de Beijing. En la elección de voces (palabras y locuciones), la obra tuvo como referencia principal el *Diccionario español-ruso* (Ф.В. Кельин, *Испанско-русский словарь*), y para las definiciones contó con el *Diccionario manual e ilustrado* y el *Diccionario de la lengua española* de la Real Academia Española, el *Pequeño Larousse Ilustrado (PLI)* editado por Manuel de Toro y el *Diccionario general ilustrado de la lengua española*, editado por Samuel Gili Gaya *(DGILE2)*. Con unas 35 000 entradas con acepciones, equivalencia china, notas aclaratorias y ejemplos de uso. La obra llegó a tener 1 310 000 caracteres, 888 páginas en formato de octavilla. Fue editado por The Commercial Press (en adelante, CP) con una tirada de 10 000 ejemplares en la primera edición y otros tantos en la segunda edición, de 1962. Siendo el primer diccionario bilingüe chino-español, elaborado por jóvenes hispanistas chinos, la obra llamó mucho la atención y obtuvo la inscripción caligráfica manuscrita del entonces Primer Ministro Zhou Enlai para su título chino漢西詞典 en la cubierta, como muestra del apoyo de esta personalidad al diccionario.

En las décadas de 1960 y 1970, la enseñanza de español registró dos pequeños periodos de crecimiento: el primero, debido al establecimiento de las relaciones diplomáticas entre China y Cuba en 1960, y el segundo, gracias a la normalización de relaciones diplomáticas entre China y ocho países del habla hispana (Chile en 1970, Perú en 1971, México y Argentina en 1972, España en 1973, Venezuela en 1974, Ecuador y Colombia en 1980). Ello implicó un impulso para la creación de departamentos de español en el sistema de educación superior de China, que, comenzando por la Universidad de Estudios Internacionales de Shanghai en 1959, llegó a 14 en 1974.

En estos periodos se publicaron los siguientes diccionarios bilingües entre los dos idiomas:

- 1965: *Breve diccionario español-chino* 《简明西汉词典》, Lin Fangren, Beijing: CP, 575 páginas, 13 000 voces.

- 1971: *Diccionario chino-español* 《汉西词典》 (el primer diccionario de la dirección chino-español), Xinhua, Editorial en Lenguas Extranjeras, Beijing, 827 páginas en formato de octavilla, 30 000 expresiones chinas.
- 1973: *Manual de traducción de nombres en español (esbozo)* 《西班牙语姓名译名手册》, Xinhua, Beijing: CP, 108 páginas, con unos 8000 nombres y apellidos de uso general de español y su traducción fonética en caracteres chinos.
- 1978: *Glosario temático chino-español* 《汉西分类词汇手册》, Instituto de Lenguas extranjeras n.º 2 de Beijing, Beijing: CP.
- 1979: *Diccionario abreviado español-chino* 《袖珍西汉词典》, Universidad de Estudios Extranjeros de Beijing, Beijing: CP.
- 1979: *Pequeño glosario de siglas español-chino* 《西汉缩略语小词典》, Xinhua, Beijing: CP, 369 páginas con unas 7000 siglas y abreviaturas de uso frecuente.

A finales de 1972, para facilitar el futuro trabajo de docencia, traducción e investigación, se formó en la Universidad de Estudios Extranjeros de Beijing un equipo de redacción del *Nuevo diccionario español-chino* y, poco más tarde, en la Universidad de Estudios Internacionales de Shanghai, tomó cuerpo otro equipo para el *Diccionario manual español-chino*. Los dos diccionarios fueron incluidos en los proyectos de diccionarios grandes y medianos de la planificación lexicográfica nacional y fueron publicados sucesivamente en las siguientes fechas:

- 1981: *Diccionario manual español-chino* 《简明西汉词典》, equipo de la Universidad de Estudios Internacionales de Shanghai, dirigido por Sun Yizhen, Shanghai: Shanghai Translation Publishing House, 1529 páginas en formato de octavilla. Contiene 43 000 voces, que incluye vocabulario básico y de uso general, términos científicos, americanismos, extranjerismos y neologismos de uso frecuente. Los artículos contienen categoría gramatical, acepciones con definición precisa y ejemplificada en muchos casos. Hay diez anexos, tales como tablas de la conjugación verbal, glosarios de nombres de personas y de topónimos del mundo en español con su traducción china, tabla de traducción fonética, etc. Es el diccionario bilingüe más usado entre los dos idiomas, sobre todo para estudiantes de español, y hasta la séptima reimpresión en 2001 ya tuvo una tirada acumulada de 35 300 ejemplares. En 2014 se editó una versión de lujo sin indicar la tirada.
- 1982: *Nuevo diccionario español-chino* 《新西汉词典》, equipo de la Universidad de Estudios Extranjeros de Beijing, dirigido por Zhang Guangsen. Beijing: CP. 1204 páginas en formato de cuartilla. Es un diccionario de tamaño mediano con más de 82 000 voces. Según su presentación, los lexicógrafos trataron de recoger, además de vocablos y acepciones generales, nuevas voces y acepciones. En los artículos se registraron más de 22 000 locuciones y dichos. Al final se pueden encontrar cinco anexos, como la tabla de la conjugación verbal en español y una tabla de traducción fonética. La primera tirada fue de 6400 ejemplares.

4. Buena cosecha del cultivo lexicográfico paralelo al desarrollo acelerado de la enseñanza de español en China

En 1978 se inició en China la gran empresa de la reforma y la apertura al exterior, que fomentó el desarrollo económico y social y promovió el desarrollo gradual de los contactos con el mundo exterior. Paralelamente, se registró una gran prosperidad en la enseñanza de lenguas extranjeras. Al entrar en el nuevo milenio, se fueron intensificando los contactos de todo tipo entre China y los países hispanohablantes, de los que ofreceremos tan solo unas cifras (dólares americanos) a modo de muestra del crecimiento del comercio bilateral: entre China y España, de 3000 millones en 2001 se pasó a más de 30 000 millones, y entre China y América Latina y el Caribe, de 12 600 millones en 2000 a más de 300 000 millones en 2018. Ello implica un ambiente favorable para la promoción de la enseñanza de español en China, la cual se encuentra en la sociedad china con oportunidades de expansión y adquiere un rápido crecimiento cuantitativo con una amplia gama de tipos de cursos. Conscientes de su oportunidad profesional, los hispanistas chinos, ya más o menos maduros, dedican mucho esfuerzo para ofrecer buenas herramientas de aprendizaje y uso de español, como son los diccionarios bilingües. Exponemos a continuación estas obras de la manera más completa posible:

- 1982: *Pequeño diccionario de comercio exterior español-chino*《西汉对外贸易小词典》, Departamento de Español de la Universidad de Economía y Comercio Exterior, Beijing: CP.
- 1983: *Breve diccionario chino-español* 《简明汉西词典》, Universidad de Idiomas de Beijing, Beijing: CP. 3065 caracteres chinos como lemas con unas 20 000 expresiones multisílabas (es decir, de dos o más caracteres chinos), 900 páginas en formato de octavilla, proyectado más para estudiantes hispanohablantes de chino.
- 1984: *Manual de traducción de nombres y apellidos en español*《西班牙语姓名译名手册》, Xinhua，Beijing: editorial Xinhua. 522 páginas.
- 1986: *Glosario* de *medicina español-chino*《西汉医学词汇》, Qiu Xinnian, Beijing: Editorial Sanidad del Pueblo. 30 000 voces.
- 1988: *Diccionario de bolsillo español-chino*《袖珍西汉词典》, Jin Guling, Shanghai: Shanghai Foreign Language Education Press.
- 1991: *Diccionario moderno español-chino y chino-español*《现代西汉汉西词典》, Mao Jinli, Li Duo y Liang Derun, Beijing: Foreign Language Teaching and Research Press. 1124 páginas, 40 000 voces entre los dos idiomas, con unos 30 vocabularios temáticos. Es el primer diccionario chino-español en las dos direcciones.
- 1992: *SISU Diccionario conciso chino-español*《西索简明汉西词典》, Sun Yizhen, Colección SISU de Diccionarios Bilingües, Shanghai: Shanghai Foreign Language Education Press. 830 páginas, 5600 caracteres chinos como lemas, con 20 000 expresiones multisílabas.
- 1993: *Diccionario de dichos de español*《西班牙语成语词典》, dirigido por Chen Guojian, Beijing: CP. 1009 páginas con 26 400 entradas entre locuciones, refranes, sentencias, giros y otros dichos, y su traducción china.
- 1995: *Breve diccionario de modismos chino-español*《简明汉西成语词典》, Fang Ying *et al.*, Beijing: CP. 625 páginas con unos 6000 modismos chinos y su traducción española.
- 1998: *The Oxford-Duden. Diccionario español-chino por la imagen*《牛津-杜登西语汉语图文对照词典》, editado conjuntamente por CP y Oxford University Press, Beijing, 827 páginas. En las imágenes aparecen los términos en español con su equivalencia china. Al final hay un índice de unas 30 000 voces en español.
- 1999: *Nuevo diccionario chino-español*《新汉西词典》, equipo de la Universidad de Estudios Internacionales de Shanghai, dirigido por Sun Yunzhen, Beijing: CP. Se recogen más de 6000 caracteres chinos como lemas, con unas 70 000 expresiones multisílabas, superior en volumen al *Diccionario español de la lengua china*, de Fernando Mateos y otros, Espasa-Calpe, 1977. Está diseñado para los traductores, docentes y aprendientes del español y también para estudiantes y usuarios hispanohablantes de chino. Además de vocablos de uso general, se recogen expresiones del chino antiguo, dichos, términos y neologismos de uso frecuente. Es un diccionario bilingüe de tamaño mediano y el mayor de los diccionarios chino-español hasta la fecha.
- 2000: *Nuevo diccionario* de *bolsillo español-chino*《新编西汉袖珍词典》, Gao Lingling y Huang Jinyan, Shanghai: Shanghai Foreign Language Education Press.

- 2000: *Diccionario de argot español-chino*《西汉俚语词典》, Ni Huadi y Li Jing, Taipei: editorial Central de Libros, 365 páginas. Unas 4500 entradas.
- 2000: *Diccionario español-chino de economía y comercio*《西汉经贸词典》, Mao Jinli, Beijing: Foreign Language Teaching and Research Press. 1165 páginas, unos 70 000 términos que abarcan ámbitos de economía, comercio, finanzas, logística, aduanas, impuestos, contabilidad, auditoría, estadística, seguros, empresa y seguridad social. Además, se relacionan organizaciones internacionales y latinoamericanas, 500 grandes empresas latinoamericanas y otras tantas de España, todo con su traducción china.
- 2000: *Pequeño diccionario de términos científicos y técnicos español-chino*《简明西汉科学技术词典》, Wang Liushuan, Shanghai: Shanghai Foreign Language Education Press. 625 páginas, unas 36 000 voces.
- 2001: *Diccionario de americanismos*《美洲西班牙语词典》, Sun Xianshun (director), Beijing: editorial Educación de Turismo. 1266 páginas, unas 60 000 voces.
- 2002: *Diccionario de clasificación chino-español*《汉西分类词典》, equipo de redacción dirigido por Yang Fajin, Beijing: Foreign Language Teaching and Research Press. 1251 páginas, unas 70 000 voces del chino y su traducción española. Con términos clasificados en 5 ámbitos de política, economía, cultura, sociedad e internacional y subdivididos en 63 grupos, es de tipo ideológico, muy útil para traductores y profesionales dedicados a las relaciones con los países hispanohablantes.
- 2003: *Glosario de conversación en español, del aprendizaje al uso*《即学即用西班牙语会话词典》, Li Jie y Shi Qing, Beijing: Foreign Language Teaching and Research Press. En 2009 se publicó otra edición en CD-ROM.
- 2003: *Nuevo diccionario español-chino de bolsillo*《新编西汉微型词典》, Huang Jinyan, Shanghai: Shanghai Foreign Language Education Press.
- 2004: *Diccionario de economía y comercio chino-español*《汉西经贸词典》, Mao Jinli, Beijing: Foreign Language Teaching and Research Press, Beijing. Con 110 000 términos chinos con su traducción española, complementa al *Diccionario español-chino de economía y comercio*《西汉经贸词典》, publicado en 2000.
- 2005: *Diccionario conciso español-chino y chino-español*《精选西汉汉西词典》, Liang Derun *et al.*, Beijing: CP. 727 páginas. Unas 20 000 voces de español y 18 000 de chino.
- 2005: *Diccionario de medicina chino-español*《汉西医学词典》, Qiu Xinnian, Beijing: editorial en Lenguas Extranjeras. 50 000 voces chinas con su traducción española.
- 2005: *Diccionario de expresiones coloquiales en español*《实用西班牙语口语句典》, Weng Miaowei y Liu Jian, Beijing, China Aerospace Publishing House.
- 2006: *Diccionario de frases usuales de español*《西班牙语常用词词典》, Zhang Zhenshan, Beijing: editorial de la Universidad de Beijing.
- 2006: *Diccionario de términos económicos y comerciales español-chino y chino-español*《西汉汉西经济贸易词典》, dirigido por Zhao Xuemei, Beijing: China Business Press. 649 páginas.
- 2007: *Diccionario visual español-English* -汉语《西英汉图解词典》, traducido por Jia Wenbo y Che Yunping de Spanish English Bilingual Visual Dictionary, Press Dk, Reino Unido, Beijing: Foreign Language Teaching and Research Press.
- 2007: *Diccionario explicativo de verbos españoles*《西班牙语动词解析词典》, Bertrand Houreade, traducción de Wang Yu， Beijing: Foreign Language Teaching and Research Press.
- 2007: *Diccionario oftalmológico español-inglés-chino*《西英汉眼科专业词典》, Qiu Xinnian, Shijiazhuang: editorial Educación de Hebei.
- 2008: *SFLEP Diccionario conciso español-chino chino-español*《外教社简明西汉-汉西词典》, Sun Yizhen *et al.*, Shanghai: Shanghai Foreign Language Education Press. 558 páginas, 30 000 voces en español y 25 000 voces en chino.

- 2008: *Nueva era. Gran diccionario español-chino*, equipo de la Universidad de Estudios Internacionales de Shanghai, dirigido por Sun Yizhen, Beijing: CP. Con 2341 páginas en formato de cuartilla, se recogen unas 120 000 entradas, en las que se registran cerca de 30 000 locuciones y diversos tipos de dichos. Además de vocablos generales, se recogen términos de ciencias naturales (particularmente de medicina, informática y bioingeniería) y de ciencias sociales (sobre todo de economía y derecho), abreviaturas, americanismos, nombres de persona, topónimos y nombres de instituciones, con indicación gramatical adecuada, definición precisa, acepciones completas y ejemplos claros. Contiene seis apéndices, como tablas de conjugaciones y transcripción fonética. Con un carácter enciclopédico, es el de mayor volumen entre los diccionarios del mismo tipo en el mundo hasta la fecha.
- 2008: *Diccionario de dichos de español*《西班牙语习语词典》, Tang Minquan, Beijing: Foreign Language Teaching and Research Press. 412 páginas con unos 1200 dichos españoles con su traducción china.
- 2008: *Pequeño diccionario temático de español para estudiantes*《西班牙语词汇分类学习小词典》, Julianne Dueber, traducción y adaptación de Chen Hao, Beijing: editorial de la Universidad de Idiomas de Beijing. 376 páginas.
- 2008: *Nuevo diccionario español-chino de bolsillo*《新西汉小词典》, Li Jing *et al.*, Shanghai: Shanghai Translation Publishing House.
- 2009: *Pequeño diccionario español-chino*《西汉小词典》, Wang Zhongyong, Beijing: CP.
- 2009: *Mi diccionario chino-español en imágenes*《汉语图解词典（西班牙语版）》, Wu Yuemei, Chen Quan *et al.*, Beijing: CP. Unas 4200 voces usuales. Otra edición abreviada con 1400 voces: *Mi pequeño diccionario español-chino en imágenes*《汉语图解小词典（西班牙语版）》.
- 2009: *BBC Diccionario de español estándar coloquial + léxico usual*《BBC标准西班牙语口语句典+常用词词典》, Philippa Goodrich, traducción de Pan Min, Beijing: editorial de la Universidad de Idiomas de Beijing.
- 2009: *Diccionario de medicina chino-español*《汉西医学词典》, Qiu Xinnian, Beijing: editorial en Lenguas Extranjeras. 845 páginas, 65 000 voces de chino con su equivalencia española.
- 2009: *Diccionario de medicina español-chino*《西汉医学词典》, Qiu Xinnian, Beijing: China Radio and Television Press. 953 páginas, 65 000 voces de español con su equivalencia china.
- 2010: *Nuevo diccionario español-chino*《新西汉词典》, Sun Yizhen (director), Shanghai: Shanghai Translation Publishing House. 1673 páginas en formato de octavilla. Unas 60 000 entradas con indicación gramatical adecuada, definición precisa, acepciones completas y ejemplos claros.
- 2011: *Diccionario de clasificación chino-español para interpretación oral*《汉西分类口译词典》, Tao Yuping y Mao Caiqin, Guangzhou: World Book Publishing Company (Guangdong). 550 páginas.
- 2011: *Diccionario español-chino y chino-español*《西汉汉西词典》, Mao Jinli *et al.*, Beijing: CP. 503 páginas, unas 30 000 voces de español, unos 4000 caracteres chino de encabezamiento con unas 30 000 expresiones multisílabas.
- 2015: Diccionario de bolsillo español-chino y chino-español《袖珍西汉汉西词典》, Qin Haibo，Beijing: CP.
- 2015: *Manual de traducción de nombres españoles*《西班牙语姓名译名手册》, Departamento de Traducción de Nombres Propios de la Agencia Xinhua, Beijing: CP. 444 páginas con 35 000 apellidos y nombres de pila de español y su traducción fonética en caracteres chinos.
- 2016: *Diccionario ilustrado español-inglés-chino*《外教社西英汉图解词典》, traducción y adaptación dirigida por Zhuang Zhixiang, Shanghai: Shanghai Translation Publishing

House. 418 páginas, 18 750 voces clasificadas por temas y expuestas en los dibujos, con índices en tres idiomas por separado.

- 2016: *Diccionario de modismos y frases español-chino y chino-español*《精编西汉汉西成语习语词典》, Li Tingyu, Beijing: Editorial de la Universidad de Idiomas de Beijing.

Cabe mencionar positivamente el *Diccionario español de la lengua china*《汉西综合词典》, hecho por tres estudiosos españoles, los jesuitas Fernando Mateos, Miguel Otegui e Ignacio Arvizabalaga, en el Instituto RICCI (Espasa-Calpe, Madrid, 1977), que aunque en un estilo anticuado de chino, tiene su valor histórico en el dominio de las dos lenguas y culturas.

Podemos añadir, además, otra decena de obras con importante parte lexicográfica hispánica, como por ejemplo la *Gran enciclopedia china*《中国大百科全书》, la *Guía de diccionarios extranjeros*《国外工具书指南》, el *Diccionario de origen de dichos extranjeros*《国外成语典故词典》, el *Diccionario de la literatura universal*《世界文学词典》, el *Diccionario del folklore universal*《世界风俗事典》, el *Gran diccionario Cihai*《大辞海》, así como el diccionario plurilingüe *A Chinese-English-French-Spanish-Russian Dictionary of Economics and Trades*《汉英法西俄国际商务词典》(Lu Longzhu, Beijing: CP, 2002).

5. Algunas reflexiones finales sobre el trabajo lexicográfico bilingüe chino-español

a)

Los diccionarios bilingües entre español y chino elaborados por los hispanistas chinos y publicados desde el inicio de la enseñanza curricular de español hasta la fecha llegan a 53 títulos, de los cuales, 37 contienen lengua general (23 de español-chino, 9 de chino-español y 5 de español-chino y chino-español combinados), 10 contienen lenguaje especializado en comercio y terminología científica y 6 son introducidos del exterior con traducción y adaptación al chino. Cronológicamente, se publicaron 5 títulos antes del inicio de la política de apertura al exterior en 1978, 15 durante los primeros 20 años entre 1979–1999 y 33 en el nuevo milenio, lo que revela la capacidad profesional del hispanismo chino en sus periodos de génesis, crecimiento y fortalecimiento. Los éxitos de la lexicografía sinoespañola cristalizan los esfuerzos de los hispanistas chinos por dominar y difundir la lengua española en China o entre los sinohablantes en el mundo, ofrecen un instrumento eficaz para el aprendizaje y el uso del español y de este modo facilitan la comunicación y los contactos entre personas de ambas comunidades lingüísticas.

b)

En el terreno de la lexicografía bilingüe entre chino y español cabe mencionar las siguientes obras, autores y casas editoriales que contribuyeron especialmente a su cultivo. El *Diccionario español-chino* de 1959, el primero con forma de diccionario moderno, tuvo su valor histórico. Los autores fueron del Departamento de Español de la Universidad de Estudios Extranjeros de Beijing, el cual, considerado como la cuna del hispanismo chino, hizo entre sus colegas a lo largo de medio siglo cerca de una decena de obras de la lista expuesta en el apartado 4. El *Diccionario manual español-chino* de 1981 es el más reimprimido y usado, y sus autores pertenecen a la Universidad de Estudios Internacionales de Shanghái, que, bajo la dirección del profesor Sun Yizhen, confeccionaron también el *Nuevo diccionario chino-español* de 1999 y el *Nueva era. Gran diccionario español-chino*, los dos más voluminosos de ese tipo en el mundo hasta la fecha.

El catedrático Sun Yizhen, de 86 años, aún dirige y elabora personalmente la recopilación del *Nueva era. Gran diccionario chino-español*, que, casi concluido, será obra hermana del *Nueva era. Gran diccionario español-chino*, con el mismo tamaño. El profesor Sun fue condecorado en septiembre de 2018 con el Premio de Contribución Vitalicia a la Lexicografía que otorgó la Asociación China de Lexicografía en su 4.ª edición.

Tanto el primer *Diccionario español-chino* como los dos mayores mencionados en este párrafo fueron publicados por The Commercial Press, casa editorial fundada en 1897 que se destaca en la publicación de diccionarios de todo tipo y bilingües en todas lenguas y que contribuye especialmente al crecimiento del hispanismo chino con la publicación de manuales de español y diccionarios bilingües entre chino y español, que llegan a 18 del listado en el apartado 4 del presente capítulo. Le siguen Shanghai Foreign Language Education Press, con 12 títulos, y Foreign Language Teaching and Research Press, con 10 títulos. Filiales, respectivamente, de la Universidad de Estudios Internacionales de Shanghai y de la Universidad de Estudios Extranjeros de Beijing, se dedican a la publicación especializada en lenguas extranjeras.

c)

Obviamente, son muy grandes las diferencias entre las lenguas china y española en todos los planos lingüísticos y culturales, mucho más que entre español e inglés, sin hablar de las lenguas romances. La teoría de la distancia lingüística y cultural de Lu (2017) debe ser un importante punto de referencia para la enseñanza-aprendizaje, la traducción y la elaboración de diccionarios bilingües entre chino y español. En cuanto al último aspecto, son considerables las siguientes diferencias.

En la escritura, el chino usa caracteres (*hanzí*) fundamentalmente pictográficos, picto-fonéticos e ideográficos, en contraste con la escritura fonética, que es general para las lenguas europeas. Eso influye ante todo en el plano morfológico: como unidad mínima libre se presenta la palabra en español, basado en el criterio morfológico (separabilidad), y el carácter en chino, el cual, separable, puede funcionar como morfema o palabra. Así, para el lema, el español usa la palabra y el chino presenta primero el carácter y, dentro de este, van las voces multisílabas (palabra o término de dos o más caracteres). Por ejemplo: en el *Nuevo diccionario chino-español* de 1999, "学" ("xué") tiene 5 acepciones y, debajo de sí, se listan 48 sintagmas multisílabos con definición y ejemplo, algo así como el prefijo *trans-* (*tras-*, *tra-*) para una larga lista de palabras compuestas. Por esta razón, la palabra *diccionario* puede ser en chino "字典" (de caracteres), "词典" (de palabras) o "辞典" (de términos).

Los caracteres no representan la pronunciación, por lo que suelen estar acompañados de *pinyin*, un sistema de transcripción fonética para chino. En los diccionarios monolingües del chino las entradas pueden ordenarse según el orden alfabético *pinyin* o la forma (trazos o radicales), pero para el diccionario bilingüe chino-español se usa solo el orden alfabético. El español tiene bien marcada la clase de palabras, por lo que siempre se indica la categoría gramatical de las palabras en sus acepciones (*tr.*, *intr.*, *prnl.*, *u. t. c. prnl.*, etc.). El chino es una lengua aislante con palabras sin marca morfológica en su mayoría. Esta diferencia suele remediarse mediante acepciones y ejemplos sintácticos: "把" (ba) en "我一把①把②把③把④住了" ("de un manotazo sobre el manillar lo agarré"), ①manotazo, ②preposición, ③manillar, ④agarrar.

Semánticamente, existen diferentes grados de equivalencia: total: *oto-rrino-laringo-logía* /耳-鼻-喉-科; parcial: *para-brisa-s*/挡-风-玻璃 ("contener-viento-vidrio"); o no equivalente: *aero-puerto*/飞-机-场 ("volar-máquina-campo"). Para locuciones, puede existir una equivalencia en lo literal, pero no en lo pragmático: "花天酒地" ("cielo de flores/mujeres y tierra de aguardientes") equivale a "vivir en la disipación, llevar una vida disoluta". Hay muchos casos de no equivalencia hiponímica, que requieren enumeración de los hipónimos. Ejemplo del chino al español: en la primera acepción de "笔" ("bi"), la definición es "pluma, utensilio que sirve para escribir", luego se ponen como ejemplos "圆珠笔*bolígrafo*/蘸水笔 *pluma, plumilla*/钢笔 *estilógrafica, pluma fuerte*/毛笔 *pincel chino*/铅笔 *lápiz*/粉笔 *tiza*. Ejemplo del español al chino: *tío*:

"伯父，叔父，姑父，舅父，姨夫" ("tío hermano mayor del padre, tío hermano menor del padre, marido de la hermana de la madre, tío hermano de la madre, tío marido de la hermana de la madre"). Hay casos de diferente extensión semántica de la palabra: la palabra china "论文" significa, según el *Diccionario del chino moderno* 《现代汉语词典》, "escrito para discutir o investigar algún problema", y puede ser el hiperónimo *de tesis, tesina, monografía, trabajo, ponencia, comunicación, ensayo, artículo...* en español. Hay casos de diferente asociación ideológica: en español, el *corazón* sirve para sentir (amor, afecto, sentimiento) y la *mente* para pensar (inteligencia, pensamiento); en cambio, en chino, el *corazón* sirve tanto para la inteligencia como para el sentimiento; así, "心算" (literalmente, "calcular en el corazón" en chino) tiene que traducirse como "calcular mentalmente" o "cálculo mental" en español. Para las palabras de cosas propias de una lengua se aclara con una definición explicativa o mediante ejemplos. Así, en el *Nuevo diccionario chino-español* de 1999: *paella* se explica como "海鲜米饭，肉菜饭，菜饭〈西班牙的一种饭食〉" (literalmente, "arroz de marisco, arroz de carne, arroz de verdura 〈un plato de arroz de España〉").

En nuestras prácticas de promoción de la ELE en China, los hispanistas docentes chinos siempre ponemos mucha atención a la gran distancia lingüística y cultural entre chino y español. Partiendo de eso, planteamos la necesidad de establecer una infraestructura sistemática de la enseñanza de ELE adecuada al contexto chino, que comprende entre nueve aspectos del proceso la elaboración de diccionarios bilingües, que queda por investigar teórica y prácticamente.

d)

Para un mayor nivel de comunicación intercultural en nuestras dos comunidades lingüísticas, creemos importante establecer un conjunto sistemático de diccionarios bilingües entre chino y español. En las actividades para introducir las lenguas y culturas extranjeras y difundir en el extranjero las propias, el diccionario bilingüe desempeña indudablemente un insustituible papel de conector.

En sus prácticas lexicográficas, los hispanistas chinos han venido esforzándose por hacer realidad el mencionado propósito, vale decir, elaborar diccionarios de diversos tipos, que permitan una sistematización y ofrezcan una información lo más completa posible. El diccionario bilingüe sirve para los estudiantes y usuarios de la lengua extranjera y debe tratar de proporcionar equivalencias a todo nivel entre las lenguas en cuestión. Creemos que, por su función de puente entre dos idiomas, el mencionado sistema de diccionarios bilingües debe reunir las principales características de utilidad y diversidad para satisfacer la necesidad y facilitar el uso.

Por la utilidad se entiende que debe considerar los rasgos contrastivos entre las dos lenguas y culturas y adecuarse a la demanda de los usuarios. La elaboración del diccionario bilingüe tiene una estrecha relación con las características de las dos lenguas y culturas. El chino y el español son dos idiomas muy diferentes tanto en la forma lingüística como en el contenido cultural, por lo que la elaboración de diccionarios bilingües para este par de lenguas presenta diferentes rasgos respecto a la de diccionarios bilingües entre español e inglés o entre español y portugués (por poner dos ejemplos), sobre todo en el tratamiento de los lemas y en la ordenación y organización de los artículos (en relación con la información fonética, gramatical, semántica, estilística y pragmática).

Por la diversidad se piensa la necesidad de elaborar diccionarios bilingües entre los dos idiomas en series para formar un conjunto sistemático. El diccionario bilingüe es un libro de consulta lingüística. Como vehículo de la cultura, la lengua se caracteriza, igual que la cultura, por la universalidad e inmensidad. En la época contemporánea, las lenguas modernas se vuelven más expresivas, los conocimientos de las ciencias modernas se hacen más enriquecidos y diversificados, y crece cada día más el número de las personas que tienen que usar diccionarios por diversos motivos. Todo ello llama a elaborar diversos tipos de diccionarios para establecer una sistematización de estos que refleje la actualidad de la lengua y los conocimientos y satisfaga la necesidad de los lectores de todas las especialidades.

Basados en estos pensamientos, los hispanistas chinos han venido desplegando sus proyectos lexicográficos de acuerdo con los propios criterios y necesidades y, a pesar de los grandes éxitos ya logrados, están esforzándose por lograr construir un conjunto sistemático de diccionarios bilingües entre chino y español, caracterizado por la diversidad de tamaño (de bolsillo, mediano y grande) y por el complejo de tipos (de lengua general, ideológico, terminológico, de imágenes, etc.). En comparación con los diccionarios bilingües entre chino e inglés o entre chino y ruso publicados en China, y según las cifras mostradas en el punto a) del presente apartado, se observa que hace falta elaborar más diccionarios especializados entre chino y español, como proyectos ya establecidos de diccionarios con definiciones bilingües (a semejanza de *Oxford Advanced Learner's English-Chinese Diccionary*, CP and Oxford University Press, Beijing: CP, 1997), de conocimientos socioculturales de los países hispanohablantes, de aprendizaje tanto del español para sinohablantes como del chino para hispanohablantes, entre otros.

Diccionarios bilingües español-japonés/japonés-español (Bilingual dictionaries Spanish-Japanese/Japanese-Spanish)

Makiko Fukuda

1. Introducción

En este capítulo se presentarán algunas características generales de los diccionarios bilingües español-japonés/japonés-español. El capítulo se divide en dos partes: en la primera se ofrecerá una breve introducción genérica a algunas cuestiones lingüísticas relacionadas con los diccionarios bilingües español-japonés/japonés-español. Para ello se repasará la historia de estos diccionarios, con un énfasis especial en los publicados en Japón.

Siendo una lengua tan alejada de las lenguas occidentales, la lengua japonesa puede plantear algunas dificultades concretas que no plantean en otros idiomas, como por ejemplo el tema de la escritura: la lengua japonesa se escribe combinando dos silabarios (hiragana y katakana) y caracteres chinos (kanji), pero además dispone de la posibilidad de ser transcrita en alfabeto latino (rōmaji), lo cual puede facilitar la lectura de la escritura japonesa a los estudiantes principiantes de esta lengua. Para los lectores que no conocen el idioma japonés, se explicarán las características de esta lengua.

En la segunda parte, se presentarán algunos de los principales diccionarios bilingües español-japonés/japonés-español y se darán a conocer sus principales características. Se abordarán cuestiones como la manera de presentar conceptos u objetos que no tienen una equivalencia clara en alguna de las dos culturas, qué tipo de escritura se usa para las entradas o las pronunciaciones o cómo se explican las palabras polisémicas.

Palabras clave: diccionario bilingüe; culturema; gramática; historia de los diccionarios español-japonés; japonés

This chapter presents several general characteristics of bilingual Spanish – Japanese/Japanese – Spanish dictionaries. The first part of the chapter comprises a generic introduction of certain linguistic issues pertaining to Spanish – Japanese/Japanese – Spanish dictionaries. To accomplish this purpose, the introduction overviews the history of these dictionaries, particularly of editions published in Japan.

In contrast to lexicons dealing only with Western languages, the Spanish – Japanese language combination implies unique difficulties such as the issue of writing; the Japanese language, in addition to two syllables and *kanji* (Chinese characters), incorporates *rōmaji* (a Latin alphabet to transcribe Japanese), which can facilitate the reading of the Japanese script for beginner students. The first part of the chapter briefly elucidates the fundamental characteristics of the Japanese script for readers who do not know Japanese.

The second part of the chapter presents the characteristics of some major Spanish—Japanese/Japanese—Spanish bilingual dictionaries published in Japan and addresses specific difficulties pertaining to concepts or objects that have no equivalents in Japanese, the type of writing system used for entry words or pronunciations, how the meaning of polysemic words in Japanese may be gauged, and so on.

Keywords: bilingual dictionary; history of Spanish-Japanese dictionaries; Japanese

2. Cuestiones generales relativas a los diccionarios bilingües español-japonés

2.1. *Características de la lengua japonesa*

El japonés es una lengua hablada por más de 128 millones de personas en todo el mundo, si bien la gran mayoría de estos hablantes se encuentran en Japón. Todavía no se ha establecido una teoría definitiva sobre el origen de la lengua japonesa, aunque es evidente que comparte algunas características con las lenguas de la familia lingüística altaica. En cuanto a la morfología, salvo en algunas excepciones, los sustantivos y los adjetivos japoneses no tienen género ni número. Sintácticamente, el japonés pertenece al grupo de lenguas con estructura *sujeto-objeto-verbo*, como la mayoría de lenguas altaicas. Fonéticamente, el japonés es un idioma silábico, lo que significa que la mayor parte de las palabras están formadas por un grupo de *consonante + vocal* con sílaba abierta.

La dificultad más destacable de la lengua japonesa la presenta su complejo sistema de escritura, llamado *Kanji kana majiri bun*, en el que se combinan varios tipos de escritura en una misma frase. Los diferentes tipos de escritura utilizados para escribir en japonés en la actualidad son los siguientes: dos silabarios (llamados hiragana y katakana, con 46 sílabas cada uno), los caracteres de origen chino (llamados kanji, con unos 2100 caracteres de uso común)[4] y el alfabeto latino (llamado *rōmaji*). Por ejemplo, en una frase como 私はあの店でスペイン語のCDを買いました。(“Compré un CD de español en esa tienda”), encontramos kanji (negrita), katakana (subrayado), rōmaji (cursiva) y hiragana (el resto).

El silabario hiragana se utiliza para escribir las flexiones del verbo y del adjetivo, algunos adverbios, las conjunciones, los nombres que no se pueden escribir en caracteres chinos o caracteres chinos anticuados. El silabario katakana se utiliza básicamente para escribir los nombres de persona o los topónimos extranjeros, las palabras de origen extranjero (excepto las procedentes de China), las onomatopeyas, algunos nombres de animales y vegetales y los términos científicos. Los kanji o caracteres chinos se utilizan para escribir la mayor parte de los sustantivos, los radicales o una parte de los verbos y los adjetivos, algunos adverbios o algunas conjunciones. Por último, también se utiliza el rōmaji o alfabeto latín, que se emplea para la transcripción fonética del japonés. Se usa principalmente para transcribir los nombres, los símbolos y las abreviaciones (p. ej.: *CD*, *DVD*, etc.), aunque también es bastante habitual que se utilice para facilitar la lectura a las personas que no tienen ningún conocimiento de dichos silabarios ni de los caracteres chinos.

2.2. *Historia de los diccionarios bilingües español-japonés/japonés-español*

Según Terasaki (2002), la evolución de los diccionarios de lenguas extranjeras en general publicados en Japón se puede dividir en cuatro etapas. En el caso de los diccionarios bilingües español-japonés/japonés-español, su evolución se puede dividir en las siguientes etapas: 1) Siglo XVII, 2) De finales del siglo XIX a principios del XX, 3) Entre 1950 y 1990 y 4) De 1990 a la actualidad.

Los primeros diccionarios que ponían en relación las lenguas japonesa y española aparecieron en el siglo XVII, fruto de la entrada en contacto de ambas lenguas a través de la introducción del cristianismo por parte de los jesuitas. El primer diccionario bilingüe español-japonés que se conoce hoy en día fue publicado en Manila en el siglo XVII titulado *Vocabvlario de Iapan declarado primero en portvgves, por los Padres de la Compañía de Iesus de aquel reyno, y agora en castellano en el Colegio de Santo Thomas de Manila*, 1630, y era la versión traducida de un diccionario bilingüe portugués-japonés titulado *Vocabvlario da lingoa de Iapam*, (1603–1605). Se trataba de un diccionario completo en el que las entradas japonesas estaban explicadas en español. El objetivo de este primer diccionario era que los misioneros jesuitas pudieran aprender japonés para difundir el cristianismo en Japón. Poco más tarde (1632) Diego Collado compiló el primer diccionario bilingüe japonés-español del que se tiene noticia, el *Dictionarivm sive Thesauri Linguae Iaponicae Compendivm*. Las entradas de este diccionario estaban escritas en latín e iban acompañadas de las palabras equivalentes en japonés y español (p. ej., "Aqua, æ. Agua", Hotta 2011).

A finales del siglo XIX se publicaron en Japón algunos diccionarios sencillos en forma de glosario. Estas publicaciones aparecieron durante el periodo de modernización del país (Meiji), cuando sobraba mano de obra en las zonas rurales y un buen número de ciudadanos japoneses se vieron obligados a emigrar, en concreto a Hawái y Sudamérica. En este contexto, 34 ciudadanos japoneses se instalaron en Chiapas (México) para fundar una colonia japonesa. Uno de estos inmigrantes, llamado Gen Muraoka, confeccionó un diccionario español-japonés con la ayuda de un compañero, Jiro Murai, que fue a visitarlo a Chiapas. En este diccionario, que llevaba el nombre de *Seinichi jiten* ('Diccionario español-japonés'), las palabras japonesas iban acompañadas de rōmaji pensando en los inmigrantes japoneses de segunda o tercera generación o en las personas hispanohablantes.

En este mismo periodo se publicó el *Vocabulario japonés* (1897), de C. Yñigo, formado por un diccionario japonés-español y un diccionario español-japonés, ambos escritos en rōmaji y presentados siguiendo el orden alfabético. Esta fue la primera introducción a la lengua japonesa pensada para el público hispanohablante publicada en Tokio. Poco después apareció el *Nihon Supein Kaiwa hen* (1898), de Katagiri, que fue el primer libro de conversación publicado por un japonés. Se trataba más bien de una simple lista de vocabulario, aunque en las últimas setenta páginas se presentaban las entradas escritas en katakana acompañadas de escritura en kanji y kana. Lo que llama la atención de esta publicación es que seguía el orden alfabético antiguo y que las palabras equivalentes en español se presentaban junto con la pronunciación en katakana (para más detalles, véase Hotta 2011). Tanto la obra de Yñigo (1897) como la de Katagiri (1898), sin embargo, estaban lejos de ser considerados como diccionarios completos y no eran mucho más que extensas listas de vocabulario.

A principios del siglo XX se publicaron por fin en Japón algunos diccionarios español-japonés/japonés-español dignos de esta calificación. Entre ellos destacan el *Shin'yaku seiwa jiten*, de Sakai (1916), que no era mucho más que una extensa lista de vocabulario (Nakagawa y Kodama 2000), y el *Diccionario español-japonés*, de Muraoka (1927), que fue el que tuvo una circulación más amplia antes de la Segunda Guerra Mundial. Aunque careciera de ejemplos, el de Muraoka era un diccionario excelente tanto cualitativamente como cuantitativamente (Nakagawa y Kodama 2000.). El objetivo principal de conocer el español en Japón en esta época era para utilizarlo en el comercio con los países sudamericanos. En cuanto a los diccionarios japonés-español, en 1937 apareció el *Nissei daijiten*, de Juan Calvo, un misionero español que vivió durante muchos años en Japón. Se trataba de un diccionario destinado a estudiantes hispanohablantes que querían aprender japonés, de manera que las entradas estaban escritas en rōmaji, junto con la escritura japonesa entre paréntesis y la palabra española equivalente. Al principio de este diccionario se explicaban las pronunciaciones y las conjugaciones verbales del japonés, mientras que en la parte del diccionario propiamente dicha las entradas, escritas en rōmaji, aparecían por orden alfabético, acompañadas de kanji y silabarios. Después de la abreviación de la categoría gramatical, figuraban la traducción al español y algunos ejemplos escritos en rōmaji. Si bien se publicaron una segunda y una tercera edición, el diccionario no fue revisado ni aumentado, de modo que quedó anticuado en la década de 1950.

La tercera etapa identificada por Terasaki (2002) es la que va de la década de 1950 a la de 1990, y se caracteriza por la aparición de diccionarios confeccionados con el objetivo de ayudar a la lectura y la comprensión de todo tipo de textos. Una de las publicaciones más destacadas de esta época fue el diccionario español-japonés de Takahashi (1958), que, a pesar de algunos defectos (escasez de ejemplos, descripción inadecuada de algunos significados, ausencia de vocabulario o significados nuevos o vulgarismos), se podía utilizar para traducir la mayoría de documentos. Este diccionario fue considerado el mejor para estudiantes de español hasta la década de 1990 (Hotta 2011, Terasaki 2002, Nakagawa y Kodama 2000). El *Seiwa jiten* (*Diccionario español-japonés*) de González e Isshiki (1986) fue el más comprensivo publicado en Japón hasta la fecha (Nakagawa y Kodama 2000). En este diccionario las palabras japonesas estaban redactadas en rōmaji para los estudiantes hispanohablantes.

En la cuarta y última etapa identificada por Terasaki (2002), que va de la década de 1990 hasta actualidad, existe gran variedad de diccionarios prácticos. En la década de 1990 se produjo un cambio importante que puso fin al monopolio del diccionario de Takahashi (1958), cuando aparecieron nuevos diccionarios como por ejemplo el de Kuwana *et al.* (eds.) (1990) *Seiwa chu jiten* (*Diccionario español-japonés*), 1.ª ed., Miyagi y Yamada (eds.) (1990) *Gendai supeingo jiten* (*Diccionario del español moderno*). 1ª ed., o Rubio y Ueda (1992) *Shin Supeingo Jiten*. (*Nuevo diccionario español-japonés*). Todos estos diccionarios contienen abundantes ejemplos, así como las descripciones fonéticas que antes se consideraban innecesarias, teniendo en consideración a los principiantes (Hotta 2011). Mientras que los diccionarios publicados con anterioridad a la década de 1990 fueron compilados por un solo autor, estos nuevos diccionarios fueron el fruto del trabajo de varios autores, lo cual se refleja en algunos nuevos aspectos que los caracterizan. El hecho de que el *Diccionario de la lengua española* de la Real Academia Española *(DRAE, DLE)* fuera revisado frecuentemente para incluir neologismos, vocabulario del habla latinoamericana e incluso vulgarismos tiene que ver con esta evolución de los diccionarios español-japonés publicados en Japón en esta época (Hotta 2011).

3. Características de los diccionarios bilingües español-japonés/japonés-español

Repasando la historia de los diccionarios bilingües español-japonés/japonés-español, vemos que los aparecidos antes de la década de 1990 presentaban algunas lagunas con relación a vocablos actualizados, a vocablos más "naturales" que se usan en la vida cotidiana (p. ej., vulgarismos), a ejemplos de uso o a variaciones regionales. Sin embargo, los diccionarios publicados a partir de la década de 1990 ya responden a estas demandas, lo que supone un hito importante en la evolución de los diccionarios bilingües de español-japonés publicados en Japón.

A continuación, veremos las características de dos diccionarios bilingües español-japonés (*Shogakukan. Diccionario español-japonés* 2004[1990] y *Crown. Diccionario español-japonés* 2005) y de dos diccionarios bilingües japonés-español (*Hakusuisha. Diccionario japonés-español. Edición revisada* 2004 y *Crown. Diccionario japonés-español* 2004). Estos cuatro diccionarios son sin duda los más utilizados en la actualidad. El *Shogakukan. Diccionario español-japonés* (en adelante, *Shogakukan*) es un diccionario completo publicado en 1990 con el objetivo de satisfacer a todos sus posibles usuarios. Incluye una gran cantidad de entradas (67 000) y varias informaciones adicionales. Está destinado no solo a los estudiantes de español, sino también a las personas que necesitan usar este idioma para los negocios. El otro diccionario español-japonés, *Crown. Diccionario español-japonés* (en adelante, *Crown ES*) fue publicado en el año 2005, quince años después de la aparición del *Shogakukan*. Aunque el número de entradas es inferior a las del *Shogakukan* (52 000), se caracteriza por abundantes ejemplos de uso (72 000). Está destinado a los estudiantes de español de diferentes niveles.

Este diccionario cuenta también con la versión japonés-español, que lleva el nombre de *Crown. Diccionario japonés-español* (en adelante, *Crown JP*) y se publicó en el año 2004. Al igual que el *Crown ES*, el *Crown JP* contiene abundantes ejemplos de uso (unos 70 000). Es un nuevo tipo de diccionario japonés-español, que incluye informaciones referentes a las variaciones regionales de algunos vocablos o imágenes de algunos gestos que acompañan el habla. En principio, está destinado a estudiantes de español, si bien también es útil a usuarios de nivel intermedio y superior. El otro diccionario japonés-español, el *Hakusuisha. Diccionario japonés-español* (en adelante, *Hakusuisha*), del año 2000, es la edición revisada de Miyagi y Contreras (1979). Antes de la aparición del *Crown JP*, había sido el único diccionario japonés-español que servía para toda clase de usuarios, incluso los que usan español para los negocios.

Nos centraremos en los siguientes aspectos: 1) estructura del diccionario, 2) cuerpo del diccionario (entradas), 3) equivalentes, 4) categorías gramaticales, 5) culturemas y 6) informaciones adicionales (ilustraciones, recuadros y glosas).

3.1. Estructura

Los cuatro diccionarios que presentamos en este capítulo incluyen un prólogo y las instrucciones de uso en las páginas preliminares. El prólogo es un elemento de capital importancia, ya que da a conocer los elementos que han influido en la elaboración del diccionario, lo que puede facilitar su uso. En los prólogos de los cuatro diccionarios en cuestión se especifican claramente los objetivos y la motivación de la obra. Especialmente en el *Shogakukan*, se explica detalladamente el contexto que llevó a la confección de la obra, lo cual nos hace pensar que fue un diccionario muy esperado y que marcó un hito en la evolución de los diccionarios bilingües español-japonés publicados en Japón.

Después del prólogo, los cuatro diccionarios incluyen las instrucciones de uso. En el *Shogakukan* y el *Crown JP*, el contenido del diccionario comienza justo después de estas instrucciones, mientras que en el *Hakusuisha* se presenta la lista de los recuadros y en el *Crown ES* hay un pequeño apartado dedicado a la explicación del alfabeto y la pronunciación.

Las páginas que siguen al contenido están dedicadas a informaciones complementarias, que varían dependiendo de cada diccionario. En el *Shogakukan* se incluye el índice de los artículos, terminología, ilustraciones o símbolos y abreviaturas. Las últimas páginas están dedicadas a la historia y la actualidad de la lengua española, de modo que los usuarios pueden familiarizarse con el tema de la variación regional, que tiene un tratamiento relevante en este diccionario. Asimismo, se explica en detalle la etimología para que el diccionario pueda ser útil a especialistas de otros idiomas. Respecto a la pronunciación, se explica con imágenes que muestran la forma que adopta la boca, con símbolos fonéticos y con la transcripción en katakana. En japonés, las acentuaciones se basan en las variaciones de tono (alto/bajo), no en la intensidad como el caso del español. Por lo tanto, para que los usuarios japoneses entiendan cómo pronunciar las palabras españolas, las sílabas tónicas están escritas en negrita. Las últimas páginas están dedicadas a la lista de conjugaciones verbales. Los verbos que se conjugan de manera irregular están clasificados en ciento cinco tipos diferentes, lo cual se indica en la entrada de cada verbo irregular.

El otro diccionario bilingüe español-japonés, el *Crown ES*, fue compilado con la intención de que fuera un diccionario completo, con abundantes ejemplos y de fácil utilización para los estudiantes de español. Después del contenido, el diccionario incluye unos apéndices con la explicación de los sufijos, informaciones gramaticales adicionales o la conjugación de los verbos. Al igual que sucede con el *Shogakukan*, las últimas páginas están dedicadas a listas de diferentes tipos de conjugaciones verbales, pero de manera más resumida que en el *Shogakukan*, especificando los patrones de conjugación de los verbos irregulares.

En cuanto a los diccionarios japonés-español, el *Crown JP* pone el énfasis en desarrollar la competencia productiva de los usuarios. Igual que hace el *Crown ES*, después del contenido se facilitan unos apéndices consistentes en tres apartados: los números, puntuación y tipografía, tablas de los verbos irregulares y tabla de conjugaciones verbales. Esta tabla de conjugaciones, además de las informaciones adicionales de cada tipo de conjugación irregular, indica en qué hay que fijarse a la hora de conjugar cada verbo.

El otro diccionario japonés-español, el *Hakusuisha*, incluye una lista de los recuadros que aparecen en el cuerpo del diccionario y una tabla de comparación de kana y rōmaji justo después del prólogo y las instrucciones de uso. Al igual que el *Crown JP*, las páginas que siguen al contenido están dedicadas a los apéndices, que son bastante diferentes de los del *Crown JP*. En ellos encontramos ocho apartados: nombres de países, topónimos de las ciudades principales de España y Sudamérica, nombres de personajes importantes del mundo, títulos de obras de arte, literarias y musicales, tabla cronológica de acontecimientos importantes de la historia mundial, un breve manual para redactar cartas y la lista de conjugaciones verbales.

3.2. Cuerpo del diccionario: la entrada

El *Crown ES* se caracteriza por el gran número de entradas que contiene. Todos los significados de los vocablos básicos aportan ejemplos completos, frases lexicales, modismos e indicaciones entre paréntesis que ayudan a los usuarios a seleccionar el equivalente más indicado según el contexto. Además, incluye una buena cantidad de frases hechas, nombres propios y sinónimos. El *Shogakukan* sigue la política de mostrar el mayor número posible de palabras traducidas. En las primeras ediciones, estas traducciones se basaban en el *Diccionario moderno Larousse español-inglés*, lo que hace que las palabras traducidas tengan un cierto aire perifrástico. En cambio, la versión revisada ya no se basa en el *Larousse* y da más importancia a aumentar los vocablos que los ejemplos de uso, y se han reforzado los neologismos o americanismos.

En los dos diccionarios bilingües español-japonés, los vocablos más importantes están presentados de manera que llaman la atención de los usuarios. En el *Shogakukan* los vocablos básicos (aproximadamente 4000) están marcados con asterisco, mientras que los vocablos de mayor importancia (aproximadamente 2000) están presentados en un cuerpo de letra más grande y en negrita. Inmediatamente después de cada entrada aparece entre corchetes la transcripción fonética de la palabra según el alfabeto fonético internacional (AFI). Como destaca Sánchez Merino (2002, 154), "el tipo de usuarios determina no solo la conveniencia de incluirla o no, sino también el tipo de transcripción que se debe seleccionar. Recoger la pronunciación de las dos lenguas es una muestra más de que el diccionario está pensado para los hablantes de ambas, y de que pretende ser bidireccional". Puesto que la lectura del español no supone un gran problema para los hablantes japoneses, ya que se lee más o menos tal y como se escribe (Nakagawa y Kodama 2000), algunos diccionarios no indican la pronunciación de los vocablos. En cambio, en el *Shogakukan*, además de los símbolos fonéticos, se indica la separación de las sílabas (p. ej.: *as・cen・sor*). Por su parte, en el *Crown ES*, junto con la transcripción del AFI, se indica la pronunciación transcrita en katakana de los vocablos importantes. En esta transcripción en katakana, la sílaba con acento está escrita en negrita para ayudar a los usuarios[5] (p. ej.: *doble dóβle* ドブレ).

Por su lado, en los diccionarios japonés-español las entradas están escritas en hiragana y/o katakana, seguidas por los caracteres chinos (kanji), en su caso, y están ordenadas según *50-onzu* (tabla de silabarios). El orden alfabético del japonés es diferente del sistema del español: los estudiantes de la lengua japonesa tienen que saberlo para poder utilizar un diccionario japonés-español, ya que la mayoría de los diccionarios de este tipo siguen el orden de este *50-onzu*. En japonés, hay varios verbos que consisten en un sustantivo de origen chino seguido del verbo *-suru* ('hacer, llevar a cabo'). En este caso, estos verbos aparecen como una parte de este sustantivo, con el sustantivo como lema:

> せつめい 説明 explicación f; [注釈・コメント] comentario m, ～する explicar, dar explicaciones sobre algo; comentar, hacer comentarios sobre algo.
>
> *(*Hakusuisha*, 700)*

Las palabras monosémicas presentan directamente su significado justo al lado de la entrada. Sin embargo, una palabra se puede usar de diferentes maneras dependiendo del contexto en el que se encuentre. En este caso, se especifica el uso de cada contexto entre corchetes y se suele proporcionar los ejemplos de cada caso con una frase concreta para que los usuarios puedan elegir la palabra (equivalente) más adecuada.

Por ejemplo, la palabra *sameru* (冷める・さめる) en japonés significa 'enfriarse', pero se puede usar tanto en sentido literal como en relación con las emociones, como por ejemplo 'perder interés':

> さめる 冷める ❶【熱いものが(algo caliente)】v.enfriarse, ponerse frío 熱湯を冷めないようにしておく v. mantener el agua hirviendo. ◆スープはまだ冷めていない La sopa todavía no se ha enfriado. ◆おふろの湯が冷めないうちに（＝温かい間に）入りなさい Báñate antes de que se enfríe el agua.
>
> ❷【情熱などが(pasión etc)】v. enfriarse; （興味が）v. entibiarse, perder interés. ◆仕事に対する熱が冷めた El amor por el trabajo se ha entibiado./（興味を失った）He perdido el interés en el trabajo.
>
> *(*Crown JP*, 532)*

3.3. Equivalentes

La función fundamental de un diccionario bilingüe es ofrecer equivalentes léxicos, es decir, unidades léxicas de la lengua de llegada que tengan el mismo significado léxico que las unidades léxicas respectivas de la lengua de partida. Para ello, hay que encontrar estos equivalentes con la misma polisemia, el mismo valor estético, pero tales equivalentes absolutos se dan muy pocas veces (Zgusta 1971a). Al mismo tiempo, hay que confrontar dos sistemas lingüísticos cuyas estructuras léxicas no se corresponden y que tienen una civilización diferente y un sistema distinto en cuanto a la formación de conceptos y a la subdivisión de las realidades del mundo (Haensch y Omeñaca 2004). La equivalencia suele ser casi perfecta en los términos técnicos, mientras que es muy problemática en los términos que no pertenecen a este ámbito (Haensch y Omeñaca 2004). Entonces, ¿qué medidas se aplican para resolver este problema en los diccionarios español-japonés/japonés-español?

Puesto que los hablantes nativos y los aprendices de un idioma precisan una información diferente, a los usuarios les cuesta usar un diccionario de L2 basado en la simple traducción de un diccionario monolingüe de L2. Para evitar este problema, es importante comparar la lengua de partida y la lengua de llegada. En algunos casos, varios vocablos o expresiones de la lengua de partida corresponden a un único vocablo en la lengua de llegada y viceversa, mientras que en otros casos se observan ciertas diferencias de matiz entre un vocablo y otro (Ueda 2003). En japonés, por ejemplo, la palabra *nabe* puede referirse a 'cacharro' en general. Aunque existan vocablos que especifican el tipo de cada utensilio, la palabra *nabe* nos permite referirnos a cualquier tipo de cacharro. En español, en cambio, hay que usar vocablos más concretos, como por ejemplo *cacerola, paella, sartén*, etc. Para aclarar la diferencia entre cada tipo de estos utensilios, algunos diccionarios recurren a las ilustraciones (por ejemplo, el *Kenkyusha. Nuevo diccionario español-japonés*, 1992), que es uno de los recursos más típicos para añadir información complementaria a un vocablo (Haensch y Omeñaca 2013). Por otro lado, en otros diccionarios, como el *Hakusuisha* o el *Crown JP*, hay indicaciones complementarias para cada vocablo, si bien no siempre lo suficientemente claras como para que los usuarios puedan elegir el vocablo adecuado, tal y como podemos observar en el ejemplo siguiente:

> かばん 鞄 （一般的に）f. bolsa; （通学かばん）f. cartera; （書類用）f. cartera, m. maletín; （小型で折りたたみ式の）f. carpeta, m. portafolios, （角型の）m. maleta, （旅行用）m. baúl; （小型の）m. maletín.
>
> (*Crown JP, 247*)

La palabra *kaban* en japonés puede referirse a todos estos tipos de 'bolsa', aunque para que los usuarios puedan saber cuál es el vocablo más adecuado se añade una breve explicación, como por ejemplo 'de tamaño pequeño' (para *maletín*), 'para ir al colegio' (para *cartera*). Sin embargo, existen varios tipos de bolsa de tamaño pequeño, como por ejemplo una bandolera o una bolsa de mano, que no son necesariamente un maletín. Por tanto, en casos como estos las ilustraciones pueden ayudar a los usuarios a elegir el vocablo más idóneo. El otro diccionario japonés-español, el *Hakusuisha*, clasifica estas palabras de forma distinta, definiendo la palabra *cartera* como el nombre general de todo tipo de bolsas (para los documentos: carpeta, para los colegiales: cabás, *suitcase*: maleta, de tamaño pequeño: maletín, *trunk*: baúl, de tamaño grande: baúl), pero tampoco queda muy claro cuál es la palabra más adecuada.

En cambio, se dan casos en los que las indicaciones adicionales son suficientemente claras para que los usuarios puedan elegir el vocablo más conveniente. Por ejemplo, en japonés existen las palabras que distinguen 'trueno', 'relámpago' y 'rayo', aunque el vocablo *kaminari* puede contener todos estos significados:

> かみなり 雷 [雷鳴]trueno, [電光]relámpago, [打撃]rayo
>
> (Hakusuisha, *254*)

En cuanto a las expresiones que no se pueden explicar por medio de una ilustración, su uso se detalla con palabras que acompañan a los ejemplos concretos. Por ejemplo, *sí* puede tener diferente significado dependiendo del contexto: en los diccionarios español-japonés, se ofrecen distintas acepciones para este adverbio. En el *Shogakukan* se presentan cinco usos:

1 Afirmación/asentimiento/consentimiento (*¿Vienes conmigo?—Sí.*).[6]
2 Complemento directo (*Contestar sí o no*).

3 'Sí' (Ella no irá, pero yo sí./Un día sí y otro no/Creo que sí./No decir ni que sí ni que no/ Porque sí/Pues sí/¡Que sí, hombre!).
4 Sorpresa/orden/demanda de conformidad en tono ascendente de interrogativo (*Estate quieto, ¿sí?*).
5 Énfasis (¡Eso sí que no!/No tiene hermanos pero sí cuatro hermanas./¡Sí lo es!/ Yo sí vendré./Ahora sí que nos vamos a reír./Ese sí que sabe lo que quiere.).

En cuanto al primer uso, en japonés se usa de una manera totalmente contraria, lo que supone un problema a los estudiantes principiantes. Por este motivo, se necesitará una explicación bien clara con ejemplos concretos, tal y como podemos observar en el *Shogakukan*: "En japonés, la respuesta afirmativa a una pregunta negativa, afirmación negativa o una orden, se dice 'No'. Ej., *¿No lo crees?—Sí, lo creo./No se lo digas.—Sí, se lo diré*". Es decir, en el caso del primer ejemplo, se respondería 'No' si el hablante lo cree.

El *Crown ES*, en cambio, da menos ejemplos de cada uso:

(a)

1 Respuesta afirmativa (¿Me comprendes?—Sí./¿Está contento?—Sí, sí./¿Te gusta el fútbol?—Sí, mucho.).
2 Negación a un interrogativo negativo/prohibición (¿No has terminado los deberes?—Sí, ya los he terminado.).
3 Contestación a una llamada telefónica (—*Sí, diga.*).
4 Afirmación firme (Lo hice, sí, pero no tenía más remedio.).
5 Substitución de una cláusula (Yo no voy, pero mi marido sí./Creo que sí.).

Por otro lado, *sí* en japonés se considera una interjección y tiene varios significados:

(b)

1 Afirmar o aceptar lo que dice el interlocutor.
2 Responder cuando le llaman a uno.
3 Llamar la atención del interlocutor.
4 Confirmar el contenido de lo que ha dicho el hablante o enfatizar la verosimilitud.
5 Llamada a los caballos y las vacas.

Entre los diccionarios japonés-español, el *Crown JP* tiene bien presente estos significados en la lengua japonesa (Miyoshi 2014). En cuanto al ejemplo a2), igual que los diccionarios español-japonés, el *Crown JP* indica que, en preguntas negativas como "¿No has terminado los deberes?", en japonés se responde "Sí", aunque traducido literalmente al español sería "No, he terminado".

Por su lado, el *Hakusuisha* presenta tres significados para *sí*. Básicamente son los mismos que los recogidos en los otros dos diccionarios, aunque falta el significado de asentimiento y limita el uso de 'llamar la atención del interlocutor' a la situación en que una persona le ofrece algo a otra, por ejemplo, "Aquí tiene usted el tabaco" (*Hakusuisha*, 985) (en japonés, *hai* significa tanto 'sí' de afirmación como 'aquí tienes').

Miyoshi (2014) indica que esta manera de explicar es el resultado de la enseñanza del japonés como lengua extranjera que solía relacionar *hai* ('sí' en japonés) con 'sí', e *iie* ('no' en japonés) con 'no' de una manera muy simple. El mismo autor subraya que el problema que surge cuando se compara el uso de 'sí' en ambos idiomas es que el contexto cultural del japonés y del español son claramente distintos: "Japón es una sociedad alocéntrica donde 'sí' se empezó a usar como una reacción y el oyente colabora con el hablante, que es el protagonista en un discurso, mientras que en España, que es una sociedad individualista, el hablante y el oyente están situados en una posición igualitaria" (Miyoshi 2014, 44). Para que los usuarios seleccionen el uso adecuado de 'sí' en cada contexto, hay que tener en cuenta esta diferencia cultural, lo cual no está explicado en los diccionarios.

Aparte de estos, hay otros casos en los que hay que acudir a una paráfrasis de contenido, por ejemplo, los culturemas (que veremos en el siguiente subapartado) o las descripciones funcionales (morfemas gramaticales, por ejemplo, sufijos), que veremos más adelante.

3.4. Categoría gramatical

En caso de que no se encuentre un equivalente léxico adecuado, hay que proporcionar información gramatical suplementaria o información gramatical combinada con un equivalente aproximado (Zgusta 1971a). Cuando se busca un equivalente, hay que comparar las estructuras de ambas lenguas para ver si las categorías gramaticales son recíprocas o no. Esta tarea es fácil si ambas lenguas comparten categorías similares de unidades léxicas, pero en caso contrario hay que precisar cómo se ha traducido el equivalente (*ibid.*).

Asimismo, hay casos en los que una de las lenguas no tiene una categoría gramatical que sí existe en la otra. Por ejemplo, las partículas que se utilizan en japonés no existen en español. Las partículas son unos elementos gramaticales (afijos) que van detrás de una palabra y que nos informan de la función de dicha palabra dentro de la frase. Algunas partículas son casi equivalentes a las preposiciones o conjunciones del español, mientras que otras directamente no existen en español. Por ejemplo, se puede decir que la partícula *o* es equivalente a la preposición *a* en español que marca el complemento directo o, dependiendo del contexto, *por*. En los diccionarios bilingües japonés-español se presentan todas las funciones de la partícula en cuestión y cómo podría ser en un texto "traducido" en español en cada caso con la ayuda de las frases:

1 [動作の対象 (objeto de la acción)] 水を飲む v. beber agua.
2 [動作の起点 (comienzo de la acción)] 席を立つ *v.* levantarse del asiento. 故郷[国]を離れる *v.* dejar la tierra natal.
3 [移動を示す(indicar el desplazamiento)]角を曲がる *v.* volver [doblar] la esquina. 山道を登る*v.* subir por el sendero de la montaña 皮を渡る *v.* cruzar el río.
4 [場所を示す(indicar el lugar)]
5 [経過する時間・通過する場所を示す(indicar el tiempo que transcurre y el punto por lo cual el sujeto pasa] 銀行のそばを通り過ぎる *v.* pasar por [al lado de] un banco 雑誌を読んで半日を過ごす *v.* pasar la mitad del día leyendo revistas.

(Crown JP, *p. 1558)*

Por su parte, la partícula *wa* sirve para marcar el sujeto de la acción, el tema de la oración o formar un contraste entre dos elementos, cosa que no existe en español. Igual que en el caso de *o*, se presentan todas las funciones de esta partícula y cómo podría ser en un texto "traducido" en español en cada caso con la ayuda de las frases.

En español también existen algunas categorías gramaticales que no existen en japonés, como por ejemplo los verbos reflexivos. A pesar de que este concepto no existe en japonés, algunos verbos se pueden explicar por medio de verbos intransitivos y transitivos, mientras que esta estrategia no es aplicable a otros verbos. Por ejemplo, el verbo *lavarse* se usa en español para indicar que una persona lava su propio cuerpo. Por ejemplo, en "lavarse las manos" se usa verbo reflexivo en español, pero desde el punto de vista de la lengua japonesa, "las manos" son el complemento directo, por lo cual los estudiantes japoneses principiantes traducirían "lavar las manos" aunque las manos son una parte de la persona. En el *Shogakukan* se añade una explicación complementaria entre paréntesis: "(自分の体を al cuerpo de sí mismo)洗う (lavar)". En cambio, en la entrada del verbo 洗う ('lavar/lavarse') en los diccionarios japonés-español no hay ninguna explicación complementaria y solo se indica esta discrepancia por medio de la frase de ejemplo.

3.5. Culturemas

Los diccionarios bilingües describen culturas que defieren en mayor o menor grado de la de los usuarios (Gauton 2008). El vocabulario de civilización (Haensch y Omeñaca 2004) o "culture-bound words" (Zgusta 1971a, 294) plantean otro problema, ya que a menudo no tienen ningún equivalente léxico en la lengua de llegada (o la lengua de partida). Zgusta (1971a) propone tres soluciones para este problema: 1) crear un equivalente traslacional tomando prestada la palabra respectiva en la lengua de llegada, frecuentemente en una forma fonológicamente adaptada; 2) crear un equivalente traslacional inventando una traducción de préstamos o una expresión nueva en la lengua de llegada, y 3) encontrar un equivalente explicativo. En los diccionarios español-japonés la solución más habitual es la de transcribir la palabra original en katakana y añadir una explicación. Por ejemplo, la palabra *bocadillo* se presenta de manera siguiente:

> bocadillo ボカディージョ （小型フランスパンにハムやトルティーリャなどをはさんだサンドイッチ〔*Sandwich* hecho con una pequeña barra de pan francés[7] dentro del que se colocan alimentos, como por ejemplo jamón y tortilla〕）.
>
> (Crown ES, *p. 242)*

Esta definición o explicación nos plantea más problemas: en primer lugar, la palabra *sándwich* hace pensar a los usuarios en otro tipo de alimento que no es un bocadillo. En segundo lugar, los usuarios que no saben qué es una tortilla tienen que buscar su significado. *Tortilla*, igual que *bocadillo*, está transcrito en katakana y es tratada como un equivalente de *omelette* (en Japón hace referencia a una tortilla francesa y se distingue de *tamagoyaki*, que también es un plato japonés elaborado a base de huevo batido).

Un detalle interesante es que en el *Shogakukan* se distinguen la tortilla española y la tortilla mexicana por medio de la transcripción de la pronunciación de *ll*: *tortilla* como 'tortilla española, francesa, etc.' se transcribe "トルティーリャ [tort'i ʎa]", mientras que *tortilla* como 'tortilla mexicana, hecha con maíz o trigo' se transcribe "トルティージャ [tortíja]", tomando la diferencia fonológica entre las dos zonas.[8]

3.6. Informaciones adicionales: ilustraciones, recuadros, glosas

Una buena entrada de un diccionario bilingüe necesita información normalmente suministrada por ejemplos ilustrativos o por las glosas, entre otros recursos (Zgusta 1971a, 547). Algunos diccionarios ofrecen cada vez más "extras" (Haensch y Omeñaca 2004), que pueden ser ilustraciones, recuadros, glosas, etc.

El *Shogakukan* emplea ilustraciones para complementar la explicación de algunas palabras. Estas palabras suelen ser culturemas (p. ej., *zambomba*, *zanco*, *zampoña*, etc.), animales (p. ej., *ibis*, *paca*, *esfinge*, etc.) o vegetales (p. ej., *ombú*, *estragón*, *digital*, etc.), que en muchos casos no son familiares para los usuarios japoneses.

Los objetos que existen en ambas culturas, pero con una pequeña diferencia también se explican por medio de una ilustración. Por ejemplo, el vocablo *fiambrera* se relaciona con el equivalente *bentōbako*, pero el *bentōbako* que imaginan los usuarios japoneses no es exactamente el mismo que una fiambrera. Por lo tanto, su significado se complementa por medio de la explicación adicional y la ilustración.

En el *Shogakukan* también hay un total de setenta y siete vocablos (p. ej., *calzada*, *columna*, *motocicleta*, etc.) explicados por medio de unas ilustraciones más detalladas. Por ejemplo, para la entrada *casa* se dedica una página entera a explicar todas las partes de una casa (p. ej., *pararrayos*, *marco*, *lumbrera*, *frontón*, etc.), que son un total de noventa y siete palabras. El criterio de selección de estos vocablos, sin embargo, no queda muy claro.

En el *Crown ES*, en cambio, no se utiliza ninguna ilustración, mientras que en la versión japonés-español se emplean fotografías. Sin embargo, estas fotografías no son para complementar la explicación del lema, sino más bien para añadir información adicional. Estas fotografías presentan algunos gestos (p. ej., "Ya me voy", "Ya es la hora", "Estoy harta", etc.) y carteles (p. ej., teleférico, cajero automático, "Atención", etc.).

En cuanto a los recuadros, todos los diccionarios bilingües presentados en este capítulo los emplean para dar informaciones complementarias. El *Shogakukan* es el que cuenta con más recuadros: cincuenta y tres recuadros pequeños de las palabras relacionadas con el lema (p. ej., *saludo, sabor, azteca*, etc.) y cuarenta y dos recuadros de terminología (p. ej., medicina y cirugía, cinematografía, teatro, etc.). Entre estos recuadros, se encuentra uno dedicado a conversación en catalán, lo que refleja el contexto social de cuando se publicó este diccionario, que coincidió con la celebración de los Juegos Olímpicos de Barcelona en 1992.

Por su lado, el *Crown ES* no incluye recuadros y se limita a presentar los sinónimos y/o antónimos del lema, mientras que en su versión japonés-español los recuadros se emplean para introducir la variación regional del lema.

El *Hakusuisha* no emplea ninguna ilustración, mientras que emplea recuadros abundantes, dedicados a la composición de oraciones (treinta y un ítems), expresiones (siete), conversaciones (diecinueve) o vocabulario de temas específicos (ciento treinta y dos).

4. Conclusión

En este capítulo hemos visto en primer lugar la historia de los diccionarios bilingües español-japonés/japonés-español. El primer diccionario nació en el siglo XVII por la necesidad de establecer una comunicación sencilla entre los hablantes de japonés y los hispanohablantes. Así, los diccionarios iniciales tenían la forma de una lista sencilla de vocabulario, pero a medida que aumentó el número de japoneses que aprendían español, estos diccionarios iniciales ya no eran suficientes para satisfacer la necesidad de los usuarios y sus defectos salieron a la luz. Como hemos visto en la segunda parte, a lo largo de la década de 1990 aparecieron nuevos diccionarios que respondían a las demandas de los usuarios y se adaptaban a la actualidad, lo que supuso un hito importante en la historia de la evolución de los diccionarios bilingües español-japonés/japonés-español.

La evolución continúa, pero hoy en día estos diccionarios "tradicionales" van siendo sustituidos por diccionarios en línea, sobre todo entre los jóvenes estudiantes. Sin embargo, estos diccionarios en línea se suelen limitar a mostrar solo los significados de cada vocablo y a presentar pocos ejemplos (entre los pocos diccionarios bilingües español-japonés en línea, se puede destacar el *Diccionario "Rui" en línea*, que contiene un buen número de lemas: 56.119). Los diccionarios son igual de importantes que los libros de gramática o los materiales para comunicación oral para comprender una lengua, pero siempre hay que resaltar su necesidad (Ueda 2003). El papel de los datos complementarios, como pueden ser ilustraciones o imágenes, se puede sustituir por informaciones que se encuentran en Internet, y los usos de cada vocablo también se pueden encontrar de alguna manera por Internet. Además, últimamente han aparecido varias aplicaciones de diccionarios bilingües español-japonés/japonés-español que se pueden utilizar en teléfonos móviles y que cuentan con un diseño muy práctico. Sin embargo, estos diccionarios en línea también están basados en los diccionarios convencionales, por lo cual se espera que se desarrollen nuevos diccionarios que combinen las ventajas de ambos tipos.

Notas

1 Fue llevado a España en 1595 y hoy se conserva en la Biblioteca Nacional de España en Madrid.
2 Se conserva en la Biblioteca de la Universidad de Barcelona, http://bipadi.ub.edu/cdm/ref/collection/manuscrits/id/29744
3 El primero editado en Shanghai y recogido en la *Bibliografía de la lingüística española* (Homero Serís *et al.* 1964). El segundo tiene un ejemplar en la Biblioteca de la Universidad de Valencia.
4 Los 2136 que aparecen en la lista de los kanjis de uso habitual se estudian en la enseñanza obligatoria.
5 La acentuación del japonés no parte del cambio de intensidad, como sucede por ejemplo con el español, en que hay sílabas átonas y sílabas tónicas, sino que las variaciones están en el tono, que puede ser ascendente, descendente o neutro.
6 Los ejemplos presentados.
7 En japonés *pan francés* se refiere a 'baguette', pero en un sentido exacto tampoco lo es.
8 En cuanto a la transcripción de la pronunciación de *ll*, en *Shogakukan* se adopta [ʎ] mientras que en el *Crown ES* se adopta [j].

Bibliografía básica

Haensch y Omeñaca (2004); Hotta (2011); Nakagawa y Kodama (2000); Teresaki (2002); Ueda (2003)

Bibliografía complementaria

Camacho (2012); Gauton (2008); Miyoshi (2014); Sánchez (2002); Zgusta (1971)

44

Diccionarios bilingües de lenguas semíticas (Bilingual dictionaries of Semitic languages)

Juan Pedro Monferrer-Sala

In memoriam Prof. Federico Corriente

Magnus Magister

1. Introducción

Fruto de una larga y fructífera tradición consolidada de la lexicografía bilingüe en el ámbito español, los diccionarios bilingües de lenguas semíticas, en especial los dedicados a las lenguas árabe, hebrea y aramea, aunque no exclusivamente, son el resultado de un prolongado contacto cultural, mayormente de naturaleza socio-religiosa, que han dejado con el tiempo honda huella en los ámbitos universitarios de lengua española. Los diccionarios de las diversas lenguas semíticas no solo han desempeñado un papel relevante en disciplinas como las de los estudios bíblicos e islamológicos, en hebreo-arameo y árabe respectivamente, sino también en el ámbito historiográfico, como en el caso de al-Andalus e incluso del Oriente próximo antiguo.

Especialmente fecunda ha sido, por ejemplo, en empresas religiosas de carácter misionero o de índole diplomática y también militar, espacios en los que la labor desarrollada por los lexicógrafos de las lenguas semíticas ha resultado especialmente productiva e importante. Tanto es así que, en las últimas décadas contamos, por ejemplo, con los mejores diccionarios bilingües árabe-español y español-árabe como describimos en el estudio, teniendo además un enorme impacto en el estudio de la lexicografía semítica en lengua española y sus interesantes aplicaciones en el ámbito de los estudios de las etimologías, la lingüística histórica y la dialectología.

Cuáles puedan ser los diversos derroteros que podamos emprender en la actualidad en este ámbito lexicográfico es asunto que deberá tener en cuenta los avances logrados en los últimos años. Estos avances, realmente considerables en lengua española, permiten llevar a cabo toda una serie de diccionarios especializados sobre diversos ámbitos del saber: jurisprudencia, medicina, botánica, etc., con los que, *inter alia*, podremos reconstruir en un futuro cercano los procesos de transferencia del saber llevados a cabo a lo largo de la Edad Media, e incluso durante el Renacimiento, a partir de la lengua árabe al latín y posteriormente a algunas lenguas vernáculas europeas.

DOI: 10.4324/9780429244353-50

Otro aspecto de enorme relevancia por el impacto que supone su alcance es el que nos brinda el desarrollo que ha experimentado el ámbito de las humanidades digitales en sus varias aplicaciones, entre ellas las léxicas. En este sentido, las posibilidades que nos ofrece la tecnología para el diseño y construcción de herramientas léxicas varias, o la confección de diccionarios, todo ello con finalidad comunicativa, es ciertamente atractiva, al tiempo que necesaria en nuestros días. Un ejemplo es el de su aplicación en el proceso de traducción de textos, donde resulta de un aprovechamiento y rendimiento realmente espectacular. En este sentido, la construcción de motores de búsqueda terminológica, directa e inversa, en diccionarios bilingües serán de enorme ayuda.

Palabras clave: árabe; arameo; español; hebreo; lenguas semíticas

Bilingual dictionaries of Semitic languages, especially those dedicated to the Arabic, Hebrew and Aramaic languages, have left a deep mark over time in Spanish-speaking universities. This is partly due to the long tradition of bilingual lexicography in the Spanish-speaking world. Socio-religious contact, especially historically, between speakers of Spanish and speakers of Semitic languages is another factor. The dictionaries of the various Semitic languages played a relevant role in disciplines such as biblical and Islamic studies, in Hebrew-Aramaic and Arabic respectively, and also in the historiographic field, as in the case of Al-Andalus and even of the Ancient Near East.

The lexicographer's work has been especially fruitful and productive, for example, in the religious initiatives, but also in works for teaching and research. In recent decades we have the best Arabic-Spanish and Spanish-Arabic bilingual dictionaries as described in the study, also having a huge impact on the study of Semitic lexicography in Spanish and its interesting applications in the field of studies of etymologies, historical linguistics and dialectology.

Future developments in this lexicographical field must take into account the progress made in recent years. These advances, which are really considerable in Spanish, make it possible to compile a series of specialized dictionaries on various fields: jurisprudence, medicine, botany, etc. With them, *inter alia*, we will be able to reconstruct in the near future the processes of knowledge transfer carried out throughout the Middle Ages, and even during the Renaissance, from Arabic to Latin and then to European languages.

Another aspect of great relevance is the development of digital humanities in their various applications, including lexical ones. In this sense, the technological possibilities for designing and building lexical tools or for compiling dictionaries, both with communicative purposes, are certainly attractive, as well as necessary nowadays. One example is its application in translation tools, spectacularly useful and worthwhile. In this sense, the construction of terminology search engines, both direct and inverse, in bilingual dictionaries will be an invaluable aid.

Keywords: Arabic; Aramaic; Hebrew; Semitic languages; Spanish

2. Preliminares

Aunque la preocupación por la comparatística se halla ya presente en el siglo XVIII en la obra de Lorenzo Hervás y Panduro (1735–1809) (Sáenz-Badillos 2004a), de cuya empresa lexicográfica cabe destacar su *Vocabulario multilingüe* (*Vocabolario poliglotto*), de 1788. Sin embargo, no fue hasta los albores del siglo XX cuando surgió un interés sistemático por las lenguas semíticas, dentro de lo que hoy denominamos *lingüística comparada* y asentada sobre una base a la que, no sin ciertos miramientos, puede ser considerada de carácter científico, como sucede en la obra *Los problemas fundamentales de la filología comparada*, de Ángel Amor Ruibal (1869–1930) (Del Olmo Lete 2009).

Fue, con todo, en el siglo XIX cuando los lexicógrafos comenzaron a elaborar listados léxicos, índices, glosarios, diccionarios y concordancias atendiendo a criterios científicos y ya de forma sistemática. Por ejemplo, el texto bíblico hebreo del Antiguo Testamento, incluidos sus fragmentos arameos, atrajo desde siglos anteriores, concretamente entre los autores judíos medievales (Sáenz-Badillos 2004b), la atención de los lexicógrafos, de tal modo que desde el siglo XVI en adelante, con "criterios humanísticos", contamos con un interesante número de volúmenes bilingües hebreo/arameo-latín, que de cierto representan los ancestros de las etapas posteriores. Hasta cierto punto, y como parte de un *continuum* (Mounin 1974, 54–63, 77–90), estas y ulteriores aportaciones realizadas en el seno de la lingüística semítica han contribuido, en su medida, a la historia del pensamiento lingüístico en sus varias manifestaciones (Goldenberg 1987–88).

Una de las ramas lingüísticas en las que se manifiesta, en lengua española, el interés por las lenguas semíticas es el de la lexicografía, en concreto en la elaboración de diccionarios bilingües. La preocupación por el léxico común de una lengua semítica concreta, esencialmente la árabe y la hebrea, ya secundariamente la aramea, ha llevado a los lexicógrafos a elaborar, sobre todo, diccionarios generales en los que sus autores incluyen léxico de la lengua en cuestión a partir de un criterio pancrónico, pantópico, pansistémico, etc. El interés fundamental es, en consecuencia, incluir el número de palabras, o cuando menos las más relevantes del corpus conocido de una lengua a partir de una perspectiva diacrónica lo más dilatada posible, aunque sin excluir términos o acepciones fundamentados en el criterio "de buen uso".

Se trata, por consiguiente, en el caso de los diccionarios, de proveer al usuario de un inventario completo de voces, con el equivalente correspondiente en la lengua de llegada, en este caso el español, y cuando no sea posible dar un equivalente léxico para la lengua de partida o de determinados *hápax legómena* atestiguados en los textos literarios hay ofrecer una perífrasis. Pero, al propio tiempo, esos diccionarios sirven también para suministrar datos comparativos destinados a un ámbito lexicográfico concreto, determinado en cada caso por el interés de la compilación (Segert 1991).

Complemento de los denominados diccionarios generales son los léxicos especiales: esto es, aquellos diccionarios que incluyen un determinado tipo de léxico especializado (botánico, geográfico, lingüístico, médico) o específico (de un autor, de una obra), y por lo tanto se centran en un subsistema del léxico de la lengua en cuestión. En este segundo caso, nos encontramos ante un léxico especializado resultante de la creación previa de un léxico técnico (terminología), que en el caso de la tradición lexicográfica árabe (Haywood 1960 y Baalbaki 2014) cuenta con egregios precedentes medievales, como en el caso del *Kitāb al-ḥayawān* o 'Libro de los animales', del polígrafo iraquí al-Ǧāḥiẓ (776–868) o de botánica, como el *Šarḥ asmā' al-'uqqār* o 'Explicación de los nombres de las drogas', del andalusí Maimónides (1135–1204), entre otros muchos ejemplos resaltables. No debe extrañar este interés, por cuanto la lexicografía representaba uno de los saberes indispensables para el proceso formativo del intelectual árabe (Arias Torres 1996).

Un instrumento, a la vez fecundo y peligroso, es el de la unión que se da entre la lexicografía y la etimología, ya que incluso con anterioridad a la labor realizada por los *Junggrammatiker* y los pioneros de la disciplina de la lingüística comparada, esta rama a la que hoy calificamos como ciencia lingüística nos permite indagar y avanzar en la protohistoria léxica de las lenguas (Zamboni 1988, 27–28 y 61 y ss., Versteegh 1997). En esta línea, los estudios etimológicos ofrecen datos que permiten adentrarse en la historia del léxico y reconstruir hasta donde es posible la historia del léxico de la lengua en cuestión, suministrando información tanto diacrónica como sincrónica, que resulta determinante para conocer la evolución semántica de las palabras (Del Olmo Lete 2008).

Así, pues, mediante la lexicografía comparativa y etimológica, en conjunción con la semántica (Huehnergard 2002), los semitistas tratan de responder a toda una serie de cuestiones a través de la relación con otros grupos lingüísticos del entorno. De este modo, tratando de superar los obstáculos generados por procesos secundarios de contaminación debidos a varios adstratos y substratos en que se hallan envueltas las "lenguas semíticas vivas", frente a aquellas lenguas antiguas que evolucionaron a otras lenguas y de las cuales, consecuentemente, no contamos con puntos de referencia externa con los que verificar los registros fonológicos concretos, ni los semánticos con plena precisión.

Pero el estudio etimológico de las lenguas semíticas no es exclusivamente pansemítico, esto es, que no queda restringido a una labor intrasemítica, sino que va más allá y se interesa por aquellas lenguas no semíticas que comparten con ellas léxico y estructuras, y de este modo establecer un mapa de relaciones parasemítico que, *inter alia*, habla de las relaciones con otros grupos lingüísticos, como el indo-iranio o el hamito-semítico (afroasiático), que permite conocer los desarrollos de voces comunes y sus correspondientes evoluciones semánticas (Stempel 1999, 9–30).

Siendo las empresas lexicográficas realizadas hasta el presente de un enorme valor y rendimiento, y aun aceptando tanto recelos como limitaciones que las nuevas tecnologías tienen en la actualidad, sin embargo es evidente que estas nuevas tecnologías, como tendremos ocasión de exponer al final de este trabajo, abren un inmenso ventanal en las humanidades digitales, que permite innovar, desarrollar y enriquecer enormemente las aplicaciones lexicográficas, tanto en el ámbito de la investigación como en el de su aplicación docente y traductora (Segert y Hall 1973, 149–157). Baste señalar, en el campo de la lexicografía semítica, los estudios pioneros de hermeneumática—es decir el método para establecer una semántica formal del ugarítico—y el banco de datos filológicos semíticos noroccidentales desarrollados por Cunchillos y su equipo hace años (Cunchillos y Vita 1995, Cunchillos 2001, *cf.* Cunchillos 2000).

Además, como resultado de la aplicación de las nuevas tecnologías, contamos desde hace años con un interesante número de léxicos en línea y herramientas de traducción, cuyo potencial léxico es susceptible de desarrollos de funcionalidad varia y rendimientos interesantes. Es el caso, entre otros, de SDL Trados (www.sdltrados.com/es/), que permite trabajar con lenguas semíticas como el árabe y el hebreo. Por otro lado, además de los diccionarios en línea concebidos como herramientas aplicadas a la traducción, por lo general de calidad escasamente contrastada, contamos con *al-Qaṭrah*, "la Gota" (www.um.es/alqatra/), el primer diccionario árabe-español reversible, en fase de elaboración desde 2008 en la Universidad de Murcia, que ha sido diseñado como herramienta de uso para estudiantes hispanohablantes de árabe a partir del uso actual de la lengua árabe, con una aplicación decididamente didáctica. Un segundo diccionario, este de la Universidad de Córdoba y asimismo en proceso de construcción, aunque ya en uso, es *al-Kanz*, "el Tesoro" (www.uco.es/ucoterm/index.php/diccionario-al-kanz). Como el anterior, también este léxico en línea es reversible y ha sido concebido como herramienta de apoyo para los estudiantes hispanohablantes, e interesados en general en la lengua árabe.

Pero si bien el cultivo de la lexicografía semítica, en sus doble vertiente docente e investigadora, en general ha gozado de contados seguidores en los países de lengua hispana (Corriente 1996). En cambio, el estudio particular de lenguas semíticas, ya por separado, ya con un planteamiento comparatista, ha permitido desarrollar investigaciones de reconocida calidad en una amplia gama de lenguas: acadio, amorreo, árabe, arameo, hebreo, hurrita, ugarítico, etc. (Hetzron 1997, Weninger 2011).

3. Léxicos árabes

La producción lexicográfica bilingüe árabe-español-árabe realizada hasta el siglo XIX tuvo, sin lugar a duda, un cierto impacto en el interés que la lengua árabe suscitó en determinados círculos intelectuales (Vidal Castro 2001, 2008, Corriente 1997a). Esta empresa, llevada a cabo en gran medida por personal eclesiástico con fines misioneros (Lourido Díaz 2006, 137–138) posibilitó la primera empresa léxica moderna acometida en lengua española, la del monje jerónimo Patricio de la Torre (1760–1819), a quien correspondió refundir el *Vocabulista arauigo en letra castellana* de Fray Pedro de Alcalá (Granada 1505), hasta tal punto que el resultado obtenido por el autor puede ser considerado, en realidad, como una nueva obra (Moscoso García 2018). Una de las aportaciones más importantes al *Vocabulista* por parte del jerónimo fueron las anotaciones de tipo gramatical y léxico (arabismos), paremias, culturemas y usos dialectales marroquíes. Pero de la Torre cometió un grave error al sustituir las transcripciones latinas del original por las árabes, con lo que privó a la refundición de la inmensa información fonética contenida en el original e incluso corrigió las traducciones de Alcalá a partir del registro clásico y no del andalusí, como era lo correcto, así como una serie omisiones y adiciones léxicas del original en función de determinadas variables sociológicas. La obra fue editada posteriormente por varios y significados arabistas, si bien con carácter no crítico, hasta que apareció la edición de Corriente (Corriente 1988).

Otro fraile que ejerció como lexicógrafo fue J. de Lerchundi (1836–1896), a quien se debe un vocabulario del dialecto marroquí (Lerchundi 1892). El léxico reunido provenía de sus informantes orales, así como de distintas obras de lexicografía dialectológica, que posteriormente el autor contrastaba con marroquíes con formación y conocimiento del árabe clásico. Un aspecto interesante y de enorme valor del 'Vocabulario' de Lerchundi es que, aunque este transcribe los términos en grafía árabe, sin embargo, ofrece la transcripción de estos, lo que hasta cierto punto permite captar la realización dialectal de las voces. La selección léxica, siendo variada y muy interesante a nivel sociológico, abusa sin embargo de léxico cristiano, tal como era de esperar como consecuencia de uno de los fines principales para el que fue concebida la obra, esto es, para el aprendizaje del árabe por parte de aquellos misioneros que eran destinados a países del norte de África, en especial a Marruecos.

Gracias al interés docente, desde mediados del siglo XX hasta el presente, han sido elaborados una serie de listados léxicos incluidos en gramáticas o crestomatías varias (v.gr. Asín Palacios 1959, 85–146, García Gómez 1979 (7.ª ed.), 87–159, Riosalido 1985, Corriente 1983 (2ª ed. corregida), 317–383, Corriente 1986, 32–98; Corriente 2021, 153–246). Además, ese interés docente posibilitó que hayan podido ser elaborados vocabularios en cuya confección se ha tenido en cuenta el índice de frecuencia de uso de los vocablos en árabe moderno (Labarta 1984, Corriente *et al.* 2013, *cf.* Landau 1959), así como un compendio léxico elaborado a partir del uso contextual de los lemas (Suárez Ortiz 2020).

Pero el primer hito lexicográfico, como tal, en países de lengua española, aplicado a la lengua árabe, es sin duda alguna el *Diccionario español-árabe* de F. Corriente, publicado en el año 1970 (Corriente 1970, ḥ), reeditado en cuatro ocasiones (la última en 1985) y pirateado en ediciones diversas en los países árabes de forma sistemática. El corpus léxico consta de unas treinta mil entradas, incluye terminología especializada y en determinadas ocasiones incluye giros y expresiones varias. Cumplida su función docente inicial, el diccionario fue refundido y reelaborado en 1988 con el título *Nuevo diccionario español-árabe* (Corriente 1988). Cuatro veces reeditado (la última en 2001), el nuevo diccionario triplicaba en extensión la obra inicial y ampliaba sustancialmente no solo el corpus léxico que lo integraba, sino también el de los giros y las expresiones, lo que contribuyó grandemente al enriquecimiento del texto inicial. Veintidós años después, el diccionario volvió a ser refundido con el título de *Diccionario avanzado de árabe* (Corriente y Ould Mohamed Baba 2010), aumentando considerablemente el caudal léxico hasta un total de más de setenta mil entradas, con equivalencias de los neologismos y un considerable aumento de los giros y expresiones.

A ese primer diccionario bilingüe español-árabe publicado en 1970, siguió siete años más tarde un segundo *Diccionario árabe-español* (Corriente 1977), si bien el original manuscrito mecanografiado había sido entregado por el autor a la imprenta en la primavera cuatro años antes de su aparición, en 1973. Las palabras con las que el autor presentaba la primera edición de este diccionario árabe-español son lo suficientemente elocuentes como para que nos hagamos idea de la situación en la que, en materia lexicográfica, se hallaban los estudios árabes en España por aquellos días, hasta entonces privados de obras lexicográficas elaboradas con un planteamiento científico:

> Es este un diccionario de volumen medio, orientado a satisfacer las necesidades prácticas de la docencia de las lenguas árabe y española hasta el nivel universitario no especializado; sin embargo, la peculiar situación del árabe escrito en el plano diacrónico, y el hecho de que a nuestros universitarios interese tanto su literatura clásica como el uso contemporáneo de la lengua nos ha obligado a incluir en esta obra unos 70.000 artículos. (. . .) La elaboración de este diccionario fue acometida, en principio, como una tarea urgente, al estar conscientes de las dificultades que su inexistencia suponía a los estudiantes de ambas lenguas.
>
> *(Corriente 1977, ḥ)*

Con un obvio criterio clásico, la obra marca además los usos léxicos no clásicos, es decir, neoárabe y usos dialectales, al tiempo que señalaba las fuentes a partir de las cuales elaboró el diccionario: desde dos de los léxicos clásicos medievales (al-Fayrūzābāḏī, *al-Qāmūs al-Muḥīṭ* e Ibn Manẓūr, *Lisān al-ʿArab*) hasta los principales léxicos modernos de la época (Belot, *Dictionnaire árabe-français* 1900, Luwīs Maʻlūf, *al-Munǧid* 1908, Hans Wehr, *Wörterbuch für die Schriftsprache der Gegenwart* 1952 y J. K. Baranov, *Arabsko-Russkiĭ Slovar'* 1958). Este diccionario, que como el anterior fue reeditado en cuatro ocasiones (la última en 1998) y pirateado también en los países árabes de forma sistemática, ha sido reelaborado y ampliado sustancialmente veintiocho años después con el título de *Diccionario avanzado árabe* (Corriente y Ferrando 2005, 2.ª ed. revisada y actualizada ese mismo año).

Pero además, estos dos pilares de la lexicografía árabe-español-árabe han sido progresivamente complementados por el autor con un ingente número de aportaciones científicas pertenecientes al campo de la lexicografía y la lingüística histórica, tanto en forma de artículos (Corriente 1981, 1990a) como de ediciones críticas (Corriente 1990b, 1991, 1993), de diccionarios de arabismos (Corriente 1999, 2008), un imponente diccionario dedicado al dialecto andalusí (Corriente 1997b, Corriente, Pereira y Vicente 2017), además de un diccionario de los préstamos ibero-romances (Corriente *et al.* 2019) y un valiosísimo vocabulario romandalusí precedido de un pertinente estudio sobre el substrato romance y el adstrato bereber presentes en el dialecto andalusí (Corriente *et al.* 2020, 55–128).

Otro hito de la lexicografía española es, indudablemente, el *Diccionario de árabe culto moderno árabe-español* de J. Cortés. Concluido en 1988, debido a circunstancias imprevisibles tuvo que esperar ocho años más para ver finalmente la luz. El registro al que corresponde el léxico, al que el autor califica como *culto*, no natural y en consecuencia artificial, e identifica con la lengua oficial de veintitrés países árabes, es "la lengua árabe culta empleada en los siglos XIX y XX (y XXI que) registra el léxico en uso; sigue por tanto una orientación descriptiva, no normativa" (Cortés 1996, 15). La obra está compuesta por un ingente número unidades léxicas utilizadas desde el siglo XIX hasta la actualidad: en concreto, nueve mil entradas primarias, veinticuatro mil secundarias (esencialmente sublemas y expresiones) y ciento diez mil equivalencias. La obra incluye tecnicismos, neologismos, préstamos y calcos de otras lenguas, sirviéndose, *inter alia*, de los léxicos de Wehr, Baranov, Nallino, Traini, Bercher, Pellat, Goshen-Gottstein y Corriente, además de la información oral provista por arabófonos.

Otros léxicos de valía complementaria en lengua española son el *Diccionario árabe-español/español-árabe* de Kaplanian, conocido como *Alhambra*. Aparecido a comienzos de la década de 1970, el diccionario ha conocido múltiples reimpresiones con nombres distintos (Kaplanian 1974). Se trata de un diccionario bilingüe reversible que, elaborado a partir de una ordenación alfabética, recoge un repertorio de uso actual formado por veinticinco mil términos seleccionados por índice de uso, con inclusión de giros y expresiones, aunque con frecuentes errores y erratas. También de la década de 1970 es el diccionario de el-Gohary, titulado *Al Menar: diccionario español-árabe/Al-Manār, qāmūs isbānī-ʿarabī* (el-Gohary 1975), elaborado también a partir de un rico corpus léxico moderno. Un diccionario trilingüe que incluye **al** español es el léxico trilingüe español-francés-árabe de Sulaymān: *Qāmūs isbānī-faransī-ʿarabī/Dictionnaire Espagnol-Français-Arabe* (Sulaymān 1991), que a partir del español ofrece las correspondencias francesas y árabes, incluyendo gran cantidad de neologismos y coloquialismos. Dos años posterior es el de Reda, *Al-Muín. Diccionario español-árabe* (Reda 1993), que contiene más de cincuenta y ocho mil entradas, con un alto número de fraseología y paremias. En cuanto a los diccionarios de bolsillo (Reda 2001), cabe destacar el diccionario reversible de I. Ferrando, *Diccionario Pocket [árabe-español], español-árabe* (Ferrando 2006), así como otros elaborados específicamente para uso de estudiantes de árabe, como el *Diccionario de estudiantes bilingüe: español-árabe, árabe-español* (Tawil y Tawil 2010).

Tampoco han faltado los trabajos de acopio de léxico especializado, como los dedicados a terminología técnica (Cano 1991), jurídica (El Ghazouani 2006, Feria García 2013), gramatical (*Diccionario Fido: Diccionario español-árabe [de verbos]/Qāmūs isbānī-ʿarabī [li-l-afʿāl]*, 1973; en este caso incluye, además, fraseología en algunas entradas verbales y vocabulario por familias al inicio de cada entrada alfabética), diplomática (Valderrama 1980, Aguilera Pleguezuelo y El-Sayed Aly 1981), económica (Valderrama 1986), e incluso aquellos que contienen materiales fraseológicos con un evidente perfil lingüístico-cultural (Al Jallad 2012). Complemento de enorme valor son las obras especializadas en el campo siempre complejo y escurridizo de la etimología, donde nuevamente destacan los trabajos de Corriente (Corriente 1999, Corriente 2008).

Aunque *de facto* los estudios de dialectología árabe en España hunden sus raíces en el siglo XIX (Lerchundi 1892), sin embargo es esta la empresa que mayor esfuerzo está exigiendo a los lexicógrafos en los últimos años en el campo de la lingüística árabe, donde se han generado interesantes glosarios y diccionarios sobre la diversidad dialectal magrebí, como en el caso del árabe marroquí, bien a partir del dialecto de Casablanca (Aguadé y Benyahia 2005), con materiales del norte y de Rabat (Moscoso García 2005, Moscoso García 2007), de Tetuán (Beneítez Cantero 1949, Herrero Muñoz-Cobo 1998), del sur de Marruecos (Greus y Lahrach 2019), para militares destacados en aquel país (Escribano 1922), como respuesta a realidades sociales resultantes del fenómenos migratorios experimentados en España (El Ghazouani 2007, El Ghazouani 2017), además de préstamos del español en el árabe dialectal marroquí (Ibn Azzuz 1931), e incluso de carácter supranacional, como en el caso de la *ḥassāniyyah* (Agrupación de Tropas Nómadas 1975, Mulay-Lahssan 2007, Ould Mohamed Baba 2019).

4. Léxicos hebreos

La traducción lexicográfica de la lengua hebrea realizada en lengua española tiene, sin lugar a dudas, su egregio primate en la *Biblia políglota complutense* que impulsó el cardenal Cisneros (1436–1517), en cuyo tomo VI incluía un *Vocabularium hebraicum atque chaldaicum totius veteris testamenti cum alijs tractatibus prout infra prefatio ne continetur in academia complutensi nouiter impressum*, con su correspondiente traducción y explicación latina, obra del hebraísta converso Alfonso de Zamora (1476–1544). Este vocabulario sería a la sazón posteriormente ampliado en una versión ulterior que vería la luz en 1516. De este modo, la rica tradición de la lexicografía hebrea andalusí (Martínez Delgado 2008), seguida a su modo por los lexicógrafos humanistas y desarrollada ulteriormente al amparo, fundamentalmente, de los estudios bíblicos, que en buena medida condicionarán la actividad lexicográfica de la lengua hebrea en los países de lengua española al corpus bíblico esencialmente.

La primera piedra de la lexicografía hebrea moderna bilingüe en español es del siglo XIX y corresponde al léxico de Antonio María García Blanco (1800–1889), que nunca se llegó a publicar, pero del que se conserva el original mecanografiado, con el título *Primer diccionario hebreo-español* (Osuna 1884, *cf.* Pascual Recuero 1969–1970). Los diccionarios elaborados con el corpus léxico del hebreo bíblico se sucedieron desde mediados del siglo XX, como en el caso de dos diccionarios bilingües, publicados con una diferencia de más de treinta años entre el primero (Miguel Rodríguez 1949) y el segundo (Fohrer 1982), incorporando ambos el fondo arameo bíblico, como de hecho lo hacían los léxicos clásicos (Gesenius 1823, Brown *et al.* 1907).

Mención especial merece el diccionario de Alonso Schökel, *Diccionario bíblico hebreo-español*, publicado primero por fascículos, aunque finalmente apareció en un volumen (Alonso Schökel 1990–91) y ha conocido varias ediciones, a partir de la edición preparada por V. Morla y V. Collado en 1994. Este léxico, que en buena medida es dignísimo heredero del *Vocabularium hebraicum atque chaldaicum* de Alfonso de Zamora, ha sido sin duda el primer diccionario bíblico elaborado con una metodología científica a partir de criterios lingüísticos modernos de gran valía para la lectura de los textos bíblicos y su interpretación literaria-teológica, si bien carente de un componente diacrónico.

Otro léxico destinado a estudiantes de hebreo bíblico, de arraigado uso entre hispanohablantes, es el de M. Chávez: el *Diccionario de hebreo bíblico* (Chávez 1992), que también cuenta con varias ediciones y se disputa con el de Alonso Schökel haber sido el primer diccionario bilingüe hebreo-español. Frente al carácter detallista y exhaustivo del léxico de Alonso Schökel, el de Chávez busca ser conciso y de manejo fácil, funcional, lo que deviene en ocasiones en supresión de información necesaria para el usuario. Además, incluye expresiones hebreas en transcripción simplificada.

Un tercer léxico de aparición posterior es el diccionario reversible de Vázquez Allegue, *Diccionario bíblico hebreo-español, español-hebreo* (Vázquez Allegue 2002), concebido para estudiantes, que contiene todo el léxico hebreo bíblico, incluidos topónimos y antropónimos y además indica el índice de frecuencia de cada término en la Biblia hebrea.

Al corpus léxico del hebreo bíblico debemos sumar el interés lexicográfico por el hebreo moderno o israelí, que será motivo de una interesante actividad léxica bilingüe español-hebreo-español en varios lugares, por ejemplo en Suramérica (Winocur 1930, Schallman 1952, Hochman 1954); en Estados Unidos (Scharfstein 1957), que incluye abreviaturas hebreas; y en Israel (Cohen Fernández 1959; Ducach 1964–1965; Jarden y Comay 1966 [con un volumen compañero de Comay 1973]; Balagur y Sheshar 1975; Austri-Dunn 1977). Todos ellos responden a una finalidad acumulativa de léxico de uso estándar.

Mención especial entre los léxicos españoles dedicados a la lengua hebrea merece el diccionario de Targarona Borrás, *Diccionario hebreo-español: bíblico, rabínico, medieval, moderno* (Targarona Borrás 1995), dado que el corpus reunido en él asume un caudal léxico a la vez importante y de variado registro: del registro bíblico al moderno, pasando por el rabínico y el medieval. A este hecho se debe que el diccionario representase en su momento, y lo sigue representando, un hito de la lexicografía hebrea en España, aun no superado. Concebido, esencialmente, para alumnos de filología hebrea y elaborado para el análisis gramatical del hebreo, la obra recoge treinta y cinco mil entradas principales y un número aún mayor de secundarias como sublemas o fórmulas fraseológicas, junto con citas bíblicas, giros y ejemplos, además de préstamos lingüísticos y un número de palabras arameas usadas en contextos literarios hebreos. Por lo demás, el volumen léxico que contiene permite a esta obra solventar una acuciante carencia de la lexicografía hebrea española, ante todo el componente diacrónico, dado que con sus registros abarca toda la historia de la lengua hebrea, prestando atención también al componente etimológico y a la relación con otras lenguas semíticas.

5. Léxicos arameos

Pese a que la labor de estudio llevada a cabo en ámbitos internacionales en el campo de la lexicografía aramea ha sido, y sigue siendo, realmente ingente en sus diversos ámbitos dialectales (Díez Merino 1994, 211–224), sin embargo en el ámbito hispánico tiene escasa presencia, siendo el campo de interés fundamental el del arameo bíblico, donde contamos con los léxicos ya mencionados en el apartado anterior de Miguel Rodríguez, Fohrer y Chávez, a los que hay que sumar una tercera aportación posterior (Ortiz Valdivieso 1997).

Aparte del interés lexicográfico por el arameo bíblico en lengua española, los lexicógrafos también han mostrado interés por otras dos variedades arameas: el arameo siriaco, donde contamos con dos diccionarios, uno trilingüe siriaco-español-catalán (Ferrer y Nogueras 1999) y la traducción española del célebre léxico siriaco-inglés de Brock-Kiraz (*Diccionario Gorgias siriaco-español* 2016), un léxico que contiene unas trece mil entradas principales, que incluye expresiones, con voces procedentes tanto del registro clásico como del literario moderno. La segunda variedad aramea está representada por el arameo nabateo, cuyo material conservado en textos epigráficos y papiráceos ha permitido elaborar, hasta el presente, el glosario más completo de esa variedad lingüística aramea (Monferrer-Sala y Ferrer 2017).

6. Otros léxicos de lenguas semíticas: acadio, fenicio y ugarítico

No solo la lengua árabe, la hebrea y la aramea han merecido el interés de los lexicógrafos en lengua española. Pero, pese a que a mediados del siglo pasado, el P. Aldrey Pereira afirmaba que "la clave de la Asiriología y la base de una nueva y vasta ciencia que se llama Šumeriología fueron las composiciones lexicográficas más antiguas del mundo, escritas en idioma akkádico" (Aldrey Pereira 1953, I, 125), desgraciadamente, esa importancia lexicográfica no ha contado con el interés universitario español por las lenguas de donde emanaba ese vocabulario: acadio, hurrita, amorreo, fenicio o etiópico, por citar algunas de las lenguas reivindicadas hace solo unos años ante la carestía de materiales existentes en lengua española (Monferrer-Sala y Marcos Aldón 2010).

Aldred Pereira aludía a esa nueva y vasta ciencia, por él denominada con no demasiado rigor *Šumeriología*, en cierto modo como invocación de una suerte de necesidad científica lingüístico-cultural de carácter intra y parasemítico, con un evidente deseo diacrónico. Ciertamente, la historia de la lexicografía acadia ha escrito capítulos de enorme relieve para la historia de la lexicografía semítica (*The Assyrian Dictionary*, CAD 1964, I/A-1, x–xi), con especial incidencia y aplicación en el ámbito de los estudios etimológicos en relación con otras lenguas semíticas posteriores (Zimmern 1914).

Con todo, esta noble rama de la semitística no contó nunca, lamentablemente, con pioneros que creasen una escuela de semitística propiamente dicha ni en España, ni en ningún otro país hispanohablante. De hecho, la única aportación en el campo de los estudios de asiriología consistió en la reproducción de los silabarios introducidos por Delitzsch en el siglo XIX (Aldrey Pereira 1953, I, 127–149). Esta seria carencia es la causa de los escasos materiales que han sido publicados desde entonces, en lengua española, tanto en los estudios de semitística comparada en general como en el de la lexicografía en particular, quedando limitados, en el mejor de los casos, a la elaboración de glosarios con finalidad docente (Malbran-Labat y Vita 2006, II, 11–40, *cf.* I, 38–39).

Contamos, asimismo, con un léxico bilingüe fenicio-español elaborado a inicios de la década de 1980. Se trata de un diccionario, fruto de la tesis doctoral de su autora (Fuentes Estañol 1980a), compuesto a partir de conocidos repertorios y colecciones mayores existentes en otras lenguas. El corpus sigue el orden del alfabeto fenicio, que remite a su raíz, a la que siguen sus significados y su adscripción (fenicio, púnico y/o neopúnico), siguen formas y tiempos verbales, así como las formas nominales en su estado absoluto/constructo, indicando el género y el número de las voces. Incluye, asimismo, frases en transcripción con su traducción, antropónimos, nombres de divinidades, gentilicios y topónimos (Fuentes Estañol 1980b, 18).

Un mayor desarrollo ha conocido en lengua española la lexicografía ugarítica, logrando una obra de enorme envergadura científica (Márquez Rowe 2008, 461–472), gracias a la empresa acometida desde largo tiempo atrás por Del Olmo y Sanmartín, una larga y detallada labor que acabó fructificando a lo largo de un quinquenio (Del Olmo Lete y Sanmartín 1996–2000), que posteriormente le valió ser traducida al inglés (Del Olmo Lete y Sanmartín 2003). Se trata de un diccionario, que tuvo como germen a un glosario anterior (Del Olmo Lete 1981, 509–645), confeccionado a base de las lecturas extraídas de textos alfabéticos, con una macroestructura formada por unidades léxicas que siguen el orden del alfabeto latino, en el que los fonemas/grafemas especiales o portadores de diacríticos son acomodados de la forma más conveniente de acuerdo con los casos.

7. Otros léxicos de "lenguas judías"

La actividad lexicográfica en el ámbito de las denominadas "lenguas judías" (Hary y Bunin Benor 2018) ha sido especialmente fértil en los diversos registros del judeoespañol, con una producción *in crescendo* desde el siglo XIX hasta la actualidad (Quintana 2002, 105–106), donde contamos, entre otros, con los diccionarios trilingües *Ĉiko diksyonaryo žudeo-espanyol-franses* (Cherezlí 1899) y *Diksyonaryo žudeo-espanyol-búlgaro* (Pipano 1913) y los de Mošé, *Millôn kîs yehûdî-sefaradî-ʿivrî* (1934), Benoliel, *Dialecto judeo-hispano-marroquí o Ḥakitía* (1977, 168–267), Pascual Recuero, *Diccionario básico ladino-español* (1977), Bendelac, *Diccionario del judeoespañol de los sefardíes del norte de Marruecos* (1995) o el más especializado de Bentolila, *Diccionario del elemento hebreo en la ḥaketía* (2015), obviamente, cada uno de ellos elaborado a partir de criterios diversos. En proceso de elaboración, por su lado, se encuentra el proyecto del *Diccionario histórico del judeoespañol*, bajo la dirección de Aitor García Moreno.

Parte importante también de las "lenguas judías" es el *yîdîsh*, una lengua nacida en el seno de las comunidades judías ashkenazis de Alemania, posteriormente diseminadas por otros países. Las variedades del *yîdîsh* también han suscitado el interés de los lexicógrafos en combinación con el español, como son los casos de los diccionarios elaborados en diversos países del sur, centro y norte de América: Konstantinovsky (1932), Hochman (1954) y Lerman y Niborski (1979) en Argentina, en Méjico por Grinstein (1993) o en Panamá por Schuster (2016), por solo referirnos a algunos, dado que la actividad compiladora de léxicos bilingües *yîdîsh*-español ha seguido cauces bibliográficos variados y diversos. Los corpus léxicos reunidos en todos estos diccionarios se atienen al patrón de índice de uso del vocabulario en contextos tanto comunicativos como literarios.

8. Consideraciones finales

Como acabamos de ver, la labor lexicográfica bilingüe desarrollada en el ámbito de los estudios semíticos es el resultado prolongada tradición filológica, como consecuencia de necesidades derivadas de actividades diversas en el ámbito filológico que van desde el análisis lingüístico al hermenéutico en sus aplicaciones exegética y literaria. A estas empresas, los diccionarios bilingües de lenguas semíticas prestaron gran servicio tanto en los procesos de aprendizaje como en los de estudio, extremos estos no siempre reconocidos, lamentablemente.

Las principales lenguas semíticas cultivadas a nivel lexicográfico han sido el árabe, el hebreo y el arameo: la primera por razones, principalmente, de herencia patrimonial legada gracias al pasado andalusí en la Península Ibérica durante más de más de nueve siglos, tras la expulsión de los moriscos (711–1616), que tantos préstamos de voces y expresiones confiaron a la lengua castellana (Corriente 2018). Al interés por los textos históricos y literarios andalusíes se sumó, con el andar de los años, la traducción y el estudio sistemáticos de textos y autores árabes del siglo XX, poetas, narradores y dramaturgos. De este modo, como había acontecido en otros países, los ámbitos cronológico y diatópico fueron cobrando carta propia de actuación y ello exigió un mayor esfuerzo lexicográfico que culminará en una primera fase, de imperiosa necesidad docente, con los diccionarios elaborados por Corriente (véase el apartado 3).

Pero el interés por la lengua árabe no ha quedado circunscrito a los textos históricos, geográficos, literarios, filosóficos, religiosos, etc. Hay que añadir, además, el interés misionero de algunas comunidades religiosas católicas asentadas en varios países del norte de África o en Tierra Santa. Asimismo, también han surgido necesidades que con el curso de los tiempos han experimentado cambios, como las necesidades militares, ya debidas a motivos de acuartelamiento en Marruecos, durante el periodo del Protectorado español, o en los últimos tiempos por motivos de defensa y seguridad nacional. Y ciertamente, también por intereses comerciales y diplomáticos mutuos entre países árabes y de lengua española. Pero, sobre todo, en los últimos años se ha visto reflejado un gran interés de los lexicógrafos por los diversos registros del árabe dialectal, norteafricano sobre todo, como de hecho lo demuestra el volumen de diccionarios aparecidos.

La segunda y tercera lenguas tratadas en este capítulo, hebreo y arameo respectivamente, obedecen a una relación distinta, patrimonial también, como la anterior, pero esta con un marcado carácter religioso. Desde el siglo XVI, de modo sistemático, pero con ancestros de reconocida alcurnia en los Siglos Medios, el estudio léxico del hebreo y el arameo interesó fundamentalmente en sus registros bíblicos y en menor medida parabíblicos, *i. e.*, en la producción rabínica, a la que progresivamente se añadió el estudio sobre los manuscritos de Qumrān y las obras de autores judíos medievales peninsulares. Obviamente, aunque ya en menor medida, también ha habido interés por otros campos y épocas de la producción hebrea y aramea: literatura hebrea medieval, literatura israelí moderna y contemporánea, textos epigráficos utilizando como registro el arameo medio, etc. Consecuentemente, también en estos casos, como en el árabe, exigió una empresa lexicográfica complementaria que debemos a Targarona Borrás (1995), cuyo léxico complementó a la magna tarea realizada previamente en el campo bíblico por Alonso Schökel (1990–1991).

Aunque en menor escala, como ya vimos, el interés lexicográfico por las lenguas semíticas no ha quedado circunscrito, en lengua española, a las tres lenguas a las que acabamos de referirnos. También otras han merecido la atención de los especialistas. Un variado registro que ha generado un vivo interés es el del judeoespañol. Gracias al esfuerzo de judeoparlantes emigrados y dispersados por los países de la cuenca mediterránea, al que también han contribuido de forma decisiva los especialistas en este campo, las tareas han conseguido, en gran medida, preservar un importante caudal léxico de los diversos registros que se hallan en riesgo de extinción, a la par que han provisto importantísimos listados y diccionarios con los que preservar lenguas prácticamente desparecidas, como en el caso de la haketía. Otro caso de interés es el del *yîdîsh*, cuyo estudio es casi nulo en España, pero que en cambio ha suscitado desde comienzos del siglo XX la atención de lexicógrafos judíos hispanoamericanos, que han conseguido producir un importante ramillete de diccionarios de enorme valor lexicográfico.

Una atención más restringida han recibido, en cambio, otras lenguas semíticas como el arameo-nabateo o algunas lenguas del Oriente Próximo antiguo, como el fenicio, el acadio y el ugarítico. La razón del limitado interés por estas lenguas en los países de lengua hispana se debe a la falta de tradición de estudio de estas en las universidades. El interés por estas lenguas surgió de modo, digamos, complementario, sobre todo como herramientas complementarias para el estudio de la Biblia, si bien con posterioridad cobraron estatus particular y adquirieron un espacio de estudio propio en los ámbitos de la asiriología, la ugaritología o en el espacio del arameo medio.

Para todos estos intereses, qué duda cabe que la aportación lexicográfica realizada en lengua castellana ha sido, en algunos casos, fundamental. Las labores léxicas han contribuido de forma decisiva a facilitar, en primer lugar, el aprendizaje léxico de las diversas lenguas semíticas, por un lado, pero también como contribución al desarrollo del conocimiento del léxico en sus niveles histórico, etimológico y dialectal, entre otros, por medio de la investigación.

Pero un nuevo horizonte se vislumbra más allá de toda esta ingente labor compiladora y de estudio del léxico de las lenguas semíticas. Las posibilidades que ofrece el mundo de las humanidades digitales es ciertamente atractivo. Por un lado, por las herramientas que, a través de sus varias aplicaciones, pone en manos de los lexicógrafos, pero al mismo tiempo por el rápido y enorme impacto de alcance que posibilitan estas herramientas. Ahora bien, con independencia de cuáles puedan ser los nuevos canales que con el tiempo provean las nuevas tecnologías, lo que es cierto es que la labor realizada hasta la actualidad es de una importancia insoslayable, consecuencia de los avances logrados por los estudios lexicográficos, que han dado un impulso decisivo a lo largo del siglo XX y lo que va del presente. Así, gracias a los avances lexicográficos alcanzados en lengua española en campos como, entre otros, la jurisprudencia, la medicina o la botánica, todos ellos con planteamientos histórico y diacrónico, son ciertamente considerables.

Estas labores acometidas posibilitan la elaboración de recursos terminológicos (terminografía), como los léxicos especializados sobre cada uno de los campos anteriormente aludidos. Con ello, por ejemplo, no solo podremos contribuir, de modo decisivo, a establecer con precisión el eje de coordenadas diacrónico en el que se llevó a cabo el rico y complejo proceso de traducción del trasvase del saber de la Antigüedad a la lengua árabe, en la que concurrieron, ya como lengua de partida ya como lengua de mediación, el griego y el arameo-siriaco (Gutas 1998). Además, esas labores nos ayudarán a conocer mejor, y en mayor detalle, los procesos de transferencia de los saberes técnicos, científicos o religiosos realizados durante el Medievo desde el árabe al latín, que posteriormente, a partir del Renacimiento, experimentaron un considerable desarrollo gracias a los precedentes medievales.

Como hemos indicado anteriormente, las posibilidades que las nuevas tecnologías ofrecen a los lexicógrafos con las que poder diseñar y construir aplicaciones léxicas varias o elaborar diccionarios es realmente considerable y permite seguir explorando nuevas posibilidades en ámbitos tan diversos como el de la terminología especializada o en el de la traducción, en los que el diseño de motores de búsqueda terminológica y su aplicación, directa e inversa, en diccionarios bilingües resultan de enorme ayuda para el uso de profesionales de la traducción. A su vez, la construcción de un léxico digital, semánticamente interrelacionado, de cada lengua semítica, permitirá ofrecer un recurso de mayor accesibilidad y una mayor cobertura informativa a su usuario. Además, el aprovechamiento de estos léxicos digitales bilingües de una lengua semítica concreta con su correspondencia léxica en español contará con un desarrollo ulterior que dará lugar a la confección de un léxico plurilingüe de datos lingüísticos enlazados a nivel integral, con carácter intra y pansemítico, lo que permitirá al usuario utilizarlo con funcionalidades de estudio de extracción léxica múltiple: cognados, calcos, derivaciones, préstamos, étimos.

La limitación espacial de los diccionarios en papel es un problema que en el diccionario digital se resuelve sin grandes inconvenientes, redundando así en una carga informativa mayor para el usuario tanto a nivel normativo como descriptivo. En este sentido, un aspecto gramatical formativo interesante para el estudiante de lenguas semíticas es que el diccionario digital ofrezca información relevante a nivel descriptivo lexicográfico, como por ejemplo sobre la tipología de los nombres comunes (de lugar, de profesión, de instrumento, etc.), sobre la irregularidad léxica de la lengua semítica en cuestión mediante ejemplos de morfología flexiva (verbal) en sus diversos valores aspectuales (perfectivo e imperfectivo) y modales (presente-futuro, subjuntivo, yusivo), además de incluir series derivativas completas, contribuyendo con ello a una mejora sustancial de la información morfológica de la que se beneficiarán ampliamente los estudiantes. Y otro tanto cabe señalar sobre la información fraseológica (paremias, fórmulas y locuciones) y la sintáctica inherente a la naturaleza de las formas verbales (transitivas, intransitivas, reflexivas, recíprocas, etc.) y sus complementos (dativos, instrumentales, adjetivales, adverbiales, etc.). Además, en el caso de una lengua como el árabe, tan productiva para el español por el número de arabismos presentes en ella, habrá que tener en consideración la información etimológica, a ser posible en su *continuum* léxico semítico e intrarromance, cuando sea el caso. Otros elementos informativos más a tener en consideración en el proceso constructivo de un diccionario digital son el índice de frecuencia del léxico, con vistas a su aplicación docente, y agrupaciones léxicas por campos semánticos, por familias léxicas o por grupos temáticos.

El horizonte de los lexicógrafos de las lenguas semíticas es, pues, esperanzador, tanto por la sólida base que nos legaron nuestros maestros como por todo lo que aún podemos hacer sirviéndonos de cuantas herramientas nos ofrecen las nuevas tecnologías aplicadas al campo de la lexicografía.

Bibliografía básica

Corriente (1997a); Quintana (2002); Pascual Recuero (1969–1970); Sáenz-Badillos (2004a); Vidal Castro (2008).

Bibliografía complementaria

Arias Torres (1996); Bentolila (2015, introducción); Corriente (2018); Díez Merino (1994); Martínez Delgado (2008).

Referencias bibliográficas

1. Diccionarios

Academia Chilena de la Lengua. *640 frases que caracterizan a los chilenos.* 2015. Dir. A. Matus Olivier. Santiago: Uqbar.

Academia Nacional de Letras de Uruguay. *Proyecto digitalización diccionario Lenguaje del Río de la Plata.* Consultable en: https://bermudez.mec.gub.uy/

Accademia della Crusca. *Vocabolario degli Accademici della Crusca.* 1612. Venecia: Giovanni Alberti.

Actif francés-español español-francés. *Diccionario práctico de francés.* 2013. Madrid: Santillana.

Advanced English-Spanish/Español-Inglés. 2013. Barcelona: Larousse.

Agrupación de Tropas Nómadas. *Vocabulario español-hassanía.* 1975. Smara.

Aguadé, J. y L. Benyahia. *Diccionario árabe marroquí (Árabe marroquí – Español/Español – Árabe marroquí).* 2005. Cádiz: Quorum Editores.

Ahumada Lara, I. (dir./ed.) *Diccionario bibliográfico de la metalexicografía del español Orígenes-Año 2000.* 2006. Jaén: Universidad de Jaén, Seminario de Lexicografía Hispánica.

Ahumada Lara, I. (dir./ed.) *Diccionario bibliográfico de la metalexicografía del español Años 2001-2005.* 2009. Jaén: Universidad de Jaén, Seminario de Lexicografía Hispánica.

Ahumada Lara, I. (dir./ed.) *Diccionario bibliográfico de la metalexicografía del español Años 2006-2010.* 2014. Jaén: Universidad de Jaén, Seminario de Lexicografía Hispánica.

Akademienprogramms der Union der Deutschen Akademien der Wissenschaften. *Digitales Wörterbuch der deutschen Sprache.* Proyecto en curso. Consultable en: www.dwds.de/

Al Jallad, N. *Diccionario fraseológico-cultural del árabe.* 2012. Granada: Granada Lingvistica.

Alcalá, fray P. de. *Vocabulista arauigo en letra castellana.* 1505. Granada. Revisión: P. de la Torre. *Vocabulista castellano arábigo compuesto, y declarado en letra, y lengua castellana por el M. R. P. Fr. Pedro de Alcalá del órden de San Geronimo. Corregido, aumentado, y puesto en caracteres arábigos por el P. Fr. Patricio de la Torre.* Reedición: 2018. Ed. F. Mosocoso García. Cádiz y Córdoba: UCOPress y Editorial UCA.

Alcalá Venceslada, A. *Vocabulario andaluz.* 1933. Reedición: 1988. Jaén: Universidad de Jaén y Caja Sur.

Alcaraz Varó, E. y M.ª A. Martínez Linares. *Diccionario de lingüística moderna.* 1997. 2.ª ed., 2004. Barcelona: Ariel.

Alcedo, A. de. *Diccionario geográfico-histórico de las Indias Occidentales ó América* [. . .]. 5 vols. 1786/89. Madrid: Imprenta de Blas Roman.

ALD: A Learner's Dictionary of Current English. 1948. Eds. A. S. Hornby, E. V. Gatenby y H. Wakefield. Londres: Oxford University Press.

Alonso Schökel, L. *Diccionario bíblico hebreo-español.* 1990–91. Valencia: Institución San Jerónimo. Reedición: 1994. 3.ª ed., 2008. Eds. V. Morla y V. Collado. Madrid: Trotta.

Álvarez del Real, M. E. *Dudas del idioma español. Incorrecciones en su uso.* 1962. Panamá.

Álvarez Hernández, M. E. *Diccionario ortográfico y de dudas de la lengua española.* 1984. Madrid: Estrella.

Americanismos: diccionario ilustrado Sopena. 1982. Barcelona: Ramón Sopena.

Anaya: Diccionario Anaya de la lengua. 2002. Madrid: Anaya.

Andolz, R. *Diccionario aragonés: aragonés-castellano / castellano-aragonés.* 1992. Zaragoza: Mira Editores.

Andrés Gutiérrez, M. *Diccionario fonético descriptivo de la lengua española.* 2007. Madrid: Fundación Universitaria Española.

Antinao, C. *Ta iñ mapun dungun. Nuestra lengua mapuche.* 2014. Santiago: Pu Lifru Mapunche Kimün Ngelu.

Antolín y Sáez, F. *Corrección de lenguaje ó sea Diccionario de disparates que contiene más de mil y cien palabras mal dichas, con su oportuna corrección, acompañadas de algunos arcaísmos y locuciones ridículas*. 1876. Valladolid: Imprenta de Luiz Nazario y Gaviria.
Apresjan, J. *New Explanatory Dictionary of Russian Synonyms*. 2018. Dublin: PubMix.com.
Aragó, M. R. *Diccionario de dudas y problemas del idioma español*. 1995. Buenos Aires: El Ateneo.
Aragó, M. R. *Nuevo diccionario de dudas y problemas del idioma español*. 2009. Buenos Aires: Losada.
Aragonés Fernández, L., R. Palencia del Burgo y B. Maguire. *My World Learner's Dictionary*. 2012. Dayton: University of Dayton Publishing.
Arias de la Cruz, M. Á. *Americanismos: diccionario temático*. 1987. Madrid: Everest.
Arias Flores, E, y F. Coelho. *Diccionario de dudas de la lengua española*. 2015–2019. Empresa 7Graus Lda. Consultable en: www.diccionariodedudas.com
Aroca Sanz, J. *Diccionario de atentados contra el idioma español*. 1997. Madrid: Prado.
Arona, J. de. *Diccionario de peruanismos. Ensayo filológico*. 1882. 2 tomos. Lima: Librería Francesa Científica, J. Galland. Reedición: 1974. Lima: Promoción Editorial Inca S.A. (PEISA).
Arqués, R y A. Padoan. *Il Grande dizionario di Spagnolo*. 2012. Bologna: Zanichelli.
Arrufat Pradera, M. *Diccionario general de la lengua española*. 2005. Barcelona: Edebé.
Arte y Vocabulario en la lengua general del Peru, llamada quichua y en la lengua española. 1586. Lima: Antonio Ricardo.
Aschman, H. y E. Aschman. *Diccionario totonaco de Papantla, Veracruz: totonaco-español, español-totonaco*. 1973. México: ILV.
The Assyrian Dictionary, CAD. 1964. Ed. L. Oppenheim. I, A, parte I. Chicago. IL – Glückstadt: Oriental Institute – J.J. Augustine Verlagsbuchhandlung.
Augusta, F. de. *Diccionario Araucano-Español y Español- Araucano*. 1916. Tomo Primero y Tomo Segundo. Santiago: Imprenta Universitaria. Reedición: *Diccionario Mapudungún-Español y Español-Mapudungún*. 2017. Ed. revisada por B. Villena Araya. Temuco: Ediciones UCT.
Austri-Dunn, I. *Diccionario castellano-hebreo, hebreo-castellano*. Millôn shimûshî sefaradî-'ivrî, 'ivrî-sefaradî. 1977. Tel Aviv: Editorial Aurora.
Avanzado français-espagnol español-francés Vox. 4.ª ed., 2019. Barcelona: Larousse.
Ávila, Fernando. *Dígalo sin errores. Diccionario de dudas*. 2002. Bogotá: Editorial Norma.
Balagur, R. e I. Sheshar. *Millôn besîsî 'ivrî-sefaradî. Diccionario básico hebreo-español*. 1975. Tel Aviv: Sifriyat Ma'ariv.
Banda, M. de la. *Escarfucios y palabros. Diccionario de abuso de la lengua castellana*. 2000. 2.ª ed., 2001. Madrid: Ediciones Temas.
Baráibar y Zumárraga, F. *Vocabulario de palabras usadas en Álava y no incluidas en el Diccionario de la Real Academia Española (decimotercia edición) o que lo están en otras acepciones o como anticuadas*. 1903. Madrid: Ratés.
Barbará, F. *Manual o vocabulario de la lengua pampa y del estilo familiar para el uso de los jefes y oficiales del ejército, y de las familias a cuyo cargo están los indígenas*. 1879. Buenos Aires: Imprenta y Librería de Mayo de C. Casavalle.
Barberán, F. *Diccionario "Rui" en línea* 「瑠偉」オンライン辞書. Consultable en: www.nichiza.com/rui/rui.php
Barcia, P. L. y D. Pauer. *Diccionario fraseológico del habla argentina. Frases, dichos y locuciones*. 2010. Buenos Aires: Emecé.
Basalenque, D. *Arte y vocabulario de la lengua matlatzinca vuelto a la castellana*. 1642. Reedición: 1975. Eds. M. E. Bribiesca y L. Manrique. México: Biblioteca Enciclopédica del Estado de México.
Básico: Básico. Diccionario didáctico de la lengua española. 1997. Dir. C. Maldonado. Madrid: SM.
Basseta, D. de. *Vocabulario quiché*. 1608. Manuscrito original en la Biblioteca Nacional de París.
Batres Jaúregui, A. *Vicios del lenguaje y Provincialismos de Guatemala*. 1892. Guatemala: Encuadernación y Tipografía Nacional.
Bendelac, A. *Diccionario del judeoespañol de los sefardíes del norte de Marruecos*. 1995. Caracas: Centro de Estudios Sefardíes.
Benéitez Cantero, V. *Vocabulario español-árabe marroquí*. 1949. Tetuán: Editora Imprenta del Majzen.
Benoliel, J. *Dialecto judeo-hispano-marroquí o Ḥakitía*. 1977. Madrid: CSIC (glosario en 168–267).
Benot, E. *Diccionario de asonantes i consonantes*. 1893. Madrid: Juan Muñoz Sánchez.
Benot, E. *Diccionario de ideas afines y elementos de tecnología*. 1898–1899. Madrid: Mariano Núñez Samper.
Bentolila, Y. *Diccionario del elemento hebreo en la ḥaketía*. 2015. Córdoba: UCOPress.
Bertonio, L. *Vocabulario de la lengua aymara*. 1612. Juli (Chucuito), Francisco del Canto. Edición facsímil: 1956. La Paz: Talleres Don Bosco.

Bienvenidos: Bienvenidos. El primer diccionario de español. 2011. Dir. I. Lorenzo Martín. Barcelona: Octaedro.
Blanco Hernández, P. *Diccionario de falsos amigos inglés-español*. 2019. Málaga: Arguval, S.A.
Boissière, P. *Dictionnaire analogique de la langue française: Répertoire complet des mots par les idées et les idées par les mots*. 1862. París: Aug. Boyer et Cia.
Borao, J. *Diccionario de voces aragonesas*. 1859. Zaragoza: Diputación Provincial.
Borrás, J. *Diccionario citador de máximas, proverbios, frases y sentencias escogidas de los autores clásicos latinos, franceses, ingleses e italianos*. 1836. Barcelona. Imp. de Indar.
Bosque, I. y M. Pérez Fernández. *Diccionario inverso de la lengua española*. 1987. Madrid: Editorial Gredos.
Brewer, F. y J. Brewer. *Vocabulario mexicano de Tetelcingo*. 1962. México: Instituto Lingüístico de Verano.
Broc, J. *Promptuario trilingüe catalan, castellano y francès*. 1771. Barcelona.
Brock, S. P. y G. A. Kiraz. *Diccionario Gorgias Siriaco-español*. 2016. Ed. y traducción española de J. Ferrer y J. P. Monferrer-Sala. Piscataway, NJ: Gorgias Press.
Brockway, E., T. Hershey de Brockway y L. Santos Valadés. *Diccionario náhuatl del norte del estado de Puebla*. 2000. México y Cholula: Instituto Lingüístico de Verano y Universidad Madero.
Brown, F., S. R. Driver y C. A. Briggs. *A Hebrew and English Lexicon of the Old Testament: With an Appendix Containing the Biblical Aramaic: Based on the Lexicon of William Gesenius*. 1907. Oxford: Clarendon Press.
Bucchi, A., R. Ravano, A. Garlaschi y I. Brañes. *Léxico según la significación*. Vol. I Ordenación Conceptual. Vol. II Ordenación Alfabética. 2011. Santiago de Chile: LOM.
Buitrago, A. *Diccionario de dichos y frases hechas*. 7.ª ed., 2002. Madrid: Espasa Calpe.
Business Spanish Dictionary (español-inglés/inglés-español). 3.ª ed., 1997. Eds. P. H. Collin, L. Mencion, J. Díaz-Cintas, M. Echart y R. Sutcliffe. Londres: Peter Collin Publishing.
Cáceres, M.ª L. *Voces y giros del habla colonial peruana (siglo XVII) registrados en los códices de la obra de Juan del Valle y Caviedes*. 1974. Arequipa: Imp. Editorial El Sol.
CALD: Cambridge Advanced Learner's Dictionary. 2003. Cambridge: Cambridge University Press. Consultable en: http://dictionary.cambridge.org
Calvo, J. *Nuevo diccionario quechua-español/español-quechua*. 1999. En red, 2009. Lenguas y Culturas. Consultable en: www.uv.es/~calvo/amerindias/5_0.htm
Cambridge Compact English-Spanish/Español-Inglés. Para estudiantes de inglés. 2008. Cambridge: Cambridge University Press y SM.
Cambridge Online Dictionary. 2020. Cambridge: Cambridge University Press. Consultable en: https://dictionary.cambridge.org/es/diccionario/ingles-espanol/
Campa, H. de la, E. de Manuel, A. Romero y F. Romero. *Diccionario escolar inverso de la lengua española. Implicaciones didácticas*. 1991. Granada: Publicaciones de la Universidad.
Cano, A. *Léxico de términos técnicos árabe-español*. 1991. Madrid: Universidad Autónoma.
Cantera Ortiz de Urbina, J., J. Ramón Trives y F. Heras Díez. 1998–2005. *Diccionario francés – español de falsos amigos*. Alicante: Publicaciones Universidad de Alicante.
Carbonell, S. *Dizionario fraseologico completo. Italiano-Spagnolo e Spagnolo-Italiano*. Parte spagnola-italiana. 1950. Milano: Hoepli.
Carbonell Basset, D. *Diccionario panhispánico de refranes. De autoridades e ideológico, basado en principios que demuestran cuándo se ha utilizado un refrán, cómo se ha empleado*. 2002. Barcelona: Editorial Herder.
Carbonell Basset, D. *Gran diccionario del argot. El Soez*. 2000. Barcelona: Larousse.
Carr, M. *Internet Dictionaries and Lexicography*. 1997. *International Journal of Lexicography* 10 (3): 209–230.
Carré Alvarellos, L. *Diccionario galego-castelán e vocabulario castelán-galego*. 1928–1931. 2 vols. A Coruña: Zincke Hermanos.
Casares, J. *Diccionario ideológico de la lengua española*. 1942. 2.ª ed., 1959. Barcelona: Gustavo Gili. (Reimpresión: 2013. Madrid: Gredos).
Casas, C. de las. *Vocabulario de las dos lenguas toscana y castellana*. 1570. Sevilla: Francisco de Aguilar y Alonso Escribano.
Castañeda, L. S. y J. I. Henao. *Diccionario de uso de parlache*. Versión revisada y actualizada. 2006. Berna: Peter Lang.
Catrileo, M. *Diccionario lingüístico etnográfico de le lengua mapuche. Mapudungun-Español-Inglés*. 1995. Santiago de Chile: Andrés Bello.
Caudet Yarza, F. *Diccionario de dudas e incorrecciones del lenguaje*. 1998. Madrid: Edimat Libros.
Cavada, F. *Chiloé y los chilotes. Estudios de folklore y lingüística de la provincia de Chiloé (República de Chile) acompañados de un vocabulario de chilotismos y precedido de una breve Reseña Histórica del Archipiélago*. 1914. Santiago: Imprenta Universitaria. Reedición: 2016. Ediciones Museo Regional de Ancud.
Cavada, F. *Diccionario manual isleño. Provincialismos de Chiloé (Chile). (De gran utilidad para los profesores de castellano y para los viajeros que visitan la región austral del país)*. 1921. Santiago (Chile): Imprenta Yolanda.

CDE: Cambridge Dictionary [of English]. Cambridge: Cambridge University Press. Consultable en: https://dictionary.cambridge.org/dictionary/english/

Celdrán Gomáriz, P. *Diccionario general de insultos*. 1995. Madrid: Ediciones del Prado.

Cerda, G., B. Cabaza y J. Farias. *Vocabulario español de Texas*. 1953. Austin: University of Texas Hispanic Studies.

Chango, M.ª y F. Potosí. *Yachakukkunapa Shimiyuk Kamu*. 1998. Ed. en línea, 2009. Consultable en: https://issuu.com/subseib docs/rk_diccionario_kichwa_castellano

Chávez, M. *Diccionario de hebreo bíblico*. 1992. 4.ª ed., 2004. El Paso, TX: Editorial Mundo Hispano.

Cherezlí, S. I. *Ĉiko di syonaryo žudeo-espanyol-franses*. 2 vols. 1899. Jerusalén.

CIDE: Cambridge International Dictionary of English. 1995. Ed. P. Procter. Cambridge y Nueva York: Cambridge University Press.

Claudio de la Torre, J. A. *Diccionario de la jerga del estudiante universitario puertorriqueño*. 1989. Universidad de Puerto Rico.

Clave: Clave. Diccionario de uso del español actual. 1996. 9.ª ed., 2012. Dir. C. Maldonado. Madrid: SM. Edición en CD-ROM, 2004; en línea, 2001.

Cobos, R. 1983. *A Dictionary of New Mexico and Southern Colorado Spanish*. Santa Fe: Museum of New Mexico Press.

Cobuild: Collins Cobuild English Dictionary. 1987. Dir. J. Sinclair. Londres y Glasgow: HarperCollins Publishers. 9.ª ed., 2018: *Collins Cobuild Advanced Learner's Dictionary*. En línea, 2016. Consultable en: www.collinsdictionary.com/dictionary/english-COBUILD-learners

Cohen Fernández, A. *Nuevo diccionario español-hebreo. Millôn ḥadash sefaradî-'ivrî*. 1959. Jerusalén: Achiasaf.

Collins compact plus alemán. 2007. Barcelona: Grijalbo.

Collins compact plus italiano. Diccionario bilingüe y guía rápida del idioma actual. Español-italiano, italiano-spagnolo. 2007. Madrid: HarperCollins Publishers.

Collins pocket plus inglés. English-Spanish, español-inglés. 11.ª ed., 2011. Madrid: HarperCollins Publishers.

Collins pocket plus portugués. Español-portugués, português-espanhol. 11.ª ed., 2018. Madrid: HarperCollins Publishers.

Collins universal. Español-inglés, inglés-español/Collins Spanish dictionary universal. Español-inglés, inglés-español. 8.ª ed., 2005. Eds. T. Álvarez García *et al*. Glasgow: HarperCollins Publishers.

Conde, Ó. *Diccionario etimológico del lunfardo*. 1998. Buenos Aires: Perfil. Reedición: 2010. Madrid: Taurus.

Consejo Nacional de la Cultura y las Artes. *Diccionario ilustrado de la lengua mapuche para niños*. 2012. Santiago: Consejo Nacional de la Cultura y las Artes.

Cordero, L. *Diccionario quichua-español, español-quichua*. 1892–1895. Reedición: 1965. Ecuador: Quito, Casa de la Cultura Ecuatoriana.

Córdova, J. de. *Vocabulario en lengua zapoteca*. 1578. México: Pedro Charte y Antonio Ricardo.

Corrales, C. y D. Corbella. *Diccionario ejemplificado de canarismos*. 2009. La Laguna: Instituto de Estudios Canarios.

Corrales, C. y D. Corbella. *Tesoro léxico canario-americano*. 2010. Las Palmas de Gran Canaria: Cabildo de Gran Canaria-Casa de Colón.

Corriente, F. *Diccionario árabe-español*. 1977a. Madrid: Instituto Hispano-Árabe de Cultura.

Corriente, F. *Diccionario de arabismos y voces afines en iberorromance*. 2.ª ed., 1999. Madrid: Gredos.

Corriente, F. *Diccionario español-árabe*. 1970. Madrid: Instituto Hispano-Árabe de Cultura.

Corriente, F. *A Dictionary of Andalusi Arabic*. 1997b. Leiden – Nueva York – Colonia: Brill.

Corriente, F. *Dictionary of Arabic and Allied Loanwords: Spanish, Portuguese, Catalan, Gallician and Kindred Dialects*. 2008. Leiden-Boston: Brill.

Corriente, F. *Nuevo diccionario español-árabe. Qāmūs ǧadīd isbānī-'arabī*. 1988. Madrid: Instituto Hispano-Árabe de Cultura.

Corriente, F. e I. Ferrando. *Diccionario avanzado árabe*. 2.ª ed., 2005. Barcelona: Herder.

Corriente, F., J. P. Monferrer y A. S. Ould Mohamed Baba. *Vocabulario árabe graduado*. 2013. Barcelona: Herder.

Corriente, F. y A. S. Ould Mohamed Baba. *Diccionario avanzado de árabe. Tomo II español-árabe*. 2010. Barcelona: Herder.

Corriente, F., C. Pereira y Á. Vicente. *Dictionnaire du faisceau dialectal arabe andalou. Perspectives phraséologiques et étymologiques*. 2017. Berlín: De Gruyter.

Corripio, F. *Diccionario de ideas afines*. 1983. Barcelona: Herder.

Corripio, F. *Diccionario de incorrecciones, dudas y normas gramaticales*. 1975. Barcelona: Bruguera.

Corripio, F. *Diccionario práctico de incorrecciones, dudas y normas gramaticales*. 1997. Barcelona: Larousse.

Cortés, J. *Diccionario de árabe culto moderno árabe-español*. 1996. Madrid: Gredos.
Covarrubias, S. de. *Tesoro de la lengua castellana o española*. 1977 [1611]. Madrid: Turner.
Criado de Val, M. *Diccionario de español equívoco*. 1982. Madrid: EDI-6-SGEL.
Crown ES: Hara, M., E. Contreras y H. Terasaki. *Kuraun seiwa jiten (Crown Diccionario Español-Japonés)*. 2005. Tokio: Sanseido.
Crown JP: Rubio, C., H. Ueda, A. Ruiz Tinoco y A. Sakiyama. *Kuraun wasei jiten (Crown Diccionario Japonés-Español)*. 2004. Tokio: Sanseido.
Cruz, B., B. Teck y editores de *Generation Ñ Magazine: The Official Spanglish Dictionary*. 1998. Nueva York: Fireside.
Cruz Aufrére, J. y M. O. de Cruz. *Diccionario de homónimos castellanos*. 1969. Cochabamba: Canelas.
Cruz Aufrére, J. y R. Ortucte. *Antónimos castellanos*. 1965. Cochabamba: Canelas.
CULD: Chambers Universal Learners' Dictionary. 1986. Ed. E. M. Kirkpatrick. Edinburgh: Chambers. Reedición: *Chambers English Learners' Dictionary*. 1990. Barcelona: Biblograf.
Cuveiro Piñol, J. *Diccionario gallego-castellano*. 1876. Barcelona: N. Ramírez.
DA: Asociación de Academias de la Lengua Española. *Diccionario de americanismos*. 2010. Lima: Santillana Ediciones Generales.
DADI: Academia Argentina de las Letras. *Diccionario argentino de dudas idiomáticas*. 2011. Buenos Aires: Santillana.
DAELE: Diccionario de aprendizaje del español como lengua extranjera. En línea. Dir. M. P. Battaner y S. Torner. Barcelona: Universitat Pompeu Frabra. Proyecto en curso. Consultable en: www.iula.upf.edu/rec/daele/
DALE: Diccionario actual de la lengua española. 1990. Dir. M. Alvar Ezquerra. Barcelona: Biblograf.
DALLA: Academia de la Llingua Asturiana. *Diccionariu de la llingua asturiana*. 2000. Uviéu/Oviedo: Academia de la Llingua Asturiana.
DASAE: Diccionario avanzado de sinónimos y antónimos de la lengua española. 1997. Barcelona: Vox.
DAut (citado habitualmente como *Diccionario de autoridades*): Real Academia Española. *Diccionario de la lengua castellana, en que se explica el verdadero sentido de las voces, su naturaleza y calidad con las phrases o modos de hablar, los proverbios o refranes, y otras cosas convenientes al uso de la lengua*. 6 vols. 1726–1739. Madrid: Imprenta Francisco del Hierro. Consultable en: http://web.frl.es/DA.html
Dávila, B. y B. Pérez. *Apuntes del dialecto "caló" o gitano puro*. 1943. Reedición: 1991. Cádiz: Universidad de Cádiz.
DBE: Diccionario básico escolar. 2003. Dir. E. Miyares Bermúdez. 2.ª ed., 2008. 3.ª ed., 2009. 4.ª ed., 2014. Santiago de Cuba: Editorial Oriente. Consultable en: http://ixa2.si.ehu.es/dbe/index4.html
DBEM: Diccionario básico del español de México. 1986. Dir. L. F. Lara. México: El Colegio de México.
DCECH: Corominas, J. y J. A. Pascual. 1980–1991. *Diccionario crítico etimológico castellano e hispánico*. Madrid: Gredos.
DCG: Dicionario castelán-galego da Real Academia Galega. Colección Galicia Viva. 2004. Dir. C. García y M. González González. Real Academia Galega: Santiago de Compostela.
DCh: Rodríguez, Z. *Diccionario de chilenismos*. 1875. Santiago: Imprenta de El Independiente.
DCOE: Fuentes Rodríguez, C. *Diccionario de conectores y operadores del español*. 2009. Madrid: Arco Libros.
DCOR: Diccionario Coruña de la lengua española actual. Universidade de A Coruña. Proyecto en curso. Consultable en: www.udc.gal/grupos/lexicografia/diccionario/
DCR: Cuervo, R. J. *Diccionario de construcción y régimen de la lengua castellana*. 1886–1994. París-Bogotá, A. Roger et F. Chernoviz-Instituto Caro y Cuervo, 8 vols. [París, 1886: letras *a-b* (reimpr. Ginebra, 1954); París, 1893: letras *c-d* (reimpr. Ginebra, 1954); Bogotá, 1959–1987: letra *e* (21 fasc.); Bogotá, 1994: letras *f-z* (5 vols.).] Reedición: 1998. Barcelona: Editorial Herder. Ed. CD-ROM. 1998.
DCSE: Náñez, E. *Diccionario de construcciones sintácticas del español. Preposiciones*. 2001. Madrid: Ediciones de la Universidad Autónoma de Madrid.
DCVB: Alcover, A. M. y F. de B. Moll. *Diccionari català-valencià-balear*. 1926 (1930)-1962. Palma: Mn. Alcover. Consultable en: https://dcvb.iec.cat/
DDLC: Diccionari descriptiu de la llengua catalana. Dir. J. Rafel i Fontanals, Institut d'Estudis Catalans. Consultable en: https://dcc.iec.cat/ddlci
DDyD: Diccionario de dudas y dificultades de la lengua española. 1961. Dir. M. Seco. Prólogo de S. Fernández Ramírez. Madrid: Aguilar. 10.ª ed., 2002. Madrid: Espasa-Calpe.
DEA: Seco, M., O. Andrés y G. Ramos. *Diccionario del español actual*. 1999. Madrid: Aguilar.
DEA2: Seco, M., O. Andrés y G. Ramos. *Diccionario del español actual*. 2.ª ed., 2011. Madrid: Aguilar.
DEA3: Seco, M., O. Andrés y G. Ramos. *Diccionario del español actual*. 2023. Dir. O. Andrés. Consultable en: https://www.fbbva.es/diccionario/
DEA-Abrev: Seco, M., O. Andrés y G. Ramos. *Diccionario abreviado del español actual*. 2000. Madrid: Aguilar.

DEAr: Diccionario del español de Argentina. Español de Argentina – Español de España. 2000. Dirs. G. Haensch y R. Werner. Coord. C. Chuchuy. Madrid. Gredos.

DEC: Real Academia de Ciencias Exactas, Físicas y Naturales. *Diccionario esencial de las Ciencias.* 2002 [1999]. Madrid: Espasa.

DECu: Diccionario del español de Cuba. Español de Cuba – Español de España. 2000. Dirs. G. Haensch y R. Werner. Coords. G. Cárdenas Molina, A. M.ª Tristá Pérez y R. Werner. Madrid: Gredos.

DEE-SM: Diccionario de español para extranjeros. 2002. Dir. C. Maldonado González. Madrid: Editorial SM.

Defensoría Penal Pública. *Uytufigue mapuzugun mew. Dilo en mapuzugun. Glosario jurídico penal español-mapuzugun.* 2018. Temuco: Fundación Konrad Adenauer/Defensoría Penal Pública.

DEI: Real Academia de Ingeniería. *Diccionario español de Ingeniería.* 2014. Consultable en: http://diccionario.raing.es

DEIl: *Diccionario escolar ilustrado.* 1988. Ed. E. Miyares Bermúdez. Santiago de Cuba: Editorial Oriente / Madrid: Ediciones Libertarias.

DELE: Real Academia Española y Asociación de Academias de la Lengua Española. *Diccionario esencial de la lengua española.* 2006. Barcelona: Espasa.

Dellepiane, A. *El idioma del delito.* 1894. Buenos Aires: Arnoldo Moen.

DEM: Diccionario del español de México. 2010. Dir. L. F. Lara. México D. F.: El Colegio de México.

DEM2: Diccionario del español de México. 2.ª ed en línea, 2019. Dir. L. F. Lara. México: El Colegio de México. Consultable en: https://dem.colmex.mx

DES: Sánchez, T., J. L. Herrero y A. Lucas (coord.). *Diccionario Estudio Salamanca.* 2007. Barcelona: Octaedro.

DEst: Real Academia Española. *Diccionario del estudiante.* 2005. 3.ª ed., 2016. Madrid: Santillana.

DEst2: Real Academia Española. *Diccionario del estudiante*, 2.ª ed., 2011. Madrid: Santillana.

DEU: Academia Nacional de Letras de Uruguay. *Diccionario del español del Uruguay.* 2011. Montevideo: Ediciones de la Banda Oriental.

DEUM: Diccionario del español usual de México. 1996. Dir. L. F. Lara. México: El Colegio de México, 1996.

Deza G., J. F. y A. Mollepasa Coello. *Vocabulario trilingüe castellano, quechua i aimara.* 1945. Puno (Perú): Los autores.

DF: Dictionnaire du français. París: Larousse. Consultable en: www.larousse.fr/dictionnaires/francais

DFC: Dubois, J. *et al. Dictionnaire du français contemporain.* 1966. Paris: Larousse.

DFDEA: Seco, M., O. Andrés y G. Ramos. *Diccionario fraseológico documentado del español actual.* 2004. Madrid: Aguilar. 2.ª ed., 2017. Madrid: JdeJ Editores..

DFEM: Diccionario fundamental del español de México. 1982. Dir. L. F. Lara. México: El Colegio de México.

DFrEM: Varela, F. y H. Kubarth. *Diccionario fraseológico del español moderno.* 1994. Madrid: Gredos.

DGILE: Diccionario general ilustrado de la lengua española. 1945. Dir. R. Menéndez Pidal. Barcelona: Vox.

DGILE2: Diccionario general ilustrado de la lengua española. 1953. 2.ª ed., 1973. Dir. S. Gili Gaya. Barcelona: Vox.

DGILE3: Diccionario general ilustrado de la lengua española. 1987. Dir. M. Alvar Ezquerra. Barcelona: Biblograf.

DGLC: Diccionari general de la llengua catalana. 1932. Dir. P. Fabra. Barcelona: Llibreria Catalònia.

DGLE: Diccionario general de la lengua española, Vox. 1997. Barcelona: Vox. Consultable en: www.diccionarios.com

DHECan: Corrales, C. y D. Corbella. *Diccionario histórico del español de Canarias.* 2001. 2.ª ed., 2013. La Laguna: Instituto de Estudios Canarios. Ed. en línea, 2014. Consultable en: web.frl.es/DHECan.html

DHECR: Quesada Pacheco, M. Á. *Diccionario histórico del español de Costa Rica.* 1995. San José: Editorial Universidad Estatal a Distancia.

DHEV: Pérez, F. J. *Diccionario histórico del español de Venezuela.* 2011–2016. Caracas: Fundación Empresas Polar.

DHLE1933: Real Academia Española. *Diccionario histórico de la lengua española (A-Cevilla).* 1933–1936. Madrid: Hernando. Consultable en: http://web.frl.es/DH1936.html

DHLE1960: Real Academia Española. *Diccionario histórico de la lengua española (a-apasanca y b-bajoca).* 1960–1996. Madrid. Consultable en: web.frl.es/dh.html

Díaz-Retg, E. *Diccionario de dificultades de la lengua española.* 1951. Madrid: A. G. Matorell.

Diccionari didàctic Caramull. Valencià-castellà, castellà-valencià. 2003. Eds. P. Baixauli y Cubells P. Madrid: SM.

Diccionario al-Kanz. Eds. J. P. Monferrer y M. Marcos Aldón. Universidad de Córdoba. Proyecto en curso. Consultable en: www.uco.es/ucoterm/index.php/diccionario-al-kanz

Diccionario de colombianismos. 2018. Coord. M. C. Henríquez y N. Rozo. Bogotá: Instituto Caro y Cuervo. Consultable en: https://colombianismos.caroycuervo.gov.co/

Diccionario de dificultades de la lengua española. 1994. Madrid-León: Everest.

Diccionario de dificultades de la lengua española. 1995. 2ª ed., 2000. Eds. C. González y C. Reoyo. Madrid: Santillana. Ed. CD-ROM.

Diccionario de dudas gramaticales. 2011. En Blog "Aula 31" del Departamento de Lengua del I.E.S. Juan de la Cierva de Vélez Málaga. Consultable en: https://ciervalengua.files.wordpress.com/2011/11/diccionario-de-dudas-gramaticales.pdf

Diccionario de gestos españoles. Eds. E. Martinell y H. Ueda. Proyecto en curso. Consultable en: https://lecture.ecc.u-tokyo.ac.jp/~cueda/gakusyu/gestos/index.html

Diccionario de la lengua española. Primaria. 2007. Barcelona: La Galera.

Diccionario de neologismos de la lengua española. 1998. Dir. M.ª A. Martí Antonín. Barcelona: Larousse.

Diccionario de perífrasis verbales. 2006. Dir. L. García Fernández. Madrid: Gredos.

Diccionario de peruanismos. 2016. Academia Peruana de la Lengua.

Diccionario de uso. Gran diccionario de la lengua española. 1985. Dir. A. Sánchez. Madrid: SGEL.

Diccionario del español ecuatoriano. Español del Ecuador – Español de España. 2016. Coord. F. Miño-Garcés. Quito: Pontificia Universidad Católica del Ecuador.

Diccionario didáctico de la lengua española. Elemental. 1994. Dir. C. Maldonado. Madrid: SM.

Diccionario didáctico Password: English Dictionary for Speakers of Spanish. 1991. [A partir del original *Harrap's easy English dictionary*. Dir P. H. Collin. 1980]. Trad. R. Sainz-Ezquerra, y A. Comey. Madrid: Ediciones S. M.

Diccionario didáctico Password: English Dictionary for Speakers of Spanish. 2002. Madrid: SM.

Diccionario en imágenes. 2001. Dir. C. Maldonado González. Madrid: Ediciones S. M.

Diccionario Fido: Diccionario español-árabe [de verbos]/Qāmūs isbānī-'arabī [li-l-af'āl]. 1973. Madrid: Fido.

Diccionario general de sinónimos y antónimos: lengua española. 1999. Dir. José M. Blecua. Barcelona: Biblograf.

Diccionario histórico del judeoespañol. 2013. Dir. A. García Moreno. CSIC. Consultable en: http://esefardic.es/dhje

Diccionario ideológico de la lengua española. 1995. Dir. M. Alvar Ezquerra. Barcelona: Vox-Biblograf.

Diccionario ideológico manual de la lengua española. 1976. Barcelona: Distein.

Diccionario Macmillan Castillo Inglés. Español – Inglés Inglés-español. 2007. México DF: Macmillan.

Diccionario multilingüe: español-catalán-euskera-gallego-portugués-inglés-francés-alemán-ruso. 2003. Barcelona: Carroggio.

Diccionario universal de la lengua castellana. 1875–82. Dir. N.-M.ª Serrano. Madrid: Astort Hnos.

Diccionarios.com. Consultable en: www.diccionarios.com/

DiCE: Diccionario de colocaciones del español. Dir. M. Alonso Ramos. Proyecto en curso. Universidade da Coruña. Consultable en: http://dicesp.com

DICEMTO. Proyecto lexicográfico electrónico multilingüe de verbos de movimiento. Madrid: Universidad Autónoma de Madrid. Proyecto en curso. Consultable en: www.uam.es/gruposinv/upstairs/diccionario.html

Dicio. Dicionário Online de Português. 2009–2020. Porto: 7Graus. Consultable en: www.dicio.com.br/

DICLOCADV: Penadés Martínez, I. *Diccionario de locuciones adverbiales para la enseñanza del español.* 2005. Madrid: Arco Libros.

DICLOCNAP: Penadés Martínez, I. *Diccionario de locuciones nominales, adjetivas y pronominales para la enseñanza del español.* 2008. Madrid: Arco Libros.

DICLOCVER: Penadés Martínez, I. *Diccionario de locuciones verbales para la enseñanza del español.* 2002. Madrid: Arco Libros.

Corriente, F., C. Pereira y A. Vicente. 2019. *Dictionnaire des emprunts ibéro-romans. Emprunts à l'arabe et aux langues du Monde Islamique.* Berlín: De Gruyter.

Didac: Didac. Diccionari de català. 1995. Dir. M.ª T. Cabré. Barcelona: Enciclopèdia Catalana.

DIEA: Diccionario integral del español de la Argentina. 2008. Coord. F. Plager. Buenos Aires: Tinta Fresca -Voz Activa.

DIEC2: Institut d'Estudis Catalans. *Diccionari de la llengua catalana.* 2.ª ed., 2007. Barcelona: Edicions 62 / Enciclopèdia Catalana. Consultable en: https://dlc.iec.cat/

DIFAPE: Dicionário de falsos amigos português-espanhol. 2014. Volume 1, A-D. Florianópolis: Insular.

DIHA: Academia Nacional de Letras. *Diccionario del habla de los argentinos.* 2008. Buenos Aires: Espasa Calpe.

DiLA3: Academia Argentina de Letras. *Diccionario de la lengua de la Argentina.* 3.ª ed., 2019. Buenos Aires: Editorial Colihue.

DiLEA: Diccionario de locuciones idiomáticas del español actual. 2019. Ed. I. Penadés Martínez. Valencia. Consultable en: www.diccionariodilea.es

DIME: Ávila, R. *Diccionario inicial del español de México.* 2005. México D. F.: Trillas.

DIPELE: Diccionario para la enseñanza de la lengua española. 1995. Dir. M. Alvar Ezquerra. Barcelona: Biblograf y Universidad de Alcalá de Henares. Reedición: *Diccionario para la enseñanza de la lengua española. Español para extranjeros.* 2.ª ed., 2000. Alcalá de Henares: Vox, Universidad de Alcalá de Henares/ Spes Editorial. Versión digitalizada en www.diccionarios.com/

DITF: Diccionario inicial. 2011. Ed. B. Tornadú. Buenos Aires: Tinta Fresca.

Dizionario global. Spagnolo. Spagnolo-italiano/italiano-spagnolo. 2007. Milano: Mondadori.

DLE: Real Academia Española y Asociación de Academias de la Lengua Española. 2014. *Diccionario de la lengua española.* 23.ª ed., 2014. Madrid: Espasa. Actualizado en 2017 (23.1), 2018 (23.2) y 2019 (23.3). Consultable en: https://dle.rae.es/ [Las ediciones anteriores se consignan como *DRAE*].

DLP: Diccionario de lexicografía práctica. 1995. Dir. J. Martínez de Sousa. Barcelona: Biblograf.

DM: Academia Mexicana de la Lengua. *Diccionario de mexicanismos.* 2010. México: Siglo XXI editores.

DPD: Real Academia Española y Asociación de Academias de la Lengua Española. *Diccionario panhispánico de dudas.* 2005. Madrid: Santillana. Consultable en: http://lema.rae.es/dpd/

DPDE. Diccionario de partículas discursivas del español. 2002. Dirs. A. Briz, S. Pons y J. Portolés. Universidad de Valencia. Proyecto en curso. Consultable en: www.dpde.es/#/

DRAE: Real Academia Española. *Diccionario de la lengua española.* [Cuando se hace referencia a una edición del diccionario en específico, se cita el año en que fue publicada. Hasta 1925 llevó como título *Diccionario de la lengua castellana.* A partir de 2014 se conoce con la sigla *DLE*].

DRAE1: Real Academia Española. *Diccionario de la lengua castellana, reducido a un tomo para su más fácil uso.* 1.ª ed., 1780. Madrid: Joaquín Ibarra.

DRAE2: Real Academia Española. *Diccionario de la lengua castellana, reducido a un tomo para su más fácil uso.* 2.ª ed., 1783. Madrid: Joaquín Ibarra.

DRAE3: Real Academia Española. *Diccionario de la lengua castellana, reducido a un tomo para su más fácil uso.* 3.ª ed., 1791. Madrid: Viuda de Joaquín Ibarra.

DRAE4: Real Academia Española. *Diccionario de la lengua castellana, reducido a un tomo para su más fácil uso.* 4.ª ed., 1803. Madrid: Viuda de Ibarra.

DRAE5: Real Academia Española. *Diccionario de la lengua castellana.* 5.ª ed., 1817. Madrid: Imprenta Real.

DRAE6: Real Academia Española. *Diccionario de la lengua castellana.* 6.ª ed., 1822. Madrid: Imprenta Nacional.

DRAE7: Real Academia Española. *Diccionario de la lengua castellana.* 7.ª ed., 1832. Madrid: Imprenta Real.

DRAE8: Real Academia Española. *Diccionario de la lengua castellana.* 8.ª ed., 1837. Madrid: Imprenta Nacional.

DRAE9: Real Academia Española. *Diccionario de la lengua castellana.* 9.ª ed., 1843. Madrid: de D. F. María Fernández.

DRAE10: Real Academia Española. *Diccionario de la lengua castellana.* 10.ª ed., 1852. Madrid: Imprenta Nacional.

DRAE11: Real Academia Española. *Diccionario de la lengua castellana.* 11.ª ed., 1869. Madrid: Imprenta de Don Manuel Rivadeneyra.

DRAE12: Real Academia Española. *Diccionario de la lengua castellana.* 12.ª ed., 1884. Madrid: Imprenta de D. Gregorio Henando.

DRAE13: Real Academia Española. *Diccionario de la lengua castellana.* 13.ª ed., 1899. Madrid: Imprenta de los Sres. Hernando y compañía.

DRAE14: Real Academia Española. *Diccionario de la lengua castellana.* 14.ª ed., 1914. Madrid: Imprenta de los sucesores de Hernando.

DRAE15: Real Academia Española. *Diccionario de la lengua española.* 15.ª ed., 1925. Madrid: Calpe.

DRAE16: Real Academia Española. *Diccionario de la lengua española.* 16.ª ed., 1936 y 1939. Madrid: Espasa-Calpe.

DRAE17: Real Academia Española. *Diccionario de la lengua española.* 17.ª ed., 1947. Madrid: Espasa-Calpe.

DRAE18: Real Academia Española. *Diccionario de la lengua española.* 18.ª ed., 1956. Madrid: Espasa-Calpe.

DRAE19: Real Academia Española. *Diccionario de la lengua española.* 19.ª ed., 1970. Madrid: Espasa-Calpe.

DRAE20: Real Academia Española. *Diccionario de la lengua española.* 20.ª ed., 1984. Madrid: Espasa-Calpe.

DRAE21: Real Academia Española. *Diccionario de la lengua española.* 21.ª ed., 1992. Madrid: Espasa-Calpe.

DRAE22: Real Academia Española. *Diccionario de la lengua española.* 22.ª ed., 2001. Madrid: Espasa-Calpe.

DRAE-CD: Real Academia Española. *Diccionario de la lengua española.* 21.ª ed. CD-ROM, 1995. Madrid: Espasa Calpe.

DRAF: Diccionario de la Real Academia de Farmacia: Diccionario terminológico de las ciencias farmacéuticas-A Terminological Dictionary of the Pharmaceutical Sciences. 2007. Dir. A. Domínguez-Gil Hurlé, E. Alcaraz y R. Martínez Motos. Rev. Téc. D. Santos Buelga. Barcelona: Editorial Ariel.

DSal: Diccionario Salamanca de la lengua española. 1996. Dir. J. Gutiérrez Cuadrado. Salamanca: Universidad de Salamanca.

DTM: Real Academia Nacional de Medicina. *Diccionario español de términos médicos.* 2012. Madrid: Médica Panamericana. Consultable en: https://dtme.ranm.es/

Ducach, J. *Nuevo diccionario castellano-hebreo. Millôn sefaradî-'ivrî ḥadash.* 2 vols., 1964–65. Revisado por Moisés Konstantynowski. Tel Aviv: Massada.

DUCEC: Becerra Bascuñán, S. *Diccionario del uso de los casos en el español de Chile.* 1999. Études Romanes, 43. Universidad de Copenhague.

Dudas y dificultades del idioma. 1981. Barcelona: Sopena.

DUDEA: Diccionario de usos y dudas del español actual. 1996. Dir. José Martínez de Sousa. Madrid: Biblograf. Reedición: 3.ª ed., 2001. Barcelona: Vox. 4.ª ed., 2008. Gijón: Ediciones Trea.

Duden: Deutsches Universalwörterbuch. 8.ª ed., 2015. Mannheim: Bibliographisches Institut. Consultable en: www.duden.de/

DUE1: Moliner, M. *Diccionario de uso del español.* 1.ª ed., 2 vols., 1966–67. Madrid: Gredos.

DUE2: Moliner, M. *Diccionario de uso del español.* 2.ª ed., 2 vols., 1998. Madrid: Gredos.

DUE3: Moliner, M. *Diccionario de uso del español.* 3.ª ed., 2 vols., 2007. Madrid: Gredos.

DUE4: Moliner, M. *Diccionario de uso del español.* 4.ª ed., 2 vols., 2016. Madrid: Gredos.

DUE-A: Moliner, M. *Diccionario de uso del español.* Edición abreviada. 2000. Madrid: Gredos.

DUEAE: Diccionario de uso del español de América y España. 2002. Dir. M. P. Battaner. Barcelona: Spes Editorial. Ed. en CD-ROM, 2003.

DUE-CD: Moliner, M. *Diccionario de uso del español.* Versión 2.0 en CD-ROM de la 2.ª ed., 2000. Madrid: Gredos.

DUECh: Academia Chilena de la Lengua. *Diccionario de uso del español de Chile.* 2010. Santiago: MN.

DUE-DVD: Moliner, M. *Diccionario de uso del español.* Versión 3.0 en DVD de la 3.ª ed., 2007. Madrid: Gredos.

DVEF: Azkue, R. M. 1905. *Diccionario vasco-español-francés / Dictionnaire basque-espagnol-français.* Bilbao: R. M. Azkue. [1984 ed. facs. Bilbao: Euskaltzaindia].

ECAS: Diccionari castellà-català. 1985. 4.ª ed., 2005. Dir.: J. Torras Rodergas. Barcelona: Enciclopèdia Catalana.

ECAT: Diccionari català-castellà. 1987. 4.ª ed., 2005. Dir. J. Torras Rodergas y M. Sagristà. Barcelona: Enciclopèdia Catalana.

Echeverría y Reyes, A. *Voces usadas en Chile.* 1900. Santiago: Imprenta Elzeviriana.

Edelvives: *Diccionario escolar básico.* 2000. Madrid: Edelvives.

E-Diccion@rios Espasa. CD-ROM. 2003. Madrid: Espasa.

Educalingo. El diccionario para gente curiosa. Consultable en: https://educalingo.com/es/dic-en

Eguren, J. M. de. *Diccionario manual o vocabulario vasco-castellano para el uso de los vascongados que quieran aprender el castellano.* 1868. Vitoria: Sanz.

El Ghazouani, A. A. *Diccionario jurídico español/árabe.* 2006. Granada: Comares.

El Ghazouani, L. *Al Madyaq. Diccionario español – árabe marroquí.* 2017. Murcia: Universidad de Murcia.

El Ghazouani, L. *Al-Muhāŷir. Glosario español-árabe marroquí, árabe marroquí-español.* 2007. Murcia: Servicio de Publicaciones.

El-Gohary, H. R. *Al Menar: diccionario Español-Árabe/Al-Manār, qāmūs isbānī-'arabī.* 1975. El Cairo.

Elhuyar: *Elhuyar hiztegia: euskara-gaztelania / Diccionario castellano-vasco.* 1996. 4.ª ed., 2014. Dir. M. Azkarate, X. Kintana y X. Mendiguren. Usurbil: Elhuyar.

Enciclopedia moderna. Diccionario universal de literatura, ciencias, artes, agricultura, industria y comercio. 1851–1855. Madrid: Establecimiento Tipográfico de Mellado, 34 vols., 3 vols. de atlas + suplemento.

Erize, E. *Diccionario comentado mapuche-español: araucano, pehuenche, pampa, picunche, rancülche y huilliche.* 1960. Buenos Aires: Cuadernos del Sur. Instituto de Humanidades, Universidad Nacional del Sur.

Escarpenter, J. *Cómo eliminar los errores y dudas del lenguaje.* 1985. Madrid: Playor.

Escolar RAE: Real Academia Española. *Diccionario escolar de la Real Academia Española.* 1996. Madrid: Espasa-Calpe.

Escolar Santillana: Diccionario escolar de la lengua española. 1993. Madrid: Santillana.

Escribano, E. *Vocabulario español-árabe (con pronunciación figurada) especialmente dedicado al soldado español en Marruecos.* 1922. Barcelona: Guinart.

Esencial portugués-espanhol español-portugués. 2013. Vox. Barcelona: Larousse.

Espasa Pocket francés. Edición especial para estudiantes. Español > Francés Français > Español. 2006. Madrid: Espasa Calpe.

Espasa Pocket Italiano. Español > Italiano Italiano > Espagnolo. 2011. Madrid: Espasa Calpe.

Espinosa, A. M. *The Spanish Language in New Mexico and Southern Colorado*. Historical Society of New Mexico Series, 16. 1911. Santa Fe, NM: New Mexican Printing Company.
Esteve, J. *Liber elegantiarum*. 1489. Venecia: Paganinus de Paganinis.
Esteve, J., J. Bellvitges y A. Joglar. 1803–1805. *Diccionario catalán-castellano-latino*. Barcelona: Tecla Pla.
Estraviz, I. A. *Dicionário galego ilustrado Nós*. 1983. A Coruña: Nós.
Estraviz, I. A. *Dicionário da língua galega*. 1986. Versión abreviada: 1995. Madrid: Alhena.
Estudiante Larousse: Diccionario del estudiante. 2000. Barcelona: Larousse.
Estudiantes Espasa: Diccionario de la lengua española para estudiantes de español. 2002. Coord. C. Villar. Madrid: Espasa-Calpe.
Everest: Diccionario escolar. 1998. León: Everest.
Fabre, A. *Diccionario etnolingüístico y guía bibliográfica de los pueblos indígenas sudamericanos. QUECHUA/AYMARA*. 2005. Tampere University. Consultable en: www.ling.fi/Entradas%20diccionario/Dic=Quechua.pdf y www.ling.fi/Entradas%20diccionario/Dic=Aymara.pdf
Falkner, T. *A Description of Patagonia*. 1774. Hereford: C. Pugh.
Febrés, A. *Arte de la Lengua General del Reyno de Chile, con un dialogo Chileno-Hispano muy curioso: a que se añade la Doctrina Christiana, esto es, Rezo, Catecismo, Coplas, Confesionario, y Pláticas; lo más en lengua Chilena y Castellana: y por fin un vocabulario Hispano-Chileno y un Calepino Chileno – Hispano más copioso*. 1765. Compuesto por el P. Andrés Febrés Misionero de la Comp. de Jesús. Lima.
Febrés, A. *Diccionario Chileno Hispano, compuesto por el R.P. Misionero Andrés Febrés De la C. de J. Enriquecido de voces i mejorado por el R. P. Misionero Fr. Antonio Hernandez i Calzada de la órden de la Regular Observancia de N.P.S. Francisco. Edición hecha para el servicio de las Misiones por órden del Supremo Gobierno i bajo la inspección del R. P. Misionero Fr. Miguel Anjel Astraldi*. 1846a. Santiago: Imprenta de los Tribunales.
Febrés, A. *Diccionario Hispano Chileno, compuesto por el R.P. Misionero Andrés Febrés De la C. de J. Enriquecido de voces i mejorado por el R. P. Misionero Fr. Antonio Hernandez i Calzada de la órden de la Regular Observancia de N.P.S. Francisco. Edición hecha para el servicio de las Misiones por órden del Supremo Gobierno i bajo la inspección del R. P. Misionero Fr. Miguel Anjel Astraldi*. 1846b. Santiago: Imprenta de los Tribunales.
Feijoo Hoyos, B. L. *Diccionario de falsos amigos del espanol y del portugues/Dicionario de falsos amigos do espanhol e do português*. 1992. Colección Orellana. Editorial: Scritta Editorial.
Feria García, M. C. *Diccionario de términos jurídicos árabe-español*. 2013. Barcelona: Ariel.
Fernández de Santaella, R. *Vocabularium ecclesiasticum*. 1499. Sevilla: Johann Pegnitzer, Magnus Herbst y Thomas Glockner.
Fernández Fernández, A. *Diccionario de dudas. (A-H) (I-Z)*. 2007. Oviedo: Ediciones Nobel-CajAstur-Ediciones de la Universidad de Oviedo.
Fernández Gómez, C. *Vocabulario de Cervantes*. 1962. Madrid: Real Academia Española.
Fernández Poch, E. 1973 [1975]. *Diccionario castellano-bable*. Uviéu/Oviedo: Conceyu Bable.
Fernández Villarroel, D. *Diccionario de dudas e irregularidades de la lengua española*. 1991. Barcelona: Teide.
Ferrando, I. *Diccionario Pocket [árabe-español], español-árabe*. 2006. Barcelona: Herder.
Ferreira Montero, H. J. *Diccionario de falsos amigos. Português-Espanhol. Español-Portugués*. 2011. Salamanca: Luso-Española de Ediciones y Distribuciones, S.L.
Ferrer, J. y M. A. Nogueras. *Breve diccionario siríaco: siríaco-castellano-catalán*. 1999. Barcelona: Universitat de Barcelona.
Filgueira Valverde, J. F. 1926. *Vocabulario popular galego-castelán*. Vigo: Pueblo Gallego.
Fitch, R. *Diccionario de coloquialismos y términos dialectales del español*. 2011. Madrid: Arco Libros.
Florea, L. S. y C. Fuchs. *Dictionnaire des verbes du français actuel*. 2010. París: Ophrys.
Flores, T., J. Caniguan y R. Fuentes. *Mapuchedungun tañi ñi üy: glosario de terminología clínica odontológica bilingüe mapuchedungun-castellano*. 2017. Temuco: Ediciones Universidad de la Frontera.
Fohrer, G. *Diccionario del hebreo y arameo bíblicos*. 1982. Buenos Aires: La Aurora.
Fontanillo Merino, E. *Diccionario de las lenguas de España*. 1985. Madrid: Anaya.
Franciosini, L. *Vocabolario italiano e spagnolo*. 2 vols. 1620. Roma: Profilio.
Franquelo y Romero, R. *Frases impropias, barbarismos, solecismos y extranjerismos de uso más frecuente en la prensa y en la conversación*. 1910. Málaga: Tip. El Progreso.
Friederici, G. *Amerikanistisches Wörterbuch und Hilfswörterbuch für den Amerikanisten*. 1960. Hamburgo: De Gruyter.
Fuentes Estañol, M. J. *Vocabulario crítico de la lengua fenicia*. 1980a. Barcelona: Sección de Publicaciones (extracto de tesis Doctoral).
Fuentes Estañol, M.J. *Vocabulario fenicio*. 1980b. Presentación de Fernando Díaz Esteban, Barcelona: CSIC.
Gagini, C. *Diccionario de barbarismos y provincialismos de Costa Rica*. 1892. San José: Tipografía Nacional.

Galende Díaz, J. C. *Diccionario de abreviaturas en español*. 2014. Madrid: Síntesis.

Galván, R. y R. V. Teschner. *El Diccionario del español chicano/The Dictionary of Chicano Spanish (Spanish and English Edition)*. 1975. Silver Spring, Marylan: Institute of Modern Languages, Inc. National Textbook Company.

Garay, M. C. *Diccionario de la discriminación de la mujer en el lenguaje*. 1994. Buenos Aires: Argenta Sarlep.

García de Diego, V. *Diccionario etimológico español e hispano*. 1955. Madrid: SAETA.

García Hernández, A., S. Yac y D. Henne. *Diccionario Quiché-Español*. 1980. Guatemala: Instituto Lingüístico de Verano -ILV.

García Icazbalceta, J. *Vocabulario de mexicanismos. Comprobado con ejemplos y comparado con los de otros países hispanoamericanos*. Propónense además algunas adiciones y enmiendas a la última edición (12.ª) del Diccionario de la Academia. 1899. México: Tipografía y Litografía "La Europea".

García Ramos, J. *El lenguaje actual de los maleantes españoles*. 1985. *Policía* (Madrid), informe monográfico, nº 8.

García Soriano, J. *Vocabulario del dialecto murciano*. 1932. Ed. J. Muñoz Garrigós. Reedición: 1980. Murcia: Editora Regional de Murcia.

García Soubriet, S. *Diccionario de Francisco García Pavón*. 2015. Tomelloso: Ediciones Soubriet.

Garmendia, J. A. *Diccionario de Cipriano Telera (y siete cartas a opá). Dos mil trescientos vocablos en riguroso orden alfabético*. 2003. Sevilla: Signatura Ediciones.

Garmendia, N. *Tañi wüne chillkatupeyüm re mapudungun mew. Mi primer diccionario de mapudungun*. 2018. Santiago: Pehuén.

Garnacho López, P. y L. Martín Acosta. *Diccionario de dudas del estudiante de español como lengua extranjera*. 2014. Madrid: SGEL.

Gaspar y Roig. *Diccionario enciclopédico de la lengua española, con todas las vozes, frases, refranes y locuciones usadas en España y las Américas Españolas*. 1853–1855. Madrid: Imprenta y Librería de Gaspar y Roig.

GDA: El gran diccionario de los argentinos. El uso del español actual en la Argentina. 2009. Ed. B. Tornadú. Buenos Aires: Arte Gráfico Editorial Argentino. Ed. en línea 2011. Diccionario Clarin.com.

GDLE: Gran Diccionario de la lengua española. 1996. 3.ª ed. 2007. Ed. E. Pascual Foronda. Barcelona: Larousse. Edición en CD-ROM: 1996, 2003, 2007.

GDLE-SGEL: Gran Diccionario de la Lengua Española. 1985. Ed. A. Sánchez. Madrid: SGEL.

GDUESA: Gran diccionario de uso del español actual. 2001. Dir. A. Sánchez. Madrid: SGEL. Con edición en CD-ROM.

GEE: Gran enciclopedia Espasa 1. 2005. Bogotá: Espasa Calpe, S. A.

GEL: Gran enciclopedia Larousse. 3.ª ed., 10 vols., 1969. Barcelona: Planeta.

Gendai supeingo jiten (Diccionario del español moderno). 1990. Ed. N. Miyagi e Y. Yamada. Tokio: Hakusuisha.

Gendai supeingo jiten kaitei-ban (Diccionario del español moderno edición revisada). 1999. Eds. Y. Yamada y N. Miyagi. Tokio: Hakusuisha.

Gesenius, W. 1823. *Hebräisches un chaldäisches Handwörterbuch über das Alte Testament*. Leipzig: F. C. W. Vogel.

Gian-Trapay, D y A. De Rosily. *Nuevo diccionario español-francés y francés español*. 1826. Paris: Thoisnier-Desplaces.

Gilberti, M. *Vocabulario en lengua de Michoacán*. México: 1559. Iuan Pablos Bressano.

Gili Gaya, S. *Diccionario de sinónimos*. 3.ª ed., 1968. Barcelona: Biblograf.

Gobello, J. *Diccionario lunfardo*. 1975. Buenos Aires: A. Peña Lillo.

Gobello, J. *Nuevo diccionario del lunfardo*. 1994. Buenos Aires: Corregidor.

Goicoechea, C. *Vocabulario riojano*. 1961. Madrid: Real Academia Española.

González Aguiar, M. I. *Diccionario ideológico del español de Canarias*. 2005. Santa Cruz de Tenerife: Servicio de Publicaciones de la Universidad de La Laguna.

González Holguín, D. *Vocabulario de la Lengua General de todo el Perú llamada Lengua Qquichua o del Inca*. 1608. Lima: Imprenta de Francisco del Canto.

Gran diccionario de sinónimos y antónimos. Equivalencias e ideas afines, americanismos, regionalismos y localismos, extranjerismos. 1991. Madrid: Espasa-Calpe.

Granada, D. *Vocabulario rioplatense razonado*. 1889. 2.ª ed., 1890: *Vocabulario rioplatense razonado*. Segunda edición corregida, considerablemente aumentada, y a la que se añade un nuevo juicio crítico publicado por D. Juan Valera. Reedición: 1957. Biblioteca Artigas, Colección de Clásicos Uruguayos, Vols. 25 y 26. Montevideo: Ministerio de Instrucción Pública y Previsión Social.

Greus, J. y N. Lahrach. *Diccionario español-árabe marroquí*. 2019. Madrid: Bubok Editorial.

Grinstein, M. *Diccionario Español-Yidish, Yidish-Español*. 1993. Méjico D. F.: Fundación E. Gutman.

Gross, S. *A Vocabulary of New Mexican Spanish*. 1935. Tesis de fin de máster. Standford: Universidad de Stanford.

Grupo de investigación ARABELE. *Diccionario al-Qaṭra*. Proyecto en curso. Consultable en: www.um.es/alqatra/

Guadix, D. de. *Diccionario de arabismos. Recopilación de algunos nombres arábigos*. 1593. Reedición: 2007. Ed. Mª Águeda Moreno. Jaén: Universidad de Jaén.

Guasch, A. *Diccionario castellano-guaraní, guaraní-castellano. Sintáctico, fraseológico, ideológico*. 1986 [1961]. Asunción: Cepag.

Gutiérrez de Cerezo, A. *Breuis grammatica in laudem reuerendissimi episcopi burgensis domini ludouici acuña et rectę et optimę dedicata*. 1485. Burgos: Federicus Burgis.

Hakusuisha: Diccionario japonés-español. 1979 [2001]. Eds. N. Miyagi y E. Contreras. Tokio: Hakusuisha.

Harmelink, B. *Vocabulario y frases útiles en mapudungun*. 1990. Temuco: Universidad de la Frontera.

Harrap's Easy English Dictionary. 1981. Ed. P. H. Collins. Londres: George G. Harrap & Co. Ltd.

Hartmann, R. R. K. y G. James. *Dictionary of Lexicography*. 1998. Londres y Nueva York: Routledge.

Havestadt, B. de. *Chilidúgú sive tractatus linguae chilensis*. 2 vols., 1777. Reedición: 1883. Edición facsimilar de Julius Platzmann. Lepzig: B. G. Teubner.

Hekking, E., A. Núñez, A. Guerrero, S. Andrés de Jesús y P. Santiago. *He'mi mpomuhñä ar hñäñho ar hñämfo nndämaxei. Diccionario bilingüe otomí-español del estado de Querétaro*. 2010. México: INALI.

Herder avanzado Italiano-Spagnolo Español-Italiano. 2011–2017. Barcelona: Herder-

Hernández, A., N. Ramos y C. Cárcamo. *Diccionario ilustrado Mapudungun-Español-Inglés*. 1997. Santiago: Pehuén.

Herrera López, H. *Diccionario de la lengua náhuatl de Texcoco, náhuatl-español y español-náhuatl*. 2015. México: Fondo de Culturas Populares.

Herrero Muñoz-Cobo, B. *Vocabulario básico español-árabe marroquí*. 1998. Almería: Universidad de Almería.

Hervás y Panduro, L. 1787.Vocabulario poliglotto, con prolegomeni sopra più di CL lingue, dove sono delle scoperte nuove ed utili all'antica storia dell'uman genere, ed alla cognizione del meccanismo delle parole. Cesena: G. Biasini.

Hochman, A. Z. *Diccionario español-hebreo. Millôn safaradî-'ivrî*. 1954. Buenos Aires: Cultura.

Hochman, A. Z. *Millôn kîs 'ivrî-'îdîsh-safaradî. Diccionario de bolsillo hebreo-idisch-español*. 1954. Buenos Aires: Cultura. Reedición: 1963. Tel Aviv: Niv.

Holgado Lage, A. *Diccionario de marcadores discursivos para estudiantes de español como segunda lengua*. 2017. Berna: Peter Lang.

Horizon: *Diccionario didáctico de inglés*. 1997. Madrid: Ediciones SM.

Huaiquillán, O. *Pewenche kimdugun*. 2017. Concepción: Trama Impresores.

Ibáñez Fernández, J. 1950. *Diccionario galego da rima e galego-castelán*. Madrid.

Ibn Azzuz, H. *Glosario de mil quinientas voces españolas usadas entre los marroquíes en el árabe vulgar*. 1931. Madrid: CSIC.

Idiomatic and Syntactic English Dictionary. 1942. Eds. A. S. Hornby, E. V. Gatenby y H. Wakefield. Londres: Oxford University Press.

Intermedio: Intermedio. Diccionario didáctico de la lengua española. 1993. Dir. C. Maldonado. Madrid: SM.

Iribarren, J. M. *Vocabulario navarro*. 1952. Reedición; 1984. Pamplona: Comunidad Foral de Navarra-Institución "Príncipe de Viana".

Irmandades da Fala. *Vocabulario castellano-galego*. 1933 [1970]. A Coruña: Moret.

Iter-Sopena: *Diccionario Iter de dudas y dificultades del idioma*. 1991. Barcelona: Iter 2000 Sopena.

James, G. *Bilingualisation as a Genre*. 2000. En A History of Tamil Dictionaries. Ed. G. James, 450–458. Chennai: Cre-A.

Jarden, D. y A. Comay. *Millôn shalem 'ivrî-sefaradî. Completo diccionario hebreo-español*. Jerusalén: Achiasaf. 1966 (reimpr. 1969–70), con un volumen compañero de A. Comay. 1973. *Diccionario hebreo-español. Millôn sefaradî-'ivrî*. Jerusalén – Tel Aviv: Achiasaf.

Jurado, J. *Diccionario de concordancias. Poema de Mio Çid*. 1982. Ottava: Carlenton University Press.

Justicia Justicia, F. *El desarrollo del vocabulario. Diccionario de frecuencias*. 1995. Granada: Publicaciones de la Universidad.

Kaplanian, M. G. *Alhambra. Diccionario Árabe-Español/Español-Árabe*. 1974. Barcelona: Sopena.

Karttunen, F. *An Analytical Dictionary of Nahuatl*. 1983. Austin: University of Texas Press.

Key, H. y M. R. Key. *Vocabulario mejicano de la Sierra de Zacapoaxtla*. Puebla. 1953. México: Instituto Lingüístico de Verano.

Konstantinovsky, M. *Diccionario castellano-idish*. 3 vols., 1932. Reedición: 1986. Buenos Aires: Centro Judío de Estudios Lingüísticos en Argentina.

Labarta, A. *Vocabulario básico árabe-español*. 1984. Córdoba Servicio de Publicaciones de la Universidad.
Labayru: Diccionario Labayru Vizcaíno y batua conjuntados. 2005. Dirs. A. Arejita y N. Etxebarria. Bilbao: Bilbao Bizkaia Kutxa Fundazioa, Labayru Ikastegia e Ibaizabal. Consultable en: https://hiztegia.labayru.eus
Labayru hiztegia. Bizkaiera eta batua (b)uztarturik. 2003. Dir. A. Arejita. Bilbao: Bilbao Bizkaia Kutxa Fundazioa, Labayru Ikastegia, Ibaizabal.
Labèrnia, P. *Diccionari de la llengua catalana ab la correspondencia castellana y llatina*. 1839–1840. Reedición: 1864–1865. Barcelona: Espasa Germans.
Lacavalleria, J. *Gazophylacium catalanum-latinum*. 1696. Barcelona: A. Lacavalleria.
Lacavalleria, P. *Dictionario castellano, dictionaire françois, diccionari català*. 1642. Barcelona: P. Lacavalleria.
Lafone Quevedo, S. *Tesoro de catamarqueñismos*. 1898. Buenos Aires: Pablo E. Coni e Hijos.
Laime Ajacopa, T. *Diccionario Bilingüe quechua-castellano/castellano-quechua*. 2007. Consultable en: https://es.slideshare.net/elsamuruchi/diccionario-quechua-bolivia y https://futatraw.ourproject.org/descargas/DicQuechuaBolivia.pdf
Landau, J. M. *A Word Count of Modern Arabic Prose*. 1959. Nueva York: American Council of Learned Societies.
Larramendi, M. *Diccionario trilingüe del castellano, bascuence y latín*. 1745. Reedición: 1853. San Sebastián: Pío de Zuaza.
Lazzati, S. *Diccionario de parónimos castellanos*. 3.ª ed., 1971. Buenos Aires: Sopena.
LDOCE: Longman Dictionary of Contemporary English. 1978. Ed. P. Procter. Harlow: Longman. Edición en línea, 2013. Consultable en: www.ldoceonline.com
Lechado García, J. M. *Diccionario de eufemismos y expresiones eufemística del español actual*. 2000. Madrid: Editorial Verbum.
Le Grand Robert de la langue française. 1950. 2.ª ed. actualizada, 2001. Ed. CD-ROM, 1989. Ed. en línea, 2009. Versión 4.1, 2017. París: Dictionnaires Le Robert. Consultable en: https://dictionnaire.lerobert.com/
Lema: Diccionario de la lengua española. Lema. 2001. Dir. M. P. Battaner. Barcelona: SPES Editorial.
Lenz, R. *Diccionario etimológico de voces chilenas derivadas de lenguas indígenas americanas*. 1905–1910. Reedición: 1979. Dir. M. Ferreccio Podestá. Santiago (Chile): Universidad de Chile.
LEO. Consultable en: https://www.leo.org/
León, V. *Diccionario de argot español y lenguaje popular*. 1980. 2.ª ed. 1992. Madrid: Alianza Editorial.
Lerchundi, J. de. *Vocabulario español-arábigo del dialecto de Marruecos, con gran número de voces usadas en Oriente y en la Argelia*. 1892. Tánger: Imprenta de la Misión Católico-Española. Reedición facsímil: 1999. Ed. R. Lourido Díaz. Madrid: AECI.
Lerman, J. I. e I. Niborski. *Diccionario yidish-español*. 1979. Buenos Aires: Instituto Científico Judío. Reedición: 2003. Girona: Universitat de Girona.
Lerner, I. *Arcaísmos léxicos del español de América*. 2.ª ed., 1974. Madrid: Ínsula.
LexiROM. CD-ROM. 1995. Microsoft Corporation y Bibliographisches Institut & FA Brockhaus AG.
Llombart, C. *Ensayo de un diccionario valenciano-castellano*. 1887. València: J. Ferrer de Orga.
Longman Dictionary of English Language and Culture. 2.ª ed. 1998. Dir. D. Summers. Essex: Addison Wesley Longman.
Longman Interactive English Dictionary. CD-ROM. 1993. Harlow: Longman.
Longman Language Activator: The World's First Production Dictionary. 1993. Ed. D. Summers. Essex-England: Longman.
López Nieves, L. *Glosario de dudas y dificultades de la lengua española en Puerto Rico*. 2003. Consultable en: https://ciudadseva.com/wp-content/uploads/2016/08/glosario-de-dudas-y-dificultades-de-la-lengua-espanola-en-puerto-rico.pdf
Los nombres del Madrid multicultural. 2007. Coord. C. García Gallarín. Madrid: Parthenón.
Lo Zingarelli 2018. Vocabolario della lingua italiana. 2017. Bolonia: Zanichelli.
Lucas Vallejo, C. de. *Diccionario de dudas. Autoaprendizaje*. 1994. Madrid: Edaf.
Lucía, M. S. *Diccionario para crucigramas*. 1996. Cobi Continuos Bilbao.
Luque Toro, L. y R. Luque Colautti. *Diccionario contextual italiano-español de parónimos*. 2019. Madrid: Arco Libros.
Macías, J. M. *Diccionario cubano, etimológico, crítico, razonado y comprensivo*. 1885. Reedición: 1988. Coatepec: Tipografía de Antonio M. Rebolledo.
Macmillan Castillo español- inglés inglés-español. 2007. México D. F.: Macmillan.
Magna. Enciclopedia Universal. 1998. Barcelona: Carroggio, S. A. de Ediciones, 40 tomos.
Malaret, A. *Diccionario de americanismos*. 1925. Mayagüez, Puerto Rico: Carrero.

Martí i Gadea, J. *Diccionario valenciano-castellano*. 1891. València: J. Canales Romà.
Martín, J. *Diccionario de expresiones malsonantes del español*. 1974. 2.ª ed. 1979. Madrid: Istmo.
Martínez, A. *Vocabulario básico bilingüe aragonés-castellano / castellano-aragonés*. 1997. Uesca/Huesca: Publicazions d'o Consello d'a Fabla Aragonesa.
Martínez, J. R. [Ramoncín]. *El nuevo tocho cheli. Diccionario de jergas*. 1996. Madrid: Temas de Hoy.
Martínez, J. R. [Ramoncín] *El tocho cheli. Diccionario de jergas, germanías y jerigonzas*. 1993. Madrid: Temas de Hoy.
Martínez Amador, E. M. *Diccionario gramatical y de dudas del idioma*. 1966. Barcelona: Sopena.
Martínez de Sousa, J. *Diccionario de lexicografía práctica*. 1995. Barcelona: Biblograf.
Martínez de Sousa, J. *Diccionario de uso de mayúsculas y minúsculas*. 2.ª ed., 2010. Gijón: TREA.
Martínez de Sousa, J. *Dudas y errores del lenguaje*. 1974. Madrid: Labor. 5.ª ed., 1992. Madrid: Paraninfo.
Martinu, X. 2005. *Diccionariu ilustráu de la llingua asturiana: asturianu-castellano, castellano-asturianu: apuntes de gramática*. Xixón/Jijón: Picu Urriellu.
Martos Núñez, E. y M. Campos Fernández-Fígares (coord.). 2013. *Diccionario de nuevas formas de lectura y escritura*. Madrid: Red Internacional de Universidades Lectoras-Santillana.
Mateo Martínez, J. *Diccionario de términos de la banca. Inglés-español/español-inglés*. 2009. Barcelona: Ariel.
MED: Macmillan English Dictionary for Advanced Learners. 2002. Ed. M. Rundell. Oxford: Macmillan Education. Edición en línea, 2016. Consultable en: www.macmillandictionary.com
Meo Zilio, G. y S. Mejía. *Diccionario de gestos. España e Hispanoamérica*. 1980–1983. Bogotá: Instituto Caro y Cuervo.
Merino Irigoyen, M. A. *Diccionario antibárbaro de la lengua castellana*. 1786. Ms. 20.532, Biblioteca Nacional de Madrid.
Merriam-Webster Dictionary. 2020. Springfield, MA: Merriam-Webster Inc. Consultable en: www.merriam-webster.com/
Michelena, L. 1987–2005. *Diccionario general vasco-Orotariko euskal hiztegia*. 16 vols. Bilbao: Real Academia de la Lengua Vasca. Consultable en: https://www.euskaltzaindia.eus/index.php?option=com_oehberria&task=bilaketa&Itemid=413&lang=eu-ES
Michaelis portugués. *Dicionário escolar espanhol-português português-espanhol*. 2008. Sãn Paulo: Editora Melhoramentos.
Miguel Rodríguez, S. *Diccionario manual hebreo-español y arameo-bíblico-español*. 2.ª ed. 1949. Madrid: El Perpetuo Socorro.
Minsheu, J. *A dictionaire in Spanish and English*. 1599. Londres: Bollifant.
Miño-Garcés, F. *Diccionario del español ecuatoriano*. 2016. Quito: Pontificia Universidad Católica de Ecuador.
Mitxelena, K. 1987-2005. *Orotariko euskal hiztegia*. Vid. Michelena, L.
Molina, fray A. de. *Vocabulario en lengua castellana y mexicana*. 1555. México: Iuan Pablos. Ed. facsímil. Consultable en: https://archive.org/details/vocabularioenlen00moli/page/n17/mode/2up
Molina, fray A. de. *Vocabulario en lengua castellana y mexicana y mexicana castellana*. 1571. México: Antonio de Spinosa. Reedición facsimil: 1970. México: Porrúa.
Moll: Moll, F. de B. *Diccionari català-castellà/castellà-català*. 4.ª ed., 1982. Palma: Editorial Moll.
Monferrer-Sala, J. P. y J. Ferrer. *Glossary of Nabataean Aramaic: With Etymological and Comparative Notes*. 2017. Córdoba: UCOPress.
Monserrat, A. *Gran diccionario español-portugués português-espanhol*. 2001. Madrid: Espasa Calpe.
Montemayor, C. (coord.), E. García Escamilla, E. Rivas Paniagua y L. Silva Galeana. *Diccionario del náhuatl en el español de México*. 2009. Ciudad de México; Universidad Nacional Autónoma de México, Gobierno del Distrito Federal.
Montoya, A. R. de. *Arte, y bocabulario de la lengua guarani*. 1640. Madrid: Reedición facsímil: 1876. Ed. J. Platzmann, Leipzig.
Montoya, A. R. de. *Tesoro de la lengua guarani*. 1639. Madrid: Reedición facsímil: 1876. Ed. J. Platzmann, Leipzig.
Mora Monroy, S. *Lexicón de fraseología del español de Colombia*. 1996. Bogotá: Instituto Caro y Cuervo.
Moral, R. del. *Diccionario temático del español*. 1998. Madrid: Verbum.
Moral, R. del. *Diccionario ideológico. Atlas léxico de la lengua española*. 2009. Barcelona: Herder.
Morales Pettorino, F. *Nuevo diccionario ejemplificado de chilenismos y de otros usos diferenciales del español de Chile*. 2010. Edición refundida y actualizada.
Morera, M. *Diccionario crítico de perífrasis verbales*. 1991. Puerto del Rosario: Cabildo Insular de Fuerteventura.

Morínigo, M. A. *Diccionario de americanismos*. 1966. Buenos Aires: Muchnick Editores.

Moscoso García, F. *Diccionario español – árabe marroquí*. 2005. Granada: Junta de Andalucía.

Moscoso García, F. *Diccionario español árabe marroquí, árabe marroquí español*. 2007. Almería: Fundación Ibn Tufayl.

Moscoso García, F. 2018. *Vocabulista castellano arábigo compuesto, y declarado en letra, y lengua castellana por el M. R. P. Fr. Pedro de Alcalá del órden de San Geronimo*. Corregido, aumentado, y puesto en caracteres arábigos por el P. Fr. Patricio de la Torre. Prólogo de Otto Zwartjes. Cádiz y Córdoba: UCOPress y Editorial UCA.

Mošé, M. *Millôn kîs yehûdî-sefaradî-ʿivrî*. 1934. Salónica.

Mossi, H. *Diccionario castellano-quichua*. 1860. Sucre: Imprenta de López.

Müller, F. *Diccionario alemán-español español-alemán. Deutsch-Spanisches Spanisch-Deutsches Wörterbuch*. 1968. Barcelona: Sopena.

Muñiz, F. J. *Voces usadas con generalidad en las Repúblicas del Plata, la Argentina y la Oriental del Uruguay*. 1845. Reedición: 2004. Buenos Aires: Margus.

Musso y Fontés, J. *Diccionario de metáforas y refranes de la lengua castellana*. 1876. Madrid: Ramírez y C.ª

MWALED: Merriam-Webster's Advanced Learner's English Dictionary. 2008. Ed. S. J. Perrault. Springfield: Merriam-Webster. Ed. en línea, 2016. Consultable en: www.learnersdictionary.com

NDDDLE: Nuevo diccionario de dudas y dificultades de la lengua española. 2011. Dir. M. Seco. Madrid: Espasa.

NDHE: Real Academia Española. *Nuevo diccionario histórico del español*. Dir. J. A. Pascual. Proyecto en curso. Consultable en: http://web.frl.es/DH/

Nebrija, E. A. de. *Dictionarium ex hispaniensi in latinum sermonem*. c. 1494. Salamanca: Juan de Porras.

Nebrija, E. A. de. *Lexicon ex sermone latino in hispaniensem*. 1492. Salamanca: Juan de Porras.

NED: New English Dictionary. 1884. Oxford: Oxford University Press.

Nellis, N. y J. Nellis. *Diccionario zapoteco de Juárez: zapoteco-español, español-zapoteco*. 1983. México: ILV.

Neoma. Diccionario de neologismos del español actual. 2016. Dirs. C. Sánchez Manzanares, D. Azorín Fernández, I. Santamaría Pérez. Murcia: Editum, Neoma. Consultable en: www.um.es/neologismos/index.php/

Neves, A. N. *Diccionario de americanismos*. 1973. Buenos Aires: Sopena.

Nieto Ballester, E. *Breve diccionario de topónimos españoles*. 1997. Madrid: Alianza Editorial.

NTLE: Nuevo tesoro lexicográfico del español (s. XIV*-1726)*. 11 vols., 2007. Dirs. L. Nieto Jiménez y M. Alvar Ezquerra. Madrid: Arco Libros.

NTLLE: Real Academia Española. *Nuevo tesoro lexicográfico de la lengua española*. 2001. Edición en DVD-ROM. Consultable en: https://apps.rae.es/ntlle

Nuevo diccionario de anglicismos. 1997. Dir. F. Rodríguez González. Madrid: Editorial Gredos.

Nuevo diccionario de argentinismos. 1993. Dirs. G. Haensch y R. Werner. Santafé de Bogotá: Instituto Caro y Cuervo.

Nuevo diccionario de colombianismos. 1993. Dirs. G. Haensch y R. Werner. Santafé de Bogotá: Instituto Caro y Cuervo.

Nuevo diccionario de uruguayismos. 1993. Dirs. G. Haensch y R. Werner. Santafé de Bogotá: Instituto Caro y Cuervo.

OALD: Oxford Advanced Learner's Dictionary. 1948. 3.ª ed. 1974. 10.ª ed. 2020. Dir. A. S Hornby. Oxford: Oxford University Press. Ed. en línea, 2016. Consultable en: www.oxfordlearnersdictionaries.com

OALD3: Oxford Advanced Learners' dictionary of Current English. 1974. 3.ª ed. Londres: Oxford University Press.

OED: Oxford English Dictionary. 1923. 3.ª ed., 2000. Ed. en CD-ROM, 1988. Oxford: Oxford University Press. Consultable en: www.oed.com

Office Québécois de la Langue Française. *Le grand dictionnaire terminologique*. 2012. Québec: Gouvernement du Québec. Consultable en: http://gdt.oqlf.gouv.qc.ca/

Oliver, J. M. *Diccionario de argot*. 1985. 2.ª ed., 1987. Madrid: Sena.

Oliver Rodríguez, E. *Guía de bufete. Expurgo de corruptelas, barbarismos, solecismos, etc*. 1891. Barcelona: tipografía de Luis Tasso.

Olmo Lete, G. del y J. Sanmartín. *Diccionario de la lengua ugarítica*. 2 vols., 1996–2000. Sabadell: AUSA.

Olmo Lete, G. del y J. Sanmartín. *A Dictionary of the Ugaritic Language in the Alphabetic Tradition*. 2 vols. 2003. 3.ª ed., 2015. Leiden – Boston: Brill.

Olmos, A. de. *Todos los verbos o casi todos los que hay en la lengua [mexicana]*. 1547. Manuscrito en la Biblioteca Latinoamericana de la Universidad de Tulane.

Olsen de Serrano Redonnet, M.ª L. y A. María Zorrilla de Rodríguez. *Diccionarios de los usos correctos del español*. 1996. Buenos Aires: Estrada.

Orellana, J. F. 1891. *Cizaña del lenguaje: Vocabulario de disparates, extranjerismos, barbarismos y demás corruptelas, pedanterías y desatinos introducidos en la lengua castellana (Q.E.P.D.) recopilados de muchos periódicos políticos y literarios, novelas y libros más o menos científicos, discursos académicos y parlamentarios, documentos oficiales y anuncios particulares.* Barcelona: Librería de Antonio Bartinos.

Ortega Cavero, D. 1984. *Thesaurus. Gran Sopena de sinónimos y asociación de ideas. Diccionario analógico de la lengua española.* Barcelona: Ramón Sopena.

Ortiz Mayans, A. *Gran diccionario castellano-guaraní, guaraní-castellano. Ñe'ẽ ryru guasu karaiñe'ẽavañe'ẽ, avañe'ẽ-karaiñe'ẽ.* 1997 [1931]. Santa Fe de Bogotá: Eudepa.

Ortiz Valdivieso, P. *Léxico hebreo-español y arameo-español.* Madrid: Sociedad Bíblica.

Ortúzar, C. *Diccionario manual de locuciones viciosas y de correcciones del lenguaje con indicación del valor de algunas palabras y ciertas nociones gramaticales.* 1893. San Benigno Canavese: Imprenta Salesiana.

Oudin, C. *Le Trésor des deux langues espagnole et françoise de César Oudin. Augmenté sur les mémoires de son auteur [. . .] par Antoine Oudin, secrétaire interprète de sa Majesté.* 1660. París: Michael Bobin.

Ould Mohamed Baba, A. S. *Diccionario de Ḥassāniyya – Español.* 2019. Cádiz y Córdoba: UCOPress. Editorial Universidad de Córdoba y Editorial UCA.

The Oxford Spanish Dictionary. Spanish-English/English-Spanish. 1994. Dir. B. Galimberti Jarman y R. Russell. Oxford/New York/Madrid: Oxford University Press.

Palencia, A. de. *Universal Vocabulario en latín y en romance.* 1490. Sevilla: Paulus de Colonia, Johann Pegnitzer, Magnus Herbst y Thomas Glockner.

Palma, R. *Neologismos y americanismos.* 1896. Lima: Imprenta y Librería de Carlos Prince.

Palmer, H. E. *A Grammar of English Words: One Thousand English Words and Their Pronunciation, Together with Information Concerning the Several Meanings of Each Word, Its Inflections and Derivatives, and the Collocations and Phrases into Which It Enters.* 1938. Londres: Longmans, Green.

Pando de Villarroya, J. L. *Americanismos.* 1984. Reimp. 1985. Madrid: Pando.

Paredes, F., S. Álvaro y L. Paredes. *Las 100 dudas más frecuentes del español.* 2019. Madrid: Instituto Cervantes-Espasa.

Paredes, F., S. Álvaro y L. Paredes. *Las 500 dudas más frecuentes del español.* 2013. Madrid: Instituto Cervantes-Espasa.

Pascual Recuero, P. *Diccionario básico ladino-español.* 1977. Barcelona: Ameller Ediciones.

Password. Study Dictionary. English-Spanish. 2013. Madrid: Ediciones SM.

Paz Pérez, C. *Diccionario cubano de habla popular y vulgar.* 1998. Madrid: Agualarga Editores.

Penadés Martínez, I., R. Penadés Martínez, X. He y M.ª E. Olímpio de Oliveira Silva. *70 refranes para la enseñanza del español.* 2008. Madrid: Arco Libros.

Peralta, A. J. y T. Osuna. *Diccionario guaraní-español y español-guaraní. Ñe'ẽnguerírú avañe'ẽcaraiñe'ẽ ha caraiñe'ẽ-avañe'ẽ.* 1950. Buenos Aires: Tupã.

Peralta, M. *Ensayo de un diccionario aragonés-castellano.* 1836. Zaragoza: Imprenta Real.

Pereda, F. *El cancaneo. Diccionario petardo de argot gai, lesbi y trans.* 2004. Barcelona: Laertes.

Pérez Lavín, F. *Diccionario ortográfico de dudas de la lengua. La ortografía al servicio del vocabulario, la redacción y la comprensión de lectura.* 1994. Santiago de Chile: Editorial Universitaria.

Petrecca, F. *Diccionario americano de dudas frecuentes de la lengua española.* 2002. 2.ª ed., 2006. México: Larousse.

Pichardo, E. *Diccionario provincial de voces cubanas.* 1836. Matanzas: Imprenta de la Real Marina. 2.ª ed. 1849. *Diccionario provincial casi-razonado de vozes cubanas.* 1849. La Habana: Imprenta de M. Soler. 3.ª ed., 1862. La Habana: Imprenta La Antilla. 4.ª ed., 1875. La Habana: Imprenta el Trabajo de León F. Dediot.

Pineda, P. *Nuevo diccionario español e inglés e inglés y español.* 1740. Londres: Gyles, Woodward, Cox, Clarke, Millar y Vaillant.

Pipano, A. D. *Diksyonaryo žudeo-espanyol-búlgaro.* 1913. Sofía.

PLFM: Ajpacajá Tum, P., M. Chox, F. Tepaz y D. Guarchaj. *Diccionario K'iche'. Proyecto Lingüístico Francisco Marroquín.* 1996. Guatemala: Cholsamaj.

PLI: Pequeño Larousse Ilustrado. 1996. Con reedición anual. Barcelona/México D. F.: Editorial Larousse.

Pons Studienausgabe Spanisch. Spanisch-Deutsch Deutsch-Spanisch. 2012. Stuttgart: Pons GmbH.

Portilla Durand, L. *Léxico popular peruano.* 2011. Lima: Universidad Ricardo Palma-Editorial Universitaria.

Postigo Pinazo, E. *Diccionario de falsos amigos: inglés-español.* 1998–2005. Madrid: Verba.

Práctico: *Diccionario combinatorio práctico del español contemporáneo: las palabras en su contexto.* 2006. Dir. I. Bosque. Madrid: SM.

Prado, J. del. *Diccionario castellano-gallego.* 1907. Lalín.

Prado, M. *Diccionario de falsos amigos inglés-español.* 2001. 2.ª ed., 2009. Madrid: Gredos.

Presinger, B. *Diccionario mixteco-español, español-mixteco*. 1974. México: ILV.

Prieto, A. *Diccionario de sinónimos y equivalencias castellano-asturiano*. 2003. Uviéu/Oviedo: Trabe.

Primaria Anaya-Vox: Diccionario de Primaria. 1997. Biblograf: Barcelona. 2.ª ed.: Diccionario de Primaria de la lengua española. 2002. Dir. M. P. Battaner. Barcelona: Spes.

Primaria Edebé: Diccionario de Primaria. 2003. Dir. A. Garrido González. Barcelona: Edebé.

Primaria Espasa: Diccionario de Primaria. 2005. Madrid: Espasa-Calpe.

Quesada Marco, S. *Diccionario de civilización y cultura españolas*. 1997. Madrid: Istmo.

Ramírez de Alejandro, C. y K. Dakin. *Vocabulario náhuatl de Xalitla, Guerrero*. 1979. Cuadernos de la Casa Chata 25. México: Centro de Investigaciones Superiores del INAH.

Ramos, A. y A. Serradilla. *Diccionario Akal del español coloquial (con sus equivalentes en inglés)*. 2000. Madrid: Akal.

Ramos i Duarte, F. *Diccionario de mejicanismos; colección de locuciones i frases viciosas, con sus correspondientes críticas i correcciones fundadas en autoridades de la lengua; máximas, refranes, provincialismos i remoques populares de todos los estados de la República mejicana*. 1895. Reedición: 1923. México: Imprenta de E. Dublan.

RBA-Larousse: Diccionario ideológico de la lengua española. 2001. Barcelona: RBA-Larousse.

Real Academia Española. *Diccionario básico de la lengua española. Primaria*. 2014. Madrid: SM.

Real Academia Española. *Diccionario manual e ilustrado de la lengua española*. 1927. 2.ª ed., 1950. 3.ª ed., 1983–1985. 4.ª ed., 1989. Madrid: Espasa Calpe.

Real Academia Española y Asociación de Academias de la Lengua Española. *Diccionario práctico del estudiante*. 2007. 2.ª ed., 2012. Madrid: Santillana.

Real Academia Española y Consejo General del Poder Judicial. *Diccionario del español jurídico*. 2016. Madrid: Espasa.

Real Academia Española y Consejo General del Poder Judicial. *Diccionario panhispánico del español jurídico*. 2017. Madrid: Santillana.

Rebolledo, J. T. *Diccionario español-gitano y gitano-español*. 1909. Barcelona-Buenos Aires: Casa Editorial Maucci. Ed. facsímil: 1998. Cádiz: Universidad de Cádiz.

Reda, Y. M. *Al-Muín. Diccionario español-árabe*. 1993. Beirut: Librairie du Liban.

Reda, Y. M. *Mini al-muín*. 2001. Kesrouan, Líbano: Librairie du Liban.

Redes: Diccionario combinatorio del español contemporáneo. 2004. Dir. I. Bosque. Madrid: Ediciones S. M.

Renaud, R. (coord.). *Diccionario de hispanoamericanismos*. 2000. Madrid: Ediciones Cátedra.

Reverso. Consultable en: http://www.reverso.net/

Reyes Martín, J. *Serie de barbarismos, solecismos, aldeanismos y provincialismos que se refieren especialmente al vulgo tinerfeño, coleccionados y traducidos al lenguaje corriente con notas explicativas y comprobativas*. 1918. Santa Cruz de Tenerife.

Richards, J. y M. (compiladores). *Ri nab'e qawujjawi kariqitaj wi ri kel kakb'ij ri tzij. Nuestro primer diccionario K'iche'-castellano*. 1989. 2.ª ed., 1996. Comp. J. Richards. Guatemala: Ministerio de Educación.

Rivera González, M. *Mi diccionario. Primera colección de palabras*. 1992. Madrid: Anaya.

Rivodó, B. *Voces nuevas en la lengua castellana. Glosario de voces, frases y acepciones usuales que no constan en el diccionario de la Academia, edición duodécima. Admisión de extranjeras. Rehabilitación de anticuadas. Rectificaciones. Acentuación prosódica. Venezonalismos*. 1889. París: Librería Española de Garnier Hermanos.

Rodríguez, F. *Diccionario de la droga*. 2014. Madrid: Arco Libros.

Rodríguez, F. *Diccionario de terminología y argot militar: Vocabulario del soldado y la vida del cuartel*. 2005. Madrid: Verbum.

Rodríguez, F. *Diccionario gay-lésbico*. 2008. Madrid: Gredos.

Rodríguez, F. *Diccionario del sexo y el erotismo*. 2011. Madrid: Alianza Editorial.

Rodríguez, F. J. *Diccionario gallego-castellano*. 1863. A Coruña: Imprenta del Hospicio Provincial.

Rodríguez-Vida, S. *Diccionario temático de frases hechas*. 2004. Barcelona: Columbus.

Roget, P. M. 1852. *Thesaurus of English Words and Phrases Classified So as to Facilitate the Expression of Ideas and Assist in Literary Composition*. Londres: Longman.

Román, M. A. *Diccionario de chilenismos y de otras locuciones viciosas*. 1901–1918. Santiago: Imprenta de San José.

Romanos, F. 2017. *Diccionario aragonés-castellano / castellano-aragonés*. Zaragoza: Edicions Transiberiano.

Ros, C. *Breve diccionario valenciano-castellano*. 1739. València: Josep Garcia.

Ros, C. *Diccionario valenciano-castellano*. 1764. València: Benito Monfort.

Ros, C. *Corrección de vozes, y phrases, que el vulgo, u común, de Valencia, usa, o ha introducido, hablando, (u queriendo hablar) en su materno idioma*. 1771. Valencia: Francisco Burguete.

Rosas, J. M. *Gramática y diccionario de la lengua pampa (pampa-ranquel-araucano)*. 1947. Buenos Aires: Albatros.

Rubio, C. y H. Ueda (eds). *Shin Supeingo Jiten. (Nuevo Diccionario Español-Japonés)*. 1992. Tokio: Kenkyusha.
Ruiz, C. *Diccionario ejemplificado de argot*. 2001. Barcelona: Península-CILUS.
Ruiz León, J. *Inventario de la lengua castellana*. 1879. Madrid: Leocadio López editor.
Sabir, A. *Taknarit: Diccionario español-amasigh / amasigh-español*. 2011. Madrid: Ministerio de Cultura del Gobierno de España.
Sádikov, A. y B. Narúmov. *Diccionario español-ruso de uso moderno*. 5.ª ed., 2002. Moscú: Russkiy Yazyk.
Sáez Godoy, L. *El lenguaje secreto de las drogas en Chile*. 1995. Santiago: Universidad de Santiago de Chile.
Salas Martí, R. *Los 1500 errores más frecuentes del español*. 1971. Barcelona: Ed. De Vecchi.
Salvá, V. *Nuevo diccionario de la lengua castellana, que comprende la última edición íntegra, muy rectificada y mejorada, del publicado por la Academia Española, y unas veinte y seis mil voces, acepciones, frases y locuciones, entre ellas muchas americanas*. 1846. París: Garnier Hermanos.
Sanmartín, J. *Diccionario de argot*. 1998. 2.ª ed., 2006. Madrid: Espasa-Calpe.
Santamaría, A. *et al*. *Diccionario de incorrecciones, particularidades y curiosidades del lenguaje*. 1956. Madrid: CYS. 5.ª ed. 1989. Madrid: Paraninfo.
Santamaría, F. J. *Diccionario de mejicanismos*. 1959. México: Porrúa.
Santamaría, F. J. *Diccionario general de americanismos*. 1942. Méjico: Editorial Pedro Robredo.
Santillana2: Martínez, E. *Diccionario Santillana 2*. 1975. Madrid: Santillana.
Santo Thomas, F. D. de. *Lexicon o Vocabulario de la lengua general del Peru*. 1560. Valladolid, Francisco Fernández de Córdova. Ed. crítica J. Calvo Pérez y H. Urbano, 2013. Lima: Universidad de San Martín de Porres.
Santos Río, L. *Diccionario de partículas*. 2003. Salamanca: Luso-Española de Ediciones.
Sanz Juez, Á. *Glosario de falsos amigos del portugués y del español*. 2007. Madrid: SGEL.
Sarasola, I. *Hauta lanerako euskal hiztegia*. 1984–1995. Donostia/San Sebastián: Gipuzkoako Kutxa.
Sarrionandia, P. H. y E. Ibáñez. *Diccionarios español-rifeño y rifeño español*. 1944–1949. Edición facsímil: 2007. Barcelona: Edicions Bellaterra.
Schallman, L. *Diccionario de hebraísmos y voces afines. Millôn shel milîm 'ibriyôt u-milîm ha-kerovôt la-hen*. 1952. Buenos Aires: Editorial Israel.
Scharfstein, Z. *Millôn shîloh 'ivrî-sefaradî. Diccionario Shilo hebreo-español*. 1957. Traducción española de P. Albert-Maidanik, revisado por Saul Lokier, con la colaboración de José Winietzki y otros. Nueva York: Shilo.
Schuller, R. *El Vocabulario Araucano (de 1642–1643). Bibliografía de la Lengua Mapuche o Araucana*. 1907. Santiago de Chile Imprenta Cervantes.
Schuster, J. L. *Diccionario fonético transliterado español-yidish*. 2016. Panamá: Createspace Independent Publishing Platform.
Schwartz, C. M. y M. A. Seaton. *Chambers Concise Usage Dictionary. English Usage*. 1986. W & R Chambers.
Seco, M. y E. Hernández. *Diccionario breve de dudas de la lengua española*. 1979. Madrid: Ministerio de Cultura.
Seco, M. y E. Hernández. *Guía práctica del español actual: diccionario breve de dudas y dificultades*. 1999. Madrid: Espasa.
Secundaria Anaya-Vox *Diccionario de Secundaria y Bachillerato de la lengua española*. 1997. Biblograf: Barcelona.
Secundaria Espasa: Diccionario de Secundaria y Bachillerato. 1998. Madrid: Espasa-Calpe.
Segura Mungía, S. *Diccionario por raíces del latín y de las voces derivadas*. 2006. Bilbao: Universidad de Deusto.
Seiwa chu jiten (Diccionario Español-Japonés). 1990. Eds. K. Kuwana, T. Tsuzumi, K. Kitsukawa, T. Hata, A. Deguchi y K. Yamaguchi. Tokio: Shogakukan.
Seiwa chu jiten (Diccionario Español-Japonés). 2.ª ed. 2007. Ed. T. Takagaki. Tokio: Shogakukan.
Seiwa jiten (Diccionario Español-Japonés). 1958. Ed. M. Takahashi. Tokio: Hakusuisha.
Seiwa jiten (Diccionario Español-Japonés). 1986. Eds. V. González y T. Isshiki. Tokio: Enderle.
Señas. Diccionario para la enseñanza de español para brasileños. 2000. São Paulo: Martins Fontes.
Shin Supeingo Jiten. (Nuevo Diccionario Español-Japonés). 1992. Eds. C. Rubio y H. Ueda. Tokio: Kenkyusha.
Siméon, R. *Diccionario de la lengua náhuatl o mexicana redactado según los documentos impresos y manuscritos más auténticos*. 1977. México: Siglo XXI editores. Primera edición en francés: 1885. París: Imprimérie nationale.
Sinclair, D., L. Hernández y M. Victoria. *Diccionario del hñähñu (otomí) del Valle del Mezquital, Estado de Hidalgo*. 2010. México: ILV.
Slager, E. *Diccionario de uso de las preposiciones españolas*. 2004. Madrid: Espasa.
Sota, M. de la, P. Lafitte y L. de Akesolo. *Diccionario Retana de autoridades de la lengua vasca*. 1976–1989. 9 vols. Bilbao: La Gran Enciclopedia Vasca.

Steel, B. *Diccionario de americanismos. ABC of Latin American Spanish.* 1990. Madrid: SGEL.
Steel, B. *Breve diccionario ejemplificado de mexicanismos.* 1999. Madrid: Arco.
Suescún, G. y H. Cuervo. *Diccionario de los mariguaneros.* 1980. Medellín: El Brujo Editores.
Suescún, G. y C. Soto. 1983. *Diccionario mariguanero y afines.* El Topo Bohemio.
Sulaymān, 'Ulā 'Abd al-Ḥamīd. Qāmūs isbānī-faransī-'arabī/Dictionnaire Espagnol-Français-Arabe. 1991. Beirut: Maktabat Lubnān.
Tabarca: Pascual, V. *Diccionari Tabarca valencià-castellà/castellà-valencià.* 2011. València: Tabarca.
Tam, L. *Dizionario spagnolo italiano, Diccionario italiano-español. Spagnolo-Italiano/Italiano-Spagnolo. Español-Italiano/Italiano.español.* 1996. 1997. Milán: Hoepli.
Tam, L. *Grande dizionario Hoepli spagnolo, Gran diccionario Hoepli español.* 3.ª ed., 2009. Milán: Hoepli.
Tam, L. y A. Bonacina. *Dizionario Hoepli Spagnolo: Spagnolo-Italiano. Italiano-Spagnolo. Edizione minore.* 2010. 2.ª ed., 2017a. Milano: Ulrico Hoepli Editore S.p.A.
Tam, L. y A. Bonacina. *Dizionario Hoepli Spagnolo: Spagnolo-italiano italiano-spagnolo. Edizione compatta.* 2.ª ed. 1.ª ed., 2017b. Milano: Ulrico Hoepli Editore.
Tapia Rodríguez, J. *Manual práctico del lenguaje guay.* 1990. Barcelona: Edicomunicación.
Targarona Borrás, J. *Diccionario hebreo-español: bíblico, rabínico, medieval, moderno.* 1995. Barcelona: Riopiedras.
Tawil, M. K. y Y. Ali Tawil. *Diccionario de estudiantes bilingüe: español-árabe, árabe-español.* 2010. Beirut: Dar Al-Kotob Al-Ilmiyah.
Teijeira Martínez, B. *Apuntes para un Diccionario de americanismos e indigenismos.* 1887. *Revista Nacional.* s/p.
Termcat. Centre de Terminologia. Generalitat de Catalunya. Consultable en: https://www.termcat.cat/es
Terreros y Pando, E. *Diccionario castellano con las voces de ciencias y artes y sus correspondientes en las tres lenguas francesa, latina e italiana.* 1786–1793. Madrid.
Thousand-Word English: What It Is and What Can Be Done with It. 1937. Comp. H. E. Palmer y A. S. Hornby. Londres: Harrap.
Thouvenot, M. *Diccionario náhuatl-español, basado en los diccionarios de Alonso de Molina con el náhuatl normalizado y el español modernizado.* 2014. México: Universidad Nacional Autónoma de México, Instituto de Investigaciones Históricas, Fideicomiso Felipe Teixidor y Monserrat Alfau de Teixidor.
Tierno, B. y R. Velasco. *Dudas y errores del lenguaje.* 1993. Madrid: Ediciones Temas.
TLEAM: Tesoro lexicográfico del español en América. Coord. D. Corbella. Proyecto en curso. Consultable en: https://www.ull.es/tleam
Torre, P. de la. *Vid.* Alcalá: Fray P. de.
Tourover, E. *Diccionario experimental de futuros neologismos del español.* 2009. Madrid: Rubiños-1860.
Tristá Pérez, A. M.ª y G. Cárdenas Molina. *Diccionario ejemplificado del español de Cuba.* 2016. La Habana: Editorial de Ciencias Sociales.
Trujillo, E. *Vocabulario del dialecto gitano.* 1844. Madrid: Imprenta de D. Enrique Trujillo.
Trujillo, L. M. *Diccionario del español del Valle de San Luis de Colorado y del Norte de Nuevo México.* 1982. Nuevo México: University of New Mexico.
Trujillo, R. *Introducción a la semántica española.* 1988. Madrid: Arco Libros.
Turdera, J. A. *Diccionario de barbarismos argentinos: y otros excesos de la misma nacionalidad.* 1896. Buenos Aires: Juan Ribas.
Umbral, F. *Diccionario cheli.* 1983. Barcelona: Grijalbo.
Universidad Rafael Landívar. *Glosario Bilingüe de términos jurídicos español-K'iche'/ Choltaqanïq tzij pa ka'ib'ch'ab'äl kaxlan-K'iche'.* 2001. Traductores Juan Rodrigo Guarchaj y Modesto Baquiax. Guatemala: URL.
Universidad Rafael Landívar. *Palabras/Jujun täq tzijob'äl. Diccionario ilustrado castellano/K'iche'. Choltzij nuk'wachib'äl pa kaxlan ch'ab'äl/K'iche' ch'ab'äl.* 2001. Traductores Juan Guarchaj y Felisa Sanic. Guatemala: URL.
Urban Dictionary. 1999. San Francisco: Urban Dictionary. Consultable en: www.urbandictionary.com/
Valderrama, F. *Glosario español-árabe y árabe-español de términos diplomáticos, políticos y de reuniones internacionales.* 1980. Reed. 1988. Madrid: Instituto Hispano-Árabe de Cultura.
Valderrama, F. *Glosario español-árabe y árabe-español de términos económicos, financieros y comerciales.* 1986. Madrid: Instituto Hispano-Árabe de Cultura.
Valdivia, L. de. *Arte y gramatica general de la Lengva qve corre en todo el Reyno de Chile, con vn Vocabulario, y Confessonario. Compuestos por el Padre Luys de Valdiuia de la Compañia de Iesus en la Prouincia del Piru. Ivntamente con la Doctrina Christiana y Cathecismo del Concilio de Lima en Español, y dos traducciones del en la lengua de Chile* [. . .]. En Lima por Francisco del Canto. Año 1606. 1606.

Valladares Núñez, M. *Diccionario gallego-castellano.* 1884. Santiago de Compostela: Imprenta del Seminario Conciliar Central.
Varela, F. y H. Kubarth. *Diccionario fraseológico del español moderno.* 1994. Madrid: Gredos.
Vázquez Allegue, J. *Diccionario bíblico hebreo-español, español-hebreo.* 2002. 2.ª ed., 2003. Estella: Verbo Divino.
VCG: Fernández del Riego, F. *Vocabulario castellano-gallego.* 1979. Vigo: Galaxia.
VCTRAC digital. Real Academia de Ciencias Exactas, Físicas y Naturales. Consultable en: https://vctrac.es
Vergara Martín, G. M. *Diccionario hispanoamericano de nombres gentilicios.* 1933. Madrid: Hernando.
Vergés Bartau, F. *Petit diccionari: castelhan-aranés (occitan)-catalan-francés / aranés (occitan)-castelhan, catalan, francés.* 2007. Vielha: Conselh Comarcau dera Val d'Aran.
Vicens Vives: Fontanillo y Riesco. *Diccionario escolar de la lengua española.* 1998. Barcelona: Vicens Vives.
Vicens Vives-CD: Diccionario escolar de la lengua española, ed. CD-ROM, 1998. E. Fontanillo y M. I. Riesco. Barcelona: Vicens Vives.
Vico, D. de. *Vocabulario de la lengua caqchikel y kiché.* c. 1550. Manuscrito original en la Biblioteca Nacional de París.
Vicuña, J. *Coa: jerga de los delincuentes chilenos: estudio y vocabulario.* 1910. Santiago: Imprenta Universitaria.
Vivar, P. de. *Calepino ilocano o yloco en romance.* 1797. Manuscrito.
Vocabolario poliglotto, con prolegomini sopra più de CL. lingue. 1788. Cesena: Biasini.
Vocabulario andaluz. 1998. Ed. facs.: A. Alcalá Venceslada. Jaén: Publicaciones de la Universidad de Jaén.
Vocabulario básico en la EGB. 1989. Ed. M. A. Casanovas Rodríguez y M. Rivera González. Madrid: Ministerio de Educación y Ciencia-Espasa Calpe.
Vocabulario jaenés. 1997. I. Ahumada. En *Jaén: pueblos y ciudades*, VII, 2901–2920. Jaén: Diario Jaén-CajaSur.
Voces homófonas, homógrafas y homónimas castellanas. 1977. Comp. A. J. Moreno. México: Porrúa.
Vox. 300 dificultades frecuentes del idioma. 2004. Barcelona: Larousse Editorial.
Wasei jiten kaitei-ban (Diccionario Japonés-Español). Ed. revisada, 2000. Eds. N. Arimoto, H. Flores, Y. Fuse, H. Terasaki, S. Tuchikabe y N. Ushijima. Tokio: Hakusuisha.
Weinberg, F. *Un olvidado vocabulario americanista de 1853.* 1976. *Thesaurus* 31 (3): 442–480.
Wikcionario. Consultable en: es.wiktionary.org/
Wikipedia. La enciclopedia libre. Consultable en: https://es.wikipedia.org/
Wiktionary. Consultable en: www.wiktionary.org/
Willet, T. y E. Willet. *Diccionario de tepehuano de Santa María Ocotán, Durango.* 2015. México: ILV.
Winocur, L. *Millôn ḥadash ve-shalem: 'ivrî-sefaradî. Nuevo diccionario hebreo-español.* 1930. Buenos Aires.
Wolf, P. de. *Diccionario español-náhuatl.* 2003. México: Universidad Nacional Autónoma de México, Instituto de Investigaciones Históricas, Universidad Autónoma de Baja California Sur, Fideicomiso Teixidor.
Wolgemuth, J. C., M. Winter de Wolgemuth, P. Hernández Pérez y C. Hurst Upton. *Diccionario náhuatl de los municipios de Mecayapan y Tatahuicapan de Juárez, Veracruz.* 2000. México: Instituto Lingüístico de Verano.
WordReference.com. Weston, Florida: WordReference.com. www.wordreference.com/
Wotjak, G. y U. Herrmann. *Typiche Fehler Spanisch. 2500 "falsche Freunde" spanisch und deutsch.* 1994. Berlín: Langenscheidt.
Woxikon. Consultable en: www.woxikon.es/
Ximénez, F. *El Tesoro de las lenguas Cakchiquel, Quiché y Zutujil.* Principios del siglo XVIII. Chicago: Manuscrito original en la Newberry Library.
Yale (F. Navarro) y J. Sordo. *Diccionario del pasota.* 1979. Barcelona: Planeta.
Zehazki: Sarasola, I. *Zehazki: gaztelania-euskera hiztegia/Diccionario castellano-euskera.* 2005. Irun: Alberdaina.
Zerolo, E. *et al. Diccionario enciclopédico de la lengua castellana.* 1895. París: Garnier Hermanos.
Zirano: Diccionarios analógico conceptuales Zirano. Dir. M. Santolaria García. 2004. Consultable en: www.zirano.com/prue_zirano_cas/ziranoempezar.php
Zorrilla, A. *Diccionario de las preposiciones españolas: Norma y uso.* 2002. Buenos Aires: E.D.B.

2. Corpus y otros recursos

ADESSE: = Base de dDatos de Verbos, Alternancias de Diátesis y Esquemas Sintáctico-Semánticos del Español. Dir. J. M. García-Miguel. Vigo: Universidad de Vigo. http://adesse.uvigo.es/index.php/ADESSE/Inicio
Antenario. https://antenario.wordpress.com
Base de datos lexicográfica Daniel Granada. Universidad de la República del Uruguay. http://basedanielgranada.fic.edu.uy/

BDS: Base de Datos Sintácticos del Español Actual. Dir. G. Rojo. Santiago de Compostela: Universidad de Santiago de Compostela. www.bds.usc.es/

Biblioteca Virtual de la Filología Española. Creada por M. Alvar Ezquerra. www.bvfe.es/

Briz, A. y Grupo Val.Es.Co. 2002. *Corpus de conversaciones coloquiales. Anexo de Oralia.* Madrid: Arco Libros.

Buscapalabra. Diccionario y buscador de palabras. www.buscapalabra.com/

CdEweb: Corpus del español: web y dialectos. Dir. Mark Davies. www.corpusdelespanol.org/

CDH: Corpus del Diccionario Histórico de la Lengua Española. 2013. Instituto de Investigación Rafael Lapesa, Real Academia Española. 2013. http://web.frl.es/CNDHE

CEMC: Corpus del Español Mexicano Contemporáneo (1921–1974). México: El Colegio de México.

CODEA: Corpus de Documentos Españoles Anteriores a 1800. 2015. GITHE (Grupo de Investigación de Textos para la Historia del Español): *CODEA+ 2015 (Corpus de documentos españoles anteriores a 1800).* https://www.corpuscodea.es/

CometVal. Corpus Multilingüe de Turismo de la Universidad de Valencia. www.iulma.es/index.php/cometval/

CORDE: Corpus Diacrónico del Español. Real Academia Española. http://corpus.rae.es/cordenet.html

CORDIAM: Corpus Diacrónico y Diatópico del Español de América. Dirs. C. Company y, C. y V. Bertolotti. www.cordiam.org

CORPES XXI: Corpus del Español del Siglo XXI. Real Academia Española. http://web.frl.es/CORPES/view/inicioExterno.view

Corpus Iberia. El español como lengua del conocimiento especializado. Consejo Superior de Investigaciones Científicas. http://iberia.cchs.csic.es/cgi-bin/iberia.cgi

Corpus Multilingüe de Turismo de la Universidad de Valencia. Instituto Interuniversitario de Lenguas Modernas Aplicadas (IULMA) de la Comunidad Valenciana. www.uv.es/cometval/wikibase/cas/index.wiki

CREA: Corpus de Referencia del Español Actual. Real Academia Española. http://corpus.rae.es/creanet.html

Cunchillos, J. L. y J. P. Vita. 1995. *Banco de datos filológicos semíticos noroccidentales. Primera parte: Datos ugaríticos. II concordancia de palabras ugaríticas en morfología desplegada,* 3 vols. Madrid: CSIC.

EcoLexicon. http://ecolexicon.ugr.es/en/index.htm

El Grial. Interfaz computacional para anotación e interrogación de corpus en español. G. Parodi (Dir.). Pontificia Universidad Católica de Valparaíso.

ELEXIS. European Lexicographic Infrastructure. https://elex.is/

Enclave RAE. Real Academia Española. https://enclave.rae.es/

ENeL. European Network of e-Lexicography. www.elexicography.eu/

enRÉDate. https://enredate.es/area/1

FRAE: Fichero general de la Real Academia Española. Real Academia Española. Fichero general. www.rae.es/recursos/banco-de-datos/fichero-general

Framenet. Spanish Framenet. An Online Lexical Resource and its Application to Spanish NLP. Proyecto en curso. http://spanishfn.org/

Fundéu BBVA. Fundación del Español Urgente. www.fundeu.es/

Ideas afines. Generador de ideas. www.ideasafines.com.ar

Linguaturismo. www.linguaturismo.it/index.htm

LVF: Les Verbes Français. J. Dubois y F. Dubois-Charlier. Université de Montréal. http://rali.iro.umontreal.ca/rali/?q=fr/lvf

Matomo. https://matomo.org/

MultiComb. http://portlex.usc.gal/multicomb/

MultiGenera. http://portlex.usc.gal/multigenera/

Multilingual Central Repository. http://adimen.si.ehu.es/cgi-bin/wei/public/wei.consult.perl

NTLLE: Nuevo Tesoro Lexicográfico de la Lengua Española. Real Academia Española. http://ntlle.rae.es/ntlle/SrvltGUILoginNtlle

Observatori de Neologia. Universitat Pompeu Fabra. www.upf.edu/web/obneo/presentacio

SDL Trados Translates Texts. www.sdltrados.com/es/

SENSEM: Sentence Semantics. Base de datos de semántica oracional. Grial (Grup de Recerca Interuniversitari en Aplicacions Lingüístiques). Barcelona: Universitat Autònoma de Barcelona. Proyecto en curso. http://lod.iula.upf.edu/resources/project_SenSem

Terminología Basada en Marcos. http://lexicon.ugr.es/fbt

Verbario. Semántica de los verbos en contexto. Dir. I. Renau. www.verbario.com/

VLE: A Valency Dictionary of English: A Corpus-Based Analysis of the Complementation Patterns of English Verbs, Nouns and Adjectives. 2013. T. Herbst, D. Heath, I. F. Roe, D. Götz, T. Herbst *et al.*, *A Valency Dictionary*

of English: A Corpus-Based Analysis of the Complementation Patterns of English Verbs, Nouns and Adjectives. Berlín: De Gruyter.
Wikimedia Statistics. https://stats.wikimedia.org/#/es.wiktionary.org/contributing/top-edited-pages/normal|table|2019-12-23~2019-12-23|~total|monthlyhttps://stats.wikimedia.org/#/all-projects
WordNet. A Lexical Database for English. Dir. G. Miller y C. Fellbaum. Princeton University. https://wordnet.princeton.edu/

3. Otras referencias

Abel, A., C. Vettori y N. Ralli, eds. 2014. *Proceedings of the XVI Euralex International Congress: The User in Focus.* Bolzano: Institute for Specialised Communication and Multilingualism.
Academia de la Llingua Asturiana. *Normes ortográfiques y conxugación de verbos.* 1981. Uviéu/Oviedo: Academia de la Llingua Asturiana.
Academia de la Llingua Asturiana. *Gramática de la llingua asturiana.* 1998. Uviéu/Oviedo: Academia de la Llingua Asturiana.
Academia Peruana de la Lengua. 2019. *Congreso Internacional de Lexicología y Lexicografía "Humberto López Morales".* https://apl.org.pe/eventos/xiv-congreso-internacional-de-lexicologia-y-lexicografia-humberto-lopez-morales/
Ackema, P. 2014. "The Syntax-Lexicon Interface". En *The Routledge Handbook of Syntax*, eds. A. Carnie, D. Siddiqi y Y. Sato, 322–344. Londres y Nueva York: Routledge.
Adelstein, A. 2009a. "Presentación". En *Diccionario integral del español de la Argentina*, ed. F. Plager, 9–16. Buenos Aires: Voz Activa.
Adelstein, A. 2009b. "El *Diccionario integral del español de la Argentina* de Voz Activa: variedad lingüística y documentación". *Conferencia presentada en el XIII Encuentro de Bibliotecas Universitarias*, Asociación de Bibliotecarios Graduados de la República Argentina, Feria del Libro, Buenos Aires, 21 de abril.
Adelstein, A. 2015. "Pluricentrismo y multipolaridad: representación de la variedad argentina del español en diccionarios integrales". *Conferencia presentada en Política y planificación lingüísticas en el mundo actual*, Cátedra de Altos Estudios del Español, Facultad de Filología, Universidad de Salamanca, Salamanca, 27 de octubre.
Adelstein, A. 2016. "Comprehensive Dictionaries and the Delimitation of the Argentine Variety of Spanish". En *Pluricentric Languages and Non-Dominant Varieties Worldwide Volume 2: The Pluricentricity of Portuguese and Spanish: New Concepts and Descriptions*, eds. R. Muhr y B. Meisnitzer, 153–170. Berna: Peter Lang.
Adelstein, A. y M. de los Á. Boschiroli. 2009. "Representación lexicográfica y variedad argentina de español: la función de un diccionario integral". *Conferencia presentada en I Jornadas de la Lengua*, Biblioteca Nacional de la República Argentina y Departamento de Letras de la Facultad de Filosofía y Letras de la Universidad de Buenos Aires, Buenos Aires, 30 de noviembre–1 de diciembre.
Adiego, I.-X. 2002. *Un vocabulario español-gitano del Marqués de Sentmenat (1697-1762): edición y estudio lingüístico.* Barcelona: Universitat de Barcelona.
Agenjo, D. 2018–2019. "Alternancia locativa en español. Rasgos aspectuales y estructuras eventivas". *Linred* 16. https://ebuah.uah.es/dspace/handle/10017/38128
Águila Escobar, G. 2006. "Las nuevas tecnologías al servicio de la lexicografía: los diccionarios electrónicos". En *Actas del XXXV Simposio Internacional de la Sociedad Española de Lingüística*, ed. M. Villayandre Llamazares. León: Universidad de León.
Águila Escobar, G. 2006a. "El *Diccionario panhispánico de dudas*: algunas cuestiones (de) didáctica de la lengua". En *Lexicografía y enseñanza de la lengua española*, eds. J. A. Moya Corral y M. Sosinski, 129–139. Granada: Universidad de Granada y Grupo de Investigación Estudios de Español Actual.
Águila Escobar, G. 2006b. "El *Diccionario panhispánico de dudas:* naturaleza y esencia". *Vida Hispánica* 33: 1–4.
Águila Escobar, G. 2007. "El *Nuevo Tesoro Lexicográfico de la Lengua Española* y los diccionarios del español de América: lagunas y ausencias". En *El español de América: actas del VI Congreso Internacional de "El español de América"*, eds. C. Hernández Alonso y L. Castañeda San Cirilo, 651–666. Valladolid: Diputación de Valladolid.
Águila Escobar, G. 2009. *Los diccionarios electrónicos del español.* Madrid: Arco Libros.
Aguilar, C. A. 2008. *Análisis lingüístico de definiciones en contextos definitorios.* Tesis de doctorado inédita. México, D. F.: Universidad Nacional Autónoma de México.

Aguilera Pleguezuelo, J. y M. El-Sayed Aly. 1981. *Cuadernos del intérprete y traductor. Léxico básico instrumental. Español-árabe*. Madrid: Universidad Autónoma de Madrid.

Ahumada Lara, I. 1987. "Contorno de la definición verbal y régimen lexemático: su indicación formal en la lexicografía hispánica". En *Amistad a lo largo. Estudios en memoria de Julio Fernández Sevilla y Nicolás Marín López*, 13–25. Granada: Universidad de Granada.

Ahumada Lara, I. 1988. "Información gramatical implícita en la definición lexicográfica". *Thesaurus. Boletín del Instituto Caro y Cuervo* 43: 81–94.

Ahumada Lara, I. 1989. *Aspectos de lexicografía teórica. Aplicaciones al Diccionario de la Real Academia Española*. Granada: Universidad de Granada.

Ahumada Lara, I. 1998. *Diccionarios e informática*. Jaén: Publicaciones de la Universidad de Jaén.

Ahumada Lara, I., ed. 2001. *Cinco siglos de lexicografía del español: IV Seminario de Lexicografía Hispánica Jaén, 17 al 19 de noviembre de 1999*. Jaén: Universidad de Jaén.

Ahumada Lara, I. 2006a. "El proyecto nebrisense de un diccionario semibilingüe". *Hikma: Revista de Traducción* 5: 3–13.

Ahumada Lara, I. 2006b. "Justificación lingüística de las insuficiencias que presentan los actuales diccionarios de lengua". En *Lexicografía y enseñanza de la lengua española*, eds. J. A. Moya Corral y M. Sosinski, 16–32. Granada: Universidad de Granada.

Ahumada Lara, I. 2006c. "Lexicografía y metalexicografía". En *Diccionario bibliográfico de la metalexicografía del español (orígenes-2000)*, dir./ed. I. Ahumada, 1–17. Jaén: Universidad de Jaén.

Ahumada Lara, I. 2007. "Panorama de la lexicografía regional del español". *Káñina* 31 (1): 101–115.

Ahumada Lara, I. 2012. "Ideología y corrección lingüística. Los precedentes peninsulares de los diccionarios de dudas". En *Estudios de lingüística española: homenaje a Manuel Seco*, coord. F. Rodríguez González, 55–68. Alicante: Publicaciones de la Universidad de Alicante.

Ahumada Lara, I. 2016. "Metalexicografía del español: clasificación orgánica y tipología de los diccionarios en el *Diccionario bibliográfico de la metalexicografía del español (DBME)*". *Anuario de Estudios Filológicos* 39: 5–24.

Ahumada Lara, I. 2017. "La traducción especializada bidireccional como línea de investigación". *Hikma: Revista de Traducción* 16: 59–72.

Ahumada Lara, I. 2023. "Dialectología, Lexicología, Lexicografía". En *Dialectología hispánica. The Routledge Handbook of Spanish Dialectology*, ed. F. Moreno y R. Caravedo, 75–86. Londres y Nueva York: Routledge.

Ahumada Lara, I. y J. Á. Porto Dapena. 2003. "Veinticinco años de metalexicografía y lexicografía en España". *Lingüística Española Actual* 25: 215–248.

Aicardo, J. M. 1906. *Palabras y acepciones castellanas omitidas en el diccionario académico. Primer millar*. Madrid: Establecimiento Tipográfico de Fortanet.

Alarcón Martínez, R. 2009. *Descripción y evaluación de un sistema basado en reglas para la extracción automática de contextos definitorios*. Tesis doctoral. Barcelona: Universitat Pompeu Fabra.

Albadalejo, M. 1994. "Els diccionaris escolars". Ponencia no publicada.

Albert Galera, J. 1996. "La pragmática en los diccionarios españoles actuales". En *Léxico y diccionarios*, ed. E. Forgas, 7–23. Tarragona: Universitat Rovira i Virgili.

Alberte, M. 2011. "La 'laboriosa colmena': los diccionarios hipotéticos de la RAE". En *El dardo en la Academia. Esencia y vigencia de las academias de la lengua española*, eds. S. Senz y M. Alberte, vol. 2, 367–424. Barcelona: Melusina.

Alcoba, S. 2007. "Ortografía y *DRAE*. Algunos hitos en la fijación léxica y ortográfica de las palabras". *Español Actual* 88: 11–42.

Aldrete, B. 1970 [1606]. *Del origen y principio de la lengua castellana*. Hildesheim, Zúrich y Nueva York: Georg Olms.

Aldrey Pereira, M.-L. 1953. *Pensamiento idiomático šumero-akkádico*, 2 vols. Madrid: CSIC.

Alemán, R. 2017. *La duda, el sentido común y otras herramientas para escribir bien*. Libros.com

Aleza Izquierdo, M. 2008. "Sobre la presencia de voces de origen extranjero en el *DPD*". En *Lengua viva. Estudios ofrecidos a César Hernández Alonso*, eds. A. Álvarez Tejedor *et al.*, 255–270. Valladolid: Universidad de Valladolid y Diputación de Valladolid.

Algeo, J. 1993. "Desuetude among New English Words". *International Journal of Lexicography* 6 (4): 281–293.

Algeo, J. 1995. "British and American Biases in English Dictionaries". En *Cultures, Ideologies and the Dictionary*, eds. B. B. Kachru y H. Kahane, 205–212. Tubinga: Max Niemeyer.

Aliaga Jiménez, J. L. 1999. "La crítica pionera del diccionario académico: el manuscrito sobre las voces murcianas (1888) de E. Saavedra". *Nueva Revista de Filología Hispánica* 47 (2): 329–361.

Aliaga Jiménez, J. L. 2000. *Aspectos de lexicografía española. El léxico aragonés en las ediciones del diccionario académico*. Zaragoza: Institución Fernando el Católico.
Aliaga Jiménez, J. L. 2002–2004. "El análisis lexicográfico desde una perspectiva plural. A propósito de la información geolingüística de los diccionarios". *Archivo de Filología Aragonesa* 59–60: 125–148.
Aliaga Jiménez, J. L. y M.ª P. Benítez Marco. 2011. *El Estudio de Filología de Aragón. Historia de una institución y de una época*. Zaragoza: Institución Fernando el Católico.
Allén, S. 1981. "The Lemma-Lexeme Model of the Swedish Lexical Database". En *Empirical Semantics*, ed. B. B. Rieger, vol. 2, 376–387. Bochum: Brockmeyer.
Almansa Ibáñez, S. 2014. "Repercusión del *Diccionario de americanismos en el aula de español como segunda lengua*". En *La enseñanza del español como LE/L2 en el siglo XX*, ed. N. Miguel Contreras Izquierda, 43–54. España: Asociación para la Enseñanza del Español como Lengua Extranjera.
Almela, R. 1999. *Procedimientos de formación de palabras*. Barcelona: Ariel.
Alonso Ramos, M. 2002. "Colocaciones y contorno de la definición lexicográfica". *Lingüística Española Actual* 24 (1): 63–96.
Alonso Ramos, M. 2004. "Elaboración del *Diccionario de colocaciones del español* y sus aplicaciones". En *De lexicografía: actes del I Symposium Internacional de Lexicografía*, coords. P. Battaner y J. DeCesaris, 149–162. Barcelona: Institut Universitari de Lingüística Aplicada.
Alonso Ramos, M., ed. 2006. *Diccionarios y fraseología*. A Coruña: Universidade da Coruña.
Alonso Ramos, M. 2009. "Hacia un nuevo recurso léxico: ¿fusión entre corpus y diccionario". En *A Survey of Corpus-Based Research/Panorama de investigaciones basadas en corpus*, eds. P. Cantos Gómez y A. Sánchez Pérez, 1191–1207. Murcia: Asociación Española de Lingüística de Corpus.
Alonso Ramos, M. 2013. "Colocaciones, diccionario y corpus de aprendices". En *Eugenio Coseriu, in memoriam, XIV Jornadas de Lingüística*, dir. M. Casas Gómez, ed. R. Vela Sánchez, 57–71. Cádiz: Servicio de publicaciones de la Universidad de Cádiz.
Alonso Ramos, M. 2017. "Can Collocations Be Deduced? A Lexically Driven Analysis from the Perspective of Language Production". En *Collocations and Other Lexical Combinations in Spanish: Theoretical, Lexicographical and Applied Perspectives*, eds. S. Torner y E. Bernal, 21–40. Londres y Nueva York: Routledge.
Alvar, M. 1975. *Teoría lingüística de las regiones*. Barcelona: Planeta.
Alvar, M. 1992. "El caminar del diccionario académico". En *Euralex'90 Proceedings. Actas del IV Congreso Internacional*, 3–27. Barcelona: Biblograf.
Alvar Ezquerra, M. 1981. "Los diccionarios bilingües: su contenido". *Lingüística Española Actual* 3 (1): 175–196.
Alvar Ezquerra, M. 1983. *Lexicología y lexicografía*. Salamanca: Almar.
Alvar Ezquerra, M. 1987. "El primer diccionario automatizado del español contemporáneo". *Lingüística Española Actual* 9 (1): 49–56.
Alvar Ezquerra, M. 1988. "La forme du dictionnaire à la lumière du signe linguistique". *Cahiers de Lexicologie* 52: 117–130.
Alvar Ezquerra, M. 1990. "Cincuenta años de diccionarios monolingües Vox". En *Actas do Simposio de Lexicografía actual: elaboración de diccionarios*, eds. C. García, I. González Fernández y M. González González, 65–85. A Coruña: Real Academia Galega.
Alvar Ezquerra, M. 1991. "Los aragonesismos en los primeros diccionarios académicos". En *Actas del I Simposio Internacional de Lingüistas Aragoneses*, 31–38. Zaragoza: Diputación General de Aragón.
Alvar Ezquerra, M. 1993 [1982]. "Diccionario y gramática". En *Lexicografía descriptiva*, 87–143. Barcelona: Biblograf.
Alvar Ezquerra, M. 1993a. "¿Qué es un diccionario? Al hilo de unas definiciones académicas". En *Lexicografía descriptiva*. Barcelona: Biblograf, 59–72.
Alvar Ezquerra, M. 1993b. "Diccionario y política". En *Lexicografía descriptiva*, 181–190. Barcelona: Biblograf.
Alvar Ezquerra, M. 1993c. "El diccionario de la Academia en sus prólogos". En *Lexicografía descriptiva*, 215–239. Barcelona: Biblograf.
Alvar Ezquerra, M. 1993d. "Panorama de la lexicografía española". En *Lexicografía descriptiva*, 39–58. Barcelona: Biblograf.
Alvar Ezquerra, M. 1994a. "El futuro de los diccionarios del español". En *Actas del Congreso de la Lengua Española (Sevilla, 1992)*, 631–636. Madrid: Instituto Cervantes.
Alvar Ezquerra, M. 1994b. "La forma de los diccionarios a la luz del signo lingüístico". En *Aspectos de lexicografía contemporánea*, coord. H. Hernández Hernández, 15–28. Barcelona: Biblograf.
Alvar Ezquerra, M. 1996. "Los diccionarios del español en nuestros días". *Cuadernos del Instituto Cervantes* 11: 9–14.

Alvar Ezquerra, M. 1998. "Aportaciones recientes a la lexicografía del español de América". *Boletín de la Real Sociedad Económica Matritense de Amigos del País* 37: 223–232.

Alvar Ezquerra, M. 1999. "El neologismo: caracterización, formación y aceptabilidad". En *V Jornadas de Metodología y Didáctica de la Lengua Española: el neologismo*, coords. J. Terrón González, J. M. González Calvo y M. L. Montero Curiel, 39–66. Cáceres: Universidad de Extremadura.

Alvar Ezquerra, M. 2000a. "Diccionarios monolingües del siglo xx". En *Cinco siglos de lexicografía del español*, ed. I. Ahumada, 127–160. Jaén: Universidad de Jaén.

Alvar Ezquerra, M. 2000b. "Retos en la lexicografía del español". En *Tendencias en la investigación lexicográfica del español. El diccionario como objeto de estudio lingüístico y didáctico*, eds. S. Ruhstaller y J. Prado Aragonés, 37–55. Huelva: Universidad de Huelva.

Alvar Ezquerra, M. 2002a. "El *Diccionario* de la Academia en sus prólogos". En *De antiguos y nuevos diccionarios del español*, 253–286. Madrid: Arco Libros.

Alvar Ezquerra, M. 2002b. "La lexicografía del español de América: bibliografía reciente". En *Vocabula et vocabulria*, eds. B. Poll y F. Reiner, 13–29. Berna: Peter Lang.

Alvar Ezquerra, M. 2012. "Prólogo". En *Diccionario histórico del español de Venezuela*, 7–12. Caracas: Fundación Empresas Polar.

Alvar Ezquerra, M. 2018. "El *Diccionario enciclopédico de la lengua castellana* de E. Zerolo, M. de Toro y Gómez y E. Isaza, y su versión extractada". *Revista de Filología de la Universidad de La Laguna* 36: 15–33.

Alvar Ezquerra, M. y M.ª Á. García Aranda. 2019. "Lexicografía". En *Manual de lingüística española*, ed. E. Ridruejo, 480–505. Berlín: De Gruyter.

Álvarez, E. 2003. "La xenofobia y la discriminación entre los pueblos. Análisis a partir de los diccionarios". *Analecta Malacitana* 26 (2): 539–547.

Álvarez de la Granja, M. 2017. "¿Qué obras lexicográficas podemos utilizar en el aula? Diversidad de herramientas y posibilidades de explotación". En *Lexicografía y didáctica. Diccionarios y otros recursos lexicográficos en el aula*, eds. M. J. Domínguez Vázquez y M. T. Sanmarco Bande, 307–327. Berna: Peter Lang.

Álvarez de la Granja, M. y E. González Seoane, eds. 2018. *Léxico dialectal y lexicografía en la Iberorromania*. Madrid y Frankfurt: Iberoamericana-Vervuert.

Álvarez de Miranda, P. 1992. "La Real Academia Española". *Boletín Informativo de la Fundación Juan March* 25: 3–16.

Álvarez de Miranda, P. 2001. "Los diccionarios históricos". En *La lexicografía hispánica ante el siglo xxi: Balance y perspectivas*, eds. M. A. Martín Zorraquino y J. L. Aliaga Jiménez, 51–70. Zaragoza: Gobierno de Aragón e Institución Fernando el Católico.

Álvarez de Miranda, P. 2002. "Un hito lexicográfico: el *Diccionario del español actual*". En *Lengua y diccionarios. Estudios ofrecidos a Manuel Seco*, 255–277. Madrid: Arco Libros; reed. en (2011), *Los diccionarios del español moderno*. Gijón: Trea, 141–163.

Álvarez de Miranda, P. 2004. "Quevedo en la lexicografía española". *Edad de Oro* 23: 389–416.

Álvarez de Miranda, P. 2005. "La proeza de un diccionario con textos. algo más sobre el *Diccionario de autoridades*". En *Les lletres hispàniques als segles xvi, xvii i xviii*, eds. T. Martínez Romero, 73–92. Castellón: Universitat Jaume I y Fundació Germà Colón. [Cit. por su reedición en Álvarez de Miranda (2011), 17–36].

Álvarez de Miranda, P. 2007. "Panorama de la lexicografía española en el siglo xix". En *Historia de la lingüística en el ámbito hispánico. Fundamentos epistemológicos y metodológicos*, eds. J. Dorta, C. Corrales y D. Corbella, 329–356. Madrid: Arco Libros.

Álvarez de Miranda, P. 2009. "Neología y pérdida léxica". En *Panorama de lexicología*, ed. E. de Miguel, 133–156. Madrid, Ariel.

Álvarez de Miranda, P. 2011. *Los diccionarios del español moderno*. Gijón: Trea.

Álvarez de Miranda, P. 2016. "Sobre las fuentes no literarias del *Diccionario de autoridades*, con especial atención a la 'Pragmática de tasas' de 1680". En *En la estela del Quijote. Cambio lingüístico, normas y tradiciones*, eds. M. Fernández Alcaide, E. Leal Abad y Á. S. Octavio de Toledo y Huerta, 63–84. Berna: Peter Lang.

Álvarez Ramos, E. 2015. "The Use and Disuse of Corpus with Lexicographical Purposes: ¿Chronicle of a Death Foretold?". *Procedia – Social and Behavioral Sciences* 198: 12–20.

Álvarez Valencia, J. A. 2006. "El diccionario y sus sesgos ideológicos". *LiLi* 50: 95–115.

Álvez, J., J. Atserias, J. Carrera, S. Climent, A. Oliver y G. Rigau. 2008. "Consistent Annotation of EuroWordNet with the Top Concept Ontology". En *Proceedings of the 4th Global International WordNet Conference*, eds. A. Tanács, D. Csendes, V. Vincze, C. Fellbaum y P. Vossen, 3–20. Global Wordnet Association.

Amunátegui, M. L. 1887. *Acentuaciones viciosas*. Santiago de Chile: Imprenta Nacional.

Anaya Revuelta, I. 1999. "Los diccionarios enciclopédicos del español actual". *Revista de Lexicografía* 6: 7–36.

Anaya Revuelta, I. 2000. "Sobre el carácter enciclopédico de los diccionarios en español". *Boletín de la Real Academia Española* 80 (280): 177–207.

Anaya Revuelta, I. 2005. "La función onomasiológica de los diccionarios: el diccionario como herramienta para aprender nuevas voces o recuperar la palabra olvidada". *Hesperia. Anuario de Filología Hispánica* 8: 7–26.

Anderson, C. 2004. "The Long Tail". *Wired*, 1 de octubre. www.wired.com/2004/10/tail/

Anderson, R., C. Klofstad, W. Mayew y M. Venkatachalam. 2014. "Vocal Fry May Undermine the Success of Young Women in the Labor Market". *PLoS One* 9 (5). https://journals.plos.org/plosone/article?id=10.1371/journal.pone.0097506

Andrés, S. 2002. "¿Sexismo en la lexicografía española? Aspectos positivos en el *Diccionario del español actual* de Seco, Andrés y Ramos (DEA99)". *Círculo de Lingüística Aplicada a la Comunicación* 9.

Anglada Arboix, E. 2005. *Lexicografía española*. Barcelona: Universitat de Barcelona.

Anglería, P. M. de. 1516. "Vocabula barbara". En *De orbe novo Decades*, eds. E. A. de Nebrija. Alcalá: impressae in contubernio Arnaldi Guillelmi.

Anguiano Peña, G. 2012. "Bibliografía del *Diccionario del español de México*". *Boletín Editorial* 146: 23–32.

Apresian J. D., I. Boguslavsky, L. Iomdin, A. Lazursky, V. Sannikov, V. Sizov y L. Tsinman. 2003. "ETAP-3 Linguistic Processor: a Full Fledged NLP Implementation of the MTT". En *MTT 2003, First International Conference on Meaning – Text Theory*, 279–288. París: École Normale Supérieure.

Apresjan, J. D. 1974. "Regular Polysemy". *Linguistics* 142: 5–32.

Apresjan, J. D. 1992. "Systemic Lexicography". En *Euralex'92 Proceedings*, eds. H. Tommola, K. Varantola, T. Salmi-Tolonen y J. Schopp, 3–16. Tampere: University of Tampere.

Apresjan, J. D. 2000. *Systematic Lexicography*. Oxford: Oxford University Press.

Apresjan, J. D. 2009. "The Theory of Lexical Functions: An Update". En *Proceedings of the Fourth International Conference on Meaning-Text Theory*, eds. D. Beck, K. Gerdes, J. Milićević y A. Polguère, 1–13. Montreal: OLST.

Ardener, E. 1976 [1971]. "Introducción". En *Antropología social y lenguaje*, eds. E. Arderer, H. Henson, R. Robins, D. Hymes y J. Pride, 11–17. Buenos Aires: Paidós.

Arias Cabal, Á. 1996. "La lexicografía asturiana. Cronoloxía de doscientos años d'intentos". *Lletres Asturianes* 60: 41–63.

Arias Torres, J. P. 1996. *Un poco de lexicografía árabe*. Málaga: Servicio de Publicaciones y Divulgación Científica.

Aristóteles. 1998. *Las categorías*, trads. H. M. Giannini e I. Flisfisch. Santiago de Chile: Universitaria.

Ariza, M. 2001. "Sexo, religión y política en el diccionario de la Real Academia". *Interlingüística* 11: 11–26.

Arnal Purroy, M.ª L. 2017. "Los aragonesismos que están, y los que no están, en el *Diccionario* de la Academia". *Archivo de Filología Aragonesa* 73: 143–170.

Arnoux, E. 2006. *Análisis del discurso: modos de abordar materiales de archivo*. Buenos Aires: Santiago Arcos.

Arnoux, E. y S. Nothstein. 2014. "Glotopolítica, interacción regional sudamericana y panhispanismo". En *Temas de Glotopolítica. Integración regional sudamericana y panhispanismo*, eds. E. Arnoux y S. Nothstein, 9–29. Buenos Aires: Biblos.

Arribas, N. 2001. "Límites y carencias de algunos diccionarios españoles para uso didáctico". En *Atti del XIX Convegno AISPI*, eds. A. Cancellier y R. Londero, 25–40. Padua: Unipress.

Arribas Baño, M. A. 2004. *La representación del significado en el diccionario bilingüe de negocios: una propuesta de tratamiento*. Tesis de maestría. Valladolid: Universidad de Valladolid.

ASALE (Asociación de Academias de la Lengua Española). 2004. *La nueva política lingüística panhispánica*. Madrid: Real Academia Española.

Asín Palacios, M. 1959. *Crestomatía de árabe literal con glosario y elementos de gramática*, Edición corregida. Madrid: Imprenta y Editorial Maestre.

Atkins, B. T. S. 1985. "Monolingual and Bilingual Learner's Dictionaries: A Comparison". En *Dictionaries, Lexicography and Language Learning*, ed. R. Ilson, 15–24. Oxford: Pergamon Press.

Atkins, B. T. S. y M. Rundell. 2008. *The Oxford Guide of Practical Lexicography*. Oxford: Oxford University Press.

Atkins, B. T. S. y K. Varantola. 1997. "Monitoring Dictionary Use". *International Journal of Lexicography* 10 (1): 1–45.

Atkins, B. T. S. y K. Varantola. 1998. "Monitoring Dictionary Use" En *Using Dictionaries: Studies of Dictionary Use by Language Learners and Translators*, ed. B. T. S. Atkins, 84–122. Tubinga: Max Niemeyer.

Auger, A. y C. Barrière. 2008. "Pattern-Based Approaches to Semantic Relation Extraction: A State-of-the-Art". *Terminology* 14 (1): 1–19.

Auger, P. 2010. "Nélogicité et extraction néologique automatisée". En *Actes del I Congrés Internacional de Neologia de les Llengües Romàniques*, coords. T. Cabré, O. Domènech, R. Estopà, J. Freixa y M. Lorente, 117–121. Barcelona: Universitat Pompeu Fabra.

Auroux, S. 2009. *A revoluçao tecnológica da gramatizaçao*. Campinas: Unicamp.

Austin, J. 1962. *How to Do Things with Words*. Oxford: Oxford University Press.

Averos, G. S/F. *Diferencias léxico-semánticas entre el español peruano y el español peninsular*. Madrid: Manuscrito.

Ávila, R. 2003. "Diccionarios locales, nacionales, internacionales". *Revista Internacional de Lingüística Iberoamericana* 1 (1): 51–66.

Ávila, R. 2003–2004. "¿El fin de los diccionarios diferenciales? ¿El principio de los diccionarios integrales?". *Revista de Lexicografía* 10: 7–20.

Ávila Martín, M. C. 2000. *El diccionario en el aula. Sobre los diccionarios escolares destinados a la enseñanza y aprendizaje del español como lengua materna*. Granada: Universidad de Granada.

Avilés, T. 2017. "Léxico y ley en las *Apuntaciones lexicográficas* de Miguel L. Amunátegui Aldunate". *Revista Internacional de Lingüística Iberoamericana* 30: 83–98.

Avilés, T. y D. Rojas. 2014. "Argumentación y estandarización lingüística: creencias normativas en el *Diccionario de chilenismos* (1875) de Zorobabel Rodríguez". *Revista Signos. Estudios de Lingüística* 85: 142–163.

Azorín Fernández, D. 1996. "El *Diccionario* de la Real Academia Española: un puente entre el pasado y el presente de nuestra lexicografía". *Cuadernos Cervantes de la Lengua Española* 11: 16–20.

Azorín Fernández, D. 1996–1997. "La lexicografía española en el siglo XIX: del diccionario a la enciclopedia". *Estudios de Lingüística de la Universidad de Alicante* 11: 111–122.

Azorín Fernández, D. 2000a. "Los diccionarios didácticos del español desde la perspectiva de sus destinatarios". *Estudios de Lingüística del Español* 14: 19–44.

Azorín Fernández, D. 2000b. "¿Para qué usan el diccionario los escolares? Reflexiones a propósito de una encuesta". En *Tendencias en la investigación lexicográfica del español: el diccionario como objeto de estudio lingüístico y didáctico*, eds. S. Ruhstaller y J. Prado Aragonés, 75–100. Huelva: Universidad de Huelva.

Azorín Fernández, D. 2000c. *Los diccionarios del español en su perspectiva histórica*. Alicante: Universidad de Alicante.

Azorín Fernández, D. 2000d. "La lexicografía monolingüe del español en el s. XIX: desarrollos extraacadémicos". En *Los diccionarios del español en su perspectiva histórica*, 229–256. Alicante: Universidad de Alicante.

Azorín Fernández, D. 2003. "La lexicografía como disciplina lingüística". En *Lexicografía española*, coord. A. M. Medina Guerra, 31–52. Barcelona: Ariel.

Azorín Fernández, D. 2007. "La investigación sobre el uso del diccionario en el ámbito escolar". En *As ciências do léxico. Lexicologia. Lexicografia. Terminologia*, eds. A. Negri Isquerdo y I. M. Alves, vol. 3, 169–191. Campo Grande: Editora UFMS.

Azorín Fernández, D. 2008. "Para la historia de los americanismos léxicos en los diccionarios del español". *Revista de Investigación Lingüística* 11: 13–43.

Azorín Fernández, D. 2009. "Las marcas de uso en los diccionarios monolingües destinados a la enseñanza de ELE". En *El español en contextos específicos: enseñanza e investigación*, eds. A. Vera Luján e I. Martínez Martínez, 249–267. Comillas: Fundación Comillas-ASELE.

Azorín Fernández, D. 2010. "Perspectivas en la investigación sobre el uso del diccionario en el ámbito docente". En *Estudis de lexicografia 2003–2005*, eds. E. Bernal, S. Torner, J. DeCesaris y J. Freixa. Barcelona: Universitat Pompeu Fabra.

Azorín Fernández, D. y J. Climent de Benito. 2004. "El diccionario como instrumento didáctico en la enseñanza/ aprendizaje de E/LE". En *Lengua y sociedad: lingüística aplicada en la era global y multicultural*, coord. J. Varela Zapata, J. M. Oro y J. Andersen, 341–364. Santiago de Compostela: Universidade de Santiago de Compostela.

Azorín Fernández, D. e I. Santamaría Pérez. 2017. "El diccionario monolingüe en el aula". En *Lexicografía y didáctica. Diccionarios y otros recursos lexicográficos en el aula*, eds. M. J. Domínguez Vázquez y M. T. Sanmarco Bande, 109–131. Berna: Peter Lang.

Baalbaki, R. 2014. *The Arabic Lexicographical Tradition: From the 2nd/8th to the 12th/18th Century*. Leiden y Boston: Brill.

Baayen, H. y A. Renouf. 1996. "Chronicling the Times: Productive Lexical Innovations in an English Newspaper". *Language* 72 (1): 69–96.

Baines, D. 2018. "An Overview of FieldWorks and Related Programs for Collaborative Lexicography and Publishing Online or as a Mobile App". En *Proceedings of the XVIII EURALEX International Congress:*

Lexicography in Global Contexts, eds. J. Čibej, V. Gorjanc, I. Kosem y S. Krek, 953–958. Ljubljana: Ljubljana University Press.

Bajo Pérez, E. 2000. *Los diccionarios. Introducción a la lexicografía del español*. Gijón: Trea.

Bajtín, M. 1982. *Estética de la creación verbal*. México: Siglo XXI.

Baker, H., A. Hardie y T. McEnery. 2006. *A Glossary of Corpus Linguistics*. Edimburgo: Edinburgh University Press.

Baldinger, K. 1977. *Teoría semántica. Hacia una semántica moderna*. Madrid: Alcalá de Henares.

Baldoceda Espinoza, A. 2016. "Observaciones al *Diccionario de la lengua española*, Real Academia Española *DRAE*, 23.ª edición". *Escritura y Pensamiento* 39: 175–190.

Ball, L. H. y T. J. D. Bothma. 2018. "Establishing Evaluation Criteria for E-Dictionaries". *Library Hi Tech* 36 (1): 152–166.

Barbazza, M. C. 1990. "La mujer en el vocabulario de refranes de Correas: ¿un discurso de exclusión?". *Revista de Estudios Extremeños* 46 (2): 429–444.

Barcia, P. L. 2003. "Los diccionarios del español de la Argentina". Prólogo al *Diccionario del habla de los argentinos*, 9–63. Buenos Aires: Espasa.

Barcroft, J. 2012. *Input-Based Incremental Vocabulary Instruction*. Alexandria, Va: TESOL International Association.

Barcroft, J. 2019. "Issues in Learning Single Words". En *The Routledge Handbook of Vocabulary Studies*, ed. S. Webb, 479–492. Londres y Nueva York: Routledge.

Barcroft, J. y M. S. Sommers. 2005. "Effects of Acoustic Variability on Second Language Vocabulary Learning". *Studies in Second Language Acquisition* 27 (3): 387–414.

Baretta, M. 2019. "Definir y redefinir al inmigrante: análisis de us tratamiento lexicográfico en los diccionarios de la lengua española (España- Argentina, 1726–1910)". *Boletín de Filología* 54 (1): 11–37.

Bargalló, M. 2010. "La información gramatical explícita en los diccionarios monolingües del español". En *Estudis de lexicografia 2003–2005*, eds. E. Bernal, S. Torner y J. DeCesaris, 17–37. Barcelona: Universitat Pompeu Fabra.

Barnbrook, G. 2002. *Defining Language*. Ámsterdam: John Benjamins.

Barra Jover, M. 2001. "Corpus diacrónico, constatación e inducción". En *Lengua medieval y tradiciones discursivas en la Península Ibérica*, eds. D. Jacob y J. Kabatek, 177–197. Madrid y Frankfurt: Iberoamericana-Vervuert.

Barrios, G. 2011. "La regulación política de la diversidad: academias de lenguas y prescripción idiomática". En *El dardo en la Academia. Esencia y vigencia de las academias de la lengua española*, eds. S. Senz y M. Alberte, vol. 1, 591–6[illegible]. Barcelona: Melusina.

Barrios, M. A. 2007. "Diccionarios combinatorios del español: diferencias y semejanzas entre *Redes* y *Práctico*". *redELE* 11: 1–14.

Barrios, M. A. 2019. "Minimal and Inverse Definitions: A Semi-Experimental Proposal When Building a Spanish Dictionary with Semantic Primes and Molecules". En *Studies in Ethnopragmatics, (Cultural) Semantics, and Minimal English*, eds. B. Peeters, K. Mullan and L. Sadow, 191–212. Berlín: Springer.

Barrios, M. A. e I. Boguslavsky. 2019. "A Spanish E-Dictionary of Collocations". En *Depling 2019 Proceedings*, eds. S. Kahane y K. Gerdes. Stroudsburg, PA: Association for Computational Linguistics. www.aclweb.org/anthology/W19-7719.pdf

Bartholomew, D. y L. Schoenhals. 1983. *Bilingual Dictionaries for Indigenous Languages*. México: Sommer Institute of Linguistics.

Bartra, A., J. M. Brucart y G. Rigau. 2002. "*Per què lo prec, si.l plats, que.m perdó de mos pecats*. Vigència de l'alternança acusativa en català". *Estudi General* 22: 213–232.

Bastuji, J. 1974. "Aspects de la néologie sémantique". *Langages* 8 (36): 6–19.

Bateman, A. D. 1973. "La mujer ante el *Diccionario* de la Real Academia Española". *Boletín de la Academia Colombiana* 23 (98): 264–274.

Batres Jáuregui, A. 1892. *Vicios del lenguaje y provincialismos de Guatemala*. Ciudad de Guatemala: Encuadernación y Tipografía Nacional.

Battaner, P. 1977. *Vocabulario político-social en España (1868–1873)*. Madrid: Real Academia Española.

Battaner, P. 1994. "L'ús dels diccionaris escolars". *Caplletra* 7: 109–124.

Battaner, P. 2000. "Las palabras en el diccionario; el diccionario en el aula". En *¿Qué español enseñar? Norma y variación lingüísticas en la enseñanza del español a extranjeros*, eds. M.ª A. Martín Zorraquino y C. Díez Peregrín, 61–90. Zaragoza: Universidad de Zaragoza y Consejería de Cultura y Turismo del Gobierno de Aragón.

Battaner, P. 2008. "El fenómeno de la polisemia en la lexicografía actual: otra perspectiva". *Revista de Lexicografía* 14: 7–25.

Battaner, P. 2010. "El uso de etiquetas semánticas en los artículos lexicográficos de verbos en el DAELE". *Quaderns de Filologia. Estudis Lingüístics* 15: 139–158.

Battaner, P. 2014. "El léxico, como pilar inicial de la reflexión lingüística, y el diccionario". En *Lingüística y diccionarios. Anexo 32 de la Revista de Lexicografía*, ed. M. P. Garcés Gómez, 33–62. A Coruña: Universidade da Coruña.

Battaner, P. 2017. *Algunos pozos sin fondo en los diccionarios*. Madrid: Real Academia Española.

Battaner, P. 2019. "Quehacer lingüístico y eficacia social de las Academias en el siglo XXI". *Boletín de Información Lingüística de la RAE* 12: 35–46.

Battaner, P. y E. Atienza. 2019. "Caminos que recorren las palabras: cruces y bifurcaciones". En *La didáctica de lenguas de par en par*, eds. C. López Ferrero y J.-T. Pujolà, 134–155. Barcelona: Difusión.

Battaner, P. y C. López Ferrero. 2019. *Introducción al léxico, componente transversal de la lengua*. Madrid: Cátedra.

Béjoint, H. 2000. *Modern Lexicography*. Oxford: Oxford University Press.

Béjoint, H. 2002. "Towards a Bilingual Dictionary for 'Comprehension'". En *La lessicografia bilingue tra presente e avvenire*, eds. E. Ferrario y V. Pulcini, 33–48. Vercelli: Mercurio.

Béjoint, H. y P. Thoirron, eds. 1996. *Les dictionnaires bilingues*. Louvain-la-Neuve: Duculot.

Bello, A. 1983 [1845]. "*Diccionario de la lengua castellana* por la Academia Española (novena edición)". En *Obras completas*, vol. 8, 437–439. Santiago de Chile: Editorial Nascimento.

Bello, A. 1988 [1847]. *Gramática de la lengua castellana. Destinada al uso de los americanos. Con las notas de Rufino José Cuervo*. Madrid: Arco Libros.

Benarroch, C. 1989. "Judiada en los diccionarios académicos". *Raíces* 7: 61.

Benítez Marco, M.ª P. 2010. *María Moliner y las primeras estudiosas del aragonés y del catalán de Aragón*. Zaragoza: Rolde de Estudios Aragoneses.

Bensoussan, M., D. Sim y R. Weiss. 1984. "The Effect of Dictionary Usage on EFL Test Performance Compared with Student and Teacher Attitudes and Expectations". *Reading in a Foreign Language* 2 (2): 262–276.

Berber Sardinha, T. 2000. "Lingüística de corpus: histórico e problemática". En *Documentação de Estudos em Lingüística Teórica e Aplicada* 16 (2): 323–367.

Bergen, J. J. 1977. "The Semantics of Spanish Count and Measure Entity Nouns". *Language Sciences* 44: 1–9.

Bergenholtz, H. y R. H. Gouws. 2013. "The Presentation of Word Formation in General Monolingual Dictionaries". *Lexikos* 23: 59–76.

Bergenholtz, H. y M. Johnsen. 2005. "Log Files as a Tool for Improving Internet Dictionaries". *Hermes. Journal of Linguistics* 34: 117–141.

Bergenholtz, H. y S. Nielsen. 2006. "Subject-Field Components as Integrated Parts of LSP Dictionaries". *Terminology* 12 (2): 281–303.

Bergenholtz, H. y S. Tarp. 2002. "Die moderne lexikographische Funktionslehre. Diskussionsbeitrag zu neuen und alten Paradigmen, die Wörterbücher als Gebrauchsgegenstände verstehen". *Lexicographica* 18: 253–263.

Bergenholtz, H. y S. Tarp. 2003. "Two Opposing Theories: On Recent H. E. Wiegand's Recent Discovery of Lexicographic Functions". *Hermes. Journal of Linguistics* 31: 171–196.

Bermejo Calleja F. 2008. "El *Nuovo dizionario spagnuolo-italiano e italiano-spagnuolo* (1948–1949) de L. Ambruzzi". En *Textos fundamentales de la lexicografía italoespañola (1917–2007)*, ed. F. San Vicente, 125–197. Monza: Polimetrica.

Bernal, E. 2001. "Formació de paraules i lexicografia bilingüe". En *Estudis de lexicografia 1999–2000*, eds. J. DeCesaris y V. Alsina, 103–111. Barcelona: Universitat Pompeu Fabra.

Bernal, E. 2006. "Absències en els diccionaris: llacunes lèxiques i llacunes lexicogràfiques en els substantius deverbals del sufix *-itzar*". *Catalan Review* 20: 51–67.

Bernal, E. 2007. "Diccionario y gramática: propuestas para un diccionario digital". En *Reflexiones sobre el diccionario*, eds. M. Campos Souto, E. Conde Noguerol, I. Pérez Pascual, Ignacio y J. Á. Porto Dapena, 165–180. A Coruña: Universidade da Coruña.

Bernal, E. 2010. "Nuevos prefijos: implicaciones para la morfología y la lexicografía". En *Actes du XXV Congrès International de Linguistique et Philologie Romanes*, eds. M. Iliescu, H. Siller-Runggaldier y P. Danler, vol. 7, 361–373. Berlín: De Gruyter.

Bernal, E. 2013. "Los nombres del verbo: reflexiones acerca de las categorías gramaticales en los diccionarios. Propuesta de representación para el *DAELE*". En *Los verbos en el diccionario*. Anexo 20 de la *Revista de Lexicografía*, eds. S. Torner y E. Bernal, 13–32. Coruña: Universidade de Coruña.

Bernal, E. 2016. "*Iluminar, luz, lucidez, luciérnaga, alumbrar*: criterios de selección para las familias de palabras de las entradas verbales del *DAELE*". En *Relaciones morfológicas y diccionario*, eds. E. Bernal y S. Torner, 49–64. A Coruña: Universidade da Coruña.

Bernal, E. 2019. "Lexicografia catalana digital: per un canvi de paradigma". *Revista de Llengua i Dret* 71: 238–251.

Bernal, E. 2022. "Valor neològic i valor lexicogràfic dels morfemes transferits". *Estudis Romànics* 44: 85–113.

Bernal, E. y J. DeCesaris. 2006. "Nominalitzacions deverbals: distribució formal i semàntica". En *Actes del VII Congrés de Lingüística General*. Barcelona: Universitat de Barcelona.

Bernal, E., J. Freixa, J. y S. Torner. 2020. "Criterios para la diccionarización de neologismos: de la teoría a la práctica". *Revista Signos. Estudios de Lingüística* 53 (104): 592–618.

Bernal, E. e I. Renau. 2010. "¿Lo que necesitan es lo que encuentran?: Reflexiones a propósito de la representación de los verbos en los diccionarios de aprendizaje del español". En *Proceedings of the XIV Euralex International Congress*, ed. A. Dykstra y T. Schoonheim, 484–496. Leeuwarden: Fryske Akademy.

Bertolotti, V. y M. Coll. 2012. "Reflexiones sobre la lengua en América". En *Reflexión lingüística y lengua en la España del siglo* XIX*: marcos, panoramas y nuevas aportaciones*, ed. A. Zamorano Aguilar, 443–466. München: Lincom.

Bezos López, J. 2012. "Toponimia en el *Panhispánico*. La falta de criterio de la RAE en el *Diccionario panhispánico de dudas*". https://www.texnia.com/dpdtopo.html

Biblia Políglota Complutense. https://biblioteca.ucm.es/historica/biblia-poliglota-complutense

Blakemore, D. 1987. *Semantic Constraints on Relevance*. Oxford: Blackwell.

Blampain, D. 2004. "De la faute a la difficulté. Le plaisir de maîtriser les difficultés de la langue française". En *Le français face aux défis actuels. Historie, langue et culture*, coords. J. Suso y R. López, vol. 1, 39–56. Granada: Universidad de Granada.

Blanco, M. I. 1991. *Lenguaje e identidad. Actitudes lingüísticas en la Argentina. 1800–1960*. Tesis doctoral. Bahía Blanca: Universidad Nacional del Sur.

Blanco, X. 1996. "Élaboration et réutilización des exemples dans la lexicographie bilingue". En *Les dictionnaires bilingues*, eds. H. Béjoint y P. Thoirron, 103–110. Louvain-la-Neuve: Duculot.

Blank, A. 1999. "Why Do New Meanings Occur? A Cognitive Typology of the Motivations of Lexical Change". En *Historical Semantics and Cognition*, eds. A. Blank y P. Koch, 61–89. Berlín: De Gruyter.

Blecua Perdices, J. M. 1990. "Diccionario y enunciación". En *Jornadas de filología. Homenaje al profesor Francisco Marsá*, 61–74. Barcelona: Universitat de Barcelona.

Blommaert, J. 2005. *Discourse: A Critical Introduction*. Cambridge: Cambridge University Press.

Bloomfield, L. 1933. *Language*. Nueva York: Holt, Rinehart and Winston.

Boas, F. 1964. *Cuestiones fundamentales de antropología cultural*. Buenos Aires: Ediciones Solar/Hachette.

Bogaards, P. 1998. "What Type of Words do Language Learners Look Up?" En *Using Dictionaries: Studies of Dictionary Use by Language Learners and Translators*, ed. B. T. S. Atkins, 151–158. Tubinga: Max Niemeyer.

Bogaards, P. y W. A. van der Kloot. 2001. "The Use of Grammatical Information in Learners' Dictionaries". *International Journal of Lexicography* 14 (2): 97–121.

Boguraev, B. y T. Briscoe, eds. 1989. *Computational Lexicography for Natural Language Processing*. Londres: Longman.

Bohórquez, J. G. 1984. *Concepto de "americanismo" en la historia del español. Punto de vista lexicológico y lexicográfico*. Bogotá: Instituto Caro y Cuervo.

Boisson, C., P. Kirtchuk y H. Béjoint. 1991. "Aux origines de la lexicographie: les premiers dictionnaires monolingues et bilingues". *International Journal of Lexicography* 4 (4): 261–315.

Booij, G. 2003. "The Codification of Phonological, Morphological, and Syntactic Information". En *Practical Guide to Lexicography*, ed. P. Van Sterkenburg, 251–260. Ámsterdam: John Benjamins.

Borer, H. 2005. *Structuring Sense*, vol. 1: *In Name Only*. Oxford: Oxford University Press.

Borrow, G. 1843 [1841]. *The Zincali; or an Account of the Gypsies of Spain: With an Original Collection of Their Songs and Poetry, and a Copious Dictionary of Their Language*, vol. 2, 3.ª ed., 163–275. Londres: John Murray.

Borst, W. N. 1997. *Construction of Engineering Ontologies for Knowledge Sharing and Reuse*. Enschede: Centre for Telematics and Information Technology.

Bosque, I. 1982. "Sobre la teoría de la definición lexicográfica". *Verba. Anuario Galego de Filoloxía* 9: 105–123.

Bosque, I. 1983. "El complemento del adjetivo". *Lingüística Española Actual* 5: 1–11.

Bosque, I. 1985. "Usos figurados de los adjetivos que denotan dimensiones físicas". En *Philologica Hispaniense in honorem Manuel Alvar*, 63–90. Madrid: Gredos.

Bosque, I. 1990. "Sobre el aspecto en los adjetivos y en los participios". En *Tiempo y aspecto en español*, ed. I. Bosque, 177–214. Madrid: Cátedra.

Bosque, I. 1999. "El nombre común". En *Gramática descriptiva de la lengua española*, eds. I. Bosque y V. Demonte, 3–75. Madrid: Espasa.

Bosque, I. 2000. "Objetos que esconden acciones. Una reflexión sobre la sincategorematicidad". En *Lèxic, corpus i diccionaris*, eds. T. Cabré y C. Gelpí, 15–30. Barcelona: Universitat Pompeu Fabra.

Bosque, I. 2001a. "On the Weight of Light Predicates". En *Features and Interfaces in Romance: Essays in Honor of Heles Contreras*, eds. J. Herschenson, K. Zagona y E. Mallén, 23–38. Ámsterdam: John Benjamins.

Bosque, I. 2001b. "Sobre el concepto de 'colocación' y sus límites". *Lingüística Española Actual* 23 (1): 9–40.

Bosque, I. 2003. "Cuatro sentidos del concepto de 'colocación'. Teoría y aplicaciones". *Presentado en el VI Congreso Internacional de Lingüística Hispánica*, Leipzig.

Bosque, I. 2004a. "Combinatoria y significación. Algunas reflexiones". En *Redes. Diccionario combinatorio del español contemporáneo*, dir. I. Bosque, XXVII–CLXXI. Madrid: SM.

Bosque, I. 2004b. "Presentación". En *Redes. Diccionario combinatorio del español contemporáneo*, dir. I. Bosque, XV–XVIII. Madrid: SM.

Bosque, I. 2005. "La direccionalidad en los diccionarios combinatorios y el problema de la selección léxica". En *Lingüística teòrica: anàlisi i perspectives*, vol. 1, ed. T. Cabré, 13–58. Barcelona: Universitat de Barcelona.

Bosque, I. 2006. "Una nota sobre la relevancia de la información sintáctica en el diccionario". En *Palabra por palabra. Estudios ofrecidos a Paz Battaner*, ed. E. Bernal y J. de Cesaris, 47–54. Barcelona: Universitat Pompeu Fabra.

Bosque, I. 2014a. *Las categorías gramaticales. Relaciones y diferencias*, 2.ª ed. Madrid: Síntesis.

Bosque, I. 2014b. "Ideas para conectar palabras". *Ponencia plenaria en el simposio El futuro de los diccionarios en la era digital*, Real Academia Española, Madrid.

Bosque, I. 2015a. "Los rasgos gramaticales". En *Perspectivas de sintaxis*, ed. Á. Gallego, 309–387. Madrid: Akal.

Bosque, I. 2015b. "La recuperación de los argumentos implícitos. El problema de dónde mirar". En *Studium grammaticae. Homenaje al profesor José A. Martínez*, 149–164. Oviedo: Universidad de Oviedo.

Bosque, I. 2015c. "Sustantivo". En *Enciclopedia de lingüística hispánica*, ed. J. Gutiérrez-Rexach, vol. 2, 111–123. Londres y Nueva York: Routledge.

Bosque, I. 2015d. "Perspectivas de un nuevo diccionario académico en línea. Necesidades y objetivos". *Boletín de la Academia Colombiana* 66: 85–107.

Bosque, I. 2017. "On the Conceptual Bases of Collocations: Restricted Adverbs and Lexical Selection". En *Collocations and Other Lexical Combinations in Spanish: Theoretical, Lexicographical and Applied Perspectives*, eds. S. Torner y E. Bernal, 9–20. Londres y Nueva York: Routledge.

Bosque, I. y M. A. Barrios. 2018. "Spanish Lexicography in the Internet Era". En *The Routledge Handbook of Lexicography*, ed. P. A. Fuertes-Olivera, 636–660. Londres y Nueva York: Routledge.

Bosque, I. y V. Demonte, dirs. 1999. *Gramática descriptiva de la lengua española*. Madrid: Espasa.

Bosque-Gil, J., J. Gracia, E. Montiel-Ponsoda y A. Gómez-Pérez. 2018. "Models to Represent Linguistic Linked Data". *Natural Language Engineering* 24 (6): 1–49.

Boulanger, J. C. 1990. "La création lexicale et la modernité". *Le langage et l'homme* 25 (4): 233–240.

Bourigault, D. 1994. *LEXTER, un Logiciel d'EXtraction de Terminologie. Application á l'acquisition des connaissances a partir de textes*. Tesis doctoral. París: École des Hautes Études en Sciences Sociales.

Boussidan, A. y S. Ploux. 2011. "Using Topic Salience and Connotational Drifts to Detect Candidates to Semantic Change". *Proceedings of the Ninth International Conference on Computational Semantics*, eds. J. Bos y S. Pulman, 315–319. Stroudsburg, PA: Association for Computational Linguistics.

Bowker, L. 2012. "Meeting the Needs of Translators in the Age of e-Lexicography: Exploring the Possibilities". En *Electronic Lexicography*, eds. S. Granger y M. Paquot, 379–397. Oxford: Oxford University Press.

Boyd-Bowman, P. 2003. *Léxico hispanoamericano. 1493–1993*, eds. R. Harris-Northal y J. J. Nitti. Nueva York: Hispanic Seminary of Medieval Studies. Consultable en: http://textred.spanport.lss.wisc.edu

Bravo García, E. 2015. "El *Diccionario de americanismos*. Una aproximación formal al léxico del español en América". *Ricognizioni. Rivista di Lingue, Letterature e Culture Moderne* 2 (2): 59–67.

Bréal, M. 1904. *Essai de sémantique*. París: Hachette.

Brown, P. y S. C. Levinson. 1987. *Politeness: Some Universals in Language Usage*. Cambridge: Cambridge University Press.

Buenafuentes, C. 2017. "Ortografía y morfología flexiva en el *Diccionario de la lengua española* (2014): el *DLE* como diccionario de dudas en contraste con otras obras académicas". *Estudios de Lingüística de la Universidad de Alicante* 31: 47–65.

Buenafuentes, C. y C. Sánchez Lancis. 2004. "Diccionario y ortografía: la información ortográfica en la 22.ª edición del *DRAE*". En *De lexicografía (Actes del I Symposium Internacional de Lexicografia)*, eds. P. Battaner y J. DeCesaris, 263–275. Barcelona: Universitat Pompeu Fabra.

Buenafuentes, C. y C. Sánchez Lancis. 2010. "Ortografía, morfología y lexicografía: el *Diccionario esencial de la lengua española* (2006) de la Real Academia Española". En *La lexicografía en su dimensión teórica*, coords. M.ª A. Castillo Carballo y J. M. García Platero, 101–122. Málaga: Universidad de Málaga.

Buenafuentes, C. y C. Sánchez Lancis. 2012. "Propuestas metodológicas para el tratamiento lexicográfico de la ortografía y la morfología a partir de las últimas obras académicas". *Lingüística Española Actual* 34 (1): 83–113.

Buendía Castro, M. y P. Faber. 2014. "Collocation Dictionaries: A Comparative Analysis". MonTi: *Monografías de Traducción e Interpretación* 6: 203–235.

Buesa, T. 1999. *Apuntes de jerga estudiantil en la Universidad de Zaragoza*. Zaragoza: Instituto Fernando el Católico.

Bugel, T. y J. A. Gálvez. 2000. "¿Qué español encontramos en los diccionarios? Integración de variedades regionales en la lexicografía bilingüe". En *¿Qué español enseñar? Norma y variación lingüísticas en la enseñanza del español a extranjeros. Actas del XI Congreso Internacional ASELE*, 247–255. Zaragoza: Asociación para la Enseñanza del Español como Lengua Extranjera.

Bugueño Miranda, F. V. 2006. "Reseña a: *Diccionario panhispánico de dudas*". *Anuario Brasileño de Estudios Hispánicos* 16: 187–189.

Bühler, K. 1967 [1934]. *Teoría del lenguaje*. Madrid: Revista de Occidente.

Bullock, D. 2011. "NSM + LDOCE: A Non-Circular Dictionary of English". *International Journal of Lexicography* 24 (2): 226–240.

Burger, H., D. Dobrovol'skij, P. Kühn y N. R. Norrick, eds. 2007. *Phraseologie. Phraseology. Ein internationales Handbuch zeitgenössischer Forschung. An International Handbook of Contemporary Research*. Berlín: De Gruyter.

Burke, P. 2002. *Historia social del conocimiento. De Gutenberg a Diderot*. Barcelona: Paidós.

Burke, P. 2012. *Historia social del conocimiento, vol. II. De la Enciclopedia a Wikipedia*. Barcelona: Paidós.

Bustos Plaza, A. y H. E. Wiegand. 2005–2006. "Condensación textual lexicográfica: esbozo de una concepción integral". *Revista de Lexicografía* XII: 7–46.

Buzek, I. 2011. *Historia crítica de la lexicografía gitano-española*. Brno: Masarykova Universzita.

Buzek, I. 2012. "Presencia del léxico de origen gitano en las variedades latinoamericanas del español: el caso del español de México y su caló". *Études Romanes de Brno* 2: 201–220.

Cabré, T. 1993. *La terminología: teoría, metodología, aplicaciones*. Barcelona: Antártida/Empúries.

Cabré, T. 1999. *Terminology: Theory, Methods, and Applications*. Ámsterdam: John Benjamins.

Cabré, T. 2004. "Termintegral: una plataforma para la construcción de bases terminológicas y ontológicas". *Linguistica Antverpiensia* 3: 245–261.

Cabré, T. 2006. "La clasificación de neologismos: una tarea compleja". *Alfa. Revista de Lingüística* 50 (2): 229–250.

Cabré, T. 2008. "El principio de poliedricidad: la articulación de lo discursivo, lo cognitivo y lo lingüístico en terminología (I)". *Ibérica* 16: 9–36.

Cabré, T. 2009a. *Les paraules noves*. España: EUMO.

Cabré, T. 2009b. "Terminología y buenas prácticas". *Publifarum* 12. http://www.farum.it/publifarum/ezine_articles.php?art_id=161

Cabré, T. y M. Lorente. 1991. *Els diccionaris catalans de 1940 a 1988*. Barcelona: Universitat de Barcelona.

Cáceres, V., J. M. Ortiz y D. Rojas. 2020. "El *Diccionario etimológico* (1905–1910) de Rodolfo Lenz: una aproximación glotopolítica". *Boletín de Filología* 55 (1): 13–49.

Cajarraville, E. 2018. *Las colocaciones en la lexicografía española actual*. Tesis doctoral. Rosario: Universidad Nacional de Rosario.

Calero Fernández, M. Á. 1999. "Diccionario, pensamiento colectivo e ideología (o los peligros de definir)". En *Así son los diccionarios*, eds. M. N. Vila, M. A. Calero, R. M. Mateu, M. Casanovas y J. L. Orduña, 149–201. Lleida: Universitat de Lleida.

Calero Fernández, M. Á. 2002. "Homosexualidad y heterosexualidad en los diccionarios: ¿tabú lingüístico o cuestión de género?". En *'Género', sexo, discurso*, eds. A. M. Vigara y R. M. Jiménez, 47–101. Madrid: Ediciones del Laberinto.

Calero Fernández, M. Á. 2014. "Diccionario y enunciación: el tratamiento de la prostitución en el *DRAE*". *Andamios* 11 (26): 29–52.

Calero Fernández, M. Á., E. Forgas y E. Lledó. 2002. "La presencia del racismo en el discurso lexicográfico: su repercusión en la enseñanza". *Textos. Didáctica de la Lengua y de la Literatura* 31: 65–74.

Calero Vaquera, M. L. 1986. *Historia de la gramática española (1847–1920). De A. Bello a R. Lenz*. Madrid: Gredos.

Calero Vaquera, M. L. 2010. "Ideología y discurso lingüístico: la Etnortografía como subdisciplina de la glotopolítica". *Boletín de Filología* 45 (2): 31–48.

Calvi, M. V. 2001a. "Comprendere un testo spagnolo: trasparenze, opacità e falsi amici". En *Italiano e spagnolo a contatto. Atti del XIX Convegno (Roma, 16-18 settembre 1999)*, 55–67. Padova: Unipress.

Calvi, M. V. 2001b. "Lessicografi a bilingue italo spagnola e didattica del léxico". En *La lessicografi a bilingue tra presente e avvenire*, eds. E. Ferrario y V. Pulcini. Vercelli: Mercurio.

Calvi, M. V. 2002. "Lessicografia bilingue itali-spagnola e didattica del lessico". En *La lessicografia bilingue tra presente e avvenire*, eds. E. Ferrario y V. Pulcini, 123–137. Vercelli: Mercurio.

Calvi, M. V. 2003. "La lexicografía bilingüe de español e italiano". En *Didáctica del léxico y nuevas tecnologías*, eds. M. V. Calvi y F. San Vicente, 39–53. Viareggio-Lucca: Baroni.

Calvi, M. V. 2004. "Apprendimento del lessico di lingue affini". *Cuadernos de Filología Italiana* 11: 61–71.

Calvi, M. V. 2007. "Los términos culturales en los diccionarios bilingües de español e italiano: el caso de *autonomía* y sus derivados". En *Léxico español actual*, coord. L. Luque Toro, 49–70. Venecia: Cafoscarina.

Calvo, J. 2018. *Lexicografía peruana*. Lima: Universidad de San Martín de Porres.

Calvo Ramos, L. 1998. "Algunos rasgos sexistas en el *Diccionario* de la Real Academia Española de la Lengua". *Revista de Llengua i Dret* 30: 47–62.

Calvo Rigual, C. y J. DeCesaris. 2017. "Polisemia y lexicografía bilingüe". En *El diccionario en la encrucijada: de la sintaxis y la cultura al desafío digital*, eds. C. Garriga Escribano, I. Sarriego López y J. Gutiérrez Cuadrado, 217–234. Santander: Asociación Española de Estudios Lexicográficos.

Calzolari, N. y E. Picchi. 1988. "Acquisition of Semantic Information from an On-Line Dictionary". *COLING'88: Proceedings of the 12th Conference on Computational Linguistics*, vol. 1, eds. D. Bargha y E. Hajičová, 87–92. Stroudsburg, PA: Association for Computational Linguistics.

Camacho, A. M. 2003–2004. "Huellas ideológicas en la lexicografía cubana". *Revista de Lexicografía* 10: 21–38.

Camacho, A. M., Y. Palacio, E. García González, L. Hernández Valdés, A. Triana y K. Linares. 2018. "*Diccionario geolectal de Cuba*. Aspectos de la planta lexicográfica". *Textos en Contexto* 4 (1): 93–122.

Camacho Niño, J. 2012. "Evolución del contenido metalexicográfico en los prólogos al diccionario académico (1726–2001)". En *Avances de lexicografía hispánica*, eds. A. Nomdedeu Rull, E. Forgas Berdet y M. Bargalló Escrivà, 125–134. Tarragona: Publicaciones URV.

Campos de Borba, L. y F. V. Bugueño Miranda. 2019. "Lexicografia pedagógica: existe?". En *Manual de (meta)lexicografía*, eds. F. V. Bugueño Miranda y L. Campos de Borga, 140–144. Goiânia – Goiás: Editora Espaço Acadêmico.

Campos Souto, M. 2009. "El léxico dialectal en el *Nuevo diccionario histórico de la lengua española* (*NDHE*)". En *La investigación dialectológica en la actualidad*, eds. D. Corbella y J. Dorta, 245–279. Santa Cruz de Tenerife: Agencia Canaria de Investigación, Innovación y Sociedad de la Información del Gobierno de Canarias.

Campos Souto, M. 2015. "El *NDHE* como muestra de la nueva lexicografía digital". *Estudios de Lexicografía* 3: 71–94.

Campos Souto, M. 2016. "Lexicografía del futuro para la lengua del pasado". En *Entre dos coordenadas: La perspectiva diacrónica y diatópica en los estudios léxicos del español*, ed. R. Cotelo García, 33–71. San Millán de la Cogolla: Cilengua.

Campos Souto, M. 2017. "Hacia una crónica del *Diccionario histórico de la lengua española* de 1933–1936: Los materiales del Archivo de la Real Academia Española". *Boletín de la Real Academia Española* 325: 161–201.

Campos Souto, M. 2018. "Las bases documentales del *NDHE*: entre la realidad y el deseo". En *Historia del léxico español y Humanidades digitales*, eds. D. Corbella, A. Fajardo y J. Langenbacher-Liebgott, 19–45. Berna: Peter Lang.

Campos Souto, M. 2020. "La ordenación de acepciones en el *NDHE*: bases para el establecimiento de los criterios lógico-lingüístico y temático". *Verba* 47: 277–307.

Campos Souto, M. y J. A. Pascual. 2012. "Lexicografía, filología e informática: una alianza imprescindible. A propósito de la situación del *NDHE*". En *Lexicografía hispánica del siglo XXI: Nuevos proyectos y perspectivas*, coords. D. Corbella, J. Dorta, A. Fajardo, M. L. Izquierdo, J. Medina y A. Nelsi, 151–170. Madrid: Arco Libros.

Campos Souto, M. y J. I. Pérez Pascual. 2003. "El diccionario y otros productos lexicográficos". En *Lexicografía española*, coord. A. M. Medina Guerra, 53–78. Barcelona: Ariel.

Campos Souto, M. y J. I. Pérez Pascual, eds. 2006. *El* Diccionario *de la Real Academia Española: ayer y hoy*. A Coruña: Universidade da Coruña.

Campos Souto, M., P. Salas Quesada y A. Torres Morcillo. 2019. "La herramienta de definición desambiguada en el *Nuevo diccionario histórico del español* (*NDHE*)". En *Historia e historiografía de los diccionarios del español*, eds. M. Quilis Merín y J. Sanmartín Sáez, 43–58. Anexo 11 de la revista *Normas*. Valencia: Asociación Española de Estudios Lexicográficos.

Campoy Cubillo, M. C. 2015. "Assessing Dictionary Skills". *Lexicography* 2: 119–141.

Cancelo, P. 2002. "La lexicografía y los nuevos diccionarios electrónicos". En *Cuestiones de Lexicografía*, eds. J. I. Pérez Pascual y M. Campos, 75–83. Lugo: Tris Tram.

Candalija Reina, J. A. y C. Marimón Llorca. 2000. "La información gramatical en los diccionarios escolares: reflexiones a propósito de una encuesta sobre el uso del diccionario". En *Tendencias en la investigación lexicográfica del español. El diccionario como objeto de estudio lingüístico y didáctico*, eds. S. Ruhstaller y J. Prado Aragonés, 311–321. Huelva: Junta de Andalucía y Universidad de Huelva.

Candelier, B. 2006. *Consideraciones lexicográficas sobre el* Diccionario panhispánico de dudas. https://www.asale.org/sites/default/files/Presentacion_Diccionario_practico_del_estudiante_2007_Bruno_Rosario_Candelier.pdf

Carduner, J. 2003. "Productive Dictionary Skills Training: What Do Language Learners Find Useful?". *The Language Learning Journal* 28 (1): 70–76.

Carlucci, L. y Díaz Ferrero, A. M. 2007. "Falsas equivalencias en la traducción de lenguas afines: propuesta taxonómica". *Sendebar. Revista de Traducción e Interpretación* 18: 159–190.

Carochi, H. 1892. *Arte de la lengua mexicana con la declaración de los adverbios de ella*. México: Juan Ruyz.

Carriazo Ruiz, J. R. 2017. "Diccionarios históricos". *Estudios de Lingüística del Español* 28: 35–59.

Carriscondo Esquivel, F. M. 2003. "Lexicografía bilingüe: el español y las lenguas indígenas". *Res Diachronicae Virtual* 2: 448–455.

Carriscondo Esquivel, F. M. 2006. "La lexicografía del español de América". *Bulletin of Spanish Studies* 83 (5): 695–709.

Carroll, J. y C. Grover. 1989. "The Derivation of a Large Computational Lexicon for English from *LDOCE*". En *Computational Lexicography for Natural Language Processing*, eds. B. Boguraev y T. Briscoe, 117–134. Londres: Longman.

Casado Velarde, M. 2002. "El *Diccionario del español actual* y los marcadores del discurso". En *Lengua y diccionarios. Estudios ofrecidos a Manuel Seco*, coords. P. Álvarez de Miranda y J. Polo, 279–290. Madrid: Arco Libros.

Casado Velarde, M. 2015a. "La innovación léxica en el *DLE* 2014". *Español Actual* 104: 9–25.

Casado Velarde, M. 2015b. *La innovación léxica en el español actual*. Madrid: Síntesis.

Casales, F. 2008. "La América Hispana en el *Diccionario panhispánico de dudas*: reflexión sobre el uso de algunas preposiciones". *Espéculo. Revista de Estudios Literarios* 38.

Casanovas Català, M. 2016. "Las herramientas 2.0 en la escritura académica: buscadores y diccionarios". *Folios* 43: 77–88.

Casares, J. 1921. *Nuevo concepto del diccionario de la lengua*. Madrid: Real Academia Española. www.rae.es/sites/default/files/Discurso_de_ingreso_Julio_Casares.pdf

Casares, J. 1942. "Plan de la obra e instrucciones para su manejo". En *Diccionario ideológico: de la palabra a la idea, de la idea a la palabra*, XI–XXIX. Barcelona: Gustavo Gili.

Casares, J. 1950. *Introducción a la lexicografía moderna*. 3.ª ed. 1992. Madrid: CSIC.

Casares, J. 1951a. "Qué es lo moderno en Lexicografía". *Boletín de la Real Academia Española* 31: 7–22.

Casares, J. 1951b. "Objeto y contenido de la muestra". En *Diccionario histórico de la lengua española: Muestra que los redactores someten al examen de la corporación*. Madrid: Real Academia Española.

Casares, J. 1963. *Novedades en el diccionario académico: "La Academia Española trabaja"*. Madrid: Aguilar.

Casas Gómez, M. 2006. "Modelos representativos de documentación terminográfica y su aplicación a la terminología lingüística". *Revista de Lingüística y Lenguas Aplicadas* 1: 25–36.

Casas Gómez, M. e I. Penadés Martínez. 1998. *Estudios sobre el "Diccionario de uso del español" de María Moliner*. Cádiz: Universidad de Cádiz.

Cassany, D. 2016. "Recursos lingüísticos en línea: prácticas y retos". *Revista Signos. Estudios de Lingüística* 49 (1): 7–29.

Castañeda, L. S. 2005. *Caracterización lexicológica y lexicográfica del parlache para la elaboración de un diccionario*. Tesis doctoral. Lleida: Universitat de Lleida.

Castañeda, L. S. y J. I. Henao. 1993. "El parlache: una variedad del habla de los jóvenes de las comunas populares de Medellín". *Lingüística y Literatura* 24: 35–49.

Castellano, P. 2000. *Enciclopedia Espasa. Historia de una aventura editorial*. Madrid: Espasa Calpe.

Castillo Carballo, M. A. 1998. "La información ortográfica en algunos diccionarios actuales del español". *Español Actual* 70: 57–64.

Castillo Carballo, M. A. 2015. "El contenido fraseológico en la última edición del *Diccionario* académico". *Español Actual* 104: 51–71.

Castillo Carballo, M. A. y J. M. García Platero. 2003. "La lexicografía didáctica". En *Lexicografía española*, coord. A. M. Medina Guerra, 333–351. Barcelona: Ariel.

Castillo Peña, C. 1992. "La definición sinonímica y los círculos viciosos". *Boletín de la Real Academia Española* 72 (257): 463–566.

Castillo Peña, C. 1993. "La definición sinonímica y los círculos viciosos (*continuación*)". *Boletín de la Real Academia Española* 73 (258): 133–214.

Castro, A., R. Nazar e I. Renau. 2021. "New Verbs and Dictionaries: A Method for the Automatic Detection of Neology in Spanish Verbs". *International Journal of Lexicography* 34 (3): 382–399.

Cazorla Vivas, M. C. 2002. "Panorama de la lexicografía bilingüe hispano-francesa del siglo XVIII: el *Diccionario nuevo portátil y manual francés-español* de Diego A. de Godoy (1795)". *Res Diachronicae* 1: 115–123.

Cecovniuc, I. 2016. *¿Qué prefiere usted, pagar en metálico o con cardo? Los falsos amigos y su concienciación lingüística en las aulas plurilingües de ELE*. Barcelona: Universitat Pompeu Fabra.

Cerrón-Palomino, R. 2010. "Acotaciones al *Diccionario de América*". *Lexis* 34 (1): 161–176.

Cervera, A. 2011. "Entrevista a Salvador Gutiérrez Ordóñez sobre la nueva ortografía de la RAE (2011)". *Revista Cálamo FASPE* 57: 3–5.

Chávez, H. y M. Tovar. 2016. "Extracción automática de relaciones semánticas en corpus de dominio". En *Tendencias en la Ingeniería del lenguaje y del conocimiento*, eds. M. Tovar, D. Vilariño y B. Beltrán, 20–27. Puebla: Benemérita Universidad Autónoma de Puebla.

Chávez, S. 2010. "Ideas lingüísticas en prólogos de diccionarios diferenciales del español de Chile: etapa 1875–1928". *Boletín de Filología* 45 (2): 49–69.

Chávez, S. 2011a. "La lexicografía diferencial latinoamericana. El caso de la lexicografía chilena de autor". En *Ideolex. Estudios de lexicografía e ideología*, coords. F. San Vicente, C. Garriga y H. E. Lombardini, 361–381. Monza: Polimetrica.

Chávez, S. 2011b. "Ideas lingüísticas de Lenz en los paratextos de su *Diccionario etimológico de las voces chilenas derivadas de lenguas indígenas americanas*: vigencia y urgencia en el español de Chile". *Lenguas Modernas* 38: 83–106.

Chávez, S. 2012. "La enciclopedia en manos de un sacerdote. El caso del *Diccionario de chilenismos y de otras voces y locuciones viciosas*, de Manuel Antonio Román". En *Historiografía lingüística: líneas actuales de investigación*, eds. E. Battaner, V. Calvo y P. Pena Jiménez, 249–257. Münster: Nodus.

Chen, W. 2019. "Towards a Discourse Approach to Critical Lexicography". *International Journal of Lexicography* 32 (3): 362–388.

Chen, Y. 2010. "Dictionary Se and EFL Learning: A Contrastive Study of Pocket Electronic Dictionaries and Paper Dictionaries". *International Journal of Lexicography* 23(3): 275–306.

Chen, Y. 2011. "Studies on Bilingualized Dictionaries: The User Perspective". *International Journal of Lexicography* 24 (2): 161–197.

Chi, M. L. A. 2003. "Teaching Dictionary Skills in the Classroom". En *Lexicography: Critical Concepts*, vol. 1, ed. R. R. K. Hartmann, 355–369. Londres y Nueva York: Routledge.

Chomsky, N. 1957. *Syntactic Structures*. La Haya y París: Mouton.

Chomsky, N. 1986. *Knowledge of Language*. Nueva York: Praeger.

Chuchuy, C. 1994. "Rasgos contrastivos y diferenciales en los diccionarios nacionales del español de América del siglo XIX". En *Unidad y variación léxicas del español de América*, eds. G. Wotjak y K. Zimmermann, 83–103. Madrid y Frankfurt: Iberoamericana-Vervuert.

Chuchuy, C. y A. Moreno. 2002. "Diccionarios españoles en formato electrónico". En *Diccionarios: textos con pasado y futuro*, eds. M. T. Fuentes y R. Werner, 89–108. Madrid y Frankfurt: Iberoamericana-Vervuert.

Chuchuy, C. y R. Werner. 1992. "¿Qué son los equivalentes en el diccionario bilingüe?". En *Estudios de lexicología y metalexicografía del español actual*, ed. G. Wotjak, 99–107. Tubinga: Max Neimeyer.

Church, K. y P. Hanks. 1990. "Word Association Norms, Mutual Information, and Lexicography". *Computational Linguistics* 16: 22–29.

Cifuentes, B. 2013. "The Politics of Lexicography in the Mexican Academy in the Late Nineteenth Century". En *A Political History of Spanish: The Making of a Language*, ed. J. del Valle, 167–181. Cambridge: Cambridge University Press.

Cifuentes Honrubia, J. L. 2008. "Removal Verbs and Locative Alternations in Spanish". *Estudios de Lingüística de la Universidad de Alicante* 22: 37–64.

Cifuentes Honrubia, J. L. 2010. *Clases semánticas y construcciones sintácticas. Alternancias locales en español.* Lugo: Axac.

Cisneros-Estupiñán, M., G. Olave-Arias y M. A. Serna Pinto. 2018. *Escritura académica en el acceso al posgrado. Aproximación al léxico disciplinar en Lingüística*. Pereira: Universidad Tecnológica de Pereira.

Clavería, C. 1951. "Estudios sobre los gitanismos del español". *Revista de Filología Española*, Anejo LIII.

Clavería, G. 2000. "El problema de la homonimia en la lexicografía española". En *Tendencias en la investigación lexicográfica del español*, eds. S. Ruhstaller y J. Prado Aragonés, 365–375. Huelva: Universidad de Huelva.

Clavería, G. 2003. "La Real Academia Española a finales del siglo XIX: El *Diccionario de la lengua castellana* de 1899 (13.ª edición)". *Boletín de la Real Academia Española* 83: 255–336.

Clavería, G. 2016. *De vacunar a dictaminar: la lexicografía académica decimonónica y el neologismo*. Madrid y Frankfurt: Iberoamericana-Vervuert.

Clavería, G. y M. Freixas, coords. 2018. *El diccionario de la Academia en el siglo XXI: la 5.ª edición (1817) al microscopio*. Madrid: Arco Libros.

Clavería, G. y C. Planas. 2001. "La homonimia en la lexicografía española". *Nueva Revista de Filología Hispánica* 49 (2): 281–306.

Climent de Benito, J. 2005. *El uso del diccionario bilingüe castellano/valenciano como instrumento didáctico en los ciclos de enseñanza secundaria obligatoria y bachillerato*. Tesis doctoral. Alicante: Universitat d'Alacant.

Climent de Benito, J. 2008. "Los diccionarios semibilingües: principios y clasificación desde un punto de vista didáctico". En *El diccionario como puente entre las lenguas y culturas del mundo. Actas del II Congreso Internacional de Lexicografía Hispánica*, coords. D. Azorín Fernández, B. Alvarado, J. Climent, M. I. Guardiola, R. M. Lavale Ortiz, C. Marimón Llorca, J. J. Martínez Egido, X. A. Padilla, H. Provencio, I. Santamaría-Pérez, L. Timofeeva y E. Toro, 417–427. Alicante: Biblioteca Virtual Miguel de Cervantes.

Cohen, M. 1967. "Parlons un peut dictionnaires". *L'Humanité*, 27 Mars 1967.

Colin, J. P. 1990. "Le dictionnaire de difficultés". En *Dictionnaires. Encyclopédie international de lexicographie*, vol. 2, eds. F. J. Hausmann, O. Reichmann, H. E. Wiegand y L. Zgusta, 1210–1217. Berlín: De Gruyter.

Coll, M. 2018. "Prólogo". En *El léxico de los uruguayos y otros estudios*, de A. Berro García, 7–63. Montevideo: Ministerio de Educación y Cultura.

Company, C. y C. Melis. 2002. *Léxico histórico del español de México. Régimen, clases funcionales, usos sintácticos, frecuencias y variación gráfica*. México, D. F.: Universidad Nacional Autónoma de México.

Condamines, A. 2018. "Terminological Knowledge Bases". En *The Routledge Handbook of Lexicography*, ed. P. A. Fuertes-Olivera, 335–349. Londres y Nueva York: Routledge.

Consejo de Europa. 2001. *Common European Framework of Reference for Languages: Learning, Teaching, Assessment*. Estrasburgo. Traducción española: *Marco común europeo de referencia para las lenguas: aprendizaje, enseñanza, evaluación*. Madrid: Ministerio de Educación, Cultura y Deporte, 2002.

Contreras Izquierdo, N. M. 2003. "La lexicografía monolingüe del español en los siglos XIX y XX". *Res Diachronicae* 2: 444–452.

Cook, P. 2010. *Exploiting Linguistic Knowledge to Infer Properties of Neologisms*. Tesis doctoral. Toronto: University of Toronto.

Cook, P., B. Han y T. Baldwin. 2014. "Statistical Methods for Identifying Local Dialectal Terms from GPS-Tagged Documents". *Dictionaries* 35: 248–271.

Cook, P. y G. Hirst. 2011. "Automatic Identification of Words with Novel But Infrequent Senses". En *Proceedings of the 25th Pacific Asia Conference on Language, Information and Computation*, eds. H. Hong Gao y M. Dong, 265–274. Tokio: Institute of Digital Enhancement of Cognitive Processing, Waseda University.

Cook, P. y S. Stevenson. 2010. "Automatically Identifying Changes in the Semantic Orientation of Words". *Proceedings of the 7th International Conference on Language Resources and Evaluation*, eds. N. Calzolari, K.

Choukri, B. Maegaard, J. Mariani, J. Odijk, S. Piperidis, M. Rosner y D. Tapias, 28–34. París: European Language Resources Association.

Cooper, H. 2017. *Research Synthesis and Meta-Analysis: A Step-by-Step Approach*. Los Ángeles: SAGE.

Copi, R. D. 1978. *El baile de las locas*. Barcelona: Anagrama.

Corbella, D. 2012. "Lexicografía histórica de ámbito regional". En *Lexicografía hispánica del siglo XXI: nuevos proyectos y perspectivas. Homenaje al profesor Cristóbal Corrales Zumbado*, eds. D. Corbella, J. Dorta, A. Fajardo, M. L. Izquierda, J. Medina y A. Nelsi, 191–210. Madrid: Arco Libros.

Corbella, D. 2016. "Selección de canarismos del *DRAE*". *Revue de Linguistique Romane* 80: 101–160.

Corbella, D. 2018. "Del tesoro lexicográfico analógico al digital". En *Historia del léxico español y Humanidades digitales*, eds. D. Corbella, A. Fajardo y J. Langenbacher-Liebgott, 133–163. Berna: Peter Lang.

Cordero de Espinosa, S. 2019. "Informe sobre la 2.ª edición del *Diccionario de americanismos*". *Ponencia presentada en Sesión Plenaria del XVI Congreso de la Asociación de Academias de la Lengua Española*, Sevilla, noviembre de.

Córdoba Rodríguez, F. 1998. "Diccionarios para la enseñanza de español como lengua extranjera". *Acta Universitatis Palackianae Olomucensis, Philologica* 71, *Romanica* 7: 119–134.

Corpas Pastor, G. 1996. *Manual de fraseología española*. Madrid: Gredos.

Corpas Pastor, G. 2001. "Apuntes para el estudio de la colocación". *Lingüística Española Actual* 23 (1): 41–56.

Corpas Pastor, G. 2017. "Collocations in E-Bilingual Dictionaries: From Underlying Theoretical Assumptions to Practical Lexicography and Translation Issues". En *Collocations and Other Lexical Combinations in Spanish: Theoretical, Lexicographical and Applied Perspectives*, eds. S. Torner y E. Bernal, 173–199. Londres y Nueva York: Routledge.

Corrales, C. y D. Corbella. 2003. "Fuentes canarias de los diccionarios de la lengua". En *Lexicografía y lexicología en Europa y América. Homenaje a Günther Haensch*, eds. T. Echenique Elizondo y J. Sánchez Méndez, 219–237. Madrid: Gredos.

Corriente, F. 1981. "Notas de lexicografía hispano-árabe. III. Los romancismos del *Vocabulista*. IV. Nuevos berberismos del hispanoárabe". *Awrāq* 4: 5–30.

Corriente, F. 1983. *Gramática árabe*, 2.ª ed. Madrid: Instituto Hispano-Árabe de Cultura.

Corriente, F. 1986. *Introducción a la gramática y textos árabes*. Madrid: Coloquio.

Corriente, F. 1990a. "Notas adicionales a la edición del léxico árabe andalusí de P. de Alcalá". *Al-Qanṭara* 10: 413–451.

Corriente, F. 1990b. *El léxico árabe andalusí según el "Vocabulista in Arabico"*. Madrid: Universidad Complutense.

Corriente, F. 1991. *El léxico árabe estándar y andalusí del "Glosario de Leiden"*. Madrid: Departamento de Estudios Árabes e Islámicos de la Universidad Complutense.

Corriente, F. 1993. *Léxico estándar y andalusí del Diwān de Ibn Quzmān*. Zaragoza: Departamento de Estudios Árabes e Islámicos de la Universidad de Zaragoza.

Corriente, F. 1996. *Introducción a la gramática comparada del semítico meridional*. Madrid: CSIC.

Corriente, F. 1997a. "La lexicografía árabe en España: pasado, presente y futuro". En *Pensamiento y circulación de las ideas en el Mediterráneo: el papel de la traducción*, eds. M. Hernando de Larramendi y G. Fernández Parilla, 133–147. Toledo: Escuela de Traductores y Universidad de Castilla-La Mancha.

Corriente, F. 2018. *La investigación de los arabismos del castellano en registros normales, floklóricos y bajos*. Madrid: Real Academia Española.

Corriente, F., C. Pereira y A. Vicente. 2020. *Le substrat roman et l'adstrat berbère dans le faisceau dialectal andalou*. Berlín: De Gruyter.

Corriente, F. 2021. *Gramática y textos árabes elementales*. Córdoba. UCOPress. Editorial Universidad de Córdoba.

Cortez, E. y L. Gómez. 2015. "Hispanismo y hegemonía en las Américas. Una introducción". *Revista de Crítica Literaria Latinoamericana* 82: 9–20.

Coseriu, E. 1964. Pour une sémantique diachronique structural. Travaux de Linguistique et Litterature 2 (1): 139–186.

Coseriu, E. 1966. Structure lexicale et enseignement du vocabulaire. En Actes du 1er. Colloque International de Linguistique Appliquée, 175–217. Université de Nancy: Nancy.

Coseriu, E. 1973 [1957]. *Sincronía, diacronía e historia. El problema del cambio lingüístico*. Madrid: Gredos.

Coseriu, E. 1981. *Principios de semántica estructural*. Madrid: Gredos.

Coseriu, E. 1985. "Linguistic competence: What is it really?". *The Modern Language Review* 80 (4): xxv-xxxv.

Coseriu, E. 1990. "El español de América y la unidad del idioma". *Separata* del *I Simposio de Filología Iberoamericana (Sevilla, 26–30 marzo 1990)*, 43–76. Zaragoza: Libros Pórtico.

Cowie, A. P. 1981. "The Treatment of Collocations and Idioms in Learners' Dictionaries". *Applied Linguistics* 2 (3): 223–235.

Cowie, A. P. 1999a. *English Dictionaries for Foreign Learners: A History*. Oxford: Clarendon Press.

Cowie, A. P. 1999b. "Learners' Dictionaries in a Historical and a Theoretical Perspective". En *The Perfect Learners' Dictionary (?)*, eds. T. Herbst y K. Popp, 3–13. Tubinga: Max Niemeyer.

Croft, W. 2001. *Radical Construction Grammar: Syntactic Theory in Typological Perspective*. Oxford: Oxford University Press.

Cruse, D. A. 1986. *Lexical Semantics*. Oxford: Oxford University Press.

Cruse, D. A. 1990. "Language, Meaning and Sense: Semantics". En *An Encyclopaedia of Language*, ed. N. Collinge, 139–172. Londres y Nueva York: Routledge.

Cruse, D. A. 2000a. "Aspects of the Micro-Structure of Word Meanings". En *Polysemy: Theoretical and Computational Approaches*, eds. Y. Ravin y C. Leacock, 30–51. Oxford y Nueva York: Oxford University Press.

Cruse, D. A. 2000b. *Meaning in Language: An Introduction to Semantics and Pragmatics*. Oxford: Oxford University Press.

Cruz Espejo, E. 1994. "*Diccionario de construcción y régimen de la lengua castellana*. Historia y vicisitudes". *Thesaurus* 49: 563–576.

Cruz Espejo, E. 2003. "La lexicografía no académica en el siglo XX y principios del XXI". En *Lexicografía española*, coord. A. M. Medina Guerra, 279–306. Barcelona: Ariel.

Cuevas, S. 1985. *Ornitología amuzga: un análisis etnosemántico*. México: Instituto Nacional de Antropología e Historia.

Cunchillos, J. L. 2000. *Hermeneumática*. Madrid: CSIC.

Cunchillos, J. L. 2001. *Ugaritic Data Bank: Modules I and II. Banco de datos filológicos semíticos noroccidentales*. Madrid: CSIC.

Daille, B., E. Gaussier y J. M. Langé. 1998. "An Evaluation of Statistical Scores for Word Association". En *Proceedings of the Tbilisi Symposium on Logic, Language and Computation*, eds. J. Ginzburg, Z. Khasidashvili, C. Vogel, J. J. Lévy y E. Vallduví, 177–188. Standford, CA: CSLI Publications.

Dalby, A. 1998. *A Guide to World Language Dictionaries*. Londres: Library Association.

Dalglish, G. M. 1995. "Learners' Dictionaries: Keeping the Learner in Mind". En *Cultures, Ideologies and the Dictionary: Studies in Honour of Ladislav Zgusta*, eds. B. B. Kachru y H. Kahane, 329–340. Tubingen: Niemeyer.

Dam-Jensen, H. D. y S. Tarp. 2019. "El tratamiento de adjetivos en diccionarios para aprendices extranjeros de español". *Revista Internacional de Lenguas Extranjeras* 10: 13–47.

Daniel, P. 1984 [1980]. "Panorámica del argot español". En *Diccionario de argot español*, ed. V. León, 7-27. 4.ª ed. Madrid: Alianza.

Darmesteter, A. 1887 [1950]. *La vie des mots étudiée dans leurs significations*. París: Delagrave.

Darnton, R. 2006. *El negocio de la Ilustración: historia editorial de la Encyclopédie: 1775–1800*. México, D. F.: Fondo de Cultura Económica.

David, S. y P. Plante. 1991. "Le progiciel Termino: de la nécessité d'une analyse morphosyntaxique pour le dépouillement terminologique des textes". *Proceedings of the Montreal Colloquium Les industries de la Langue: Perspectives des Années 1990*, vol. 1, 71–88.

Davies, M. 2006. *A Frequency Dictionary of Spanish. Core Vocabulary for Learners*. Londres: Routledge.

DeBry, S. y J. V. Richardson Jr. 2001. "Encarta: The Reference Tool of the Future?". *The Library Quarterly: Information, Community, Policy* 71 (2): 261–269.

DeCesaris, J. y P. Battaner. 2006. "Inserciones en el discurso de los enunciados fraseológicos". *Paremia* 15: 93–103.

De Caluwe, J. y J. Taeldeman. 2003. "Morphology in Dictionaries". En *Practical Guide to Lexicography*, ed. P. van Sterkenburg, 114–126. Ámsterdam: John Benjamins.

De Cos Ruiz, F. J. 2006. "La información gramatical en los diccionarios de la Real Academia Española: revisión histórica de los verbos con complemento predicativo". En *El Diccionario de la Real Academia Española: ayer y hoy*, ed. J. Ignacio Pérez Pascual y M. Mar Campos Souto, 55–68. A Coruña: Universidade da Coruña.

De Hériz, A. L. 2018a. "Las reformas de la ortografía en los diccionarios bilingües de italiano-español de los siglos XIX, XX y XXI". *Boletín de la Sociedad Española de Historiografía Lingüística* 12: 95–121.

De Hériz, A. L. 2018b. "El *Dizionario spagnolo-italiano, italiano-spagnolo* (2005) de S. Sañé y G. Schepi". En *Textos fundamentales de la lexicografía italoespañola (1917–2007)*, ed. F. San Vicente, 525–598. Monza: Polimetrica.

Delgado Criado, B., coord. 1993. *Historia de la educación en España y América. La educación en la España moderna (siglos XVI-XVIII)*. Madrid: Fundación Santa María y Ediciones SM.
Dellepiane, A. 1894. *El idioma del delito*. Buenos Aires: Arnoldo Moen.
Del Olmo Lete, G. 1981. *Mitos y leyendas de Canaán según la tradición de Ugarit. Textos. Versión y estudio.* Madrid: Ediciones Cristiandad.
Del Olmo Lete, G. 2008. *Questions of Semitic Linguistics: Root and Lexeme: The History of Research*. Bethesda, MA: CDL Press.
Del Olmo Lete, G. 2009. "Amor Ruibal y la filología comparada". En *Amor Ruibal filólogo (Actas do Simposio Internacional sobre a Obra Filolóxico-Lingüística de Ángel Amor Ruibal [1869–1939]*, ed. A. Torres, A. Domínguez Rey y P. Cano, 77–160. Santiago de Compostela: Consello da Cultura Galega.
Del Valle, J. 2007a. "La RAE y el español total: ¿esfera pública o comunidad discursiva?". En *La lengua, ¿patria común? Ideas e ideologías del español*, ed. J. del Valle, 81–96. Madrid y Frankfurt: Iberoamericana-Vervuert.
Del Valle, J. 2007b. "La lengua, patria común: la hispanofonía y el nacionalismo panhispánico". *La lengua, ¿patria común? Ideas e ideologías del español*, ed. J. del Valle, 31–56. Madrid y Frankfurt: Iberoamericana-Vervuert.
Del Valle, J. 2014. "Lo político del lenguaje y los límites de la política lingüística panhispánica". *Boletín de Filología* 49 (2): 87–112.
Del Valle, J. 2017. "La perspectiva glotopolítica y la normatividad". *Anuario de Glotopolítica* 1: 17–39.
Del Valle, J. y L. Gabriel-Stheeman. 2004. "Nacionalismo, hispanismo y cultura monoglósica". En *La batalla del idioma. La intelectualidad hispánica ante la lengua*, eds. J. del Valle y L. Gabriel-Stheeman, 15–33. Madrid y Frankfurt: Iberoamericana-Vervuert.
Del Valle, J. y V. Meirinho-Guede. 2016. "Ideologías lingüísticas". En *Enciclopedia de lingüística hispánica*, vol. 2, ed. J. Gutiérrez-Rexach, 622–631. Londres y Nueva York: Routledge.
De Miguel, E. 2009. "El dinamismo del léxico y la estabilidad del diccionario. Breve reflexión introductoria". En *Fronteras de un diccionario. Las palabras en movimiento*, eds. E. de Miguel, S. U. Sánchez Jiménez, A. Serradilla, R. Anca y O. Batuikova, 13–52. San Millán de la Cogolla: Cilengua.
De Miguel, E. 2016. "Lexicología". En *Enciclopedia de lingüística hispánica*, ed. J. Gutiérrez-Rexach, 173–185. Londres y Nueva York: Routledge.
Demonte, V. 2001. "El español estándar (ab)suelto. Algunos ejemplos del léxico y la gramática". *Actas del II Congreso Internacional de la Lengua Española.* https://congresosdelalengua.es/valladolid/paneles-ponencias/unidad-diversidad/demonte-v.htm
Demonte, V. 2003. "Lengua estándar, norma y normas en la difusión actual de la lengua española". *Circunstancia: revista de ciencias sociales del Instituto Universitario de Investigación Ortega y Gasset* 1. https://ortegaygasset.edu/wp-content/uploads/2019/05/Circunstancia_Numero_1_Abril_2003.pdf
Demonte, V. 2017. "El diccionario y la gramática. La información gramatical y la cultura lingüística de los usuarios". En *El diccionario en la encrucijada. De la sintaxis y la cultura al desafío digital*, eds. I. Sariego, J. Gutiérrez Cuadrado y C. Garriga, 13–36. Santander: Asociación Española de Estudios Lexicográficos.
De Schryver, G.-M. 2003. "Lexicographers' Dreams in the Electronic-Dictionary Age". *International Journal of Lexicography* 16 (2): 143–199.
De Schryver, G.-M., D. Joffe, P. Joffe y S. Hillewaert. 2006. "Do Dictionary Users Really Look up Frequent Words? On the Overestimation of the Value of Corpus-Based Lexicography". *Lexikos* 16: 67–83.
Díaz Rosales, R. 2005. "Educando ideologías: algunas notas sobre política y religión en el DRAE". *Interlingüística* 16 (1): 311–320.
Díaz Salgado, L. C. 2011. "Historia crítica y rosa de la Real Academia Española". En *El dardo en la Academia. Esencia y vigencia de las academias de la lengua española*, vol. 1, eds. S. Senz y M. Alberte, 21–156. Barcelona: Melusina.
Díez Merino, L. 1994. "Historia de la lexicografía aramea". *Aula Orientalis* 12 (2): 211–224.
Digital 2020 Global Overview Report. 2020. Hootsuite. https://datareportal.com/reports/digital-2020-global-digital-overview
Dingfang, S. 2009. "Cognitive Approaches to Lexical Semantics". *Language and Linguistics Compass* 3 (1): 314–337.
Di Tullio, A. 2001. "Los difusos límites de la 'alternancia locativa' en español". En *Lengua española y estructuras gramaticales*, eds. A. Veiga y M. R. Pérez Rodríguez, 131–140. Santiago de Compostela: Universidade de Santiago de Compostela.
Dixon, R. M. W. y A. Y. Aikhenvald. 2002a. *Word: A Cross-Linguistic Typology*. Cambridge: Cambridge University Press.

Dixon, R. M. W. y A. Y. Aikhenvald. 2002b. "Word: A Typological Framework". En *Word: A Cross-Linguistic Typology*, eds. R. M. W. Dixon y A. Y. Aikhenvald, 1–41. Cambridge: Cambridge University Press.

Dobrina, C. 2015. "Getting to the Core of a Terminological Project". En *Handbook of Terminology*, eds. H. J. Kockaert y F. Steurs, 180–202. Ámsterdam: John Benjamins.

Dobrovol'skij, D. 1994. "Idioms in a Semantic Network: Towards a New Dictionary-Type". En *Euralex 1994 Proceedings: 6th Euralex International Congress of Lexicography*, eds. W. Martin, W. Meijs, M. Moerland, E. ten Pan, P. van Sterkenburg y P. Wossen, 263–270. Ámsterdam: Vrije Universiteit.

Dobrovol'skiï, D. 2000. "La especificidad nacional y cultural en fraseología". En *Trabajos de lexicografía y fraseología contrastivas*, eds. A. Pamies y J. de D. Luque Durán, 63–77. Granada: Método Ediciones y Granada Lingvistica.

Dodd, W. S. 1994. "La lexicoinformática". En *Aspectos de lexicografía contemporánea*, ed. H. Hernández, 121–137. Barcelona: Biblograf.

Domínguez, M. J., B. Lübke, M. Meliss, G. Paredes, P. Poulsen y V. Vázquez. 2008. "Presentación del *Diccionario contrastivo de valencias verbales: español-alemán*. Primera parte: características generales del proyecto". *En La lexicografía bilingüe y didáctica ayer y hoy*, eds. M. Campos Souto, E. M. González González y J. I. Pérez Pascual, 51–61. A Coruña: Universidade da Coruña.

Domínguez M. J. y M. T. Sanmarco, eds. 2017. *Lexicografía y didáctica*. Berna: Peter Lang.

Domínguez, M. J. y C. Valcárcel. 2015. "Hábitos de uso de los diccionarios entre los estudiantes universitarios europeos: ¿nuevas tendencias?". En *Lexicografía de las lenguas románicas. Aproximaciones a la lexicografía contrastiva*, eds. M. J. Domínguez, X. Gómez y C. Valcárcel, vol. 2, 165–189. Berlín: De Gruyter.

Dood, S. W. 1994. "Tendencias en la lexicografía anglosajona: los diccionarios monolingües para usuarios extranjeros". En *Aspectos de lexicografía contemporánea*, coord. H. Hernández, 39–59. Barcelona: Biblograf.

Doval Reixa, I. 2006. "Schwerpunkte eines Wörterbuchs der, Falschen Freunde Deutsch/Spanisch". *Estudios Filológicos Alemanes: Revista del Grupo de Investigación Filología Alemana* 11: 451–468.

Doval Reixa, I. 2012. "Überlegungen zur Erstellung eines Wörterbuchs der "falschen Freunde": Grundfragen und Schwerpunkte". En *Was mich wirklich interessiert. Homenatge a Jordi Jané*, coord. M. Pfeiffer, T. Vinardell i Puig y A. Montané Forasté, 157–166. Girona: Documenta Universitaria.

Doval Reixa, I. 2013. "Aproximación lexicográfica al tratamiento de las interferencias léxicas: falsos amigos y ex-falsos amigos". En *La traducción a través de los tiempos, espacios y disciplinas*, eds. S. Jansen y M. Schrader-Kniffki, 115–174. Berlín: Frank & Timme.

Drouin, P. y J. Ladouceur. 1994. "Identification automatique de descripteurs complexes dans des textes de spécialité". En *Proceedings of the Workshop on Compound Nouns: Multilingual Aspects of Nominal Composition*, ed. P. Bouillon y D. Estival, 8–28. Ginebra: Université de Genève.

Dubois, J. y C. Dubois. 1971. *Introduction à la lexicographie. Le dictionnaire*. París: Larousse.

Ducrot, O. 1980. *Les échelles argumentatives*. París: Editions de Minuit.

Ducrot, O. 1984. *Le dire et le dit*. París: Editions de Minuit.

Duran, M. S. y C. M. Xatara. 2005. "Dicionários semibilingues: uma inovação?". *Revista Estudos Lingüísticos* 13 (1): 45–57.

Dziemianko, A. 2010. "Paper or Electronic? The Role of Dictionary Form in Language Reception, Production and the Retention of Meaning and Collocations". *International Journal of Lexicography* 23 (3): 257–273.

Dziemianko, A. 2012a. "On the Use (Fullness) of Paper and Electronic Dictionaries". En *Electronic Lexicography*, eds. S. Granger y M. Paquot, 319–341. Oxford: Oxford University Press.

Dziemianko, A. 2012b. "Why One and Two Do Not Make Three: Dictionary Form Revisited". *Lexikos* 22: 185–216.

Dziemianko, A. 2018. "Electronic Dictionaries". En *The Routledge Handbook of Lexicography*, ed. P. A. Fuertes-Olivera, 663–683. Londres y Nueva York: Routledge.

Eberenz, R. 1992. "Sebastián de Covarrubias y las variedades regionales del español. Sobre las precisiones geolingüísticas del *Tesoro de la lengua castellana o española*". En *Actas del II Congreso Internacional de Historia de la Lengua Española*, eds. M. Ariza Viguera *et al.*, 87–96. Madrid: Arco Libros.

Eco, U. 1998 [1993]. *La búsqueda de la lengua perfecta*. Madrid: Altaya.

Egido Vicente, M. 2018. "La competencia lexicográfica en proceso de enseñanza-aprendizaje de lenguas extranjeras en el contexto de Enseñanza Superior: ¿una asignatura pendiente?". En *As Línguas estrangeiras no ensino superior: propostas didáticas e casos em estudo*, eds. M. Ellison, M. Pazos, P. Nicolás y S. Valente, 125–139. Oporto: FLUP y Aprolínguas.

Egido Vicente, M. y M. Meliss. 2017. "¿Cómo usar diccionarios bilingües en línea? Ejemplos para el desarrollo de las competencias lexicográficas en la enseñanza del alemán como lengua extranjera". *Revista Internacional de Lenguas Extranjeras* 7: 31–53.

Engelberg, S. y L. Lemnitzer. 2009. *Lexikographie und Wörterbuchbenutzung*. Tübingen: Stauffenburg.

Engelberg, S. y A. Storrer. 2016. "Typologie von Internetwörterbüchern und -portalen". En *Internetlexikographie. Ein Kompendium*, eds. A. Klosa y C. Müller-Spitzer, 31–64. Berlín: De Gruyter.

Enguehard, C. y L. Pantera. 1994. "Automatic Natural Acquisition of a Terminology". *Journal of Quantitative Linguistics* 2 (1): 27–32.

Erjavec, T. 2012. "MULTEXT-East: Morphosyntactic Resources for Central and Eastern European Languages". *Languages Resources and Evaluation* 46: 131–142.

Erlendsdóttir, E., E. Martinell e I. Söhrman, eds. 2017. *De América a Europa. Denominaciones de alimentos americanos en lenguas europeas*. Madrid y Frankfurt: Iberoamericana-Vervuert.

Escalante, R. 2002. "Etnosemántica matlatzinca (taxonomías y nomenclatura)". En *Otopames. Memoria del primer coloquio, Querétaro 1995*, comp. F. Nava, 105–110. México: Universidad Nacional Autónoma de México.

Escandell, M. V. 2003. *Fundamentos de semántica composicional*. Barcelona: Ariel.

Escandell, M. V. 2007. *Apuntes de semántica léxica*. Madrid: Universidad Nacional de Educación a Distancia.

Escandell, M. V., A. Ahern y J. Amenós Pons, eds. 2020. *Manual de pragmática*. Madrid: Akal.

Escobar, G. A. 2009. *Los diccionarios electrónicos del español*. Madrid: Arco Libros.

Esparza Torres, M. Á. y H.-J. Niederehe, comps. 2012. *Bibliografía cronológica de la lingüística, la gramática y la lexicografía del español (BICRES IV). Desde el año 1801 hasta el año 1860*. Ámsterdam: John Benjamins.

Esparza Torres, M. Á. y H.-J. Niederehe, comps. 2015. *Bibliografía cronológica de la lingüística, la gramática y la lexicografía del español (BICRES V). Desde el año 1861 hasta el año 1899*. Ámsterdam: John Benjamins.

Espinosa, M. R. 2009. "Cambio semántico". En *Panorama de la lexicología*, ed. E. de Miguel, 159–188. Madrid: Ariel.

Espinosa-Anke, L., R. Carlini, H. Saggion y F. Ronzano. 2016. "DefExt: A Semi Supervised Definition Extraction Tool". En *Globalex 2016: Lexicographic Resources for Human Language Technology*, eds. I. Kernerman, I. Kosem, S. Krek y L. Trap-Jensen, 24–28. Globalex.

Evert, S. y B. Krenn. 2005. "Using Small Random Samples for the Manual Evaluation of Statistical Association Measures". *Computer Speech and Language* 19 (4): 450–466.

Faber, P. 2012. *A Cognitive Linguistics View of Terminology and Specialized Language*. Berlín: De Gruyter.

Faber, P. 2015. "Frames as a Framework for Terminology". En *Handbook of Terminology*, eds. H. Kockaert y F. Steurs, 14–33. Ámsterdam: John Benjamins.

Faber, P., P. León-Araúz y A. Reimerink. 2016. "EcoLexicon: New Features and Challenges". En *GLOBALEX 2016: Lexicographic Resources for Human Language Technology*, eds. I. Kernerman, I. Kosem Trojina, S. Krek y L. Trap-Jensen, 73–80. Globalex: Portorož, Eslovenia.

Faber, P. y M. Cabezas-García. 2019. "Specialized Knowledge Representation: From Terms to Frames". *Research in Language* 17 (2): 197–211.

Faber, P. y P. León-Araúz. 2016. "Specialized Knowledge Representation and the Parameterization of Context". *Frontiers in Psychology* 7 (00196). www.frontiersin.org/articles/10.3389/fpsyg.2016.00196/pdf

Faber, P., P. León-Araúz y A. Reimerink. 2014. "Representing Environmental Knowledge in EcoLexicon". En *Languages for Specific Purposes in the Digital Era*, eds. E. Bárcena, T. Read y J. Arus, 267–301. Heidelberg: Springer.

Fabra, P. 2010 [1919]. "Per la puresa de la lengua: els castellanismes". En *Converses filològiques. Obres completes*. Proa: Barcelona.

Fajardo, J. y H. Jiménez. 2003. Determinación de relaciones léxicas con base en el grado de subsunción. *Estudios de Lingüística Aplicada* 22 (38): 81–87.

Fajardo Aguirre, A. 2010. "La lexicografía del español en América. Parte primera: evolución, tipología y metodología". En *La lengua española en América: normas y usos actuales*, eds. M. Aleza Izquierdo y J. M. Enguita Utrilla, 317–353. Valencia: Universitat de València.

Fajardo Aguirre, A. 2011. "La norma lingüística del español desde una perspectiva lexicográfica: norma nacional *versus* norma panhispánica". *Normas. Revista de Estudios Lingüísticos Hispánicos* 1: 53–70.

Fajardo Aguirre, A. 2018. "La lexicografía dialectal: aspectos teóricos, metodológicos y tipológicos". En *Léxico dialectal y lexicografía en la Iberorromania*, eds. M. Álvarez de la Granja y E. González Seoane, 77–100. Madrid y Frankfurt: Iberoamericana-Vervuert.

Farias, V. S. 2018. "Pluricentrismo, panhispanismo y lexicografía. Análisis de la codificación normativa en los *corpora* y diccionarios académicos". En *Actas do XIII congreso Internacional de Lingüística Xeral*, eds. M. Díaz Ferro, G. Vaamonde, A. Varela, M. C. Cabeza, J. M. García-Miguel y F. Ramallo, 350–357. Vigo: Universidade de Vigo.

Farkačová, T. 2010. *La microestructura de los diccionarios bilingües español-checos*. Tesis de maestría. Brno: Masaryk University.

Feine, A. 2003. "*Fußballitis, Handyritis, Chamäleonitis -itis*-Kombinationen in der deutschen Gegenwartssprache". *Sprachwissenschaft* 28 (4): 437–466.

Felíu Arquiola, E. y M. Torres Martínez. 2004–2005. "Verbos transitivos que presentan una variante intransitiva no pronominal con interpretación de propiedad y su tratamiento lexicográfico". *Revista de Lexicografía* 11: 39–67.

Fellbaum, C., ed. 1998. *WordNet: An Electronic Lexical Database*. Cambridge, MA: MIT Press.

Fellbaum, C. 2005. "WordNet and Wordnets". En *Encyclopedia of Language and Linguistics*, ed. K. Brown, 665–670. Oxford: Elsevier.

Fernández, L. 2014. "La lexicografía del español y el español hispanoamericano". *Andamios* 11 (26): 53–89.

Fernández, S. S. 2019. "Una introducción a la teoría de la Metalengua Semántica Natural (NSM) y su aplicación a la pragmática". *Pragmática Sociocultural* 7 (3): 397–420.

Fernández, S. S. y C. Goddard. 2019. "Una aproximación al estilo comunicativo de cercanía interpersonal del español a partir de la teoría de la Metalengua Semántica Natural". *Pragmática Sociocultural* 7 (3): 469–493.

Fernández Bernárdez, C. 2016. "Los extranjerismos crudos en el *DRAE* 2014: cambios en el diccionario académico". *Revista de Lexicografía* 22: 123–134.

Fernández Bernárdez, C. 2018a. "Los criterios aplicados en el *DRAE* 2014 a los extranjerismos crudos: revisión crítica". *RILCE. Revista de Filología Hispánica* 34 (1): 179–205.

Fernández Bernárdez, C. 2018b. *Los extranjerismos en las últimas obras académicas: del Diccionario panhispánico de dudas (2005) al Diccionario de la lengua española (2014)*. A Coruña: Universidade da Coruña.

Fernández de Gobeo Díaz de Durana, N. 2015. "Regionalismos del País Vasco en el nuevo *DLE* 2014". *Español Actual* 104: 113–121.

Fernández Gordillo, L. 2005–2006. "Los americanismos en el *Diccionario de autoridades*: tratamiento y repercusiones de algunos de éstos en la trayectoria de las distintas ediciones del *DRAE*". *Revista de Lexicografía* 12: 121–158.

Fernández Gordillo, L. 2014. "La lexicografía del español y el español hispanoamericano". *Andamios* 11 (26): 53–89.

Fernández Méndez, M., M. Franco Barros e I. Sueiro Orallo. 2016. "Uso de diccionarios de aprendizaje: Análisis de una encuesta desde una perspectiva contrastiva sobre el uso de los diccionarios bilingües alemán-español entre aprendices de ELE y DaF". En *Sprachdidaktik Spanisch – Deutsch. Forschungen an der Schnittstelle von Linguistik und Fremdsprachendidaktik*, eds. F. Robles i Sabater, D. Reimann y R. Sánchez Prieto, 73–92. Tübingen: Narr Francke Attempto.

Fernández-Montraveta, A., G. Vázquez y C. Fellbaum. 2008. "The Spanish Version of WordNet 3.0". En *Text Resources and Lexical Knowledge*, eds. A. Storrer, A. Geyken, A. Siebert y K. M. Würzner, 175–182. Berlín: De Gruyter.

Fernández-Pampillón Cesteros, A. y M. Matesanz del Barrio. 2006. "Los diccionarios electrónicos: hacia un nuevo concepto de diccionario". *Estudios de Lingüística del Español* 24. http://elies.rediris.es/elies24/pampillon.htm

Fernández Rei, F. 1990. *Dialectoloxía da lingua galega*. Vigo: Edicións Xerais de Galicia.

Fernández Rodríguez, R. 2012. *Lexicografía de la lengua ilocana. Estudio de una obra manuscrita del siglo* XVIII: *el Calepino Ilocano*. Tesis doctoral. Valladolid: Universidad de Valladolid.

Fernández Sevilla, J. 1974a. *Problemas de lexicografía actual*. Bogotá: Instituto Caro y Cuervo.

Fernández Sevilla, J. 1974b. "Tipología de los diccionarios". En *Problemas de lexicografía actual*, 44–68. Bogotá: Instituto Caro y Cuervo.

Fernández Sevilla, J. 1982. *Neología y neologismos en español contemporáneo*. Granada: Don Quijote.

Ferrando, V. 2012. *Aspectos teóricos y metodológicos para la compilación de un diccionario combinatorio destinado a estudiantes de E/LE*. Tesis doctoral. Tarragona: Universitat Rovira i Virgili.

Ferrario, E. y V. Pulcini, eds. 2002. *La lessicografia bilingue tra presente e avvenire*. Vercelli: Edizioni Mercurio.

Ferreccio, M. 1978. *El* Diccionario académico de americanismos. *Pautas para un examen integral del* Diccionario *de la lengua española de la Real Academia Española*. Santiago de Chile: Ediciones de la Universidad de Chile.

Ficht Romero, A. R. 2018. *Las locuciones coloquiales del español de México: inventario y criterios de clasificación*. Tesis doctoral. Bellaterra: Universitat Autònoma de Barcelona.

Field, M. C. y P. V. Kroskrity. 2009. "Introduction: Revealing Native American Language Ideologies". En *Native American Language Ideologies: Beliefs, Practices, and Struggles in Indian Country*, eds. P. V. Kroskrity y M. C. Field, 3–28. Tucson: University of Arizona Press.

Filgueira Valverde, J. F. 1947. "El primer vocabulario gallego y su colector, el bachiller Olea (c. 1536)". *Cuadernos de Estudios Gallegos* 2 (8): 591–608.

Fillmore, C. 1968. "The Case for Case". En *Form and Meaning in Language*, 21–119. Standford, CA: SCLI Publications.

Fillmore, C. 1982. "Frame Semantics". En *Linguistics in the Morning Calm: Selected Papers from SICOL-1981*, 111–137. Seúl: Hanshing Publishing.

Fillmore, C. 1985. Frames and the Semantics of Understanding. *Quaderni di Semantica* 6 (2): 222–254.

Fillmore, C., C. R. Johnson, y M. Petruck. 2003. "Background to FrameNet". *International Journal of Lexicography* 16 (3): 235–250.

Firth, J. R. 1957. "A Synopsis of Linguistic Theory 1930–55". En *Studies in Linguistic Analysis*, 1–32. Oxford: The Philological Society y Blackwell.

Fischer, R. 2014. "Lexical Creativity Reconsidered". En *The Evolution of Englishes: The Dynamic Model and Beyond*, eds. S. Buschfeld, T. Hoffmann, M. Huber y A. Kautzsch, 448–469. Ámsterdam: John Benjamins.

Fitch, K. L. y R. E. Sanders, eds. 2005. *The Handbook of Language and Social Interaction*. Londres: Lawrence Erlbaum.

Fitch, R. En línea. *Jergas de habla hispana*. www.jergasdehablahispana.org

Florit Durán, F. 2001. "La nómina del *Diccionario de autoridades*: el caso de Tirso de Molina". En *En torno al teatro del Siglo de Oro. XV Jornadas de Teatro del Siglo de Oro*, eds. I. Pardo Molina y A. Serrano, 71–84. Almería: Instituto de Estudios Almerienses.

Folgar, C. 1992. "Algunos problemas relativos a la confección de un diccionario de valencias verbales del castellano medieval". *Verba* 19: 95–106.

Fontenelle, T., ed. 2008. *Practical Lexicography: A Reader*. Oxford: Oxford University Press.

Forgas, E. 1986. "Sexo y sociedad en el último *DRAE*". *Universitas Tarraconensis. Filología* 10: 79–100.

Forgas, E. 1996. "Lengua, sociedad y diccionario: La ideología". En *Léxico y diccionario*, coord. E. Forgas, 71–90. Tarragona: Universitat Rovira i Virgili.

Forgas, E. 1999. "La (de)construcción de lo femenino en el diccionario". En *El sexismo en el lenguaje*, vol. 2, eds. M. D. Fernández de la Torre, L. Taillefer y A. M. Medina Guerra, 577–590. Málaga: CEDMA.

Forgas, E. 2001a. "Diccionario e ideología: tres décadas de la sociedad española a través de los ejemplos lexicográficos". *Espéculo. Revista de Estudios Literarios* 17. https://webs.ucm.es/info/especulo/numero17/3decadas.html

Forgas, E. 2001b. "La pragmática comunicativa e intercultural en los diccionarios bilingües". En *Estudios de lexicografía*, eds. J. DeCesaris y V. Alsina, 137–158. Barcelona: Universitat Pompeu Fabra.

Forgas, E. 2002–2004. "Vicios y virtudes en el *Diccionario* académico: ¿es el *DRAE* un manual de buenas costumbres". *Archivo de Filología Aragonesa* 59–60: 404–421.

Forgas, E. 2009. "Siguiendo pistas: la emergencia de la mujer en el diccionario". En *De igualdad y diferencias: diez estudios de género*, dir. A. M. Vigara, 77–96. Madrid: Huerga y Fierro.

Forgas, E. 2011. "El compromiso académico y su reflejo en el *DRAE*: los sesgos ideológicos (sexismo, racismo, moralismo) del *Diccionario*". En *El dardo en la Academia: esencia y vigencia de las Academias de la Lengua Española*, eds. S. Senz y M. Alberte, vol. 2, 425–457. Santa Cruz de Tenerife: Melusina.

Forgas, E. 2014. "¿Cuánta pragmática cabe en un diccionario pragmático?". En *"Llaneza". Estudios dedicados al profesor Juan Gutiérrez Cuadrado*, eds. M. Bargalló, M. P. Garcés y C. Garriga, 293–304. Anexo 23 de *Revista de Lexicografía*. A Coruña: Universidade da Coruña.

Forgas, E. 2015. "El discurso lexicográfico". En *Pragmática, discurso y norma*, coords. I. Carrasco Cantos y S. Robles Ávila, 43–63. Madrid: Arco Libros.

Forgas, E. y M. Herrera. 2002. "Análisis del texto lexicográfico: lenguaje científico versus subjetividad". *Tonos Digital* 4. www.um.es/tonosdigital/znum4/estudios/Subjetividad.htm

Fourment, M. y B. Canani. 2002. "Neutralisation, cumul et généralisation en lexicographie bilingue (Domanine Français-Italian)". En *La lessicografia bilingue tra presente e avvenire*, eds. E. Ferrario y V. Pulcini, 49–55. Vercelli: Mercurio.

Fourney, A., M. Ringel Morris y R. W. White. 2017. "Web Search as a Linguistic Tool". En *Proceedings of the 26th International Conference on World Wide Web*, 549–557. Nueva York: Association for Computing Machinery.

Frago, J. A. 2012. "Filología y lexicografía: notas americanas". En *Lexicografía hispánica del siglo XXI: nuevos proyectos y perspectivas. Homenaje al profesor Cristóbal Corrales Zumbado*, eds. D. Corbella, J. Dorta, A. Fajardo, M. L. Izquierda, J. Medina y A. Nelsi, 251–263. Madrid: Arco Libros.

Frana, I. 2017. *Concealed Questions*. Oxford: Oxford University Press.

Francesconi, A. 2005. "La lexicología contrastiva español-italiano". *Espéculo: Revista de Estudios Literarios* 31: 1–8.

Franchetto, B. 2007. "La etnografía en la documentación lingüística". En *Bases de la documentación lingüística*, coords. J. A. Flores Farfán y J. Haviland, 219–250. México: INALI.

Frantzi, K., S. Ananiadou y H. Mima. 2000. "Automatic Recognition of Multi-Word Terms". *International Journal of Digital Libraries* 3 (2): 117–132.

Fraser, B. L. 2008. "Beyond Definition: Organising Semantic Information in Bilingual Dictionaries". *International Journal of Lexicography* 21 (1): 69–93.

Frawley, W. 1981. "Lexicography and the Philosophy of Science". *Dictionaries* 3: 18–27.

Freixa, J. 2005. "Variación terminológica: ¿Por qué y para qué?". *Meta* 50 (4). www.erudit.org/fr/revues/meta/2005-v50-n4-meta1024/019917ar.pdf

Freixa, J. 2006. "Causes of Denominative Variation in Terminology: A Typology Proposal". *Terminology* 12 (1): 51–77.

Freixas, M. 2010. *Planta y método del Diccionario de autoridades. Orígenes de la técnica lexicográfica de la Real Academia Española (1713–1739)*. Anexo 14 de la *Revista de Lexicografía*. A Coruña: Universidade da Coruña.

Fries, D. 1989. *"Limpia, fija y da esplendor". La Real Academia Española ante el uso de la lengua 1713–1973*. Madrid: SGEL.

Fuentes Morán, M. T. 1997. *Gramática en la lexicografía bilingüe: morfología y sintaxis en diccionarios español-alemán desde el punto de vista del germanohablante*. Tubinga: Max Niemeyer.

Fuentes Morán, M. T., J. García Palacios y J. Torres del Rey. 2004–2005. "Algunos apuntes sobre la evaluación de diccionarios". *Revista de Lexicografía* 11: 69–80.

Fuentes Morán, M. T. y M. Pradas Macías. 2009. "Zur Textverdichtung in spanischen Lernerwörterbüchern". *Lexicographica: International Annual for Lexicography* 25: 3–20.

Fuertes-Olivera, P. A. 2009. "Systematic Introductions in Specialised Dictionaries: Some Proposals in Relation to Accounting Dictionaries". En *Lexicography in the 21st Century: In Honour of Henning Bergenholtz*, eds. S. Nielsen y S. Tarp, 161–178. Ámsterdam: John Benjamins.

Fuertes-Olivera, P. A. 2012a. "La lexicografía de internet: el diccionario inglés-español de contabilidad". *Círculo de Lingüística Aplicada a la Comunicación* 52: 21–56.

Fuertes-Olivera, P. A. 2012b. "On the Usability of Free Internet Dictionaries for Teaching and Learning Business English". En *Electronic Lexicography*, eds. S. Granger y M. Paquot, 399–424. Oxford: Oxford University Press.

Fuertes-Olivera, P. A. 2012c. "Lexicography and the Internet as a (Re-)Source". *Lexicographica* 28: 49–70.

Fuertes-Olivera, P. A. 2016. "A Cambrian Explosion in Lexicography: Some Reflections for Designing and Constructing Specialised Online Dictionaries". *International Journal of Lexicography* 29 (2): 226–247.

Fuertes-Olivera, P. A. 2018. *The Routledge Handbook of Lexicography*. Londres y Nueva York: Routledge.

Fuertes-Olivera, P. A. 2019. "Designing and Making Commercially Driven Integrated Dictionary Portals: The *Diccionarios Valladolid-Uva*". *Lexicography* 6 (1): 21–41.

Fuertes Olivera, P. A. y M. A. Arribas Baño. 2008. *Pedagogical Specialised Lexicography: The Representation of Meaning in English and Spanish Business Dictionaries: Terminology and Lexicography Research and Practice*, vol. 11. Ámsterdam: John Benjamins.

Fuertes-Olivera, P. A. y H. Bergenholtz, eds. 2011. *E-Lexicography: The Internet: Digital Initiatives and Lexicography*. Londres y Nueva York: Continuum.

Fuertes-Olivera, P. A. y H. Bergenholtz. 2015. "Los diccionarios en línea de español 'Universidad de Valladolid'". *Estudios de Lexicografía* 4: 71–98.

Fuertes-Olivera, P. A. y H. Bergenholtz. 2018. "Dictionaries for Text Production". En *The Routledge Handbook of Lexicography*, ed. P. A. Fuertes-Olivera, 267–283. Londres y Nueva York: Routledge.

Fuertes-Olivera, P. A. y S. Tarp. 2008. "La Teoría Funcional de la Lexicografía y sus consecuencias para los diccionarios de Economía del español". *Revista de Lexicografía* 14: 75–95.

Fuertes-Olivera, P. A. y S. Tarp. 2014. *Theory and Practice of Specialised Online Dictionaries: Lexicography versus Terminography*. Berlín: De Gruyter.

Fuertes-Olivera, P. A., S. Tarp, y P. Sepstrup. 2018. "New Insights in the Design and Compilation of Digital Bilingual Lexicographical Products: The Case of the *Diccionarios Valladolid-UVa*". *Lexikos* 28: 152–176.

Gak, V. G. 1991. "Para una tipología de las tipologías de diccionarios". *Voz y Letra* 2 (1): 105–115.

Galera, C. 1986. *El léxico marginal (1975–1985). Estudio lingüístico*. Tesis doctoral. Madrid: Universidad Complutense de Madrid.

Galinier, J. 1990. *La mitada del mundo. cuerpo y cosmos en los rituales otomíes*. México, D. F.: Universidad Nacional Autónoma de México.

Gallardo, P. (coord.). 2020. *Cuerpo y persona. Aportes antropológicos en México, El Salvador y Venezuela*. México: Instituto Nacional de Antropología e Historia.

Gallardo, P. y J. Galinier. 2005. "El don de desencriptar, praxis y memoria entre los chamanes otomíes orientales". En *El poder de saber. Especialistas rituales de México y Guatemala*, eds. P. Gallardo y F. Lartigue, 317–332. México, D. F.: Universidad Nacional Autónoma de México.

Gamella, J. F., C. Fernández e I.-X. Adiego. 2015. "The Long Agony of Hispanoromani: The Remains of Caló in the Speech of Spanish Gitanos". *Romani Studies* 5 (25): 53–93.

Gantar, P., L. Colman, C. Parra y H. Martínez Alonso. 2019. "Multiword Expressions: Between Lexicography and NLP". *International Journal of Lexicography* 32 (2): 138–162.

Garcés Gómez, M. P., ed. 2008. *Diccionario histórico: nuevas perspectivas lingüísticas*. Madrid y Frankfurt: Iberoamericana-Vervuert.

García, J. 1985. "El drogata". *El lenguaje actual de los maleantes españoles, I*, Informe monográfico 8 y 9 de la revista *Policía*.

García, J. 1990. "Vocabulario de la droga 'drogata'". *Lenguajes marginales. Análisis y vocabulario*, 103–121. Madrid: Dirección General de la Policía.

García Andreva, F. 2017. "Anglicismos no asimilados en el *DRAE* 23.ª ed.". *Études Romanes de Brno* 38 (2): 11–27.

García Aranda, M. A. 2017. "Los diccionarios ideológicos, temáticos, de ideas afines y conceptuales". *Estudios de Lingüística del Español* 38: 123–154.

García Calviño, J. M. 2012. "Reseña de: Hélder Júlio Ferreira Montero, *Diccionario de falsos amigos: Português-Espanhol, Español-Portugués*". *Anuario Brasileño de Estudios Hispánicos* XXII: 225–226.

García de la Concha, V. 2014. *La Real Academia Española. Vida e historia*. Barcelona: Planeta.

García de Miguel, J. M. 2014. "El perfil combinatorio de los verbos en ADESSE. Polisemia y parasinonimia de verbos de competición". En *Léxico, didáctica y nuevas tecnologías*. Anexo 29 de la *Revista de Lexicografía*, ed. Y. Morimoto, 11–37. A Coruña: Universidade da Coruña.

García Folgado, M. J., C. Sinner y G. Toscano y García. 2019. *Clases y categorías en la gramática española desde una perspectiva historiográfica*. Leipzig: Leipziger Universitätsverlag.

García Gómez, E. 1979. *Antología árabe para principiantes*, 7.ª ed. Madrid: Espasa-Calpe.

García Jáuregui, C. 2019. "De morbos, pasiones, afecciones y otros males: aproximación a los sinónimos de enfermedad y a la información combinatoria en el *Nuevo diccionario histórico del español* (*NDHE*)". En *Historia e historiografía de los diccionarios del español*, eds. M. Quilis Merín y J. Sanmartín Sáez, 87–99. Anexo 11 de la revista *Normas*. Valencia: Asociación Española de Estudios Lexicográficos.

García Llamas, B. I. 2013. "La lexicografía de Internet y el diseño de diccionarios pedagógicos especializados: el diccionario de comercio internacional español-inglés". *Cuadernos de Investigación Filológica* 39: 7–26.

García Meseguer, A. 1993. "Género y sexo en el nuevo *Diccionario* de la Real Academia". *Política Científica* 37: 51–56.

García Mouton, P. 2012. "Norma, uso y variación en el *Diccionario de dudas y dificultades de la lengua española*". En *Estudios de lingüística española: homenaje a Manuel Seco*, coord. F. Rodríguez González, 567–574. Alicante: Publicaciones de la Universidad de Alicante.

García Platero, J. M. 2015. "La terminología lingüística en la 23.ª edición del *DLE*". *Español Actual* 104: 73–99.

García Platero, J. M. 2016. "El profesor y el diccionario". En *La formación y competencias del profesorado de ELE*, ed. M. A. Lamolda González, 385–391. Granada: Asociación para la Enseñanza del Español como Lengua Extranjera.

García Sanz, E. 2011. "El diccionario: diferencias y similitudes como herramienta didáctica en el aula de español/L1 y de español/L2". *Revista Electrónica de Didáctica del Español Lengua Extranjera* 23. https://sede.educacion.gob.es/publiventa/descarga.action?f_codigo_agc=16795

Garrido Moraga, A. M. 1992. "Un episodio en la lexicografía académica del siglo XVIII: las supresiones de la segunda impresión del diccionario". *RILCE. Revista de Filología Hispánica* 8: 265–285.

Garriga, C. 1995. "Las marcas de uso: *despectivo* en el *DRAE*". *Revista de Lexicografía* 1: 113–147.

Garriga, C. 1996. "La marca de *irónico* en el *DRAE*: De *Autoridades* a 1992". En *Léxico y diccionarios*, ed. E. Forgas, 105–131. Tarragona: Universitat Rovira i Virgili.

Garriga, C. 1999. "Diccionarios didácticos y marcas lexicográficas". En *Así son los diccionarios*, eds. M. N. Vila, M. A. Calero, R. M. Mateu, M. Casanovas y J. L. Orduña, 43–75. Lleida: Universitat de Lleida.
Garriga, C. 2000. "Diccionarios bilingües y marcas de uso". *Salina* 14: 201–212.
Garriga, C. 2001. "Sobre el diccionario académico: la 12.ª ed. (1884)". En *Estudios de lexicografía diacrónica del español*, coord. A. M. Medina Guerra, 261–315. Málaga: Universidad de Málaga.
Garriga, C. 2003. "La microestructura del diccionario: las informaciones lexicográficas". *Lexicografía española*, coord. A. M. Medina Guerra, 103–126. Barcelona: Ariel.
Garriga, C. 2019. "De nuevo sobre las marcas de uso: del pasado inmediato al futuro imperfecto". En *Retos y avances en lexicografía: los diccionarios del español en el eje de la variación lingüística*, eds. J. Santamaría Sáez y M. Quilis Merín, anexo de la revista *Normas. Revista de Estudios Lingüísticos Hispánicos* 10: 17–40.
Garriga, C. y M. Bargalló. 2000. "Gramáticas y diccionarios: el régimen del adjetivo". En *Proceedings of the Ninth Euralex International Congress*, eds. U. Heid, S. Evert, E. Lehmann y C. Rohrer, 601–609. Stuttgart: Universität Stuttgart.
Garriga, C. y J. Gutiérrez Cuadrado. 2017. "¿Compete, concierne o incumbe la gramática a los diccionarios?". En *Relaciones sintácticas: homenaje a Josep M. Brucart y M. Lluïsa Hernanz*, eds. Á J. Gallego, Y. Rodríguez Sellés y J. Fernández Sánchez, 315–340. Bellaterra: Universitat Autònoma de Barcelona.
Garriga, C. y D. Martínez. 2005. "Norma y diccionario". *Textos. Didáctica de la Lengua y la Literatura* 39: 59–76.
Garriga, C. y F. Rodríguez Ortiz. 2006. "La 15.ª edición del *DRAE* (1925): voces técnicas y dialectales". En *El* Diccionario *de la Real Academia Española: ayer y hoy*, eds. M. Campos Souto y J. I. Pérez Pascual, 99–116. A Coruña: Universidade da Coruña.
Garrudo, F. 2005. "El diccionario, arma de doble filo: la información gramatical". En *Las gramáticas y los diccionarios en la enseñanza del español como segunda lengua, deseo y realidad. Actas del XV Congreso Internacional de ASELE*, ed. M. A. Castillo Carballo, 40–52. Sevilla: Universidad de Sevilla.
Gauton, R. 2008. "Bilingual Dictionaries, the Lexicographer and the Translator". *Lexikos* 18: 106–118.
Geckeler, H. 1976. *Semántica estructural y teoría del campo léxico*. Madrid: Gredos.
Geeraerts, D. 1995. "Representational Formats in Cognitive Linguistics". *Folia Linguistica* 29 (1–2): 21–41.
Geeraerts, D. 2003. "Meaning and Definition". En *Practical Guide to Lexicography*, ed. P. van Sterkenburg, 83–93. Ámsterdam: John Benjamins.
Geeraerts, D. 2009. *Theories of Lexical Semantics*. Oxford: Oxford University Press.
Geeraerts, D. 2010. "Lexicography". En *The Oxford Handbook of Cognitive Linguistics*, eds. D. Geeraerts y H. Cuyckens. Oxford: Oxford University Press.
Geeraerts, D. y H. Cuyckens. 2007. "Introducing Cognitive Linguistics". En *The Oxford Handbook of Cognitive Linguistics*, eds. D. Geeraerts y H. Cuyckens, 1–21. Oxford: Oxford University Press.
Geertz, C. 2000 [1973]. *The Interpretation of Cultures*. Nueva York: Hachette.
Gelpí, C. 1999. "Diccionarios del español en internet". *Biblio W. Revista Bibliográfica de Geografía y Ciencias Sociales* 189. www.ub.edu/geocrit/b3w-189.htm
Gelpí, C. 2000. "El *Diccionario del español actual:* un diccionario nuevo". *Biblio 3W. Revista Bibliográfica de Geografía y Ciencias Sociales* 239. www.ub.edu/geocrit/b3w-239.htm
Gelpí, C. 2003. "El estado actual de la lexicografía: los nuevos diccionarios". En *Lexicografía española*, ed. A. M. Medina Guerra, 307–328. Barcelona: Ariel.
Gelpí, C. 2006. "La lexicografía entre el catalán y el castellano (XVI-XIX) y su proyección en el *Diccionari* de Pere Labernia". *Philologia Hispalensis* 22: 165–187.
Geraghty, M. 2017. "Linguistic Ideology and the 'Correct' Use of Language in Camilo Ortúzar's *Diccionario manual de locuciones viciosas* (1893)". *Language & History* 60 (2): 129–145.
Geyken, A. y L. Lemnitzer. 2016. "Automatische Gewinnung von lexikografischen Angaben". En *Internetlexikographie. Ein Kompendium*, eds. A. Klosa y C. Müller-Spitzer, 197–248. Berlín: De Gruyter.
Giacoma, L. 2002. "Le espressioni idiomatiche come problema lessicografico, con particolare riferimento al confronto interlinguistico italiano-tedesco". En *La lessicografia bilingue tra presente e avvenire*, eds. E. Ferrario y V. Pulcini, 107–122. Vercelli: Mercurio.
Giacomini, L. 2018. "Dictionaries for Translation". En *The Routledge Handbook of Lexicography*, ed. P. A. Fuertes-Olivera, 284–299. Londres y Nueva York: Routledge.
Gildea, D. y D. Jurafsky. 2002. "Automatic Labeling of Semantic Roles". *Computational Linguistics* 28 (3): 245–288.
Giles, H., ed. 2016. *Communication Accommodation Theory: Negotiating Personal Relationships and Social Identities across Contexts*. Cambridge: Cambridge University Press.

Gili Gaya, S. 1963. *La lexicografía académica del siglo XVIII*. Oviedo: Universidad de Oviedo.

Giménez Folqués, D. 2010. "La lexicografía del español de América. Parte segunda. Repertorio de diccionarios". En *La lengua española en América: normas y usos actuales*, coords. M. Aleza Izquierdo y J. M. Enguita, 355–373. Valencia: Universitat de València.

Gobello, J. 1996. *Aproximación al lunfardo*. Buenos Aires: Universidad Católica de Argentina.

Goddard, C. 2004. "'Cultural Scripts': A New Medium for Ethnopragmatic Instruction". En *Cognitive Linguistics, Second Language Acquisition, and Foreign Language Teaching*, eds. M. Achard y S. Niemeier. Berlín: De Gruyter.

Goddard, C. 2008. *Cross-linguistic Semantics*. Ámsterdam: John Benjamins.

Goddard, C. 2011. *Semantic Analysis: A Practical Introduction*, 2.ª ed. Oxford: Oxford University Press.

Goddard, C. 2012. "Semantic Primes, Semantic Molecules, Semantic Templates: Key Concepts in the NSM Approach to Lexical Typology". *Linguistics* 50 (3): 711–743.

Goddard, C., ed. 2017a. *Minimal English for a Global World: Improved Communication Using Fewer Words*. Cham: Springer.

Goddard, C. 2017b. "Furniture, Vegetables, Weapons: Functional Collective Superordinates in the English Lexicon". En *The Semantics of Nouns*, ed. Z. Ye, 539–559. Oxford: Oxford University Press.

Goddard, C. y B. Peeters. 2006. "The Natural Semantic Metalanguage (NSM) Approach: An Overview with Reference to the Most Important Romance Languages". En *Semantic Primes and Universal Grammar. Empirical Evidence from the Roman Languages*, ed. B. Peeters, 13–38. Ámsterdam: John Benjamins.

Goddard, C. y A. Wierzbicka. 1994. *Semantic and Lexical Universals: Theory and Empirical Findings*. Ámsterdam: John Benjamins.

Goddard, C. y A. Wierzbicka. 2004. "Cultural Scripts: What Are They and What Are They Good for?" *Intercultural Pragmatics* 1 (2): 153–166.

Goddard, C. y A. Wierzbicka. 2014. *Words and Meanings: Lexical Semantics across Domains, Languages and Cultures*. Oxford: Oxford University Press.

Gödel, K. 1931. Über formal unentscheidbare Sätze del Principia mathematica und verwandter Systeme. Monatshefte für Mathematik und Physik 38: 173–198.

Goldenberg, G. 1987–1988. "The Contribution of Semitic Languages to Linguistic Thinking". *Vooraziatisch-Egyptisch Genootschap 'Ex Oriente Lux'* 30 (1987–88): 107–115. Reimpr. en Goldenberg, G. 1998. *Studies in Semitic Linguistics. Selected Writings*, 1–9. Jerusalén: The Magnes Press.

Goldhahn, D., T. Eckart y U. Quasthoff. 2012. "Building Large Monolingual Dictionaries at the Leipzig Corpora Collection: From 100 to 200 Languages". En *Proceedings of the Eight International Language Resources and Evaluation*, eds. N. Calzolari, K. Choukri, T. Declerck, M. Uğur Doğan, B. Maegaard, J. Mariani, A. Moreno, J. Odijk y S. Piperidis, 759–765. París: European Language Resources Association.

Gómez, J. y F. Rodríguez. 2002. "El lenguaje de los soldados". En *El lenguaje de los jóvenes*, ed. F. Rodríguez, 265–290. Barcelona: Ariel.

Gómez, R. 1991. "El legado de Manuel Larramendi". *Ínsula* 534: 29–30.

Gómez Asencio, J. J. 1981. *Gramática y categorías verbales en la tradición española (1771–1847)*. Salamanca: Universidad de Salamanca.

Gómez Asencio, J. J. 1985. *Subclases de palabras en la tradición española. 1771–1847*. Salamanca: Universidad de Salamanca.

Gómez Capuz, J. 1996. "El argot de los soldados en España. Observaiones y glosario". *Lebende Sprachen* 41 (1): 24–26.

Gómez Capuz, J. 1998. "El argot de los soldados: aspectos léxico-semánticos, lexicogenésicos y fraseológicos". *Hesperia* 1: 43–60.

Gómez Martínez, M. y J. R. Carriazo Ruiz, eds. 2010. *La marcación en lexicografía histórica*. San Millán de la Cogolla: Cilengua.

Gómez Martínez, M. y M.ª N. Sánchez González de Herrero. 2010. "La marcación diatópica". En *La marcación en lexicografía histórica*, eds. M. Gómez Martínez y J. R. Carriazo Ruiz, 109–169. San Millán de la Cogolla: Cilengua.

Gómez-Pablos, B. 2014. "La jerga estudiantil en el *Diccionario de autoridades*". *Romanica Olomucensia* 26 (1): 15–26.

Gómez Torrego, L. 1992. *El buen uso de las palabras*. Madrid: Arco Libros.

Gómez Torrego, L. 1998. *El léxico en el español actual. Uso y norma*, 2.ª ed. Madrid: Arco Libros.

Gómez Torrego, L. 2009. "El *Diccionario panhispánico de dudas* y el *Manual de español urgente*". En *Diccionarios y libros de estilo*, coords. P. Fernández Martínez e I. Blanco Alfonso, 11–20. Madrid: Fragua.

Gómez Torrego, L. 2012. "La trascendencia de algunos cambios normativos en el *Diccionario panhispánico de dudas*". En *Actas del Primer Ciclo 'ADELE' 2011–2012. Curso de formación de profesores de E/LE*, eds. S. Bailini, C. Campos, R. Odicino y M. Sánchez, 7–24. Milán: EDUCatt.

González-Agirre, A., E. Laparra y G. Rigau. 2012. "Multilingual Central Repository Version 3.0". En *Proceedings of the Eight International Conference on Language Resources and Evaluation*, eds. N. C. C. Chair, K. Choukri, T. Declerck, M. U. Doğan, B. Maegaard, J. Mariani, J. Odijk y S. Piperidis, 2525–2529. París: European Language Resources Association.

González Calvo, J. M. 1984. "Consideraciones de la palabra como unidad lingüística". *Revista Española de Lingüística* 12 (2): 375–410.

González Seoane, E. 2003. "A lexicografía galega moderna". En *O proceso de normalización do idioma galego 1980–2000: Elaboración e difusión da lingua*, eds. H. Monteagudo y X. M. Bouzada Fernández, vol. 3. Santiago de Compostela: Consello da Cultura Galega.

González Seoane, E. 2008. "A lexicografía galega moderna". En *A lexicografía galega moderna: recursos e perspectivas*, eds. E. González Seoane, A. Santamarina y X. Varela Barreiro, 165–227. Vigo y Santiago de Compostela: Consello da Cultura Galega e Instituto da Lingua Galega.

Gonzalo Velasco, M. E. 2019. *Galicismos y falsos amigos entre el español y el francés. Estudio teórico y propuesta lexicográfica. Colección Vítor*. Salamanca: Ediciones Universidad de Salamanca.

Goodwin, C. 1981. *Conversational Organization: Interaction between Speakers and Hearers*. Nueva York: Academic Press.

Goody, J. 2000. *The Power of the Written Tradition*. Washington: Smithsonian Institution Press.

Gorbahn-Orme, A. y F. J. Hausmann. 1991. "The Dictionary of False Friends". En *Wörterbücher / Dictionaries / Dictionnaires. Ein internationales Handbuch zur Lexikographie / An International Encyclopedia of Lexicography / Enciclopédie internationale de lexicographie*, eds. F. J. Hausmann, O. Reichmann, H. E. Wiegand y L. Zgusta, 2882–2888. Berlín: De Gruyter.

Gouws, R. H. 1996. "Idioms and Collocations in Bilingual Dictionaries and Their Afrikaans Translation Equivalents". *Lexicographica* 12: 54–88.

Gouws, R. H. 2017. "La sociedad digital y los diccionarios". En *Lexicografía y didáctica. Diccionarios y otros recursos lexicográficos en el aula*, eds. M.ª J. Domínguez Vázquez y M.ª T. Sanmarco Bande, 17–34. Berna: Peter Lang.

Gouws, R. H. 2018. "Internet Lexicography in the 21st Century". En *Wortschatz: Theorie, Empirie, Dokumentation*, ed. S. Engelberg, H. Kämper y P. Storjohaun, 215–236. Berlín: De Gruyter.

Gouws, R. H., U. Heid, W. Schweickard y H. E. Wiegand. 2013. *Dictionaries: An International Encyclopedia of Lexicography: Supplementary Volume: Recent Developments with Focus on Electronic and Computational Lexicography*. Berlín: De Gruyter.

Grande Alija, F. J. 2008. "Diccionarios, lenguas perfectas y el nombre de las cosas". *Boletín de Filología* 43: 109–143.

Granger, S. 2012. "Introduction: Electronic Lexicography: From Challenge to Opportunity". En *Electronic Lexicography*, eds. S. Granger y M. Paquot, 1–14. Oxford: Oxford University Press.

Granger, S. y M. Paquot. 2012. *Electronic Lexicography*. Oxford: Oxford University Press.

Greenberg, J. 1987. *Language in the Americas*. Stanford: Stanford University Press.

Grefenstette, G. 1998. "The Future of Linguistics and Lexicographers: Will There Be Lexicographers in the Year 3000?". En *Euralex'98 Proceedings*, eds. T. Fontenelle, P. Hiligsmann, A. Michiels, A. Moulin y S. Theissen, 25–41. Liège: Université de Liège. Reeditado en *Practical Lexicography. A Reader*, ed. Fontenelle, Thierry. Oxford University Press, 2008, 307–323.

Greimas, A. J. 1966. *Sémantique structurale: recherche de méthode*. París: Larousse.

Greußlich, S. 2015. "El pluricentrismo de la cultura lingüística panhispánica: política lingüística, los estándares regionales y la cuestión de su codificación". *Lexis* 39 (1): 57–99.

Grice, H. P. 1989. *Studies in the Way of Words*. Cambridge: Harvard University Press.

Grieve, J., C. Montgomery, A. Nini, A. Murakami y D. Guo. 2019. "Mapping Lexical Dialect Variation in British English Using Twitter". *Frontiers in Artificial Intelligence* 2. www.frontiersin.org/articles/10.3389/frai.2019.00011/pdf

Grimm, J. M. 1896. *La lengua quichua (dialecto de la República del Ecuador)*. Friburgo: Herder.

Grinevald, C. 2000. "A Morphosyntactic Typology of Classifiers". En *Systems of Nominal Classification*, ed. G. Senft, 50–92. Cambridge: Cambridge University Press.

Gromann, D. y J. Schnitzer. 2016. "Where Do Business Students Turn for Help? An Empirical Study on Dictionary Use in Foreign-Language Learning". *International Journal of Lexicography* 29 (1): 55–99.

Gross, G. 1994. "Classes d'objets et description des verbes". *Langages* 115: 15–30.

Guardiola i Savall, M. I. 2008. "El tresor lexicogràfic valencià (1543–1915)". En *El diccionario como puente entre las lenguas y culturas del mundo: actas del II Congreso Internacional de Lexicografía Hispánica*, coords. D. Azorín Fernández, B. Alvarado, J. Climent, M. I. Guardiola, R. M. Lavale Ortiz, C. Marimón Llorca, J. J. Martínez Egido, X. A. Padilla, H. Provencio, I. Santamaría-Pérez, L. Timofeeva y E. Toro, 106–111. Alicante: Biblioteca Virtual Miguel de Cervantes.

Guasch, A. 1983. *El idioma guaraní. Gramática y antología de prosa y verso*. Asunción: Loyola.

Guerra Navarro, F. 1965. *Contribución al léxico popular de Gran Canaria*. Madrid: Ediciones Peña Pancho Guerra.

Guerrero Ramos, G. 1992. "Dialectalismos en el *Diccionario* de Esteban de Terreros y Pando". En *Actas del II Congreso Internacional de Historia de la Lengua Española*, eds. M. Ariza Viguera, R. Cano-Aguilar, J. Mendoza y A. Narbona, 151–159. Sevilla: Pabellón de España.

Guerrero Ramos, G. 1995. *Neologismos en el español actual*. Madrid: Arco Libros.

Guilbert, L. 1975. *La créativité léxicale*. París: Larousse.

Guillaud, H. 2011. *Où sont passés les éditeurs de dictionnaires*. https://web.archive.org/web/20190428135604/http://lafeuille.blog.lemonde.fr/2011/07/22/ou-sont-passes-les-editeurs-de-dictionnaires/

Gulordava, K. y M. Baroni. 2011. "A Distributional Similarity Approach to the Detection of Semantic Change in the Google Books Ngram Corpus". En *Proceedings of the GEMS 2011 Workshop on Geometrical Models of Natural Language Semantics*, eds. S. Pado, Y. Peirsman, 67–71. Stroudsburg, PA: Association for Computational Linguistics.

Gutas, D. 1998. *Greek Thought, Arabic Culture: The Graeco-Arabic Translation Movement in Baghdad and Early 'Abbāsid Society (2nd-4th/8th-19th Centuries)*. Londres y Nueva York: Routledge.

Gutiérrez Cuadrado, J. 1992. "Gramática y diccionario". En *Actas del Congreso de la Lengua Española*, 637–656. Madrid: Instituto Cervantes.

Gutiérrez Cuadrado, J. 1996a. "Enciclopedia y diccionario". En *Léxico y diccionarios*, coord. E. Forgas, 133–159. Tarragona: Universitat Rovira i Virgili.

Gutiérrez Cuadrado, J. 1996b. "Introducción". En *Diccionario Salamanca de la lengua española*, dir. J. Gutiérrez Cuadrado, v–xii. Madrid: Santillana.

Gutiérrez Cuadrado, J. 2000. "El *Diccionario Salamanca* de Santillana, cinco años después". 2000. En *¿Qué español enseñar? Norma y variación lingüística en la enseñanza de español a extranjeros. Actas del XI Congreso Internacional de ASELE*, ed. M. A. Martín Zorraquino, 123–134. Zaragoza: Universidad de Zaragoza.

Gutiérrez Cuadrado, J. 2001–2002. "El nuevo rumbo de la vigésima segunda edición 2001 del *Diccionario de la lengua española* de la Real Academia". *Revista de Lexicografía* 8: 297–319.

Gutiérrez Cuadrado, J. 2006. "La etimología en los diccionarios generales: reflexiones sobre *catálisis* y sus derivados". En *Palabra por palabra. Estudios ofrecidos a Paz Battaner*, eds. E. Bernal y J. DeCesaris, 109–123. Barcelona: Universitat Pompeu Fabra.

Gutiérrez Cuadrado, J. 2010. "Niveles y procesos en la definición del diccionario". *Quaderns de Filologia. Estudis lingüístics* 15: 121–138.

Gutiérrez Cuadrado, J. 2011. "Ideología y lexicografía. El discurso del diccionario, espejo y trampantojo de la sociedad". En *Ideolex. Estudios de lexicografía e ideología*, coords. F. San Vicente, C. Garriga y H. E. Lombardini, 25–66. Monza: Polimetrica.

Gutiérrez Cuadrado, J. 2017. "La vigencia de los microdiccionarios". En *El diccionario en la encrucijada: de la sintaxis y la cultura al desafío digital*, coord. C. Garriga Escribano, I. Sariego López y J. Gutiérrez Cuadrado, 297–316. Santander: Escuela Universitaria de Turismo Altamira.

Gutiérrez-Rexach, J., ed. 2015. *Enciclopedia de lingüística hispánica*. Londres y Nueva York: Routledge.

Hacken, P. ten. 2016. "Bilingual Dictionaries and Theories of Word Meaning". En *Proceedings of the XVII Euralex International Congress*, eds. T. Margalitadze y G. Meladze, 61–76. Tbilisi: Lexicographic Centre, Ivane Javakhishvili Tbilisi State University.

Haensch, G. 1975. "El préstamo lingüístico en el lenguaje coloquial y en las jergas". En *Sonderdruck aus 'Filología y didáctica hispánica' (Festschrift Schneider)*, 115–130. Hamburgo.

Haensch, G. 1982a. "Tipología de las obras lexicográficas". En *La Lexicografía. De la lingüística teórica la lexicografía práctica*, eds. G. Haensch, L. Wolf, S. Ettinger y R. Werner, 95–187. Madrid: Gredos.

Haensch, G. 1982b. "Aspectos prácticos en la elaboración de diccionarios". En *La lexicografía. De la lingüística teórica a la lexicografía práctica*, eds. G. Haensch, L. Wolf, S. Ettinger y R. Werner, 395–534. Madrid: Gredos.

Haensch, G. 1983. "Apuntes de jerga escolar y estudiantil española". En *Iberoamérica. Homenaje a Gustav Siebermann*, eds. J. M. López de Abiada y T. Heynderech, vol. 1, 279–287. Munich: Wilhelm in Verlag; reimpreso en *Yelmo* 62–63 (1984–1985), 14–16.

Haensch, G. 1994. "Dos siglos de lexicografía del español de América: lo que se ha hecho y lo que queda por hacer". En *Unidad y variación léxicas del español de América*, eds. G. Wotjak y K. Zimmermann, vol. 50, 39–82. Madrid y Frankfurt: Iberoamericana-Vervuert.
Haensch, G. 1997. *Los diccionarios de español en el umbral del siglo XXI*. Salamanca: Ediciones Universidad de Salamanca.
Haensch, G., comp. 2000. *Textos clásicos sobre la historia de la lexicografía del español en América*. Madrid: Fundación Histórica Tavera y Digibis.
Haensch, G. 2006. "Reseña a: *Diccionario panhispánico de dudas*". *Revista de Lexicografía* 12: 267–270.
Haensch, G. y C. Omeñaca. 2004 [1997]. *Los diccionarios del español en el siglo XXI*. Salamanca: Universidad de Salamanca.
Haensch, G. y R. Werner. 1978. "Un nuevo diccionario de americanismos: proyecto de la Universidad de Augsburgo". *Thesaurus* 23: 1–40.
Haensch, G., L. Wolf, S. Ettinger y R. Werner. 1982. *La lexicografía: de la lingüística teórica a la lexicografía práctica*. Madrid: Gredos.
Haiman, J. 1980. "Dictionaries and Encyclopedias". *Lingua* 50: 329–355.
Halliday, M. A. K. 1966. "Lexis as a Linguistic Level". En *In Memory of J. R. Firth*, eds. J. C. Catford, C. E. Bazell, M. A. K. Halliday y R. H. Robins, 148–162. Londres: Longman.
Halliday, M. A. K. 1976. "Anti-Languages". *American Anthropologist* 78 (3): 570–584.
Hampares, K. J. 1976. "Sexism in Spanish Lexicography?". *Hispania* 59 (1): 100–109.
Hanks, P. 2002. "Mapping Meaning onto Use". En *Lexicography and Natural Language Processing: A Festschrift in Honour of B. T. S. Atkins*, ed. M. H. Corréard, 156–198. Grenoble: Euralex.
Hanks, P. 2009. "The Impact of Corpora on Dictionaries". En *Contemporary Corpus Linguistics*, ed. P. Baker, 214–235. Londres y Nueva York: Continuum.
Hanks, P. 2013. *Lexical Analysis: Norms and Exploitations*. Cambridge, MA: MIT Press.
Hanks, P. 2015. "Definition". En *Oxford Handbook of Lexicography*, ed. Ph. Durkin, 94–122. Oxford: Oxford University Press.
Harari, Y. 2015. *Sapiens: A Brief History of Human Kind*. Nueva York: Harper.
Harley, A. 2000. "Cambridge Dictionaries Online". En *Proceedings of the Ninth Euralex International Congress*, eds. U. Heid, S. Evert, E. Lehmann y C. Rohrer, 85–88. Stuttgart: Institut für Maschinelle Sprachverarbeitung, Universität Stuttgart.
Harris, R. 1981. *The Language Myth*. Londres: Duckworth.
Harrison, B. 1972. *Meaning and Structure: An Essay in the Philosophy of Language*. Nueva York: Harper & Row.
Hartmann, R. R. K. 1982. "Contribution to the Panel Discussion". En *Lexicography in the Electronic Age*, eds. J. Goetschalckx y L. Rolling, 255–256. Ámsterdam: North Holland.
Hartmann, R. R. K. 1994. "Bilingualised Versions of Learners Dictionaries". *Fremdsprachen Lehren und Lernen* 23: 206–220.
Hartmann, R. R. K. 2000. "European Dictionary Culture: The Exeter Case Study of Dictionary Use among University Students, against the Wider Context of the Reports and Recommendations of the Thematic Network Project in the Area of Languages (1996–1999)". En *Proceedings of the Ninth Euralex International Congress*, eds. U. Heid, S. Evert, E. Lehmann y C. Rohrer, 385–391. Stuttgart: Institut für Maschinelle Sprachverarbeitung, Universität Stuttgart.
Hartmann, R. R. K. 2001. *Teaching and Researching Lexicography*. Harlow: Pearson.
Hary, B. y S. Bunin Benor, eds. 2018. *Languages in Jewish Communities, Past and Present*. Berlín: De Gruyter.
Hausmann, F. J. 1986. Les dictionaires du français hors de France". En *La lexicographie québécoise. Bilan et perspectives. Actes du Colloque organisé par l'équipe du* Trésor de la lange française *au Québec et tenuà à l'Université Laval les 11 et 12 avril 1985*, eds. L. Boisvert, L. C. Poirier y C. Verrefault, 3–19. Québec: Presses de l'Université Laval.
Hausmann, F. J. 1989a. "Wörterbuchtypologie". En *Wörterbücher. Dictionaries. Dictionnaires. Ein internationales Handbuch zur Lexicographie. An International Encyclopedia of Lexicography. Encyclopédie internationale de lexicographie*, eds. F. J. Hausmann, O. Reichmann, H. E. Wiegand y L. Zgusta, vol. 1, 968–981. Berlín: De Gruyter.
Hausmann, F. J. 1989b. "Un dictionnaire des collocations est-il possible?". *Traveaux de Linguistique et de Literature*, 17 (1): 187–195.
Hausmann, F. J. 2002. "La lexicographie bilingue en Europe: peut-on l'améliorer". En *La lessicografia bilingue tra presente e avvenire*, eds. E. Ferrario y V. Pulcini, 11–31. Vercelli: Mercurio.

Hausmann, F. J. y H. E. Wiegand. 1989. "Component Parts and Structures of General Monolingual Dictionaries: A Survey". En *Wörterbücher/ Dictionaries/ Dictionnaires. Ein internacionales Handbuch zur Lexikographie/ An International Encyclopedia of Lexicography/ Encyclopédie internationale de lexicographie, 1*, eds. F. J. Hausmann, O. Reichmann, H. E. Wiegand, y L. Zgusta, 328–360. Berlín: De Gruyter.

Haywood, J. A. 1960. *Arabic Lexicography: Its History, and Its Place in the General History of Lexicography*. Leiden: Brill.

Hearst, M. 1992. "Automatic Acquisition of Hyponyms from Large Text Corpora". En *Proceedings of the 14th International Conference on Computational Linguistics*, ed. C. Boitet, vol. 2, 539–545. Nantes: International Committee on Computational Linguistics.

Heger, K. 1974. "La semántica y la dicotomía de lengua y habla". En *Teoría semántica II*. Madrid: Alcalá.

Heid, U. 1994. "On Ways Words Work Together: Topics in Lexical Combinatorics". En *Euralex'94 Proceedings*, eds. W. Martin, W. Meijs, M. Moerland, E. ten Pas, P. van Sterkenburg y P. Vossen, 226–257. Ámsterdam: Euralex.

Heim, I. 1979. "Concealed Questions". En *Semantics from Different Points of View*, eds. R. Bäuerle, U. Egli y A. Stechow, 51–60. Berlín: Springer.

Hériz Ramón, A. L. de. 1999. "El español actual en el diccionario de uso clave: registros y criterios para la recopilación de entradas, acepciones y ejemplos". En *Lo spagnolo d'oggi: forme della comunicazione. Atti del Convegno AISPI. Siena, 1998*, vol. 2, 105–112. Roma: Bulzoni.

Hernández, H. 1989. *Los diccionarios de orientación escolar*. Tubinga: Max Niemeyer.

Hernández, H. 1990. "Hacia un modelo de diccionario monolingüe del español para usuarios extranjeros". En *Actas del Primer Congreso Nacional de ASELE*, eds. R. Fente Gómez, J. A. de Molina Redondo y A. Martínez González, 159–166. Granada: Universidad de Granada y Asociación para la Enseñanza del Español como Lengua Extranjera.

Hernández, H. 1992. "Los diccionarios de uso del último decenio (1980–1990): estudio crítico". En *Euralex'90 Proceedings. Actas del V Congreso Internacional*, 473–481. Barcelona: Biblograf.

Hernández, H. 1994. "El diccionario entre la semántica y las necesidades de los usuarios". En *Aspectos de lexicografía contemporánea*, coord. H. Hernández, 107–120. Barcelona: Biblograf.

Hernández, H. 1996. "El nacimiento de la lexicografía monolingüe española para usuarios extranjeros". En *Tendencias actuales en la enseñanza del español como lengua extranjera II. Actas del VI Congreso Internacional de ASELE*, eds. M. Rueda, E. Prado, J. Le Men y F. J. Grande, 203–209. León: Universidad de León.

Hernández, H. 1998. "La lexicografía didáctica del español: aspectos históricos y críticos". En *Lexicografías iberorománicas: problemas, propuestos y proyectos*, eds. M. T. Fuentes Morán y R. Werner, 49–79. Madrid y Frankfurt: Iberoamericana-Vervuert.

Hernández, H. 2003. "Entre la tradición y la modernidad. Límites y posibilidades de los diccionarios en CD-ROM". En *Lexicografía y Lexicología en Europa y América. Homenaje a Günther Haensch en su 80 aniversario*, eds. Mª. T. Echenique y J. Sánchez, 349–358. Madrid: Gredos.

Hernández, H. 2005. "Quince años después: estado actual y perspectivas de la lexicografía del español para extranjeros". En *Las gramáticas y los diccionarios en la enseñanza del español como segunda lengua: deseo y realidad*, coord. M. A. Castillo Carballo, 465–472. Sevilla: Universidad de Sevilla.

Hernández, H. 2008. "Retos de la lexicografía didáctica española". En *El diccionario como puente entre las lenguas y culturas de mundo. Actas del II Congreso Internacional de Lexicografía Hispánica*, eds. D. Azorín Fernández, B. Alvarado, J. Climent, M. I. Guardiola, R. M. Lavale Ortiz, C. Marimón Llorca, J. J. Martínez Egido, X. A. Padilla, H. Provencio, I. Santamaría-Pérez, L. Timofeeva y E. Toro, 22–32. Alicante: Biblioteca Virtual Miguel de Cervantes.

Hernández, H. 2015. "La 23.ª edición del *DLE* entre la autoridad de la Academia y el poder de los medios de comunicación". *Español Actual* 104: 27–50.

Hernández, H. 2017. "Los diccionarios de dudas (y otras obras afines)". *Estudios de Lingüística del Español* 38: 225–239.

Hernández, H. 2018. "La lexicografía, una disciplina con futuro". *Revista de Filología* 36: 9–14.

Hernández, R., C. Fernández y P. Baptista. 2014. *Metodología de la investigación*. México, D. F.: McGraw Hill.

Herrera, F., ed. 2017. *Enseñar léxico en el aula de español. El poder de las palabras*. Barcelona: Difusión.

Herrero, G. 2002. "Aspectos sintácticos del lenguaje juvenil". En *El lenguaje de los jóvenes*, ed. F. Rodríguez. Barcelona: Ariel.

Hetzron, R., ed. 1997. *The Semitic Languages*. Londres y Nueva York: Routledge.

Heuberger, R. 2018. "Dictionaries to Assist Teaching and Learning". En *The Routledge Handbook of Lexicography*, ed. P. A. Fuertes-Olivera, 300–316. Londres y Nueva York: Routledge.

Higueras, M. 2004. *La enseñanza aprendizaje de las colocaciones en el desarrollo de la competencia léxica en el español como lengua extranjera*. Tesis doctoral. Madrid: Universidad Complutense de Madrid.
Higueras, M. 2006. *Estudio de las colocaciones léxicas y su enseñanza en español como lengua extranjera*. Málaga: Asociación para la Enseñanza del Español como Lengua Extranjera.
Higueras, M. 2017. "Pedagogical Principles for the Teaching of Collocations in Foreign Language Classroom". En *Collocations and Other Lexical Combinations in Spanish: Theoretical, Lexicographical and Applied Perspectives*, eds. S. Torner y E. Bernal, 250–266. Londres y Nueva York: Routledge.
Hilbert, D. y P. Bernays. 1934. *Grundlehre der Mathematik*. Berlín.
Hilpert, M. 2008. *Germanic Future Constructions: A Usage-Based Approach to Language Change*. Ámsterdam: John Benhamins.
Hjelmslev, L. 1971a [1943]. "Langue et parole". En *Essais linguistiques*, 77–89. París: Minuit.
Hjelmslev, L. 1971b [1943]. *Prolegómenos a una teoría del lenguaje*. Madrid: Gredos.
Hoffmann, T. y G. Trousdale, eds. 2013. *The Oxford Handbook of Construction Grammar*. Oxford: Oxford University Press.
Hohenhaus, P. 2005. "Lexicalization and Institutionalization". En *The Handbook of Word-Formation*, ed. P. Štekauer y R. Lieber, 353–373. Dordrecht: Springer.
Horn, L. R. 1984. "Toward a New Taxonomy for Pragmatic Inference: Q-Based y R-Based Implicature". En *Meaning, Form, and Use in Context: Linguistic Application*, ed. D. Schiffrin, 11–42. Washington: Georgetown University Press.
Hornscheidt, A. 2008. "A Concrete Research Agenda for Critical Lexicographical Research Within Critical Discourse Studies: An Investigation into Racism/Colonialism in Monolingual Danish, German, and Swedish Dictionaries". *Critical Discourse Studies* 5 (2): 107–132.
Hotta, H. 2011. "Supeingo jisho no rekishi. Nihongo tono nigengo jisho wo megutte" ("Historia de los diccionarios de español. En relación con los diccionarios bilingües japonés/español y español/japonés"). *Aichi Kenritsu Daigaku Gaikokugogakubu Kiyō* 43 (*gengo bungaku hen*): 171–196.
Huang, Y., ed. 2017. *The Oxford Handbook of Pragmatics*. Oxford: Oxford University Press.
Huehnergard, J. 2002. *Introduction to the Comparative Study of the Semitic Languages: Course Outline*, 2.ª ed. Cambridge, MA: Harvard University Press.
Huisa Téllez, J. C. 2011. *Estudio preliminar de "Diccionario de peruanismos. Ensayo filológico" de Juan de Arona*. Tesis doctoral. Augsburgo: Universität Augsburg. https://opus.bibliothek.uni-augsburg.de/opus4/frontdoor/index/index/year/2013/docId/2242
Huisa Téllez, J. C. 2013. "La impronta política en la primera lexicografía hispanoamericana: republicanismo y antirrepublicanismo". *Lexis* 37 (2): 269–303.
Huisa Téllez, J. C. 2014. "Representaciones sociales a través del lenguaje en la lexicografía hispanoamericana decimonónica". *Boletín de Filología* 49 (2): 139–159.
Huisa Téllez, J. C., ed. 2015a. *Estudios lexicográficos sobre Juan de Arona*. Lima: Academia Peruana de la Lengua.
Huisa Téllez, J. C. 2015b. "Sobre el artículo del diccionario: apuntes de teoría y técnica lexicográfica". *Cuadernos AISPI. Estudios de Lenguas y Literaturas Hispánicas* 6: 171–190.
Huisa Téllez, J. C. 2019. "La lexicografía hispanoamericana decimonónica como corpus para el estudio del léxico americano: el caso de Juan de Arona". En *Léxico y contacto de lenguas en los Andes*, eds. L. Andrade Ciudad, Á. Ezcurra Rivero y C. Garatea Grau, 277–292. Berna: Peter Lang.
Hulstijn, J. H. y B. T. S. Atkins. 1998. "Empirical Research on Dictionary Use in Foreign-Language Learning: Survey and Discussion". En *Using Dictionaries: Studies of Dictionary Use by Language Learners and Translators*, ed. B. T. S. Atkins, 7–19. Tübingen: Niemeyer.
Humblé, P. 2001. *Dictionaries and Language Learners*. Frankfurt am Main: Haag und Herchen.
Humbley, J. 2000. "La néologie: avenir des langues". En *La neología en el tombant de segle. I Simposi sobre Neologia*, eds. T. Cabré, J. Freixa y E. Solé, 175–180. Barcelona: Universitat Pompeu Fabra.
Humbley, J. 2018. "Specialised Dictionaries". En *The Routledge Handbook of Lexicography*, ed. P. A. Fuertes-Olivera, 317–334. Londres y Nueva York: Routledge.
Iamartino, G. 2006. "Dal lessicografo al traduttore: un sogno che si realizza?". En *Lessicografia bilingue e traduzione: metodi, strumenti, approcci attuali*, ed. F. San Vicente, 101–132. Monza: Polimetrica International Scientific Publisher.
Iannucci, J. E. 1957. "Meaning Discrimination in Bilingual Dictionaries: A New Lexicographical Technique". *The Modern Language Journal* 41 (6): 272–281.
Ibarra y Rodríguez, E. 1928. "Aportaciones al futuro diccionario". *Boletín de la Real Academia Española* 15: 490–495.

Ibarra y Rodríguez, E. 1929. "Aportaciones al futuro diccionario". *Boletín de la Real Academia Española* 16: 347–349.

Ibarra y Rodríguez, E. 1930. "Aportaciones al futuro diccionario". *Boletín de la Real Academia Española* 17: 206–210.

Ibarretxe-Antuñano, I. 2010. "Lexicografía y Lingüística cognitiva". *RESLA* 23: 195–213.

Iglesia, S. 2008. "El diccionario de R. J. Domínguez como ejemplo de la influencia de la lexicografía francesa en la lexicografía española del siglo XIX". En *El diccionario como puente entre las lenguas y culturas del mundo. Actas del II Congreso Internacional de Lexicografía Hispánica*, coords. D. Azorín, M. B. Alvarado, J. Climent, M. I. Guardiola i Savall, R. M. Lavale-Ortiz, C. Marimón y J. J. Martínez, 121–127. Alicante: Biblioteca Virtual Miguel de Cervantes.

Ilson, R. 1987. "Towards a Taxonomy of Dictionary Definitions". En *A Spectrum of Lexicography*, ed. R. Ilson, 61–73. Ámsterdam: John Benjamins.

Ilson, R. 2016. "Why Dictionaries Are No Better Than They Are – and No Worse". En *Proceedings of the 17th EURALEX International Congress*, eds. T. Margalitadze y G. Meladze, 49–60. Tbilisi: Ivane Javakhishvili Tbilisi University Press.

Instituto Cervantes. 2019. *El español: una lengua viva. Informe*. Madrid: Instituto Cervantes.

Issac, F. y S. Benhariz. 2010. "Pour un veille néologique à partir du web: l'outil Télanaute". En *Actes del I Congrés Internacional de Neologia de les Llengües Romàniques*. Barcelona: Universitat Pompeu Fabra.

Jacinto García, E. J. 2015a. "La información sintagmática en la lexicografía española actual. Unidades pluriverbales, ejemplos lexicográficos y otras indicaciones cotextuales". *Cuadernos AISPI. Estudios de Lenguas y Literaturas Hispánicas* 6: 147–170.

Jacinto García, E. J. 2015b. *Forma y función del diccionario. Hacia una teoría general del ejemplo lexicográfico*. Jaén: Universidad de Jaén.

Jackendoff, R. 1972. *Semantic Interpretation in Generative Grammar*. Cambridge, MA: MIT Press.

Jackendoff, R. 1990. *Semantic Structures*. Cambirdge, MA: MIT Press.

Jackendoff, R. 2002. *Foundations of Language: Brain, Meaning, Grammar, Evolution*. Oxford: Oxford University Press.

Jackson, H. 1985. "Grammar in the Dictionary". En *Dictionaries, Lexicography and Language Learning*, ed. C. J. Brumfit, 53–59. Oxford: The British Council y Pergamon Press.

Jakubíček, M., A. Kilgarriff, V. Kovář, P. Rychlý y V. Suchomel. 2013. "The TenTen Corpus Family". En *Corpus Linguistics 2013: Abstract Book*, ed. A. Hardie, 125–127. Lancaster: UCREL.

Janseger, M. 2017. *Hacia un enfoque múltiple de la polisemia*. Berlín: De Gruyter.

Janssen, M. 2009. "Detección de neologismos: una perspectiva computacional". *Debate Terminológico* (5): 68–75.

Jiménez Cano, J. M. 2008. "Lexicografía de la duda idiomática". *Tonos Digital* 15: 1–15.

Jiménez Ríos, E. 2013a. *La crítica lexicográfica y el Diccionario de la Real Academia Española. Obras y autores contra el Diccionario*. A Coruña: Universidade da Coruña.

Jiménez Ríos, E. 2013b. *Divulgación y especialización lexicográfica. El DRAE a la luz de sus reseñas*. Vigo: Editorial Academia del Hispanismo.

Jiménez Ríos, E. 2015. "Lo *anticuado* ya es *desusado*: cambio de marcas diacrónicas en la 23.ª edición del *DLE*". *Español Actual* 104: 103–111.

Jiménez Ríos, E. 2019. *Historia del léxico español en obras normativas y de corrección lingüística*. Madrid y Frankfurt: Iberoamericana-Vervuert.

Juilland, A. y E. Chang-Rodriguez. 1964. *Frequency Dictionary of Spanish Words*. La Haya: Mouton.

Junquera, A. 2017. "Presencia (y persistencia) ideológica del autor en las últimas ediciones del diccionario académico (2001–2014)". *Revista de Lexicografía* 23: 85–96.

Kaličiaková, L. 2011. *La lexicografía hispano-checa en el siglo XX*. Tesis de maestría. Brno: Masaryk University.

Kastovsky, D. 2009. "*Astronaut, Astrology, Astrophysics*: About Combining Forms, Classical Compounds and Affixoids". En *Selected Proceedings of the 2008 Symposium on New Approaches in English Historical Lexis*, eds. R. W. McConchie, A. Honkapohja y J. Tyrkkö, 1–13. Somerville: Cascadilla Proceedings Project.

Katz, J. J. 2004. *Sense, Reference and Philosophy*. Oxford: Oxford University Press.

Katz, J. J. y J. A. Fodor. 1963. "The Structure of a Semantic Theory". *Language* 39: 170–210.

Kemp, S. 2019. *Digital 2019: Spain*. https://datareportal.com/reports/digital-2019-spain

Kilgarrif, A. 2013. "Using Corpora [and the Web] as Data Sources for Dictionaries". En *The Bloomsbury Companion to Lexicography*, ed. H. Jackson, 77–96. Londres: Bloomsbury.

Kilgarriff, A. y G. Grefenstette. 2003. "Introduction to the Special Issue on the Web as Corpus". *Computational Linguistics* 29: 333–347.

Kilgarriff, A., M. Husak, K. McAdam, M. Rundell y P. Rychly. 2008. "GDEX: Automatically Finding Good Dictionary Examples in a Corpus". En *Proceedings of the XIII EURALEX International Congress*, eds. E. Bernal y J. DeCesaris, 425–432. Barcelona: Universitat Pompeu Fabra.

Kilgarriff, A., V. Kovář, S. Krek, I. Srdanovic y C. Tiberius. 2010. "A Quantitative Evaluation of Word Sketches". En *Proceedings of the 14th Euralex International Congress*, eds. A. Dykstra y T. Schoonheim, 372–379. Leeuwarden: Fryske Academy.

Kilgarriff, A. e I. Renau. 2013. "EsTenTen, a Vast Web Corpus of Peninsular and American Spanish". *Procedia – Social and Behavioral Sciences* 95: 12–19.

Kilgarriff, A., P. Rychlý, P. Smrz y D. Tugwell. 2004. "The Sketch Engine". En *Proceedings of the 11th Euralex International Congress*, eds. G. Williams y S. Vessier, 105–116. Lorient: Université de Bretagne-Sud.

Kipfer, B. A. 2003. "Methods of Ordering Senses within Entries". En *Lexicography. Critical Concepts (Lexicography, Metalexicography and Reference Science)*, ed. R. R. K. Hartmann, vol. 3, 182–190. Londres y Nueva York: Routledge.

Klavans, J. L. y S. Muresan. 2001. "Evaluation of the DEFINDER System for Fully Automatic Glossary Construction". En *Proceedings of the AMIA Symposium*, suplemento del *Journal of the American Medical Association*, ed. S. Bakken, 324–328. Washington: Hanley & Belfus.

Kleiber, G. 1995 [1990]. *Semántica de los prototipos. Categoría y sentido léxico*. Madrid: Visor.

Klepousniotou, E. 2002. "The Processing of Lexical Ambiguity: Homonymy and Polysemy in the Mental Lexicon". *Brain and Language* 81: 205–223.

Klosa, A. 2013. "Einleitung". En *Wortbildung im elektronischen Wörterbuch*, ed. A. Klosa, 7–11. Tübingen: Gunter Narr.

Klosa, A. y R. H. Gouws. 2015. "Outer Features in e-Dictionaries". En *Lexicographica* 31, eds. Gouws, R. H. *et al.*, 142–172. Berlín: De Gruyter.

Kocjančič, P. 2004. "Acerca de la macroestructura y la microestructura en el diccionario bilingüe". *Verba Hispanica* 12: 171–186.

Koike, D. A. y J. C. Féliz-Brasdefer, eds. 2020. *The Routledge Handbook of Spanish Pragmatics*. Londres y Nueva York: Routledge.

Kosem, I., P. Gantar y S. Krek. 2013. "Automation of Lexicographic Work: An Opportunity for Both Lexicographers and Crowd-Sourcing". En *Electronic Lexicography in the 21st Century: Thinking Outside the Paper*, eds. I. Kosem, J. Kallas, P. Gantar, S. Krek, M. Langemets y M. Tuulik, 32–48. Trojina: Institute for Applied Slovene Studies.

Kosem, I., R. Lew, C. Müller-Spitzer y M. Ribeiro Silveira. 2019. "The Image of the Monolingual Dictionary across Europe: Results of the European Survey of Dictionary Use and Culture". *International Journal of Lexicography* 32 (1): 92–114.

Krámský, J. 1969. *The Word as a Linguistic Unit*. La Haya y París: Mouton.

Kress, G. 2010. *Multimodality: A Social Semiotic Approach to Contemporary Communication*. Londres y Nueva York: Routledge.

Kripke, S. A. 1980. *Naming and Necessity*. Cambridge, MA: Harvard University Press.

Kristeva, J. 1981. *Le langage, cet inconnu. Une initiation à la linguistique*. París: Editions du Seuil.

Krovetz, R. 1997. "Homonymy and Polysemy in Information Retrieval". En *35th Annual Meeting of the Association for Computational Linguistics and 8th Conference of the European Chapter of the Association for Computational Linguistics*, 72–79. Stroudsburg, PA: Association for Computational Linguistics.

Labov, W. 1990. "The Intersection of Sex and Social Class in the Course of Linguistic Change". *Language Variation and Change* 2: 205–254.

Lahuerta, J. 2004. "Comparación de lemarios de diccionarios de lengua española". En *De lexicografia. Actes del I Symposium Internacional de Lexicografia*, eds. P. Battaner y J. DeCesaris, 479–492. Barcelona: Universitat Pompeu Fabra.

Lahuerta, J. 2006. "El diccionario para la primaria: herramienta para la descodificación". En *Palabra por palabra. Estudios ofrecidos a Paz Battaner*, eds. E. Bernal y J. DeCesaris, 125–138. Barcelona: Universitat Pompeu Fabra.

Lakoff, G. 1987. *Women, Fire, and Dangerous Things: What Categories Reveal about the Mind*. Chicago: University of Chicago Press.

Lakoff, G. y M. Johnson. 1980. *Metaphors We Live By*. Chicago: Chicago University Press.

Lamano y Beneite, J. de. 1989 [1915]. *El dialecto vulgar salmantino*. Salamanca: Diputación de Salamanca.

Landau, S. 1989. *Dictionaries: The Art and Craft of Lexicography*. Cambridge: Cambridge University Press.

Langacker, R. W. 1987. *Foundations of Cognitive Grammar*, vol. 1: *Theroetical Prerequisites*. Standford: Standford University Press.

Lapesa, R. 1964. "Los diccionarios de la Academia". *Boletín de la Real Academia Española* 44: 425–430.

Lapesa, R. 1972. "Prólogo". En *Diccionario histórico de la lengua española*, vol. 1. Madrid: Real Academia Española.

Lapesa, R. 1980. "'Alma' y 'ánima' en el *Diccionario histórico de la lengua española*". *Boletín de la Real Academia Española* 60 (220): 183–196.

Lapesa, R. 1987. "La Real Academia Española: pasado, realidad presente y futuro". *Boletín de la Real Academia Española* 67: 327–346.

Lara, L. F. 1976. *El concepto de norma en lingüística*. México, D. F.: El Colegio de México (recientemente republicado en *Obras I*. 2019. México: El Colegio Nacional).

Lara, L. F. 1979. "Del análisis semántico en lexicografía". En *Investigaciones lingüísticas en lexicografía*, eds. L. F. Lara, R. Ham y M. I. García Hidalgo, 157–266. México, D. F.: El Colegio de México.

Lara, L. F. 1980. *Dimensiones de la lexicografía. A propósito del Diccionario del español de México*. México, D. F.: El Colegio de México.

Lara, L. F. 1981. "Regional Dictionaries: A Lexicographical Proposal for the Third World". En *Actes du 5e Congrès de l'Association Internationale de Linguistique Appliquée*, eds. J. G. Savard y L. Laforge, 313–321. Québec: Presses de l'Université Laval.

Lara, L. F. 1987. "Methodology in a Non-Spanish Dictionary of the Spanish Language: The *Diccionario del español de México*". En *A Spectrum of Lexicography: Papers from AILA Brussels*, ed. R. Ilson, 11–28. Ámsterdam: John Benjamins.

Lara, L. F. 1990a. "Problemas y métodos del significado estereotípico". En *Dimensiones de la lexicografía. A propósito del* Diccionario del español de México, 195–212. México, D. F.: El Colegio de México.

Lara, L. F. 1990b. *Dimensiones de la lexicografía. A propósito del Diccionario del español de México*. México, D. F.: El Colegio de México.

Lara, L. F. 1990c. "Diccionario de lengua, enciclopedia y diccionario enciclopédico: el sentido de sus distinciones". En *Dimensiones de la lexicografía*. México, D. F.: El Colegio de México.

Lara, L. F. 1994. "Teoría y método del *Diccionario del español de México*". En *Actas del Congreso de la lengua española*, 660–665. Madrid: Instituto Cervantes.

Lara, L. F. 1996a. *Teoría del diccionario monolingüe*. México, D. F.: El Colegio de México.

Lara, L. F. 1996b. "Por una redefinición de la lexicografía hispánica". *Nueva Revista de Filología Hispánica* 44 (2): 345–364.

Lara, L. F. 2000. "La nueva *Ortografía* de la Academia y su papel normativo". *Nueva Revista de Filología Hispánica* 48 (1): 1–23.

Lara, L. F. 2001a. "Metalenguaje y lenguaje descriptivo". En *Ensayos de teoría semántica. Lengua natural y lenguajes científicos*, 91–147. México, D. F.: El Colegio de México.

Lara, L. F. 2001b. *Ensayos de teoría semántica: lengua natural y lenguajes científicos*. México, D. F.: El Colegio de México.

Lara, L. F. 2001c. "Los diccionarios contemporáneos del español y la normatividad". En *III Congreso Internacional de la Lengua Española: "El español de la sociedad de la información"*. http://congresosdelalengua.es/valladolid/ponencias/unidad_diversidad_del_espanol/2_el_espanol_de_america/lara_l.htm

Lara, L. F. 2001d. Por una nueva teoría del signo lingüístico. En *Ensayos de teoría semántica: lengua natural y lenguajes científicos*. México: El Colegio de México.

Lara, L. F. 2002. "Autonimia, mención y sus consecuencias para el lenguaje lexicográfico". En *Lengua y diccionarios. Estudios ofrecidos a Manuel Seco*, eds. P. Álvarez de Miranda y J. Polo, 151–160. Madrid: Arco Libros.

Lara, L. F. 2003. "¿Es posible una teoría de la palabra?". *Lexis* 27 (1–2): 401–427.

Lara, L. F. 2004a. "Una hipótesis cognoscitiva sobre el orden de acepciones". En *De la definición lexicográfica*, 143–175. México, D. F.: El Colegio de México.

Lara, L. F. 2004b. El sentido de la definición lexicográfica. En De la definición lexicográfica, 33–66. México: El Colegio de México.

Lara, L. F. 2005. "El diccionario y sus disciplinas". En *Conocimiento y lenguaje*, eds. Á. López García y B. Gallardo Paúls, 437–450. Valencia: Universitat de València.

Lara, L. F. 2006a. *Curso de lexicología*. México, D. F.: El Colegio de México.

Lara, L. F. 2006b. "El ejemplo en el artículo lexicográfico". En *Palabra por palabra. Estudios ofrecidos a Paz Battaner*, eds. E. Bernal y J. DeCesaris, 139–146. Barcelona: Universitat Pompeu Fabra.

Lara, L. F. 2006c. "Diccionarios integrales y regionales del español contemporáneo". En *Els noms i els conceptes: noves tendències en l'estudi del lèxic*, eds. G. Colón y Ll. Gimeno, 105–116. Castellón: Universitat Jaume I.

Lara, L. F. 2009a. "No *normas*, sino tradiciones". En *Lengua histórica y normatividad*, 71–93. México, D. F.: El Colegio de México. Lara, L. F. 2009b. "Los diccionarios contemporáneos y la normatividad". En *Lengua histórica y normatividad*, 95–117. México: El Colegio de México.

Lara, L. F. 2009c. "El orden de acepciones en palabras cuyo significado se forma en la cultura". *Memoria 2009*, 185–193. México, D. F.: El Colegio Nacional.

Lara, L. F. 2009d. "Pluricentrismo y multipolaridad en el español actual". *Memoria 2009*, 225–235. México, D. F.: El Colegio Nacional.

Lara, L. F. 2011. "El símbolo, el poder y la lengua". En *El dardo en la Academia. Esencia y vigencia de las academias de la lengua española*, eds. S. Senz y M. Alberte, vol. 1, 315–341. Santa Cruz de Tenerife: Melusina.

Lara, L. F. 2012. "Reseña de: Asociación de Academias de la Lengua Española, *Diccionario de americanismos*". *Panace@* 36: 352–355.

Lara, L. F. 2014. "La noción de tradición verbal y su valor para la lingüística histórica". *Nueva Revista de Filología Hispánica* 62 (2): 505–514.

Lara, L. F. 2015a. "Variación, multicentrismo, y multipolaridad del español contemporáneo". En *Temas del español contemporáneo. Cuatro conferencias en El Colegio Nacional*, 7–29. México, D. F.: El Colegio de México y El Colegio Nacional.

Lara, L. F. 2015b. "El papel de la lexicografía en la unidad y la diversidad de las lenguas". En *Lexicografía, lexicografía especializada y terminología*, eds. A. Adelstein y L. Hlavacka, 21–35. Mendoza: Editorial de la Facultad de Filosofía y Letras de la Universidad Nacional de Cuyo.

Lara, L. F. 2016a. *Teoría semántica y método lexicográfico*. México, D. F.: Colegio de México.

Lara, L. F. 2016b. "De la información a la cultura: dos sentidos del diccionario". En *Teoría semántica y método lexicográfico*, 53–72. México, D. F.: El Colegio de México.

Lara, L. F. 2019a. "Introducción al diccionario". En *Diccionario del español de México*. https://dem.colmex.mx/moduls/Default.aspx?id=8

Lara, L. F. 2019b. "Vocabulario fundamental del español". *Investigaciones sobre el* DEM". https://dem.colmex.mx/Vocabulario/Fundamental

Lara, L. F. y R. Ham. 1979. "Base estadística del *DEM*". En *Investigaciones lingüísticas en lexicografía*, eds. L. F. Lara, R. Ham y M. I. García Hidalgo, 7–39. México, D. F.: El Colegio de México.

Lara, L. F., R. Ham y M. I. García Hidalgo. 1979. *Investigaciones lingüísticas en lexicografía*. México, D. F.: Colegio de México.

Larramendi, M. *El imposible vencido: arte de la lengua vascongada*. 1729. Reedición: 1853. San Sebastián: Pío de Zuaza.

Lastra, Y. 1986. *Las áreas dialectales del náhuatl moderno*. México: UNAM.

Laufer, B. 2011. "The Contibution of Dictionary Use to the Production and Retention of Collocations in a L2". *International Journal of Lexicography* 24 (1): 29–49.

Laufer, B. y T. Levitzky-Aviad. 2006. "Examinig the Effectiveness of 'Bilingual Dictionary Plus': A Dictionary for Production in a Foreign Language". *International Journal of Lexicography* 19 (2): 135–155.

Laurendeau, P. 1990. "Theory of Emergence: Toward a Historical-Materialistic Approach to the History of Linguistics". En *Ideologies of Language*, eds. J. E. Joseph y T. J. Taylor, 206–220. Londres y Nueva York: Routledge.

Lauria, D. 2010a. "Tratamiento de indigenismos en el *Vocabulario rioplatense razonado* de Daniel Granada (1889)". *Ianua* 10: 175–202.

Lauria, D. 2010b. *Análisis del discurso lexicográfico: lengua y nación en los diccionarios de argentinismos (1870–1910)*. Tesis de maestría. Buenos Aires: Universidad de Buenos Aires.

Lauria, D. 2011. "Apuntes para una historia de la producción lexicográfica monolingüe en la Argentina: etapas del proceso de diccionarización y modalidades diccionarísticas entre 1870 y 1910". *Boletín de Filología* 46 (1): 106–150.

Lauria, D. 2012. "El primer diccionario integral del español de la Argentina: reflexiones acerca del alcance de 'integral'". *Línguas e Instrumentos Lingüísticos* 29: 53–92.

Lauria, D. 2013. "La producción lexicográfica de la Academia Argentina de Letras: un análisis glotopolítico del *Diccionario del habla de los argentinos* (DIHA, 2003 y 2008)". En *Temas de glotopolítica*, eds. E. Arnoux y S. Nothstein, 271–318. Buenos Aires: Biblos.

Lauria, D. 2015. "Diccionarios e identidad lingüística: análisis glotopolítico del *Diccionario integral del español de la Argentina*". En *Lexicografía, lexicografía especializada y terminología*, eds. A. Adelstein y L. Hlavacka, 37–56. Mendoza: Editorial de la Facultad de Filosofía y Letras de la Universidad Nacional de Cuyo.

Lauria, D. 2017a. "Reseña de E. Arnoux y M. di Stefano (eds.), *Discursividades políticas: en torno de los peronismos*". *Revista Latinoamericana de Estudios del Discurso* 17 (2): 147–151.

Lauria, D. 2017b. "Lengua y nación: implicancias glotopolíticas del proyecto del *Diccionario de argentinismos* de la Academia Argentina de la Lengua (1910)". En *Homenaje a Elvira Arnoux: estudios de análisis del discurso, glotopolítica y pedagogía de la lectura y la escritura, tomo II: Glotopolítica*, coords. R. Bein, J. Bonnin, M. di Stefano, D. Lauria y M. C. Pereira, 111–128. Buenos Aires: Universidad de Buenos Aires.

Lauria, D. 2017c. "La política lexicográfica actual de las academias de la lengua española: el caso del *Diccionario de americanismos* (ASALE, 2010)". *Lexis* 41 (2): 263–310.

Lauwers, P. y D. Willems. 2011. "Coercion: Definition and Challenges, Current Approaches, and New Trends". *Linguistics* 49 (6): 1219–1235.

Lázaro, J. 2015. *El ejemplo en terminología. Caracterización y extracción automática*. Tesis doctoral. Barcelona: Universitat Pompeu Fabra.

Lázaro, J. 2019. "La densidad lexicométrica: del big data a la evidencia lingüística". *Terminàlia* 19: 17–27.

Lázaro, J. e I. Cornea. 2019. "El principio de adecuación en diccionarios especializados multilingües. Un caso de estudio en el área de turismo". En *Enseñanza del español con fines específicos: el caso de la carrera de Turismo. Teoría y práctica*, dirs. G. Lima Moreira y G. E. Fernández, 172–187. Madrid: Secretaría General Técnica, Subdirección General de Atención al Ciudadano, Documentación y Publicaciones.

Lázaro, J., J. M. Torres-Moreno, G. Sierra, T. Cabré y A. Torres. 2017. "GENEX +, a Semantic-Based Automatic Extractor of Examples Applied to Bilingual Terms". *Research in Computing Science* 145: 51–68.

Lázaro Carreter, F. 1979. "Prologo". En *Diccionario Anaya*. Madrid: Anaya.

Lázaro Carreter, F. 1985 [1949]. *Las ideas lingüísticas en España durante el siglo* XVIII, 2.ª ed. Barcelona: Crítica.

Lázaro Carreter, F. 1992. "El neologismo: planteamiento general y actitudes históricas". En *El neologismo necesario*, 31–50. Madrid: Fundación EFE.

Lázaro Carreter, F. 1996. "Las academias y la unidad del idioma". *Boletín de la Real Academia Española* 76: 35–54.

Lázaro Carreter, F. 2014 [1972]. *Crónica del Diccionario de autoridades (1713–1740)*. Madrid: Biblioteca Nueva.

Le Men, J. 2001. "Las localizaciones geográficas en los diccionarios académicos (desde el *Diccionario de Autoridades* hasta el *DRAE*-92)". En *Actas del II Congreso Internacional de la Sociedad Española de Historiografía Lingüística*, eds. M. A. Maquieira, M. D. Martínez Gavilán y M. Villayandre, 623–630. Madrid: Arco Libros.

Leech, G. 1977. *Semántica*. Madrid: Alianza Editorial.

Leech, G. y A. Wilson. 1996. *Recommendations for the Morphosyntactic Annotation of Corpora, EAGLES Guidelines*. https://home.uni-leipzig.de/burr/Verb/htm/LinkedDocuments/annotate.pdf

Lees, R. 1962. Contribución oral. Citada por Francis (1979: 110). [Francis, W. Nelson 1979. "Problems of Assembling and Computerizing Large Corpora". En *Empirische Textwissenschaft. Aufbau und Auswertung von Text-Corpora*, eds. H. Bergenholtz y B. Schaeder, 110–123. Königstein/Ts.: Scriptor].

Lehrer, A. 1992. "A Theory of Vocabulary Structure". En *Thirty Years of Linguistics Evolution: Studies in Honour of René Dirven on the Occasion of His Sixtieth Birthday*, ed. M. Pütz, 243–256. Ámsterdam: John Benjamins.

Leroyer, P. 2018. "Dictionaries for Text Reception". En *The Routledge Handbook of Lexicography*, ed. P. A. Fuertes-Olivera, 250–266. Londres y Nueva York: Routledge.

Levin, B. 1993. *English Verb Classes and Alternations: A Preliminary Investigation*. Chicago: University of Chicago Press.

Levinson, S. C. 1983. *Pragmatics*. Cambridge: Cambridge University Press.

Levinson, S. C. 2000. *Presumptive Meanings: The Theory of Generalized Conversational Implicature*. Cambridge, MA: MIT Press.

Levy, M. y C. Steel. 2015. "Language Learner Perspectives on the Functionality and Use of Electronic Language Dictionaries". *ReCALL* 27 (2): 177–196.

Lew, R. 2009. "The Web as Corpus versus Traditional Corpora: Their Relative Utility for Linguists and Language Learners". En *Contemporary Corpus Linguistics*, ed. P. Baker, 289–300. Londres y Nueva York: Continuum.

Lew, R. 2011. "Online Dictionaries of English". En *E-Lexicography: The Internet, Digital Initiatives and Lexicography*, eds. P. A. Fuertes-Olivera y H. Bergenholtz, 230–250. Londres y Nueva York: Continuum.

Lew, R. 2013. "Online Dictionary Skills". En *Electronic Lexicography in the 21st Century: Thinking Outside the Paper*, eds. I. Kosem, J. Kallas, P. Gantar, S. Krek, M. Langemets y M. Tuulik, 16–31. Trojina: Institute for Applied Slovene Studies.

Lew, R. 2015. "Research into the Use of Online Dictionaries". *International Journal of Lexicography* 28 (2): 232–253.

Lew, R. y G.-M. de Schryver. 2014. "Dictionary Users in the Digital Revolution". *International Journal of Lexicography* 27 (4): 341–359.

Lew, R. y J. Doroszewska. 2009. "Electronic Dictionary Entries with Animated Pictures: Lookup Preferences and Word Retention". *International Journal of Lexicography* 22 (3): 239–257.

Lew, R., M. Grzelak y M. Leszkowicz. 2013. "How Dictionary Users Choose Senses in Bilingual Dictionary Entries: An Eye-Tracking Study". *Lexikos* 23: 228–254.

Lewandowska-Tomaszczyk, B. 2010. "Polysemy, Prototypes and Radial Categories". En *The Oxford Handbook of Cognitive Linguistics*, eds. D. Geeraerts y H. Cuyckens. Oxford: Oxford University Press.

Lewis, M. 1993. *The Lexical Approach*. Londres: Language Teaching Publications.

Lewis, M. 1997. *Implementing the Lexical Approach*. Londres: Language Teaching Publications.

Lewis, M. 2000. *Teaching Collocation: Further Developments in the Lexical Approach*. Londres: Language Teaching Publications.

L'Homme, M. C. 2016. "Terminologie de l'environnement et Sémantique des cadres". *5e Congrès Mondial de Linguistique Française*, eds. F. Neveu, G. Bergounioux, M.-H. Côté, J.-M. Fournier, L. Hriba y S. Prévost. www.shs-conferences.org/articles/shsconf/pdf/2016/05/shsconf_cmlf2016_05010.pdf

Lijterman, E. 2017. "Problemas de frontera: reflexiones acerca de la relación entre lo discursivo y lo extradiscursivo en el Análisis Francés del Discurso". *Bakhtiniana* 12 (2): 57–78.

Lin, Y., J. B. Michel, E. Lieberman, J. Orwant, W. Brockman y S. Petrov. 2012. "Syntactic Annotations for the Google Books Ngram Corpus". En *Proceedings of the ACL 2012 System Demonstrations*, ed. M. Zhang, 169–174. Stroudsburg, PA: Association for Computational Linguistics.

Lipka, L., S. Handl y W. Falkner. 2004. "Lexicalization and Institutionalization: The State of the Art in 2004". *SKASE Journal of Theoretical Linguistics* (1): 2–19.

Lledó, E., M. A. Calero Fernández y E. Forgas. 2004. *De mujeres y diccionarios. Evolución de lo femenino en la 22.ª edición del DRAE*. Madrid: Instituto de la Mujer.

Löbner, S. 2002. *Understanding Semantics*. Londres: Hodder Education.

Lombardini, H. E. 2012. "*Cual* y las entradas gramaticales en los diccionarios bilingües español-italiano: una propuesta panhispánica y estadística". En *Rumbos del hispanismo en el umbral del Cincuentenario de la AIH. Lengua*, coord. P. Botta, vol. 8, 227–238. Roma: Bagatto.

Lombardini, H. E. 2015. "Contrastividad y gramaticografía. Contrastividad español-italiano: tipos e inserción en una gramática del siglo XIX (Francesco Marin)". En *Análisis y comparación de las lenguas desde la perspectiva de la enunciación*, eds. E. Carpi e I. Solís García, 225–239. Pisa: Pisa University Press.

Lombardini, H. E. 2020. "'Métodos de español para italófonos en el s. XIX: ejemplos y propuesta de estudio". *Orillas* 9: 930–944.

Lombardini, H. E. y S. Bianconcini. 2019. "Corpus léxico y diccionario: la estricta representatividad estadística". *Orillas* 8: 675–693.

Lope Blanch, J. M. 1980. "Las fuentes americanas del *Tesoro* de Covarrubias". En *Actas del Sexto Congreso de la Asociación Internacional de Hispanistas*, eds. A. M. Gordon y E. Rugg, 467–472. Toronto: University of Toronto.

Lope Blanch, J. M. 2000. [reseña del *DEA*]. *Anuario de Letras* 38: 636–639.

Lope Blanch, J. M. 2003. "La norma en lingüística". En *Cambio lingüístico y normatividad*, coords. F. Colombo y M. Á. Soler, 63–78. México. D. F.: Universidad Nacional Autónoma de México.

López Morales, H. 2005. *Diccionario académico de americanismos. Presentación y planta del proyecto*. Buenos Aires: Asociación de Academias de la Lengua Española y Academia Argentina de Letras.

López Morales, H. 2010–2011. "El *Diccionario de americanismos*". En *Anuario del Instituto Cervantes*, 213–254. Madrid: Imprenta Nacional del Boletín Oficial del Estado.

López Morales, H. 2015 [1993]. *Sociolingüística*. Madrid: Gredos.

Lorenzo, E. 2000. "Diccionario esperado, oportuna ortografía". *Saber Leer* 134: 1–3.

Lossio-Ventura, J. A., C. Jonquet, M. Roche y M. Teisseire. 2014. "BIOTEX: A System for Biomedical Terminology Extraction, Ranking, and Validation". *ISWC: International Semantic Web Conference*, 157–160.

Lourido Díaz, R. 2006. *El estudio del árabe entre los franciscanos españoles en Tierra Santa. Siglos XVII-XVIII*. Madrid: Cisneros.

Lu, J. 2000. *Enseñanza e investigación en China*. Madrid: AACh.

Lu, J. 2014. "La génesis y el desarrollo de ELE en China". En *El español en el mundo, Anuario del Instituto Cervantes 2014*. Madrid: Instituto Cervantes, 255–275.

Lu, J. 2017. "Distancia lingüística entre chino y español: contrastes y estrategias". En *La generosidad y la palabra. Estudios dedicados al profesor Jesús Sánchez Lobato*, eds. I. Santos Gargallo, R. Pinilla y C. Marco, 173–181. Madrid: SGEL.

Lübke, B., P. Poulsen y V. Vázquez. 2009. "Datos para un análisis contrastivo de valencias verbales: diccionarios y corpus. En *A Survey of Corpus-Based Research*, eds. P. Cantos Gómez y A. Sánchez Pérez, 51–64. Murcia: Asociación española de Lingüística del Corpus.

Lugo, S. de. 1920. "Colección de vozes i frases provinciales de Canarias hecha por don Sebastián de Lugo, natural de aquellas islas [1846]". *Boletín de la Real Academia Española* 7: 332–342.

Luna Hoyas, A. 2014. *Estudio evolutivo de la microestructura de los diccionarios bilingües español-inglés/inglés-español*. Tesis de maestría. Waco, TX: Baylor University.

Luque Toro, L. 2013. "Falsos amigos entre italiano y español en su uso pragmático". *Language Design* 15: 77–89.

Lyons, J. 1968. *Introduction to Theoretical Linguistics*. Cambridge: Cambridge University Press.

Lyons, J. 1995. *Linguistic Semantics: An Introduction*. Cambridge: Cambridge University Press.

Mackintosh, K. 1998. "An Empirical Study of Dictionary Use in L2-L1 Translation". En *Using Dictionaries: Studies of Dictionary Use by Language Learners and Translators*, ed. B. T. S. Atkins, 123–150. Tübingen: Niemeyer.

Magariños, M. V. 2013. "La información gramatical en los diccionarios de aprendizaje del español: el caso de las construcciones con verbos de soporte". En *Presentado en III Congreso Internacional de Español y de la I Reunión Regional del SICELE*. Buenos Aires: Universidad del Salvador. https://p3.usal.edu.ar/index.php/elesup/article/view/3276/4060

Mahecha, M. A. 2011. "En los cien años de la muerte de Cuervo (1911–2011). El *Diccionario de construcción y régimen de la lengua castellana*". *Paideia Surcolombiana* 16: 133–156.

Mahesh, K. y S. Nirenburg. 1995. "A Situated Ontology for Practical NLP". *Proceedings of the Workshop on Basic Ontological Issues in Knowledge Sharing*. Montreal.

Mairal-Usón, R. y P. A. Fuertes-Olivera. 2016. "Recursos tecnológicos y digitales para la gestión de lenguaje científico en español". *Educación Médica* 17: 24–38.

Makoni, S. y A. Pennycook, eds. 2006. *Disinventing and Reconstituting Languages*. Clevedon: Multilingual Matters.

Malaver, I. 2012. "Asociación de Academia de la Lengua Española (2010). *Diccionario de americanismos*. Reseña". *Núcleo* 29: 257–274.

Malbran-Labat, F. y J. P. Vita. 2006. *Manual de lengua acadia*, 2 vols. Zaragoza: Instituto de Estudios Islámicos y del Oriente Próximo.

Maldonado, C. 1998. *El uso del diccionario en el aula*. Madrid: Arco Libros.

Maldonado, C. 2003. "La lexicografía didáctica monolingüe en español". En *La lexicografía hispánica ante el siglo* XXI. *Balance y perspectivas*, eds. M. A. Martín Zorraquino y J. L. Aliaga Jiménez, 129–150. Zaragoza: Sansueña Industrias Gráficas.

Maldonado, C. 2012a. "Diccionarios y educación: ¿una relación de compromiso?" En *Avances de lexicografía hispánica*, coord. A. Nomdedeu, E. Forgas y M. Bargalló, vol. 1, 9–28. Tarragona: Universitat Rovira i Virgili.

Maldonado, C. 2012b. "Los diccionarios en el mundo ELE: ayer, hoy y mañana (una reflexión desde la propia experiencia)". *Revista Internacional de Lenguas Extranjeras* 1: 151–179.

Maldonado, C. 2013. "La entrada léxica en el discurso lexicográfico digital". *Círculo de Lingüística Aplicada a la Comunicación* 56: 26–52.

Maldonado, C. 2017. "Word Combinations in General Dictionaries". En *Collocations and Other Lexical Combinations in Spanish: Theoretical, Lexicographical and Applied Perspectives*, eds. S. Torner y E. Bernal, 139–156. Londres y Nueva York: Routledge.

Maldonado, C. 2018. "¿Hay futuro para la lexicografía comercial?". *Revista de Filología* 36: 249–267.

Maldonado, C. 2019. "Las investigaciones de mercado en lexicografía comercial: un aprendizaje para el mundo académico e investigador". *Revista Internacional de Lenguas Extranjeras* 10: 101–118.

Malinowski, B. 1999 [1972]. *Los argonautas del Pacífico occidental*. Madrid: Altaza.

Malkiel, Y. 1958. "Distinctive Features in Lexicography: A Typological Approach to Dictionaries Exemplified with Spanish". *Romance Philology* 12: 366–399.

Malkiel, Y. 1959. "Distinctive Features in Lexicography: A Typological Approach to Dictionaries Exemplified with Spanish". *Romance Philology* 13: 111–155.

Malkiel, Y. 1962. "A Typological Classification of Dictionaries on the Basis of Distinctive Features". En *Problems in Lexicography*, eds. F. W. Householder y S. Saporta, 3–24. Bloomington: Indiana University.

Malmberg, B. 1991. *Histoire de la linguistique: de Sumer à Saussure*. París: Presses Universitaires de France.

Malvestitti, M. y G. Payàs. 2016. "Circulaciones intertextuales del *Arte*, de Febrés, en ambos lados de los Andes". En *Araucanía-Norpatagonia. Discursos y representaciones de la materialidad*, comps. M. A. Nicoletti, A. Núñez y P. Núñez, 305–331. Viedma: UNRN y IIDyPCa.

Mamani Pariguana, M. 2016. "Estudio preliminar de diccionarios bilingües del aymara". *Estudios Bolivianos* 24: 207–227.
Mann, M. 2014. "Digitale Lexikographie. Einführung in Thema und Beiträge dieses Bandes". En *Digitale Lexikographie. Ein- und mehrsprachige elektronische Wörterbücher mit Deutsch: aktuelle Entwicklungen und Analysen*, eds. M. Mann, 1–12. Hildesheim, Zúrich y Nueva York: Georg Olms.
Manning, C. y H. Schütze. 1999. *Foundations of Statistical Natural Language Processing*. Cambridge, MA: MIT Press.
Manukyan Vardanyan, L. 2015. *Culture-Bound Terms en los diccionarios bilingües (español-ruso y español-armenio)*. Tesis doctoral. Bellaterra: Universitat Autònoma de Barcelona.
Marchand, H. 1969. *The Categories and Types of Present-Day English Word-Formation*. Munich: Beck.
Marco, A. 1992. *Estereotipos sexistas en diccionarios escolares*. Las Palmas de Gran Canaria: Cabildo Insular de Gran Canaria.
Marco, A. 1996. "Estereotipos de género en el diccionario de la lengua española". En *Estudios sobre mujer, lengua y literatura*, ed. A. Marco, 87–111. Las Palmas de Gran Canaria y Santiago de Compostela: Universidad de Las Palmas de Gran Canaria y Universidade de Santiago de Compostela.
Marco, A. 1997. "A presenza femenina no *Diccionario de la lengua española*". *Andaina* 19: 37–40.
Marcus, S. 1970. "Définitions logiques et définitions lexicographiques". *Langages* 19: 87–91.
Marello, C. 1987. "Examples in Contemporary Italian Bilingual Dictionaries". En *The Dictionary and the Language Learner*, ed. A. P. Cowie, 224–237. Tubinga: Max Niemeyer.
Marello, C. 1993. *Dizionari bilingui con schede sui dizionari italiani per francese, inglese, spagnolo, tedesco*. Bologna: Zanichelli.
Marello, C. 1996. "Les différents types de dictionnaires bilingues". En *Les dictionnaires bilingues*, eds. H. Béjoint y P. Thoirron, 31–52. Louvain-la-Neuve: Duculot.
Marello, C. 1998. "Hornby's Bilingualized Dictionaries". *International Journal of Lexicography* 11: 292–314.
Marimón, C. 2011. "El *DRAE* como trasmisor de conocimiento social. El caso del concepto *institución*". En *Ideolex. Estudios de lexicografía e ideología*, coords. F. San Vicente, C. Garriga y H. E. Lombardini, 183–201. Monza: Polimetrica.
Mariño Paz, R. 1998. *Historia da lingua galega*. Santiago de Compostela: Sotelo Blanco.
Márquez Rowe, I. 2008. "Apuntes de lexicografía ugarítica. Reseña de G. Del Olmo Lete y J. Sanmartín. *A Dictionary of the Ugaritic Language in the Alphabetic Tradition*. Leiden – Boston: Brill Academic Publishers, 2003". *Sefarad* 68 (2): 461–472.
Martin, R. 1974. "Syntaxe de la définition lexicographique: étude quantitative des définissants dans le *Dictionnaire fondamental de la langue française*". En *Statistique et linguistique*, eds. J. David y R. Martin, 61–71. París: Klincksieck.
Martin, R. 1983. *Pour une logique du sens*. París: Presses Universitaires de France.
Martín García, J. 1999. *El diccionario en la enseñanza de la lengua española*. Madrid: Arco Libros.
Martín Mingorance, L. 1994. "La lexicografía onomasiológica". En *Aspectos de lexicografía contemporánea*, coord. H. Hernández Hernández, 15–28. Barcelona: Biblograf.
Martín Mingorance, L. 1998. *El Modelo Lexemático-Funcional*. Granada: Universidad de Granada.
Martín Peris, E. 2017. "The Lexical Approach in SLT". En *Collocations and Other Lexical Combinations in Spanish: Theoretical, Lexicographical and Applied Perspectives*, eds. S. Torner y E. Bernal, 225–249. Londres y Nueva York: Routledge.
Martín Zorraquino, M. A. 2012. "La labor de María Moliner en el *Estudio de Filología de Aragón* (EFA): ¿Una fuente de inspiración para el *Diccionario de uso del español* (*DUE*)? (Con referencia a los aragonesismos del *DUE*)". En *Estudios de lingüística española. Homenaje a Manuel Seco*, ed. F. Rodríguez González, 339–362. Alicante: Universidad de Alicante.
Martínez Alcalde, M.ª J. 2000. "La nueva edición de la ortografía académica". *Revista de Libros* 38. https://www.revistadelibros.com/author/maria-jose-martinez-alcalde/
Martínez Atienza, M. 2019. "Marcas de ideología religiosa en la lexicografía decimonónica". *Zeitschrift für romanische Philologie* 135 (1): 195–222.
Martínez de Sousa, J. 2004. "La lexicografía especializada del español actual". En *Actas del Congreso Técnicas Documentales Aplicadas a la Traducción Especializada*, 173–190. Madrid: Fundación Duques de Soria.
Martínez de Sousa, J. 2005. "El *Diccionario panhispánico de dudas* ¿cumple con su deber?". https://studylib.es/doc/5822122/el-diccionario-panhisp%C3%A1nico-de-dudas-%C2%BFcumple-con-su-deber%3F. También en *La palabra y su escritura*. 2006. Gijón: Ediciones Trea.
Martínez de Sousa, J. 2006. "Diccionario del estudiante". En *La palabra y su escritura*, 175–182. Gijón: Trea.
Martínez de Sousa, J. 2009. *Manual básico de lexicografía*. Gijón: Trea.

Martínez Delgado, J. 2008. "Caracterización general de la lexicografía hebrea andalusí". Revista Española de Lingüística 38 (2): 103–128., M. A. y D. Azorín. 1994–1995. "Léxico y sintaxis en los diccionarios monolingües del español". *Estudios de Lingüística de la Universidad de Alicante* 10: 227–246.

Martínez Marín, J. 2000. "La lexicografía monolingüe del español en el siglo XIX: la corriente no académica". En *Cinco siglos de lexicografía del español*, ed. I. Ahumada, 63–77. Jaén: Universidad de Jaén.

Mas Álvarez, I., M. P. Santalla del Río y Y. Iglesias Cancela. 2017. "La enseñanza de la lexicografía del español en la universidad: una renovación necesaria". *CAUCE. Revista Internacional de Filología, Comunicación y sus Didácticas* 40: 15–25.

Mateu, R. M. 1999. "El *DRAE*: Algunas consideraciones para un posible enfoque pragmático". En *Así son los diccionarios*, eds. M. N. Vila, M. A. Calero, R. M. Mateu, M. Casanovas y J. L. Orduña, 203–242. Lleida: Universitat de Lleida.

Matus, A. 1994. "Períodos de la lexicografía diferencial del español de Chile". En *Actas del X Congreso de la Asociación de Academias de la Lengua Española*, 189–199. Madrid: Real Academia Española/Espasa Calpe.

Matus, A. 2003. "El *Diccionario panhispánico de dudas* (*DPD*). Historia y estado actual". *Onomazein* 8: 249–256.

Mavoungou, P. A. 2018. "French Lexicography in the Internet Era". En *The Routledge Handbook of Lexicography*, ed. P. A. Fuertes-Olivera, 554–567. Londres y Nueva York: Routledge.

McEnery, T. 2006. *Swearing in English: Bad Language, Purity and Power from 1586 to the Present*. Londres y Nueva York: Routledge.

McEnery, T. y A. Hardie. 2011. *Corpus Linguistics: Method, Theory and Practice*. Cambridge: Cambridge University Press.

McEnery, T. y A. Wilson. 1996. *Corpus Linguistics*. Edinburgo: Edinburgh University Press.

McMahon, A. y M. J. McMahon. 1959. *Cora y español*. México, D. F.: Instituto Lingüístico de Verano.

Medina Guerra, A. M. 1991. "Modernidad del *Universal Vocabulario* de Alfonso Fernández de Palencia". *Estudios de Lingüística de la Universidad de Alicante* 7: 45–60.

Medina Guerra, A. M. 2003a. "La microestructura del diccionario: la definición". En *Lexicografía española*, ed. A. M. Medina Guerra, 127–146. Barcelona: Ariel.

Medina Guerra, A. M., coord. 2003b. *Lexicografía española*. Barcelona: Ariel.

Medina Guerra, A. M. 2011. "La microestuctura del diccionario: la definición". En *Lexicografía española*, coord. A. M. Medina Guerra, 127–146. Barcelona: Ariel.

Meier, H. H. 2003. "Lexicography as Applied Linguistics". En *Lexicography: Critical Concepts III*, ed. R. R. K. Hartmann, 307–318. Londres y Nueva York: Routledge.

Meillet, A. 1921. "Comment les mots changent de sens". *Année Sociologique*: 230–271.

Meirinho-Guede, V. y J. del Valle. 2018. "'Español' (y 'castellano')". En *Vocabulario de las filosofías occidentales. Diccionario de los intraducibles*, B. Cassins, coords. en español N. Prunes y G. Herzovich. México, D. F.: Siglo XXI.

Mejía, E. 2000. [reseña del *DEA*], *Letras Libres*. www.letraslibres.com/mexico/diccionario-del-espanol-actual

Mejri, S. 2010. "Néologie et traitement automatique". En *Actes del I Congrés Internacional de Neologia de les Llengües Romàniques*, eds. T. Cabré, O. Domènech, R. Estopà, J. Freixa y M. Lorente, 99–110. Barcelona: Universitat Pompeu Fabra.

Mel'čuk, I. 1984. "Le *Dictionnaire explicatif et combinatoire du français contemporain*". *prólogo a Dictionnaire explicatif et combinatoire du français contemporain. Recherches lexico-sémantiques I*, 3–15. Montreal: Université de Montréal.

Mel'čuk, I. 1996. "Lexical Functions: A Tool for the Description of Lexical Relations in a Lexicon". En *Lexical Functions in Lexicography and Natural Language Processing*, ed. L. Wanner, 37–102. Ámsterdam: John Benjamins.

Mel'čuk, I. 1997. *Vers une linguistique sens-texte. Leçon inaugurale*. París: Collège de France.

Mel'čuk, I. 1998. "Collocations and Lexical Functions". En *Phraseology. Theory, Analysis and Applications*, ed. A. Cowie, 23–53. Oxford: Oxford: Oxford University Press.

Mel'čuk, I. 2014. *Semantics: From Meaning to Text*, vol. 3. Ámsterdam: John Benjamins.

Mel'čuk, I., A. Clas y A. Polguère. 1995. *Introduction à la lexicologie explicative et combinatoire*. Bruselas: Duculot.

Mel'čuk, I. y A. Polguère. 2007. *Lexique actif du français – l'apprentissage du vocabulaire fondé sur 20.000 dérivations sémantiques et collocations du français*. Bruselas: Boeck & Larcier.

Mel'čuk, I. y A. Polguère. 2018. "Theory and Practice of Lexicographic Definition". *Journal of Cognitive Science* 19 (4): 417–470.

Melià, B. 1992. *La lengua guaraní del Paraguay. Historia, sociedad y literatura*. Asunción: MAPFRE.

Melià, B. 2003. *La lengua guaraní en el Paraguay colonial*. Asunción: Cepag.

Melià, B. 2018. "La lengua guaraní paraguaya en tiempos de Coca Cola". *Estudios Paraguayos* XXXVI (2): 149–175.

Meliss, M. 2016. "Wie viele und welche bilingualen Online-Wörterbücher brauchen wir für den DaF-Bereich? Erstellung eines Kriterienrasters und erste Bestandsaufnahme aus der Sicht eines hispanophonen Lernerkontextes". En *Querschnitt durch die deutsche Sprache aus spanischer Sicht. Perspektiven der kontrastiven Linguistik*, eds. J. Cuartero Otal, J. P. Zulategui y C. Ehlers, 187–210. Berlín: Frank & Timme.

Meliss, M., M. Egido Vicente y M. Fernández Méndez. 2019. "Plädoyer für die Entwicklung einer digital-lexikografischen Kompetenz im Fremdsprachenunterricht". *Lexicographica* 34: 123–156.

Meliss, M., C. Möhrs y M. Ribeiro Silveira. 2018. "Erwartungen an eine korpusbasierte lexikografische Ressource zur Lexik des gesprochenen Deutsch in der Interaktion: Ergebnisse aus zwei empirischen Studien". *Zeitschrift für Angewandte Linguistik* 1: 103–138.

Meliss, M., C. Möhrs y M. Ribeiro Silveira. 2019. "Anforderungen und Erwartungen an eine lexikografische Ressource des gesprochenen Deutsch aus der L2-Lernerperspektive". *Lexicographica* 34: 89–121.

Meliss, M., C. Möhrs, M. Ribeiro Silveira y T. Schmidt. 2019. "A Corpus-Based Lexical Resource of Spoken German in Interaction". En *Electronic Lexicography in the 21st Century: Proceedings of the eLex 2019 Conference*, eds. I. Kosem, T. Zingano, M. Correia, J. P. Ferreira, M. Janssen, I. Pereira, J. Kallas, M. Jakubíček, S. Krek y C. Tiberius, 783–804. Brno: Lexical Computing.

Méndez García de Paredes, E. 2012. "Los retos de la codificación normativa del español: cómo conciliar los conceptos de español pluricéntrico y español panhispánico". En *El español, ¿desde las variedades a la lengua pluricéntrica?*, eds. F. Lebsanft, W. Mihatsch y C. Polzin-Haumann, 181–212. Madrid y Frankfurt: Iberoamericana-Vervuert.

Mendikoetxea, A. 1999. "Construcciones con *se*: medias, pasivas e impersonales". En *Gramática descriptiva de la lengua española*, eds. I. Bosque y V. Demonte, vol. 2, 631–1721. Madrid: Espasa.

Menéndez Pidal, R. 1945. "El Diccionario que deseamos". En *Vox. Diccionario general ilustrado de la lengua española*, 2.ª ed. 1953, 5–21. Barcelona: Spes.

Meunier, F. y S. Granger. 2008. *Phraseology in Foreign Language Learning and Teaching*. Ámsterdam: John Benjamins.

Meyer, I. 2001. "Extracting Knowledge-Rich Contexts for Terminography: A Conceptual and Methodological Framework". En *Recent Advances in Computational Terminology*, eds. D. Bourigault, M.-C. L'Homme y C. Jacquemin, 279–302. Ámsterdam: John Benjamins.

Meyer, C. M. y A. Abel. 2018. "User Participation in the Internet Era". En *The Routledge Handbook of Lexicography*, ed. P. A. Fuertes-Olivera, 735–753. Londres y Nueva York: Routledge.

Middendorf, E. 1890–1892. "Wörterbuch des Runa-Simi oder Keshua-Sprache". En *Die einheimischen Sprachen Perus*, 6 vols. Leipzig: F. A. Brockhaus.

Mikheeva, N. y S. Lákovleva. 2012. "Proyecto *Diccionario español-ruso América Latina*. Problemas y soluciones". En *Avances de lexicografía hispánica*, eds. A. Nomdedeu, E. Forgas y M. Bargalló, vol. 2, 93–103. Tarragona: Universitat Rovira i Virgili.

Millán, J. A. 1999. "El español actual: aparece una gran obra lexicográfica que recoge y documenta la lengua real". En *El País, Babelia*, 23 de octubre de (versión ampliada en http://jamillan.com/dea.htm).

Miller, G. 1995. "WordNet: A Lexical Database for English". *Communications of the ACM* 38 (11): 39–41.

Miller, J. 2006a. "English Learners' Dictionaries: An Undervalued Resource". *TESOL in Context* 15 (2): 30–37.

Miller, J. 2006b. "An Investigation into the Effect of English Learners' Dictionaries on International Students' Acquisition of the English Article System". *International Education Journal* 7 (4): 435–445.

Miller, J. 2018. "Learners' Dictionaries of English". En *The Routledge Handbook of Lexicography*, ed. P. A. Fuertes-Olivera, 353–366. Londres y Nueva York: Routledge.

Miller, J., D. A. Kwary y A. W. Setiawan. 2017. "Koalas, Kiwis and Kangaroos: The Challenges of Creating an Online Australian Cultural Dictionary for Learners of English as an Additional Language". *Lexikos* 27: 310–345.

Millon, C. 2011. *Acquisition automatique de relations lexicales désambiguïsées à partir du Web*. Tesis doctoral. Lorient: Université de Bretagne-Sud.

Mitchell, T. F. 1971. "Linguistic 'Goings-on': Collocations and Other Lexical Matters Arising on the Syntagmatic Record". *Archivum Linguisticum* 2: 35–69.

Mixco, M. 1994. "Etnosemántica del parentesco kiliwa". En *Memorias del II Encuentro de Lingüística en el Noreste*, ed. Z. Estrada, 275–296. Hermosillo: Universidad de Sonora.

Miyoshi, J. 2014. "Nihongo no 'hai' to supeingo no 'sí' ni tsuite (Sobre el 'hai' japonés y el 'sí' español)". *Kyoto Sangyo University Essays. Humanities Series* 47: 21–50.
Model, B. A. 2005. *A la hora de comprar un diccionario bilingüe*. https://docplayer.es/7843320-A-la-hora-de-comprar-un-diccionario-bilingue.html
Model, B. A. 2007. "*Diccionario combinatorio práctico del español contemporáneo*, Madrid, SM (reseña)". *Revista de Lexicografía* 13: 193–196.
Model, B. A. 2009. "El ejemplo en los diccionarios bilingües". En *Investigaciones sobre lexicografía bilingüe*, ed. M. T. Fuentes Morán, 117–157. Granada: Tragacanto.
Molina, F. 2014. "La homosexualidad en la Real Academia Española. Análisis de su tratamiento en la lexicografía académica". *Ambigua* 1: 121–132.
Molina García, D. 2006. *Fraseología bilingüe. Un enfoque lexicográfico-pedagógico*. Granada: Comares.
Moliner, M. 1966. "Presentación". En *Diccionario de uso del español*, IX–XXX. Madrid: Gredos.
Monferrer-Sala, J. P. y M. Marcos Aldón, eds. 2010. *Lenguas y escrituras en la Antigüedad*. Granada: Cátedra Unesco UCO.
Montané, A. 2009. "Terminus, gestión de corpus y terminología en línea". *Debate Terminológico* 6. https://seer.ufrgs.br/riterm/article/download/23993/13905
Montes Giraldo, J. J. 1998. "El *Diccionario de construcción y régimen* de Cuervo. Boceto histórico". *Thesaurus* 53 (2): 314–324.
Morant, R. 2002. "El lenguaje de los estudiantes: una paseo por las aulas". En *El lenguaje de los jóvenes*, ed. F. Rodríguez, 243–263. Barcelona: Ariel.
Morant, R., M. Peñarroya, y G. López. 1997–1998. "El lenguaje de los soldados". *Pragmalingüística* 5–6: 343–359.
Morant i Marco, R. 2001. "Una asignatura pendiente: el lenguaje estudiantil". *Aspectos Didácticos de Lengua y Literatura* 11: 55–73.
Morant i Marco, R. 2002. "El lenguaje de los estudiantes: un paseo por las aulas". En *El lenguaje de los jóvenes*, ed. F. Rodríguez, 243–263. Barcelona: Ariel.
Moreno Cabrera, J. C. 2006. *La dignidad e igualdad de las lenguas. Crítica de la discriminación lingüística*. Madrid: Alianza Editorial.
Moreno Cabrera, J. C. 2011. "'Unifica, fija y limpia'. La RAE y los mitos del nacionalismo lingüístico español". En *El dardo en la Academia. Esencia y vigencia de las academias de la lengua española*, eds. S. Senz y M. Alberte, vol. 1, 157–314. Santa Cruz de Tenerife: Melusina.
Moreno de Alba, J. G. 2003. "Corrección y conciencia lingüística". En *Cambio lingüístico y normatividad*, coords. F. Colombo y M. Á. Soler, 55–62. México: Universidad Autónoma de México.
Moreno Fernández, F. 2000. "Diccionarios para el aprendizaje de lenguas extranjeras". En *Tendencias en la investigación lexicográfica del español: El diccionario como objeto de estudio lingüístico y didáctico*, eds. S. Ruhstaller y J. Prado Aragonés, 151–170. Huelva: Universidad de Huelva.
Moreno Fernández, F. 2010. *Las variedades de la lengua española y su enseñanza*. Madrid: Arco Libros.
Moreno Fernández, F. 2012. "La dimensión social de la gramática. A propósito de la *Nueva gramática básica de la lengua española*". En *Cum corde et in nova grammatica. Estudios ofrecidos a Guillermo Rojo*, eds. T. Jiménez Juliá, B. López Meirama, V. Vásquez Rozas y A. Veiga, 605–615. Santiago de Compostela: Universidade de Santiago de Compostela.
Moreno Fernández, F. 2015. "Lexicografía del español estadounidense. Propuesta de diccionario". *Glosas* 8: 39–54.
Moreno Fernández, F. 2020a. "Los *ismos* nacionales de la lengua española". *Boletín de la Real Academia Española* 100/320: 115–145.
Moreno Fernández, F. 2020b. "Los *ismos* nacionales de la lengua española, listados por países". *Boletín de la Real Academia Española* 100/322: 543–614.
Moreno Moreno, Á. 2004. "El léxico histórico regional en las primeras obras lexicográficas etimológicas (ss. xv-xvii)". En *Lexicografía regional del español: VI Seminario de Lexicografía Hispánica*, ed. I. Ahumada, 239–261. Jaén: Universidad de Jaén.
Moreno Moreno, M. A. 2012. "El diccionario ideológico general del español". *Alfinge* 24: 129–154.
Morgenthater García, L. 2008. *Identidad y pluricentrismo lingüístico: hablantes canarios frente a la estandarización*. Madrid y Frankfurt: Iberoamericana-Vervuert.
Morris, M. 2008. "Hiztegigintza elebiduna: egindakoa eta egitekoa". En *Euskalgintza xxi. Mendeari buruz. Euskaltzaindiaren nazioarteko XV. Biltzarra Iker 19*. Bilbao: Euskaltzaindia.
Mounin, G. 1974. *Historia de la lingüística. Desde los orígenes al siglo xx*. Madrid: Gredos.

Moure, J. L. 2009. "Prólogo". En: *Diccionario integral del español de la Argentina*, ed. F. Plager. Buenos Aires: Voz Activa.

Moure, J. L. 2019. "*Diccionario de la lengua de la Argentina*. Un nuevo título y algunas consideraciones". En: *Diccionario de la lengua de la Argentina*, XIII-XIV. Buenos Aires: Colihue.

Mulay-Lahssan, B. E. 2007. *Breve gramática y diccionario temático bilingüe árabe hassaniya-español*. Granada: Comares.

Müller-Spitzer, C. 2013. "Textual Structures in Electronic Dictionaries Compared with Printed Dictionaries: A Short General Survey". En *Dictionaries: An International Encyclopedia of Lexicography: Supplementary Volume: Recent Developments with Focus on Electronic and Computational Lexicography*, eds. R. H. Gouws, U. Heid, W. Schweickard y H. E. Wiegand, 367–381. Berlín: De Gruyter.

Müller-Spitzer, C., ed. 2014. *Using Online Dictionaries*. Berlín: De Gruyter.

Müller-Spitzer, C. 2016. "Wörterbuchbenutzungsforschung". En *Internetlexikografie. Ein Kompendium. Unter Mitarbeit von Martin Loder*, eds. A. Klosa y C. Müller-Spitzer, 291–342. Berlín: De Gruyter.

Müller-Spitzer, C., A. Koplenig y A. Töpel. 2012. "Online Dictionary Use: Key Findings from an Empirical Research Project". En *Electronic Lexicography*, eds. S. Granger y M. Paquot, 425–457. Oxford: Oxford University Press.

Müller-Spitzer, C., A. Koplenig y S. Wolfer. 2018. "Dictionary Usage Research in the Internet Era". En *The Routledge Handbook of Lexicography*, ed. P. A. Fuertes-Olivera, 715–734. Londres y Nueva York: Routledge.

Müller-Spitzer, C., M. Nied, M. J. Domínguez Vázquez, I. M. Silva y S. Wolfer. 2019. "Recherchepraxis bei der Verbesserung von Interferenzfehlern aus dem Italienischen, Portugiesischen und Spanischen: Eine explorative Beobachtungsstudie mit DaF-Lernenden". *Lexicographica* 34: 157–182.

Muñoz Núñez, M. D. 1999. *La polisemia léxica*. Cádiz: Universidad de Cádiz.

Muñoz Núñez, M. D. 2017. "Pasado y presente de los diccionarios sintácticos con especial referencia al *Diccionario de construcción y régimen de la lengua castellana*". *Estudios de Lingüística del Español* 38: 155–172.

Muriano Rodríguez, M. M. 1997–1998. "La aportación de Lamano al diccionario de la Academia". *Revista de Lexicografía* 4: 137–150.

Muriano Rodríguez, M. M. 2017. "El diccionario como unidad didáctica en la enseñanza del español L2". En *Lexicografía y didáctica. Diccionarios y otros recursos lexicográficos en el aula*, eds. M. J. Domínguez Vázquez y M. T. Sanmarco Bande, 343–357. Berna: Peter Lang.

Nakagawa, K. y E. Kodama. 2000. "Kenkyū nōto: seiwajiten no shūhen" ("Diccionarios de español en Japón"). *Keiai Daigaku Kokusai Kenkyū* 6: 127–152.

Nataša, L. y I. Kosem. 2013. "TERMIS: A Corpus-Driven Approach to Compiling an E-Dictionary of Terminology". En *Electronic Lexicography in the 21st Century: Thinking Outside the Paper*, eds. I. Kosem, J. Kallas, P. Gantar, S. Krek, M. Langemets y M. Tuulik, 164–178. Trojina: Institute for Applied Slovene Studies.

Nathan, L. 2006. *On the Interpretation of Concealed Questions*. Tesis doctoral. Cambridge, MA: Massachussets Institute of Technology.

Navarro, J. M. 1989. "El lenguaje escolar en los países hispanohablantes". En *Comunicación y lenguaje juvenil*, ed. F. Rodríguez, 293–303. Madrid: Fundamentos.

Nazar, R. 2011. "Estudio diacrónico de la terminología especializada utilizando métodos cuantitativos: ejemplo de aplicación a un corpus de lingüística aplicada". *Revista Signos. Estudios de Lingüística* 44 (75): 48–67.

Nazar, R. 2019. "El análisis cuantitativo de la coocurrencia léxica en la lexicografía especializada". En *Retos y avances en lexicografía: los diccionarios del español en el eje de la variación lingüística*, eds. J. Santamaría Sáez y M. Quilis Merín, anexo de la revista *Normas. Revista de Estudios Lingüísticos Hispánicos* 10: 265–284.

Nazar, R. y V. Vidal. 2010. "Aproximación cuantitativa a la neología". En *Actes del I Congrés Internacional de Neologia de les Llengües Romàniques*, coords. T. Cabré, O. Domènech, R. Estopà, J. Freixa y M. Lorente, 867–880. Barcelona: Universitat Pompeu Fabra.

Nesi, H. 1999. "The Specification of Dictionary Reference Skills in Higher Education". En *Dictionaries in Language Learning Recommendations, National Reports and Thematic Reports from the TNP SUB-PROJECT 9: Dictionaries*, eds. R. R. K. Hartmann, 53–67. Berlín: Freie Universität Berlin.

Nesi, H. 2000. "Electronic Dictionaries in Second Language Vocabulary Comprehension and Acquisition: The State of the Art". *Proceedings of the Ninth Euralex International Congress*, eds. U. Heid, S. Evert, E. Lehmann y C. Rohrer, 839–847. Stuttgart: Institut für Maschinelle Sprachverarbeitung, Universität Stuttgart.

Nesi, H. 2008. "Dictionaries in Electronic Form". En *The Oxford History of English Lexicography*, ed. A. Cowie, 458–478. Oxford: Oxford University Press.

Nesi, H. 2015. "The Demands of Users and the Publishing World: Printed or Online, Free or Paid for?" En *The Oxford Handbook of Lexicography*, ed. Ph. Durkin, 579–589. Oxford: Oxford University Press.

Nesi, H. y K. H. Tan. 2011. "The Effect of Menus and Signposting on the Speed and Accuracy of Sense Selection". *International Journal of Lexicography* 24 (1): 79–96.

Neves, M. 2019. *O galego e o português são a mesma língua?: Perguntas portuguesas sobre o galego*. Santiago de Compostela: Através Editora.

Nielsen, S. 2008. "The Effect of Lexicographical Information Costs on Dictionary Making and Use". *Lexikos* 18: 170–189.

Nielsen, S. 2014. "Example Sentences in Bilingual Specialised Dictionaries Assisting Communication in a Foreign Language". *Lexikos* 24: 198–213.

Nirenburg, S. y V. Raskin. 2004. *Ontological Semantics*. Cambridge, MA: MIT Press.

Nomdedeu-Rull, A. 2005. "Reflexiones acerca de una redefinición de *diccionario*". *Annali. Sezione Romanza* 47 (2): 523–558.

Nomdedeu-Rull, A. 2006. "Diccionarios monolingües de aprendizaje de E/LE: características y uso". *Annali dell'Università degli Studi di Napoli "L'Orientale". Sezione Romanza* 49 (2): 397–431.

Nomdedeu-Rull, A. 2011. "El uso del diccionario en el aula de E/LE: problemas y posibles soluciones". *Foro de Profesores de E/LE* 7: 1–10.

Nomdedeu-Rull, A. 2017. "Hacia una nueva conceptualización de diccionarios pedagógicos en español". En *Estudios de Lexicología y Lexicografía. Homenaje a Eloína Miyares Bermúdez*, ed. L. Ruiz-Miyares, 175–206. Santiago de Cuba: Centro de Lingüística Aplicada.

Nomdedeu-Rull, A. 2018. "El desafío del tratamiento de los datos culturales en un diccionario en línea para aprendices de español como LE/L2". *Revista de Filología de la Universidad de La Laguna* 36: 279–308.

Nomdedeu-Rull, A. 2019a. "Hábitos de consulta de diccionarios en estudiantes universitarios chinos de español". En *La investigación en lexicografía hoy: Diccionarios bilingües, lingüística y uso del diccionario*, anexo 85 de la revista *Quaderns de Filologia*, eds. C. Calvo y F. Robles i Sabater, 143–164. Valencia: Universitat de València.

Nomdedeu-Rull, A., coord. 2019b. "El estatus de la lexicografía. Nuevas y variadas respuestas a una antigua cuestión". En *La investigación en lexicografía hoy: diccionarios bilingües, lingüística y uso del diccionario*, anexo 85 de la revista *Quaderns de Filologia*, eds. C. Calvo y F. Robles i Sabater, 699–733. Valencia: Universitat de València.

Nomdedeu-Rull, A. 2020. "How to Select and Present Cultural Data: A Challenge to Lexicography". *Lexicographica. International Annual for Lexicography*. Thematic section in "Metalexicography, Dictionaries and culture". De Gruyter 36 (1): 39–57.

Nomdedeu-Rull, A. 2022. "Lexicographic perspectives and L2 Spanish vocabulary". En *Spanish Vocabulary Learning in Meaning-Oriented Instruction*, eds. J. Barcroft y J. Muñoz-Basols, 90–112. Londres y Nueva York: Routledge

Nomdedeu-Rull, A. y S. Tarp. 2018. "Hacia un modelo de diccionario en línea para aprendices de español como LE/L2". *Journal of Spanish Language Teaching* 5 (1): 50–65.

Núñez Bayo, Z. 2016. *Las fórmulas oracionales en el español coloquial*. Tesis doctoral. Alcalá de Henares: Universidad de Alcalá de Henares.

Nuyts, J. 2012. "Notions of (Inter)subjectivity". *English Text Construction* 5 (1): 53–76.

Ocampo, J. 1968. "Vocabulario de la jerga estudiantil de Bogotá". *Thesaurus* 23 (2): 325–343.

Oesterreicher, W. 2002. "El español, lengua pluricéntrica: perspectivas y límites de una autoafirmación lingüística nacional en Hispanoamérica. El caso mexicano. de los territorios americanos". *Lexis* 26 (2): 275–304.

O'Keeffe, A. y M. J. McCarthy. 2022. *The Routledge Handbook of Corpus Linguistics*. 2.ª ed. Londres y Nueva York: Routledge.

Olímpio de Oliveira Silva, M. E. 2007. *Fraseografía teórica y práctica*. Berna: Peter Lang.

Oliver, A. y S. Climent. 2012. "Using Wikipedia to Develop Language Resources: WordNet 3.0 in Catalan and Spanish". *Digithum* 14: 15–24.

Olmedo, A. M. 1993. "Los artículos *hombre, mujer, varón* en el *DRAE*". En *Jornadas Internacionales de Lingüística Aplicada. Robert J. di Pietro. In Memoriam*, ed. J. Fernández-Barrientos, 39–48. Granada: Universidad de Granada.

Olmedo, A. M. 1996. "Los grupos *hombre, varón, mujer* en el *Diccionario ideológico* de J. Casares". En *Segundas Jornadas sobre Estudio y Enseñanza del Léxico*, eds. J. D. Luque y A. Pamies, 111–120. Granada: Método.
Olmedo, A. M. 1998. "¿Ha evolucionado el *DRAE*? (Definiciones de *hombre, varón, mujer*)". En *Teoría y práctica de la lexicología. IV Jornadas Internacionales sobre el Estudio y Enseñanza del Léxico*, eds. J. D. Luque y F. J. Manjón, 65–73. Granada: Universidad de Granada.
Olson, D. R. y N. Torrance, eds. 2009. *The Cambridge Handbook of Literacy*. Cambridge: Cambridge University Press.
Ortúzar, C. 1893. *Manual de locuciones viciosas y de correcciones de lenguaje: con indicación del valor de algunas palabras y ciertas nociones gramaticales*. Turín: Imprenta Salesiana.
Osgood, C., G. Suci y P. Tannenbaum. 1976. "El diferencial semántico como instrumento de medida". En *Escalas de medición en ciencias sociales*, ed. C. Wainerman. Buenos Aires: Nueva Visión.
Osswald, R. 2015. "Syntax and Lexicography". En *Syntax. Theory and Analysis*, ed. A. Alexiadou y T. Kiss, vol. 3, 1963–2000. Berlín: De Gruyter.
Oyanedel, M. y J. L. Samaniego. 2014. "Las nuevas clases gramaticales de palabras según la propuesta de la *Nueva gramática de la lengua española*". *Boletín de Filología* 49 (1): 235–253.
Pablo Núñez, L. 2017. "Diccionarios visuales: del papel a las apps". En *El diccionario en la encrucijada: de la sintaxis y la cultura al desafío digital*, eds. I. Sariego López, J. Gutiérrez Cuadrado y C. Garriga Escribano, 553–568. Santander: Escuela Universitaria de Turismo Altamira Asociación Española de Lexicografía Hispánica.
Padró, L. 2011. "Analizadores Multilingües en FreeLing". *Linguamatica* 3 (2): 13–20.
Padró, L. y E. Stanilovsky. 2012. "FreeLing 3.0: Towards Wilder Multilinguality". *Proceedings of the Eighth International Conference on Language Resources and Evaluation (LREC'12)*, 2473–2479. Estambul: European Language Resources Association.
Pagola Hernández, I. 2005. *Neologismos en la obra de Sabino Arana Goiri*. Bilbao: Euskaltzaindia.
Palma, R. 1896. *Neologismos y americanismos*. Lima: Imprenta y Librería de Carlos Prince.
Palma, R. 1903. *Dos mil setecientas voces que hacen falta en el "Diccionario" académico. Papeletas lexicográficas*. Lima: Imprenta La Industria.
Palmer, M., D. Gildea y P. Kingsbury. 2005. "The Proposition Bank: An Annotated Corpus of Semantic Roles". *Computational Linguistics* 31 (1): 71–106.
Paltridge, B. y A. Phakiti. 2015. *Research Methods in Applied Linguistics*. Londres: Bloomsbury.
Panman, O. 1982. "Homonymy and Polysemy". *Lingua* 58 (1): 105–136.
Pardines López, S. 2019. "Los elementos normativos del *DLE*: los préstamos. Estudio contrastado entre la 22.ª y la 23.ª edición". En *Historia e historiografía de los diccionarios del español*, eds. M. Quilis Merín y J. Sanmartín Sáez, 303–322. Anexo 11 de la revista *Normas*.
Pardo, P. 2010. "Las autoridades lexicográficas en los tomos I y II del Diccionario de construcción y régimen de R. J. Cuervo". En *Los diccionarios a través de la historia*, ed. A. M. Medina Guerra, 455–479. Málaga: Universidad de Málaga.
Pardo Herrero, P. 2012. *El* Diccionario enciclopédico hispano-americano *de Montaner y Simón: a propósito del léxico de la ciencia y de la técnica*. Tesis doctoral. Bellaterra: Universitat Autònoma de Barcelona.
Paredes, F. 2012. *El libro del español correcto*. Barcelona y Madrid: Espasa e Instituto Cervantes.
Paredes, I. de. 1759. *Promptuario manual mexicano*. México: Bibliotheca Mexicana.
Parodi, G., P. Cantos-Gómez y C. Howe. 2022. *Lingüística de corpus en español/The Routledge Handbook of Spanish Corpus Linguistics*. Londres y Nueva York: Routledge.
Parra Escartín, C. y H. Martínez Alonso. 2015. "Choosing a Spanish Part-of-Speech Tagger for a Lexically Sensitive Task". *Procesamiento del Lenguaje Natural* 54: 29–36.
Pascual Recuero, P. 1969–1970. "El 'Primer diccionario hebreo-español'" de García Blanco". *Miscelánea de Estudios Árabes y Hebraicos* 18–19 (2): 67–82 + 2 sin numerar.
Pascual Rodríguez, J. A., dir. 2015. *Estudios de Lexicografía* 3. *Monográfico sobre el* NDHE.
Pascual Rodríguez, J. A. 2016. "La Filología en vago y en vilo entre los datos". En *Grandes y pequeños de la literatura medieval y renacentista*, coord. E. Blanco, 55–84. Salamanca: Ediciones del Semyr.
Pascual Rodríguez, J. A. 2019. "Sobre el tratamiento filológico de lo gráfico en el *Nuevo diccionario histórico del español* (*NDHE*)". En *Historia e historiografía de los diccionarios del español*, eds. M. Quilis Merín y J. Sanmartín Sáez, 23–42. Anexo 11 de la revista *Normas*.
Pascual Rodríguez, J. A. y R. García Pérez. 2007. *Límites y horizontes en un diccionario histórico*. Salamanca: Diputación de Salamanca.
Pascual Rodríguez, J. A. y M. C. Olaguíbel. 1992. "Ideología y diccionario". En *Diccionarios españoles: contenidos y aplicaciones*, ed. I. Ahumada, 73–89. Jaén: Casa Editora El Estudiante.

Pastor, V. y A. Alcina. 2010. "Search Techniques in Electronic Dictionaries: A Classification for Translators". *International Journal of Lexicography* 23 (3): 307–354.

Pastor Ayala, C. M. 2008. "Reseña de Diccionario de falsos amigos: inglés-español, de Encarnación Postigo Pinazo". *Revista electrónica de estudios filológicos* XV. https://www.um.es/tonosdigital/znum15/secciones/resenas-4-falsos%20amigos.htm

Patten, M. L. y M. Newhart. 2018. *Understanding Research Methods. An Overview of the Essentials*. Nueva York y Londres: Routledge.

Pavez, J. 2015. "La lengua de Chile: Rodolfo Lenz entre chilenos y mapuches". En *Laboratorios etnográficos. Los archivos de la antropología en Chile (1880–1980)*, 67–167. Santiago: Universidad Alberto Hurtado.

Pecheux, M. y C. Fuchs. 1975. "Mises au point et perspectives à propos de l'analyse automatique du discours". *Langages* 37: 7–80.

Peeters, B., ed. 2006. *Semantic Primes and Universal Grammar. Empirical Evidence from The Roman Languages*. Ámsterdam: John Benjamins.

Pena, J. 1994–95. "Formación de palabras, gramática y diccionario". *Revista de Lexicografía* 1: 163–180.

Pena, J. 2002. "Morfología derivativa y diccionario". En *Léxico y gramática*, eds. M. González Pereira, M. Souto Gómez y A. Veiga Rodríguez, 285–298. Lugo: Tris Tram.

Pena, J. 2003. "La relación derivativa". *Estudios de Lingüística de la Universidad de Alicante* 17: 505–517.

Pena, J. 2008. "La codificación léxica de las categorías híbridas en los diccionarios". En *Categorización lingüística y límites intercategoriales*. Anexo 61 de la revista *Verba*, coords. M. J. Rodríguez Espiñeira y J. Pena Seijas, 81–190. Santiago de Compostela: Universidade de Santiago de Compostela.

Pena, J. 2013. "Sobre formación de palabras y familias léxicas: relaciones entre sincronía y diacronía". En *Formación de palabras y diacronía*, ed. I. Pujol, 91–108. A Coruña: Universidade da Coruña.

Penadés Martínez, I. 2010a. "Las construcciones comparativas en los diccionarios fraseológicos". En *La lexicografía en su dimensión teórica*, eds. M. A. Castillo Carballo y J. M. García Platero, 472–493. Málaga: Universidad de Málaga.

Penadés Martínez, I. 2010b. "Información superflua de orixe pragmática na definición lexicográfica das locucións verbais". *Cadernos de Fraseoloxía Galega* 12: 209–232.

Penadés Martínez, I. 2012. *Gramática y semántica de las locuciones*. Alcalá de Henares: Universidad de Alcalá de Henares.

Penadés Martínez, I. 2013. "La imagen subyacente a las locuciones como criterio de marcación diafásica". En *Fraseopragmática*, eds. I. Olza y E. Manero Richard, 23–47. Berlín: Frank & Timme.

Penadés Martínez, I. 2015. *Para un diccionario de locuciones. De la lingüística teórica a la fraseografía práctica*. Alcalá de Henares: Servicio de Publicaciones de la Universidad de Alcalá.

Penadés Martínez, I. 2017a. "El concepto de colocación a la luz de las colocaciones del tipo verbo más locución adverbial". En *Semántica léxica*, eds. M. Casas Gómez y M. Hummel, volumen monográfico de *RILCE. Revista de Filología Hispánica* 33 (3): 963–991.

Penadés Martínez, I. 2017b. "Arbitrariedad y motivación en las colocaciones". *Revista de Lingüística Teórica y Aplicada* 55 (2): 121–142.

Penadés Martínez, I. 2018. "La información pragmática sobre las locuciones en el diccionario". *Revista de Lexicografía* 24: 89–106.

Penadés Martínez, I. 2019. "Fraseología". En *Manual de lingüística española*, ed. E. Ridruejo, 432–452. Berlín: De Gruyter.

Penadés Martínez, I. 2020. "El *Diccionario de locuciones idiomáticas del español actual* en línea". En *De aquí a Lima. Estudios fraseológicos del español de España e Hispanoamérica*, ed. E. Dal Maso, 225–246. Venecia: Edizioni Ca'Foscari.

Peña Arce, J. 2015. "Evolución de las marcas americanas en los diccionarios académicos. Situación en la 23.ª edición 2014". *Español Actual* 104: 123–132.

Peña Arce, J. 2018. *Léxico de Cantabria en los diccionarios de la Academia. De Autoridades a la 23.ª edición*. Tesis doctoral. Madrid: Universidad Complutense de Madrid.

Peñarroya i Prats, M. 2002. *El lenguaje militar: entre la tradición y la modernidad*. Tesis doctoral. Valencia: Universitat de València y Ministerio de Defensa.

Peral, F. 2017. "Cuerpo, cognición y experiencia: embodiment, un cambio de paradigmas". *Dimensión Antropológica* 69: 15–47.

Peralta, E. 2018. "El quehacer lexicográfico bilingüe español-guaraní: estado del arte en el Paraguay". *Revista Científica de la UCSA* 5 (1): 25–40.

Pérez, F. J. 1997. "Los diccionarios vistos como objetos culturales". *Hispanic Linguistics* 9 (2): 341–358.

Pérez, F. J. 2000a. *Diccionarios, discursos etnográficos, universos léxicos: propuestas teóricas para la comprensión cultural de los diccionarios*. Caracas: Universidad Católica Andrés Bello.

Pérez, F. J. 2000b. "El discurso etnocéntrico en los diccionarios hispanoamericanos. El tratamiento del negro en el *Diccionario provincial de voces y frases cubanas*, de Esteban Pichardo". En *Diccionarios, discursos etnográficos, universos léxicos: propuestas teóricas para la comprensión cultural de los diccionarios*, 47–56. Caracas: Universidad Católica Andrés Bello.

Pérez, F. J. 2000c. "El discurso pudibundo en los diccionarios hispanoamericanos. Comedimiento y perversión en el *Diccionario de costarriqueñismos*, de Carlos Gagini". En *Diccionarios, discursos etnográficos, universos léxicos: propuestas teóricas para la comprensión cultural de los diccionarios*, 57–67. Caracas: Universidad Católica Andrés Bello.

Pérez, F. J. 2012. "Notas para la historia de los diccionarios históricos en Venezuela. En *Lexicografía hispánica del siglo XXI: Nuevos proyectos y perspectivas*", coords. D. Corbella, J. Dorta Luis, A. Fajardo, M. L. Izquierdo, J. Medina y A. Nelsi, 441–463. Madrid: Arco Libros.

Pérez, F. J. 2014. "El diccionario y los diccionarios en la obra de Andrés Bello. Teoría, crítica y elaboración lexicográficas". *Boletín de Filología* 49 (1): 107–133.

Pérez, F. J. 2016. *La metalexicografía en Hispanoamérica*. www.asale.org/sites/default/files/La_metalexicografia_en_Hispanoamerica._Fco_Javier_Perez.pdf

Pérez, F. J. 2019. "Escritores, filólogos y academias frente a los retos del panhispanismo lingüístico". *Boletín de Información Lingüística de la RAE* 12: 51–59.

Pérez Cañizares, P. y J. Schnitzer. 2019. "El uso de herramientas lexicográficas ante problemas terminológicos: estrategias de profesores y estudiantes de ELE/EL2". *Journal of Spanish Language Teaching* 6 (1): 1–13.

Pérez Lagos, F. 1999. "Diccionario y pragmática". En *Léxico y voces del español*, coords. M. Alvar Ezquerra y G. Corpas, 113–128. Málaga: Universidad de Málaga.

Pérez Pascual, J. I. 1998. *Ramón Menéndez Pidal: ciencia y pasión*. Valladolid: Junta de Castilla y León.

Pérez-Salazar Resano, C. 2008. "Pluralidad de normas en el *Diccionario panhispánico de dudas*". *Español Actual* 89: 58–79.

Pernas Izquierdo, P. 1992. *Solidaridades léxicas del español. Selecciones e implicaciones*. Madrid: Universidad Complutense de Madrid.

Petrylaitė, R., D. Vaškelienė y T. Vėžytė. 2008. "Changing Skills of Dictionary Use". *Studies about Languages* 12: 77–82.

Phillips, M. 1983. *Lexical Macrostructure in Science Text*. Tesis doctoral. Birmingham: University of Birmingham.

Phillips, M. 1985. *Aspects of Text Structure: An Investigation of the Lexical Organisation of Text*. Nueva York: Elsevier.

Phillips, M. 1989. *Lexical Structure of Text*. Birmingham: University of Birmingham.

Piera, C. 2009. "Una idea de palabra". En *Panorama de la lexicología*, ed. E. de Miguel. Barcelona: Ariel.

Pihler, B. y J. Markic. 2004. "El uso de los diccionarios bilingües en la enseñanza del español como segunda lengua". En *Las gramáticas y los diccionarios en la enseñanza del español como segunda lengua, deseo y realidad: Actas del XV Congreso Internacional de ASELE*, coord. M. A. Castillo Carballo, 548–554. Sevilla: Universidad de Sevilla.

Polguère, A. 2014. "From Writing Dictionaries to Weaving Lexical Networks". *International Journal of Lexicography* 27 (4): 396–418.

Polguère, A. 2016. *Lexicologie et Sémantique Lexicale. Notions fondamentales*. Montreal: Presses de L'Université de Montréal.

Porto Dapena, J. Á. 1980. *Elementos de lexicografía. El Diccionario de construcción y régimen de R. J. Cuervo*. Bogotá: Instituto Caro y Cuervo.

Porto Dapena, J. Á. 2000. "Diccionarios históricos y etimológicos del español". En *Cinco siglos de lexicografía del español: IV Seminario de Lexicografía Hispánica (Jaén, 17 al 19 de noviembre de 1999)*, ed. I. Ahumada, 103–125. Jaén: Universidad de Jaén.

Porto Dapena, J. Á. 2002. *Manual de técnica lexicográfica*. Madrid: Arco Libros.

Porto Dapena, J. Á. 2003. "El diccionario de María Moliner". En *La lexicografía hispánica ante el siglo XXI. Balance y perspectivas*, eds. M. A. Martín Zorraquino y J. L. Aliaga Jiménez, 167–192. Zaragoza: Gobierno de Aragón e Institución Fernando el Católico.

Porto Dapena, J. Á. 2011. "Un proyecto lexicográfico en marcha: El *Diccionario "Coruña" de la lengua española actual*". En *Lexicographie e métalexicographie en langue espagnole*, dir. J. C. Herreras y J. C. de Hoyos, 335–351. Valenciennes: Presses Universitaires de Valenciennes.

Porto Dapena, J. Á. 2014. *La definición lexicográfica*. Madrid: Arco Libros.

Porto Dapena, J. Á. 2015. "Consideraciones sobre el contorno y otros aspectos contextuales de la definición lexicográfica". En *Lexicografía de las lenguas románicas*, vol. 2, eds. M. J. Domínguez, X. Gómez y C. Valcárcel, 357–383. Berlín: De Gruyter.

Porto Dapena, J. Á., E. Conde Noguerol, F. Córdoba Rodríguez y M. M. Muriano Rodríguez. 2007. *El* Diccionario "Coruña" de la lengua española actual*: planta y muestra*, anexo 9 de la *Revista de Lexicografía*. A Coruña: Universidade da Coruña.

Portolés, J. 2004. *Pragmática para hispanistas*. Madrid: Síntesis.

Portolés, J. 2008. "Las definiciones de las partículas discursivas en el diccionario". En *Diccionario histórico: nuevas perspectivas lingüísticas*, ed. P. Garcés Gómez, 179–202. Madrid y Frankfurt: Iberoamericana-Vervuert.

Pottier, B. 1963. *Recherches sur l'analyse sémantique en linguistique et en traduction automatique*, Nancy. Rey, A. 1987. "Le dictionnaire culturel". En *Lexicographica. International Annual for Lexicography*, eds. A. Kučera *et al.*, 3, 3–50. Berlín: De Gruyter.

Poyatos, F. 1994. *La comunicación no verbal*, 3 vols. Madrid: Istmo.

Prado Aragonés, J. 2006. "Algunos usos lingüísticos discriminatorios en la última edición del *DRAE* y la transmisión de valores". En *El Diccionario de la Real Academia Española: ayer y hoy*, eds. M. Campos Souto y J. I. Pérez Pascual, 199–210. A Coruña: Universidade da Coruña.

Prćić, T. 1999a. "The treatment of Affixes in the 'Big Four' EFL Dictionaries". *International Journal of Lexicography* 12 (4): 263–279.

Prćić, T. 1999b. "Productivity of Competing Affixes: The Case of Agentive Suffixes in English". *Linguistica e Filologia* 9: 125–134.

Prćić, T. 2005. "Prefixes vs Combining Forms in English: A Lexicographic Perspective". *International Journal of Lexicography* 18 (3): 313–334.

Prćić, T. 2008. "Suffixes vs Combining Forms in English: A Lexicographic Perspective". *International Journal of Lexicography* 21 (1): 1–22.

Prinsloo, D. J. 2013. "New Developmets in the Selection of Examples". En *Dictionaries. An International Encyclopedia of Lexicography: Supplementary Volume: Recent Developments with Special Focus on Computational Lexicography*, vol. 5.4, eds. R. Gouws, U. Heid, W. Schweickard y H. E. Wiegand, 509–516. Nueva York: De Gruyter.

Procházková, P. 2006. *Fundamentos de la lingüística de corpus. Concepción de los corpus y métodos de investigación con corpus*. http://prochazkova.de/fundamentos_de_la_ling%C3%BC%C3%ADstica_de_corpus.pdf

Pruvost, J. 2000. *Dictionnaires et nouvelles technologies*. París: Presses Universitaires de France.

Pujol, D., M. Corrius y J. Masnou. 2006. "Print Deferred Bilingualised Dictionaries and Their Implications for Effective Language Learning: A New Approach to Pedagogical Lexicography". *International Journal of Lexicography* 19: 197–215.

Pulcini, V. 2002. "Pronunciation in English-Italian Bilingual Dictionaries". En *La lessicografia bilingue tra presente e avvenire*, eds. E. Ferrario y V. Pulcini, 65–76. Vercelli: Mercurio.

Pullum, G. 2009. "Lexical Categorization in English Dictionaries and Traditional Grammars". *Zeitschrift für Anglistik und Amerikanistik* 57: 255–273.

Pustejovsky, J. 1991. "The Generative Lexicon". *Computational Linguistics* 17 (4): 409–441.

Pustejovsky, J. y O. Batiukova. 2019. *The Lexicon*. Cambridge: Cambridge University Press.

Pustejovsky, J., S. Bergler y P. Anick. 1993. "Lexical Semantic Techniques for Corpus Analysis". *Computational Linguistics* 19 (2): 331–358.

Putnam, H. 1975a. "The Meaning of Meaning". *Language, Mind, and Knowledge* 7: 131–193.

Putnam, H. 1975b. *Mind, Language and Reality. Philosophical Papers*, vol. 2. Cambridge: Cambridge University Press.

Putnam, H. 1988. *Representation and Reality*. Cambridge, MA: MIT Press.

Quemada, B. 1967. *Les dictionnaires du français moderne (1539–1863). Ètude sur leur histoire, leurs types et leurs méthodes*. París: Didier.

Quemada, B. 1990. "La nouvelle lexicographie". En *La lingüística aplicada*, T. Cabré *et al.*, 55–78. Barcelona: Universitat de Barcelona.

Quesada Pacheco, M. Á. 1992. "El *Diccionario histórico del español de Costa Rica*. Breve reseña sobre sus fines y sus logros". En *Actas del II Congreso Internacional de Historia de la Lengua Española*, vol. 2, eds. M. Ariza, R. Cano-Aguilar, J. Mendoza y A. Narbona 491–497. Madrid: Pabellón de España.

Quilis, M. 2009. "Diccionarios y normas ortográficas: panorama y aplicaciones en la lexicografía española de los siglos XVIII al XXI". En *Fronteras de un diccionario: las palabras en movimiento*, eds. E. de Miguel, S. Sánchez, A. Serradilla, R. Anca Radulescu y O. Batuikova, 83–120. San Millán de la Cogolla: Cilengua.

Quilis, M. 2014. "Ideología en el *Diccionario nacional* (1846–47) de Ramón Joaquín Domínguez: la 'nomenclatura vergonzante'". *Boletín Hispánico Helvético* 23: 141–164.
Quintana, A. 2002. "Geografía lingüística del judeoespañol de acuerdo con el léxico". *Revista de Filología Española* 82: 105–106.
Rabanales, A. 1953. *Introducción al estudio del español de Chile. Determinación del concepto de chilenismo*. Santiago de Chile: Editorial Universitaria.
Rafel i Fontanals, J. 2005. *Lexicografia*. Barcelona: Universitat Oberta de Catalunya.
Rafel i Fontanals, J. 2006. "Els elements extrínsecs en les definicions lexicogràfiques: teoria i aplicació". En *Palabra por palabra. Estudios ofrecidos a Paz Battaner*, eds. E. Bernal y J. DeCesaris, 201–217. Barcelona: Universitat Pompeu Fabra.
Rafel i Fontanals, J. y J. Soler i Bou. 2006. "A Descriptive Dictionary of Contemporary Catalan: The *DDLC* Project". En *Atti del XII Congresso Internazionale di Lessicografia*, eds. E. Corino, C. Marello y C. Oresti, 443–455. Alessandria: Dell'Orso.
Ragucci, R. M. 1943. "Apuntaciones sobre el *Diccionario* de la Real Academia Española". *Boletín de la Academia Argentina de Letras* 12 (45): 425–441.
Rainer, F. 1999. "La derivación adjetival". En *Gramática descriptiva de la lengua española*, eds. I. Bosque y V. Demonte, 4595–4643. Madrid: Espasa.
Ramos Cortés, M. 2006. "Gramática en los diccionarios. Un caso a examen: los diccionarios de aprendizaje del inglés". *Odisea* 7: 139–157.
Rasinger, S. M. 2013. *Quantitative Research in Linguistics: An Introduction*. Londres: Bloomsbury.
Real Academia Española. 1770. *Reglas para la corrección y aumento del* Diccionario *[¿1760?]*. Madrid: Real Academia Española.
Real Academia Española. 1771. *Gramática de la lengua castellana*. Madrid: Ibarra.
Real Academia Española. 1844. *Prontuario de ortografía de la lengua castellana*. Madrid: Imprenta Nacional.
Real Academia Española. 1914. *Plan general para la redacción del* Diccionario histórico de la lengua castellana. Madrid: Tipografía de la Revista de Archivos, Bibliotecas y Museos.
Real Academia Española. 1948. *La Real Academia Española solicita la colaboración de todos los amantes del idioma*. Madrid: Real Academia Española.
Real Academia Española. 1997. *Nueva planta del* Diccionario *de la Real Academia Española*. Madrid: Valero Impresores.
Real Academia Española. 1999. *Ortografía de la lengua española*. Madrid: Espasa-Calpe.
Real Academia Española. 2014. "La tecnología al servicio de la palabra. Últimos datos sobre consultas y accesos a los diccionarios, aplicaciones y formularios de la página web de la RAE". *Boletín de Información Lingüística de la Real Academia Española* 5.
Real Academia Española. *Actas de la Real Academia Española*. [Manuscrito].
Real Academia Española y Asociación de Academias de la Lengua Española. 2009. *Nueva gramática de la lengua española*. 2 vols. Madrid: Espasa (*NGLE*).
Real Academia Española y Asociación de Academias de la Lengua Española. 2010a. *Ortografía de la lengua española*. Madrid: Espasa.
Real Academia Española y Asociación de Academias de la Lengua Española. 2010b. *Nueva gramática de la lengua española. Manual*. Madrid: Espasa.
Regueiro, M. L. 2010. *La sinonimia*. Madrid: Arco Libros.
Regueiro, M. L. 2018. *La meronimia*. Madrid: Arco Libros.
Reissner, R. A. 1983. *El indio en los diccionarios. Exégesis léxica de un estereotipo*. México, D. F.: Instituto Nacional Indigenista.
Renau, I. 2012. *Gramática y diccionario: Las construcciones con* se *en las entradas verbales del diccionario de español como lengua extranjera*. Tesis doctoral. Barcelona: Universitat Pompeu Fabra.
Renau, I. 2016. "De nuevo sobre la gramática en el diccionario: el caso de los verbos con *se*". *Círculo de Lingüística Aplicada a la Comunicación* 66: 340–381.
Renau, I. y E. Bernal. 2012. "El *Diccionario de aprendizaje de español como lengua extranjera (DAELE)*: primera prueba de usuarios". En *Avances de lexicografía hispánica (II)*, coords. A. Nomdedeu-Rull, E. Forgas Berdet y M. Bargalló Escrivà, 245–259. Tarragona: Universitat Rovira i Virgili.
Renau, I., R. Nazar y V. Lecaros. 2020. "La evolución de las marcas ortográficas y tipográficas en los procesos de lexicalización de neologismos: un estudio en el vocabulario de la crisis económica en prensa española". *Revista Española de Lingüística Aplicada* 33 (1): 227–277.
Renouf, A. 2010. "Identification automatique de la néologie lexicologique et sémantique: questions soulevées par notre méthode". En *Actas del Congreso Internacional de Neología en las lenguas románicas*

(CINEO), eds. T. Cabré, O. Domènech, R. Estopà, J. Freixa y M. Lorente, 129–141. Barcelona: Universitat Pompeu Fabra.

Reutenauer, C. 2012. "Chaînes de cooccurrences étagées pour la veille lexicale". *Co-occurrence: from a Statistical to a Textual Phenomenon*. Besançon, 8–10 febrero 2012. [Comunicación no publicada].

Rey, A. 1970. "Typologie génétique des dictionnaires". *Langages* 19 (3): 48–68.

Rey, A. 1976. "Néologisme: un pseudo-concept?". *Cahiers de Lexicologie* 28 (1): 3–17.

Rey, A. 1987. "La notion de dictionnaire culturel et ses applications". *Cahiers de Lexicologie* 51 (2): 243–256.

Rey, A. 1988. *Enciclopedias y diccionarios*. México: Fondo de Cultura Económica.

Rey-Debove, J. 1967. "La définition lexicographique, bases d'une typologie formelle". *Travaux de Linguistique et de Littérature* 5 (1): 141–159.

Rey-Debove, J. 1971. *Étude linguistique et sémantique des dictionnaires françaises contemporains*. La Haya y París: Mouton.

Reyes, G. 2018. *Palabras en contexto. Pragmática y otras teorías del significado*. Madrid: Arco Libros.

Reyes Ortiz, I. P. 2016. *Tratamiento microestructural, traducción de expresiones idiomáticas en diccionarios bilingües español-inglés y su uso en contextos naturales*. Tesis de maestría. Nijmegen: Radboud University.

Reyre, D. 1994. "La voz judío en el *Tesoro de la lengua castellana o española* de Sebastián de Covarrubias y en su *Suplemento*". *Criticón* 61: 81–94.

Rhodes, C., I. Y. Pomol Cahum y M. O. Chan Dzul. 2018. "Exploración lexicográfica de seis diccionarios del maya yucateco". *Estudios de Lingüística Aplicada* 36 (68): 9–57.

Rico, A. y J. Solà. 1995. *Gramàtica i lexicografia catalanes: síntesi històrica*. Valencia: Universitat de València.

Ridruejo, E. 2019. "La norma del español y su codificación". En *Manual de lingüística española*, ed. E. Ridruejo, 184–212. Berlín: De Gruyter.

Rieger, B. 1989. *Unscharfe Semantik. Die empirische Analyse, quantitative Beschreibung, formale Repräsentation und prozedurale Modellierung vager Wortbedeutungen in Texten*. Berna: Peter Lang.

Ríos González, G. 2017. *Léxico juvenil costarricense*. San José: Editorial Digital. Imprenta Nacional.

Riosalido, J. 1985. *Tesoro de reglas. Glosario español*. Madrid: Instituto Hispano-Árabe de Cultura.

Ripp, S. y S. Falke. 2018. "Analyzing User Behavior with Matomo in the Online Information System Grammis". En *Proceedings of the XVIII EURALEX International Congress. Lexicography in Global Contexts*, eds. J. Čibej, V. Gorjanc, I. Kosem y S. Krek, 87–100. Ljubljana: Ljubljana University Press.

Ritchart, A. y A. Arvaniti. 2014. "The Use of High Rise Terminals in Southern Californian English". *Proceedings of Meetings on Accoustics* 20. https://asa.scitation.org/doi/pdf/10.1121/1.4863274

Rivarola, D. M. 2000. *La reforma educativa en el Paraguay*. Santiago de Chile: CEPAL.

Rivodó, B. 1889. *Voces nuevas en la lengua castellana. Glosario de voces, frases y acepciones usuales que no constan en el diccionario de la Academia, edición duodécima. Admisión de extranjeras. Rehabilitación de anticuadas. Rectificaciones. Acentuación prosódica. Venezonalismos*. París: Librería Española de Garnier Hermanos.

Roberts, R. P. 1996. "Le traitement des collocations et des expressions idiomatiques dans les dictionnaires bilingues". En *Les dictionnaires bilingues*, eds. H. Béjoint y P. Thoirron, 181–197. Louvain-la-Neuve: Duculot.

Robles Ávila, S. 2015. "Los extranjerismos crudos en la 23.ª edición del *Diccionario de la lengua española:* estudio retrospectivo 2001–2014". En *Pragmática, discurso y norma*, coords. I. Carrasco Cantos y S. Robles Ávila, 65–96. Madrid: Arco Libros.

Rodríguez, F. 1987. "El lenguaje pasota, espejo de una generación". *Revista de Estudios de Juventud* 26: 65–71.

Rodríguez, F., ed. 2002. *El lenguaje de los jóvenes*. Barcelona: Ariel.

Rodríguez Adrados, F. 1971. "La semántica estructural: estado actual y perspectivas". *Habis* 2: 9–34.

Rodríguez Barcia, S. 2001. "Aspectos contextuales e ideológicos del DRAE-1936 (1939)". En *Estudios de Historiografía Lingüística. Actas del III Congreso Internacional de la Sociedad Española de Historiografía Lingüística*, eds. M. A. Esparza, B. Fernández y H.-J. Niederehe, 963–976. Hamburg: Helmut Buske.

Rodríguez Barcia, S. 2002. "Sociedad y diccionario. Notas para un acercamiento a la lexicografía española de la primera mitad del siglo xx". *Res Diachronicae* 1: 301–315.

Rodríguez Barcia, S. 2008. *La realidad relativa. Evolución ideológica en el trabajo lexicográfico de la Real Academia Española (1726–2006)*. Vigo: Universidade de Vigo.

Rodríguez Barcia, S. 2011. "Un mundo a su medida: la construcción de la realidad en los últimos diccionarios de la RAE". En *El dardo en la Academia: esencia y vigencia de las Academias de la Lengua Española*, eds. S. Senz y M. Alberte, vol. 2, 459–509. Santa Cruz de Tenerife: Melusina.

Rodríguez Barcia, S. 2012. "El análisis ideológico del discurso lexicográfico: una propuesta metodológica aplicada a diccionarios monolingües del español". *Verba* 39: 135–159.

Rodríguez Barcia, S. 2013. "El diccionario como producto editorial: estrategias de valorización en los prólogos de los diccionarios académicos de la primera mitad del siglo XIX". *Revista Argentina de Historiografía Lingüística* 5 (1): 27–39.
Rodríguez Barcia, S. 2016a. "El *Diccionario de la lengua española* 2014: análisis del nuevo discurso lexicográfico de la RAE". *Lexis* 40 (2): 331–374.
Rodríguez Barcia, S. 2016b. *Introducción a la lexicografía*. Madrid: Editorial Síntesis.
Rodríguez Barcia, S. 2018. "De la etnolexicografía a la lexicografía crítica". *Revista de Investigación Lingüística* 21: 186–206.
Rodríguez Barcia, S. y M. Méndez Santos. 2011. "La Real Academia Española y el mundo. La ideologización cultural panhispánica a través de las definiciones de los últimos repertorios de la RAE". En *Ideolex. Estudios de lexicografía e ideología*, coords. F. San Vicente, C. Garriga y H. E. Lombardini, 239–256. Monza: Polimetrica.
Rodríguez Barcia, S. y A. Moskowitz. 2019. "An Authentic pan-Hispanic Language Policy? Spain as the Point of Reference in the Spanish Royal Academy's *Diccionario de la lengua española*". *International Journal of Lexicography* 32 (4): 498–527.
Rodríguez Barcia, S. y F. Ramallo. 2015. "De masones, sodomitas, herejes y comunistas: las minorías en la historia de la lexicografía monolingüe española". *Estudios de Lingüística del Español* 36: 449–483.
Rodríguez González, F., ed. 1989. *Comunicación y lenguaje juvenil. Madrid*: Fundamentos.
Rodríguez González, F., ed. 2002. *El lenguaje de los jóvenes*. Barcelona: Ariel.
Rodríguez González, F., J. A. Sánchez Fajardo y C. Marello. 2019. "El tratamiento lexicográfico de las palabras truncadas en español e italiano". *Cuadernos AISPI. Estudios de Lenguas y Literaturas Hispánicas* 14: 23–44.
Rodríguez Marín, F. 1920. *Un millar de voces castizas y bien autorizadas que piden lugar en nuestro léxico*. Madrid: Tipografía de la "Revista de Archivos, Bibliotecas y Museos".
Rodríguez Marín, F. 1922. *Dos mil quinientas voces castizas y bien autorizadas que piden lugar en nuestro léxico*. Madrid: Tipografía de la "Revista de Archivos, Bibliotecas y Museos".
Rodríguez Marín, R. 2003. "El diccionario de la Real Academia Española en la actualidad". En *La lexicografía hispánica ante el siglo XXI. Balance y perspectivas*, eds. M.ª A. Martín Zorraquino y J. L. Aliaga Jiménez, 193–208. Zaragoza: Institución Fernando el Católico.
Rodríguez Marín, R. 2008. "Los neologismos en el *DRAE*". En *Neologismo y morfología*, eds. R. Almela Pérez y E. T. Montoro del Arco, 107–119. Murcia: Universidad de Murcia.
Rodríguez Márquez, T. I. 2017. *La lexicografía y el diccionario como herramienta en la enseñanza secundaria: unidades de trabajo*. Tesis doctoral. Bellaterra: Universitat Autònoma de Barcelona.
Rodríguez Ortiz, F. 2012. "Ilustraciones de la técnica en la lexicografía española". *Revista de Lexicografía* 18: 171–187.
Roegiest, E. 1980. *Les prépositions* a *et* de *en espagnol contemporain. Valeurs contextuelles et signification générale*. Gante: Rijksuniversiteit.
Roegiest, E. 1983. "Funciones sintagmáticas de las preposiciones españolas *a* y *de*". *Lingüística Española Actual* 5 (1): 29–56.
Rojas, D. 2007. "Marcas gramaticales y tipos de definición empleados en el tratamiento lexicográfico de marcadores discursivos argumentativos en el DRAE (22.ª ed.)". *Boletín de Filología* 42: 415–434.
Rojas, D. 2010. "Estandarización lingüística y pragmática del diccionario: forma y función de los 'diccionarios de provincialismos' chilenos". *Boletín de Filología* 45 (1): 209–233.
Rojas, D. 2011. "*Voces usadas en Chile* (1900): las cartas de Aníbal Echeverría y Reyes a Rodolfo Lenz". *Onomázein* 24: 349–361.
Rojas, D. 2014. "Diccionario y estandarización lingüística en Hispanoamérica: la visión de Ramón Sotomayor Valdés (1866)". *Estudios Filológicos* 53: 109–121.
Rojas, D. 2015a. "Ideologías y actitudes lingüísticas en el Chile del siglo XIX: los reparos de Andrés Bello a las *Correcciones lexigráficas* de Valentín Gormaz". *Lexis* 39 (1): 163–181.
Rojas, D. 2015b. "El *Diccionario de chilenismos* (1875) de Zorobabel Rodríguez: ideologías lingüísticas e intertextualidad". *Revista de Humanidades* 32: 87–116.
Rojas, D. 2016a. "Lengua, política y educación en el Chile del siglo XIX: ideologías lingüísticas en las *Correcciones lexigráficas* (1860) de Valentín Gormaz". *Circula. Revista de Ideologías Lingüísticas* 4: 63–86.
Rojas, D. 2016b. "Normatividad, descripción y autoridad en la lingüística chilena: *Voces usadas en Chile* (1900) de Aníbal Echeverría y Reyes". *Onomázein* 33: 206–225.
Rojas, D. 2017. "Representaciones del cambio lingüístico en Chile durante el siglo XIX: '¿progreso o decadencia?'". *Literatura y Lingüística* 36: 243–262.

Rojas, D. 2020. "La representación ideológica del contacto castellano-mapudungun en la lexicografía normativista chilena de fines del XIX". En *Creencias y actitudes ante la lengua en la España y América de los siglos XVIII y XIX*, eds. V. Gaviño y M. Rivas, 385–401. Madrid y Frankfurt: Iberoamericana-Vervuert.

Rojas, D. y T. Avilés. 2012. "La recepción de *Voces usadas en Chile* (1900) de Aníbal Echeverría y Reyes entre sus contemporáneos". *Boletín de Filología* 47 (2): 149–175.

Rojas, D. y T. Avilés. 2015. "Ideologías lingüísticas en un debate del siglo XIX chileno: los comentaristas del *Diccionario de chilenismos* de Zorobabel Rodríguez". *Línguas e Instrumentos Lingüísticos* 35: 53–72.

Rojas, D. y V. Cáceres. 2020. "El coa: glotopolítica y antropología criminal en Julio Vicuña Cifuentes (1910)". *Lexis* 44 (2): 445–482.

Rojo, G. 2011. "Frecuencia de inventario y frecuencia de uso en los elementos gramaticales". *Revista Española de Lingüística* 41 (1): 5–43.

Rojo, G. 2012. "El papel de los corpus en el estudio de la historia del español". En *Actas del VIII Congreso Internacional de Historia de la Lengua Española*, eds. E. Montero Cartelle y C. Manzano Rovira, vol. 1, 433–444. Santiago de Compostela: Meubook.

Rojo, G. 2014. "Análisis cuantitativo de las citas del *Diccionario de autoridades*". *Boletín de la Real Academia Española* 94: 137–196.

Rojo, G. 2015. "Sobre los antecedentes de la lingüística de corpus". En *Studium grammaticae. Homenaje al profesor José Antonio Martínez*, ed. A. Álvarez Menéndez *et al.*, 675–689. Oviedo: Universidad de Oviedo.

Rojo, G. 2016. "Los corpus textuales del español". En *Enciclopedia lingüística hispánica*, ed. J. Gutiérrez-Rexach, 285–296. Londres y Nueva York: Routledge.

Rojo, G. 2017. "Sobre la configuración estadística de los corpus textuales". *Lingüística* 33 (1): 121–134.

Rojo, G. 2019. "Sobre el tratamiento de los superlativos en el *Diccionario de autoridades*". En *Voces dialogantes. Estudios en homenaje al profesor Wiaczesław Nowikow*, eds. A. M. López González, M. Baran, A. Kłosińska-Nachin y E. Kobyłecka-Piwońska, 301–311. Łódz: Wydawnictwo Uniwersytetu Łódzkiego.

Rona, J. P. 1969. "¿Qué es un americanismo?". En *El simposio de México. Enero de 1968. Actas, informes y comunicaciones*, 135–148. México: Universidad Nacional Autónoma de México.

Ropero, M. 1978. *El léxico caló en el lenguaje del cante flamenco*. Sevilla: Universidad de Sevilla.

Rosenzweig, R. 2006. "Can History Be Open Source? Wikipedia and the Future of the Past". *The Journal of American History* 93 (1): 117–146.

Roth, M. y S. Upadhyay. 2019. "Combining Discourse Markers and Cross-Lingual Embeddings for Synonym-Antonym Classification". En *Proceedings of the 2019 Conference of the North American Chapter of the Association for Computational Linguistics: Human Language Technologies*, eds. J. Burstein, C. Doran y T. Solorio, 3899–3905. Minneapolis: North American Chapter of the Association for Computational Linguistics. Stroudsburg, PA: Association for Computational Linguistics.

Ruhstaller, S. 2000. "Las autoridades del *Diccionario de autoridades*". En *Tendencias en la investigación lexicográfica del español*, eds. S. Ruhstaller y J. Prado Aragonés, 193–224. Huelva: Universidad de Huelva.

Ruhstaller, S. 2003. "Las obras lexicográficas de la Academia". En *Lexicografía española*, coord. A. M. Medina Guerra, 235–261. Barcelona: Ariel.

Ruiz de Mendoza, F. y R. Mairal-Usón. 2008. "Levels of Description and Constraining Factors in Meaning Construction: An Introduction to the Lexical Constructional Model". *Folia Linguistica* 42 (3–4): 355–400.

Ruiz Miyares, L., ed. 2017. *Estudios de lexicología y lexicografía. Homenaje a Eloína Miyares Bermúdez*. Santiago de Cuba: Centro de Lingüística Aplicada.

Ruiz Miyares, L. y S. Tarp. 2015. "Diccionarios escolares cubanos: una experiencia para compartir". *Estudios de Lexicografía* 4: 185–198.

Rundell, M. 1998. "Recent Trends in English Pedagogical Lexicography". *International Journal of Lexicography* 11 (4): 315–342.

Rundell, M. 2012a. "The Road to Automated Lexicography: An Editor's Viewpoint". En *Electronic Lexicography*, eds. S. Granger y M. Paquot, 15–30. Oxford: Oxford University Press.

Rundell, M. 2012b. "'It Works in Practice But Will It Work in Theory?' The Uneasy Relationship between Lexicography and Matters Theoretical". En *Proceedings of the 15th Euralex International Congress*, eds. R. V. Fjeld y J. M. Torjusen, 47–92. Oslo: University of Oslo.

Rundell, M. 2015. "From Print to Digital: Implications for Dictionary Policy and Lexicographic Conventions". *Lexikos* 25: 301–322.

Rundell, M. 2016. "Dictionaries and Crowdsourcing. Wikis and User Generated Content". En *International Handbook of Modern Lexis and Lexicography*, eds. P. Hanks y G.-M. de Schryver, 1–16. Berlín: Springer.

Rundell, M. y A. Kilgarriff. 2011. "Automating the Creation of Dictionaries: Where Will It All End". En *A Taste for Corpora: In Honour of Sylviane Granger*, eds. F. Meunier, S. De Cock, G. Gilquin y M. Paquot, 257–282. Ámsterdam: John Benjamins.

Sablayrolles, J. F. 1996. *Les neologismes du français contemporain, traitement théorique et analyses de donées*. Tesis doctoral. París: Université Paris VIII.

Sablayrolles, J. F. 2008. "Néologie et dictionnaire(s) comme corpus d'exclusion". En *Néologie et terminologie dans les dictionnaires*, ed. J. F. Sablayrolles, 19–36. París: Champion.

Sablayrolles, J. F. 2012. "Extraction automatique et types de néologismes: Une nécessaire clarification". *Cahiers de Lexicologie* 100: 37–53.

Sacks, H. 1992. *Lectures on Conversation*. Oxford: Blackwell.

Saeed, J. I. 2016. *Semantics*. Oxford: Wiley Blackwell.

Sáenz-Badillos, Á. 2004a. "El hebreo y las lenguas semíticas en la obra de Hervás y Panduro". *Miscelánea de Estudios Árabes y Hebraicos* 53 (2): 341–359.

Sáenz-Badillos, Á. 2004b. "Gramáticas y léxicos y su relación con el judeo-árabe. El uso del judeo-árabe entre los filólogos hebreos de al-Andalus". En *Revista de Ciencias de las Religiones*, anexo IX: 75–93.

Sager, J. C. 1990. *A Practical Course in Terminology Processing*. Ámsterdam: John Benjamins.

Sagi, E., S. Kaufmann y B. Clark. 2009. "Semantic Density Analysis: Comparing Word Meaning Across Time and Phonetic Space". En *Proceedings of the Workshop on Geometrical Models of Natural Language Semantics*, eds. R. Basili y M. Pennacchiotti, 104–111. Stroudsburg, PA: Association for Computational Linguistics.

Salas, A. 1992. "Lingüística mapuche. Guía bibliográfica". *Revista Andina* 2: 473–537.

Salas Quesada, P. 2003. "Los comienzos de la lexicografía bilingüe con el portugués y el español. El *Dicionário castelhano-portuguéz* de Raphael Bluteau". *Res Diachronicae Virtual* 2: 343–351.

Salas Quesada, P. y A. Torres Morcillo. 2011. "*ARDIDEs*: Aplicación de Redacción de un Diccionario Diacrónico del Español". *Revista de Lexicografía* 17: 133–159.

Salas Quesada, P. y A. Torres Morcillo. 2015. "Aproximación a los fundamentos del *NDHE* a través de las herramientas informáticas usadas en su elaboración y presentación". *Estudios de Lexicografía* 3: 15–69.

Salerno, L. 2002. "Informazione grammaticale e lessicografia bilingue. Il trattamento della complementazione verbale in cinque dizionari italiano-francese". En *La lessicografia bilingue tra presente e avvenire*, eds. E. Ferrario y V. Pulcini, 77–93. Vercelli: Mercurio.

Salomon, F. 1983. "El quichua de los Andes Ecuatoriales: algunos aportes recientes". *Revista Andina* 2: 393–405.

Salvador, G. 1985. *Semántica y lexicología del español*. Madrid: Paraninfo.

Salvador, G. 1994. "El *DRAE*". En *Actas del Congreso de la Lengua Española (Sevilla, 1992)*, 657–659. Madrid: Instituto Cervantes.

Salvador Rosa, A. 1985. "Las localizaciones geográficas en el *Diccionario de autoridades*". *Lingüística Española Actual* 7: 103–139.

San Segundo, R. 1996. *Sistemas de organización del conocimiento*. Madrid: Universidad Carlos III y Boletín Oficial del Estado.

Samper Padilla, J. A. 2001. "El Diccionario histórico del español de Canarias". *Estudios Canarios: Anuario del Instituto de Estudios Canarios* 46: 483–496.

San Vicente, F., ed. 2008. *Textos fundamentales de la lexicografía italoespañola (1917–2007)*. 2 vols. Monza: Polimetrica.

San Vicente, F., ed. 2010. *Textos fundamentales de la lexicografía italoespañola (1805–1916)*. Monza: Polimetrica.

San Vicente, F. 2017. "El diccionario bilingüe: contenidos y finalidad". En *Lexicografía y didáctica. Diccionarios y otros recursos lexicográficos en el aula*, eds. M. J. Domínguez Vázquez y M. T. Sanmarco Bande, 81–108. Berna: Peter Lang.

San Vicente, F., C. Garriga y H. E. Lombardini, coords. 2011a. *Ideolex. Estudios de lexicografía e ideología*. Monza: Polimetrica.

San Vicente, F., C. Garriga y H. E. Lombardini. 2011b. "Aproximación metodológica al estudio de la ideología en los diccionarios". En *Ideolex. Estudios de lexicografía e ideología*, coords. F. San Vicente, C. Garriga y H. E. Lombardini, 9–22. Monza: Polimetrica.

Sánchez, A. 1995. *Cumbre. Corpus lingüístico del español contemporáneo*. Madrid: SGEL.

Sánchez, A. 2008. "John Sinclair (1933–2007). In memoriam". *Nexus* 1: 113–122.

Sánchez, A. y P. Cantos. 2011. "E-Dictionaries in the Information Age: The Lexical Constellation Model (LCM) and the Definitional Construct". En *E-Lexicography: The Internet, Digital Initiatives and Lexicography*, eds. P. A. Fuertes-Olivera y H. Bergenholtz, 251–274. Londres y Nueva York: Continuum.

Sánchez García, F. J. 2009. *El léxico religioso en los diccionarios de la Real Academia Española: estudio diacrónico*. Barcelona: Universitat de Barcelona.

Sánchez López, C. 2002. *Las construcciones con se*. Madrid: Visor.

Sánchez Merino, A. 2002. "Algunas consideraciones sobre diccionarios bilingües españoles". *Revista de Lexicografía* 9:147–174.

Sánchez Ramos, M. 2003. "Tipología lexicográfica en la enseñanza del inglés como segunda lengua: hacia una descripción del uso de los diccionarios". *Odisea* 4: 143–154.

Sánchez Ramos, M. M. 2005: "Research on Dictionary Use by Trainee Translators". *Translation Journal* 9 (2): s/p.

Sánchez Rufat, A. 2010. "Apuntes sobre las combinaciones léxicas y el concepto de colocación". *Anuario de Estudios Filológicos* 33: 291–306.

Sánchez Valderrábanos, A., E. Torrejón y M. A. de Pineda. 1991. "Informatización de diccionarios convencionales: Un sistema de consulta para el *Diccionario ideológico de la lengua española* de J. Casares". *Procesamiento del Lenguaje Natural* 11: 101–125.

Sanromán, B. 2014. "La alternancia *dar/hacer* en construcciones con verbo de apoyo y nombre de comunicación". *Borealis: An International Journal of Hispanic Linguistics* 3: 185–222.

Sanromán, B. 2015. "The Role of Determiners in Spanish Light Verb Constructions". *Word* 61 (2): 178–200.

Santamaría Pérez, I. 2004. "La información gramatical en los diccionarios monolingües de aprendizaje: reflexiones a partir del verbo". *Estudios de Lingüística. Universidad de Alicante*, anexo 2: 559–580.

Santamarina, A. 2000. *Diccionario de diccionarios*. CD-ROM. 3.ª ed.: 2003. A Coruña: Fundación Barrié de la Maza.

Santana, O., G. Rodríguez y Z. Hernández. 1997. "Herramienta para el manejo de diccionarios ideológicos". *Lingüística Española Actual* 19 (1): 129–136.

Santana, O., J. Pérez, F. Carreras, J. Duque, Z. Hernández y G. Rodríguez. 1999. "FLANOM: Flexionador y lematizador automático de formas nominales". *Lingüística Española Actual* 21 (2): 253–297.

Santana López, B. 2009. "Las instrucciones de uso del diccionario bilingüe o cómo encontrar lo que no sé que estoy buscando". En *Investigaciones sobre lexicografía bilingüe*, eds. M. T. Fuentes Morán y B. A. Model, 157–188. Granada: Tragacanto.

Santander, P. 2011. "Por qué y cómo hacer Análisis de Discurso". *Cinta de Moebio* 41: 207–224.

Santolaria García, M. 2009. "Zirano Cúpula: An Application of the Conceptual Variables in the Conceptual Multilanguage Semantics". *Procesamiento del Lenguaje Natural* 43: 347–349.

Santos Molano, E. 2006. *Rufino José Cuervo: un hombre al pie de las letras*. Bogotá: Instituto Caro y Cuervo.

Sapir, E. 1966 [1921]. *El lenguaje: Introducción al estudio del habla*. México: Fondo de Cultura Económica.

Saralegui, C. 2006. "Definiciones de metalengua en el DRAE: en torno al *vascuence* y *euskera* entre 1970 y 2001". En *Análisis del discurso: lengua, cultura y valores*, eds. M. Casado, R. González y M. V. Romero, vol. 2, 1665–1678. Pamplona: Universidad de Navarra.

Sarasola Errazkin, I. 1997. "Euskal hiztegigintzaren eta terminologiaren inguruan". En *Nazioarteko terminologia biltzarra*. Donostia: IVAP-UZEI.

Sariego, I., J. Gutiérrez Cuadrado y C. Garriga. 2017. *El diccionario en la encrucijada: de la sintaxis y la cultura al desafío digital*. Asociación Española de Estudios Lexicográficos: Santander.

Sarmiento, R. 2011. "La nueva ortografía académica (2010)". *Revista Cálamo FASPE* 57: 9–13.

Sarrionandia, P. H. 1905. *Gramática de la lengua rifeña*. Edición facsímil: 2007. Barcelona: Edicions Bellaterra.

Saurí, R., A. Alderslade y R. Shapiro. 2018. "A Universal Classification of Lexical Categories and Grammatical Distinctions for Lexicographic and Processing Purposes". En *Proceedings of the XVIII Euralex International Congress. Lexicography in Global Contexts*, eds. J. Čibej, V. Gorjanc, I. Kosem y S. Krek, 173–185. Ljubljana: European Association for Lexicography.

Saussure, F. 1916. *Cours de linguistique générale*. Publ. C. Bally y A. Sechehaye. París: Payot.

Ščerba, L.-V. 1940. "Opyt obshchei teorii leksikografii". En *Izvestiia Akademii Nauk SSSR*. Otdelenie literatury i iazyka. 3, 89–117. ["L. V. Shcherba: Towards a General Theory of Lexicography". 1995. *International Journal of Lexicography*, 8/4, 313–350].

Schieffelin, B. B., K. A. Woolard y P. V. Kroskrity, eds. 2012 [1998]. *Ideologías lingüísticas: práctica y teoría*. Madrid: Catarata.

Schierholtz, S. 2015. "Methods in Lexicography and Dictionary Research". *Léxikos* 25: 323–352.

Schierz, A. 2007. "Monitoring Knowledge: A Text-Based Approach". *Terminology* 13 (2): 125–154.

Schmid, H. 2008. "New Words in the Mind: Concept-Formation and Entrenchment of Neologisms". *Anglia* 126 (1): 1–36.

Schmitz, U. 2013. "Monolingual and Bilingual Electronic Dictionaries Compared with Printed Dictionaries: A Short General Survey". En R. H. Gouws *et al.*, 1013–1023. Berlín: De Gruyter.

Schnitzer, J. y D. Gromann. 2017. "Estrategias de combinación de recursos lexicográficos en la adquisición de lenguas extranjeras (en contextos específicos)". *Revista Nebrija de Lingüística Aplicada* 11 (23): 124–145.

Schütz, G. 1979. "Sobre la interrupción del *Diccionario de construcción y régimen*". En *Homenaje a Fernando Antonio Martínez*, 553–622. Bogotá: Instituto Caro y Cuervo.

Seargeant, P. 2011. "Lexicography as a Philosophy of Language". *Language Sciences* 33: 1–10.

Searle, J. 1976. "A Classification of Illocutionary Acts". *Langauge in Society* 5(1): 1–23.

Sebeok, T. A. 1962. "Materials for a Typology of Dictionaries". *Lingua* 11: 363–374.

Seco, M. 1978. "Problemas formales de la definición lexicográfica". En *Estudios ofrecidos a Emilio Alarcos Llorach*, vol. 2, 217–239. Oviedo: Universidad de Oviedo [reproducido en Seco [1987] 2003, 25–58].

Seco, M. 1979. "El 'contorno' en la definición lexicográfica". En *Homenaje a Samuel Gili Gaya (in memoriam)*, 183–191. Barcelona: Biblograf [reproducido en Seco [1987] 2003, 35–45].

Seco, M. 1980. *Las palabras en el tiempo: los diccionarios históricos*. Madrid: Real Academia Española.

Seco, M. 1988. "El problema de la diacronía en los diccionarios generales". *Revista de Dialectología y Tradiciones Populares* 43, 559–567. [reproducido en Seco, M. 1987] 2003, 70–80].

Seco, M. 1995a. "La microestructura del *Diccionario del español actual*". *Cadernos da Lingua*, anexo 3: 25–38.

Seco, M. 1995b. "El *Diccionario histórico de la lengua española*". *International Journal of Lexicography* 8 (3): 203–219.

Seco, M. 1997. "El léxico de hoy". En *Comunicación y lenguaje*, ed. R. Lapesa, 181–202. Madrid: Karpos.

Seco, M. 2002. "La manipulación de las palabras". *Boletín del Instituto de Estudios Giennenses* 180: 5–18.

Seco, M. 2003. "El Diccionario sincrónico del español". En *Estudios de lexicografía española*, 2.ª ed. Madrid: Gredos, 417–438.

Seco, M. 2003a [1987]. "Medio siglo de lexicografía española (1930–1980). Apéndice A: María Moliner". En *Estudios de lexicografía española*, 194–211. Madrid: Paraninfo.

Seco, M. 2003b [1987]. *Estudios de lexicografía española*. 2.ª ed. Madrid: Gredos.

Seco, M. 2003 [1995]. "Lexicografía del español en el fin de siglo". En *Estudios de lexicografía española*, 2.ª ed., 399–416. Madrid: Gredos.

Seco, M., O. Andrés y G. Ramos. 1999. "Preámbulo", "Características del diccionario" y "Guía del lector". En *Diccionario del español actual*, vol. 1. Madrid: Aguilar.

Segert, S. 1991. "The Use of Comparative Semitic Material in Hebrew Lexicography". En *Semitic Studies in Honor of Wolf Leslau. On the Occasion of his Eighty-Fifth Birthday*, ed. A. S. Kaye, vol. 2, 1426–1442. Wiesbaden: Otto Harrassowitz.

Segert, S. y J. R. Hall. 1973. "A Computer Program for Analysis of Words According to their Meaning (Conceptual Analysis of Latin Equivalents for the Comparative Dictionary of Semitic Languages)". *Orientalia (Nova Series)* 42: 149–157.

Senabre, R. 2011. "*Nuevo diccionario de dudas y dificultades de la lengua española*". *El Cultural*, 18 noviembre 2011.

Senz, S. y M. Alberte, eds. 2011. *El dardo en la Academia. Esencia y vigencia de las academias de la lengua española*, 2 vols. Barcelona: Melusina.

Senz S., J. Minguell y M. Alberte. 2011. "Las academias de la lengua española, organismos de planificación lingüística". En *El dardo en la Academia. Esencia y vigencia de las academias de la lengua española*, eds. S. Senz y M. Alberte, vol. 1, 371–550. Barcelona: Melusina.

Serra Sepúlveda, S. 2009. "Las restricciones de selección en los diccionarios generales de lengua española". *Boletín de Filología* 49 (2): 187–213.

Serra Sepúlveda, S. 2010. "Estructura argumental y definición lexicográfica. De cómo definir los predicados verbales en un diccionario semasiológico de español". *Lenguas Modernas* 35: 71–87.

Serra Sepúlveda, S. 2012a. "De cómo incorporar los contornos en la definición lexicográfica de verbos y adjetivos del español". *Revista de Lexicografía* 18: 187–203.

Serra Sepúlveda, S. 2012b. *Gramática y diccionario*. Madrid/Saarbrücken: Editorial Académica Española.

Serrano, J. C. 2003. *Las enciclopedias multimedia y su aplicación didáctica en la enseñanza*. Tesis doctoral. Madrid: Universidad Complutense de Madrid. https://eprints.ucm.es/4817/1/T26800.pdf

Serrano-Dolader, D. 2002. "Hacia una concepción no discreta de algunas formaciones con *anti-* en español". *Revista Española de Lingüística* 32 (2): 387–411.

Sidnell, J. y T. Stivers, eds. 2013. *The Handbook of Conversational Analysis*. Oxford: Blackwell.

Siepmann, D. 2005. "Collocation, Colligation and Encoding Dictionaries. Part I: Lexicological aspects". *International Journal of Lexicography* 18 (4): 409–443.

Siepmann, D. 2006. "Collocation, Colligation and Encoding Dictionaries. Part II: Lexicographical Aspects". *International Journal of Lexicography* 19 (1): 1–39.

Sierra, G. 2011. "Lexicografía computacional en las búsquedas onomasiológicas con lenguaje natural". En *De la lengua por sólo la extrañeza. Estudios de lexicología, norma lingüística, historia y literatura en homenaje a Luis Fernando Lara*, eds. M. E. Vázquez Laslop, K. Zimmermann y F. Segovia, vol. 1, 445–464. México: El Colegio de México.

Sierra, G. 2017. *Introducción a los corpus lingüísticos*. México, D. F.: Universidad Nacional Autónoma de México.

Sierra, G., C. Aguilar, R. Alarcón y C. Bach. 2008. "Definitional Verbal Patterns for Semantic Relation Extraction". *Terminology* 14 (1): 74–98.

Sierra, G., J. Lázaro y G. Bel-Enguix. 2017. "LEXIK. An Integrated System for Specialized Terminology". *Lecture Notes in Artificial Intelligence* 10061: 79–91.

Sierra, G., J. Solórzano y A. Díaz. 2017. "GECO, un gestor de corpus colaborativo basado en web". *Linguamática* 9 (2): 57–72.

Sierra Soriano, A. 2001. *El diccionario bilingüe. Estructura y nomenclatura*. Alicante: ECU.

Simone, R. 2015. "Diccionarios que todavía no existen". En *Lingüística y diccionarios*, ed. M.ª P. Garcés, 63–77. A Coruña: Universidade da Coruña.

Simonsen, H. K. 2011. "User Consultation Behaviour in Internet Dictionaries: An Eye-Tracking Study". *Hermes. Journal of Language and Communication Studies* 46: 75–101.

Sinclair, J. 1991. *Corpus, Concordance, Collocation*. Oxford: Oxford University Press.

Sinclair, J. 1992. "The Automatic Analysis of Corpora". En *Directions in Corpus Linguistics. Proceedings of Nobel Symposium 82*, ed. J. Svartvik, 379–397. Berlín: De Gruyter.

Sinclair, J. 2005. "Corpus and Text. Basic Principles". En *Developing Linguistic Corpora: A Guide to Good Practice*, ed. M. Wynne, 1–16. Oxford: Oxbow Books.

Sinclair, J., ed. 1987. *Looking Up: An Account of the COBUILD Project in Lexical Computing and the Development of the Collins COBUILD English Language Dictionary*. Londres: Collins.

Sinner, C. 2014. *Varietätenlinguistik. Eine Einführung*. Tübingen: Niemeyer.

Smith Strark, T. C. 1994. "Mesoamerican Calques". En *Investigaciones lingüísticas en Mesoamérica*, eds. C. MacKay y V. Vázquez, 15–52. México, D. F.: Universidad Autónoma de México.

Soler, C. 2012. "Lexicografía digital en español". *Cuadernos Cervantes* 56. www.cuadernoscervantes.com/multi_56_lexicografia.html

Soler, V. y A. Alcina. 2008. "Patrones léxicos para la extracción de conceptos vinculados por la relación parte-todo en español". En *Probing Semantic Relations*, eds. A. Auger y C. Barrière, 97–120. Ámsterdam: John Benjamins.

Soler i Bou, J. 2006. *Definició lexicogràfica i estructura del diccionari*. Barcelona: Institut d'Estudis Catalans.

Sommers, M. y J. Barcroft. 2007. "An Integrated Account of the Effects of Acoustic Variability in First Language and Second Language: Evidence from Amplitude, Fundamental Frequency, and Speaking Rate Variability". *Applied Psycholinguistics* 28 (2): 231–249.

Sperber, D. ed. 2000. *Metarepresentation: A Multidisciplinary Perspective*. Oxford: Oxford University Press.

Sperber, D. y D. Wilson. 1995 [1986]. *Relevance: Communication and Cognition*, 2.ª ed. Oxford: Blackwell.

Stempel, R. 1999. *Abriß einer historischen Grammatik der semitischen Sprachen*. Berna: Peter Lang.

Steurs, F., K. De Wachter y E. De Malsche. 2015. "Terminology Tools". En *Handbook of Terminology*, eds. H. J. Kockaert y F. Steurs, 222–249. Ámsterdam: John Benjamins.

Storrer, A. 1998. "Hypermedia-Wörterbücher: Perspektiven für eine neue Generation elektronischer Wörterbücher". En *Wörterbücher in der Diskussion III. Vorträge aus dem Heidelberger Lexikographischen Kolloquium*, ed. H. E. Wiegand, 106–131. Tübingen: Niemeyer.

Storrer, A. 2013. "Representing (Computational) Dictionaries in Hypertextual Form". En *Dictionaries: An International Encyclopedia of Lexicography, Supplementary Volume: Recent Developments with Focus on Electronic and Computational Lexicography*, eds. R. H. Gouws, U. Heid, W. Schweickard y H. E. Wiegand, 1244–1253. Berlín: De Gruyter.

Straka, M., J. Hajič y J. Straková. 2016. "UDPipe: Trainable Pipeline for Processing CoNLL-U Files Performing Tokenization, Morphological Analysis, POS Tagging and Parsing". En *Proceedings of the Tenth International Conference on Language Resources and Evaluation*, eds. N. Calzolari, K. Choukri, T. Declerck, S. Goggi, M. Grobelnik, B. Maegaard, J. Mariani, H. Mazo, A. Moreno, J. Odijk y S. Piperidis, 4290–4297. París: European Language Resources Association.

Stross, R. 2009. "Encyclopedic Knowledge, Then vs. Now". *The New York Times*, 2 de mayo.
Stubbs, M. 1995. "Collocations and Semantic Profiles: On the Cause of the Trouble with Quantitative Studies". *Functions of Language* 1: 23–55.
Stuckenberger, C. 1998. *Sprachfallen Spanisch: Mit Abschlusstests*. München: Max Hueber Verlag.
Suárez Ortiz, A. 2020. *Nuevos enfoques de aprendizaje en el arabismo hispano: un compendio léxico innovador español-árabe*. Tesis doctoral. Sevilla: Universidad de Sevilla.
Subirats, C. 2004. "FrameNet Español. Una red semántica de marcos conceptuales". En *Cognición y percepción lingüísticas: comunicaciones presentadas al VI Congreso Internacional de Lingüística Hispánica*, eds. E. Serra y G. Wotjak, 182–196. Valencia: Universitat de València.
Subirats, C. 2013. "La integración de la semántica de marcos y la semántica de simulación: aplicaciones al procesamiento semántico automático del español". En *Lenguaje, literatura y cognición*, eds. M. L. Calero y M. A. Hermosilla, 307–337. Córdoba: Universidad de Córdoba.
Subirats, C. 2015. "¿Qué hace una lengua como el español en una Academia como ésta? La institucionalización del atraso en la lingüística española". *Estudios de Lingüística del Español* 36: 161–176.
Süselbeck, K. 2014. "Las Academias correspondientes de la lengua en la Hispanoamérica del siglo XIX". En *Las ciencias en la formación de las naciones americanas*, eds. S. Carreras y K. Carrillo Zeiter, 271–294. Madrid y Frankfurt: Iberoamericana-Vervuert.
Svensén, B. 1993. *Practical Lexicography: Principles and Methods of Dictionary-Making*. Oxford: Oxford University Press.
Svensén, B. 2009. *A Handbook of Lexicography: The Theory and Practice of Dictionary-Making*. Cambridge: Cambridge University Press.
Swadesh, M. 1967. "Lexicostatistic classification". En *Handbook of Middle American Indians*, ed. R. Wachope, vol. 5, 79–115. Austin: University of Texas Press.
Szende, T. 1996. "Problèmes d'équivalence dans les dictionnaires bilingues". En *Les dictionnaires bilingues*, eds. H. Béjoint y P. Thoirron, 111–126. Louvain-la-Neuve: Duculot.
Szende, T. 1999. "Problems of Exemplification in Bilingual Dictionaries". *Lexicographica* 15: 198–228.
Szudarski, P. 2018. *Corpus Linguistics for Vocabulary: A Guide for Research*. Londres y Nueva York: Routledge.
Tabares Plasencia, E. 2014. "El tratamiento de los gentilicios en el *Diccionario panhispánico de dudas*". *Revista de Lexicografía* 20: 167–186.
Taborek, J. 2019. "Wörterbuchbenutzung von polnischen Germanistikstudierenden". En *Lexicographica* 34: 207–221.
Tahmasebi, N., L. Borin y A. Jatowt. 2019. "Survey of Computational Approaches to Lexical Semantic Change". ArXiV. https://arxiv.org/pdf/1811.06278.pdf
Tallatta, C. N. 2017. "*Diccionario argentino de dudas idiomática* (AAL, 2011). Ambigüedad entre la norma y el nacionalismo. Primera aproximación". *Diálogo de la Lengua* 9: 86–104.
Tang, X. 2018. "Survey Paper: A State-of-the-Art of Semantic Change Computation". *Natural Language Engineering* 24 (5): 649–676.
Tarp, S. 1995. "Wörterbuchfunktionen: Utopische und realistische Vorschläge für die bilinguale Lexikographie". En *Studien zur zweisprachigen Lexikographie mit Deutsch II*, 17–61. Hildesheim, Zúrich y Nueva York: Georg Olms.
Tarp, S. 2005a. "The Pedagogical Dimension of the Well-Conceived Specialised Dictionary". *Iberica* 10: 7–21.
Tarp, S. 2005b. "Desafíos para la lexicografía especializada". *Lingüística y Filología* 61: 205–232.
Tarp, S. 2007. "Lexicografía de aprendizaje". *Cadernos de Traduçao* 18 (2): 295–317.
Tarp, S. 2008. "Desafíos teóricos y prácticos de la lexicografía de aprendizaje". En *Lexicografia pedagógica: pesquisas e perspectivas*, eds. C. Xatara, C. Bevilacqua y P. Humblé, 46–73. Santa Catarina: UFSC/NUT.
Tarp, S. 2011a. "Lexicographical and Other e-Tools for Consultation Purposes: Towards the Individualization of Needs Satisfaction". En *e-Lexicography: The Internet, Digital Initiatives and Lexicography*, eds. Fuertes-Olivera y H. Bergenholtz, 55–70. Londres y Nueva York: Continuum.
Tarp, S. 2011b. "Pedagogical Lexicography: Towards a New and Strict Typology Corresponding to the Present State-of-the-Art". *Lexikos* 21: 217–231.
Tarp, S. 2013a. "New Developments in Learner's Dictionaries III: Bilingual Learner's Dictionaries". En *Dictionaries. An International Encyclopedia of Lexicography: Supplementary Volume: Recent Developments with Special Focus on Computational Lexicography*, eds. R. H. Gouws, U. Heid, W. Schweickard y H. E. Wiegand, vol. 5.4: 460–468. Berlín: De Gruyter.
Tarp, S. 2013b. "Necesidad de una teoría independiente de la lexicografía: el complejo camino de la lingüística teórica a la lexicografía práctica". *Círculo de Lingüística Aplicada a la Comunicación* 56: 110–154.

Tarp, S. 2013c. "Lexicographic Functions". En *Dictionaries. An International Encyclopedia of Lexicography: Supplementary Volume: Recent Developments with Special Focus on Computational Lexicography*, eds. R. H. Gouws, U. Heid, W. Schweickard y H. E. Wiegand, 460–468. Berlín: De Gruyter.

Tarp, S. 2014. "Reflexiones sobre el papel y diseño de los diccionarios de traducción especializada". *Monografías de Traducción e Interpretación* 6: 63–89.

Tarp, S. 2015a. "Structures in the Communication between Lexicographer and Programmer: Database and Interface". *Lexicographica* 31 (1): 217–246.

Tarp, S. 2015b. "La lexicografía y su relación con otras disciplinas independientes como la lingüística y la ciencia de la información". En *Lingüística y diccionarios*, ed. M.ª P. Garcés, 9–31. A Coruña: Universidade da Coruña.

Tarp, S. 2018. "El desafío de los datos sintácticos en los diccionarios para aprendices extranjeros del español". *Revista de Filología de la Universidad de La Laguna* 36: 367–391.

Tarp, S. 2019a. "La ventana al futuro: Despidiéndose de los diccionarios para abrazar a la Lexicografía". *Revista sobre Investigaciones Léxicas* 2 (2): 5–36.

Tarp, S. 2019b. "Connecting the Dots: Tradition and Disruption in Lexicography". *Lexikos* 29: 224–249.

Tarp, S., K. Fisker y P. Sepstrup. 2017. "L2 Write Assistants and Context Aware Dictionaries: New Challenges to Lexicography". *Lexikos* 27: 494–521.

Tarp, S. y P. A. Fuertes-Olivera. 2016. "Advantages and Disadvantages in the Use of Internet as a Corpus: The Case of the Online Dictionaries of Spanish Valladolid-UVa". *Lexikos* 26: 273–295. www.ajol.info/index.php/lex/article/view/149514

Tarp, S. y R. H. Gouws. 2019. "Lexicographical Contextualization and Personalization: A New Perspective". *Lexikos* 29: 250–268.

Tejera, M.ª J. 2002. "El *DEA* y la contrastividad en la lexicografía diferencial". En *Lengua y diccionarios. Estudios ofrecidos a Manuel Seco*, coords. P. Álvarez de Miranda y J. Polo, 335–354. Madrid: Arco Libros.

Terasaki, H. 2002. "Nihon no supeingo jisho no rekishi" ("Historia de los diccionarios de español en Japón"), Castalia, Tokyo Gaikokugo Daigaku Fuzoku Toshokan hō, 4.

Terrón, N. 2022. *Lexicografía y ortografía en el siglo* XIX. *La fijación de la ortografía académica a través del DRAE (1803–1899)*. Berlín: Peter Lang.

Thier, K. 2014. "Das Oxford English Dictionary und seine Nutzer". En *Ihr Beitrag bitte! Der Nutzerbeitrag im Wörterbuchprozess. 3. Arbeitsbericht des wissenschaftlichen Netzwerks "Internetlexicographie". OPAL 4*, eds. A. Abel y A. Klosa, 67–74. Mannheim: Institut für Deutsche Sprache.

Thompson, J. B. 1984. *Studies in the Theory of Ideology*. Berkeley, LA: University of California Press.

Thorndike, Edward L. 1991 [1928]. "The Psychology of the School Dictionary". En *International Journal of Lexicography* 4 (1): 15–22 (primera aparición: *Bulletin of the School of Education, Indiana University* IV/6, July 1928: 24–31).

Thorne, S. L. y J. P. Lantolf. 2006. "A Linguistics of Communicative Activity". En *Disinventing and Reconstituting Languages*, eds. S. Makoni y A. Pennycook, 170–195. Clevedon: Multilingual Matters.

Tomaszczky, J. 1981. "Issues and Developments in Bilingual Pedagogical Lexicography". *Applied Linguistics* 2 (3): 371–380.

Tomešová, G. 2013. *La lexicografía del gitano-español en la segunda mitad del siglo* XX *y en los albores del siglo* XXI*: las obras de Pablo Moreno Castro y Juan Carrillo Reyes (1981) y Domingo Duval (2003)*. Tesis de licenciatura. Brno: Masaryk University.

Tono, Y. 1998. "Interacting with the Users: Research Findings in EFL Dictionary User Studies". En *Lexicography in Asia: Selected Papers from the Dictionaries in Asia Conference, Hong Kong University of Science and Technology*, eds. T. McArthur y I. Kernerman, 97–118. Jerusalem: Password.

Tono, Y. 2000. "On the Effects of Different Types of Electronic Dictionary Interfaces on L2 Learners' Reference Behaviour in Productive/Receptive Tasks". En *Proceedings of the Ninth Euralex International Congress*, eds. U. Heid, S. Evert, E. Lehmann y C. Rohrer, 855–861. Stuttgart: Universität Stuttgart.

Tono, Y. 2001. *Researching on Dictionary Use in the Context of Foreign Language Learning: Focus on Reading Comprehension*. Tübingen: Niemeyer.

Tono, Y. 2011. "Application of Eye-Tracking in FL Learners' Dictionary Look-Up Process Research". *Internationl Journal of Lexicography* 24 (1): 124–153.

Töpel, A. 2014. "Review of Research into the Use of Electronic Dictionaries". En *Using Online Dictionaries*, ed. C. Müller-Spitzer, 13–54. Berlín: De Gruyter.

Torner, S. 2013. "Suffix *-mente* Adverbs in *DAELE*, a Spanish Learners' Dictionary". *International Journal of Lexicography* 26 (4): 469–497.

Torner, S. y B. Arias-Badia. 2019. "Visual Networks as a Means of Representing Collocational Information in Electronic Dictionaries". *International Journal of Lexicography* 32 (3): 270–295.

Torner, S. y E. Bernal. 2017a. "Collocations in Learners' Dictionaries". En *Collocations and Other Lexical Combinations in Spanish: Theoretical, Lexicographical and Applied Perspectives*, eds. S. Torner y E. Bernal, 157–172. Londres y Nueva York: Routledge.

Torner, S. y E. Bernal, eds. 2017b. *Collocations and Other Lexical Combinations in Spanish: Theoretical, Lexicographical and Applied Perspectives*. Londres y Nueva York: Routledge.

Toro y Gisbert, M. 1912. *Americanismos*. París: Librería Paul Ollendorff.

Toro y Gisbert, M. 1920. "Voces andaluzas (o usadas por autores andaluces) que faltan en el *Diccionario* de la Academia española". *Revue Hispanique* 49: 313–647.

Torrejón, A. 1992. "Una aproximación al vocabulario sociopolítico y religioso en el Diccionario de la Academia". *MIFLC Review* 2: 75–83.

Torres del Rey, J. 2009. "Diccionarios electrónicos bilingües: nuevas posibilidades de futuro". En *Investigaciones sobre lexicografía bilingüe*, eds. M. T. Fuentes Morán y B. A. Model, 29–79. Granada: Tragacanto.

Torres Rivera, A. 2019. *Detección y extracción de neologismos semánticos especializados: un acercamiento mediante clasificación automática de documentos y estrategias de aprendizaje profundo*. Tesis doctoral. Barcelona: Universitat Pompeu Fabra.

Torres Rubio, D. de. 1616. *Arte de la lengua aymara*. Lima: Francisco del Canto.

Torres Rubio, D. de. 1619. *Arte de la lengua quichua*. Lima: Francisco Lasso.

Torrione, M. 1987. *Del dialecto caló y sus usuarios*. Tesis doctoral. Perpiñán: Université de Perpignan.

Torruella, J. y J. Llisterri. 1999. "Diseño de corpus textuales y orales". En *Filología e informática. Nuevas tecnologías en los estudios filológicos*, eds. J. M. Blecua, G. Clavería, C. Sánchez y J. Torruella, 45–77. Barcelona: Milenio.

Torruella Casañas, J. 2017. *Lingüística de corpus: génesis y bases metodológicas de los corpus (históricos) para la investigación en lingüística*. Berna: Peter Lang.

Tovar, A. y C. Larrucea de Tovar. 1984. *Catálogo de las lenguas de América del Sur*. Madrid: Gredos.

Trap-Jensen, L. 2010. "One, Two, Many: Customization and User Profiles in Internet Dictionaries". En *Proceedings of the XIV Euralex International Congress*, eds. A. Dykstra y T. Schoonheim, 1133–1143. Ljouwert: Afûk.

Trap-Jensen, L. 2018. "Lexicography between NLP and Linguistics: Aspects of Theory and Practice". En *Proceedings of the XVIII Euralex International Congress: Lexicography in Global Contexts*, eds. J. Čibej, V. Gorjanc, I. Kosem y S. Krek. Ljubljana: Ljubljana University Press.

Traugott, E. C. 2017. "Semantic Change". En *Oxford Research Encyclopedia of Linguistics*. Oxford: Oxford University Press.

Traugott, E. C. y R. Dasher. 2002. *Regularity in Semantic Change*. Cambridge: Cambridge University Press.

Travis, C. 2006. "The Communicative Realization of *confianza* and *calor humano* in Colombian Spanish". En *Ethnopragmatics: Understanding Discourse in Cultural Context*, ed. C. Goddard, 199–230. Berlín: De Gruyter.

Tristá Pérez, A. M.ª. 1998. "La fraseografía y el *Diccionario de fraseología cubana*". En *Lexicografías iberorrománicas: problemas, propuestas y proyectos*, eds. M.ª T. Fuentes Morán y R. Werner, 169–183. Madrid y Frankfurt: Iberoamericana-Vervuert.

Tschudi, J. J. von. 1853. *Die Ketchua-sprache*. III: *Wörterbuch*. Viena: Aus der Kaiserlich-Königliche Hof- und Staatsdruckerei.

Tseng, T. H. T. 2003. "The Cultural Component in an Ideal Monolingual English Learner's Dictionary". En *Aspects of English Language Teaching and Research*, eds. L. Ming, H. Hue Feng y Z. J. Zhuang, 215–226. Suzhou: Suzhou University Press.

Tseplinskaya, Y. 2002. "Sádikov, Alexander y Narúmov, Borís". En *Diccionario español-ruso de uso moderno*. (1.ª ed. 1996; 5.ª ed., 2002). Moscú, Ed. Russkiy Yazyk, 751 págs. Sádikov, Alexander. *Nuevo diccionario español-ruso de uso moderno*. Moscú: 'Russkiy Yazyk' (en impresión)". *Forma y Función* 19: 195–199.

Ueda, H. 2003. "Korekara no supeingo jiten" ("Los diccionarios de español en el futuro"), *Kyoto Sangyo Daigaku Kokusai Gengo Kagaku Kenkyūjo Shohō* 15 (2): 21–46.

Ullmann, S. 1957. *Principles of Semantics*. Oxford: Blackwell.

Ullmann, S. 1972 [1962]. *Semántica. Una introducción a la ciencia del significado*. Madrid: Aguilar.

Val Álvaro, J. F. 1992. *Ideas gramaticales en el "Diccionario de autoridades"*. Madrid: Arco Libros.

Valero Gisbert, M. 2012. *Fraseología, gramática, lexicografía*. Mantova: Universitas Studiorum.

Varantola, K. 2002. "Use and Usability of Dictionaries: Common Sense and Context Sensibility?" En *Lexicography and Natural Language Processing. A Festschrift in Honour of B. T. S. Atkins*, ed. M.-H. Corréard, 30–44. Grenoble: Euralex.

Varela, S. 1993. "Prólogo". En *La formación de palabras*, ed. S. Varela, 13–29. Madrid: Taurus.
Varela, S. 2003. "Lexical Morphology Revisited: Form/Meaning Correspondences in Psych Adjectival Participles". En *Topics in Morphology. Selected Papers from the Third Mediterranean Morphology Meeting*, eds. G. Booij, J. DeCesaris, A. Ralli y S. Scalise, 51–71. Barcelona: Universitat Pompeu Fabra.
Varela, S. y J. Martín García. 1999. "La prefijación". En *Gramática descriptiva de la lengua española*, eds. I. Bosque y V. Demonte, 4993–5040. Madrid: Espasa.
Vargas, A. *et al.* 1998. *Lo femenino y lo masculino en el* Diccionario de la lengua *de la Real Academia Española*. Madrid: Instituto de la Mujer – Ministerio de Trabajo y Asuntos Sociales.
Vargas Sierra, C. 2008. *La sistematización terminográfica: una propuesta terminológica para la elaboración de diccionarios traductológicos*. Alicante: Universidad de Alicante.
Vázquez Diéguez, I. 2008. "La historia (reciente) de la lexicografía bilingüe español-gallego/gallego-español. El *Vox esencial*". En *El diccionario como puente entre las lenguas y culturas del mundo: actas del II Congreso Internacional de Lexicografía Hispánica*, coords. D. Azorín Fernández, B. Alvarado, J. Climent, M. I. Guardiola, R. M. Lavale Ortiz, C. Marimón Llorca, J. J. Martínez Egido, X. A. Padilla, H. Provencio, I. Santamaría-Pérez, L. Timofeeva y E. Toro, 172–179. Alicante: Biblioteca Virtual Miguel de Cervantes.
Velando Casanova, M. 2006. "El tratamiento del género gramatical en el *Diccionario panhispánico de dudas*: entre la tradición y la novedad". *Hesperia. Anuario de Filología Hispánica* 9: 225–242.
Velardi, P., R. Navigli y P. D'Amadio. 2008. "Mining the Web to Create Specialized Glossaries". *IEEE Intelligent Systems* 5: 18–25.
Veleiro, A. 2000–2001. "El tratamiento de las acepciones causativas y medias en el *Diccionario del español actual* de Manuel Seco". *Revista de Lexicografía* 7: 172–198.
Vergara Martín, G. 1925. *Cuatro mil palabras y algunas, más de uso frecuente, no incluidas en el Diccionario de la Real Academia Española (Decima quinta edición) o que lo están en otras acepciones o como anticuadas*. Madrid: Sucesores de Rivadeneyra.
Vergara Silva, J. C. 2005. "*Diccionario panhispánico de dudas*. Un paso más en la romería de la lengua". *Boletín de la Academia Colombiana* 56: 144–148.
Verlinde, S. y J. Binon. 2010. "Monitoring Dictionary use in the Electronic Age". En *Proceedings of the XIV Euralex International Congress*, eds. A. Dykstra y T. Schoonheim, 1144–1151. Ljouwert: Afûk.
Versteegh, K. 1997. *The Arabic Language*. Nueva York: Columbia University Press.
Vidal Castro, F. 2001. "Los diccionarios español-árabe: cinco siglos de lexicografía árabe". En *Cinco siglos de lexicografía del español. IV Seminario de Lexicografía Hispánica*, ed. Ignacio Ahumada Lara, 240–256. Jaén: Universidad de Jaén.
Vidal Castro, F. 2008. "Los diccionarios español-árabe: más de cinco siglos de lexicografía bilingüe". *Philología Hispalensis* 22: 321–337.
Vigara, A. M. 1999. "Comunicarse en el cuartel: habla y vida soldadescas". En P. Díez de Revenga y J. M. Jiménez Cano, *Estudios de Sociolingüística. Sincronía y diacronía*, 309–338. Murcia: DM.
Villagrana Ávila, D. 2015. *Locuciones verbales del español de México: Análisis de su tratamiento lexicográfico*. Tesis doctoral. Cádiz: Universidad de Cádiz.
Vivaldi, J. 2001. *Extracción de candidatos a término mediante combinación de estrategias heterogéneas*. Tesis doctoral. Barcelona: Universitat Politècnica de Catalunya.
Vivaldi, J. 2000. "Sextan: prototip d'un sistema d'extracció de neologismes". En *La neologia en el tombant de segle: I Simposi sobre Neologia*, eds. T. Cabré, J. Freixa y E. Sol, 85–108. Barcelona: Universitat Pompeu Fabra.
Vivanco, M. 2016. *Causatividad y cambio de estado en español. La alternancia causativo-inacusativa*. Tesis doctoral. Madrid: Universidad Complutense de Madrid.
Vossen, P., ed. 1998. *EuroWordNet: A Multilingual Database with Lexical Semantic Networks*. Dordrecht: Springer.
Vrbinc, M. y A. Vrbinc. 2007. "EFL Students' Use of Grammatical Information in Five Leading British Learners' Dictionaries". *Linguistica* 47: 145–158.
Wallis, S. 2007. "Annotation, Retrieval and Experimentation, or: You Only Get Out What You Put in". En *Studies in Variation, Contacts and Change in English*, vol. 1: *Annotating Variation and Change*, eds. A. Meurman-Solin y A. A. Nurmi. Helsinki: Varieng y University of Helsinki. https://varieng.helsinki.fi/series/volumes/01/wallis/
Warren, B. 1990. "The Importance of Combining Forms". En *Contemporary Morphology*, ed. W. U. Dressler, 111–132. Berlín: De Gruyter.
Wechsler. S. 2015. *Word Meaning and Syntax: Approaches to the Interface*. Oxford: Oxford University Press.

Weinreich, U. 1967. "Lexicographic Definition in Descriptive Semantics". En *Problems in Lexicography*, eds. F. Householder y S. Saporta, 25–44. Bloomington: Indiana University.

Welker, H. A. 2005. "Tipologia de dicionários". En *Diccionários. Uma pequena introduçao à lexicografia*, 2.ª ed., 35–54. Brasialia: Tesaurus.

Welker, H. A. 2008. *Panorama geral da lexicografia pedagógica*. Brasília: Thesaurus.

Welker, H. A. 2014. "Empirical Research into Dictionary Use since 1990". En *Dictionaries. An International Encyclopedia of Lexicography. Supplementary Volume: Recent Developments with Focus on Electronic and Computational Lexicography*, eds. R. H. Gouws, U. Heid, W. Schweickard y H. E. Wiegand, 531–540. Berlín: De Gruyter.

Weninger, S., ed. 2011. *The Semitic Languages: An International Handbook*. Berlín: De Gruyter.

Werner, R. 1982. "La definición lexicográfica". En *La lexicografía. De la lingüística teórica a la lexicografía práctica*, eds. G. Haensch, L. Wolf, S. Ettinger y R. Werner, 259–328. Madrid: Gredos.

Werner, R. 1991. "Principios diferenciales y contrastivos en la lexicografía del español americano". En *Encuentro Internacional sobre el Español de América. Presencia y destino. El español de América hacia el siglo XXI*, vol. 1, 229–271. Bogotá: Instituto Caro y Cuervo.

Werner, R. 1993–1994. "¿Cómo explicar el significado de unidades léxicas en diccionarios diferenciales?". *Boletín de Filología* 34: 511–525.

Werner, R. 1994. "¿Qué es un diccionario de americanismos?". En *Unidad y variación léxicas del español de América*, eds. G. Wotjak y K. Zimmermann, 9–38. Madrid y Frankfurt: Iberoamericana-Vervuert.

Werner, R. 1998. "La selección de lemas en los diccionarios español-alemán y alemán-español". En *Lexicografías iberorrománicas: problemas, propuestas y proyectos*, eds. R. Werner y M. T. Fuentes Morán, 139–168. Frankfurt am Main/Madrid: Iberoamericana/Vervuert.

Werner, R. 2001. "Áreas pendientes en la lexicografía del español americano". En *II Congreso Internacional de la Lengua Española*. https://cvc.cervantes.es/obref/congresos/valladolid/ponencias/unidad_diversidad_del_espanol/2_el_espanol_de_america/werner_r.htm

Werner, R. 2006. "El estado actual de la lexicografía del español americano y el *Diccionario del español de Bolivia*". *Boletín Hispánico Helvético* 8: 123–137.

Werner, R. 2007. "La información terminológica, lingüística y enciclopédica en diccionarios de lenguajes especializados". *Lenguajes de especialidad y lenguajes documentales*, ed. I. Ahumada, 3–18. Madrid: AETER.

Werner, R. 2010. "Diccionarios bilingües del español y otra lengua iberorrománica: elementos de teoría lexicográfica para combinaciones específicas de lenguas". En *La lexicografía en su dimensión teórica*, eds. M. A. Castillo Carballo y J. M. García Platero, 645–656. Málaga: Universidad de Málaga.

Werner, R. 2014. "Die *Diccionarios del español de América* zwischen Wörterbuchfunktion und Identitätsdiskurs". En *Zur Lexikographie der romanischen Sprachen*, eds. W. Dahmen, G. Holt, J. Kramer, M. Metzeltin, W. Schweickard y O. Winkelmann, 185–207. Tübingen: Narr.

Whorf, B. L. 1940. "Science and Linguistics". *Technology Review* 42 (6): 229–231, 147–148.

Whorf, B. L. 1971. *Lenguaje, pensamiento y realidad: selección de escritos*. Barcelona: Barral.

Wiegand, H. 1998. *Wörterbuchforschung: Untersuchungen zur Wörterbuchbenutzung, zur Theorie, Geschichte, Kritik und Automatisierung der Lexikographie, Teil 1*. Berlín: De Gruyter.

Wiegand, H. E. 1983a. "Überlegungen zu einer Theorie der lexikographischen Sprachbeschreibung". En *Symposium zur Lexikographie. Symposium on Lexicography. Proceedings of the Symposium on Lexicography*, eds. K. Hyldgaard-Jensen y A. Zettersten, 35–72. Hildesheim, Zürich y Nueva York: Georg Olms.

Wiegand, H. E. 1983b. "Ansätze zu einer allgemeinen Theorie der Lexikographie". En *Die Lexikographie von heute und das Wörterbuch von morgen. Analysen – Probleme – Vorschläge*, eds. J. Schildt y D. Viehweger, 92–127. Berlín: Akademie der Wissenschaften der DDR, Zentralinstitut für Sprachwissenschaft.

Wiegand, H. E. 1988. "Wörterbuchartikel als Text". En *Wörterbücher. Artikel und Verweisstrukturen. Jahrbuch des Instituts für deutsche Sprache, Sprache der Gegenwart*, vol. 74, ed. G. Harras, 30–120. Leibniz: Instituts für deutsche Sprache.

Wiegand, H. E. 1989a. "Der Begriff der Mikrostruktur: Geschichte, Probleme, Perspektiven". En *Wörterbücher. Dictionaries. Dictionnaires. Ein internationales Handbuch zur Lexikographie. An international Encyclopedia of Lexicography. Encyclopédie international de lexicographie*, 1 vol., eds. F. J. Hausmann, O. Reichmann, H. E. Wiegand y L. Zgusta. Berlín: De Gruyter.

Wiegand, H. E. 1989b. "Wörterbuchstile. Das Wörterbuch von Jacob Grimm und Wilhelm Grimm und seine Neubearbeitung im Vergleich". En *Wörterbücher in der Diskussion*, ed. H. E. Wiegand, 227–278. Tubinga: Niemeyer.

Wiegand, H. E. 1990. *Linguistically Motivated Principles of Knowledge Base Systems*. Dordrecht: Foris.

Wiegand, H. E. 1998a. *Wörterbuchforschung. Untersuchungen zur Wörterbuchbenutzung, zur Theorie, Geschichte, Kritik and Automatisierung der Lexicographie* 1. Berlín: De Gruyter.

Wiegand, H. E., ed. 1998b. *Perspektiven der pädagogischen Lexikographie des Deutschen. Untersuchungen anhand von Langenscheidts Großwörterbuch Deutsch als Fremdsprache*. Tubinga: Niemeyer.

Wiegand, H. E. 2001. "Was eigentlich sind Wörterbuchfunktionen? Kritische Anmerkungen zur neueren und neuesten Wörterbuchforschung". *Lexicographica* 17: 217–248.

Wiegand, H. E., ed. 2002. *Perspektiven der pädagogischen Lexikographie des Deutchen II. Untersuchungen anhand des de Gruyter Wörterbuch Deutsch als Fremdsprache*. Tubinga: Max Niemeyer.

Wiegand, H. E. 2007. "Aspectos escogidos de una teoría de las estructuras textuales de los diccionarios". En *Reflexiones sobre el diccionario*, eds. M. Campos Souto, E. C. Noguerol, J. I. Pérez Pascual y J. Á. Porto Dapena, 35–63. A Coruña: Universidade da Coruña.

Wiegand, H. E. 2013. "Macrostructures in Printed Dictionaries". En *Dictionaries. An International Encyclopedia of Lexicography. Supplementary Volume: Recent Developments with Focus on Electronic and Computational Lexicography*, eds. R. H. Gouws, U. Heid, W. Schweickard y H. E. Wiegand, 73–110. Berlín: De Gruyter.

Wierzbicka, A. 1972. *Semantic Primitives*. Frankfurt: Athenaeum.

Wierzbicka, A. 1984. "Apples Are Not a Kind of Fruit: The Semantics of Human Categorization". *American Ethnologist* 11 (2): 313–328.

Wierzbicka, A. 1985. *Lexicography and Conceptual Analysis*. Ann Arbor: Karoma.

Wierzbicka, A. 1996. *Semantic Primes and Universals*. Oxford: Oxford University Press.

Williams, G. 1998. "Collocational Networks: Interlocking Patterns of Lexis in a Corpus of Plant Biology Research Articles". *International Journal of Computational Linguistics* 3 (1): 151–171.

Williams, G. 2008. "The Good Lord and His Works: A Corpus-Driven Study of Collocational Resonance". En *Phraseology: An Interdisciplinary Perspective*, ed. S. Granger y F. Meunier, 159–173. Ámsterdam: John Benjamins.

Wilson, D. y D. Sperber. 1993. "Linguistic Form and Relevance". *Lingua* 90: 1–25.

Wolfer, S., I. Kozem, R. Lew, C. Müller-Spitzer y M. Ribeiro Silveira. 2018a. "Web-Based Exploration of Results from a Large European Survey on Dictionary Use and Culture: ESDexplorer". *Lexikos* 28: 440–447.

Wolfer, S., M. Nied Curcio, I. M. Silva Dias, C. Müller-Spitzer, M. J. Domínguez Vázquez. 2018b. "Combining Quantitative and Qualitative Methods in a Study on Dictionary Use". En *Proceedings of the XVIII Euralex International Congress. Lexicography in Global Contexts*, eds. J. Čibej, V. Gorjanc, I. Kosem y S. Krek, 101–112. Ljubljana: Znanstvena Založba.

Wolski, W. 1999. "Introduction". En *Semantics and Lexicography: Selected Studies (1976–1996)*, ed. H. E. Wiegand, 3–10. Berlín: De Gruyter.

Woodrow, L. 2014. *Writing about Quantitative Research in Applied Linguistics*. Londres: Palgrave McMillan.

Wray, A. 2002. *Formulaic Language and the Lexicon*. Cambridge: Cambridge University Press.

Wray, A. 2015. "Why Are We So Sure We Know What a Word Is?". En *The Oxford Handbook of the Word*, ed. J. R. Taylor, 725–750. Oxford: Oxford University Press.

Yamada, S. 2010. "EFL Dictionary Evolution: Innovations and Drawbacks". En *English Learners' Dictionaries at the DSNA 2009*, eds. I. Kernerman y P. Bogaards, 147–168. Tel Aviv: K Dictionaries.

Yang, W. X. 2007. "On Pragmatic Information in Learners' Dictionaries, with Particular Reference to *LDOCE4*". *International Journal of Lexicography* 20 (2): 147–173.

Yong, H. y J. Peng. 2007. *Bilingual Lexicography from a Comunicative Perspective*. Ámsterdam: John Benjamins.

Zamboni, A. 1988. *La etimología*. Madrid: Gredos.

Zamora Vicente, A. 2015. *La Real Academia Española*. Madrid: Fundación María Cristina Masaveu Peterson y Real Academia Española.

Zerolo, E. 1889 [1897]. *La lengua, la Academia y los académicos*. París: Librería Española de Garnier Hermanos. [Reeditado en su libro *Legajo de varios*. París: Librería Española de Garnier Hermanos].

Zgusta, L. 1971a. "Equivalents and Explanations in Bilingual Dictionaries". En *Manual of Lexicography*, ed. L. Zgusta, 536–548. La Haya y París: Mouton.

Zgusta, L. 1971b. *Manual of Lexicography*. Berlín: De Gruyter.

Zgusta, L. 1989. "Idle Thoughts of an Idle Fellow; or, Vaticinations on the Learners' Dictionary". En *Learner's Dictionaries: The State of the Art*, ed. M. L. Tickoo, 1–9. Singapore: SEAMO Regional Language Centre.

Zimmern, H. 1914. *Akkadische Fremdwörter als Beweis für babylonischen Kultureinfluß*. Leipzig: A. Edelmann.

Zimmermann, K. 1994. "Diccionarios diastráticos en Hispanoamérica: Entre la descripción científica y el diletantismo". En *Unidad y variaciones léxicas en el español de América*, eds. G. Wotjak y K. Zimmermann. Frankfurt am Main/Madrid: Iberoamericana/Vervuert.

Zimmermann, K. 2003. "El fin de los diccionarios de americanismos: la situación de la lexicografía del español de América después de la publicación de los *Diccionarios contrastivos del español de América*". *Revista Internacional de Lingüística Iberoamericana* 1 (1): 71–83.

Zimmermann, K. 2006. "El fin de los diccionarios de mexicanismos, colombianismos, argentinismos, cubanismos, etc. La situación de la lexicografía del español de América después de la publicación de los *Diccionarios contrastivos del español de América:* español de América – español de España, dirigidos por Günther Haensch y Reinhold Werner". *Estudios de Lingüística del Español* 23. http://elies.rediris.es/elies23/zimmerman.htm

Zimmermann, K. 2012. "Diccionarios, identidad e ideología lingüística. Una reseña y evaluación comparativa del *Diccionario del español de México* y del *Diccionario de mexicanismos*". *Revista Internacional de Lingüística Iberoamericana* 19: 167–181.

Zimmermann, K. 2018. "Lexicografía diferencial y lexicografía integral". En *Léxico dialectal y lexicografía en la Iberorromania*, eds. M. Álvarez de la Granja y E. González Seoane, 121–144. Madrid y Frankfurt: Iberoamericana-Vervuert.

Zipf, G. K. 1935. *The Psychobiology of Language*. Boston: Houghton Mifflin.

Zipf, G. K. 1949. *Human Behavior and the Principle of Least Effort*. Cambridge, MA: Addison Wesley.

Zöfgen, E. 1994. *Lernerwörterbücher in Theorie und Praxis. Ein Beitrag zur Metalexikographie mit beson-derer Berücksichtigung des Französischen*. Tübingen: Niemeyer.

Zulaika Hernández, J. M. 2012. "Breve panorámica de la lexicografía vasca anterior al *Diccionario trilingüe* de Larramendi (1745)". *Boletín de la Sociedad Española de Historiografía Lingüística* 8: 43–72.

Zuluaga, A. 1980. *Introducción al estudio de las expresiones fijas*. Berna: Peter Lang.

Zúñiga, F. 2006. *Mapudungun. El habla mapuche*. Santiago de Chile: Centro de Estudios Públicos.

Índice temático

Los números de página en *cursivas* se refieren a figuras. Los números en **negrita** se refieren a tablas. Los números con n se refieren a notas.

FSC
www.fsc.org
MIX
Papier | Fördert gute Waldnutzung
FSC® C083411

Kolibri 360 GmbH
Ferdinand-Jühlke-Straße 7
99095 Erfurt, Deutschland
produktsicherheit@kolibri360.de